租税戦略の解明

TAX STRATEGY VS. COUNTER-MEASURES

松田直樹【著】
MATSUDA NAOKI

日本評論社

はしがき

　近年、租税回避行為の国際化、巧妙化及び活発化等が急速に進展する中、主な諸外国等は、その対応に苦慮している。我が国の場合も同様であるが、対応策の整備という点で後手となっているとの問題意識の下、拙著『租税回避行為の解明』（ぎょうせい、2009）では、主な諸外国の対応策に目を向け、示唆を得た上で、我が国の対応策の今後のあり方を考える上で重要なポイントとなるであろう視点・考え方など示すことを試みた。租税回避行為は、依然として困難な問題を惹起しているが、勿論、困難な問題を惹起しているのは、狭義の租税回避行為に限ったわけではない。広義の租税回避行為であるタックス・プランニング・租税戦略も、潜在的な税源の逸失という問題を惹起している点では同様である。実際、多くの国々では、近年、特に、納税者やその所得・資産等の国外移転による税負担の軽減・回避を狙った租税戦略の活発化による税源浸食が大きな問題となっている[1]。

　特に、多くの国が財政赤字削減のための増税策を講じている欧米諸国では、租税戦略の一環として、税負担が低い国に納税者が移住するケースが増加していることに頭を悩ましている国が少なくない。例えば、フランスでは、2012年、政府が所得税の最高税率の引上げ案を示したところ、著名な俳優・起業家であるGerald Dopardieuが、本増税案は成功した才能のある者を罰するものだとのコメントを残し、国外移住する意向の下にロシア国籍の取得を行ったことが、メディアで大々的にとり上げられるなど[2]、税負担軽減目的で国外に住居を移転する富裕層には大きな注目が集まっている。実のところ、税負担レベルがより低いベルギー等に移住したフランス人は、既に、かなりの数に達しており、フランス政府は、出国税（exit tax）の強化（「租税通則法」（Code General des Impots, CGI）§167の2011年度改正）などを行っているが、税負担軽減が主な動機となっている国外移住の流れを十分に堰き止めるには至っていない[3]。

　米国でも、1999年議会において、Rangel下院議員が、「Bill Gatesは、世界中で最も裕福な者の一人であり、およそ900億ドルの資産を有している。もし、彼が死亡する、又は、これらの資産を彼の子供に贈与するならば、その潜在的な納税額は相当なものとなろう。もし、彼が国籍離脱をするならば、彼の子供に現金で無制限の贈与をすぐに行っても、贈与税負担は全く生じない。もし、彼が死亡する10年前に国籍離脱をしていれば、彼のマイクロソフト社に対する900億ドルの権利は、富の蓄積に対する所得税又は遺産税を金輪際受けることなく、彼の相続人に移転され得る」と述べて、米国籍離脱による税負担の回避に警鐘を鳴らしている[4]。確かに、米国籍離脱者数は、Obama大統領が支持する富裕者増税案であるバフェット・ルール（Buffet Rule）が実現すると[5]、更に増加する可能性があるが、別途、出国税を強化することによって、その動き（IRC§877Aの導入等）を抑止

---

1) 本書では、税源浸食を潜在的な税収の逸失・消滅と広く捉えている。
2) 朝日新聞2013年2月5日朝刊、朝日新聞2013年2月6日朝刊参照。
3) 詳細は、第3章第2節1(4)参照。
4) Congressional Record V. 145, Pt. 18, Oct. 14-25, 1999参照。
5) 米国投資家であるWarren Buffetが、自分も含めた富裕層の実際の税負担は中間層よりも低いケースが多いのは問題であると発言したことに由来するもので、Obama大統領は、代替ミニマム税を廃止する代わりに本ルール（年間100万ドル超を稼ぐ者が少なくとも30％の実効税率で所得税を負担するルール）を導入することを狙っていた。

せんという試みも進展している[6]。

我が国では、租税戦略を駆使した納税者・資産の国外移転の例としては、特に武富士事件が社会的にも大きな注目を集めたが、本事件に対する最高裁平成23年2月18日判決（平成20年（行ヒ）第139号、判時2111号3頁）では、問題となった課税年度中、納税者・上告人の住所は日本にはなかったと判断されるとして、被上告人が敗訴したことから、多額の潜在的税収が失われている。しかも、平成25年度税制改正では、所得税の最高税率の引上げ（40％→45％）及び相続税の基礎控除額の引下げ・最高税率の引上げ（50％→55％）が行われたため、納税者やその資産の国外移転には拍車が掛かるものと想定される。実際、このような状況・趨勢の下、巷では、富裕層をターゲットとする国際的な租税回避や租税戦略等を宣伝・流布する者も少なからず出てきている中、対応策の不備・不十分さを危惧する声もある。

例えば、朝日新聞2012年7月2日朝刊の「立ちすくむ税金」と題されたコラムは、日米の二重国籍を有する直系親族に米国籍を選ばせて、自分の預金などを米国に移した上で、米国の株や有価証券など「無形資産」のかたちで与えれば、日米ともに贈与税はかからない可能性が高いこと[7]、バハマが船籍となっている豪華客船の客室のオーナーとなって1年の多くを洋上で暮らせば、バハマ居住者とみなされ、日本の税金から逃れ得るのではないかということ、租税回避地として知られるモナコの永住権を取って節税している客船の客室オーナー仲間がいることを教えてくれた者がいたことなど、国際的な租税戦略に対して、より強硬に対処することの重要性の高まりを示唆するものとなっているが、「国境を軽くまたいで逃げるお金と国と分かちがたい税制。割り切れない思いは強いけれど、このままでは勝負はついているように見える」と結ばれている。

「勝負がついている」ことにならないようにするには、「このまま」という状況を変える必要があるが、税負担軽減のための国外移転を行うという動きが活発化しているのは、勿論、個人やその所得・資産等に限った話ではない。主な諸外国では、法人税負担の軽減を目的として、法人の設立地やその子会社・生産拠点等を国外に求めているケースが数多く見受けられる。例えば、米国では、カリブ諸国に法人やその子会社等を設立する動きが少なからず見受けられるところ、バミューダ証券取引所のWilliam Woods所長は、Bill Gatesの場合、1975年にマイクロソフト社を設立したのはNew Mexico州であったが、マイクロソフト社をバミューダに設立していたら、格段にもっと裕福になっていたと想定されることから、彼は誤りを犯して莫大な損失を被ったわけであるが、最近、彼が共同出資した会社はバミューダに設立されたことに鑑みると、Bill Gatesは、より賢くなったと言えると述べている[8]。

法人税負担の軽減は、コーポレイト・インバージョン（corporate inversion）によっても可能となり得るところ、米国では、最近、大手国内法人が、国外法人との組織再編を通じて、その本社機能を低税率国に移転させることによって、米国での税負担の軽減・回避を狙っていると考えられるケースが、幾度となく大きな注目を集めている。特に、2014年

---

6) 詳細は、第1章第2節4参照。
7) この点に関係する米国の贈与税上の取扱いは第1章第2節1(1)参照。
8) Daniel Shaviro, The Rising Electivity of U. S. Corporate Residence, Tax Law Review, Vol. 64, No. 3 (2011) pp. 377-378参照。

には、複数の米国の大手の国内法人（ヘルスケアのMedtronic社やMylan製薬会社等）が、アイルランドやオランダ等に本社を移転させる意向を示した後、Burger King Worldwide社が、カナダの同業法人のTim Hortons社を買収した上で、その本社をカナダに移転させる方針を表明したことに対し、Obama大統領は、税負担軽減目的で国外移転を行う米国企業は、「企業版脱走兵」であるとの批判を投げ掛けた上で、コーポレイト・インバージョンによる税源浸食の防止効果を高める方向で関係する制度（IRC§7874等）を改正する意向を示している[9]。

法人所得等の国外移転という形で法人税負担を軽減する動きも、益々、顕著なものとなっている。英国では、下院の決算委員会が2012年に公表した第19報告書（Public Accounts Committee——Nineteenth Report）において、議会の公聴会にて、スターバックス社が、多額のロイヤルティ及び利息の国外関連会社への支払や高値の原料仕入れなどを通じて英国での法人税負担を回避し、また、アマゾンやグーグルも、所得の国外移転などを通じて英国での法人税負担を軽減したことを認めていることが明らかにされている。本報告書では、これらの企業も含めた主要な多国籍企業の租税戦略に対する英国の税務当局の対応が不十分との指摘がされているが、税務当局は、多国籍企業の場合、国際的な観点から、どこに法人を設立し、どこに利益を落とすかをある程度選択できるのに対し、税務当局ができることは、法律をそのまま適用するだけであり、その対応には一定の限界があるとの弁明を行っている[10]。

上記の通り、様々な納税者による多様な租税戦略が問題となっているが、特に、法人やその所得等の国外移転による税源浸食という問題は、困難かつ深刻な問題・課題を惹起している。2013年OECD報告書（"Addressing Base Erosion and Profit Shift-ing"、以下「BEPS報告書」という）も、現行の国際課税ルールは、グローバルな事業活動の変化に遅れているとの認識の下、そのルールの基本の見直しが肝要であるとの見解を示している。このように、税源浸食の問題が、かつてないほどにグローバルな関心事項となる中、我が国でも、「多国籍企業の課税逃れは、米アップル社やコーヒーチェーンの米スターバックスなどの行き過ぎた節税策が発覚したことが契機となり、国際的な問題となった。いくら合法的だとしても、課税ルールを巧みに利用した節税策が批判されたのは当然であろう。…各国がきちんと徴税できるよう、ルールを整備すべきだ」というような論調が目立つようになってきている[11]。

本書は、近年、主な諸外国で大きな問題となっている上記のような租税回避行為や租税戦略（特に、納税者やその所得・資産等の国外移転）によって生じる税源浸食の問題は、我が国でも、既に少なからず生じており、しかも、税源浸食の程度は、今後、より深刻なものとなることは間違いないとの認識・危惧の下、まず、同様な問題の我が国での存在を示す又は示唆する事実や動きなどに注目した上で、主な諸外国（特に、近年、注目すべき動きを示している米国、英国、EU、インド及び中国等）の税源浸食の実態、主な対応策の沿革・制度設計及び関係する裁判例等を通じて明らかとなったその有用性と限界の考

---

9) 朝日新聞2014年8月28日、http://www.theguardian.com/business/2014/aug/26/burger-king-calls-obamas-bluff-tax参照。具体的な改正案は、第1章第3節2(2)ハ参照。
10) 本報告書の1 (Tax avoidance by multinational companies) の5〜6、7〜12参照。
11) 読売新聞2013年7月25日朝刊参照。

はしがき

察・分析を行うことにより、主な対応策及びその制度設計等のグローバルな趨勢と傾向を把握するとともに、それらの対応策が包含する示唆等を踏まえて、上記の問題を包含している我が国の対応策の再構築のあり方を模索・提言することを主な目的とするものである。

本書は、狭義の租税回避行為をも含む租税戦略への対応策のあり方を考察するものであることから、租税回避行為への対応策のあり方を考察した上記拙著（『租税回避行為の解明』）の続編と位置づけることが可能となる部分も含んでいる。また、必ずしも容易ではない諸外国の税制や裁判例等を理解する上で参考となろうとの期待の下、上記拙著の関係する部分を必要に応じて本書の脚注で適宜示すようにしている。このような工夫をしてはいるものの、紙面や時間の制約、言語上の問題、更には、考察の対象としている国、対応策及び裁判例等が相当な数に上ることなどに起因して、関係する諸制度や参考となる裁判例等の概要・ポイントを示すに止まらざるを得ない部分も少なからず存在するなどの限界があるのは勿論、必ずしも十分な分析には至っていないような箇所もあるのではないかと思料する。

上記のような限界等はあるものの、本書を通じて、主な諸外国が講じている納税者、その所得及び資産の国外移転等による税源浸食を防止するための措置の制度設計上の特徴や機能上の有用性と限界を把握するとともに、我が国の対応策の再構築のあり方を検討する上で参考となる視点・示唆を少なからず得ることが可能となるものと考える。本書は、科学研究費（研究課題番号：23530043、研究者番号50593076）の助成を受けて研究を行った成果であり、また、本書の刊行に当たっては、一部、公益財団法人日本証券奨学財団の助成金を得ている。このような学術支援にも支えられて完成した本書が、諸外国の税源浸食への対応策の更なる分析の一助となり、また、少なからぬ課題を抱えている我が国の対応策の今後のあり方を模索する議論の活発化に資する視点を幾らかでも提供することができれば、誠に幸いである。

2015年2月

松　田　直　樹

目　次

はしがき／i
Executive Summary／xv
凡　例／xxv

序章　我が国の対応策の分析 …………………………………………… 1
第1節　租税回避行為による税源浸食への対応────1
　1．包括的な否認規定に対する評価と趨勢／1
　　(1)　OECDの見解／1
　　(2)　国連の見解／2
　　(3)　採用・浸透度合い／3
　2．我が国の包括的否認規定案に対する考え方の趨勢／5
　　(1)　過去の議論の趨勢／5
　　(2)　新たな否認法理の台頭／6
　3．否認アプローチ再構築の必要性／8
第2節　納税者の国外移転による税源浸食への対応────10
　1．個人の国外転居と相続税・贈与税との関係／10
　　(1)　武富士事件最高裁判決のポイント／10
　　(2)　名古屋地裁平成23年3月24日判決とその影響／11
　2．個人の国外転居と所得税との関係／13
　　(1)　東京地裁平成19年9月14日判決のポイント／13
　　(2)　審判所平成21年9月10日裁決のポイント／14
　　(3)　対応策強化の必要性／15
　3．法人の国外移転と対応策／16
　　(1)　外国子会社合算税制の改正と租税戦略／16
　　(2)　組織再編税制と租税戦略／17
　　(3)　対応策強化の必要性／18
第3節　法人所得等の国外移転による税源浸食への対応────19
　1．移転価格税制と寄附金課税制度の交錯／19
　　(1)　費用等の代替負担・補填による所得移転への適用／19
　　(2)　対価性のない支払等による所得移転への適用／22
　　(3)　執行方針改訂の要望と比較法的視点／23
　2．移転価格税制の課題と改正の方向性／24
第4節　実態把握漏れによる税源浸食への対応────27
　1．国外所得・資産の把握に係る問題／27
　　(1)　BEPS行動計画案と国外財産調書制度／27
　　(2)　国家間の協力体制と機能補完の程度／28
　2．国内取引等の把握に係る問題／30
　　(1)　口頭による財産移転への対応と限界／30

目 次

　　(2) 書面による財産移転への対応と限界／32

第1章　米国の対応策の分析……………………………………35
第1節　租税回避行為による税源浸食への対応――――35
　1．IRC§7701(o)の創設と制度設計／35
　　(1) 立法化の背景と経緯／35
　　(2) IRC§7701(o)の制度設計上の特徴／38
　2．IRC§7701(o)の適用基準に係る指針／40
　　(1) 内国歳入庁告示と合同租税委員会資料の位置づけ／40
　　(2) 「経済的実質主義が関係する場合」の解釈／42
　　(3) 「経済的ポジションを意義のある方法で変化させる」の解釈／46
　　(4) 「相当な目的」の解釈／48
　　(5) 「合理的に期待される」及び「相当な程度」の解釈／49
　　(6) 「法律上の同様なルールが定める要件」の解釈／51
　3．「厳格なペナルティ」導入の含意／53
　　(1) 「厳格なペナルティ」導入の得失／53
　　(2) 「法律上の同様なルール」の候補となり得る原理・規定等／57
　　(3) LB&Iガイダンスとその効果／60
　4．小括とポイント／63

第2節　個人の国外転居による税源浸食への対応――――65
　1．個人の国外転居と市民権に基づく課税／65
　　(1) 納税者区分と課税対象所得・資産／65
　　(2) 「永久的な忠誠原理」及びIRC§6851等の意義と限界／68
　2．1966年FIT法が導入したIRC§877及び§2107等の機能／71
　　(1) IRC§877の制度設計／71
　　(2) IRC§877の有用性と限界／73
　　(3) IRC§2107及び改正後のIRC§2501の有用性と限界／75
　3．1996年HIPA法及び2004年AJC法の下でのIRC§877／76
　　(1) HIPA法により改正されたIRC§877の機能／76
　　(2) 2004年AJC法により改正されたIRC§877の機能／79
　4．IRC§877A及び§2801の特徴／81
　　(1) IRC§877Aの制度設計／81
　　(2) IRC§2801の制度設計／83
　　(3) IRC§877A及び§2801等の評価と今後の方向性／85
　5．小括とポイント／88

第3節　法人所得等の国外移転による税源浸食への対応――――89
　1．移転価格税制による対応／89
　　(1) IRC§482の有用性／89
　　(2) IRC§482の問題点と限界／95
　　(3) IRC§482の1986年改正の狙いと効果／100

（4）　費用分担契約規則と独立企業原則との関係／104
　2．法人資産の国外移転への対応／109
　（1）　「国外移転に係る通行税」であるIRC§367による対応／109
　（2）　コーポレイト・インバージョンへの対応策／113
　3．小括とポイント／119
第4節　実態把握漏れによる税源浸食への対応————————120
　1．開示義務と義務履行の促進策／120
　（1）　2004年改正前のFBAR制度の特徴／120
　（2）　FBAR制度の問題点／123
　2．AJC法制定後のFBAR制度／125
　（1）　主な制度改正点と残された問題／125
　（2）　ペナルティの適用基準と報告件数の変化／126
　3．注目すべきその他の実態把握手段／129
　（1）　OVDPの役割／129
　（2）　QI制度とUBS事件との関係／132
　（3）　様式5471による報告義務／135
　（4）　贈与税申告の促進策／136
　4．FATCAとその将来／138
　（1）　「国外金融機関」の報告義務等／138
　（2）　「特定の個人」の報告義務等／141
　（3）　FATCAの問題点／143
　（4）　FATCAの実効性の向上策／145
　5．小括とポイント／147

第2章　英国の対応策の分析 …………………………………… 149
第1節　租税回避行為による税源浸食への対応————————149
　1．GAAR導入論再燃の背景／149
　（1）　従来の対応策の問題点と限界／149
　（2）　「原則に基づくアプローチ」の台頭／151
　2．GAARの導入に向けた新たな動き／152
　（1）　2010年GAAR報告書の特徴／152
　（2）　2013年財政法によるGAARの導入／156
　（3）　GAARの適用範囲／159
　（4）　GAARに対する評価等と実態把握漏れ防止策／162
第2節　個人の住居・資産等の国外移転による税源浸食への対応————164
　1．居住性の判定基準／164
　（1）　税法上の定義の欠如／164
　（2）　1900年代の判例とIR20／166
　2．居住性を巡る最近の裁判例／167
　（1）　Shepherd事件高等法院判決の見解／167

目　次

　　　(2)　Grace事件第一審判所判決の見解／169
　　　(3)　Gaines Cooper事件最高裁判決の見解／170
　　3．居住者判定基準の明確化と出国税／173
　　　(1)　HMRC 6の創設とEC条約等との関係／173
　　　(2)　居住者判定基準の立法化／174
　　　(3)　「管轄アプローチ」・追跡税による対応／177
　　4．個人資産の国外移転への対応／179
　　　(1)　1988年ICTA第17部第3章等の有用性と限界／179
　　　(2)　EC条約等との抵触の問題／183
　第3節　法人の国外移転による税源浸食への対応────185
　　1．法人の居住性の判定基準／185
　　　(1)　関係する税法規定と判例法／185
　　　(2)　「管理と支配の中心」基準の本質／188
　　　(3)　「管理と支配の中心」基準と実質管理地基準との関係／191
　　2．「管理・支配の中心」の国外移転への対応／194
　　　(1)　法人に対する出国税／194
　　　(2)　法人に対する出国税とEC条約との関係／196
　第4節　法人所得等の国外移転による税源浸食への対応────198
　　1．移転価格税制の変遷／198
　　　(1)　移転価格税制の原型／198
　　　(2)　1988年ICTA§770とその適用例／199
　　2．現行の移転価格税制の機能／201
　　　(1)　ICTAスケジュール28AAの制度設計／201
　　　(2)　ICTAスケジュール28AAの適用例とその影響／202
　　3．移転価格税制の国内取引への適用／204
　　　(1)　Lankhorst事件ECJ判決の影響／204
　　　(2)　二重課税の調整とセーフ・ハーバー／206
　　4．その他の規定等による対応／207
　　　(1)　費用控除規定と所得移転／207
　　　(2)　知的財産に係る優遇措置／213
　第5節　小　括────215
　　1．第1節（租税回避行為による税源浸食への対応）のポイント／215
　　2．第2節（個人の住居・資産等の国外移転による税源浸食への対応）のポイント／216
　　3．第3節（法人の国外移転による税源浸食への対応）のポイント／218
　　4．第4節（法人所得等の国外移転による税源浸食への対応）のポイント／218
　　5．前章との比較と次章との関係／220

第3章　EUの対応策の分析 …… 223
第1節　租税回避行為による税源浸食への対応――223
1．Euro-GAARの位置づけと実態／223
(1) EC条約等の下での租税回避防止規定／223
(2) EC条約等の下での包括的な否認規定・法理／226
(3) Euro-GAARの適用基準に係る不透明性／228
(4) Halifax基準とCadbury Schweppes基準の関係／232
2．CCCTB指令案80条と欧州委員会提案のGAAR／235
(1) CCCTB指令案の位置づけと特徴／235
(2) CCCTB指令案80条の制度設計／236
(3) 欧州委員会が提案するGAARの特徴／240
第2節　個人の国外転居による税源浸食への対応――242
1．個人に対する出国税とEC条約等との関係／242
(1) 出国税の機能と類型／242
(2) Lasteyrie事件ECJ判決のポイントと影響／244
(3) N事件ECJ判決のポイント／245
(4) Lasteyrie事件ECJ判決及びN事件ECJ判決の含意／247
2．追跡税とEC条約等との関係／248
(1) 追跡税の特徴／248
(2) 追跡税とEC条約等との関係／250
第3節　法人の国外移転による税源浸食への対応――251
1．法人居住性の判定基準／251
(1) 設立準拠地主義と実質管理地主義の得失／251
(2) 法人管理地等の国外移転と実質管理地主義／253
2．法人管理地等の国外移転を巡る諸環境の変化／255
(1) 欧州理事会指令等とその影響／255
(2) 欧州司法裁判所判決の影響／256
3．法人に対する出国税とEC条約等との関係／259
(1) Cartesio事件ECJ判決の含意と影響／259
(2) NGI事件ECJ判決のポイントと含意／261
第4節　法人所得等の国外移転による税源浸食への対応――263
1．第三者取引基準とEC条約等との関係／263
(1) 過少資本税制とEC条約等との関係／263
(2) Lankhorst事件ECJ判決とThin Cap事件ECJ判決の含意／266
2．第三者取引基準の解釈の趨勢／267
(1) SGI事件ECJ判決の見解／267
(2) SGI事件ECJ判決の含意／269
(3) 加盟国における解釈の実状／272
3．ベルギーの所得税法§26と移転価格税制との関係／274
(1) ベルギーの所得税法§26の問題点／274

目 次

　　(2) SIAT事件ECJ判決とその含意／275
　第5節 小 括━━━━━277
　　1．第1節（租税回避行為による税源浸食への対応）のポイント／277
　　2．第2節（個人の国外転居による税源浸食への対応）のポイント／278
　　3．第3節（法人の国外移転による税源浸食への対応）のポイント／279
　　4．第4節（法人所得等の国外移転による税源浸食への対応）のポイント／280
　　5．前章及び次章との関係／281

第4章 インドの対応策の分析　……………………………… 284
　第1節 租税回避行為による税源浸食への対応━━━━━284
　　1．ウェストミンスター原則とラムゼイ原則の影響／284
　　(1) 文理主義の優位性を示す裁判例／284
　　(2) 目的論的解釈に立脚する裁判例／286
　　(3) McDowell事件最高裁判決の射程範囲／289
　　2．文理主義の優位性の再確認と変化の予兆／291
　　(1) Azadi Bachao Andolan事件最高裁判決の意義／291
　　(2) Azadi Bachao Andolan事件最高裁判決の影響／293
　　(3) 厳格な文理主義への疑問／296
　　3．目的論的解釈の有用性と限界／299
　　(1) Vodafone事件Bombay高等裁判所2008年判決／299
　　(2) Vodafone事件Bombay高等裁判所2010年判決／302
　　(3) Aditya Birla事件Bombay高等裁判所判決／304
　　(4) Dassault & Murieux事件に対するAARの回答／305
　　(5) Vodafone事件最高裁判決2012年判決／306
　第2節 租税回避行為等への新たな対応策━━━━━307
　　1．GAARの導入とその制度設計／307
　　(1) GAAR導入の背景／307
　　(2) 導入されたGAARの制度設計／310
　　(3) GAARの改正案／313
　　2．ソース・ルールの拡充措置／315
　　(1) 直接税法案§5の位置づけ／315
　　(2) 2012年FAの下での対応措置／318
　第3節 所得等の国外移転による税源浸食への対応━━━━━321
　　1．費用控除規定による対応／321
　　(1) 英国のAtherton基準の影響／321
　　(2) 費用控除要件の差異／322
　　(3) Atherton基準の影響の程度／323
　　2．移転価格税制による対応／324
　　(1) 2001年改正後の所得税法§92の制度設計／324
　　(2) 改正後の所得税法§92の適用例／326

（3）　移転価格税制の執行状況と税務当局の権限／329
　3．2001年改正後の所得税法§92の限界／331
　　（1）　計算規定としての限界／331
　　（2）　国内での所得移転への対応に係る限界／335
　4．負担軽減制度の有用性と限界／337
　　（1）　事前照会制度／337
　　（2）　紛争解決制度と独立企業間価格幅／342
第4節　対応策と負担軽減・融和策の新たな均衡――――346
　1．移転価格税制及び関連制度の再構築／346
　　（1）　主な機能拡充措置等と想定される効果／346
　　（2）　セーフ・ハーバーの導入／351
　2．その他の主な対応策（案）と融和策／353
　　（1）　情報収集手段の再構築／353
　　（2）　直接税法案上のその他の対応策／360
第5節　小　括――――362
　1．第1節（租税回避行為による税源浸食への対応）のポイント／362
　2．第2節（租税回避行為等への新たな対応策）のポイント／363
　3．第3節（所得等の国外移転による税源浸食への対応）のポイント／364
　4．第4節（対応策と負担軽減・融和策の新たな均衡）のポイント／365
　5．先行する章及び次章との関係・比較／367

第5章　中国の対応策の分析 …………………………………… 369
第1節　二元的企業所得税制の下での対応――――369
　1．二元的企業所得税制の特徴／369
　　（1）　外資系企業に対する優遇措置／369
　　（2）　優遇措置等が惹起した問題／373
　2．対応策の変遷／375
　　（1）　移転価格税制の問題点／375
　　（2）　移転価格税制の適用例／377
　　（3）　執行体制強化と税収の推移／380
第2節　企業所得税法の下での対応――――381
　1．企業所得税法の位置づけと税収効果／381
　2．実質主義的否認アプローチに依拠する対応策／382
　　（1）　企業所得税法47条と国税函698号／382
　　（2）　実質主義的否認アプローチの適用例／385
　3．受益者概念と条約改正による対応／389
　　（1）　受益者概念適用の根拠と基準／389
　　（2）　受益者概念の適用例／391
　　（3）　租税条約改正による対応／394
　4．企業再編税制による対応／396

（1）国内再編の取扱い／396
　　（2）国境を跨ぐ再編の取扱い／398
　　（3）適用基準の明確化と適用例／399
第3節　法人所得等の国外移転による税源浸食への対応──401
　1．移転価格税制の機能／401
　　（1）制度設計上の特徴／401
　　（2）調査・適用方針／402
　2．機能担保措置と負担軽減措置等／405
　　（1）コンプライアンス・コストとペナルティ／405
　　（2）主な負担軽減策等の特徴／408
　3．その他の主な対応策と負担軽減・融和策／411
　　（1）実質管理地主義・基準と源泉税／411
　　（2）CFCルールと過少資本税制／414
　　（3）ハイテク産業に対する優遇措置／416
第4節　香港の対応策の分析──418
　1．租税回避行為による税源侵食への対応／418
　　（1）GAARの制度設計等／418
　　（2）租税回避行為等に対する税務当局及び裁判所のスタンス／420
　　（3）GAARの適用例／424
　2．GAARとその他の主な規定との関係／426
　　（1）税務条例§61Aと利益税との関係／426
　　（2）税務条例§61Aと費用控除規定との関係／429
　　（3）費用控除規定による対応の限界／433
　3．法人所得等の国外移転による税源侵食への対応／434
　　（1）香港版TPガイドライン上のGAARの位置づけ／434
　　（2）GAARによる対応の問題点と限界／436
　　（3）移転価格リスク等の軽減策／438
　4．対応策の更なる強化に向けた動き／441
　　（1）租税条約ネットワークの拡充／441
　　（2）租税条約での濫用防止規定の採用／442
第5節　小　括──444
　1．第1節（二元的企業所得税制の下での対応）のポイント／444
　2．第2節（企業所得税法の下での対応）のポイント／445
　3．第3節（法人所得等の国外移転による税源浸食への対応）のポイント／446
　4．第4節（香港の対応策の分析）のポイント／447
　5．先行する章との関係・比較／448

終章　我が国の対応策の再構築　·················· 450
　第1節　諸外国の主な対応策の比較と示唆──450
　　1．租税回避行為による税源浸食への対応策の比較／450

(1)　米国の主な対応策の特徴／450
　　(2)　英国の主な対応策の特徴／451
　　(3)　EUの主な対応策の特徴／451
　　(4)　インドの主な対応策の特徴／452
　　(5)　中国の主な対応策の特徴／452
　2．納税者の国外移転による税源浸食への対応策の比較／453
　　(1)　米国の主な対応策の特徴／453
　　(2)　英国の主な対応策の特徴／453
　　(3)　EU加盟国の主な対応策とEC条約等との関係／454
　　(4)　インド及び中国の主な対応策の特徴／454
　3．法人所得等の国外移転による税源浸食への対応策の比較／455
　　(1)　米国の主な対応策の特徴／455
　　(2)　英国の主な対応策の特徴／456
　　(3)　EU加盟国の主な対応策とEC条約等との関係／456
　　(4)　インドの主な対応策の特徴／457
　　(5)　中国の主な対応策の特徴／457
　4．実態把握漏れによる税源浸食への対応策の比較／458
　　(1)　米国及び英国の主な対応策の特徴／458
　　(2)　インドの主な対応策の特徴／459
　　(3)　中国の主な対応策の特徴／460
第2節　租税回避行為による税源浸食への対応策の再検討――――460
　1．税源浸食防止策としてのGAAR／461
　　(1)　国内法人株式のオフショアでの移転による譲渡益への課税根拠／461
　　(2)　グローバルな視点から見たGAAR導入の意義と効果／464
　　(3)　従来の議論の再検討の必要性／465
　2．制度設計上の留意点／469
　　(1)　「目的テスト」の趨勢／469
　　(2)　多様な「目的テスト」とその効果／470
　　(3)　「主要な目的テスト」と「主要な目的の一つテスト」の差異／473
　　(4)　「目的テスト」の性質と位置づけ／475
　　(5)　第2適用基準に係る留意点／479
　　(6)　否認対象取引の再構築の仕方／483
　3．セーフ・ガードの選択肢／485
　　(1)　ルーリング制度・クリアランス制度の得失／486
　　(2)　ブラック・リストやエンジェル・リスト等の得失／488
　　(3)　セーフ・ハーバー設定の得失／490
　　(4)　審査機関の設置のメリットとそのあり方／491
第3節　納税者の国外移転による税源浸食への対応策の再検討――――493
　1．個人の国外転居への対応策／493
　　(1)　対応策の絞込み／493

　　　　(2)　出国税とOECDモデル条約との関係／496
　　　　(3)　解釈の趨勢と二重課税の防止手段／500
　　　　(4)　追跡税とOECDモデル条約との関係／501
　　２．出国税の制度設計案と効果／503
　　　　(1)　二重課税排除の必要性と方法／503
　　　　(2)　出国税の制度設計案／505
　　３．法人の国外移転への対応策／508
　　　　(1)　対応策の絞込み／508
　　　　(2)　主な欧州諸国における動向／510
　　　　(3)　米国における動向／512
　　　　(4)　実質管理地主義採用の得失／514
　第４節　法人所得等の国外移転による税源浸食への対応策の再検討――――517
　　１．独立企業原則の変容の程度とその含意／518
　　　　(1)　OECD移転価格ガイドラインの変容／518
　　　　(2)　カナダ及び豪州における独立企業原則の解釈／522
　　２．独立企業原則変容の含意／525
　　　　(1)　GAARとの関係への影響／525
　　　　(2)　カナダの所得税法§247(2)(b)とGAARとの関係／528
　　　　(3)　費用控除規定及びTAAR等との関係への影響／529
　　３．移転価格税制とその他のTAAR等との関係の再構築／531
　　　　(1)　我が国での取扱いの問題点と原因／531
　　　　(2)　再構築の選択肢／534
　　　　(3)　「TPの国内適用案」／537
　　　　(4)　優遇措置の拡充案／542
　第５節　実態把握漏れによる税源浸食への対応策の再検討――――544
　　１．国外財産調書制度の再構築／544
　　　　(1)　報告対象範囲の見直し案／545
　　　　(2)　コンプライアンス・レベルの向上策／547
　　２．贈与事実の把握レベルの向上策／550
　　　　(1)　日米における贈与税の違い／550
　　　　(2)　IRC§6501(c)が包含する示唆／552
　第６節　結　語――――554

参考文献／559
参考判決等／570

Executive Summary

1. Introductory Chapter : Issue of Concern

In today's world where it has become fairly easy for a taxpayer to move back and forth from one country to another, it has become quite a common tax strategy especially among wealthy individuals and multi-national companies to transfer their residence, income and assets abroad mainly to reduce tax burden. In many cases, such tax strategy could erode the tax base or result in the loss of potential tax revenue of those countries from which the taxpayers, their income and assets exit. In the face of such tax strategy utilized by a growing number of taxpayers lately, more and more countries have come to strengthen their counter-measures and adopt new ones. While it is sometimes not so easy to tackle such tax strategy effectively, some of those fortified counter-measures seem to be successful in quite a few cases in preventing such tax strategy from avoiding taxes that would have been lost otherwise.

Japan is no exception in that it has lately been suffering more and more from such strategy and it needs to reinforce its counter-measures. A very well-known case in which such strategy was employed to avoid gift tax shocked the tax authority as well as the honest taxpayers because the Supreme Court ruled on Feb. 18, 2011 (2018 Gyou Hi No. 139) that, even if the main purpose of the appellant's decision to take up residence not only in Japan but also in Hong Kong for a couple of years during which the foreign company's shares initially held by his father were gifted to the appellant, might have been to avoid gift tax, it could not be imposed on him because his primary residence must be deemed to have been in Hong Kong during those years, even if he continued to maintain significant social and professional connection with Japan and his months-long stay in Japan was in the room of the family house where he had been living for a long time before he moved to a hotel-type apartment in Hong Kong.

It is reported that the above ruling resulted in the tax authority refunding to the appellant gift tax and interest totaling approximately to 200 billion yen (about 2 billion US dollars) and it surely brought home the fact that Japan's counter-measures had not caught up with such tax strategy. It is true that the Inheritance Tax Law has already been amended so that it could prevent such tax strategy from succeeding any further but it should be open to some other types of such strategy and the possibility of success in tax avoidance should be higher with respect to some other major taxes whose legislation and system seem to be further behind in catching up with the drastic change in the physical environment that existed when they were formulated. It could not be that such a case as the tennis legend Bjorn Borg transferring his residence from Sweden to Monaco and the concerns expressed in the OECD's 2013 Base Erosion and Profit Shifting (BEPS) Report are irrelevant in the case of Japan.

There is another ruling (2010 Gyou Ko, No. 342) handed down on Feb. 28, 2011 by the Tokyo Higher Court that dismissed the appeal of the tax authority that asserted the

Executive Summary

taxation of capital gains of a Japanese company's share when a Japanese company's director sold it while he stayed temporarily in Singapore. The Higher Court ruled that, the respondent might have transferred his residence to Singapore in order to avoid taxation in Japan, but the consideration of the relevant facts about his living in the relevant years leads to the conclusion that his primary residence in those years was in Singapore rather than in Japan. Now that there are many of such an individual crossing national borders to avoid taxation, there is little wonder that we also have multinational companies with subsidiaries in low-tax countries, which are, more or less like such multinationals as Apple Inc. and Starbucks Corp., vulnerable to various tax-saving strategies to shift their income and assets offshore.

The incentives to utilize cross-border tax strategies will get stronger as the 2013 tax reform has raised the maximum rate for individual income tax and inheritance/gift tax to 45% (applicable from 2015) and 55% respectively, with the corporate income tax burden (standard rate of 25.5% plus 2.25% surtax and local taxes) still remaining as one of the heaviest among the OECD countries. Recent tax reforms also include the move to the foreign dividend exemption method, the tax-free triangular merger system, the increase in the threshold tax rate for the application of the CFC rule, etc. that could incentivize companies to set up their subsidiaries or move their main function and assets abroad. Against this background and tax reform trend, it is noteworthy that the individuals' foreign assets reporting system was introduced by 2012 tax reform and has started to be implemented from Jan. 2014, which is expected to assist the tax authority get in time a sufficient grip on their foreign assets and the incomes therein.

This book, in view of the problems and challenges exemplified and connoted by the above moves and trends, looks for, analyzes, compares and filters out some counter-measures of those countries and regions that could be expected to provide models and insights for Japan in restructuring and buttressing its counter-measures to help prevent its tax base erosion. Those countries and regions this book particularly focuses on are, US, UK, EU, India an China (including HK) where there have lately been noticeable moves towards solidifying their counter-measures. The book makes a comparative analysis of those counter-measures principally based on their functions; i.e., (i) those intended to cope with tax avoidance (*Counter-measures against tax avoidance*), (ii) those to deal with the cross-border transfer of a taxpayer's residence and function (*Counter-measures against taxpayer migration*), (iii) those to tackle income and assets shifting (*Counter-measures against income/assets shifting*), and (iv) those to capture effectively income and assets to insure taxation (*Measures for effective grasp of income/assets*).

2. First Chapter: US's Counter-Measures

The (i) function (*Counter-measures against tax avoidance*) : Quite noteworthy in the case of US is the fact that in 2010 the judicially-developed "economic substance doctrine" was codified in the IRC § 7701(o) (Clarification of economic substance doctrine). This

Executive Summary

section codifies the doctrine in such a way that it not only ends the arguments over whether its applicability standard of the two prong test should be interpreted as the conjunctive test or the disjunctive test by adopting the latter (which sets a lower hurdle for its application) but also it has lowered its applicability hurdle further by adopting the "substantial business purpose test" as its subjective prong test. Moreover, IRC § 6662(i) (Increase in penalty in case of non-disclosed noneconomic substance transactions) is also introduced to apply the strict 40% accuracy-related penalty to those transactions lacking economic substance or failing to meet the requirements of "any similar rule of law" if they have not been reported in accordance with Treasury regulation § 1.6011-4(b).

The (ii) function (*Counter-measures against taxpayer migration*) : Remarkable is the set-up and usefulness of IRC § 877 (Expatriation to avoid tax) and IRC § 877A (Tax responsibilities of expatriation). Under IRC § 877 introduced in 1966, an US person who renounced his citizenship mainly for tax purposes, could be subject to the alternative tax that includes in its tax base some otherwise non-taxable income category and is imposed at the progressive tax rates. But it had a problem in its implementation particularly because it is often difficult for the IRS to prove that the renunciation of the citizenship is mainly for tax purposes. So, in 2004 IRS § 877 was amended and IRS § 877A was introduced to overcome such problem. Especially, IRC § 877A is an exit tax based on the "realization principle" under which, if an expatriate is a "covered expatriate" (defined in subsection (a)) because his net income or net asset value exceeds a certain threshold, all of his assets are deemed at the time of his expatriation to have been disposed of at the market price.

The (iii) function (*Counter-measures against income/assets shifting*) : A spotlight is cast on IRC § 482 (Allocations of income and deductions among taxpayers). The effectiveness of IRC § 482 in preventing tax base erosion lies mainly in the fact ; (1) it covers a large scope of transactions among related parties, (2) its application is to be sustained unless a taxpayer proves the IRS Commissioner's arbitrariness in its application, (3) it incorporates the commensurate with income standard. But there is some ambiguity in its application vis-à-vis some provisions (such as IRC § 7872 (Treatment of loans with below market rates) and those judicial doctrines derived from the Supreme Court's 1935 judgment on Gregory v. Helvering. Also, IRC § 482 has manifested its limit in preventing effectively enough the cross-border income shifting by multi-nationals through related party transactions (particularly cost sharing agreements) involving intangible assets. Such limit has been overcome to some extent by the issue of Treasury regulations that may deviate to some extent from the arm's length principle.

The (iv) function (*Measures for effective grasp of income/assets*) : An analysis is made of the implications of FBAR and FATCA. FBAR is the Form 1040 an US person (citizen, resident, domestic corporation, partnership, trust and estate) that owns or has a signatory authority over foreign financial accounts whose aggregate value exceeds $10,000 should submit unless it falls under the exceptions. The compliance to FBAR

Executive Summary

rules has improved over the years for such reasons ; (ⅰ) no more need for proving willful violation of FBAR rules in applying a civil penalty, (ⅱ) the hurdle for the criminal penalty for violations of FBAR rules lowered lately through the subtle change in the Courts' interpretation of what constitutes willfulness, (ⅲ) its function supplemented by the Offshore Voluntary Disclosure Program and the Qualified Intermediary system. But the 2010 introduction of FATCA that requires the participating foreign financial institutions and the "specified individuals" to submit relevant information on foreign financial accounts will practically take over much of its function and agreements with several foreign governments have been paving the way for its effective implementation.

3. Second Chapter : UK's Counter-Measures

The (ⅰ) function (*Counter-measures against tax avoidance*) : It is noted that even in such a country as UK where the Westminster principle has long restricted the adoption of the purposive interpretation of tax law provisions to counter against tax avoidance, General Anti-Avoidance Rule (GAAR) was finally introduced by the 2013 Finance Act. Now that it is not applicable to arrangements without abnormal features and instead applicable only to "abusive tax arrangements" (i. e., those arrangements not reasonably considered to be a reasonable course of action in accordance with the "double reasonableness test"), it is generally considered that its scope of application is relatively narrow and its function is not so powerful. However, it covers various types of taxes and is expected to increase transparency by serving as the guiding principle based on which judgments could be made as to whether the tax authority's attempt to invalidate tax avoidance should be void or not.

The (ⅱ) function (*Counter-measures against taxpayer migration*) : Attention is drawn to a series of cases in which an ordinarily UK resident has taken up residence abroad to claim himself a UK nonresident. The courts ruled in general that a domiciled UK resident must make a distinctive break from UK or sever his family and social ties with UK before he ceases to be a UK non-resident. This "distinct break" standard sets a high hurdle for ceasing to be an UK resident and helps prevent the loss of potential tax revenue. This judicially-developed standard is basically reflected in the Schedule 45 of the 2013 Finance Act. UK also has 1992 TCGA § 10A which, under certain circumstances, deems capital gains realized abroad by an ex-UK resident to be realized in UK if he returns to UK and becomes a UK resident within 5 years after his exit from UK. As for corporations set up abroad but controlled and managed in UK, the judicially-developed "center of control and management concept" has worked to treat them as UK residents to subject them to the world-wide income taxation in UK.

The (ⅲ) function (*Counter-measures against income/assets shifting*) : The transfer pricing regime has become a centerpiece of those counter-measures against income shifting as the House of Lords ruled in such cases as Usher's Wiltshire v. Bruce (1915) and Atherton v. British Insulated (1925) that those expenses laid out not only for the

Executive Summary

purposes of trade but also for commercial expediency could also be deductible, implying that the deductibility requirements for expenses are not so stringent. Furthermore, even if the current transfer pricing regime of 1988 ICTA Sch. 28AA is considered to be different from its predecessor 1988 ICTA § 770 (Sales etc. at an undervalue or overvalue), in DSG Retail v. HMRC, the Special Commissioner decided in 2009 that, now that commercial expediency referred to in the ICTA § 770 and potential benefit should also be reflected in its determination, the additional profit should be allocated to the bargaining power of DSG. This decision shows the subjective nature of the arm's length principle and is said to be suggestive of the probability of the arm's length principle in UK to erode further in the future.

The (iv) function (*Measures for effective grasp of income/assets*) : So-called "UK FATCA" is a noteworthy development. "UK FATCA" is a series of agreements UK has reached with the Crown Dependencies and the Overseas Territories to exchange information on their residents' financial accounts held in their respective regions. The foreign accounts information to be provided with is one whose balance exceeds a certain monetary threshold. The local financial institutions are required to submit to their governments such information before these agreemets are implemented. Just as the function of US's FBAR system has been complemented by OVDP, "UK FATCA", hand in hand with the ongoing Disclosure Facilities which provide immunity from criminal prosecution and some relief in penalties, will enable the tax authority to have a much better grip on the financial accounts held offshore by its residents.

4. Third Chapter: EU's Counter-Measures

The (i) function (*Counter-measures against tax avoidance*) : In EU, there are developing Euro-GAAR in the field of direct and indirect tax. ECJ judgment on Cadbury Schweppes case (C-196/04) is a good example indicating Euro-GAAR in the field of direct taxes to be applicable to "wholly artificial arrangements" while ECJ judgment on Halifax case (C-255/02) shows that Euro-GAAR in the field of indirect taxes is applicable to an abusive practice. There are ambiguities in the scope of their application and their nature, but the proposed change by the European Parliament on the setup of GAAR in the article 80 of the 2011 CCCTB draft Directive connotes how those ambiguities should be clarified. Also, GAAR and its setup proposed by the European Commission in the 2012 Communique to the Member Countries tells which setup is advisable for GAAR to counter against aggressive tax planning.

The (ii) function (*Counter-measures against taxpayer migration*) : An analysis is made of exit tax's relation with EC Treaty. EU Member Countries' exit taxes have to be in line with EC Treaty. ECJ ruled in Lasteyrie Case (C-9/02) that the French exit tax of CGI § 167 violated the article 43 of EC Treaty mainly because its application is not limited to purely artificial arrangements and it does not meet the proportionality principle, either. But, those countries (including France) whose exit taxes got subjected to the infringement procedure of Article 226 of EC Treaty seem to be reforming them in ways that would not undermine their effectiveness. ECJ judgments on Hilten-van case (C-513/03) and NGI case (C-379-10) show that a trailing tax and exit tax on corporations have more leeway in setup variations to avoid their violation of EC Treaty. They, however, confirm that a trailing tax should not be applied after several years have passed since a taxpayer exited and exit tax on corporations should not require its immediate payment.

The (iii) function (*Counter-measures against income/assets shifting*) : The author probes into an arm's length principle in the context of EC Treaty. In Lankhorst case (C-324/00), ECJ ruled that Germany's thin capitalization rule (Korperschaftseuergesetz § 8a(1)) violated the article 43 of EC Treaty because it does not confine its application to wholly artificial arrangements. Also, Advocate General Mischo opined that, even if it is in line with the article 9 of the OECD Model Treaty, it does not necessarily mean that it is in line with EC Treaty. Furthermore, in the ECJ judgment on SGI case (C-311/08), it was ruled that, in order for the Belgium income tax act § 26, which is asserted to be based on the arm's length principle, to be in line with EC Treaty, it should allow a taxpayer to provide evidence for commercial justification of a transaction that deviates from the one which should be agreed upon under the competitive condition. In fact, there are also some Member Countries where the courts generally hold a view that the arm's length principle on which their transfer pricing regimes are based contains a subjective element.

5. Fourth Chapter: India's Counter-Measures

The (i) function (*Counter-measures against tax avoidance*) : The Westminster principle has also affected Indian courts' approach to tax avoidance for a long time and restricted the adoption of the purposive interpretation of tax law provisions. But lately there have been moves and judgments such as High Court judgment on Vodafone case (2007) departing from the Westminster principle, even though the Supreme Court' judgment in 2012 overruled the High Court's judgment. Faced with insurmountable limit in preventing tax base erosion by means of the purposive interpretation, there arose gradually a need for more effective counter-measures and in 2012 GAAR was introduced. GAAR went through several amendments in 2013 and now its main features are : (1) it applies to "an impermissible avoidance arrangement" whose main purpose is to obtain a tax benefit and fails the second stage test (abuse test or business substance test, etc.), (2) safeguards available for those transactions whose tax benefits are below a certain monetary threshold, (3) referral to the Approving Panel required before its application.

Also noteworthy about the 2012 tax reform is the amendment of § 9 and some other relevant provisions of income tax act 1961 to prevent such tax strategies as the above-mentioned Vodafone case where an Indian company's share was indirectly transferred offshore from eroding India's tax base. Particularly, § 9 has been amended to contain an

Explanation 5 ("…it is hereby clarified that an asset or a capital asset being any share or interest in a company or entity registered or incorporated outside India shall be deemed to be and shall always be deemed to have been situated in India , if the share or interest derives directly or indirectly, its value substantially from the assets located in India."). This amendment is justified partly by the need for countering against international double non-taxation but it might be not in line with the Supreme Court ruling on Azadi Bachao case (2003) that showed unwillingness toward taking a strict stance on international tax avoidance and tax strategy.

The (iii) function (*Counter-measures against income/assets shifting*) : India's transfer pricing regime has some unique features not in line with the OECD Transfer Pricing Guideline which could either work favorably or unfavorably for taxpayers. Lately, in the face of the limits of the regime vis-à-vis the migration of intangible assets and of the expense deduction clauses for income shifting among domestic businesses, the regime was reformed in 2012 so that its applicability scope is extended to cover various intangible transactions and specified domestic transactions (only those exceeding 5 core rupees). Also notable is the fact that Indian tax authority supports strongly a view that the existence of location savings is a factor to attribute profit to a local company. On the other hand, measures are also taken to mitigate the transfer pricing risk and compliance burden of taxpayers by legislating safe harbors for specific industries, setting up the Dispute Resolution Panel, providing Indian nonresidents with Advance Ruling system to increase clarity and predictability in taxation.

The (iv) function (*Measures for effective grasp of income/assets*) : Under 2012-2013 FA, it has become obligatory for India's ordinarily residents to use certain income tax return forms (those other than ITR-1 and ITR-4S) if they have offshore financial accounts, claim tax treaty benefits, or have tax exempt income exceeding 5 crore rupees, etc. to report their assets in and out of India and file them electronically. Failure in reporting them could result in criminal penalties. Also, failure in reporting offshore accounts is to be deemed as income or assets not assessed for income tax or wealth tax purpose. Furthermore, under 2012 FA, the statute of limitation for assessment for income tax and wealth tax attributable to unreported overseas assets is extended from 6 years to 16 years. The effect of those newly-introduced measures on the level of grasping of taxpayer's income and assets by the tax authority could be far-reaching and has been supplemented by the increasing number of taxpayers participating in the late 1990's amnesty program that became more generous than before in terms of the benefits available.

6. Fifth Chapter: China's Counter-Measures

The (i) function (*Counter-measures against tax avoidance*) : Tax avoidance and cross-border income shifting were seldom deterred under the Dual Corporate Income Tax System that provided foreign capital enterprises with various preferential treatments.

Executive Summary

Such a situation has changed by the introduction of the integrated Corporate Income Tax Act of 2007 which has adopted the standard rate of 25% and incorporated various new or bolstered measures to prevent potential tax base erosion. Included in those new measures is GAAR which is applied based on the substance-over-form principle. It is applicable to those transactions without reasonable business purposes. This principle GAAR is based on has also manifested in the tax authority's Notices that expand on it to justify taxation in certain cases of capital gains accrued to the offshore indirect transfer of Chinese companies' shares and apply the beneficial ownership concept in treaty shopping cases as well as domestic tax avoidance cases.

Also, there have also been moves lately with respect to tax treaties to incorporate therein more and stronger anti-abuse clauses or amend the existing clauses in such ways as to prevent China's tax base erosion. For example, Article 25 of China-HK tax treaty signed in 2006 provides ; "Nothing in this Agreement shall prejudice the right of One side to apply its domestic laws and measures concerning tax avoidance, whether or not described as such. ⋯". Such a clause should work to secure the application of such domestic anti-abuse provisions as GAAR to treaty shopping. Article 10(7) of China-UK treaty provides ; "The provisions of this Article shall not apply if it was the main purpose or one of the main purposes of any person concerned with the creation of assignment of the share or other rights in respect of which the dividend is paid to take advantage of this Article by means of that creation or assignment. Such a clause may obviate the need for resorting to domestic anti-abuse provisions where there remains some ambiguity and difficulty in applying them in the tax treaty shopping context.

The (iii) function (*Counter-measures against income/assets shifting*) : Under the Corporate Income Tax Act of 2007, transfer pricing regime was fortified significantly to cover a wide range of related party transactions and the tax authority takes a view that the existence of location savings is also a factor to attribute profits to a local company. The regime entails relatively heavy contemporaneous documentation obligatior, reporting obligation of relevant information and the possible application of added interest for failure in fulfilling these obligations. The implementation of the transfer pricing regime has also become more effective and efficient by the recent Notices that give auditors guidance as to which types of taxpayers should be given priorities in auditing. On the other hand, relevant recent Notices have come to change its way of implementation by gradually shifting its focus from auditing to managerial and customer service-oriented one, which should help reduce taxpayers' transfer pricing risk.

The (i) and (ii) function in the case of Hong Kong : HK courts, in spite of the influence of the Westminster principle, have not been so hesitant in adopting the purposive interpretation of tax provisions and such a stance has also persisted with respect to GAAR (Inland Revenue Ordinance § 61A) which is modeled after Australia's powerful GAAR. On the other hand, HK does not have a transfer pricing regime in tax law, so there is some ambiguity in how transfer pricing issues are to be addressed. On this

Executive Summary

point, the Court of Final Appeal on Ngai Lik v. CIR (2009) ruled that provisions on expense deduction such as §17 of Inland Revenue Ordinance are not meant to deny deduction by comparing an actual purchase price of a commodity with its market price. This case hints at the importance of GAAR in transfer pricing cases and in fact the HK's TP guideline cites not only expense deduction provisions but also GAAR as relevant provisions in dealing with transfer pricing cases. But questions remain about those provisions' effectiveness and reasonableness in coping with them.

7. Sixth Chapter: Reconstruction of Japan's Counter-Measures

The (i) function (*Counter-measures against tax avoidance*) : The main countries covered in the respective Chapters introduced or decided to introduce GAAR. OECD's BEPS Report also recommends GAAR as one of the main counter-measures against BEPS. GAAR should be useful not only in counteracting tax avoidance but also in the context of transfer pricing and treaty shopping. Following this line of move and thought, the author proposes to adopt GAAR with a setup that incorporates other countries' experience and ingenuity. It is a global trend to incorporate as the first stage test of GAAR the business purpose test (particularly one of the main purpose test) while it is noted that GAAR's function is likely to be restricted if its second stage test adopts a single factor (such as abuse of law test as in the case of Canada's GAAR). Also, it is proposed to introduce a monetary threshold so that it automatically excludes from its scope of application those transactions whose amount (or taxable income) is below such safe harbor. Furthermore, it should be advisable, in view of the importance of inheritance/gift tax and consumption tax in Japan, for the application of such GAAR not to be restricted only to income taxes.

The (ii) function (*Counter-measures against taxpayer migration*) : Exit tax and trailing tax are adopted in many countries as effective measures to prevent tax base erosion which would result otherwise from the migration of taxpayers. The territorial taxation principle is a rationale behind its adoption. Trailing tax such as UK's TCGA §10A should be effective against a taxpayer who resides abroad temporarily to realize no or lower capital gains tax but it has an international double taxation problem while exit tax on individuals seems to have less problems with the OECD Model Tax Convention. In order for exit tax to be effectively and efficiently implemented, it would become necessary to increase the grasping level of taxpayers' assets and exit strategy. As for the corporations' trial to set up offshore companies intended not to become subject to worldwide income taxation in Japan, it might be countered against better by adopting the place of management principle as another added standard to determine its residence. It would complement the limit of the Japanese CFC regime (or Anti-tax haven measure) whose application is limited only to CFCs set up in low tax countries.

The (iii) function (*Counter-measures against income/assets shifting*) : There is a global trend to apply the TP regime to domestic transactions and it would complement the

Executive Summary

limit of expense deduction provisions in copying with TP cases. Also, there has been a metamorphosis of the arm's length principle into the standard with subjective elements, which has been accelerated by the recent change to the OECD TP guideline on intangibles. In the case of Japan, such metamorphosis may not, unlike other countries, increase the application of TP rule relative to other TAARs, so that international double taxation problem caused by the application of CITL § 37 (Taxation of corporate contributions) to transfer pricing cases might not be mitigated. In light of such possibility, the author makes a few proposals ; (1) Japan's TP regime is extended to cover domestic transactions of the related parties exceeding certain monetary threshold, (2) TP audit manual should be modified so that CITL § 37 does not have a priority in application in cases to which TP could also apply, only if its application would result in additional tax exceeding a certain monetary threshold and some other requirements are fulfilled.

The (iv) function (*Measures for effective grasp of income/assets*) : In view of the problem of the section 232 of the Income Tax Act in securing the fulfilment of high income earners' obligation to report the details of their assets, which should be mainly due to the lack of penalty for noncompliance, and gaining insights particularly from FBAR and FATCA, the author proposes that ; (i) failure in complying with section 232 of Income Tax Act leads to a heigher under-reporting or non-reporting perolty rate on under-stated income if it is attributable to such failure, (ii) the scope of Japan's foreign assets reporting system be extended to cover some foreign assets held indirectly by individuals through domestic entities they have control over, (iii) the statute of limitation be extended in cases where foreign assets reporting obligations are not fulfilled, (iv) the higher administrative penalty rates on under-reporting and non-reporting of income attributable to unreported foreign assets be raised further. As for ways to enhance the grasping level of domestic assets and their transfer, a proposal is made, by getting a clue from IRC § 6501(c)(9), to make a change to the statute of limitation on gift tax assessment so that it does not start until the gift tax return is filed or the registrable property is officially put on record, only in such limited cases where it can be proven that such inaction of the taxpayer was mainly attributable to his tax avoidance purpose and the value of the gifted property exceeds a certain monetary threshold.

凡　例

月報	訴務月報
国連移転価格マニュアル	United Nation's Practical Manual on Transfer Pricing for Developing Countries
国連モデル条約	United Nations Model Taxation Convention between Developed and Developing Countries
サブパラ	サブパラグラフ
裁判所HP	裁判所ホームページ
税資	税務訴訟資料
措置法	租税特別措置法
判時	判例時報
判タ	判例タイムズ
パラ	パラグラフ
AAR	Authority of Advance Ruling
ABA	American Bar Association
AC	Appellate Court or Court of Appeal
ADIT	Additional Director General of Income Tax
AIR	All India Reporter
AJC法	American Jobs Creation Act
ALP	Arm's Length Price
ALR	Australian Law Reports
Anr.	And others
AO	Abgabenordnung
APA	Advance Pricing Agreement
App.	Appeals
AStG	Aussensteuergesetz
BAO	Bundesabgabenordnung
BEPS	Base Erosion and Profit Shifiting
BFH	Bundesfinanzhof
BIM	Business Income Manual
BNB	Besllissingen Nederlandse Belastingrechtspraak
BV	Besloten Vennootschap
CA	Court of Appeals
CAG	Comptroller and Auditor General
CBOT	Central Board of Direct Taxes
CCCTB	Common Consolidated Corporate Tax Base
CCIT	Chief Commissioner of Income Tax
CFC	Controlled Foreign Corporations
CFR	Code of Federal Regulations

凡　例

CGI	Code General des Impots
Ch	Chancery Division
CIR	Commissioner of Inland Revenue
CIT(A)	Commissioner of Income Tax (Appeals)
CITL	Corporation Tax Law
Civ (Civil)	Civil Division
COT	Commissioner of Taxation
Del	Delhi
DIT (DGIT)	Directorate or (Director) (General(s)) of Income Tax
DRP	Dispute Resolution Panel
DTAC	Double Taxation Avoidance Convention
DTC	Direct Taxes Code
EC	European Community
EC条約	Treaty establishing the European Community
ECOFIN	Economic and Financial Affairs Council
EEC	European Economic Community
ErbStG	Erbschaftssteuer-und Schenkungsteuergesetz
Et al	Et alia (and others)
EU	European Union
EWCA	England and Wales Court of Appeal
EWHC	England and Wales High Court
FA	Finance Act
FATCA	Foreign Account Tax Compliance Act
FBAR	Report of Foreign Bank and Financial Accounts
FCAFC	Federal Court of Australia Full Court
FCT	Federal Commissioner of Taxation
Fed.	Federal
FFI	Foreign Financial Institution
FinCEN	Financial Crimes Enforcement Network
FIIs	Foreign Institutional Investors
FIT法	Foreign Investors Tax Act
Fla.	Florida
F. J. F.	Fiscale jurisprudentie/Jurisprudence fiscale
FOB	Free on Board (本船渡し条件)
GAAR	General Anti-Avoidance Rule
GAO	Government Accountability Office
HEART法	Heros Earnings Assistance and Relief Tax Act
HIPA法	Health Insurance Profitability and Accountability Act
HKC	Hong Kong Cases
HKTC	Hong Kong Tax Cases

HKLRD	Hong Kong Law Reports and Digest
HMRC	Her Majesty's Revenue and Customs
H. Rept.	House Report
HUF	Hindu Undivided Family
ICTA	Income and Corporation Tax Act
INTL	International
INTM	International Manual
IP	Intellectual Property
IRC	Inland Revenue Code or Inland Revenue Commissioner
IRO	Inland Revenue Ordinance
IRS	Inland Revenue Service
IDCs	Intangible Development Costs
IT	Income Tax
ITAT	Income Tax Appellate Tribunal
ITR	Income Tax Reporter
JCS	Joint Chiefs of Staff
JCT	Joint Committee on Taxation
JV	Joint Venture
LB&I	Large Business and International
LMSB	Large and Mid-Size Business
MARD	Mutual Assistance in Recovery Directive
MUM	Mumbai
NFFI	Non-Financial Foreign Entities
NYSBA	New York State Bar Association
OECD移転価格ガイドライン	
	OECD Transfer Pricing Guidelines for Multinational Enterprises and Tax Administrations
OECDモデル条約	
	OECD Model Tax Convention on Income and on Capital
OVDP	Offshore Voluntary Disclosure Program
Para	Paragraph
PCTs	Preliminary and Contemporaneous Transactions (or Platform Contribution Transactions)
Pty ltd.	Proprietary Limited Company
QC	Queen's Counsel
QI	Qualified Intermediary
r.w.s.	read with section
s.	section
SAAR	Specific Anti-Avoidance Rule
SAR	Special Administrative Region

凡　例

SARS	South African Revenue Service
SC	Supreme Court
SCD	Special Commissioner's Decision
SCE	Societas Cooperative Europaea (or European Cooperative Society)
Sch.	Schedule
S.D.	South District
SE	Societas Europeae
STC	Simon's Tax Cases
Spc.	Special Commissioner
TAAR	Targeted Anti-Avoidance Rule
T. C.	Tax Court
TCGA	Taxation of Chargeable Gains Act
T. D.	Treasury Decision
TEC	Treaty Establishing the European Community
TIEA	Tax Information Exchange Agreements
TIOPA	Taxation (International and Other Provisions) Act
TNMM	Transactional Net Margin Method
TP	Transfer Pricing
TPO	transfer pricing officer
TTJ	Tax Tribunal Judgments
TUIR	Testo Unico delle Imposte sui Redditi
UBS	Union Bank of Switzerland
UKFTT	United Kingdom First Tier Tribunal
UKSC	United Kingdom Supreme Court
u/s	under section
v.	versus
VDIS	Voluntary Disclosure of Income Scheme
Vict.	Victrian
Vpb	Vennootschpsbelasting

序章　我が国の対応策の分析

第1節　租税回避行為による税源浸食への対応

1．包括的な否認規定に対する評価と趨勢

(1)　OECDの見解

　租税戦略による税源浸食の防止機能を高める手段は様々であるが、租税回避行為の否認機能を高める措置を講じることは、特に基本的かつ効果的な手段となる。否認機能を高めるためは、特定の取引に狙いを絞った個別否認規定を拡充することが原則となるが、個別否認規定では、そのループ・ホールを狙った租税回避行為や条約漁り等に対して適切かつ十分に対応することができないとの問題点や限界がある。したがって、国内法だけでなく、租税条約でも、一定の基準に合致する租税回避行為を否認することを可能にする包括的な否認規定が組み込まれている場合が少なくない。OECDモデル条約でも、個別の濫用防止規定に加え、「特典制限」（Limitation of Benefits, LOB）条項のような包括的な否認規定を租税条約に組み込むことが、国際的二重非課税や条約漁り等を防止する上で効果的な手段となり得るとの見解が示されている。

　例えば、2010年版OECDモデル条約1条に関するコメンタリーのパラ20は、「上記のパラは、導管という状況に対処するための異なるアプローチを示しているが、それらは、いずれも、『条約漁り』と一般的に言われている問題の特定の側面に対処するものである。その問題により包括的な方法で対処することを望む国は、以下の詳細なLOB条項の例を検討したいと考えるかもしれない。その際、LOB条項とは、いずれの締約国の居住者でもない者が、さもなければ締約国の一方の居住者となる資格のある事業体の利用を通じて条約上の利益を得ることを阻止することを目的とするものであるが、一定の修正が必要となる可能性もあり、また、多くの国は、条約漁りに対し、その他のアプローチで対応することを選択することもあることを念頭に置くであろう」と述べている[1]。

　また、少なからぬ租税条約は、包括的否認規定（General Anti-Avoidance Rule, GAAR）を含む国内法上の規定との関係を明確に示す規定を有していないが、租税条約がGAARを含む国内法上の濫用防止規定による条約漁り等への対応を基本的に阻害するものでないことは、OECDモデル条約1条に関するコメンタリーのパラ22～22.1が、「その他の租税条約の濫用の形態（例えば、基礎会社の利用）、また、『実質優先の原則』、『経済的実質』及び包括的な濫用防止規定を含む可能な対処方法を分析すると、…それらのルールは、いず

---

1) 原文は、"While the preceding paragraphs identify different approaches to deal with conduit situations, each of them deals with a particular aspect of the problem commonly referred to as 'treaty shopping'. States wishing to address the issue in a comprehensive way may want to consider the following example of detailed limitation of benefits provisions aimed at preventing persons who are not resident of either Contracting States from accessing the benefits of a Convention through the use of an entity that would otherwise qualify as a resident of one of these States, keeping in mind that adaptation may be necessary and that many States prefer other approaches to deal with treaty shopping." である。

れの事実が税負担を生じさせるかを決定する国内税法によって定められた基本的な国内法上のルールであるが、租税条約で取り扱われているわけではないため、租税条約による影響を受けない。したがって、一般的なルールとして、また、パラ9.5に鑑みても、衝突が生じないのである。…」と定めていることからも確認することができる[2]。

包括的な否認規定の有用性を強調するOECDの考え方は、近年、更に顕著なものとなってきている。特に、BEPS報告書第5章では、租税回避行為への対応手段が、行動計画案に含めるべき税源浸食への対応上重要度の高いものの一つであるとした上で、具体的な対応手段として、包括的否認規定、CFCルール、過少資本税制及び条約漁り防止規定が挙げられている。行動計画案5（Counter harmful tax practices more effectively, taking into account transparency and substance）でも、条約濫用が税源浸食の最も危惧される原因の一つであるとした上で、OECDモデル条約1条に関するコメンタリーは、既に、条約漁り等に代表される濫用を防止する上で依拠し得る規定の例を挙げているが、多くの場合、国内法上の課税権の行使に加えて、条約上の厳しい濫用防止規定を措置することが、源泉地国課税の復権に貢献するとの見解が示されている。

上記行動計画案5で言及されているOECDモデル条約1条に関するコメンタリーの中には、確かに、例えば、2010年版のパラ9.1のように、国内法上の濫用防止規定やルールは、租税条約と抵触するか否かとの問題があるとしながらも、多くの国は、抵触しないと考えている点を指摘しているものがあり、また、パラ9.6は、「包括的な濫用防止規定の潜在的な適用があることは、租税回避の特定の形態を防止することを狙った特定の規定を租税条約に組み込む必要がないことを意味しているわけではない」と定めている[3]。上記の行動計画案5で示されている考え方も、これらのパラの見解を追認し、租税条約上の濫用防止規定と国内法上の包括的な否認規定・法理の双方が、租税回避や条約漁りへの対抗上重要であり、その適切な行使を通じて国際的二重非課税による税源浸食を防止することを前向きに検討することの必要性・有用性が高まってきているとの考えを述べたものであると考えられる。

(2) 国連の見解

国連モデル条約（2011年版）も、条約漁り等への対応上、租税条約及び国内法上の包括的な濫用防止規定や包括的な否認規定・法理が有効であることを認めている。例えば、本条約1条に関するコメンタリーは、パラ28～29において、多くの国の裁判所は、国内法の濫用を防止する効果を有する異なる判例法上の原理を発展させてきており、それの原理の中には、事業目的、実質優先、経済的実質、段階取引及び法の濫用などのアプローチが含まれるが、これらの原理は、国内の税法の一部を構成しているのが一般的であるとした上

---

[2] 原文は、"Other forms of abuse of tax treaties (e. g. the use of a base company) and possible ways to deal with them, including 'substance over form', 'economic substance' and general anti-abuse rules have also been analyzed, … . Such rules are part of the domestic rules set by domestic tax laws for determining which facts give rise to a tax liability ; these rules are not addressed in tax treaties and are therefore not affected by them. Thus as a general rule and having regard to paragraph 9.5, there will be no conflict." である。パラ9.5は、第5章第2節2(1)イ・脚注53)参照。

[3] 原文は、"The potential application of general anti-abuse provisions does not mean that there is no need for the inclusion in tax convention, of specific provisions aimed at preventing particular forms of tax avoidance." である。

で、パラ30において、「租税条約の解釈は、条約法に関するウィーン条約31条から33条に定められた一般ルールに則って行うこととなるが、同様な判例法上のアプローチを租税条約上の特定の規定の解釈に対して適用することを排除するものは何もない…」と定めている[4]。

また、国連モデル条約1条に関するコメンタリーは、パラ32において、「確かに、そのような租税条約上の特定の濫用防止ルールは、納税者に対し、より広範な包括的な濫用防止ルール又は原理よりも高い明確性を提供するものである。…」と述べながらも[5]、パラ33では、「しかし、租税条約が関係する租税を回避する戦略に対し、租税条約上の特定の濫用防止ルールに広範に依存するリスクを過少評価すべきではない…」とした上で[6]、その理由として、特定の濫用防止ルールは、(i)既存の租税回避戦略に基づいて制度設計されている、(ii)その制度設計の枠外にある租税回避戦略を包括的な否認ルールで否認することを妨げるように作用し得る、(iii)複雑な租税回避戦略に対処するために、複雑な特定の濫用防止ルールを措置することが必要になることが挙げられている。

上記のリスクがあることなどに鑑み、国連モデル条約1条に関するコメンタリーのパラ33では、特定の濫用防止ルール自体は、条約漁りに対して包括的な解決策を提供するものではないとの結論が示され、さらに、パラ36では、「国内法及び租税条約の解釈に対するアプローチが、その租税条約の不適切な利用に対して効果的に対処するものとなっているとの自信を持てない国は、勿論、租税条約の中に以下のような包括的な濫用防止規定を組み込むことを検討することができる…。本条約が提供する利益は、取引又はアレンジメントを実行した主要な目的がこれらの利益を得ることであり、そのような状況の下、そのような利益を得ることは、本条約の関係する規定の趣旨と目的に反すると合理的に考えられる場合には、享受することができない。…」と定められている[7]。

(3) 採用・浸透度合い

上記(1)で示した包括的な否認規定に対するOECDモデル条約の見解に基本的に依拠しているであろうOECD加盟国における国内法上の包括的な否認規定の採用状況の如何に目を向けると、豪州（1936年所得税法第4編A）、オーストリア（BAO§21）、ベルギー（所得税法§344等）、カナダ（所得税法§245）、フランス（CGI§64）、ドイツ（AO§42）、ギリシャ（租税手続法（I. 4174/2013））、ハンガリー（2004年改正租税執行法§1(7)）、アイルランド（1997年租税総括法§811）、イスラエル（所得税法令§86）、イタリア（1997年改正所得税法§37）、韓国（国際租税調整法§2-2）、オランダ（租税通則法§31）、ニュー

---

[4] 原文は、"While the interpretation of tax treaties is governed by general rules that have been codified in Articles 31 to 33 of the Vienna Convention on the Law of Treaties, nothing prevents the application of similar judicial approaches to the interpretation of the particular provisions of tax treaties. ..."である。

[5] 原文は、"Clearly, such specific treaty anti-abuse rules provide more certainty to taxpayers than broad general anti-abuse rules or doctrines. ..."である。

[6] 原文は、"One should not, however, underestimate the risks of relying extensively on specific treaty anti-abuse rules to deal with tax treaty avoidance strategies. ..."

[7] 後段の原文は、"Benefits provided for by this Convention shall not be available where it may reasonably be considered that a main purpose for entering into transactions or arrangements has been to obtain these benefits and obtaining the benefits in these circumstances would be contrary to the object and purpose of the relevant provisions of this Convention."である。

ジーランド（2004年所得税法§BG1）、スペイン（税法§15(58/2003)）、スウェーデン（税法2§（1995：575））、英国（2013年FA§206）、米国（IRC§7701(o)）など、既に、半数以上の加盟国が包括的な否認規定を有していることが判明する[8]。

上記(2)で示した国連の見解も、包括的な否認規定は、いくらかのOECD非加盟国の国内法でも採用されているであろうことを少なからず示唆しているが、実際、中国（企業所得税法47条）、インド（所得税法第10章A）、シンガポール（所得税法§33）、香港（税務条例§61A）、ブラジル（2001年改正所得税法§116）等のように[9]、GAARを有する国・地域は、最近、増えてきている。また、一部の国々では、一連の裁判（例えば、ロシアの最高商業裁判所2006年10月12日第53号決定等）を通じて、包括的否認法理が実質的に確立しているような国もあるが、特に、EU加盟国では、欧州司法裁判所（European Court of Justice, ECJ）判決等を通じてEuro-GAARが確立しつつあることから、OECD加盟国であるか否か、あるいは、国連モデル条約に立脚しているか否かなどに関係なく、一定の条件の下、Euro-GAARと位置づけ得る包括的な否認アプローチに依拠できることが注目すべき点として挙げられる[10]。

上記のような状況に鑑みると、主なOECD加盟国である我が国において、GAAR（又は、米国のIRC§7701(o)のように実質的にGAARとして機能する包括的な否認規定[11]）が導入されていないのは、むしろ、奇異な感じさえする。しかも、我が国の場合、租税回避行為の否認上依拠し得る包括的な否認法理も殆ど存在していない。確かに、我が国の場合、準包括的な否認規定（法人税法132条等に定める同族会社の行為計算の否認規定や法人税法37条に定める寄附金課税制度等）が措置されており、また、租税条約という文脈では、最近、平成18年に改正された日英租税条約等のように、LOB条項や「主要目的テスト」に依拠した準包括的な濫用防止規定を組み込んだものが見受けられるようになってきていることから、これらの規定に依拠することによって、GAARが措置されていないことによって生じる税源浸食をある程度防止することが可能となっている。

しかし、上記の国内法上及び租税条約上の準包括的な否認規定の適用対象範囲及び適用基準等は、一般的なGAARとは少なからず異なっているため、税源浸食の防止が不十分又は不可能となるケースもある。このようなケースに対処する必要性やグローバルな趨勢等を踏まえると、GAAR導入という選択肢は、我が国でも十分にあり得るものと考えられるが、かかる選択肢は、長きに亘り、税制改正の議論の俎上に上っていない。かかる選択肢が、近年、全く、具体的な形となって浮上してきていない背景には、様々な要因があろうが、以下の2で述べる昭和36年「国税通則法の制定に関する答申（税制調査会第二次答申）」（以下「昭和36年答申」という）で示された実質課税の立法化案に対する批判と同様なものが、GAAR導入案に対しても投げ掛けられ得るところ、かかる批判が示唆する問題点を克服することは依然として困難であると考えられていることが、主な要因の一つとなって

---

[8] 豪州、ベルギー、カナダ、フランス、ドイツ、韓国、オランダ及びイタリアのGAARのポイントは、松田直樹『租税回避行為の解明』（ぎょうせい、2009）161〜174頁、210〜224頁、262〜271頁、277〜281頁、289〜299頁、348〜350頁、414〜417頁参照。

[9] インド、中国及び香港のGAARの詳細は、第4章第2節及び第5章第2節・第4節参照。

[10] ロシアの実質優先の原理と事業目的テストに依拠する本法理の詳細は、http://www.whitecase.com/articles-09012010-1/参照。Euro-GAARの詳細は、第3章第1節1(2)参照。

[11] IRC§7701(o)の詳細は、第1章第1節(2)参照。

いるではないかと思料する。

2．我が国の包括的否認規定案に対する考え方の趨勢

(1) 過去の議論の趨勢

　我が国でも、上記の通り、昭和36年答申では、実質課税の原則の立法化案が提言されていた。本案が提言された背景には、昭和36年答申に関する説明（「答申別冊」）11頁でも述べられているように、当時、実質課税の原則は、税法を解釈する原則として承認され、また、収益帰属に関する実質課税の原則の一環として解釈適用されていた規定（所得税法3条の2及び法人税法7条の3等）もある中、そのような解釈を立法化することを推進することが望ましいとの問題意識があった。もっとも、実質課税の原則が立法化された場合、その適用範囲が不当に広くなり、その結果、税法上容認されるべき行為まで否認されることがないように配慮する必要性があることに鑑み、昭和36年答申の3頁では、その立法を行うに際しては、その行為をするについて他の経済上の理由が主たる理由として合理的に認められる場合には、税法上あえて否認しないものとするとの制度設計を採用することが考えられていた。

　さらに、「答申別冊」14頁では、当時の西ドイツの租税調整法6条が、1項において、「納税者義務は、民法の形式又は形成可能性を濫用することによって、回避し又は軽減することはできない」と定め、また、2項において、「濫用が存在する場合においては、租税は経済上の行為、事実及び諸関係に適合する法的形態に即して徴収されるべき額において徴収しなければならない」と規定していたことにも言及がされているが、税法上否認される租税回避行為の範囲をどうするかという問題に対する考え方としては、否認対象の判断基準として米国で依拠されている「事業目的の検定」の下では、通常の事業目的がその取引行為の主たる目的と認められるときは、その取引は税法上容認されるが、そうでないときには、税法上その取引行為は否認されることとなるところ、かかる判断基準が極めて有益な示唆を与えるとの見解が示されている。

　昭和36年答申が提言する実質課税の原則の立法化案の適用基準の詳細は、必ずしも十分に明らかではなかったものの、上記の見解等を基本とする本立法化案を肯定的に評価するような見方もあった。例えば、「租税回避の防止に関する原則規定は確かに必要であるから、租税基本法の制定をまたずに取りあえず単行法をもって租税回避に関する原則規定を設けるべきである。また、各個別税法には、その具体化をでき得る限り、詳細かつ明確に規定しなければならない。…否認権濫用の防止措置を立法的に講じておくことが必要なのである」などの意見もあった[12]。このような意見の根拠としては、昭和36年10月に開催された「国税通則法制定に関する答申をめぐる諸問題(一)」と題された日本税法学会第21回大会のシンポジウムでも述べられているように、このような規定が全くなければ、次々と新手の租税回避行為が続出することが危惧されるからであるなどの点が挙げられていた[13]。

　しかし、前述の通り、実質課税の原則の立法化案に対しては批判的な意見が多かった。例えば、日本税法学会が昭和36年11月11日に内閣総理大臣に提出した「国税通則法制定に関する意見書」の3～4頁では、(i)答申は、実質課税の原則を掲げながら、その内容は、

---

12) 中川一郎「国税通則法答申の批判(三)」税法学130号（1961）3頁参照。
13) 税法学130号（1961）37頁参照。

課税立法の原則とは異なる税法の解釈に関する原則規定、並びに課税要件事実の判断に関する原則規定の制定に関する事項であり、税務行政独裁化の危険性を包蔵している、(ii)税法を立法するに際しては、もとより、租税負担の公平を図らなければならないが、一旦立法されたならば、その立法がたとえ実際には租税負担の不公平を招来せしめるものであっても、これをその税法の解釈にあたり租税負担の公平を図るように補正して解釈することは許されないところ、かかる補正解釈が行われる余地があれば、租税法律主義に反することとなるなどの批判がされている。

　上記の意見・批判のほかにも、法体系を異にするアメリカの「事業目的の検定」を持ち出してくるのではなく、むしろ、ドイツのように、むしろ、その行動が異常のものであり、かつこれを正当とする特殊事情がない場合に限り租税回避の成立を認めるべきであるとの考えの下、「実質課税の原則が租税法解釈の基本原則であるということを理解することはできない。先ず第一に、実質課税の原則そのものが判然としない。というのは、実質課税の原則という言葉は、幾回となく使用されており、これに関連していると思われるような叙述はなされているが、実質課税の原則そのものについて直接的に端的に説明している箇所はない。…これが租税法解釈の基本原則であるといわれてみても、少なくとも税法学徒には…意味を理解することはできない。結局何ら意味のないことが表明されているに過ぎないか、あるいは恣意的解釈を不可解な文言によって粉飾使用としているのではないかとの疑惑を濃厚ならしめるにすぎない」との意見もあった[14]。

　確かに、昭和36年答申では、実質課税の原則の適用基準・射程範囲が十分に明確でなく、その濫用を防止する措置も提言されていないなどの問題点があったが、そもそも、当時は、GAARを有する国の数もそれほど多くなく、また、その適用基準やその濫用防止手段等も十分に確立していない中、かかる問題点を十分に克服することは容易ではなかったと考えられる。しかし、その後、多くの国々では、包括的な否認法理に対する考え方の変容やその適用実績の蓄積などを通じて、実質課税の原則やGAARが包含する諸々の問題点は、包括的な否認規定の導入・執行上、克服し難い障害ではなくなっているのに対し、我が国では、昭和36年答申に対する批判で指摘された問題点が依然として燻っている感があるだけでなく、包括的な否認規定・法理に対する考え方は、近年、むしろ、より否定的なものへと変容する様相さえ呈するようになってきている[15]。

(2) 新たな否認法理の台頭

　そもそも、昭和36年答申に対する批判で指摘された問題点の多くは、包括的否認規定案であれば、実質課税の原則の立法化案に限らず、包含しているものであり、その対処方法を検討する必要性は、多かれ少なかれ生じるが、その検討を行うに当たっては、まず、その基本となる制度設計案をある程度絞り込むことが、具体的な議論を行う上で有益となろう。そうすると、例えば、前述の通り、昭和36年答申に対しては、法体系が異なるアメリカの「事業目的の検定」を持ち出してくるのではなく、むしろ、ドイツのような否認法理が望ましいとの見解・批判があったことから、ドイツも含む欧州の大陸法の国々において、

---

[14] 中川一郎「国税通則法の制定に関する答申(一)」税法学128号（1961）9頁、中川・前掲「国税通則法答申の批判(三)」2頁参照。
[15] 詳細は、松田・前掲『租税回避行為の解明』15〜29頁参照。

第1節　租税回避行為による税源浸食への対応

租税回避行為の主たる否認法理又は包括的否認規定の制度設計の中核を成している「法の濫用」（abuse of law）の法理を組み込んだものが[16]、GAARの制度設計の選択肢としては望ましいのではないかとの見方があり得るものと考えられる。

実際、「法の濫用」の法理と類似する否認アプローチに立脚する制度設計が、我が国の税体系に適していることを示唆するような裁判例も、最近、見受けられる。例えば、外国税額控除の余裕枠を利用して税負担軽減を図る行為を否認した処分の適法性の如何が争点となったS事件大阪高裁平成14年6月14日判決（平成13年（行コ）第47号、判タ1099号182頁）では、法人税法69条に定める外国税額控除制度は、必ずしも恩恵的な制度ではないにしても、選択の余地のある政策的な制度であって、特別な課税減免規定と位置づけることができるものであるところ、本件取引は、「法69条の制度の趣旨・目的を著しく逸脱するものであって、…正当な事業目的が存するとはいえ、…極めて限局された事業目的が存するとしかいえないことからすると、…法69条の制度を濫用するもの…」であるとして、本件処分の適法性が首肯されている[17]。

上記S事件大阪高裁判決に対しては、例えば、「課税減免規定の目的外利用（濫用）による租税回避については明文の否認規定がなくても租税負担公平の見地から否認するのが妥当であり、そのような否認は限定解釈の方法によって可能である、というような裁判官の（価値判断を含む）判断を読み取ることができるように思われる。しかし、そのような判断は租税法律主義の下では許容されるべきではない」ほか、本高裁判決は、租税負担公平の見地から「不公平の拡大」とみた上で、外国税額控除余裕枠の第三者への供与という終局目的を限定解釈の基準として採用したのかもしれないが、それは、裁判官による法形成の限界を超える判断であろうとの批判もあるが[18]、本判決で示された「制度の濫用」という概念は、およそ同様な問題が争点となったR事件最高裁平成17年12月19日判決（平成15年（行ヒ）第215号、判時1918号3頁）でも依拠されている。

上記R事件最高裁判決の原審である大阪高裁平成15年5月14日判決（平成14年（行コ）第10号、判例集未登載）では、税務当局が敗訴しているが、本最高裁判決では、特に、「本件取引は、全体としてみれば、本来は外国法人が負担すべき外国法人税について我が国の銀行である被上告人が対価を得て引き受け、その負担を自己の外国税額控除の余裕枠を利用して国内で納付すべき法人税を減らすことによって免れ、最終的に利益を得ようとするもの」であり、これは、我が国の外国税額控除制度をその本来の趣旨・目的から著しく逸脱する態様で利用して納税を免れ、取引自体によっては外国法人税を負担すれば損失が生ずるだけの取引をあえて行ったものであって、本制度を濫用するものであるとの見解の下、被上告人を敗訴させていることが注目される。

上記の通り、上記S事件大阪高裁平成14年6月14日判決及び上記R事件最高裁平成17年12月19日判決で依拠された「制度の濫用」の概念は、租税回避行為を否認する法理として、一定の潜在的有用性を秘めているが、その有用性の程度は、その実質・法的性格が、(i)ローマ法を起源とする欧州の大陸法の国々で租税回避行為の否認上依拠されている「法の濫用」

---

16) 「法の濫用」の法理の適用例は、松田・前掲『租税回避行為の解明』254～299頁参照。
17) 本判決で敗訴した納税者の上告は、最高裁平成17年12月19日決定（平成14年（行ツ）第219号、平成14年（行ヒ）第257号、税資255号順号10242）で棄却・不受理となっている。
18) 谷口勢津夫「司法過程における租税回避否認の判断構造」租税法研究32号（2004）54～59頁参照。

の法理と同様なものであるのか、(ⅱ)本大阪高裁判決が示唆しているように、その適用対象は、税法上の政策的な規定を濫用するものであって、しかも、その規定の趣旨・目的を著しく逸脱するものに限定されるのか、あるいは、(ⅲ)「法律上の根拠がない場合に否認を認める趣旨ではなく、外国税額上の制度の趣旨・目的に照らして規定の限定解釈を行った例である」のいずれに該当するものと解するかによって[19]、かなり異なったものとなり得る。

3．否認アプローチ再構築の必要性

上記R事件最高裁判決等で示された「制度の濫用」の概念は、その法的性格の如何によっては、GAARの制度設計案の有力な候補ともなり得ると考えられるが、船舶リース事件名古屋高裁平成19年3月8日判決（平成18年（行コ）第1号、税資257号順号10647）では、その適用範囲が狭く解されている。本事件は、航空機リース事件名古屋高裁平成17年10月27日判決（平成16年（行コ）第48号、税資255号順号10180）の場合と同様に[20]、減価償却費等がリース事業の収益よりも多額となるために生じる損失の分配を受けた出資者が、その他の所得との損益通算を通じて税負担の軽減・繰延べを図るというスキームが問題となり、原審である名古屋地裁平成17年12月21日判決（平成16年（行ウ）第59〜第61号、税資255号順号10248）では、本件事業による収益は雑所得であって損益通算の対象となる不動産所得ではないなどとする被告の主張は棄却されている。

上記船舶リース事件控訴審では、控訴人は、「費用収益対応の原則からすれば、減価償却資産の取得費は、取得の年度に一括して費用に計上するのではなく、使用又は時間の経過によってそれが減価するのに応じて徐々に費用化すべきであるとされている。しかし、…このような税法上の制度を濫用する場合には、当該制度の適用がないことは明らかである。この点、法人税法69条の規定する外国税額控除の制度についてではあるが、最高裁平成15年（行ヒ）第215号…は、問題とされている取引について、…制度の濫用として、その適用を否定している。本件各組合の事業には経済的合理性がなく、被控訴人ら組合人は、本件各船舶に係る減価償却の利益を得ることを主目的として本件各組合に参加している…これは、所得税法等の規定する減価償却の制度をその本来の趣旨及び目的から著しく逸脱する態様で利用することにより納税を免れ、納付されるべき所得税額を減少させた…」と主張した。

しかし、上記名古屋高裁判決では、「被控訴人らは、本件各船舶の共有持分権を有し、かつ、これを収益を上げる可能性が相当程度存在する本件賃貸事業に出資していると認められるのであるから、…本件各船舶が減価償却資産に当たらないということはできない」ほか、税務当局が主張する「被控訴人ら組合員は本件各船舶に係る減価償却の利益を得ることを主目的として本件各組合に参加しているとする点についても、合理的経済人が、減価償却費と損益通算による所得の減少を考慮して、事業計画を策定することは、ごく自然なことと考えられる上、現実の納税額が減少するのは、所得税法が採っている累進課税制度、長期譲渡所得の優遇措置などを適用した結果であり、税法自体が容認している範囲内のものにすぎない…。その他に、本件各組合の事業が減価償却制度を濫用するものである

---

19) (ⅲ)の解釈を採るものとして、金子宏『租税法（第16版）』弘文堂（2011）122頁、今村隆・川村祐紀「租税法における濫用の法理」日本大学法学紀要53巻（2012）305頁がある。
20) 本判決のポイントは、松田・前掲『租税回避行為の解明』3〜4頁、436頁参照。

第1節　租税回避行為による税源浸食への対応

と認めるに足りる主張立証はなく、…控訴人らの主張は採用できない」と判示されている。

　上記高裁判決で特に注目されるその他の箇所として、本件賃貸事業には収益を上げる可能性が相当程度に存在していたことなどを根拠として本件スキームの経済的合理性を認定した原審の判断が是認されている点が挙げられる。そもそも、かかる認定・判断を原審が行う必要があったのは、被告が、「本件賃貸事業においては、得られる利益の大部分（…）が損益通算による課税額減少の利益に基づいている。…本件賃貸事業は、租税負担が軽減される点を考慮しない限り、原告ら投資家にとって利益となる点は見られず、むしろ、その利益に反する…」などと主張したからであるが、仮に、本件スキームに経済的合理性がないと認定されたとしても、経済的合理性がない取引を否認する明文の根拠規定がなく、また、「制度の濫用」の概念の適用基準も十分に明確でない中、本件スキームは減価償却制度を濫用するとの判断又はその税務効果を否認する判断が下されるとは限らないであろう。

　また、上記の船舶リース事件控訴審において、被控訴人らは、「減価償却制度は、国際的二重課税を防止し税制の中立性を確保するため政策的に創設された外国税額控除制度とは全く異なり、会計手続上当然のこととされている収益に対する費用の配分手続を所得税法自体が採用したものであり、単なる政策目的に基づく制度ではない。したがって、一定の場合にその利用を制限するという政策的な判断が許容され得る外国税額控除と同様に、減価償却制度の濫用であるなどとして当該制度の不適用の可能性を論ずることはできない…」と主張しているが、米国の裁判では減価償却費用の控除を否認している例があるほか、そもそも、何が政策的な判断の許容され得る制度なのかが判然としない[21]。また、制度の趣旨及び目的から著しく逸脱する行為と制度の濫用との異同も定かではない。

　上記の通り、船舶リース事件名古屋高裁判決は、R事件最高裁平成17年12月19日判決等で示された「制度の濫用」の概念の租税回避行為の否認法理としての有用性が、それほど大きくないことを示唆している。そうすると、やはり、我が国の税法上明文化されていない包括的な否認法理による否認の余地は狭く、また、「制度の濫用」の概念に基づく制度設計に依拠したGAAR案の租税回避行為の否認機能も、それほど大きいものとはならないのではないかと考えられる。これらの点に鑑みると、租税回避行為による税源浸食の防止機能を高めるには、否認アプローチの再構築に繋がる立法措置を講じる必要があり、そのような立法措置の有力候補となり得るがGAARの導入という選択肢であるならば、その制度設計は、「制度の濫用」の概念とは異なるメルクマールを中核に据えたものとなることが妥当なのではないかと思料する。

　第1章〜第5章で考察している国・地域では、最近、GAARの導入、包括的な否認法理の立法化、Euro-GAARの確立に向けた動きなどが認められる。これらの動きは、GAARや包括的な否認規定が、新たな次元に突入していることを示唆している。各章では、これらの動きに着目し、これらの国・地域が、どのような経緯を経て如何なる制度設計に基づくGAAR等を採用しているのか、また、そのような制度設計は、グローバルな傾向・趨勢に鑑みると、どのように位置づけられるのかなどを分析・考察することを通じて、我が国への示唆を抽出することを試みる。終章第2節では、かかる示唆等を踏まえた上で、税負

---

21)　例えば、第2章第1節2(3)で言及しているCasebeer事件第9巡回裁判所判決（1990）参照。この点の解釈を巡る議論は、松田・前掲『租税回避行為の解明』57頁、444〜448頁参照。

担回避へのインセンティブが強まる傾向にある我が国での税源浸食の防止機能を高めるのに資する有力な候補の一つとなるべきであると考えられるGAARの制度設計案のあり方を模索・提言することを試みる。

第2節　納税者の国外移転による税源浸食への対応

1．個人の国外転居と相続税・贈与税との関係

(1)　武富士事件最高裁判決のポイント

　「はしがき」でも述べた通り、税負担レベルが高まる趨勢にある主要国の中には、富裕層に属する個人が、長らく居住していた国での税負担の回避を主な目的として、税負担が格段に低い国にその住居等を移転するという動きが、近年、益々、活発化してきている中、そのような動きによって生じる税源浸食を防止するための対応策を強化する措置を講じている国が少なからず見受けられる。我が国でも、平成25年度税制改正によって、所得税の最高税率の引上げ及び相続税の基礎控除額の引下げ・最高税率の引上げが行われたことにより、非居住者との取引や住居等の国外移転などを通じて税負担の軽減・回避を行うインセンティブが、より一層強まることは必至であるが、本税制改正以前に問題となった個人の住居等の国外移転による税負担の回避の代表例であった武富士事件では、対応策の整備の遅れなどに基因して、税務当局が苦汁をなめた経緯がある。

　上記武富士事件では、主に香港と日本の双方で生活・仕事をしていた原告が、平成11年12月付の契約に基づき、その親からオランダ法人の株式を贈与されたことに対し、被告が、平成9年6月〜平成12年12月の間の原告の香港と日本での滞在日数の割合は、それぞれ、65.8％と26.2％であるところ、日本での滞在中、その自宅で起居していた原告の住所は杉並区にあったとの認定の下、平成11年度分の贈与税の賦課決定処分等を行ったことが問題となっている。本件が係争した東京地裁平成19年5月23日判決（平成17年（行ウ）第396号、税資257号順号10717）では、生活の本拠であるか否かは、住居、職業、生計を一にする配偶者その他の親族の住所、資産の所在等の客観的事実に基づいて総合的に判断すべきであるところ、原告が滞在していた香港のサービス・アパートメントが、原告の生活の本拠でないと判断するのは困難であるなどとして、原告が勝訴している。

　上記東京地裁判決の控訴審である東京高裁平成20年1月23日判決（平成19年（行コ）第215号、税資258号順号10868）では、(i)本件杉並自宅の被控訴人の居室は、被控訴人が帰宅した際、従前と同様に使用できた、(ii)被控訴人は、武富士の経営者になることが予定されていた重要人物であり、被控訴人にとって武富士の所在する日本が職業活動上最も重要な拠点であった、(iii)被控訴人と長期滞在を前提とする施設ではない本件香港自宅との結びつきは、本件杉並自宅とその所有者である法人の株式の30％を有する被控訴人との結びつきと比較すると、より希薄である、(iv)被控訴人が日本を出国して香港に携帯したのは衣類程度であり、しかも、被控訴人は、公認会計士からのアドバイスを受けて、日本と香港での滞在日数を調整していたことなどに鑑みても、被控訴人には、本件香港自宅を生活の本拠としようとする強い意思はなかったことなどが認められるとして、上記原審判決が破棄されている。

これに対し、上記事件の上告審である最高裁平成23年2月18日判決では、「一定の場所が住所に当たるか否かは、客観的に生活の本拠たる実体を具備しているか否かによって決すべきものであり、主観的に贈与税回避の目的があったとしても、客観的な生活の実体が消滅するものではないから、上記の目的の下に各滞在日数を調整していたことをもって、現に香港での滞在日数が本件期間中の約3分の2に及んでいる上告人について、前記事実関係等の下で本件香港居宅に生活の本拠たる実体があることを否定する理由とすることはできない」などとした上で、このことは、法が民法上の概念である「住所」を用いて課税要件を定めていることから導かれる帰結であることから、このような方法による贈与税回避を容認できないとしても、法解釈によって対応することには限界があるとして、本件課税処分が取り消されている。

　上記最高裁判決では上告人が勝訴しているが、本件について、須藤裁判官の補足意見では、「民法上の住所概念を前提にしても、疑問が残らないわけではない。通信手段、交通手段が著しく発達した今日においては、国内と国外とのそれぞれに客観的な生活の本拠が認められる場合もあり得ると思われる。本件の場合も、上告人の上記に述べた国内での生活ぶりからすれば、上告人の客観的な生活の本拠は、香港のほかに、いまだ国内にもあったように見えなくもないからである。とはいうものの、これまでの判例上、民法上の住所は単一であるとされている。しかも、住所が複数あり得るとの考え方は一般的に熟しているとまではいえないから、住所を東京と香港とに一つずつ有するとの解釈は採り得ない」とした上で、厳格な法解釈が求められる以上、解釈論にはおのずから限界があり、法解釈によっては不当な結論が不可避であるならば、立法によって解決を図るのが筋であるとの見解が示されている。

　実際、武富士事件で問題となったような税負担の軽減・回避を主な目的とする個人の住居等の国外移転の動きがあることに鑑み、平成12年度には、相続人や受贈者が、財産の相続・贈与が行われた時点で国内に住所を有していなくとも、その時点で日本の国籍を有しており、しかも、その者又は被相続人や贈与者が、それに先立つ5年以内に日本国内に住所を有していた場合には、相続・贈与の対象となっている国内外の財産は、我が国で課税対象とすることが可能となるように相続税法1条の4等が改正されている。確かに、本税制改正によって、個人の国外移転による相続・贈与財産に対する課税を免れる余地は、かなり狭まったが、以下の(2)で述べる名古屋地裁平成23年3月24日判決（平成20年（行ウ）第114号、裁判所HP）は、本税制改正が、国外国籍の取得や住居等の国外移転による相続・贈与税の軽減・回避による税源浸食の防止に対し、必ずしも十分なものではなかったことを示唆している。

(2)　名古屋地裁平成23年3月24日判決とその影響

　上記名古屋地裁平成23年3月24日判決では、米国国籍のみを有する乳児（その両親は日本国籍及び日本の自宅を有する）である原告の祖父A（日本に住所を有する）が、平成16年、原告らを受益者、米国の信託会社Bを受託者、信託財産を米国債券とする信託契約を結んだが、原告による贈与税の申告がなかったため、被告は、相続税法（平成19年改正前のもの）4条1項が、「信託行為があった場合において、委託者以外のものが信託…の利益の全部又は一部についての受益者であるときは、当該信託行為があった時において、当

該受益者が、その信託の利益を受ける権利…を当該委託者から贈与…により取得したものとみなす」と定めていたことから、本規定に依拠した上で、原告に対して贈与税及び無申告加算税を課する処分を行ったことが問題となっている。

上記事件において、被告は、(i)本件信託契約の受益者は明確ではないものの、原告が唯一の受益者であることを否定するものではない、(ii)独立して生活できる状況になかった原告の生活の本拠はその母親と同様に日本である、(iii)原告の住所が仮に日本でないとしても、相続税法2条の2第2項により、国内にある財産が贈与税の対象となるところ、同法10条3項の下、本件信託財産の所在地は祖父Aの住所となるため、本件処分は適法であると主張したが、上記名古屋地裁判決では、同法4条1項でいう「受益者」とは、信託行為により、その信託による利益を現に有する地位にある者と解すべきであるところ、本件信託の受託者であるBは、信託財産の分配に関して裁量権を有し、また、限定的指名権者であるAにおいて、原告以外の者を受益者と指名できる以上、本件信託設定時に原告が本件信託による利益を現に有する地位にはないとして、本件処分が取り消されている。

上記名古屋地裁判決に対しては、平成19年改正前の相続税法4条1項の下における信託課税は、信託受益時課税ではなく、信託設定時課税を原則としている以上、信託による利益を現に有する場合に担税力が生じるとの見解の下、課税し得る「受益者」の範囲を「信託による利益を現に有する地位にある者」に限定する解釈をしているが、「受益者」は信託契約上利益を受けるものとされているなら、その時点で現実に利益を受けられるか否かに関係なく、「受益者」であると解される以上、限定解釈することはできないとの批判があるほか[22]、受託者が信託財産の分配について裁量権を有することや祖父Aが限定的指名権を有することによる課税繰延べが可能となるのは問題であるなどの指摘もあったが[23]、その後、本判決は、その控訴審である名古屋高裁平成25年4月3日判決（平成23年（行コ）第36号、裁判所HP）で破棄されている。

上記名古屋高裁判決では、(i)被控訴人が相続税法4条1項にいう「受益者」に該当するためには、被控訴人が、本件信託の設定時に信託受給権及び信託監督的機能を有していたことが必要となるところ、受託者の裁量権及び受益者に対する信託に関する情報の提供義務等からして、被控訴人はこれらの権利及び機能を有している、(ii)祖父Aが限定的指名権を有しているとしても、本件信託設定時には行使されておらず、その時点では被控訴人が本件信託の唯一の受益者であった、(iv)被控訴人の母親は、被控訴人に米国籍を取得させるために渡米したにすぎないと認められ、米国での生活も一時的なものであったことから、その配偶者及び祖父Aの場合と同様に、本件信託設定時におけるその生活の本拠は日本である以上、両親に監護養育されていた被控訴人は贈与税の無制限納税者となるため、本件信託受益権の全部について贈与税を課する本件処分は適法であると判示されている。

上記の通り、税務当局は、上記名古屋高裁判決で勝訴したものの、本判決で問題となったケース及びその原審は、現行制度の限界を示唆するものであったことから、平成25年度

---

[22] 品川芳宣「アメリカ州法に基づく信託契約に対するみなし贈与課税の適否」TKC税研情報20巻6号（2011）70頁、仲谷栄一郎・田中良「海外の信託を利用した租税軽減策——名古屋地裁平成23年3月24日判決」国際税務31巻9号（2011）80頁参照。
[23] 岡本高太郎「外国信託を用いた贈与に関する判決の検討——名古屋地裁平成23年3月24日判決」税務弘報59巻10号（2011）156〜157頁、http://www.jurists.co.jp/ja/topics/docs/newsletter_20120119.btl.pdf参照。

には、相続税法1条の4等が改正され、相続若しくは遺贈又は贈与によって相続税法の施行地外にある財産を取得した個人でその財産を取得した時に相続税法の施行地に住所を有しない相続人若しくは受贈者又は受贈者のうち日本国籍を有しない者（その相続若しくは遺贈又は贈与に係る被相続人又は贈与者が、相続開始又は贈与の時において同法の施行地に住所を有していた場合に限る）も、相続税法上の納税義務者となった。確かに、本税制改正によって、個人の住居等の国外移転による税負担の軽減・回避を防止する機能は更に高められたが、そもそも、個人の住居等の国外移転によって税源浸食が生じ得るのは、以下の2で述べる通り、相続税や贈与税に限ったわけではない。

2．個人の国外転居と所得税との関係

(1) 東京地裁平成19年9月14日判決のポイント

　そもそも、個人の場合、所得税法2条1項、5条及び7条の下、(i)その全世界所得が課税対象となる居住者（国内に住所を有し、又は現在まで引き続いて1年以上居所を有する個人）、(ii)その国内源泉所得と一部の国外源泉所得（国内で支払われたもの及び国外から送金されたもの）が課税対象となる非永住者（居住者のうち、日本の国籍を有しておらず、かつ、過去10年以内において国内に住所又は居所を有していた期間の合計が5年以下である個人）、(iii)その国内源泉所得のみが課税対象となる非居住者（居住者以外の個人）の何れに該当するかによって、我が国で課税対象となる所得の範囲が異なったものとなることから、その住所等を国外に移転することによって、その所得税法上の地位を変更すれば、所得税負担の軽減・回避を行うことが可能となり得る。

　実際、東京地裁平成19年9月14日判決（平成18年（行ウ）第205号、判タ1277号173頁）では、住居等の国外移転による所得税負担の回避が問題となっている。本件では、シンガポールと日本で資産運用事業を行う法人と契約して株式取引等を行っていた原告は、保有していたユニマットライフ社の株式を平成13年に締結した契約に基づいて香港で譲渡したが、税務当局は、その譲渡時の原告の住所は日本であったとの認定の下に譲渡所得を課税する決定処分を行っている。原告は、住民票上、平成12年12月にシンガポールに転出して平成16年4月に日本国内に転入しているが、(i)この間のシンガポールと日本での滞在日数には有意の差はない、(ii)シンガポールでの滞在先も、日本での滞在先であるホテルやスポーツ・クラブと大差のないサービス・アパートメントである、(iii)原告の親族はシンガポールに居住していない、(iv)扶養している長男は、本期間中、国外留学していたなどの事実が認められた。

　被告は、(a)シンガポール法人と結んでいた原告の特別顧問契約の実態が十分に明確でない中、渡航後も、原告は、日本法人の代表取締役又は取締役として、株式取引等を行っていた、(b)原告の資産（原告名義の不動産、本件株式譲渡の対価や預金等）の大半は日本に所在し、シンガポールには原告所有資産は殆どなかった、(c)原告が渡航後も経済的支援をしていた両親及び長女は日本に住んでいた、(d)香港での本件株券の交付は、譲渡所得課税を免れるためであり、また、租税回避目的で住民票上シンガポールに移転した旨の届出等をしていると認定した上で、「主に職業及び資産の所在等の点から認められる経済活動の実態という面においては、シンガポールよりもはるかに日本の方が原告の生活に最も関係の深い一般的生活又は全生活の中心であるというべきであり、さらに、原告の住居意思及

び目的を補充的に考慮すれば、原告の住所が平成12年12月4日以降も日本国内にあった」と主張している。

しかし、上記東京地裁判決では、(i)原告は、日本に帰国する都度、ホテル等にチェック・インして滞在し、日本を出国する都度、ホテル等をチェック・アウトしていたことから、この間、日本国内に原告の住居といい得る場所は存在していなかった、(ii)原告の長女及び両親への経済的支援の額は、それほど大きくない、(iii)原告は、平成12年12月からシンガポール法人の事務所で株式取引を開始したことから、職業上、その生活の本拠がシンガポールに移転したものと見ることができる、(iv)日本に所在する原告の資産は、シンガポールに居住しながら管理することが困難なものとまではいえないなどの判断の下、「原告が我が国における課税を回避するためにその住所をシンガポールに移転させたものとうかがう余地もあり得るが、他方において、住所、職業、生計を一にする配偶者その他の親族の居所、資産の所在等の客観的事実に基づき判定した結果、本件譲渡期日当時、原告が日本国内に住所を有していたと認めることができない」などと判示されて原告が勝訴している。

上記判決の控訴審である東京高裁平成20年2月28日判決（平成19年（行コ）第342号、税資258号順号10904）では、控訴人が、被控訴人は本件株式譲渡時に国内に引き続いて1年以上居所を有していたから、所得税法2条1項3号でいう居住者に該当すると主張したのに対し、かかる主張の妥当性を判断する上では、所得税法基本通達2-2（「国内に居所を有していた者が国外に赴き再び入国した場合において、国外に赴いていた期間（以下、この項において『在外期間』という）中、国内に、配偶者その他生計を一にする親族を残し、再入国後起居する予定の家屋若しくはホテルの一室等を保有し、又は生活用動産を預託している事実があるなど、明らかにその国外に赴いた目的が一時的なものであると認められるときは、当該在外期間中も引き続き国内に居所を有するものとして、法第2条第1項第3号及び第4号の規定を適用する」）を踏まえて検討するのが適切であるとの見解が示されている。

上記見解の下、東京高裁は、本件を上記通達に照らしてみると、(i)被控訴人の日本での宿泊先は特定のホテル又はスポーツクラブであり、これらの施設をもって居所と認める余地はあるが、被控訴人がシンガポール等へ出国した在外期間中、これらの施設を居住場所として保有していたとはいうことはできない、(ii)被控訴人は、上記在外期間中に、帰国した際に使用する自動車を保有し、これを成田空港駐車場に駐車させていたが、これをもって、上記通達にいう生活用動産を預託していたということもできない、(iii)被控訴人のシンガポールへの出国は、その後、相当期間にわたって同国を生活の本拠とするためのものであり、その後の被控訴人の状況に照らして、同日以降の同国への滞在をもって、一時的な出国であることが明らかであるということはできないことから、被控訴人が本件譲渡期日に国内に引き続いて1年以上居所を有していたと認めることはできないなどと判示して本件控訴を棄却し、判決が確定している。

(2) 審判所平成21年9月10日裁決のポイント

審判所平成21年9月10日裁決（裁決事例集No. 78、63頁）でも、納税者の居住地を日本とする課税処分が取り消されている。本件では、平成13年に我が国に外国人登録した外国籍の請求人が、登録原票を閉鎖しないまま、e社のa国支店とのコンサルタント契約に基

第2節　納税者の国外移転による税源浸食への対応

づく業務を開始するために平成16年9月に出国し、その業務が終了した平成18年6月に入国していたが、平成16年分及び平成17年分の確定申告書の提出がない中、税務当局が所得税の決定処分等を行ったことが問題となっている。税務当局は、(i)請求人のa国での滞在先がホテルや毎月契約を更新するサービス・アパートメントであった、(ii)請求人は、a国での滞在中、a国の住民票を取得していない、(iii)請求人の我が国での滞在先は、配偶者が勤務先から賃借している家屋であった、(iv)請求人は、出国後も、生活用動産をその家屋に残していたことなどに鑑みると、請求人はa国滞在中も我が国の居住者であったと認定できると主張している。

上記事例において、審判所は、(a)「請求人は、本件期間中の全日数のうち、18.1%に相当する日数は日本に滞在し、その間は本件期間前と同様、本件S町家屋において起居していたところ、本件S町家屋からa国に生活用動産が運搬されていないことからすると、本件S町家屋は従前同様、請求人の住居として使用することができる状態にあった」[24]、(b)請求人の配偶者は日本国内に居住していたと認められることから、請求人は、国内に生計を一にする親族を有していたというべきである、(c)請求人は、本件期間中にa国のホテルに宿泊した際、その住所を本件S町住所としていたことからしても、a国に長期滞在する予定としていたと直ちに認めることはできない、(d)e社との契約期間は1月を単位として継続するものであることから、請求人が国外において継続して1年以上居住することを通常必要とする職業を有していたとは認めることはできないとの判断を下している。

しかし、上記のような認定を行いながらも、審判所は、(i)本件期間中、請求人の妻が主として滞在していた本件S町家屋は、d社の社員である妻が同社から社宅として賃借していたものであり、生活用動産が運搬されていなかったのも、妻らが同所での生活に必要であったためと推認される、(ii)本件S町家屋の賃貸は、あくまで、妻のd社の従業員としての選択・判断であると認められ、本件期間中の請求人の生活の本拠を確保することを目的としているとは認められない、(iii)妻らが日本国内に居住していたことが、請求人の生活の本拠が本件S町住所にあったことを裏づける重要な事実であるとまでは認められない、(iv)請求人は、現金及び金融機関の預金口座を除き、日本国内に資産を保有していなかったことなどに鑑みると、請求人の生活の本拠は本件S町住所にはなかったとして、本件平成16年分及び平成17年分の所得税の各決定処分については、いずれもその全部を取り消すべきであるとの裁決を下している[25]。

(3) 対応策強化の必要性

上記(1)のケースは、キャピタル・ゲインに対する我が国での課税を回避するには、しばらくの間、その住所を国外に移転した上で、所得税法2条1項に定める居住者の要件に該当しないようになる年度において、その株式等の譲渡を行えば、譲渡者の居住地国に課税権を付与する多くの租税条約の下、我が国での課税を逃れることが可能となり得ること、しかも、その住所を一時的に移転させた国が、香港やシンガポール等のように、株式等の譲渡益に課税する制度を採用していなければ、かかる譲渡益への課税の回避がその国でも可能となり得ることを如実に示している。上記(2)のケースは、税負担の軽減・回避を主な

---

24) 請求人の平成17年分の日本での滞在日数は70日であった。
25) 平成18年分の所得税の更正処分等については、その一部を取り消すべきであるとの決定が下されている。

目的とした個人の住居等の国外移転には該当しないかもしれないが、本ケースからも、住居等の国外移転を通じて所得税負担の軽減・回避を行うことが、それほど困難ではないことを確認することができる。

例えば、上記(1)及び(2)のケースよりも明らかに租税回避を目的とした国外への住居等の一時的な移転であると推認できるケースであっても、法律ではない所得税法基本通達2-2等に依拠して我が国の居住者と認定した上で、課税対象とすることが、どの程度可能であるのか、また、租税回避を主な目的とする国外転居であっても、「国外に赴いた目的が一時的なものである」と認定されないケースも少なくないのではないかなどの疑問・危惧も生じないではない。果たして、主な諸外国も、このような事態を甘受することを余儀なくされているのであろうか。もし、このような事態に効果的に対処しているのであれば、我が国も、その対処方法に倣うとの選択肢もあり得るかもしれない。第1章～第3章では、主な諸外国が、このような事態に如何に対処しているのかなどに目を向け、我が国への示唆を探り、終章第3節1・2では、かかる示唆を踏まえて、我が国の対抗策の選択肢を模索・提言することを試みる。

3．法人の国外移転と対応策

(1) 外国子会社合算税制の改正と租税戦略

納税者の国外移転によって生じる税源浸食の問題は、勿論、相続・贈与税及び所得税に限ったわけではない。潜在的な税収の逸失は、法人の国外移転（子会社等の国外設立を含む）によっても生じる。確かに、外国子会社合算税制は、法人の国外移転による潜在的な税収の逸失に歯止めを掛けているが、平成22年度に改正された本税制の下では、「特定所得」（資産性所得と称される所得の付替えが比較的容易である受動的所得等）は[26]、特定外国子会社等が行う事業（特定事業を除く）の性質上重要で欠くことができない業務から生じたものでない限り[27]、合算課税の対象とされるものの、措置法66条の6第1項1号に定める本税制の適用対象となる外国関係会社の株式持株割合は、5％から10％に引き上げられ、また、本税制の適用対象となる特定外国子会社等の範囲を決定する軽課税国の所得に係る税負担レベルの閾値となる税率（トリガー税率）も、25％から20％に引き下げられている。

改正された外国子会社合算税制の下では、一定の要件に該当する被支配外国法人の場合にはその全ての所得を合算課税するという簡素さという点で優れるエンティティ・アプローチ（"all-or-nothing approach" とも称される）ではなく、上記の通り、「特定所得」を合算する「取引アプローチ」（"transactional approach" 又は "tainted income approach"）が採用されているが、「取引アプローチ」は、米国やカナダ等の「被支配外国法人」(Controlled Foreign Corporations, CFC)税制でも依拠されており、エンティティ・アプローチの脆弱な部分を克服するものでもある。トリガー税率の引下げも、2008年以降、アジアの主要4カ国が軒並み法人税率を25％以下に引き下げたことによって外国子会社合

---

[26] 具体的には、(i)株式保有割合が10％未満の法人株式等に係る配当等、(ii)債券の利子、(iii)債券の償還差益、(iv)株式保有割合が10％未満の法人株式等の譲渡益、(v)債券の譲渡益、(vi)特許権等の使用料、(vii)船舶又は航空機の貸付の対価である。
[27] 特定事業の定義は、同条3項参照。

第 2 節　納税者の国外移転による税源浸食への対応

算税制絡みの事務負担が大幅に増加したことなどを踏まえたものであるとの説明がされている[28]。したがって、本改正は、グローバルな趨勢と乖離する方向性を有しているものではない。

されど、平成22年度改正によって、外国子会社合算税制の制度設計上、その適用要件である株式持株割合の引上げ及びトリガー税率の引下げが行われたということは、本制度の適用対象となる株主及び適用対象国・地域の絶対数の減少を意味することから、その機能の実質的な低下に繋がる。しかも、法人税率を引き下げる傾向がグローバルなレベルで進行している中、トリガー税率は、今後、更に引き下げられる可能性も十分にある[29]。本改正及びその方向性・趨勢は、諸外国と比較するとかなり高いレベルにある我が国の法人税率と相俟って、我が国の事業活動を国外に移転させるインセンティブとして働くことから、法人を相対的に税負担が軽い国（場合によっては、トリガー税率よりも高い税率の国）に設立する動きに拍車を掛けることになると想定される。

(2)　組織再編税制と租税戦略

　法人の国外移転は、新たな法人の国外設立だけでなく、組織再編による実質的な法人の国外移転によっても可能となる。かつては、本店所在地主義に依拠する旧会社法の下では、株式会社は本店の所在地で設立登記することによって成立し、また、本店の所在地は様々な訴えの専属管轄地となるため、我が国で設立する会社の本店を外国に置くことはできないと解されていた。したがって、我が国で設立された法人がその本店を国外に移転するには、一旦、法人を解散することが必要であった。しかし、平成18年新会社法の下、合併等対価の柔軟化が実現したことにより、合併会社の国外所在の親会社株式のみを合併対価として被合併会社の株主に交付する三角合併を通じて、その本店の国外移転が可能となっている。しかも、国境を跨いだ三角合併が法人税法 2 条及び同法施行令 4 条の 3 に定める適格合併要件を満たす場合には、原則として、それに伴う株式等の譲渡益に対する課税繰延べが認められる。

　確かに、税負担の軽減等を目的として軽課税国に本店を移転する三角合併に対しては、平成19年度税制改正によって、コーポレイト・インバージョン対策税制（措置法40条の 7 ～ 9 、同法66条の 9 の 2 ～ 9 の 5 及び同法68条の 2 の 3 等）が措置されているが、本税制は、(i)その適用対象となる「特定内国法人」とは、株主等の 5 人以下並びにこれらと特殊の関係にある個人及び法人によって発行済株式等の80％以上を保有される内国法人であると定められているため、このような株式保有関係が認められない上場会社等が行う三角合併が、その射程範囲外となる、(ii)米国財務省の2002年発表資料（Corporate Inversion Transactions : Tax Policy Implications）でも問題視されているインバージョン後に行われる親会社への利払い、租税条約上の軽減税率の適用及び親会社への所得移転などによって生じる税源浸食への対応が、不十分であるなどの問題点・限界を有している[30]。

---

28)　灘野正規「平成22年度税制改正（国際課税関係）について——外国子会社合算税制、移転価格税制の見直しを中心に」租税研究726号（2010）234～235頁、256頁参照。株式持株割合の引上げは、外国子会社合算税制の見直し内容全体から総合的に判断したものとされている。

29)　トリガー税率の更なる引下げを検討すべきとの意見は、「国際課税制度の論点について——中間的な議論の整理」（http://www.meti.go.jp/committee/summary/0004599/index04.pdf）参照。

コーポレイト・インバージョン対策税制が包含する上記の問題点・限界は、本税制の適用対象となる「特定内国法人」に該当するか否かの判断上の一つの要件であるトリガー税率が、平成22年度税制改正によって、上記の外国子会社合算税制のトリガー税率と平仄を合わせるように引き下げられたことにより、より深刻なものとなると想定される。つまり、コーポレイト・インバージョン対策税制の下でのトリガー税率の引下げも、外国子会社合算税制の下でのトリガー税率の引下げと同様に、トリガー税率よりも税負担が若干重い国の法人の租税戦略上の有用性・利用可能性を高める方向に作用する。その結果、そのような国の法人をも利用したコーポレイト・インバージョンや、そのようなインバージョンを狙ってそのような国にも新たに法人を設立するなどの動きに拍車が掛かるようになると、三角合併による税源浸食も進むこととなろう。

(3) 対応策強化の必要性

最近の税制改正事項の中には、上記(1)及び(2)で示したもの以外にも、法人の国外移転に拍車を掛けて税源浸食の問題を更に深刻化し得るものがある。例えば、平成21年度税制改正によって措置された法人税法23条の2（外国子会社から受ける配当等の益金不算入）は、内国法人が一定の要件（発行株式総数の25％以上を保有するなど）に該当する外国子会社から受ける剰余金の配当等がある場合、当該剰余金の配当等の額に係る費用の額に相当するものとして政令で定めるところにより計算した金額を控除した金額は、その内国法人の各事業年度の所得の金額の計算上、益金の額に算入しないとするものであり、全世界所得課税方式（world-wide income taxation method）から国外所得免除方式（foreign income exemption method）への部分的な移行を図る外国子会社配当益金不算入制度を創設するものであるが[31]、本規定も、法人の国外設立や所得の国外移転を行うインセンティブを高める方向に作用する。

例えば、領土主義課税方式への移行を行う2009年法人税法第9編Aが創設された英国では、本規定の創設は企業の国際競争力の強化等を主な狙いとしており、また、米国の2005年大統領諮問委員会報告書でも、企業の国際競争力の強化などの必要性等に鑑み、「能動的な国外源泉所得に対する領土主義課税方式」（territorial method for taxing active foreign income）の採用が提唱されるなどの動きがあるように[32]、上記法人税法23条の2も、外国子会社に留保されている資金の国内還流に係る税制上の障壁の除去を通じて国内の設備投資や研究開発等の活発化を図ることを主な狙いの一つとしている。したがって、本規定の下、企業の国際競争力が強化され、その結果、国外配当益金不算入によって生じ得る潜在的な税収の減少の埋合せが中長期的には実現する可能性もある。しかし、その埋合せがどの程度実現するかは定かではない。

つまり、平成21年度の国外配当益金不算入制度の創設も、平成22年度の外国子会社合算税制の改正及び平成19年度の組織再編税制の改正と同様に、企業活動に係る障壁を除去す

---

30) 詳細は、松田直樹「法人資産等の国外移転への対応」税務大学校論叢67号（2010）99～112頁、松田直樹「コーポレイト・インバージョン」『国際課税の理論と実務』大蔵財務協会（2011）379～384頁参照。
31) 本規定の創設に伴い、間接外国税額控除制度を定める法人税法69条8項は廃止されている。
32) 本報告書（"Report of the President's Advisory Panel on Federal Tax Reform）のポイントは、松田直樹「米国大統領諮問委員会の税制改革案―国際租税制度改革を巡る議論の趨勢に関する一考察」ファイナンス3月号（2006）39～45頁参照。

るものであり、また、グローバルな趨勢にも合致するものでもあるが、いずれも、基本的には、国際的にも高い水準にある我が国の法人税率と相俟って、法人及びその所得等の国外移転を加速させる方向に作用する効果をも有している。このような効果は、これらの税制改正の意義・メリットを踏まえると、甘受すべきものであろうが、少なくとも、これらの税制改正によって加速するであろう税負担の軽減・回避を主な目的とする法人の国外での設立や国外への所得等の移転に基因する税源浸食に対しては、対抗策を強化することが肝要ではないかと考えられる。対抗策の強化方法としては、勿論、これらの制度自体に組み込まれている対抗措置の機能を強化するとの選択肢もあろう。

　例えば、BEPS行動計画案2～3でも、税源浸食の問題の原因の一つとして、国外に新たに設立した法人を利用して、関連する居住者である法人の所得の付け替えを行うという手段が利用されている可能性があるところ、このような手段に対してはCFC税制やその他による対応が可能であるが、多くの国のCFC税制は、このような手段に対して包括的に対応できるようになっていないことから、CFC税制の強化を図ることが肝要であるとの見解が示されている[33]。そうすると、我が国でも、税源浸食への対応上、CFC税制に相当する外国子会社合算税制の機能強化のあり方を検討することが今後の一つの課題となろうが、「その他による対応」のあり方を再検討する、あるいは、新たな「その他による対応」を模索することも肝要となるかもしれない。

　上記のような問題意識の下、第1章～第5章では、主な諸外国が、法人の国外移転による税源浸食の問題に対応する上で如何なる対抗策を講じており、また、その制度設計や有用性・限界はどのようなものとなっているのかなどを考察する。終章第3節3では、かかる考察を通じて得られた示唆やグローバルな趨勢等を踏まえた上で、我が国の場合、既に様々な措置が手当てされてはいるが、税負担の軽減・回避を主な目的とする法人の国外移転による税源浸食への対応を強化する手段としては、いずれの措置の機能をどのような形で強化することが最も妥当であるのか、あるいは、現行の税制には未だ組み込まれていない如何なる措置を導入するのが望ましいのかなどを検討し、有用性の高い選択肢の絞込み・提言を行うことを試みる。

第3節　法人所得等の国外移転による税源浸食への対応

1．移転価格税制と寄附金課税制度の交錯

(1)　費用等の代替負担・補填による所得移転への適用

　所得・資産等の国外移転によって生じる税源浸食を防止する上で特に重要な機能を果たしているのは、措置法66条の4に定める移転価格税制であるが、法人税法37条に定める寄附金課税制度も、同様な機能を発揮する場合がある。もっとも、寄附金課税制度の適用対象となった場合、移転価格税制の適用対象となった場合と異なり、相互協議の対象とならないため、国際的二重課税が解消されないリスクが生じる[34]。したがって、双方の制度の

---

33) 例えば、英国の場合、領土主義課税方式に移行するには、CFC税制等の機能強化等が必要となるとの見方が強かったが、実際、2013年4月施行の新CFC税制には多くのTAAR（Targeted Anti-Avoidance Rule）が組み込まれている。

適用関係が重要なポイントとなるところ、措置法66条の4第4項は、「第1項の規定の適用がある場合における国外関連取引の対価の額と当該国外関連取引に係る同項に規定する独立企業間価格との差額（寄附金の額に該当するものを除く）は、法人の各事業年度の所得の金額の計算上、損金の額に算入しない」と定めていることから、寄附金に該当するものは移転価格税制の対象外となる。

上記の措置法66条の4第4項は、寄附金課税制度と移転価格税制の双方の適用対象となる取引には寄附金課税の適用を優先することを示唆しているものとも解することができる。移転価格事務運営要領の事例25でも、「法人が国外関連者との取引に係る収益を計上していない場合」において、当該取引につき「金銭その他の資産又は経済的な利益の贈与又は無償の供与」に該当する事実が認められるときには、当該法人が収益として計上すべき金額は国外関連者に対する寄附金となり、措置法66条の4第3項（「国外関連者に対する寄附金の損金不算入」）の規定の適用を受けることとなる（事務運営指針2-19イ）。これに対し、こうした検討により、当該取引につき「金銭その他の資産又は経済的な利益の贈与又は無償の供与」に該当する事実が認められない場合には、当該取引は移転価格税制に基づく課税の対象として取り扱うこととなる」との指針が示されている。

実際、寄附金課税制度と移転価格税制の双方の適用対象となり得るようなケースでは、基本的に寄附金課税制度が優先適用されているようである。例えば、日本の親会社が国外子会社に役務提供をする職員を派遣している場合、国外子会社の経営の圧迫を避けるため、親会社と国外子会社との合意の下、国外子会社が分担するその職員への給与負担額を低く抑えているケースでは、税務当局は、当初は移転価格税制の対象となるとの指摘をすることがあるが、最終的には寄附金に該当するとして決着する事例が最近見受けられるところ、このような課税が行われる背景には、税務当局サイドでは、独立企業間価格算定や二重課税排除のための相互協議などの煩雑な手間を省くことができるとのメリットがあり、納税者サイドでは、移転価格税制の更正期間（6年間）は法人税の更正期間（5年間）よりも長いことから、納税額・事務負担も軽減される場合があるとの事実があるとの指摘がされている[35]。

確かに、上記のようなケースにおいて、日本の親会社が国外子会社の給与負担金との差額を補填しても、法人税法基本通達9-2-47が、「出向元法人が出向先法人との給与条件の較差を補填するため出向者に対して支給した給与の額（出向先法人を経て支給した金額を含む）は、当該出向元法人の損金の額に算入する。…（注）出向元法人が出向者に対して支給する次の金額は、いずれも給与条件の較差を補填するために支給したものとする。1.出向先法人が経営不振等で出向者に賞与を支給することができないため出向元法人が当該出向者に対して支給する賞与の額、2.出向先法人が海外にあるため出向元法人が支給するいわゆる留守宅手当の額」と定めていることから、補填した差額が、これらに該当するものであれば、その差額を損金算入することが可能である。

---

[34] 寄附金課税が相互協議の対象外と解されている理由としては、寄附金課税は、(i)我が国による我が国の居住者に対する課税である、(ii)租税条約上の特典条項に適合しない課税とはいえない、(iii)特殊関連者条項の規定に適合しない課税ともいえないことが挙げられている。『国際課税問題と政府間協議』国際税務研究グループ編（大蔵財務協会、1993年）260頁参照。

[35] 成田武司「海外子会社の給与負担金、増加する寄付金認定の背景」Mizuho Asia Gateway Review (Nov. 2013) 17頁参照。

他方、法人税法37条8項は、「内国法人が資産の譲渡又は経済的な利益の供与をした場合において、その譲渡又は供与の対価の額が当該資産のその譲渡の時における価額又は当該経済的な利益のその供与の時における価額に比して低いときは、当該対価の額と当該価額との差額のうち実質的に贈与又は無償の供与をしたと認められる金額は、前項の寄附金の額に含まれるものとする」と定めていることから、上記のようなケースにおいて、国外子会社が支払っている給与負担金が低くなっている理由が、上記の法人税法通達9-2-47に定める事由に該当するような補填があるからではなく、日本の親会社による実質的な贈与があったからであると認定することができる場合には、上記のようなケースは、上記法人税法37条8項の下、寄附金課税制度の適用対象となろう。

　上記のような国外子会社による低い給与負担金を日本の親会社が補填しているケースは、移転価格税制の適用対象ともなり得ることは、移転価格事務運営要領2-9 (企業グループ内における役務提供の取扱い)(1)が、「法人が国外関連者に対し、次に掲げるような経営・財務・業務・事務管理上の活動を行う場合において、当該活動が役務の提供に該当するかどうかは、当該活動が当該国外関連者にとって経済的又は商業的価値を有するものかどうかにより判断する。具体的には、当該国外関連者と同様の状況にある非関連者が他の非関連者からこれと同じ活動を受けた場合に対価を支払うかどうか、又は当該法人が当該活動を行わなかったとした場合に国外関連者自らがこれと同じ活動を行う必要があると認められるかどうかにより判断する」と定めていることなどからも確認することができる。

　確かに、諸外国では、上記のような国外子会社による低い給与負担金を国内の親会社が補填しているケースは、移転価格税制の適用対象となるのが通例となっている。例えば、米国の場合、税務当局の2006年発表資料（26 CFR Parts 1 and 31 : Treatment of Services Under section 482, Allocation of Income and Deductions for Intangibles) では、「財務省規則§1.482-2(b) (Rendering of services) は、一般的に、支配関係にあるグループのあるメンバーが、他方のメンバーの利益のために役務を無償又は独立企業間での対価と等しくない価格で提供する場合、税務当局は、そのような役務に係る独立企業間の対価を反映するように適切な配分を行うことができることを定めている。独立企業間対価の決定方法は、『その役務取引が、その役務を提供した者又はその提供を受けた者の事業の中核部分であるか否かに依存する』旨を定めている」との説明がされている[36]。

　実際、米国では、上記の説明のように、親会社による国外子会社の費用等の代替負担・補填も、上記の給与負担金の補填と基本的に同様との考えの下、移転価格税制として機能するIRC§482 (Allocation of income and deductions among taxpayers) の適用対象とされているケースがある。例えば、Xilinx Inc. and Subsidiaries v. CIR事件では、米国の親会社がアイルランドの子会社で無形資産等の研究開発要員に付与したストック・オプションの権利の行使に係る費用は、双方の企業で按分すべきコストであるとして、本規定に依拠して、その費用の全額損金算入を否認する更正処分が行われている。本事件に対する第9巡回控訴裁判所判決（[2010] 598 F. 3d 1191) では、本件処分は独立企業原則と乖離す

---

36) 前段部分の原文は、"The current services regulations at §1.482-2(b) provide generally that where one member of a controlled group performs services for the benefit of another member without charge, or at a charge that is not equal to an arm's length charge, the Commissioner may make appropriate allocations to reflect an arm's length charge for such services." である。

るとの見解の下に取り消されたが、本裁判所の当初判決（2009 WTD 100-26）及びその原審である租税裁判所判決（[2005] 125 T. C. No. 4）では、本件処分の適法性が首肯されていた[37]。

(2) 対価性のない支払等による所得移転への適用

上記(1)で示した通り、寄附金課税制度と移転価格税制の双方の対象となり得る関連企業間の費用等の代替負担・補填による所得移転に対しては、米国では、基本的にIRC§482による対応が行われている。また、米国では、関連企業間の無償の役務提供による所得移転に対しても本規定が適用されることは、上記財務省規則§1.482-2(b)（「役務の提供」）からも確認することができる。これに対し、我が国の場合、法人税法37条8項及び上記事務運営要領の事例25等からも確認することができる通り、関連企業間の無償の役務提供による所得移転に対しては、その無償の役務提供が、法人税法基本通達9-4-1（子会社等を整理する場合の損失負担等）又は同通達9-4-2（子会社等を再建する場合の無利息貸付け等）等に該当しない限り、基本的には寄附金課税制度が適用される。

実際、例えば、審判所平成12年12月14日裁決（裁決事例集No. 60、394頁）では、請求人が、国外子会社と締結した業務委託契約に基づいて支払った業務委託費が役務提供の対価に該当するか否かが争点となったが、審判所は、親子会社間の取引の場合、「一般に法人が合理的経済人又は独立した第三者として特別な関係にない取引先であったならば当然に採ったであろう取引形態を前提としてその取引の対価の適否を認定すべき」であるとした上で、請求人が本件業務委託による便益を享受している事実は認められないことから、本件業務委託費は、本件契約に基づく役務提供の対価ではなく、資金援助であると認められる以上、法人税法37条6項に規定する「金銭その他の資産又は経済的な利益の贈与又は無償の供与」に該当する寄附金であるとみるのが相当であり、措置法66条の4第3項の下、請求人の損金の額に算入することはできないとの判断を下している。

確かに、寄附金課税制度と移転価格税制のいずれの適用対象となるのか必ずしも十分に明らかでないケースもある。例えば、審判所平成14年5月24日裁決（裁決事例集No. 63、454頁）では、請求人・親会社は、全額出資してオランダに設立した子会社による資金の借入れの債務を保証する旨の複数の契約（(i)「保証料に関する契約」、(ii)連帯債務保証の責を負うことを確約する契約、(iii)本件子会社に返済に足りる流動性がない場合には十分な資金を提供することなどを約した「キープウェル契約」等）を締結したものの、上記(ii)及び(iii)の「保証類似取引」に係る対価を収受していなかったため、原処分庁は、上記(iii)の「キープウェル契約」も、保証取引と同様であるとの判断の下、上記(i)〜(iii)の全体に対して移転価格税制を適用し、金融市場の債券の累積デフォルト確率のデータに基づいて独立企業間価格を算定した上で、請求人の収受すべき対価額を増額する更正処分等を行っている。

しかし、上記裁決において、審判所は、国内の保証取引であっても、保証料を徴収しないことにより実質的に贈与又は無償の供与をしたと認められる場合には、法人税法37条が適用されるのであるから、国内の保証取引と同様に保証料を徴収しなくとも寄附金とはみなされないとの請求人の主張には理由がないとしながらも、本件キープウェル契約を保証

---

[37] 詳細は、松田直樹「外国子会社配当益金不算入制度創設の含意」税務大学校論叢63号（2009）98〜104頁参照。

取引と同等に取り扱うことは相当であるとした上で、本件保証取引と同時期に行われた銀行の保証取引を審判所が独自に調査した結果を踏まえると、平成2年に行われた本契約に係る独立企業間の保証料率は、これらの銀行保証取引を比較対象取引とする独立価格比準法と同等の方法に基づいて算定可能であるが、平成3年以降に行われた本契約に係る保証料率の場合、これらの取引との差異調整が困難であり、独立企業間価格が算定できないとして、本件更正処分の一部を取り消す判断を下している。

　上記裁決は、寄附金課税制度と移転価格税制の類似性だけでなく、独立企業間価格の算定の困難性をも示唆しているが、諸外国でも、通常、このようなケースに対して移転価格税制が適用されるであろうことは、カナダの著名な裁判例であるGeneral Electric Capital Canada Inc. v. The Queen事件租税裁判所判決（[2009] TCC 563）からも確認することができる。本事件では、米国の親会社が原告であるカナダの子会社の債券の発行に係る債務保証を提供したことから、原告は、その対価として1％の保証料率を支払ったところ、カナダの税務当局は、米国の親会社は、原告が債務不履行となるのを容認しないことは市場で認識されていた（「黙示の支援」があった）と考えられる以上、本件の債務保証は、原告のクレジット・レーティングを高める上で意味のないものであるとして、移転価格税制である所得税法§247(2)に基づいて、本件保証料の税務上の控除を否認する処分が行われている。

　もっとも、独立企業原則に合致するか否かを巡って、上記租税裁判所判決では、本件米国親会社による「黙示の支援」だけでは、原告が実際に得たAAAのクレジット・レーティングを享受できなかったところ、本件債務保証によって原告は経済的な利益を得たことから、本件保証料の支払いは合理的であり、しかも、本件債券に係る利息のコスト削減の100％を原告が負担するのでは本件取引の意味がないところ、「この点を踏まえると、イールド・アプローチの下、BBB−/BBB＋とAAAのレーティングの差…に基づいて、本件米国親会社の債務保証による利息コスト削減の効果は、およそ183ベーシス・ポイント又は1.83％となる。そうすると、原告は本件取引から相当な経済的利益を得ていることから、1％の保証料率は、本件の場合の独立企業間価格に等しい又はそれ以下であると考えられる」（パラ305）との判断の下[38]、本件処分は違法であると判示し、その判断は、その控訴審である連邦控訴裁判所判決（[2011] DTC 5011）でも是認されている。

(3) 執行方針改訂の要望と比較法的視点

　上記の通り、我が国では、寄附金課税制度が国外関連者との取引にも適用されるため、諸外国では移転価格税制で対応されている国外関連者間の給与負担金や保証料等に係る所得・コスト配分の問題に対し、寄附金課税制度と移転価格税制のいずれが適用されるのかという不透明性・不確実性が認められる。上記の移転価格事務運営要領の事例25の下では、「金銭その他の資産又は経済的な利益の贈与又は無償の供与」が行われたと認められる場合には、寄附金課税制度を優先適用する方針が示されている。しかし、そもそも、「金銭

---

[38]　原文は、"With this in mind, I note that, under the yield approach, the interest cost savings based on the rating difference between BBB−/BBB＋ and AAA, … work out to approximately 183 basis points or 1.83%. I am of the view that a 1% guarantee fee is equal to or below an arm's length price in the circumstances, as the Appellant received a significant net economic benefit from the transaction."である。

その他の資産又は経済的な利益の贈与又は無償の供与」に該当するか否かの判断が必ずしも容易ではない場合がある中、その解釈・運用の仕方によっては、その適用範囲は、かなり広いものとなり得ることから、相互協議の対象とならない寄附金課税制度が包含する国際的二重課税が解消されないとの問題が看過できないものとなることが懸念される。

　実際、二重課税が解消されないとの問題を極力回避することが肝要であるとの見方に立ち、寄附金課税制度と移転価格税制の適用関係のあり方については、(i)そもそも、関連者取引に関しては基本的に移転価格税制が適用されるので、当事者間で贈与の意思があり、商取引を抜きにした対価性のない一方的な贈与であることが客観的に認定された場合に限り、寄附金課税を行うべきである、(ii)単に資産の販売等に係る収益の計上がないことをもって寄附金課税を行うことは適切ではない、(iii)同じ価格に対する二重課税が、場合により寄附金課税又は移転価格課税となり、その結果、相互協議の対象となる地位を不安定にすることは、税制の趣旨に反し、納税者に無用な不利益を強いることになりかねないことから、寄附金と移転価格税制との関係の再検討や客観的な基準の明確化などを行うべきであるなどの意見も表明されている[39]。

　確かに、寄附金課税制度と移転価格税制の適用関係のあり方を巡っては議論がある。かかる議論は、勿論、寄附金課税制度を有しない諸外国では生じないが、諸外国の中には、移転価格税制以外にも、所得等の国外移転による税源浸食を防止するその他の制度等を有しており、それらの制度等の中には、移転価格税制との適用上の交錯を生じさせるようなものもあろう。そのような適用上の交錯が生じるケースでは、関係する制度等と移転価格税制との適用関係は、どのように整理されており、また、その関係のあり方に係る最近の趨勢はどうなっているのだろうか。第1章～第5章及び終章第4節1・2では、移転価格税制とその他の制度等との適用関係が、諸外国では如何なる形で整理されているのか、また、移転価格税制のあり方を巡る最近の動き・趨勢は、その関係に如何なる影響を与え得るのかなどを考察した上で、終章第4節3では、寄附金課税制度と移転価格税制の適用関係の再構築のあり方を模索する。

2．移転価格税制の課題と改正の方向性

　上記1(1)で示した通り、米国では、Xilinx事件第9巡回控訴裁判所判決（2009）で示された判断は、2010年に撤回されているが、財務省・内国歳入庁（Inland Revenue Service, IRS）は、その撤回にもかかわらず、2009年判決を踏襲する財務省規則を制定している。米国の税務当局が、このような対応策の強化を図っている背景には、伝統的な移転価格税制では十分に対応することができない所得等の国外移転による税源浸食の問題が深刻化してきているとの事実がある。移転価格税制による対応に限界がある所得等の国外移転には、特に、Xilinx事件のように、無形資産等が絡んでいる場合が少なくない。BEPS報告書でも、特にリスクと無形資産の移転に関連してグループ内の構成員で資産の所有権を人為的に分割する移転価格、並びに、独立した者の間では殆ど行わない取引への対応の仕方を検討することが、鍵となる課題分野の一つであると位置づけられている。

　確かに、無形資産の移転が絡む取引は、そもそも、比較対象となる取引が存在しないと

---

39) http://www.search.e-gov.go.jp/servlet/PcmFileDownload?seqNo=0000043983参照。

第 3 節　法人所得等の国外移転による税源浸食への対応

いう問題があることから、移転価格税制のアキレス腱ではあるが、無形資産の移転が絡む取引への対応の困難性は、単に、比較対象となる取引が存在していないという点に基因して生じるわけではない。無形資産の移転が絡む取引の場合、そもそも、何が無形資産を構成するのか、また、無形資産の評価をどのように行うのかなどに係る不透明性・不確実性の問題があり、かかる問題が、移転価格税制の執行を困難なものとしているという側面もある。我が国の場合、最近、無形資産に対する移転価格税制のあり方に係る事務運営指針等が整備されてきてはいるものの、名古屋地裁平成17年9月29日判決（平成16年（行ウ）第38号、税資255号順号10144）のように、無形資産が絡む取引が包含する上記の問題への対応の困難性を少なからず印象づけるケースも見受けられる。

　上記の名古屋地裁判決では、原告（一条住宅研究所）が、その設立後の昭和62年に親会社A（「一条工務店」）と結んだ契約に基づき、新たな経営ノウハウの開発を行い、その対価としてロイヤルティを受領していたが、その後、親会社Aの設立当時の代表取締役の長男Bがシンガポールに設立した法人C（HRD社）と平成7年2月に締結した契約により、開発した経営ノウハウを法人Cに譲渡したところ、被告は、本件譲渡契約は仮装のものであり、本件ノウハウは親会社Aに帰属しているとの認定の下、本契約に基づく法人Cから原告への資金移動は、法人税法22条2項所定の無償による資産の譲受け（受贈益）であるとする更正処分等を行ったことが問題となっている。本件において、被告が本件譲渡契約を仮装であると判断したのは、そもそも、原告、親会社A及び法人Bの間でノウハウ等を取引すべき理由はないなどと考えたからであった。

　ところが、上記判決では、被告は、昭和62年契約からして、親会社Aは既に本件ノウハウ等を自由に利用し得る立場にあったこと、また、原告、親会社A及び法人Cの3社は、役員や資金等の面において密接な関係にあることなどを根拠として、法人Cが原告から本件ノウハウ等を取得し、これを親会社に供与する必要はない旨主張するが、昭和62年契約は親会社Aに経営システムを自由に利用し得る地位を保障するものではなく、しかも、密接な人的・資本関係にあるからといって、そのような関係にある会社間の取引の効力を否定する根拠になるものではないとした上で、「研究機関の拠点を海外において、建築資材や建築設備等の情報を円滑に取得し、かつ、その情報の保護を図るためにHRDを設立し、HRDにそれまでに集積された本件ノウハウ等を譲渡することには、十分な合理性・必要性がある」と認められる以上、本件譲渡契約に基づいてなされた本件資金移動が無償による資産の譲受けに該当しないことは明らかであるとして、本件処分等は違法であると判示されている。

　上記地裁判決の控訴審である名古屋高裁平成18年2月23日判決（平成17年（行コ）第38号）でも、被控訴人の設立は、親会社Aから建設技術や住宅設備機器等の研究開発及び住宅展示場を用いた経営方法の開発指導等の業務部門を切り離して特化させるものであったことから、これまで親会社Aが有していた経営システムのノウハウ等を被控訴人に譲渡することも十分に考えられ、しかも、法人C設立の真の目的が同社の発行株式総数の99.9％を所有する長男Bに対する贈与税・相続税の回避であったという考えは、あくまで控訴人の推測にすぎないとした上で、仮に法人税等の軽減を図るために法人Cを設立し、本件譲渡契約を締結したとしても、法人C自体は、実態のある会社組織であり、本件譲渡契約も、その実態を伴うものである以上、契約当事者に上記意図があったことをもって、本件譲渡

契約自体が仮装であるとは認められないと判示して、原審の判断を首肯し、被控訴人の勝訴が確定している。

　上記地裁判決及び高裁判決を巡っては様々な意見があるが、これらの判決には幾つかの疑問点があると見る向きもある。例えば、そもそも、「ノウハウと特許権が密接不可分の関係にあることから、ノウハウが営業権（のれん）と同様に事実上の権利であり、営業と分離できるか否かについては慎重な検討が必要であるというノウハウに係る税務の一般的議論からすれば、一条工務店グループ内において、特許権、商標権等は一条工務店が所有し、それに関連するノウハウはシンガポール法人であるHRDにすべて譲渡され、所有されているという認定は極めて特殊なものであるという批判は免れないであろう。…『将来得られるであろうノウハウの対価』として一条住宅研究所がHRDに譲渡したノウハウ及びHRDが現に所有しているノウハウとは無関係であるとも解釈できる判断を下しており、使用料（ロイヤリティ）に係る税務の一般議論とは相入れないものである」との見方がある[40]。

　これに対し、本事件に対する被告の課税アプローチに疑問を呈する向きもある。例えば、「移転価格税制という観点からすれば、対象となるマーケットが日本であり、かつ、提供されるノウハウの主要部分が経営システムということなのであれば、当然のことながら経営指導等についてシンガポール法人の従業員による指導実績がどの程度あったのかが調査されたはずである。内国法人にノウハウ等が帰属しないということであれば、国外関連者たるシンガポール法人が提供したとするノウハウについて、より詳細な事実の確認と分析がなされてしかるべきではなかったかというのが率直な感想である」との意見もある[41]。確かに、本件に対しては移転価格税制の観点からアプローチするのが妥当であったと見る余地もあろうが、本件課税処分が選択された背景には、国境を跨いだ組織再編と無形資産の移転が絡むケースに対する課税の実績の少なさや移転価格税制の適用に係る事務負担や困難性等の問題もあったのかもしれない。

　そもそも、無形資産等が移転価格税制のアキレス腱となっているのは、無形資産及びその他の潜在的利益等を構成し得るものと移転価格税制との関係の不透明性が十分に払拭されていないことにも原因があると考えられる。したがって、かかる不透明性の問題を緩和することは、予測可能性の向上という観点からだけでなく、税源浸食防止などの観点からも重要な課題となり得るが、諸外国は、かかる問題・課題に如何に対処しているのであろうか。また、OECDでは、最近、どのような動きが進展しているのであろうか。かかる問題意識の下、第1章～第5章では、主な諸外国の移転価格税制の有用性・限界や最近の制度改正の方向性等を分析し、また、終章第4節1では、最近のOECDにおける関係する議論・動きにも考察を加える。終章第4節3では、このような分析・考察を通じて確認した動向及びグローバルな趨勢等を踏まえた上で、我が国の移転価格税制の再構築のあり方の選択肢を提示することを試みる。

---

40) 細川健「ライセンス契約とノウハウの課税上の問題点（その3）」税務弘報Vol. 56, No. 1（2008）159～160頁参照。
41) 川田剛「無形資産取引をめぐる諸問題」国際税務Vol. 27, No. 4（2008）50頁参照。

第4節　実態把握漏れによる税源浸食への対応

1．国外所得・資産の把握に係る問題

(1)　BEPS行動計画案と国外財産調書制度

　税源浸食の防止機能を高めるためには、取引、所得及び資産の把握レベルを向上させることも重要なポイントとなるところ、特に、巧妙な租税回避スキームは、その実態把握の困難性が、その否認を行う上で大きな障害となっていることから、米国、英国及びカナダ等では、租税回避スキームの開示制度が採用されている[42]。BEPS行動計画案11（Establish methodologies to collect and analyze data on BEPS and the actions to address it）及び12（Require taxpayers to disclose their aggressive tax planning arrangements）でも、税務調査によって濫用的な租税戦略を早期に発見することには大きな限界があるところ、開示制度等を有する国から示唆を得て、税務当局の執行コストと納税者のコンプライアンス・コストを勘案した上で、グループ内取引の開示や濫用的な取引等を税務当局に開示するルールを提案することによって、透明性を高めることが肝要であるとの見解が示されている[43]。

　また、BEPS行動計画案10（Other high-risk transactions）では、BEPSに関するデータの収集レベルを向上させるために、納税者による租税戦略に関する情報等の開示も必要であるとの指摘がされている。確かに、租税回避行為だけでなく、租税戦略等の中にも、その秘匿性等ゆえに、税務当局による適時の把握が必ずしも容易ではないものがあると想定されることから、その開示を義務づける制度を措置することは、税源浸食防止機能を高める上で効果的であると考えられる。そういう意味では、必ずしも租税回避行為や租税戦略の把握レベルの向上という焦点を絞った観点からではないものの、平成24年度、「内国税の適正な課税の確保を図るための国外送金等に係る調書の提出等に関する法律」（平成9年法律第110号、以下「国外送金調書法」という）の改正によって新たに措置された第三章（国外財産に係る調書等の提出等）の下、国外財産調書制度が導入されたことの意義は大きいと考えられる。

　確かに、予てより、所得税法232条の下では、所得金額の合計が2,000万円を超える納税者に対しては、保有する財産（国外財産も含む）の種類や金額等を記載した財産債務明細書の提出が義務づけられてはいるが、かかる義務の不履行に対する罰則規定が手当てされていないなどの問題がある中、その有用性には、実際上、少なからぬ限界があった。これに対し、平成26年1月1日施行の国外財産調書制度の下では、暦年末の国外財産の価値の合計額が5,000万円を超える居住者に対し、国外財産調書を翌年の3月15日までに提出する義務が課されており、しかも、正当な理由なく国外財産調書の提出をしなかった場合や虚偽記載をした調書を提出している者は、罰則（1年以下の懲役又は50万円以下の罰金）の適用対象となり得る。

　また、上記の国外送金調書法6条1項の下、所得税又は相続税の修正申告等の基因となる国外財産について、提出期限内に提出された国外財産調書において、その国外財産に係

---

[42]　詳細は、松田・前掲『租税回避行為の解明』77～106頁、138～144頁、174～182頁参照。
[43]　松田・前掲『租税回避行為の解明』457～465頁では、「日本版租税回避スキーム開示案」を提言している。

る記載が適切にされていれば、過少申告加算税又は無申告加算税の額は、その額の計算の基礎となるべき税額に100分の5の割合を乗じて計算した金額を控除した金額に軽減されるが、同法6条2項の下、国外財産に係る所得税の修正申告等の基因となる国外財産に係る調書の提出期限内の提出がない場合や記載が不十分である場合には[44]、過少申告加算税又は無申告加算税の額は、その額の計算の基礎となるべき税額に100分の5の割合を乗じて計算した金額を加算した金額となる[45]。かかる改正は従来の加算税制度に画期的な修正を加えるものであり、自主的な開示の促進と開示義務の不履行に対する不利益をペナルティ制度の中に組み込むという主な諸外国等のペナルティ制度に近づく方向性を有している[46]。

(2) 国家間の協力体制と機能補完の程度

実態把握漏れによる税源浸食を防止する手段としては、国外財産調書制度の他にも、租税条約上の情報交換規定などもある。例えば、OECDモデル条約26条3項(「1項及び2項の規定は、締約国に対して以下の義務を課するものと解すべきではない…;(a)…;(b)…;(c)開示することが公共政策(公共の秩序)に反することとなる取引、事業、産業、商業又は職業上の秘密、取引のプロセス又は情報を開示することとなる情報を提供すること」)は、情報交換の限界を示唆しているが[47]、2005年版OECDモデル条約では、同条に対し、新たに5項(「3項の規定は、提供を要請された情報が銀行その他の金融機関、名義人、代理人若しくは受託者が有する情報又はある者の所有に関する情報であることのみを理由として、一方の締約者が情報の提供を拒否することを認めるものと解してはならない」)が追加されたことを受けて[48]、同様な趣旨の規定を租税条約に組み込む動きが顕著なものとなってきている[49]。

また、最近では、実態把握漏れによる税源浸食防止のためには、軽課税国からの情報を収集することが特に肝要であるとの考えの下、情報交換に特化した租税条約とも言うべき「情報交換協定」(Agreement on Exchange of Information on Tax Matters, TIEA)を軽課税国等と締結する動きが、多くの国で見受けられるところとなっている。TIEAを締結

---

44) 本法6条4項の下、国外財産調書の提出が期限後でも、所得税又は相続税の修正申告書等も提出されており、調査があったことによる更正又は決定があるべきことを予知した調書提出でないならば、提出期限内の提出とみなして同条1項又は2項が適用される。

45) この加算税の加重の対象が所得税の場合に限定されているのは、相続税の場合に加算税の加重をすると、被相続人の国外財産調書の未提出・未記載に対して相続人にペナルティを課することとなり適当でないからである。「平成24年 税制改正の解説」国税庁625頁参照。

46) 松田・前掲「租税回避行為の解明」474〜479頁では、租税回避行為への対応策として、かかる方向性に則った我が国の加算税制度の改正案を提言していた。

47) 原文は、"In no case shall the provisions of paragraphs 1 and 2 be construed so as to impose on a Contracting State the obligation : (a) … ; (b) … ; (c) to supply information which would disclose any trade, business, industrial, commercial or professional secret or trade process, or information the disclosure of which would be contrary to public policy (ordre public)." である。

48) 原文は、"In no case shall the provisions of paragraph 3 be construed to permit a Contracting State to decline to supply information solely because the information is held by a bank, other financial institution, nominee or person acting in an agency or a fiduciary capacity or because it relates to ownership interests in a person." である。

49) 2010年日本・香港租税条約25条5項や2010年日本・スイス租税条約改訂議定書19条に基づく同条約25条のAも同様な規定振りとなっている。

第4節　実態把握漏れによる税源浸食への対応

する動きが活発化してきている背景には、OECDが、有害な税務上の慣行に対処するには効果的な情報交換が欠如しているとの問題に取り組むことが肝要であるとの認識の下、米国が予てより締結していたTIEAを少なからず参考にしたTIEAのモデルを2002年に公表したとの事実がある。軽課税国と租税条約を締結しないとの方針を採用してきた我が国も、TIEAを軽課税国等（特に、2010年：バミューダ、2011年：バハマ、ケイマン諸島、マン島、ジャージー代官管轄区、2012年：リヒテンシュタイン公国）と締結している。

　日本が締結した上記TIEAは、一方の締約国の納税者に課される全ての種類の現行の租税を情報交換の対象としている。その規定振りは、いずれも基本的に同様であるが、例えば、ケイマン諸島とのTIEAは、5条4項において、「各締約国は、…自己の権限ある当局に対し、次に掲げる情報を要請に応じて入手し、及び提供する権限を付与することを確保する。(a)銀行その他の金融機関及び代理人として活動し、又は受託者の資格で活動する者（…）が有する情報…」と定め、5条6項において、「被要請者の権限ある当局は、要請者の権限のある当局の要請があった時には、被要請者内における租税に関する調査の適当な部分に要請者の権限ある当局の代表者が立ち会うことを認めることができる」と定め、「要請の受領の日から90日以内に要請された情報の入手及び提供ができない場合（…）には、…その入手及び提供が不可能である理由、…又はその拒否の理由を…通知する」と定めている。

　勿論、上記のような進展を遂げている情報交換規定やTIEAを通じて実態把握レベルの向上が実現しても、把握できた税の徴収ができない場合には、税源浸食を防止することができないことから、国外居住の納税者の未納の税金の徴収機能を向上させることも、一つ重要なポイントとなるところ、近年では、他国の税の徴収に協力しないことを原則とする欧米諸国の「歳入ルール」（Revenue rule）が変容してきていることを示す動きも生じている[50]。特に、EUでは、相互支援に関する欧州理事会指令（Mutual Assistance by Member States in the field of direct and indirect taxation of insurance premiums, 77/799/EEC）が発出されたことが注目されるが、我が国の場合、2011年、税務執行共助条約（Convention on Mutual Administrative Assistance in Tax Matters）及びその改正議定書に署名したことが特筆すべき点として挙げられる。

　上記税務執行共助条約は、例えば、11条1項において、「被要請国は、要請国の要請があったときは、第14条（期間制限）及び第15条（優先権）の規定に従い、要請国の租税債権を自国の租税債権を徴収する場合と同様に徴収するため、必要な措置をとる」と定め、17条1項において、「被要請国は、要請国の要請があったときは、要請国から発出される文書（…）であって、この条約の対象となる租税に関するものを名義人に送達する」と定めている。確かに、本条約は、30条1項において、「いずれの国も、署名の際、若しくは批准書、受諾書若しくは承認書の寄託の際又はその後のいつでも、次に掲げる権利を留保する旨を宣言することができる」と定めているところ、米国等は、徴収共助には留保を付しているが、既に30か国超が署名している本条約は、情報交換や同時調査等に関する規定も組み込んでおり、国境を跨ぐ税負担の回避策の実効性を多少なりとも阻止する存在となり得るものと想定される。

---

50)　詳細は、松田・前掲『租税回避行為の解明』399～407頁参照。

しかし、租税条約上の情報交換規定、TIEA及び税務執行共助条約の機能には、機動性・実効性などの点で克服し難い限界があるのも事実である。実際、例えば、前述の米国のTIEAについては、予てより、その実効性を妨げる問題点として、軽課税国等の情報保護法や司法手続上の煩雑さ等が挙げられているところ[51]、OECDのモデルTIEAについても、(i)自動的情報交換に関する規定が含まれていない中、情報提供を要請する国は、その要請を行うための十分な資料・証拠等を有する必要がある、(ii)軽課税国でのTIEAの解釈や立法措置が、効果的・効率的な情報提供を困難なものにする可能性が高いなどの問題があるとの指摘がされている[52]。情報交換規定や税務執行共助条約も、基本的には、これらと同様な問題・限界を多少なりとも内包しているのではないかと考えられる。

TIEA等には上記のような限界があること、また、我が国の場合、租税回避スキーム等の開示制度が採用されていないことなどを踏まえると、国外財産調書制度の有用性・実効性の程度は、未だ十分に明らかではないものの、場合によっては、そのあり方にいくらかの修正を加える、あるいは、関係する制度を見直すことが望ましいという事態も生じ得るものと考えられる。その場合、主な諸外国の国外財産等の報告制度の制度設計、機能及び経験等に目を向けることによって、国外財産調書制度の国際的な位置づけがより明らかになるとともに、そのあり方や手直しの選択肢などに関する手掛かりも見えてくるのではないかと思料する。このような問題意識の下、第1章第4節では、米国の国外金融資産等の報告制度・主な把握手段の制度設計、その有用性と限界及び見直しの方向性等を考察し、第2章第1節2(4)ロ)と第4章第4節2では、英国とインドの国外資産等の報告制度・主な把握手段に目を向ける。

2．国内取引等の把握に係る問題

(1) 口頭による財産移転への対応と限界

イ) 無記名式割引金融債の贈与

実態把握漏れによる税源浸食は、勿論、国境を跨ぐ取引・資産等との関係だけではなく、国内での取引や資産の移転等との関係でも生じる。確かに、国内取引や国内に所在する資産等の把握は、総じて、国際取引や国外資産等の把握ほど困難ではない。しかし、国内取引であっても、財産移転・贈与の事実が公にならない場合には、その実態把握が困難なものとなり得るケースがある。実際、例えば、相続税法1条の4は、「次の各号のいずれかに掲げる者は、この法律により、贈与税を納める義務がある。1　贈与により財産を取得した個人で当該財産を取得した時においてこの法律の施行地に住所を有するもの　2　贈与による財産を取得した日本国籍を有する個人で当該財産を取得した時において…」と定めているが、個人が「贈与により財産を取得」したとの事実を税務当局が把握した時点では、既に、贈与税を賦課する決定処分を行うことができる除斥期間（贈与税の法定申告期限から7年）を徒過しているということもある。

そもそも、財産の贈与は、口頭でも書面でも行われ得るところ、民法549条は、「贈与は、

---

[51] Haven or Havoc ?（http://www.pbs.org/wgbh/pages/frontline/shows/tax/schemes/cayman.html）参照。
[52] Tax Information Exchange Arrangements（http://www.taxjustice.net/.../TJN_0903_Exchange_of_Info_Briefing_PublicD1.doc）、Death of Information Exchange Agreements ?（http://www.taxjustice.blogspot.jp/2011/04/death-of-information-exchange.html）参照。

当事者の一方が自己の財産を無償で相手に与える意思を表示し、相手方が受諾することによって、その効力を生ずる」と規定している。相続税法上の贈与の概念も、民法から借用した概念であるところ、口頭による財産の贈与が行われた時点が相続税法上も贈与税の課税時期であるとなると、その贈与事実が公にならない場合、税務当局は、贈与税の決定処分を行う時期を逸することとなりかねない。また、贈与事実が公になった場合でも、その公になった時期と「贈与による財産の取得」の時期に大きな隔たりがあると、税源浸食が生じてしまうこともある。このような形で生じ得る税源浸食を阻止せんとして行われた平成17年10月21日付けの贈与税更正処分の適法性が争われたのが、東京地裁平成21年4月24日判決（平成19年（行ウ）第374号、税資259号-77順号11190）である。

　上記のケースにおいて、原告は、(i)交際していたAから昭和63年〜平成7年の間に贈与を受けた無記名式割引金融債を原告が借りていた銀行の貸金庫に保管していた、(ii)Aが確定申告書に添付した財産及び債務の明細書に掲載されていた無記名式割引金融債の額も、昭和63年〜平成7年の間に年々減少していることなどを根拠として、本件金融債の贈与を受けたのは、これらの年度中であると主張したのに対し、被告は、Aの個人財産を管理していたBが作成していた割引債一覧表における本件金融債の記載が削除されたのが平成14年9月末であること、また、平成15年1月から「金融機関等による顧客等の本人確認等に関する法律」が施行されると匿名のままに割引金融債を所持することができなくなる中、原告名義の保護預かりに変更したのも平成14年9月末であることなどを踏まえ、平成14年9月末が本件金融債の贈与履行時であると主張している。

　上記東京地裁判決では、本件割引債を原告が借りていた銀行の貸金庫に保管していたことや、債券計算書の原本を原告が所有していたことは、Aが、将来の不測の事態等が生じたときに自由な使用をすることを許すものとして本件割引債を交付したことと矛盾しないことから、Aが各年分の確定申告の際に添付した財産及び債務の明細書に記載した無記名式割引金融債の額の減少分が、Aが原告に付与したものと一致するとしても、そのことにより、直ちに原告がそれを自己の財産として完全に管理支配し自由に処分することができる状態になったことにはならないとした上で、原告が本件金融債を自己の財産として完全に支配管理し自由に処分することができる状態になったのは、平成14年9月であると判断されるとして、本件課税処分の適法性が認められ、その判断は、控訴審である東京高裁平成21年11月19日判決（税資259号-206順号1139）でも首肯されている。

ロ）口頭による不動産の贈与
　上記イ）の東京地裁平成21年4月24日判決で問題となったケースでは、その他の贈与財産の申告が行われていたことが、金融債を把握する上で一つのポイントとなったと想定されるが、贈与税の申告も含め、財産移転・贈与の事実を贈与税の除斥期間経過後まで公にしないことによって[53]、贈与税の負担を回避する試みが認められた裁判例として、京都地裁昭和52年12月16日判決（昭和50年（行ウ）第4号、判時884号44頁）がある。本件では、原告は、問題となった土地の贈与を昭和23年又は昭和30年6月に書面によらない形で受け

53）　贈与税の更正・決定の期間制限は、平成15年に改正された相続税法36条1条1項の下、贈与税の申告書の提出期限から6年であるが、同条3項の下、偽りその他不正の行為があった場合には、贈与税の申告書の提出期限から7年である。

たため、その登記時である昭和46年に行われた贈与税の賦課決定処分は、法定申告期限から5年間の除斥期間経過後のものであり違法であると主張したのに対し、被告は、本件贈与の時期は極めて不明確であるから、贈与による履行終了時である本件登記がなされた昭和46年6月と認めなければ租税の公平を期し難いなどと主張している。

上記京都裁判所は、「贈与による『取得の時』の了知が書面によらない贈与の場合には常に了知が困難であるとはいいがたく、この了知困難回避又は租税回避防止のために、右『取得の時』を登記の時と解することは、根拠が薄弱という外なく、むしろ、課税権者の権利の除斥期間を不申告のときにも法定申告期限経過より起算して5年間とし（国税通則法70条4項1号）て租税法律関係の早期確定を図る国税通則法の趣旨にもとるおそれもあり、採用しえないというほかない」ほか、本件土地は、昭和23年頃、その所有者Kから口頭により贈与されたものであり、また、本件土地の贈与は、遅くとも、その所有者Kが死亡した昭和30年6月頃には外部的に誰もが認識し得る程度に確定的なものとなっていたことがうかがわれることから、本件処分は違法であると判示している。

確かに、上記地裁判決は、その控訴審である大阪高裁昭和54年7月19日判決（昭和52年（行コ）第36号、税資106号103頁）で破棄されているが、その主な理由は、本控訴審では、本件土地の所有者であったKは本件土地をだれにも贈与しないままで昭和30年6月に死亡し、Kの妻が死亡した昭和46年に親族が集まった際、被控訴人は、K及びその妻の財産のその他の相続人に対して合計で100万円を支払うことを条件に本件土地の贈与を受けたとの事実認定がされたからである。その後、本件の上告審である最高裁昭和56年6月26日判決（昭和54年（行ツ）第136号、判時1014号53頁）では、本件贈与の法的性格は負担付贈与とみなすべきであることから、本件を単純な贈与契約であるとの認識の下に判断を下した控訴審判決は誤っているとして、贈与税賦課決定処分の一部が取り消されたが、控訴審判決で示されたその他の基本的な判断が覆ったわけではなかった。

上記の通り、上記京都地裁判決の判断は、その控訴審及び上告審で覆っているが、上記の大阪高裁判決及び最高裁判決は、書面によらない土地の贈与があった場合には、その移転登記が行われた時点が贈与の履行時であるとの考え方が採用されたわけではない。確かに、民法550条（「書面によらない贈与は、各当事者が撤回することができる。ただし、履行が終わった部分については、この限りではない」）に鑑みても、書面によらない贈与の場合の贈与の時期は履行終了時であると考えられ、また、相続税法基本通達1の3・1の4共-8も、「相続若しくは遺贈又は贈与による財産取得の時期は、次に掲げる場合の区分に応じ、それぞれ次によるものとする。(1)…(2)贈与の場合　書面によるものについてはその契約の効力の発生した時、書面によらないものについてはその履行の時」（1の3・1の4共-8）と定めているが、財産の移転登記が行われた時が、必ずその贈与の履行終了時と一致するとは限らない。

(2) 書面による財産移転への対応と限界

口頭による財産贈与があった場合だけでなく、書面による贈与があった場合でも、贈与税の回避が可能となるケースがある。例えば、那覇地裁平成7年9月27日判決（平成5年（行ウ）第15号、税資213号743頁）では、原告がその兄から土地の贈与を受けた時点は、贈与に関する覚書が作成された昭和41年5月であるのか、あるいは、贈与税の賦課決定処

分等が依拠する当該土地の所有権の移転登記が行われた平成2年2月であるのかが争点となった。本判決において、那覇地裁は、本件覚書には信用性があり、また、本件覚書が作成された本土復帰前の沖縄では、贈与による財産取得に対する課税実績は殆どないことに鑑みると、本件贈与当時に移転登記を直ちに行わなかったことに租税回避の意図を認めることはできないため、本件贈与は、基本通達でいう書面による贈与であるから、その契約の効力の発生したときである昭和41年を財産の取得時期とすべきであると判示し、本判決は確定している。

　上記那覇地裁判決で問題となったのは、本土復帰前の沖縄での事案であり、例外的なケースではあるが、本判決は、書面による財産の贈与があった場合には、相続税法上の贈与の時点は、その財産の登録・登記の時点ではないことがあり得ることを示している。このようなケースもあることなどを背景とし、最近では、書面による贈与があったことを明確にする手段として不動産の贈与事実に関する公正証書を公証人役場で作成した後、贈与税の賦課決定処分の除斥期間の経過を待ってその登記を行うというケースも見受けられるようになってきている。現状では、公正証書による財産の贈与の事実を税務当局が適時に把握することは、必ずしも容易ではないことから、相続税法上の贈与による財産の取得の時点が、財産が登記された時点ではなく、公正証書の作成時点であるとの事実認定・解釈がされると、公正証書を利用した贈与税の負担回避への対応は、困難なものとなり得るとの問題がある。

　実際、上記のような困難性が露呈したケースとして、京都地裁平成16年1月30日判決（平成14年（行ウ）第17号、税資254号9545頁）がある。本件では、原告が平成10年10月に相続税の申告をした際、被相続人乙から原告に対して贈与する旨を記載した平成4年6月作成の公正証書上の不動産を相続財産に加えなかったことに対し、被告は、原告が本件相続又は遺贈によって取得した財産の中にはこれらの不動産も含まれるとした上で更正処分及び過少申告加算税の賦課処分を行ったことが問題となっている。本件において、被告は、本件公正証書作成後も、被相続人乙が本件不動産の管理等を行っていたとの事実認定を行った上で、本件公正証書は、相続税及び贈与税逃れのために作成された効力を有しないものであり、仮に無効なものでないとしても、即時に所有権を移転させる趣旨のものではなく、せいぜい、死因贈与としての意味しか有しないものであるなどと主張している。

　上記京都地裁判決では、本件公正証書作成当時、原告と乙は、本件約定に拘わらず、乙が本件贈与不動産の所有権を直ちに原告に移転させるのではなく、結局、乙の死後、本件贈与不動産を原告に贈与するとの意思で、そのような合意をしたもの、すなわち、死因贈与の契約をしたものと認めるのが相当であることから、本件更正処分等は適法であると判示されている。しかし、本判決では、「本件公正証書が存在する以上、通常は、乙と原告との間のその内容に沿う贈与契約の表示行為があったものというべきであり、…本件各証拠によれば、この表示行為があったことは明らかに認められる。…また、本件各証拠によっても、乙も原告も、本件贈与不動産の贈与をする意思がないのに、相続税や贈与税の負担を免れる目的で本件公正証書の作成依頼をしたとまでは到底認められない。…被告の主張は、租税回避の目的がある法律行為について、広く、その司法上の効果を否認しようとする趣旨とも解されるが、そのような趣旨であれば、その限りで失当である」との見解も示されている。

序章　我が国の対応策の分析

　上記京都地裁判決は、結論としては、更正処分の適法性を首肯するものであったが、財産贈与に関する公正証書の作成時期とその登記時期を調整することによって贈与税の負担回避が可能となる余地がないわけではないことを示唆している。実際、上記京都地裁判決と同様な問題が争われて税務当局が勝訴した名古屋高裁平成10年12月25日判決（平成10年（行コ）第34号、月報46巻6号3041頁）を巡る議論の中には、「このような事例ではやはり所有権の移転登記をした時に課税をせざる得ない。またその一方、たとえ租税回避を目的とするものであっても、公正証書作成時に当該不動産等の引き渡しの事実を確実にした場合に、どのような贈与認定が行われるか、自身の参加する研究会でも疑問の残るところである」との指摘も見受けられる[54]。

　上記の指摘の他にも、上記名古屋高裁平成10年12月25日判決に対しては、例えば、「しかし、これでAからXに対する所有権の移転がなされていないというのは、およそ不動産の所有権の移転は登記が移転されなければ認めないというに等しく、民法の物権変動の意思主義（民法176条）に反するのではないか。…また、どうしても本件処分を肯定したいというのであれば、強引な事実認定をするよりも、端的に『財産の取得の時』（国税通則法15条2項5号）という文言の解釈を、民法の物権変動に関する意思主義を前提としながらも、租税法上は財産の取得が客観的に外部に表象されたときと解した方がすっきりしたのではないか。なおXは本判決を不服として上告したが、棄却・不受理とされている（最決平成11年6月24日）」との意見もある[55]。

　上記の通り、財産贈与に関する公正証書の作成時期とその登記時期を調整することによって贈与税の負担回避を図る行為に対しては、実際上、その登記が行われるまで財産の贈与の取得に該当する事実が生じていないとの認定を行うことによって対処するとのアプローチが採用されているが、かかるアプローチでは対応できない場合もあり得ると考えられるほか、民法上の贈与という概念との整合性の観点からして、不動産の移転登記の有無をその贈与の有無の判断上の決定的なメルクマールとするにも限界があるものと考えられる。そもそも、かかるアプローチが採用されている背景には、財産の移転事実の把握の困難性という問題があるが、諸外国では、このような問題にどのように対処しているのであろうか。まず、第1章第3節では、米国における対処の仕方・方法を考察し、次に、終章第5節2では、その対処方法等を踏まえた上で、新たな対応策のあり方を模索・提言する。

---

54)　品川芳宣「公正証書の形式を用いた贈与の履行時期―名古屋高裁平成10年12月25日判決」TKC税務情報 Vol. 8（1999）27頁参照。
55)　斎藤成倫「公正証書による不動産の贈与と贈与時期」LIBRA, Vol. 7, No. 11（2007）25頁参照。

第1章　米国の対応策の分析

第1節　租税回避行為による税源浸食への対応

1．IRC§7701(o)の創設と制度設計

(1)　立法化の背景と経緯

　租税回避行為やタックス・シェルターが数多く認められる米国では、予てより、多角的な対応策が講じられているが、最近では、その機能を更に強化する動きが進展している。対応策を「先制的な対応策」（ex ante or proactive counter-measures）と「事後的な対応策」（ex post counter-measures）に区分した場合、事後的な対応策の代表例としては、税法規定に形式上合致している租税回避行為等をも否認の対象とする判例法の下で形成されてきた諸々の原則・法理が挙げられる。これらの諸原則・法理の中でも、特に、「経済的実質主義」（economic substance doctrine）は、租税回避行為等の税務効果を否認する上でかなりの成果を上げてきた。しかし、異なる裁判所が、その適用基準について異なる解釈を示していることなどに起因して、その適用範囲は明確なものとはなっておらず、また、その否認機能も十分ではないとの見解の下、その立法化を行うことが肝要であるとの意見があった。

　確かに、判例法上依拠されている経済的実質主義の適用基準である「二股テスト」（two prong test）の本質を巡っては、「主観テスト」（問題の取引の当事者である納税者が租税回避目的以外の事業目的を有していること）と「客観テスト」（問題の取引が経済的実質を有していること）のいずれかをクリアーしない租税回避行為等は否認の対象となるとのアプローチに依拠する「結合的関係テスト」（conjunctive test）なのか、あるいは、「主観テスト」と「客観テスト」の双方をクリアーしない租税回避行為等のみが否認の対象となるとのアプローチに依拠する「非結合的関係テスト」（disjunctive test）なのかとの問題があり、裁判所の見解も二分していた。このような問題があったことから、経済的実質主義の適用の可否が問題となった事案において、税務当局に有利な「結合的関係テスト」が裁判所に支持されずに税務当局が敗訴するというようなケースもあった[1]。

　上院財政委員会は、上記の問題を克服する必要があるとの認識の下、「結合的関係テスト」よりも更に税務当局に有利な「三股テスト」（"three prong test"、①取引が税負担軽減効果以外で納税者の経済的立場を意味ある程度に変える、②取引実行の背後に税負担軽減以外の目的が相当程度に存在する（「相当な目的テスト」、"substantial business purpose test"）、③取引がその目的の実行上合理的な手段である）に依拠し、しかも、「厳格なペナルティ」（「三股テスト」をクリアーしない取引に起因する過少申告・納付の部分に適用されるIRC§6662（Imposition of accuracy-related penalty on underpayments）等に定める「正確性に係るペナルティ」の率が40％、但し、財務省規則§1.6011-4(b)が定める「報

---

[1]　詳細は、松田・前掲『租税回避行為の解明』58～64頁参照。

第1章　米国の対応策の分析

告対象取引」("Reportable Transactions")の開示があれば20％[2]）を採用した経済的実質主義の立法化案を1990年代後半から2000年代初めにかけて幾度となく議会に提出した[3]。

　税務当局も、租税回避行為等の抑止が不十分なものとなっており、その結果、長きに亘り、潜在的な税収を失っているとの問題意識は有していたが、(i)経済的実質主義に依拠して租税回避行為を否認した処分の適法性が問題となった裁判の多くにおいて、税務当局が勝訴している、(ii)上院が示している経済的実質主義の立法化案は、経済的実質主義の柔軟な適用を阻害する可能性を秘めているほか、「厳格なペナルティ」の採用によって、裁判所が経済的実質主義の適用に必要以上に慎重・消極的になることも想定されることから、経済的実質主義の立法化は必ずしも対応策の強化には繋がらない虞もある、(iii)タックス・シェルターの開示制度が少なからぬ効果を発揮していることなどに鑑み、経済的実質主義の立法化案に対する税務当局の見解は、概ね否定的であった[4]。

　もっとも、税務当局が、租税回避行為等の否認機能の向上に繋がる事後的な対応措置を強化する必要性を感じていなかったわけではなかった。税務当局が特に狙っていたのは、IRC§269（Acquisitions made to evade or avoid income tax）の機能を強化することであった。IRC§269（「所得税の脱漏又は回避のための取得」）(a)(In general)は、「もし、(1)一人又は複数の者が、…直接又は間接に法人に対する支配権を取得し、…かかる取得の主要な目的が、さもなければ享受することのできない所得控除、税額控除又はその他の控除による利益を得ることによって連邦所得税の脱漏や回避を行うことである場合には、財務省長官は、かかる所得控除、税額控除又はその他の控除を否認することができる…」と定めているが[5]、財務省は、本規定に依拠した場合も、租税回避行為の否認に困難が伴う場合があることから、本規定の機能を強化する改正案を2000年財政案に盛り込んだ経緯がある。

　上記改正案は、租税回避取引とは、「取引の合理的に期待される税引き前利益（費用としての外国税と取引コストを勘案した上での現在価値ベースで決定されるもの）が、その合理的に期待されるネットの税務上の利益（取引から生じる税務上の負担を超える税務上の利益であり、現在価値ベースで決定されるもの）に比べて取るに足りない取引である」と定義し[6]、また、租税回避取引には、経済的所得に対する税負担の不当な排除又は相当な軽減を含む一定の取引も含まれるように定義されるとした上で、租税回避取引によって得られる所得控除、税額控除及びその他の控除の否認を行う権限を財務省に付与するとともに、法人タックス・シェルターの利用に起因する相当程度の過少申告に係るペナルティ

---

[2]　「報告対象取引」の開示義務のポイントは、松田・前掲『租税回避行為の解明』81～84頁参照。財務省規則§1.6011-4 (Requirement of Statement Disclosing Participation in Certain Transactions by Taxpayers) (d)(Form and content of disclosure statement)は、「報告対象取引」の開示を様式(Form)8886 ("Reportable Transaction Disclosure Statement") 等によって行い、①取引の詳細及び当事者、②取引によって期待される税務上の取扱い及び全ての潜在的な税務上の利益等を本様式に記載することを求めている。

[3]　詳細は、松田・前掲『租税回避行為の解明』44～58頁参照。

[4]　経済的実質主義の立法化案の得失等を巡る議論の詳細は、松田・前掲『租税回避行為の解明』64～71頁参照。

[5]　原文は、"If … (1) any person or persons acquire, or acquired … directly or indirectly, control of a corporation, … and the principal purpose for which such acquisition was made is evasion or avoidance of Federal income tax by securing the benefit of a deduction, credit, or other allowance which such person or corporation would not otherwise enjoy, then the secretary may disallow such deduction, credit or other allowance. …"である。

の率は、その開示義務が履行されていない場合には、原則として、20％から40％に引き上げるとする趣旨の規定を手当てするという内容のものであった。

　他方、上院は、その後、経済的実質主義の立法化案の機能・制度設計をトーン・ダウンする動きを見せるようになった。例えば、上院財政委員会が2007年10月に承認した2007年上院法案（"The Heartland, Habitat, Harvest, and Horticulture Act of 2007", S. 2242, 110th Congress）では、§511において、「取引から得られると合理的に期待できる税引き前利益の現在価値が、その取引が尊重された場合には認められるであろうと期待される税務上の純利益の現在価値との関係で相当なものでない限り、その取引が利益可能性を有するとの理由のみでは、経済的実質があるとは取り扱われない」としながらも、従来の立法化案で採用されていた「三股テスト」の③（「合理的手段テスト」）が捨象され[7]、また、§512では、経済的実質を有しない取引に起因する過少申告・納付部分に課される「正確性に係るペナルティ」の率が、40％から30％（開示義務の履行があれば20％）に引き下げられていた。

　これに対し、2007年7月に下院で承認された2007年下院法案（"The Food and Energy Security Act of 2007, H. R. 2419, 110th Congress）には、経済的実質主義の立法化案は含まれていなかったが、当時の下院歳入委員会（House Ways and Means Committee）の議長であったCharles B. Rangel議員が提出し、2007年12月に下院で可決された2007年下院法案（"The AMT Relief Act of 2007, H.R. 4351, 110th Congress, 1st Session）では、§211～§212において経済的実質主義の立法化案と厳格なペナルティ案が組み込まれていた。本案の下での立法化された経済的実質主義の適用基準は、「三股テスト」から「合理的手段テスト」を捨象している点で上記の2007年上院法案（S. 2242）と同様であったが、「厳格なペナルティ」の率は40％（開示義務の履行があれば20％）とされていた[8]。

　上記の通り、2007年上院法案（S. 2242）と2007年下院法案（H. R. 4351）の各々に組み込まれている経済的実質主義の立法化案の制度設計は、微妙に異なる部分もあったが、「三股テスト」から「合理的手段テスト」を捨象した「結合的関係テスト」に依拠していることや「結合的関係テスト」の一方を構成する「主観テスト」として「相当な目的テスト」を採用していることなど、基本的な点で同様な制度設計案となっていたことなどを背景として、両院が歩み寄りを見せ、修正された上記の下院法案（H. R. 2419）には、このような基本的な制度設計部分を中核に据えた経済的実質主義の立法化案と経済的実質を有しない取引に起因する過少申告・納付部分に適用される率を30％（開示義務が履行されている場合には20％）とする「厳格なペナルティ」の導入案等が組み込まれた経緯がある。

---

6) 原文は、"A tax avoidance transaction would be defined as any transaction in which the reasonably expected profit (determined on a present value basis, after taking into account foreign taxes as expenses and transaction costs) of the transaction is insignificant relative to the reasonably expected net tax benefits (i. e., tax benefits in excess of the tax liability arising from the transaction, determined on a present value basis) of the transaction." である。

7) もっとも、「合理的手段テスト」は、わざわざ組み込む立法措置を講じなくとも、経済的実質主義の下では自明の理であるとの見方もある。かかる見方は、同協会の2011年1月5日付発表資料（「経済的実質主義の立法化に関する報告書」、Report on Codification of the Economic Substance Doctrine, at http://www.nysba.org/Content/ContentFolders20/TaxLawSection/.../1228-rpt.pdf）参照。

8) Rangel議員が議会（110th Congress, 1st Session）に提出した下院法案（Tax Reduction and Reform Act of 2007, H. R. 3970）にも、同様な制度設計に依拠した経済的実質主義の立法化案が含まれていた。

(2) IRC§7701(o)の制度設計上の特徴

　上記のような経済的実質主義の立法化に向けた動きに対しては、上記(1)の(i)～(ⅲ)等に代表される反対意見が少なからず示されたが、経済的実質主義を立法化することによって、裁判所は、取引が経済的実質を有しているか否かを決定する「二股テスト」に係る道標を得ることができるなどのメリットを重視する賛成意見もある中[9]、租税回避行為等に対して強硬な姿勢で臨むObama政権の下、2010年には、「医療及び教育調整法」（The Health Care and Education Reconciliation Act, P. L. No. 111-152）§1409の成立を受けて[10]、IRC§7701 (Definitions) (o) (Clarification of economic substance doctrine) 及びIRC§6662 (i) (Increase in penalty in case of nondisclosed noneconomic substance transactions) が措置された。

　上記IRC§7701（「定義」）(o)（「経済的実質主義の明確化」）(1) (Application of doctrine) は、「経済的実質主義が関係する取引の場合、そのような取引が経済的実質を有するのは、(A)その取引がその納税者の経済的ポジションを意義ある方法（連邦所得税上の効果を除く）で変化させる、(B)その納税者がその取引を実行する上で相当の目的（連邦所得税上の効果を除く）を有する場合に限定される」と定めており[11]、IRC§7701(o)(2) (Special Rule where taxpayer relies on profit potential) (A) (In general) は、取引の利益の見込みの有無は、(1)号(A)及び(B)の要件が当該取引との関係上満たされているか否かを決定する上で考慮されるが、かかる考慮をするのは、「取引から合理的に期待される税引き前利益の現在価値が、当該取引が尊重される場合に認められるであろうと期待されるネットの税務上の利益の現在価値との関係で相当な程度である場合に限られる」と規定している[12]。

　IRC§7701(o)(3) (State and local tax benefits) は、本条(o)項(1)号の目的上、連邦所得税上の効果と関係する全ての州及び地方の所得税上の効果は、連邦所得税上の効果と同様に取り扱われると規定し、また、IRC§7701(o)(4) (Financial accounting benefits) は、(1)号(B)の目的上、財務会計上の利益を実現することは、かかる財務会計上のそもそもの利益が連邦所得税の軽減である場合には、取引の実行上の目的として勘案されない旨を定めている。IRC§7701(o)(5)(A) (Economic substance doctrine) は、「経済的実質主義という文言は、取引が経済的実質を有していない、あるいは、事業目的を欠いている場合には、取引との関係におけるサブタイトル(A)の下での税務上の利益は容認されないというコモン・ローの原則を意味している」と定めている[13]。

---

9) Samuel C. Thompson, Jr. and Robert Allen Clary Ⅱ, "Coming in from the 'Cold' : The Case for EDS Codification", Tax Notes, May 26 (2003) p. 1271参照。

10) 詳細は、Monte Jackel, "Dawn of a New Era : Congress Codifies Economic Substance", Tax Notes, Apr. 19 (2011) p. 289参照。

11) 原文は、"In the case of any transaction to which the economic substance doctrine is relevant, such transaction shall be treated as having economic substance only if — (A) the transation changes in a meaningful way (apart from federal income tax effects) the taxpayer's economic position, and (B) the taxpayer has a substantial purpose (apart from Federal income tax effects) for entering into such transaction." である。

12) 原文は、"The potential for profit of a transaction shall be taken into account in determining whether the requirements of subgraph (A) and (B) of paragraph (1) are met with respect to the transaction only if the present value of the reasonably expected pre-tax profit from the transaction is substantial in relation to the present value of the expected net tax benefits that would be allowed if the transaction were respected." である。

第1節　租税回避行為による税源浸食への対応

　上記のほかにも、IRC§7701(o)(2)(B)（Treatment of fees and foreign taxes）は、手数料及びその他の取引費用は、サブパラ(A)の下での税引き前利益の決定上費用として考慮されるところ、財務長官は、適切なケースでは、税引き前利益の決定上費用として取り扱われるべき外国税に関する規則を発出する旨を定め、IRC§7701(o)(5)（Benefits and special rules）(B)（Exceptions for personal transactions of individuals）は、個人の場合、(1)号が適用されるのは、取引が所得を生み出す商取引、事業又は活動と関連して実行される場合に限定される旨を定め、IRC§7701(o)(5)(C)（Determination of application of doctrine not affected）は、「問題となる取引に経済的実質主義が関係するか否かの判断は、本項が決して創設されなかった場合と同様な方法で行われる」と規定し[14]、IRC§7701(o)(5)(D)（Transaction）は、取引という文言は一連の取引を含む旨を定めている。

　さらに、経済的実質主義が関係する場合のペナルティも厳格化されている[15]。例えば、新たに措置されたIRC§6662（Imposition of accuracy-related penalty on underpayments）(b)（Portion of underpayment to which section applies）(6)（any disallowance of claimed tax benefits by reason of a transaction lacking economic substance（within the meaning of section 7701(o)) or failing to meet the requirements of any similar rules of law）の下[16]、経済的実質（IRC§7701(o)の意味に該当するもの）を欠く取引又は「法律上の同様なルールが定める要件」を充足しない取引の税務利益の否認に起因する過少納付部分に対しては、税率20％の「正確性に係るペナルティ」が課されるが、開示義務の不履行もある場合の税率は、IRC§6662(i)（Increase in penalty in case of nondislosed noneconomic substance transactions）の下[17]、20％ではなく40％となる。

　また、「正確性に係るペナルティ」に関しては、そもそも、IRC§6664（Definitions and special rules）(c)（Reasonable cause exception for underpayments）(1)（In general）が、「IRC§6662又はIRC§6663の下で対象となる過少納付部分に対するペナルティは、当該部分との関係上、合理的な理由及び誠実な行為の存在が証明される場合には課されない」と定めているが[18]、2010年に新たに措置されたIRC§6664(c)(2)（Exception）は、「1項は、IRC§6662(b)(6)で示す一つ又は複数の取引に起因して生じる過少納付部分には適用されな

---

13)　原文は、"The term 'economic substance doctrine' means the common law doctrine under which tax benefits under subtitle A with respect to a transaction are not allowable if the transaction does not have economic substance or lacks a business purpose."　である。

14)　原文は、"The determination of whether the economic substance doctrine is relevant to a transaction shall be made in the same manner as if this subsection had never been enacted."　である。

15)　関係する諸規定は、IRC§6662(b)(6)、IRC§6662(i)(3)、IRC§6664(c)（Reasonable cause exception for underpayments）、IRC§6664(d)及びIRC§6676（Erroneous claim for refund or credit）等である。

16)　IRC§6662(b)は、懈怠、規則等の無視、相当に不当な評価額及び所得税の相当な過少申告等が本項の適用対象となると定めている。

17)　IRC§6662(h)(2)は、「…『非開示の経済的実質を欠く取引』という文言は、(b)項(6)号に該当する取引の税務上の取扱いに影響を与える関係事実が、申告書又は申告書に添付した陳述書に適切に開示されていない部分を意味する」("... the term 'nondisclosed noneconomic substance transaction' means any portion of transaction described in subsection (b)(6) with respect to which the relevant facts affecting the tax treatment are not adequately disclosed in the return or in a statement attached to the return.")　と定めている。

18)　原文は、"No penalty shall be imposed under section 6662 or 6663 with respect to any portion of underpayment if it is shown that there was a reasonable cause for such portion and that the taxpayer acted in good faith with respect to such portion."　である。

い」と定めた上で[19]、IRC§6662(b)(6)では、上記の通り、経済的実質を欠く取引又は「法律上の同様のルールが定める要件」を充足しない取引が挙げられていることから、これらの取引にはIRC§6664(c)(1)に定める「正確性に係るペナルティ」の免除要件の適用はないこととなる。

上記の通り、IRC§7701(o)の適用があった場合、課され得るペナルティの率が引き上げられたことから、経済的実質主義の適用基準・射程範囲を明確化する必要性は、本規定創設前よりも高まったが、本規定は、透明性や予測可能性等の点で看過できない問題があるとの指摘をする向きが少なくない。例えば、米国弁護士協会（American Bar Association, ABA）の租税セクションがIRS長官に宛てた2011年1月18日付書簡では[20]、①IRC§7701(o)(1)に定める「経済的実質主義が関係する場合」、②IRC§7701(o)(1)(A)に定める「経済的ポジションを意義ある方法で変化させる」、③IRC§7701(o)(1)(B)に定める「相当な目的」、④IRC§7701(o)(2)(A)に定める「合理的に期待される」及び「相当な程度」、⑤IRC§6662(b)(6)に定める「法律上の同様のルールが定める要件」等の文言・メルクマールをどのように理解・解釈すれば良いのかなどの疑問が投げ掛けられている。

2．IRC§7701(o)の適用基準に係る指針

(1) 内国歳入庁告示と合同租税委員会資料の位置づけ

租税専門家団体や納税者等も、上記ABAの書簡で示されたものとおよそ同様の疑問を多少なりとも抱いているが、IRSの2010年10月4日付告示（Notice 2010-62：Interim Guidance under the Codification of the Economic Substance Doctrine and Related Provisions in the Health Care and Education Reconciliation Act of 2010）等におけるIRC§7701(o)に関する説明は、上記の疑問を払拭するには甚だ不十分なものとなっている。本告示上の説明が詳細でない理由としては、税務当局が、本規定の導入は経済的実質主義に係る従来の取扱いに特段の変更を加えるものではないとの認識を有している点を挙げることができよう。巷でも、本規定は経済的実質主義の適用基準を明確化する形で立法を行ったものであり、「厳格なペナルティ」の導入を除けば、経済的実質主義の機能は、その立法化の前後で殆ど変化していないとの見方をする向きがある[21]。

しかし、例えば、IRS告示（Notice 98-5：Foreign taxes credit abuse）上の見解（「一般には、合理的に期待される経済利益は、外国税の効果…を考慮に入れて決定されるが、…濫用的な仕組みに外国税額控除を認めるのは米国の外国税額控除制度の趣旨との関係上不適切である。よって、期待される経済利益の計算上、他国に支払われた税に係る…税控除に起因する期待される外国税に係る利益を含めない規則を定めることとする。一般には、期待される経済利益は、…ある仕組みと関連する費用を勘案して決定される。例えば、経済利益の決定上、外国税は費用として取り扱われる」）は[22]、IES Industries事件第8巡回控訴裁判所判決（2001）等で示された見解（税引き前の利益を計算する上で外国税を取引

---

19) 原文は、"Paragraph (1) shall not apply to any portion of an underpayment which is attributable to one or more transactions described in section 6662(b)(6)." である。
20) 本書簡は、http://www.americanbar.org/content/dam/aba/migrated/.../011811comments.pdfから入手可能。
21) Richard M. Lipton, New Tax Shelter Cases and a Notice Put a Spotlight on the Economic Substance Doctrine, Journal of Taxation, Nov. 2010, p. 325, Bruce Givner, Economic Substance Doctrine—Six Months After Codification, Tax Practice & Procedures, Vol. 12, No. 5 (2010) p. 22参照。

上の費用として取り扱うのは妥当でない）に反するとして、本告示は撤回された経緯があったが[23]、IRC§7701(o)(2)(A)・(B)の導入は、本告示を実質的に生き返らせたことを意味する。

また、合同租税委員会（Joint Committee on Taxation, JCT）の2010年3月21日付説明資料（"Technical Explanation of the Revenue Provisions of the "Reconciliation Act of 2010," as amended, in combination with the "Patient Protection and Affordable Care Act"、JCX-18-10、以下「JCT2010年資料」という）も[24]、「本規定は経済的実質主義を明確化するとともに、その機能を高めるものである」と述べていることから[25]、立法化によって経済的実質主義の機能は、明確化されただけでなく、高められたものと考えられる。しかし、いずれの条文が経済的実質主義の機能をどの程度高めているのかを具体的に示す資料は限られているほか、合同租税委員会のスタッフが作成・発表している一連の法案に関する説明資料は、JCTや議会によって正式に承認されたものでないとの限界がある。

上記のような限界はあるものの、上記JCT2010年資料で示されている解釈・見解は、2007年上院法案（S.2242）に対する上院財政委員会報告書（Senate Finance Committee Report 110-206）で示されていたものと基本的に同様であり、しかも、前掲のABAの2011年1月18日付書簡でも、JCT2010年資料は議会の意図を最も良く表したものと解されることから、税務当局は、透明性の向上のためにも、その妥当性を正式に認めるべきであると主張されている。例えば、利子控除について定めるIRC§163（Interest）(h)(2)(A)の解釈・適用範囲が問題となったRobinson v. Commissioner事件租税裁判所判決（119, T. C. 44；2002）でも[26]、「…合同租税委員会のスタッフが作成したサマリーは、議会が…立法をする前に両院議員に参考に提供されるものであり、それゆえに法律の歴史の一部である」との見解が示されている[27]。

他方、上記Robinson事件租税裁判所判決では、上記の見解に反対する意見も述べられているほか、賛成意見を述べているThornton裁判官も、「スタッフ作成資料を単に広める（より正確には、単に加重する）ことで議会の意図を直接に示す証拠の欠如を補うことはできない」との見解を示しているように[28]、IRC§7701(o)及び§6662(i)の適用に係る不透明性をJCT2010年資料上の説明等に依拠して払拭することにも一定の限界がある。確かに、

---

22) 前半の原文は、"In general, reasonably expected economic profit will be determined by taking into account foreign tax consequences … . However, it is inappropriate in the context of the U.S. foreign tax credit system to allow foreign tax credits with respect to abusive arrangements … . Accordingly, the regulations will provide that the calculation of expected economic profit will not include expected foreign tax savings attributable to a tax credit … with respect to a tax paid to another foreign country."である。

23) 詳細は、松田・前掲『租税回避行為の解明』62頁参照。

24) 本説明資料上の関係部分は、E（Codification of Economic Substance Doctrine and Imposition of Penalties（sec. 1409 of the Reconciliation bill and secs. 7701, 6662, 6662A, 6664 and 6676 of the Code）142〜156頁）である。

25) 原文は、"The provision clarifies and enhances the application of the economic substance doctrine."である。

26) 例えば、Bank of Clearwater v. United States 事件控訴裁判所判決（7, Cl. Ct. 289, 1985）でも、「議員と密接に連携して法律の作成を行う合同租税委員会のスタッフは、その法律の基本的な趣旨について実際の知識を有している」との指摘がされている。

27) 原文は、"… the Joint Committee staff summary was provided to the Members of the House and Senate for reference before Congress enacted … , and consequently it is part of the history of the legislation."である。

このような限界はあるが、これらの規定の適用・解釈に係る不透明性を解消する資料が限られている中、以下の(2)〜(6)では、IRS告示2010-62の説明不足を補い得ると考えられるJCT2010年資料、判例法及び専門家意見等に目を向け、前掲のABAの2011年付書簡上の主な疑問（①〜⑤）に対する回答はどうなるのか、また、経済的実質主義の機能は、その立法化が行われたことにより、どのように変容しているのかなどを探る。

(2) 「経済的実質主義が関係する場合」の解釈

イ）「エンジェル・リスト」の潜在的有用性と限界

ABAの2011年付書簡で示されている上記①（IRC§7701(o)(1)に定める「経済的実質主義が関係する場合」）という文言の解釈の仕方に関する疑問を解消することは、本規定の適用範囲を明確にする上で特に重要である。かかる疑問に対し、上記告示2010-62では、もし、権限ある法務当局が、IRC§7701(o)が創設される以前、一定の税務上の利益が容認されるものであるか否かという点に関して経済的実質主義は関係がないとの見解を示していたならば、税務当局としても、それらの税務上の利益が容認されるか否かという点に関しては、経済的実質主義は関係ないとの立場を今後も維持するが、「経済的実質主義が関係する場合」の状況とは不変なものではなく、今後の判例法によって更なる進展があり得ると考えるのがIRC§7701(o)(5)(C)（「主義の適用判断に対する影響の欠如」）の趣旨にも合致するとの見解が示されている。

また、上記の見解は、裁判所が「非結合的関係テスト」に依拠したことにより経済的実質主義の適用対象外となった取引等に対し、今後、税務当局がIRC§7701(o)を適用しないことを意味するわけでないことは、上記告示2010-62で説明されているが、より詳細な説明はない。しかも、本告示では、(i)今後、経済的実質主義の適用対象外となる取引の類型を示した「エンジェル・リスト」を発表する予定はない、(ii)歳入手続（Revenue Procedure 2010-3）§3.02(1)では、税務上の取扱いに係る予測可能性や透明性を高める制度として機能するルーリング制度の適用対象から外れるものとして、「誠実な事業目的を欠くあるいは連邦税の軽減を主要な目的とする取引の結果」が挙げられていることなどを踏まえ、問題となる取引が経済的実質主義に関係するか否かに関するプライベート・レター・ルーリングは発出しないとの方針が示されていることから、今後も、より詳細な説明・解釈指針が示されることはないであろう。

確かに、自動的にIRC§7701(o)の適用対象外となる取引類型（「エンジェル・リスト」又は「ホワイト・リスト」）や自動的にIRC§7701(o)の適用対象となる取引類型（「ブラック・リスト」）のようなものを網羅的に示すことは容易ではなく、また、一定の限界もあると想定される。しかし、「経済的実質主義が関係する場合」の文言に係る不透明性の問題を緩和する手段となり得る判例法からも十分な指針を得ることが困難であるとの問題がある中、JTC2010年資料152頁では、IRC§7701(o)の下でも、長きに亘って確立している司法及び行政慣行は尊重されるため、意味のある経済的な選択肢の選択が、主に又は全体として、相対的な税務利益に基づくものであっても、「一定の基本的な事業取引」（"certain basic business transactions"）の税務上の取扱いは変更されないとの見解の下[29]、これら

---

28) 原文は、"A mere proliferation (or more precisely, a mere doubling up) of staff-generated materials cannot supply the want of direct evidence of congressional intention." である。

第 1 節　租税回避行為による税源浸食への対応

の「一定の基本的な事業取引」に該当するものを例示した「エンジェル・リスト」が示されている。

　JCT2010年資料がIRC§7701(o)の適用対象外となる「一定の基本的な事業取引」として挙げているのは、①法人が、その資金の調達方法として、「出資」（equity）と「借入れ」（debt）のいずれに依拠するか、②国外投資方法として、国内法人と国外法人のいずれを利用するか、③サブチャプターC（IRC§301〜§385：Corporate Distributions or Adjustments）の下での「法人編成」("corporate organization") と「法人再編」("corporate reorganization") のいずれに該当する単一又は複数の取引となるか、④IRC§482が定める独立企業原則及びその他の適用要件等を充足する取引の相手方を関連者とするか非関連者とするかなどに係る選択を行っている取引である[30]。また、これらの取引がIRC§7701(o)の適用対象外となる「一定の基本的な事業取引」に該当する理由や根拠等として、以下の事実や裁判例等が挙げられている。

　上記①（資金調達方法を選ぶ取引）との関係では、John Kelly Co. v. Commissioner & Talbot Mill v. Commissioner 事件最高裁判決（326 U. S. 521, 1946）等への言及がされている。本判決では、これらの事件に対する租税裁判所判決（[1943] 1 T. C. 475及び3 T. C. 95）で示された出資と借入れに関する判断の一部が、その控訴審である第 1 及び第 7 巡回控訴裁判所（移送命令書、[1944] 325 U. S. 843及び325 U. S. 844）で破棄されたことが問題となっている。本最高裁判決では、法人による支払いが、出資と借入れのいずれであるのかという点に関しては、事実と状況に基づいて判断されるもの以外の何ものでもないことから、修正・破棄の対象となるのは、法に従っていない租税裁判所判決である旨を定める1954年改正前のIRC§1141(c)の趣旨に従い[31]、本事件に対する判断は租税裁判所に委ねられるべきであり、その判断を控訴裁判所や最高裁判所が破棄することはできないと判示されている。

　上記②（国外投資方法を選ぶ取引）との関係では、Sam Siegel v. Commissioner事件租税裁判所判決（45 T. C. 566, 1966）等への言及がされている。本判決では、税務上の利益等を勘案した上で法人の設立国を選択する本件納税者の行為には、誠実な事業理由も相当程度に存していることから、かかる行為は、前述の 1 (1)で言及した「主要な目的テスト」に依拠するIRC§269（「所得税の脱漏又は回避のための取得」）(a)（「一般ルール」）の適用対象外であると判示されて税務当局の敗訴が確定している。確かに、かかる行為が、そもそも、経済的実質主義の否認対象となるのであれば、税務当局は、本規定ではなく、経済的実質主義にも依拠して、かかる行為がもたらす税務上の利益を否認するというアプ

---

29)　かかる見解は、前述の2007年上院法案（S. 2242）でも示されていた。
30)　税務当局は、本資料や上院財政委員会報告書（110-206）で示されている「エンジェル・リスト」がIRC§7701(o)の適用対象外であるか否かなどに係る指針を示すことが求められているとの意見は、http://www.complianceweek.com/s/documents/PwCFinCom.pdf参照。
31)　改正後の本規定の趣旨は、IRC§7482（Courts of Review）に規定されており、本条(c)（Powers）項(1)（To affirm, modify, or reverse）号は、「再審の際、それらの裁判所は、是認する権限、若しくは、租税裁判所の判断が法律に従っていない場合には、正義が求めるように、再審理のために事件を差し戻すか否かに関係なく、租税裁判所の判断を修正又は破棄する権限を有する」("Upon such review, such courts shall have power to affirm or, if the decision of the Tax Court is not in accordance with law, to modify or to reverse the decision of the Tax Court, with or without remanding the case for a rehearsing, as justice may require.") と定めている。

第 1 章　米国の対応策の分析

ローチを採用し得たであろうことに鑑みると、かかる行為に該当するような取引は、IRC§7701(o)の適用対象とはならないとも考えられる。

　上記③（法人編成方法を選ぶ取引）との関係では、歳入手続2010-3の§3（Areas in which ruling or determination letters will not be issued）(38)が、取引等がIRC§332（Complete liquidations of subsidiaries）等の下でのみなし譲渡益課税の対象とならない「法人編成」とIRC§368（Definitions relating to corporate reorganizations）(a)（Reorganizations）(1)（In general）に合致する「法人再編」のいずれに該当するかに係る判断は[32]、重大な事項が含まれていない限り、ルーリングの対象外とするとの方針を示しているなどの事実が指摘されている。この場合の「重大な事項」とは、三つの要件（(i)その取扱いが法令、判例又は告示等によって明確なものとなっていない、(ii)疑問の余地なく解決されている事項に該当しない、(iii)その取引等の主な税務上の効果を決定することが法的に重要かつ適切である）を充足するものである。

　上記④（独立企業原則等に合致する相手を選ぶ取引）との関係では、Moline Properties, Inc. v. Commissioner事件最高裁判決（319 U. S. 436；1943）等への言及がされている。確かに、IRC§7701(l)（Regulations relating to conduit arrangements）は、「財務省長官は、本項の下での課税の回避を防止するのに適切であると決定する場合、複数の当事者による金融取引をこれらの当事者の内の数人の間の直接取引として再構築する規則を措置できる」と定めており、実際、「欺瞞」であるとして法人格を否認する処分が首肯されたケースもあるが（例えば、Higgins v. Smith事件最高裁判決（308 U. S. 473；1940）等）、上記Moline事件最高裁判決では、問題となった法人は、株主の利益目的のためだけに設立された単なる名目上の主体ではなく、独立した事業活動をも遂行している以上、本件法人がその株式を第三者に譲渡したことによる利益をその株主の所得と認定する処分は違法であると判示されている。

　ロ）Coltec基準の採用

　確かに、上記①〜④で掲げた「一定の基本的な事業取引」の中には、IRC§7701(o)(1)（「経済的実質主義が関係する場合」）の適用外となるものもあり得るのではないかとも考えられるが、JCT2010年資料では、他方において、IRC§7701(o)導入前には「経済的実質主義が関係する場合」に該当しないと解する余地が十分にあった取引等を本規定の適用対象となるとして、ブラック・リスト化しているものもある。例えば、本資料153頁では、「本規定は、経済的実質主義に依拠して取引を統合、分解又は再構築する裁判所の権限に変更を加えるものでもない。例えば、税負担軽減目的が関係する税務利益を否認するために、事業目的を有する独立した活動と税負担軽減目的のみしか有しない関係のない事項が混在している取引を二分するという裁判所が現行法上有する権限を確認するものである」との見解が示されている[33]。

　JCT2010年資料は、上記の見解の根拠となる裁判例として、Coltec Industries, Inc. v.

---

32)　IRC§332（「子会社の完全な清算」）(a)は、「法人による他法人の完全な清算に伴って分配される資産の受領には損益が発生しない」（"No gain or loss shall be recognized on the receipt by a corporation of property distributed in complete liquidation of another corporation."）と定めている。第3節2(1)イ)も参照。IRC§368（「法人再編に関する定義」）(a)は、法人再編の類型を定めている。

44

第1節　租税回避行為による税源浸食への対応

United States事件連邦巡回控訴裁判所判決（[2006] 454 F. 3d 1340）等を挙げているが[34]、確かに、本判決で示された取引の一部が経済的実質を欠いていることに基づき、取引全体では経済的実質がある取引も否認対象となるとの考え方（以下「Coltec基準」という）は、Klamath Strategic Investment Fund v. United States事件第5巡回控訴裁判所判決（568 F. 3d 537；2009）等でも依拠されている。本判決では、「多くの裁判所は、経済的実質主義を適用する際、税務利益を生じさせない付随的な取引ではなく、税務利益を発生させる特定の取引に焦点を合わせるのが適切であると判示してきた」との見解の下[35]、問題のあるBLIPS（Bond Linked Issue Premium Structure）と称される貸付取引を含んでいるタックス・シェルターを利用したことによる費用・損失の控除を経済的実質主義に基づいて否認する処分の適法性が首肯されている。

　しかし、Coltec基準は、経済的実質主義の起源となった裁判例と位置づけられているGregory v. Helvering事件最高裁判決（293 U. S. 465；1935）を根本的に誤解したものであって、本判決では、むしろ、取引を全体的に捉える必要があるとの考え方が採用されているとの見解の下、IRC§7701(o)の下でColtec基準が採用されていると解するJTC2010年資料の説明は妥当ではないとの見方をする向きもある[36]。このような見方と整合性のある裁判例として挙げられているのが、Goldstein v. Commissioner事件第2巡回控訴裁判所判決（364 F.2d 734；1966）及びUnited Parcel Service of America Inc. v. Commissioner事件第11巡回控訴裁判所判決（254 F.3d 1014；2001）等であるが[37]、例えば、Crenshaw v. United States事件第5巡回控訴裁判所判決（450 F.2d 472；1971）でも、Coltec基準と対を成すような考え方があり得ることを示唆する見解が示されている。

　上記Crenshaw事件では、納税者が行った複数の段階を含む取引は、IRC§1031（Exchange of property held for productive use or investment）の下、税負担が生じない同種類の資産の交換と捉えるべきか、それとも、IRC§741（Recognition and character of gain or loss on sale or exchange）の下、課税対象となる資産の販売又は譲渡と捉えるべきかとの問題が争点となったが、上記第5巡回控訴裁判所では、「相互に関連した一連の取引の税務上の効果は、それぞれの取引を個々に考察するのではなく、全体のプランの各部分として一体的に考慮することによって決定されるというのも同様に十分に確立して

---

33) 原文は、"The provision does not alter the court's ability to aggregate, disaggregate, or otherwise recharacterize a transaction when applying the doctrine. For example, the provision reiterates the present-law ability of the courts to bifurcate a transaction in which independent activities with non-tax objectives are combined with an unrelated item having only tax-avoidance objectives in order to disallow those tax-motivated benefits." である。

34) 「ステップ取引原理」に依拠した否認を行ったMinnesota Tea Co. v. Helvering事件最高裁判決（Ed. 474；1938）への言及もされている。これらの判決のポイントは、松田・前掲『租税回避行為の解明』48〜49頁、62〜69頁参照。

35) 原文は、"Various courts have held that when applying the economic substance doctrine, the proper focus is on the particular transaction that gives rise to the tax benefit, not collateral transactions that do not produce tax benefits." である。

36) David P. Hariton, When and How the Economic Substance Doctrine be Applied ?, Tax Law Review 60 (2006) pp. 40-44、Martin J. McMahon, Living with the Codified Economic Substance Doctrine, Tax Notes, Aug. 16 (2010) pp. 743-744参照。Gregory事件最高裁判決の概要・ポイントは、松田・前掲『租税回避行為の解明』45頁参照。

37) これらの判決のポイントは、松田・前掲『租税回避行為の解明』46〜47頁、56頁参照。

いる当然に導かれる考え方である」との見解の下[38]、複数の段階を含む本件取引は、直接的に譲渡を行った場合と同様の取扱いを受けるべきであると判示されている。

他方、Nevada Partners Fund LLC v. Commissioner事件Mississippi南部地区裁判所判決 (714 F. Supp. 2d 598；2010) では、納税者が抱えるキャピタル・ゲインと相殺する損失を発生させるために、ヘッジ・ファンド等を設立してロングとショートの通貨ストラドル取引等を実行するFOCUS (Family Office Customized) プランと称されるスキームの利用とヘッジ・ファンドによる外為取引等が行われたことが問題となったが、本件取引は、上記のCrenshaw事件及びCompaq事件等で問題となった取引とは異なり[39]、取引を一体的に捉える必要性は低いとの見解の下、損失を生じさせた本件スキームと利益が生じた外為取引を区分した上で、本件スキームは事業目的を有しておらず、しかも、その利益可能性は意図されている税負担軽減額に比して微少であることから、本件損失の控除は、財務省規則§1.701-2 (Anti-abuse rule) (a) (Intent of subchapter K) (1)の下、認められないと判示されている。

確かに、上記財務省規則§1.701-2(a)(1)の規定振り (「パートナーシップは真正でなければならない。その取引又はその一連の取引 (個々又は全体としての取引) は、それぞれが相当な事業目的の下に実行されなければならない」) は、IRC§7701(o)が依拠する「主観テスト」と基本的に同様であるが[40]、上記Nevada Partners事件地区裁判所判決では、問題となった一連の取引とCrenshaw事件等で問題となった一連の取引との差異を強調した上で、後者の取引は一体的に捉えるのが妥当であるが、「…Focusの段階取引とそれに続くBricolageへの投資は、別々の活動であって、相互に依存しておらず、その実行上、他方が実行されることを前提とするものではない」との見解が示されていることから[41]、本判決もJCT2010年資料の考え方 (IRC§7701(o)はColtec基準を採用している) の根拠となり得るであろうが、かかる考え方の妥当性は、かかる見解との整合性が認められる場合に限定されるとの見方もあろう。

(3) 「経済的ポジションを意義のある方法で変化させる」の解釈

上記② (「経済的ポジションを意義のある方法で変化させる」という文言、いわゆる「経済的効果テスト」) の解釈に係る疑問に対しては、JCT2010年資料142頁では、経済的実質主義の下、税負担の軽減以外で納税者の経済的ポジションに意義ある変化を生じさせない取引が税務上の利益を得ることは認めらないとした上で、そのような取引が問題となった例としてACM Partnership v. Commissioner事件第3巡回控訴裁判所判決 (157 F.3d. 231；1998) が挙げられている。確かに、本判決では、売買証券の基準価格の算定上、財務省規

---

[38] 原文は、"A corollary proposition, equally well established, is that the tax consequences of an interrelated series of transactions are not to be determined by reviewing each of them in isolation but by considering them together as component parts of an overall plan." である。

[39] Compaq Computer Corporation and Subsidiaries v. Commissioner事件及び本事件に対する第5巡回控訴裁判所判決 (277 F.3d 778；2001) の概要は、松田・前掲『租税回避行為の解明』61〜62頁参照。

[40] この点は、本節3(2)ロも参照。本規則の原文は、"The partnership must be bona fide and each partnership transaction or series of transactions (individually or collectively, the transaction) must be entered into for a substantial business purpose." である。

[41] 原文は、"… the Focus steps and the subsequent investment activity with Bricolage were separate events, not dependent upon each other, and neither requiring the other to proceed." である。

則§15A. 453−1(c)(3)(i)に定める「不確定条件付割賦販売」の下でのルールに依拠できるように形式要件が整えられたスキームに対し[42]、その中身を構成する「不確定条件付割賦交換は、事業目的を全く果たしていないほか、ACMの経済的ポジションに重大な変化を生じさせていない以上、本件へのSacks事件判決の当てはめは不適切である」との見解が示されている[43]。

上記ACM Partnership事件控訴審判決で言及されているSacks v. Commissioner事件第9巡回控訴裁判所判決 (69, F. 3d, 982 ; 1995) では、太陽光発電機のセール・アンド・リースバック取引に対するIRC§48（Energy credit）及びIRC§167（Depreciation）(a)（In general）の適用を否認する処分の適法性が問題となったが、本件の場合、Casebeer v. Commissioner事件第9巡回裁判所判決（909, F. 2d 1360 ; 1990）とは異なり、本件取引を構成する諸要素は、それが税務上の利益を移転するだけでなく、実際の経済効果を有していることを示している、なぜならば、「Sacks氏は、太陽光発電機器をリースすることで税引き後利益を得るという事業目的を有しており、また、本件取引も、自宅所有者による未納及びエネルギー価格の低下のリスクの一部をTrobman氏の会社からSacks氏に移転させている点で経済的実質を有している」からであると判示されて、本件処分の違法性が確定している[44]。

これに対し、上記Sacks事件控訴審判決で言及されているCasebeer事件第9巡回裁判所判決では、コンピューターのリース会社が投資家との間で行ったセール・アンド・リースバック取引では、リース会社が金融機関から借り入れた取引に必要な資金に係るノンリコースの債務に対して返済義務を投資家は負っているものの、その返済すべき金額は、リース会社がこれらの投資家からリース・バックするのに支払うべき額と同額となっていることなどが問題となり、裁判所は、本件取引は投資家に税務上の利益をもたらす以外の事業目的及び実質的な効果を有しておらず、また、リース会社にその他の利益と全てのリスクを帰属させた状態を維持するものとなっていることから、経済的実質を欠く欺瞞であるとして、本件取引に係る減価償却費及び利子費用の控除を否認する処分が首肯されて税務当局の勝訴が確定している。

「経済的効果テスト」の適用基準の明確化という点では、上記Coltec Industries事件に対する連邦請求裁判所判決（62 Fed. Cl. 716 ; 2004）も参考となる[45]。本事件では、税務当局が、株式売却が本当の売却に該当するためには、その利益と負担の移転が生じることが前提となるところ、本件契約はその株式の受益権の移転を否定する効果を有していることから、本件株式は売却されたとは言えないと主張したのに対し、請求人は、そもそも、「本件Garrison株式の金融機関への売却は、その売却損の控除の適用を受ける上で、それ自体が別個の事業目的を有する必要はない」ほか[46]、「売買当事者の経済的地位、法的関

---

42) 本事件・判決の詳細は、松田・前掲『租税回避行為の解明』48〜58頁、64頁参照。
43) 原文は、"Sacks is inappropriate in this case where the contingent installment exchange served no non-tax business purposes and did not materially alter ACM's economic position." である。
44) 原文は、"Mr. Sacks had a business purpose, making money after taxes by leasing out solar water heaters, and the sale-leaseback had economic substance, in that it shifted part of the speculative risk of homeowners' nonpayment and decline in energy prices from Mr. Trobman's company to Mr. Sacks." である。
45) 本判決のポイントは、松田・前掲『租税回避行為の解明』60〜61頁参照。
46) 原文は、"... the sale of Garrison stock to the Banks did not require a separate non-tax business purpose for the loss to be deductible ..." である。

係及び税以外の事業上の利害を恒久的に変化させ、また、第三者である金融機関に対する真正な執行義務を発生させている」ことから[47]、経済的実質を有しており、欺瞞ではないと反論し、連邦請求裁判所も、請求人が本件株式を買戻す義務は確定的なものではなかったとの判断の下、税務当局の主張を退けている。

(4) 「相当な目的」の解釈

JCT2010年資料では、上記③(「相当な目的」という文言、いわゆる「相当な目的テスト」)の解釈に係る疑問に対する回答は殆ど示されていないことから、その適用上のハードルの高さは十分に明らかではないが、例えば、組織再編の課税関係を定めるIRC§355(Distribution of stock and securities of a controlled corporation)に関する財務省規則§1.355-2(Limitations)(b)(1)(Independent business purpose)は、「一つ又は複数の法人の事業目的を有する取引に限ってIRC§355が適用される。取引が法人の事業目的のためであるとされるのは、その取引の一部又は相当な部分が、一つ又は複数の事業目的に基づいている場合である」と定めているところ、この場合の相当な事業目的とは、一般的に3分の1程度で足りると考えられているとの指摘もあることから[48]、IRC§7701(o)(B)に定める「相当な目的」が設定するハードルの高さも同様な程度のものと解する余地もあろう。

しかし、JTC2010年資料297頁では、「相当な目的」テストが単に税以外の目的の程度だけを問題にしているわけでないことは、財務省規則§1.269-2 (Purpose and scope of section 269) (b)が、「…取引の理由が、例えば、納税者の事業活動に密接に関係していない…又は、所得控除、税額控除あるいはその他の控除と取引との間に現実的又は合理的な関係を有していないならば、歪みがあることが証明される」と規定し[49]、また、ACM Partnership事件租税裁判所判決 (T. C. Memo 1997-115 ; 1997) では、「かかる決定を行う際に鍵となるのは、取引が、納税者の活動及び経済的状況や意図に照らして、それなりの有益な税以外の目的に合理的に関係している必要があるということである。…目的と手段との間の合理的な関係は、税以外の利益が取引コストと少なくとも相応なものとなることへの合理的な期待がなければ通常見出せるものではない」との見解が示されていることから確認できると説明されている[50]。

また、JCT2010年資料は、「相当な目的」と「財務会計利益」との関係の説明上、財務会計利益を得る目的が税以外の相当な目的となるとの主張は、会計利益の根源を考慮しておらず、税以外の相当な目的が必要となるとの要件を毀損するとの考えの下、財務会計利益の根源が連邦所得税の軽減である場合、財務報告目的のために会計上有利な取扱いを実現するとの目的は、連邦所得税目的以外のものと勘案されないとの見解を示している。かかる見解の根拠として、「法人所有の生命保険契約が発生させるキャッシュ・フローの利

---

47) 原文は、"... they permanently changed the parties' economic positions, legal relations, and non-tax business interests, and created genuine, enforceable obligations to the third party Banks." である。

48) ABA租税セクションの2010年3月31日付発表資料 (The Economic Substance, at http://www.woodporter.com/.../The _Codified_Economic_Substance_Doctrine.pdf) 参照。

49) 原文は、"... The distortion may be evidenced, for example, by the fact that the transaction was not undertaken for reasons germane to the conduct of the business of the taxpayer, ... or by the unreal or unreasonable relation which the deduction, credit, or other allowance bears to the transaction." である。

用という目的は、経済的実質分析の主観テストと無関係である。節税商品の使用が、租税回避を唯一の目的とする取引への実質注入に十分な合理的事業目的となるなら、全ての欺瞞であるタックス・シェルターは機能し得る」と判示したAmerican Electric Power, Inc. v. Commissioner事件第6巡回控訴裁判所判決（326 F. 3d 737, 2003）等が挙げられている[51]。

もっとも、「財務会計利益」を得る目的を「相当な目的」の範疇から除外すべきとする上記の考え方は、上記American Electric事件第6巡回控訴裁判所判決に由来するというよりは、元を辿れば、エンロン事件から派生したものであろう[52]。JCTが2003年に発表した報告書（Report of Investigation of Enron Corporation and Related Entities regarding Federal Tax and Compensation Issues, and Policy Recommendations, JCS-3-03）8頁でも、「本報告書はエンロンの事業取引を様々な類型に区分している。…これらの取引の大半は、財務会計上の所得を発生させる上で税務上の利益を利用することが可能となるように、税務上の取扱いと財務会計上の取扱いの違いに依拠したものとなっていた。例えば、損失をダブルにする、つまり、税務上同一の損失を二度控除することを意図する取引が、（損失ではなく）所得を生じるものとして財務報告書に計上される」との問題が生じてしまうとの説明がされている[53]。

(5) 「合理的に期待される」及び「相当な程度」の解釈

上記④の前者の文言（「合理的に期待される」）の解釈に関しては、(i)IRC§7701(o)導入前の一連の立法化案（2007年上院法案（S. 2242）等）では、「合理的な期待」（"reasonable expectation"）と「合理的な利益の見込み」（"reasonable prospect of profit"）が区別されていたが[54]、少なくとも、JCT説明資料（JCS-3-09）45頁では、立法経緯上、「利益の見込み」基準（"profit potential test"）が、Rice Toyota World Inc. v. Commissioner事件第4巡回控訴裁判所判決（752 F.2d 89；1985）で依拠された「合理的な利益可能性」（"reasonable possibility of profit"）基準を排除する意図を有していたことが指摘されてい

---

50) 原文は、"Key to this determination is that the transaction must be rationally related to a useful nontax purpose that is plausible in light of the taxpayer's conduct and useful in light of the taxpayer's economic situation and intentions. ... A rational relationship between purpose and means ordinarily will not be found unless there was a reasonable expectation that the nontax benefits would be at least commensurate with the transaction costs." である。当該判示部分は、「相当な目的テスト」が「合理的な手段テスト」を包むことを意味しているとの指摘は、Lee A. Sheppard, Economic Substance Codification : Did We Do the Right Thing ?, Tax Notes, Vol.129, No.2 (2010) pp.158-159参照。同様な考えとしてNYSBAの2011年1月5日付発表資料（Report on Codification of the Economic Substance Doctrine, at http://www.nysba.org/Content/ContentFolders20/TaxLawSection/.../1228-rpt.pdf）参照。

51) 原文は、"AEP's intended use of the cash flows generated by the MBL COLI VIII plan is irrelevant to the subjective prong of the economic substance analysis. If a legitimate business purpose for the use of the tax savings were sufficient to breathe substance into a transaction whose only purpose is to reduce taxes, [then] every sham tax-shelter device might succeed." である。後半部分は、Winn-Dixie v. Commissioner事件租税裁判所判決（113 T. C. 1999, at 287）で示されたものである。

52) McMahon, *supra* "Living with the Codified Economic Substance Doctrine" p. 741参照。

53) 後段の原文は、"... For example, the transactions designed to duplicate losses, i. e., deduct the same tax loss twice, would be recorded on the financial statements as producing income (not loss)." である。

54) この点は、Stuart J. Bassin and John R. Lehrer II, "Developments in Economic Substance : How Codification and New Case Law will Change the Rules", Tax Management Real Estate Journal, Vol. 26, No. 4 (2010) p. 92参照。

ることから、納税者にとって、そのハードルはより高くなっている、(ⅱ)「合理的な利益可能性」基準のハードルの高さは、IRC§183（Activities not engaged in profit）との比較から示唆されるなどの点が参考となろう[55]。

上記(ⅱ)のIRC§183との比較が示唆する「合理的な利益可能性」のハードルの高さについては、本規定が、(a)（General rules）項において、「個人又はS法人が従事する活動が、もし、利益のためのものでないなら、その活動に帰属すべき控除は、本項に定める場合を除き、本章の下、認められない」と定めた上で[56]、本項に関する財務省規則§1.183-2（Activities not engaged in profit defined）(a)（In general）が、「…利益目的のために活動に従事したか否かの決定は、各ケースの全ての事実と状況を勘案した上で、客観的な規準に基づいて行われることとなる。合理的な利益可能性は要求されないが、納税者が利益を得る目的の下、活動への従事又は活動を継続したことを示す事実と状況が存在しなければならない。かかる目的が存在しているか否かを決定するに当たっては、多くの利益が生じることについて少しのチャンスがあるということで十分である」と規定していることから手掛かりを得ることができよう[57]。

上記④の後者の文言（「相当な程度」）の解釈との関係では、まず、(ⅰ)判例法上の経済的実質主義の下では、現在価値の概念及び税引き前利益と税務上の利益とのバランスは、経済的実質主義の下で問題なしと判断される前提条件として、普遍的に明白な形で要求されていたわけではなかったことを踏まえると、IRC§7701(o)の下、税引き前利益テストの適用に係る変化が生じていると考えられることに留意する必要があるが、そうすると、(ⅱ)「合理的に期待される」税引き前利益の現在価値が「相当な程度」であるとする基準の下で求められる「相当な程度」の利益のレベル次第では、本規定創設以前には経済的実質主義の適用の問題が生じなかったような取引も、本規定の下では、「合理的な利益の見込み」基準をクリアーするほどの利益可能性の存在を認めることができないとして、本規定に基づく否認の対象となることも想定されるところ、実際、そのようなこともあり得るであろうとの指摘がされている[58]。

確かに、例えば、Sheldon v. Commissioner事件租税裁判所判決（94, T. C. 738, 1990）等では、僅かばかりの利益可能性がある程度では経済的実質主義の適用を回避するには不十分であるとされたのに対し[59]、IES Industries Inc. and Others v. United States事件第8巡回控訴裁判所判決（253 F.3d 350, 2001）及びCompaq事件第5巡回控訴裁判所判決（2001）では、期待される税務上の利益と比較して、僅かばかりの利益可能性が存在して

---

55) 前掲注48)（ABA2010年3月31日付資料）参照。本判決のポイントは、松田・前掲『租税回避行為の解明』60頁参照。
56) 原文は、"In the case of an activity engaged in by an individual or an S corporation, if such activity is not engaged in for profit, no deduction attributable to such avitivity shall be allowed under this chapter except as provided in this section." である。
57) 原文は、"... The determination whether an activity is engaged in for profit is to be made by reference to objective standards, taking into account all of the facts and circumstances of each case. Although a reasonable expectation of profit is not required, the facts and circumstances must indicate that the taxpayer entered into the activity or continued the activity, with the objective of making a profit. In determining whether such an objective exists, it may be sufficient that there is a small chance of making a large profit." である。
58) かかる見方は、Jackel, supra "Dawn of a New Era" p. 296参照。

第1節　租税回避行為による税源浸食への対応

いることで足りるとの見解が示されるなど[60]、税引き前利益テストの適用基準の下で求められる利益可能性の程度は、必ずしも十分に明らかではなかったが、「合理的に期待される税引き前利益の現在価値が「相当な程度」である必要があるとする基準の下では、上記Compaq事件控訴審判決等で問題となったような取引において、IRC§7701(o)(2)(B)に則り、外国税が費用として取り扱われることから、その取引の利益可能性が全くなくなることとなるケースもあろう。

　因みに、「相当な程度」という文言は、その他の税務規定等でも採用されている。例えば、IRC第1章K節（Subchater K）に財務省規則§1.701-2（「濫用防止ルール」）を加えることとした1994年財務省決定（TD 8588）では、本ルールの適用対象となるパートナーシップが有する幾つかのメルクマールとして、(i)「複数のパートナーの合計の連邦税額の現在価値が、それらのパートナーがそのパートナーシップの資産を保有するとともに、その活動を直接に行っていたと仮定した場合と比べると、相当な程度に少ないこと」[61]、(ii)複数のパートナーの合計の連邦税額の現在価値が、特定の目的を達成することを意図する別々であるとされている取引が統合されて一つの取引の段階として取り扱われる場合に比べると、相当な程度に少ないことなどが挙げられている。もっとも、これらの場合の「相当な程度」が、果してどの程度のものであるのかという疑問に対する回答が、明確に示されているわけではない。

　実際上、「相当な程度」を具体的な数字などで示すのは困難であろう。例えば、前述のABAの2011年書簡では、合理的に期待される利益が想定される外国税の控除の額と比べて「取るに足らない」（"insubstantial"）場合には、外国税の控除を認めない規則を検討しているとの方針が告示98-5で示されたことを踏まえ[62]、租税専門家は、一般的には、控除可能な外国税の額が、その額と税引き前利益の合計の80％を超えない場合には、「相当な程度」の基準をクリアーしているとの考えを有していることから、合理的に期待される税引き前利益の現在価値が「相当な程度」であるか否かを判断する際には、このような考え方に依拠することが提案されており、しかも、前述の通り、その後に撤回された本告示は、IRC§7701(o)の導入によって生き返った部分も含んでいるが、かかる提案がIRC§7701(o)(2)(A)に定める「相当な程度」のレベルを探る上でどれほどの示唆を包含しているのかは定かではない。

(6) 「法律上の同様なルールが定める要件」の解釈

　上記⑤（IRC§6662(b)(6)に定める「法律上の同様なルールが定める要件」）という文言の解釈に関しては、JCT2010年資料が、本規定には、「経済的実質主義とは異なる文言が採用されていても、経済的実質主義の分析が関係する規定の下で要求されるのと同様な要

---

59)　本事件及び本判決のポイントは、松田・前掲『租税回避行為の解明』58〜59頁参照。本判決の当該判示部分の原文は、"The potential for "gain" here, however, is not the sole standard by which we judge, and in any event, is infinitesimally nominal and vastly insignificant when considered in comparison with the claimed deductions." である。

60)　これらの判決のポイントは、脚注39)参照。

61)　原文は、"The present value of the partners' aggregate federal tax liability is substantially less than had the partners owned the partnership's assets and conducted the partnership's activities directly." である。

62)　本告示は、本節2(1)、脚注22)及び松田・前掲『租税回避行為の解明』59〜60頁参照。

第1章　米国の対応策の分析

素及び分析の適用の結果として税務上の利益が否認されることとなる取引」も含まれるとの指針を示している。本指針は、本規定が、(i)2007年上院案（S. 2242）等で示されていた「厳格なペナルティ」の制度設計とは異なり、「法律上の同様なルールが定める要件」を満たさない取引に起因する過少申告をも適用対象としている、(ii)IRC§7701(o)の適用対象とはならない「法律上の同様なルールが定める要件」を満たしていない取引が未開示である場合も、IRC§6662(i)に定める40％の率の「正確性に係るペナルティ」の適用があり得ることを示すものである。

　確かに、経済的実質を欠くとしてIRC§7701(o)に基づく否認の対象となるタックス・シェルターが、その他の判例法上の原則に基づく否認の対象となるタックス・シェルターよりも、すべからく悪質であるわけではないことに鑑みると、「厳格なペナルティ」の適用対象取引を経済的実質が欠如した取引に限定する必要性・合理性はなく、また、そのように限定することは、異なるタックス・シェルターを利用する者の間の公平性を損なうこととなろう[63]。もっとも、経済的実質を欠く取引と同視できるものにも「厳格なペナルティ」を適用する制度設計の根底にあるものは、公平性の観点から悪質性の程度に比例したペナルティを課すとの考え方ではないとの見解もあろう。確かに、IRC§6662(i)の規定振り及びJTC2010年資料の指針も、その適用対象範囲を画するのは、取引の悪質性の程度ではなく、否認・分析アプローチという点で認められる経済的実質主義との類似性の程度であることを強く示唆している。

　否認・分析アプローチの類似性という観点からすると、経済的実質主義が依拠する「主観テスト」は、租税回避目的の有無を判断基準としていることから、事業目的テストとの類似性は顕著である。例えば、ACM 事件租税裁判所判決（1997）とASA Investerings Partnership, et al, v. Commissioner事件租税裁判所判決（TC Memo 1998-305；76 T. C. M.（CCH）325）では、およそ同様な取引が問題となり、いずれの判決でも損失控除が否認されているが、前者では、納税者は取引から利益を得ることを合理的に期待しておらず、経済的実質が欠如していることが主な否認根拠であったのに対し、後者では、租税回避以外の事業目的がないことから、経済的実質の有無の問題を議論するまでもないと判示されている[64]。しかし、IRC§7701(o)が依拠する「相当な目的テスト」は、Gregory事件最高裁判決（1935）から派生した「事業目的テスト」の適用上のメルクマールとなる事業目的のレベルとは異なったものとなっていると考えられる。

　したがって、否認・分析アプローチの類似性といっても、どの程度の類似性をもって、IRC§6662(b)(6)に定める「法律上の同様なルール」に該当すると判断すべきなのかという疑問も生じるが、そもそも、否認・分析アプローチの類似性とは、アプローチの質的な類似性を示しており、量的な差異・適用範囲の広さなどは問題としないのであろうか。また、IRC§6662(b)(6)に定める「法律上の同様なルール」に該当するルールであるか否かを判断する場合、本当に、その適用対象となる取引の悪質性の程度や公平性の問題などを考慮に入れるのは妥当でないのであろうか。以下の3では、「厳格なペナルティ」を課すIRC§6662

---

[63] Kathleen Delaney Thomas, The Case Against A Strict Liability Economic Substance Penalty, University of Pennsylvania Journal of Business Law, Vol. 13：2（2011）p. 445、McMahon, *supra* "Living with the Codified Economic Substance Doctrine", p. 751参照。
[64] この点は、松田・前掲『租税回避行為の解明』52〜53頁参照。

(i)の導入意義及びその位置づけ等にも目を向けた上で、「法律上の同様なルール」に該当する規定・原理に該当し得ると考えられるものを探るとともに、本規定の導入の効果・影響なども考察する。

3. 「厳格なペナルティ」導入の含意

(1) 「厳格なペナルティ」導入の得失

イ) ペナルティの厳格化の必要性と手段

IRC§6662(i)（「非開示の経済実質を欠く取引に対するペナルティの増額」）導入の根拠としては、税収増だけでなく、抑止効果や公平性の向上効果等も挙げられよう。抑止効果を高める必要性は、例えば、リスクに中立な納税者が、否認されなければ100万ドルの税負担軽減効果を有するタックス・シェルターを利用するか否かの判断は、租税専門家等への報酬等のコストを無視し、また、その利用がIRC§7206（Fraud and penalty）の対象とならないと仮定すると[65]、税務当局に発見・否認される確率に100万ドルとペナルティ額の合計を乗じた金額が100万ドルを超えるか否かによるところ、1億ドル超の資産を有する法人に対する1997年度の実地調査割合が35％である中、税務当局にタックス・シェルターを発見・否認される確率が平均20％であると仮定しても、その利用の費用対効果がマイナスになるには、ペナルティの率が400％を超えなければならないとの指摘からも示唆されよう[66]。

確かに、幾らかの点において、従来のペナルティ体系は十分に厳しいものではなかった。例えば、従来の「正確性に係るペナルティ」の適用免除要件を定めるIRC§6664（「定義と特別ルール」）(c)（「過少納付に対する合理的な理由」）(1)（一般原則）の詳細については、財務省規則§1.6664-4（Reasonable cause and good faith exception to section 6662 penalties）(b)（Facts and circumstances taken into account）が、「…しかしながら、情報申告書、専門家のアドバイス、又はその他の事実は、全ての状況の下、これらに依拠することが合理的であり、納税者も誠実に行動した場合には、合理的な理由と誠実さを構成し得る（(c)（Reliance on opinion or advice）参照）…」と定めていることから、通常、弁護士等の意見に従ってタックス・シェルターを利用する法人に対する本ペナルティの適用が免除されるケースが少なくないとの問題もあった[67]。

前述のKlamath Strategic事件控訴審判決（2009）でも、BLIPSと称される貸付取引を含むタックス・シェルターを利用した控訴人の費用・損失等は、経済的実質を具備していないとして、その控除を経済的実質主義に基づいて否認する処分が首肯されたものの、控訴人は、本件タックス・シェルターを利用する際、弁護士等から得た意見に従って誠実に

---

65) 実際、納税者によるタックス・シェルターの利用が刑罰の対象となる可能性は低いと考えられるが、例えば、「人為的に高く設定した基礎価格を使った租税回避」（Tax Avoidance Using Artificially High Basis）と題されているIRS告示（Notice 2000-44）では、譲渡益や譲渡損の金額を意図的に隠匿する者や、隠匿するようにアドバイスをする者は、刑罰の対象となり得るとされている。

66) Lawrence Zelenak, Codifying Anti-Avoidance Doctrines and Controlling Corporate Tax Shelters, 54 SMU Law Review, (2001) p. 188参照。

67) Sheppard, supra "Economic Substance Codification" p. 157参照。十分に明らかでない根拠・理由の下にペナルティを免除している例として、Long-term Capital Holdings v. United States事件Connecticut地区裁判所判決（91, A. F. T. R. 2d (RIA) 2604）が挙げられているが、本判決は、その控訴審（330 F. Supp. 2d 122；2004）で破棄されている。

第1章　米国の対応策の分析

行動し、しかも、かかる弁護士等の意見は、租税専門家の行為規範を示している財務省のサーキュラー（Circular）230で設定されている行為規準に合致していることから[68]、税務当局が主張する控訴人に対する複数の「正確性に係るペナルティ」（懈怠又は規則等の無視に起因する部分を対象とするIRC§6662(b)(1)及び過度の評価誤りに起因する部分を対象とするIRC§6662(b)(3)等）は、その適用が免除されるべきであると判示されている。

確かに、タックス・シェルターが財務省規則§1.6011-4(b)に定める「報告対象取引」に該当する場合、IRC§6662A（Imposition of accuracy-related penalty on understatements with respect to reportable transactions）(a)（Imposton of penalty）に定める税率20％の「（新たな）正確性に係るペナルティ」の適用免除を受けるための要件は、上記IRC§6664(c)(1)に定める要件よりも厳しい[69]。しかし、それでも、IRC§6664(d)（Reasonable cause exception for reportable transaction understatements）(3)（Special rules）の下、(A)IRC§6011が定める税務上の取扱いに影響する事実の開示義務を履行しており、(B)かかる取扱いに「相当な根拠」（"substantial authority"）があり[70]、(C)「かかる取扱いが妥当であるとの可能性が高い」（"more likely than not the proper treatment"）であると納税者が合理的に信じたことが立証されれば、本ペナルティの適用免除が可能であった。

すなわち、従来のペナルティ体系の下では、開示義務違反がない限り、弁護士等の意見に従ってタックス・シェルターを利用している場合、当該タックス・シェルターが「報告対象取引」に該当するか否かに関係なく、「合理的な理由」と「誠実さ」に依拠した「正確性に係るペナルティ」の適用の免除を受ける可能性・余地が残されていたのである。このような可能性・余地を封じたのが、「厳格なペナルティ」の機能を支える役割を果たす前述のIRC§6664(c)(2)（「例外」）の導入である。本規定の下では、前述の通り、「正確性に係るペナルティ」が経済的実質を欠く取引又は「法律上の同様なルールが定める要件」を満たしていない取引に起因する過少申告に対して賦課される場合、その取引が「報告対象取引」に該当するか否に関係なく、上記で示したIRC§6664(c)(1)に定める「合理的な理由」及び「誠意」の存在に依拠した適用免除は認められないこととされている。

ロ）従来のペナルティとの整合性の問題

IRC§6662(i)（「非開示の経済実質を欠く取引に対するペナルティの増額」）は、上記のような特徴を有するIRC§6664(c)(2)による機能補完にも支えられて、十分に厳格ではなかった従来のペナルティ体系を強化し、タックス・シェルターへの関与を抑止する方向に

---

68) 例えば、現行のサーキュラー230の§10.34（Standards with respect to tax returns and documents, affidavits and other papers）(a)（Tax returns）は、「租税専門家は、申告書における各立場の税務上の取扱いの妥当性が維持される可能性がかなり高いこと（かなり高い可能性規準）について合理的な信念を有していない限り、申告書に署名できない」（"A practitioner may not sign a tax return as a preparer unless the practitioner has a reasonable belief that the tax treatment of each position on the return would more likely than not be sustained on its merits(the more than likely not standard),..."）と定めている。2008年改訂前の§10.34(a)の規定振りは、松田・前掲『租税回避行為の解明』73頁参照。
69) もっとも、報告対象取引に係る開示義務を履行していない場合に適用され得るIRC§6662A(c)に定める税率30％の「（新たな）正確性に係るペナルティ」の適用免除の余地はない。
70) 但し、この場合、IRC§6664(d)(3)(B)（Certain opinions may not be relied on）の下、「報告対象取引」の組成、勧奨又は販売に関与している「適格性を欠く専門家」の意見は、「正当な根拠」として援用できないとされている。

第1節　租税回避行為による税源浸食への対応

作用するが、「厳格なペナルティ」も幾つかの問題を包含している。一つには、取引の悪質性に比例していない負担を課すことによって不公平な取扱いを生じさせてしまうとの問題が挙げられる。不公平な取扱いは、特に、IRC§6662(b)(6)において「厳格なペナルティ」の適用対象となる「経済的実質を欠く取引」と同列に挙げられている「法律上の同様なルールが定める要件」を充足しない取引の解釈如何によって生じる可能性がある。かかる可能性が生じ得るのは、「経済的実質を欠く取引」の悪質性と「法律上の同様なルールが定める要件」を充足しない取引の悪質性が異なり得ると想定されるからであるが、後者に該当する取引の実態が十分に明確でない限りは、かかる問題は未だ想定の域にとどまる。

　他方、「厳格なペナルティ」を定めるIRC§6662(i)が、従来のペナルティ体系との整合性を欠くことに起因して、不公平な取扱いを生じさせるとの問題があることは、否定し難い事実となっている。この問題が生じ得るのは、前述の通り、IRC§6662A（「報告対象取引に関する過少申告に対する正確性に係るペナルティの賦課」）は、(a)（「ペナルティの賦課」）項の下、報告対象取引に起因する過少申告に対して20％の率のペナルティを課すことを原則としているが、(c)（Higher penalty for non-disclosed listed and other avoidance transactions）項では、「(a)項は、IRC§6664(d)(2)(A)の要件を充足していない報告対象取引に係る過少申告部分に対し、20％ではなく30％の率を適用する」と規定し[71]、また、IRC§6664(d)（「報告対象取引の過少申告に対する合理的な理由による例外」）は、(2)（Exception）Aにおいて、ペナルティの適用が免除される要件を定めていることと関係している[72]。

　具体的には、例えば、納税者Aの開示した取引が財務省規則§1.6011-4(b)(2)が定める「指定取引」（listed transactions）に該当し[73]、その税務利益が否認された場合、IRC§6664(d)の下では、IRC§6664(c)が定めるよりも厳格な要件ではあるが[74]、「合理的な理由」及び「誠実さ」に基づき、上記IRC§6662A(c)に定める未開示取引に対する30％の率の「正確性に係るペナルティ」の免除の可能性があるのに対し、納税者Bの利用した「指定取引」に該当しない取引の税務利益がIRC§7701(o)に基づいて否認された場合、IRC§6664(c)(2)の下、40％の率の「正確性に係るペナルティ」の免除の余地はない。このような取扱いが特に不公平となるのは、納税者Bによって利用・開示された取引が「指定取引」よりも悪質性の低い「報告対象取引」であっても、IRC§7701(o)の適用対象となる取引に該当するとして、40％の率の「正確性に係るペナルティ」の適用免除の余地がない場合である[75]。

ハ）執行上のスタンスへの影響
　IRC§6662(i)が包含する問題は、上記ロで述べたものに限定されるわけではない。例え

---

71)　原文は、"Subsection (a) shall be applied by substituting '30 percent' for '20 percent' with respect to the portion of any reportable transaction understatement with respect to which the requirement of section 6664(d)(2)(A) is not met."　である。IRC§6664(c)(1)及びIRC§6664(c)(2)の規定振りは、第1節1(2)及び脚注18)・19)参照。
72)　具体的な免除要件は、IRC§6664(d)(3)Aと同様。
73)　開示対象とされている「報告対象取引」（「指定取引」及び「その他の報告対象取引」）の詳細は、松田・前掲『租税回避行為の解明』81～82頁参照。
74)　IRC§6664(c)とIRC§6664(d)(3)Aが定めるそれぞれの「合理的な理由」となり得る要件の違いは、松田・前掲『租税回避行為の解明』93～94頁参照。
75)　Thomas, *supra* "The Case Against A Strict Liability Economic Substance Penalty" pp. 492-493参照。

ば、上院が示していた経済的実質主義の立法化案に対して示された反対意見の中には、特に、「厳格なペナルティ」の導入案をも含んでいることに対して異議を唱えているものが少なくなかったが、その反対理由の中には、「厳格なペナルティ」が導入されると、裁判所は、経済的実質主義の適用に対して慎重・消極的になり、その結果、経済的実質主義の機能・有用性が実質的に低下することを懸念する意見も含まれていた[76]。確かに、かかる懸念が、IRC§6662(i)が措置されたことにより、現実のものとなると、「厳格なペナルティ」が存在するがゆえに、かえってIRC§7701(o)の機能が減殺されることとなり得る。勿論、現時点において、かかる懸念がどの程度具体化することとなるのかは不明であるが、かかる懸念が単なる杞憂でないことを示唆する裁判例もないではない。

例えば、Schering-Plough Corp. v. United States事件New Jersey地区裁判所判決（651 F. Supp. 2d 219 ; 2009）では、図1-1の通り、スイス子会社Aからの資金還流を狙う納税者Bが、多額の税負担が生じる配当という形態ではなく、オランダ金融機関C及び子会社Aと結んだ契約に基づき、名目元本に基づく金利スワップ契約に基づく利子受領の権利の一部の子会社A等への委託とその取戻しを行った上で[77]、本件委託を所得の課税繰延べを認めるIRS告示（Notice）89-21（Deferred recognition of income from lump-sum payments in connection with notional principal contracts）が適用される販売として処理するとともに[78]、子会社Aから得た対価も契約期間に亘って比例按分したことなどが問題となっている。本件裁判で税務当局は勝訴したものの、裁判所が依拠したのは、税務当局が主張する経済的実質主義ではなく、むしろ、本件取引の実質はローンであるとする「実質優先の原則」（substance-over-form principle）であった。

上記判決では、(i)本件「スワップ・委託取引」における全ての分離したものとされている段階の全ては事前に決定されており、各段階の取引の目的は、国外で稼得した所得を米国に還流させることであることから、本件「スワップ・委託取引」は、各構成段階をより大きな取引の部分として的確に定義することを特に意図する「ステップ取引原理」の対象

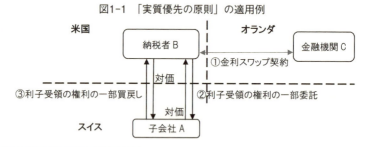

図1-1　「実質優先の原則」の適用例

76)　この点は、松田・前掲『租税回避行為の解明』66頁参照。
77)　本契約の下、納税者Bが受領する利子は、フェデラル・ファンドのレート又はコマーシャル・ペーパーのレートに0.05％を加えたレートに基づいて算出され、法人Cが受領する利子はLIBORに基づいて算出されることとされていた。
78)　本告示は、「…名目元本契約に係る一括支払いの場合、…納税者が利用する会計方法は、所得を明確に反映する方法となるが、その際、かかる支払いは、合理的な償却方法の下、その契約期間に亘って勘案される…」（"... In the case of lump-sum payments made or received with respect to notional principal contracts, ... a method of accounting used by a taxpayer is a method that clearly reflects income only if the payments are taken into account over the life of the contract using a reasonable method of amortization. ..."）と定めている。

となるとした上で、「実質優先の原則」の下、将来所得の受領権の販売ではなくローンとして取り扱われる、(ⅱ)IRS告示とサブパートFの整合性に問題がある場合、議会の意思を反映する後者が優先するため、本件取引はサブパートFの適用対象となる[79]、(ⅲ)本件では、経済的実質分析は必要ではないが、本件取引において殆どリスクを負っていない金融機関は導管であり、しかも、本件取引は合理的な事業目的を有していないことなどに鑑みても、本件取引の効果は経済的実質分析の下でも支持されないなどと判示されている。

「実質優先の原則」に依拠した上記判決の判断は、第3巡回控訴裁判所判決（107 A. F. T. R. 2d (RIA) 2596：2011）でも覆ることがなく、しかも、本控訴審判決では、経済的実質の問題への言及も全くなかったことから、本控訴審の判断は、(ⅰ)「実質優先の原則」が適用される場合には、経済的実質主義が関係しない、(ⅱ)問題の取引を通常の取引に引き直すことができる場合、経済的実質を欠くということにはならないため、例えば、セール・アンド・リースバック取引が担保付貸付に引き直される場合には、経済的実質があることになる、(ⅲ)「実質優先の原則」と経済的実質主義は別物であることを示すことによって、裁判所は、経済的実質主義に基づく否認の射程範囲に制限を加えている、(ⅳ)本件取引は「厳格なペナルティ」の導入前に実行されたが、本判決は本ペナルティの導入後のものであったことに鑑みると、裁判所の経済的実質主義の適用に対する消極的な姿勢を示唆していると見る向きもある[80]。

(2) 「法律上の同様なルール」の候補となり得る原理・規定等
イ）Gregory原則に該当するその他の諸原理

上記(1)ハで述べた通り、IRC§6662(i)の導入が裁判所によるIRC§7701(o)の適用を躊躇させる効果を生じさせるならば、IRC§6662(b)(6)に定める経済的実質主義と「法律上の同様なルール」の要件を充足しない取引も、同様な効果を生じさせ得ることから、何がそのようなルールに該当するのかという問題は、IRC§7701(o)の機能の大きさや有用性の程度にも大きな影響を及ぼし得る重要なポイントとなるものと考えられる。そのようなルールに該当し得る判例法上の原理として最も有力視されるものとしては、経済的実質主義と同様にGregory事件最高裁判決（1935）から派生した諸々の原則・法理が挙げられよう。これらの諸原理には、経済的実質主義や事業目的テストの他にも、上記Schering-Plough地区裁判所判決で依拠された「実質優先の原則」及び「ステップ取引原理」、さらには、「欺瞞（取引）原理」（sham (transaction) doctrine）などがある[81]。

これらの諸原理は、いずれも、経済的実質主義と同様に、取引の形式よりも実質を重視するという点では共通しており、また、その適用範囲も重複する部分を有している。その結果、これらの諸原理の各々の適用関係が十分に明らかでない場合があるほか、その相違

---

79) サブパートFとは、オフショア法人を利用した所得課税の繰延防止措置を定めるIRC§951～IRC§964の総称であり、国外被支配企業（CFC）による米国親会社への資金貸付は、米国親会社株主への配当支払いと実質的に同じとの考えの下に課税するルールも組み込まれている。

80) Marie Sapirie, Substance over Form Wins the Day in Schering-Plough, Tax Notes, Vol. 132, No. 1 (2011) pp. 7-8参照。本判決等に鑑み、IRC§7701(o)の下では、裁判所は、Coltec事件連邦巡回控訴裁判所で示されたような各取引段階を分けて検討する形で「ステップ取引原理」を適用するアプローチを採用しないであろうと見る向きもあるとの指摘がされている。

81) これらの原理等の代表的な適用例は、松田・前掲『租税回避行為の解明』46～49頁参照。

点も十分に明確ではないという関係が認められる。例えば、前掲のNevada Partners事件地区裁判所判決（2010）では、「実質優先の原則には、少なくとも三つのバージョンがあり、それには、(1)導管理論、(2)ステップ取引原理、(3)経済的実質主義が含まれる」との見解が示されているが[82]、かかる区分も明確な線引きを可能にするものではない。実際、「事業目的テスト」、「実質優先の原則」、「欺瞞（取引）の原理」及び経済的実質主義を含む幾つかの原理に依拠する取引の否認が行われているが、これらの原理を明確に区分する線は見出されていないとの指摘がされている[83]。

確かに、Gregory事件最高裁判決から派生した上記の諸原理は類似しているが、これらの原理の適用基準及び否認アプローチには微妙な違いを見出すこともできる。特に、「実質優先の原則」と経済的実質主義は混同され易いが、これらの原理は本質的に異なる否認アプローチに依拠するものであると考えられている。例えば、損失の基因となった取引の本質は、貸付けと販売（若しくは株式の償還）のいずれに該当するのかが問題となったRogers v. United States事件第10巡回裁判所判決（[2002] 281 F. 3d 1108）では、「実質優先の原則の主たる目的は、その本当の性質に従って取引を再構築することである。経済的実質主義は、これとは対照的に、取引の税以外の理由が、これらの税務上の利益の適用を担保するには不十分であることを根拠として、かかる利益を否認することを意図している」との見解の下[84]、前者に則り、本件取引は販売又は株式の償還への引直しが認められると判示されている。

税務当局も、例えば、1999年7月に発表したタックス・シェルター白書と称されている報告書（The Problem of Corporate Tax Shelters : Discussion, Analysis and Legislative Proposals）のB（Judicial Responses to Tax Shelters）において[85]、「…税務当局は、利用できる主な二つの手段を有している。第一に、税務当局は、取引の客観的な事実が納税者の提示したものと異なると主張することができる。つまり、納税者の提示した事実に係る形式はその本当の実質に背くものとなっている結果、納税者は、その意図する税務上の効果に達する上で誤った制度上のルールを適用しているということである。第二に、税務当局は、諸々の事実は納税者が提示した通りであるが、それらの事実に法律を形式的に適用することによって生じるテクニカルな税務効果は不合理で根拠がないと主張し得る」と述べている。

上記の第一の主張が「実質優先の原則」に依拠するものであり、上記の第二の主張が経済的実質主義に依拠するものである。これに対して、ステップ取引原理は、形式上別々の取引段階について、それらを統合することが、その取引の実質をより正確に反映する場合には、税務上、これらの別々の取引段階を一つの取引として取り扱うというアプローチに

---

82) 原文は、"There are at least three iterations of the substance over form doctrine, which include, (1)the conduit theory, (2)the step transaction doctrine, and (3)the economic substance doctrine." である。

83) かかる指摘は、Kevin M. Keyes and Russell S. Light, Developments in the Economic Substance Doctrine, Journal of Taxation of Investments, No. 20（2003）p. 284参照。その他の同様な見解は、JCT資料（JCX-18-10）参照。

84) 原文は、"The major purpose of the substance-over-form doctrine is to recharacterize transactions in accordance with their true nature. The economic substance doctrine, in contrast, seeks to deny tax benefits on the ground that the non-tax basis for the transaction is insufficient to warrant application of those benefits." である。

85) 本報告書は、http://www.quatloos.com/whiteppr.pdfから入手可能。

依拠するものであるが、例えば、上記のタックス・シェルター白書（報告書B）では、ステップ取引原理は「実質優先の原則」と比較的同様な適用上の特徴を有していると述べられている。確かに、前掲のABAの発表資料（「経済的実質主義の立法化に関する報告書」）でも、ステップ取引原理は、取引に事業目的があるか否かに関係なく適用されるものであるほか、取引の実質から生じる税務上の効果を考察する必要性が生じるという点で「実質優先の原則」とは同様であるが、経済的実質主義とは異なっているとの説明がされている。

ロ）財務省規則§1.701-2

　上記の通り、Gregory事件最高裁判決から派生した諸原理にも微妙な差異があることから、これらの諸原理を一括りにして、経済的実質主義と「法律上の同様なルール」に該当するか否かを判断・議論すべきではないと考えられる。税法規定等の中にも、これらの諸原理を組み込んだようなものがあるが、いずれの原理に立脚するものであるのかという点が、十分に明らかではないものも存在している。例えば、本節2(2)ロ（Coltec基準の採用）で言及したNevada Partners事件地区裁判所判決（2010）で問題となったスキームに基づく損失控除の否認の根拠となった財務省規則§1.701-2（「濫用防止ルール」）は、「相当な事業目的テスト」を採用したものとなっていることから[86]、実質的には、本テストを「結合的関係テスト」の一角として組み込んでいるIRC§7701(o)と同様な否認アプローチに依拠したものではないかとも考えられる。

　そもそも、上記財務省規則§1.701-2が、Gregory原則を包含しているであろうことは、本規則に関する財務省決定（TD 8588、RIN1545-AS70）のB（Discussion of comments relating to provisions in the Regulation）5（Relationship of the Regulation to Established Legal Doctrines）が、「本最終規則は、サブチャプターKの諸規定が不適切な税務効果の発生のために利用されないように、これらの諸規定のパートナーシップ取引への適用の際、全ての場合において、一定の基本的原則が充足されなければならないことを確認するものである。本規則に反映されている基本的原則が、確立した法的原則と合致していれば、これらの原則も引き続き適用される。そう考えると、本規則の適用に係る不透明性は、既存の法的原則の適切な適用も含む法律の下で取引を適切に評価する上で存在している不透明性を反映している」と説明していることからも示唆される[87]。

　他方、上記の通り、TD8588では、財務省規則§1.701-2に加えて、確立した法的原則も引き続き適用される旨が定められており、しかも、本条(i)（Application of nonstatutory principles and other statutory authorities）も、「税務当局は、取引の適法性を問題にする際、適用可能な法に定められていない原則及びその他の法律・規則上の権限を引き続き主張し、それらに依拠することができる。本項は、これらの原則及び権限の適用を制限するものではない」と定めていることに着目すると[88]、本規定は、本規則に定める濫用防止ルールに加えて、コモン・ローの原則にも依拠することができることを主旨としていると解さ

---

86) 本規定の原文は、脚注40)参照。
87) 中段部分の原文は、"While the fundamental principles reflected in the regulation are consistent with the established legal doctrines, those doctrines will also continue to apply." である。
88) 原文は、"The Commissioner can continue to assert and to rely upon applicable nonstatutory principles and other statutory and regulatory authorities to challenge transactions. This section does not limit the applicability of those principles and authorities." である。

れることから、本規則が法に定められていない原則を包摂している、あるいは、それらの原則と同様なものであると位置づけられているとは解し難いとの考えの下、本規則が経済的実質主義と「法律上の同様なルール」に含まれると解するのは妥当ではないとの意見もある[89]。

　財務省規則§1.701-2の本質について上記と異なる解釈に立った上で同様な結論に達する見解もある。例えば、本条(a)項は、(2)（サブチャプターKの目的）号において、「パートナーシップ取引の形式は、実質優先の原則の下で尊重されなければならない」と定め[90]、(3)号において、「…所得を適切に反映させるという本号の要件は、…本条(1)号及び(2)号を充足する取引の場合は満たされているものと取り扱われる」と定めていることから[91]、本条が問題にしているのは、「実質優先の原則」の適用如何であり、そのことは、上記(3)号の規定振りから確認できる以上、本条の適用対象となる取引は、経済的実質主義の適用対象ではなく、また、「合理的な理由」に基づく適用免除を認めていない「厳格なペナルティ」の下では狭く解すべきである「法律上の同様なルール」の適用対象ともならないと見る向きがある[92]。

　上記の通り、財務省規則§1.701-2とGregory原則との関係を巡っては異なる意見・見解があることから、仮に、判例法上のいずれの原理が経済的実質主義と「法律上同様なルール」に該当するかが明確なものとなったとしても、本規定がそのようなルールに該当するか否かを巡っては、別途、議論の余地があると考えられるが、そのようなルールに該当するものの範囲を狭く解すべきとする上記の意見・見解は、以下の(3)で後述する通り、当面の解釈・執行方針として、IRSの「大規模事業及び国際部局」（Large Business and International Division）が、調査官に向けて発した2011年ガイダンス（Guidance for Examiners and Managers on the Codified Economic Substance Doctrine and Related Penalties, LB&I-4-0711-015、以下、「LB&Iガイダンス」という）でも採用されている。

(3) LB&Iガイダンスとその効果

イ) 予測可能性の向上効果

　LB&Iガイダンスでは、経済的実質主義の適用が妥当でない可能性が高いケース・取引として、(i)取引が租税部門又は外部のアドバーザーが開発・勧奨したものでない、(ii)取引が高度な構造となっていない、(iii)不必要な段階を含んでいない、(iv)税務上の利益を得る取引の形式及び実質が議会の意図と合致している、(v)非関連の第三者との独立企業間価格での取引である、(vi)取引が現在価値ベース（税引き前）において意義のある経済的変化を生じさせている、(vii)納税者の利益又は損失の可能性が人為的に制約されていない、(viii)取引が

---

[89] Monte A. Jackel, Subchapter K and the Codified Economic Substance Doctrine, Tax Notes, Vol. 128, No. 3 (2010) p. 322参照。

[90] 原文は、"The form of each partnership transaction must be respected under substance over form principles." である。

[91] 該当する原文箇所は、"... the proper reflection of income requirement of this paragraph (a)(3) is treated as satisfied with respect to a transaction that satisfies paragraphs (a)(1) and (2) of this section ...." である。

[92] かかる考え方は、Howard E. Abrams, Did Codification of Economic Substance Repeal the Partnership Anti-Abuse Rule ?, Public Law & Legal Theory Research Paper Series, Research Paper No. 10-131 (2010) pp. 9-12参照。

第1節　租税回避行為による税源浸食への対応

損失の早出しや控除の重複を生じさせない、(ix)経済的な損失や費用に相当しないような控除を生じさせていない、(x)取引の経済的リスクを大きく軽減・減少させることを可能にする要素を納税者が有していない、(xi)相当な所得額を得るが税に無関心な取引相手を含んでいないケース・取引が挙げられている。

　上記の他にも、(xii)異なる納税者又は異なる課税年度における同一の納税者において、所得の認識と関連する控除を分離させる結果を生じさせない、(xiii)連邦上の税務利益以外の信頼できる事業目的を有している、(xiv)税務上の利益以外の意味のある可能性を相当程度に有している、(xv)相当程度の損失のリスクを有している、(xvi)税務上の利益を人為的に生じさせない、(xvii)事前にパッケージ化されたものでない、(xviii)納税者の通常の事業活動の範疇外でない、(xix)出資と借入のいずれによって事業資金を調達するかの選択を行う、(xx)サブチャプターCの下での法人組成か法人再編のいずれかに該当する取引又は一連の取引の選択を行う、(xxi)IRC§482の下での独立企業原則及びその他の適用対象となり得る概念を充足している状況の下での関連者との取引を利用するとの選択を行うケース・取引が、経済的実質主義の適用が妥当でない可能性が高いものとして列挙されている。

　LB&Iガイダンスでは、逆に、上記(i)〜(xxi)に該当しないケース・取引は[93]、IRC§7701(o)の適用が妥当となり得るが、その適用に当たっては、JCT2010年資料153頁で示されている解釈と同様に、Coltec事件連邦巡回控訴裁判所判決等で採用された見解に立脚する必要が生じ得る場合もあるとの見解が示されている。具体的には、問題の取引が共通の目的を有する相互に関連した一連の段階を含む場合、「取引」という文言は、これらの段階の全てを一括したものを示しているが、一定の状況の下では、相互に関連している一連の取引の中に含まれる単一又は複数の段階に対し、経済的実質主義の適用が適切であるケースがあり、そのようなケースとは、統合された取引が一つ又は複数の税負担軽減目的の段階を含んでいるが、これらの段階は、単一の共通の事業又は金融取引に対し、ほんのわずか、若しくは、付随的な関係しか有しないケースであるとの指針が出されている。

　また、IRC§7701(o)及び§6662(i)に対する懸念への配慮及び執行上の一貫性の確保などの観点から、LB&Iガイダンスでは、上記(i)〜(xxi)等で示されているポイントに照らしてIRC§7701(o)の適用が妥当であると考える調査官は、地域マネージャーと相談した上で、本規定の適用分析をどのように行ったのかを書面で「実地調査ディレクター」（Director of Field Operations, DFO）に説明し、DFOは、その適用が妥当であると判断すれば、納税者に対し、弁明を行う機会を提供すべきであるとの説明がされている。また、問題となる取引がIRC§7701(o)とその他の一定の規定等の双方に関係し得るような場合も、調査官は、上記と類似する内部手続きを経ることが求められており、具体的には、「取引が詳細な法律上又は規則上のスキームに服するか。もし、そうであって、その取引がそのスキームに従っているならば、調査官は、その地域マネージャーが地域法務顧問と相談した上での個別の承認を与えない限り、経済的実質主義を適用すべきでない」との指針が示されている[94]。

　さらに、LB&Iガイダンスでは、①JCT2010年資料152〜153頁で示されている4つの「一定の基本的な事業取引」に対して経済的実質主義の適用を主張することは適切ではない可

---

93) 上記(i)〜(xxi)に該当しないケース・取引は、逆に、ハイリスク・リストに含められる可能性を有しているものと位置づけることができよう。

61

能性が高い、②調査官は、経済的実質主義の適用が最も有力な議論であるとは考えない場合には、その適用を主張するのは、その地域マネージャーが地域法務顧問と相談した上での個別の承認を与えた場合に限定される、③今後、新たなガイダンスが示されるまでは、IRC§6662(b)(6)、IRC§6662(i)及びIRC§6676等に定める「厳格なペナルティ」が適用されるのは、経済的実質主義に基づく否認対象となる取引に限定されるとの方針の下、「経済的実質主義と『法律上の同様なルール』又は判例法上の原則に対しては、これらの規定に定める『厳格なペナルティ』は適用することはできない」とした上で、ここでいう判例法上の原則とは、例えば、「ステップ取引原理」、「実質優先の原則」又は「欺瞞である取引」であるとの説明がされている[95]。

ロ）LB&Iガイダンスが包含する問題

上記のような指針を示したLB&Iガイダンスは、IRC§7701(o)及び6662(i)等の適用に係る不透明性や恣意的な運用の可能性の問題を緩和する効果を発揮すると考えられるとして、大半の納税者等から歓迎されているが、本ガイダンスは、幾つかの問題点を含んでいると見る向きもある。例えば、IRC§7701(o)の適用対象とならない可能性が高いとされる上記(v)（非関連の第三者との独立企業間価格での取引）の指針については、十分な対価を支払った第三者との共謀を通じて税務上の利益を得るケースも少なくないことを十分に踏まえていないとの指摘がされている。実際、例えば、前述のSchering-Plough事件地区裁判所判決（2009）で問題となった事件でも、金融機関が関連者取引の手助けを行っていたとの事実があった。上記(xvii)（事前にパッケージ化されたものでない取引）という指針についても、むしろ、パッケージ化されていないタックス・シェルターほど注意が必要であるとの指摘がされている[96]。

また、新たなガイダンスが今後示されるまでは、「厳格なペナルティ」を「法律上の同様なルール」又は判例法上の原則に対して適用しないとする方針の裏には、IRSのLMSBの「特別裁判弁護士」（special trial attorney）であるDaniel Rosenが、2012年1月、ニューヨークの「法律実務協会」（the Practising Law Institute）の金融商品セミナーにおいて、経済的実質主義の適用を主張するに当たっては、裁判で勝利するという戦略的な思惑などが働くことから、税務当局は、「厳格なペナルティ」の適用を避けるために、「実質優先の原則」に依拠することを選好しようとしているとの事実があるとの趣旨の発言があったことなどに鑑み、LB&Iガイダンスの下、IRC§7701(o)及び6662(i)の適用に余りにも慎重又は消極的になりすぎると、IRC§7701(o)がその機能を発揮するのを必要以上に制約し、税収の逸失と議会の意図を実現できないとの結果が生じ得ることから、その撤回・廃止をするべきであるとの意見もある[97]。

---

94) 原文は、"Is the transaction subject to a detailed statutory or regulatory scheme？If so, and the transaction complies with this scheme, then the application of the doctrine should not be pursued without specific approval of the examiner's manager in consultation with local counsel."である。

95) 関係箇所の原文は、"... until further guidance is issued, the penalties provided in sections 6662(b)(6) and (i) and 6676 are limited to the application of the economic substance doctrine and may not be imposed due to the application of any other 'similar rule of law' or judicial doctrine (e. g., step transaction doctrine, substance over form or sham transaction)."である。

96) 詳細は、Lee A. Sheppard, IRS Repeal of the Economic Substance Statute, Tax Notes, Vol. 134, No. 8 (2012) pp. 912-913参照。

確かに、IRC§7701(o)及び6662(i)は、税収増にも繋がるものとの想定の下で措置されたものであるが、税務当局は、予てより、「厳格なペナルティ」をも措置する上院の経済的実質主義の立法化案（「三股テスト」）に賛同しない理由として、かかる立法化案が実現すると、①経済的実質主義の適用の柔軟性を奪うこととなる、②経済的実質主義の適用が必要以上あるいは予想以上に広く又は狭くなる、③税務当局による法の執行が複雑化する、④税務当局の調査が遅延・長期化するなどの危険性があることなどの問題点・デメリットを挙げていた[98]。「厳格なペナルティ」は「法律上の同様なルール」又は判例法上の原則に対しては適用することはできないとするLB&Iの当面の方針は、経済的実質主義に基づく否認アプローチへの依存度を下げ、上記①～④のデメリットの発生を抑える可能性を秘めているが、これらのデメリットとは別の問題点・デメリットを包含している。

　例えば、過去の裁判においては、確かに、税務上の利益を否認するアプローチに依拠した経済的実質主義の適用を主張する税務当局が勝訴したものの、本来は、「実質優先の原則」の下、問題の取引を別の形態の取引に引き直すアプローチを採用する方がより適切であったと考えられるケースもあるとの指摘もある[99]、(i)「実質優先の原則」と経済的実質主義の否認アプローチは本質的に異なっている、(ii)結局、経済的実質主義に基づく否認が選択された背景には、適用基準が相当程度に確立している経済的実質主義に依拠する方が、適用基準が明確でないとのデメリットを有する「実質優先の原則」に依拠するよりも、裁判で勝訴する確率が高かったとの事実があったことなどに鑑みると、LB&Iガイダンスが示す上記の方針の下では、税務当局が「実質優先の原則」に依拠することを選好することのデメリットが顕在化する場合があるものと想定される。

　前述の通り、IRC§7701(o)の適用基準には幾らかの不透明性・不確実性があるものの、その制度設計は、経済的実質主義の潜在的な否認機能を高める方向に作用するものとなっている。しかし、IRC§7701(o)の導入が、実際上、経済的実質主義の適用件数の増加に繋がるとは限らない。特に、IRC§6662(i)の導入及びLB&Iガイダンスは、経済的実質主義の適用件数を減少させる方向に作用するものと想定される。このように、IRC§7701(o)及びIRC§6662(i)の導入の効果は多面的であり、一義的に明らかとは言い難いが、これらの規定の導入によって、租税回避スキームやタックス・シェルター等を利用することのリスク感覚が少なからず高まったことは疑いない。これらの規定の導入は、様々なデメリットや問題点も惹起するであろうが、租税回避スキーム等を利用することに対するリスク感覚の高まりは、これらのデメリットや問題点を補って余りあるメリットとなると見る向きは少なくないと考えられる。

4．小括とポイント

　経済的実質主義の立法化の目的は、「経済的実質主義を明確化するとともに、その機能

---

97)　詳細は、Lee Sheppard, *supra* "IRS Repeal of the Economic Substance Statute", pp. 911-916参照。
98)　松田・前掲『租税回避行為の解明』65頁参照。
99)　例えば、IES Industries Inc. and Others v. United States事件第8巡回控訴裁判所判決（253 F. 3d 350；2001）やCompaq事件第5巡回控訴裁判所判決（2001）で問題となった取引は、外国税額控除の適用を狙った同様な取引であったが、レポ取引に引き直すことがより妥当であったとの指摘は、Jonathan M. Porkup, Codification of the Economic-Substance Doctrine—A Legislative Paradox, Taxes—The Tax Magazine（Apr. 2011）p. 22参照。

を高めること」とされているが、IRC§7701(o)の下、その目的は、ある程度達成されている。本規定の下、経済的実質主義の潜在的な否認機能が強化されたことは、①「二股テスト」として、税務当局に有利な「結合的関係テスト」が採用されている、②「主観的テスト」として「相当な目的テスト」が採用されている、③判例法上の経済的実質主義の下で依拠されていた「合理的な利益可能性」基準よりもハードルが高い「合理的な利益の見込み」基準が採用されている、④IRC§6662(i)の下で導入された40％の率の「厳格なペナルティ」は、経済的実質主義に依拠して否認された取引だけでなく、経済的実質主義と「法律上の同様なルール」に反する取引をも適用対象としている、⑤IRC§6664(c)(2)の下、「合理的な理由」等に依拠した「厳格なペナルティ」の免除は認められないことなどからも確認することができる。

　他方、経済的実質主義を明確化するという目的の実現は、IRC§7701(o)の下、その適用基準である「二股テスト」の解釈として「結合的関係テスト」が採用されたことによって、かなり進展したものの、本規定の導入は、その適用基準に係る新たな不透明性の問題を惹起している。特に、(i)税務当局は、IRC§7701(o)が依拠する適用上のメルクマール（「経済的実質主義が関係する場合」、「経済的ポジションを意義ある方法で変化させる」、「相当な目的」、「合理的に期待される」及び「相当な程度」等の文言）について、十分な指針を示していないことから、どのように解釈すべきであるのかが十分に明らかではない、(ii)「厳格なペナルティ」を課するIRC§6662(i)は、経済的実質主義と「法律上同様なルール」に反する取引をも適用対象としているが、何が「法律上の同様なルール」に該当するのかが明らかにされていないなどの問題がある。

　確かに、上記(ii)の問題との関係では、Gregory事件最高裁判決（1935）から派生した諸原則や財務省規則§1.701-2（「濫用防止ルール」）などが、経済的実質主義と「法律上同様なルール」の最有力候補となり得るとの想定が可能である。実際、Schering-Plough事件地区裁判所判決（2009）は、経済的実質主義と「実質優先の原則」の類似性を少なからず印象づけるものとなっている。財務省規則§1.701-2も、「相当な事業目的テスト」や「実質優先の原則」を組み込んでいる。しかし、本規定、「事業目的テスト」及び「実質優先の原則」のいずれも経済的実質主義と「法律上同様なルール」には該当しないとの見方もある。確かに、例えば、「実質優先の原則」の下では、「ステップ取引原理」が適用された場合と同様に、否認の対象となる租税回避行為等が再構築されるのに対し、経済的実質主義の下では、税務上の利益の適用が否認されるなど、双方の否認アプローチは異なっている。

　上記の通り、IRC§7701(o)及びIRC§6662(i)等の導入によって、経済的実質主義の適用に係る不透明性の問題が解消したわけではない。しかし、これらの規定の導入によって生じる租税回避行為等の抑止効果の大きさを考えると、そのメリットは、そのデメリットを凌駕すると評価することができよう。しかも、これらの規定の適用に係る不透明性の問題は、2011年に発せられたLB&Iガイダンスの下、(i)JCT2010年資料で示されている「一定の基本的な事業取引」に対するIRC§7701(o)の適用は適切ではない可能性が高い、(ii)調査官は、その適用を行うに当たり、地域マネージャーの承認を得ることが条件とされ、納税者に対しては、弁明の機会が付与される、(iii)「厳格なペナルティ」は、当面のところ、経済的実質主義と「法律上の同様なルール」又は判例法上の原則が否認根拠となっている取

引等には適用しないなどの方針が示されたことによって、当面のところ、緩和されている。

第2節　個人の国外転居による税源浸食への対応

1．個人の国外転居と市民権に基づく課税

(1)　納税者区分と課税対象所得・資産

　米国では、図1-2のグラフが示している通り、米国籍を放棄する者の数が、近年、大幅に増加している。米国籍を放棄する者の中には、富裕者が少なからず含まれているが、特に、2009年には、フェイスブックの設立者の一人であったEdward Saverinが、米国市民権を放棄してシンガポールの永住者となったことが巷で大きな話題となった。Saverin氏は、シンガポールに移住したことについて、アジアでの投資活動の拠点とするためとの説明をしているが、同氏が保有するフェイスブックに対する数千万ドルの価値のある権利の譲渡益への課税がシンガポールでは行われないことが、同氏が米国市民権を放棄した主な理由ではないかと非難する声も上がった。確かに、国外に移住する者や市民権を放棄する者の中には、米国の税法上の地位を変更することによって、米国での税負担を軽減・回避することを主な目的としている者も少なくないと言われている。

　米国は「市民権に基づく課税」（"citizenship-based taxation"）方式を採用している。米国市民であるか否かは、「移民・国籍法」(the Immigration and Nationality Act, 8, U. S. C. Chapter 12) §1401（Nationals and Citizens of United States at birth）に基づいて判断される。本条は、「次の者が生来の米国の国民及び市民である――(a)米国で出生し、その管轄に服する者、…(c)双方の両親が米国市民でその一方が米国に住居を有していた者の子供で米国やその国外領土でない土地で生まれた者、(d)米国市民で米国やその国外領土に1年以上継続して滞在していた親と米国市民ではないが米国国民である親との間に米国やその国外領土でない土地で生まれた者…など」と定めている。また、同法§1101（Definitions）(a)(22)が、「米国国民という文言の意味は、(A)米国市民、又は、(B)米国市民ではないが米国に永久的忠誠を誓う者である」と規定している[100]。

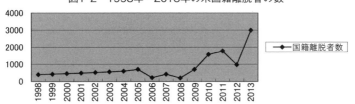

図1-2　1998年～2013年の米国籍離脱者の数

（出典：Federal Register Vol. 79, No.26, 2014 pp. 7504-7513, http://intltax.typepad.com/intltax_blog/number-of-expatriates/）

---

100)　原文は、"The term 'nationals of the United States' means (A) a citizen of the United States, or (B) a person who, though not a citizen of the United States, owes permanent allegiance to the United States."である。なお、非嫡出子に係る米国市民権の要件を定める「移民・国籍法」§1409が違憲か否かなどが問題となったMiller v Albright事件最高裁判決（[1998] 523 U. S. 420）では、米国市民でない米国国民は、今日では、米領サモア等の居住者等に限られているため、その区別の意義は小さいと判示されている。

第1章　米国の対応策の分析

個人の納税者の税法上の地位は、内国歳入法の下、(i)米国市民（U. S. citizen）、(ii)「恒久的居住外国人」(permanent resident alien)、(iii)「居住外国人」(resident alien)、(iv)「非居住外国人」(nonresident alien) のいずれかに分類されている。同法は、居住者の定義を示していないが、IRSの発表資料（Publication 519 (2010), U. S. Tax Guide for Aliens）では、外国人（米国市民でない者）は、①IRC§7701 (Definitions) (b) (Definition of resident alien and nonresident alien) (1) (In general)(A)(Resident alien) (i)に定めるグリーン・カード・テストをクリアーしている「恒久的居住外国人」である、②IRC§7701(b)(3) (Substantial presence test) に定める要件を満たしている、③居住者として取り扱われることを選択しているのいずれかに該当しない限り、「非居住外国人」であるとの説明がされている。

また、上記のIRC§7701(b)(1)(A)は、「外国人である個人は、以下の(i)、(ii)、又は(iii)の要件に該当する場合（そして、その場合に限り）、いずれの暦年に関しても米国の居住者として取り扱われる——」と規定しているところ[101]、(i)の要件とは、「永久的な居住が合法的に認められている」("Lawfully admitted for permanent residence") こと[102]、(ii)の要件とは、その暦年中の米国での滞在が31日以上であり、なおかつ、その暦年とそれに先立つ２年間の米国での滞在日数に一定の乗数を掛けて計算した日数が183日以上であること[103]、(iii)の要件とは、一定の条件（その年及びその前年中は非居住外国人である米国市民権を有しない者であるが、その次の年には上記(ii)の要件を満たす米国居住者となり、しかも、その年において一定の米国滞在日数があることなど）に該当する者が、その最初の年に米国の居住者として税務上取り扱われることを選択していることである[104]。

これに対し、1976年に統合された遺産・贈与税の場合、IRC§2001 (Imposition and rate of tax) (a) (Imposition) が、米国の市民又は居住者であった者の死亡による課税対象資産の移転に遺産税を課する旨を定めているが、居住者であるか否かは、所得税の場合と異なり、米国における「住所」("domicile") の有無に基づいて判断される。例えば、財務省規則§20.0-1 (Introduction) (b) (Scope of regulations) (1) (Estates of citizens or residents) は、「…死亡した『居住者』とは、その死亡時に米国に住所を有していた者である。その後にそこから離れる明確な意思をその時に有しないなら、たとえ短い期間であっても、そこに住むことでその場所に住所が存在する。必要とされる無期限に滞在する意思を伴わない居住は、住所を構成するには十分ではなく、また、住所を変更する意思も、実際の転居が伴わない限り、効果を発生させない…」と規定している[105]。

---

101) 原文は、"An alien individual shall be treated as a resident of the United States with respect to any calendar year if (and only if) such individual meets the requirements of clause (i), (ii) or (iii) :—" である。
102) IRC§877(b)(6) (Lawful permanent resident) は、「本項の目的上、以下の個人は、いかなる時でも合法の恒久的居住者である—(A)移民法に基づいて移民として米国に恒久的に居住する特権を法律上付与された地位を有する個人、そして、(B)…」("For purposes of this subsection, an individual is a lawful permanent resident of the United States at any time if — (A)such individual has the status of having been lawfully accorded the privilege of residing permanently in the United States as an immigrate in accordance with the immigration law, and (B)…") と定めている。
103) 「実質的滞在テスト」の下、当年度、前年度及び前々年度の乗数は、それぞれ、1、1/3及び1/6であることから、一暦年で185日以上米国に滞在する者だけでなく、一暦年での米国での滞在が183日未満であっても、その暦年と前年及び前々年における米国での滞在日数に各乗数を掛けた日数の合計が183日以上である者も、原則として、「居住外国人」に該当する。
104) 「初年度選択」(First-year election) テストと称される要件・基準である。

贈与税の場合、IRC§2502（Rate of tax）が、(a)（Computation of tax）項において、その計算方法を示しており、また、(c)（Tax to be paid by donor）項において、「IRC§2501に基づいて課される贈与税は贈与者によって納付される」と規定しているところ[106]、IRC§2501（Imposition of tax）(a)（Taxable transfers）(1)（General rule）は、「本法2502条に規定されているように計算される税は、暦年中に、個人の居住者又は非居住者が、贈与によって移転させた資産に対し、それぞれの暦年毎に賦課される」と定めている[107]。また、財務省規則§25.2501-1（Imposition of tax）は、(a)（In general）項では、「本税は、資産の所在地の如何にかかわらず、米国の市民又は居住者が、贈与により、その資産を移転することに適用される…」と定め、(b)（Resident）項では、「居住者とは、贈与の時点において米国に住所を有している個人である…」と規定している。

　上記諸規定・基準等の下、米国市民又は「居住外国人」（「恒久的居住外国人」も含む）の場合、その居住地の如何にかかわらず、原則として、その全世界所得（IRC§61（Gross income defined）に定める各所得）が累進税率の下で米国で課税対象となるが[108]、「非居住外国人」の場合、原則として、比例税率の下、その米国源泉所得に限って米国で課税対象となる[109]。遺産・贈与税の場合も、遺贈者・被相続人や贈与者が米国の市民又は居住者であるか否かによって、その課税対象範囲に大きな差異が生じる。かかる差異の存在は、納税者区分に応じた課税対象範囲を単純化して示した表1-1からも確認できるが、いずれの区分に該当する納税者であるのかによって、課税対象範囲に大きな差異が生じることは、「国籍離脱」（"Expatriation"、通常、米国市民権の喪失と非居住外国人への転換）によって[110]、米国での税負担の大幅な軽減・回避が可能となることを意味している[111]。

　もっとも、IRC7701(b)(1)(B)（Nonresident alien）は、「個人が米国の市民又は（サブパラ(A)の意味の）米国の居住者でないならば、非居住外国人である」と定義していることから[112]、米国での全世界所得課税の対象外となるには、米国市民権を喪失するだけでなく、上記のIRC§7701(b)(A)に定める居住外国人に該当していないことが前提条件となる。この場合、米国の市民権を喪失したか否かは、基本的には、1952年「移民・国籍法」§349（Loss

---

105）　原文は、"... A 'resident' decedent is a decedent who, at the time of his death, had his domicile in the United States. ... A person requires a domicile in a place by living there, for even a brief period of time, with no definite present intention of later removing therefrom. Residence without the requisite intention to remain indefinitely will not suffice to constitute domicile, nor will intention to change domicile effect such a change unless accompanied by actual removal. ...."である。

106）　原文は、"The tax imposed by section 2501 shall be paid by the donor."である。

107）　原文は、"A tax, computed as provided in section 2502, is hereby imposed for each calendar year on the transfer of property by gift during such calendar year by any individual resident or nonresident."である。

108）　2014年度の所得税の最高税率は39.6％（IRC§1（Tax Imposed）参照）。全世界所得課税の対象外である所得は、IRC§911（本節4(3)ロ）・脚注198）・199）参照。

109）　比例税率のレート又は段階税率の対象となる所得は、IRC§871（Tax on nonresident alien individuals）(a)（Income not connected with United States business——30％）及び同条(b)（Income connected with United States business——graduated rate of tax）参照。

110）　米国の市民権・国籍の喪失に該当する行為は、「移民・国籍法」§1481(a)（Loss of Nationality by Native-Born or Naturalized Citizen; Voluntary Action; Burden of Proof ; Presumptions）参照。

111）　市民権を放棄して国外移住した最近の10名ほどの億万長者の名前は、Timothy Watson, Offshore Avoidance of U. S. Income Taxation（http://www.netatty.com/articles/tax.html）参照。

112）　原文は、"An individual is a nonresident alien if such individual is neither a citizen of the United States nor a resident of the United States（within the meaning of subparagraph (A)）."である。

第1章　米国の対応策の分析

表1-1　居住性と課税対象所得・資産との関係

	国内居住米国市民	国外居住米国市民	国外居住外国市民
国内所得 （Earnings from US）	課税対象	課税対象	課税対象
国外所得 （Earnings from outside US）	課税対象	課税対象（一定限度まで外税控除適用有り、その他控除の適用は限定的）	課税対象外
国外投資所得 （Investment income from outside US）	課税対象	課税対象（非居住者ゆえに控除適用原則無し）	課税対象外
国内利子所得 （Interest income from US）	課税対象	課税対象（非居住者ゆえに控除適用原則無し）	多くの場合、課税対象外
米国法人株式譲渡益 （Capital gains from US stocks）	課税対象	課税対象（非居住者ゆえに控除適用原則無し）	課税対象外
米国法人からの配当 （Dividends from US stocks）	課税対象（2012年までは長期保有株式に係る配当に対する軽減税率（15%）の適用有り）	課税対象（税率30%又は租税条約上の税率）	
1976年統合の遺産課税方式に依拠する遺産税及び贈与税（Estate tax & Gift tax）	課税対象（但し、相続人が米国市民の配偶者の場合、原則、遺産税は課税免除[113]。年間控除・生涯控除額を超えない贈与・遺贈も課税免除[114]）	被相続人・贈与者所有の米国内財産等のみ遺産・贈与税の課税対象（但し、株式や無形資産等は、その所在地に関係なく、贈与税の課税対象外[115]）	

（出典：Renunciation of U.S. Citizenship：A Web Guide（http://www.renunciationguide.com/Residents-Non-resident-Citizens-and Non-Citizens.html）に加筆）

of Nationality by Native-Born or Naturized Citizen）に定める基準に依拠して判断され、また、居住外国人であるか否かは、IRC§7701(b)(1)(B)に定める上記の要件・基準に基づいて判断されるが、以下の(2)で述べる通り、米国市民が、上記基準を満たす行為を経て、その全世界所得や資産等に対する米国での課税を免れることは、長きに亘り、必ずしも容易ではなかった。

(2)　「永久的な忠誠原理」及びIRC§6851等の意義と限界

　米国の市民権に基づく課税の歴史は古く、1913年制定の所得税法の下において、米国の全ての市民は、その居住地が米国であるか否かに関係なく、その全世界所得が米国で課税されていた。当時、このような課税は憲法違反ではないかとの疑問もあったが、「…各課税年度において、全ての個人…の控除額を超える純所得額に対して通常である8％の税の賦課、納付及び徴収が行われる…」と定めていた1921年歳入法§210及び「米国の市民は、

---

113)　詳細はIRC§2056（Bequests, etc. to surviving spouse）参照。
114)　詳細は、IRC§2010（Unified credit against estate tax）(3)（Basic exclusion amount）、IRC§2505（Unified credit against gift tax）、IRC§2503（Taxable gifts）(b)（Exclusion from gifts）参照。贈与税と遺産税の生涯控除額は同じだが、年間控除額を超える贈与によって生涯控除額は減少する。
115)　詳細はIRC§2103（Definiton of gross estate）及びIRC§2501(a)(2)（Transfers of intangible property）・脚注145)参照。米国市民でない非居住者の遺産税に係る控除額は、IRC§2102（Credits against tax）(b)（Unified credits）参照。

第 2 節　個人の国外転居による税源浸食への対応

…どこに居住していようと課税対象となる。米国内に資産を有しない、また、米国源泉の所得がないことも関係ない…」と規定していた同法に関する規則（No. 16第3条）の下[116]、メキシコに居住していた米国市民のメキシコに所在する不動産等から生じた所得を米国で課税対象とすることが憲法や国際法に反するか否かが争点となったCook v. Tait事件最高裁判決（[1924] 265 U. S. 47）等において、「市民権に基づく課税」方式の合憲性が再確認された経緯がある。

　上記Cook事件判決において、最高裁は、国外にある米国市民の資産は米国から何ら利益を受けていないとの納税者の主張に対し、「…政府は、その性質上、どこに存在しているかに関係なく、その市民及びその財産に利益を付与しており、それゆえに、その利益を完全なものにする権限を有する。あるいは、換言すれば、税を賦課する権限は、全ての場合において、資産の所在地が米国内であろうとなかろうと、それに左右されず、また、左右され得ない。その市民の住所が米国内であるか否かによっても左右されず、また、左右され得るものでもない。問題となるのは、市民としての米国との関係であり、そして、米国の市民に対する関係である。かかる関係によって生じる結果は、税の賦課の対象となる米国市民は、外国に住所を有するかもしれないし、所得の源泉となった資産の所在地が外国であることもあろうが、かかる税の賦課は適法であり――政府は税を賦課する権限を有する」などと判示している[117]。

　上記Cook事件最高裁判決の見解は、19世紀中頃までは、個人はその主権者を放棄する法的権利を有しないとするコモン・ロー上の「永久的な忠誠原理」（"perpetual allegiance doctrine"）などにも支えられて、米国の市民権を税負担軽減のために放棄する動きに歯止めが掛かっていた。本原理が、かつて、米国で支配的であったことは、例えば、Shanks v. Dupont 事件最高裁判決（[1830] 28 U. S. 242）では、米国人である父親の娘が英国人と結婚して生まれた子供が、1794年米英平和協定9条の下、母親の父が有していた米国の土地を外国人として相続することが認められるかなどの点が問題となったが、本判決では、外国人との結婚は、その外国人が友か敵かに関係なく、その妻の本来の忠誠の解消に繋がるものではない、なぜなら、「政府の同意なしに、自己の行為によって、その忠誠を捨てて外国人になれないというのが一般的な原理である」との見解が示されていたことからも確認することができる[118]。

　上記の通り、「市民権に基づく課税」方式は、「永久的な忠誠原理」に支えられていたが、本方式や本原理では対応できない納税者の国外転居による税源浸食という問題もあった。

---

116)　前者の規定の原文は、"... there shall be levied, collected and paid for each taxable year upon ... every individual a normal tax of 8 per centum of the amount of the net income in excesss of the credits ..."、後者の規定の原文は、"Citizens of the United States ... wherever resident, are liable to the tax. It makes no difference that they may own no assets within the United States and may receive no income from sources within the United States." である。

117)　前半部分の原文は、"... the government, by its very nature, benefits the citizen and his property wherever found and, therefore, has the power to make the benefit complete. Or to express it another way, the basis of the power to tax was not and cannot be made dependent upon the situs of the property in all cases, it being in or out of the United states, and was not and cannot be made dependent upon the domicile of the citizen ...." である。

118)　原文は、"The general doctrine is, that no person can, by any act of their own, without the consent of the government, put off their allegiance and become aliens." である。

第1章　米国の対応策の分析

このような問題（特に、外国人等の国外転居による米国での税負担の回避という問題）に対処するとの観点から、1938年には、歳入法（P. L. 75-554）§146（Closing by Commissioner of taxable year）(a)（Tax in jeopardy）が措置された。本規定は、「(1)納税者の出国又は米国からの資産の移転――長官は、納税者が急遽米国からの出国・財産移転、その財産の隠匿、あるいは、…現行又はそれ以前の課税年度の所得税の徴収に係る手続を毀損、あるいは全面的又は部分的に効果なきものにするその他の行為を計画していることを認識した場合、その納税者の課税対象期限を終了させ、…その終了が宣言された課税期間に係る税の即座の納付を要求する…」と規定していた[119]。

上記1938年歳入法§146（「長官による課税年度の終結」）(a)は、税務当局に強力な権限を付与したが、その実際の適用には困難が伴った。例えば、Rogan v. Mertens et. al事件第9巡回控訴裁判所判決（[1946] 153 F.2d 937）では、1938年6月29日にフランスへの出国を予定していたフランス市民・居住外国人Aに対し、税務当局が、1938年1月1日から同年6月30日までの課税期間に係る所得税の出国する外国人用の申告様式（Form）1040-Cによる申告・納税を求め、また、同時期に出国する居住外国人Aの配偶者（フランス市民である居住外国人）に対しても、同様な所得税の申告・納付を求めたことの適否などが争点となったが、裁判所は、これらの者がフランスに出発後に再入国しない又はその財産が国外移転する証拠がなく、また、居住外国人Aの配偶者の所得の中には、当時は実際には発生していないものも含まれていたことから、これらの者が申告・納付した所得税は還付すべきであると判示している。

1938年歳入法§146(a)は、上記のような問題を包含していたが、その克服には困難が伴う中、1954年には、本規定の趣旨を受け継いだIRC§6851（Termination assessments of income tax）(a)（Income tax in jeopardy）が措置された。本条は、(d)（Departure of alien）項において、「外国人は、まず、所得税法に基づいて課される全ての義務を履行していることの証明書を長官から得ることなしには出国できない」と規定しているところ[120]、かかる証明書を得る手順等については、1961年に措置された財務省規則§1.6851-2（Certificates of compliance with income tax laws by departing aliens）(a)（In general）(1)（Requirement）が、「…そのような証明書を得るために、米国から出国する意図を有する外国人は、(i)管轄の内国歳入支部長に陳述書又は申告書を提出しなければならない…」と定めている[121]。

それでも、やはり、1938年歳入法§146(a)が包含していた問題・限界は、上記IRC§6851

---

119) 原文は、"(1) Departure of taxpayer or removal of property from United States――If the Commissioner finds that a taxpayer designs quickly to depart from the United States or to remove his property therefrom, or to conceal himself or his property therein, or to do any other act tending to prejudice or to render wholly or partially ineffecutal proceedings to collect the income tax for the current or the preceding taxable year … , the Commissioner shall declare the taxable period for such taxpayer immediately terminated, … together with a demand for immediate payment of the tax for the taxable period so declared terminated … ." であった。
120) 原文は、"No alien shall depart from the United States unless he first procures from the Secretary a certificate that he has complied with all the obligations imposed on him by the income tax laws." である。
121) 原文は、"… In order to procure such a certificate, an alien who intends to depart from the United States (i) must file with the district director for the internal revenue … ." である。本証明書（"sailing permit" と称されている）の取得が免除される外国人等は、本条(2)（Exceptions）参照。

(「所得税の賦課の終了」)の下でも存在し続けた[122]。IRC§6851の適用例は多くはなく[123]、また、本条(d)項に定める証明書の取得義務の履行状況も芳しくなかった[124]。さらに、1966年には、対内投資の促進などを目的として制定されたForeign Investors Tax Act（P. L. 89-809、以下「FIT法」という）の下、米国の「非居住外国人」に対する税法上の優遇措置（米国での事業と効果的に関連しない米国源泉所得への累進税率適用の廃止等）が手当されたほか、税源浸食防止の強力な理論的支柱であった「永久的な忠誠原理」も、次第に出入国政策に合致しなくなり、1986年「国籍離脱法」(the Expatriation Act, P. L. 15 United States Statutes at Large Chapter 249, pp. 223-224)の前文（Right of American citizens in foreign states）では、「国籍離脱の権利は、全ての人の生来かつ固有の権利である…」と宣言されるに至った経緯がある[125]。

2. 1966年FIT法が導入したIRC§877及び§2107等の機能

(1) IRC§877の制度設計

　上記の通り、20世紀後半には、国籍離脱に係るハードルを引き下げる動きがあったが、それに伴う税源浸食を防止するとの観点から、1966年FIT法の下では、IRC§877 (Expatriation to avoid tax)(a) (Treatment of expatriates)が措置されている。本項は、1号において、「一般原則：1965年3月8日以降に米国市民権を喪失した全ての非居住外国人である個人は、その市民権喪失の主要な目的の一つが租税回避でなかったというのでない限り、課税年度の終了に先立つ10年の間、(b)項に従って課税される税（控除適用後）が、本条との関係を無視した場合に871条に従って賦課される税を超える場合には、これらの課税年度中は、(b)項に定める方法で課税される」と規定し[126]、また、本号でいう(b) (Alternative tax)項は、「(a)項でいう非居住外国人である個人は、その課税年度中、1条又は55条に定めるように課税されるが——総所得は、(本条(d)項によって修正される)872条(a)項でいう総所得に限定される点は例外となる…」と定めていた[127]。

　上記IRC§871（「非居住外国人である個人に対する税」）は、比例税率又は段階税率で課税されるのに対し[128]、上記IRC§1（「税の賦課」）は、累進税率の適用を定めており[129]、

---

[122] IRC§6851(a)を適用した税務当局が敗訴した裁判例としては、Lisner v. McCanless事件Arisona地区裁判所判決（[1973] 356 F. Supp. 398）等がある。

[123] この点は、Termination of Taxable Years: The Quagmire of Internal Revenue Code Section 6851, 15 Wm.& Mary L. Rev. 658 (1974) (also at http://scholarship.law.wm.edu/wmlr/vol15/iss3/10) p. 694参照。

[124] 例えば、証明書の取得申請件数は、1960年は約176,000であったが、1986年は1,245件となっている。詳細は、会計検査院1988年報告書（Tax Administration : Opportunities exist for improving IRS's Administration of Alien Taxpayer Programs、GAO/GGD-88-54）参照。

[125] 本法前文の原文は、"Whereas the right of expatriation is a natural and inherent right of all people, ..."であった。

[126] 当時、IRC§877(a)の原文は、"(1) In general. Every nonresident alien individual who at any time after March 8, 1965, and within the 10-year period immediately preceding the close of the taxable year lost the United States citizenship, unless such loss did not have for one of its principal purposes the avoidance of taxes under ... , shall be taxable for such taxable year in the manner provided in subsection (b) if the tax imposed pursuant to such subsection (after any deduction ...) exceeds the tax which, without regard to this section, is imposed pursuant to section 871." であった。

[127] 原文は、"A nonresident alien individual described in subsection (a) shall be taxable for the taxable year as provided in section 1 or 55, except that——(1)the gross income shall include only the gross income described in section 872(a) (as modified by subsection (d) of this section), ..." である。

第1章　米国の対応策の分析

　また、上記のIRC§872（Gross income）(a)（In general）は、非居住外国人である個人の総所得とは、原則として、米国源泉所得及び米国での事業等と実質的に関連する所得である旨を定めていることから、通常、代替税の対象となるのは、これらの所得が、比例税率又は段階税率で課税された場合よりも、累進税率で課税された場合に、より税負担額が重くなるケースであるが、上記IRC§877（「租税回避のための国籍離脱」）(b)（「代替税」）の括弧書きの通り、これらの所得の範囲は、代替税の目的上、IRC§877(d)（Special rules of source）による修正を受けるため、その中には、米国所在資産や米国法人株式の売買・交換による利得等も含まれる[130]。また、IRC§877(b)(2)の下、適用可能な控除額は、原則として、米国源泉所得に関係する範囲・程度に限定される[131]。

　例えば、成人である納税者が米国での税負担回避のために米国市民権を喪失し[132]、その翌課税年度に米国源泉の配当（10万ドル）及び資産運用投資による利子（5万ドル）を得ていたケースにおいて、控除適用後の納付すべき所得税額が、IRC§1（「税の賦課」）に定める累進税率を適用するIRC§877(b)（「代替税」）の下、4万ドルとなるとすると、他方において、米国源泉の資産運用投資による利子は、非居住外国人の場合、IRC§871(h)（Repeal of tax on interest of nonresident alien individuals received from certain portfolio debt investments）により、原則として、米国では課税対象外であるため、課税対象となるのは10万ドルの米国源泉の配当に限られ、その場合に適用される比例税率が30％であるとすると、前者のIRC§877(b)に従って計算した4万ドルという所得税額は、後者のIRC§871に従って計算する場合の所得税額よりも大きくなるため、本ケースは、代替税を定めるIRC§877の適用対象となる[133]。

　しかも、IRC§877(d)（「源泉に関する特別ルール」）(2)（Gain recognition on certain exchanges）は、「(A)一般原則：本パラが適用される資産の交換の場合、このタイトルのその他の規定にかかわらず、その資産は、その交換の時、その公正市場価値で売却されたものと取り扱われる…(B)本パラが適用される交換：本パラは、個人が米国市民権を喪失した日以降の10年の間での交換に適用される…」と定めていることから[134]、代替税の適用対象となる者に限っては、「(1)一般ルール：332条、351条…に定める交換との関係で米国の者から外国の法人に資産（…）の移転があれば、移転との関係で認識される利得の範囲を決定する目的上、かかる交換が連邦所得税の回避を主たる目的とする計画に則ったもの

---

128)　脚注109)参照。
129)　脚注108)参照。IRC§55（Alternative minimum tax Imposed）は、段階税率（2013年度は26％と28％）である。
130)　通常、米国市民でない非居住者の場合、これらの利得（IRC§897（Disposition of investment in United States real property）等の下で国内源泉所得とされる米国所在の不動産に対する権利の譲渡益は除く。）は、IRC§865（Source rules for personal property sales）の下、国外源泉所得となる。他方、1996年改正後のIRC§877(d)（Special rules for source, etc.）は、これらの利得だけでなく、被支配企業（CFC）から得た所得で一定限度額を超えるものなども、代替税の下、米国源泉所得等として取り扱う旨を定めている。
131)　IRC§877(b)(2)の関係箇所の原文は、"the deductions shall be allowed if and to the extent that they are connected with the gross income included in this section, ..." である。
132)　当時、IRC§877(c)（Tax avoidance not presumed in certain cases）(2)(C)は、18歳6カ月未満の国籍離脱者を代替税の適用対象外としていたが、2004年に手当てされたIRC§877(c)(3)（Certain minors）の下では、適用除外要件が加重されている。
133)　この点は、IRS告示（Notice）97-19（(1) Guidance for Expatriate under section 877, 2501, 2107 and 6039F）のSECTION Ⅱ（Computing tax under section 877）参照。

第 2 節　個人の国外転居による税源浸食への対応

でないことが…立証がされない限り、外国法人は法人とみなされない」と定めていた1984年改正前のIRC§367（Foreign corporations）(a)（Transfers of property from the United States）等の規定にかかわらず[135]、みなし譲渡益が認識されることとなる。

　もっとも、資産の交換によるみなし譲渡益の課税繰延の余地を認めない上記IRC§877(d)(2)(A)は、IRC§877(c)(2)(C)（Exception）の下、長官との合意を条件に適用されないこととなっている。本規定は、「個人が長官との間で、10年間における交換によって得た資産から生じた所得又は利得が米国内の源泉からものであると取り扱われることを明示する合意を行えば、サブパラ(A)は適用されない。交換によって移転された資産がその資産を得た者によって譲渡された場合、かかる合意は終了し、そして、かかる合意ゆえに認識がされなかった利得は、その譲渡の日において認識される」と定めている[136]。かかる合意は、「利得認識合意」（Gain recognition agreement）と称されるものであり、上記IRC§367(a)に定めるみなし譲渡益課税の繰延べのための合意条件の詳細は、財務省規則§1.367(a)-8（Gain recognition agreement requirements）に定められている。

(2)　IRC§877の有用性と限界

　上記IRC§877（「租税回避のための国籍離脱」）の税源浸食防止機能が発揮された例として、Kronenberg v. CIR事件租税裁判所判決（[1975] 64 T. C. 428）がある。本件では、スイスと米国の双方の市民権を有していた米国に帰化したスイス生まれの原告が、主たる株主・代表取締役となっている法人の清算（1967年2月25日に完了）に伴う資産分配を受ける直前の同年2月21日、米国での住居の売却等を行った上でその家族と共にスイスに移住し始め、資産分配が始まる直前に米国市民権の放棄を行った後に、その移住日までに稼得した所得について、1967年度分の米国での所得税の申告を行ったところ、税務当局が、原告の国籍離脱の主な目的は租税回避であり、そうすると、本件はIRC§877の適用対象となるとして、原告が1967年2月24日及びその日以降に受領した清算法人からの分配金等も米国で課税対象となるとする処分を行ったことが問題となったが、本判決では、かかる処分の適法性が首肯されている。

---

134)　原文は、"(A) In general. In the case of any exchange of property to which this paragraph applies, notwithstanding any other provision of this title, such property shall be treated as sold for its fair market value on the date of such exchange … . (B) Exchange to which this paragraph applies. This paragraph shall apply to any exchange during 10 year period beginning on the date the individual loses the United States citizenship …" である。

135)　1984年改正前IRC§367(a)の原文は、"(1) General rule. If, in connection with any exchange described in section 332, 351 … , there is a transfer of property (…) by a United States person to a foreign corporation, for purposes of determining the extent to which gain shall be recognized on such transfer, a foreign corporation shall not be considered to be a corporation unless, … it is established … that such exchange is not in pursuance of a plan having as one of it principal purposes the avoidance of Federal income taxes." であった。改正後の本規定は、第3節2(1)イ・脚注275）参照。IRC§351の規定振りは、脚注139）参照。IRC§351等の下で譲渡益の繰延べは、法人による資産交換のケースに限定される。

136)　原文は、"Subparagraph (A) shall not apply if the individual enters into an agreement with the Secretary which specifies that any income or gain derived form the property acquired in the exchange (…) during such 10-year period shall be treated as from sources within the United States. If the property transferred in the exchange is disposed of by the person acquiring such property, such agreement shall terminate and any gain which was not recognized by reason of such agreement shall be recognized as of the date of such disposition." である。

第1章　米国の対応策の分析

　上記判決では、原告はスイスに移住する意思を有していたかもしれないが、その意思が明確となったのは、原告が本件法人から清算に伴う分配金を得る前に米国市民権を放棄することによって税務上の利益を得ることができるとの情報を1966年12月に得てからであり、それ以前に米国市民権を放棄する意思があったことを示す証拠もないほか、その情報を得た後にスイスへの出国日を早めたことは明らかであることから、本件の場合、米国市民権を放棄した主な理由の少なくとも一つは、税務上の利益を得るためであったと判断されている。また、租税裁判所は、IRC§877(b)（「代替税」）(2)が、「控除は、本条の対象に含まれることとなる総所得に関連しているものに限って…認められる」と定めているところ[137]、原告が主張するスイスへの移住のための引越費用等は、原告がスイスに移住していなくとも、本件分配金を受領する以上、本件所得に関連していないことから、その控除は容認できないと判示している。

　確かに、上記のようなケースもあったが、IRC§877は、国籍離脱の実態把握、租税回避目的の判定及び国外移住した国籍離脱者への課税に係る執行上の困難性などの問題点を包含していた。また、個人の国籍離脱又は国外居住後の国外法人への米国所在の資産の移転も、上記IRC§877(d)(2)の適用外であれば、上記のIRC§367（「外国法人」）の下、みなし譲渡益課税がされないほか[138]、「一人又は複数の者による法人への資産移転がその法人の株式のみの取得と交換に行われ、その交換の直後、その者がその法人を（…）支配している場合には損益を認識しない」と定めるIRC§351（Transfer to corporation controlled by transferor）(a)（General rule）の下[139]、米国所在資産を米国で事業遂行していない国外法人に移転して得た配当は米国で課税されないなど、米国源泉所得の国外源泉所得への転換による課税回避という税法上の抜け穴もある中、IRC§877の国籍離脱抑止及び税源浸食防止は十分とは言い難いものであった[140]。

　上記のようなIRC§877の限界が実際に露呈した例として、Furstenberg v. CIR 事件租税裁判所判決（83 T. C. 755；1984）がある。本事件では、米国生まれでフランスに住む原告が、1975年12月23日にオーストリアの市民権を得るとともに、米国の市民権を放棄し、それ以降に稼得した米国源泉所得（利子、配当及び信託からの分配金等）を非居住者外国人として申告し、米国での事業等に使用していない個人資産や米国企業の株式の売却による譲渡益は、IRC§871及び米仏租税条約12条の下[141]、米国で課税されないとして申告していなかったところ、税務当局は、原告の米国市民権の放棄は、租税回避を主要な目的の一つとしており、IRC§877の適用対象となるため、本件譲渡益以外の米国源泉所得には、比例税率ではなく、累進税率が適用されるほか、本件譲渡益も米国で課税されるとする処分を行ったことが問題となっている。

---

137)　脚注131)参照。
138)　詳細は、JCT資料（Review of the Present-Law Tax and Immigration Treatment of Relinquishment of Citizenship and Termination of Long-Term Residency, JCS-2-03）p. 22参照。
139)　IRC§351（「譲渡人が支配する法人への移転」）(a)（「一般ルール」）の原文は、"No gain or loss shall be recognized if property is transferred to a corporation by one or more persons solely in exchange for stock in such corporation and immediately after the exchange such person or persons are in control (…) of the corporation." である。
140)　Jeffrey M. Colon, Changing U. S. Tax Jurisdiction: Expatriates, Immigrants, and the Need for a Coherent Tax Policy, 34 San Diego Law Review 1（1997）p. 53参照。
141)　IRC§871（「非居住外国人である個人に対する税」）は、脚注109)参照。

上記判決において、租税裁判所は、原告がオーストリア市民権を得た後に同国に一度も住んでいないことには疑問が生じるほか、一部の所得（信託からの分配金）は米国市民であった時に生じたと認定すべきであるとしながらも、本件の場合、(i)米国市民権を放棄したのは、オーストラリア人と結婚することや欧州との社会的な繋がりの深さなどの理由もある、(ii)米国市民権の放棄日が、欧州の市民・居住者との結婚の日と接近しており、その密接な関連性は明らかであるが、米国市民権を放棄する前にフランスで5年以上暮らしていた原告は、もっと早期に放棄することで、より大きな税務上の利益を得ることが可能であったにもかかわらず、実際には、そうはしていない、(iii)本件納税者の株式等を売却するとの考えは、米国市民権の放棄後に生じたことを示す証拠があることなど、原告に有利な事実認定を行っている。

　上記のような事実認定に加え、租税裁判所は、納税者の不動産の売却益が通常所得とキャピタル・ゲインのいずれに該当するかが問題となったMallat Et UX. v. Riddell事件最高裁判決（383 U. S. 569；1966）において、「…『資本資産』という文言が意味するのは、納税者が保有する資産（その取引又は事業に関係しているか否かを問わない）であるが、──(1)その取引又は事業の通常の過程において顧客への販売を主要な目的として保有している資産は含まない」と定めるIRC§1221（Capital assets defined）でいう「主要な」とは[142]、「一番に重要な」（"first-in-importance"）を意味するとの見解が示されたことなどを踏まえた上で[143]、原告の場合、米国市民権の放棄は、租税回避を主要な又は「一番に重要な」目的とするものではないことの立証を果たしているとの見解の下、IRC§877に基づく本件処分は違法であると判示している[144]。

(3) IRC§2107及び改正後のIRC§2501の有用性と限界

　1966年FIT法の下では、国籍離脱による遺産税や贈与税の回避への対抗策として、IRC§2107（Expatriation to avoid tax）の導入及びIRC§2501（「税の賦課」）の改正も行われている。その結果、租税回避を主要な目的として国籍離脱した者が、IRC§2107（「税回避目的の国籍離脱」）(b)（Gross estate）に定める株式保有要件等に該当する場合には、非居住外国人とは異なり、米国所在の資産を保有する封鎖型外国企業の株式も遺産税の課税対象となる総資産に含まれることとなったほか、改正されたIRC§2501(a)（「課税対象移転」）(2)（Transfer of intangible property）の下では、贈与税の課税対象外となっている非居住外国人が贈与する無形資産（米国法人株式等も含む）も[145]、その非居住外国人がIRC§2501(a)(3)（Exceptions）に定める要件に該当する租税回避を主要な目的とする国籍離脱者である場合には、贈与税の課税対象となる資産に該当することとなった[146]。

---

142) 原文は、"… the term 'capital asset' means property held by the taxpayer(whether or not connected with his trade or business), but not include——(1) … property held by the taxpayer primarily for sale to customers in the ordinary course of its trade or business." である。

143) これに対し、労働法の分野では、Santa Fe Pacific Corporation v. Central States, Southeast and Southwest Areas Pension Fund事件第7巡回控訴裁判所判決（[1994] 22 F.3d 725）において、脱退債務が課されるのは、それを免れることを主要な目的として事業の売却を行う場合であるが、それが必ずしも最大の目的である必要はなく、売却人の考えに大きく影響する要素の一つであるだけで十分であるとの見解が示されている。

144) 本事件では、IRC§877と米仏租税条約の適用関係も問題となったが、本判決では、本件の結論は、原告に有利であるから、その問題に対する見解を示す必要はないとされている。

第1章　米国の対応策の分析

上記の通り、FIT法の下で改正されたIRC§2501や新たに措置されたIRC§2107によって、国籍離脱者の遺産税や贈与税の課税対象範囲は拡大した。しかし、例えば、遺産税に関するIRC§2107(a)（Tax rate）が、「ここでは、IRC§2001に含まれる表に従って計算される税が、1966年11月31日以降に死去した米国市民でない全ての非居住者の課税対象資産の移転に対して賦課されるところ、かかる賦課がされるのは、1965年3月8日以降であって、その死亡日に終了する10年の間にその死者が米国市民権を喪失した場合であるが、その喪失が、…租税回避を主要な目的の一つとしていなかった場合を除く…」と定めていたことから確認できる通り[147]、その中核となる制度設計は、IRC§877(a)と基本的に同様なアプローチに依拠していたことから、本規定もIRC§877(a)と同様な問題点・限界を包含していた。

贈与税の特例を定める上記IRC§2501(a)（「課税対象移転」）(3)（「例外」）の制度設計も、基本的にはIRC§877(a)と同様なアプローチに立脚していたため、上記IRC§2107と同様な限界があったほか、租税回避を主要な目的の一つとした国籍離脱であるとの立証が可能なケースであっても、国籍離脱者は、(i)市民権喪失後10年経過後に米国市民に財産贈与する、(ii)市民権喪失の前後にかかわらず、国外所在の資産に投資する、又は、米国所在の資産を国外所在の資産に転換しておくなどの手段を通じて、米国での贈与税の軽減・回避が可能となり得る。また、これらの手段を講じないで市民権喪失後10年以内に財産贈与をした場合でも、その適時の把握や生涯控除額の確認などを効率的に行うための体制が必ずしも十分に整備されていないことに起因して、改正された上記IRC§2501の機能が発揮されないケースもあったと考えられる[148]。

3．1996年HIPA法及び2004年AJC法の下でのIRC§877

(1) HIPA法により改正されたIRC§877の機能

1966年FIT法に基づく対抗策が上記の限界等を有していたことは、JCT発表資料（"Issues Presented By Proposals To Modify The Tax Treatment of Expatriation", JCS-17-95）でも確認されている。特に、本資料G-44では、国籍離脱の「一番目に重要な目的」が税負担の軽減でないことの立証責任は納税者にあるが、税務当局による反証は容易ではないとの問題があるところ、かかる問題は、Furstenberg事件租税裁判所判決（1984）でも露呈

---

145) IRC§2501(a)は、(1)（「一般ルール」）号において、贈与税が、居住者であるか否かに関係なく課税される旨を規定し（脚注107）参照)、(2)号の原文は、"Except as provided in paragraph (3), paragraph (1) shall not apply to the transfer of intangible property by a nonresident not a citizen of the United States." である。

146) 1996年度改正前のIRC§2501(a)(3)の原文は、"Paragraph (2) shall not apply in the case of a donor to who at any time after March 8, 1965, and within the 10-year period ending with the date of transfer lost United States citizenship unless——(A) such donor's loss of United States citizenship resulted from the application of ... the Immigration and Nationality Act ...." であった。

147) 1996年度改正前のIRC§2107(a)の原文は、"A tax computed in accordance with the table contined in section 2001 is hereby imposed on the transfer of the taxable estate, ... of every decedent nonresident not a citizen of the United States dying after November 13, 1966 if after March 8, 1965, and within the 10-year period ending with the date of death such decedent lost United States citizenship, unless such loss did not have for one of its principal purposes the avoidance of taxes ..." であった。

148) IRC§2501(a)(3)の規定振りは、脚注146)参照。これらの点の詳細は、前掲・JCT報告書（JCS-2-03・脚注138)) pp. 126～131参照。

したように、納税者が「法務専門家特権」を主張して、税務代理人とのやりとりを開示しないようなケースでは特に深刻なものとなるほか、仮に、税負担の軽減が納税者の国籍離脱の主要な目的の一つであっても、所得の源泉・種類を変更する取引を行うことや、所得の発生が国籍離脱後になるように取引のタイミングをずらすなどの方法を通じて、IRC §877（「租税回避のための国籍離脱」）の適用対象から逃れる動きがあるとの指摘がされている。

　IRC §877等が包含していた上記の限界等に対処するとの観点から、1996年には、Health Insurance Portability and Accountability Act（H. R. 3103、以下「HIPA法」という）の成立を受けて、IRC §877が改正され、改正された本条(a)(2)（Certain individuals treated as having tax avoidance purpose）は、「1項の目的上、以下の場合、個人は、税を回避する主要な目的を有していると取り扱われる――(A)（…）米国市民権を喪失した日の前に終了する5課税年度間のその個人の各年の平均ネットの所得税が10万ドル超である、又は(B)その日における個人の純資産が50万ドル以上である…」と定めていた[149]。一定の金額基準に基づいて租税回避目的の有無を断定する制度設計に依拠する本規定は、1966年FIT法の下でのIRC §877が包含していた特に大きな問題点（国籍離脱が租税回避目的であるか否かの判断が困難であること）を克服することを意図したものであった。

　もっとも、IRC §877(f)（Burden of proof）は、「個人の米国市民権の喪失は、本条がなければ、課税年度の想定所得に係る所得税の相当の軽減に繋がると信じることが合理的であるとの立証を長官が行えば、その課税年度について、市民権の喪失が、…租税回避を主要な目的の一つとしていないことの立証責任は、その個人にある」と規定していることから[150]、国籍離脱者の関係各年の所得税額や純資産額が、上記IRC §877(a)(2)に定める金額基準以下のケースであれば、自動的に代替税の課税対象から外れるわけではない。このようなケースの場合、1996年下院議会報告書（H. R. Conf. Rep. No. 10-736, p. 325）によると、国籍離脱が租税回避を主要な目的の一つであるか否かの判断は、国籍離脱者の米国との繋がりの程度（(i)国籍離脱前の米国資産の所有権、(ii)国籍離脱者の配偶者の米国市民権の有無、(iii)新たな市民となった国で課される税負担の程度）を考慮した上で行われる。

　1996年HIPA法の下では、IRC §877(e)（Comparable treatment of lawful permanent residents who cease to be taxed as residents）(1)（In general）が措置されたことにより、代替税の適用対象となり得る国籍離脱者の中には、合法な恒久的居住者として課税されなくなる「長期居住者」（long-term resident）も含まれるように拡張されたことも注目されるが[151]、その実効性を担保する上でもポイントとなる情報収集機能の向上策として措置されたIRC §6039F（Information on individuals losing United States citizenship）の下では、米国市民権を喪失する者に対し、関係事実を税務当局に報告する義務が定められ、同

149）　2008年改正前の本規定の原文は、"For purposes of paragraph (1), an individual shall be treated as having a principal purpose to avoid such taxes if――(A) the average annual net income tax (…) of such individual for the period of 5 taxable years ending before the date of the loss of United States citizenship is greater than $100,000, or (B) the net worth of the individual as of such date is $500,000 or more…."である。

150）　原文は、"If the Secretary establishes that it is reasonable to believe that an individual's loss of United States citizenship would, but for this section, result in a substantial reduction for the taxable year in the taxes on his probable income for such year, the burden of proving for the such taxable year that such loss of citizenship did not have for one of its principal purposes the avoidance of taxes … shall be on such individual."である。

条(d)(Penalty)は、かかる義務違反に対するペナルティを規定し[152]、さらに、同条(f)(Reporting by long-term lawful permanent residents who cease to be taxed as residents)は、上記IRC§877(e)(「居住者として課税されなくなる合法な恒久的居住者に対する同様な取扱い」)(1)(「一般原則」)の適用対象者にも一定の報告義務を課している。

他方、HIPA法によって、IRC§877の適用対象から外れるケースも拡大した。例えば、IRC§877(c)(Tax avoidance not presumed in certain cases)(2)(Individuals described)は、一定の条件に該当する「二重国籍者」又は「長期国外居住者」及び国籍離脱時に18歳6カ月未満の者は、IRC§877(a)(2)(「租税回避目的を有する者として取り扱われる一定の個人」)に該当しない旨を定めている[153]。具体的には、IRC§877(c)(「租税回避とみなされない一定のケース」)(1)(In general)が、「(a)項(2)号は、以下の場合には個人に適用されない―…(B)米国の市民権の喪失日から始まる1年間の内に、そのような個人が長官に対し、その喪失の主要な目的の一つが…税の回避であるかに関するルーリングを求める場合…」と定めているため[154]、一定の条件に該当する「二重国籍者」等は[155]、IRS告示(Notice) 97-19§Ⅳ(Ruling requests)に従い、租税回避目的の米国籍離脱でないとのルーリングを得てIRC§877(a)(2)の適用外となることが可能となった。

しかも、IRS告示(Notice) 98-34§Ⅰ(Purpose)では、複数国の市民権を有する者等は、国籍離脱等の事実に関する報告義務を履行すれば、税務当局が、その国籍離脱が租税回避を主要な目的としているとのルーリングを発出しない限り、IRC§877(a)の適用対象とはならないとする運用方法が採用された[156]。かかる運用方法の変更は、本規定の適用に係る不確実性の問題を緩和するだけでなく、国籍離脱等の事実に関する報告義務の履行の促進を通じて、情報収集・モニタリングの困難性を緩和するとの狙いもあるものと考えられる[157]。このように、HIPA法及び上記告示等によって、IRC§877が包含する問題・困難性はある程度緩和されたが、以下の(2)で述べる通り、かかる問題・困難性に対しては、2004年に制定されたAmerican Jobs Creation Act(P. L. 108-357、以下、「AJC法」という)

---

[151] Eva Farkas-DiNardo, Is the Nation of Immigrants Punishing Its Emigrants : A Critical Review of the Expatriation Rules Revised by the American Jobs Creation Act of 2004, Florida Tax Review (2005) p. 24参照。IRC§877(e)(2)(Long-term resident)の下、「長期居住者」とは、米国での居住の最終の時に終了する15年間の内の少なくとも8年間において米国の「合法な恒久的居住者」(IRC§877(b)(6))である者と定義されている。

[152] 報告事項は、基本的には、国籍離脱年度に係るものに限定される(詳細は、2004年度改正前のIRC§6939G(a)-(d)参照)。ペナルティの額は、1,000ドルと関係課税年度のIRC§877の下で納付すべき税額の5%のいずれか大きい方の額である。

[153] 他方、2004年改正IRC§877(c)(Exceptions)の下では、「二重国籍者」や「一定の未成年者」と異なり、「長期国外居住者」は、例外となり得る者から除外されている。

[154] 原文は、"Subsection (a)(2) shall not apply to an individual if── … (B) within the 1-year period beginning on the date of the loss of United States citizenship, such individual submits a ruling request for the Secretary's determination as to whether such loss has for one of its principal purposes the avoidance of taxes … ."である。

[155] ルーリング発出を要請することができる者の詳細(2004年度改正前のIRC§877(c)(2)に定める者と殆ど同様)は、IRS告示(Notice) 97-19及び98-34参照。

[156] したがって、IRC§877(a)(2)に定める金額基準の下、さもなければIRC§877(a)(1)の適用対象となる者であっても、米国市民権喪失後1年以内に報告義務を履行し、かかる市民権の喪失が租税回避目的でないと税務当局が判断すれば、IRC§877(a)(1)の適用対象外となる。

[157] 詳細は、会計検査院2000年報告書(Tax-Motivated Expatriation, GAO/GGD-00-110R) pp. 2~17及び前掲JCT報告書(JCS-2-03・脚注138)) pp. 85~102参照。

第 2 節　個人の国外転居による税源浸食への対応

の下、より抜本的な対応措置が講じられている。

(2)　2004年AJC法により改正されたIRC§877の機能

　2004年AJC法の下では、IRC§877(a)(2)（「租税回避目的を有していると取り扱われる一定の個人」）の適用免除を求めるルーリング制度が廃止されただけでなく、改正前の本規定は、その適用対象者を租税回避目的の有無に基づいて判断する制度設計を維持していたのに対し、改正後のIRC§877(a)は、実際上、租税回避目的の有無という判断基準から完全に決別した上で[158]、改正された本項の(2) (Individuals subject to this taxation)号は、「本条が適用されるのは、…(A)米国の市民権の喪失日前の5年間の各年の平均のネットの所得税（…）が12万4,000ドル超である個人、(B)市民権喪失日における純資産価値が200万ドル以上である、又は(C)偽証罪の適用がある中、過去5課税年度について本タイトルに定める要件を満たしていることの宣誓を行わない、あるいは、長官が求める法令順守の証拠を提出しない個人…である」と定めていることが、特に注目すべき点となっている[159]。

　2004年AJC法に基づく上記の改正によって、IRC§877(a)の適用対象者の判定に係る困難性が大幅に緩和されたほか、例えば、非居住外国人と結婚してその外国に移住する米国の高額所得者や資産家がルーリング制度を利用して本規定の適用を免れるなどの動きに対して歯止めが掛かった。しかし、米国市民権を喪失して10年経過した後に米国所在の資産を譲渡するなどによって米国での税負担を回避するなどの動きを効果的に抑止できていないとの問題に如何に対処するかという課題は残されたままであった。また、改正されたIRC§877(a)(2)の下、高額所得者や資産家でなくとも、米国市民権を喪失した場合において、代替税の適用のリスクを回避するためには、本規定の上記(C)に定める納税義務・報告義務を履行することが必要となることから、米国市民権を喪失する者のコンプライアンス・コストが高まるとの問題が看過し難いものとなった[160]。

　コンプライアンス・コストの高まりという問題は、AJC法の下、IRC§7701(n) (Special rules for determining when an individual is no longer a United States citizen or resident) が措置されたことによって更に深刻化した。本規定は、「(本項がなければ)、もはや、米国の市民又は居住者として取り扱われない個人も、以下の行為を成すまでは、引き続き、状況に応じて、米国の市民又は居住者として取り扱われる――(1)国務長官又は国土安全保障長官に国籍離脱行為又は居住の終了（…）を通知し、そして、(2)IRC§6039Gに従って宣誓書を提出する」と定めていたが[161]、本規定が言及しているIRC§6039G

---

158) 改正後の§877(a)(1)の原文は、"Every nonresident alien individual to whom this section applies and who, within 10 years period immediately preceding the close of the taxable year, lost United States citizenship shall be taxable for such taxable year in the manner provided in subsection (b) if the tax imposed pursuant to such subsection (…) exceeds the tax which, without regard to this section, is imposed pursuant to section 871."である。

159) 原文は、"This section shall apply to any individual if――(A) the average annual net income tax (…) of such individual for the period of 5 taxable years ending before the loss of the United States citizenship is greater than $ 124,000, (B) the net worth of the individual as of such date is $2,000,000 or more, or (C) such individual fails to certify under penalty of perjury that he has met the requirements of this title for the 5 preceding taxable years or fails to submit such evidence of such compliance as the Secretary may require."である。2004年以降に米国市民権を喪失する場合には、12万4,000ドルという金額は、生活コスト水準・インフレに応じて調整される。

160) 詳細は、Farkas-DiNardo, supra "Is the Nation of Immigrants Punishing Its Emigrants" pp. 30～33参照。

(Information on individuals losing United States citizenship) とは、IRC§6039Fに代わるものであり、IRC§877(a)の適用対象期間中、毎年（米国での納税義務が発生しない年も含む）、適用対象者の所得・資産や米国での滞在日数等に関する情報の報告義務を定めている[162]。

　AJC法の下、IRC§877(g) (Physical presence) (1) (In general) が措置されたことも大いに注目される。本規定は、「本条は、その他の点では、(a)項でいう10年間の課税年度に本条が適用される個人に対し、その個人が、その課税年度の終了する暦年のいずれかの時に30日超（『30日ルール』）の間、米国に物理的に存在する場合には適用されず[163]、その個人は、本章の目的上、その課税年度について、状況に応じて、米国の市民又は居住者として取り扱われる」と定めている[164]。かかる取扱いは、IRC§877(g)（「物理的な存在」）(2) (Exception) に該当する期間（例えば、一定の雇用契約に基づいて米国で役務提供を行う一定期間等）や人物（例えば、米国市民権を喪失して配偶者の生まれた国の市民となった者等）には適用されないが、これらの例外に該当しない限り、米国に再入国して30日超の間滞在する過去に米国市民又は長期居住外国人であった者は、その課税年度の全世界所得が米国で課税対象となる。

　AJC法によって機能強化されたIRC§877は、上記のような制度設計を採用していたが、米国モデル租税条約1条（General Scope）4項も、その制度設計を反映するような方向で変更されている。1996年に公表された本規定は、「…締約国は、その居住者（…）を課税することができ、また、本条約が発効していないかのように、その市民に対し、市民権を理由として課税することができる。この目的上、『市民』という文言は、租税回避を主要な目的の一つとして、その地位を喪失した旧市民又は長期居住者（…）を含むが、その喪失後10年間に限定される」と定めていたが[165]、2006年に公表された本規定は、「本条約は、締約国によるその居住者（…）及びその市民の課税に影響を与えない。締約国の旧市民又は旧長期居住者は、本条約のその他の規定にかかわらず、その地位の喪失後の10年間は、その締約国の法律に従って課税され得る」と定めている[166]。

---

161) 原文は、"An individual who would (but for this section) cease to be treated as a citizen or resident of the United States shall continue to be treated as a citizen or resident of the United States, as the case may be, until such individual——(1) gives such notice of an expatriating act or termination of residency (...) to the Secretary of State or the Secretary of Homeland Security, and (2) provides a statement in accordance with section 6039G." であった。報告義務の履行方法は、IRS告示（Notice）2005-36（Form 8854 and Expatriation Reporting Rules）参照。
162) 1996年HIPA法が措置したIRC§6039Fが定めていた報告義務（本節3(1)・脚注152参照）を更に強化した本規定は、(c)項において、かかる義務違反に対するペナルティ（1万ドル）を定めている。
163) IRC§877(g)が措置される前は、市民権の喪失後、各年で何日を超えて米国に滞在すると税務上の非居住外国人でなくなるかは、IRC§7701(b)(3) (Substantial presence test) に基づいて判断されていた。
164) 原文は、"This section shall not apply to any individual to whom this section would otherwise apply for any taxable year during the 10-year period referred to in subsection (a) in which such individual is physically present in the United States at any time on more than 30 days in the calendar year ending in such taxable year, and such individual shall be treated for purposes of this title as a citizen or resident of the United States, as the case may be, for such taxable year." である。
165) 原文は、"... a Contracting State may tax its residents (...), and by reason of citizenship may tax its citizens, as if the Convention had not come into effect. For this purpose, the term 'citizen' shall include a former citizen or long-term resident whose loss of such status had as one of its principal purposes the avoidance of tax (...), but only for a period of 10 years following such loss." である。

4．IRC§877A及び§2801の特徴

(1) IRC§877Aの制度設計

　AJC法の下、IRC§877の機能は強化されたが、基本的な問題があるとして、2008年The Heros Earnings Assistance and Relief Tax Act（H. R. 6081, P. L.110-245、以下「HEART法」という）の下では、新たにIRC§877A（Tax responsibilities of expatriation）が措置された。本条（「国籍離脱の税務上の責任」）は2008年6月17日以降の国籍離脱等に適用される。本条(a)（General rules）(1)（Mark to market）は、「適用対象国籍離脱者の全ての資産は、その国籍離脱の前の日に、その市場価値で譲渡されたものと取り扱われる」と定め[167]、本条(g)（Definitions and special rules realting to expatriation）(1)（Covered expatriate）は、本条(a)(1)の「適用対象国籍離脱者」とは、本条(a)(2)のサブパラ(A)、(B)又は(C)の要件に該当する者であり[168]、本条(g)(2)（Expatriate）は、「国籍離脱者」とは、米国市民権を放棄する者及び2008年改正後IRC§7701(b)(6)でいう「合法な恒久的居住者」でなくなる長期居住者であると定義している[169]。

　上記IRC§877A(a)（「一般ルール」）(1)（「時価評価」）の例外を定めているのが同条(c)（Exception for certain property）である。IRC§877A(c)（「一定の資産に対する例外」）の下、「繰延報酬」（"deferred compensation items"）、「特定の税繰延口座」（"specified tax deferred account"）及び「他益信託」（nongrantor trust）に対する権利は、特別なルールの下で課税される。例えば、一定の「繰延報酬」の内、IRC§877A(c)(3)（Eligible deferred compensation items）でいう「適格繰延報酬」（報酬の支払者が米国の者又は本項の目的上米国の者としての取扱いを選択する米国以外の国の者であり、また、報酬の受領者が、「適用対象国籍離脱者」である旨を支払者に告知した上で、米国との租税条約上の特典を受ける権利を撤回不可の条件の下に放棄する報酬）に該当しないものは、IRC§877A(d)（Other deferred compensation items）の下、その現在価値に等しい金額が国籍離脱日に受領されたものとして取り扱われる。

　「適用対象国籍離脱者」の場合、「その他の繰延報酬」に対する上記とおよそ同様な取扱いが、IRC§877A(e)（Treatment of specified tax deferred accounts）の下、IRC§877A(d)(2)（「特定の税繰延口座」）が列挙しているIRC§7701(a)(37)（Individual retirement plan）に定義されている個人退職プランやIRC§223（Health savings accout）に定義されている健康保険プラン等に対しても原則として適用される。また、上記の「適格繰延報酬」は、その報酬の「適用対象国籍離脱者」への支払の際、IRC§871（「非居住者外国人である個人に対する税」）に従い[170]、30％の税率で源泉徴収されるところ、それと同様に、上

---

[166] 原文は、"... this Convention shall not affect the taxation by a Contracting State of its residents (...) and its citizens. Notwithstanding the other provisions of this convention, a former citizen or former long-term resident of a Contracting State may, for a period of ten years following the loss of such status be taxed in accordance with the laws of that Contracting State." である。

[167] 原文は、"All property of a covered expatriate shall be treated as sold on the day before the expatriation date for its market value." である。

[168] IRC§877(a)(2)のサブパラ(A)、(B)又は(C)の要件は、脚注159参照。なお、1996年以降の物価調整率の適用によって、サブパラ(A)の金額は上方修正されている。

[169] 「合法な恒久的居住者」と長期居住者との関係は、脚注151参照。

[170] IRC§871は、脚注109参照。

第1章　米国の対応策の分析

記の「他益信託」に対する権利も、IRC§877A(f)（Special rules for nongrantor trusts）の下、「他益信託」による「適用対象国籍離脱者」への分配があった際に、受託者による30％の税率での源泉徴収の対象となる。

　IRC§877Aの適用の可否及び税負担額の算定に当たっては、(i)本条(a)項の下、みなし譲渡益とみなし譲渡損との通算が原則として可能である、(ii)本条(a)(3)（Exclusion from certain gain）の下、損益通算後の金額から本条(a)項に定める資産譲渡益の計算上60万ドル（物価変動率に応じた増減あり）が控除される、(iii)本条(b)（Election to defer tax）の下、適切な担保提供と米国代理人の選任を条件として、実際の資産譲渡日又は長官指定日まで納税延期申請が可能である[171]、(iv)本条(g)（「国籍離脱に関する定義と特別ルール」）(1)(B)（Exceptions）の下、国籍離脱者が本条(a)(2)項のサブパラ(A)又は(B)の要件に該当しても、出生により米国及びその他の国の市民であり、米国籍離脱日まで当該他国で居住者として課税され、そして、直近の15年間の内の10年間超の間、米国の居住者であった場合、本条(a)でいう「適用対象国籍離脱者」から除かれることなどに留意する必要がある。

　国籍離脱者となった時点の判定方法としては、HEART法によってIRC§7701(n)（「個人がもはや米国の市民又は居住者でなくなる時を決める特別ルール」）が廃止される一方[172]、改正されたIRC§7701（「定義」）(b)(6)（「合法な恒久的居住者」）は、「…個人が米国の合法な恒久的居住者として取り扱われなくなるのは、そのような個人が米国と外国の租税条約の諸規定の下、当該外国の居住者として取り扱われ始め、そして、当該外国の居住者に適用される租税条約上の特典を放棄せず、しかも、そのような取扱いが開始されたことをIRS長官に通知する時である」と定め[173]、また、IRC§877A(g)(4)（Relinquishment of citizenship）は、国籍離脱の日は、4つの時点（①米国の外交官又は領事官の前で国籍放棄を行った日、②「移民・国籍法」§349（「米国出生又は帰化市民による市民権の喪失」）に定める要件に該当する国籍離脱行為があった日、③国務省が国籍喪失の証明書を発行した日、④米国裁判所が帰化市民の帰化証明書を無効にした日）の内で最も早い時点であると規定している[174]。

　したがって、例えば、IRC§877A(g)(1)（「国籍離脱者」）(B)（「例外」）(ii)に定める年齢要件等に該当しない成人の米国籍離脱の時点は[175]、上記IRC§877A(g)(4)の下、上記「移民・国籍法」§349に定める要件に該当する行為があった2009年11月1日であると判定され、また、その者の同年10月31日時点での課税対象財産が、資産X（含み益が180万ドル）、資産Y（含み益が20万ドル）、資産Z（含み損が30万ドル）であり、その時点での物価調整率

171）「延納選択」要件の詳細は、IRS告示（Notice）2009-45参照。
172）IRC§7701(n)の2005年法（P. L. 109-135）による改正前の規定振りは、脚注161）参照。
173）後半部分の原文は、"... An individual shall cease to be treated as a lawful permanent resident of the United States if such individual commences to be treated as a resident of a foreign country under the provisions of a tax treaty between the United States and the foreign country, does not waive the benefits of such treaty applicable to residents of the foreign country, and notifies the Secretary of the commencement of such treatment." である。
174）HEART法が新たに手当てしたIRC§7701(a)(50)（Termination of United States citizenship）(A)（In general）も、「個人は、その米国市民権がIRC§877A(g)(4)の下で放棄されたと取り扱われる日以前に米国市民として取り扱われなくなることはない」（"An individual shall not cease to be treated as a United States citizen before the date on which the individual's citizenship is treated as relinquished under section 877A(g)(4)."）と定めている。
175）本規定の下、年齢等による適用除外要件は、IRC§877の場合よりも厳しい。

を加味した控除額が62万6,000ドルであったとすると、IRC§877A(a)の対象となる金額は、資産Xについては123万6,600（180万－180万÷200万×62万6,000）ドル、資産Yについては13万7,400（20万－20万÷200万×62万6,000）ドルとなる。この場合、原則として、資産Zのみなし譲渡損との通算が可能であるが、資産Zが投資目的で保有する株式や個人的な使用目的で保有する建物等の資本資産等であるケースでは[176]、損益通算が制限され得る[177]。

コンプライアンス・コストとの関係では、HEART法がIRC§6039G（「米国市民権を喪失する者に関する情報」）を改正したことにより、国籍離脱後の所得・資産や米国での滞在数を報告する義務がなくなり、その大幅な軽減が実現したことが特に注目されるが、同法の下でも、米国市民権を放棄した者及び「合法な恒久的居住者」でなくなる長期居住者は、過去5年間の適正な連邦税の納付義務の履行の宣誓などを行った様式8854（Initial and Annual Expatriation Statements）を提出する義務があり、これらの者が過去5年間の適正な連邦税の納付義務を履行していない場合には、本来、「適用対象国籍離脱者」の要件に該当しなくとも、IRC§877又はIRC§877Aの適用対象者として取り扱われることとなった[178]。また、「適用対象国籍離脱者」が様式8854の提出義務を履行していない場合には、IRC§6039G(c)（Penalty）の下、1万ドルのペナルティの対象となる[179]。

さらに、「適用対象国籍離脱者」は、財務省省規則§1.6012-1（Individuals required to make returns of income）(b)（Return of nonresident alien individual）に従い、米国市民権を放棄した又は「合法な恒久居住者」でなくなった年度及びそれ以降の年度（米国での事業等に効果的に関連する所得がある場合や源泉徴収が適切にされていない場合のみ）について、「米国の非居住外国人所得税申告書」（U. S. Nonresident Alien Income Tax Return）と題されている様式1040NRを提出する義務があるが、その義務を適時に履行するのではなく、IRC§877A(b)（「延納選択」）の適用対象者となることを選択した場合には、延納した税額及び利子の納付が完了する年度又はその者が死亡するまでのいずれか早い年度の各年度に亘って様式1040NRを提出する義務がある[180]。

(2) IRC§2801の制度設計

国籍離脱による遺産・贈与税の回避に対しては、HEART法の下、IRC§2801（Imposition of tax）が措置されている。本条も2008年6月17日以降の国籍離脱を対象としている。本条（「税の賦課」）は、(a)（In general）項では、「暦年中、米国市民又は居住者が適用対象贈与物又は遺贈物を受けると、以下の積に等しい税が課される──(1)その受領日に有効なIRC§2001(c)に含まれる表で示す最高税率（あるいは、その日に有効なその表で示すIRC§2502(a)の下で適用となるより大きな最高税率）、そして、(2)適用対象贈与物又は遺贈物の価値」と規定し[181]、(e)（Covered gift or bequest）項(1)（In general）号では、「本章の目的上、『適用対象贈与物又は遺贈物』という文言が意味するのは、その取得時に『適

---

176) 詳細は、IRC§1211（Limitation on capital losses）、IRC§1221（「資本資産の定義」）・脚注142）及びIRC§183（Activities not engaged in for profit）・脚注56）等参照。
177) 詳細は、IRS告示（Notice）2009-85（Guidance for Expatriates Under Section 877A）参照。
178) IRS資料（http://www.irs.gov/Individuals/International-Taxpayers/Expatriation Tax）参照。
179) 但し、義務の不履行に合理的な理由があり、しかも、意図的な義務の不履行でない場合にはペナルティが免除される。
180) 詳細は、IRS告示2009-85参照。

第1章 米国の対応策の分析

用対象国籍離脱者』から贈与により直接又は間接に取得した財産、そして、(B)その死亡の直前に『適用対象国籍離脱者』であった個人の死亡に直接又は間接に起因して取得した財産である」と定めている[182]。

さらに、IRC§2801(b)(Exception for certain gifts)では、上記IRC§2801(a)は、IRC§2503(Taxable gifts)(b)(Exclusions from gifts)に定める金額を超える贈与又は遺贈に適用されると規定しているところ、IRC§2503(Taxable gifts)(b)(Exclusions from gifts)は、課税対象額から控除されるのは１万ドルに物価調整率を乗じた額と定めているため、例えば、2010年、ある納税者が国籍離脱後に米国市民（配偶者以外）に10万ドルを贈与した場合[183]、１万ドルに物価調整率を乗じた額は１万３千ドルであることから、当該米国市民が当該納税者に代わって納付すべき贈与税額は、８万７千ドルに最高税率（35％）を乗じた金額（３万450ドル）となる。このような取扱いは、当該納税者が米国市民である場合、贈与税額の納付義務を負うのが当該納税者であり、しかも、その納付義務は、IRC§2503(b)に定める年間控除額又は生涯控除額（200万ドル[184]）を超える場合にのみ発生することと対照的である[185]。

IRC§2107及びIRC§2501の下では、予てより少なからず実行されていた信託を利用した遺産・贈与税等の負担回避（例えば、設定者や受益者が米国の者以外の者である外国信託が、税務上、米国の非居住外国人として取り扱われることに着目した税負担回避スキーム等[186]）への対応策は[187]、特段、措置されていなかったのに対し、IRC§2801(e)(4)(Transfers in trust)では、「(A)国内信託：国内トラストに信託された適用対象贈与物又は遺贈物の場合、その信託が米国市民であるかのように本条(a)項が適用され、(ii)そのような贈与物又は遺贈物に本条(a)項が賦課する税は、その信託によって納付される。(B)国外信託、(i)一般原則：国外トラストに信託された適用対象贈与物又は遺贈物の場合、その信託から米国の市民又は居住者への贈与又は遺贈に帰せられる分配に対し、その分配が、あたかも、適用対象贈与物又は遺贈物であるのと同様な方法によって、本条(a)項が適用される」と規定されている[188]。

---

181) 原文は、"If, during any calendar year, any United States citizen or resident receives any convered gift or bequest, there is hereby imposed a tax equal to the product of——(1) the highest rate of tax specified in the table contained in section 2001(c) as in effect on the date of such receipt (or, if greater, the highest rate of tax specified in the table applicable under section 2502(a) as in effect on the date), and (2) the value of such covered gift or bequest." である。

182) 原文は、"For purposes of this chapter, the term 'covered gift or bequest' means——(A) any property acquired by gift directly or indirectly from an individual who, at the time of such acquisition, is a covered expatriate, and (B) any property acquired directly or indirectly by reason of the death of an individual who, immediately before such death, was a covered expatriate." である。

183) IRC§2801 (Exceptions for transfers to spouse or charity) 参照。

184) 2012年以降の生涯控除額は500万ドルに物価調整率を乗じた金額。詳細は、2011年10月改訂のIRS資料 (Publication) 950 (Introduction to Estate and Gift Taxes) 参照。

185) Tax on Gifts to U. S. Citizens (http://www.renunciationguide.com/Exit-Tax-on-Renunciations.html) 参照。

186) IRC§7701(a)(31)(B) (Foreign trust) は、国外信託とはIRC§7701(a)(30) (United States person) (E)に定める信託以外の信託であると規定し、後者は、米国の者が支配・決定権を有する信託で米国司法の管轄の対象となるのが国内信託であると定めている。

187) 信託を利用した税負担軽減策と対応策の歴史は、Foreign Trust Tax Rules (http://www.offshorepress.com/offshoretax/ottrust.htm) 参照。

(3) IRC§877A及び§2801等の評価と今後の方向性

イ）HEART法制定前後での機能比較

　IRC§877（「租税回避のための国籍離脱」）の場合、1996年HIPA法及び2004年ACJ法による改正を経て、その適用対象範囲の実質的な拡大及び執行に係る困難性の緩和が実現したことによって、その有用性が高まったが、その適用対象となる者を国籍離脱後10年間は居住者とみなして、その全世界所得を米国で課税対象とする改正前の制度設計・課税アプローチは、改正後も維持されている。このような制度設計・課税アプローチは、自国の課税権を国外領域に所在する納税者又は所得・資産にまで拡大する「管轄アプローチ」（"jurisdiction approach"）に依拠するものであることから、本規定は、「拡大された（無制限又は制限）納税義務制度」（"extended (unlimited or limited) tax liability regime)」に該当する追跡税（trailing tax）の一形態であると位置づけることができる。

　これに対し、IRC§877A（「国籍離脱の税務上の責任」）の場合、IRC§877で採用されている「管轄アプローチ」から決別し、納税者は、米国籍を離脱するに当たり、その全ての資産を譲渡したとみなした上で、その全世界所得を米国で課税する制度設計・課税アプローチを採用している。つまり、本規定は、納税者の国籍離脱・国外移住の時を捕らえて、さもなければ喪失する（又は喪失の可能性の高い）潜在的な税源となる所得（未実現のキャピタル・ゲイン等）に対して課税するものとなっている。このような制度設計・課税アプローチは、「実現アプローチ」（"realization approach"）に依拠するものであることから、本規定は、「時価評価出国税」（"mark-to-market exit tax regime"）に該当する狭義の出国税（広義の出国税には追跡税も含まれる）に該当するものと言える[189]。

　2008年6月17日以前の国籍離脱者に適用されるIRC§877とその後の国籍離脱者に適用されるIRC§877Aを比べた場合、事務負担面では、納税者の国籍離脱後の10年間のフォロー（その間の米国滞在日数の報告・所得額の把握等）の必要がない後者の方が優れている。課税面では、いずれの規定も、その適用対象となる納税者の判定上、2004年改正後のIRC§877(a)(2)（「本課税に服する個人」）に定める基準に基本的に依拠しているという点では同様であるが[190]、課税対象所得は、IRC§877Aの下では、その資産の未実現利益の額であるのに対し、IRC§877の下では、国籍離脱後10年間に生じる所得である。したがって、IRC§877Aの下では、国籍離脱前に国外資産に投資する、あるいは、国籍離脱後10年経過後に米国資産を譲渡するなどの租税戦略によって税負担を軽減する余地が狭くなるため、租税回避の防止という点でも、IRC§877Aの方が優れていると考えられる。

　IRC§2107（「税回避目的の国籍離脱」）と2008年HEART法が措置したIRC§2801（「税

---

188) 原文は、"(A) Domestic trusts. In the case of a covered gift or bequest made to a domestic trust――(i) subsection (a) shall apply in the same manner as if such trust were a United States citizen, and (ii)the tax imposed by subsection (a) on such gift or bequest shall be paid by such trust. (B) Foreign trusts. (i) In general. In the case of a covered gift or bequest made to a foreign trust, subsection (a) shall apply to any distribution attributable to such gift or bequest from such trust (...) to a United States citizen or resident in the same manner as if such distribution were a covered gift or bequest." である。

189) これらのアプローチ・制度の名称・表現は、Alice G. Abreu, Taxing Exits, 29 U. C. Davis Law Review 1087 (1996) p. 1094、Michael A. Spielman, IRS Issues Guidance on Exit Tax Imposed on Converted Expatriates under §877A, Nov. 24, 2009（http://www.bnatax.com/insightdetail.aspx?id=2147484234)、Xavier Oberson, Howard R. Hull, Switherland in International Tax Law, IBFD Publication BV (2006) p. 84参照。

190) 877A(g)（「国籍離脱に関連する定義及び特別ルール」）(1)、脚注159)・168)参照。

第1章　米国の対応策の分析

の賦課」）を比べると、いずれの規定も、「管轄アプローチ」に依拠する点では同様であるが、前者の適用対象は、租税回避を主要な目的の一つとして国籍離脱した者が国籍離脱後10年以内に生じる相続や贈与に限定され、しかも、その適用対象資産の範囲は、その被相続人又は贈与者が非居住外国人であるケースよりも広くなっているだけであるのに対し、後者の下では、租税回避目的の国籍離脱であるか否かに関係なく、「適用対象国籍離脱者」による米国市民に対する贈与又は遺贈は、それが国籍離脱後10年経過以降に生じた国外所在の財産の移転であっても、その財産が「課税対象贈与物又は遺贈物」に該当する限り、その時点で有効な遺産・贈与税の最高税率で課税されることから、基本的には、後者の規定において、その課税対象範囲はより広いものとなっている[191]。

　HEART法が措置したIRC§877AとIRC§2801を比較すると、事務負担軽減効果という点において、かなりの違いがあるが、いずれも同法制定前の国籍離脱への対応策と比べた場合、税源浸食防止機能という点において、特に高いものとなるように制度設計されている点で共通していると評することができよう。議会予算局も、HEART法制定による税収増は、最初の4年間で2.78億ドルと試算している[192]。同時に、米国市民権を放棄する考えや非居住外国人になる考えを捨象する者、あるいは、将来の遺産・贈与税の最高税率の適用回避や高い控除額の適用のために、国籍離脱等を行う前に、「適用対象贈与物又は遺贈物」に該当することとなる資産を贈与することを考える者も増えるものと推測される。前掲図1-2で示した通り、米国市民権を放棄する者は、最近、増加する傾向にあるが、IRC§877A及びIRC§2801が導入されていなかったならば、かかる傾向は、より顕著なものとなったのではないかと想定される。

　ロ）IRC§877A及び§2801等の課題と改革案

　IRC§877AとIRC§2801の問題点としては、執行コストとコンプライアンス・コストが挙げられよう。執行コストの問題は、IRC§877Aの場合、IRC§877やIRC§2801の場合よりも深刻ではないと考えられるものの、IRC§877Aの下では、「適用対象国籍離脱者」となり得る者の範囲が広く、また、その範囲に係る不透明性も十分に払拭されていないことから、本来適用すべきではないと考えられるようなケース（外国市民の両親が米国に一時的に就労又は滞在していた時に米国で授かった子供や外国で生まれ育った米国市民の子供が適用対象となる場合等[193]）もカバーする可能性があるなどの問題が指摘されている[194]。もっとも、同様な問題は、IRC§877及びIRC§2801の下でも生じるものであることから、

---

191) もっとも、IRC§2107やIRC§2501の下では、「30日ルール」と称される「物理的存在」テストが採用されている。

192) この点は、House Report 110-426——Heroes Earnings Assistance and Relief Tax Act of 2007参照。その増収額のほとんどは、IRC§877A及び§2801等の導入によるものであることは、Charles Bruce, Lewis Saret, Stephan Lagonico and Steve Trom, The Exit Tax——A Perfectly Bad Idea, Tax Notes International, Vol. 41, No. 10（2006）p. 867参照。

193) 詳細は、Cynthia Blum and Paula N. Singer, A Coherent Policy for U.S. Residence-Based Taxation of Individulals, Vanderbilt Journal of Transnational Law, Vol. 41, No. 3（2008）p. 713、Kimberly S. Blanchard & Natalie C. Maksin, The Jobs Act's Individual Expatriation Provisions, Tax Notes, Vol. 105, No. 1119（2004）p. 1122参照。

194) これらの場合に該当しても、IRC§877A(g)(1)(B)（「例外」）に定める要件（本節4(1)・脚注168)参照）に該当する個人は、IRC§877Aの適用外。

この問題は、IRC§877A特有の問題ではなく、むしろ、米国の所得税が市民権に基づく課税方式を採用していることに起因して生じている問題であると言えよう。

上記のような問題も指摘される中、IRC§877A及び§2801等を改正するよりは、むしろ、「市民権に基づく課税」方式を放棄して、より一般的である居住性に依拠した課税方式を採用する方が、執行コストやコンプライアンス・コストの観点からしても、簡素かつ現実的ではないかなどの意見もある[195]。しかし、他方では、外国の市民に課税する根拠は、最近の経済等の発展によって、より強固なものとなっており、その実効性を高めるという趨勢もある中、市民権に基づく課税は、そもそも、市民の居住性の決断の際の税の役割を最小化し、中立性という目標の達成に資するものであるほか、市民権に基づく課税を放棄することは、国の居住者をして、租税制度やコンプライアンスに係る社会的な規範への信頼を失わせることに繋がりかねないという問題を孕んでいることから、その執行に係る困難性等を理由として正当化し得ないなどの意見も見受けられる[196]。

実際のところ、税源浸食防止が特に重要な課題となっている昨今、「市民権に基づく課税」方式が捨象されるような事態は想定し難いが、執行コスト・困難性とコンプライアンス・コストを更に軽減することは重要な課題となってきている。執行上の困難性を緩和する手段としては、例えば、国家安全保障局の「出入国システム」(entry-exit system) の下では、米国から出国する外国人が財務省規則§16.851-2に従って取得する「出航許可書」と称されている証明書では入手できない国籍離脱者の国籍離脱後の居住地、連絡先及び米国での滞在時期等に関する情報の収集が可能となっていることに着目し、税務当局は、本システムを有効利用することによって、IRC§877A及び§2801の執行の精度を高めることが可能となることから、その有効利用が可能となるような仕組みを構築すべきであるとの意見もある[197]。

コンプライアンス・コストの問題については、例えば、IRC§911 (Citizens or residents of the United States living abroad) (a) (Exclusion from gross income) (d) (Definitions and special rules) が、(1) (Qualified individuals) 項において、「『適格個人』の文言は、その税務上の家屋が外国にあり、そして、(a)課税年度中の全てを含む期間中継続して、その外国又はその他の外国の真正な居住者であることを…立証した米国の市民、又は、(b)連続する12カ月間で330日以上、その外国又はその他の外国に滞在する米国の市民又は居住者を意味する」と定め[198]、(2) (Earned income) 項において、「(A)一般原則:「稼得所得」の文言は、賃金、給与又は職務報酬、そして、実際に提供した個人的役務への対価として受領したその他の金額を意味するが、…納税者が得た報酬の内、実際に提供した個人的役

---

195) 例えば、Blum and Singer, *supra* "A Coherent policy for U. S. Residence-Based Taxation of Individuals" p. 705参照。

196) Michael S. Kirsch, Taxing Citizens in a Global Economy, 82 New York University Law Review 443 (2007) p. 447, 501, 502参照。

197) Blum and Singer, *supra* "A Coherent Policy Proposal for U.S. Residence-Based Taxation of Individuals" pp. 737-738参照。

198) 原文は、"The term "qualified individual" means an individual whose tax home is in a foreign country who is——(A) a citizen of the United States and establishes ... that he has been a bona fide resident of a foreign country or countries for an uninterrupted period which includes an entire taxable year, or (B) a citizen or resident of the United States and who, during any period of 12 consecutive months, is present in a foreign country or countries during at least 330 full days in such period." である。

務の対価としての合理的な金額というよりは、むしろ利得又は利益の配分である部分は含まない…」と定めていることに着目した提言がある[199]。

上記提言は、具体的には、IRC§911（「国外居住の米国の市民又は居住者」）(a)（「総所得からの除外」）が、「適格個人（…）による選択によって、いずれの課税年度についても、その個人の総所得及び本サブタイトルの下での課税から除外されるのは、(1)国外稼得所得、(2)その個人の住居費用である」と規定し[200]、また、本条(d)（Exclusion amount）は、「国外稼得所得」の一定限度（2011年以降は9万5,100ドル）までは全世界所得課税の対象外としているところ、その限度額を完全に撤廃することは、税収面や伝統的な米国の租税政策との関係上、実行困難であろうが、限度額の引上げによって、国外稼得所得が限度額以下となる者のコンプライアンス・コストは、かなり低下するという趣旨のものである[201]。確かに、かかる提言にも一理あるが、その実現によって、市民権に基づく課税方式を採用していることの意義・効果は更に低下することになる。

5. 小括とポイント

税負担の軽減を主な目的として米国籍を放棄する者による税源浸食を防止するために、1966年FIT法の下、IRC§877及びIRC§2107等が措置された。IRC§877の下では、国籍離脱者のその後の10年の間の所得に対し、代替税が適用され得る。IRC§2107の下では、国籍離脱者のその後の10年の間に生じた相続や贈与の課税対象となる資産を通常よりも広く捉える取扱いが行われる。もっとも、このような適用・取扱いの対象となるのは、租税回避を主要な目的の一つとする国籍離脱のケースに限定されていたことから、租税回避を主要な目的の一つとする国籍離脱ではないとの国籍離脱者の主張を税務当局が明確に否定することが必ずしも容易でないケースもあるなどの問題・限界があり、実際、Furstenberg事件租税裁判所判決（1984）及びMallat事件最高裁判決（1966）では、かかる問題・限界が露呈したことにより、IRC§877を適用する処分が違法であると判示されている。

IRC§877が包含していた上記の問題は、1996年HIPA法の下、所得金額上の閾値に基づいて国籍離脱が租税回避を主要な目的の一つとしているか否かを自動的に判断することを可能にする制度設計を組み込む形で本規定の改正が行われたことにより、ある程度緩和された。また、本規定の適用対象者には、国外に移住したことによって「合法的な恒久的居住者」として課税されなくなる長期居住者も含むように改正されたことにより、本規定が税源浸食を防止する潜在的な機能も高まった。しかし、本規定の適正な執行を担保するための情報収集・モニタリング体制も十分に確立されていない中、その有用性・実効性には一定の限界があった。IRC§2107の場合も、国籍離脱後の情報収集・モニタリングを行う

---

199) 原文は、"(A) In general. The term "earned income" means wages, salaries, or professional fees, and other amounts received as compensation for personal services actually rendered, but does not include that part of the compensation ... which represents a distribution of earnings or profits rather than a reasonable allowance as compensation for the personal services actually rendered." である。

200) 原文は、"At the election of a qualified individual (...), there shall be excluded from the gross income of such individual, and exempt from taxation under this subtitle, for any taxable year——(1) the foreign earned income of such individual, and (2) the housing cost amount of such individual." である。

201) 詳細は、Berengere Parmly, ACA American Citizens Abroad——Improvements？or Illustrations of the Impractical Nature of Such Taxes (http://www.aca.ch/joomla/index.php?option=com content&task=view&id=212&Itemid=46) 参照。

体制の不十分さという問題が同様に認められたほか、国籍離脱後10年経過後に贈与するなどの方法によってその適用を回避するなどの動きに適切に対処できないなどの問題があった。

IRC§877が包含していた上記の限界は、本規定の制度設計が、2004年AJC法の下、その適用対象者の決定上、租税回避目的の有無という判定基準を捨象し、金額基準等に依拠するものに変更されたことにより克服されたが、その制度設計の抜本的な見直しが必要との認識の下、2008年には、同年6月17日以降の国籍離脱者に適用される新たな出国税・追跡税としてIRC§877A及びIRC§2801が導入されている。IRC§877Aは、国籍離脱の時点で「適用対象国籍離脱者」の全ての資産は、市場価値で譲渡されたとみなして課税する「実現アプローチ」に立脚する制度設計を採用している。IRC§2801は、米国市民又は居住者が受領した「適用対象国籍離脱者」の「適用対象贈与物又は遺贈物」に対し、その受領が国籍離脱後10年以降であっても、その受領年度における最高税率での課税が行われることから、上記のIRC§2107が包含している幾つかの問題を克服する効果を有している。

IRC§877A及びIRC§2801は、IRC§877及びIRC§2107と比べた場合、その潜在的な税源浸食防止機能は、より高いものとなっている。また、IRC§877Aは、IRC§877の下で求められていたその適用対象期間中（国籍離脱後10年間）は、その所得・資産及び米国での滞在日数等を報告するとの義務を廃止するなど、コンプライアンス・コストを軽減する制度設計を採用している。他方、IRC§2801は、その適用対象期間が長くなっていることから、コンプライアンス・コストだけでなく、執行コスト・困難性の問題をも深刻化させる虞がある。かかる問題に如何に対処するかという課題は残されているが、これらの規定は、国籍離脱に伴う税負担が、かなり大きいものとなり得ることを強く印象づけることによって、税負担の軽減を主な目的として国籍離脱を行うことを検討している者を躊躇させ、その結果、増加する傾向にある国籍離脱者の数に歯止めを掛ける方向に作用する効果もあると考えられる。

第3節　法人所得等の国外移転による税源浸食への対応

1. 移転価格税制による対応

(1) IRC§482の有用性

イ）制度設計と立証責任

個人が、その住所、所得及び資産等を国外に移転することによって、税負担の軽減を図ることが可能となり得るように、法人も、その設立地・管理地、所得及び資産等を国外に移転することによって、税負担の軽減が可能となり得る。米国政府の場合、特に、法人所得等の国外移転による税源浸食が顕著なものとなっていることに対し、大きな危機感を抱いており、数多くの対応措置が手当てされているが、最も代表的かつ強力な措置としては、所得及び控除の配分規定であるが、実質的には移転価格税制として機能しているIRC§482（「納税者間での所得及び控除の配分」）が挙げられる。本規定は、1954年に措置され、1986年に大きな改正を受けているが、その前身は1936年IRC§45（Allocation of Income and deductions）である。

第1章 米国の対応策の分析

1986年改正前のIRC§482は、「長官は、同様な利害関係によって直接又は間接に支配される二つ以上の組織、営業若しくは事業等（法人であるか否か、米国で組織されたか否か、また、関連しているか否かに関係ない）について、脱税の防止やこれらの事業等の所得を明確に反映させるために必要であると決断する場合には、これらの事業等における総所得、所得控除、税額控除又はその他の控除の割当てや振替えを行うことができる」と定めており[202]、上記1936年IRC§45の規定振りもおよそ同様なものとなっていた。これらの規定の税源浸食防止機能が大きいことは、その適用対象が関連法人間の国際取引に限定されておらず、米国で設立された法人が絡まない取引や国内取引等にも適用され得る規定振りとなっていることからも示唆される。

本規定に関しては、上記のような制度設計上の特徴に加え、その適用上、独立企業間価格の算定に係る税務当局の裁量の余地が広いことは、一連の裁判例や関係する財務省規則等からも確認できる。例えば、Wisconsin Big Boy Corporation et al. v. Commissioner事件第7巡回控訴裁判所判決（452 F. 2d 137；1971）では、納税者・控訴人がフランチャイズ契約の下で関連会社から得ている手数料が不当に低いとして、本件納税者に対して追加的に所得を配分する処分を行ったことなどが問題となったが、本判決では、控訴人とその子会社が採用している手数料体系は、諸々の関係資料等を踏まえると、これらの法人間での所得の分割を可能にするものと考えられるところ、手数料が独立企業原則に合致していないならば、IRS長官は、当事者間のアレンジメントが独立企業原則を満たしていたならば生じたであろう結果と整合性のある配分を行う権限を有しているとの見解が示されている。

上記の見解に依拠した上で、第7巡回控訴裁判所は、「…控訴人らの事業の諸々の分野の相互依存関係は非常に密であることから、独立企業原則に則って取引する独立した事業体が、比較し得るアレンジメントを採用することはなく、また、本件取引を独立企業原則に近づけるように再構築することは、仮想であって現実ではない」ものの[203]、United States Gypsum Company v. United States事件第7巡回控訴裁判所判決（452 F.2d 445；1971）で示された「§482に基づく配分権限はIRS長官の裁量によるものであり、裁判所は、共通の支配の下にある課税対象となる事業体間の配分が、不合理、専断的又は気まぐれなものであることが立証されない限り、かかる配分を支持する」という見解は妥当であることから[204]、かかる立証を行っていない控訴人の主張は受け入れられないと判示し、税務当局の勝訴が確定している。

---

202) 原文は、"In any case of two or more organization, trades, or businesses ... owned or controlled directly or indirectly by the same interests, the Secretary may distribute, apportion, or allocate gross income, deductions, credits, or allowances between or among such organizations, trades, or businesses, if he determines that such distribution, apportionment or allocation is necessary in order to prevent evasion of taxes or clearly to reflect the income of any of such organizations, trades, or businesses." である。

203) 原文は、"... the various segments of the business are so interdependent that independent entities, dealing at arm's length, would not arrive at a comparable arrangement, and that any attempt at reconstruction of taxpayer's dealings so as to approximate the arm's length standard would be fanciful and unreal." である。

204) 原文は、"The power to allocate under 26 U.S.C.S§482 is discretionary, and allocations between taxable entities under common control is to be upheld in court unless the court finds the allocation is unreasonable, arbitrary, and capricious." である。

第3節　法人所得等の国外移転による税源浸食への対応

ロ）制度設計と適用範囲

　IRC§482の機能・潜在的有用性の大きさは、その規定振りとその他の税源浸食防止規定の規定振りとの比較からも確認することができる。例えば、(i)IRC§269A（Personal service corporations formed or availed of to avoid or evade income tax）(a)（General rule）、(ii)第1章第2節で考察したIRC§269（「所得税の脱税又は回避のための取得」）(a)（「一般原則」）、(iii)IRC§1551（Disallowance of the benefits of the graduated corporate rates and accumulated earnings credit）(a)（In general）も、租税回避行為や関連者間での所得移転等によって生じ得る税源浸食を防止する規定であり、その規定振りは、IRC§482と類似する部分も有しているが、これらの規定の適用要件等は、IRC§482の適用要件等とは重要な点で異なっているがために、その税源浸食を防止する機能には少なからぬ違いが生じている。

　特に、上記(i)（IRC§269A（「所得税の脱税又は回避のために設立又は利用された人的役務会社」）(a)（「一般ルール」））は、「もし、(1)人的役務提供会社の役務の殆ど全てが、その他の一つの法人、パートナーシップ又は事業体のために（…）提供され、また、(2)その人的役務会社の設立又は利用の主要な目的が、従業員オーナーに対し、さもなければ利用できない費用、所得控除、税額控除、適用除外又はその他の控除の利益の獲得又はその所得の減少を通じて連邦所得税を回避又は脱漏させることである場合、連邦所得税の回避又は脱漏を阻止する又はその人的役務会社又は従業員オーナーのいずれかの所得を明確に反映させる必要があるならば、税務当局は、その人的役務会社とその従業員オーナーとの間で、全ての所得、所得控除、税額控除、適用除外及びその他の控除を配分できる」と定めている通り[205]、改正前IRC§482と同様に、所得・控除等の配分を行う根拠規定となるものである。

　しかも、米国では、予てより、人的役務会社を利用して税負担の軽減を図るケースが散見されることから、人的役務会社を利用した租税回避スキーム等への対応に焦点を合わせた規定を措置することは肝要であり、また、効果的なものともなり得ると考えられるが、上記IRC§269A(a)の場合、IRC§482と異なり、その適用基準として「主要な目的テスト」を採用していることから、人的役務会社の設立・取引への関与等が税負担の軽減を主要な目的としているとの認定が困難な場合には、その適用も困難となるとの問題が認められる。実際、かかる問題を包含するIRC§269A(a)の適用例は殆どないことから、人的役務会社を利用した所得移転による税負担の軽減に対しても、IRC§482による柔軟な対応が行われるであろうとの指摘がされている[206]。

　上記(ii)（IRC§269(a)）の規定振りも、第1節1(1)で示した通り[207]、「主要な目的テスト」を組み込んだものとなっているが、その適用対象となり得るのは、「(1)…ある者又は複数の者が、…法人に対する直接又は間接の支配権を取得する…」場合、あるいは、「(2)…ある

---

[205]　後半部分の原文は、"… then the Secretary may allocate all income, deductions, credits, exclusions, and other allowanaces between such personal service corporation and its employee-owners, if such allocation is necessary to prevent avoidance or evasion of Federal income tax or clearly to reflect the income of the personal service corporation or any of its employee-owners." である。

[206]　Mark A. Segal, Personal Service Corporations and tbe Employer Question, CPA Journal, Vol. 66, Issue 1（1996）p. 64参照。

[207]　IRC§269(a)の規定振り（原文）は、第1節1(1)・脚注5)参照。

第1章　米国の対応策の分析

法人が、取得の直前には直接又は間接の支配権を有しないその他の法人又はその株主の取得を通じて、その資産を直接又は間接に取得する…」場合に限定されているところ、本規定では、「…(1)項及び(2)項の目的上、支配権とは法人の全ての種類の株式の議決権の合計の50％以上…を所有していることである」と定められている[208]。第1節1(1)で述べた通り、財務省は、本規定の改正案を2000年財政案に盛り込んだ経緯があるが、その背景には、本規定の適用基準には、このような縛りが掛かっているとの事実があった。

上記IRC§269で採用されている「支配」という文言の定義（法人の全株式の議決権の50％以上を有している関係が存在していること）は、「(1)もし──法人が、…その資産（…）の全て又は一部をその他の法人に移転し、…当該その他の法人が、その資産を得るために設立された、あるいは、その移転の際に積極的に事業活動を行っておらず、しかも、その移転後、その法人又はその法人らが、…当該その他の法人を支配しているならば、…税務当局は、…より軽減された税率の利益、又は、…留保利得控除を否認することができる…」と定める上記(iii)（IRC§1551（「段階法人税率及び留保利得控除の利益の否認」）(a)（「一般原則」）に組み込まれている「支配」という文言との関係でも採用されていることから[209]、本規定も同様な縛り・限界を内包している[210]。

これに対し、IRC§482において採用されている「支配」という文言の場合、本規定に関する財務省規則§1.482-1（Allocations of income and deductions among taxpayers）(i)（Definitons）(4)は、「支配には、共通の目標や目的をもって活動する二人又はそれ以上の納税者の行動から生じる支配も含め、直接的であるか間接的であるか、法的に執行可能であるか否か、また、実行されたか否かに関係なく、いかなる種類の支配も含まれる。重大なのは、その行為の形式又は態様ではなく、支配の実際である。所得又は控除が専断的に移転されている場合に支配の推定が生じる」と定めていることから[211]、同じく「支配」という文言を用いているにもかかわらず、その適用対象範囲は、上記のIRC§269(a)やIRC§1551等より広く、その潜在的な税源浸食防止機能も、より大きいものとなっている。

ハ）適用対象となる「支配」と「所得」の意味

裁判例もIRC§482の適用範囲を広く捉える方向で変遷している。例えば、Forman Company v. CIR事件第2巡回控訴裁判所判決（453 F.2d 1144；1972）では、納税者（McCurdy社とForman社）が、共同設立したMidtown社に貸し付けた資金を使って

---

208) 最後の部分の原文は、"For purposes of paragraphs (1) and (2), control means the ownership of stock possessing at least 50% of the total voting power of all classes of stock of the corporation." である。
209) 原文は、"If──(1) any corporation transfers, ... all or part of its property (...) to a transferee corporation, ... and the transferee corporation was created for the purpose of acquiring such property or was not actively engaged in business at the time of such acquisition, and if after such transfer the transferor or transferors are in control of such transferee corporation ... , ... the Secretary may (...) disallow the benefits of the rates ... which are lower ... , or the accumulated earnings credit ...." である。
210) IRC§269の前身である1936年歳入法§129（Acquisitions made to evade or avoid income tax or excess profits tax）の(a)（Disallowance of deduction）項も同様な定義を採用していた。
211) 原文は、"Controlled includes any kind of control, direct or indirect, whether legally enforceable or not, and however exercisable or exercised, including control resulting from the actions of two or more taxpayers acting in concert or with a common goal or purpose. It is the reality of the control that is decisive, not its form or the mode of its exercise. A presumption of control arises if income or deductions have been arbitrarily shifted." である。

第3節　法人所得等の国外移転による税源浸食への対応

Midtown社によるデパート及び出店用地の建設・整備がされた後、本件貸付に係る利払いを不要とする契約が結ばれ、しかも、Midtown社の株式保有割合も半々である双方の納税者は、1964年、Midtown社の出店地の一部に対する支配・利用権の獲得のための対価を支払う契約も結んだが、税務当局は、本件対価の額がIRC§162（Trade or business expenses）でないとして、その控除を否認するとともに、本件納税者がMidtown社との関係でも共通・同様の利害の下で行動しているとして、IRC§482に基づき、本件納税者に年率5％の利息を割り当てる処分を行ったことが問題となっている。

　上記判決の原審である租税裁判所判決（54 T. C. 912；1970）では、IRC§482の適用上、「…その立法経緯において、被告が主張する『同様な利害』という文言の解釈を正当化するものを見出すことはできない。議会が明らかに意図していたのは、同じ利害関係者による複数の事業の保有又は支配である」ことから[212]、かかる支配が欠如する本件に対して本規定を適用することは認められないが、当時、税務上の損失を抱えて資金を必要としていたMidtown社には、原告を犠牲にして所得を人為的に増加させる十分な理由があり、また、原告が支払った対価は、Midtown社が自らの利益のために実行しないと当初から決めていた活動を実行しないとする契約に基づくものであることから、通常かつ必要な事業経費ではなく、むしろ、税務上控除できない「資本の拠出」（"capital contribution"）であると判示されている。

　原告と被告の双方が控訴した上記事件に対する控訴審判決では、Midtown社への支払額の税務上の控除の可否に関する租税裁判所の判断は妥当であるものの、IRC§482との関係では、(i)本件納税者は、相互に、また、Midtown社との関係でも、同様な利害を有していると認められることから、IRC§482にいう「支配」の事実が存在している、(ii)利息を認定する処分の適法性を否定したCombs Lumber Company v. Commissioner事件租税控訴委員会決定（41 B. T. A. 339；1940）等は[213]、純粋な会計学の観点からは正しいとしても、かかる決定等を根拠としてIRC§482の適用を排除することは、本規定の目的を著しく阻害することになることなどに鑑みると、IRC§482を本件に適用して5％相当額の利息を本件納税者に配分する処分は適法であると判示され、税務当局の勝訴が確定している。

　他方、Kahler Corporation v. Commissioner事件租税裁判所判決（58 T. C. 496；1972）では、上記Forman事件控訴審判決とは幾分異なる見解が示されている。前者の事件では、原告が、1965年及び1966年、その米国子会社の事業活動の拡大のため、これらの子会社に無利息貸付をしたところ、被告は、1968年財務省決定（T. D. 6952）を反映した財務省規則§1.482-1(i)（Method of allocation）(4)が、「…ある課税年度、グループのメンバーがそのグループの第2のメンバーに金銭貸付けをしている場合、税務当局は、仮に、その年度中に第2のメンバーが所得を実現していなくとも、その年度中の利息の負担を反映させるために適切な配分をすることができる…」）と定めていることなどを踏まえ[214]、原告法人に対し、各年度の各月末の未払の貸付金の5％に相当する金額を利息として配分する処分

212）原文は、"... we find nothing in the legislative history which would justify the interpretation of the phrase "same interest" urged by the respondent. Congress clearly had in mind a finding of ownership or control of two or more businesses by the same interests." であり、裁判所は、被告が主張する解釈を「共通の目的テスト」（"common objective test"）と称している。

213）本事件のポイントは、本節1(2)ハ)参照。

を行っている[215]。

　上記事件判決において、租税裁判所は、IRC§482の前身であるIRC§45が依拠している1928年法に関する第70回議会での下院報告書（H. Rept. No. 2, 70th Congress pp. 16-17）では、本規定は、利益の移転、仮装の売買及び搾取の目的上しばしば利用されるその他の手段による税の脱漏を防止するためのものであり、列挙されたものの一つが実際に移転することを防止するためにのみ依拠し得るとの説明がされていることから、関連者間の特定の取引によって移転したとされる§482に列挙されているものが存在しているか否かが問題となるところ、本件では、「このような貸付の結果としての関連グループ内で所得が存在していない中、原告に対して不適切に移転した所得というものは存在していない。原告は、利益の移転、仮相の売買又はその他の搾取手段によって税を免れていない」として[216]、本件処分は違法であると判示している。

　しかし、上記Kahler事件判決の控訴審である第8巡回控訴裁判所判決（486 F.2d 1 ; 1973）は、原審判決を破棄し、発生していない所得の配分もIRC§482の下で可能であることを示唆するForman事件第2巡回控訴裁判所判決を踏襲している。具体的には、本第8巡回控訴裁判所判決では、IRC§482の適用の可否は、支配関係のない者の独立企業間取引の下でも、無利息で行われ得るものであったか否かという基準に基づいて判断されるべきところ、本件無利息貸付を被控訴人が行った背景には、有利息貸付を行った場合、利息を得る被控訴人は、その所得額が大きいため、48％の税率で課税されるが、利息控除できる本件子会社の利益は、22％の税率で課税されるにすぎないため、本件子会社の唯一の株主である被控訴人にとって、無利息で貸付を行う方が税務上有利であるとの事実があったと認定がされている。

　さらに、上記Kahler事件第8巡回控訴裁判所では、South Texas Lumber Co. v. CIR事件最高裁判決（333 U. S. 496 ; 1948）等で示された見解（「財務省規則は、不合理で明白に内国歳入法と矛盾していない限りは、支持されなければならない。それらは税法の執行に携わる者によるその時の解釈を構成するものであり、重大な理由がある場合を除き、破棄されるべきではない」）を踏まえた上で[217]、貸付等に係る課税対象所得の決定について定める財務省規則§1.482-2は[218]、IRC§482の目的及び範囲と全く整合的であり、しかも、

214）原文は、"… if one member of a group lends money to a second group in a taxable year, the district director may make an appropriate allocation to reflect an arm's length charge for interest during such taxable year even if the second member does not realize income during such year … ."である。

215）なお、税務当局は、本件処分との関係上、貸付先である子会社の関係年度の法人税の申告に関しては、その各年度の費用に利息相当分の金額を加える調整を行っている。

216）原文は、"In the absence of income within the related group as an outcome of these advances, there does not exist an item of income which was improperly deflected to petitioner. The petitioner has not evaded taxes by the shifting of profits, the making of a fictitious sale, or the employment of any 'milking' device."である。

217）原文は、"Treasury regulations must be sustained unless unreasonable and plainly inconsistent with the revenue statutes, and they constitute contemporaneous constructions by those charged with administration of these statutes which should not be overruled except for weighty reasons."である。

218）本条（Determination of taxable income in specific situations）(a)（Loans and advances）の原文は、"(1) Interest on bona fide indebtedness――(i) In general. Where one member of a group of controlled entities makes a loan or advance directly or indirectly to, or otherwise becames a creditor of, another member of such group, and either charges no interest, … the district director may make appropriate allocations to reflect an arm's length interest rate for the use of such loan or advance. …"である。

第3節　法人所得等の国外移転による税源浸食への対応

Forman事件第2巡回控訴裁判所判決で示された通り、貸付資金が借手企業で実際に所得を生じさせたかどうかは無関係であることから、年率5％の利息をIRC§482及び本規則に基づいて支配法人に帰属させる本件処分は適法であると判示されて税務当局の勝訴が確定している。

(2) IRC§482の問題点と限界

上記に掲げた一連の判決で示されたIRC§482の機能に関する諸見解は、本規定の適用の可否が問題となったその後の裁判例でも幾度となく引用されており、その制度設計及び関係する財務省規則等とともに、その機能の大きさ及びその適用範囲の広さを印象づけるものとなっているが、勿論、本規定にも問題点や限界がある。例えば、本規定は、その他の規定や否認法理等との適用関係が必ずしも十分に明確ではないとの問題がある[219]。また、本規定は独立企業原則に依拠しているが、本原則に内在する限界に起因して、一定の問題視すべき所得や資産の国外移転による税源浸食を防止することが困難となる場合もある[220]。以下のイ）〜ハ）及び(3)・(4)では、このような問題や限界がどのような形でどの程度生じているのか、また、どのような対応策が講じられているのかなどを考察することを通じて、IRC§482の機能の更なる分析を行う。

イ）その他の規定との適用関係

IRC§482とその他の税法規定との適用関係という点では、まず、前掲のForman事件租税裁判所判決（1970）でも問題となったIRC§162（商務又は事業経費）(a)（In general）との関係が注目される。本規定は、通常かつ必要な事業経費でない費用の税務上の控除を認めない旨を定めている[221]。本規定とIRC§482を比べた場合、それぞれに依拠する課税アプローチは異なったものとなっているが、その適用範囲が交錯し得ることは、本判決やKahler事件租税裁判所判決（1972）からも示唆される。実際、これらの判決等も踏まえると、IRC§482に基づいて経費の一部を関連する納税者に配分することは、実際上、その経費を支払った納税者に対し、その額を否認することに相当することから、その点において、IRC§162とIRC§482の間にはいくらかのオーバーラップが存在しているとの指摘がされている[222]。

税務当局も、上記Forman事件第2巡回控訴裁判所判決等を踏まえた上で、2000年1月11日付ルーリング（private letter ruling 200015024）E（Section 482's Application to the Transaction——In General）において、「IRC§482は、税務当局に対し、一定の場合、契約上の条件や合意を無視して、取引を再構築することを認めることによって、経済的実質原理や欺瞞原理に関する判例法とオーバーラップする。…このように、IRC§482は、…当事者の行為が欺瞞であるか否かの分析の過程において、経済的実質を適用するための追加的な基準を示すことを通じて取引に対処する代替的なアプローチを提供する。また、

---

219) この点に関しては、第2章第4節4(1)、第4章第3節1(2)及び第5章第4節2(2)も参照。
220) この点に関しては、本節2、第2章第4節2(2)及び第4章第3節3も参照。
221) 原文は、"There shall be allowed as a deduction all the ordinary and necessary expenses paid or incurred during the taxable year in carrying on any trade or business including …."である。
222) Robert S. Rich, Allocation of Deductions among Related Taxpayers under Section 482 of the Internal Revenue Code, 40 Notre Dame Law Review（1965）p. 52参照。

第1章　米国の対応策の分析

IRC§482は、IRC§162ともオーバーラップし得るため、税負担の回避を試みる『緊密な関係』にある当事者間での支払いが独立企業間取引ではないケースでは、控除を否認する結果となり得る」との見解を示している[223]。

IRC§482の場合、1984年に措置されたIRC§7872（Treatment of loans with below market rates）(a)（Treatment of gift loans and demand loans）との棲み分けも十分に明確とは言い難い。本規定は、「(1)一般原則：本条が適用される市場よりも低い利率のローンに該当する贈与ローン又は当座貸付金の場合、放棄された利子は——(A)貸手から借手に移転され、また、(B)借手から貸手に利子として再移転されたものとして取り扱われる…(b)その他の市場よりも低い利率のローン、(1)一般原則：…本条の適用対象であるが、(a)項(1)号が適用されない市場よりも低い利率のローンの場合、貸手は、貸付を行った日に移転を行い、また、借手は、その日に、(A)貸付金額が、(B)貸付条件の下で求められる全ての支払の現在価値を超える部分に相当する額の現金を受領したものと取り扱われる」と定めている[224]。

上記IRC§7872（「市場レートよりも低いローンの取扱い」）が適用されたケースとして、Rountree Cotton Co. v. CIR事件租税裁判所判決（113 T. C. 422；1999）が挙げられる。本事件では、全ての株主が親族等で構成される封鎖型企業である原告法人が、これらの株主の数人及びこれらの株主等が支配する事業体に対し、1994年、無利息貸付を行ったところ、税務当局が、原告の1994/1995課税年度の申告に関して、IRC§7872に依拠して、利息相当額を原告に帰属させた上で課税する更正処分を行ったことが問題となっている。本事件において、原告は、本件無利息貸付を受けた事業体の株主の中には、原告の株主ではない者も含まれているところ、IRC§7872の適用対象となるのは、無利息貸付を行った法人を支配する株主に限定されるとの解釈に立って上で、本規定の本件への適用はないとして、本規定に依拠する本件処分は違法であるなどと主張している。

上記租税裁判所判決では、まず、IRC§7872は、市場利率よりも低い一定の類型のローンの所得税法及び贈与税法上の取扱いを示したものであり、本規定の下では、市場利率よりも低いローンは、独立企業間取引、つまり、法定レートでの利子の支払を必要とする手形と交換に貸手が借手にローンを行ったものとして再構築されることから、その結果、その貸手はその借手に資金を供給したかのように取り扱われ、また、借手は貸手に利息を支払うためにこれらの資金を使ったということとなるが、この場合、借手に対する移転は、その取引の実質に応じて、贈与、配当、資本の拠出、報酬の支払又はその他の支払として取り扱われる。支払利息は貸手の所得に含まれ、一般的には借手によって控除されるとの説明がされている。

---

[223] 最後の文の原文は、"Section 482 may overlap with section 162 and result in the denial of deductions where a lack of arm's length dealings result in payments between parties with a 'close relationship' in an attempt to avoid taxes." である。

[224] 原文は、"... in the case of any below-market loan to which this section applies and which is a gift loan or a demand loan, the foregone interest shall be treated as——(A) transferrerd from the lender to the borrower, and (B) retransferred by the borrower to the lender as interest. ... (b) Treatment of other below-market loans. (1) In general. ... in the case of any below-market loan to which this section applies and to which section (a)(1) does not apply, the lender shall be treated as having transferred on the date the loan was made (...), and the borrower shall be treated as having received on such date, cash in an amount equal to the excess of——(A) the amount loaned, over (B) the present value of all payments which are required to be made under the terms of the loan. ..."である。

第3節　法人所得等の国外移転による税源浸食への対応

　次に、租税裁判所は、「議会は、IRC§7872の焦点を支配関係のある事業体間のローンに限定する意図はなかったようである。本規定は、例えば、雇用者と被雇用者や独立事業主と顧客のような所有又は支配に係る要因が全くない幾つかの状況の下での市場利率以下のローンも対象としている。…この支配要件が一般的に不要であることは、IRC§7872(c)(1)(C)の特定の文言からも裏づけられ、『どんな株主』にも適用される」との見解の下[225]、原告の株主でない者が受けた無利息貸付の利益も原告の株主の決定・選択によるものであり、原告の株主から付与されたものとみなし得る以上、原告に帰属すべき利息額の再計算・調整は必要だが、IRC§7872を適用した本件処分は適法と判示され、その判断は本判決の控訴審である第10巡回控訴裁判所判決（12 Fed. Appx. 641；2001）でも首肯されて、税務当局の勝訴が確定している。

　上記Rountree Cotton事件租税裁判所判決も、IRC§7872とIRC§482の適用対象範囲が交錯し得ることを示唆しているが、財務省規則§1.7872-5T(c)（Special rules）(2)（Below-market loans involving foreign persons）は、「7872条は、もし、貸手が国外の者であり、借手が米国の者であるなら、（本パラに関係なく）、その貸手に帰属する利子所得が、864条(c)項及びそれに関する規則の意味において米国の商務又は事業の行為と効果的に関連し、しかも、関係する諸規則が、関係する租税条約に基づく米国の所得課税から免除しない限り、市場利率より低いローン（…）には適用されない」と定めていることから[226]、少なくとも、本規定に該当する国外の者が貸主となっている米国の者に対するローンの場合には、IRC§482と§7872との適用上の競合が生じないケースがあることが明らかとなっている。

　他方、上記財務省規則の適用対象外のケースについては、財務省2004年5月13日付回答（Arm's Length Interest Rates on Inter-Company Lending, INFO2004-0114, GENIN-135836-02）が、「482条に関する諸規定の下での調整規定は、もし、一定の市場利率より低いローンを扱う場合、7872条のような規定が適用されるなら、その条文の諸規定が最初に適用され、それから、必要であるならば、482条も適用される。これらのその他の内国歳入法上の諸規定が適用されるか否かに関係なく、もし、ローンに係る利率（そのようなその他の諸規定の適用後のもの）が、独立企業間利率（又は、適用がある場合には、セーフ・ヘイブン利率）と異なるならば、独立企業間利率を反映するように、482条の下での調整が行われ得る」と説示しているものの[227]、IRC§7872とIRC§482の適用関係が、必

---

225) 後段の原文は、"This general absence of a control requirement is bolstered by the specific language of section 7872(c)(1)(C) causing the statute to apply to 'any shareholder'." である。確かに、IRC§7872(c)（Below-market loans to which section applies）(1)（In general）(C)（Corporation-shareholder loans）は、"Any below-market loan directly or indirectly between a corporation and any shareholder of such corporation." と定めている。
226) 原文は、"(i) Section 7872 shall not apply to a below-market loan (...) if the lender is a foreign person and the borrower is a U. S. person unless the interest income imputed to the foreign lender (without regard to this paragraph) would be effectively connected with the conduct of a U. S. trade or business within the meaning of section 864(c) and the regulations thereunder and not exempt from U. S. income taxation under an applicable income tax treaty." である。
227) 前段部分の原文は、"Coordination provisions under the section 482 regulations provide that if certain other Internal Revenue Code sections apply such as section 7872, dealing with certain below-market loans, the provisions of that other code section will apply first and then section 482 will also be applied if necessary." である。

第1章　米国の対応策の分析

ずしも十分に明らかでない場合があり得ると考えられる。

ロ）否認法理との適用関係

前述のIRSのルーリング（200015024）で言及しているIRC§482と判例法上の否認法理の適用範囲の交錯という事態は、例えば、Medieval Attractions N. V. v. Commissioner事件租税裁判所判決（T. C. Memo 1996-455；1996）で生じている。本件では、スペインの投資家が米国及びオランダに複数の法人及びその子会社を設立し、娯楽施設を建設・運営していたが、税務当局は、1980年代後半〜1990年代前半にかけて、これらの法人及び子会社間の様々な取引の中には、原告である米国法人MANV/MDT社の所得を不当に減少させるものがあるとして、IRC§162（「商務又は事業費用」）、IRC§482及び「欺瞞の原理」等に基づいて、原告がオランダのManver社に支払った"Medieval Times concept"と称されるトレード・マーク等の無形資産の使用料及び借入に係る利息や債務保証料等の控除を否認するとともに、本件取引関連者間で所得を再配分する処分を行ったことが問題となっている。

上記租税裁判所判決では、本件無形資産の開発費用を負担したオランダ法人MTNV/MSIが、IRC§1.482-4(f)(3)(ii)(B)で定義する無形資産の保有者であると認定することができることから、「…本件使用料やフランチャイズ料の支払の背後にある構造は、被告が主張するように、欺瞞であり、これらの法人又はMANV/MDT社がManver社に対し、Manver社が創造、開発、又は、実質上、移転する能力を有していない無形資産の使用に係る報酬を支払う『独立企業原則』上の理由はない」以上[228]、これらの費用等は、IRC§162(a)に定める控除可能な「通常かつ必要な」事業費用には該当しないと判断され、かかる判断の妥当性は、R.T. French v. Commissioner事件租税裁判所判決（60 T. C. 836；1973）等からも確認することができると判示されている[229]。

上記租税裁判所判決では、原告が支払った利息と債務保証料の控除を否認する処分も適法であると判示されているが、その理由としては、そもそも、IRC§163（Interest）(a)（General rule）の下で控除対象となる利息は[230]、Knetsch ET UX. v. United States事件最高裁判決（364 U. S. 361；1960）等からも確認し得る通り[231]、真正かつ実質を有するものでなければならないと解されることから、本件貸付が利息の支払を合理的に期待して行われたか否かが問題となるところ、本件貸付は、租税回避目的の下に行われたものであって、本件貸付の返済が行われる可能性は低く、そのリスクを踏まえると、第三者であれば行っていない性質のものであることから、真正なものではないと判断されるという点、また、スペインの投資家・株主に支払った本件債務保証料の実質は、源泉徴収の対象となる配当と判断されるという点が挙げられている。

---

228) 原文は、"... we agree with respondant that the structure supporting the payment of the royalties or franchaise fees was a sham. There was no 'arm's length' reason for MTNV/MSI or MANV/MDT to compensate Manver for the use of intangibles that Manver did not create, develop, or in substance, have the ability to transfer."である。
229) R. T. French事件租税裁判所判決のポイントは、本節1(2)ハ・脚注237)参照。
230) 本規定の原文は、"There shall be allowed as a deduction all interest paid or accrued within the taxable year on indebtedness."である。
231) 本判決のポイントは、松田・前掲『租税戦略の解明』46頁参照。

ハ）IRC§482の限界

　IRC§482の限界を示唆する例としては、前掲Forman事件第2巡回控訴裁判所判決で言及されているCombs事件租税控訴委員会決定（1940）が挙げられる。本決定では、1934～1935年に亘って株主が個人使用のために法人から引き出した金銭は、これらの株主への貸付けとなるが、配当等と相殺されて利息が徴されなかったため、税務当局は、本件法人の総所得に利息相当分を加えた上で課税したが、本委員会は、Spring City Foundry Co. v. Commissioner事件最高裁判決（「1934」292 U. S. 182, 184）で示された「ある金額を受領する権利が確定して初めて権利が発生する」との見解に則り[232]、本件法人は、その設立当初から、本件のような場合に利息を徴収しておらず、また、「本件では、当事者による覚え書の作成が利息の徴収を意図していないことから、受領の権利が発生していない」以上[233]、本件処分は違法であると判断している。

　確かに、前掲Forman事件第2巡回控訴裁判所判決は、前述の通り、Combs事件租税控訴委員会決定とは、一見、対照的なものとなっているが、上記Spring City事件最高裁判決（1934）で示されたIRC§482の適用範囲を狭く解する見解を全面的に否定しているわけではなく、単に、IRC§482の適用範囲を広く解しながらも、無利息貸付がある場合には必ずIRC§482の適用が可能となるとしているのではないとの立場に立っているのかもしれない。実際、Johnson v. Commissioner 事件租税裁判所判決（T. C. Memo 1982-517）でも、そのような解釈が採用されている。本事件では、同一の株主が支配する二つの法人間で資金の貸し借りがあり、そのローンに係る利息の支払・受領が行われていなかったことから、税務当局は、IRC§482に基づき、その資金の貸し手に利息分を配分するなどの処分を行ったことが問題となっている。

　上記Johnson判決において、租税裁判所は、確かに、IRC§482の下での税務当局の権限は広範ではあるものの、「しかしながら、もし、課税年度中又はその後の合理的な期間内に所得が手に入らないことが合理的に確実視されるなら、所得計上しないことが正当化される」ところ[234]、本件資金の借り手は、法律に基づき、1980年には管財人による管理の下に置かれた以上、本件貸付金は、実質的には出資金となり、その貸し手が貸し付けていた金額やその利息を徴収する可能性はなくなったことから、本件のような場合において、IRC§482に依拠した上で、その利息が本件貸付を行った者に税務上発生すべき所得として認定する課税処分は、そのような誤った認定を行っている限りにおいて違法であるなどと判示し、税務当局の敗訴が確定している。

　上記の通り、IRC§482に依拠した所得の認定には一定の限界があるが、上記Johnson事件租税裁判所判決で示された「所得が手に入らないことが合理的に確実視される」という基準は、厳格に解されているようである。例えば、Thomas v. Commissioner事件租税裁判所判決（T. C. Memo 1983-462；1983）では、原告が支配する複数の法人との間で不動産の賃貸に係る賃料の支払・受領がなかったことに対してIRC§482に基づく合理的な賃

---

232) 原文は、"When the right to receive an amount becomes fixed, the right accrues."である。
233) 原文は、"Here the right to receive never came into existence because the parties never intended to create any liability for interest by the giving or by the acceptance of notes."である。
234) 原文は、"However, if it is reasonably certain that the income will not be collected in the tax year or within a reasonable time thereafter, then a taxpayer is justified in not accruing the item."である。

第1章　米国の対応策の分析

料の配分を行う課税処分は、賃料を支払うべき法人の財政状態が悪化していても、そもそも、判断基準となるのは、破産しているか否かではなく、支払能力があるか否かであり、「より正確には、むしろ、問題となる期間中に賃料を払う十分なグロスの所得があったか否かである」ところ[235]、本件借り手には、当時、賃料を払うグロスの所得額があったことから、本件処分は適法であると判示されている。

したがって、無利息貸付が行われたケースにおいて貸し手側に利息を認定することに係る限界は、IRC§482の射程範囲を顕著に狭めるものではないが、本規定の適用上、独立企業原則を厳格に客観的な基準として捉えて取引当事者の特有の状況を無視するというようなアプローチは妥当ではないことを示唆している。同様な限界は、比較対象取引が存在しない無形資産が絡む取引に対するIRC§482の適用の可否が問題となる場合でも少なからず露呈することがあるが、無形資産が絡む取引に対するIRC§482の適用が困難なものとなり得るのは、取引当事者の特有の状況を勘案する必要があるからとの理由のみに基因しているわけではない。無形資産が絡む取引に対する本規定の適用が困難なものとなっているその他の理由は、R. T. French事件租税裁判所判決（1973）等が示唆している[236]。

上記R. T. French事件租税裁判所判決では、国外法人が原告である米国の関連法人に対し、無形財産のライセンスを付与する契約が結ばれ、原告は、長期間に亘って使用料を支払ったが、かかる契約の締結後、原告の研究開発努力などを通じて販売利益が顕著に増加するに伴い、原告が税務上控除する使用料も相当な額になったため、税務当局は、本契約は独立企業間ルールに反するとして、IRC§482に基づき、原告に追加的な所得を配分する処分を行ったことが問題となっている。本判決では、本件契約締結時にその後生じた事実を予知できていたならば、原告は、より有利な契約条件の下で本件契約を締結し得たであろうが、別途締結されている非関連者との同様な取引に鑑みても、本件契約締結時では、本件契約の内容が第三者間取引であったと判断できる以上、本件処分には根拠がないと判示されている[237]。

(3) IRC§482の1986年改正の狙いと効果

イ）改正の背景と制度設計

上記の通り、IRC§482も幾つかの問題点・限界を有しているが、その他の税法規定や幾つかの否認法理等との適用範囲の交錯は、課税の透明性・予測可能性等の観点からは問題となるものの、税源浸食防止という観点からは特に大きな問題ではない。これに対し、国外に移転する所得の認定や無形資産が絡む取引への対応等に係る限界に対しては、対応のあり方を工夫しない限り、税源浸食の問題が深刻化する可能性がある。実際、1970〜

---

235) 原文は、"The test, rather, is more accurately whether the corporations had sufficient gross income to pay such rent during the periods in question." である。
236) その他には、Eli Lilly & Co v. Commissioner事件租税裁判所判決（84 T. C. 996, 1985）及びその控訴審である第7巡回控訴裁判所判決（856, F 2d 855；1988）、D. S. Searle & Commissioner事件租税裁判所判決（88 T.C. 252；1987）、Bausch & Lomb Inc. v. Commissioner事件第2巡回控訴裁判所判決（933 F. 2d 1084, 2nd Cir. 1991）等が挙げられる。
237) 本件では、原告が国外の関連会社に対して対価を得ることなく特許権やノウハウ等を使用させていたことも問題となり、税務当局は、IRC§482に基づき、原告に使用料を帰属させる処分を行い、かかる処分の妥当性は原告も認めたものの、かかる使用料の認定が原告と関連会社の共通の株主に対するみなし配当に該当し、原告の源泉徴収義務違反が生じているとの税務当局の主張は、本判決では首肯されなかった。

第3節　法人所得等の国外移転による税源浸食への対応

　1980年代、米国政府は、少なからぬ米国の親会社が、無形資産等を絡ませた国外子会社との取引を通じて、その所得等を低税率国に移転することによって、米国での課税を不当に免れているとの認識を強めるようになった。かかる認識の下、本規定は、1986年租税改革によって改正され、その機能がより一段と強化された経緯がある。

　1986年に実現したIRC§482の改正は、具体的には、本規定にスーパー・ロイヤルティ条項と称される「所得相応性基準」("commensurate with income standard")を定めた後段（「無形資産の移転やライセンスの場合には…、その移転やライセンスに係る所得は、当該無形資産に帰属すべき所得に相応したものでなければならない」）を追加するというものであった[238]。本基準は、1988年に税務当局が示した告示（Notice 88-123：A Study of Intercompany Pricing under Section 482 of the Code、「移転価格」白書」("White Paper"と称される）でも述べられている通り、無形資産が所得移転の原因となっていれば、関連者間で取引されるものである限り、それが高い利益を生む潜在性を有していなくとも適用され得るなど、その潜在的な適用範囲は、かなり広いものとなっている。

　所得相応性基準が組み込まれる前のIRC§482の下では、比較対象取引が存在しない場合には、取引当事者の真の課税対象所得を反映させた課税を行うとの法目的を実現することができないようなケースがあったが、本基準の下では、移転された無形資産に起因する所得額を決定することが、IRC§482の適用上のスタートと位置づけられるべき重要なポイントとなり、次に、取引当事者の経済的コスト・リスクの「機能的分析」("functional analysis")を行い、取引当事者の相対的な経済貢献やリスクに基づいて無形資産の利用に起因する所得の配分が行われる。したがって、本基準の下では、移転された無形資産に起因する所得の相当な変化、若しくは取引当事者が負担する経済的コスト・リスク又は経済活動の変化を反映させるために定期的な所得の再決定・再配分（periodic adjustments）を行うことが必要とされる。

　上記のような機能分析の方法は、伝統的な独立企業間ルールの下でのマーケット・アプローチと対比される所得アプローチと称され、「実際に生じた利益」("actual profit experience")が基本的には「予想された利益」("anticipated profits")を示すものであるとの考えに立脚するものとの解釈もされている[239]。定期的調整の詳細については、財務省規則§1.482-4（Methods to determine taxable income in connection with a transfer of intangible property）(f)(2)が、「1年を超える期間をカバーするアレンジメントの下で無形資産が移転される場合、各課税年度の下で請求される対価は、当該無形資産に帰属すべき所得に相応するよう調整することができる。…調整を行うか否かを決定するに際し、税務当局は、当該無形資産が使用されている期間を通して関係する事実や諸々の状況を考慮することができる」と定めている[240]。

---

238) 後段の原文は、"In the case of any transfer (or license) of intangible property … , the income with respect to such transfer or license shall be commensurate with the income attributable to the intangible."である。
239) 機能分析の詳細は、財務省規則§1.482-1(d)(3)(i)参照。
240) 原文は、"If an intangible is transferred under an arrangement that covers more than one year, the consideration charged in each taxable year may be adjusted to ensure that it is commensurate with the income attributable to the intangible. … In determining whether to make such adjustments … , the district director may consider all relevant facts and circumstances throughout the period the intangible is used."である。

第1章　米国の対応策の分析

もっとも、上記のような特徴を有する所得相応性基準については、独立企業原則と整合的なのかという疑問も生じないではない。特に、定期的調整は、前掲のR. T. French事件租税裁判所判決（1973）において、当初の契約時に契約当事者に知られていないその後の事象を踏まえてIRC§482に基づいてロイヤルティ率を調整することはできないとの見解が示されたことなどに鑑みると[241]、独立企業原則から乖離するとも解し得る。しかし、上記「移転価格白書」のパラ95～100では、非関連当事者も、無形資産の利益可能性に係る予想の修正のために再交渉する明示的な規定がなくとも、当初の契約を再交渉するのが長期的な事業戦略となっているとの認識の下、納税者は、一般的に、無形資産に起因する所得を反映するように取引価格を調整すべきであり、定期的調整を行う所得相応性基準は、独立企業原則と乖離するものではないと解されている。

ロ）「所得相応性基準」の限界

IRC§482との関係では、1980年代、ペナルティ率を引き上げるIRC§6662（「正確性に係るペナルティ」）(a)(Substantial valuation misstatements under chapter 1) 及びIRC§6662(h)(Increase in penalty in case of gross valuation misstatements) が措置され、また、一定の外国法人や米国で事業を行う外国法人に報告義務を課するIRC§6038A (Information with respect to certain foreign-owned corporations) 及びIRC§6038C (Information with respect to foreign corporations engaged in U. S. business) 等が措置されたことなども特筆すべき動きであった[242]。これらの諸規定は、無形資産等の国外移転が包含する税務上のリスクを更に高めたが、そもそも、無形資産が絡む取引による所得の国外移転へのIRC§482の適用の可否が問題となった裁判において、税務当局が全面的に勝訴するケースは殆どなかった[243]。

IRC§482を適用する処分を行った税務当局が、殆ど全ての裁判で全面的に勝訴することができなかった原因は様々であるが、無形資産の評価に係る困難性の問題が、その適用・執行を行う上で支障となったことが主たる原因となっているケースが少なくない[244]。かかる困難性は、基本的には、無形資産の属性（独自性、排他性及び変容性等）に起因するものであることから、所得相応性基準自体の問題ではないが、その機能を発揮する上での大きな障害となり得る。実際、無形資産の評価に係る困難性が顕著なものとなるような形で無形資産の国外移転が行われているケースが少なくない。その代表例として挙げられるのが、米国法人がその国外の子会社等との間で締結した無形資産の研究開発に関する「費

---

241) 本判決では、"... the subsequent development ... suggest only that petitioner might have secured the license on even more advantageous terms if the contracting parties had been able to foresee those developments in 1946. What later transpired in no way detracts from the reasonableness of the agreement when it was made." との見解が示されている。
242) これらの報告義務等の違反も、IRC§6038A(d)及びIRC§6038C(c)の下、ペナルティの対象となる。
243) Sundstrand Corp. and Subsidiaries v. Commissioner事件租税裁判所判決（96 T. C. 226；1991）等のように、IRC§482に基づく処分の一部が取り消されたケースが多い。全面的に取り消された判決としては、Compaq Computer Corp. and Subsidiaries v. Commissioner事件租税裁判所判決（T. C. Memo 1999-220）がある。詳細は、U. S. Tranfer Pricing Court Decisions (http://www.ustransferpricing.com/decisions.html) 参照。
244) 例えば、Nestle Holdings, Inc. v. Commissioner事件第2巡回控訴裁判所判決（82 AFTR 2d 98-5467）及びDHL Corporation and Subsidiaries v. Commissioner事件租税裁判所判決（T. C. Memo 1998-461）が挙げられる。これらの判決のポイントは、松田・前掲「法人資産等の国外移転への対応」167～172頁参照。

第3節　法人所得等の国外移転による税源浸食への対応

用分担契約」("cost sharing arrangement")を利用するケースであるが、実際、費用分担契約の利用の多さを示すデータは多数に上っている[245]。

無形資産の開発に係る費用分担契約を利用した所得の国外移転が可能となるのは、例えば、バイアグラに対する特許は、その開発が十分に行われていない段階では利用できる状態にないために価値が低いが、その開発が完了し、そのマーケティングが成功すれば、その価値が大幅に高まるように[246]、開発初期の段階の無形資産の価値とその開発が完了した段階の無形資産の価値には大きな開きが存在するからである。このような性質・特徴に着目し、米国法人が有する既存の無形資産の潜在的価値を過少評価する形で国外の関連者と費用分担契約を結んだ上で、研究開発を通じて、その潜在的価値の実現や新たな付加価値の創造ができれば、所得の国外移転が可能となるが、税務当局が、このような所得配分を疑問視し、後知恵・結果論に基づいて遡及的に利益・費用配分を修正することには少なからぬ問題・限界がある。

費用負担契約を通じた所得の国外移転が問題となった代表的なケースとして、Veritas Softwear Ltd and Susidiaries, Symantec Corporation v. CIR事件租税裁判所2009年12月10日判決（113 T. C. No. 14）等が挙げられる[247]。本事件では、米国のVeritas社がアイルランドの子会社と費用分担契約を結び、本契約の下、前者が有する既存の無形資産を利用した研究開発を行う権限を後者に付与するバイ・イン（Buy-in）の対価の額が[248]、CUT（Comparable Uncontrolled Transactions）法に依拠して納税者が主張する通り、1.6億ドルであるのか、それとも、税務当局が主張する通り、本件取引は、既存の無形資産のバイ・インにとどまるものではなく、実質的には無形資産の売却に相当するとの考え・「売却相当理論」("akin to a sale theory")に立脚した上で、その対価の額は2,500億ドルと判断すべきであるのかなどが争点となっている。

「売却相当理論」とは、短期間に限定された無形資産の価値を半永久的なものと評価するとともに、既存の無形資産の価値だけでなく、研究開発された無形資産の価値をも対価の額の算定上考慮するとの考え方に立脚するものである。税務当局は、かかる考え方が本件に妥当する理由として、移転した各資産は全体としてシナジー効果を有することから、各資産が個別に評価された場合よりも遥かに大きな価値があるという点を挙げており、また、「専門家集団」("workforce in place")も、IRC§936（Puerto Rico and possession tax credit）(h)(3)(B)(Intangible propery)(iv)でいう「個人による役務提供とは独立した相当な価値を有している同様なもの」に該当するとの財務省臨時規則を2009年に提示したことのある税務当局は[249]、「研究開発チーム及びマーケティング・チームへのアクセス」

---

245)　詳細は、Harry Grubert, Intangible Income, Intercompany Transactions, Income Shifting, and the Choice of Location, National Tax Journal, Vol. LVI, No. 1, Part 2（2003）pp. 221-242参照。

246)　Alex Naegele, Cost Sharing Regulations──The Case for Formulary Apportionment Transfer Pricing, Transfer Pricing Insider, Vol. 5, No. 1（2011）p. 4参照。

247)　その他の代表例としては、和解で最終決着したGlaxosmithcline Holdings（America）Inc., v. Commissioner事件租税裁判所判決（T. C. Nos. 5750-04 and 6959-05）や序章第3節1(1)で言及したXilinx事件第9巡回控訴裁判所判決等が挙げられる。前者の判決のポイントは、松田・前掲「外国子会社配当益金不算入制度創設の含意」89〜104頁参照。

248)　バイ・インとは、国外子会社が費用分担契約の下で開発される製品の基盤となる親会社の無形資産を費用分担割合に応じて買い取ることである。国外子会社は、その割合の範囲内でその製品の製造・販売を行えば、ロイヤルティの支払いは不要となる。

103

も無形資産に該当するとも主張している。

確かに、財務省規則§1.482-1(f)(2)(i)(A)は、「二つ又は複数の別の取引を全体として捉えた場合、それらの取引は相互に密接に関連していることから、複数の取引を考慮することが、被支配取引に係る独立企業間の対価を決定する上で最も信頼のできる手段であるならば、これらの取引の結合させた効果を考慮することができる。一般的には、取引の結合が可能となるのは、その取引が関連する商品又は役務を含んでいる場合である…」と定めている[250]。しかし、租税裁判所は、上記判決において、本件の場合、「売却相当理論」が本規定の下での最も信頼のできる独立企業間価格の算定方法ではないと判断し、また、「研究開発チーム及びマーケティング・チームへのアクセス」は、個人による役務提供とは独立した相当な価値を有しておらず、無形資産には該当しないとして、税務当局の主張を棄却し、Veritas社の勝訴が確定している。

(4) 費用分担契約規則と独立企業原則との関係

イ）財務省規則の変遷と効果

所得相応性基準の導入に伴い、費用分担契約に関する財務省規則等も改正されている。費用分担契約に関する最初の1968年財務省規則§1.482-2（Determination of taxable income in specific situations）は、独立企業原則に合致する費用分担契約は改正前IRC§482の範疇外とするものであったが、本基準導入後は、その範疇内に取り込まれ、1995年財務省最終規則（TD 8632）を受けて措置された最終規則§1.482-7（Sharing of costs）(a)（In general）(1)（Scope and application of the rules of this section）は、「費用分担契約とは、契約の当事者が、その契約の下で付与される無形資産に対する個々の持分の利用から合理的に予想できる各自の便益に比例して一つ又はそれ以上の無形資産の開発コストを分担することに同意する契約である」と定めていた[251]。

また、上記最終規則§1.482-7（「費用分担」）は、費用分担契約の下、予想利益が不当に過少評価されることによって、所得の国外移転が生じることを阻止するために、(f)（Cost allocations）(3)（Share of reasonably anticipated benefits）(iv)（Projections used to estimate anticipated benefits）(B)（Unreliable projections）において、「予想された利益配分と実際の利益配分との間の相当な乖離は、予想が信頼できないものであることを示している。…予想した利益配分と実際の利益配分との差異によって予想額が信頼し得ないとみなされることを避けるためには、その乖離の額が、全ての支配関係にある参加者にとって予想利益配分の20％以下であることが必要である…」と規定していた[252]。

上記のような最終規則§1.482-7の下での取扱いは、概ね、納税者と税務当局にとっ

---

249) 原文は、"any similar item, which has substantial value independent of the services of any individual." である。

250) 原文は、"The combined effect of two or more separate transactions (...) may be considered if such transactions, taken as a whole, are so interrelated that consideration of multiple transactions is the most reliable means of determining the arm's length consideration for the controlled transactions. Generally, transactions will be aggregated only when they involve related products or services …." である。

251) 原文は、"A cost sharing arrangement is an agreement under which the parties agree to share the costs of development of one or more intangibles in proportion to their shares of reasonably anticipated benefits from their individual exploitation of the interests in the intangibles assigned to them under the arrangement." である。

第3節　法人所得等の国外移転による税源浸食への対応

公平な結果となる独立企業間価格の算定を可能にするものであったと前向きに評価する租税専門家もいたが[253]、改正後のIRC§482による費用分担契約への対応にも限界があるとの認識が高まる中、2005年に措置された財務省規則案（REG-144615-2）の下での費用分担契約の税務上の取扱いは、かなり厳格なものとなった。例えば、本規則案§1.482-7 (Methods to determine taxable income in connection with a cost sharing arrangement) (d) (Intangible development costs (IDCs)) (1) (Costs included in IDCs) において、無形資産開発費用とは、減価償却の対象となる資産に係る費用など一定の費用を除く全ての費用（「株式型報酬」("Stock-based compensation") も含む）を意味すると規定している。

また、上記規則案§1.482-7(b) (Cost sharing arrangement) (3) (PCTs) は、(i) (In general) において、「被支配関係にある取引である予備的取引又は同時取引の下では、一方の参加者（PCT支払者）が他方の参加者（PCT受領者）の外部貢献に対して報酬を支払う」と定めた上で[254]、(ii) (External contributions) において、「外部貢献とは、費用分担した無形資産の開発に貢献することが合理的に期待できる資源又は能力に対する…権利である…」と定め[255]、さらに、本規則案(g) (Supplemental guidance on methods applicable to PCTs) (iv) (Realistic alternatives) では、支配関係にない納税者が費用分担契約を締結するのは、その他のより良い現実的な代替手段がない場合であるとの考えに立脚しているため[256]、費用負担契約によって生じた開発利益の残余分は、「予備的取引と同時取引」(PCTs) に対する対価の額に含める必要があるということになる。

上記のような考え方は、「投資家モデル」("investor model") の考え方に立脚するものであるが、2005年財務省規則案のA (Overview) では、その根拠として、「移転価格白書」のパラ188が、「…一方の当事者が研究開発への資金を提供するのが、その他の当事者よりも相当に早い、さもなければ、その他の当事者よりも、効果的にリスクに晒している資金が多いならば、その範囲において、その投資を反映するように適切なリターンがその当事者に配分されることが期待される」と叙述している点などを挙げている[257]。また、IRS公告 (Bulletin) 2009-7 (TD 9441) のE (Periodic adjustments) でも、所得相応性基準は

---

252) 原文は、"A significant divergence between projected benefit shares and actual shares may indicate that the projections were not reliable. ... Projections will not be considered unreliable based on a divergence between a controlled participant's projected benefit share and actual benefit share if the amount of such divergence for every controlled participant is less than or equal to 20% of the participant's projected benefit share ..." である。
253) Naegele, supra "Cost Sharing Regulation" pp. 6-7参照。
254) 原文は、"A PCT is a controlled transaction in which each other controlled participant (PCT Payor) is obliged to compensate a controlled participant (PCT Payee) for an external contribution of the PCT Payee." である。PCTは、"Preliminary and Contemporaneous Transactions" の略である。
255) 原文は、"An external contribution consists of the rights ... in any resource or capability that is reasonably anticipated to contribute to developing cost shared intangibles ... ." である。
256) 関係する箇所の原文は、"... evaluation for the arm's length charge for the PCT in question should take into account the general principle that uncontrolled taxpayers dealing at arm's length would have evaluated the terms of a transaction, and not entered into a particular transaction, if no alternative is preferable ... ." である。
257) 原文は、"... to the extent, if any, that one party is actually contributing funds toward research and development at a significantly earlier point in time than the other, or is otherwise effectively putting its funds at risk to a greater extent than the other, it would be expected that an appropriate return would be required to such party to reflect its investment." である。

第1章　米国の対応策の分析

独立企業原則と整合的に適用し得るものであり、また、上記2005年財務省規則案は、費用分担契約の文脈で所得相応性基準を取り扱ったものであるから、独立企業原則から乖離しないとの見解が示されている。

しかし、2005年財務省規則案は独立企業原則と整合的でないと見る向きもあり、これらの者からは、本規則案に対し、少なからぬ批判が投げ掛けられている。例えば、本規則案が依拠している「投資家モデル」の下では、費用分担契約が締結されるのは、それが生み出す利益が、国内の親会社が独自に無形資産を開発する場合の利益を超過するケースに限定されることとなると想定されるが、非関連者間では、実際上、そのような条件の下で費用分担契約が締結されることはなく、また、そもそも、費用分担契約は、国外市場へのアクセスを高めるなど、利益追求以外の目的の下に締結されることもあることから、「投資家モデル」に依拠することは、費用分担契約を利用した濫用的なケースのみを考慮することになるという欠陥を根本的な問題点として有しているとの批判がされている[258]。

上記のような批判の他にも、そもそも、「投資家モデル」は、バイ・インの支払いと費用分担に係る貢献という二つの別の取引を合計したリターンの額の期待値に基づく唯一の投資決定であるかのように分析することを要求するため、独立企業原則からの乖離を生じさせるほか、「投資家モデル」の下では、全ての残余利益を「外部貢献」を行った契約当事者に配分することを求めているが、費用分担契約の下で実際に行われた開発に残余利益を帰属させないことは、研究開発活動による追加的な価値の付加や研究開発に係るリスクをその他の契約当事者も負っているとの事実を無視する問題を包含していることから、「投資家モデル」は、独立企業原則及び所得相応性基準に抵触する虞があるとの指摘もされている[259]。

上記のような批判等もあるが、2005年財務省規則案が立脚する「投資家モデル」は、その後の費用分担契約に関する財務省規則（2009年財務省暫定規則（TD 9441）及び2012年財務省最終規則（TD 9568）等）でも踏襲されている。例えば、2009年財務省暫定規則§1.482-7T（Methods to determine taxable income in connection with a cost sharing arrangement（temporary））では、前掲の本案§1.482-7(b)(3)等が用いていた「予備的取引と同時取引」（PCT）という文言は、殆ど意味を変えないまま、「基盤提供取引」（"Platform Contribution Transaction", PCT）という文言に置き換えられていることから、費用分担契約に基づく研究開発への「基盤提供取引」を行った契約当事者に対して相当の所得の配分を行うことが、IRC§482に基づく調整の対象とならないための重要なポイントとなっている。

上記の通り、費用分担契約を巡る一連の判決（Veritas事件控訴審判決等）で敗訴した後も、財務省規則は、IRC§482と費用分担契約との関係に係る税務当局の主張を維持・強化する方向で改正されている。しかも、Mayo Foundation for Medical Education and Research, et al v. United States事件最高裁判決（562 U. S. 2011）では[260]、行政当局の規

---

258) Naegele, *supra* " Transfer pricing insider "pp. 6-7参照。
259) TEA comments on Proposed Cost Sharing Regulations, Nov. 28, 2005, Tax Executive 57, No. 6 (2005) pp. 628-638参照。
260) 本事件では、学生に対する社会保障税の免除を定めるIRC§3121(b)に関する財務省規則§31.3121(b)(10)-2(d)(3)(iii)は、本法の適切な解釈を示したものであるか否かが問題となっている。

則により議会が空白にしていた法律の隙間を埋めることは期待されており、裁判所は、その合理性を尊重すべきであるとする「行政に対する謙譲の原理」（"doctrine of administrative deference"又は"Chevron deference"と称されている）の妥当性が強調されたことから[261]、税務当局は、IRC§482が空白にしている隙間を財務省規則で埋めることがその使命であるとして、IRC§482と独立企業原則との乖離を更に広げる方向で規則等を措置するであろうと見る向きもある[262]。

　他方、移転価格税制は、(i)非関連企業が互いに独立企業原則に基づいて取引をする非効率性を回避するのが多国籍企業であるとの事実を無視している、(ii)非関連企業の活動は、関連企業の活動とは本質的に異なるため、比較対象となる同様の取引は、多くの場合、存在しないが、存在するとの前提の下で解決することを余儀なくしている、(iii)企業をして、その活動・利益を低税率国に移転させる誘因となっている、(iv)その機能上の限界を補うための制度が異常に複雑であり、その執行及びコンプライアンス・コストが非常に高いなどの問題を包含しており、これらの問題は、益々、深刻化してきているとの指摘がされている[263]。これらの問題に鑑みると、財務省規則の改正によってIRC§482の機能を実質的に強化することが、所得等の国外移転による税源浸食を防止する上で最善の手段ではないのではないかとの疑問も生じないではない。

ロ）グローバルな「定式配分方式」採用案

　実際、移転価格税制及びその問題の根源となっている独立企業原則の限界をIRC§482の柔軟な解釈や財務省規則等で補完するよりは、それらに代替する所得等の配分方式を採用する方が望ましいとの意見もある。有力な代替方式として、グローバルな「定式配分方式」（Formularly apportionment method）が挙げられている。本方式の具体例として、米国の州レベルで採用されているユニタリー課税制度がある。例えば、カリフォルニア州のフランチャイズ税（Franchise tax）は、国境や州を跨いで事業活動を行う企業グループ全体を一つの課税単位（ユニット）とみなしてその課税対象所得を合算し、合算した所得を一定の方式（その企業の全世界と各国・地域における資産、給与及び販売額の一定比率）に基づいて、そのグループを構成する各企業に配分した上で、同州の企業に配分された所得額に対して課税が行われる。

　州税における「定式配分方式」としては、所得配分基準となる資産、給与及び販売額に同様なウェイトを付するマサチューセッツ方式が一般的であるが、税負担の相違に影響を受け難い販売額に相対的に大きなウェイトを付する制度設計もある[264]。移転価格税制の

261）「行政に対する謙譲の原理」とは、Chevron U.S.A. Inc. v. Natural Resources事件最高裁判決（467 U.S. 837；1984）で示された「これらのケースにおける行政当局の解釈は、明らかに相反する利害関係を踏まえた合理的なものであり、謙譲に値する」などの見解に見出し得るものである。
262）Kenneth Clark and Ronald Schrotenboer, The Mayo Decision and the Arm's-Length Standard, International Tax Review, Tax Reference Library No. 61（2012）p. 42参照。
263）Reuven S. Avi-Yonah, Kimberly A. Clausing and Michael C. Durst, Allocating Business Profits for Tax Purposes : A proposal to Adopt a Formularly Profit Split, Public Law and Legal Theory Working Paper Series, Working Paper No. 138（2008）pp. 4-8、Michael Durst, It's Not Just Academic : The OECD Should Reevaluate Transfer Pricing Laws, Tax Notes International, Jan. 18（2010）p. 249参照。
264）各州の「定式配分方式」の特徴は、Michael Durst, Current Formulary and Arm's Length Approaches- and a Note on BEPS, Transfer Pricing Report, Vol. 22, No. 5（2013）pp. 281-283参照。

第1章　米国の対応策の分析

代替となり得る選択肢としても、販売額を唯一の所得配分基準とする「定式利益配分」("Formulary profit split")方式と称する制度案を提唱する向きがある。かかる制度案のメリットとしては、(i)独立企業間価格を「見積もる」ための経済分析に係る困難性・負担などを省ける、(ii)多国籍企業の利益の国外移転の誘因を大幅に減少させる、(iii)課税繰延べの機会減少により、CFC制度や外国税額控除制度等の簡素化が可能となるなどの点が挙げられているが[265]、およそ同様なメリットは、「定式配分方式」に立脚するその他の制度設計案の下でも生じ得る。

他方、「定式配分方式」の問題点・デメリットが何であるかについては、カリフォルニア州のフランチャイズ税が憲法上の適正手続と商業法上の規定に抵触するか否かが争点となったBarclays Bank PLC and Colgate-Palmolive Company v. Franchise Tax Board of California事件最高裁判決（129 L. 2d 244 ; 1994）から示唆を得ることができる。本事件は、カリフォルニア州等で事業を行っている二つの多国籍企業が、1970年前半の課税年度分の同州におけるフランチャイズ税額を増額更正する処分を不服として訴訟を提起したケースであるが、納税者・上告人は、「全世界合算報告」("worldwide combined reporting")方式に立脚する本税は、「個別会計」("separate accounting")方式に立脚する連邦所得税制度や国外の課税制度と整合的でなく、コンプライアンス・コストや国際的二重課税の問題等を包含しているとの指摘も行っている。

上記最高裁判決では、O'Connor裁判官が、カリフォルニアのフランチャイズ税制度は、連邦政府が外国との商取引との関係を規制する上での一貫性の確保という商業法上の要請には反しないが、外国の納税者は、国内の納税者と異なり、連邦及び州レベルでの政治的なプロセスへのアクセスを有していない中、本制度によって、上告人が、国内の納税者の場合と異なり、二重課税のリスクに実際に晒されることは、商業法上の要請に反するものであるとの反対意見を述べているが、多数意見は、(i)上告人がカリフォルニア州と十分な繋がりを有する、(ii)本制度は、同州が提供するサービスとの関係上公正かつ平等な課税を実現している、(iii)必ず国際的二重課税が生じるわけではないことなどに鑑みると、本制度は裁判所の介入を必要とするほど米国の外交政策を危うくするものではなく、違憲でないという主旨のものとなっている。

しかし、米国憲法には反しないとしても、例えば、1994年版OECD移転価格ガイドラインでも、パラ185では、定式配分方式の最大の問題点は、国際的二重課税への対応であり、国際的二重課税を回避するためには、各国が統一された所得配分基準を採用することが必要となるが、その実現は困難であるとの見解が示され、また、パラ190では、本方式の採用は、コンプライアンス・コストの低減に繋がらないなどの見解が示されている。確かに、国際的二重課税やコンプライアンス・コストの問題を緩和する手段として、カリフォルニア州では、一定の条件の下、「水際選択」（Water Edge Election）制度の適用を選択する企業に対しては、合算・配分の対象を米国内の関連企業の所得のみに限定することも認められているが[266]、かかる選択の対象外となる企業のコンプライアンス・コストや国際的二重課税の問題が緩和されることとなるわけではない。

---

265) Avi-Yonah, Clausing and Durst, *supra* "Allocating Business Profits for Tax Purposes" pp. 17-22参照。
266)「水際選択制度」の詳細は、Water's Edge Manual（http://www.ftb.ca./gov/aboutFTB/manuals/.../water/ch1.pdf）参照。

他方、執行・コンプライアンス・コストは、移転価格税制よりも「定式配分方式」の下で、より低くなるとの意見や[267]、欧州委員会が提案しているCCCTB指令案で「定式配分方式」が採用されていること、BRICS諸国は既に独立企業原則を（中国の場合は黙示的に、ブラジルの場合は明示的に）捨象していること、独立企業原則の採用に際してもOECDを通じた合意形成が必要であったことなどを踏まえると、多くの国々が「定式配分方式」を採用することはないとの主張には説得力がないとの意見もある[268]。さらには、「定式配分方式」の採用の是非を巡って議論が分かれる中[269]、前述の「定式利益配分」方式を提唱する者の中には、折衷案として、移転価格税制と「定式配分方式」を融合させたアプローチ（利益分割法の適用対象となるケースに限って「定式配分方式」を採用する案）を提唱する向きもある[270]。

「定式配分方式」に基づく所得配分基準が、国際的な課税制度として長きに亘って確立している移転価格税制を代替することは想定し難いが、移転価格税制が無形資産の国外移転による税源浸食という問題に十分かつ適切に対応できないという問題が、近年、顕著なものとなる中、「定式配分方式」への支持は高まってきている[271]。無形資産の国外移転による税源浸食の問題に対する最も望ましい解決策は「定式配分方式」の採用であるとの意見もあるが[272]、今後、本方式への支持が強まるか否かは、(i)OECDにおける無形資産と移転価格税制との関係を巡る議論及びその今後の趨勢（終章第4節1参照）、(ii)OECDのBEPSプロジェクトの行方、(iii)CCCTB指令案の行方（第3章第1節2参照）、(iv)各国における移転価格税制の適用の実態及びその趨勢（第3章第4節3(3)及び終章第4節1(2)参照）等にも少なからず左右されるものと考えられる。

2．法人資産の国外移転への対応

(1)　「国外移転に係る通行税」であるIRC§367による対応

イ）制度設計

法人所得に係る税源の浸食は、勿論、法人所得の国外移転からのみ生じるわけではない。例えば、内国歳入法の下、法人の居住性は、原則として、設立準拠地主義に基づいて判定されることから[273]、米国で設立された法人は、内国法人として、その全世界所得に対し

---

[267]　Durst, supra "It's Not Just Academic" p. 252参照。
[268]　Lee A. Sheppard, Is Transfer Pricing Worth Salvaging ? Tax Notes, Vol. 136, No. 5 (2012) p. 472参照。
[269]　例えば、「全世界合算方式」に立脚する「定式配分方式」の研究は、移転価格税制が包含しているタックス・ヘイブン問題に対する包括的な解決策を模索する上で効果的であるとの主張は、Michael J. McIntyre, Contrasting Methodologies: A Systematic Presentation of the Differences Between An Arm's-Length/Source-Rule System and a Combined-Reporting/Formularly-Apportionment System (http://www.faculty.law.wayne.edu/.../contrasting_method.pdf) 参照。
[270]　代替案の詳細は、Reuven S. Avi-Yonah, Between Formulary Apportionment and the OECDGuidelines: A Proposal for Reconociliation, the University of Michigan Legal Working Paper Series 102 (2009) (also athttp://www.law.bepress.com/umichlwps-olin/art102) 参照。
[271]　Kevin A. Bell, Can Formulary Apportionment Fit into Arm's-Length Confines ? Formulary Advocate Dubs OECD Draft Chapters a Significant Step, Transfer Pricing Report, Vol. 18, No. 14 (2009) p. 768参照。
[272]　Sheppard, supra "Is Transfer Pricing Worth Salvaging ? "p. 470参照。
[273]　IRC§7701（「定義」）(a)(4) (Domestic) は、"The term 'domestic' applied to a corporation or a partnership means created or organized in the United States or under the law of the United States or of any State ...."と定めている。

て課税されるのに対し、外国法人の場合、IRC§881（Tax on income of foreign corporations not connected with United States Business）が定める米国源泉の一定の受動的所得とIRC§882（Tax on income of foreign corporations connected with United States business）が定める米国との「十分な繋がり」（"sufficient nexus"）のある「米国事業実質関連所得」（"income effectively connected with a trade or business in the United States"）のみが課税対象とされるにとどまることから[274]、法人は、国際的組織再編等を通じて、その税務上の地位を変更することによって、税負担を軽減することが可能となり得る。

しかも、税法上、(i)適格要件を満たす組織再編、(ii)譲渡益課税の根拠規定であるIRC§1001（Determination of amount of and recognition of gain or loss）の適用対象外であるケース（IRC§354（Exchanges of stock and securities in certain reorganizations）やIRC§361（Nonrecognition of gain or loss to corporations；treatment of distributions）等が定める適格要件（法令上定められている要件と判例上形成された三つの原理・要件「①『事業目的』（business purpose）の存在、②『事業継続性』（continuity of business enterprise）、③『投資（持分）継続性』（continuity of interest）」）を満たすケース、(iii)IRC§351（Transfer to corporation controlled by transferor）が定める現物出資による法人設立のケース、(iv)IRC§332（Complete liquidations of subsidiaries）のケース等は、原則として、譲渡益課税の繰延べが認められる。

もっとも、法人の税務上の地位の変更による税源浸食を防止するとの観点から、IRC§367（「外国法人」）等が措置されている。本規定は、「国外移転に係る通行税」（"outbound toll charge"）と称される出国税であり、一定の要件に該当する法人資産の国外移転に際し、そのみなし譲渡益に課税するものである。本条(a)（「米国からの資産の移転」）(1)（General rule）は、「もし、IRC§332、351、354、356又は361で述べられている交換に関連して、米国の者が、外国法人に資産を移転すると、当該外国法人は、かかる資産移転に伴って認識される利益の程度を決定する目的上、法人とはみなされない」と定めている[275]。そもそも、上記IRC§351等の下で譲渡益課税の繰延べが認められるのは、法人間の資産移転に限定されているため[276]、IRC§367（「外国法人」）(a)（「米国からの資産の移転」）(1)（「一般ルール」）の下、法人とみなされないこととなる外国法人への資産移転の場合、譲渡益課税の繰延べは認められないこととなる[277]。

さらに、国際的組織再編等による法人資産の国外移転による税源浸食を防止することを目的とするIRC§367（「外国法人」）の下では、国際的組織再編に伴い、米国の者の資産

---

[274] IRC§881（「外国法人の米国事業と関連しない所得への課税」）(a)（Imposition of tax）は、"Except as provided in subsection (c), there is hereby imposed for each taxable year a tax of 30 percent of the amount received from sources within the United States by a foreign corporation as——(1) interest (…), dividends, rents, salaries, wages, premiums, annuities, compensations, remunerations, emoluments, and other fixed or determinable annual or periodical gains, profits and income …" と定めている。

[275] 原文は、"If, in connection with any exchange described in section 332, 351, 354, 356, or 361, a United States person transfers property to a foreign corporation, such foreign corporation shall not, for purposes of determining the extent to which gain shall be recognized on such transfer, be considered to be a corporation." である。1984年改正前のIRC§367(a)の原文は、脚注135）参照。

[276] IRC§332(a)は、第1節2(2)・脚注32）参照。IRC§351(a)は、第2節2(2)・脚注139）参照。

[277] 詳細は、松田・前掲「法人資産等の国外移転への対応」88～89頁参照。

第3節　法人所得等の国外移転による税源浸食への対応

の国外への間接移転や国外から国外にその者の資産の移転が生じる場合も、原則として、みなし譲渡益課税が行われる。財務省規則1.367(a)-3（Treatment of transfers of stock of securities to foreign corporations）(d)（Indirect stock transfer in certain nonrecognition transfers）(1)（In general）も、外国法人株式の移転が絡む組織再編に伴って間接的に株式保有関係に変化が生じることとなる米国の居住者である株主等に対しても、原則として、その保有株式の外国法人へのみなし譲渡があったとして課税が行われる旨を定めている[278]。このような課税が行われるのは、間接的株式移転と直接的株式移転の経済的インパクトは本質的に同様であることから、課税の公平上、同様に取り扱うのが妥当と考えられるからである[279]。

ロ）IRC§367が定める一般ルールの例外

　もっとも、IRC§367(a)（「米国からの資産の移転」）(1)が定める上記の一般ルールには例外があり、かかる例外に該当する資産移転による譲渡益に対しては、キャピタル・ゲイン課税の繰延べが認められる。例えば、(i)IRC§367(a)(2)（Exceptions for certain stock or securities）は、株式交換又は組織再編の当事者となる外国法人の株式や証券を移転する場合でも、財務省規則が定める範囲において、IRC§367(a)(1)が定める一般ルールが適用されない旨を定めており、また、(ii)IRC§367(a)(3)（Exception for transfers of certain property used in the active conduct of a trade or business）は、外国法人への資産の移転が伴う組織再編等において、移転した資産が当該外国法人によって米国外における事業の積極的な遂行に使用されている場合には、財務省規則が定める範囲において、IRC§367(a)(1)が定める一般ルールが適用されない旨を規定している。

　上記(i)との関係では、財務省規則§1.367(a)-3(b)（Transfers of stock or securities of foreign corporations）の下、①米国法人が、外国法人株式の移転と交換に得た移転先の外国法人（foreign transferee corporation）の株式の総議決権及び総価値をその移転直後に保有する割合が5％未満である場合、あるいは、②その保有割合が5％以上である場合でも、本規則§1.367(a)-8（Gain recognition agreement requirements）に定める「譲渡益認識合意書」に基づく再編後5年間の報告義務の履行などを条件として[280]、譲渡益課税の繰延べが認められる[281]。上記(ii)との関係では、本規則§1.367(a)-3(c)（Transfer of stock or securities of domestic corporations）の下、米国の者による国内法人株式の外国法人へ

---

[278]　本規定は、"... a US person who exchanges, under 354 (or section 356) stock or securities in a domestic or foreign corporation ... or who is deemed to make such an exchange ... shall ... be treated as having made an indirect transfer of such stock or securities to a foreign corporation that is subject to the rules of this section ... ."と定めている。

[279]　Thompson, supra "Section 367" pp. 1542-1543 参照。

[280]　「譲渡益認識合意書」の締結後、報告義務を適時に履行しない場合には、「合理的な理由による救済」（"reasonable cause relief"）を示さない限り、合意書違反となるが、IRSが2010年7月に示したメモでは、「合理的な理由による救済」の範囲の実質的な拡大による納税者負担の軽減を図る措置が講じられている。詳細は、Kristen A. Parillo, IRS Modifies Gain Recognition Agreement Filing Provisions,Tax Notes International, Vol. 59, No. 6 (2010) pp. 442-443, Marcellin Mbwa-Mboma and Awo Archampong-Gray, Gain Agreements and Reasonable Cause Exception, Corporate Business Taxation Monthly (Oct. 2009) pp. 29-27参照。

[281]　「譲渡益認識合意書」の締結後5年以内に移転した資産の譲渡があった場合には、財務省規則§1.367(a)-8(b)(3)（Terms of agreement）の下、原則として、譲渡益を組織再編年度の所得に組み込む形で修正申告を行うか、あるいは譲渡益を資産の譲渡年度の所得として申告することが必要となる。

第1章　米国の対応策の分析

の移転の場合、上記①又は②の要件に加え、本項(3)（active trade or business test）号に定める「積極的な取引・事業テスト」などの要件をクリアーすれば、譲渡益課税の繰延べが認められる。

上記財務省規則§1.367(a)-3(c)(3)が定める「積極的な取引・事業テスト」をクリアーするためには、①資産移転を受けた外国法人やその一定の子会社等が、資産移転前の36カ月の間、米国外で積極的な取引・事業に従事している、②資産移転時点において、資産の移転者と資産の受領者である外国法人のいずれも、その事業を中止する意図を有していない、③外国法人が受領した資産の市場価値が資産移転を行った米国法人の市場価値以下でないという「実質性テスト」（"substantiality test"）を満たすことが必要となるが、IRC§367(a)(3)(B)（Paragraph not to apply to certain property）で示されている5種類の「汚れた資産」（"tainted assets"）と称される資産は、そもそも、上記のIRC§367(a)(3)（「事業の積極的な遂行に使用される一定の資産の移転に係る例外」）に該当し得ない資産であることから、その譲渡益課税の繰延べの余地はない。

ハ）IRC§367と無形資産取引との関係

上記IRC§367(a)(3)(B)で示されている5種類の「汚れた資産」とは、棚卸資産及び著作権に関する資産、受取債権、外貨、IRC§936（Puerto Rico and possession tax credit）(h)（Tax treatment of intangible property income）(3)（Intangible property income）(B)（Intangible property）が示す定義に該当する無形資産、移転者がリースする一定の資産である。IRC§482の下では、移転時を基準として課税することは、無形資産の本当の価値を必ずしも的確に反映した課税とならないとの考え方が採用されているように、IRC§367(d)（Special rules relating to transfers of intangibles）の下でも、同様な考え方に立ち、IRC§351（「譲渡人が支配する法人への資産移転」）又はIRC§361（Nonrecognition of gain or loss to corporations ; treatment of distributions）が定める交換によって無形資産が外国法人に移転するケースについては、別途、特別な取扱いが定められている[282]。

上記IRC§367(d)（「無形資産の移転に係る特別なルール」）が定める「特別な取扱い」とは、具体的には、本規定の(2)（Transfer of intangibles treated as transfer pursuant to sale of contingent payments）号に定められており、本号の下、米国の者がIRC§351又は§361で定める交換によって無形資産を外国法人に移転する場合には、「…当該米国の者は、(i)かかる資産の生産性、使用又は処分に伴って生じる支払と交換にかかる資産を売却したものと取り扱われ、また、(ii)受領するであろう金額を合理的に反映する額を、(I)毎年、かかる資産の耐用年数に亘り、支払という形態で、あるいは(II)かかる移転の後、（直接であれ間接であれ）、処分される場合には、処分時において、受け取ったものと取り扱われる。上記の条文(ii)で考慮される金額は、無形資産に帰属すべき所得と釣り合ったものとする。…(C)受領された金額は通常所得として取り扱われる」こととなる[283]。

無形資産の国外移転に係るIRC§367(d)とIRC§482の適用上の棲み分けについては、財

---

282) 詳細は、General Explanation of Tax Legislation Enacted in the 108th Congress（JCS-5-05）p. 427, Thompson, *supra* "Section 367" p. 1021参照。
283) 後段部分の原文は、"The amounts taken into account under clause (ii) shall be commensurate with income attributable to the intangible ... (C) The amounts received treated as ordinary income." である。

務省規則§1.367(d)-1T（Transfer of intangible property to foreign corporations (Temporary)）(g)（Special rules）(4)（Coordination with IRC§482）が規定している。本規則の下では、米国の者が無形資産を外国法人に実際に販売している、あるいは無形資産の使用許諾を外国法人に与えているケースは、IRC§482の対象となり得るが、IRC§367(d)及び本規定のルールの適用対象とはならないのに対し、「米国の者が関連する外国法人から対価を得ることなく無形資産を移転する、若しくは、IRC§351又はIRC§361で述べる取引において移転を受ける者の株式や証券との交換を通じて無形資産が移転する場合には、IRC§482の下での調整の対象となる売却や使用許諾があったとはみなされない」ため[284]、この場合には、IRC§367(d)の対象となる無形資産の移転があったものとして取り扱われるとされている。

上記の通り、IRC§367(d)（「無形資産の移転に関する特別ルール」）では、本規定の(2)（「条件付き支払いの売買に基づく移転として取り扱われる無形資産の移転」）号の適用対象は、IRC§351（「譲渡人が支配する法人への資産移転」）又はIRC§361（「法人の損益の不認識；分配の取扱い」）が定める交換によって無形資産が外国法人に移転するケースであると規定されているのに対し、財務省規則§1.367(d)-1T(g)(4)（「IRC§482との調整」）は、これらのケースだけでなく、米国の者が無形資産を関連する外国法人に無償で移転するケースも、IRC§482による調整の対象となるのではなく、IRC§367(d)の対象となるとしている。但し、外国法人が十分な対価を支払うことなく米国法人が有する無形資産の使用権を得ているとしてIRSがIRC§482を適用することが妥当だと考える場合には、いかなる場合でもIRC§367(d)の適用はないとされている[285]。

(2) コーポレイト・インバージョンへの対応策

イ）「実現アプローチ」に依拠する制度による対応の限界

上記の通り、財務省規則§1.367(d)-1T(g)(4)等は、IRC§367(d)とIRC§482の適用上の棲み分けを行っているが、双方の規定が交錯することがあり得ることを示唆している。このような関係は、IRC§482がIRC§367の機能上の限界を補完し得ることをも示唆しているが、「実現アプローチ」に依拠するこれらの規定では適切に対応できない形で生じる税源浸食もある。特に、1986年財務省決定（TD 8087 (1986-1 C. B. 175)）及び1987年IRS告示（Notice）87-85の下では、「譲渡益認識合意書」を結ぶことを条件として、組織再編に伴う譲渡益課税の繰延べを認める範囲が実質的に拡大したため、米国に設立された法人が、組織再編等を通じてその親会社機能を国外に移転することによって、米国での税負担を軽減する動き（コーポレイト・インバージョン）が活発化したとの経緯があるが、このような動きによって生じ得る税源浸食をIRC§367及びIRC§482によって十分に防止することはできない。

---

[284] 原文は、"If a U. S. person transfers intangible property to a related foreign corporation without consideration, or in exchange for stock or securities of the transferee in a transaction described in sections 351 or 361, no sale or license subject to adjustment under section 482 will be deemed to have occurred." である。

[285] 詳細は、JCTの説明文書（General Explanation of the Revenue Provisions of the Deficit Reduction Act of 1984, H. R. 4170, 98th Congress, JCS-4-84) 432～433頁、Charles I. Kingson, Seven Lessons on Section 367, Tax Notes, Vol. 104, No. 11 (2004) pp. 1021-1024参照。

第1章　米国の対応策の分析

　他方、CFCルールは、「実現アプローチ」に立脚する制度の限界を補完することによって、コーポレイト・インバージョンによる税源浸食をある程度防止できるが、IRC§957（Controlled foreign corporations）が、株式の50％超を米国株主が保有する外国法人をCFCであると定義し、また、IRC§951（Amounts included in gross income of United States shareholder）(b)が、CFCのサブパートF所得の合算を定めるCFCルールの適用対象となる米国株主とは、IRC§958（Rules for determining stock ownership）(a)（Direct or indirect ownership）及び同条(b)（Constructive ownership）の下、CFCの全ての種類の株式の総議決権の10％以上を有する者であると定義しているところ、米国の内国法人が有するCFC株式の外国法人への売却や外国法人の議決権のない株式との交換などを伴うコーポレイト・インバージョン通じて、かかる定義から外れる株主となれば、CFCルールの適用対象外となり得る[286]。

　確かに、CFCルールの適用回避に対しては、IRC§367(b)（Other transfers）(1)（Effect of section to be determined under regulations）が、「IRC§367(a)(1)で定める資産の移転が生じないIRC§332、351、354、355、356又は361で規定する交換の場合には、外国法人は法人として取り扱われるが、連邦所得税の回避の防止に必要な又は適切なものとして財務省長官が規則に定める範囲に限ってはそうではない」と規定し[287]、また、例えば、本規定を受けた財務省規則§1.367(b)-4（Acquisition of foreign corporate stock or assets by a foreign corporation in certain nonrecognition transactions）は、「もし、交換がパラグラフ(b)(1)(i)…に記載されているものであるなら、交換を行った株主は、交換した株式に帰属するIRC§1248の額をみなし配当として所得に算入する」と定めていることから[288]、対応措置が全く手当てされていないわけではない。

　上記財務省規則§1.367(b)-4が言及しているIRC§1248（Gain from certain sales or exchanges of stock in certain foreign corporations）は、(a)（General rule）項において、CFCルールの適用対象株主が、未分配の利益等に起因して高い評価額となっているCFC株式を売却しても譲渡益課税を受けるだけにとどまることがないように措置されたものであり、「もし、(1)米国の者が外国法人の株式を売却又は交換し、(2)かかる者が…、958条(a)項の意味で、…その外国法人が被支配外国法人であった時にその外国法人株式の議決権のある全ての種類の株式の総合計の議決権の10％以上を保有していたと考えられるならば…、かかる株式の売却・交換による利益は、かかる者の配当として総所得に算入される…」と定めている[289]。また、本規則が言及しているパラグラフ(b)(1)(i)は、1248条の適用対象

---

[286]　詳細は、Kun, supra "A Broader View" pp. 18-19参照。
[287]　原文は、"In the case of any exchange described in section 332, 351, 354, 355, 356, or 361 in connection with which there is no transfer of property described in subsection (a)(1), a foreign corporation shall be considered to be a corporation except to the extent provided in regulations prescribed by the Secretary which are necessary or appropriate to prevent the avoidance of Federal income taxes." である。
[288]　原文は、"If an exchange is described in paragraph (b)(1)(i) ... of this section, the exchanging shareholder shall include in income as a deemed dividend the section 1248 amount attributable to the stock that it exchanges." である。
[289]　原文は、"If——(1) a United States person sells or exchange stock in a foreign corporation, and (2) such person owns, within the meaning of section 958(a), 10 percent or more of the total combined voting power of all classes of stock entitled to vote of such foreign corporation ... when such corporation was a controlled foreign corporation ..., then the gain recognized on the sale or exchange of such stock shall be included in the gross income of such person as a dividend, ..." である。

である株主でなくなる結果となる株式交換の要件を定めている。

上記の他にも、IRC§304（Redemption of Stock through related corporations）(a)（Treatment of certain stock purchases）が、「…もし、一人又は二人が二つの法人のそれぞれを支配しており、(B)資産と交換に、かかる支配をしている者から、その一方の法人が他方の法人の株式を取得すれば、その場合、…かかる資産は、株式を取得した法人の株式の償還による配当として取り扱われる」と定めていることから[290]、本規定も、コーポレイト・インバージョンにある程度は対処し得るものとなっている。しかし、財務省2002年報告書（"Corporate Inversion Transactions : Tax Policy Implications"、以下「2002年（財務省）報告書」という）では、コーポレイト・インバージョンが惹起する問題の中には、現行法の下では適切に対処することが困難なものが含まれており、しかも、このような問題こそが、むしろ、インバージョンの最大の問題であるとの指摘がされている。

そもそも、コーポレイト・インバージョンによる税源浸食は、その組織再編の際に認められる一定の要件に該当する株式譲渡益の課税の繰延べなどによって生じ得るが、インバージョンが行われた後、現行制度の下では適正な課税が必ずしも担保されない虞がある様々な二次的な組織再編や「利益剥し」等によっても生じ得るところ、上記2002年報告書で特に問題視されているのは、この二次的な再編成・「利益剥し」であって、その具体的な例としては、①親会社機能を移転した先の国外法人から、米国法人が多額の借入れを行い、その利息の税務上の控除を行う、②評価が困難な無形資産が絡む取引を通じて、親会社機能を移転した先の法人に所得を移転する、③親会社機能を移転した先の法人との再保険契約に基づいて支払った保険料を控除する、④CFCルールに基づく合算課税の機会が消滅する、⑤事業活動や雇用機会等が国外にシフトすることなどが挙げられている[291]。

ロ）IRC§7874の導入とその制度設計

2002年報告書では、コーポレイト・インバージョンの問題は、現行税制が米国の多国籍企業の競争力を阻害している面があることをも示唆していることから、今後は、国際課税制度の多角的かつ抜本的な制度改革の選択肢をも視野に入れる必要があると指摘されているが、上記イ）で示した問題点への対応措置として、2004年には、コーポレイト・インバージョン対策税制であるIRC§7874（Rules on expatriated entities and their foreign parents）が導入されている。本規定の適用対象となるのは、外国法人が、IRC§7874(a)（Tax on inversion gain of expatriated entity）(2)（Expatriated entity）(A)（In general）が定義する「国外移転した事業体」である国内法人との関係においてIRC§7874(a)(2)(B)（surrogate foreign corporation）が定義する「代理の外国法人」となるケースであり、このようなケースには、①「管轄アプローチ」又は②「実現アプローチ」のいずれかに立脚した取扱いが適用される。

上記①（「管轄アプローチ」）に立脚した取扱いの対象となるのは、米国の内国法人の実

---
290) 原文は "... if (A) one or more persons are in control of each of two corporations, and (B) in return for property, one of the corporations acquires stock in the other corporation from the person (or persons) so in control, then … such property shall be treated as a distribution in redemption of the stock of the corporation acquiring such stock." である。
291) 2002年報告書21～26頁、General Explanation of Tax Legislation Enacted in the 108th Congress (JCS-5-05), JCT (http://www.jct.gov/publications.html?func=startdown&id=2314) 参照。

質的に全ての資産を外国法人が直接又は間接に取得し[292]、当該米国内国法人の株主が、インバージョン後、当該外国法人の株式の議決権又は価値の80％以上を保有することとなり（「80％テスト」）、しかも、当該外国法人の設立国での事業活動が、その属する「拡大関連グループ」（expanded affiliated group）の全事業活動に比して「相当程度の事業活動」("substantial business activity")となっていないと判断されるケースである[293]。この場合、当該外国法人は、IRC§7874（「国外移転した事業体とその国外の親会社に関するルール」）(b)（Inverted corporations treated as domestic corporations）の下、米国の税法上、国内法人として取り扱われるため、コーポレイト・インバージョンの税務上の効果（制限納税義務者としての税務上の取扱いなど）が実質的に否定されることとなる。

これに対し、IRC§7874(a)(2)(B)（「代理の外国法人」）の下、上記②（「実現アプローチ」）に立脚した取扱いの対象となるのは、インバージョン後の米国の内国法人の株主による外国法人の株式の保有割合が80％未満～60％以上（「60％テスト」）であるという点以外は、上記①（「管轄アプローチ」）の適用条件と同様であるケースである。かかる取扱いの対象となると、インバージョンの税務上の効果が実質的に無視されて外国法人が米国の税法上内国法人として取り扱われることはないものの、一定の所得やキャピタル・ゲインは、IRC§304（Redemption through use of related corporations）、IRC§311(b)（Distributions of appreciated property）、IRC§367（「外国会社」）、IRC§1001（Determination of amount of and recognition of gain or loss）、又は資産の移転に関係するその他の条文に基づいて課税されるほか、組織再編後10年間、課税対象利益を純経常損失や外国税額控除等と相殺することができないこととなる。

IRC§7874のその他の主な制度設計上の特徴としては、本条(c)（Definitions and special rules）(4)（Certain transfer disregarded）の下では、資産や負債の移転を行う主要な目的が本条の適用を回避することである場合にも、その税務上の効果が無視されること[294]、IRC§894（Income affected by treaty）が、租税条約の適用対象等について定め、また、IRC§7852(d)（Treaty obligations）が、米国の国内法と租税条約の適用上の優劣に関して規定しているところ、IRC§7874(f)（Special rule for treaties）の下では、「米国の租税条約上の義務は、本規定の成立に前後するか否かに関係なく、かかる義務があることを理由として、IRC§894又はIRC§7852(d)のいずれの規定あるいはその他の法律の如何なる規定を援用して、本条の諸規定の適用が免除されると解し得ない」と規定されていることなどが注目される[295]。

他方、2006年には、IRC§7874の適用に係る透明性を高めるなどの観点から、財務省決定（Guidance under section 7874 regarding expatriated entities and their foreign

---

292) 但し、IRC§7874(d)(2)の下、一定の棚卸資産の国際的移転は本規定の対象外とされている。
293) なお、IRC§7874(c)(2)の下、新設外国親法人と50％以上の株式保有関係にある法人及び新設外国親法人からなる「拡大した関連グループ」（IRC§7874(c)(1)の定義参照）が保有する（あるいは公募販売される）新設外国法人の株式は、株式保有割合が80％以上であるか否かを判断する際には除外される。
294) このような租税回避の例は、IRS告示（Notice）2009-78, 2009-40 IRB, 09/17/2009,7874 (http://www.ifausa.org/dman/Document.phx?documentld...cmd=download) 参照。
295) 原文は、"Nothing in section 894 or 7852(d) or in any other provision of law shall be construed as permitting an exemption, by reason of any treaty obligation of the United States heretofore or hereafter entered into, from the provisions of this section." である。

第3節　法人所得等の国外移転による税源浸食への対応

parents, TD 9265）及び財務省臨時規則§1.7874-2T（Surrogate foreign corporation）等が示されたことによって、例えば、「相当程度の事業活動」であるか否かは、原則として、「事実と状況に関するテスト」（"facts and circumstances test"）に基づいて決定されるもの[296]、セーフ・ハーバー・テスト（①外国法人が雇用している者のグループ全体の労働者数に占める割合が10％以上、②外国法人に属する資産のグループ全体の資産に対する割合が10％以上、③外国法人の現地での一定期間における売上額等がグループ全体の売上額等の10％以上）をクリアーする場合にも、IRC§7874の適用対象外となることなどが明らかとなった[297]。

しかし、その後、上記財務省決定（TD9265）等で示されたセーフ・ハーバー・テストは、2009年財務省決定（Guidance under section 7874 regarding surrogate foreign corporation, TD 9453）及び財務省臨時規則（REG-112994）によって廃止され[298]、また、上記の「事実と状況に関するテスト」も、2012年には、「明確な基準テスト」（Bright-line test）を定める財務省決定（Substantial Business Activity, TD 9592）及び財務省臨時規則（REG-107889-12）によって廃止されている。新たに採用された「明確な基準テスト」の下では、相当な程度の事業活動が存在していると判定されるためには、法人グループの被雇用者、資産及び所得の少なくとも25％が移転した先の国で存在・発生していることが必要となる。このように、三つの要素の一つでも基準を満たさないと米国法人として課税する本ルールは、非常に厳しい基準を設定するものであるとの指摘がされている[299]。

ハ）「管轄アプローチ」への依存の高まり

「管轄アプローチ」に基づいて外国法人を一定の場合に内国法人として取り扱うとしているのは、IRC§7874に限ったわけではない。例えば、IRC§269B（Stapled entities）は、「結合した事業体という文言は、複数の事業体の各々に対する実質的所有権の価値の50％超が『結合した利権』によって構成されている複数の事業体を意味する」（§269B(c)(2)）とした上で[300]、「『複数の利権』とは、その所有形態、譲渡に対する制限あるいはその他の条件により、一つの利権の譲渡に関連してその他の利権の譲渡が必要となるような関係にあるもの」（§269B(c)(3)）との定義の下[301]、内国法人と外国法人が「結合した事業体」に該当する場合には、当該外国法人も、税務上、原則として、国内法人として取り扱われ（§269B(a)(1)参照）。しかも、この場合、当該外国法人が納付していない税については、その株主又は結合している国内法人から徴収することが可能であると定められている（§269B(b)参照）[302]。

296）　本テストを構成する判断要素（外国での経済活動の実績等）は、2009年改正前の財務省規則§1.7874-2T(3)参照。
297）　本テストは、2009年改正前の財務省規則§1.7874-2T(d)(2)参照。
298）　2009年改正財務省規則§1.7874-2T(g)の主なポイントは、http://www.aicpa.org/.../Sec787NewRegsTightentheAnti-InversionRules.aspx参照。
299）　http://www.cdlm.com/.../federal_Tax_Weekly_2012_24.pdf参照。
300）　原文は、"The term "stapled entities" means any group of 2 or more entities if more than 50 percent in value of the beneficial ownership in each of such entities consists of stapled interests."である。
301）　原文は、"Two or more interests are stapled interests if, by reason of form of ownership, restrictions on transfer, or other terms or conditions, in connection with the transfer of 1 of such interests the other such interests are also transferred or required to be transferred."である。

117

第1章　米国の対応策の分析

　租税条約上も、「管轄アプローチ」が採用されている例が見受けられる。例えば、米蘭租税条約の議定書（2004年合意）が追加した26条（LOB）2項c号(i)では、条約特典が認められる締約国の居住法人の判定基準の一つとして、法人が居住者であるいずれかの締約国で実質的な存在が欠如しているか否かという「実質的存在テスト」（"substantial presence test"）が採用されているが、本テストの下、本条約特典が認められない締約国の居住法人のメルクマールの一つは、その主な管理支配地がその居住地でないこととされている（同条8項d号(ii)）。逆に、「法人の主な管理支配地がその居住者となっている締約国となるためには、法人の経営者や幹部管理者が、当該法人が居住者となっている締約国で当該法人（直接・間接に保有する子会社も含む）の戦略、財務及び運営に係る方針の大半の決定を日々行うという責任を果たしていることが前提となる…」とされている（同条8項e号(iii)）[303]。

　また、「はしがき」でも述べたとおり、IRC§7874が措置されたにもかかわらず、ここ数年、コーポレイト・インバージョンを行った又は行う意向を示した大企業が増えている。Obama政権は、インバージョンを行った法人の多くは、「実現アプローチ」の対象となる「代理の外国法人」の株式の議決権又は価値の80％未満〜60％以上を米国の内国法人の株主が保有するとの要件（「60％テスト」）に該当しているが、CFCルールの適用対象から外れるケースもあるなど、「実現アプローチ」では税源浸食を十分に防止できないとの認識の下、2015年財政案では[304]、(i)「管轄アプローチ」の対象要件の一つである「80％テスト」を「50％テスト」に変更する、(ii)「60％テスト」は廃止する、(iii)「50％テスト」に関係なく、「代理の外国法人」を含む関連企業グループが、米国で相当程度の事業活動を行い、しかも、その「代理の外国法人」の主たる管理支配が米国で行われている場合には、IRC§7874の適用対象とすることなどが提案されている[305]。

　さらに、最近では、税源浸食防止手段としての「管轄アプローチ」の有用性に鑑み、より広い範囲で本アプローチを採用することを提言する向きもある。「管轄アプローチ」を広い範囲で採用するという考え方は、実質管理地主義の実質的な採用という形の提案となって主張されている。例えば、Michigan大学のReuven S. Avi-Yonah教授は、コーポレイト・インバージョンという現象を阻止するための最善の改革は、英国の管理支配テストに相当するようなものを採用して法人居住地の概念を修正することであると主張しており[306]、また、Notredame大学のMichael S. Kirsch教授も、米国企業の国外移転やコーポレイト・インバージョンへの対応が不適切・不十分なものとなっている現状などに鑑みる

---

302)　詳細は、IRS告示（Notice)2003-50及び2004年財務省規則（REG-101282-04)（http://www.unclefed.com/ForTax Profs/irs-regs/2004/10128204.pdf）等参照。

303)　原文は、"The company's primary place of management and control will be in the State of which it is a resident only if executive officers and senior management employees exercise day-to-day responsibility for more of the strategic, financial and operational policy decision making for company (including its direct and indirect subsidiaries) in that State …."である。

304)　本財政案の解説(General Explanations of the Administration's Fiscal Year 2015 Revenue Proposal)は、http://www.treasury.gov/.../tax.../General-Explanataions-FY2015.pdfから入手可能。

305)　本財政案には、国内のパートナーシップの資産又は事業資産の実質的に全ての取得を伴うインバージョンもIRC§7874の適用対象とするように改正する提案も含まれている。

306)　Reuven Avi-Yonah, For Haven's Sake : Reflection on Inversion Transactions, Vol. 95, No. 12 (2002) p. 6参照。英国の管理支配テスト（「管理と支配の中心テスト」）の詳細は、第2章第3節参照。

と、設立準拠地主義の短所をアドホックに補うというスタンスではなく、多くの論者が主張しているように、より濫用の余地が少ない管理支配テストの採用という基本的な選択肢について前向きに検討することが望ましいと結論づけている[307]。

　上記のような意見の他にも、米国は、確かに、IRC§7874等を措置したことによって、法人の居住性の判定基準として設立準拠地主義に実質的な変更を加えており、そのような変更は、設立準拠地主義の問題点・限界を補完する効果を有しているが、IRC§7874の適用対象となるコーポレイト・インバージョンに該当するか否かの判断を主としてインバージョン前後の株式保有関係の変更度合に依拠するアプローチは適切とは言い難いほか、法人の居住性の判定基準自体の抜本的な変更を検討しなければならない。なぜならば、技術革新が著しい今日、法人は、殆ど事業実態のない国でその登記を行い、別の国でその管理を行うことができるという状況が認められる中、設立準拠地主義は、税負担の軽減を図る上で不当に操作することが容易な基準であるのに対し、事業実質の存在の有無に着目する実質管理地主義は、税負担軽減を図る上で、より不当な操作が困難な基準であるからであるなどの意見が見受けられる[308]。

3．小括とポイント

　法人所得等の国外移転による税源浸食を防止するIRC§482の機能が高いことは、(i)所得・費用等の配分に係るIRS長官の裁量の範囲が広く、かかる配分が不合理であることを納税者が立証しない限り、かかる配分は適法と判断される、(ii)実際には所得が生じていないケースでも所得配分が可能となる場合がある、(iii)所得相応性基準が採用されている、(iv)関係資料の提出・保存義務違反に対する厳しいペナルティが措置されていることなどからも示唆される。しかし、本規定とその他の幾つかの規定（費用控除規定やIRC§7872等）や判例法上の否認法理との適用関係には不透明性があるほか、本規定も、無形資産が絡む取引による所得等の国外移転、特に、国外子会社と結んだ費用分担契約の下、無形資産の共同開発の利益を国外子会社に帰属させる所得の国外移転への対応上、克服し難い限界があることが、税務当局が敗訴したVeritas事件租税裁判所判決（2009）等で明らかとなっている。

　上記のような限界があることに鑑み、IRC§482に関する財務省規則等の下では、費用分担契約に対し、より効果的に対処することができるような取扱いが定められているが、このような取扱いは、IRC§482を独立企業原則から乖離させるものであるとの批判もされている。実際、費用分担契約に代表される無形資産が絡む取引は、IRC§482の問題・限界を示唆しているというよりは、むしろ、独立企業原則の限界を示唆しているわけであり、独立企業原則に基づくアプローチによる対応を捨象又は修正すべきであるとの提言も見受けられる。代表的な提言が、米国の州レベルで採用されている「定式配分方式」への移行案である。「定式配分方式」が独立企業原則にとって代わることは想定し難いと見る

---

307) Michael S. Kirsch, the Congressional Response to Corporate Expatriations: the Tension between Symbols and Substance in the Taxation of Multinational Enterprises, Notre Dame Law School Legal Studies Research Paper No. 05-03（2005）参照。
308) Stuart Webber, Escaping the U. S. Tax System: From Corporate Inversions to Re-Domiciling, Tax Notes International, Vol. 63, No. 4（2011）pp. 294-295参照。

向きが多いが、IRC§482が厳格な独立企業原則との乖離を広げない限り、無形資産が絡む取引による所得の国外移転を十分に防止することは困難ではないかと考えられる。

IRC§482の他にも、法人資産等の国外移転による税源浸食を防止する上で重要な役割を果たしている代表的な規定として、「国外移転に係る通行税」と称されているIRC§367が挙げられる。本規定は、国際的組織再編等を通じた法人資産等の国外移転によって、米国政府が、その未実現のキャピタル・ゲインに対して課税する機会を喪失することを阻止する機能を発揮する。確かに、本規定により、一定の組織再編の場合に認められている株式の譲渡益の課税の繰延べによって生じ得る税源浸食をある程度防止することが可能となるが、本規定も、法人の本店機能を国外に移転することによって米国での全世界所得課税を回避するコーポレイト・インバージョンによる税源浸食（特に、インバージョン後に行われる「利益剥し」等）を十分に阻止することはできないことから、2004年には、コーポレイト・インバージョン対策税制であるIRC§7874が措置されている。

IRC§7874は、IRC§482やIRC§367とは異なり、一定の要件（インバージョン前後で事業実態や株式保有割合等に実質的な変化がほとんどない）に該当するコーポレイト・インバージョンに対しては、法人資産等の国外移転が行われた際に税源浸食が生じることを防止する「実現アプローチ」だけではなく、法人資産等の国外移転後に行われる「利益剥し」にも対処し得る「管轄アプローチ」をも組み込んでいる。他方、コーポレイト・インバージョン等に対しては、IRC§7874等のような個別規定ではなく、そのインセンティブを削ぐような税制改正や実質管理地主義の採用などによって対応する方が望ましいと見る向きもあるが、実際、ここ数年、インバージョンを行う意向を示す法人が増える中、「実現アプローチ」では税源浸食を十分に防止できないとの認識の下、2015年財政案に盛り込まれているIRC§7874の改正案は、「管轄アプローチ」の適用対象となる範囲を大幅に拡大するとともに、管理支配テストをも部分的に採用したものとなっている。

第4節　実態把握漏れによる税源浸食への対応

1．開示義務と義務履行の促進策

(1)　2004年改正前のFBAR制度の特徴

資産や取引等の把握漏れによる税源浸食の防止策としては、1970年代、「通貨及び国外取引報告法」(Currency and Foreign Transactions Reporting Act, 31 USC §5311-§5330)及びその執行規則（Financial Recordkeeping and reporting of currency and foreign transactions）の下、様々な報告制度が措置された[309]。特に、本法§5313（Reports on domestic coins and currency transactions）に関する執行規則§103.22（Reports of transactions in currency）の下、国内金融機関は、「金融犯罪取締ネットワーク」(Financial Crimes Enforcement Network, FinCEN)に対し、1万ドル超の通貨取引の報告義務を負い、また、本法§5316（Reports on exporting and importing monetary instruments）に関する執行規則§103.23（Reports of transportation of currency or monetary instruments）

---

[309]　本法は、銀行秘密法（Bank Secrecy Act、P. L. No. 91-508）とも称されている。

第4節　実態把握漏れによる税源浸食への対応

の下、米国人は、FinCENに対し、1万ドル超の金融手段の輸出入に関する報告義務を負うこととなった[310]。

他方、銀行秘密法等の法律を有する国・地域に所在する外国金融機関は、米国の国内金融機関と同様に、米国人の違法行為に広範に利用されているにもかかわらず、マネー・ローンダリング等の規制を主な目的とする上記「通貨及び国外取引報告法」の下では、当時、報告義務を殆ど負っていなかったため[311]、国外金融機関にある米国人の金融口座の把握レベルの向上が必要との観点から、本法§5314（Records and reports on foreign financial agency transactions）に関する執行規則§103.24（Reports of foreign financial accounts）(a)（In general）が措置され、本規則は、「外国所在の銀行、証券又は金融口座に対する金融上の権利、署名する権限又はその他の権限を有する米国の管轄に服する全ての者（米国人の外国子会社を除く）は、その関係が存在する年度には、毎年、その関係をIRS長官に報告し、財務長官が定める報告様式で示される情報を提供しなければならない…」と定めている[312]。

上記執行規則§103.24上の情報提供義務の履行方法・詳細を定める執行規則§103.27（Filing of reports）は、「米国人」（"U. S. person"、米国市民、米国居住者、国内法人、国内のパートナーシップ、国内の信託やエステートを含む）が保有又は署名する権限等を有する国外金融口座の総価値が、暦年のいずれかの時点で1万ドルを超える場合、一定の例外事項に該当しない限り、その暦年の次の年の6月30日までに、様式TD F 90-22.1（Report of Foreign Bank and Financial Accounts、FBAR、2013年7月1日以降は電子媒体のFinCEN様式114）の提出を通じて、国外金融口座等に関する情報を報告する旨を規定しているが、個人の納税者の場合には、さらに、様式1040（U. S. Individual Income Tax Return）を用いた所得税申告の際、様式1040のスケジュールB第3部上の欄にチェックすることを通じて、国外金融口座の有無に関する事実を示すことが求められている。

上記FBAR制度の下で報告対象となっている国外金融口座には、上記の通り、米国人が名義人や法的所有者とはなっていないものの、「署名する権限等」を有している国外金融口座も含まれている。「署名する権限等」とは、署名を付した書面による金融機関への通知を通じて個人が単独又は共同で国外金融口座に存在する資産の処分を管理することができる権限又はそれと同様の権限である。FBAR制度の下での報告対象資産が広範であることは、(i)米国人が直接又は間接に株式の50％超を有する法人や持分又は利益・分配所得の50％超を有するパートナーシップが、その名義人や法的所有者となっている国外金融口座、

---

310)　これらの規定に基づき、FinCEN 様式104（Currency Transaction Report）による1万ドルを超える金融取引の報告やFinCEN様式105（Report of International Transportation of Currency or Monetary Instruments）による1万ドルを超えるクロス・ボーダー取引の報告が義務づけられているが、その他にも、国内金融機関は、執行規則§103.18の下、通貨監督局様式8010-9/8010-1（Suspicious Activity Report）による報告義務などを負っている。

311)　http://www.irs.gov/Businesses/Small-Businesses-&-Self-Employed/Report-of-Foreign Bank and Financial Accounts（FBAR）参照。

312)　原文は、"Each person subject to the jurisdiction of the United States (except for a foreign subsidiary of a U. S. person) having a financial interest in, or signature or other authority over, a bank, securities or other financial account in a foreign country shall report such relationship to the Commissioner of the Internal Revenue for each year in which such relationship exists, and shall provide such information as shall be specified in a reporting form prescribed by the Secretary …"である。本法§5314の原文は、脚注325)参照。

121

第1章　米国の対応策の分析

(ii)米国人が50％超を受け取る権利を直接又は間接に有する財産の委託を受けている信託やその代理の者が保有する国外金融口座なども、1万ドルを超える資産に含まれる限り、その米国人の情報提供の対象となる資産とされていることからも示唆される[313]。

「通貨及び国外取引報告法」に定める一連の報告義務違反に対しては、本法§5321 (Civil penalties) (a)(6) (Negligence) が、(A) In general) において、「財務省長官は、不注意により、本款 [31 USCS§5311及びそれ以降の規定] のいかなる規定又は本款の下で定められているいかなる規定 [31 USCS§5311及びそれ以降の規定] に違反する金融機関あるいは非金融業者又は事業に対し、500ドルを超えない民事上の金銭によるペナルティを科することができる」と規定し[314]、(B) (Pattern of negligent activity) において、「金融機関、非金融業者又は事業が、不注意により、本款のいずれかの規定又は本款の下で規定する規則に違反するパターンがある場合には、財務省長官は、そのような違反に関して(A)項で定めるペナルティに加え、その金融機関、非金融業者又は事業に対し5万ドルを超えない民事上の金銭によるペナルティを科することができる」と定めている[315]。

個人のFBARの提出義務の違反に対しては、「通貨及び国外取引報告法」§5321 (「民事罰」) (a)(5) (Foreign financial agency transaction violation)(A)(Penalty authorized) が、「財務省長官は、5314条のいずれの規定の意図的な違反又は意図的な違反を生じさせた者に対して民事罰を科することができる」と規定し[316]、(B)(Maximum amount limitation) では、取引を含む規定の違反の場合に科される民事罰の額は、その取引額（但し、10万ドルが上限）と2万5,000ドルのいずれか大きい方の金額であり、口座の存在又はその口座に関する提供すべき情報を報告しないことを含む規定の違反の場合に科される民事罰の額は、違反の時点の口座残高に等しい金額（但し、10万ドルが上限）と2万5,000ドルのいずれか大きい方の金額であると定めていた[317]。

上記の通り、「通貨及び国外取引報告法」§5321(a)(5)の下、FBARの提出義務違反があった場合、民事罰は、例えば、その違反に関与した申告書代理作成者等にも科され得るが、IRC§6694(b) (Understatement due to willful or reckless conduct) (1) (In general) は、「2号に述べる行為に起因する税負担の過少部分に係る申告書や還付申告書の代理作成者は、その申告や還付の各々に関して、──(A)5千ドル、あるいは(B)その申告又は還付に関して得る（又は得べかりし）所得の50％のいずれか大きい方の金額に相当するペナルティを支払う」と規定し[318]、また、IRC§6694(b)(2) (Willful or reckless conduct) は、「本項で述べる行為は、申告書代理作成による──(A)申告書又は還付申告書上の納税額を過少と

---

313) 詳細は、様式90-22.1 (OMB No. 1545-2038, January 2012) 参照。
314) 原文は、"The Secretary of the Treasury may impose a civil money penalty of not more than $500 on any financial institution or nonfinancial trade or business which negligently violates any provision of this subchapter [31USCS§§5311 et seq.] or any regulation prescribed under this subchapter [31USCS§§5311 et seq.]."である。
315) 原文は、"If any financial institution or nonfinancial trade or business engages in a pattern of negligent violations of any provision of this subchapter or any regulation prescribed under this subchapter, the Secretary of the Treasury may, in addition to any penalty imposed under subparagraph (A) with respect to any such violation, impose a civil money penalty of not more than $50,000 on the financial institution or nonfinancial trade or business."である。
316) 原文は、"The Secretary of the Treasury may impose a civil money penalty on any person who willfully violates or any person willfully causing any violation of any provision of section 5314."である。
317) これらの規定は、2004年AJC法の下で改正されている。詳細は、本節2(1)参照。

第4節　実態把握漏れによる税源浸食への対応

する意図的な全ての試み、又は(B)ルールや規則を不注意で又は意図的に無視する行為である」と定めているため[319]、FBARの提出義務違反が、本ペナルティの適用に繋がることもあり得る。

「通貨及び国外取引報告法」に定める報告義務違反に対しては刑事罰の適用もあり得る。本法§5322(Criminal penalties) は、2001年改正を経て、「(a)本款［31 USCS§5311及びそれ以降の規定］又は本款の下で定められた規則あるいは発せられた命令（…）に意図的に違反する者（…）は、25万ドルを超えない罰金又は5年を超えない禁錮刑あるいはこれらの両方の刑罰に処せられる」と規定している[320]。本規定が適用されたと考えられるケースとしてClines v. United States事件第4巡回控訴裁判所判決（958 F.2d 578 ; 1992）が挙げられる。本判決では、「通貨及び国外取引報告法」§5314に関する執行規則§103.24（「国外金融口座の報告」）に基づく報告義務を履行しなかった者を有罪として16カ月の禁錮刑と4万ドルの罰金を科したメリーランド地区裁判所判決（CR-90-64-R）の判断が首肯され、本事件の最高裁への裁量上訴の申立て（Writ of certiorari）も却下されている。

(2)　FBAR制度の問題点

上記(1)で示した措置は、確かに、実態把握・課税漏れを防止する機能をも有していたが、資金洗浄への対応が主たる目的であった上記(1)で示した「通貨及び国外取引報告法」の課税漏れ防止機能は、その機能を発揮する上で要となるFBAR制度にも問題点・課題がある中、決して十分なものではなかった。実際、例えば、2001年「米国愛国者法」（USA Patriot Act）の§361(b)（「財務省長官は、…§5314に定める報告要件の遵守を向上する手段を検討し、また、…議会に対してその検討の報告を行う」）に基づいて発表された財務省2002年報告書（A Report to Congress In Accordance With §361(b) of the USA Patriot Act of 2001、以下「2002年FBAR報告書」という）では[321]、提出されたFBARの数は、1991年は11万6,600件、2001年は17万7,151件であったが、報告義務を負う米国人が100万人ほどであるとの推測の下では、コンプライアンスの割合は20％以下にとどまるとの指摘がされていた。

当初、FBAR制度に対するコンプライアンスが低かった背景には、「金融犯罪取締ネットワーク」とIRSは、1992年合意の下、本制度の執行権限（本報告義務違反の調査等）が前者から後者に一部移譲され[322]、さらに、2003年合意の下では、後者への本制度の執行

---

318)　原文は、"Any tax return preparer who prepares any return or claim for refund with respect to which any part of an understatement of liability is due to a conduct described in paragraph (2) shall pay a penalty with respect to each such return or claim in an amount equal to the greater of——(A) $5,000, or (B) 50 percent of the income derived (or to be derived) by the return or claim" である。

319)　原文は、"Conduct described in this paragraph is conduct by the tax return preparer which is——(A) a willful attempt in any manner to understate the liability for tax on the return or claim, or (B) a reckless or intentional disregard of rules and regulations." である。

320)　原文は、"(a) A person willfully violating this subchapter [31 USCS§§5311et seq.] or a regulation prescribed or order issued under this chapter (…), … shall be fined not more than $250,000, or imprisoned for not more than five years, or both. …" である。

321)　原文は、"The Secretary of the Treasury shall study methods for improving compliance with the reporting requirements established in section 5314 … , and shall submit a report on such study to the Congress …" である。「米国愛国者法」の正式名称は、"Uniting and Strengthening America By Providing Appropriate Tools Required To Intercept And Obstruct Terrorism Act" である。

第1章　米国の対応策の分析

権限の全面委任が決定されたが[323]、それまでは、(i)制度の執行が厳格でなかった、(ii)制度の複雑性や不明瞭さを緩和する指針が不十分であった、(iii)一部の国外金融口座（特に、銀行機密法を有する国や租税条約未締結国の金融機関が有する口座）の把握にかなりの困難が伴った、(iv)IRC§5321(a)(5)の下での民事罰は、報告義務の違反が「意図的」であることが適用上の要件となっており、その適用上のハードルが高かった、(v)その他の規定違反に対するペナルティの適用やその他の法令違反（脱税に関する規定やマネー・ローンダリング関連法規等）の適用が優先されることが多かったなどの問題があった[324]。

例えば、上記(ii)（指針の欠如）の問題があったために、そもそも、FBAR制度の下での報告義務者の範囲が十分に明確ではなかった。確かに、「通貨及び国外取引報告法」§5314（「国外金融機関の取引に関する記録と報告」）(a)は、「…財務省長官は、米国居住者、米国市民、米国で事業を行っている者に対し、記録を保存し、報告書を提出し…」と規定しているのに対し[325]、その執行規則§103.24は、前記の通り、「(a)…米国の管轄に服する全ての者（米国人の外国子会社を除く）…」と定めている。上位法が下位法に優先するならば、本法§5314に従うのが妥当ということになろうが、税務当局の2009年質疑応答集では[326]、「31 USC§5314(b)(1)は、財務省長官に対し、§5314(a)で示されている者のグループのFBARの提出義務を免除する裁量を付与している。FBAR様式に係る指針を示すことは、かかる裁量の行使の一例である」と述べられている[327]。

上記(iv)（ペナルティ適用のハードルの高さ）の問題があったことは、Williams v. United States事件Virginia州東部地区裁判所判決（2010 U. S. Dist. LEXIS 90794）からも確認することができる。本事件では、原告がスイスに保有していた金融口座に関するFBAR制度に基づく報告義務の不履行に対する「通貨及び国外取引報告法」§5321(a)(5)に基づく民事罰の適用の可否が問題となっている。本判決では、原告が様式1040のスケジュールB第3部上に示された国外金融口座の有無に関する欄に正しい記載をしなかったのは、被告がスイス当局の協力を得て原告の国外金融口座の凍結を行ったことを原告が認識した後であることから、原告は、その口座を隠すという意図は有していなかったと推測され、また、被告は、原告が報告義務を定める§5314に意図的に違反したことの十分な証拠を示すことができなかったことから、本件の場合、民事罰の適用は認められないと判示されている。

上記(v)（他の規定等の優先適用）の問題は、例えば、1993〜2002年4月の間、FBARの提出義務違反に対する民事罰が科された件数は2件であったが、その他の「通貨及び国外取引報告法」上の報告義務等の違反に対するペナルティの件数・金額は多いことからも示唆される[328]。特に、Sovereign Bank の場合、2002年、本法§5313に関する執行規則

---

322)　移譲された権限の詳細は、Treasury Directive 15-41参照。
323)　詳細は、執行規則（31 CFR 103.56）参照。
324)　「2002年FBAR報告書」7〜9頁参照。
325)　原文は、"… the Secretary of the Treasury shall require a resident or citizen of the United States or a person in, and doing business in the United States, to keep records, file reports, …" である。
326)　IRS 質疑応答集（FAQs May 6, 2009、FAQs regarding Report of Foreign Bank and Financial Accounts（FBAR）（http://www.taxmeless.com/FBAR%20Freq%20questions.htmsupra "FAQs"）参照。
327)　Hale E. Sheppard, Evolution of The FBAR : Where We Were, Where We Are, And Why It Matters, Houston Business And Tax Journal Vol. Ⅶ（2006）pp. 19-22参照。
328)　「2002年FBAR報告書」10頁参照。

§103.22（「通貨取引の報告」）上の報告義務の違反が複数年度で認められ[329]、「…金融機関に対する報告義務（§103.24、§103.25又は§103.32を除く）の意図的な違反の場合、長官は、その違反に意図的に関与する金融機関、そのパートナー、取締役、職員又は被雇用者に対し、取引に含まれる金額（10万ドル以下）又は2万5,000ドルのいずれか大きい方の額を超えない金額の民事罰を適用できる」と定める本法§5321に関する執行規則§103.57(f)に基づくペナルティとして[330]、総額70万ドルが科されている。

Polidori v Commissioner事件租税裁判所判決（T. C. Memo 1996-514；1996）も、上記(v)（他の規定等の優先適用）の問題が存在していたことを示す一例として挙げられよう。本事件では、国外金融口座の利子を有していた原告が、1980～1986課税年度中、様式1040のスケジュールB第3部上に示された国外金融口座の有無に関する欄に保有を示すチェックを怠った又は偽りのチェックをした上で過少申告していたことが問題となっている。原告は、国外の利子所得の申告という所得税法上の義務を誤解していたと主張したが、租税裁判所は、本件では、納税者の税法の誤解という点だけでなく、所得を隠匿し、誤解を生じさせて所得税の徴収を阻害する意図の有無も問題となっていたところ、その意図の立証がされた1980～1984課税年度に対し、脱税について定めるIRC§6653（Additions to tax for negligence and fraud）(b)（Fraud）を適用する本件処分は適法であると判示している[331]。

2．AJC法制定後のFBAR制度

(1) 主な制度改正点と残された問題

導入当初のFBAR制度が包含していた上記で示したような問題点や歪みは、IRSが制度の執行管理を委任された後の2004年に制定されたAJC法を受けて「通貨及び国外取引報告法」§5321（「民事罰」）(a)(5)（「国外金融機関取引違反」）の改正が行われたことによって、かなり改善されている。具体的には、本改正によって、同法§5321(a)(5)(A)（「権限が付与されたペナルティ」）で規定されていた「意図的に」という文言が削除されたことに伴い、同法§5321(a)(5)(B)（Amount of penalty）の下で科すことのできる民事罰の額は1万ドル以下に引き下げられたが、新たに措置された同法§5321(a)(5)(C)（Willful violations)(i)の下、FBARの提出義務等の意図的な違反に対しては、10万ドルと違反時の口座残高（又は違反対象となった取引の金額）の50％のいずれか大きい方の額の民事罰を科すことが可能となった。

確かに、AJC法の制定を受けて新たに措置された「通貨及び国外取引報告法」§5321(a)(5)(B)(ii)（Reasonable cause exception）の下では、米国人がFBARの提出義務に違反した

---

329) 詳細は、United States of America Department of the Treasury Financial Crimes Enforcement Network No.2002-01 (http://www.fin_cen_gov/news_room/ea/files/sovereignbank.pdf) 参照。

330) 原文は、"For any willful violation ... of any reporting requirement for financial institutions under this part（except §103.24, §103.25, §103.32), the Secretary may assess upon any domestic financial institution, and upon any partner, director, officer, or employee therefore who willfully participates in the violation, a civil penalty not to exceed the greater of the amount (not to exceed $100,000) involved in the transaction or $25,000." である。

331) 1989年改正前のIRC§6653(b)は、"(1) In general. If any part of any underpayment (...) of tax required to be shown on a return is due to fraud, there shall be added to the tax an amount equal to 75 percent of the portion of the underpayment which is attributable to fraud." と定めていた。

ことについて合理的な理由があり、しかも、取引金額又は取引時の口座残高が適切に報告されている場合には、民事上の金銭によるペナルティは科されないことが明らかとなったが、本規定の下では、報告義務等の違反が「合理的な理由による例外」に該当することの立証責任は、納税者が負うこととなるため、税務当局は、AJC法が制定される以前に負っていた納税者の報告義務等の違反が意図的であったことを明確かつ説得力のある証拠に基づいて証明するというハードルの高い立証責任の履行という問題から解放されることに鑑みると、本規定もFBAR制度の実効性を高める方向に作用する場合が少なくないと考えられる[332]。

　勿論、「通貨及び国外取引報告法」§5321(a)(5)(B)(ii)でいう「合理的な理由による例外」の範囲を広く捉えるか否かによって、納税者が民事罰の適用となるか否かの判断は、多少なりとも異なったものとなり得るが[333]、AJC法の下では、意図的なFBARの提出義務違反に対する民事罰の金額が大幅に引き上げられたことから、納税者の義務違反が意図的であったか否かの判断基準、つまり、民事罰（場合によっては刑事罰）の適用対象となるハードルの高さも重要なポイントとなるところ、特に、様式1040のスケジュールB第3部上に示された国外金融口座の有無に関する欄への記載がないケースや不正確な記載があるケースが、「通貨及び国外取引報告法」§5321(a)(5)(C)に定める重い民事罰や刑事罰の適用対象となるのは、どのような場合か（換言すれば、前述のWilliams事件Virginia州東部地区裁判所判決（2010）の射程範囲の如何）という点は、必ずしも十分に明確ではない。

　上記の点について、IRSマニュアル4.26.16.4.5.3（07-01-2008）は、5項において、「意図は、報告義務を人が認識した上でその義務に従わないという意識的な選択によって示される。FBARとの関係では、人が知る必要があることは報告義務があるということである。その知識さえあれば、義務に意図的に反することを構成するのに必要な唯一の意図は、FBARを提出しないという意識的な選択である」とした上で、6項において、「意図的な無知という概念の下では、無知が帰属するのは、FBAR報告義務や記録保存義務について学ぶことを回避する意図的な努力を行う者である。…スケジュールB上の誤った欄へのチェックやチェック漏れは、それ自体は、FBARの違反が意図的な無知に起因したものであることを証明するのには十分ではない…」との指針を示しているが[334]、かかる指針が示唆するハードルの高さ・適用基準やその妥当性の如何等を確認するには、FBARの提出義務違反と民事罰や刑事罰との関係が問題となった最近の裁判例にも目を向ける必要がある。

(2)　ペナルティの適用基準と報告件数の変化

　例えば、McBride v. United States事件Utah州地区裁判所判決（2010 U. S. Dist. LEXIS 161206）は、上記IRSマニュアルが示唆する意図的なFBARの提出義務の違反であるか否

---
332) Sheppard, supra "Evolution of The FBAR" p. 19参照。
333) 例えば、FBARの提出義務を履行していなくとも、適正な申告を行っている場合には、ペナルティは科されない。IRS質疑応答集（脚注326））、2004年下院報告書（H. R. Rep. No. 108-548, pt, at 276）参照。
334) 原文は、"Under the concept of 'willful blindness', willfulness may be attributed to a person who has made a conscious effort to avoid learning about the FBAR reporting and recordkeeping requirements. ... The mere fact that a person checked the wrong box, or no box, on a Schedule B is not sufficient, by itself, to establish that the FBAR violation was attributable to willful blindness." である。

第4節　実態把握漏れによる税源浸食への対応

かの判断基準の合理性を確認するものと位置づけ得るものとなっている。本事件では、第三者である法人が提示した多額の所得を国外の金融口座に移転させるスキームの違法性やリスクを示唆する情報に接したにもかかわらず、原告は、会計士等の意見を求めないままに利用し、関係する課税年度（2000年及び2001年）において、様式1040のスケジュールB上の国外金融口座の有無に関する欄には国外口座を有しない旨のチェックを行い、また、FBARの提出も行っていなかったところ、税務当局は、原告の申告及び説明が偽りであり、FBARの提出義務の履行を意図的に怠ったとして、合計10万ドル（一つの口座に対して2万5,000ドル）の民事罰を科すなどの処分を行ったことが問題となっている。

上記McBride判決において、Utah州地区裁判所は、「個人が『意図的』に行動したというためには、個人はFBAR制度上の報告義務を主観的に認識している必要はない、さもなければ、個人は、その法的な責務を学ぶことを意図的に避けることによって、その義務を無効にすることができることとなる。…意図的に無知であることを証明するためには、事実が存在することの高い蓋然性があることを原告が主観的に信じていなければならない、また、原告がその事実を学ぶことを回避するための故意の行為をとったことが必要である」と判示している[335]。さらに、本判決では、仮に、本件スキームを十分に理解していた会計士が、FBARの提出義務について適切なアドバイスをしていなかったとしても、そのことをもって、適切な申告・納税を行う納税者本人の責任が免除されるわけではないことは、一般的に第三者に依拠することで自分の責務を回避することはできないことからも明らかであるという点が確認されている。

上記McBride判決は、2004年AJC法制定前のFBARの提出義務違反に対する民事罰の適用に係るハードルの高さが、前述のWilliams事件Virginia州東部地区裁判所判決で示されたものとは異なっていることを印象づけるものとなっていることから、いずれの見解が妥当なのかという疑問が生じるところであるが、その後、後者の判決は、その控訴審である第4巡回控訴裁判所判決（489 Fed. App. 655 ; 2012）では、被控訴人の行為は、注意を欠いた行為であり、IRC§5314（「国外金融機関の取引に関する記録と報告」）の下での証拠要件を満たすものであると判示されたことによって破棄されている。本控訴審判決で示された上記の疑問に対する回答によって、意図的な報告義務の違反の認定に係るハードルが実質的に引き下げられ、税務当局は、国外への所得移転による脱税に対し、より強力に対処し得る法的な武器を得たとの見方がされている[336]。

確かに、上記Williams事件に対する第4巡回控訴裁判所判決とその原審判決で示された民事罰の適用に係るハードルの高さが、かなり異なっていることは、本控訴裁判所判決では、(i)税務申告書に署名をする者は、実際には申告書を読んでいないとして無知を主張することは認められない上、連邦税務申告書に書かれている文言に全く注意を払っていないとの証言は、報告義務について学ぶことを回避する意図的な努力を行ったということを意

---

335) 原文は、"For an individual to have acted 'willfully', an individual need not have been subjectively aware of the FBAR reporting requirement or else an individual would be able to defeat liability by deliberately avoiding learning of his or her duties. ... In order to demonstrate willful blindness, a defendant must subjectively believe that there is a high probability that a fact exists and the defendant must take deliberate actions to aovid learning of that fact." である。
336) http://www.financialcrimeconference.com/irs-victory-in-rare-fbar-case-gives-big-boost-to-agency's-offshore-tax-evasion-crackdown/参照。

味する、(ii)「所得及び金融情報を隠匿する行為に加え、被控訴人がスケジュールBで求められている報告義務に関する知識を得ようとしなかったことは、被控訴人の意図を立証するには十分な根拠となる」[337]、(iii)実際に知識がある場合だけでなく、意図的に無知であることも、法の下では同様に罰せられる以上、FBARの提出義務に対して意図的に目をつむった被控訴人の行為は、IRC§5314に意図的に違反するなどの見解が示されていることからも確認できる。

しかも、上記控訴裁判所判決で示された見解が特異であったわけではない。所得の隠匿や様々な報告義務の違反が意図的であったか否かが主な争点となった幾つかの過去の裁判の中にも、同様な見解が示された例がある。例えば、本判決で示された上記(iii)の見解は、そもそも、IRC§371 (Conspiracy to defraud the United States) 及びIRC§5314に基づく報告義務違反等に対する刑事告訴がされたUnited States v. Sturman事件第6巡回控訴裁判所判決（[1991] 951 F.2d 1466）で示されたものであった。前述の通り、2004年AJC法の下、「通貨及び取引報告法」§5321(a)(5)が改正されたことにより、報告義務違反が意図的であることは、もはや民事罰の適用上の絶対条件ではなくなったと考えられるが、Sturman事件控訴裁判所判決及び上記Williams事件控訴裁判所判決が示唆する意図的な報告義務違反のハードルの高さの下方への変化は、重い民事罰や刑事罰の適用上、重要な意義を有している。

AJC法の下で実現したFBARの提出義務違反に対する民事罰の金額の引上げや上記のMcBride事件Utah州地区裁判所判決及びWilliams事件控訴裁判所判決等が示唆しているFBARの意図的な報告義務違反の判断基準の最近の変容は、FBARの提出義務に対する納税者の認識を高めるだけでなく、FBARの提出義務を履行しないことに対する納税者のリスク感覚をも高める方向に作用している。実際、FBARの提出件数も、図1-3の通り、概ね着実に増加してきている。もっとも、上記の税制改正や裁判例等以外にも、FBARの提出件数を増加させる上で少なからぬ影響を及ぼしたと考えられる措置や動きなどがある。以下の3では、これら措置や動きなどが、どのような形で米国人の国外金融口座の把握レベルを高め、また、FBARが包含する限界をどのような形で補完しているのかを考察する。

図1-3　FBARの提出件数の推移

（出典：Financial Crimes Enforcement Network Annual Reports 2011, http://www.delitosfinacieros.org/do-you-think-fatca-affected-the-number-of-fbars-filed-how-about-doubling-them/）

337）　本判決部分（パラ659）の原文は、"... Evidence of acts to conceal income and financial information, combined with the defendant's failure to pursue knowledge of further reporting requirements as suggested on Schedule B, provide a sufficient basis to establish willfulness on the part of the defendant." である。

第 4 節　実態把握漏れによる税源浸食への対応

3．注目すべきその他の実態把握手段

(1) OVDPの役割

イ）OVDPの特徴

　FBAR制度の機能を補完する上で重要な役割を果たしているものとして、「オフショア自主開示プログラム」（Offshore Voluntary Disclosure Program, OVDP）が挙げられる。本プログラムは、これまで、2003年、2009年、2011年及び2012年に実行されている。その内容（適用対象期間の長さや適用されるペナルティの率等）は、実施年度毎に幾分異なるが、基本的には、税務申告及びFBARの提出義務を適切に履行していなかった者が、税務当局が指定する期間内に適切な申告及び国外金融口座等の自主的な開示を行う意思を表明し[338]、さもなければ適用され得るペナルティの額よりも低い負担額の納付を行えば、刑事訴訟の対象となる可能性が大幅に低下するというものである。図1-4の通り、OVDPを利用して自主的な開示を行った納税者の数は、その実施回数を重ねる毎に負担軽減度合が総じて小さくなっているにもかかわらず、増加しており、また、それに伴い、多額の追加的な税収増が実現している。

　OVDPの下で適用されるペナルティは、IRC§6662（「過少納付に対する正確性に係るペナルティー」）(a)（Imposition of penalty）に定める税率20％のペナルティ、税率5％～25％の「遅延に係るペナルティ」（"delinquency penalty"）と称されるIRC§6651（Failure to file tax return or to pay tax）及び「FBAR関連のペナルティ」（"FBAR-related penalty"）と称される未報告の国外口座の合計の資産価値の最高額に対する一定率（2003年実施分はゼロ、2009年分は20％、2011年分は25％、2012年分は27.5％、但し、一定の要件に該当する場合には軽減され得る[339]）のペナルティである[340]。OVDPに参加しない場合に負担することになり得るペナルティの合計額は、未報告のオフショア金融口座の価値を超える額となり得ることに鑑みると、OVDPの下でのペナルティの負担は、総じて、かなり軽減されているといえる。

図1-4　OVDPによる開示件数と追加税収等

（出典：GAO-13-318 Offshore Tax Evasion, pp. 9-10, FS-2014-6に加筆）

---

338)　この間であっても、報告義務の履行の意思の表明が、納税者が税務調査の通知を受ける時点や税務当局が報告義務の不履行の事実を第三者から得た時点よりも後である場合、また、開示する所得が不法なものである場合などには、本プログラムを利用できない（IRSマニュアル9.5.11.9 (12-02-2009) 参照）。

339)　一定の要件とは、(i)未報告の金融口座が相続によって得たものである、(ii)国外金融口座の最高残高が少額である、(iii)米国市民であることを認識していなかった国外の居住者であるなどのケースに該当することである。

340)　「FBAR関連ペナルティ」の適用根拠は、IRC§7121 (Closing agreements) 及び§7122 (Compromises) である。

ロ）OVDPと「無言の開示」との関係

　もっとも、OVDPの下での負担は軽減されているとはいえ、決して軽いものではないことから、OVDPを利用しないで「無言の開示」（"quiet disclosure"）を行う者の数も少なくない。「無言の開示」は、多くの場合、OVDPの対象となっている課税年度に係る未報告の国外金融口座の開示及び課税漏れの税額及び「正確性に係るペナルティ」の納付を行う一方、「FBAR関連のペナルティ」の納付を回避することを狙っている。「無言の開示」もOVDP実施の間接的な効果による税収増に繋がるものであるが、OVDP自体を無視するだけでなく、負担額でもOVDPを利用する者との公平性の問題を生じさせることから、税務当局は、2009年質疑応答資料（FAQs No. 10）において、「無言の開示」はFBAR制度に基づく情報の開示を伴わないなどの欠陥があることから、OVDPの利用には該当しない以上、税務調査の対象となり、その結果として、民事罰や刑事罰の適用対象となり得るとの警告を発している。

　「無言の開示」が行われたケースが多額の民事罰の対象となった例として、Carl Zwerner v. United States事件（Case No. 1：13-cv-22082-CMA, S. D. Fla. 2013）がある。本件では、税務当局は、FBARの提出義務に違反したZwernerに対し、AJC法の成立を受けて新たに措置された「通貨及び国外取引法」§5321（「民事罰」）(a)(5)（「国外金融機関取引違反」）(C)（「意図的な違反」）(i)に基づき、報告義務が履行されていなかったスイスの銀行口座の最高残高（約150万ドル）の150％相当分の民事罰の適用を求める訴えを提起している。本件を税務当局が把握したのは、2009年3月、Zwernerが2004～2006課税年度分に係るFBARの提出と未納の所得税等の納付を伴う「無言の開示」を行ったからであり、民事罰が多額となっているのは、複数年度に亘って科されているからである。

　そもそも、IRSマニュアル（IRM）4.26.16.4.7は、1項において、「調査官は、特定のケースの事実と状況がペナルティの適用を正当化しないと決定することができる。…」と定め[341]、4項において、「各法令違反に対して認められている最高額のペナルティの大きさに鑑み、単一のFBAR様式に係る複数の法令違反に対する複数又は別のペナルティの適用を主張することは、最も悪質なケースに限ってのみ考慮すべきである」と定めているところ[342]、上記Zwerner事件が発覚する前は、FBARの未提出に対して複数年度に亘って民事罰が科されることは基本的にはなかった。しかも、本件は、調査対象となる前の2009年3月27日頃に修正申告書の提出と未納税額・利息の納付が行われているなど、それほど悪質ではない事案と考えられるにもかかわらず、複数年度に係るFBARの提出義務の不履行に対して50％という最高税率で民事罰が科されている。

　税務当局は、上記訴えを提起した根拠として、(i)本件スイス口座の残高は、問題となっている課税年度中、常に1万ドルを超えており、その受益者はZwerner本人であったが、その名義人は本人ではなく財団Aとなっており、しかも、名義人は、その後、財団Bに変更されていた、(ii)Zwernerは、会計士に対し、国外口座は一切有していないと述べていた、

---

341) 原文は、"The examiner may determine that the facts and circumstances of a particular case do not justify asserting a penalty. …"である。
342) 原文は、"Given the magnitude of the maximum penalties for each violation, the assertion of separate penalties for multiple violations with respect to a single FBAR form, shall be considered only in the most egregious cases."である。

第4節　実態把握漏れによる税源浸食への対応

(iii)税務申告書のスケジュールBにおいて、国外口座を有していない旨のチェックをしていた、(iv)Zwernerは、税務当局に後日提出した書類において、本件国外口座とそれに起因する所得を報告する義務があることは認識していたと述べている、(v)Zwernerは、2009年実施分のOVDPを利用できたにもかかわらず、「無言の開示」による修正申告書の提出及び税額等の納付のみを行っており、FBAR提出義務違反は意図的であったなどの点を挙げており、上記事件に対するSouth Florida地区裁判所2014年5月28日判決では、本件訴えが首肯されている。

ハ）ペナルティの多寡を巡る議論

上記2009年の質疑応答資料では、「無言の開示」は、民事罰だけでなく、刑事罰の適用をも排除するものではないとされているが、確かに、Massachusetts地区裁判所に係争したSchiavo v. United States事件（No. 1：11-cr-10192-RGS）では、「無言の開示」を行ったにもかかわらず刑事罰の適用が主張されている。本事件では、米国市民であった被告が、バミューダ及びスイスに保有する金融口座に隠した2003年～2008年分の所得を意図的に除外した申告をするとともに、様式1040のスケジュールB第3部上に示された国外金融口座の有無に関する欄に国外金融口座を有していない旨のチェックを行っていたが、2009年、当時実施されていたOVDPを利用することなく、これらの課税年度分に係る未申告の所得の一部について「無言の開示」を行った後に税務当局が被告と接触し、その直後に、被告が、依然として未申告となっていた所得を申告する修正申告書を提出したことが問題となっている。

上記事件は犯罪調査の対象となり、税務当局及び法務省は、「無言の開示」がOVDPに該当しないのは当然との認識の下、本件は「通貨及び国外取引報告法」§5322に定める刑事罰の適用対象となるとして、本件訴えを提起した。本法§5322が適用される場合には、懲役は最高で3年である旨を定めるIRC§7206（Fraud and false statement）が適用される場合とは異なり、最高で懲役5年の実刑と25万ドル以下の罰金に服することとなり得るが[343]、本件では、本件過少申告及び誤った内容を含むFBARの提出は意図的であったことを被告が認めた上で、「有罪答弁合意」（plea agreement）が成立したため、本合意に基づき、被告は、これらの課税年度中、上記国外口座には6万5,000ドル～15万ドルの残高があり、約4万ドルの税額が課税漏れとなっていたところ、民事罰として7万6,283ドルの支払うこととなった。

上記の通り、FBARの下での報告義務違反は、刑事罰の適用対象ともなり得るが、刑事罰には上限が定められている。これに対し、例えば、民事罰が適用された上記ロ）で示したZwerner事件では、FBAR制度の下での最高税率で民事罰が複数年度に亘って適用された結果、ペナルティの額が220万ドルを超える額となっている。勿論、かかる金額は、「通貨及び国外取引報告法」§5321(a)(5)(C)(i)の規定に則った結果であり、また、FBARの下での報告義務違反が単年度である者と複数年度に亘る者に適用されるべきペナルティの大きさに差異を設けることの必要性・合理性という観点からすると妥当ではあろうが、「過度の保釈金は求められない、過度の罰金も科されない、残忍で通常でない罰は科されること

343）　詳細は、Bank director charged with hiding foreign assets（http://www.justice.gov/tax/txdv11642.htm）、http://www.fuerstlaw.com/files/Schiavo-as-filed-information.pdf参照。

131

はない」と定める憲法修正第8条との関係が問題となり得る[344]。

実際、Bajakajian v. United States事件最高裁判決（524 U. S. 321）では、国外に35万ドル超を持ち出した者による合衆国法律集第31編（Money and Finance）§5316（Reports on exports and importing monetary instruments）に定める報告義務の意図的な違反に対し、その全額が同法律集第18編（Crimes and Criminal Procedure）§982（Criminal forfeiture）(a)(1)に従って没収されたことが問題となったが、最高裁は、義務違反の重大さと没収金額の多寡を比較しないで多額の金額を没収することは、憲法修正第8条に違反すると判示している。本判決に鑑みると、憲法修正第8条との関係から求められる比例性基準に則り、上記Zwerner事件で科された民事罰の額が、犯罪の重大性と著しく均衡を欠いた額であるか否かを判断すべきではなかったかとの疑問を呈する向きもあるが[345]、確かに、Zwerner事件判決で首肯された額は、問題となった国外口座に存する以上の金額となっている。

(2) QI制度とUBS事件との関係
イ）QI制度の機能と位置づけ

OVDPにもいくらかの問題点や課題はある。例えば、OVDP利用者のデータをより効果的に活用する余地があるなどの指摘がされているが[346]、上記の通り、追加的な税収増、納税者の国外金融口座等の把握レベルの向上及びFBAR制度に対するコンプライアンス・レベルの向上等に貢献しているOVDPの有用性は高い。OVDPとは大きく異なるが、FBAR制度の機能の補完という点では、2001年に導入された「適格仲介者」（Qualified Intermediary, QI）制度にも注目する必要がある[347]。QI制度は、そのモデルである歳入手続2000-12に則ってIRSが国外金融機関等と結んだQI合意の下[348]、(i)租税回避に対するより効果的な対応、(ii)米国納税者の口座への支払に係る源泉税の徴収の効率化及び報告義務の簡素化等を狙って導入されたものであるが、本制度は、UBS（Union Bank of Switzerland）事件などを経て[349]、OVDPの有用性及びFBAR制度の機能を高める効果も少なからず発揮することが明らかとなっている。

上記(i)（租税回避に対するより効果的な対応）と関係するQI制度の特徴としては、例えば、JCT2009年発表資料（JCX-23-09及びJCS-4-09）でも述べられている通り[350]、利子、配当、年金、賃料、手数料等のFDAP所得（Fixed, Determinable, Annual, Periodical Income）と称される米国源泉所得の源泉徴収に係る「自己証明システム」（"Self-certification

---

344) 原文は、"Excessive bail shall not be required, nor excessive fines imposed, nor cruel and unusual punishments inflicted."である。
345) Marie Sapirie, Do FBAR violate the Eighth Amendment？ Tax Notes, Vol. 140, No. 6 (2013) pp. 516-517参照。
346) OVDPの問題点の詳細は、http://www.taxpayeradvoate.irs.gov/.../Most-Serious-Problems-IRS-Offshore-Voluntary-Disclosure-Programs.pdf参照。
347) QI合意を結ぶことができる者の中には、株主の代理として租税条約特典の適用の請求を行う外国法人等も含まれる。財務省規則§1.1441-1(e)(5)(ii)（Definition of qualified intermediary）参照。
348) 本手続のタイトルは、Application Procedures for Qualified Intermediary Status Under Section 1441 ; Final Qualified Intermediary Withholding Agreementである。
349) 2008年に発覚したリヒテンシュタイン公国のLGTグループが脱税に関与した事件も、国外金融口座を利用した所得隠しに対する欧州諸国の税務当局の対応策の強化に向けた動きを加速させた。

第4節　実態把握漏れによる税源浸食への対応

system")の下では、FDAP所得の支払者は、基本的に、その受領者が提出した様式W-8等に示されている税務上の地位に従い、源泉徴収の必要性の有無・適用税率を判断するため、様式W-8等で示された受領者の税務上の地位の正当性を支払者やIRSが確認することは必ずしも容易ではないという問題があるのに対し、QI制度の下では、米国人が国外金融口座等を開設した上で、その税務上の地位を偽った上で、米国源泉のFDAP所得に係る源泉税の適用回避又は軽減税率の適用を受けるなどのケースが減少し得るという点が挙げられる。

　上記(ii)（徴収の効率化及び報告義務の簡素化）と関係するQI制度の特徴としては、例えば、IRC第3章のIRC§1441（Withholding of tax on nonresident aliens）(a)（General rule）では、米国源泉所得を国外の者に支払う者は[351]、その所得が(c)（Exceptions）項に定める米国事業関連所得等でない限り、30％の税率で源泉徴収するとされているが[352]、財務省規則§1.144-1（Requirement for the deduction and withholding of taxation payments to foreign persons）(b)（General rules of withholding）が、支払の受領者を米国の者として取り扱う上で信頼できる資料に依拠し得るケースや支払の受益者が軽減税率による源泉徴収の対象となる国外の者であるケースと同様に、国外の者がQIとしてIRC第3章及び関連規則の下での支払に係る源泉徴収の責任を引き受けるケースでも、支払者による源泉徴収は不要であると定めているなどの点が挙げられる。

　上記の通り、財務省規則§1.144-1(b)の下、QIが源泉徴収の責任を引き受けることによって、米国源泉所得の支払者の源泉徴収に係る負担は軽減されるが、源泉徴収の責任を引き受けるQIの方にも、勿論、メリットがある。例えば、IRC§6041（Information at source）等は、一定の所得を支払う者に対し、原則として、源泉徴収と様式1099のIRSへの提出を義務づけており[353]、QIの場合も、歳入手続2000-12§3.01からも確認し得るように、これらの義務から無条件に免除されるわけではないものの[354]、QIは、様式W-9を顧客から入手した上で様式1099をIRSに提出するとの選択を行うことによって、源泉徴収の必要性や軽減税率の適用の有無を確認することが任される。その結果、QIとしては、開示すべき顧客に係る情報を必要最小限に抑えることができることから、QIでない者との競争上、

---

350) JCS-4-09（"Description of Revenue Provisions Contained in the President's Fiscal Year 2010 Budget Proposal Part Three : Provisions Related to the Taxation of Cross-Border Income and Investment）pp. 150-151、JCX-23-09（Tax Compliance and Enforcement Issues with respect to Offshore Accounts and Entities）pp. 22-23参照。
351) IRC§1442（Withholding of tax on foreign corporations）の下、支払先の国外の者が法人の場合も基本的に同様。
352) IRC§1441（「非居住外国人に対する源泉税」）(a)は、"Except as otherwise provided in subsections (c) all persons, in whatever capacity acting（including lessees or mortgagors ... of the United States）having the control, receipt, custody, disposal, or payment of any of the items of income specified in subsection (b)（... gross income from sources within United States）, of any nonresident alien individual, or of any foreign partnership shall (...) deduct and withhold from such items a tax equal to 30 percent thereof, ..."と定めている。
353) IRC§6041（「源泉情報」）(a)は、"All persons engaged in a trade or business and making payment in the course of such trade or business to another person, of rent, ... remunerations ... or other fixed or determinable gains, profits and income ... shall render a true and accurate return to the Secretary, setting forth ... the name and address of the recipient of such payment."である。
354) 本手続§3.01は、"QI is subject to the withholding and reporting provisions applicable to withholding agents under chapter 3 of the Code. ..."と規定している。

第1章　米国の対応策の分析

有利な立場に立つことが可能となる。

ロ）UBS事件とその影響

　上記の通り、QI制度は、税務当局とQIの双方にメリットを提供するものであるが、UBS（Union Bank of Switzerland）事件によって、その問題点がクローズ・アップされることとなった。本事件で問題となったUBSとIRSが2001年に締結したQI合意では、米国人が国外の口座に関する適切な資料のIRSへの提出を拒否した場合には、QIは、米国の金融機関と同様に、28％の税率でのバックアップ源泉税を徴収する義務を負っていたが、もし、資料提出を拒否する顧客が米国人であることをQIが認識していたにもかかわらず、法律等が、口座の所有者の情報をQIが開示することを禁ずる場合には、QIは、その口座の所有者にその正体を開示させるか、あるいは、その口座で管理されている米国証券の全ての売却を要請するが、口座の所有者がその要請に従わない場合には、QIがその米国証券を売却するという内容も含まれていた[355]。

　UBSは、上記の内容を含むQI合意を締結していたにもかかわらず、2000年〜2007年の間、米国人顧客のUBSへの様式W-9（Request for Taxpayer Identification Number and Certification）の提出義務の違反とこれらの顧客の所得等に関する情報をUBSが様式1099を通じてIRSに報告する義務の違反に積極的に関与していたことが判明したため、IRSは、UBSに対し、米国人顧客の口座記録等の開示を求めるサモンズ（John Doe Summons）を発し、その適法性がUBS AG v. United States事件Florida州南部地区裁判所判決（2009 U. S. Dist. LEXIS 66739）等で首肯されたことなどを背景として[356]、米国政府は、UBSが米国政府を騙したことに対して法的手段を講じることを中止する代わりに、UBSは7.8億ドルの罰金の支払いと米国人の255の口座に関する情報開示を行うとの合意が2009年に成立している[357]。

　UBS事件によって、米国人による国外金融口座を利用した脱税等のリスクが高まったが、QI制度が包含する問題点も明らかとなった。主な問題点としては[358]、(i)QI制度は、より高度な自己管理システムへの移行を意味するところ、QIの中には、口座の受益者が米国人であることを認識していても、顧客が提出したW-8等に依拠して、それ以外の者を受益者と判断することを正当化するなどの濫用を行うUBSのような例がある、(ii)QI制度が源泉税の適切な徴収と報告を可能にしているとの期待の下、QIに対する調査が不十分なものとなっている、(iii)QIを通じて投資をしている米国の免税でない所得の受領者が外国債等のような外国源泉所得のみを発生させる資産に投資して、開示やバックアップ源泉税の対象外となっている、(iv)QIと認定されている国外金融機関に設けた口座を通じて国外資産を保有している米国人の投資家は、未だ比較的少ないことなどが挙げられる[359]。

355）　詳細は、後述するUBS AG事件Florida州南部地区裁判所判決におけるIRSのB. Shottの発言参照。
356）　本判決では、サモンズが求めている情報がその他の代替手段（OVDP等）によって入手できることを理由とする被告の執行無効の主張は、受け入れられなかった。
357）　この255の口座の保有者の中には、その後、2160万ドルを超える「FBAR関連のペナルティ」の納付を余儀なくされたMary Curranのケースも含まれていた。詳細は、Tax Notes, Vol. 139, No. 6 (2013) p. 594参照。
358）　前掲資料（JCS-4-09）pp. 164-169及び（JCX-23-09）pp.34-35参照。
359）　2003年に源泉徴収義務者によって支払われたと報告されている所得の内、QIによる報告が占める割合は12.5％にすぎない。米国会計検査院2009年報告書（GAO-09-478T）10頁参照。

第4節　実態把握漏れによる税源浸食への対応

　QI制度は、上記のような問題点を包含していることが明らかとなったことから、最近では、その改革のあり方が模索されている。例えば、IRSは、2008年、歳入手続2000-12を修正する告示案（Announcement 2008-98）において、QIへの監査及びIRSの調査等の強化を提言した。Obama政権も、2009年、(i)米国金融機関が、QI以外の金融機関を利用する個人への支払を20％～30％の率で源泉徴収し、源泉徴収された者が、その還付を得るためには、その税務上の地位・税法遵守の事実を明らかにする、(ii)QI以外の金融機関の口座に20万ドルを超える残高がある場合、FBARの未提出は意図的であると推認する、(iii)金融機関がQIに該当するのは、その支配関係にある全ての金融機関がQIである場合に限定する、(iv)QIによる報告義務を強化することなどを提案している[360]。これらの提言・提案からも確認し得る通り、QI制度の改革案は、今後、FBAR制度の機能を更に補完する方向性を有するものとなっている。

(3) 様式5471による報告義務

　FBARによる情報収集機能は、QI制度だけでなく、国外金融口座に限定されない国外財産等を報告する情報申告書の提出義務を定める規定によっても補完されている。多くの情報申告書の中でも、特に、IRC§6038（Information reporting with respect to certain foreign corporations and partnerships）やIRC§6046（Returns as to organization or reorganization of foreign corporations and as to acquisitions of their stock）は、一定の国外法人の株式の保有割合やパートナーシップに対する持分割合が一定のレベル（多くの場合、10％）以上の者に対し[361]、その法人・パートナーシップが登録・組成された地域、そのバランス・シート、その法人・パートナーシップとの取引等を記載した様式5471（Information Return of U. S. Persons with Respect to Certain Foreign Corporations）を提出する義務を課している[362]。

　上記様式5471の提出義務違反は、IRC§6038（「一定の外国の法人又はパートナーシップに関する情報報告」）(b) (Dollar penalty for failure to furnish information) 及びIRC§6679 (Failure to file returns, etc., with respect to foreign corporations or foreign partnerships) (a) (Civil penalty) (2) (Increase in penalty where failure continues after notification) の下、その各々の義務違反が1万～5万ドルの民事罰の適用対象となり得るほか、刑事罰の対象ともなり得る。また、過少の申告所得額の内、上記IRC§6038(b)等の下で開示対象とされている国外資産の報告義務の違反に基因する部分があれば、その部分に対しては、その義務違反に係る合理的な理由がない場合に課されることとなる「正確性に係るペナルティ」の率は、IRC§6662(j)(Undisclosed foreign financial assets)(3)(Increase in penalty for undisclosed foreign financial asset understatements) の下、通常の20％ではなく40％となる[363]。

　しかも、様式5471による報告義務の違反に対する取扱いは、IRC§6501（Limitations

---

360)　詳細は、http://www.whitehouse.gov/the_press_office/leveling-the-playing-field-curbing-tax-havens-and-removing-tax-incentives-for-shifting-jobs-overseas/参照。
361)　報告義務を負うか否かを左右する保有割合は、その保有者の税務上の地位や保有期間等によって10％以上ではない場合がある。
362)　詳細は、Instructions for Form 5471 (Rev. Dec. 2013) 参照。第3節1(3)ロ）で言及したIRC§6038C（「米国で事業に従事する外国法人に関する情報」）等も国外財産等に関する情報収集に資する場合があろう。

on assessment and collection）(c)（Exceptions）(8)（Failure to notify Secretary of certain foreign transfers）(A)（In general）の下、納税者にとって、かなり厳しいものとなっている。なぜなら、本規定の下では、申告書が提出されていたとしても、IRC§6038(b)等に基づく様式5471の提出がない場合などには、更正期間の制限は、その提出後から3年間とするとの取扱いが定められているからであるが[364]、2010年法（the Hiring Incentives to Restore Employment Act）によって改正された本規定の下では、かかる取扱いの対象となる所得は、様式5471等によって報告される国外金融資産に関する事項等に限定されないこととなった[365]。本改正によって、様式5471を提出しないリスクがより一段と高まったが、本改正の主な原動力となったのは、OVDPの成功であろうとの見方もされている[366]。

(4) 贈与税申告の促進策

　実態把握・課税漏れの防止手段は、納税者の所得や資産に関する情報の提出義務及びその違反に対するペナルティ等に限ったわけではない。例えば、贈与税との関係では、贈与財産が未申告である場合の贈与税の更正・決定期限を定めるIRC§6501（「課税と徴収に係る制限」）(c)（「例外」）(9)（Gift tax on certain gifts not shown on return）も、実態把握・課税漏れの防止に資する。本規定は、贈与税の賦課を定める第12章について、「本章の下で賦課される税の申告書で示す必要のある贈与財産（…）の価値が示されていないなら、そのような贈与に対する第12章の下での税の賦課、あるいは、調査を経ていないそのような税の徴収に係る裁判手続は、いつでも行うことができる。前文は、その性質を税務当局に知らせる上で申告書又は申告書添付の陳述書で適切に開示されている贈与財産には適用されない」と定めている[367]。

　つまり、上記IRC§6501(c)（「例外」）(9)（「申告書に示されていない一定の贈与に係る贈与税」）の下では、申告すべき贈与事実の未申告の場合だけでなく、贈与事実の開示が不十分である場合にも、贈与税の時効は成立しないことを意味する。IRSマニュアル4.25.1.1.6.5（Gift tax statute of limitations in estate and gift tax examinations）も、「(1)…IRC§6501(c)(9)は、贈与が、その性質を税務当局が評価するのに適切な方法で申告書に示

---

363) 本規定は、"In the case of any portion of an underpayment which is attributable to any undisclosed foreign financial asset understatement, subsection (a) shall be applied with respect to such protion by substituting '40 percent' for '20 percent'." と定めている。
364) 本節1(4)で考察する本規定の(9)号も基本的に同様な取扱いを採用している。
365) 改正後の本規定の原文は、"In the case of any information which is required to be reported to the Secretary pursuant to an election under … 6038, … 6038D, 6046 … , the time for assessment of any tax imposed by this title with respect to any tax return, event, or period to which such information relates shall not expire before the date which is 3 years after the date on which the Secretary is furnished the information required to be reported under such section." である。本改正によって、"event" という文言が、"tax return, event" という文言に変更されている。
366) Christopher A. Karachale, Form 5471――The Next FBAR, The M&A Tax Report, Vol. 20, Issue 9 (2012) p. 6 参照。
367) 原文は、"If any gift of property the value of which (or any increase in taxable gifts …) is required to be shown on a return of tax imposed by chapter 12, and is not shown on such return, any tax imposed by chapter 12 on such gift may be assessed, or a preceeding in court for the collection of such tax may be begun without assessment, at any time. The preceding sentence shall not apply to any item which is disclosed in such return, or in a statement attached in the return, in a manner adequate to apprise the Secretary of the nature of such item." である。

第4節　実態把握漏れによる税源浸食への対応

されていない場合、その贈与に対し、如何なる時でも贈与税を課することができると定めている。…(3)贈与税の申告書に調査官が、贈与税の申告書上、贈与が適切に開示されていないと決定し、また、贈与申告に係る3年間の時効も成立していない場合、調査官は、申告書上の贈与物に対する政府の利益を確保するために、その申告の全体に対する時効延長の承認を得なければならない」と定めている[368]。

　上記IRC§6501(c)(9)の下での取扱いは、そもそも、IRC§6501(「課税と徴収に係る期限」)が、(a)(General rule)項において、「本条において別異に定めている場合を除き、本章で課される如何なる税の金額も、申告書の提出後(申告書が提出されたか否か、あるいは、期限後であるか否かは無関係である)の3年間に課税される」と定め[369]、また、(e)(Substantial omission of items)項において、(c)項で別に定めている場合を除き、(1)(所得税)号(A)(一般ルール)の下、納税者が本来総所得に含めるべき金額が漏れている場合であって、その金額が申告書で示されている総所得の25％を超えるケース等では、申告書の提出後の6年間のいずれの時点でも税を課することができる旨を定めているところ[370]、このような(a)項及び(d)項に定める一般的な取扱いが適用されない例外の一つを構成するものである。

　しかも、IRC§2504(Taxable gifts for preceding calendar periods)に関する財務省規則§25.2504-2(Determination of gifts for preceding calendar periods)では、1997年8月6日以前の贈与に関しては本条(a)項が、また、それ以降の贈与に関しては本条(b)項が、贈与により移転された財産が申告済みである場合と未申告である場合のその評価額に係る更正・決定処分の期間制限について定め、また(c)(Examples)項が、上記の(a)項及び(b)項の適用対象となる例を挙げているところ、これらの例の中には、「対価を伴う贈与」("zero-gift transfer")も含まれているため、上記IRC§6501の適用対象には、純粋な贈与だけでなく、対価を伴う贈与も含まれると解され、そうすると、更正・決定処分の期間制限について、本規定の例外を定める(c)項9号も、対価を伴う贈与のケースにも適用されることとなる[371]。

　上記財務省規則§25.2504-2(c)(「用例」)項で挙げられている「対価を伴う贈与」の例に該当するのが、第3のケース(Example 3)である。本ケースは、具体的には、(i)1994年、Aがその子供であるCに対し、封鎖型企業の株式を移転した後、Aはその移転を報告する贈与税の申告を行い、その申告書で報告した贈与財産の価値に係る贈与税の納付を行ったが、「同じく、1994年、AはBに対し、Bが署名した真正の約束手形と交換に封鎖型企

---

368) 後段部分の原文は、"If an examiner determines that a gift tax is not adequately disclosed on a gift tax return, ... then the examiner must secure a consent to extend the statute of limitations on the entire item in order to protect the government's interest in all items shown on the return." である。
369) 原文は、"Except as otherwise provided in this section, the amount of any tax imposed by this title shall be assessed within 3 years after the return was filed (whether or not such return was filed or after the date prescribed) ...." である。
370) 原文は、"Except as otherwise provided in subsection (c)-(1) Income taxes ... (A) General rule- If the taxpayer omits from gross income an amount properly includable therein and——(i) such amount is in excess of 25 percent of gross income stated in the return ... the tax may be assessed ... at any time within 6 years after the return was filed." である。
371) Austin W. Bramwell, Considerations and Consequences of Disclosing Non-Gift Transfers, Journal of Taxation, Jan. 2012, p. 20参照。

の株式を移転することも行っていた。Aは、その約束手形と交換に行った移転は、十分かつ適正な対価によるものであると信じて、Aは、そのBに対する移転を1994年連邦贈与税の申告書に報告していなかった。…(ii)…したがって、1997年以前に行われた本件の未申告の贈与財産の場合、そのAの課税対象贈与財産の評価額は、Aの遺産税額の計算を行うに当たり、調整することが可能となる。…」という内容のものとなっている[372]。

確かに、1999年12月3日付の財務省決定（TD 8845）は、贈与財産に関する情報の提供義務を適切に順守しているか否かの判断は、「…欠落事項の性質や提供されている情報の全体的な適切さの如何に左右されることから、特定の事項又は複数の事項が欠落していることをもって、規則上の要件が満たされなくなることが必ずしも意図されているわけではない」と説明してはいるが[373]、無申告の贈与財産に対する実質的に無期限の更正・決定期限を定める上記IRC§6501(c)(9)の下では、その適用のリスクをなくすためにも、贈与税の基礎控除以下の贈与金額であると考えられるケースや十分かつ適切な対価を伴う財産の取得に該当するようなケースであっても、贈与財産の詳細を記載した贈与税の申告を行うことが望ましい場合もあろうし、租税戦略上、そうすることが得策となり得る場合もあるとの指摘がされている[374]。

4．FATCAとその将来

(1)　「国外金融機関」の報告義務等

上記1～3で示した通り、近年、実態把握手段の多角化・機能強化が進展している。確かに、2012年からは、「合理化された非居住者による申告イニシアチブ」（Streamlined Nonresident Filing Initiative）の下、一定の要件に該当する脱税リスクの少ないと考えられる一部の非居住者である米国市民に対しては、FBARペナルティに服することなく過去3年間分の申告書と過去6年間分のFBARの提出を認めるなど、FBARに伴う負担の軽減を図るなどの動きもないではないが[375]、課税漏れによる税源浸食の問題も深刻化する中、基本的には、実態把握手段の多角化・機能強化が更に必要であるとの認識は高まっている。かかる認識の下、2010年には、米国市民の国外金融資産に起因する所得に係る税負担の回避を防止する手段として、IRC第4章（§1471～§1474）の下に「外国口座税務コンプライアンス法」（Foreign Account Tax Compliance Act, FATCA）が措置され、2013年から施行されている。

FATCA導入の主な目的は、IRS告示（Notice 2010-60：Notice and Request for Comments Regarding Implementation of Information Reporting and Withholding Under Chapter 4 of the Code）で述べられている通り、IRC§1471（Withholdable payments to

---

372)　後段の原文は、"... for purposes of determining A's adjusted taxable gifts in computing A's estate tax liability, the gifts may be adjusted." である。

373)　原文は、"... it is not intended that the absence of any particular item or items would necessarily preclude satisfaction of the regulatory requirements, depending on the nature of the item omitted and the overall adequacy of the information provided." である。

374)　Jay A. Soled, New Gift Tax Considerations-CPAs should not abandon sucessful filing strategies of the past, Journal of Accountancy, Vol. 186, No. 4 (1998) pp. 81-83参照。

375)　詳細及び本イニシアチブを今後拡充するとのIRSの方針は、http://www.irs.gov/uac/Instructions-for-New-Streamlined-Filing=Compliance-Procedures-for-Non-Residnet-Non-Filer-US-Taxpayers、IR-2014-73参照。

foreign financial institutions）(d)（Definitions）(1)（United States account）に定義する一定の米国人の口座について、IRC§1471(d)(4)（Foreign financial institution, FFI）でいう「国外金融機関」の報告義務及び一定の国外の事業体に対する支払に係る源泉徴収及びその他の者の報告義務を拡充することによって[376]、米国人の国外金融口座を利用した所得税負担の回避の防止機能を高めることである。かかる目的を有するFATCAは、QI制度が包含する問題を実質的に緩和する効果を発揮するとともに、国外の金融口座に係る情報に関する報告義務を負う者を米国人に限定しているFBAR制度の限界をも補完する機能を発揮するものと期待されている。

まず、IRC§1471は、(a)（In general）項において、「(b)項の要件を満たさない国外金融機関に対する源泉徴収の対象となる支払について、源泉徴収義務者は、その支払の30％に相当する額の税を控除して源泉徴収しなければならない」と定めているが[377]、(b)（Reporting requirements, etc.）項では、国外金融機関がIRSと契約を結び、「FFI参加者」（"FFI participant"）として、その契約（FFI契約と称されている）上の義務の履行に合意すれば[378]、その金融機関に対する支払に係る所得税の源泉徴収義務者による源泉徴収は、図1-5の通り、免除される。これに対し、「FFI参加者」に該当しない国外金融機関やIRC§1472（Withholdable payments to other foreign entities）(d)（Non-Financial Foreign Entities）でいうNFFE（「国外金融機関に該当しない国外の事業体」）に対する支払は、原則として、上記IRC§1471(a)又はIRC§1472(a)（In general）の下[379]、源泉徴収の対象となる。

上記IRC§1471（「国外金融機関への源泉徴収の対象となる支払」）(b)（「報告要件等」）(1)（In general）に定めるFFI契約上の義務には、(A)いずれが米国人の口座であるかの確認に必要な情報を収集する、(B)その口座の確認に係るその他の求められた要請に応じる、(C)その口座に関する情報を毎年提供する、(D)「FFI参加者」が、FATCAに基づく開示・確

図1-5　FATCAの仕組み

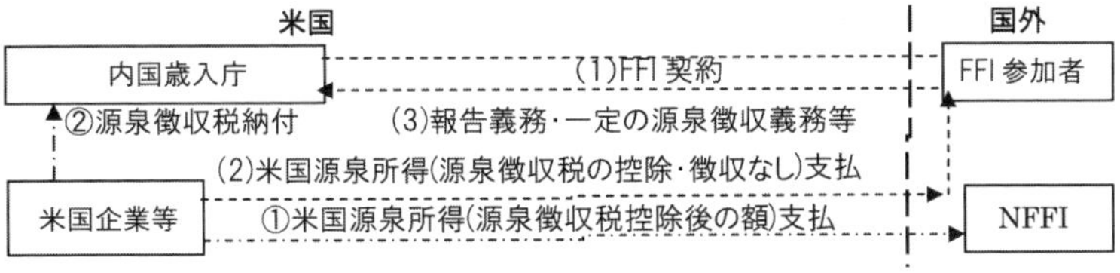

---

[376] その他の者の報告義務は、本節4(2)参照。
[377] 原文は、"In the case of any withholding payment to a foreign financial institution which does not meet the requirements of subsection (b), the withholding agent with respect to such payment shall deduct and withhold from such payment a tax equal to 30 percent of the amount of such payment." である。
[378] IRC§1471(b)(2)（Financial institutions deemed to meet requirements in certain cases）の下、本項の要件を満たしているとみなすことができる「国外金融機関」は、「みなし法令順守FFI」（"deemed compliant FFI"）として取り扱われる。
[379] IRC§1472（「その他の国外の事業体への源泉徴収の対象となる支払」）(a)は、"In the case of any withholdable payment to a non-financial foreign entity, if—— (1) the beneficial owner of such payment is such entity or any other non-financial foreign entity, and (2) the requirements of subsection are not met with respect to such beneficial owner, then the withholding agent with respect to such payment shall deduct and withhold from such payment a tax equal to 30 percent of the amount of such payment." と定めている。

認要請に従わない口座保有者や本項の要件を充足しないその他の国外金融機関へのパス・スルー支払をする場合、その支払額の30％に相当する税を源泉徴収する、(E)その金融機関保有の米国人口座に関する追加的な情報提供要請に応じる、(F)国外の法律が、「FFI参加者」が管理する米国人の口座に関して、本項等で定める情報の報告を阻止する場合、その口座の各保有者から、その法律の適用を適切かつ効果的に免除する承諾を得るよう試みる、また、合理的な期間内に承諾を得られない場合、その口座を閉鎖することなどが含まれる[380]。

「FFI参加者」が負う報告義務が、QI制度の下でQIが負う報告義務よりも広いことは、FATCAの下での報告義務の対象には、IRC§1473(Definitions)(2)(Substantial United States owner)に定める「米国の相当な保有者」が保有する口座も含まれることからも確認することができる。「米国の相当な保有者」とは、本項(A)(In general)号の下、法人の株式、パートナーシップの持分又は信託の受益権の10％超（信託やその他の投資ビークルに対する権利の場合は、別途IRC§1473(定義)(2)(B)(Special rules for investment vehicles)等が定める異なる割合）を直接又は間接に保有するIRC§1473(3)(Specified United States person)でいう「特定の米国の者」（その株式が確立した証券市場で恒常的に取引されている法人、銀行、非課税組織、不動産投資信託等に該当しない米国の者）である[381]。

なお、「FFI参加者」は、上記IRC§1471(b)(「報告要件等」)(1)(D)の下、図1-6の通り、「FFI参加者」がFATCAに基づく開示・確認要請に従わない口座保有者や本項の要件を充足しないその他の「国外金融機関」・国外事業体へのパス・スルー支払をする場合、その支払額の30％に相当する税を源泉徴収する必要があるが、パス・スルー支払の定義及び源泉徴収方法については、IRC§1471(d)(7)(Passthru payment)が、「『パス・スルー支払』という文言は、源泉徴収対象となる支払に帰属する範囲のいかなる源泉徴収対象となる支払又はその他の支払を意味する」と定め[382]、また、IRS告示2011-34が、「FFI（…）による支払は、(i)源泉徴収の対象となる支払額に、(ii)(A)（…）管理支払の場合、利息又はその他を支払った事業体のパス・スルー支払率、あるいは、(B)その他の支払の場合、支払者であるFFIのパス・スルー支払率で乗じた源泉徴収対象でない支払額を加えた範囲でのパス・スルー支払である」と定めている[383]。

図1-6　パス・スルー支払に対する源泉徴収

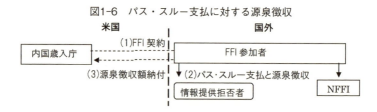

---

380) これらの義務の違反は、FFI契約の解消に繋がり得る。
381) 例えば、「国外金融機関に該当しない国外の事業体」に源泉徴収すべき支払が行われる場合でも、IRC§1472(b)(Requirements for waiver of withholding)の下、源泉徴収義務者による源泉徴収は免除され得るが、そのためには、その支払の受益者が「米国の相当な所有者」に該当するとの証明書を源泉徴収義務者に提供している、あるいは、その支払の受益者である「米国の相当な所有者」に関する情報を毎年IRSに報告することなどが前提条件となっている。
382) 原文は、"The term 'passthru payment' means any withholdable payment or other payment to the extent attributable to a withholdable payment."である。

第4節　実態把握漏れによる税源浸食への対応

　上記の定義・説明によって、パス・スルー支払があった場合の源泉徴収義務の仕方に係る不透明性は十分に払拭されているとは言い難いが[384]、IRS告示2010-60では、パス・スルー支払に係るFFIの源泉徴収義務を措置した目的として、(i)FFI契約を結んだ「国外金融機関」の口座保有者の中に、その口座が米国人の口座であって適切な報告義務を履行しているのかを適切に決定する上で必要な情報をFFIに対して提供しない者がいたとしても、当該「国外金融機関」がFFI契約にとどまることを可能にすること、(ii)米国に直接的に投資を行うことや源泉徴収対象となる支払を発生させるような米国資産を有しない「国外金融機関」であっても、源泉徴収対象となる支払に起因する支払を生じさせる投資から利益を得ているという事実もあるところ、このような「国外金融機関」に対してもFFI契約に参加するインセンティブを与えることなどが挙げられている。

(2) 「特定の個人」の報告義務等

　FATCAの下で報告義務を負っているのはFFIだけではない。IRC§6038D (Information with respect to foreign financial assets) (a) (In general) は、「いずれかの課税年度に特定国外金融資産に対する権利を有する者が[385]、その資産の全ての総価値が5万ドル（又は長官が定める金額）を超える場合[386]、その課税年度について、その各資産に関して、(c)項に定める情報をその者がサブタイトルAの下で課される税の申告書に添付しなければならない」と定めており[387]、かかる報告義務を負う者は、2011課税年度分及びそれ以降の年度の申告書に様式8938 (Statement of Specified Foreign Financial Assets) を添付する必要がある。また、IRC§6038D（「国外金融資産に関する情報」）(f) (Application to certain entities) が定める通り、かかる報告義務者には、「特定国外金融資産」を直接又は間接に保有するために設立又は利用される「特定の国内事業体」（"specified domestic entities"）も含まれる。

　IRC§6038D(b) (Specified foreign financial assets) は、上記の本条(a)項でいう「特定国外金融資産」には、(1)IRC§1471（「国外金融機関への源泉徴収の対象となる支払」）(d)（「定義」）(4)に定める「国外金融機関」が管理する全ての金融口座、(2)IRC§1471(d)(5)で定義する「金融機関」が管理する口座で保有されていない資産（(A)米国の者以外の者が発行している株式や証券、(B)米国の者以外の者を発行者又は相手方とする投資のために保有され

---

383) 原文は、"a payment made by FFI (...) will be a passthru payment to the extent of : (i) the amount of the payment that is a withholdable payment; plus (ii) the amount of the payment that is not a withholdable payment multiplied by (A) in the case of a custodial payment (...), the passthru payment percentage of the entity that issued the interest or instrument, or (B) in the case of any other payment, the passthru payment percentage of the payor FFI." である。
384) IRS告示2011-34のB (Calculation of Passthru Payment Percentage) でも、代替的な計算方法の可能性も模索するとの考えが示されている。
385) 説明資料 (Instructions for Form 8938) は、この者を「特定の個人」(a specified individual) と称している。
386) 「様式8938の説明資料」では、50,000ドル超は、米国に居住する個人の年度末の時点の閾値であり、年度末に50,000ドル以下であっても、年度途中の「国外金融資産」の総価値が75,000ドル超であれば報告義務は生じる。なお、夫婦共同申告の米国居住者の場合、これらの金額の各々の2倍が閾値となる。
387) 原文は、"Any individual who, during any taxable year, holds any interest in a specified foreign financial asset shall attach to such person's return of tax imposed by subtitle A for such taxable year the information described in subsection (c) with respect to each such asset if the aggregate value of all such assets exceeds $50,000 (or such higher dollar amount as the Secretary may prescribe)." である。

ている金融手段又は契約、(C)IRC§1473で定義する外国の事業体に対する権利）が含まれると定めている[388]。本規定の適用対象範囲が広いことは、例えば、資産価値の逐次の決定が可能であって一般的に提供されているミューチュアル・ファンドとは異なる性質のものであるとしてFBAR制度の下では報告対象外となっているヘッジ・ファンドやプライベート・エクイティ・ファンド等も、報告の対象とされていることなどからも明らかである[389]。

上記IRC§6038Dでいう「特定の国内事業体」とは、本規定に関する税務当局の2011年12月公表資料（Explanation of section 6038D temporary and proposed regulations）によると、一定の要件に該当する法人、パートナーシップ及び国内信託等であるが、法人及びパートナーシップの場合には、(i)本規定等が定める報告義務を発生させる金額の閾値を超える「特定国外金融資産」に対する権利を有している、(ii)間接的及びみなし保有ルールを勘案した場合、「特定の個人」によって、その持分の総価値の80％以上が保有されている、(iii)50％以上の受動的所得・資産テストに該当する、あるいは、10％以上の受動的所得・資産テストに該当しており、しかも、事実と状況に基づいて判断すると、IRC§6038Dの下での報告を回避することを主要な目的として設立又は利用されているとの要件を全て充足している場合に限って、「特定の国内事業体」に該当することとなる[390]。

FATCAとFBAR制度の目的は同じではないが、前者が後者の機能を実質的に拡充・補完する役割を果たしていることは、上記の諸規定からも確認することができる。しかも、その拡充・補完の程度が微々たるものでないことは、IRC§6038D(c)（Required information）の下、広範な情報（(1)口座に関しては、口座が管理されている金融機関の名称と住所及び口座の数、(2)株式や証券に関しては、その発行者の名称と住所に加え、その株式や証券の等級を確認するために必要な情報、(3)その他の金融手段、契約又は権利に関しては、それらを確認するのに必要な情報に加え、それらに関する全ての発行者や相手方の名称と住所、(4)関係する課税年度中の資産の最高価値）が報告対象となっているほか、様式8938（「特定国外金融資産の陳述書」）では、いずれの種類の所得のどれほどの金額が、いずれの「特定国外金融資産」に帰属するものであるのかに関する情報も求められていることなどからも明らかである[391]。

「特定国外金融資産」に対する権利を有する者による報告義務違反に対してもペナルティが措置されている。IRC§6038D(d)（Penalty for failure to disclose）は、(1)（In general）号において、上記の(a)（「一般原則」）項に定める方法・時点で上記の(c)（「必要な情報」）項に定める報告義務を履行しない者は1万ドルのペナルティの対象となると定め、また、(2)（Increase in penalty where failure continues after notification）号において、報告義務が当事者への通知後も継続する場合には、30日毎に1万ドルのペナルティが加算される

---

388) IRC§1471(d)(5)が定義する「金融機関」の詳細は、IRS告示2010-60参照。
389) 詳細は、2011年2月発表のFBARに関する最終規則（Federal Register Vol. 76, No. 37）及び2011年12月発表のIRC§6038D説明資料参照。
390) 国内信託が「特定の国内事業体」に該当する要件は、FBAR最終規則（脚注389）資料）参照。
391) 様式8938と様式TD F 90-22.1を提出すべき者・報告事項の異同の詳細は、Kevin E Packman, Foreign Account Reporting Using Form 8938――Has The Service Created Compliance Traps？ Journal of Taxation, April 2012, pp. 203-204、Hale E. Sheppard, The New Duty to Report Foreign Financial Assets on Form 8938 : Demystifying the Complex Rules and Severe Consequences of Noncompliance, International Tax Journal, May-June 2012, pp. 31-31参照。

第 4 節　実態把握漏れによる税源浸食への対応

(但し、本規定に基づくペナルティの額は 5 万ドルを超えないほか、IRC§IRC§6039D(g)(Reasonable cause exception) の下、未開示が継続することに合理的な理由がある場合には、ペナルティが免除される) 旨を定めている[392]。

　FATCAの下での報告義務違反が惹起し得るペナルティは、上記IRC§6038D(d)(「未開示に対するペナルティ」) に定められているものに限定されているわけではない。過少申告に対するペナルティも、IRC§6038Dに定める「国外金融資産」の開示義務を履行していない場合には加重するという形で改正が行われている。具体的には、IRC§6662(「過少納付に対する正確性に係るペナルティの賦課」) が改正され、新たに措置されたIRC§6662(j) (Undisclosed foreign financial asset understatement) の下では、過少申告の場合に適用されるペナルティの率は、「国外金融資産」の開示義務が履行されておらず、しかも、申告が漏れている所得が未開示となっている「国外金融資産」に起因している場合には、懈怠や法令違反等に起因する所得税の過少申告の場合に適用される通常の率である20％ではなく、40％の率となるとされている。

　FATCAの下では、更正・決定処分の期限にも変更が加えられている。IRC§6501(「課税と徴収の期限」) は、本節 1(2)で示した贈与税の更正・決定期限との関係で述べた通り、(a) (「一般ルール」) 項において、通常、申告書の提出後から 3 年間が賦課期限であると定め、また、(e) (「相当な不備事項」) (1) (「所得税」) (A) (「一般ルール」) において、未申告額が本来申告すべき所得税額の25％を超えているなどの場合、更正期限は、納税申告書の提出後から 6 年間である旨を定めているが、改正後のIRC§6501は、(c) (「例外」) 項(8) (「一定の国外移転の長官への不通知」) 号において、株式等を保有する外国法人等に関する情報を提供するための様式5471の未提出の場合だけでなく、IRC§6038Dに定める報告義務を履行するための様式8938の未提出の場合も、それに関係する納税申告書の更正期限は、本様式の提出後から 3 年間であると定めている[393]。

(3)　FATCAの問題点

　上記のような特徴を有するFATCAに対しては賛否両論ある。例えば、FBAR制度、QI制度、サモンズを発する権限、情報交換に特化した租税条約、徴収共助条約及びスイフト (Society for Worldwide Interbank Financial Telecommunications, SWIFT) 協定等が、一定の成果を挙げていることから[394]、FATCA導入の必要性はないとの意見がある[395]。しかし、より多くの者は、FBAR制度及びOVDPが十分な成果を挙げていないと指摘する

---

392) IRC§6038D(e)(Presumption that value of specified foreign financial assets exceeds dollar threshold)は、報告義務者が「特定国外金融資産」の合計額に関する情報を十分に提供しない場合、その合計額は＄50,000 (又は長官が定める額のいずれか高い金額) を超えるとの前提の下でペナルティの額が査定されると定めている。
393) 本条の規定振りは、本節 3 (4)・脚注365)、369)、370)参照。
394) 2010年に欧州議会が米国と締結することを認めたスイフト協定の下、米国の法務省は、「テロリスト金融追跡プログラム」(Terrorist Finance Tracking Program) に則り、200カ国以上に所在する 8 万程度の金融機関がメンバーとなっているスイフトによって保有されている金融取引情報にアクセスすることが認められている。詳細は、SWIFT Agreement Adopted by the European Parliament (http://www.edri.org/edrigram/number8.14/awift-20-adopted-european-parliament) 参照。
395) ACA Reports, July 2012 (http://www.americansabroad.org/issues/fatca/fatca-is-bad-for-america-why-it-should-be-repealed/) 参照。

143

第1章　米国の対応策の分析

「全国納税者擁護事務所」(National Taxpayer Advocate Office)の2012年議会報告書("2012 Report to Congress")等もある中[396]、FATCA導入の主旨には異論はないが、その制度設計に問題があると考えている。問題視されているのは、FATCAが、(i)外国のプライバシー関係法の改正を迫る、(ii)コンプライアンス・コストを高める、(iii)米国の投資家や事業の国外市場での活動機会を減少させる、(iv)報告義務違反に対するペナルティが過重であるなどの点である。

確かに、上記(i)(外国の法律改正の問題)や(ii)(コンプライアンス・コストの問題)に関しては、例えば、全国銀行協会が2011年6月にIRSに提出した意見書でも、(a)「現在提示されているFATCAの要件は、FFIの通常業務の範囲をはるかに超える厳しい要件となっている…ことから、コスト・ベネフィットのバランスを著しく欠く制度となっている点に全銀協としては強い懸念を抱いて」いる、(b)「現状のFATCAの要件が厳しい点を踏まえれば、米国人との取引に関して、当該米国人が本人確認やIRSに対する情報提供に協力的であるか否かを問わず、FFIがそれらの取引を控えようとするインセンティブが強く働く恐れも」ある、「IRSに対する口座情報の提供は、本邦金融機関に課せられる守秘義務・個人情報保護法(及び同ガイドライン)に照らし、疑義を生ずる懸念」がある、(c)「FATCAでは、上記権利放棄に応じない顧客は強制解約の対象となりますが、…FATCAの要求に応えないことをもって『違法な行為に利用されている』ことと同列に取り扱うことは不適切である」などの見解が示されている[397]。

個人のコンプライアンス・コストの増加という点では、特に、国外居住の米国市民が最も不利益を被ることとなるとの指摘がある[398]。なぜなら、国外居住の米国市民の場合、米国居住者が米国の「金融機関」に口座を保有しているように、多額の口座を「国外金融機関」に保有しているが、その保有目的は、米国の居住者が「国外金融機関」に口座を保有する目的とは本質的に異なっているのが通例であるにもかかわらず、国外居住の米国市民は、その居住する国で保有する口座等(「特定国外金融資産」)の総価値が一定金額を超える場合には、米国内の金融機関に多額の口座を有している米国居住者と異なり、FATCAの下での報告義務と義務の不履行に伴うペナルティのリスクを負担しなければならないほか、報告義務の下で開示すべき内容には、申告書において所得のみを報告する多くの米国居住者とは異なり、「特定国外金融資産」に関する情報も含まれるからである。

もっとも、国外居住の米国市民の場合、「様式8938の説明資料」において、FATCA上の報告義務の閾値である「特定国外金融資産」の総価値額は、米国居住の米国市民の場合よりも高く設定されているため、上記でいう不利益は幾分軽減されている。例えば、国外居住の米国籍の個人が、「国外滞在テスト」("presence abroad test")を満たせば[399]、FATCA上の報告義務を負うのは、年度末の時点での「特定国外資産」の総価値が20万ドル超又はその年度中の最高額が30万ドル超の場合であることを鑑みると、むしろ、リスクに見合ったコンプライアンス・コストという点で負担が相対的に重くなるのは、グリー

---

396) *supra* "ACA Reports, July 2012" p. 12参照。
397) 外国口座コンプライアンス法についての意見書 (http://www.zenginkyo.or.jp/abstract/opinion/entryitems/opinion230607.pdf) 参照。
398) *supra* "ACA Reports, July 2012" 参照。
399) 本テストを満たすためには、(i)一課税期間中連続して国外の居住者である、又は、(ii)関係課税年度に終了する連続の12カ月の間に330日以上国外に滞在していることが必要である。

ン・カード所有者又は「相当な滞在基準」（"substatial presence test"）を満たす米国の「居住外国人」が母国等に多額の「特定金融資産」を有しているためにFATCA上の報告義務を負うこととなるケースであるとの見方もできる[400]。

　確かに、FATCAは上記(iii)（国外投資機会の減少）及び(iv)（過重なペナルティ）の問題も包含しているが、これらの問題は、FATCAが米国籍を放棄する者の数を更に増加させる効果をも生じさせる。このような効果が生じるであろうことは、そもそも、国外金融機関に大きな負担を課するFATCAは、FBAR制度やOVDPとは多分に異なるものの、国外金融資産を保有する納税者の不安を高めるという点では共通しているところ、例えば、前掲の「全国納税者擁護事務所」の2012年議会報告書では、国籍離脱者の数が顕著に増加した2009年は、IRSがFBAR制度の下でのペナルティの適用を積極的に行い、また、意に反してFBAR制度に係る規則に違反している納税者がOVDPを利用した場合に納付すべき税額等について誤解を生むような指針を示した年度でもあったとの指摘がされていることなどからも確認することができよう[401]。

(4)　FATCAの実効性の向上策
イ)　他国との合意

　FATCAが包含する問題点の多くを克服するには、諸外国の政府や金融機関の協力を得ることが重要なポイントとなるとの認識の下、近年では、その制度設計に修正（特に、FFI参加者による源泉徴収義務の軽減や情報提供拒否者の口座閉鎖の免除等）を加えた上で政府間合意に係る二つのモデル（モデルⅠ：FFI参加者はその所在国の政府に対して報告義務を履行するとともに、政府間で自動的情報交換を実行するというアプローチに立脚するもの、モデルⅡ：FFI参加者がIRSに対して直接に報告義務を履行するとともに、政府間で依頼に基づく情報交換を行うというアプローチに立脚するもの）を財務省が2012年に発表し、主な諸外国政府との間でモデル合意や合意締結に向けた共同宣言（英国、フランス、ドイツ及びイタリア等との合意又は共同宣言はモデルⅠに立脚、スイス及び日本との合意又は共同宣言はモデルⅡに立脚）も採択されたことにより、その実効性は顕著に高まってきている。

　例えば、2012年9月に締結された英国とのFATCA合意は、(i) 2条において、英国の金融機関が英国の税務当局に対し、2条に定める米国人の口座等に関する情報を報告した後、英国の税務当局が自動的情報交換の一環として、毎年、その情報を米国に提供する、(ii) 4条において、2条等に定める報告義務を適切に履行する英国の金融機関が受領する所得や支払う所得に対し、IRC§1471に規定する源泉徴収義務を課さない、(iii) 5条において、英国の金融機関に重大な報告義務違反があった場合、英国政府は、その違反を是正するための国内法上の措置を講じるが、それでも18ヵ月以内に是正されない場合には、米国政府は、その金融機関をFFI参加者として取り扱わない、(iv) 6条では、米国政府は、2017年1月1日までに、米国の金融機関が英国に報告すべき口座の保有者に関する一定の情報を取得・報告させる規則を措置することに言質を与えることなどが定められている。

---

400)　しかも、「居住外国人」に対する報告義務の閾値額は、国外居住の米国市民の場合とは異なり、米国居住の米国市民の場合と同じである。
401)　*supra* "ACA Reports, July 2012" p. 264参照。

第1章　米国の対応策の分析

2012年6月に発表されたスイスとの共同宣言でも、米国政府は、一部のスイスの「国外金融機関」に対し、FATCAに関する規則上の定義に該当しない「みなし法令順守FFI」の適用を認めるとともに、「情報提供拒否者」や米国とFATCAモデル合意を締結しているその他の国への支払の際に源泉徴収する必要がないように便宜を図ることを宣明したのに対し、スイス政府は、(i)本合意の下で適用免除となっている金融機関や「みなし法令順守金融機関」を除くスイスの「国外金融機関」に対し、FFI契約をIRSと締結するよう指導する、(ii)これらのスイスの「国外金融機関」がFATCA上の義務を履行できるようにスイス犯罪法271条（スイスの国土で外国のために一定の行為ができないこと）からの免除を認める、(iii)米国からの「情報提供拒否者」と認定される米国口座の保有者に関する追加情報を求めるグループ依頼に対して早急に対応する、(iv)「情報提供拒否者」の口座閉鎖を実現させるなどの意向を示している。

2012年6月に発せられた我が国との共同宣言でも、日本政府は、(i)日本の金融機関（適用除外となるFFI及びみなし法令遵守FFIを除く）を指導して、IRSに登録すること、また、金融庁が発出する要請文に従う意向を確認することができようにする、(ii)米国口座の特定を行うべく、FATCA規則に規定されている時期と方法に則ったデュー・ディリジェンスを行う、(iii)米国口座保有者から同意を得られた場合には、特定された米国口座について必要な情報を直接にIRSに毎年報告する、(iv)「情報提供拒否者」が保有している口座の総数と総額をIRSに毎年報告するなどの意向を示したのに対し、米国政府は、(a)「みなし法令順守FFI」やFATCA上の報告義務の対象外となる機関等を特定した上で、FATCA上の諸規則を順守する限り、これらに対する日本の金融機関のパス・スルー支払に係る源泉徴収義務を免除する、(b)「情報提供拒否者」の口座を閉鎖することを求めないなどの意向を表明している。

ロ）財務省最終規則（T. D. 9584）の発表

FATCA導入後、米国政府は、その実効性の向上のためには情報提供が双方向となることが肝要であるとの認識を次第に強め、2012年には、財務省最終規則（Guidance on Reporting Interest Paid to Nonresident Aliens, T. D. 9584）も措置している。本最終規則を受けて財務省規則§1.6049-4（Return of information as to interest paid and original issue discount includible in gross income after Dec. 31, 1982）が改正され、改正された本条(b)(5)（Interest payments to certain alien individuals）(i)（In general）は、「財務省規則§1.6049-8(a)の下で報告対象となる（…）非居住外国人である個人に対して支払われる合計で10ドルを超える利子の場合、その支払者は、その利子が支払われた暦年に係る『源泉徴収の対象となる外国人の米国源泉所得』と題された様式1042-Sによって情報申告を行う」と定めている[402]。

本最終規則は、米国の納税者が外国の居住者であると偽って米国での税負担を軽減・回避することをより困難にする狙いも有しているが、情報交換規定に基づく米国人の国外所

---

402) 原文は、"In the case of interest aggregating $10 or more paid to nonresident alien individual (…) that is reportable under §1.6049-8 (a), the payor shall make an information return on Form 1042-S, 'Foreign Person's U. S. Source Income Subject to Withholding', for the calendar year in which the interest is paid. …" である。

得に関する情報を得るためには、米国も、外国の納税者の米国源泉所得に関する情報を提供できなければならないとの考え方にも依拠したものである。米国の場合、予てより、米国源泉の利息の支払いを受けた者が、一部の国（カナダ等）の居住者である場合に限り、自動的な情報提供をしているが、本規則が措置されたことにより、米国が租税条約を締結しているその他の国に対しても、米国源泉の利息を得るその国の居住者に関する情報をより包括的・効果的に提供できるようになるため、FATCAに基づいて情報提供が一方的になるという問題が緩和される。

本最終規則に対しては、(i)米国金融機関等の事務負担を重くするとの指摘や、(ii)情報交換の対象となった外国人の情報がその居住地国で不当に利用されることが危惧されるなどの批判もあるが[403]、IRSは、上記(i)の指摘に対しては、米国の非居住外国人は、予てより、その税務上の地位・居住地国を示す様式W-8BEN（Beneficial Owners Certificate of Foreign Status for U. S. Tax Withholding）を提出していることから、米国金融機関は、それに基づいて様式1042-Sを作成できる以上、大幅な事務負担増にはならないとの見解を示し[404]、また、上記(ii)の批判に対しては、T. D. 9584に基づいてIRSが得た情報を租税条約で定めた目的から逸脱した方法で利用する、あるいは、租税条約に定める機密性の保持義務を順守しないなどの虞のある国に提供することはしないとの方針が示されている[405]。

5．小括とポイント

財務省は、1970年頃から、マネー・ローンダリングの規制等の観点から、国外金融口座を有する米国人や国外金融機関等に対し、一定の要件に該当する場合、米国人の国境を跨ぐ通貨取引・国外金融資産等に関する情報を報告させる制度を導入しており、FBAR制度も、その一角を成すものであった。FBAR制度に対するコンプライアンス・レベルは、当初、低かったが、本制度の2004年改正を通じて報告義務違反に対する民事罰の適用基準が引き下げられ、また、適用金額が引き上げられたことなどを背景として、コンプライアンス・レベルが高まった経緯がある。しかも、最近では、McBride事件Utah州地区裁判所判決（2010）やWilliams事件第4巡回控訴裁判所判決（2012）等が、FBARの意図的な提出義務違反の認定・立証に係るハードルも下方修正されたことを示唆している中、2004年以降のFBAR提出義務違反が包含するリスクは、かなり高まっている。

FBAR制度の実効性を高める要因となっているその他のものとして、OVDPやQI制度が挙げられる。OVDPは、税務当局が指定する期間内に申告漏れであった所得の申告及び未報告であった国外金融口座等に関する情報の自主的開示を行うとともに、過少税額、税務上のペナルティ及び利息を納付すれば、原則として、民事罰や刑事罰の適用を免除するプログラムであるが、その利用者数・追加税収額は、実施回数を重ねる毎に増加している。QI制度は、国外金融機関とIRSの合意に基づき、米国人に対するFDAP所得の支払者による源泉税の徴収を免除するなどの取扱いを認める制度であるが、特に、かかる合意に

---

403) Jeremiah Coder, The Dark Side of Tax Information Exchange, Tax Notes, Vol. 139, No. 10 (2013) pp. 1092-1093参照。例えば、Stuart v. United States事件最高裁判決（489 U. S. 353；1989）において、税務当局が関係する法令等に合致し、誠実に行動したのであれば、提供した情報がカナダで刑事訴追の目的に利用されたとしても、違法ではないと判示されている。
404) T.D. 9584 p. 13参照。
405) T.D. 9584 p. 8参照。

第1章　米国の対応策の分析

違反する形で所得税の負担回避が行われたUBS事件が発覚したことによって、国外金融機関口座を利用して米国の所得税負担を回避することを試みるリスクが小さなものではないとの認識が顕著に高まった経緯がある。

　情報申告書の中にもFBAR制度の限界を補完する機能を発揮しているものがある。特に、一定の国外法人の株式や国外パートナーシップの持分の一定割合以上を有する米国人に対し、様式5471を通じて関係する主な情報を報告することを義務づけるIRC§6038及びIRC§6046は、FBAR制度が対象外とする財産に関する情報をも報告対象としている。これらの規定が定める報告義務違反は民事罰や刑事罰の適用対象となり得るが、その未報告事項に基因・関係する過少申告がある場合には、IRC§6662(j)(3)に定める加重された率での「正確性に係るペナルティ」の適用対象ともなり得る。さらに、様式5471の提出がない場合、納税申告書の提出があっても、本様式上の事項が関係する過少申告に対する更正処分の期間制限は、IRC§6501(c)(「例外」)(8)の下、本様式提出後から3年間であるため、本様式を提出しないリスクはかなり高いものとなっている。

　上記の一連の措置等によって向上している国外金融資産の把握レベルが、2010年に導入されたFATCAの実施によって更に高まるのは確実である。FATCAの下、IRSと契約を結んだ国外金融機関(「FFI参加者」)の米国人の口座に支払いする者は、「FFI参加者」がその契約上の報告義務等を履行する限り、源泉徴収を行う必要がないが、その報告義務の対象者及び対象所得等の範囲は、QI制度の場合よりも広くなっている。また、口座保有者がその口座に関する情報を「FFI参加者」に開示しない、あるいは、その他の「国外金融機関」へのパス・スルー支払をする場合、「FFI参加者」は、支払額の30％に相当する税を源泉徴収する義務がある。FATCAの下、国外金融資産額が大きい「特定の個人」も、「特定国外金融資産」に係る一定の情報の開示が義務づけられており、その義務違反は、FBARの提出義務違反と同様に、厳しいペナルティやIRC§6501(「賦課と徴収の期限」)(c)(「例外」)(9)の適用対象となり得る。

　FATCAは、米国人の国外金融口座を利用した税負担の回避をより困難なものとするが、幾つかの大きな課題や問題点(例えば、(i)税負担軽減・回避目的で米国市民権を放棄するインセンティブを高める、(ii)米国政府の管轄外にある国外金融機関に報告義務・源泉徴収義務等を一方的に課すものであり、しかも、国外金融機関の所在地国の法律に反し得る)を有している。しかし、上記(ii)の問題点を克服するための動きも見受けられる。特に、2012年に措置されたTD 9584の下、非居住外国人に支払われる米国源泉の利子に関する情報の収集・外国への提供を包括的かつ効率的に行うことが可能となったこと、また、FATCAの実施に関する二つのモデル(FFI参加者が、①その所在地国政府に報告、又は②IRSに報告し、その後、政府間での情報交換を行う)に依拠した政府間合意の形成されてきていることは、FATCAに基づく情報交換が双方向で行われ、また、柔軟に執行される可能性が高いことを示唆している。

第2章 英国の対応策の分析

第1節 租税回避行為による税源浸食への対応

1. GAAR導入論再燃の背景

(1) 従来の対応策の問題点と限界

　英国では、文理主義の優位を示したWestminster v. Inland Revenue事件貴族院判決（19 TC 490［1936］AC1）が、長きに亘って幅を利かせる中、W. T. Ramsay Ltd. v. IRC事件貴族院判決（［1982］A. C. 300）では、目的論的解釈による租税回避行為の否認が行われたことから、ウェストミンスター原則とラムゼイ原則のその後の判決への影響が注目されたが、ラムゼイ原則がウェストミンスター原則を凌駕することを印象づける裁判例は多くはなかった[1]。このような趨勢の下で増加する租税回避行為に効果的に対処する必要があるとの認識の下、「税法改訂委員会」（Tax Law Review Committee）等の意向を受けた歳入庁が、1998年、GAAR導入案を提示したが、本案の下でのGAARの適用に係る透明性の向上に資するクリアランス制度を整備する方向性が示されていないなどの問題点が指摘される中、その導入に向けた議論は、その後、しばらく殆ど進展しなかった[2]。

　確かに、英国では、2005年以降、一定の要件に該当する租税回避スキームを利用する納税者やプロモーターに報告義務を課する開示制度が、その把握レベルを高める効果を発揮している[3]。しかし、租税回避スキームの否認という点では、司法による柔軟な税法解釈による対応には不明確性・限界があり、また、多くのTAAR（Targeted Anti-Avoidance Rule）やSAAR（Specific Anti-Avoidance Rule）が措置されるなど[4]、税法の複雑化も進んだ。このような状況の下、政府は、活発化・複雑化する租税回避への対応を優先事項として掲げ、歳入庁も、2008年には、GAARの導入可能性を再検討することが必要であるとする当時のD. Gauke財務大臣（Exchequer Secretary to the Treasury）の考えなどを盛り込んだ報告書（"Tax policy making：a new approach"、以下「2008年報告書」という）を発表した経緯がある。

　2008年報告書も、上記で述べたような問題が深刻化してきていることを再確認している。例えば、パラ2.14では、租税回避スキームの開示に関する諸規則は、問題となる租税回避スキームを早期に把握し、必要な立法上の対応措置を講じることを通じて租税回避の機会を迅速に排除するのを可能にしているものの、租税回避への対応の仕方には問題・限界があり、不安定さと複雑さが増幅しているとの見解が示されている。このような状況に鑑み、2008年報告書は、パラ2.15において、租税回避のリスクに対し、より戦略的で新しいアプ

---

1) 詳細は、松田・前掲『租税回避行為の解明』118～130頁参照。
2) 詳細は、松田・前掲『租税回避行為の解明』131～138頁参照。
3) 詳細は、松田・前掲『租税回避行為の解明』138～144頁参照。
4) 代表的なTAAR・SAAR及びその適用例は、松田・前掲『外国子会社配当益金不算入制度創設の含意』129～137頁参照。

ローチを採用することによって、より強化された持続性のある防御策を推進することが肝要であるが、かかるアプローチの下、GAARが強化された防御策の一部となるべきであるか否かを検討することも必要であるとの方針が示されている。

　租税回避行為への対応の仕方には問題・限界があることを少なからず印象づけた最近のケースとして、Mayes v. HMRC事件控訴裁判所判決（［2011］EWCA Civ 407）がある。本件では、SHIPS 2 と称されるスキームが、(i)国外で個人が購入した生命保険契約が組み込まれた債券の法人への譲渡、(ii)当該法人の保険料の支払と保険料の引出し、(iii)当該法人による当該債券のパートナーシップへの譲渡、(iv)本パートナーシップから英国居住者である納税者・被控訴人への当該債券の譲渡など、多くの段階を経て実行された後、当該債券の保険会社への譲渡による利得を得た納税者が、本件の一連の取引には保険料の支払や保険契約の譲渡損等が含まれるとして、これらについて、1988年所得・法人税法（Income and Corporation Tax Law, ICTA）§541（Life Policies : Computaion of gain）及び§549（Certain deficiencies allowable as deductions）等に依拠する計算・控除の適用を行ったことが問題となっている。

　上記1988年ICTA§541(1)は、「生命保険契約に関連して賦課要件が生じた場合、当該契約に関連して生じた利得として取り扱われるのは、…(b)賦課要件が契約期間の満了又は付与された権利の全部の譲渡である場合、それらによって生じる対価の価値又は金額及びそれと関係する資本支払の価値又は金額が、…以下の合計額——(i)本契約の下、保険料という形で以前に支払われた額、…を超える部分（…）である」と規定し[5]、同法§549(1)は、「…§541(1)(a)又は(b)に定める超過部分が、(a)…契約に関連して生じる利得として取り扱われる場合、最終年度の終わりの対応する損失の額は、その課税年度の総所得から控除できる…」と定めていることから[6]、本件損失の控除は、これらの条文に則っていると解し得るが、本件スキームは租税回避を目的とした巡回取引であると考える税務当局・控訴人は、これらの規定に基づく控除の適用を否認する処分を行っている。

　上記事件に対する特別委員決定（Spc 729 ; 2009）では、本件スキームに含まれる一連の段階取引の中には、事前に仕組まれた相互に相殺効果を有する複数の取引が含まれているほか、本件スキームは1988年ICTA§549等に定める控除の適用を受けることを目的とする以外の商業上の目的を欠いているなどの認定の下、本件処分は適法であるとの判断が下されているが、本事件に対する高等法院民事部判決（［2009］EWHC 2443 (Ch)）では、本件保険料の支払等が租税回避を目的とした巡回取引であるとしても、その否認を行うためには、巡回取引を通じた支払等は控除の適用外であることが法令上示されていなければならず、「本法の目的論的解釈をもってしても、本件スキームに含まれる幾つかの段階取

---

5) 原文は、"On the happening of a chargeable event in relation to any policy of life insurance, there shall be treated as a gain arising in connection with the policy—— ... (b) if the event is the maturity of the policy, or the surrender of the rights thereby conferred, the excess (...) of the amount or value of the consideration, plus the amount or value of any relevant capital payments or of any previously assigned share in the rightes conferred by the policy, over the sum of the following——(i) the total amount previously paid under the policy by way of premiums ; ..." である。

6) 原文は、"... where such an excess as is mentioned in section 541(1)(a) or (b) ... ——(a) would be treated as a gain arising in connection with a policy ... , a corresponding deficiency occurring at the end of the final year shall be allowable as a deduction from his total income for that year of assessment ..." である。

引において追加的な保険料の支払及び部分的な譲渡が行われたことを無視することはできない」以上[7]、本件控除の適用を否認することはできないなどと判示されて納税者が勝訴している。

上記控訴裁判所判決でも、確かに、Ramsay原則は、それ以前の税法に対する文理主義的、盲目的、形式的なアプローチを排し、税法規定の目的論的解釈を認めるものであり、生命保険契約に関係する1988年ICTA法上の諸規定についても、その適用対象となることを意図している取引の性質を決定するために目的論的解釈を行うこととなるが、「巡回取引であって、租税回避目的のために挿入され、また、事業目的を全く有していないからと言って、取引が人為的な合成取引であり、その部分は、租税目的上、無視することが可能であるとして租税回避スキームを否認する歳入法上の特別な原理をRamsay判決が示したわけではない」以上[8]、本件で問題となっている規定の解釈上、本件スキームに含まれる一部の段階取引が生じなかったものとして取り扱うことはできないとされ、被控訴人の勝訴が確定している[9]。

(2)　「原則に基づくアプローチ」の台頭

上記Mayes事件控訴裁判所判決からも示唆される目的論的解釈による租税回避への対応に係る問題・限界が認められる中、上記2008年報告書でいう「新しいアプローチ」に少なからぬ影響を与えたのが、近年、新たに台頭してきた「原則に基づくアプローチ」("principle-based approach")を立法過程で採用することが望ましいとする考え方である。立法過程において「原則に基づくアプローチ」を採用するということは、新たな税法規定を導入する際、その趣旨・目的を法律上明示するということである。その主な狙いは、明示された立法趣旨・目的が、その規定及びその他の関連する諸規定の解釈上の指針となって、解釈の安定性・一貫性を実現するということにある。このような考え方・狙いは、GAARが依って立つ考え方・狙いにも通じるものでもあることから、「原則に基づくアプローチ」の台頭は、GAARの導入にとっても追い風となるものでもあった。

税務当局が「原則に基づくアプローチ」の採用に対して前向きなスタンスを示していることは、税務当局が2007年に発表した諮問文書（"Principle-Based Approach to Financial Products Avoidance: A Consultation Document"）のパラ1.10において、「法律の表面において原則を明らかにすることにより、多くの詳細なルールを手当てすることの必要性を排除することができる。そうすることは、税務上の取扱いにおける公平性と一貫性を推進することにも繋がる。新たな原則に基づく法律は、より単純化・簡素化されたものとなる。また、租税回避を行う者にとって、スキームが法律上の形式的要件に合致していると主張するよりも、スキームが原則に反していないということを主張することの方が、より困難である」との見解が示されていることからも示唆される。

---

7) 原文は、"A purposive interpretation of the Act did not enable the court to disregard the additional payment of premiums and the partial surrender constitued by steps 3 and 4." である。

8) 原文は、"Ramsay did not lay down a special doctrine of revenue law striking down tax avoidance schemes on the ground that they are artificial composite transactions and that parts of them can be disregarded for fiscal purposes because they are self-cancelling and were inserted solely for tax avoidance purposes and for no commercial purpose." である。

9) 2011年11月、本判決の控訴人による最高裁への上告は棄却されている。

第2章　英国の対応策の分析

歳入庁が1998年に発表したGAAR案に難色を示した「税法改訂委員会」も、「原則に基づくアプローチ」に対して否定的なスタンスを採っていないことは、本委員会が2009年に発表した諮問文書（"Countering Tax Avoidance in the UK : Which Way Forward ?"）のパラ7（Non-legislative rule-making by HMRC）において、英国の税法には、既に、TAARや「ミニGAAR」と称される準包括的な否認規定が数多く導入されているが、その適用基準や射程範囲に関する税務当局の指針等も相当な数に及んでいることから、税務当局による実質的な立法という問題や税法ルールの複雑化という問題が深刻化してきている中、「原則に基づくアプローチ」を採用することによって、これらの問題を緩和することが可能であるとの考え方を示していることからも確認することができる。

実のところ、「原則に基づくアプローチ」は、既に、幾つかの税法規定で採用されている。代表例として、2007年財政法（Finance Act, FA）スケジュール13（Sale and Repurchase of Securities）が挙げられる。本スケジュールは、§1（Purpose of Schedule）において、その目的は、法人からの又は法人への有利子貸付に実質的に等しくなる証券売却とその後の証券購入を含むスキームへの適正な課税を担保することであるとした上で、§12（Repo under arrangement to produce quasi-interest : anti-avoidacne）及び§13（Requirements to deduct tax from manufactured payments : creditor repos and debtor repos）の下では、投資に対する利息付のリターンに実質的に等しいもの（"quasi-interest"）を作り出して税務上の利益を得ることを主要な目的するアレンジメントや貸手による借手への証券譲渡に伴う所得に相当する金額の支払を行うレポ取引の場合、それらの支払の控除を認めない旨を定めている。

確かに、「原則に基づくアプローチ」を組み込んだ規定にも問題点や課題がないわけではない。例えば、「税法改訂委員会」が発表した上記2009年諮問文書のパラ13.5〜13.23では、「原則に基づくアプローチ」に依拠する規定を採用した場合、その関連する諸規定との関係が問題となるところ、両者を整合的に解釈しようとすると、関連する諸規定の適用範囲が必要以上に広く又は狭くなってしまう虞があるとの問題提起をした上で、この問題に対処するためには、税務当局が税法規定上の原則に関する詳細な指針を示すことや従来の関係する指針を変更するなどの作業が必要となるほか、このような作業を通じて構築された新たな指針の妥当性や一貫性等に対する納税者の信頼を高める手段（指針の妥当性を争う手段の確保や指針の遡及改正の禁止等）を講じることが肝要であるとの指摘がされている。

2．GAARの導入に向けた新たな動き

(1) 2010年GAAR報告書の特徴

イ）報告書本文のポイント

「原則に基づくアプローチ」にも問題点や課題はあるものの、本アプローチの採用には合理性・有用性があるとする考え方の台頭は、本アプローチを体現しているとも言えるGAARの導入に向けた議論にも拍車を掛けた。前述の通り、近年、英国政府も、租税回避行為への対応策を強化することによって、従来の対応策が惹起している問題・限界を克服する必要があるとの認識を高め、その実現を図る有力な候補として、GAARの導入という選択肢を考慮するようになった。しかし、GAARの導入に反対する者も、依然として少なくなかった。主な反対意見・理由としては、(i)租税回避行為が否認の対象となるか否かは、

第1節　租税回避行為による税源浸食への対応

裁判所に判断させるのが妥当である、(ii)租税回避行為への対応上、既に、スキームの開示制度、個別否認規定及びミニGAAR等が存在している、(iii)GAARの導入は透明性と競争力の低下を招き得る、(iv)GAARの導入は、税務当局に不当に強い権限を付与することになることなどが挙げられていた。

しかし、他方、上記(i)（裁判所の判断に任せる）に関しては、裁判所の判断は明確性・一貫性という点で不十分なものとなっている、(ii)（その他の対抗策の存在）に関しては、開示制度の存在がGAARの必要性をなくすものではなく、また、ミニGAAR等の数は年々増え続けており、税制の複雑化が顕著なものとなっている、(iii)（透明性と競争力の低下）に関しては、GAARがない現行制度の下でも不透明性の問題が顕著に認められ、また、大多数の法人等は、GAARの有無が事業活動を左右する主な要因として捉えていない、(iv)（税務当局の権限の拡大）に関しては、豪州のように、民間の代表者も含めた審査委員会がGAARの適用プロセスに関与することによって、税務当局によるGAARの適用に係る濫用を防止することが可能となり得ることなどに鑑み、GAARの導入を擁護する意見もあった[10]。

上記の通り、GAAR導入の是非・得失を巡っては賛否両論あったが、2010年には、対応策の主たる強化手段として、GAARの導入という選択肢を再度検討する必要があるとの認識の下、政府の命を受けたGraham Aaronson勅撰弁護士（Queens Counsel, QC）を長とする検討グループ（以下「GAAR検討グループ」という）が結成された。本グループは、2011年、英国におけるGAARの導入及びその制度設計のあり方に大きな影響を及ぼすこととなる報告書（"A Study to consider whether a general anti-avoidance rule should be introduced into the UK tax system"、以下「GAAR報告書」という）を発表している。本報告書は、GAARの導入に対して肯定的な見解を示したものであったことから、本報告書の発表により、GAAR導入の可能性が一気に高まった経緯がある。

GAAR報告書は、1.6項では、1998年GAAR案の導入の前に大きく立ちはだかったクリアランス制度が、納税者及び税務当局に加重な負担を強いるものであるほか、税務当局に否認対象となる租税回避行為であるか否かの境界線を引く権限を実質的に付与する効果を伴い得るとして、GAAR導入の前提条件ではないとの見解を示している。また、GAAR報告書3.7項では、最近の英国では租税回避行為への対応は、主に、①裁判所による税法規定の目的論的解釈アプローチの採用、②特定の租税回避否認規定の適用、③租税回避スキームの開示制度によっているところ、これらの対応策は、少なからぬ機能・有用性を発揮しているものの、これらの対応策が包含する限界や問題点に対処するためには、GAARを導入することが望ましいとの見解が示されている。

上記①（目的論的解釈アプローチ）の問題点としては、伝統的な文理主義の優位性に修正を加えたRamsay事件貴族院判決（1982）で採用された否認アプローチは、確かに、その後の裁判に望ましい影響を与えているケースもあるものの[11]、濫用的な租税回避行為を

---

[10] 税法改訂委員会のメンバーであった者の意見である。Judith Freedman, GAAR : Challenging assumptions, Tax Journal, Sep. 27 (2010) pp. 12-14参照。

[11] このようなケースの例として、BMBF v. Mawson 事件貴族院判決（[2009] UKHL 51）が挙げられている。本判決のポイントは、松田・前掲『租税回避行為の解明』129〜130頁参照。本報告書で特に注目されているのは、本判決でも、香港のArrowtown 事件終審法院判決（2004）で示されたかなり柔軟な目的論的アプローチに立脚する見解（第5章第4節1(2)ハ)脚注184)参照）の妥当性が確認されているという点である。

153

否認するために、目的論的解釈アプローチの名の下に、税法規定を無理に拡大解釈することが余儀なくされている裁判例もあることなどが挙げられている[12]。上記②（特定の租税回避否認規定）の問題点としては、特に、TAAR（Targeted Anti-Avoidance Rule）等の数が増えすぎて、税制の複雑化に繋がっていることなどが挙げられている。上記③（租税回避スキームの開示制度）の問題点としては、納税者のコンプライアンス・コストだけでなく、税務当局の負担や制度の適用対象とならないスキームを利用する者との公平性の問題なども無視できないなどの指摘がされている。

上記のような問題点に加え、GAAR報告書3.20項では、上記の①～③の対抗策は、最も悪質な租税回避スキームに効果的に対処できないとの問題・限界を有していると指摘されている。かかる限界が露呈した具体例として挙げられているのが、前述のMayes事件控訴裁判所判決である。GAAR報告書3.23項～3.24項では、本事件で問題となったスキームである「SHIPS 2によって、高度に人為的な租税回避スキームに対抗するための現行の手段が不適切であることが明らかとなった。本スキーム及び同様なスキームは、『英国はGAARを必要としているか』との質問に対する答えを提供している。答えは、必要としているであるが、その答えは不十分である。十分な答えをするには、英国に導入されるかもしれないGAARの基礎となる原則を決定することが不可欠となる」との見解が示されている。

GAAR報告書は、5.1項において、上記の「GAARの基礎となる原則」とは、GAARが、一般的に容認し難い高度に濫用的な人為的スキームに適用され、合理的なタックス・プランニングには適用されないということであり、5.15項において、一般的に容認し難い高度に濫用的な人為的スキームであるか否かは、税務上の有利な結果を達成することを特に意図する異常な特徴を有するという意味でアレンジメントが異常であるか否かによって判断するとの見解が示されている。GAAR報告書5.16項では、「異常性」（"abnormal features"）が認められるアレンジメントはGAARの適用対象となる可能性があるため、次の段階の基準に従ってGAARの適用対象となるか否かが判断されることとなるのに対し、異常性が認められないアレンジメントは、それだけでGAARの適用対象外となるとの見解が示されている。

GAAR報告書5.17項～5.22項では、異常性が認められるアレンジメントがGAARの適用対象となるか否かを判断する次の段階の基準としては、関係する税法規定の趣旨に合致しているか否かという議会の立法趣旨を探るという困難性を伴う伝統的な法解釈アプローチではなく、むしろ、香港のNgai Lik 事件終審法院判決（2010）のパラ104でRibeiro裁判官が香港のGAARである税務条例§61Aについて述べた見解（「…§61Aの法目的は、納税者による享受が法令上意図されている税務上の利益を得るために実行されたアレンジメントを否認することではない」）を参考にした上で[13]、異常性が認められるアレンジメントが、果たして、法において認められている税務上の選択肢に対する合理的な対応であるか否か

---

12) このような裁判例として挙げられているのが、DCC Holdings v. HMRC最高裁判決（[2011] STC 326）である。本判決では、不当な結論を回避するために、1996年FA§84（Debits and credits brought into account）の文言をどれほど拡大解釈できるかが争点となっている。

13) 原文は、"... the statutory purpose of s 61A is not to attack arrangements made to secure tax benefits which are legislatively intended to be available to the taxpayer." である。Ngai Lik 事件終審法院判決のポイントは、第5章第4節2(3)参照。

という判断基準を採用するのが望ましいとの見解が示されている。

上記のような判断基準に依拠したGAARを採用したとしても、その適用に係る不透明性の問題が完全に解消するわけではないことから、GAAR報告書5.23項〜5.33項では、(i)税務上の利益は得ているが租税回避を目的としない取引はGAARの適用対象外となるように手当てすること[14]、(ii)既存の組織再編成等に係るクリアランス制度を拡充することなどによって、GAARの適用範囲の明確化を図るという方向性は望ましいものの、包括的なクリアランス制度にはデメリットも伴うため、その導入の必要性はなく、その代わりに、税務職員以外の者が構成員の多数を占める諮問委員会（Advisory Panel）を設立し、GAARの特定の案件に対する適用について、税務当局に忠告するとともに、その忠告内容を公開することが提案されている。

最終的に、アレンジメントがGAARの適用対象となると判断されれば、その税務上の利益の適用を否認する方法又はその税務上の取扱いを再構築する方法が問題となるが、GAAR報告書5.34項〜5.40項では、一つの例としては、何ら取引が実行されなかったかのように取り扱う方法が考えられ[15]、もう一つの例としては、実行されたアレンジメントと基本的に同様であるが税務上の利益を伴わない仮想の取引の下で生じる税負担の額に基づいて税額を算定するという方法が考えられるが、前者の方法の下では、税務上の利益がなかったこととなり、後者の方法の下では、同様な状況にある取引・納税者等の税負担額も考慮する必要があるが、仮に同様な取引等を想定することが困難であるような場合でも、最も合理的で妥当であると考えられるものを当てはめることが肝要であるとの見解が示されている。

上記のような制度設計上の特徴を有するGAARの適用対象となる税目及びその理由について、GAAR報告書は、5.44項において、GAARの導入は、まず、所得税、法人税、キャピタル・ゲイン税、「石油歳入税」（Petroleum Revenue Tax）及び社会保障税に限定し、一定の経験と実績を積んだ後に、印紙土地税も、その対象に含めることが考えられるが、依然として発展途上にある濫用原則の適用対象となり得る付加価値税は、GAARの適用条件との不整合が生じる可能性があるため[16]、GAARの適用対象とすることは適切でないと説明している。また、GAAR報告書5.48では、抑止力を主たる機能とすることを意図しているGAARが、税務当局の武器となることがないように、GAARに基づく否認に伴って特別のペナルティ等を課することは適切ではないとの見解が示されている。

ロ）報告書別添のポイント

GAAR報告書の別添（Appendix）では、GAAR案の適用基準の詳細が示されている。別添Ⅰの6項では、「異常なアレンジメント」とは、全ての状況を勘案して全体をみた場合、濫用的に税務上の結果を得る以外に重大な目的を有していない、あるいは、濫用的に税務上の結果を得ることを唯一の目的又は主要な目的の一つとしていなければ、アレンジメン

---

14) GAAR報告書5.23及び5.33では、GAARの適用に係る立証責任は税務当局側が負い、問題の取引がGAARの適用対象外であることの立証責任は納税者側が負うことが提案されている。

15) 「何ら取引を実行していないように取り扱う方法」のあり方を巡って議論が生じ得ることは、終章第2節2(6)参照。

16) その理由の詳細は、第3章第1節1参照。

トの中に存在しない要素を有すると客観的に考えられるアレンジメントであると定義されている。また、別添Ⅰの3項では、「濫用的に税務上の結果を得ることを重大な目的としている」と考えられるのは、(a)特定の税法規定の適用を回避すること、(b)特定の税法規定につけ込むこと、(c)税法規定の適用上の一貫性の欠如につけ込むこと、(d)税法規定の欠点につけ込むことのいずれかを主要な目的又は主要な目的の一つとしているものであるとされている。

別添Ⅰの7項では、「異常なアレンジメント」に該当する可能性があるものとして、(i)本章の適用を別として、その真の経済的所得、利益又は利得よりも相当程度に少ない税目的上の所得しかもたらさないアレンジメント、(ii)本章の適用を別として、その真の経済的所得、利益又は利得よりも相当程度に大きい税目的上の控除をもたらすアレンジメント、(iii)市場価値とは相当程度に異なる価値で行う取引又は商業上の条件に則っていない取引を含むアレンジメント、(iv)当事者の法的義務と整合性のない又は不整合な部分を含むアレンジメント、(v)濫用的な税務上の結果を得ることを意図していなかったならば含まれてはいなかったであろう人物、取引又はその他の重大な条件を含むアレンジメントが挙げられている。

GAAR報告書4.21項では、濫用的な租税回避スキームに対応するGAARの導入は、今後、税務当局をして、税制を簡素化する方向に作用することが期待されているとの見解を示す委員がいること、また、GAAR報告書4.22項では、裁判所は、既存の裁判で到達しているレベルを超えてラムゼイ原則の適用範囲を拡張することを試みるべきではないとの見解を示す委員がいることへの言及がされている。別添Ⅱの18(i)項でも、「…問題となる規定に適用される通常の目的論的解釈に劣後してGAARの適用が問題となる。換言すれば、GAARは法解釈の通常のプロセスの一部又は延長ではない…」との見解が示されている[17]。これらの見解は、英国のGAARが、(i)否認対象取引の明確化と否認機能の向上に資する、(ii)目的論的解釈が可能となる範囲を広げる手段とはなり得ないが、目的論的解釈の限界を補完できる場合があるものと位置づけられていることを示唆している。

(2) 2013年財政法によるGAARの導入

イ）GAARの制度設計

税務当局は、2012年、上記GAAR報告書で提唱されている制度設計等を殆どそのまま反映させた「包括的否認ルール」（A General Anti-abuse Rule）と題した諮問書を公表した。GAAR報告書と本諮問書が基本的に同様な問題意識・考え方に立脚していることは、本報告書の序文において、広い対象範囲を有するGAARは、英国で事業を行うことに対して信頼を付与する上で肝要な確実性を阻害するリスクを有することから、英国の租税制度にとって有益ではないとする「GAAR報告書」1.5項に示されている考えに同調するとの方針が示されていることからも確認することができる。本諮問書で示されている制度設計案は、本案に対する一般意見を踏まえて若干の修正が受けたものの、GAARとして2013年FA案の第5章（§206～§215）に組み込まれ、同年12月に国王裁可を受けて成立し、

---

[17] 原文は、"... the GAAR comes into operation after the normal purposive interpretation has been applied to the statutory provisions in question. In other words, the GAAR is not a part of, or an extension to, the normal process of statutory interpretaion." である。

2013年7月から施行されている。

GAARは、2013年FA§206 (General anti-abuse rule) が定める通り、(a)所得税、(b)法人税、(c)キャピタル・ゲイン税、(d)石油歳入税、(e)相続税、(f)印紙土地税、(g)「居住財産税」の負担を軽減する「濫用的な租税アレンジメント」に適用される。「アレンジメント」が「租税アレンジメント」に該当するのは、同法§207 (Meaning of "tax arrangement" and "abusive") の1項に定める「全ての状況を勘案した上で、税務上の利益を得ることが、そのアレンジメントの主要な目的又は主要な目的の一つであると結論づけることが合理的である」場合であり、「租税アレンジメント」が濫用的となるのは、同条2項の下、「全ての状況を勘案した上で、関係する租税規定との関係上、合理的な行為過程であるとは合理的にみなせないアレンジメントを契約又は実行する場合である」と定義されているため、本項は、図2-1で示している通り、「二重の合理性テスト」("double reasonableness test") を採用したものとなっている[18]。

上記の「二重の合理性テスト」の下で勘案すべき「全ての状況」には、(i)アレンジメントの基本的な結果が、関係規定が依拠する原則及び又は関係規定の政策上の目的と整合的であるか否かという点、(ii)これらの結果を達成する手段が意図された又は異常な段階の一つ又はそれ以上の段階を含んでいるか否かという点、(iii)アレンジメントがこれらの規定の欠陥を利用することを意図しているか否かという点などが含まれるとされている。また、2013年FA§207(4)の下、「濫用的なアレンジメント」とは、(a)アレンジメントによって生じている利得又は所得が、経済目的上の金額よりも相当程度に少ないケース、(b)アレンジメントによって税務上生じる控除又は損失が経済目的上の金額よりも相当程度に大きいケース、(c)アレンジメントによって、支払っていない又は支払われないような税（外国の税も含む）の払戻又は控除が可能となるケースが挙げられている[19]。

図2-1 GAARの適用判定手順

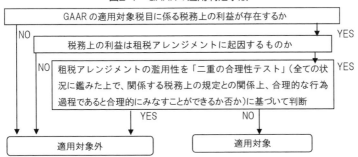

（出典：HMRC'S GAAR Guidance——Consultation Draft Part A, Scope of the GAAR Legislation (2012) に加筆）

---

18) 本条2項に定める合理性テストの下で「濫用的な租税アレンジメント」と判断されるものが、本条1項に定める合理性テストの下での「租税アレンジメント」に該当しないこととなるケースがあるとは想定し難いことから、後者の合理性テストは殆ど意味がないとの見方もある。Draft Finance Bill 2013 and Autumn Statement Announcements (http://www.ashurst.com/doc.aspx?id_Content=8717) 参照。

19) これらのケースが濫用的となるのは、あくまで、その効果や結果が関係規定の創設時に意図されたものでないと合理的に考えられる場合に限定されている。なお、前述の通り、GAAR諮問書別添Ⅰの7項では、市場価値とは相当程度に異なる価値で行う取引又は商業上の条件に則っていない取引を含むアレンジメントも「濫用的なアレンジメント」に含まれる可能性があるとされていた。

第2章　英国の対応策の分析

　他方、GAARの適用に慎重を期するなどの観点から、2013年FAスケジュール43では諮問委員会に係る手続が定められている[20]。諮問委員会に事案が照会される手順としては、まず、GAARの適用対象となるアレンジメントを調査官が発見した場合、その旨を告げられた納税者は、45日以内に、その見解を述べた書面を税務当局に提出するが、それでもGAARの適用があると税務当局が考える場合には、諮問委員会に諮る必要がある。この場合、税務当局から連絡を受けた納税者は、14日以内に諮問委員会にその見解を示した書類を送付し、諮問委員会は、納税者と税務当局の双方から提出された書面のみを考慮した上で意見を述べることとなる。諮問委員会の意見は、税務当局及び納税者に対して拘束力を有しないことから[21]、税務当局は、その意見を考慮した後も、GAARが適用されると考える場合には、その旨を納税者に書面で伝えることとなる。

　ロ）GAARの適用に係る主な指針

　税務当局は、2012年、GAARに関する指針案（A～E編、「GAAR指針案」という。諮問委員会の承認を得た指針案もある）を発表している。特に、本案A編では、2013年FA案上のGAARは、(i)その他の大半の国のGAARとは異なり、その適用対象範囲が狭いことから、その適用対象外となる租税回避行為に対処するTAAR等が必要である（1.3項及び1.5項）、(ii)その適用範囲が、租税回避スキームの開示制度の適用対象範囲と異なる（1.5.3項）、(iii)その他の否認規定や否認アプローチと並行して又は代替的にその適用が主張され得るものである（1.5.4項）、(iv)社会保障税にも適用される（3.2項）、(v)租税条約上の利益を得るアレンジメントにも適用され得る（3.3項）、(vi)その適用上、アレンジメントの中に段階取引が含まれる場合、その段階取引が濫用的であるか否かは、アレンジメントのその他の部分との関係を考慮した上で、その適用の可否を決定する（4.2項）などの見解・方針が示されていることが注目される。

　また、2013年FA§209（Counteracting tax advantages）(5)は、「本規定に基づく調整（…）は、課税処分、控除の修正や否認又はその他の方法による」と定めているが[22]、本規定との関係では、GAAR指針案A編4.3項が、実際の取引と「仮定上の課税対象となる代替取引」（hypothetical taxable alternative）の比較をする場合、後者が何であるかについては、Tai Hing事件終審法院判決（2009）のパラ21で示されたHoffman卿の見解（「最も高い税率の適用となる代替取引を行ったであろうと仮定することはできない。…しかし、税務当局は、納税者が税務上の利益を得ることができないとしたならば、証拠に鑑みると最も生じたであろうと考えられる取引を行ったであろうとの仮定を採用することはできる」）が参考となるが[23]、アレンジメントがそもそも存在しないケースも後者に含まれ得ると説明している。

---

20) 諮問書6.3項では、諮問委員会は税務当局の代表者及び外部のメンバーから構成されるものの、その職務上の独立性が保障されるとの記載があったが、HMRC'S GAAR GUIDANCE Part C（GAAR Procedure）(2012) 2.2は、諮問委員会の構成員には税務当局からの代表者は含まれないと定めている。

21) 指針書C編2.3は、諮問委員会の機能は、GAARの適用の可否に関する意見を述べるという機能とGAARの指針案を承認することであると定めている。

22) 原文は、"Any adjustments required to be made under this section (…) may be made by way of an assessment, the modification of an assessment, amendment or disallowance of a claim, or otherwise." である。

23) 本事件の概要は、第5章第4節2(2)ロ）参照。

第1節　租税回避行為による税源浸食への対応

　上記GAAR指針案A編の4.3項の詳細を示しているのが、GAAR指針C編（Specific points）のC6.3.3項〜C6.3.5項である。C6.3.3項では、GAARが適用された場合の否認方法は、税務上の利益の適用を排除することである旨が定められている。しかし、C6.3.4項では、例えば、納税者が実行しているアレンジメントが実際上の経済的効果と目的を有するものの、そのアレンジメントの中に、税の対象となる所得額の減少又は課税対象所得との相殺のための費用の増加を意図した段階取引又は特徴が含まれているような場合もあるとした上で、C6.3.5項では、「そのような場合、妥当で合理的な否認方法を見出すという作業には、そのアレンジメントを濫用的なものとする段階取引や特徴を含めることなく、同様な商業上の目的を達成するために実行されたであろう取引がどのようなものであったかということを考慮することも含まれる。…」との指針が示されている[24]。

(3)　GAARの適用範囲
　イ)　所得税分野での射程範囲
　GAARに関する2012年指針案D編では、GAARの適用の可否を示す幾つかの具体例が挙げられている。例えば、本指針案D編15項では、1988年ICTA§541（「生命保険契約：利得の計算」）等に依拠した損失控除の適用の否認を主張した税務当局の敗訴が確定した前掲のMayes事件控訴裁判所判決（2011）で問題となった取引は、(i)多額の保険料の支払いと権利の譲渡のような異常な取引段階を組み込んだアレンジメントであった、(ii)本件アレンジメントは、通常の保険契約の取扱いを定めた諸規定の欠陥につけ込むことを意図している、(iii)経済上の目的よりも相当に多くの税務上の控除を生じさせている、(iv)本件アレンジメントが合理的な行為過程であると合理的にみなすことはできないことなどに鑑みると、GAARの適用対象となり、税務上の効果が生じない、あるいは、本件アレンジメントを実行していないと仮定した場合の税務上の取扱いを適用するのが合理的であるとの説明がされている。

　また、GAAR報告書15項は、Craven v. White事件貴族院判決（[1988] STC 476）において、株式の譲渡益への課税を繰り延べることを目的とした複数の当事者間での株式交換を含む一連の取引が問題となり、Ramsay原則の適用要件の一部（(i)一連の取引が予め定められた順序に従って実行されない可能性がないため、中間段階取引も実質的に一つの独立したものと想定されていない、(ii)一連の取引が実際に実行された）が満たされていないとして、税務当局が敗訴したが[25]、GAARを構成する2013年FA§207の下、「濫用的な租税アレンジメント」に該当するか否かは、異常な段階取引を含むか否かなどを考慮した上で判断するとされていることから、「濫用的な租税アレンジメント」には、スキームに組み込まれた段階取引で契約上又は実際上実行可能でないものも含まれる以上、本判決で問題となった取引へのGAARの適用を本判決で示された多数意見に依拠して排除することはできないと説明している。

---

24)　原文は、"In such case, making a just and reasonable counteraction involves considering what transaction would have been carried out in order to achieve the same commercial purpose, but without including the steps or features which make the arrangement abusive. …"である。本項がGAAR報告書5.34項〜5.40項で示されているGAARの下での取引等の再構築の方法のあり方をどれほど限定するかによって、GAARの機能の大きさが異なったものとなり得る。詳細は、終章第2節2(6)参照。

25)　本判決のポイントは、松田・前掲『租税回避行為の解明』126頁参照。

159

第2章 英国の対応策の分析

他方、上記指針案D編7項では、通常の減価償却よりも税務上有利な取扱いを定める1990年「資本控除法」(Capital Allowances Act)§24(1)に依拠したリース資産の取得に係る資本控除の適用の否認を主張した税務当局が敗訴したBarclays Merchantile Business Finance Ltd. v. Mawson事件貴族院判決（[2004] UKHL 51）は、目的論的解釈・Ramsay原則の限界を示す代表例と位置づけられているところ[26]、本判決で問題となったリース・スキームは、巡回取引を含むほか、資金調達リスクの欠如や資産の所有権の形式と実態の乖離などの特異性も認められたものの、(i)その特異性が濫用的な特徴に該当するわけではない、(ii)税法規定の欠陥につけ込んだスキームであるとは言い難い、(iii)このようなリース取引が長期に確立した商慣行と無縁というわけでもない、(iv)合理的な行為過程でないと合理的にみなすことができないと断言し難いことから、GAARの適用対象となる「濫用的なアレンジメント」には該当しないとの説明がされている。

ロ）相続税分野での射程範囲

2012年指針案B編では、相続税分野でのGAARの適用の可否を示す例が示されている。例えば、同編4.1項では、Jが保有する家屋をSに無償でリースする契約を結ぶが、そのリース契約が発効するのは20年後であり、その間、その家屋の管理費用はSが負担するものの、Jは、その家屋に対する自由保有権（freehold）を継続して保有し、その家に住み続けることにより、家屋という資産を二つの権利（リースと自由保有権）に分割するというスキームの例が挙げられている。本スキームの下、Jの死亡の際の家屋の評価額は、家屋がリースの対象となっているため低くなり、相続税が軽減され得るほか、1986年相続税法§3A（Potentially exempt transfers）の下、個人間の資産移転・贈与は、多くの場合、税負担が発生せず、しかも、資産贈与後7年の間に贈与者が死亡しない限り、その贈与資産に係る相続税負担も生じないため[27]、本規定上の相続税負担免除要件に該当する場合、税負担は発生しないこととなり得る。

確かに、1986年FA§102（gifts with reservation）(3)は、「贈与者の死亡の直前、その贈与者との関係上、留保対象資産に該当する財産が存在する場合、…その財産は、1984年法の目的上、その贈与者の死亡の直前に、その贈与者が受益者として権利を有する財産として取り扱われる」と定めているため[28]、資産を贈与した後もその資産が包含する権利から利益を得ることを贈与者が保留している場合、その財産は贈与者が死亡した際の相続税の適用対象となるが、このような「留保付き贈与」ルールを定める本規定が、資産に対して二つの異なる権利を設定した上で、その一方の権利を自ら保持しながら他方の権利を他者に付与するような上記の権利分割を利用した租税回避スキームに適用できるものでないことは、Ingram v. CIR事件貴族院1998年12月10日判決（[2000] 1 AC 293）でも確認され

---

[26] 本判決のポイントは、松田・前掲『租税回避行為の解明』129〜130頁参照。

[27] 1986年相続税法§3Aは、"(1) ... a potentially exempt transfer is a reference to a transfer of value――(a)which is made by an individual on and after 18th March 1986 ; and ... (b) to the extent that it constitutes either a gift to another individual ... ; (4) A potentially exempt transfer which is made seven years or more before the death of the transferor is an exempt transfer ...." と規定している。

[28] 原文は、"If, immediately before the death of the donor, there is any property which, in relation to him, is property subject to a reservation then, ... that property shall be treated for the purposes of the 1984 Act as property to which he was beneficially entitled immediately before his death." である。

第1節　租税回避行為による税源浸食への対応

ている。

　上記Ingram事件判決では、贈与者が、1987年、その家屋と土地をその子供に無賃料でリースした後も、その自由保有権を保持し続けていたため、税務当局は1986年FA§102(「留保付き贈与」)を適用する処分を行ったことが問題となっているが、本判決において、貴族院は、本規定でいう資産とは、家屋のような物理的な存在が認められる物ではなく、その資産に対する特定の権利であり、また、権利を贈与した後にその権利から利益を得ることはできないというのが本規定の趣旨であるとの判断の下、「それゆえ、本規定は、贈与した権利の対象となっている物から利益を得ることを防止するものではない。本規定は、贈与した権利から利益を得ている場合にのみ適用される」ことから、そのような場合に該当しない本件に対して本規定を適用する本件処分は違法であると判示している[29]。

　上記Ingram事件貴族院判決等に鑑み、1999年FAでは、1986年FA§102の適用範囲を拡大する§102A（Gifts with reservation：interest in land）が措置されたが、本規定は、「(1)本項は、…個人の贈与による土地の権利の移転に適用され…、(2)その土地に関し、…贈与者…が、相当な権利又は利益…を享受している場合、(a)…；及び(b)§102(3)項と同条(4)項が適用されるが、(3)…上記(2)項の目的上、土地に関して相当な権利又は利益…とは、贈与者が、金銭又は金銭価値で十分な対価を伴うことなく、その土地の全部又は一部を占有する又はその全部又は一部に関する権利を享受することを可能にする場合（そしてその場合のみ）をいう。…(6)個人が贈与によって土地に対する複数の権利を移転する場合、…本項は、各々の権利に対して別々に適用される」と定めているように[30]、その適用対象は土地の権利の移転の場合に限定されている。

　上記2012年指針案B編4.1項は、そもそも、一つの資産を二つの権利に分割した上で一方の権利に留保を付けてリースを行うような租税回避スキームは、税法上の欠陥につけ込むものであると判断できるところ、このようなスキームが税務上の利益を享受することができることが商慣習上確立したものとなっていることを税務当局が認めたことは未だなく、また、本来、1999年FA§102A（「留保付き贈与：土地に対する権利」）の下での考え方・取扱いを土地の権利に対する留保付き贈与のケースに限定する必要性もないことから、GAAR導入後は、土地に限定されない資産の留保付き贈与を利用した租税回避スキームに対するGAARの適用の可否が問題となり得るところ、かかるスキームは「濫用的なアレンジメント」に該当し得ることから、GAARの適用対象となり得るものであると結論づけている。

---

[29]　原文は、"Section 102 does not therefore prevent people from deriving benefit from the object in which they have given away an interest. It applies only when they derive the benefit from that interest."である。

[30]　前段部分の原文は、"(1) This section applies where an individual disposes of an interest in land by way of gift … (2) … when the donor … enjoys a significant right or interest, … in relation to land, (a) … , ; and (b) section 102(3) and section 102(4) applies. (3) … a right or interest … in relation to land is significant for purposes of subsection (2) above if (and only if) it entitles or enables the donor to occupy all or part of the land, or to enjoy some right in relation to all or part of the land, otherwise than for full consideration in money or money's worth."である。

(4) GAARに対する評価等と実態把握漏れ防止策

イ）GAARの位置づけ

　上記のような機能上の特徴を有するGAARを巡っては賛否両論がある。確かに、その適用範囲は、諸外国のGAARに比べ、狭いものとなっているが[31]、GAAR報告書を発表した「検討グループ」を総括したAaronson QCは、その理由として、豪州やアイルランド等でGAARが導入されたのは、当時、裁判所が目的論的解釈を行うことに消極的なスタンスを示していたところ、それにつけ込んだ租税回避行為が少なからず見受けられるようになり、そのような租税回避行為に対処する必要があったからであるが、英国の場合、対処すべきは法を明らかに濫用するような租税回避行為であることから、状況が異なっている以上、GAARの制度設計も、自ずと異なった特徴や適用対象範囲を有するものとなるのが妥当であるとの見解を示している[32]。

　また、Aaronson QCは、適用範囲の狭いGAARでは、租税回避行為による税収減を十分に埋めることができないとの意見に対し、確かに、GAARの制度設計は、政府支出の削減や租税回避行為の紛争を求める団体（UK Uncut等）の要求に応えるようなものとはなっていないであろうが、個人的には、GAARの導入は、タックス・ギャップを埋めることとは殆ど関係ないと考えるほか、良識のあるGAARの原則を法令に埋め込むことができれば、言語道断であるスキームを防止するGAARは、裁判官が適切な法解釈を行う方向に導き、また、税法原則を操作しようとする新しい全く人為的な試みに対して立法者が頭を悩ますことを不要にすることから、適用範囲が広くないGAARであっても、その導入を実現すること自体に大きな意義があると述べている[33]。

　他方、租税回避行為を十分に抑え込むことはできないならば、それは英国が必要としているGAARではないという見方もある。例えば、Tax Justice Networkの創設者であるR. Murphyは、GAARが、年間で数件程度の租税回避スキームに対処する一方、遥かに多くの最近問題となったようなひどい租税回避を野放しにするならば、租税回避行為に対する大きな威嚇とはならないとの見解を示している[34]。また、GAAR報告書で示された制度設計は、タックス・プランニングを容認し、ビジネスの邪魔をせず、税務当局の手足を縛り、租税回避行為に対する抑止力を発揮する機能を有しないであろうことから、そうであるならば、いっそのこと、租税回避行為に対する敗北を認めた上で、GAAR導入という考えも放棄した方がいいのではないかなどの意見もある[35]。

　上記の通り、英国のGAARの制度設計の是非を巡っては少なからず議論があるが、(i)ウェ

---

31) 適用範囲の狭さは、その適用対象から異常性が認められないアレンジメントが一律に除外されていること（GAAR報告書5.16項参照）からも示唆される。詳細は、終章第2節2(4)～(5)で考察している南アフリカのConhage事件最高裁判決及びGAARである所得税法第2編Aとの比較検討の結果参照。

32) Paul Stainforth, Exclusive : Aaronson on the Progress of the GAAR Study, Tax Journal Issue 1085 (2011) p. 11参照。

33) supra "Interview: Aaronson" p. 11参照。

34) Andrew Goodall, Aaronson : Tackle Abusive Tax Scheme or Face Social Unrest, Tax Journal, 29 June (2012) p. 7, Why the UK Needs A General Anti-Avoidance Principles and Why Graham Aaronson's General Anti-Avoidance Rule (GAAR) Won't Work (http://www.taxresearch.org.uk/Documents/GAntip.pdf) 参照。

35) Lee A. Sheppard, British Propose Toothless Anti-Avoidance Rule, Tax Notes, Vol. 133, No. 10 (2011) p. 1185参照。

ストミンスター原則の下、否認対象となる租税回避行為の範囲を広く設定するGAARを導入することには一定の限界がある、(ⅱ)他方、Ramsay原則は否定されているわけではなく、目的論的解釈は必要に応じて採用されている、(ⅲ)1998年GAAR案は実現しなかった、(ⅳ)数多くのTAAR等が既に措置されている、(ⅴ)租税回避行為による税収減という問題だけでなく、税法の複雑化の問題にも対処する必要があった、(ⅵ)ビジネスに対する友好的な環境を維持することが、GAAR導入の是非を決定する上で最も重要な要素でもあった[36]、(ⅶ)GAAR導入自体に対する反対意見もあった、(ⅷ)租税回避行為に対処するための核となる原則を立法化することも、GAAR導入の重要な役割であったことなどに鑑みると、落とし所としては、およそ妥当な制度設計となっているとの見方もできるのかもしれない[37]。

　もっとも、下院の特別委員会である決算委員会(Public Account Committee)が2012年に発表した報告書(Tax Avoidance by Multinational Companies)では、実際に国庫に納まった税金の額と（納税者が法令及びその趣旨を遵守していたならば）本来納まるべき税金の額の差を示すタックス・ギャップは、2004年～2005年の間は333億ポンドであり、2010年～2011年の間は322億ポンドに減少したものの、税務当局によるタックス・ギャップを埋める試みの進捗状況は、依然として残念なほどに遅く、また、大企業による国際的租税回避や利益の国外移転への対応が十分に厳しくないことに対する国民の怒りが爆発しているとの指摘がある中[38]、GAARの導入が、タックス・ギャップを埋めることと殆ど関係がないならば、税務当局は、遠くない将来、更なる対抗策の強化方法を模索する必要性に迫られることとなると考えられる。

ロ）情報収集機能の強化に向けた動き
　実のところ、既に、上記でいう更なる対応策の強化に向けた幾つかの動きがある。「英国FATCA」("UK FATCA") も、その動きの一つである。英国では、前述の通り、租税回避行為等の把握レベルの向上策としては、主な直接税及び間接税を回避するスキームを開示する義務を課する制度が措置されているが、米国のFATCAの影響を受けた「英国FATCA」は、情報収集手段の更なる拡充を通じて、実態把握漏れによる税源浸食を防止する効果を更に高めることを狙っている[39]。「英国FATCA」とは、具体的には、英国が、「王室属領」(Crown Dependencies)であるジャージー、ガンジー及びマン島とバミューダやジブラルタル等の「海外領土」(Overseas Territories)の各々と締結した一連の合意であり、これらの合意に基づき、2016年9月以降、その居住者等が国外に有する口座に関する情報の自動交換が行われることとなっている[40]。

　上記の合意に基づき、英国の税務当局は、英国の居住者等（個人、パートナーシップ、非上場会社及びこれらの者が支配権を有する者に含まれる英国外の事業体等を含む）が、

---

36) (ⅵ)の点は、GAAR報告書1.4及び松田・前掲『租税回避行為の解明』137頁参照。
37) GAAR報告書で提案されているGAARは、「税法上の欠陥を正すものではなく、より抜本的な変化が求められるが、出発点とはなろう」というJ. Freedmanの意見は、*supra* "Aaronson: Tackle Abusive Tax Scheme" p. 7参照。
38) 本報告書は、http://www.publications.parliament.uk/pa/cm201213/cmselect/cmpubacc/716/71605.htm から入手可能。
39) 米国のFATCAについては、第1章第4節4参照。
40) 但し、ジブラルタルとの合意の下では、英国による情報提供は必要ないとされている。

これらの地域等に有する口座に関する情報の提供を受け、これらの地域等の税務当局は、その地域等の納税者で「英国に住所を有しない居住者」（"non-domiciled UK resident"）に該当する個人が英国に有する口座に関する情報の提供を受ける[41]。本合意を実行する法律が成立すれば、英国及びこれらの地域等の金融機関等（信託も含まれる）は、2016年5月末までに関係する情報を管轄税務当局に提供する必要がある。交換対象となる情報は、英国と米国の政府が合意したFATCAモデルの下で提供すべき情報と基本的に同様であるとされているが、残高が一定金額（個人の場合5万ドル、その他の者の場合100万ドル）未満の口座は情報提供の対象外とされている[42]。

上記のような特徴を有する「英国FATCA」によって、自主開示プログラム（"Tax Disclosure Facilities"）の効果も高まるものと想定される。そもそも、国外口座に係る未申告の所得を自主的に開示するプログラムは、予てより実施されてきたが、上記の一連の合意が成立したことを受けて、新たに、これらの合意に基づく自動的情報交換が行われるまでの間、上記の「王室属領」やリヒテンシュタイン王国に口座を有する者（一定の要件に該当する英国の法人や事業体等も含む）が、一定の要件（所得の源泉が犯罪行為でないなど）に該当する場合、その関係する課税年度の未申告の所得を自主的に開示すれば、原則として、刑事訴追からの免除やペナルティの軽減等を受けることが可能となるとの便宜を提供するプログラムが実施されている[43]。上記の一連の合意が成立したことにより、プログラムの利用度合いも高まるものと考えられる。

第2節　個人の住居・資産等の国外移転による税源浸食への対応

1．居住性の判定基準

(1) 税法上の定義の欠如

英国でも、個人の住居やその資産の国外移転による税源浸食の防止が重要な課題となっている。個人の英国での課税対象となる所得・資産の範囲は、個人が、(i)居住者（resident）、(ii)「通常の居住者」（"ordinarily resident"）、(iii)「英国に住所を有する」（"domiciled in the UK"）に該当するか否かによって大きく異なり得る。原則として、「通常の居住者」に該当する居住者の場合、その全世界所得が英国で課税対象となるが、居住者であるが「通常の居住者」ではない者（又は英国に住所を有しない英国の居住者）の場合、その国外源泉所得は、「送金主義」（remittance basis）課税方式の下、英国に送金された限度において英国で課税対象となり、非居住者の場合、英国源泉所得が課税対象となる[44]。したがっ

---

41) 「英国に住所を有しない居住者」の英国での所得税の納税義務の範囲は、第2節1(1)参照。
42) 詳細は、http://www.hmrc.gov.uk/fatca、http://www.outlaw.com/en/topics/tax/tax-for-entrepreneurs/uk-fatca ... the disclosure-to-hmrc-of-information-about-reportable-accounts-held-by-uk-taxpayers-in-the-crown-dependencies-and-overseas-territories-/参照。
43) 詳細は、http://webarchive.nationalarchives.gov.uk/+/http://www.hmrc.gov.uk/offshoredisclosure/facilities.htm、http://www.out-law.com/topics/tax/tax-for-entrepreneurs/crown-dependencies-tax-disclosure-facilities/参照。
44) 詳細は、IR20（Residents and Nonresidents : Liability to tax in the United Kingdom）5.1〜5.2及び税務当局発表資料（Notes on Non-Residence in or Domicile outside the UK, at http://www.hmrc.gov.uk/worksheets/sa109-notes.pdf）参照。

第2節　個人の住居・資産等の国外移転による税源浸食への対応

て、税務上の地位を変更することによって、英国での税負担の軽減が可能となり得るが、税法上、税務上の地位の判定基準の詳細は、長きにわたり、十分に明らかではなかったとの問題があった[45]。

上記の問題が存在していたことは、Levene v. IRC事件貴族院判決（[1928] 13 TC 486）からも確認することができる。本事件では、国外居住の意思を固めた納税者が、賃借していた家を明け渡し、1919年12月から国外生活を始めたが、1921年7月には英国に戻り、英国のホテルに時々滞在しながら国内外を行き来する生活を送った後の1926年にモナコ公国でアパートを賃借していたところ、本件納税者を英国の「通常の居住者」に該当する居住者と認定した税務当局は、「英国で支払われる英国保有証券に係る利子又は配当は、その利子又は配当に対する権利者が、英国の居住者でないことを歳入庁長官の納得が行くように証明する場合には課税されない」と定める1918年所得税法スケジュールC（General rule）§2(d)の適用を認めず[46]、本件納税者が1921年～1925年に亘って得た「英国保有証券」に係る配当等にも課税する処分を行ったことが問題となっている。

上記貴族院判決において、Sumner小爵は、本件納税者の場合、問題となった年度でも、依然として、「通常の居住者」に該当する居住者であったことから、本件処分は適法であると判示しながらも、「『英国の居住者』、『通常の』あるいはその他の文言は、…単純に見えるが、納税者の納税すべき範囲と納税を免れる範囲について、驚くほど少ない指針しか示していない。…課税上、住居という複雑で疑問の残る問題の重要性と緊急性は、…想定された以上に高まっているが…立法府は、しかしながら、法律の文言を実質的にその当時のままにしている…」ほか[47]、判例によって事情が常に明らかとなったとも言い難いため、実際上、人は、それぞれのケースの特定の状況の下、「居住者」が何を意味しようとも、税務当局又はその他の者によって、居住者かそうでないかが判断されて、課税対象となったり、ならなかったりするとの問題があるとの見解を示している。

確かに、税法上、例えば、2007年所得税法§831（Foreign income of individuals in the United Kingdom for temporary purpose）(1)は、「もし、(a)個人が英国に一時的な目的のためだけに滞在して英国に住居を構える目的を有さず、そして、(b)関係課税年度に、その個人が、1回又は数回、合計で183日（又はそれ以上）に相当する期間、実際に英国に住んでいないなら、2項が適用される…」と規定し[48]、同条(2)項は、国外源泉の年金又は社会保障関連所得及びその他の一定の国外源泉所得との関係上、個人を非居住者として取扱

---

45) 英国に恒久的な住居を有する者は、原則として、(iii)に該当する。IR20（Note 6-4.2）参照。
46) 原文は、"No tax shall be chargeable to in respect of the interest or dividend on any securities of a British possession which are payable in the United Kingdom, where it is proved to the satisfaction of the Commissioners of Inland Revenue that the person owning the securities and entitled to the interest or dividend is not resident in the United Kingdom." であった。
47) 前半の原文は、"The words 'resident in the United Kingdom', 'ordinarily', or otherwise, ... simple as they look, guide the subject remarkably little as to the limits within which he must pay and beyond which he is free. ... the pressure of taxation has made these intricate and doubtful question of residence important and urgent in a manner undreamt of .... The legislature has, however, left the language of the Acts substantially as it was in their days, ..." である。
48) 原文は、"Subsection (2) applies in relation to an individual if——(a) the individual is in the United Kingdom for some temporary purpose only and with no view to establishing the individual's residence in the United Kingdom, and (b) in the tax year in question the individual has not actually resided in the United Kingdom at one or several times for a total period equal to 183 days (or more). ..." である。

うルールを定めているが、本条を含む税法上の規定によって、納税者の居住性に係る判定基準が明確なものとなっているわけでもない。このような限界はあるものの、以下の(2)で示す通り、税務当局の公表資料や判例法の中にも、納税者の居住性の判定をする上で多少なりとも参考となる幾つかの基準・指針が存在しているのも事実である。

(2) 1900年代の判例とIR20

　居住性等の判定に資する見解を示した古い裁判例として、Lysaght v. IRC事件貴族院判決（[1928] AC 234）がある。本事件では、英国法人の経営者の職から半ば退職して、その顧問となった納税者・被上告人が、英国で土地を保有し続けたものの、その英国の家は処分し、1919年には、アイルランドで買った家で家族と共に生活し始めたが、アイルランドでの仕事は不動産の管理のみであり、また、英国での取締役会への出席等のため、1922年6月〜翌年5月には101日間、1923年6月〜翌年5月には94日間、英国のホテル等に滞在していたところ、これらの期間中に受領した英国政府証券等に係る利子や配当が、英国の居住者及び「通常の居住者」として課税されたことが問題となっている。本判決の原審である控訴裁判所判決（[1927] 2 KB 55）では、控訴人の英国での滞在は、職務の必要性に基づく短期間のものであり、控訴人は英国の居住者及び「通常の居住者」には該当しないと判示されている。

　これに対し、上記貴族院判決では、居住又は通常の居住という問題は事実の問題であるとした上で、「…人は、国外に家を構え、仕事ゆえに英国に滞在することを余儀なくされても、滞在期間や滞在状況が居住を構成し得るところ、その人が実際に居住しているのかの認定は税務当局の判断の対象となり、そして、その居住性が一旦確定すれば、『通常に居住している』とは、個人的には、居住が臨時的かつ不確定なものではなく、居住していると判断されるその人が、その生活の通常の行程でそうしていることを意味する」と考えられるところ[49]、上告人の英国での滞在日数は、問題となっている期間中、101日と94日であるが、その頻度・日数は、本件処分の結論が妥当でないとの証拠になるとは言えないとの見解の下、貴族院は、被上告人を英国の居住者として課税する本件処分を首肯して原審判決を破棄している。

　個人の居住性に関する判定基準・指針を示しているものとしては、上記に代表される裁判の他にも、税務当局が1973年に発表したIR20（Residents and non-residents Liability to tax in the United Kingdom）がある。IR20は、その後、数回改訂されたが、大きな修正は受けていない。IR20（2008年改訂版）は、1.3項では、通常は国外に住む者が、ある課税年度中に英国に183日以上いる場合、英国の居住者であるが「通常の居住者」でなくなり、また、ある課税年度に英国の「通常の居住者」ではあるが居住者ではなくなるのは、例えば、通常は英国に住んでいるが、その課税年度中、国外に長期の旅行をし、英国に足を踏み入れていないようなケースであると定め、2.7項では、自己又は家族の病気等による英

---

49) 原文は、"... a man may make his home elsewhere and stay in this country only because business compels him, yet, none the less, if the periods for which and the conditions under which he stays are such that they may be regarded as constituting residence, it is open to the commissioners to find that in fact he does so reside, and if residence is once established 'ordinary resident' means, in my opinion, no more than that the residence is not casual and uncertain, but that the person held to reside does so in the ordinary course of his life." である。

第2節　個人の住居・資産等の国外移転による税源浸食への対応

国での滞在日は別として、「恒久的に国外に移転する者は、1年間の英国での滞在が91日又はそれ以上である…場合、依然として居住者又は通常の居住者として取り扱われる」(「90日ルール」と称されている)と定めている[50]。

さらに、IR20(2008年改訂版)は、2.8項では、もはや居住者及び「通常の居住者」でない者となるためには、(i)国外に恒久的に居住するための家を有している、(ii)自分で使用する財産を英国に有する場合、その所有が国外に3年以上住むとの目的に合致している、(iii)少なくとも1年を通して英国から離れており、しかも、英国から離れた年以降のいかなる課税年度でも、英国での滞在日数の合計が183日以下で最大4年間の英国での滞在日数の平均も91日未満であるとの要件の全てを満たす必要があると定めている。他方、IR20は、3.3項では、納税者は、課税年度中185日以上英国に滞在している、又は過去4年間の各年の英国での滞在日数の平均が91日以上であるような場合、居住者として取り扱われると規定し、4.2項では、「一般的には、納税者は、恒久的な家を有する国に住居しているが、住所（"domicile"）は、国籍や居所とは区別され、如何なる時点でも一つしか存在しない」と定めている[51]。

上記の裁判例やIR20も、居住性の判定を行う上で参考となる指針を示してはいるが、居住性の判定基準に係る不透明性の問題を解消するものとは言い難いところ、2010年4月以降は、15万ポンド超の所得に50%の税率が適用されることなどを背景として、富裕層が国外に脱出するインセンティブは特に高まったため、上記のLevene事件貴族院判決でSumner小爵が指摘した「課税上、住居という複雑で疑問の残る問題の重要性と緊急性は、…想定された以上に高まっている」という状況が深刻化する虞がある。このような状況が想定される中、以下では、最近の裁判例等の分析等を通じ、実際上、人は、それぞれのケースの特定の状況の下、「居住者」が何を意味しようとも、税務当局又はその他の者によって、居住者かそうでないかが判断されて、課税対象となったり、ならなかったりするとの問題や住居の国外移転による税源浸食の問題は、近年、どのような様相を呈しているのかなどを考察する。

2．居住性を巡る最近の裁判例

(1) Shepherd事件高等法院判決の見解

英国の居住者であるか否かが問題となった最近の裁判例として、Shepherd v. HMRC事件特別委員（Special Commissioner）決定（[2005] STC (SCD) 644）がある。本件では、2000年4月に退職予定であった請求人は、退職後はキプロス島に住むとの計画の下、1998年に夫婦共有でキプロス島のアパートを賃借し、その後、そのアパートに数十日間滞在し、2002年2月には、4年前に申請していたキプロス島の居住証明書を得たが、他方、退職するまでは英国の有権者として登録されており、給与は英国の銀行口座に振り込まれ、勤務先等からの郵便物も英国の家に送付されるなどの事実がある中、1988年ICTA§334

---

50) 原文は、"If you go abroad permanently, you will be treated as remaining resident or ordinarily resident if your visits to the UK average 91 days or more a year. ...."である。

51) 原文は、"Broadly speaking, you are domiciled in the country where you have your permanent home. Domicile is distinct from nationality or residence. You can only have one domicile at any given time." である。

(Commonwealth citizens and others temporarily abroad) 及び同法§336 (Temporary residents in the United Kingdom) を踏まえると、請求人は英国の居住者に該当するとの判断の下、1999/2000課税年度の所得税の納税義務を負うとする処分が行われたことが問題となった。

上記1988年ICTA§334は、「全ての英連邦の市民又はアイルランド共和国の市民は、(a)その通常の住居が英国にある場合には、課税年度時に英国を離れていても、英国を離れた目的が海外での一時的な居住であるならば、所得税の対象となる。そして、(b)英国に実際に居住している者として、その利益又は利得の全てが課税される…」と規定し[52]、上記同法§336(2)は、「スケジュールEの1、2及び3のケースの目的上、一時的な目的のためだけに英国に滞在し、そこに住居を設ける意図がない者は、課税年度中、少なくとも合計で6カ月の間、英国に滞在しない限りは、英国の居住者として取り扱われない…」と定めているところ[53]、上記課税年度中、民間航空会社のパイロットであった請求人は、英国とキプロス島でそれぞれ80日程度を過ごし、また、フライトの日数（発着日も含む）及びその他の国での滞在日数の合計は200日程度となっていた[54]。

上記の事実等が認められる中、特別委員（Nuala Brice）は、(i)請求人は英国に住居を有しており、英国にいる間、ホテルに滞在する必要がなかったことは、旅行者でないことを意味している、(ii)人は二つの場所に居住できるが、それでも、1988年ICTA§334の適用対象となる英国の居住者となり得る、(iii)英国に住居を有していたことがある英国の市民が英国から離れた期間があるケースと、英国で住居を決して有したことがない者のケースでは差異があるなどの見解の下、請求人の過去と現在の生活習慣、各国における滞在頻度・日数及び英国との結びつき等を踏まえると、少なくとも2000年4月までは、納税者は、英国の居住者及び「通常の居住者」であり続けたと判断することができることから、1998年10月に請求人の英国との「明確な断絶」（"distinct break"）があったとは言えないとして、請求人を本件課税期間中において居住者として課税する本件処分は適法であるとの決定を下している[55]。

上記事件に対する高等法院（大法官部）判決（[2006] EWHC 1512 (Ch)）でも、「控訴人が、税負担を軽減する意図の下、キプロス島に行ったことは、控訴人が英国の居住者であるか否かの決定上、関係ある要因とはみなさない」ものの[56]、関係する諸々の事実及び

---

52) 原文は、"Every Commonwealth citizen or citizen of the Republic of Ireland――(a) shall, if his ordinary residence has been in the United Kingdom, be assessed and charged to income tax notwithstanding that at the time the assessment or charge is made he have left the United Kingdom, if he has so left the United kingdom for the purpose only of occasional residence abroad, and (b) shall be charged as a person actually residing in the United Kingdom upon the whole amount of his profits or gains, …"である。

53) 原文は、"For the purposes of cases Ⅰ, Ⅱ and Ⅲ of Schedule E, a person who is in the United Kingdom for some temporary purpose only and not with the intention of establishing his residence there shall not be treated as resident in the United Kingdom if he has not in the aggregate spent at least 6 months in the year of assessment … ."である。

54) 「特別委員」は、納税者の主張には疑問があるとして、各国での滞在日数を修正している。

55) 「明確な断絶」という概念は、Combe v. IRC事件Scotland民事控訴院（Court of Session）判決（[1932] 17 TC）でSand卿が示したものであるが、それに先立つBrown v. IRC事件特別委員判決（[1926] 11 TC 292, at 295）でも、"there had been a definite break in his habit of life in February 1918, when the house in the UK was given up."と判示されている。

諸規定を総合的に勘案して判断する必要があるとした上で、少なくとも、2000年4月までは、(i)控訴人の妻と子供は控訴人の英国の家に住んでいた、(ii)その住居に係る諸々の費用を支払っていたこと、(iii)その住居の住所は郵便物等の受領場所でもあった、(iv)仕事上、その住居が必要であったことなどに鑑みると、1998年10月に英国との「明確な断絶」があったとは言い難く、控訴人は英国の居住者であったと判断できるため、解釈上の困難性のある1988年ICTA§336(2)の本件への適用の如何に関係なく、本件処分は適法であると判示されて税務当局の勝訴が確定している。

(2) Grace事件第一審判所判決の見解

　上記事件と同様に民間航空会社のパイロットが、その住居を国外に移転した後も英国の居住者であるか否かが争点となったのが、Grace v. HMRC事件特別委員決定（[2008] STC (SCD) 531）である。本件では、4年間の南アフリカでの生活を終えて1987年以降は英国に住んでいた英国生まれの請求人は、英国には親類もおらず、また、何十年間も英国に住む離婚した妻や子供とも殆ど会っていない状況の下、退職後は南アフリカに居住することを考え、1997年以降は、同国に建てた家で生活していたものの、他方で、主に仕事の都合上、フライトの合間は、英国の家に滞在し、英国の有権者でもあり、英国の銀行口座に給与が支払われているなどの事実が認められたため、請求人は、1997～2003課税年度のいずれにおいても、6カ月を超えて英国に滞在していなかったにもかかわらず、その間の給与所得は、英国の居住者として所得税を課する処分が行われている。

　上記事件に対し、特別委員（Nuala Brice）は、(i)請求人は1997年に南アフリカに家を建てており、英国に戻る意思はないことから、1997年には請求人と英国との関係の「明確な断絶」があった、(ii)英国との関係が希薄となっている請求人の通常の住居は南アフリカにあり、仕事の都合上、通常の住居から離れているにすぎず、英国の家はホテルの機能を果たしているだけである、(iii)請求人は、1997年以降、継続して居住するとの確定的な目的の下に南アフリカに滞在していたことから、1988年ICTA§334（「一時的に国外に滞在する英連邦の市民及びその他の者」）の適用はない、(iv)1997年以降、請求人は、一時的・偶発的な目的の下に英国に滞在していたにすぎず、英国で住居を設ける意思を有していないことから、1988年ICTA§336（「英国の一時的滞在者」）が定める非居住者要件を満たしているなどの判断の下、本件処分は違法であるとの決定を下している。

　しかし、本事件に対する高等法院大法官部判決（[2008] EWHC 2708 (Ch)）では、(i)本件納税者が半永久的な雇用契約の下での義務の履行のために英国に滞在することは、偶発的又は一時的なものとは言えないところ、特別委員の判断は、人の住居は仕事上の必要性から決定されるケースもあることを看過している、(ii)本件納税者は、フライトの前後の2・3日間、英国の住居に滞在しており、年間の英国での滞在日数は40日から146日の間であることに鑑みると、英国の家が本件納税者の家ではないと特別委員が判断したことは理解し難い、(iii)本件納税者の英国の家は、住むための設備が十分に整っており、しかも、一切、他人に賃借されていないなど、ホテルと同じレベルのものと位置づけることはできないことなどに鑑みると、1997年に本件納税者の英国との「明確な断絶」は生じていない

---

56) 原文は、"although the appellant's intention in going to Cyprus was to mitigate tax I do not regard that as a relevant factor in deciding whether he was resident in the United Kingdom." である。

と判断できることから、本件処分は適法であると判示されている。

これに対し、上記事件に対する控訴院判決（[2009] EWCA Civ 1082）では、(i)1988年ICTA§336（「英国の一時的滞在者」）の要件を満たさなければ居住者であるとは断定できない、(ii)住居の判断は事実関係に左右されるというのが関係する諸規定及び判例上の考え方である、(iii)幾つかの裁判で示された「…個人がその他の場所に家を有するという事実は何ら影響を及ぼすものではない。人は二つの場所に居住することができる。しかし、これらの場所の一つが英国に存する場合には、英国で課税対象となる」という見解が[57]、その他の住居を考慮する必要が全くないというのではなく、その他の住居の存在が決定的な判断材料となるわけではないことを意味すると解されるべきである、(iv)仕事上の必要性に基づく滞在は、住居の査証となるわけではないが、その可能性を強く示唆するとした上で、特別委員の後身である第一審判所（First-Tier Tribunal）が本件を再審すべきであるとして、本件の差戻しが行われている。

上記事件の差戻しを受けた第一審判所決定（[2011] UKFTT 36（TC））では、居住性の判断は、全ての関係する要素を考慮に入れた上で行う必要があるとした上で、「…『通常の住居』とは、…生活の通常の秩序の一部として、自発的かつ確たる目的の下に採用した特定の場所又は国における人の住居を意味しており、Grace氏の場合、ケープ・タウンの住居がそれにうまく当てはまると考えられる」ほか[58]、本件納税者は、1997年に南アフリカで新たな結びつきを確立したが、そもそも、「…ホテルに住んでいることによって、居住者でなくなるわけではない（例えば、控訴院判決パラ24参照）」ところ[59]、その英国の家は、ホテル以上のものとなっており、その家と雇用を維持している本件納税者は、英国の非居住者となるための要件である英国との「明確な断絶」を行っていないため、本件納税者を英国の通常の居住者として課税する本件処分は適法であると判断されている。

(3) Gaines Cooper事件最高裁判決の見解

Gaines Cooper v. The Commissioners for HMRC事件特別委員決定（[2006] SPC 568）でも、英国から離れて国外に住むようになった者が、英国の居住者であるか否かが争点となっている。本件では、請求人が、1975年にセイシェル諸島に住居と工場を保有し、翌年には、セイシェル諸島の政府から居住許可書を得て、1977年には、税務当局及び英国銀行に対し、自分が英国の非居住者であるとの通知もしていたが、税務当局は、1988年ICTA§334及び同法§336を踏まえた上で、請求人の1992～2004課税年度分の所得を英国の居住者として課税する処分を行ったことが問題となっている。かかる処分の根拠としては、(i)

---

[57] かかる見解と同様の見解は、Levene事件貴族院判決（1926）やCooper v. Cadwalader事件Scotland民事控訴院判決（[1904] 5 TC 101）等でも示されている。脚注66）参照。Cooper事件民事控訴院判決では、スコットランドの狩猟用ロッジに毎年60日程度滞在していた米国の弁護士が、その他の英国との繋がりが殆どなかったにもかかわらず、英国の居住者であると判示されている。

[58] 原文（パラ182～パラ183）は、"... the meaning of 'ordinary residence' as : 'a man's abode in a particular place or country which he has adopted voluntarily and for settled purposes as part of the regular order of his life ... .' That seems to me to be a good discription of Mr. Grace's adobe in Cape Town." である。

[59] 原文（パラ130）は、"... living in hotels does not prevent a taxpayer being resident (see for instance CA 24)." である。控訴審のパラ24では、"... 'not in the nature of a home but ... rather a substitute for hotels' is open to the comment that one can be resident in a country even though one stays in one or more hotels, not in a home or flat ... ." との見解が示されている。

第2節　個人の住居・資産等の国外移転による税源浸食への対応

請求人と英国との間には長年に亘って確立された繋がりがある、(ⅱ)請求人は英国に所有する家に頻繁に滞在している、(ⅱ)その母親、妻及び子供が英国に住んでいることなどに鑑みると、請求人は、当時、英国の住所を放棄していなかったと認定できるなどの点が挙げられている。

上記決定において、特別委員（Nuala Brice 及びCharles Hellier）は、請求人の場合、(a)問題となっている課税年度中の英国での1年間の滞在日数は、出入国日も加えて27日から158日の間、入国回数は36回から57回ほどであると認定できるが、それでも、「…各年の英国での滞在日数は、セイシェル諸島での滞在日数よりも多いことを数字が示している…」[60]、(b)「たとえ、請求人が英国で居住者でなかった年があったとしても、請求人は英国で通常の居住者となると考えられる」[61]、(c)滞在日数の短さは、その滞在が一時的な目的のものであることを必ず意味するわけではないところ、本件の場合、1988年ICTA§336の適用上の二つの要件（①英国滞在は一時的な目的にすぎない、②英国に住居を設ける意思がない）の内、①の要件を満たしていないことなどに鑑みると、本件処分は適法であると判断を下している。また、かかる判断は、本事件に対する高等法院判決（［2007］EWHC 2617（Ch））でも維持されている。

さらに、上記事件に対する控訴院判決（［2010］EWCA Civ 83）では[62]、本件処分とIR20との関係も主な争点となったが、確かに、IR20の2.2項は、「雇用契約の下、海外に常勤するために英国を離れる者は、以下の全ての要件を満たす場合、居住者及び通常の居住者としては取り扱われない──英国から離れて海外で勤務する期間が、少なくとも課税年度の丸1年続き、その期間中の英国訪問日数が、いずれの課税年度中も183日未満であり、なおかつ1年の平均で91日未満である…」と定めているところ[63]、税務当局も、この要件に該当すれば、英国との繋がりを絶っているか否かは問題ではないと認めており[64]、また、IR20の2.7項は、前述の通り、恒久的に国外に行く場合、年間の英国訪問期間が90日以内なら、居住者及び通常の居住者として取り扱われない旨を定めていることから、「90日ルール」からすると、本件処分は違法であるとする控訴人の主張にも合理性があると考える余地もあった[65]。

しかし、上記控訴院判決では、IR20上の指針は法令に合致しており、例えば、IR20の2.9

---

60) 原文（パラ166）は、"... The day count figures indicate that he spent more time in the United Kingdom each year than he spent in the Schelles ..." である。

61) 原文（パラ190）は、"We are of the view that the Appellant would still be ordinarily resident in the United Kingdom even if there were an occasional year when he was not resident here." である。

62) 本判決では、控訴人の他にも居住者として課税された納税者（Robert Davies及びMichael James）が訴訟を提起したケースに対する判断も下されている。

63) 原文は、"If you leave the United Kingdom to work full-time abroad under a contract of employment, you are treated as not resident and not ordinarily resident if you meet all the following conditions── Your absence from the UK and your employment abroad both last for at least a whole tax year; During your absence any visits to the UK : Total less than 183 days in any tax year, and average less than 91 days per tax year ..." である。

64) 本控訴院判決のパラ45でも、"... there was no disputes between the parties but that there is no requirement, under 2.2 for a taxpayer to demonstrate that he has severed family and social ties within the UK. The Revenue accepts that the taxpayer need do no more than establish that he has left the UK for full time employment abroad, ..." と述べられている。

65) 実際、最近まで、「90日ルール」をクリアーしさえすれば英国の非居住者となると安易に考える者が多かったと言われている。

項(「確たる目的の下に国外に行ったなら(…)、出国後の英国での訪問・滞在が、…91日未満であるとの要件を満たせば、居住者及び通常の居住者とは取り扱われない」)も、諸々の裁判例が依拠している通常の住居の原則と整合的であることから、控訴人は、本項に依拠して国外の通常の住居者であると主張することもできるが、それで終わりではない。なぜなら、Levene事件貴族院裁判所(1928)のパラ223において、Cave大法官が、「…そうすると、人は国外と英国の双方に家を持つことができる。その場合、その人は双方の場所に居住しているということになり、この国で課税対象となる」との見解を示したように[66]、税務当局も、英国で居住者として課税されなくなるには英国との明確な断絶が必要であると主張できるわけであり、そうすると、控訴人の場合、このような断絶が1976年にあったと認定できない以上、本件処分は適法であると判示されている。

上記事件の上告審である最高裁判所判決([2011] UKSC 47)でも、上告人は、IR20の2.9項の下、英国の居住者及び通常の居住者として取り扱われなくなるためには、2.8項に定める非居住者となったことの証明(例えば、国外転居と英国保有資産の整合性の証明)ができない場合でも、国外定住する明確な意思の下に出国した者が、少なくとも丸1課税年度の間、英国から離れており、しかも、出国後の英国への訪問・滞在が、いずれの課税年度でも183日未満で年間の平均が91日未満であるとの要件を満たすことで足りることから、英国の居住者ではないなどと主張したが、最高裁は、2.9項の文頭(「証明ができない場合には…」)から、本項と無期限に英国を離れることを要件とする2.8項の結合関係は明白であり、しかも、これらの規定は、「英国を恒久的又は無期限に離れる」という見出しの下に一体となっている以上、2.9項それ自体が、非居住者になるための単独の要件を示したものと解すべきではないことから、かかる主張は誤っていると判示している。

また、上記最高裁判決では、IR20は、その前文において、一般的な指針を示したものにすぎないことを明記しているほか(パラ66)、IR20上の諸規定は明確性に欠けるとの問題があるものの、これらの諸規定を総合して判断すると、非居住者となるには、(a)納税者は旅行の場合よりも重大な意味、つまり、恒久的又は無期限に、あるいはフル・タイムの雇用のために英国を離れる、(b)外国で住居を構える以上のことをする、(c)英国での通常の住居を放棄する、(d)その後の英国での滞在は、訪問にすぎないものとする、(e)自分が利用するために英国に残している資産は、居住目的としてではなく、訪問目的のみに使用されること、換言すれば、英国との明確な断絶が必要となるというのが、IR20の趣旨であると解することができるところ(パラ45)、上告人の場合、これらの要件が満たされているわけではないことから、本件処分は適法であると判示されている。

もっとも、上記最高裁判決では、Mance卿が、もし、英国との明確な断絶が必要であるならば、その要件が指針となるIR20に明記されていないのは驚きであるなどの反対意見(特に、パラ93)を述べているほか、多数意見でも、「…法令上の規定によって依然として英国の居住者とみなされることを回避するためには、英国の生活パターンにおいて明確な断絶があることが法令上求められる。…しかし、…本上告の対象である裁判でMoses卿が述べた『社会的及び家族的な繋がりを断つこと』が必要となるとの判断は、少なくとも、高すぎるレベル・要件を設定することを示唆している。…そのような繋がりを『断つ』と

---

66) 原文は、"... so he may have a home abroad and a home in the United Kingdom, and in that case he is held to reside in both places and to be chargeable with tax in this country." である。

いうのは、この文脈では、言葉が強すぎる」との見解が示されていることから[67]、最高裁も、少なくとも、「英国との明確な断絶」基準の下で求められる要件を余り厳しく解することには問題があると捉えているものと考えられる。

3．居住者判定基準の明確化と出国税

(1) HMRC 6 の創設とEC条約等との関係

　税務当局は、上記Gaines Cooper事件で最終的に勝訴したものの、IR20が包含している問題や居住性の判断に係る不透明性の問題を緩和するなどの観点から、2010年には、新たな指針となるHMRC 6 (Residence, Domicile and the Remittance Basis) を発出している。例えば、HMRC 6 の4.2項は、いかなる時でも「住所」("domicile") は一つであるが、海外での投票権の取得などの事実は、英国における住所の有無の判断上殆ど考慮されない旨を定めている。また、HMRC 6 の4.3.2項は、国外に住居を得て国外生活するようになった場合、その住居が「住所」と判断されるためには、そこに永久又は無期限に住む意思を有していることを示す有力な証拠を提供する必要があるが、関係する諸要素としては、居住の意思、恒常的な住居の存在、職業上の利害、社会的及び家族的な繋がり、保有資産及び遺言の形式等が挙げられるとしている。

　そもそも、上記2で示した一連の裁判例については、(i)英国の居住者としての地位を放棄することが容易ではない、(ii)国外に住居を移転させた者が、英国の家を放棄し、また、英国との社会的・家族的な繋がりを断っていなければ、英国との「明確な断絶」は生じていないとして、英国の居住者とみなされる可能性がある、(iii)数千人にも及ぶ国外に住居を移転させた英国人が多額の所得税を英国で納付することとなることを示唆しているなどの指摘がされているが[68]、HMRC 6 も、これらの裁判例で示された考え方に則り、国内外での滞在期間の長短よりも、むしろ、生活スタイルのパターンを更に重視したものとなっていることから、IR20と比べた場合、国外への住居移転による所得税負担の軽減・税源浸食の問題に対し、より効果的に対応することが可能となるのであろうと見る向きが少なくない[69]。

　確かに、HMRC 6 は、税負担の軽減を目的として国外に住居等を移転する動きによって生じる税源浸食を防止する効果を少なからず発揮し得ると考えられるが、このような取扱いは、勿論、英国からその他の加盟国に住居等を移転する納税者に対しても適用される。そうすると、HMRC 6 やIR20と加盟国間の移動の自由や差別的な取扱いの禁止等を定めるEC条約等との関係が問題となり得る。例えば、ある加盟国の納税者がその他の加盟国

---

67) 原文（パラ20）は、"... to avoid being deemed by the statutory provision still to be resident in the UK, the ordinary law requires the UK resident to effect a distinct break in the pattern of his life in the UK. ... however ... the judgement of Moses LJ in the decision under appeal to the need in law for 'severance of social and family ties' pitch the requirement, at any rate by implication, at too high a level. ... 'Severance' of such ties is too strong a word in this context." である。

68) 例えば、Matt Greene, Ray of Light, Taxation, Vol.165, No. 4249 (2010) p. 15、Trevor Johnson, The Watchful Eye and the Strong Arm of England, Tax Notes International, Vol. 57, No. 11 (2020) p. 976参照。

69) 例えば、Camilla Wllice, Counting the days is not enough, Taxation, Vol. 164, No. 4214 (2009) pp. 74-75、Randell Jackson, Residence Ruling a wake-up call for Offshore Brits, Tax Notes International, Vol. 57, No. 8 (2010) p. 637参照。

に住居等を移転することによって、最初の加盟国の居住者でなくなることを欲する場合、その実現を図ることは、HMRC 6 やIR20とその他の加盟国の関係する税法を比較すると、多くの場合、前者の下において、より困難なものとなると想定されることから、HMRC 6 やIR20は、英国の居住者を差別的に取り扱うものであり、「欧州連合の機能に関する条約」（Treaty on the Functioning of European Union, TFEU）21条に定める移転の自由に抵触する可能性が高いと見る向きもある[70]。

確かに、TFEU条約21条1項は、「全てのEU市民は、関係する諸条約が定める制限や条件及びそれらに効果を付与する手段の下、加盟国の領域内で自由に移転・居住する権利が付与されている」と規定している[71]。また、例えば、第3章第2節1(3)で後述するN事件ECJ判決（C-470/04）では、オランダの出国税である所得税法20条C(1)は、オランダから住居を国外へ移転することを抑止する効果があるという点などが問題視されてEC条約43条に抵触すると判示されている[72]。そうすると、差別的な取扱いには、その他の加盟国への転居する権利を行使することを阻止する規定だけでなく、転居の権利を行使することが望ましくないようにすることを通じて、納税者の設立の自由を阻害することも含まれるものと考えられることから、HMRC 6 やIR20が、英国の居住者の住居の国外移転を阻害又は抑止する効果を有していないとは断言し難い面もある。

しかしながら、そもそも、EC条約に定める差別的な取扱いの禁止が、状況が異なる者に異なる取扱いを行うことを禁じているわけでないことは、一連のECJ判決等（例えば、Manninen事件に対する2004年3月18日Kokoto法務官意見[73]）からも確認することができる。また、N事件ECJ判決及び後述するN事件に対するKokoto法務官意見では、オランダの出国税である所得税法20条C(1)も、その制度設計の仕方によっては、租税属地主義に基づいて正当化することが可能になるとの点が指摘されている[74]。このような点に鑑みると、IR20やHMRC 6 は、EC条約等との関係上、英国の居住者に対して差別的な取扱いを行う規定に該当しない、あるいは、租税属地主義に代表される基本的自由の権利を制約する原則に基づいて正当化し得るものであると解する余地もあるのではないかとも考えられる。

(2) 居住者判定基準の立法化

上記の通り、IR20やHMRC 6 とEC条約等との関係を巡っては異なる見方・解釈もあり得ると考えられるが、税務当局は、2011年には、これらの指針で示している居住性等に関する考え方を反映させた諮問文書（"Statutory Definition of Tax Residence：A Consultation"）を発表し、本諮問文書に対する一般意見を踏まえて、2012年には、新たなガイダンス（"Guidance Note：Statutory Residence Test (SRT)"）を示している。本ガイダンスは、いくらかの修正を受けた後、立法上の判定基準として、2013年FAのスケ

---

70) Rory Mullan, Brits get a Raw Deal, Journal of Taxation, Vol. 166, No. 4270 (2010) pp. 6-8参照。
71) 原文は、"Every citizen of the Union shall have the right to move and reside freely within the territory of the Member States, subject to the limitations and condition laid down in the Treaties and by the measures adopted to give them effect." である。EC条約18条も同様な規定振り。邦訳は、第3章第2節1(4)参照。
72) EC条約43条の規定振りは、第3章第1節1(1)・同章脚注6)参照。
73) 本事件のポイント及び本法務官意見の関係する部分は、松田・前掲『租税回避行為の解明』306～307頁参照。
74) 第3章第2節1(3)参照。

ジュール45（Statutory Residence Test）第1編（The Rules）に組み込まれている。本編に立法化されたSRTの下では、「通常の居住者」の概念は捨象されているが、SRTの下で示されている英国の居住者の判定基準は、2013年課税年度から適用され、所得税やキャピタル・ゲイン税との関係だけでなく、相続税との関係でも依拠されている。

SRTが法令上の基準となったことにより、英国の居住者に該当するか否かの判定に係る不透明性の問題がかなり緩和されただけでなく、SRTの下での三つのテスト（①「自動的国外テスト」（"Automatic overseas test"）、②「自動的英国テスト」（"Automatic UK test"）、③「十分な結びつきテスト」（"Sufficient ties test"））によって、その判定基準の相当程度の簡素化が実現している。特に、上記①及び②のテストは、英国の居住者に該当するか否かを自動的に判定することを可能にする。これらの三つのテストの下では、図2-2の通り、ステップⅠ（上記②の第一テスト）の下で自動的に英国の居住者であると判定されず、次のステップⅡ（上記①のテスト）の下で自動的に英国の非居住者であると判定されず、さらに、ステップⅢ（上記②の第二及び第三テスト）で自動的に英国の居住者と判定されない場合にのみ、ステップⅣ（上記③のテスト）に基づいて英国の居住者であるか否かが判定される。

図2-2のステップⅡの3つの「自動的国外テスト」とは、(i)「直前の3課税年度のいずれかにおいて英国の居住者であった者」（「英国を離れた者」、"Leavers"）のその課税年度における英国での滞在が16日未満であり、その課税年度に死亡していない、(ii)「直前の3課税年度の全てにおいて英国の居住者ではない者」（「英国に到着した者」、"Arrivers"）のその課税年度における英国での滞在が46日未満である、(iii)国外での十分に継続性のある仕事をするために英国を離れるケースにおいて、その期間中、その仕事から相当期間離れることなく、また、その課税年度の英国での滞在が91日未満であり、なおかつ、その課税年度に英国で3時間以上の仕事をした日数が31日未満であることとされている。これら(i)〜(iii)のテストのいずれかをクリアーしている者は、自動的に英国の非居住者であると判定されることとなる。

図2-2のステップⅢの第二及び第三の「自動的英国テスト」では、(i)国外にも家を持つか否かによって要件は微妙に異なるが、原則として、その課税年度中に英国に「家」

図2-2　SRTに基づく居住性の判定のフローチャート

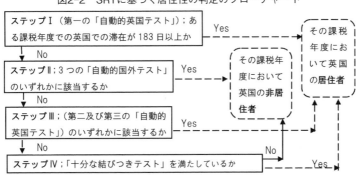

（出典：Guidance note for Staturoty Residence Test (SRT)：RDR3, at http://www.gov.uk/.../.../rdr3-statutory-residence-test-srtに加筆）

("home") を有している期間が90日を超えており、しかも、その家に30日以上滞在しているか否か、(ii)英国で十分に継続性のある仕事をし、しかも、その期間中、その仕事から相当な期間離れていないか否かが問題となる。上記テスト(i)でいう「家」について、上記諮問文書では、A9項が、「家とは、建物（又は建物の一部）、乗物、船舶、又は、個人が住まいとして利用するあらゆる種類の構造物である。家とみなすためには、十分な永続性と安定性をもって個人が利用する場所である必要がある」と定め[75]、また、A11項が、「一定の場所は、個人が継続的に滞在しない場合であっても家となり得る…」と規定し、A18項は、「休暇のための家、一時的な滞在のための場所又はそれに類似するものは家ではない」と説明している。

　図2-2のステップⅣ・上記③（「十分な結びつきテスト」）では、表2-1及び表2-2の通り、「英国に到着した者」及び「英国から離れた者」が英国の居住者であるか否かは、英国での滞在日数の長さと英国との繋がりの強さの程度から判定される。英国との十分な結びつきがあるか否かは、5つの英国との「結びつき基準」（(a)英国の居住者である家族の有無、(b)関係する課税年度中に英国で利用可能な滞在施設の有無、(c)英国での勤務や自営業のレベル（フル・タイム雇用でない場合、英国で仕事をする日数が40日超か否か）、(d)直前の二課税年度のいずれかにおける英国での滞在が90日超か否か、(e)「英国を離れた者」に関して、その課税年度における英国での滞在日数がその他の国での滞在日数よりも多いか否か）に基づいて判断される。なお、上記(b)でいう「利用可能な滞在施設」とは、その課税

表2-1 「英国に到着した者」の居住性判定基準としての「十分な結びつきテスト」

「英国に到着した者」英国での滞在日数	英国との「結びつき基準」との関係
46日未満	常に英国の非居住者
46日以上90日未満	4つの「結びつき基準」を満たす場合には英国の居住者
91日以上120日未満	3つ以上の「結びつき基準」を満たす場合には英国の居住者
121日以上182日未満	2つ以上の「結びつき基準」を満たす場合には英国の居住者
183日以上	常に英国の居住者

表2-2 「英国を離れた者」の居住性判定基準としての「十分な結びつきテスト」

「英国を離れた者」英国での滞在日数	英国との「結びつき基準」との関係
16日未満	常に英国の非居住者
16日以上45日未満	4つの「結びつき基準」を満たす場合には英国の居住者
46日以上90日未満	3つ以上の「結びつき基準」を満たす場合には英国の居住者
91日以上120日未満	2つ以上の「結びつき基準」を満たす場合には英国の居住者
121日以上182日未満	1つ以上の「結びつき基準」を満たす場合には英国の居住者
183日以上	常に英国の居住者

---

75) 原文は、"A home can be a building (or part of a building), a vehicle, vessel or structure of any kind which is used as a dwelling by an individual. It will be somewhere which an individual uses with a sufficient degree of permanence or stability to count as a home." である。

年度中、91日以上の期間継続して利用可能で、しかも、1日以上滞在したことのある施設である。

「十分な結びつきテスト」の下では、表2-1、2-2から明らかな通り、「英国に到着した者」や「英国を離れた者」が、英国の居住者と判断されないためには、その課税年度中の英国での滞在日数を少なくすること及び英国との繋がりを希薄にする必要がある。また、英国での滞在日数が長いほど、より多くの英国との「結びつき基準」を満たさないように多くの点で「英国との明確な断絶」を行うことが肝要となるところ、「結びつき基準」の中には、「明確な断絶」を行う上で判例法上大きなポイントであった上記(a)の基準（英国の居住者である家族の有無）及び(b)の基準（英国での利用可能な滞在施設の有無）も含まれている。他方、これらの基準は、「自動的国外テスト」の下では、無関係となっている。判例法上確立した英国からの「明確な断絶」というメルクマールに不透明性が認められる中、これらのテストに依拠するSTRの立法化により、英国の居住者であるか否かの判断に係る困難性は、かなり緩和されよう。

(3) 「管轄アプローチ」・追跡税による対応

上記の通り、SRTの下でも、英国の居住者であった者が英国の非居住者となるには、少なからぬ場合において、英国との「明確な断絶」の有無が重要なポイントとなるが、英国との「明確な断絶」を果たして英国の非居住者となった後でも、英国の居住者であるかのような課税を受けることがあり得る。例えば、第1章第2節4(2)で考察した通り、米国では、IRC§2801（「税の賦課」）の下、国外転居後に個人が死亡した場合、一定の要件に該当すれば、その個人の全世界に所在する資産が米国の遺産税の課税対象とされるが、英国でも、類似する考え方・取扱いが採用されている。具体的には、1984年相続税法(Inheritance Tax Act 1984)§267 (Persons treated as domiciled in United Kingdom) の下、一定の要件に該当する個人は、英国を出国して英国に住所を有しないようになっても、その後の3年間の内に死亡した場合などは、原則として、その全世界に所在する資産が英国の相続税の対象となる。

具体的には、上記1984年相続税法§267（「英国に住所を有すると取り扱われる者」）(1)は、「一定の時点（本条では『関係する時点』と称する）において英国に住所を有していない者は、もし、──(a)関係する時点の直前の3年の間、英国に住所を有していた、あるいは、(b)関係する時点が属する課税年度に終了する20年間の課税年度の内の17年間未満でない期間、英国の居住者であったならば、本法の目的上、その関係する時点で、英国（なおかつその他の国ではない）に住所を有しているものとして取り扱う」と定めていることから[76]、本規定の適用対象となるのは、課税対象遺産の総額（死亡前の7年の間に贈与した金額も含まれる）が、「零レート帯」(nil-rate band) と称される課税最低限度額（2009～2015課税年度は、32万5,000ポンド）を超える場合（配偶者が相続する場合には課税されない）

---

[76] 原文は、"A person not domiciled in the United Kingdom at any time (in this section referred to as "the relevant time") shall be treated for the purposes of this Act as domiciled in the United Kingdom (and not elsewhere) at the relevant time if──(b) he was domiciled in the United kingdom within the three years immediately preceding the relevant time, or (b) he was resident in the United Kingdom in not less than seventeen of the twenty years of assessment ending with the year of assessment in which the relevant time falls." である。詳細は、IHTM13024 (Change of Domicile : Deemed Domicile) 参照。

に限定されるが、適用税率は一律に40％となっている。

上記1984年相続税法§267(1)も、出国した者が英国に住居を有していたことなどを根拠として、出国後も追い掛けて課税を行う一種の追跡税（あるいは、その課税権を拡張する「管轄アプローチ」に依拠する措置）と位置づけることができるが、類似する考え方は、1998年FA§127（Charge to CGT on temporary non-residents）によって導入された1992年「キャピタル・ゲイン税法」（Taxation of Chargeable Gains Act, TCGA）§10A（Temporary non-residents）でも採用されている。本規定は、導入当初、「(1)本条が適用されるのは──(a)いずれかの課税年度（『帰国年度』）で居住性要件を満たしている、(b)帰国年度の直前の数年間は居住性要件を満たしていなかったが、それ以前には満たしていた年度があった、(c)出国年度と帰国年度との間に5年未満の課税年度が存在している、(d)出国年度の直前の7年間の内の4年間は居住性を満たしていた個人（納税者）である…(2)…」と定めていた[77]。

上記1992年TCGA§10A（「一時的な非居住者」）の適用対象となった場合、英国の居住者でなくなってから英国に帰国するまでに間に英国外で売却した資産の譲渡益が、その帰国年度に生じたものであるかのように英国で課税される[78]。但し、その例外を定める1992年TCGA§10A(10)は、「本条は、二重課税防止の取極めに従った控除をする権利を毀損するものではない」と定めていた[79]。つまり、OECDモデル条約13条に則っている英国の大半の租税条約の下では、他方の締約国に所在する不動産等以外の資産の譲渡益は、その居住地国に課税権が排他的に付与されている関係上、上記(a)〜(d)の要件に該当する者であっても、国外で譲渡した資産が英国に所在する不動産等でない場合には、上記の追跡税が適用されなかった。しかし、本条は、その後、2005年FA（No. 2）§32（Temporary non-residents）によって改正されたことにより、追跡税の適用回避を可能にする上記の本条10項も削除された経緯がある。

2005年FA（No. 2）の下では、上記の他にも、1992年TCGA§10Aの機能を強化するその他の幾つかの改正が行われている。例えば、英国の居住者又は通常の居住者であるだけでなく、他国の居住者でもある個人の場合、双方の国の居住者とみなされることによって、租税条約上、本規定の適用を回避することが可能となり得ることから、本規定には新たに(9C)項が追加されている。本項の下では、租税条約上の規定は、本条の適用を妨げない旨が定められている[80]。また、1992年TCGA§275（Location of assets）は、資産の所在地について規定しているが、本規定の下で所在地の判定基準が明確に定められていない資産は、コモン・ローの原則に基づいて判断せざるを得ないという不透明性等に乗じて、税負担の回避を図るという動きも見受けられたことから、上記2005年FA（No. 2）の下、一

---

77) TCGA§10A(1)(a)の原文は、"(1) This section applies in the case of any individual ('the taxpayer') if——(a) he satisfies the residence requirements for any year of assessment ('the year of return');" である。

78) 但し、1992TCGA§3（Annual exempt amount）の下、一定の課税免除額以下の譲渡益は課税対象外となる。2013-2014課税年度の場合、課税免除額は10,900ポンドである。

79) 原文は、"This section is without prejudice to any right to claim relief in accordance with any double taxation relief arrangements." である。

80) 1992年TCGA§10A (9C) は、"Nothing in any double taxation relief arrangements shall be read as preventing the taxpayer from being chargeable to capital gains tax in respect of any of the chargeable gains treated by virtue of subsection (2)(a) above as accruing to the taxpayer in the year of return (or as preventing a charge to that tax arising as a result.)" と定めていた。

定の資産は、1992年TCGA§10Aの目的上、英国に所在する資産とみなすように改正されている[81]。

特に、無形資産の所在地の新たな判定基準を定める1992年TCGA§275A（Location of certain intangible assets）及び§275B（Section 275A：Supplementary provisions）が注目される。前者は、5項において、無形資産である「資産Aが、もし、…、創造された時点で英国法に服するように取り扱われる場合には、本法の目的上、常に英国に所在しているとみなされる」と定め[82]、後者は、どのような場合に「英国法に服する」かという点について、2項において、「275A条の目的上、無形資産の一部を構成又は形成する権利又は利害が、いずれかの時点で英国のいずれかの場所の法律の下、支配、適用対象又は執行対象となる場合、その無形資産は、特定の時点で英国法に服する」と規定している[83]。これらに代表される規定は、一時的な非居住者となった個人による所在地の操作が容易な無形資産の譲渡益に対する英国での課税を回避する試みを阻止しうるように制度設計されている。

4．個人資産の国外移転への対応

(1) 1988年ICTA第17部第3章等の有用性と限界
イ）制度設計

英国の居住者は、その住居等を国外に移転して非居住者となることによって、所得税を軽減・回避することが可能となり得るが、その資産等の国外移転によっても、所得税負担の軽減・回避が可能となり得ることから、一定の要件に該当する資産の国外移転によって生じ得る税源浸食にも対応措置を講じることが肝要であるとの見解の下、1988年ICTA第17部（Tax Avoidance）第3章（Transfer of Assets Abroad、§739-§746）が手当てされている[84]。特に、同法§739（Prevention of avoidance of income tax、前身は1970年ICTA§478、1952年所得税法§412、1936年FA§18）は、一定の要件に該当する資産移転に起因して生じた所得を実質所得者課税と類似する課税アプローチに依拠して、その所得を得る者ではなく、その資産移転を行った者に生じたものとして課税することによって、英国の課税権を確保することを可能にする[85]。

具体的には、上記ICTA§739（「所得税回避の防止」）は、1項において、英国の通常の居住者である個人による国外の事業体等への資産移転によって、かかる資産から生じる所得への英国での課税を回避せんとする試みに対し、その所得を得た国外に居住又は定住している者は、その移転を行った個人の単なる名義人にすぎず、その所得は当該個人に帰属するとみなして課税権を確保することを意図している旨を定めており[86]、2項におい

---

81) 詳細は、http://www.taxbar.com/.../Budget_2005_Aparna_Nathan.pdf参照。
82) 原文は、"If, ... asset A falls to be treated as being subject to UK law at the time it is created, it shall be taken for the purposes of this Act to be situated in the United Kingdom at all times." である。
83) 原文は、"For the purposes of section 275A, an intangible asset is subject to UK law at a particular time if any right or interest which comprises or forms part of the asset is, at any time, ——(a) governed by, or otherwise subject to, or (b) enforceable under, the law of any part of the United Kingdom." である。
84) アイルランドの場合、同趣旨の規定として、Taxes Consolidation Act 1997第33部（Anti-avoidacne）1章（Transfer of assets abroad）§806-810がある。
85) インドの場合、同様な趣旨の規定として、1961年所得税法§93（前身は1922年所得税法V-B章§44D）がある。

第2章　英国の対応策の分析

て、「…もし、英国外に居住又は定住する者の所得を英国の居住者である個人が受領したとすると、…所得税の課税対象となる場合、その個人が、その移転のおかげで又はその結果として、単独で又は関連する行為との連携によって、その時又は将来において、かかる所得を享受する権限を有する限り、その所得は、本条の諸規定とは別に所得税の課税対象となったであろうか否かに関係なく、本所得税法の全ての目的上、その個人の所得とみなされる」と定めている[87]。

上記ICTA§739の適用基準を定める3項は、「そのような移転の前後において、個人が、かかる移転又は関連する行為と何らかの形で繋がる資金の支払いを受領する、あるいは、受領する権利を有する場合には、かかる所得が、英国外に居住又は定住する者の所得となっていても、所得税法上の全ての目的上、その個人の所得とみなされる」と規定している[88]。本項でいう「資金」("capital sum")とは、4項において、(a)ローン又はローンの支払いがされる又はされた金額、そして、(b)所得以外のものとして支払われた又は支払われるその他の金額であって、金銭又は金銭価値として十分な対価が支払われない又は支払われるものでない金額であると定義されているところ[89]、5項では、第三者が受領する権限がある金額であっても、その受領が個人の指示又は委任によるものである場合には、3項でいう「資金」として取り扱うと定められている。

ロ）適用例

上記1988年ICTA§739の趣旨を最初に立法化した1936年FA§18が適用されたケースとして、Congreve and Others v. IRC事件貴族院判決（[1948] 1 All ER 948）がある。本件では、図2-3の通り、英国の通常の居住者・個人Aは、1936年に英国に設立した法人Bの株式の殆ど全てを有し、その株式の一部を法人Cの株式の一部と交換し、これらの株式の一部をその妻Aに贈与し、さらに、カナダに設立された法人Dが、法人Cとの間で株式の交換を行った後に法人Cが倒産したことにより、法人Dの株式が妻Aに分配されている。その後、法人Dは、その株式と交換に妻Aから法人Bの株式を得たため、妻Aが法人D（法人Bの株式の大半を保有）の株式の殆ど全てを保有することとなったため、税務当

---

86) 実際、本法§739(2)は、"... the following provisions of this section shall have effect for the purpose of preventing the avoiding by individuals ordinarily resident in the United Kingdom of liability to income tax by means of assets by virtue or in consequence of which either alone or in conjunction with associated operations, income payable to persons resident or domiciled outside the United Kingdom." と定めている。

87) 原文は、"Where by virtue or in consequence of any such transfer, either alone or in conjection with associated operations, such as an dividual has, ... power to enjoy, whether forthwith or in the future, any income of a person resident or domiciled outside the United Kingdom which, if it were income of that individual received by him in the United Kingdom, would be chargeable to income tax ... , that income shall, whether it would or would not have been chargeable to income tax apart from the provisions of this section, be deemed to be income of that individual for all purposes of the Income Tax Acts."である。

88) 原文は、"Where, whether before or after any such transfer, such an individual receives or entitled to receive any capital sum the payment of which is in any way connected with the transfer or any any associated operation, any income which, ... has become the income of a person resident or domiciled outside the United Kingdom shall ... be deemed to be income of that individual ... ."である。

89) 原文は、"In subsection (3) above 'captital sum' means, ... (a) any sum paid or payable by way of loan or repayment of loan, and (b) any other sum paid or payable otherwise than as income, being a sum which is not paid or payable for full consideration in money or money's worth."である。

第2節　個人の住居・資産等の国外移転による税源浸食への対応

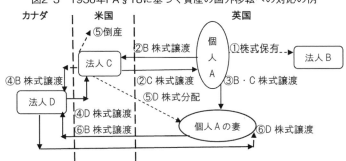

図2-3　1936年FA§18に基づく資産の国外移転への対応の例

局は、一連の取引等は個人A及びその妻の所得税の回避を主な目的としているとして、本規定に基づき、法人Dが得た全ての所得を個人Aらに帰属させる課税処分を行ったことが問題となっている。

上記事件に対する貴族院判決では、租税回避防止を目的とする1936年FA§18は、個人が、自分自身やその代理人によることなく、株式の全て又は大半を有している法人によって実行された資産の移転を通じて生じた所得に対する権利を得る場合を対象としているところ、本件では、個人Aがその大半を保有する法人Bの株式が、当時、法人Cに移転された後、一連の取引を通じて、その株式は英国の非居住者である法人Dに譲渡されているが、かかる株式の移転・譲渡を個人Aやその妻が自ら行ったわけではないものの、個人Aの妻らが、その非居住者である法人の所得の受益者である以上、1938年FA§18の下、その所得の全ては、「そのような移転のおかげで又はその結果として、単独で又は関連する行為との連携によって、個人が英国外に居住又は定住する者の所得を享受する権限を有している限り、その個人の所得とみなされる」と定める本規定の対象となるとした本件処分は適法であると判示されている。

また、上記貴族院判決では、1936年FA§18の下、個人が享受する権限を有するとして、その支配する法人の所得について課税を受ける場合、その所得の範囲を巡って議論があり、例えば、本規定の適用の可否が問題となったHoward de Walden v. IRC事件控訴院判決（「1942」1 KB 389）では、税務当局は、個人が課税対象となるのは、その実際に享受できる非居住者法人の所得に限定されるわけではなく、移転した資産に関係する全ての所得であると主張し、控訴院も、「本件の場合、我々の意見としては、カナダ法人の全ての所得の源泉は、当初から当該法人に移転されていた資産に見出し得ることから、控訴人は、かかる全ての所得について課税を受けることに言及すれば十分である」と判示したことに鑑み[90]、本件の場合も、その所得の全ての源泉は、個人Aの妻らが支配する法人に移転させた資産にある以上、本控訴院判決と同様な判断をもって足りると判示されている。

ハ）機能の限界とその補完

上記Congreve事件貴族院判決は、適用対象所得において、1936年FA§18の射程範囲を

---

90) 原文は、"In the present case, it is sufficient to say that the appellant is, in our opinion, chargeable in respect of the entire income of the Canadian companies, the whole of which is to be traced to the assets originally transferred to them." である。

広く解しているが、その適用対象者の範囲の如何が問題となったVestey v. IRC事件貴族院判決（[1980] AC 1148）では、本規定の制度設計を踏襲している1952年所得税法§412の射程範囲が狭く解されている。後者の事件では、英国の通常の居住者である複数の個人Aらが、1942年、その国外資産を国外の受託者がこれらの個人の子供ら・納税者の利益のために管理する裁量信託に移転したが、その資産の運用による所得及び1966年以降に受益者に配分された金額に対し、税務当局は、これらの所得は、個人Aらの国外移転された資産に関連して本件納税者において生じているとして、本規定に基づく課税処分を行ったことが問題となっているが、本件納税者は、本件資産の移転を行ったのは、個人Aらであることから、本規定の本件への適用には根拠がないなどと主張している。

上記Vestey事件貴族院判決では、Congreve事件貴族院判決のように、1952年所得税法§412の前身である1936年FA§18の適用を他の者が行った資産の国外移転により利益を得た者にも拡大するように解釈すると、租税回避を行った者を罰するという本規定の趣旨に合致しない結果が生じることから、国外に居住する者の所得を享受する権限を有するゆえに本法§412(1)の適用対象となる、あるいは、国外に移転した資産に関連する金額を受領したがゆえに本法§412(2)の適用対象となる「個人とは、英国での居住が継続している間に資産の国外移転によって自ら又はその配偶者の税負担の回避を求めた英国の通常の居住者だけであるというのが本規定の趣旨である」と解される以上[91]、市民は税法の明確な文言によって納税者とされ、また、その課税額が明確でない限りは課税されないとの原則に反する本件処分は、違法であると判示されている。

Willoughby v. HMRC事件貴族院判決（[1997] 1WLR 1071）でも、1952年所得税法§412の制度設計を引き継いだICTA§478の機能上の限界が露呈している。本件では、香港の居住者であった納税者・被上告人が、「個人の国外手持債券」（personal offshore portfolio bonds）として保険契約を購入し、その後の1987年に英国の居住者となった後、その保険資金を元にして別の同様な保険を購入したが、税務当局は、国外の生命保険は、満期時課税が原則であるが、本件の場合、その購入者は、その資金の投資先の選択に係る権限を有しており、英国の居住者となった後の債券購入は、租税回避目的であり、1988年ICTA§741（Exemptions from sections 739 and 740）に定める免除要件を満たしておらず、同法§739及び本規定の前身である1970年ICTA§478に依拠できるとして、これらの債券に蓄積された1987〜1990課税年度の所得を課税する処分を行っている。

確かに、上告人が主張している通り、当時の法律の下では、投資対象物を直接に保有することとなる投資を行う英国の居住者は、その投資から得る所得に対して課税されるのに対し、国外手持債券の場合、その満期まで課税が繰り延べられることから、国外手持債券は、税負担の調整手段としてのオプションとなり得るほか、上記1988年ICTA§741（「739条及び740条の適用免除」）は、「個人が以下のことを…証明した場合には、739条及び740条は適用されない――(a)税負担を回避するという目的が、移転、関連する行為又はそのいずれかが実行された目的又は目的の一つではないこと…」と規定していることから[92]、被上告人が英国の居住者となった後に行われた新たな国外手持債券の購入・資金移転の目的

---

91) 原文は、"... on the natural and intended meaning of s412 'such an individual' ... referred only to an individual ordinarily resident in the United Kingdom who sought to avoid his own or his spouse's liabiity to tax by the transfer of assets abroad while continuing to reside in the United kingdom ;" である。

は、租税回避でないとの立証をすることができなければ、被上告人は、同法§739(「所得税回避の防止」)等の適用対象となり得る。

さらに、上告人は、1988年ICTA§739の適用対象には、資産の国外移転を行ったのが英国の居住者本人でない場合も含まれると解すべきであるとも主張したが、上記貴族院判決では、本規定の適用対象は、その文言上、課税対象となる個人が資産移転を行った本人である場合に限定されると解するのが自然である以上、被上告人が香港の居住者であった時に行った資産移転に基因する所得は課税対象となり得ないが、そもそも、保険契約先が倒産するようなこともあり得る中、「個人手持債券の所有者が、標準的な債券の所有者と比較して、その投資方針に対する支配を有していることをもって、利益という点で有利・不利ということはない。なぜなら、両者の差異は、税又は租税回避とは全く関係のないことであると考えられるからである」ことを踏まえると[93]、本件が同法§741(a)に定める適用免除要件に該当していることは明らかであることから、本件処分は違法であると判示されている。

確かに、税務当局は上記Willoughby事件貴族院判決で敗訴したが、その後、1997年FA§81 (Transfer of assets abroad) が、1988年ICTA§739(1)の直後に§739 (1A) を挿入すると定めたことにより、本判決で税務当局が主張した本条の解釈の仕方が実質的に採用されている。具体的には、本法§739 (1A) は、「以下の2項及び3項の規定が適用されるのは、以下の場合に限られることを上記1項が意味するとは解すべきでない――(a)問題となる個人が、資産移転がされた時に英国の通常の居住者であった、又は(b)所得税の負担を回避することが、移転を実行した目的又は目的の一つである」と定めていることから[94]、本条の適用範囲の可否は、資産移転の時点に英国の居住者であったか否かではなく、移転した資産から所得が生じた時点に英国の居住者であったか否かを基準として判断され[95]、しかも、租税回避の意図の有無は関係ないとする趣旨のものになっている[96]。

(2) EC条約等との抵触の問題

上記1997年税制改正によって強化された1988年ICTA第17部第3章(「資産の国外移転」、§739～§746)の機能は、その後、2007年所得税法第13部(Tax Avoidance)第2章(Transfer of Assets Abroad、§714～§751) に踏襲された。しかも、本法§714 (Overview of Chapter) は、本章は、関連する資産移転の結果として、所得を享受する権限のある個人

---

92) 原文は、"Sections 739 and 740 shall not apply if the individual shows ... (a) that the purpose of avoiding liability to taxation was not the purpose or one of the purposes for which the transfer or associated operations or any of them were effected ; ... ." である。

93) 原文は、"The personal portfolio bondholder may fare better or worse in terms of benefits by reason of his control over investment policy than does his fellow bondholder with the standard type of bond, but the difference between them seems to me to have nothing to do with tax or with tax avoidance."である。

94) 原文は、"Nothing in subsection (1) above shall be taken to imply that the provisions of subsections (2) and (3) below apply only if――(a) the individual in question was ordinarily resident in the United Kingdom at the time when the transfer was made; or (b) the avoiding of liability to income tax is the purpose, or one of the purposes, for which the transfer was effected." である。

95) ICTA§739 (1A) の2項は、"This section applies irrespective of when the transfer or associated operations took place, but applied only to income arising on or after 26th Nov. 1996." と定めている。

96) インドでは、同様の趣旨の規定である1961年所得税法§93には同様の改正がないことなどを背景として、その適用例は稀となっている。http://www.taxindiaonline.com/RC2/print_story.php?newsid=7864参照。

だけでなく、利益を得る移転をした者以外の者にも所得税を課する旨を定め、本法§716（Meaning of "relevant transfer" and "transfer"）(1)は、「本章の目的上、関連した移転は、(a)資産の移転があり、そして、(b)…──(i)その移転、(ii)単一又は複数の関連する活動、又は(iii)その移転及び単一又は複数の関連する活動の結果、所得が国外の者に支払われることとなる場合に生じる」と規定し[97]、本法§719（Meaning of "associated operation"）は、その活動の実行が移転と同時期であるか否かは問題ではない旨を定めている。

確かに、2007年所得税法第13部（「租税回避」）第2章は、本節4(1)ハで考察したVestey事件貴族院判決（1980）で露呈した1952年所得税法§412の限界をも克服し得るように制度設計されていると考えられるが、これらの規定の適用は、資産の国外移転に限定されることから、EC条約等との関係が問題となり得るところ、「勅許租税協会」（Chartered Institute of Taxation, CIOT）が欧州委員会に宛てた2009年2月付書簡は[98]、本規定の下、例えば、英国の居住者である個人が英国で設立・管理されている法人に出資し、当該法人がかかる出資金を利用して所得を生み出した場合、当該法人の所得は課税されるが、当該個人への課税は、当該法人から配当等が支払われるまで行われないのに対し、当該個人が行った出資先が他の加盟国で設立・管理されている法人である場合、当該その他の加盟国の法人の所得は、当該他の加盟国で課税されるが、当該出資金から生じる所得は、配当されていなくとも、当該個人に帰属するものとして課税の対象となるため、EC条約に抵触する虞があると指摘している。

また、上記書簡では、特に、2007年所得税法第13部第2章§737（Exemption：all relevant transactions post -4 December 2005 transactions）は、本章に基づく課税が免除される要件として、「…(3)要件Aとは、全ての関係する状況からして、課税を回避する目的が、関係する取引又はそれらのいずれかが実行された目的又は目的の一つであると結論づけることは合理的ではないこと、(4)要件Bとは、(a)全ての関係する取引が真正な商業取引（738項参照）であり、(b)全ての関係する状況からして、取引の一つ又はそれ以上が、課税を避ける目的の下に偶発的に計画されたものを超えると結論づけることは合理的ではないこと」と定めているところ[99]、要件A又は要件Bは、その前身である前掲の1988年ICTA第17部第3章§741(a)（「739条及び740条の適用免除」）が定める免除要件よりも厳格であることから[100]、EC条約との抵触の可能性はより高いとの指摘がされている。

実際、欧州委員会は、2011年、2007年所得税法第13部第2章及び1992年TCGA§13（Attribution of gains to members of non-resident companies）が差別的な取扱いを行うものであって、「比例性の原則」に合致しておらず、設立の自由を定めるEC条約43条や資

---

97) 原文は、"(1) A transfer is a relevant transfer for the purposes of this Chapter if──(a) it is a transfer of assets, and (b) as a result of──(i) the transfer, (ii) one or more associated operations, or (iii) the transfer and one or more associated operations, income becomes payable to a person abroad."である。

98) "Application pursuant to Article 226 EC Treaty, Transfer of assets abroad, Income Taxes Act 2007 Chapter 2 Part 13"と題されている本書簡は、http://www.tax.org.uk/tax-policy/.../090206_ECcomplaint_ITA_Ch2_pt13から入手可能。

99) 原文は、"Condition B is that──(a) all the relevant transactions were genuine commercial transactions(see section 738, and (b) it would not be reasonable to draw the conclusion, from all the circumstances of the case, that any one or more of those transactions was more than incidentally designed for the purpose of avoiding liability to taxation."である。

100) 本法§741(a)は、第2節4(1)ハ・脚注92)参照。

本移動の自由を定めるEC条約56条と抵触するとの認識の下[101]、英国政府に対し、これらの章を改廃するよう正式に書面で要請している。上記TCGA§13(「非居住法人の構成員に対する利得の帰属」)は、「(1)適用対象となるのは、(a)英国の居住者でないが、(b)英国に居住していたならば非公開会社である法人に生じるキャピタル・ゲインであり、(2)その法人にキャピタル・ゲインが生じる時点で英国の居住者又は通常の居住者である者が、もし個人であって、本法の目的上、英国に住所があり、また、その法人の株式を有する場合、そのキャピタル・ゲインの一部がその者に生じたかのように取り扱われる…」と定めている[102]。

1992年TCGA§13と2007年所得税法第13部第2章上の諸規定を比べた場合、前者は、キャピタル・ゲインが生じた時点で英国の居住者である者に限って国外源泉所得の帰属を行うものであり、また、4項では、「上記の(2)項の下でその者に帰属するキャピタル・ゲインの部分が20分の1未満であるなら、その項はその者に適用されない」と定められていることから[103]、その適用範囲はある程度絞られているとも解し得るが、租税回避目的の有無に関係なく適用され、しかも、後者の諸規定と異なり、9項の下、個人だけでなく、法人も適用対象としていることなどの点を踏まえると、その適用範囲は狭いとは言い難く、欧州委員会が、後者と同様な問題も包含していると考えられる前者の規定についても、EC条約に抵触する虞があるとして、その改廃を求めたことも頷ける。改廃要請を受けた英国歳入庁は、これらの規定の改正案を2012年に公表している[104]。

第3節　法人の国外移転による税源浸食への対応

1. 法人の居住性の判定基準

(1) 関係する税法規定と判例法

イ) 設立準拠地主義とその例外

個人と同様に、法人等も、その税務上の地位・居住性の如何によって、税負担が大きく異なったものとなり得るところ、英国では、予てより、法人の居住地の国外移転による税源浸食の問題が認められ、かかる問題は、最近、深刻化する傾向にある[105]。法人の居住性の判定基準としては、税法上、1988年FA§66（Company residence）(1)が、「…英国で設立された法人は、税法の目的上、そこの居住者とみなされる。よって、法令上のルール

---

101) これらの条文の規定振りは、第3章第1節1(1)・同章脚注6)・7)参照。
102) 原文は、"(1) This section applies as respects chargeable gains accruing to a company——(a) which is not resident in the United Kingdom, and (b) which would be a close company if it were resident in the United Kingdom. (2) ... every person who at the time when the chargeable gain accrues to the company is resident or ordinarily resident in the United Kingdom, who, if an individual, is domiciled in the United Kingdom, and who holds shares in the company, shall be treated for the purposes of this Act as if a part of the chargeable gain had accrued to him. である。
103) 原文は、"If the part of a chargeable gain attributable to a person under subsection (2) above is less than one-twentieth, that subsection shall not apply to that person." である。
104) 改正案 (Reform of two anti-avoidance provisions : (i) the attribution of gains to members of closely controlled non-resident companies, and (ii) the transfer of assets abroad) は、http://www.tax.org.uk/Resources/.../08/att_non_res_trans_assets.pdf、http://www.taxchambers.com/.../Finance-Bill-2013-CHANGES-TO-THE-TRANSFER-OF-ASSETS-ABROAD-and-SECTION-13-TCGA-Rory-Mullan.pdf参照

が異なる居住地を定めていても、その場所は、もはや、税法の目的上、考慮されない」と定めているため[106]、同法スケジュール7 (Exceptions to rule in section 66(1)) に定める要件に該当しない限り、設立準拠地主義の下、英国で設立された法人は、英国の居住者として、その全世界所得が英国で法人税の課税の対象となる。

1988年FA§66の例外を定める上記の本法スケジュール7は、本スケジュールの施行日前に財務省の承認を受けて居住者でなくなっていた法人が国外で課税対象となっていた場合、その全世界所得が英国で課税対象となることはない旨を規定しているが[107]、実際には、本規定に該当するケースが設立準拠地主義の唯一の例外となっているわけではない。その他にも例外となるケースがあることは、一連の裁判例を通じて明らかとなっており、英国で設立された法人でなくとも英国の法人と認定されるケース、逆に、英国で設立された法人であっても英国の法人でないと認定されるケースなどもある。特に、前者のケースを発生させるような判例法が確立した背景には、1918年所得税法スケジュールD及びその前身である1853年法律（16&17 Vict.）第34号§2スケジュールDが、その課税対象となる範囲を広く規定していることと大いに関係していたとの事実がある。

上記1918年所得税法スケジュールDは、「本スケジュールの下で賦課される税が適用対象とするのは、課税年度中の利益又は利得であり、(i)英国に所在するか否かに関係なく、全ての資産から英国に居住する者において生じるもの、(ii)それぞれが英国内又は国外で従事される事業、職業、雇用、仕事から英国に居住する者において生じるもの、(iii)英国の市民であるか否かに関係なく、英国に所在する資産及び英国内で従事される事業、職業、雇用、仕事から英国に居住していない者において生じるもの…である」と定めている[108]。以下では、設立準拠地主義からは課税根拠の説明ができない上記1918年所得税法スケジュールDの適用対象となるようなケースに目を向け、本規定等と判例法上確立された居住性の判定基準との関係を探るとともに、かかる判例法上の基準が、税源浸食防止機能をどの程度発揮しているのかなどを考察する。

ロ）Cesena Sulphur事件高等法院判決

判例法上の法人居住性の判定基準の萌芽は、Cesena Sulphur Co. Ltd. v. Nicholson；

---

105) 2008年以降、国外に居住地・親会社機能を移転させた英国企業として、WPP、Shire、Regus、Henderson、Charter、Beasley、Brit Insurance、United Business Media、Cadbury、McDonald's Corp等が挙げられる。Randall Jackson, McDonald's Tax Residence to Switzerland, Tax Notes International, Vol. 55, No. 3 (2009) p. 172参照。

106) 原文は、"… a company which is incorporated in the United Kingdom shall be regarded for the purposes of the Taxes Acts, as resident there; and accordingly, if a different place of residence is given by any rule of law, that place shall no longer be taken into account for those purposes." である。

107) 本スケジュールが定める諸要件の詳細は、税務当局の声明文 (Statement of Practice) 1/90 (at http://www.hmrc.gov.uk/manuals/intmanual/intm120200.htm) 参照。

108) 原文は、"Tax under this Schedule shall be charged in respect of──(a) the annual profits or gains arising or accruing (i) to any person residing in the United Kingdom from any kind of property whatever, whether situate in the United Kingdom; and (ii) to any person residing in the United kingdom from any trade, profession, employment, or vocation, whether the same be respectively carried on in the United Kingdom or elsewhere ; and (iii) to any person, whether a British subject or not, although not resident in the United Kingdom, from any peroperty whatever in the United Kingdom, from any trade, profession, employment or vocation exercised in the United Kingdom, …" である。

第3節　法人の国外移転による税源浸食への対応

Calcutta Jute Milles Co. Ltd. v. Nicholson事件高等法院「財務法裁判部」（Exchequer Division）判決（［1876］All ER Rep 1102）に見出すことができる。本事件では、英国の1862年及び1867年会社法（Companies Act）に基づき英国に設立された法人が、原料の生産・販売をイタリア及びインドで行っており、その生産・販売活動は、英国に居住する経営者と協議しながら現地の経営者が管理・支配し、かかる事業活動による利益の一部が配当として英国の経営者に送金されていたところ、税務当局は、本件法人が英国で理事会を開いていたことなどに鑑み、1853年法律（16&17 Vict.）第34号§2スケジュールD等に基づき、英国に送金された配当だけでなく、その事業上の利得も英国で課税する処分を行ったことが問題となっている。

上記高等法院判決では、「『住居』という文言の使用は自然人の習慣に基づくものであるため、法人と称する人為的で法的な人格には適用できない。しかし、法の文言に実効性を与える目的上、自然人からの類推に基づき、人為的な住居をこの人為的な人格にも付与しなければならない。…事業法人の場合の住居とは、事業の形又は影がある場所ではなく、実際の商務又は事業が遂行されている場所を意味する…」という有名な見解を述べた上で[109]、本件法人の約款等は、理事会に全ての支配・管理権を付与しており、しかも、かかる権利が実際に行使されていたことから、これらの法人の事業活動の場所は国外だが、その中心となる事業活動の拠点は英国であり、その国外での事業活動は代理の者が行っているとみなされることから、本件法人を英国の居住者として課税する本件処分は適法であると判示されている。

ハ）De Beers事件貴族院判決

上記ロ）に掲げたCesena Sulphur事件高等法院判決で示された見解は、その後も、税務当局が勝訴したMitchell v. Egyptian Hotels事件貴族院判決（［1915］AC 1022）で踏襲されたものの、後者の事件では、被上告人の理事会が英国とエジプトの双方で開かれているなどの事実が認められる中、二人の裁判官（Parker卿及びSumner卿）が原審である控訴院判決（［1914］3 KB 118）を支持する反対意見を述べるなど、前者で示された見解に基づく居住性の判定基準が十分に明確でないことが露呈した。かかる不明確性の問題をかなり緩和したのが、De Beers Consolidated Mines Ltd. v. Howe事件貴族院判決（［1906］AC 455）である。本事件では、南アフリカのキングストンに設立・登録された法人・上告人が主に現地での事業活動を通じて得ている所得を1853年法律（16&17 Vict.）第34号§2スケジュールDに基づいて英国で課税する処分が行われたことが問題となっている。

上記判決において、貴族院は、上記Cesena Sulphur事件高等法院判決等で示されたのは、法人の居住地は、その「本当の事業」（"real business"）が行われている場所であるという見解であるが、「本当の事業」が行われている場所が意味しているのは、法人の「管理と支配の中心」（"center of management and control"）が存する場所であると解するのが

---

109) 原文は、"The use of the word 'residence' is founded upon the habits of a natural man, and is therefore inapplicable to the artificial and legal person whom we call a corporation. But for the purpose of giving effect to the words of the legislature an aritificial residence must be assigned to this ariticifial person, and one formed on the analogy of natural persons. ... when you deal with a trading corporation it means the place not where the form or shadow of business, but where the real trade and business is carried on, ..."である。

妥当であり、かかる解釈に依拠すると、南アフリカで登録・設立された上告人の場合、その一部の経営者は南アフリカに居住していたものの、本件処分の対象となる課税年度中、大半の経営者は英国に居住し、また、英国で開かれていた経営者の会議において、上告人の本当の管理の権限が行使されていたことなどに鑑みると、その管理と支配の中心は英国に存していたことが認められることから、上告人は英国の居住者であり、本件処分は適法であると判示している。

(2) 「管理と支配の中心」基準の本質
イ）Wood事件控訴院判決

上記De Beers事件貴族院判決によって、Cesena Sulphur事件高等法院判決（1876）で示された「本当の事業」とは、「管理と支配の中心」を意味することが明らかとなったが、その詳細が示されたのがWood and another v. Holden事件控訴院判決（[2006] EWCA Civ. 26）であった。本件では、図2-4の通り、①法人B株式の96％を有する納税者A・被控訴人らが、その株式の譲渡益への課税を回避する目的の下、②イタリアの居住者Dを受託者とする信託Cの設定、③受託者Dによる法人Eのバージン諸島での設立、④法人E株式の受託者Dへの発行、⑤納税者A等による法人Gの設立とG株式の法人Eへの贈与、⑥納税者A等による法人B株式の法人Gへの贈与[110]、⑦法人Eによる会社Hの全株式の購入とその管理者としてのオランダの金融機関の任命、⑧法人Eによる法人G株式の会社Hへの譲渡、⑨会社Hによる法人G株式の納税者A等が関係するグループ法人への譲渡が行われている。

上記事件において、税務当局は、法人Eを含むグループに属する会社Hの中心的な管理・支配権限を行使しているのは、納税者Aら又はその代理人であるとの判断の下、上記⑧による譲渡益は、1992年TCGA§13（「非居住法人の構成員に対する利得の帰属」）により[111]、法人Eの設立者である受託者Dに帰属するが、同法§86（Attribution of gains to settlers with interest in non-resident or dual resident settlements）は、「(1)本規定は、信託設定

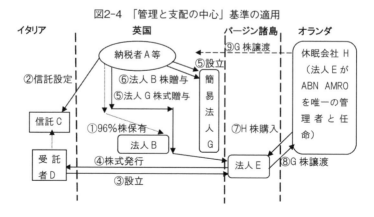

図2-4 「管理と支配の中心」基準の適用

---

110) 1992年TCGA§165（Relief for gifts of business assets）の下、納税者A等による法人B株式の簡易法人Gへの贈与に対し、譲渡益の繰延べが認められる。
111) 1992年TCGA§13の規定振りは、第2節4(2)・脚注102)参照。

に関して次の条件に該当する場合に適用される——(a)信託がその年に適格信託である、…(c)その年のいずれかの時点で信託との関係上委託している者(『委託者』)が英国に居住している…(2)居住性に係る条件は、(a)受託者が課税年度中、英国の居住者や通常の居住者でない…(4)本項が適用される場合、(a)…その年、譲渡益が委託者に生じたものとして課税される」と定めていることから[112]、結局、納税者Aら帰属するとして、英国で課税する処分を行っている。

これに対し、納税者Aらは、法人Eも会社Hも、英国の非居住者であり、これらの者の売買による法人G株式に係る譲渡益は、1992年TCGA§171(1)が「…法人グループの者が、そのグループの他の者に資産を譲渡した場合、これらの者においては…、当該他の者の譲渡で損益が生じないことを確保する価格で当該資産が…取得されたものと取り扱われる…」と規定し[113]、また、同法§14(2)が、「§171は、…グループ法人を構成する英国の居住者である法人との関係で適用されるのと同様な形で、非居住者グループ法人の構成員である非居住者法人との関係でも適用される」と定めている以上[114]、英国で課税対象となる譲渡益はないと主張したが、本事件に対する特別委員決定([2004] SPC 422)では、会社Hの実質管理地は英国であると認められ、また、英国・オランダ租税条約4条3項も、実質的管理地基準を採用している以上、本件処分は適法であると判断されている。

特別委員は、特に、上記決定のパラ145において、「本当の管理があったとするためには、単に決定事項や関係書類等に署名するという物理的な行為があったことで十分であるとは考えない。それに先立つ精神的なプロセスも同様に十分ではない。決議を採択して署名又は実行がされるべきか否かに関する実質的な決定が求められ、かかる決定を行うためには、最低限度の情報が必要となる。決定は、少なくとも、ある程度、情報に基づいた決定でなければならない」との見解を示しており、かかる見解に立脚した上で、本件の場合、会社Hにおいてそのような決定が行われたのは英国であると認定できることから、そうすると、会社Hは英国法人ということになり、法人Eによる法人G株式の会社Hへの譲渡も、納税者Aらが主張する1992年TCGA§171(1)の適用対象とはならなくなるため、本件譲渡益を英国で課税対象とする本件処分は適法であると判示している。

しかし、上記特別委員決定は、上記事件に対する高等法院判決([2005] EWHC 547 (Ch))及び上記控訴院判決で破棄されている。本高等法院判決では、会社Hの居住地が本件課税対象年度の前後でオランダから英国に変化していることを税務当局が十分に立証していないことなどに鑑みて、会社Hはオランダの居住者であると判断するのが妥当であると判示

---

112) 原文は、"This section applies where the following conditions are fulfilled as regards a settlement——(a)the settlement is a qualifying settlement in the year; … (b) … (c) a person who is a settlor in relation to the settlement ('the settlor') is domiciled in the United Kingdom at some time in the year … (2) The condition as to residence is that——(a) the trustees are not resident or ordinarily resident in the United Kingdom during any part of the year … (4) Where this section applies——(a) chargeable gains … shall be treated as accruing to the settler in the year." である。

113) 原文は、"… where a member of a group of companies disposes of an asset to another member of the group, both members, shall … be treated … as if the asset … were acquired for a consideration of such amount as would secure that on the other's disposal neither a gain nor a loss would accrue to that other …." である。

114) 原文は、"Section 171 … shall apply in relation to non-resident companies which are members of a non-resident group of companies, as they apply in relation to companies resident in the United Kingdom which are members of a group of companies." である。

第2章 英国の対応策の分析

され、また、本控訴院判決では、国外で設立された法人の中心となる管理と支配がどこに存するかを決定するに当たっては、(a)法人の管理と支配が、それ自身の構成機関（経営者会議又は総会）を通じて実行されている場合と、(b)管理と支配がこれらの構成機関と独立して、又は、無関係に実行されているという意味において「法人の構成機関の機能が略奪されている」（"the functions of those constitutional organs were 'usurped'"）場合を区別する必要があるとの判定基準が示されている。

上記控訴院判決では、上記判定基準に立脚した上で、本件では、構成機関がその機能を発揮するために行った決定に影響を与えた提案者等である第三者の役割と、構成機関が下すべき決定を指示した第三者の役割の違いを認識することが肝要であるところ、本件の場合、(i)会社Hの経営者の代表者が書類への署名・実効性の付与を行っていることから、これらの経営者が無視された又は脇に置かれたというわけではないこと、(ii)会社Hの経営者は、納税者A等の会計士が準備した合意書を受容することを決断し、関係書類（株式購入合意書を含む）に署名・実効性を付与することを決定していること、(iii)かかる決定は、構成機関が管理と支配を実行して行った効果的な決定ではなかったと取り扱ったことに特別委員のアプローチには法的欠陥があったことなどに鑑みると、会社Hはオランダの居住者であると判断されるとして、納税者A・被控訴人らの勝訴が確定している。

ロ) Laerstate事件第一審判所決定

上記Wood事件高等法院判決及び控訴院判決と同様な考え方は、Laerstate BV v. HMRC事件第一審判所決定（[2009] TC 00162）でも採用されている。本件では、図2-5の通り、①ドイツ人Aが唯一の株主であるオランダに設立された公開法人Bの経営者は、オランダの居住者Cであったが、②公開法人Bが、1992年、英国に設立された法人Dの株式の相当数を取得した際、ドイツ人Aも公開法人Bの経営者となり、③その数カ月後、ドイツ人Aも法人Dの経営者（最高責任者）となったが、④1996年8月には、ドイツ人Aは法人Dの経営者としての職を辞任し、⑤その直後、公開法人Bは、取得した法人Dの株式を売却して譲渡益を得たところ、税務当局は、公開法人Bの取締役会等は形式的なものであり、英国の居住者であったドイツ人Aが公開法人Bの管理と支配の中心機能を英国で行使していたとの認定の下、かかる譲渡益を英国で課税する処分を行ったことが問題となっている。

上記事件判決において、第一審判所は、そもそも、取締役が法人の重要事項に関する決定を行っているか否かのボーダーラインは、本節1(2)イで前述したWood事件特別委員決定（2004）で示されている通り、かかる決定を行う上で「必要となる最低限度の情報」を有しているか否かという点に収斂するところ、かかる情報には、価格が合理的であるか

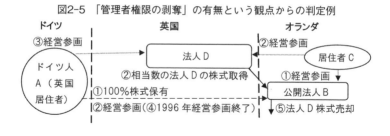

図2-5 「管理者権限の剥奪」の有無という観点からの判定例

第3節　法人の国外移転による税源浸食への対応

否かに関する知識や情報を取締役が有していたか否かに関するようなことも含まれるケースもあろうが、そのようなケースでは、まだ、取締役による決定があったとは言えないとの見解の下[115]、公開法人Bの取締役会や会議の議事録やその他の関係資料等を分析すると、公開法人の中心となる管理支配権は取締役会を通じて行使されているのではなく、ドイツ人Aが、実質的にはオランダの居住者Cの経営者としての機能を剥奪しているとの事実が認められるとの判断を下している。

上記判断に立った上で、第一審判所は、オランダの居住者Cの経営者としての機能が略奪されていることは、(i)ドイツ人Aは、公開法人Bの経営者でなかった期間であっても、英国において、公開法人Bによる法人D株式の取得を指揮していたのに対し、オランダの居住者Cは、かかる株式取得の詳細を知らぬまま、ドイツ人Aの意向に従って関係書類等に署名したという事実が認められること、(ii)ドイツ人Aが公開法人Bの経営者であった期間中は、ドイツ人Aが、英国において、公開法人Bの中心となる管理・支配権を行使していたこと、(iii)ドイツ人Aが公開法人Bの経営者としての地位を辞任した後も、公開法人Bの唯一の経営者である居住者Cの活動は、指示された際に関係書類に著名することや公開法人Bの勘定等の日常的な事項を取り扱うことなどに限定されていたことなどからも確認することができるとしている。

また、第一審判所は、公開法人Bの居住地が英国であると判断した理由については、確かに、公開法人Bの取締役会の決定・書類等は英国外で作成されているとの事実が認められるものの、オランダ居住者Cは、公開法人Bの主要事項に係る決定を行う際、実際の管理があったと認定されるための要件である「必要となる最低限の情報」を有していなかったと認定できるのに対し、ドイツ人Aは英国の弁護士等と英国で連絡を取りながら、法人Dの株式取得等に代表されるような公開法人Bに影響を与える多くの重要な決定を下していることなどに鑑みると、ドイツ人Aの英国での活動は、他方において、ドイツ人Aが問題となっている課税年度の大半において国外に滞在していたとの事実があっても、公開法人Bの管理と支配の中心機能に該当するものであると認定できるからであると説明している。

(3)　「管理と支配の中心」基準と実質管理地基準との関係

「管理と支配の中心」基準の本質は、Smallwood and another v. HMRC事件特別委員決定（[2008] SPC 669）において、実質管理地基準との比較を通じて、より明確なものとなった経緯がある。本事件では、請求人が、自分及びその家族のためにジャージー管区の居住者である法人を受託者とする信託を設定したが、信託財産に含まれる英国法人株式の含み益の実現による委託者（settlor）である請求人への課税を回避するために、2000年末、本件信託の受託者が、英国と租税条約を結んでいるキャピタル・ゲインに課税しない国であるモーリシャスの居住者となるように変更した上で、翌年1月に本件株式が売却され、課税年度終了前の同年3月に英国の居住者である請求人とその妻を本件信託の受託者とするスキームが実行されたことが問題となったが、このような"Round the World"と称され

---

[115] このような見解は、「必要となる最低限度の情報」のレベルを高めることを意図したものであると考えられる。同様な見方は、David Hughes, The Determination of UK Corporate Residence : Laerstate BV, European Taxation, February/March（2010）pp. 115-116参照。

第2章　英国の対応策の分析

たスキームは、当時、巷で少なからず利用されていた。

　上記事件において、税務当局は、本件株式譲渡時の本件信託の所在地は英国であったと認定し、1992年TCGA§86（「非居住者信託又は二重居住地信託に利権を有する委託者への利益の帰属」）及び同法§77（Charge on Settlor with interest in settlement）に依拠した上で、請求人らに本件株式譲渡益を課税する処分を行っている[116]。後者の規定は、1項で、「…以下の2項が適用されるのは、(a)委託した資産の一部又は全部を処分したことから信託の受託者においてキャピタル・ゲインが生じる課税年度において、…(c)委託者が課税年度のいずれかの時点で信託財産に対する権利を有する場合である」と定め[117]、2項で、「本項が適用される場合、キャピタル・ゲインの課税対象となるのは、受託者ではなく、その年に…そのキャピタル・ゲインが委託者に生じたものとして取り扱われる」と定めている[118]。

　つまり、本件信託の受託者が、問題の課税年度中ずっと英国の非居住者である場合には、1922年TCGA§86が委託者に適用されるのに対し、受託者がその課税年度のいずれかの時点で英国の居住者であった場合には、上記の同法§77が委託者に適用され得るのであるが、請求人は、本件課税年度中、英国の居住者である法人が受託者であった時期もあったことから、1992年TCGA§86の適用はなく、また、本件株式譲渡時の本件信託の受託者はモーリシャス法人であったことから、同法§77の適用が問題となるが、1981年英国・モーリシャス租税条約13条4項は、「本条の(1)項、(2)項及び(3)項に定める資産以外のいかなる資産の譲渡によるキャピタル・ゲインは、その譲渡者が居住者である締約国のみで課税される」と定めているところ[119]、本規定でいう譲渡者とは受託者である以上、同法§77の本件への適用もないことから、本件処分は違法であると主張している。

　上記決定において、特別委員は、まず、「管理と支配の中心」という概念と実質的管理地基準の違いについて、「『管理と支配の中心』基準は、基本的には、一国で依拠するテストであって、その目的は居住地が存在する場所を決定することではなく、居住地が英国にあるか否かを判断するためのものである…」ため[120]、二つの国に管理と支配の中心が存在することもあり得るのに対し、実質管理地基準は、関係する二つの国のいずれに居住地があるかを決定することによって二重居住地のケースを解決することを意図したタイ・ブレーカー・ルールであり、実質的管理のレベルがどれほどのレベルであるのかという点を問題とするポイントになって初めて実質管理地基準と「管理と支配の中心」基準と類似性を議論することが妥当ということになるにすぎないとの説明を行っている。

---

[116]　1992年TCGA§86の規定振りは、本節1(2)イ・脚注112)参照

[117]　原文は、"... subsection (2) below applies where――(a) in a year of assessment chargeable gains accrue to the trustees of a settlement from the disposal of any or all of the settled property ... (c) at any time during the year the settlor has an interest in the settlement." である。

[118]　原文は、"Where this subsection applies, the trustees shall not be chargeable to tax in respect of the gains concerned but instead chargeable gains ... shall be treated as accruing to the settlor in that year." である。

[119]　原文は、"Capital gains from the alienation of any property other than that mentioned in paragraphs (1), (2) and (3) of this Article shall be taxable only in the Contracting State of which the alienator is a resident." である。

[120]　原文（判決文パラ111）は、"CMC is essentially a one-country test ; the purpose is not to decide where the residence is situated, but whether or not it is situated in the United Kingdom, ..." である。

第3節　法人の国外移転による税源浸食への対応

　上記の説明を行った上で、特別委員は、本件では、タイ・ブレーカー・ルールを定める1981年英国・モーリシャス租税条約4条3項（「本条の1項の規定により、個人以外の者が双方の締約国の居住者である場合には、その実質的管理地が存する締約国の居住者とみなす…」）に基づく判定が必要となるが[121]、関係する諸々の事実等を踏まえると、本件株式譲渡は、株式価格の上昇を理由として実行されたのではなく、タックス・プラニングに基づくものであり、信託の執行がモーリシャスに移転した事実はあったものの、実際の上層レベルでの管理、信託の実際の運営、あるいは、信託事業活動に必要な主要な管理及び商業上の決定が実質的に行われた国、換言すれば、2000年末から2001年3月の間にその事業体全体として採用すべき行為が実際に決定された国は、英国であったことから、本件処分は適法であるとの判断が下されている。

　確かに、上記事件に対する高等法院（大法官部）判決（09 D122 Apr；2009）では、Mann裁判官が、1981年英国・モーリシャス租税条約13条4項の意図が、譲渡益に課税できる唯一の国を決定することであることは、その他の関係条文（本規定は資産譲渡直前の5年間のいずれかの時点で居住者であった他方の国の法律に基づいて課税する権利に影響を及ぼさない旨を定める本条5項も含む）からも示唆されるところ[122]、本規定が譲渡益への課税権を付与する譲渡時の譲渡者の居住地国は、本件の場合、モーリシャスである以上、本件では、そもそも、本条約4条3項のタイ・ブレーカー・ルールに依拠する必要がないにもかかわらず、上記特別委員判決は、本件信託の受託者に二つの居住地を創造する誤りを犯しているなどと判示したことから、税務当局が敗訴しているが、本高等法院判決は、その控訴審である控訴院判決（［2010］EWCA Civ 778）で破棄されている。

　上記控訴院判決では、譲渡時の居住性が譲渡益への課税権の有無の判断上の唯一のポイントとする高等法院判決の「スナップショット・アプローチ」（"snapshot approach"）は妥当ではなく、譲渡年度に課税対象であったか否かに基づいて課税権の有無を判断すべきであることは、(i)1981年英国・モーリシャス条約4条1項が、「…『締約国の居住者』という文言は、…締約国の法律の下、その住所、住居、管理地又は同様な性質のその他の基準により、そこで課税対象となる者を意味する…」と定めている[123]、(ii)本条約4条3項のタイ・ブレーカー・ルールの下では、納税義務を生じさせる国内法の下での居住期間に関係なく課税対象となるか否かが問題となる、(iii)本条約13条5項は、従前の課税年度に居住者であったことを課税の根拠とすることが同条4項によって排除されないことを確認的に定めているにすぎないことなどからも確認し得るとの見解が示されてい

121）原文は、"Where by reason of the provisions of paragraph (1)of this Article a person other than an individual is a resident of both Contracting States, then it shall be deemed to be a resident of the Contracting State in which its place of effective management is situated …．" である。
122）原文は、"The provisions of paragraph 4 of this Article shall not affect the right of a Contracting State to levy according to its law a tax on capital gains from the alienation of any property derived by an individual who is a resident of the other Contracting State and has been a resident of the first-mentioned Contracting State at any time during the five years immediately preceding the alienation of the property." であるが、本高等法院は、もし、税務当局の解釈が妥当であるならば、単に居住地が存在することで足りることから、過去5年間の居住性に言及している本条5項の存在意義はなくなるとの納税者側の主張に賛同している。
123）原文は、"… the term 'resident of a Contracting State' means, … any person who, under the law of the Contracting State, is liable to taxation therein by reason of his domicile, residence, place of management or any other criterion of a similar nature. …" である。

る。

　上記控訴院判決において、Patten裁判官は、1981年英国・モーリシャス租税条約4条3項のタイ・ブレーカー・ルールに基づいて受託者の関係年度における居住地を判断する場合には、Wood事件高等法院判決（2005）及び控訴院判決（2006）で示された「管理者の権限が剥奪されているか否か」というメルクマールに着目することが適切であるとした上で、本件譲渡の際の受託者の権限は本件スキームの考案者・指示者によって剥奪されていたとは言い難いとして、その居住地はモーリシャスであったと判断しているが、多数意見（Hughes裁判官及びWard裁判官）は、上記の見解に立脚した上で、本件で問題とすべきは、継続した事業体としての受託者の実質管理地であるところ、本件スキームの管理は、受託者の日々の管理を超越し、英国からの注意深い指示に従って実行されたものであり、その支配の中心は英国に存していたとの判断の下、本件処分は適法であると判示して控訴人の勝訴が確定している。

2．「管理・支配の中心」の国外移転への対応

(1) 法人に対する出国税

　法人の居住性の判定基準としての「管理・支配」の中心基準や実質管理地基準が、経営・管理実態が乏しい法人を低税率国等に便宜上設立する租税戦略によって生じ得る税源浸食を防止する上で効果的であることは、上記1で示した裁判例からも確認することができるが、法人がその実質管理地や親会社機能を国外移転することによって生じ得る税源浸食を防止するためには、別途、異なる対応措置を講じる必要がある。その必要性は、第2章第3節2で考察した米国の例からも確認することができるが、特に、国内法や租税条約において、実質管理地主義や同様な基準を採用している国の場合には、その国の法人は、その実質管理地を国外に移転することによって、その国の非居住者となることが可能となる場合があり得ることから、このような形での法人の国外移転に対してどのように対処するかは、税源浸食を防止する上で特に重要な一つのポイントとなる。

　実際、英国でも、最近、幾つかの大企業が、税負担の軽減を主な目的として、その「管理と支配の中心」や親会社機能を国外に移転させる動きを示すようになってきているが[124]、このような動きに対しては、法人に対する出国税として機能する1992年TCGA§185（Deemed disposal of assets on company ceasing to be resident in U. K.）が、一定の税源浸食防止効果を発揮する[125]。本条は、1項において、「本条及び187条は、いずれかの時点（『関係する時点』）で、法人が英国の居住者でなくなった場合に適用される」と定めており[126]、2項において、「法人は、本法の全ての目的上、その時の市場価格により、(a)以下の4項によって本項の適用対象から除外されることとなる資産を除く全ての資産を関係

---

124) 例えば、Cadburyの場合、2011年のスイスへの親会社機能の移転の主たる目的は、税負担の軽減であることを明言しており、McDonald's Corpの場合、英国で2009年に措置された知的財産権課税ルールが親会社機能の国外移転の主な理由ではないかと評されている。これらの点は、Randall Jackson, Cadbury Moving to Switzerland for Tax Purposes, Tax Notes International, Vol. 61, No. 1 (2011) pp. 14-15、Jackson, supra "McDonald's Moving Tax Residence to Switzerland" pp. 171-172参照。

125) アイルランドの場合、同趣旨の規定として、Taxes Consolidation Act 1997第2章（Provisions where companies cease to be resident in the State）§627（Deemed disposal of asssets）がある。

126) 原文は、"This section and section 187 apply to a company if, at any time ('the relevant time'), the company ceases to be resident in the United Kingdom." である。

第3節　法人の国外移転による税源浸食への対応

する時点の直前に譲渡し、そして、(b)それらの資産を直後にその時点の公正市場価格で再取得したものみなされる」と規定している[127]。

　上記1992年TCGA§185（「英国の居住者でなくなる法人の資産へのみなし譲渡課税」）の適用対象外となる資産を定める4項は、「関係する時点」の後、法人が支店又は代理店を通じて英国で事業活動を行っている場合、その活動や支店又は代理店のために保有又は使用されている英国所在の資産等は、上記本条2項の適用対象外となると規定し、また、上記の本法§187（Postponement of charge on deemed disposal under section 185 and 186）は、「(1)関係する時点の直後、§185及び§186に基づいて本項の適用対象となる法人が、英国居住者であるその他の法人（『主たる法人』）の75％子会社なら、以下の規定が適用される…」として、課税繰延べを認めていた。これらの規定は、1994年FA§250（及び§251）（Companies treated as non-resident : supplementary（repeals））による修正を受けたが、その主たる機能は維持されている。

　その後、2002年FA§44に基づいて1992年TCGAスケジュール7AC（Exemption for disposals by companies with substantial shareholding）が新たに措置されたことにより、同法§185が定めるみなし譲渡益課税の免除対象となる範囲は更に広がっている。本スケジュールは、税法が正当な事業目的の下に行う企業再編の障壁とならないように措置されたものである。本スケジュール第1編（The Exemptions）1（Main exemption）は、「(1)法人（『投資法人』）が、その他の法人（『被投資法人』）の株式を又は権利を譲渡することによって生じる利得は、本スケジュール上の要件が満たされる場合には、課税対象となるキャピタル・ゲインではない。(2)その要件とは、第2編（相当な株式保有要件）及び第3編（投資法人及び被投資法人との関係上満たすべき要件）、(3)本規定に定める免除は、5項…で明示する状況の下では生じない…、2（従たる免除）…」と定めている[128]。

　上記1992年TCGAスケジュール7AC（「相当な株式を保有する法人による譲渡に対する免除」）§1(2)でいう第2編の要件（「相当数の株式保有」）の下では、その他の法人の株式の譲渡を行った法人が、その譲渡日に先立つ2年間の内の12ヵ月間以上に亘り、当該その他の法人の総株式の10％以上を有し、第3編の要件（投資法人及び被投資法人との関係上満たすべき要件）の下では、これらの法人の双方が、その譲渡日に先立つ12ヵ月の間、20項に定義する主に商業取引を行う法人（"trading company"）であり[129]、また、その属する法人グループも主に商業取引を行う法人グループであることが求められる。本スケジュール§1(5)でいう課税免除の適用対象とならない状況とは、その他の法人株式を譲渡

---

127) 原文は、"The company shall be deemed for all purposes of this Act——(a) to have disposed of all of its assets, other than assets excepted from this subsection by subsection (4) below, immediately before the relevant time ; and (b) immediately to have reacquired them, at their fair market value at that time." である。

128) 原文は、"(1) A gain to a company ('the investing company') on a disposal of shares or an interest in shares in another company ('the company invested in') is not a chargeble gain if the requirements of this Schedule are met. (2) The requirements are set out in——Part 2 (the substantial shareholding requirement), and Part 3 (requirements to be met in relation to the investing company and the company invested in). (3) The exemption conferred by this paragraph does not apply in circumstances specified in paragraph 5 …. (2) Subsidiary exemption …." である。

129) 本条20項は、"(1) In this Schedule 'trading company' means a company carrying on activities whose activities do not include to a substantial extent activities other than trading activities." と定めている。

した法人による当該その他の法人の支配によって、当該他の法人の事業活動が大きく変化し、しかも、本条の下での課税免除が株式譲渡の主な利益であるケースである[130]。

他方、確かに、1992年TCGA§185に定めるみなし譲渡益課税の適用免除となる諸々の要件をクリアーしている法人の国外移転のケースでも、英国で設立された法人である限り、CFC税制の適用対象とはなり得る。したがって、法人の親会社機能を国外移転するとともに、CFC税制の適用対象から外れるようにするには、例えば、(i)国外法人と英国の親会社法人の株式交換を行う、(ii)2006年会社法（Companies Act）に基づき、英国法人グループを新たな国外持株会社の下に滑り込ませるために、英国の親会社の株主の株式と当該持株会社の株式を交換する、(iii)一連のスキームによって、英国法人の株式をキャンセルするとともに、株主には国外持株会社の株式を配分し、その後、英国法人が当該持株会社に対して株式を発行することなどを通じて、英国法人の子会社を国外の持株会社に移転することなどが必要となると考えられる[131]。

大手法人の実際の国外移転の例としては、Hardy社グループ（Hardy Underwriting Group PLC）の場合、バミューダに新設した法人（Hardy Underwriting Bermuda Ltd.）との株式交換を通じて親会社機能の国外移転を行う過程において、本グループはロンドン証券取引所での株式上場を取り下げ、代わりに、バミューダの新設法人が株式上場し、Hardy社グループの株主の株式も、バミューダの新設法人の株式と交換されている。Shire社グループ（Shire Pharmaceuticals Group PLC）の場合、裁判所が認めた一連のスキームを通じて、その株主は、キャンセルされたShire社の株式と交換に、ジャージー等に新設されたアイルランドの居住者である持株会社の株式を得ているほか、Shire社の子会社は、当該持株会社の下に移転しているが、この場合、Shire社のロンドン証券取引所での株式上場の取下げは行われていない。

(2) 法人に対する出国税とEC条約との関係

上記の通り、出国税である1992年TCGA§185は、幾つかの要件を満たす法人の親会社機能・実質管理地の国外移転や国際組織再編に伴う株式等のみなし譲渡課税を免除している。したがって、その税源浸食防止効果は十分でないとして、より強力な対抗策の必要性を説く向きもあるが[132]、他方では、本規定及び関係する諸規定は、EC条約に抵触すると見る向きもある。例えば、CIOTが欧州委員会に宛てた2007年3月20日付の書簡では[133]、欧州委員会の出国税に対する見解が示されている資料（MEMO/06/499、IP/06/1829及びCOM（2006）825）から判断すると[134]、加盟国の出国税が容認されるためには、(i)資産売

---

130) 詳細は、David Goy, Disposals by Companies with Substantial Shareholding, GITC Review, Vol. Ⅱ No. 1 (2002) pp. 51-66参照。
131) 詳細は、Allan Cinnamon and Robert Aziz, Fiscal Odyssey, The TAX JOURNAL, 17 November (2008) p. 14, David Taylor, Tax : Swift Exit (at http://www.legalweek.com/legal-week/analysis/1145202/tax-swift-exit), http://www.bradleytaxconsultaing.ie/page15/files/UKPLC Inversion.pdf参照。
132) 米国等と同様に、コーポレイト・インバージョン対策税制の導入を検討すべきとの意見は、http://www.taxresearh.org.uk/.../stopping-the-tax-exodus-the-uk-needs-corporate-inversion-laws/
133) 本書簡は、"Application pursuant to Article 226, EC Treaty : Implementation by the United Kingdom of the decision of the ECJ in the cases of de Lasteyrie (Case C-9/02) and N (Case C-470/04)" と題されている。
134) 本資料の詳細は、第3章第2節1(4)・同章脚注87)参照。

第3節　法人の国外移転による税源浸食への対応

却時まで税納付を延期する、(ii)納付延長に係る担保提供を求めない、(iii)出国と売却の間の資産価値の減少を考慮することが前提条件となると考えられるところ、本規定及び関係する諸規定は、これらの条件を十分にクリアーしていないとの指摘がされている。

　具体的には、上記(i)（資産売却時までの税納付の延期）の条件をクリアーするケースは、1992年TCGA§187（「185条及び186条の下でのみなし譲渡益課税の繰延べ」）の下では、前述の通り、法人が英国の居住者であるその他の法人の75%子会社である場合に限定されている、上記(ii)（納付延長に係る担保提供を求めない）の条件をクリアーするケースも、同様な場合に限定されている、しかも、1988年FA§130（Provisions for securing payment by company of outstanding tax）の下での要件を満たす（1970年ICTA§482（Migration etc. of companies）を引き継いだ1988年ICTA§765（「法人の国外移転等」）と同趣旨の委員会の同意を得ること）が必要とされている[135]、(iii)（出国と売却の間の資産価値の減少を考慮すること）という条件は全くクリアーされていないことなどが、EC条約等と抵触する虞がある点として挙げられている。

　確かに、上記1988年ICTA§765は、それ自体、国外移転する法人に金銭的負担を強いるものではないが、本条1項の規定振り（「…以下の類型の全ての取引は、財務省の同意を得て実行されない限りは不法である、つまり、──(a)英国の居住者である法人が居住者でなくなる取引、又は(b)居住者である法人の取引又は事業若しくはその一部が、その法人から居住者でない法人に移転される取引、(c)居住者である法人が、支配している居住者でない法人に株式又は社債を発行させる、若しくは、発行を容認する取引、(d)人を管理者として行動する資格のある者とする目的である場合を除き、居住者である法人が、支配している法人の株式又は社債…をいずれかの者に移転させる、若しくは、移転することを容認する取引」）が示唆するコンプライアンス・コストの大きさ等は、国外移転に対する障害となり得るところ、第3章で考察するDaily Mail事件ECJ判決（C-81/87）において、その前身である1970年ICTA§482とEC条約等と関係が明らかになっている[136]。

135）同法§130の下、かかる同意を得るためには、税の納付を可能にする手段等の詳細を提示することなどが前提条件となっている。
136）本判決のポイントは、第3章第3節1(2)参照。1988年ICTA§765の原文は、"... all transactions of the following classes shall be unlawful unless carried out with the consent of the Treasury, that is to say── (a) for a body corporate resident to cease to be so resident ; or (b) for the trade or business or any part of the trade or business of a body corporate so resident to be transferred from that body corporate to a person not so resident; or (c) for a body corporate so resident to cause or permit a body corporate not so resident over which it has control, being shares or debentures ; or (d) except for the purposes of enabling a person to be qualified to act as a director, for a body corporate so resident to transfer to any person, or cause or permit to be transferred to any person, any shares or debentures of a body corporate not so resident over which it has control, ..." であり、1970年ICTA§482（「法人の移転等」）の規定振りも基本的に同様である。

第2章 英国の対応策の分析

第4節　法人所得等の国外移転による税源浸食への対応

1．移転価格税制の変遷

(1)　移転価格税制の原型

　国外で活動する英国企業の場合、19世紀末頃までは、国外に活動実態を欠いた法人を設立していたケースが多かったことから、「管理と支配の中心」基準や「法人格否認原理」（piercing the corporate veil doctrine）等による対応が可能である場合が少なくなかったが、20世紀になると、国外に子会社を設立する英国企業が増える中、Stanley v. The Gramophone & Typewriter, Ltd.事件控訴院判決（[1908] 2 K. B. 89 (A.C.)）では、子会社の全株式を保有していることによって、自動的に、その子会社が親会社の代理人となるわけではないとして、完全子会社の別法人としての性格が確認されたことなどを通じて、英国企業グループの利益の全てを英国で課税できないことが明白となったことなどを背景として、税務当局は、英国企業が国外子会社との取引価格を操作する動きを示すようになるのではないかと危惧するようになった[137]。

　上記のような動きに対処するために、1915年FA§31（Provisions with respect to the charge of income tax on non-residents）が措置された。本規定は、3項において、「英国の国民、あるいは、英国、インド、自治領又は植民地の会社や法人、若しくは、その支店に該当しない非居住者が、英国の居住者との事業取引を行い、また、当該居住者と当該非居住者との間の密接な関係、さらに、当該非居住者が行使する当該居住者への相当な程度の支配力ゆえに、税務当局は、これらの者の間での事業取引が、当該居住者と当該非居住者との繋がりによって、当該居住者に利益を全く生じさせない、又は、当該事業から期待される通常の利益よりも少ない利益が生じるように仕組まれ得る、あるいは、仕組まれていると考える場合には、当該居住者が当該非居住者の代理人であるかのように当該居住者の名において当該非居住者に所得税が賦課される」と定めていた[138]。

　その後、上記1951年FA§31(3)による移転価格問題への対応に係る限界や租税条約上の関連企業条項に倣った制度設計を採用する必要性に対する認識が次第に高まる中、1970年ICTA§485（Sales etc., at an undervalue or overvalue）が移転価格税制として手当てされた[139]。本規定は、「(1)…資産の売買取引において——(a)購入者は売却者が支配するグループの一員である、又は、販売者は購入者が支配するグループの一員である、あるいは、販

---

137)　Thomas K. Cheng, The Corporate Veil Doctrine Revisited: A Comparative Study of the English and the U.S. Corporate Veil Doctrines, Boston College International and Comparative Law Review, Vol.34, Issue 2(2011)p.336、INTM431070参照

138)　原文は、"Where a non-resident person not being a British subject or a British, Indian, Dominion, or Colonical Firm or Company, or branch thereof, carries on business with a resident person, and it appears to the Commmissioners by whom the assessment is made that, owing to the close connection between the resident and the non-resident person, and to the substantial control exercised by the non-resident over the resident, the course of business between those persons can be so arranged, and is so arranged, that the business done by the resident in pursuance of his connection with the non-resident produces to the resident either no profits or less than the ordinary profits which might be expected to arise from that business, the non-resident person shall be chargeable to income tax in the name of the resident person as if the resident person were an agent of the non-resident person."である。

139)　かかる変遷の背景・詳細は、INTM431070参照。

売者と購入者のグループをその他の者が支配しており、また、(b)当該取引の当事者が独立企業間価格で取引している独立した者との間で設定したと期待し得る価格よりも低い価格で当該資産が売却されている場合、税目的上、当該売却者の所得、利益又は損失の計算に当たっては、当該取引が前述のような独立した者の間での取引であったならば設定されたであろう価格で売却された場合に生じるのと同様な結果が生じる…」と定めていた[140]。

また、上記1970年ICTA§485は、上記1項の後段では、「…本項が適用されないのは、資産の購入者が英国で事業を営んでいる英国の居住者であって、その資産の価格が、税目的上、その事業の利益、利得又は損失を計算するに際し、控除として考慮されることとなる場合である」と規定し[141]、2項では、かかる適用除外要件に必要な修正を加えた上で、上記1項前段で示しているのと逆のケース(資産の高額での購入)に対して移転価格税制を適用する旨が定められていた。さらに、3項では、「本項に先行する諸規定は、税務当局が、それに効果を付与するために必要な全ての調整が、賦課処分、再納付又はその他の方法によって行われることを命じない限り、如何なる販売との関係でも適用されない」と規定され[142]、6項では、販売の概念が「賃貸」(lettings)、「権利の付与」(grant of rights)及び「事業上の便宜の供与」(giving of business facilities)も含むものである旨が定められていた。

(2) 1988年ICTA§770とその適用例

1970年ICTA§485の適用の可否が裁判所で争われたケースは殆どないまま[143]、その制度設計は、その後、1988年ICTA§770(Sales etc., at an undervalue or overvalue)に引き継がれた[144]。1988年ICTA§770(「過大評価又は過少評価による販売等」)の適用の可否が問題となったケースとして、Ametalco UK v. IRC事件特別委員決定([1996] STC (SCD) 399)がある。本事件では、1986年から1993年にかけて、米国親会社Zの英国子会社A及び子会社Bが、親会社Z及びその米国子会社Cに無利息貸付を行ったことから、税務当局は、1988年ICTA§770及び同法§773(Interpretation of sections 770 and 771) (4)に基づき、子会社A及び子会社Bには独立企業間利子に相当する所得が生じたとする課税処分を行ったことが問題となったが、子会社A及び子会社Bは、本件のような事業目的で

---

140) 原文は、"(1) ... where any property is sold and――(a) the buyer is a body of persons over whom the seller has control or the seller is a body of persons over whom the buyer has control or both the the seller and the buyer are bodies of persons and some other person has control over both of them; and (b) the property is sold at a price less than the price which it might have been expected to fetch if the parties to the transaction had been independent persons dealing at arm's length, then, in computing the income, profits or losses of the seller for tax purposes, the like consequences shall ensue as would have ensued if the property had been sold for the price which it would have fetched if the transaction had been a transaction between independent persons dealing as aforementioned : ..." である。
141) 後段の原文は、"... this subsection shall not apply where the buyer is resident in the United Kingdom and is carrying on a trade therein, and the price of the property falls to be taken into account as a deduction in computing the profits or gains or losses of that trade for tax purposes." である。
142) 原文は、"The preceding provisions of this section shall not apply in relation to any sale unless the Board so direct, and where such a direction is given all such adjustments shall be made, whether by assessment, repayment of tax or otherwise, as are necessary to give effect to the direction." である。
143) Glaxo Group Ltd. and others v. IRC事件控訴院判決([1996] STC 191)では、本規定の適用の可否が問題となったが、独立企業間価格の妥当性如何が争点となったわけではなかった。
144) 双方の規定の規定振りも、殆ど同様なものとなっている。

ない資金貸付には同法§773(4)は適用されないと主張している。

そもそも、1988年ICTA§773(4)は、「770条は、…必要な修正を加えた上で、販売との関係で生じさせる効果と同様な効果を貸付又は賃借、権利、利権、又は免許の付与や移転、さらには、いかなる種類の事業上の便宜の付与にも生じさせ、また、本規定等で販売、販売者、購入者及び価格に対して言及していることも、これらに対して同様に拡張されるものとみなす」と規定しているが[145]、上記特別委員決定では、本法§773(4)でいう「いかなる種類の事業上の便宜の付与」とは、非常に広範であり、資金の貸付をも当然に含むことは、本法§770(2)が、「税目的上、その事業の利益、利得又は損失を計算すること」と定めているものの、本法§770(1)は、「税目的上、販売者の利益、利得又は損失を計算すること」と規定しており、事業への言及がないことなどからも明らかである以上、本件無利息貸付に後者の規定を適用する本件処分は適法であるとの判断が下されている。

1988年ICTA§770の射程範囲が広いことは、Waterloo plc, Euston & Paddington v. CIR事件特別委員決定（[2002] STC(SCD) 95）でも確認されている。本事件では、図2-6の通り、英国の親会社Wが、設定した信託の受託者に対し、親会社W株式の購入と国外子会社Xの従業員への本株式のオプション行使権利の譲渡ができるように資金を無利息で貸し付けたことにより、子会社Xの従業員は、市場価格よりも低い対価で得た本株式オプションの権利行使が可能となり、受託者が得た対価は、親会社Wからの借入資金の返済に充てられていたところ、税務当局は、本件スキームの下での本件株式オプションを行使する権利を子会社Xの従業員に付与したことは、本法§773(4)でいう「いかなる種類の事業上の便宜の付与」に該当することから、本法§770の適用対象となるとして、子会社Xが親会社Wに適正対価を支払ったとの想定に基づいて課税する処分を行ったことが問題となっている。

上記事件において、税務当局は、親会社Wが付与した便益の中には、信託の設定、受託者との契約、受託者に対する報酬、本件スキームの実行に伴うコスト等も含まれることから、その便益は、単に、無利息貸付や子会社Xの従業員による低廉な価格でのW株式購入に限定されない包括的なパッケージとして捉えられるところ、それが相応の対価なしに付与されたことは、独立企業間ではあり得ないと主張している。特別委員も、本件との関係では、1988年ICTA§773(4)でいう同法§770に加えるべき必要な修正とは、「販売」及び「購入者」という文言を「付与」（"giving"）及び「受領者」（"recipient"）という文言に修正することであり、そうすると、単なる事業上の便宜の付与も、同法§770の適用対象となり、

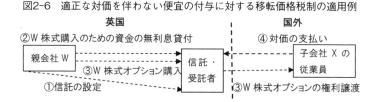

図2-6　適正な対価を伴わない便宜の付与に対する移転価格税制の適用例

145）　原文は、"Section 770, ... with the necessary adaptations, have effect in relation to lettings and hirings of property, grants and transfers of rights, interests or licences and the giving of business facilities of whatever kind as they have effect in relation to sales, and the references in those sections to sales, sellers, buyers and prices shall be deemed to be extended accordingly." である。

また、かかる便益の第三者間での付与に係るコストも、税務当局が主張しているような方法で算出可能であるから、本件処分は適法であるとの判断を下している[146]。

2．現行の移転価格税制の機能

(1) ICTAスケジュール28AAの制度設計

英国の移転価格税制は、1998年FAが成立したことにより、更なる変遷を遂げた。1998年FA§108（New regime for transfer pricing etc.）は、1項において、従来の移転価格税制として機能してきた1988年ICTA§770～§773が、1998年FA§770A（Provision not at arm's length）によって取って代わられるとともに[147]、「（独立企業間のものとは異なる形で合意又は執行された条項を取り扱う）スケジュール28AAが発効する」と定め[148]、2項において、1988年ICTAスケジュール28Aの後に1998年FAスケジュール16（Transfer pricing etc.: new regime）に定めるスケジュール28AA（Provision not at arm's length, Basic rule on transfer pricing etc.）を挿入すると規定している通り、1998年FA制定後は、1988年ICTAスケジュール28AA（「独立企業価格でない条件、移転価格の基本ルール等」）が、新たな移転価格税制の根拠規定と位置づけられている。

1988年ICTAスケジュール28AA§1は、(1)号において、「本スケジュールが適用されるのは、(a)取引又は一連の取引を通じて、二人の当事者（関連者）間で条件（『実際の条件』）が成立しており、しかも、(b)実際の条件が成立する時点において、(i)関連者の一方が他方の管理、支配又は資本に直接又は間接に参画している、(ii)…場合である」と定め[149]、(2)号において、「…実際の条件が、(a)独立企業間の適用条件（『独立企業間条件』）と異なり、しかも、(b)英国での課税との関係上、関連者の一人に潜在的な利益を付与する、又は各々の関連者に（同様であるか否かを問わない）利益を付与する場合、潜在的な利益を得た者の損益、あるいは、状況次第によっては、潜在的な利益を得た者の各々の損益は、…税務上、実際の条件の代わりに独立企業間の条件が適用されたかのごとく計算される」と規定している[150]。

また、1988年ICTAスケジュール28AA§1(3)は、「本スケジュールの目的上、二人の者の間で合意又は実行された条件が独立した企業間の条件と異なると解釈されるケースに

---

146) Waterloo事件特別委員決定等を踏まえて、税務当局は、グループ間での被雇用者株式プランの提供に対して移転価格税制が適用されることを確認するマニュアル（INTM464140等）を発出している。

147) 1998年FAの「説明文書」（Explanatory Notes）は、本規定上の「条件」（"provision"）という文言については、移転価格税制の適用対象を狭く解していないOECDモデル条約9条の「成立した条件」（"conditions made or imposed"）と同様に解すべきであるとしている。

148) 原文は、"Schedule 28AA (which deals with provision made or imposed otherwise than at arm's length) shall have effect."である。

149) 原文は、"This Schedule applies where——(a) provision ("the actual provision") has been made ... as between any two persons ("the affected persons") by means of a transaction or series of transactions, and (b) ..."である。

150) 原文は、"... if the actual provision——(a) differs from the provison ('the arm's length provision') which would have been made as between independent enterprises, and (b) confers a potential advantage in relation to United Kingdom taxation on one of the affectred persons, or (whether or not the same advantage) on each of them, the profits and losses of the potentially advantaged person ... of each of the potentially advantaged persons shall be computed for tax purposes as if the arm's length provision had been made ... instead of the actual provision."である。

は、契約が二人の者の間で合意又は実行されたものの、独立した企業間では合意がされなかったであろうケースも含まれる。本スケジュールで言及している独立企業間の条件も、このように解釈する」と定める一方[151]、本スケジュール28AA§2（Principles for construing rules in accordance with OECD principles）(1)は、「本スケジュール（…）は、(a)上記1項に与えられる効果と、(b)二重課税協定がOECDモデルの全部又は一部を組み込んでいるケースにおいて、移転価格ガイドラインに従い、そのような協定に沿って付与される効果について、できるだけ、その双方の一貫性を最も確保するように解釈する」と定めている[152]。

上記のような規定振りとなっている1988年ICTAスケジュール28AAとその前身である1988年ICTA§770の制度設計を比べると、三つの主な相違点（(i)後者の下では、独立企業間価格は、あくまで実際の取引条件に基づいて決定されるのに対し、前者の下では、実際の取引条件を踏まえるものの、第三者間の取引条件に基づいて独立企業間価格が決定される、(ii)後者の場合、前者の場合とは異なり、OECDのモデル条約及び移転価格ガイドラインとの整合的な取扱いを行うことが明示されていない、(iii)後者の下では、実際の取引当事者の属性と比較対象となる独立企業の属性の調整は、独立性という点を除き不要であるのに対し、前者の下では、OECDモデル条約及び移転価格ガイドラインとの整合的な取扱いを確保する必要性に鑑みると、実際の取引当事者の属性と比較対象となる独立企業の属性は同様であることが求められていると解される）が認められる[153]。

(2) ICTAスケジュール28AAの適用例とその影響

1988年ICTAスケジュール28AAの適用の可否が実際に問題となったのが、DSG Retail Limited v. HMRC事件特別委員決定（[2009] UKFTT31（TC））である。本事件では、図2-7の通り、DSG社が棚卸製品の販売と製品の保証に係る契約を顧客と結び、保証サービスに係る契約については、DSG社が非関連法人であるC&A社のエージェントとして活動し、C&A社から手数料を得ていたところ、本サービスに係るリスクについては、C&A社

図2-7 独立企業原則が主観的な要素を含むことを示唆する事例

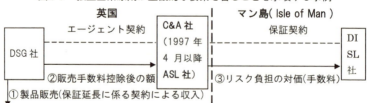

---

151) 原文は、"For the purposes of this Schedule the cases in which provision made or imposed as between any two persons is to be taken to differ from the provision that would have been made as between independent enterprises shall include the case in which provision is made or imposed as between any two persons but no provision would have been made as between independent enterprises ; and references in this Schedule to the arm's length provision shall be construed accordingly." である。
152) 原文は、"This Schedule shall be construed (...) in such manner as best secures consistency between——(a) the effect given to paragraph 1 above ; and (b) the effect which, in accordance with the transfer pricing guidelines, is to be given, in cases where double taxation arrangements incorporate the whole or any part of the OECD model, to so much of the arrangements as does so." である。
153) 詳細は、本節2(2)で後述するDSG事件特別委員決定（2009）のパラ76～78参照。

第4節　法人所得等の国外移転による税源浸食への対応

（1997年4月以降は、DSG社の主たる保険ブローカーが主要株主となって新たに設立したASL社）とDISL社（DSG社が属する英国グループ企業がマン島（Isle of Man）に設立した法人）との契約により、DISL社が引き受けていたが、税務当局は、適正な対価がないまま、DSG社からDISL社に所得が間接的に移転しているとの判断の下、本規定（1999年以前の取引に対しては1988年ICTA§770）を適用したことが適法であるか否かが争点となっている。

上記事件において、DSG社は、DISL社への役務提供はないほか、DISL社が得ている手数料も、製品保証サービスの提供を業とする第三者であるD&G社を比較対象とする独立価格比準法（CUP法）を適用した場合、合理的であると確認できると主張したのに対し、税務当局は、両者の間で直接的な条項の合意・役務の提供はないものの、「条件」の意味は広く、また、本件のような魅力的な保険契約への参画機会の付与も、1988年ICTA§770に定める「事業上の便益」及び1988年ICTAスケジュール28AAに定める「潜在的な利点」の付与に該当するところ、このような便益・利点が第三者に付与される場合には、対価（頭金と手数料）の受領を当然に伴うものであることから、移転価格税制の適用上、かかる便益・利点が付与されていることを踏まえた上で、DISL社が第三者間取引で得るであろう独立企業間価格に相当する手数料の額の再計算をする必要があると主張している。

特別委員も、Ametalco事件特別委員決定（1996）において、1988年ICTA§773(4)でいう「いかなる種類の事業上の便宜の付与」とは、非常に広範な範囲を含むとの見解が述べられ、同様な見解がWaterloo事件特別委員決定（2002）でも採用された点に言及した上で、かかる文言は当事者間の契約に限定されないことから、利益や利点を提供する「便宜」とは何であるのかを判断する必要があるところ、「その利益又は利点は直接的な金銭面での利点である必要はなく、利益又はその他の利点に対する希望や期待ということもあり得る」との見解を示し[154]、また、OECDモデル条約上の「（取引）条件」（"conditions"）という文言の適用範囲は、形式的又は実行可能なアレンジメントに限定されないと解されるところ、この「（取引）条件」と同様な意味が1988年ICTAスケジュール28AAでいう「（取引）条件」（"provision"）という文言にも付与されるべきであると述べている。

上記の見解・解釈等に立脚した上で、特別委員は、DISL社の比較対象企業として挙げられているD&G社の場合、理論上、その資本金、事業規模及び手数料額等の調整を通じて、DISL社に最も類似する企業となり得るが、D&G社は、DISL社が属する企業グループが有する販売力やブランド力等に代表される「交渉力」（"bargaining power"）を有しない点でDISL社と異なる以上、税務当局側のGaysford氏が主張する総利益に基づく利益分割法と寄与分析及び残余利益分析のアプローチを混合させることが妥当であることから[155]、1988年ICTA§770及びスケジュール28AAを本件に適用する処分は適法であり、「…かかる方法に則って計算した利益のみがDISL社に残るようにDISL社の追加利益をDSG社に配分すべきであるが、後知恵を使わないやり方で行う必要がある…」と判示している[156]。

上記特別委員決定の意義・影響は大きいと見る向きが少なくない。例えば、税務当局は、

154）原文（パラ62）は、"That benefit or advantage need not be an immediate pecuniary advantage but could be the hope or expectation of profit or other advantage." である。
155）原文（パラ153）は、"… Mr. Gaysford is using a profit split method based on the total profit with a mixture of contribution analysis and residual analysis approach." である。

203

「交渉力」を独立企業間価格の算定上考慮することは、OECD移転価格ガイドラインのパラ1.55等で示されている見解に包含されているとの考えの下、今後は、様々な形態の移転価格問題において「交渉力」という要因や利益分割法が重要な鍵となるとのスタンスを採るであろうことは、税務当局が発表している本決定等に係るマニュアル（INTM432055及びINTM463060等）からも少なからず示唆されるが、このような税務当局の見解・スタンスなどに鑑みると、非通常の機能やリスクの分担が関係者間で行われているケースでは、利益分割法が最後の手段ではなく、むしろ、一般的に最も妥当な方法であると税務当局が主張するケースが増えであろうとの意見や、本決定等が示唆しているのは、英国における独立企業原則の侵食が今後確実に進展するということであるなどの指摘が見受けられる[157]。

3．移転価格税制の国内取引への適用

(1) Lankhorst事件ECJ判決の影響

上記DSG事件特別委員決定は、OECDモデル条約9条との比較という観点からすると、1988年ICTAスケジュール28AAと1988年ICTA§770の差異よりも、その類似性を印象づけるものとなっているが、これらの規定の適用範囲は、Lankhorst-Hohorst GmbH v. Finanzamt Steinfurt事件ECJ 2002年9月26日判決（C-304/00）が下されたことを受けて、かなり異なったものとなった。本事件では、ドイツ法人がオランダの親会社から受けた資金に係る支払利子の税務上の控除を行ったところ、税務当局は、本件利子の支払いが「隠れた利益分配」であるとして、ドイツの過少資本税制を規定する法人税法（KStG）§8に依拠して、その控除を否認する処分を行ったことが問題となっているが、本判決では、本規定は内外差別的な取扱いを行うものとなっているなどの問題があるとして、設立の自由を定めるEC条約43条に抵触するとの判断が下されている[158]。

英国では、1988年ICTA§209（Meaning of "distribution"）に定める過少資本税制は、4項において、「法人がそのメンバーに対し、あるいは、そのメンバーが当該法人に対し、資産又は負債の移転を行ったことに伴い、メンバーが受けた利益額又はその価値（市場価値による評価額）が支払われた新たな対価の額又は価値（…）を超える場合、当該法人は、…差額に相当する額を当該メンバーに分配したとして取り扱う」と定め[159]、また、5項において、「上記4項は、法人及び利益を得ているメンバーが双方とも英国の居住者であり、しかも、前者が後者の子会社である、若しくは、双方が英国の居住者である第三の法人の

---

156) 原文（パラ154）は、"… additional profit would be allocated to DSG from DISL's profits that will leave DISL with a profit calculated on the lines of Mr. Gaysford's method, but on the basis that it should be applied without using hindsight …．"である。

157) これらの指摘、また、「交渉力」という要因が今後のOECDにおける移転価格ガイドラインのあり方を巡る議論に影響を及ぼすことがあり得ることを示唆する動きもあることなどは、Murray Clayson and Danny Beeton, Recent Developments and Trends in UK Transfer Pricing (http://www.freshfields.com/publications/pdfs/…/ClaysonBeeton.pdf) 参照。なお、パラ1.55は、"… Economic circumstances that may be relevant to determining market comparability include the geographic location; the size of the markets ; the extent of competition in the markets and the relative competitive positions of the buyers and sellers ; the availability (risk thereof) of substitute goods and services ; the levels of supply and demand in the market as a whole and in particular regions, if relevant; consumer purchasing power ; …"と定めている。

158) 本事件及び本判決のポイントは、第3章第4節1(1)イ)参照。EC条約43条の規定振りは、第3章第1節1(1)・同章脚注6)参照。

第4節　法人所得等の国外移転による税源浸食への対応

子会社である場合には適用されない…」と定めていたため[160]、本規定は、上記のLankorst事件ECJ判決に照らしてみると、ドイツの法人税法§8と同様の問題を包含しており、その改廃を行う必要があると認識されるようになった。

しかも、英国政府は、1988年ICTAスケジュール28AA§5 (Advantage in relation to United Kingdom taxation) が、「(2)…以下の場合、本スケジュールの目的上、…実際の条件が英国の課税との関係で人に潜在的な利益を与えるとはみなされない——(a)これらの二人の者の各々が以下の(3)～(5)の三つの条件を満たす場合…である、(3)最初の条件は、その者が関係する活動から生じる利益に関して所得税又は法人税の対象となることである…」と定めている通り[161]、移転価格税制の適用も国境を跨ぐ取引に限定されていることに鑑み、本税制も、過少資本税制と同様に、EC条約と抵触しない形に改正する必要があるとの認識に立ち、2004年FAの下、本法スケジュール28AAの改正と上記1988年ICTA§209の廃止を行っている。その結果、改正された本スケジュール28AAの下では、過少資本税制と移転価格税制の双方が国内取引をも適用対象とするものとなっている[162]。

2004年FAによって改正された1988年ICTAスケジュール28AAは、その後、新たな移転価格税制として措置された2010年課税(国際及びその他の規定)法(Taxation (International and Other Provisions) Act、以下「TIOPA」という) 第4編に受け継がれている。本編の下でも、移転価格税制が国内取引をも適用対象としていることは、本編§147 (Tax calculations to be based on arm's length, not actual, provision) の(5)項が、上記の改正前の1988年ICTAスケジュール28AA§5 (「英国での課税に関する利益」) とは異なり、「各々の関係者の利益又は損失は、税務の目的上、実際の条件ではなく、独立企業間の条件が成立又は課されたかのようにして計算されることとなる」と定めるにとどまっていることからも確認することができる[163]。

TIOPA第4編§147(4)は、上記(5)項が適用されるのは、本条(1)項で定める「基本的な前提条件」((a)取引又は一連の取引を通じて、いずれかの二人の者（「関連者」）の間で取引条件（「実際の取引条件」）が存在する、(b)持分条件等が満たされている、(c)実際の取引条件が(7)項（石油取引）に該当するものでない、(d)実際の取引条件が独立企業間の取引条件と異なる）が満たされ、なおかつ、実際の取引条件が関連者の「各々」に対し、英国の税

---

159) 原文は、"Where on a transfer of assets or liabilities by a company to its members receiving or to a company by its members, the amount or value of the benefit received by a member (taken according to its market value) exceeds the amount or value (...) of any new consideration given by him, the company shall, ... be treated as making a distribution to him of an amount equal to the difference." である。
160) 原文は、"Subsection (4) above shall not apply where the company and the member receiving the benefit are both resident in the United Kingdom and either the former is a subsidiary of the latter of both are subsidiaries of a third company also so resident ; ..." である。
161) 原文は、"(2) ... the actual provision shall not be taken for the purposes of this Schedule to confer a potential advantage in relation to United Kingdom taxation ... if——(a) the three conditions ... are all satisfied in the case of each of these two persons ; ... (3) The first condition is satisfied in the case of any perspon if——(a) that person is within the charge to income tax or corporation tax in respect of profits arising from the relevant activities. ..." である。
162) 改正された過少資本税制の取扱いの詳細は、INTM570000～INTM586100参照。
163) TIOPA§147(5)の原文は、"The profits and losses of each of the affected persons are to be calculated for tax purposes as if the arm's length provision had been made or imposed instead of the actual provision." である。

との関係上、潜在的な有利さ（同様なものであるか否かは無関係）を付与する場合である旨を定めている。これに対し、本条(2)項は、独立企業原則と乖離する国際取引を適用対象とする本条(3)項の下、一方の関連者の利益又は損失が調整されるのは、本条(1)項が定める「基本的な前提条件」が満たされ、なおかつ、実際の取引条件が、英国との課税との関係で関連者の「一方」に税務上の利益を付与している場合である旨を定めている[164]。

(2) 二重課税の調整とセーフ・ハーバー

上記の通り、2010年TIOPA第4編は、2004年FAによって改正された1988年ICTAスケジュール28AAの制度設計を基本的に踏襲し、国内の関連者間の独立企業間価格から乖離する取引をも適用対象とするものとなっているが、そもそも、1988年ICTAスケジュール28AAの改正は、国内取引による税源浸食の問題への対応を強化するとの観点からというよりは、むしろ、EC条約との抵触を避けるとの観点から行われたものである。この点を踏まえると、本改正後の最初の3年間で1億ポンドの税収増が実現するとの税務当局の試算には疑問も生じないではない[165]。他方、国内取引も移転価格税制の適用対象となったことにより、納税者の文書化義務などのコンプライアンス・コストの問題が深刻化することは疑問の余地がないことから、2004年FA及び2010年TIOPAの下では、コンプライアンス・コストの軽減等を図るための措置が手当てされている。

2004年FAの下で採用された納税者の負担軽減に資する措置としては、1988年ICTAスケジュール28AAに新たに導入された§5A（Exemption for dormant companies）、§5B（Exemption for small and medium-sized enterprises）及び§7A（Balancing payments between affected persons : no charge to, or relief from, tax）項が挙げられる。本スケジュール28AA§5A及び§5Bの下では、一定の要件に該当する休眠法人及び中小企業が、移転価格税制の適用対象外となる旨が定められている。本スケジュール28AA§7Aの下では、国内取引が移転価格税制に基づく調整の対象となった場合、国際取引の場合の対応的調整と同様に、関連者間の損益・税負担の調整を認める旨が定められている。これらの規定と基本的に同様な取扱いを適用する旨を定めたものは、以下の通り、2010年TIOPA第4編の中にも組み込まれている。

中小企業に対する適用免除については、2010年TIOPA§166（Exemption for small and medium-sized enterprises）が、1項において、「もし、潜在的に利益を得た者の課税期間中の損益計算の際、その者がその課税期間中、中小企業に該当する場合には、§147の(3)項及び(5)項は適用されない（…）」と規定している。本規定でいう中小企業とは、2003年改訂の「中小企業等の定義に関する欧州理事会勧告」（2003/361/EC）で示されている中小企業の定義に倣い、原則として、従業員が50名以下で年間売上高（又はバランス・シート上の合計額）が1千万ユーロ未満に該当する小企業又はグループ、あるいは、従業員が250名以下で年間売上高が5千万ユーロ（又はバランス・シート上の合計額が430万ユーロ）未満に該当する中企業又はグループであるが、かかる定義に該当しても、移転価格税制の

---

164) TIOPA§147(2)の原文は、"Subsection (3) applies if——(a) the basic pre-condition is met, and (b) the actual provision confers a potential advantage in relation to United Kingdom taxation on one of the affected persons."である。

165) かかる試算は、http://www.inlandrevenue.gov.uk./budget2004/transferpricing.pdf参照。

第4節　法人所得等の国外移転による税源浸食への対応

適用対象外とならないケースもある[166]。

2010年TIOPA§167 (Small and medium-sized enterprises: exceptions from exemption) が、中小企業が移転価格税制の適用から免除されないケースを挙げている。これらのケースの中には、中小企業の関連者等が実際の規定の適用対象となった時点等において、同法§173 (Meaning of "qualifying territory" and "non-qualifying territory") (3)に定める「非適格地域」の居住者に該当しているケースも含まれている。「非適格地域」とは、無差別条項を含む二重課税防止条約を英国と締結していない国・地域であり、TIOPA§173の目的上、(4)項でいう「無差別条項とは、…(a)…取引の相手方の国(『締約国』)の国民が、その他の締約国で課税対象とならない、もしくは、(b)当該他の締約国の同じ状況（特に、住居との関係上）にある者が適用対象となるであろう税や関連する義務よりも負担が重い要件に服さないことを趣旨とする規定である」と定義されている[167]。

また、対応的調整については、2010年TIOPA§174 (Claim by the affected person who is not potentially advantaged) が、1項において、「(a)もし、関連者（本章では『有利となっている者』と称する）の一方のみが、実際の条件に基づいて英国での課税に関連して潜在的な利益が付与される者であり、しかも、(b)他方の関連者（本章では『不利となっている者』と称する）が関連する活動（…）から生じる利益が所得税又は法人税の課税対象となる場合には、2項が適用される」と定めた上で[168]、2項では、不利となっている者が請求を行う場合、(a)その者の損益は、税務上、実際の条件の代わりに独立企業間価格に関する規定が適用されたかのように計算され、また、(b)調整対象期間に関する税法上の制約にもかかわらず、そのような調整は、すべからく、不利となっている者に対し、実際の条件に代わって独立企業間規定が適用されたという想定に効果を与えるように行われる必要がある旨を定めている。

4．その他の規定等による対応

(1) 費用控除規定と所得移転

イ) 主な控除規定とUsher's Wiltshire貴族院判決

2004年FAによって国内取引にも適用が拡大された1988年ICTAスケジュール28AAを踏襲した2010年TIOPA第4編以外にも、様々な制度・規定が所得移転による税源浸食防止機能を発揮し得る。特に、費用控除規定である1988年ICTA§817(1) (Deductions not to be allowed in computing profits or gains、前身は1918年所得税法規則スケジュールDケー

---

[166] 例えば、かかる定義・基準に該当する中小企業であっても、税務当局が必要であると判断する場合には、移転価格税制の適用対象となり得る。

[167] 原文は、"... a 'non-discrimination provision', ... is a provision to the effect that nationals of a state which is a party to those arrangements ('a contracting state') are not to be subject in any other contracting state to——(a) any taxation, or (b) any requirements to which nationals of that other state in the same circumstances (in particular with respect to residence) are or may be subjected." である。いずれの条約が「適切な無差別条項」を含む二重課税防止条約であるかなども含め、詳細は、INTM432112参照。

[168] 原文は、"Subsection (2) applies if——(a) only one of the affected persons (in this Chapter called 'the advantaged person') is a person on whom a potential advantage in relation to United Kingdom taxation is conferred by the actual provision, and (b) the other affected person (in this Chapter called 'the disadvantaged person') is within the charge to income tax or corporation tax in respect of profits arising from the relevant activities (...)." である。

第2章　英国の対応策の分析

スⅠ及びⅡ§3(f))及び1988年ICTA§74（General rules as to deductions not allowable、その前身は1952年所得税法§137）は[169]、税源浸食防止上、基本的かつ重要な規定である。前者は、「税目的上、利益又は利得の額の計算に当たっては、──(a)税法に明確に列挙されているもの以外の控除はできない」と規定し[170]、後者は、「…損益額の計算上…、以下の控除はできない──(a)完全かつ排他的に事業、職務又は職業の目的上支出又は支払されていない金銭」と定めている[171]。

上記諸規定の趣旨・適用要件は基本的に同様であり、その規定振りは、費用控除要件の厳格さを印象づけるものとなっているが、Usher's Wiltshire Brewery, Limited v. Bruce事件貴族院判決（[1915] AC 433）は、費用控除要件は、実際には、それほど厳格ではないことを示唆している。本事件では、アルコール醸造業を営む上告人が、その所有が認可されている住居の住人が賃貸借契約上の支払義務を負っている諸費用（住居の修繕費等）を代わりに支払い、それらの費用をその所得の計算上控除したことに対し、税務当局が、本件費用については、「完全かつ排他的に事業目的のために支出又は支払がされたものでない出費又は費用は、利益又は利得からの控除又はそれらとの相殺の対象外であり、控除又は相殺が認められる金額ではない」と定めるルールを含む1842年所得税法（Vict. 5 & 6）§100の適用要件を満たしていないとして、その控除を否認する処分を行ったことが問題となっている[172]。

上記貴族院判決では、上告人は、本件住居の修繕費の他にも住人が本件賃貸借契約上支払う義務を負っている費用を支払っているが、住人は、賃貸借契約上、上告人からアルコールを購入するなどの義務を負っていることから、本件賃貸借契約は上告人の事業に利益をもたらしているとの事実が認められるところ、これらの費用の支払いは、上告人の事業目的のためだけに排他的に行われたものであると判断できることから、これらの費用の控除を認めない本件処分は違法であると判示されている。特に、Loreburn裁判官は、「本件住居の家主は、その修繕に係る法的義務を履行させるよりも、むしろ、その費用を支払う方が自らの事業上の利益に合致することが判明したから、そうしたのである。その費用は、慈善ではなく、事業上の便宜として生じたものであり、住人がいなくなり、それによってライセンシングに係る公正さに反する移転が生じることを防止するために必要なものである」との見解を示している[173]。

---

169) 1988年ICTA§74の後身に当たるのが2005年所得税法（Income Tax (Trading and Other Income) Act）§34 (Expense not wholly and exclusively for trade and unconnected losses) である。
170) 原文は、"In arriving at the amount of profits or gains for tax purposes──(a) no other deductions shall be made other than such as are expressly enumerated in the Tax Acts : " である。
171) 原文は、"... in computing the amount of the profits and gains ... , no sum shall be deducted in respect of──(a) any disbursements or expenses, not being money wholly and exclusively laid out or expended for the purposes of the trade, profession or vocation ; ..." である。
172) 原文は、"No sum shall be set against or deducted from, or allowed to be set against or deducted from such profits or gains, for any disbursements or expenses whatever, not being money wholly and exclusively laid out or expended for the purposes of such trade." である。
173) 後段部分の原文は、"The cost is incurred not as a matter of charity but of commercial expediency and is necessary in order to avoid the loss of tenants and consequent transfers, to which the licensing justices object." である。

第4節　法人所得等の国外移転による税源浸食への対応

ロ）Rowntree事件控訴院判決

　勿論、費用控除規定に依拠した控除を否認する処分が首肯されて税源浸食防止が実現した例も少なくない。例えば、上記1918年所得税法規則§3（f）の機能が発揮された代表例として、Rowntree and Company, Ltd. v. Curtis（Inspector of Taxes）事件控訴院判決（[1925] 1 KB 328）が挙げられる。本事件では、被雇用者の疾病等のための基金設立という目的の下、1920年、5万ポンドを本基金の受託者に拠出した控訴人が、その1921課税年度の法人所得税の計算上、当該金額をその利益から控除して申告したところ、税務当局は、本件金額の支出は、控訴人の事業の目的のためだけに排他的に支出されたものではないとして、本規定に基づく控除を否認する処分を行ったことが問題となっている。本事件に対する1922年1月11日特別委員（Rowlatt）決定は、本件支出を公正な事業支出に係る支払と取り扱うことはできないとして、本件処分の適法性を首肯している。

　上記処分の適法性は、上記控訴院判決でも確認されている。特に、本控訴院判決において、Warrington裁判官は、本件金額が特定年度の被雇用者の疾病等に備えて支出されたものでなく、不特定年度の費用をカバーするように支出されたものである以上、本件金額が事業目的のためだけに排他的に支出されたものとは言い難いとの見解を示している。Pollock裁判官も、本件支出は、疾病等の場合の労働環境の維持に資するものであり、「…その動機は部分的に事業に関係しているが、その他の名誉ある動機も強く影響しているところ、1918年所得税法上の基準を適用しなければならない…」以上[174]、本件金額は資本支出と考えられるべきであり、利益を得るという目的のためだけに排他的に支出された経費として取り扱うことはできないことから、Rowlatt特別委員の決定は正しいとの見解を示している。

ハ）Atherton事件貴族院判決

　Atherton（Inspector of Taxes）v. British Insulated and Helsby Cables, Ltd.事件貴族院判決（[1925] All ER Rep 623）は、上記イ）のUsher's Wiltshire事件貴族院判決と上記ロ）のRowntree事件控訴院判決が矛盾していないことを示唆している。本件では、ケーブル線の製造をしていた法人・上告人が、その従業員のために年金基金を設け、従業員が給与の5％、本法人がその原資の半分を負担する形で運営する計画を立て、1918年、その運営が軌道に乗る前の資金として、本基金に3万1,784ポンドを拠出し、その税務上の控除を行ったところ、税務当局は、本資金が上告人の事業目的のためだけに排他的に支出されたものではないとして、1988年ICTA§74に基づく控除を否認する処分を行ったことが問題となっている。本事件に対する1922年2月24日特別委員（Rowlatt）決定では、本件支出は事業目的のための支出であるとして、本件処分は違法であるとの判断されている。

　これに対し、上記事件に対する控訴院1924年11月7日判決（[1925] 1 KB 421）では、確かに、Usher's Wiltshire事件貴族院判決（1915）では、「本件住居の家主は、その修繕に係る法的義務を履行させるよりも、むしろ、その費用を支払う方が自らの事業上の利益に合致することが判明したから、そうしたのである。その費用は、慈善ではなく、事業上の便宜として生じたものであり、住人がいなくなり、それによってライセンシングに係る

174）原文は、"... their motive was only in part business: it was also dictated by other and honourable motives. But we have to apply the standard laid down for us by the Income Tax Act 1918 ...."である。

公正さに反する移転が生じることを防止するために必要なものである」との見解が示されたが、本件の場合、本件支出を行う法的義務を負わない本件法人が、その利益又は利得を得るために本件支出を行う必要があったとは認められないことから、本件支出は、資産となることを意図し、実際、そのような形態による事業に対する支出と定義されている資本に該当する以上、資本支出に該当する本件支出の控除はできないと判示されている。

上記Atherton事件に対する貴族院判決でも、本件支出は、年金基金を設立して職員に老齢のための確実な蓄えを与えるとともに、上告人にも満足した職員からの役務提供を受ける事業上の立場を維持する利益をもたらすことを目的としているところ、毎年生じる「所得支出」("income expenditure")ではなく、一度きりの資本支出であるとして、その控除を否認する本件処分の適法性が首肯されたが、Usher's事件貴族院判決に対しては、「本判決…では、必要性がなく、事業への直接又は当面の利益の付与を目的とせずに支出された費用の額も、事業目的のために完全かつ排他的に支出され得ることが明らかにされた…」ところ[175]、確かに、「控除の適用を主張するには、必要性に駆られておらず、また、直接的かつ即座の利益を得るためでもないが、自主的かつ事業上の都合により、事業遂行の間接的な推進のために金銭が支出されたことを立証すれば十分である」との賛同を示している[176]。

二）Kilmorie事件貴族院判決

1988年ICTA§74の前身である1952年所得税法137条の適用の可否が争われたのがKilmorie（Aldridge）Ltd v. Dickinson（Inspector of Taxes）事件貴族院判決（[1974] STC 539）である。本事件では、個人Aが支配する法人Bは、土地開発の権利を得ていたが、期待される開発利益の大半を個人Aの家族を受託者とする信託に落とすことによって、所得税負担の軽減を図るというスキームに従い、本件土地開発の権利は、本件スキーム考案者の法人Cに移転するなどした後、個人Aが支配する上告人・法人Dに過大に評価された価額（7万7,250ポンド）で譲渡され、その価額の大半が本件信託に落ちることになっていた。法人Dは、本件取引価額の一部（1万9,240ポンド）を本件土地開発の最初の年に支払い、所得税法137条に依拠してその控除を行ったが、税務当局は、本件支払が本規定の控除要件に該当していないとして、その控除を否認する処分を行っている。

上記貴族院判決では、上記処分の適法性が首肯されている。特に、Cross卿は、取引価格が非常に高いことは、その価格で購入することが真正な商取引でないことを必ずしも意味しないが、実質的に被支配関係にある当事者間の独立企業間価格でない本件取引に係る本件控除は認められないとしながらも、Reid卿が、「1952年所得税法137条は、事業目的のために支出されたような費用の部分があったとしても、控除を認めないのであるから、非常に不合理であるという見解もある。しかし、本規定は、費用の一部が本当に完全かつ排他的に事業目的のためであることが証明され得るならば、その部分は適切に控除できるこ

---

175) 原文は、"It was made clear in … Usher's Wiltshire Brewery v. Bruce … that a sum of money expended, not of necessity and with a view to a direct and immediate benefit to the trade, … may yet be expended wholly and exclusively for the purposes of the trade, …" である。

176) 原文は、"… in order to claim a deduction, it is enough to show that the money is expended, not of necessity and with a view to direct and immediate benefit, but voluntarily and on grounds of commercial expediency and in order to indirectly facilitate the carrying on the business." である。

第4節　法人所得等の国外移転による税源浸食への対応

とを意味している解すべきと考えられる」と述べている中[177]、本件では、税務当局が、7万7,250ポンドの内の2,250ポンドは、当時の権利の市場価値として控除可能であることに同意したため、そのような解釈の妥当性の如何を決定する必要はないと判示されている。

税務当局も、上記貴族院判決等を踏まえ、1988年ICTA§74に関するマニュアル（BIM38400——Wholly & exclusively : artificial prices）では、租税回避スキームの一部として商業上の価格を超過する費用が支払われている場合、その超過部分は、事業目的のための支出ではないとの推定が働くとの見解を示しており、また、マニュアル（BIM37500——Wholly & exclusively : case law : subscriptions and donations）では、多くの拠出や寄附は、一般的又は個人的すぎて、控除を正当化し得る動機から行われるものではないが、拠出の一部のみが事業目的のためのものである場合、どの程度が控除可能であるかとの問題が生じ得るところ、この問題の解決に伴う困難性を避けるため、税務当局との取決めが利用可能な場合があるが[178]、原則として、完全かつ排他的に事業目的のために支出された拠出金等がどの程度の額であるかを納税者は証明する必要があるとの指針が示されている。

ホ）Rochester事件特別委員決定

上記イ）〜ハ）で示した一連の判決は、費用控除規定でいう排他的に事業目的のために支出された費用の範囲が、その規定振りが示唆するほど狭いわけではないことを印象づけるものであり、また、上記ニ）で示したKilmorie事件貴族院判決は、支出した費用の中に、排他的に事業目的のために支出した部分が含まれている場合、その部分の控除が認められ得ることを示唆している。このような取扱いがされている費用控除規定は、税務当局のBIM38400が、上記の通り、「租税回避スキームの一部として商業上の価格を超過する費用が支払われている場合、その超過部分は、事業目的のための支出ではないとの推定が働く」との見解を示していることから、移転価格税制とオーバーラップし得る関係にあると考えられるが、実際、Rochester（UK）Ltd. and another v. Pickin事件特別委員決定（［1998］STC（SCD）138）も、双方の規定がオーバーラップする可能性があることを示唆するものとなっている。

上記Rochester事件では、図2-8の通り、カナダの株主Aが主要な株主・役員であるカナダ法人Bと英国の株主Cが出資した請求人（株主Cが主要役員である英国法人D）は、オランダ法人Fからオイル種を購入していたが、1985年以降は、スイスに新設された法人Eが、オランダ法人Fからオイル種を購入し、オイルを抽出して請求人に販売していたところ、税務当局は、かかる取引形態の変更に伴う請求人の法人Eへの過大な対価や医療研究費用の支払いを通じて請求人の利益が減少し、また、法人Eが得た過大な対価は、株主A及び株主Cによる法人B株式の購入のためのローンに利用された疑いがあるとして、1970年「租税管理法」（Tax Management Act）§36（Fraud or willful default）及び1952年所

---

[177] 原文は、"On one view section 137 of the 1952 Act is so unreasonable that it forbids deduction even of that part which would in any case have been expended for trading purposes. It seems to me that the section could well be read as meaning that if it can be shown that a part of the expenditure was in fact wholly and exclusively for trading purposes, then that is a proper deduction." である。

[178] 例えば、歳入庁マニュアル（BIM24800——Mutual trading & member clubs : mutual associations: specific activities: trade protection associatons : introduction）参照。

図2-8　費用控除規定の適用の可否が問題となった例

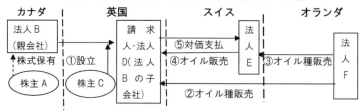

得税法§317の後身である1988年ICTA§74に基づき、請求人の合理的な金額を超える部分の対価と医療研究費用の控除を否認する処分を行ったことが問題となっている。

　まず、上記事件で課税処分の根拠の一つとなっている1970年租税管理法§36の場合、「…税との関連又は関係上、人又はその代理の者による詐欺又は意図的な義務の不履行があった場合、それに起因して国家に生じる税の損失を埋め合わせるために、いかなる時でも、その人に課税できる」と規定しているが[179]、その適用は、「(a)本法36条又は(b)…に基づく課税は、国家が納税者の詐欺、意図的な義務の不履行又は懈怠によって税の損失を受けた、又は受けたであろうことに合理的な理由があると信じた調査官又はその他の委員会の執行官に同調した一般委員又は特別委員が許可した場合に限定される」と定める同法§41（Leave of General or Special Commissioners required for certain assessments）(1)上の手続に服するところ[180]、上記特別委員は、本件の場合、詐欺又は意図的な義務不履行に起因して税の損失が生じていることの立証が不十分であると判断している。

　したがって、上記事件では、1988年ICTA§74の適用の可否がポイントとなるが、特別委員は、(i)医療研究費用が完全に請求人の事業目的内のものでないことの立証が不十分である、(ii)請求人がスイス法人Eに支払った対価が、株主Cによるカナダ法人Bの株式購入に係る資金の源泉であるとの証拠がない、(iii)スイス法人E設立の背景には、請求人が当時資金不足であったとの事実があるところ、スイス法人Eの実態はファイナンス事業を行う法人である、(iv)請求人がスイス法人Eに支払った対価は、現金で購入する者が支払う対価よりは高いであろうが、その一部が請求人に対して資金提供を行ったスイス法人Eに投資した者に対するリターンを構成すると考えれば合理的な対価であることなどを踏まえると、請求人によるスイス法人Eへの対価の支払いは、完全かつ排他的に請求人の事業のために行われたと認定できるとして、本件処分を取り消す決定を下している。

　1988年ICTA§74の適用の可否が争点となった上記Rochester事件特別委員決定は、独立企業原則に乖離する関連者取引に対して移転価格税制以外の手段による対応が可能であり、1988年ICTAスケジュール28AA及びその前身である諸規定は、市場価格と異なる取

---

[179]　原文は、"... where any form of fraud or willful default has been committed by or on behalf of any person in connection with or in relation to tax, assessments on that person to tax may, for the purpose of making good to the Crown any loss of tax attributable to the fraud or willful default, be made at any time." である。

[180]　原文は、"An assessment to tax made by virtue of――(a) section 36 of this ACT or (b) ... may only be made with the leave of a General or Special Commissioner given on being satisfied by an inspector or other officer of the Board that there are reasonable grounds for believing that tax has or may have been lost to the Crown owing to the fraud or wilful default or neglect of any person." である。

第4節　法人所得等の国外移転による税源浸食への対応

引に対処する上で利用可能な手段の一部にすぎないことを示しているとの指摘がされている[181]。確かに、上記Rochester事件特別委員決定も、移転価格が問題となったケースの一つとして捉えられていることから[182]、本事件に対して移転価格税制を適用することも可能だったのではないかとも考えられる。そうすると、上記Rochester事件特別委員決定は、第1章第3節(1)2で考察したIRSのルーリング（200015024）と同様に、費用控除規定と移転価格税制はオーバーラップし得ることを示唆しているが、オーバーラップする場合、いずれの規定が優先適用されるのかは、必ずしも十分に明確ではない[183]。

(2) 知的財産に係る優遇措置

　所得等の国外移転による税源浸食の防止手段は、出国税や移転価格税制に代表される強硬策に限定されるわけではない。また、第1章第3節1で考察した通り、無形資産が絡む取引による所得等の国外移転の問題は、移転価格税制の限界を示唆しているところ、かかる問題への対応手段としては、無形財産が絡む取引による所得等の国外移転を行うインセンティブを削ぐ措置を手当することも考えられる。実際、英国政府は、国際競争力のある租税制度を構築する手段として、法人税率の引下げ、CFC制度の改革、R&D税額控除制度及びパテント・ボックス（patent box）制度の導入などを挙げているが[184]、これらの手段は、経済改革等のためのEUの新しい戦略を示した欧州理事会の2000年発表資料（Lisbon European Council 23 and 24 March 2000, Presidency Conclusions）に合致すると考えられるだけでなく[185]、国内法人が所得等の国外移転を行うインセンティブを削ぐ方向にも作用する。

　既に、2010年法人税法第8A編（"Profits Arising from the Exploitation of Patents etc"）を措置する2012年FAの下では、上記の構想に則ったパテント・ボックス制度の導入が実現しており、その適用が2013年4月から行われている。本編及び2012年に税務当局が発表した本編の適用に係るガイドライン（"The Patent Box : Technical Note and Guide to the Finance Bill 2012 clauses"）によると、本制度の下では、本編§357B（"Meaning of 'qualifying company'"）に定める要件に該当する「適格法人」は、本編§357BB（"Rights to which this Part applies"）に定める「適格IP権」に帰属する純利益に対し、本編§357A（"Election for special treatment of profits from patents etc"）に定める計算式を適用した上で、通常税率（23%）の半分以下である10%の軽減税率の適用を受けることが可能となる。

　上記でいう「適格法人」とは、関係する会計年度において、(i)「適格IP権」又は「適格IP権に関して独占的実施権」を有しているほか、本編§357BC（Development condition）

---

181) http://www.jschwartz.demon.co.uk/jstransferpricing06.html参照。本節1(1)で示した通り、1970年ICTA§485の(1)項後段も、本条と費用控除規定等とのオーバーラップの可能性を示唆している。
182) http://www.scribd.com/doc/.../Cases-on-Tranfer-Pricing-Nm参照。
183) 他方、費用控除規定に依拠して移転価格が問題となるケースに対処することの限界を示唆するインド及び香港の裁判例については、第4章第3節3(2)及び第5章第4節2(3)参照。
184) 2011年英国歳入庁発表資料（"Consultation on the Patent Box" p. 3）参照。
185) 特に、本資料13条は、"The European Council asks the Council and the Commission, together with the Member States where appropriate, to take the necessary steps as part of the establishment of a European Research Area to : ... improve the environment for private research investment, R&D partnerships and high technoolgy start-ups, by using tax policies, venture capital and EIB support ; ..."と定めている。

第2章 英国の対応策の分析

上の要件を満たす法人であるが、(ii)法人グループのメンバーである法人の場合には、本編§357BD（"The active ownership condition"）上の要件を満たす必要がある。「適格IP権」とは、1977年特許法や財務省令等の下で認められた特許やその他の権利である。「開発要件」を満たすためには、法人又はその法人が属するグループのメンバーがIPの開発又は保護を行う上で相当な活動を行っていることが必要となる。「積極的な所有要件」を満たすには、法人は、IP権に関して相当程度の管理活動を行うことが必要となるが、この場合の管理活動とは、その権利の開発等に関する計画の策定や決定を意味する。「適格IP権」に帰属する純利益の額は、本編§357C（Relevant IP profits）に定める手順に従って計算される。

英国とその他の主な欧州諸国のパテント・ボックス制度を比べた場合、①特許の売却から生じたキャピタル・ゲインも軽減税率の適用対象となることや過年度分の費用を考慮に入れて特許利益を計算するなどの点が、ベルギーやアイルランド等と異なっている、②オランダ等と異なり、いずれの利益が特許から生じたものであるかを決定するための計算式が明確に示されている、③適用軽減税率は、オランダの5％やルクセンブルグの5.76％等よりも高いことなどが注目されるが、(i)適用対象となる知的財産の範囲は、著作権及び商標等をも対象となるアイルランドやルクセンブルグ等よりも狭い、(ii)適用対象となる特許の範囲は、一定の限定された機関が認可した特許に限定していないオランダ等よりも狭いことなどに鑑みると[186]、G20諸国の中で最も国際的競争力のある租税制度の構築という構想を実現するまでの道のりは長いとの指摘がされている[187]。

しかし、英国の知的財産に係る税務上の優遇措置は、パテント・ボックス制度に限定されているわけではない。英国も、その他の多くの欧州諸国と同様に、研究開発に対する税務上の優遇措置を手当てしている。かかる優遇措置は、主に、研究開発費用に係る税額控除という形で採用されている。かかる税額控除の適用対象となるためには、研究開発が事業活動と関連しており、しかも、科学又は技術の分野での全体的な知識又は技能の進歩を達成することを目的とするなどの要件に該当する必要がある。税額控除の額は、2002年に導入された大企業を対象とするスキームの場合、研究開発費用の130％であるが、従業員が500人又は年間売上高が1億ユーロ未満などの要件に該当する中小企業を対象とする2000年に導入されたスキームの場合、控除額は研究開発費用の175％であり、2011年4月以降は、控除額が研究開発費用の200％にまで引き上げられ、さらに、2012年4月以降は、控除額が研究開発費用の225％に引き上げられている[188]。

税務当局の2010年発表資料（"Part ⅡB：The Taxation of Innovation and Intellectual Property"）によると、研究開発に対する税務上の優遇措置の導入以来、520億ポンドに相当する研究開発活動の支援が行われ、2008年〜2009年の間で8千を超える法人が約9.8億

---

186) もっとも、「2013年特許利益指令」（The Profits from Patents（EEA Rights）Order 2013）の下、適用対象となる特許の範囲は、英国と同様な特許認定基準を有する大半の欧州経済地域で登録されている特許にも拡大される予定となっている。
187) Alison L. Maxwell and Peter Benesch, The UK patent box proposal: how does it measure up ?, International Tax News, Jul. 2011（also at http://www.dlapiper.com/the-uk-patent-box-proposal-how-does-it-measure-up/）参照。
188) 詳細は、CIRD80150-R&D tax relief : overview, HMRC : Research and Development（R&D）Relief for Corporation Tax（http://www.hmrc.gov.uk/ct/forms-rates/claims/randd.htm）参照。

ポンドの控除を受けたと見積もられている[189]。かかる実績にもかかわらず、2010年報告書（"Ingenious Britain：Making the UK the Leading High Tech Exporter in Europe"）では、研究開発に対する税務上の優遇措置のターゲットが絞られておらず、経済的波及効果が高い企業（ハイテク企業、小規模企業及びスタートアップ企業）への支援が不十分であるとの問題が指摘されていたが、上記で述べた近年の中小企業を対象とするスキームとの関係上実行された税額控除額の引上げ措置は、この問題を多少なりとも緩和し、無形資産が絡む取引による所得等の国外移転を行うインセンティブを更に低下させるであろう。

第5節　小　括

1．第1節（租税回避行為による税源浸食への対応）のポイント

　文理主義の伝統が強い英国では、税法の簡素化等を目的として1998年に歳入庁が提示したGAAR案は、クリアランス制度の整備などの課題への対応が不十分であるなどの問題点を有しているとして成立しなかった。しかし、その後、(i)租税回避行為との関係で裁判所が示す見解は、不確実で一貫性が欠如しているとの見方が強まる、(ii)段階取引を含む租税回避スキームによる損失控除の適用を認めたMayes事件控訴裁判所判決（2011）等によって、税法規定の目的論的解釈による対応の限界が強く印象づけられた、(iii)租税回避行為に対しては、「原則に基づくアプローチ」を採用することが妥当であるとの考えが台頭するようになったことなどを背景として、GAAR導入論が再燃し、2010年には、政府の命を受けたAaronson勅撰弁護士を長とする検討グループが発表した「GAAR報告書」で示された制度設計を基本に据えたGAARが、2013年FA第5章の下に導入された。

　GAARの適用対象となる税目は多いが、(i)「GAAR報告書」では、GAARは法令解釈プロセスの一部を成すものではないことから、従来の目的論的解釈の範囲を変更する試みのために利用すべきではないとの見解が示されている。(ii)その適用対象となる「濫用的なアレンジメント」に該当するか否かは、「二重の合理性テスト」に基づいて判断される上に、異常性が認められないアレンジメントは適用対象外であることからも示唆されるように、その射程範囲は広いとは言い難い。しかも、GAARの適用上慎重を期するために、その適用の可否を判断する第三者機関が設置される。このような制度設計が採用されたのは、GAARが、税収の獲得や租税回避の撲滅などではなく、むしろ、否認範囲の明確化や執行の簡素化の推進（裁判所による適切な法解釈の実現や立法府による後追いの個別立法の手間の回避等を含む）等を実現することを主な目的としているからであるとの説明がされている。

　実際、確かに、税務当局が2012年に発表した一連のガイダンスでは、税務当局の敗訴が確定した上記Mayes事件控訴裁判所判決で問題となった損失控除の適用を狙った段階取引を含んだ租税回避スキームは、通常の保険契約の取扱いを定めた諸規定の欠陥につけ込むことを意図しており、しかも、合理的な行為過程であると合理的にみなすことはできないことなどを踏まえると、GAARの適用対象となるとの見解・指針が示されているが、

189）　これらの金額の中には、割合は少ないものの、2003年に導入された代表的な伝染病に対するワクチンや治療薬等の研究開発費用に係る税額控除の分も含まれている。

第2章　英国の対応策の分析

Barclays Merchantile事件貴族院判決（2005）で問題となった通常の減価償却よりも有利な取扱いを定めた資本控除の適用を受けるためだけに仕組まれた循環取引スキームは、特異性が認められるものの、その特異性は濫用的な特徴ではなく、税法規定の欠陥につけ込んだスキームに該当していないなどとして、GAARの適用対象とならないものであるとの見解・指針が示されている。

GAARの適用対象となった取引の否認方法としては、2013年FA§209(5)が、「課税処分、控除の修正や否認又はその他の方法」によって調整・引き直しを行うと定めている。かかる調整・引き直しは、2012年ガイダンスＡ編4.3項によると、実際の取引と「仮定上の課税対象となる代替取引」の比較をすることを通じて行われる。「仮定上の課税対象となる代替取引」とは、納税者が、税務上の利益を得ることができないとしたならば、関係する証拠に鑑みると最も生じたであろうと考えられる取引であるが、最も生じたであろう取引への調整・引き直しは、問題となっているアレンジメントを濫用的なものとする段階取引や特徴を含めることなく、同様な商業上の目的を達成するために実行されたであろう取引が、どのようなものであったかなどを考慮した上で行われる場合もあれば、問題となっている「濫用的なアレンジメント」の下で主張されている税務上の利益の適用を認めないという形で行われることもある。

GAARのほかにも、租税回避行為等による税源浸食を防止するための新たな措置・動きがある。米国のFATCAの影響を受けて2013年に英国が「王室属領」及び「海外領土」と合意した自動的情報交換に関する一連の取極めも、「英国FATCA」として、租税回避行為等の把握漏れによる税源浸食をも防止する機能を高めると考えられる。これらの合意の下、英国の税務当局は、英国の居住者が、これらの地域等の金融機関に有する口座に関する情報をより効率的に得ることが可能となるものと考えられる。また、英国では、予てより、国外口座に係る未申告所得の自主的開示に対する刑事訴追の免除や税負担の軽減の便宜を提供するプログラムが実施されているが、これらの合意が成立したことにより、これらの地域等の金融機関に英国の居住者が開設している口座に係る未申告所得を本プログラムの利用を通じて自主的に開示するという動きにも拍車が掛かるものと想定される。

2．第2節（個人の住居・資産等の国外移転による税源浸食への対応）のポイント

英国では、長きに亘り、税法上、居住者の定義が示されていなかったことなどを背景として、国外転居した者が英国の居住者であるか否かを争った裁判例が散見されるが、これらの裁判例では、英国の居住者で「通常の居住者」でもあった者が、英国の居住者でなくなるためには、英国との「明確な断絶」を行うことが必要との見解が示されている。例えば、Gains Cooper事件最高裁判決（2011）では、英国の居住者であった者が非居住者になるには、(a)恒久的又は無期限に、あるいはフルタイムの雇用のために英国を離れる、(b)外国で住居を構える以上のことをする、(c)英国での通常の住居を放棄する、(d)出国後の英国での滞在は、短期滞在の訪問である、(e)自らが利用するのに英国に残す資産は、居住目的ではなく、訪問目的のみに使用されることが必要となるところ、これらの要件を満たしていない本件では、英国との「明確な断絶」が行われていないと判断されている。

上記判決等を踏まえて、税務当局は、2012年、居住性の判定基準を示したガイドライン

第5節　小　括

(SRT) を発表し、SRTは、その後の幾らかの修正を経て、2013年FAのスケジュール45第1編の下に立法化されている。SRTの下では、ステップⅠ（第一の「自動的英国テスト」：年間の英国での滞在が183日以上）の下で自動的に英国の居住者であると判定されず、次のステップⅡ（3つの「自動的国外テスト」）の下で自動的に英国の非居住者であると判定されず、さらに、ステップⅢ（第二及び第三の「自動的英国テスト」）で自動的に英国の居住者と判定されない場合にのみ、ステップⅣ（「十分な結びつきテスト」）に基づいて英国の居住者であるか否かが判定されることから、個人の居住性に係る不透明性の問題の緩和及び判定基準の簡素化が実現している。SRTの下では、「通常の居住者」という概念は捨象されているものの、英国の居住者が英国の非居住者になるための要件として判例法上確立している英国からの「明確な断絶」というメルクマールは、居住性の判定上の重要な鍵となっている。

　特に、上記ステップⅡ（「自動的国外テスト」）の下では、英国の居住者であった者が国外転居後に英国の非居住者と判定されるためには、滞在日数又は職務上の関係上、英国との「明確な断絶」が実現していることが必要とされ、また、上記ステップⅣ（「十分な結びつきテスト」）の下では、国外転居した者のその後の英国での滞在日数が長くなればなるほど、「英国との結びつき」を示す要因（(a)英国の居住者である家族を有する、(b)その課税年度において利用可能な滞在施設を英国に有する、(c)直前の二課税年度のいずれかにおける英国での滞在が90日超である、(d)その課税年度における英国での滞在日数がその他の国での滞在日数よりも多い）の多くを断ち切ることによって、英国からの「明確な断絶」を実現することが、英国の非居住者と判定されるための要件となっていることから、英国からの「明確な断絶」を実現するためのハードルは、依然として、かなり高いレベルで維持されている。

　国外転居等による相続・贈与税やキャピタル・ゲイン税負担の回避・税源浸食の問題に対しては、1984年相続税法§267（「英国に住所を有すると取り扱われる者」）や1992年TCGA§10A（「一時的な非居住者」）のような「管轄アプローチ」に立脚する措置・追跡税による対応も行われている。特に、後者の規定は、英国の居住者又は通常の居住者であった個人が、一旦、英国の非居住者となった後にその資産を譲渡し、その後に英国に帰国して再び居住者となる場合、一定の要件に該当しており、また、その譲渡益の額が課税免除額を超えるならば、英国に帰国した年にその資産の譲渡益が英国で生じたとみなして課税するものである。本規定の機能は、資産の所在地に関して定める1992年TCGA§275の下での所在地の判定に係る不透明性が認められる資産（無形資産等）を中心として、その所在地が英国に存するとみなすことができるような方向で改正を行った2005年FA（No. 2）のスケジュール4が措置されたことなどによって更に高まっている。

　他方、税負担の軽減は、国外転居をしなくとも、資産の国外移転等によっても可能となり得ることから、1998年ICTA第17部第3章§739（「所得税回避の防止」）等の下では、英国の居住者である個人による資産移転の結果、国外に居住又は定住している者に所得が生じているものの、その英国居住者である個人が、その所得を享受する権限を有する場合には、その個人において当該所得が生じたとみなして課税が行われる。しかも、本規定の趣旨を踏襲した2007年所得税法第13部（「租税回避」）第2章（「資産の国外移転」）は、問題となっている資産移転に租税回避の意図があるか否か、また、資産の国外移転を行った

個人と所得が帰属するとみなされる者が同一であるか否かという問題とは関係なく適用することが可能となっている。但し、資産の移転先が国内であるか否かによって税務上異なった取扱いを行う本規定等は、EC条約等と抵触する虞があるとして、欧州理事会から、その改廃を行うことが求められている。

3．第3節（法人の国外移転による税源浸食への対応）のポイント

英国の税法は、法人の居住性の判定基準として、設立準拠地主義を採用しているが、判例法と通じて「管理と支配の中心」基準が確立している。Laerstate事件第一審判所決定（2009）では、「管理と支配の中心」基準の適用上、Wood事件控訴院判決（2006）で示された「管理者の権限が剥奪されているか否か」という点が一つのメルクマールとなる場合があるが、管理者の権限が剥奪されている状態でないと判断されるためには、本事件に対する特別委員決定（2004）で示された管理・決定を行う上で「必要となる最低限度の情報」を有することが前提となるとの見解が示されている。かかる見解の下で求められる「必要となる最低限度の情報」のレベルは、Wood事件特別委員決定で示唆されたレベルよりも高いと考えられることから、かかる見解に立脚する「管理と支配の中心」基準の下では、法人の設立地とその管理地を異なる国に設けることによる税負担の回避は、より困難なものとなる。

「管理と支配の中心」基準は、実質管理地基準と類似する概念であるが、Smallwood事件控訴院判決（2010）では、これらの基準は同様なものではなく、「管理と支配の中心」基準は、英国の居住者であるか否かを決定するための基準であるのに対し、実質管理地基準は、租税条約上、法人の居住地を決定する上でのタイ・ブレーカー・ルールであると区別されている。また、本控訴院判決では、実質管理地基準の下での居住性の判断は、問題となった取引が実行された時点の地位・状態に基づいて行うものではなく、問題となった取引が実行された課税年度の地位・状態に基づいて行うのが適切であるとの見解が示されている。このような解釈・見解は、税負担の軽減を図るために国外の信託の受託者を課税年度中に変更するなどの租税戦略による税負担回避の試みに対処する手段としての実質管理地基準の有用性を高めるものである。

「管理と支配の中心」基準や実質管理地基準は、法人等の国外設立による税負担の軽減・回避の試みへの対抗上、一定の効果を上げているが、「管理と支配の中心」を国外に移転する租税戦略に対しては、法人に対する出国税と位置づけられる1992年キャピタル・ゲイン税法§185等による対応が行われている。英国の居住者でなくなる法人の資産へのみなし譲渡課税を行う本規定は、2002年FAの下で措置された1992年TCGAスケジュール7ACの下、相当な株式を保有する法人による譲渡が適用対象外となったため、その適用範囲が縮小したが、本規定等の下での出国税の延納や担保の提供に係る条件、コンプライアンス・コストの高さ及び出国後の資産価値の変動に係る取扱いなどに鑑みると、本規定等はEC条約等に抵触する可能性があるとの指摘もある。かかる指摘の妥当性の如何は、出国税とEC条約等との関係が問題となったECJ判決等に照らして検討する必要がある。

4．第4節（法人所得等の国外移転による税源浸食への対応）のポイント

法人所得等の国外移転による税源浸食に対しては、移転価格税制による対応が特に重要

第5節　小括

なポイントとなるところ、英国では、移転価格税制の原型と位置づけられる1970年ICTA§485の機能を引き継いだ1988年ICTA§770が、英国法人による国外子会社への無利息貸付が問題となったAmetalco事件特別委員決定（1996）及びWaterloo事件特別委員決定（2002）等において、その機能を発揮した経緯があったが、その実際の適用例は多くはなく、その実態は必ずしも十分に明らかではなかった。しかし、1998年FAの下、OECDのモデル条約9条及び移転価格ガイドラインとの整合性を全面に打ち出した1988年ICTAスケジュール28AAが新たな移転価格税制として導入されると、本規定とその前身である1988年ICTA§770との間には幾つかの相違点（独立企業原則の解釈の仕方の差異に起因する独立企業間価格の決定方法の違い等）があることが明らかとなった。

確かに、1988年ICTAスケジュール28AAは、潜在的利益を得た関連者の損益は独立企業間条件が適用されたかのごとく計算される旨を定めているが、DSG社事件特別委員決定（2009）では、問題となった取引に含まれている魅力的な保険契約への参画の機会の付与も、課税処分の根拠となった1988年ICTA§770に定める「事業上の便宜」及び同法スケジュール28AAに定める「潜在的な利点」の付与に該当することを踏まえた独立企業間価格の算定が必要となるとして、課税処分の適法性を首肯していることに鑑みると、1988年ICTA§770だけでなく、同法スケジュール28AAも、独立企業間価格の算定上、取引当事者独自の状況を考慮している点において、独立企業原則を厳格に客観的な基準であると捉えてきたOECDモデル条約9条及び移転価格ガイドラインに則った移転価格税制とは、多少なりとも異なっているのではないかと考えられる。

上記のような特徴を有する1988年ICTAスケジュール28AAは、ドイツの過少資本税制が内外無差別の取扱いに反するなどの問題があるとしてEC条約に抵触するとの判断が示されたLankhorst事件ECJ判決（C-304/00）などの影響を受けて、2004年FAの下、国内取引にも適用されるように改正された。かかる改正は、相当な税収増に繋がると期待される一方、コンプライアンス・コストを軽減するなどの観点から、本スケジュール28AAの下、新たに第5A及び第5Bが措置されたことにより、一定の要件に該当する休眠会社及び中小企業は、原則として移転価格税制の適用対象外となり、また、新たに措置された第7項の下、本税制の適用対象となった関連者間の国内取引に対して対応的調整である「補填調整」が適用される。このような取扱いは、2010年TIOP第4編が1988年ICTAスケジュール28AAに取って代わった後でも、同法§166及び§174の下で踏襲されている。

所得移転による税源浸食を防止するという点では、1988年ICTA§74等に代表される費用控除規定も、基本的かつ重要な規定であるが、これらの規定の下、法人等の支出が控除可能となるための要件（「排他的に事業目的のための支出」）をどれほど厳格に解するかによって、その適用範囲は少なからず異なったものとなる。Usher's Wiltshire事件貴族院判決（1915）では、事業上の便宜・都合から生じた費用も控除対象となるとの判断が下され、また、Atherton事件貴族院判決（1925）では、必要性に駆られたわけでないものの、事業遂行の間接的な推進のために支出された費用も控除可能であることが確認されている。さらに、Kilmorie事件貴族院判決（1974）におけるReid卿の見解及び税務当局マニュアル（BIM38400）等は、費用の中で排他的に事業目的のためのものと証明できる部分は、その部分だけを抽出して控除でき得るほか、費用控除規定と移転価格税制の適用範囲がオーバーラップし得ることを示唆している。

第2章　英国の対応策の分析

　法人所得・資産等の国外移転による税源浸食の防止手段としては、融和策を採用するとの方法もあり得ると考えられるところ、2010年法人税法第8A編に措置されているパテント・ボックス制度や研究開発費用に係る税額控除制度は、このような融和策として機能し得るものである。前者の下では、一定の要件に該当する「適格法人」の「適格IP」に帰属する純利益には軽減税率が適用され、後者の下では、適用対象となる研究開発費用に係る税額控除の額は、その適用要件に該当する企業が中小企業である場合、相対的に大きくなっている。これらの融和策は、2004年FAの制定以降、移転価格税制が国内取引にも適用されることに伴って措置されたセーフ・ハーバー（一定の中小企業等を適用対象外とする取扱い）等と相まって、強硬策の問題点・デメリットを緩和する効果をも発揮するものと考えられる。

5. 前章との比較と次章との関係

　本章では、英国のGAARや納税者の住居、所得及び資産の国外移転による税源浸食を防止するための主な対応策を考察した。かかる考察を通じて確認できた第1章で考察した米国の対応策との類似点としては、制度設計上の違いはあるものの、(i)租税回避行為への対応策として包括的な否認規定が措置されている、(ii)居住者やその資産等の国外移転による税源浸食を防止するために出国税・追跡税が措置されている、(iii)移転価格税制が国内取引にも適用されることなどが挙げられる。他方、対抗策の相違点としては、法人の居住性の判定基準やパテント・ボックス制度の採用の有無等が挙げられるが、これらの差異を埋める補完措置（「管轄アプローチ」等に依拠する米国のコーポレイト・インバージョン対策税制や研究開発費用の特別控除措置等）も存在していることから、これらの相違点は、実質的には、それほど大きくないと考えられる。

　包括的な否認規定を比較してみると、米国と英国における租税回避行為と税法との関係や否認対象範囲等に係る判例法や租税回避行為を取り巻く諸環境の違いなどを反映して、その制度設計はかなり異なったものとなっている。主な相違点としては、(i)IRC§7701(o)の下では、「結合的関係テスト」が採用されていることから、税負担軽減以外の相当な事業目的又は経済的実質を欠く租税回避行為は否認されるのに対し、英国のGAARの下では、税務上の利益を得ることを主要な目的の一つとするアレンジメントは「租税アレンジメント」にすぎず、その否認・引き直しを行うためには、「租税アレンジメント」が、「二重の合理性テスト」の下、「濫用的なアレンジメント」に該当する必要がある、(ii)IRC§7701(o)の適用対象となった租税回避行為は「厳格なペナルティ」の対象となる場合もあるのに対し、英国のGAARの適用の是非は、第三者から構成される諮問委員会によって審査されることなどが挙げられる。

　他方、GAARが導入される前の英国及びIRC§7701(o)が導入される前の米国では、特に、段階取引を組み込んだ租税回避スキームの否認という点で限界が露呈したケースがあったが、英国のGAARの下では、そのようなケースに該当するCraven事件貴族院判決（1988）で示された多数意見とは異なり、段階取引の実行可能性や実行の事実の有無に関係なく、それ自体が「濫用的なアレンジメント」を構成し得るとの制度設計が採用されており、米国の税務当局は、IRC§7701(o)の解釈上、Coltec事件連邦巡回控訴裁判所判決（2006）に依拠して、事業目的を有する独立した活動と税負担軽減目的のみしか有していない事項が

第5節 小 括

混在している取引を二分することが可能であるとの指針を示している。取引全体としては適法であるものの濫用的な段階取引を含んでいるスキームを否認し得る制度設計が採用されている点は、英国のGAARと米国のIRC§7701(o)の特筆すべき類似点となっている。

住居等の国外移転による税負担の軽減を図る動きに対しては、米国の場合、予てより、租税回避を主な目的とする市民権の放棄による税負担の軽減を阻止する措置としてのIRC§877等が、また、英国の場合、英国との「明確な断絶」がない限り、英国の非居住者とはならないとする判例法が、対応策としてある程度機能してきた。しかし、かかる動きが、近年、活発化する中、双方の国では、出国等によって惹起される出国者等の資産の譲渡益に対する課税機会の喪失を防止する出国税又は追跡税としての機能を有する措置も講じられている。かかる措置の代表例が、米国のIRC§877Aと英国の1992年TCGA§10Aである。前者は基本的に狭義の出国税であり、後者は追跡税である。後者の場合、その適用対象は、出国に伴って英国の非居住者となった者が一定の期間内に帰国して再び英国の居住者となるケースに限定されていることから、その適用範囲はそれほど広くはない。

法人居住性の判定基準としては、設立準拠地主義を採用している米国と異なり、英国では、税法上の設立準拠地主義に加え、判例上、「管理と支配の中心」基準が確立していることから、法人を国外に設立しているケースでも、その「管理と支配の中心」が英国にあると認定できれば、英国の居住者として、その全世界所得を課税対象とすることが可能となる。他方、「管理と支配の中心」が国外に移転した場合、実質管理地基準を採用している英国の多くの租税条約の下では、英国の課税権が失われることとなるが、英国では、英国の居住者でなくなる法人の資産へのみなし譲渡課税を行う1992年TCGA§185が措置されていることから、本規定の下、「管理と支配の中心」を国外に移転させた法人は、一定の要件（一定割合以上の株式を有するなど）に該当しない限り、その移転に伴い、そのすべての資産を譲渡したものとみなして課税される。

これに対し、米国の場合、居住者である法人の親会社機能や資産等の国外移転に対しては、IRC§367やIRC§7874等が措置されている。前者は、「国外移転に係る通行税」と称されるように、組織再編等によって株式等の未実現のキャピタル・ゲインへの課税権が喪失・制約されることとなるケースが、一定の要件（積極的な取引・事業テスト等）を満たしていない場合には、みなし譲渡益課税を行うことを可能にする。後者の下では、親会社機能を国外に移転させた法人であっても、一定の要件（一定の株式保有割合や移転先での事業活動テスト等）をクリアーしていない場合、「管轄アプローチ」の下、引き続き米国の内国法人とみなす、又は「実現アプローチ」の下、一定の所得・キャピタル・ゲインを課税対象とする取扱いが行われる。特に、IRC§7874の潜在的な有用性に鑑み、英国でも、コーポレイト・インバージョン対策税制を導入すべきであるとの意見もある。

移転価格税制を比較してみると、米国のIRC§482は所得相応性基準を採用しており、しかも、無形資産が絡む取引による所得の国外移転に効果的に対処するとの観点から、費用分担契約に関する財務省規則等が措置されているが、これらの規則は、独立企業原則との乖離の問題を惹起している。英国のTIOPA第4編§147の前身である1988年ICTAスケジュール28AAも、OECDモデル条約9条及び移転価格ガイドラインに則ってはいるが、その規定振りにおいて、潜在的な利益の付与という文言を採用しており、また、その原型であったICTA§770の下での独立企業間価格は、第三者間取引という厳格に客観的な基

第2章 英国の対応策の分析

準ではなく、取引当事者の実際の取引条件という主観的な基準に基づいて算定されていた経緯があるところ、DSG社事件特別委員決定（2009）は、1988年ICTAスケジュール28AAとOECDモデル条約9条に立脚する伝統的な移転価格税制との間に微妙な違いがあることを示唆している。

　米国と英国の主な対応策には、主に、上記のような類似点や相違点があるが、英国の対応策の場合、米国の対応策と異なり、EC条約等との関係が問題となるため、その関係上、その制度設計及び機能のあり方が影響を受ける。実際、かかる影響が、上記に掲げた類似する制度の制度設計・機能上の類似点・相違点の一因となっているケースもある。このような影響がどの程度のものであり、また、如何なる方向性を有するのかなどをより的確に把握するためには、その他のEU加盟国の同様な制度等とEC条約等との関係やEC条約等の動向を考察することが必要となる。かかる必要性を踏まえ、次章では、EC条約等の下でのGAAR、出国税・追跡税、法人居住性の判定基準及び移転価格税制等はどのようなものとなっているのかなどを考察する。かかる考察は、英国に限定されないEU加盟国が採用している同様な対応策の位置づけ及びその今後の方向性等を探る上でも有益であると考えられる。

第 3 章　EU の対応策の分析

第 1 節　租税回避行為による税源浸食への対応

1．Euro-GAAR の位置づけと実態

(1)　EC 条約等の下での租税回避防止規定

　近年、EU では、EC 条約や一連の欧州理事会指令等の下、基本的自由を制約することとなる税制上の障壁を除去する動きが加速する中、多くの加盟国の税源浸食防止措置が、EC 条約等と抵触すると判断され、その撤廃・見直しが行われている。例えば、第 2 章第 4 節 3 (1)で考察した通り、英国では、Lankhorst 事件 ECJ 判決（C-304/00）を踏まえて、過少資本税制及び移転価格税制が改正されたほか、欧州委員会は、2007 年 ICTA 第 13 部（「租税回避」）第 2 章（「資産移転」）等が EC 条約に抵触するとして、その改廃を求めている。他方、基本的自由に制約を加える税源浸食防止措置であっても、一定の原則・要件に依拠して、その制約を正当化することが可能となる。実際、EC 条約等と抵触する虞があるとして ECJ の判断を仰ぐこととなった措置等の中には、これらの基本的自由の制約要件・原則に依拠して正当化し得るものであると判断されて EC 条約等との抵触の問題をクリアーしたものも少なくない[1]。

　基本的自由を制約する加盟国の税源浸食規定を EC 条約等との関係において正当化する上で依拠し得る原則としては、「租税回避等の防止」原則、「税体系の一貫性」の原則及び「財政管理の有効性」原則などが挙げられるが、幾つかの欧州理事会指令等の中には、基本的自由の制約を正当化し得る要件を明示した規定を組み込んでいるものがある。例えば、「利子・ロイヤルティ指令」（Council Directive 2003/49/EC of 3 June 2003 on a common system of taxation applicable to interest and royalty payments made between associated companies of different Member States）5 条は、「1．本指令は、詐欺又は濫用の防止のために必要な国内の又は合意に基づく規定の適用を排除しない。2．加盟国は、取引の主要な動機又は主要な動機の一つが脱税、租税回避又は濫用である場合、本指令の利益を撤回又は本指令の適用の拒否ができる」と定めている[2]。

　異なる加盟国を跨ぐ法人の組織再編等を促進するとの目的を有する「合併指令」（Council Directive 90/434/EEC of 23 July 1990 on the common system of taxation applicable to mergers, divisions, transfer of assets and exchanges of shares concerning companies from different Member States）11 条 1 項も、「加盟国は、合併、分割、資産の移転又は株式の交換が、(a)脱税又は租税回避を主要な目的又は主要な目的の一つとしているようであ

---

[1]　詳細は、松田・前掲『租税回避行為の解明』304〜312 頁参照。
[2]　原文は、"1. This directive shall not preclude the application of domestic or agreement-based provision required for the prevention of fraud or abuse. 2. Member States may, in the case of transaction for which the principal motive or one of the principal motives is tax evasion, tax avoidance or abuse, withdraw the benefits of this Directive or refuse to apply this Directive." である。

る場合、つまり、1条でいう業務の一つが、例えば、その業務に参画している法人の活動の再編又は合理化が、その業務が脱税又は租税回避をその主要な目的又はその主要な目的の一つとしていることが推定されるというように、正当な商業上の理由の下に実行されたわけではない事実があるような場合には、…諸規定に定めている全て又は一部の利益の適用を拒否又は撤回できる」と規定している[3]。

　上記の欧州理事会指令で採用されている租税回避行為等の否認基準は、「動機テスト」、「目的テスト」及び「正当な商業上の理由テスト」等であるが、これらの基準の有用性の大きさは、その解釈の如何によって少なからず異なったものとなるところ、基本的自由の権利確保を重視するECJは、加盟国の租税回避防止規定とEC条約等との関係や理事会指令等で採用されている上記の適用基準等も、かなり厳しく解釈しているとの指摘がされている[4]。かかる指摘の妥当性を示す代表例として、Leur-Bloem v. Inspecteur der Belastingdienst/Ondernemingen Amsterdam事件ECJ1997年7月17日判決（C-28/95）が挙げられる。本件では、オランダの1964年所得税法§14(b)に定める合併等に伴う株式譲渡益課税の繰延べが、その適用を狙って一時的に設立された事業実態のない法人が絡むケースに適用されないとする課税処分が合併指令に反するか否かが争点となっている。

　上記Leur-Bloem事件判決では、「…それゆえに事業実態のない新たに設立された持株会社が絡む株式交換という形で実行された合併又は再編も、正当な商業上の理由のために実行されたものとみなすことができる。…これは脱税又は租税回避の証拠を構成するものであるとしても、永久的ではなく限られた期間のための特定の事業体を設立する目的をもって株式の交換による合併を行うことには、正当な商業上の理由があることもあり得る」との見解の下[5]、加盟国は、それぞれのケースについて検討を行うべきであり、そのような検討を欠いたまま、一定の基準に従って全般的に一定の類型の事業活動に対し、税務上の利益の適用を自動的に排除する一般的なルールを設けることは、実際に脱税又は租税回避があったか否かに関係なく、脱税又は租税回避の防止に必要な範囲を超えることとなり、合併指令が追及する目的を毀損するものであると判示されている。

　X and Y v. Riksskatteverket事件ECJ2002年11月21日判決（C-436/00）も、租税回避防止規定の適用基準が厳格に解されている代表例として挙げられる。本件では、スウェーデンの所得税法§3(1)(h)の下、スウェーデン国民による法人株式の譲渡（低額譲渡等も含む）

---

3) 原文は、"A Member States may refuse to apply or withdraw the benefit of all or any part of the provisions … , where it appears that the merger, division, transfer of assets or exchange of shares : (a) has as its principal objective or as one of its objectives tax evasion or tax avoidance ; the fact that one of the operations referred to in Article 1 is not carried out for valid commercial reasons such as the restructuring or rationalization of the activities of the companies participating in the operation may constitute a presumption that the operation has tax evasion or tax avoidance as its principal objective or as one of its principal objectives." である。

4) Violeta Ruiz Almendral, Tax Avoidance and the European Court of Justice : What is at Stake for European General Anti-Avoidance Rules ?, Intertax, Vol. 33, Issue 12 (2005) pp.570-572参照。

5) 原文（パラ42）は、"… A merger or a restructuring carried out in the form of an exchange of shares involving a newly-created holding company which does not therefore have any business may be regarded as having been carried out for valid commercial reasons. … Even if this may constitute evidence of tax evasion or tax avoidance, it is nevertheless possible that a merger by exchange of shares with the aim of creating a specific structure for a limited period of time and not on a permanent basis may have valid commercial reasons." である。

第1節　租税回避行為による税源浸食への対応

の場合、その譲渡先が、その者が直接又は間接に株式を保有している国外法人である場合やその国外法人が直接又は間接に株式を保有している国内法人である場合には、そうでない国内法人に譲渡する場合と異なり、課税の繰延べが認められないため、スウェーデンの歳入法委員会によって、前者の場合に該当する本件取引は、譲渡益課税の対象となるとの予備的な決定が行われたことが問題となり、スウェーデンの最高行政裁判所が、このような取扱いを行う本規定は、設立の自由を定めるEC条約43条や資本移動の自由を定めるEC条約56条等に抵触するか否かについての判断をECJに求めたのが本事件である。

　EC条約43条は、「加盟国の国民がその他の加盟国の管轄地に設立する自由に対する制限は禁じられる。そのような禁止は、加盟国の国民が、その代理店、支店又は子会社を他のいずれの加盟国に設立することに対する制限にも適用される。設立の自由は、自営業者として事業を開始し、その活動を遂行する権利、また、特に、…法人や企業として、…事業を開始し、その事業を管理する権利を含む」と定めている[6]。EC条約56条2項は、「…加盟国間及び加盟国と第三国との間での資本の移動に関する全ての制限は禁止される」と規定しているが[7]、EC条約58条1項が、「56条の諸規定は、加盟国が以下のことを行う権利を毀損するものではない。(a)…、(b)特に、税の分野において法律や規則の違反を防止するのに必要な全ての手段を講じること、…あるいは、公的政策又は公衆の安全を根拠として正当化することができる手段を講じること」と定めている[8]。

　所得税法§3(1)(h)の下での上記のような取扱いの根拠としては、関連国外法人が絡む株式移転のケースの場合、スウェーデンでの課税ができずに税収が奪われるリスクがあるという点が挙げられているが、ECJは、上記判決において、「…加盟国の裁判所は、必要に応じ、事案ごとに、客観的な証拠をベースとして、当事者が依拠する共同体の法律規定の利益を否認するために、当事者において濫用又は詐欺的な行為があったかを考慮できるが、これの規定が追及する目的に照らして評価しなければならない」ところ[9]、本規定は、本件のようなケースを全般的に適用対象とするものであり、スウェーデンの税法を回避することを意図した全く人為的なスキームに税務上の利益を与えることを排除するという特定の目的の実現を行うものとはなっておらず、比例原則に反したものとなっていることから、本規定はEC条約43条等に抵触すると判示している。

---

6) 原文は、"... restriction on the freedom of establishment of nationals of a Member State in the territory of another Member State shall be prohibited. Such prohibition shall apply to restrictions on the setting-up of agencies, branches or subsidiaries by nationals of any Member State established in the territory of any Member State. Freedom of establishment shall include the right to take up and pursue activities as self-employed persons and to set up and manage undertakings in particular companies or firms ...."である。

7) 原文は、"... all restrictions on the movement of capital between Member States and between Member States and third countries shall be prohibited."である。

8) 原文は、"The provisions of Article 56 shall be without prejudice to the right of Member States : (a) ... (b) to take all requisite measures to prevent infringements of national law and regulations, in particular in the field of taxation, ... or to take measures which are justified on grounds of public policy and public security."である。

9) 原文(パラ42)は、"... , the national courts may, case by case, take account——on the basis of objective evidence——of abuse or fraudulent conduct on the part of the persons concerned in order, where appropriate, to deny them the benefit of the provisions of Community law on which they seek to rely, but they must nevertheless assess such conduct in the light of the objectives pursued by those provisions."である。

(2) EC条約等の下での包括的な否認規定・法理

イ）間接税の分野におけるEuro-GAAR

上記(1)から確認し得る通り、ECJは、理事会指令等が定める基本的自由の制約要件・基準をかなり厳格に解している。このような解釈上のスタンスは、加盟国の個別の税源浸食防止措置やTAAR等との関係だけでなく、包括的な否認規定・法理との関係においても基本的に維持されるものと考えられることから、特に、加盟国のGAARの制度設計や適用基準が、前述の理事会指令やECJ判決で示されている基準と異なるような場合には、そのEC条約等との抵触の問題が生じ得ると考えられる。確かに、EC条約等と抵触しないGAARがどのようなものであるのかは、上記の理事会指令及びECJ判決からも多少なりとも示唆されるが、最近では、一連のECJ判決等を通じて、加盟国が依拠することができる租税回避行為の一般的な否認基準となるEuro-GAARと位置づけられる原則が確立してきている。

Euro-GAARという観点から特に注目されるのは、Halifax Plc v. Customs & Excise事件ECJ 2006年2月21日判決（C-255/02）である[10]。本判決では、欧州理事会のVAT第6次指令（77/338/ EEC of 17 May 1977）17条等が定める仕入税額控除を濫用的なスキームに対して認めない処分の適法性を認めた英国の付加価値税審判所の判断の是非等が問題となっている[11]。本ECJ判決のパラ74及びパラ75では、税務上の利益の付与を拒否できる「濫用的な行為」であるか否かの判断基準（(i)まず、税務上の利益を付与することが第6次指令とその国内適用を認める規定等の目的に反すること（「客観テスト」）、(ii)次に、税法上の利益を得ることを根本的な目的としていることが、多くの客観的な要素から明らかであること（「主観テスト」）が示され[12]、本基準（以下「Halifax基準」という）に照らしてみると、本件スキームは、仕入税額控除の否認対象となる「濫用的な行為」に該当しているとの見解が示されている。

上記Halifax基準は、その後のECJ判決でも踏襲された。例えば、付加価値税の負担軽減を図る行為とVAT第6次指令との関係が問題となったMinistero dell'Economia e delle Finanze v. Part Service事件ECJ 2008年2月21日判決（C-425/06）のパラ45でも、「第6次指令が意味していることは、濫用的な行為の存在が認められるのは、問題となる単一の取引又は複数の取引が、税務上の利益を発生させることを主要な目的としている場合であると解すべきであるとした上で、イタリアの裁判所は、本件取引が濫用的な行為であるか否かを判断すべきであると判示されている[13]。Halifax基準は、加盟国の租税回避行為への対応のあり方にも大きな影響を及ぼしており、特に、法の濫用の法理と縁がなかった英国や、実質主義に基づく否認アプローチを包括的否認規定の制度設計上採用していたベルギー等では、Halifax基準が示されたことを受けて、伝統的な否認アプローチを少なから

---

10) 本判決のポイントは、松田・前掲『租税回避行為の解明』338～341頁参照。

11) VAT第6次指令17条2項(a)は、"In so far as the goods and services are used for the purposes of his taxable transactions, the taxable person shall be entitled to deduct from the tax which he is liable to pay." と定めている。

12) 原文は、"... an abusive practice can be found to exist only if, first, the transactions concerned, ... result in the accrual of a tax advantage the grant of which would be contrary to the purpose of those provisions. Second, it must be apparent from a number of objective factors that the essential aim of the transactions concerned is to obtain a tax advantage." である。

13) 本判決のポイントは、松田・前掲『租税回避行為の解明』348～351頁参照。

ず再構築する動きが生じている[14]。

ロ）直接税の分野におけるEuro-GAAR

　加盟国が依拠し得る直接税に係る租税回避行為の否認基準も明らかになってきている。かかる基準は、Cadbury Schweppes Overseas Ltd v. Commissioner of Inland Revenue事件ECJ 2006年9月12日判決（Case C-196/04）等に見出すことができる。本事件では、英国法人が支配する外国法人がダブリン金融センターに設立され、低税率の恩恵を受けていたところ、税務当局は、本被支配外国法人の設立は、かかる恩恵を受けることを唯一の目的とするものであるとの認定の下、1988年ICTA第17部（Tax Avoidance）第4章（Controlled foreign companies、§747-§756）及び同法スケジュール24-26）に定められていた英国のCFC税制（本税制は、その適用上、1988年ICTA§748（Limitation on direction-making power）(3)に定める「動機テスト」が重要な基準となっていた）に依拠した上で、本被支配外国法人の利益を本英国法人に配分した上で課税する処分を行ったことが問題となっている。

　上記判決では、1988年ICTA§747（Imputation of chargeable profits and creditable tax of controlled foreign companies）の下、英国の居住者が支配する低い税負担である外国の居住者である法人に対してCFC税制が適用されると、本条3項の下、関係する会計期間の当該法人の課税対象利益及び控除対象税は、同法§752（Apportionment of chargeable profits and creditable tax）に従い、当該法人の株主等に配分されるが、かかる制度設計の下では、その適用対象が「全く人為的なスキーム」に限定されておらず、しかも、租税回避の動機が存在していても、被支配外国法人が真正な経済活動を行っていることが、第三者によって確認が可能である客観的な要因に基づいて証明されるケースには適用されるべきではないところ、適用される限りは、設立の自由を定めるEC条約43条等に抵触すると判示されている[15]。

　特に、上記Cadbury Schweppes事件ECJ判決のパラ55では、「…設立の自由に対する制約を濫用的な慣行の防止という理由に基づいて正当化するためには、その制約の特定の目的は、その領土で実行される活動によって生じる利益に通常は課される税を回避するために、経済的な現実を反映しない全く人為的なアレンジメントを創造することを含む行為を防止することでなければならない」との見解・基準（以下「Cadbury Schweppes基準」という）が示されている[16]。その他の幾つかのECJ判決においても、直接税負担の回避を防止する機能を発揮する加盟国の制度・規定がEC条約等に抵触するか否かという点については、その制度・規定の適用対象が「全く人為的なアレンジメント」に限定されているか否かに基づいて判断すべきであるとする上記Cadbury Schweppes基準に依拠するのが妥当であるとする見解が、明示的又は黙示的に表明されている。

---

14) 詳細は、松田・前掲『租税回避行為の解明』341～348頁参照。
15) 本事件の概要は、松田・前掲『租税回避行為の解明』330頁参照。
16) 原文は、"… in order for a restriction on the freedom of establishment to be justified on the ground of prevention of abusive practices, the specific objective of such a restriction must be to prevent conduct involving the creation of wholly artificial arrangements which do not reflect economic reality, with a view to escaping the tax normally due on the profits generated by activies carried out on national territory."である。

例えば、法人グループ内で移転した損失の控除を国内の居住者である法人間のケースに限定して認めていた英国の1988年ICTA第4章（Group Relief）に定めるグループ控除制度が、EC条約43条等に抵触するか否かなどの点が問題となったMarks & Spencer plc. v. David Halsey（Her Majesty's Inspector of Taxes）事件ECJ判決（C-446/03）では、パラ49において、非居住者である法人の損失を居住者である法人に移転することによってグループ内での損失の移転が可能となり得るとの租税回避のリスクがあることを認めながらも、パラ53では、そのリスクに対処するという目的を達成するのに必要な程度を超えて制約を加えるものであってはならないとした上で、パラ57では、「…加盟国は、その税法を欺く又は回避することを目的とする全く人為的なアレンジメントへの税務利益の付与をしないとの特定の目的を有するルールを自由に採用・維持することができる」との見解が示されている[17]。

英国の過少資本税制とEC条約43条等との関係が問題となったTest Claimants in The Thin Cap Group Litigation v. CIR事件（C-524/04）に対する2006年6月29日Geelhoed法務官意見でも、パラ62において、「裁判所は、多くの機会において、加盟国は、原則として、法の濫用を防止するために、さもなければ差別的となる直接税に係る手段を講じることが正当化されることを確認している」とした上で[18]、パラ63では、そのような正当化が可能なのは、納税者に認められる税負担軽減行為は、それが全く人為的なものではないケースに限定されるからであるとの説明がされており、また、本事件に対するECJ 2007年3月13日判決でも、パラ72において、「確立した判例法によると、設立の自由を制限する国家の手段は、それが関係する加盟国の法令を回避することを意図した全く人為的なアレンジメントを特に対象としている場合に正当化することが可能であることが指摘されなければならない」と述べられている[19]。

(3) Euro-GAARの適用基準に係る不透明性

イ）「目的テスト」のハードルの高さに係る不透明性

上記(2)で示した通り、Halifax基準及びCadbury Schweppes基準は、EU加盟国において、国際的な租税回避行為による税源浸食を防止する上で依拠し得る包括的な否認・濫用防止基準としての地位を確立してきているが、その適用基準の詳細は必ずしも十分に明らかではないとの問題がある。かかる不透明性の問題は、Halifax基準の場合、特に、「主観テスト」の適用上のメルクマールである「税法上の利益を得ることを根本的な目的としている」という文言が、異なる判決において、あるいは同一の判決の異なる判示部分において、必ず

---

17) 原文は、"... Member States are free to adopt or to maintain in force rules having the specific purpose of precluding from a tax benefit wholly artificial arrangements whose purpose is to circumvent or escape national tax law." である。本判決のポイントは、松田・前掲『租税回避行為の解明』328～330頁参照。

18) 原文は、"The Court has on numerous occasions recognized that, in principle, Member States may be justified in taking otherwise-discriminatory direct tax measures in order to prevent abuse of law (...)." である。

19) 原文は、"It must be pointed out that, according to established case-law, a national measure restricting freedom of establishment may be justified where it specifically targets wholly artificial arrangements designed to circumvent the legislation of the Member States concerned." である。本判決のポイントは、松田・前掲『租税回避行為の解明』343頁参照。

しも全く同一ではない文言に置き換えられているという事実に起因して生じているが、Cadbury Schweppes基準の場合も、「税法を欺く又は回避することを目的とする全く人為的なアレンジメント」という文言に関して、およそ同様な事実が認められることなどに起因して生じている[20]。

例えば、Halifax事件ECJ判決のパラ74～75では、前述の通り、「…濫用的な行為が存在するために、まず、…次に、問題の取引の根本的な目的が税務上の利益を得ることであることが多くの客観的な要素から明らかでなくてはならない。法務官意見のパラ89で述べられているように、濫用の禁止は、実行された経済活動が単に税務上の利益を得ること以外の説明が可能である場合には無関係である」との見解が示されたが[21]、前述のPart Service事件では、「濫用的な行為」が存在するのは、問題の取引の目的が税務上の利益を得ることを「主要な目的」としている場合か、それとも、「唯一の目的」としている場合に限定されるのかとの疑問が投げ掛けられている。かかる疑問に対し、本事件判決のパラ45では、前述の通り、「…濫用的な行為の存在が認められるのは、問題となる単一の取引又は複数の取引が、税務上の利益を発生させることを主要な目的としている場合であると解すべきである」との見解が示されている[22]。

他方、例えば、関連会社を利用して付加価値税の実効性を阻害する一定の行為を容認しない旨を定めるイタリアの法令（Ministerial Decree of 13 Dec. 1979）と第6次指令との関係が問題となったAmpliscientifica Srl, Amplifin SpA v. Ministero dell'Economia e delle Finanze, Agenzia delle Entrante事件ECJ 2008年5月22日判決（C-162/07）では、パラ27において、権利の濫用を禁止する原則は、特に、付加価値税の分野において、共同体法が経済的活動による濫用的な行為、つまり、通常の商業活動として実行された取引ではなく、共同体法が定める利益を不当に得ることを唯一の目的とする行為が適用対象とならないことを意図していると述べた上で、パラ28において、「したがって、その原則の効果は、経済的事実を反映しておらず、しかも、税務上の利益を得ることを唯一の目的として準備された全く人為的なアレンジメントを禁止することである」との見解が示されている[23]。

しかも、上記Amplifin SpA事件ECJ判決では、上記パラ27と同様な見解は、Halifax判決パラ69及び67で示されており、また、上記パラ28と同様な見解は、Cadbury Schweppes事件ECJ判決のパラ55で示されているとの説明がされているが、その他のECJ判決の中には、Cadbury Schweppes基準でいう「全く人為的なアレンジメント」というメルクマールの解釈に際しては、上記Amplifin SpA事件ECJ判決の見解（「…税務上の利益を得ることを唯一の目的として…」）に立脚するのが妥当であるとの立場に立っているとは言い難い表現振りを採用しているものも見受けられる。例えば、上記Test Claimants事件ECJ判

---

20) 詳細は、松田直樹「濫用防止規定に関する意見交換──論文（「仏租税条約の受益者規定の実際の有効性」）を題材として」税大ジャーナル13号（2010）113～117頁参照。

21) 後半部分の原文は、"As the Advocate General observed in point 89 of his Opinion, the prohibition of abuse is not relevant where the economic activity carried out may have some explanation other than the mere attainment of tax advantages."である。

22) 原文は、"... the Sixth Directive must be interpreted as meaning that there can be a finding of an abusive practice when the accrual of a tax advantage constitutes the principal aim of the transaction or transactions at issue."である。

23) パラ28の原文は、"The effect of that principle is therefore to prohibit wholly artificial arrangements which do not reflect economic reality and set up with the sole aim of obtaining a tax advantage."である。

決（C-524/04）のパラ81では、「…独立企業間とは異なる条件…という事実は、問題の取引が、その全体又は一部において、加盟国の税法を回避することを根本的な目的とする純粋に人為的なアレンジメントであるか否かを判断する上で単独で証明し得る客観的な要素となる」との表現がされている[24]。

ロ）「目的テスト」の本質と否認方法に係る不透明性

上記の通り、Halifax基準及びCadbury Schweppes基準の下では、租税回避以外の目的の存在をその適用上どのように解するかによって、問題となる取引等が濫用的な行為であるか否かに係る判断が異なったものとなり得るとの不確実性がある。かかる不確実性は、未だ十分に払拭されてはいないが、少なくとも、いずれの基準も、目的テストに依拠しており、しかも、その本質が、納税者の租税回避に関する個人的な主観・動機の如何によって租税回避目的であるか否かを判断する純粋な「動機テスト」とは異なったものであることは明らかである。実際、Halifax事件判決のパラ74～75では、前述の通り、租税回避目的の有無は、多くの客観的な要素に基づいて行うとの見解が示されており、また、Cadbury Schweppes基準の下でも、上記の通り、Test Claimants事件ECJ判決（C-524/04）のパラ81では、租税回避目的であるか否かの判断を客観的な要素に基づいて行うとされている。

特に、Cadbury Schweppes事件ECJ判決のパラ64～65では、全く人為的なアレンジメントが存在するか否かの判断には、税務上の利益を得るとの意図の中に存在する主観的な要素に加え、設立の自由が追求する目的が達成されているか否かという客観的な状況の存在が求められるため、かかる状況の下では、CFCに関する法令が共同体法に合致するには、その法令に定める課税は、税務上の動機があっても、CFCの設立が経済的実態を反映している場合には、排除されなければならないとの見解が示され、また、本事件に対する2006年3月2日Leger法務官意見でも、パラ115において、「…全く人為的なアレンジメントの存在は、親会社が、その母国で税負担の軽減を得ることが目的であると公言していることから推認できるものではない」とした上で[25]、パラ117において、「したがって、国家の税法の回避を意図する全く人為的なアレンジメントは、客観的な要素に基づいてのみ立証し得る」との見解が示されている[26]。

上記の通り、Halifax基準及びCadbury Schweppes基準が依拠する「目的テスト」の本質が純粋な「動機テスト」でないことは明らかとなっているが、双方が依拠する「目的テスト」が全く同様なものか否かを巡っては議論の余地がある。例えば、ドイツ関税当局による輸出還付の拒否が、「農業生産輸出還付制度に係る共通の詳細ルールを制定する1979年11月29日付欧州委員会規則」に反するか否かなどが問題となったEmsland-Stärke事件

---

24) 当該括弧部分の原文は、"The fact that … terms which do not correspond to those … at arm's length constitutes, an objective element which can be independently verified in order to determine whether transaction in question represents, in whole or in part, a purely artificial arrangement, the essential purpose of which is to circumvent the tax legislation of that Member State." である。

25) 原文は、"… the existence of a wholly artificial arrangement cannot be inferred from the parent company's avowed purpose of obtaining a reduction of its taxation in the State of origin." である。

26) 原文は、"A wholly artificial arrangement intended to avoid national tax law can therefore be established only on the basis of objective factors." である。

第 1 節　租税回避行為による税源浸食への対応

ECJ 2002年12月14日判決（C-110/99）及び付加価値税の文脈で示されたHalifax事件ECJ判決が[27]、Cadbury Schweppes事件ECJ判決及びTest Claimaints事件ECJ判決（C-524/04）で示された判例法と異なっていることは、後者の場合、取引が人為的とみなされると、その適用上、納税者の主観的な意図は関係ないが、前者の場合、問題となる取引の異常性から推認される納税者の意図は、その適用上関係があることからも確認できるとの指摘がされている[28]。

　上記とおよそ同様な見解の下、納税者の税負担軽減という動機は、直接税の分野における濫用の概念上、もはや重要ではないが、付加価値税の分野では、Halifax基準によって、Emsland-Stärke事件ECJ判決で示された権利の濫用の概念が依拠する目的テストが「客観的要因」（「利益を享受するための条件が人為的に創造されていること、すなわち、経済的な目的からではなく、共同体の財政から利益を得ることを唯一の目的とする取引であること」）と「主観的要因」（「共同体の法律や規則等の目的と両立しない経済・財政上の利益を得ることを基本的な目的として実行された商業取引であること」）の双方を包含しているとの見解は修正を受けたものの[29]、動機テスト及びアレンジメントの異常性の概念は、依然として有効なままであるとの指摘もされている[30]。

　Halifax基準及びCadbury Schweppes基準の適用基準に係る不透明性は、その否認方法であるアレンジメントの引直し・再構築の仕方との関係でも認められる。例えば、Halifax事件ECJ判決では、パラ98において、「…濫用的な慣行が存在することが確認された場合、関係する取引は、その濫用的な慣行を構成する取引がなかったならば生じたであろう状況を成立させるために定義し直しをしなければならない」との見解が示されているが[31]、Cadbury Schweppes事件ECJ判決では、英国のCFC制度の下でその他の加盟国に設立された被支配企業の利益を英国の課税ベースに組み込むことがEC条約43条等に抵触しないための条件を示しているパラ75において、その条件とは、「…そのような組込みを行うことが通常支払うべき税負担を回避することを意図した全く人為的なアレンジメントのみを対象とする場合である…」と述べるにとどまっている[32]。

　上記の点を踏まえると、Halifax基準の下では、その適用対象となった濫用的なアレンジメントから濫用的な慣行を取り除いた場合に生じるであろう税務上の取扱いに基づいて税負担額の決定を行うというアプローチが採用されると考えられるが、かかるアプローチの下では、通常、さもなければ適用される付加価値税に係る優遇措置や控除等の適用が認められないということになるものと考えられる。他方、Cadbury Schweppes基準の下では、何が「通常支払うべき税負担」を構成するのかが、必ずしも十分に明らかではないケース

27）　Emsland-Stärke事件のポイントは、松田・前掲『租税回避行為の解明』333～334頁参照。

28）　Paolo Piantavigna, Tax Abuse in European Union Law: A Theory, EC Tax Review (June 2011) pp. 144-145参照。

29）　詳細は、松田・前掲『租税回避行為の解明』334頁、339頁参照。

30）　Adam Zalasinski, The principle of Prevention of (Direct Tax) Abuse: Scope and Legal Nature-Remarks on the 3 M Italia Case, European Taxation, Vol. 52, No. 9 (2012) p. 452参照。

31）　原文は、"... where an abusive practice has been found to exist, the transactions involved must be redefined so as to re-establish the situation that would have prevailed in the absence of the transactions constituting that abusive practice."である。

32）　原文は、"... unless such inclusion relates only to wholly artificial arrangements intended to escape the national tax normally payable. ..."である。

があり得ると想定される。つまり、「全く人為的なアレンジメント」の存在が認められたとしても、そのアレンジメントが享受することを意図した税務上の利益を否認する場合、どのような方法で否認すべきであるのかに係る指針となる見解が殆ど示されていないことから、その否認方法・アプローチには不透明・不確実な要因がより多く存在するとの状況が生じ得ると考えられる。

(4) Halifax基準とCadbury Schweppes基準の関係
　イ）同質性の如何を巡る議論
　上記の通り、Halifax基準及びCadbury Schweppes基準には不透明な部分があり、しかも、Halifax基準が示されたのは間接税の分野であり、Cadbury Schweppes基準が示されたのは直接税の分野であるという違いがある。しかし、双方の基準は多くの点で類似している。かかる類似性は、例えば、上記Thin Cap事件（C-524/04）に対するGeelhoed法務官意見（「法の濫用を防止するために、加盟国は、さもなければ差別的となる直接税に係る手段を講じることが、原則として、正当化されるということは、多くのECJ判決で示された認識であり…、この点は、最近、Marks & Spencer事件判決で明確に示されているが、本判決で示された国境を跨いだ損失の控除を制限する国内法上のルールは、原則として、租税回避のリスクによって正当化することができる…という認識も、…Halifax事件判決及びその他の税以外の分野に関する多くのECJ判決に表れている」）からも確認することができる[33]。

　Hans Markus Kofoed v. Skatteministeriet事件（C-321/05）に対する2007年2月8日Kokott法務官意見も、Halifax基準とCadbury Schweppes基準がおよそ同様なものであることを示唆している。本件では、デンマーク法人とアイルランド法人の株式交換に起因する利益に対するデンマーク税法（株式譲渡益への課税を定めるAktieavancebeskatningslov及び合併の税務上の取扱いを定めるFusionsskattelov）に基づく課税が、合併指令に反するか否かが問題となっているが、法務官は、本指令11条1項(a)について[34]、「本規定は、結局、一貫性のある判例法が認める原則、つまり、共同体法は、詐欺的又は濫用的な目的のために依拠できず、また、共同体法の範囲は、経済的な活動を濫用する部分、つまり、通常の商業上の取引という文脈ではなく、共同体法が定める利益を不当に得ることを唯一の目的として遂行された活動を包含するように広げることは決して認めないことを表現している」との見解を示している[35]。

　確かに、Halifax基準とCadbury Schweppes基準の類似性を印象づける上記の見解等も、上記(3)で述べたような双方の適用基準に係る不透明性・微妙な差異を強調する見解を採用

---

33) 当該箇所（パラ62）の原文は、松田・前掲『租税回避行為の解明』355頁参照。
34) 合併指令11条1項(a)の規定振りは、本節1(1)及び脚注3参照。
35) 本意見の当該箇所（パラ57）の原文は、"That provision constitutes ultimately an expression of the principle which is recognized also in consistent case-law: Community law cannot be relied on for fraudulent or abusive ends. The scope of Community law must in no case be extended to cover abuses on the part of economic operations, that is to say, activities not carried out in the context of normal commericial transactions, but solely for the purpose of wrongfully obtaining advantages provided for by Community law." である。これらの二人の法務官意見は、Halifax基準とCadbury Schweppes基準が全く同じものではないにしても、実質的には同じ基準の裏返しであることを示唆しているとの指摘は、Rami Karimeri, A Critical Review of the Definition of Tax Avoidance in the Case Law of the European Court of Justice, Intertax（June 2011）p. 309参照。

第1節　租税回避行為による税源浸食への対応

する側からは十分に説得力のあるものではないとの見方もある[36]。例えば、双方の基準が依拠している「目的テスト」の本質が異なっていること、また、「全く人為的なアレンジメント」とHalifax基準の対象となる異常性のあるアレンジメントとは実際上同じではないなどの見解の下、双方の基準は本質的に異なるとの主張も見受けられる[37]。しかし、ECJの判決の中には、双方の基準が同質のものであることを示唆するものが数多く存在しており、その同質性はEU法の下でも妥当するほか、もし、ECJが直接税と間接税における法の濫用に対して異なる意味を付与することを意図していたとするならば、ECJが、直接税が問題となった裁判と間接税が問題となった裁判で用いた文言を相互に利用・参照したことの意味がなくなるなどの意見にも説得力がある[38]。

ロ）3M事件ECJ判決の見解

Ministero dell'Economia e delle Finanze, Agenzia delle Entrate v. 3 M Italia SpA事件ECJ 2012年3月29日判決（C-417/10）も、Halifax基準とCadbury Schweppes基準との関係を巡る議論に決着を付けるものではないが、重要な相違点を強調している。本件では、米国法人Aが支配する3M Italia社の株式に係る権利（usufruct）を米国法人Bのために設定し、法人Bは、その権利を別のイタリア法人に譲渡をした後、3M Italia社は、そのイタリア法人に支払った配当に係る源泉税を10％の率で徴収したところ、税務当局は、(i)本件取引は税務上の利益を得ることを目的とした欺瞞であり、本件配当の実質的な受領者は米国法人Bであるとの判断の下、本件配当を32.4％の率の源泉税の対象とする処分を行ったが、本件では、(ii) 3M Italia社が、法令（Article 3 (2bis) (b) of Decree-Law No. 40/2010）に依拠して一定金額の納付による本件の終結を希望したため、本法令とEU条約等との関係も問題となっている。

上記(i)（「欺瞞」に基づく課税処分）とEC条約等との関係は、Halifax基準が直接税の分野にも適用され得るかという点で問題となり、上記(ii)（訴訟終結）とEC条約等との関係は、特に、「欧州連合の機能に関する条約」（Treaty on the Functioning of the European Union, TFEU）107条1項（Treaty Establishing the European Community, TEC）が、「条約が別途定める場合を除き、加盟国又はその財源を通じて付与される支援は、如何なるものも、競争を歪める又は歪める虞がある形で一定の事業又は物の生産を優遇するように加盟国間の取引に影響を与える限り、EUの国内市場と両立しない」と定めている点で問題となっている。また、上記(i)と(ii)は、EU条約4条（Relations between the Union and the Member States）3項（旧TEC10条）が、「…加盟国は、EUの任務の達成を促進し、その目的の達成を阻害し得る手段を講じることを控える」と規定している関係上[39]、本規定との関係でも問題となっている。

具体的には、イタリアの最高裁は、上記3M Italia事件において、上記(i)（「欺瞞」に基

---

36) 同様な指摘は、Greg Sinfield, The Halifax Principle as a Univertsal GAAR for Tax in the EU, British Tax Review, No. 3 (2011) p. 243参照。

37) Zalasinski, *supra* "The Principle of Abuse" pp. 452-453参照。

38) Adolfo Martin Jimenez, Towards a Homogeneous Theory of Abuse in EU (Direct) Tax Law, Bulletin for International Taxation, Vol. 66, No. 4/5 (2012) pp. 270-291参照。

39) 原文は、"... The Member States shall facilitate the achievement of the Union's tasks and refrain from any measures which could jeopardise the attainment of the Union's objectives." である。

づく課税処分)との関係では、直接税の分野でも、Halifax事件ECJ判決等で示された権利の濫用の禁止の原則は適用されるのか、また、上記(ii)(訴訟終結)との関係では、本件のような「欺瞞」に該当する取引に対しては、EU条約4条3項の下、濫用防止の観点から適切な対応を行うことが加盟国の義務であって、その義務にもかかわらず、本件取引を本法令が定めるタックス・アムネスティの対象とすることは、EUの目的の達成を阻害し、本条に違反するとみなすべきであるのかとの観点から疑問を投げ掛けているが、上記ECJ判決では、上記(ii)に関しては、そのような紛争終結を認める法令の適用は、特定の納税者に限定されるわけではないことから、無差別取扱い、国家補助の禁止の原則及びEU条約4条に反しないと判示されている。

上記ECJ判決では、上記(i)(「欺瞞」に基づく課税処分)と権利の濫用の禁止の原則及びEU条約4条3項との関係については、「…本件での争いは、納税者が、詐欺的又は濫用的な目的に対し、EU法に依拠する又は依拠する義務があるというケースには該当しない。したがって、調和が未実現の分野にも拡張されるか否か…に不透明性があることの関連上…Halifax事件判決等での判断は、本件では関係がない」ほか[40]、本件課税処分の根拠規定が設立の自由を制限する効果を生むことを示す資料もないため、Cadbury Schweppes事件ECJ判決で示された直接税における権利の濫用の原則も、本件では無関係であるが、「結局、いずれにしても、直接税の分野で濫用的な慣行を防止すること、また、EU法が関係しないケースでは、そのような慣行から課税対象取引が生じる場合、本件のような規定の適用を排除することを加盟国に義務づけるような一般原則が、EU法に存在しないことは明らかである」との見解が示されている[41]。

上記3M Italia事件ECJ判決で示された見解(「直接税の分野で濫用的な慣行を防止すること…を加盟国に義務づける一般原則が、EU法に存在しない」)と前述のHalifax事件ECJ判決の見解(「…濫用的な慣行が存在することが確認された場合、関係する取引は、その濫用的な慣行を構成する取引がなかったならば生じたであろう状況を成立させるために定義し直しをしなければならない」)を比べると[42]、特に、双方の基準の差異・異質性が強調されるが[43]、かかる差異は、単に双方の基準の適用対象となる各々の税の分野での加盟国の税制の調和・統合の程度の差を反映しているにすぎないと解することもできよう。かかる解釈に立脚すると、直接税の分野での税制統合に向けた動きが進展するに伴い、その類似性は、より顕著なものとなると想定されるが、以下の2では、このような動きを牽引しているものに目を向け、実際、このような動きによって、双方の基準の類似性は、より顕著なものになっているのかなどを探る。

---

40) 原文(パラ30)は、"... the dispute in the main proceedings is not one in which taxpayers rely or are liable to rely on a provision or European Union law for fraudulent or abusive ends. Consequently, the judgments in Halifax and others ... in connection with its uncertainty as to whether ... those judgments extends to the field of non-harmonized taxes, are not relevant in the present case." である。

41) 原文(パラ32)は、"... it is clear that no general principle exits in European Union law which might entail an obligation of the Member States to combat abusive practices in the field of direct taxation and which would preclude the application of a provision such as that at issue in the main proceedings where the taxable transaction proceeds from such practices and European Union law is not involved." である。

42) 原文は、本節1(3)・脚注31)参照。

43) 例えば、Zalansinski, *supra* "The Principle of Prevention of Abuse" pp. 446-454参照。

2．CCCTB指令案80条と欧州委員会提案のGAAR

(1) CCCTB指令案の位置づけと特徴

　直接税の分野での税制統合に向けた最近の動きを牽引している代表例が、欧州委員会が2011年3月に発表したCCCTB指令案（"Proposal for a Council Directive on a Common Consolidated Corporate Tax Base", COM (2011) 121/4）である。本指令案の成否に係る最終決定は、欧州理事会での全会一致による採択を必要とし、しかも、指令案のメリットを十分に生かすためには、多くの加盟国による参画が必要となると考えられているところ、一部の加盟国は、その課税権の侵害の問題や税収の減少可能性等を理由として、本指令案に同意しない可能性もある。したがって、その採用に向けての道のりは必ずしも平坦ではないと考えられるが、TFEUの20条（Provisions on enhanced cooperation）3項が定めている通り、本案に反対する加盟国があっても、最終手段として、9加盟国以上の参加が確保できれば、「高められた協力」体制の下[44]、同意する加盟国間で本案が成立することもあり得る。

　CCCTB指令案の下では、一定の株式保有要件又は利益配分比率等を満たすグループ内法人のEU域内活動に係る統一された課税ベースの選択が可能となるため、(i)法人申告書が、各国別ではなく、一本化されてコンプライアンス・コストが削減できる、(ii)法人グループの損益が相殺できる、(iii)グループ内法人間の取引では移転価格問題が発生しないなどのメリットが生じるため、欧州での企業活動を行うことの魅力が大いに高まる。本指令案の下、移転価格問題が消滅するのは、独立企業基準に従った取引毎の価格設定を密接に統合した法人グループに適用するのは適切ではないとの考えの下、法人グループのEU域内での連結損益が、そのグループの企業の活動拠点が存在する加盟国に対し、「定式配分方式」（配分の決定上考慮される要素は、資産、労働力及び売上額）に従って配分され、関係各加盟国では、各配分額に対し、その加盟国が定める税率を適用して納付すべき法人税額が決定されるからである。

　勿論、CCCTB指令案が濫用されて、加盟国の税源が浸食される可能性もあることから、税源浸食を防止するための措置を盛り込むことも必要となるところ、上記CCCTB指令案でも、濫用を防止するとの公共の利益とEU域内での国境を跨ぐ活動に対する不相当な制約を排除する必要性の適切なバランスを確保することが肝要であるとの考えの下[45]、ECJが租税回避回避行為への対応のあり方に関して示した諸々の原則やEC条約上の要件を踏まえた上で[46]、第14章では、これらの原則及び要件と抵触しない制度設計に依拠する個別の濫用防止規定として、81条（Disallowance of interest deductions）、82条（CFC rules）及び83条（Computations）が手当てされている。これらの濫用防止規定の下では、第三

---

[44]　本条の関係箇所（2項の前段）は、"The decision authorizing enhanced cooperation shall be adopted by the Council as a last resort, when it has established that the objectives of such cooperation cannot be attained within a reasonable period by the Union as a whole, and provided that at least nine Member States participate in it." と定めている。

[45]　欧州委員会資料（The application of anti-abuse measures in the area of direct taxation-within the EU and in relation to third countries, COM (2007) 785 final) p. 2参照。

[46]　欧州委員会資料（Common Consolidated Corporate Tax Base Working Group, CCCTB/WP065/doc/en) p. 2参照。

国に対する利払いの控除による利益剥がし、利子の二重控除を狙ったスキーム及び法人グループ内の租税回避を意図した資産移転等も否認の対象となるものと考えられる[47]。

CCCTB指令案第14章では、上記の個別の濫用防止規定に加え、80条（General anti-abuse rule）が措置されている。本条は、「課税を免れることを唯一の目的として実行された人為的な取引は、課税ベースの計算の目的上無視される。第1項は、納税者が同じ商業上の結果を有するが異なる課税対象額を生じさせる二つ又はそれ以上の可能な取引に関する納税者の選択が可能である真正な商業上の取引には適用されない」と定めている[48]。CCCTB指令案作成の過程では、個別の濫用防止規定に加えて、GAARも盛り込むべきであるか否かを巡って議論があったが、最終的には、大半の加盟国が個別の濫用防止規定とGAARの双方を有しているところ、双方を盛り込むことによって、特定の典型的な濫用には前者が適用され、共通のルールを策定する際に予見できないような濫用には後者が適用されるというコンビネーションを税務当局に提供することが望ましいとの見方が採用された形となっている[49]。

(2) CCCTB指令案80条の制度設計

イ) 1項の解釈を巡る議論

上記のような見方を反映して手当てされたGAARであるCCCTB指令案80条は、(i)経済的実質を欠く取引に焦点を合わせたものであり、また、租税回避とECJが発展させた「全く人為的なアレンジメント」という概念を暗に関連づけたものであることから、タックス・プランニングが真に事業行為の要素を有している限りは、そのスキームが税負担の軽減を意図しているか否かに関係なく、原則として容認され、それらが無視されるのは、納税者が、その活動の商業上の正当化を行うための証拠を提供しない場合であるとの説明がされている[50]。しかし、このような適用基準・制度設計に依拠するGAARは、納税者に対して広範なタックス・プランニングの機会を認めることとなるとの意見があるほか[51]、そもそも、このような適用基準・制度設計が、EC条約等で採用されている租税回避行為の否認基準やECJ判決で示された租税回避行為の否認基準等を的確に反映したものとなっているかという点に関しても疑問を呈する向きが少なくない。

特に、CCCTB指令案80条1項（「課税を免れることを唯一の目的として実行された人為的な取引は、課税ベースの計算の目的上無視される」）の下では、その適用対象範囲が狭くなり過ぎるのではないかと考えられる。実際、CCCTB指令案の検討グループにおける

---

47) これらの濫用防止規定が対象とすると想定されている租税回避等の詳細は、欧州委員会資料（Workshop on the Common Consolidated Corporate Tax Base, Ref. Ares (2010) 579132-10/09/2010) pp. 4-9 参照。
48) 原文は、"Artificial transactions carried out for the sole purpose of avoiding taxation, they shall be ignored for the purposes of calculating the tax base. This first paragraph shall not apply to genuine commercial activities where the taxpayer is able to choose between two or more possible transactions which have the same commercial result but which produce different taxable amounts." である。
49) 前掲・欧州委員会資料（CCCTB/WP065/doc/en) pp. 2-3 参照。
50) 前掲・欧州委員会資料（Ref. Ares (2010) 579132-10/09/2010) p. 4 参照。
51) Proposals for a Council Directive on a Common Consolidated Corporate Tax Base ('CCCTB'). Comments by Peter Adriaansen, Hans Bakker, Imme Kam, Thies Sanders, Paul Simonis, Matthijs Vogel, Jochem van der Wal and Dennis Weber, Highlights & Insights on European Taxation (June 2011) p. 58, Kluwer参照。

議論の中でも、本指令案80条の制度設計上、その適用範囲を広くすることが肝要であるとの考えの下、「唯一の目的」という文言を「主要な目的」("main purpose")という文言に代えることを提案する向きもあった[52]。このような提案が決して不合理でないことは、諸外国のGAARの下では、課税を免れることが「唯一の目的」でなくとも、課税を免れることが「主要な目的」又は「主要な目的の一つ」等であれば、否認の対象とする上で十分なものとなっているとの指摘がされていることなどからも確認することができる[53]。

　欧州理事会指令でも、本節1(1)で述べた通り、合併指令11条1項(a)や利子・ロイヤルティ指令5条2項では、「主要な目的又は主要な目的の一つテスト」が採用されていることに鑑みると、CCCTB案80条が「唯一の目的テスト」を採用していることは、欧州理事会指令との整合性という観点からも妥当ではないと解する向きもあろう。確かに、ECJ判決という文脈では、本節1(2)ロで示した通り、Cadbury Schweppes基準が依拠する「目的テスト」の本質が、「唯一の目的テスト」であるのか、それとも、「根本的な目的テスト」であるのかという点を巡って議論があるが、本案80条は、Cadbury Schweppes基準の誤った解釈に立脚するものとなっているため、ECJ判決で示された濫用原則の基準及びその進化の現状を忠実に反映していないとの見方もある[54]。

　他方、例えば、前述のCadbury Schweppes事件ECJ判決のパラ64～65(「全く人為的なアレンジメントが存在するか否かの判断は、…税務上の動機が存在していても、CFCの設立が経済的実態を反映している場合には、排除されなければならない」)及び本事件に対するLeger法務官意見パラ115(「全く人為的なアレンジメントの存在は、親会社がその母国において税負担の軽減を得ることが目的であると公言していることから推認することはできない」)等は、Cadbury Schweppes基準の下では、「全く人為的なアレンジメント」に該当するか否かは、単に「目的テスト」に基づいて判断されるわけではないことを示唆しているのに対し、CCCTB指令案80条1項は、人為的な取引が否認の対象となるか否かを「目的テスト」のみに基づいて判断するため、その射程範囲は、Cadbury Schweppes基準の射程範囲よりも広いと見ることも可能である。

　また、CCCTB指令案80条1項で採用されている「人為的な取引」に含まれる租税回避行為には、理論上、Cadbury Schweppes基準でいう「全く人為的なアレンジメント」に該当しないものも含まれ得ることから、この点も前者の適用範囲の方が相対的に広いと解し得る根拠となり得る。これに対し、そもそも、課税を免れることを唯一の目的としている人為的な取引であるならば、通常、Cadbury Schweppes基準でいう「全く人為的なアレンジメント」に該当するのではないかとも考えられることから、このような考え方に立つと、CCCTB指令案80条1項の規定振り及び制度設計は、その否認対象とするアレンジメントが、Cadbury Schweppes基準の下で否認対象とされるアレンジメントと全く同じものとはなっていないとしても、双方の適用対象範囲は、実際上、殆ど同じであり、また、CCCTB指令案80条1項は、Cadbury Schweppes基準をかなり忠実に反映した制度設計を

---

52) 欧州委員会資料(Summary Record by the Chair of the Common Consolidated Corporate Tax Base Workshop, CCCTB/20101020 summary) p. 4参照。

53) Peter Harris, The CCCTB GAAR : A Toothless Tiger or Russian Roulette ? (http://www.jur.uva.nl/template/downloadAsset.cfm?) 参照。

54) Jimenez, supra "Towards a Homogeneous Theory of Abuse" p. 284参照。

第3章　EUの対応策の分析

採用しているということとなろう。

ロ）1項の修正案と2項の位置づけ

上記の通り、CCCTB指令案80条1項とCadbury Schweppes基準の適用範囲の異同を巡っては異なった見方があるものの、前者は「唯一の目的テスト」を採用している点に鑑み、その適用範囲は、後者に具現している直接税の分野におけるEuro-GAARの適用範囲よりも狭い、つまり、前者の適用基準は、後者の適用基準と比較した場合、より厳格なものとなっていると見る余地もある中、欧州議会は、2011年11月、本指令案の一部修正を承認する決議（"Draft European Parliament Legislative Resolution"）を行い[55]、また、2012年4月には、かかる修正を加えたCCCTB指令案をその成立の5年経過後には大企業に対して強制的に適用する決議を採択しているが、承認決議された本修正案の中には、本指令案80条1項の適用範囲を広げる方向性に則った修正を行う案も含まれている。

欧州議会が採択した修正CCCTB指令案に含まれている80条修正案では、欧州委員会が示した同条の制度設計は、その適用範囲が狭くなりすぎるために租税回避に十分に対処できないとの考えの下、「課税の回避を主たる目的（"mainly for the purpose of avoiding taxation"）として実行された人為的な取引は、課税ベースの計算の目的上無視される」と定めている。かかる制度設計を正当化する理由としては、そもそも、包括的な否認規定の下、事実に関する側面と動機の側面の双方を考慮に入れることは妥当な否認アプローチではあるところ、事実に関する側面上、人為的な取引が実行され、また、動機の側面上、租税回避の意図が明らかに存在しているならば、その否認を行う上で十分であるとの考えを「議会報告者」（Rapporteur）が有している点が挙げられている[56]。

「欧州理事会議長」（Presidency of the Council of European Union）も、欧州委員会が示しているCCCTB指令案80条には問題があるとの考えの下、2012年に示した意見書（doc. 8387/12 FISC 49）において、その制度設計を変更する案を示している。具体的には、「人為的な取引」という文言と「唯一の目的テスト」を採用している本指令案80条は、その適用範囲が狭いと考える加盟国が少なからず存在しているとの点に言及した上で、「取引又は一連の取引が租税回避を唯一又は主要な目的として実行された場合、その取引は、課税ベースの算定の目的上無視され、その課税ベースは、本指令案の第4章（課税ベースの計算）に従い、関係する取引の経済的実質に基づいて算定される」との規定振りを採用するとの変更案が提案されている[57]。

上記の通り、CCCTB指令案80条との関係で欧州議会が採択した修正案及び欧州理事会議長の上記意見書で示されている変更案は、特に、「目的テスト」としては、「主要な目的テスト」を採用すべきとの提案となっている。しかも、後者の変更案では、「人為的な取引」という文言に代えて、「取引又は一連の取引」（"A transaction or series of transactions"）

---

55) 欧州議会資料（Committee on Economic and Monetary Affairs on COM（2011）0121-C7-0092/2011-2011/0058（CNS））参照。
56) 前掲・欧州議会資料11頁参照。
57) 原文は、"Where transactions are carried out for the sole or main purpose of avoiding taxation, transactions and thereof shall be ignored for the purposes of calculating the tax base, the tax base shall be calculated in accordance with the economic substance of the transactions involved in accordance with Chapter IV of the directive (Calculation of the tax base)." である。

第1節　租税回避行為による税源浸食への対応

という文言を採用することが提案されている。「取引又は一連の取引」という文言が示唆する適用対象範囲は、「人為的な取引」やCadbury Schweppes基準で採用されている「全く人為的なアレンジメント」という文言が示唆する対象範囲よりも広いと考えられることから、本変更案は、欧州議会が採択した修正案よりも更にCCCTB案80条の否認機能を高める制度設計を狙ったものと位置づけることができる。

他方、欧州委員会が示したCCCTB指令案80条2項（「この規定は、納税者が同じ商業上の結果を有するが異なる課税対象額を生じさせる二つ又はそれ以上の可能な取引に関する納税者の選択が可能である真正な商業上の取引には適用されない」）に対する反対意見は少ない。確かに、本規定が依拠する考え方の妥当性は、例えば、Halifax事件ECJ判決（C-255/02）において、「さらに、判例法から明らかであるのは、事業者は、付加価値税に関する税務上の考慮も含めた様々な要素に基づいて、課税免除となる取引と課税対象となる取引のいずれかを選択するということである…。課税対象となる者がその二つの取引のいずれかを選択する場合、第6次指令の下、その者は、付加価値税額も最も大きくなるものを選択することが求められるわけではない。逆に、…納税者は、その税負担を制限するように事業を構築することを選択することができる」との見解が示されていることからも確認することができる[58]。

上記と同様な見解が直接税の分野でも妥当することを示す例として、Modehuis A. Zwijnenburg BV v. Staatsswcretaris van Financien事件（C-352/08）に対する2009年7月16日Kokott法務官意見が挙げられる。本件では、オランダ1969年法人税法（Wet Vpb）14条が、1項において、株式との交換を条件としてその事業を他の法人に移転させることによって生じる利益は、移転を受ける法人で課税が行われる場合、発生しないとみなされる旨を定めているが、4項は、租税回避を主要な目的又は主要な目的の一つとする合併等が合理的な事業理由を欠く場合、税務上の利益の付与をしない旨を定める合併指令11条1項(a)を受けて[59]、その趣旨を反映させたものとなっているところ[60]、後者の規定に基づき、租税回避目的であると認定されたオランダ法人の事業を他のオランダ法人の株式と交換に移転する取引によって生じたとされる利益に対し、取引税を課する処分が行われたことが問題となっている。

上記Kokott法務官意見のパラ42〜44では、「…オランダの裁判所は、本件では、提案されている合併の主要な目的が取引税の回避であるとの推認を行っている。その推認は、二つの場所にある建物を一つの法人にする合理的な商業上の理由はあるが、選択された合併方法には、そのような理由がないとの事実に基づくものである。したがって、オランダの

---

58)　原文（パラ73）は、"Moreover, it is clear from the case-law that a trader's choice between exempt transctions and taxable transactions may be based on a range of factors, including tax considerations relating to the VAT system … . Where taxable person chooses one of two transactions, the Sixth Directive does not require him to choose the one which involves paying the highest amount of VAT. On the contrary, … taxpayers may choose to structure their business so as to limit their tax liability." である。

59)　合併指令11条1項(a)は、本節1(1)・脚注3）参照。

60)　本条の関係箇所の規定振り（英訳）は、ECJの判決文によると、"1. A taxpayer who transfers all, or a self-standing part, of his business (…) to another body which is already liable to tax by reason of the transfer (…) in return for the issue of the transferee's shares (company merger) is not to take into accounts the profits made by the transfer … 4. … the profits are to be taken into consideration if the company merger is predominantly designed to avoid or defer taxation … ." となっている。

裁判所は、二つの建物を一つの会社にする商業上の目的は合理的であると考えるが、その目的のために選択された合併ルートは濫用であると考えて、これらを区別しているが、目的と手段について、そのような区別をするのは、経済的自由を過度に制限すると考える。正当な経済的な提案の実行上、しばしば、かなり多くの合法の容認できる手段が利用可能であり、…当事者が、最終的に、税目的上、最も有利な選択肢を採用したとの事実は、それ自体、合併指令11条1項(a)の下での租税回避に該当するとの根拠としては十分とはなり得ない」との見解が示されている[61]。

　上記で示したHalifax事件ECJ判決及びZwijnenburg事件に対するKokott法務官意見は、確かに、CCCTB指令案80条2項が立脚する考え方の妥当性を示唆していることから、本規定は、確立したECJ判決と整合的なものであると考えられるが、その規定振りには問題があると見る向きもある。例えば、本条2項は本条1項の例外となる条件を示したものと位置づけられるが、そもそも、2項でいう「真正な商業活動」の範疇には、1項でいう「人為的な取引」が含まれることはないと考えられることから、2項自体を措置する必要はないとの指摘もある[62]。確かに、欧州議会が採択した修正CCCTB指令案及び欧州理事会議長の2012年意見書において、本条2項に対する反対意見が特に示されていないのは、実際上、本項が定める内容は、1項から自ずと導き出されるもの、つまり、1項の適用に係る詳細を示したものであって、1項の例外となる新たな要件を示したものではないと解釈されているからなのかもしれない。

(3) 欧州委員会が提案するGAARの特徴
　イ）GAAR提案の背景とその制度設計
　上記(2)で示した通り、欧州委員会、欧州議会及び欧州理事会議長が示しているCCCTB指令案80条の制度設計案は、それぞれ、異なったものとなっていることから、本条のあり方を巡る議論を通じて、一連のECJ判決を通じて確立したEuro-GAARの適用基準に係る不透明性の問題が緩和されたわけではないが、本条で採用すべき「目的テスト」としては、「唯一の目的テスト」が妥当であるとする欧州委員会の見解は、2012年の欧州議会のコミュニケ及び2012年の欧州理事会議長の意見書では支持されていないことなどに鑑みると、EUにおける租税回避行為に対するスタンスは厳格化する趨勢にあり、Halifax基準及びCadbury Schweppes基準が依拠する「目的テスト」も、その本質は、「唯一の目的テスト」ではないと解釈するのが妥当であるとの見解が支配的なものとなる方向に向かうのではないかと考えられる。

　Euro-GAARの適用基準に関するものではないが、欧州委員会が採択した「2012年6月12日付アグレッシブなタックス・プランニングに対する欧州委員会の最終提案」（C（2012）8806 final、以下「2012年勧告書」という）も、GAARの機能が低いものとならないような制度設計を推奨している。本勧告書は、欧州委員会が2012年に発表した脱税等への対応

61）　最後の部分の原文は、"The fact that the parties ultimately choose the option that is most favourable for tax purposes cannot by itself be sufficient gournds on which to base charges of tax avoidance under Article 11(1)(a) of Directive 90/434." である。
62）　Michael Lang, The General Anti-Abuse Rule of Article 80 of the Draft Proposal for a Council Directive on a Common Consolidated Corporate Tax Base, European Taxation, Vol. 51, No. 6（2011）pp. 227-228参照。

第1節　租税回避行為による税源浸食への対応

方針を包括的に示したコミュニケ（COM（2012）722 final）と同様に[63]、欧州委員会が欧州議会及び欧州理事会の命を受けて作成されたものであるが、本勧告書は、先ず、直接税の分野におけるアグレッシブなタックス・プラニングへの第一弾の対応策として、加盟国に対し、国際的二重非課税という状況を回避するために租税条約上に特定の規定を盛り込むこと、また、国内法においてGAARを採用することが提言されている。

上記の「租税条約上の特定の規定」として、2012年勧告書のパラ3.2は、「所得の項目が締約国の一方のみで課税される、あるいは、締約国のいずれか一方がその所得を課税することができると本条約上定められている場合は、他方の締約国は、その項目が最初の締約国の課税に服する場合に限り、他方の締約国は、その項目に課税することから排除される」という制度設計を提案している[64]。加盟国が採用すべきGAARについては、上記勧告書は、パラ4.2において、「租税回避を根本的な目的として仕組まれた税務上の利益を得ることに繋がる一つの又は一連の人為的なアレンジメントは無視される。加盟国の権限ある当局は、これらのアレンジメントの経済的実質を参照した上でそれらを税目的上取り扱う」という制度設計を提案した上で[65]、パラ4.4において、人為的なアレンジメントとは商業上の実質を欠いたものであると定義している。

上記のような制度設計に依拠するGAARの適用上考慮することが奨励されている要素として、2012年勧告書のパラ4.4は、(a)アレンジメントを構成する個々の段階が、そのアレンジメント全体の法的実質と整合的でない、(b)アレンジメント又は一連のアレンジメントが、合理的な事業行動であると期待される場合には通常は採用されない方法で実行されている、(c)アレンジメント又は一連のアレンジメントが相互に相殺又はキャンセルする効果を有する要素を含んでいる、(d)契約された取引の性質が循環的である、(e)アレンジメント又は一連のアレンジメントが相当な税務上の利益をもたらすが、納税者が担う事業リスク又はそのキャッシュ・フローに反映されていない、(f)期待される税務上の利益に比べ、期待される税引き前の利益が相当に低いという状況が存在しているか否かという点を挙げている。

また、2012年勧告書のパラ4.5では、「パラ4.2の目的上、アレンジメント又は一連のアレンジメントの目的が、それを実行する納税者の主観的な意図に関係なく、さもなければ適用されるであろう税務上の規定の目的、精神及び主旨を毀損する場合には、租税回避に該当する」との見解が示されており[66]、また、本報告書のパラ4.7では、税務上の利益が存在するか否かは、税務上の利益を得た納税者が同様な状況の下でアレンジメントが存在し

63）　本コミュニケのタイトルは、"An Action Plan to strengthen the fight against tax fraud and tax evasion." である。

64）　原文は、"Where this Convention provides that an item of income shall be taxable only in one of the contracting States or that it may be taxed in one of the contracting States, the other contracting State shall be precluded from taxing such item only if this item is subject to tax in the first contracting State." である。

65）　原文は、"An artificial arrangement or an artificial series of arrangements which has been put into place for the essential purpose of avoiding taxation and leads to a tax benefit shall be ignored. National authorities shall treat these arrangements for tax purposes by reference to their economic substance." である。

66）　原文は、"For the purposes of point 4.2, the purpose of an arrangement or series of arrangements consists in avoiding taxation where, regardless of any subjective intentions of the taxpayer, it defeats the object, spirit and purpose of the tax provisions that would otherwise apply." である。

ていない場合には幾らの税額を負担することとなったであろうかという点から判断することが奨励されるが、その際には、(g)課税ベースから漏れる金額があるか、(h)控除の適用があるか、(i)税務上の損失が生じているか、(j)源泉徴収税の対象外となっているか、(k)外国の税との相殺がされているか否かという点に着目することが有益であると提言されている。

ロ）CCCTB指令案80条との制度設計上の差異

上記の通り、欧州委員会も、加盟国に対して提言しているGAARの制度設計として推奨しているのは、「根本的な目的テスト」とアレンジメントの経済的実質を参照した上でその税務上の取扱いを決定するアプローチである。かかる国内法上のGAARの制度設計案は、特に、欧州理事会議長が2012年意見書で提言しているCCCTB指令案80条の制度設計案との類似性が顕著である。「根本的な目的テスト」と「唯一の目的テスト」の差異の程度については、本勧告書のパラ4.6が、「パラ4.2の目的上、ある目的が根本的なものであると考えられるのは、アレンジメント又は一連のアレンジメントに帰属する又は帰属し得るその他の目的が、問題となっている全ての状況に鑑みた場合、どう見ても取るに足らないように思われる場合である」と定めていることからも示唆を得ることができよう[67]。

欧州委員会が、2012年勧告書とCCCTB指令案80条の各々で採用している「目的テスト」が異なったものとなっている理由は、必ずしも十分に明らかではないが、本勧告書は、CCCTB指令案等と異なり、(i)非加盟国の納税者をも適用対象とする国内法上の措置に関係するものである、(ii)本勧告書(9)が定める通り、既存の共同体法の自動的な執行を保持する目的上、当面のところ、欧州理事会の合併指令（2009/133/EC）、親子会社指令（2011/96/EU）及び利子・ロイヤルティ指令（2003/49/EC）との関係では適用されない、(iii)加盟国間の税制の統合を主たる目的とするものではないことから、GAARの適用範囲を狭くする規定振りを採用する必要性が低い中、「唯一の目的テスト」は、活発化する趨勢にある租税回避行為に対処するためのGAARの適用基準の中核を成すメルクマールとしては脆弱であると判断されたのではないかと考えられる。

第2節　個人の国外転居による税源浸食への対応

1．個人に対する出国税とEC条約等との関係

(1) 出国税の機能と類型

欧州議会によるCCCTB指令案80条1項の修正及び欧州理事会議長の2012年意見書は、EUにおけるEuro-GAARの存在を強固するとともに、その制度設計をもより明確なものとする方向に作用するだけでなく、少なからぬ場合において、加盟国のGAARや包括的な否認法理による租税回避行為等の否認機能をも高める方向に作用し得ると考えられるが、勿論、租税回避行為を否認するだけで税源浸食の十分な防止が可能となるわけではない。特に、欧州では、加盟国間の移動の自由に係る障壁を除去する流れが、近年、益々、加速化

---

[67] 原文は、"For the purposes of point 4.2, a given purpose is to be considered essential where any other purpose that is or could be attributed to the arrangement or series of arrangements appears at most negligible, in view of all the circumstances of the case." である。

第2節　個人の国外転居による税源浸食への対応

する中、多くの加盟国では、税負担の軽減等を主な目的として納税者がその居住地を移転させる動きが顕著なものとなっている。その結果、税源浸食の問題は、更に深刻化しているが、第2章で考察した英国の場合に限らず、多くの加盟国では、出国税が採用されており、出国税を課する諸規定が、益々、重要な税源浸食防止策と位置づけられるようになってきている。

出国税は、出国等により、居住者であった者の資産や資産の譲渡益への出国元の課税権が制約される、又は喪失することを防止する機能を果たす。出国税の定義は一様ではないが、通常、狭義の出国税は、「出国時に課税する出国税」（"immediate exit taxes"）であり、広義の出国税には、追跡税も含まれる[68]。「実現アプローチ」に立脚する出国税と「管轄アプローチ」に立脚する出国税に区分することもできる[69]。個人に対する出国税の場合、その機能面に着目した上で、(1)一般の出国税（general exit tax）、(2)制限的出国税（limited exit tax）、(3)無制限の拡大納税義務（unlimited extended tax liability）を課する出国税、(4)制限的拡大納税義務（limited extended tax liability）を課する出国税、(5)「既に享受している課税繰延及び控除の取戻し税」（recaptures of previously enjoyed deferrals and deductions）に区分している例もある[70]。

追跡税の定義も、必ずしも一様ではないが、広義に解すると、居住者が出国等により非居住者となった後に生じた所得、資産の譲渡益又は資産の贈与・遺贈等に対し、出国元の国が追い掛けるように課税するものが、追跡税であると定義することができる。そうすると、第1章第2節で考察したIRC§877A（「国籍離脱の税務上の責任」）は、「出国時に課税する出国税」である狭義の出国税に該当するが、IRC§877（「租税回避のための国籍離脱」）、IRC§2107（「租税回避のための国籍離脱」）及びIRC§2801（「税の賦課」）等は、追跡税に該当することとなろう[71]。第2章第2節3(3)で考察した英国の1992年TCGA§10A（「一時的な非居住者」）の場合、自国の居住者であった者の出国後に生じた譲渡益に対し、その者が一定期間内に自国の居住者に戻ったことを条件として、出国元の国が追い掛けて課税するものであることから、本規定も一種の追跡税の性質を有するものと位置づけることもできよう。

上記(5)の「既に享受している課税繰延及び控除の取戻し税」も追跡税であり、その具体例としては、オランダ所得税法§3.136(1)や同法§3.83(1)が挙げられる。これらの規定は、オランダで支払った生命保険料や年金保険料等を税務上控除している納税者の将来所得である生命保険や年金の権利に対するオランダの課税権が、その出国によって喪失することを防止することを目的としている。これらの規定の下、出国によってオランダの居住者でなくなる者は、税務上控除された保険料や年金の価値が、その所得に加算されてその所得税額が計算される。生命保険や年金を納税者に支払う者が承認を受けた生命保険会社や年

---

[68] 主なEU加盟国（フランス、ドイツ、オランダ、オーストリア、デンマーク、ノルウェー等）の個人に対する出国税の詳細は、The tax treatment of transfer of residence by individuals, Vol. LXXXVIIb, International Fiscal Association（2002）参照。

[69] 法人に対する出国税を採用しているEU加盟国としては、英国、フランス、ドイツ、イタリア、スペイン、オランダ、スウェーデン、ノルウェー等が挙げられる。

[70] Carramaschi B. Macorin, Exit Taxes and the OECD Model Convention: Compatibility and Double Taxation Issues, Tax Notes International, Vol. 49, No. 3（2008）p. 283参照。

[71] かかる定義の下では、IRC§2107は、上記(4)（「制限的拡大納税義務を課する出国税」）に該当し、IRC§2801は、上記(3)（「無制限の拡大納税義務を課する出国税」）に該当する。

第3章　EUの対応策の分析

金保険会社であれば、担保を提供する必要もなく10年間の課税留保の適用を求めることが可能となっており、この10年の間に生命保険や年金の一括支払いを受ける、もしくは、オランダの非居住者に支払を受ける権利を移転するなどの行為がない場合には、追跡税に基づく課税が免除される[72]。

狭義の出国税及び出国後の譲渡益に対して課税するタイプの追跡税の課税根拠としては、納税者が国外移転するまでに生じた資産の含み益に対して課税を行う権利は、かかる含み益が生じた国に存するという考え方に求められ、領土主義に依拠する課税方式と整合的であると言えるが、米国等のように、全世界所得課税方式に依拠している国でも、狭義の出国税や国籍離脱後の譲渡益に課税する追跡税を採用しているケースもある[73]。特に、EU加盟国の中には、出国税を採用している国が多いが、その出国税はEC条約等との関係が問題となり得る。実際、以下の(2)で述べる通り、①Hughes de Lasteyrie du Saillant v. Ministère de l'Economie, des Finances et de l'Industrie事件2004年3月11日判決（C-9/02）、②N v. Inspecteur vad de Belastingdienst Oost/Kantoor Almelo事件2006年9月7日ECJ判決（C-470/04）等では、個人に対する出国税とEC条約等との関係が問題となっている。

(2) **Lasteyrie 事件ECJ判決のポイントと影響**

上記①のHughes de Lasteyrie 事件では、5年以上フランスの住んでいた者が1998年9月にベルギーに住居を移したことに伴い、その者が直接又は間接に25％超の割合を有していたフランス法人株式の未実現のキャピタル・ゲインに対し、CGI§167の下、出国税が課されたため、本規定が設立の自由を定めるEC条約52条（現EC条約43条）に抵触するか否かなどの点が問題となっている[74]。本件出国税の納付は、一定の要件（フランスでの代理人の選任や担保の提供等）を満たせば、一定期間の延期が可能であるほか、国外での実際の譲渡に伴う税負担分は出国税額から減額することができる。フランス政府は、本規定創設の趣旨は、税負担の回避を唯一の目的として株式売却前に国外に住居を一時的に移転することに対抗することであり、「租税管理の有効性」原則や「租税回避の防止」原則等によって正当化し得るものであると主張している[75]。

上記判決において、ECJは、本事件に対する2004年3月11日Mischo法務官意見とおよそ同様な見解に立脚した上で、住居の国外移転から税負担の軽減を一般的に推認することはできないところ、本件出国税は、その適用対象を税負担の軽減効果を有する「全く人為的なアレンジメント」に限定していないほか、例えば、租税回避を目的としない納税者の住居の国外移転の場合には、株式の国外での譲渡等によってキャピタル・ゲインが実現した後にフランスに戻った際に課税するような制度も考えられることなどに鑑みると[76]、本件

---

72) Rijkele Betten, The Tax Treatment of Transfer of Residence by Individuals, Cahier de droit fiscal international, Vol. LXXXVII（2002）pp. 416-417参照。

73) 全世界所得課税方式を採るイタリアの法人に対する出国税は、租税通則法（TUIR）§166である。本規定は、第2節3(3)で後述するNGI事件ECJ判決（C-370/10）などを受けて発せられた大統領令（n. 188/2013）によって修正されている。

74) 現EC条約43条の規定振りは、第1節1(1)・脚注6)参照。

75) これらの原則に依拠した正当化が認められた例として、Futura 事件ECJ判決（C-250/95）やDirect Cosmetics事件ECJ判決（C-138/86 and 139/86）等がある。これらの判決のポイントは、松田・前掲『租税回避行為の解明』310～312頁参照。

出国税は、租税回避の防止の目的を達成する上で必要となる程度を超える制約を課するものである以上、「比例性の原則」に反しており、また、「租税回避の防止」原則や「税体系の一貫性」原則等に依拠して正当化することもできないことから、EC条約52条に抵触すると判示している。

上記Lasteyrie事件ECJ判決は、その他の加盟国の個人や法人に対する出国税の中にも、EC条約と抵触するものがあり得ることを示唆しているだけでなく、本判決によって、EU加盟国の居住者である個人・法人は、魅力的なタックス・プラニングの機会が存在することを確認することができたわけであるが、もし、本判決の射程範囲がEU加盟国よりも総じて税負担での優遇措置が厚い第三国との関係にも及ぶとするならば[77]、加盟国の納税者が利用し得る魅力的なタックス・プラニングの機会は、特に大きなものとなるのは明らかであるとの指摘がされている[78]。このように、本判決の意義・影響は、かなり大きなものとなる可能性を秘めていたが、かかる可能性は、フランスの出国税とは幾分異なる制度設計を採用していたオランダの出国税とEC条約等との関係が問題となった上記②のN事件ECJ判決が下されたことによって、更に高まった経緯がある。

(3) N事件ECJ判決のポイント

上記②のN事件では、複数のオランダ法人の唯一の株主であった個人が、1997年1月、オランダから英国に住居を移したことに伴い、住居の国外移転後10年以内にオランダに住居を戻さない限り、「保有する相当な割合の株式」（"substantial shareholding"）の譲渡益及び出国に伴うみなし譲渡益に対して課税を行うオランダの所得税法（Wet inkomstenbelasting 1964）20条c(1)及び20条a(6)等の下、その未実現のキャピタル・ゲインに対して出国税が課されたことから、これらの規定がEC条約43条等に抵触するか否かなどの点が問題となっている。本事件では、担保の提供を条件として出国税の納付の10年間の延期と利息の免除を認める旨を「国税徴収法」（Law on the Collection of State Taxes）25条が定めており、本件複数法人の株式の一つが担保として提供されていた[79]。

上記事件に対する2006年3月30日Kokoto法務官意見では、パラ94〜101において、本出国税が依拠する領土主義は、OECDモデル条約でも採用されており、しかも、領土主義に基づく課税権の配分が不合理でないことは、Hilten-van事件ECJ判決（C-513/03）でも確認されているなどとした上で[80]、本件のような出国税がEC条約と抵触しないためには、(i)課税がその株式の実際の譲渡の時まで延期される、(ii)その税負担が出国元で課税された場合に比べ、より重いものとならない、(iii)税の延納の条件として担保の提供が求められる場合、もし、その担保の提供に伴う金銭上の損失を補填することを国内法が定めているな

---

76) このような制度設計を採用しているのが、第2章第2節3(2)で考察した英国の1992年TCGA§10A（「一時的な非居住者」）である。

77) 本判決の射程範囲は第三国との関係にも及ぶとの見方・根拠等は、Christian H. Kälin and Christian Rödl, The End of Exit Taxes in Europe ?, Tax Planning International Review, Sep. 2004, p. 3 参照。EC条約等で保障された権利の第三国への適用の可否を巡る議論は、松田・前掲『租税回避行為の解明』305〜309頁参照。欧州委員会の見解は、本節1(4)・脚注87)参照。

78) Kälin and Rödl, supra "The End of Exit Taxes in Europe ?" p. 3 参照。

79) オランダでは、本事件発生後、Lasteyrie事件ECJ判決が下されたことを受け、延納は担保の提供を前提条件としないとする法律が本規定を改正する形で制定され、2004年3月から遡及適用されている。

80) Hilten-van事件ECJ判決のポイントは、本節2(2)参照。

第3章　EUの対応策の分析

ら、同様な補填が行われることなどの条件をクリアーする必要があるとした上で、もし、その他の加盟国に住居を移転させる者が、移転の自由の権利を行使しない者よりも不利な状況に陥るならば、居住の自由を定めるEC条約18条1項に反するとの主張を行うことができるとの見解が示されている[81]。

　他方、上記ECJ判決では、パラ35〜37において、本件出国税の下では、(i)オランダから住居を移転させる者は、その未実現のキャピタル・ゲインに課税されるため、オランダに住居を保持する者よりも不利な取扱いを受ける、(ii)その納付の延期を認められるために担保を提供することが必要とされていたが、担保の提供は、それ自体、担保となる資産を享受する権利を奪うこととなる、(iii)住居を移転した後に生じる株式価値の下落が税負担額の算定上考慮されず、納付すべき出国税の額は、担保を提供したことによって納付の時期が延長されても、出国時の株式評価額に基づいた金額に固定されてしまうが、この金額は、住居を国外に移転していなかったとした場合に延期された期間が終了したのと同時点で譲渡をしたケースにおいて納付すべき金額よりも高いものとなり得ることから、オランダから住居を国外へ移転することを抑止する効果を生じさせ得るなどの問題があるとの見解が示されている。

　また、上記判決のパラ40〜47では、(a)本件出国税は、領土主義に基づく加盟国間の課税権の配分によって二重課税を防止するとの目的の下に創設されたものである、(b)共同体レベルでの統一的な取扱いがない現状では、各加盟国は、国内法や租税条約において、その課税権の配分を行う基準を決定する権限を有する、(c)本件出国税は、納税者が出国する時点で決定されるオランダで記録された価値の上昇額に課税するものであり、OECDモデル条約13条5項（特に、譲渡を行う者が居住者である締約国で譲渡益を課税する旨を定める2005年版）に則り[82]、「租税属地」（"fiscal territoriality"）原則に合致している、(d)出国税の納付は、譲渡益が実際に発生する時点まで延期されることなどを踏まえると、上記(i)〜(iii)の問題も、問題となる税制が、(A)公共利益という目的を追求し、また、(B)かかる目的を実現する上で不必要に制限的でなければ、EC条約との抵触の問題を生じさせないとの見解が示されている。

　上記のポイントとなる見解に立脚した上で、ECJは、本件出国税の場合、上記(A)(公共目的の追求)の条件は満たすが、上記(B)(比例性の原則)の条件との関係では、住居を国外に移転させた後に生じる株式価値の下落が税負担に反映するようオランダ又は移転先で手当てされている必要があるとの問題があり、また、担保の提供が必要とされるという点は、例えば、欧州理事会の「租税等の徴収の相互支援に関する指令」（76/308/EEC、MARD）が1976年に採択され、2001年には、その適用範囲を拡大する改正（2001/44/EEC）が行われ、その結果、加盟国は、その他の加盟国に対し、所得や資本に係る税も含めた一定の税目に関する債権の確保において、支援を要請することができることに鑑みると[83]、「租税属地」原則に基づく税制の機能や有効性を確保するために厳密に必要とさ

---

81) EC条約18条1項の邦訳は、本節1(4)・脚注88参照。
82) これに対し、OECDモデル条約には出国税に関する規定が置かれていないことから、みなし譲渡益課税は、場合によっては、租税条約に抵触し得るとの判断をオランダの裁判所が下しているとの指摘も見受けられる。Hans van den Hurk and Jasper Korving, The ECJ's Judgemengt in the N case against Netherlands and its Consequences for Exit Taxes in the European Union, Bulletin for International Taxation, Vol. 61, No. 4 (2007) pp. 152-153参照。この点に関する考察は、終章第3節1(2)参照。

246

第2節　個人の国外転居による税源浸食への対応

れるレベルを超えるものであるから、EC条約43条に抵触すると解すべきであると判示している。

(4) Lasteyrie事件ECJ判決及びN事件ECJ判決の含意

　Lasteyrie事件ECJ判決及びN事件ECJ判決の影響は、様々な形で表れている。例えば、ドイツでは、かつては、一連の連邦財政裁判所（Bundesfinanzhof, BFH）判決（GrS 1/73, 連邦税告示Ⅱ1975、168頁等）を通じて、事業資産の国外の恒久的施設への移転又はドイツから離脱に課税する「最終課税理論」（Finale Entnahmetheorie又はTheorie der finale Betriebsaufgabe）が確立しており、しかも、2006年には、そのような移転等に伴い、その資産の譲渡又はその資産の使用許可に係る手数料に対するドイツの課税権が排除又は制限されることとなる場合、その「含み益」の開示・実現を求める所得税法（Einkommensteuergesetz, EStG）§4(1)(3)及び§12(1)が措置されたが、これらのECJ判決の影響を受けて、Köln租税裁判所（Finanzgericht）2008年3月18日判決（1K 4110/04）等では[84]、「最終課税理論」に基づく課税処分が、EC条約に反すると判示されて、税務当局が敗訴している。

　上記Köln租税裁判所判決で問題となったのは、複数法人（ドイツ法人及びスイス法人等）の発行済株式の殆ど全てを有していたドイツの居住者・個人事業者が、1995年、その住居及び事業所をドイツからベルギーに移転し、その事業をベルギーで継続しつつ、これらの法人等からライセンス料を受領していたところ、税務当局は、かかる移転は事業の終了を意味するとして、事業譲渡があった場合に適用される所得税法§16（Veräußerung des Betriebs）(3)に依拠して[85]、そのみなし譲渡益を課税する処分を行った点であった。本判決において、租税裁判所は、国外への住居等の移転後も、事業が従前通りに継続している本件のようなケースに本規定を適用してみなし課税を行うことは、Lasteyrie事件ECJ判決及びN事件ECJ判決で示された見解に反すると判示しているが[86]、かかる判断は、その最終上訴審である連邦財政裁判所判決（BFH 28.10.2009-IR 99/08）でも首肯されている。

　欧州委員会も、Lasteyrie事件ECJ判決及びN事件ECJ判決を踏まえ、2006年12月には、個人に対する出国税に対して厳しい見方に立ったコミュニケ（Communication from the Commission to the Council, the European Parliament and the European Economic and Social Committee—Exit taxation and the need for co-ordination of Member States' tax policies、以下「2006年コミュニケ」という）を発表している。例えば、本コミュニケの

---

83)　正式名称は、Council Directive 76/308/EEC of 16 March 2010 concerning mutual assitance for the recovery of claims relating to taxes, duties and other measuresである。2010年に改正されたMARD（2010/24/EU）は、全ての税を相互徴収支援の対象としている。

84)　Rhineland‐Pfalz租税裁判所2008年1月17日判決（4K 1347/03）及びその上訴審（BFH 28.10.2009-IR 28/08）でも同様な問題が争点となったが、「最終課税理論」が捨象されて税務当局が敗訴している。

85)　原文は、"Als Veräußerung gilt auch die Aufgabe des Gewerbebetriebs sowie eines Anteils im Sinne des Absatzes 1 Satz 1 Nummer 2 oder Nummer 3. Werden im Zuge der Realteilung einern Mutunternehmerschaft Teilbetrebe, Mitunternehmeranteile oder einzelne Wirtschaftsgüter in das jeweilige Beribsvermögen der einzelnen Mitunterehmer übertragen, so sind bel der Ermittlung des Gewinns der Mutunterehmerschat die Wirtschatsgüter mit den Werten anusetzen, die sich nach den Vorschriften über die Gewinnermitlung ergeben, sofern die Besteuerung der stillen Reserven sichergestellt ist : der übernehmende Mitunternehmer ist an diese Werte gebunden ; …"である。

86)　本判決は、http://www.openjur.de/u/130534.htmlから入手可能。

5 (Exit taxes in respect of third countries) では、「4つの基本的自由のうち、資本と支払手段の移動の自由（56条）のみが第三国に適用される」、また、「…資産移転の際に遅延なく税を徴収することは、資本の自由な移動に対する制限を構成する。しかし、上記の通り、行政上の協力が欠落している状況の下では、制限を加えることも正当化し得ると委員会は信じる」などの見解が表明されている[87]。

また、欧州委員会は、ドイツやポルトガルの出国税が、「欧州連合の全ての市民は、本条約に定められた制限と要件及び本条約に実効性を与えるための措置に服することを条件として、加盟国内で自由に移動・転居する権利を有する」と定めるEC条約18条1項[88]、「労働者の移動の自由は共同体内では保障される」と規定するEC条約39条及びEC条約43条に抵触するとの判断の下[89]、「欧州委員会は、もし、加盟国が本条約に定める義務を履行していないと考える場合には、当該加盟国に対し、その理由を示す機会を付与した後、本件に関して理由を付した意見を述べることとする…」と定めるEC条約226条に則り、「侵害手続」（infringement procedure）の適用を行っている[90]。他方、その他の加盟国の中には、上記Lasteyrie事件ECJ判決及びN事件ECJ判決を踏まえながらも、既存の出国税の機能を実質的に強化する方向で改正を行う、あるいは、個人に対する出国税を新たに導入するなどの動きを見せる国もある。

例えば、Lateyrie事件の当事者であったフランスでは、2011年第一修正財政法及び2012年勅令（No. 2012-457）が公布され、出国前の10年の内の6年間以上フランスの居住者であった個人とその家族が、フランスの法人税の対象となる法人の株式の1％以上を保有する、あるいは、その保有株式の価値が130万ユーロを超える場合、その出国が職業上の理由等によるものでない限り、出国時にみなし譲渡益課税を行うとする新たな出国税制度が導入されている。本出国税は、その株式の出国後8年内にその株式の譲渡がなければ、その納付義務が消滅するが、本勅令を受けて改正された租税通則法§167の下、出国日や出国先住所等を報告する義務の違反は出国税の即時納付義務を生じさせる。また、出国先が非加盟国である場合には、出国税の延納は、担保の提供を条件として認められる。このような特徴を有する新しい出国税制度は、その税率も高く、実質的な課税強化であると見る向きが少なくない[91]。

2．追跡税とEC条約等との関係

(1) 追跡税の特徴

第1章第2節4及び第2章第2節3(3)で考察した通り、米国の遺産・贈与税及び英国の相続税法には追跡税として機能する制度が組み込まれているが、およそ同様な考え方に立脚する追跡税は、例えば、ドイツの相続・贈与税法（Erbschaftssteuer-und Schenkung-

---

87) 本コミュニケ（COM (2006) 825 final of 19 December 2006）は、http://www.europa.eu>...>Summaries of EU legislation>Taxation>から入手可能。
88) 本規定と同様な規定振りであるTFEU21条1項の原文は、第2章第2節3(1)・同章脚注71)参照。
89) 原文は、"Freedom of movement of workers shall be secured within the Community."である。
90) 原文は、"If the Commission considers that a Member State has failed to fulfil an obligation under this treaty, it shall deliver a reasoned opinion on the matter after giving the State concerned the opportunity to submit its observations."である。
91) 税率は、譲渡益に係るものが19％、社会保障税に係るものが15.5％である。詳細は、http://www.pwc.com/gx/en/.../france-french-exit-tax.jhtml参照。

第2節　個人の国外転居による税源浸食への対応

steuergesetz, ErbStG）の下でも採用されている。本法の下、相続（又は贈与）の時に被相続人又は相続人（あるいは、贈与者又は受贈者）が居住者である場合[92]、相続人・受贈者は、無制限納税義務を負い、被相続人と相続人（又は贈与者と受贈者）の双方が非居住者である場合、国内所在の相続・贈与財産のみが課税対象となる制限納税義務が生じるが、同法§2(1)の下では、その双方が非居住者で、そのいずれかが、死亡・贈与時にドイツの国民であり、なおかつ、その死亡・贈与に先立つ5年の間、ドイツに住居を有していた、あるいはドイツの居住者であった場合、拡張された無制限納税義務が生じる。

　また、ドイツの「国外取引税法」（Aussensteuergesetz, AStG）§4の下では、相続・贈与の時点で被相続人や相続人（あるいは贈与者や受贈者）のいずれもドイツの居住者でない場合、被相続人又は贈与者が一定の要件に該当すれば、相続人又は受贈者において、相続・贈与税法上の制限納税義務が生じる。一定の要件とは、被相続人又は贈与者が、(i)ドイツにおいて相当程度の経済的権利を保有（例えば、ドイツ法人株式の25％超を保有）していたこと、(ii)その死亡又は贈与の時点に先立つ10年を超えない年月の内の5年間以上、国内で無制限納税者であった又は軽課税国に住んでいたことである。この場合の軽課税国とは、所得税法（EStG）§2(2)の下、15万マルクの課税所得を有する独身者が無制限納税義務を負う場合の納付所得税額の3分の2未満の税負担となる国である[93]。

　しかも、ドイツの場合、税法上、居住者の概念が広く解されている。具体的には、租税通則法（Abgabenordnung, AO）が、8条において、居住者とは、国内に住居を有し、そこに居住している者であると定義し、また、9条において、本法の目的上、6カ月超の間、国内に住居を有し、その保有及び利用がされていることが想定される状況の下では、ドイツに住居を有しているとみなされる旨を定めているところ、これらの規定でいう国内の住居とは主要な住まいであることが前提条件となっているわけではないことから、長期間に賃借されているホテル等も住居とみなされ得る。実際、例えば、1年間で5週間のみ利用された納税者の住まいであっても、これらの規定でいう住居に該当することから、その住居に滞在した納税者は、ドイツの無制限納税者となる居住者であると判示した連邦租税裁判所判決もある[94]。

　上記のドイツのErbStG§2(1)やAStG§4に定める追跡税とおよそ同様な制度は、オランダの1956年相続税法（Successiewet）でも採用されている。本法では、1条において、「本法に従って、以下の税が賦課される――(1)死亡の時にオランダに居住していた者の死亡に伴う相続を支配する法律によって移転された全ての資産の価値に対する相続税…」と定めた上で、3条1項において、「オランダに居住していたオランダ市民が、オランダに有していた住居を離れた後の10年の間に死亡又は贈与を行った場合には、その死亡又は贈与の時点でオランダの居住者であったとみなされる」と定めている[95]。オランダの税法では、居住者の定義は明確に示されていないが、オランダでの滞在が年間183日未満である、また、オランダに住まいがないなどの事実があれば、オランダの非居住者となるのが原則であるが、かかる事実に該当しても、税務上、オランダの居住者とみなされる場合もある。

---

92)　居住者の定義は、ErbStG§2(1)(a)参照。
93)　http://www.eatlp.org/uploads/public/Maastricht_Ireland.doc参照。
94)　German Inheritance Tax（http://www.hg.org/article.asp?id=24533）参照。
95)　本節2(2)で考察しているHilten-van事件ECJ判決（C-513/03）参照。

(2) 追跡税とEC条約等との関係

　ドイツやオランダの追跡税も、EC条約等との関係が問題となる。実際、Heirs of M. E. A. Hilten-van der Heijden v. Inspecteur van de Belastingdienst事件ECJ 2006年2月23日判決（C-513/03）では、オランダ国民であった納税者が、1988年までオランダに居住した後、ベルギーに転居し、さらに、1997年11月、1991年以降に住んでいたスイスで死亡したことに伴い、オランダ、ベルギー及びスイス等に有していた不動産、預金及び有価証券等を相続したオランダ国民である相続人に対してオランダの1956年相続税法§3(1)に基づく課税がされたことが、資本移動の自由及び無差別取扱いを定めるEC条約73条b等（現行EC条約56条等）に抵触するか否かが問題となっている[96]。本事件において、相続人は、本法の場合、移転先の相続税よりも負担が重い場合に課税されるが、負担が軽い場合には相殺・税の還付がされないほか、オランダから離れる者がオランダ以外の国籍を有するか否かによって、その適用が左右されることから、EC条約に抵触すると主張している。

　上記事件に対する2005年6月30日Leger法務官意見では、1956年相続税法§3(1)はEC条約73条b等に抵触しないとの判断が示されたが、上記ECJ判決でも、相続はEC条約73条bの意味における資本の移動に該当するが、「…住居の移転自体は、…資産の移転やその他の資本移動の特徴を有しないため、…移転の自由を阻害する法律も、…そのことのみでは…資本移動の自由の制約を構成しない」とのLeger法務官意見は妥当であるとした上で[97]、本法は、(i)オランダ国民に限定して適用されるため、他の加盟国の国民の資本の移動に対する制約を構成しない、(ii)住居の国外移転を行った者と行っていない者のいずれにも、その投資先の決定上、抑止効果を及ぼさない、(iii)居住地移転後10年を経た者やオランダに居住したことのない者には適用されないという区別は、課税権の配分の目的上、差別を構成しないなどの判断の下、EC条約73条bには抵触しないと判示している。

　上記の通り、Hilten-van事件ECJ判決では、追跡税の賦課を定めるオランダ相続税法3条は、EC条約に抵触しないと判示されたが、勿論、本判決によって、相続税や贈与税という文脈で課されるあらゆる種類の追跡税がEC条約等に抵触しないと判断が可能となったわけではない。国内に住居を有していた納税者が出国した後に、出国元の国が相続税を課するというタイプの追跡税であっても、Hilten-van事件ECJ判決で示された上記の(i)～(iii)の要件に合致していないものは、EC条約等との抵触の問題が生じるものと想定される。他方、確かに、その他の加盟国で採用されている追跡税とEC条約等との関係が十分に明らかとなっているわけではないが、本判決に照らしてみた場合、第2章第2節3(3)で考察した英国の相続税法§267（「英国に住所を有すると取り扱われる者」）や本章本節2(1)で考察したドイツの追跡税が、EC条約等に抵触するとの指摘を行っている者は殆ど見受けられない。

---

96) 現行EC条約56条の規定振りは、脚注7)・174)参照。
97) 原文は、"... transfer of residence does not involve, in itself, ... transfer of property and does not partake of other characteristics of a capital movement ...…. National legislation which would ... hinder his freedom of movement, cannot for that reason alone constitute a restriction on the movement of capital ...."である。

第3節　法人の国外移転による税源浸食への対応

1．法人居住性の判定基準

(1)　設立準拠地主義と実質管理地主義の得失

　第1章及び第2章で考察した米国及び英国の例からも確認し得る通り、法人の国外移転による税源浸食の問題への対応上、法人居住性の判定基準の如何は、特に重要なポイントとなる。主な判定基準としては、①法人の設立地・商業上の登録地がその居住地であるとする設立準拠地主義や[98]、②法人の実質的な管理地等を居住地であるとする実質管理地主義が挙げられる[99]。設立準拠地主義は、法人の居住地を判定する基準としては単純・明快であるが、形式的な判定基準であることから、法人の活動の実態を必ずしも的確に反映しないケースがあるなどの問題・デメリットがある。このような問題は、実質管理地主義に基づいて法人の居住地を判断するアプローチの下では緩和されるが、実質管理地主義の場合、実質管理というメルクマールをどのように解するかという問題や、管理支配の所在の実態に係る判断を行う必要があるなどの執行上の困難性の問題を包含している。

　上記のような区別・区分は、一応は可能ではあろうが、実際には、設立準拠地主義や実質管理地主義の解釈・適用において、様々なバリエーションが認められる。例えば、本店又は主な事務所の所在地を法人の居住地であるとする我が国の法人税法2条3号上の判定基準（「本店所在地主義」）も、設立準拠地主義の一形態であると解されている。また、法人の管理地等に基づいて居住地を判定する基準としては、実質管理地主義のほかにも[100]、その別称或いは一形態として、「法人所在地」（"company seat"）主義や「実際の所在地理論」（"real seat theory"）などがある[101]。さらには、設立準拠地主義と実質管理主義の双方に依拠している国も少なからず見受けられるほか、これらの判定基準だけでなく、その他の基準にも依拠して法人が居住者であるか否かを総合的に判断することとしている国なども存在している。

　通常、法人の設立地と管理地は、同じ国に存在することから、法人の居住地の判定基準の多様性は、多くの場合、法人の居住性を判定する上で支障とはならないが、法人の設立地と管理地が異なっている場合や、法人がその実際の所在地や管理地を国外に移転する場合には、法人が関係する二つの国で其々採用されている判定基準の如何によっては、双方の国で自国の居住者であると判定されるケースや双方の国で自国の居住者ではないと判定されるケースも生じ得る。また、複数の判定基準に依拠している国では、設立地と管理地が異なる場合、自国の居住者であるか否かについて柔軟な判定が可能となり得るのに対し、

---

98)　設立準拠地主義は、「設立理論」（"incorporation theory"）とも称される。
99)　設立準拠地主義は、米国、インド、スペイン、スイス、スウェーデン、デンマーク及びニュージーランド等で採用されており、実質管理地主義は、ドイツ、オーストリア、ベルギー、フランス及びポルトガル等で採用されている。Jean-Marc Rivier, The Fiscal Residence of Companies, IFA Cahiers de Droit Fiscal International, Vol. LXXⅡa, Kluwer Law and Taxation Publishers (1987) pp. 52-59参照。
100)　管理支配主義、「管理地」（"place of management"）主義、「管理支配地」（place of management and control）主義及び「管理所在地」（"seat of management" or "seat of administration"）主義等も、実質的管理地主義の別称あるいは一形態であると考えられる。
101)　「実際の所在地理論」の詳細は、incorporation theory vs real seat theory - EU Company Law (http://www.jurawiki.dk/.../2_-_Incorporation_theory_vs_real_seat_theory.pdf) 参照。

第3章　EUの対応策の分析

設立準拠地主義のみに依拠している国は勿論、実質管理地主義や「実際の所在地理論」を杓子定規なメルクマールに基づいて適用する国などでは、法人の設立地や管理地を操作するグローバルなタックス・プラニングに対して柔軟に対応できないとの問題が生じることがある。

　例えば、設立準拠地主義のみに依拠する国では、国内で支配・管理する法人が低税率国に設立又は登録されているようなタックス・プラニングへの対応が困難である。他方、フランスで発展した「実際の所在地理論」は、欧州の多くの大陸法の国々で採用されており、法人の最高経営者の所在地や中心的な管理地をその居住地であるとする「法人所在地」主義と同様な考え方に立脚するものと考えられるところ、本理論の下では、実際の所在地を決定する「経営の中心」（"central administration"）概念の解釈が必ずしも統一されていないなどの問題がある中、かかる概念を大半の株主の所在地、経営者の所在地又は経営管理者会議の開催地のいずれかのメルクマールに基づいて硬直的に解釈・判断するような国では、これらのメルクマールを操作するタックス・プラニングへの対応が困難なものとなり得る。

　これに対し、法人の居住性の判定基準を構成するメルクマールの多様性や判定基準の適用に係る柔軟性ゆえに、法人の居住性が複数国で認定されるとの問題が生じることもある。この問題を緩和するためには、租税条約上の取扱いが重要なポイントとなるところ、OECDモデル条約4条1項は、「この条約上、『一方の締約国の居住者』という文言は、当該一方の締約国において、その住居、居住地、管理地あるいは同様な性格のその他の基準により、課税を受けるべきとされるもの…を意味する。但し、この文言には、当該一方の締約国内に源泉のある所得又は当該一方の締約国に存在する財産のみに限って、当該一方の締約国において租税を課される者を含まない」とした上で[102]、同条3項は、「1項の規定により双方の締約国の居住者に該当する者で個人以外のものは、その者の事業の実質的管理地の場所が所在する締約国の居住者とみなす」と定めている[103]。

　また、OECDモデル条約4条に関するコメンタリーのパラ22では、「登録のように単なる形式的な規準を重視するのは妥当な解決に繋がらないであろう。したがって、3項は、法人等が実際に管理される場所を重視している」と述べられている。実際、国内法及び租税条約で実質管理地主義・基準を採用している国が多い。自国の課税権の確保という観点からしても、国内法上は実質管理地主義を採用するメリットはあるが、デメリットもある。設立準拠地主義の下では、自国に登録・設立された法人が、税負担の軽減目的の下、その管理支配権限等を国外に移転しても、国内法上は自国の居住者として課税されると考えられるのに対し、実質管理地主義の下では、法人の管理支配権限が、その後、国外に移転された場合、かかる移転が法人の解散であるとみなされて清算所得課税等の対象とならない

---

[102] 原文は、"For the purpose of this Convention, the term "resident of a Contracting State" means any person who, under the laws of that State, is liable to tax therein by reason of his domicile, residence, place of management or any other criterion of a similar nature, ... This term, however, does not include any person who is liable to tax in that State in respect only of income from sources in that State or capital situated therein." である。

[103] 原文は、"Where by reason of the provisions of paragraph 1 a person other than an individual is a resident of both Contracting States, then it shall be deemed to be a resident only of the State in which its place of effective management is situated." である。

限り、自国の居住者として課税する権限が制限されることとなり得るとのデメリット・問題がある。

(2) 法人管理地等の国外移転と実質管理地主義

　実質管理地主義が包含する上記のようなデメリット・問題が、これまで、それほど深刻なものとなっていなかったのは、実質管理地主義の下でも、法人の国外移転には諸々の困難が伴ったからであった。例えば、「管理所在地主義」（Sitztheorie、"seat of management rule"）が法人居住性の主な判定基準となっているドイツでは、2006年税制改正前は、法人税法（Köperschaftsteuergesetz, KStG）§12の下、居住者である法人が登録した事務所又は管理地が他国に移転し、ドイツにおいて無制限納税義務を負わなくなるならば、法人の解散があったとみなすとされていた[104]。主に管理地主義に依拠しているノルウェーでも、原則として、管理地がノルウェーに存する場合に限ってノルウェーでの法人設立が可能であるため、その管理地が国外に移転した場合には解散することが必要となるほか、外国で設立されている法人の管理地がノルウェーに移転した場合、ノルウェーで設立手続を踏むことが必要であった[105]。

　これに対し、オランダでは、実質管理地が法人の居住性の判定上最も重要な要素であるとの判例が確立しているものの[106]、一般租税法（Algemene wet inzake rijksbelastingen, AWR）§4が、法人の居住地は状況に応じて決定されると規定し[107]、また、法人税法（Test Unico delle imposte sui reddit, D. P. R.）§2(4)が、オランダで設立された法人は、常に、オランダの居住者とみなすと定めているため、オランダで設立された法人は、その管理地が国外に移転しても、オランダの居住者と判定された[108]。イタリアの場合は、1973年法律第598号2条に基づく法人税法73条3項の下、税務年度の大半において、①法人の設立準拠地、②法人の管理地、又は③法人の事業目的地のいずれかがイタリアである法人は、イタリアの居住者であると判断されるため、例えば、法人の主たる事業地がイタリアであれば、仮に、その法人設立地や管理地が国外であっても、イタリアの居住者として取り扱われた[109]。

　上記の通り、法人の設立地と管理地の差異によって生じ得る国際的二重課税の問題や国

---

104) Hans-Jochen Gutike, Exit tax planning window opens, International Tax Review, June 2004（also at http://www.interenationaltaxreview.com/?Page=10&PUBID=35&ISS=12599&SID=470291&TYPE=20）参照。
105) Truls Storm-Nielsen, The Fiscal Residence of Companies, IFA Cahiers de Droit Fiscal International, Vol.LXXⅡa, Kluwer Law and Taxation Publishers（1987）pp. 415-417参照。
106) Maddalena Tamburini, Exit Taxation and the OECD Model Treaty : A View from the Netherlands and Italy, Tax Notes International, Vol. 54, No. 4（2009）p. 305参照。
107) 法人がオランダの居住者であるか否かを決定する際に鍵となる基準（「状況」）とは、裁判例に鑑みると、法人の登録地、法人の管理地、経営者会議や株主会議の開催場所、主たる事務所の設置場所、経営者や監督者の居住地、会計部門の所在地、会計帳簿で使われている言語や通貨、会計帳簿の保存場所、年次報告書の作成場所などである。Klaas Nauta, The Fiscal Residence of Companies, IFA Cahiers de droit fiscal international, Vol. LXXⅡa, Kluwer Law and Taxation Publishers（1987）pp. 445-446参照。
108) Nauta, *supra* "The Fiscal Residence of Companies" pp. 444-457参照。
109) Tamburini, *supra* "Exit Taxation and the OECD Model Treaty" pp. 301-303, Giovanni B. Galli, The Fiscal Residence of Companies, IFA Cahiers de droit fiscal international, Vol. LXXⅡa, Kluwer Law and Taxation Publishers（1987）pp. 373-374参照。

第3章　EUの対応策の分析

際的租税回避の問題は、法人居住地の判定に係る租税条約上の規定や国内法上の基準を工夫することなどによって、ある程度緩和することが可能である。また、法人としても、その登録・設立地とその管理地に差異を設けること、とりわけ、その登録・設立後に、その機能・資産等を国外に移転することには、移転に伴うコストやデメリットを凌ぐほどの利益やメリットがない限り、魅力的な選択肢ではないことから、実際上、かつては、その管理地を国外に移転させるケースは、それほど多くはなかった。さらに、ECJも、The Queen v. H. M. Treasury and Commissioners of Inland Revenue, ex parte Daily Mail and General Trust plc事件ECJ 1988年9月27日判決（C-81/87）では、以下の通り、法人の管理支配地の国外移転に制約を課す英国の制度がEC条約に抵触しないとの見解を示した経緯があった。

　上記Daily Mail事件（C-81/87）では、英国においては、英国に管理支配地が存する法人は税法上の居住者であり、また、英国の1970年ICTA§482（「法人の国外移転等」）(1)(a)は、税務上、英国の居住者である法人の場合、財務省の承認を得ることなく居住者としての地位を失うことはできない旨を定めているため、オランダに事務所を賃借して投資管理事務と理事会の開催を行うことを計画していた英国で設立された投資持株会社Aは、その管理と支配の中心をオランダに移転させることの承認を財務省に求めたところ、財務省は、承認を与える前提条件として、投資持株会社Aの資産の一部を売却することを提案したことから、このような取扱いを求める根拠となる上記の英国の法律が、設立の自由を定めるEEC条約52条（現EC条約43条）、EEC条約58条（現EC条約48条）及び移転及び居住の自由を保障する欧州理事会指令73/148に抵触するか否かという点が問題となった[110]。

　オランダの法律は、国外で設立された法人がその管理支配をオランダで行うことを禁止していないことから、投資持株会社Aは、英国の財務省から承認を得ることができれば、その管理と支配の中心をオランダに移すことが可能となるが、そもそも、投資持株会社Aが、その管理支配の中心をオランダに移すことを計画していたのは、その管理と支配の中心をオランダに移転した後に、その資産の相当部分をオランダで売却し、また、かかる資産の売却利益を利用して自社株を取得するためであった。このような計画を実行するメリットとしては、オランダでは、かかる資産の売却益への課税は、移転後に生じたキャピタル・ゲインに限定されることから、資産売却に伴うキャピタル・ゲインに対する英国での重い課税を回避することが可能になるという点が挙げられるところ、投資持株会社Aが、かかるメリットを享受することを狙っていたことは明らかであった。

　上記事件判決において、ECJは、(i)1970年ICTA§482(1)(a)の下、財務省の承認を得ることが必要となるのは、英国の法人としての地位を維持する一方で、その中心となる管理支

---

[110]　1970年ICTA§482の後身である1988年ICTA§765の規定振りは、第2章第3節2(2)・同章脚注136）参照。EC条約43条は、脚注6）参照。現EC条約48条の前段は、「加盟国の法律に基づいて設立された会社又は企業は、その登録事務所、中心となる管理又は事業の場所が共同体内にある場合には、加盟国の国民である自然人と同様に取り扱われる」（"Companies or firms formed in accordance with the law of a Member State and having their registered office, central administration or principal place of business within the Community shall, for the purpose of this Chapter, be treated in the same way as natural persons who are nationals of Member States."）と定めている。本指令の正式名称は、Council Directive 73/148/EEC of 21 May 1973 on the abolition of restrictions on movement and residence within the Community for nationals of Member States with regard to establishment and the provision of services (OJ L 172, 28.6 1973, pp. 14-16) である。

配を国外に移転させるケースに限定されており、法人の解散と税の精算を行って他の加盟国に法人活動を移転することなどは、財務省の承認の対象外となっていることから、かかる取扱いは設立の自由を阻害していない、(ii)EEC条約52条及び58条は、加盟国の法令に基づいて設立され、また、当該加盟国に事務所を有している法人に対し、その管理支配の中心をその他の加盟国に移転する権利を付与するものではない、(iii)「開業とサービスの提供に関する加盟国の国民の共同体内における移動及び居住に係る制限の撤廃」を定めた欧州理事会指令73/148は、個人を対象とするものであり、本指令が定める権利を法人に類推適用することもできないなどと判示している。

2．法人管理地等の国外移転を巡る諸環境の変化

(1) 欧州理事会指令等とその影響

上記の通り、かつては、法人の管理地・機能の国外移転には、少なからぬ障壁・デメリット等があった。また、法人居住性の判定基準として実質管理地主義を採用している国でも、自国で実質管理が行われている法人が、解散をした後に、新たに国外で法人の設立・管理を行うことは、潜在的な税収の将来的・間接的な減少に繋がる要因ではあっても、直接的な税源浸食の要因となることは殆どなかった。さらに、上記Daily Mail 事件ECJ判決（C-81/87）が下されたことによって、多くの大陸法の国で採用されている「実際の所在地理論」はEC条約に抵触しないとの見方が強まった[111]。このような状況も、法人の国外移転を抑止する方向に作用したが、最近のEU加盟国では、法人管理地等の国外移転を取り巻く諸環境を大きく変化させる動きが生じてきている。このような動きの契機となったのが、欧州理事会による合併指令（90/434/EEC）の発布であった。

合併指令の前文では、異なる加盟国の法人に関する合併、分割、資産の移転及び株式の交換に関しては、国内市場における条件と同様な条件を共同体で醸成することが必要となるとの認識が示され[112]、かかる認識の下、本指令4条では、「合併又は分割は、移転された資産や負債の実際の価値と税務目的上の価値との違いとの関係から計算される譲渡益への課税を生じさせない。…税務目的上の価値とは、利益や損失が税務目的上計算される上で基礎となる価値…であり、移転された資産や負債とは、合併又は分割の結果、移転を行った法人の加盟国に所在する資産等の移転を受けた法人の恒久的施設と密接な関係を有し、税務目的上考慮すべき損益を発生させる役割を果たすものである」と定められているが[113]、本指令を受けて、EU加盟国では、近年、法人管理地等の国外移転や国際的組織再編等に関係する税法上の諸規定の見直しを余儀なくされている。

欧州理事会が採択した「欧州会社法に関する規則」（Council Regulation（EC）No. 2157/2001 of 8 October 2001 on the Statute for a European company（SE））も、法人管理地等の国外移転に対する考え方が、少なからず変容してきていることを印象づけるもの

---

111) Tomas Bachner, Summary : Creditor Protection in Private Companies, Cambridge University Press (2009)（at http://www.cup.cam.ac.uk/asia/catalogue.asp?isbn=9780521895385&ss=exc）参照。
112) 本指令では、「資産の移転」（"transfer of assets"）とは、「法人が、解散することなく、その移転を受ける法人の資本を表象する有価証券と交換に、その事業部門の全て又は一部をその法人に移転させること」（"an operation whereby a company transfers without being dissolved all or one or more of branches of its activity to another company in exchange for the transfer of securities representing the capital of the company receiving the transfer."）と定義されている。

となっている。本規則の下、複数の加盟国で事業を行っている企業は、設立方法や最低資本金等において一定の制約を受けるものの、「欧州会社」(Societas Europeae, SE) になることを選択することにより、各加盟国の国内法上の制約を受けずに、EU域内において国境を越えた合併、持株会社及び共同子会社の設立が可能となった。また、「欧州会社」の本店所在国は、同規則7条の下、「欧州会社」を登録した加盟国でなければならないとの制約はあるものの、同規則8条は、「2項から13項に従って、欧州会社の登録事務所を他の加盟国に移転させることができる。このような移転は、欧州会社の解散や新たな法人の設立を伴わない」と定めている[114]。

上記「欧州会社法に関する規則」8条と同様な考え方は、2003年に採択された「欧州共同会社の法律に関する欧州理事会規則」(No 1435/2003) 13条でも採用されている[115]。本条は、その後段において、「本規則の下、二つの既存の共同会社の合併によって欧州共同会社を設立すること、又は、国内の共同会社を登録地及び本店所在地において、…まず解散させることなく、新たな事業体に変化させることが可能となる」と定めている[116]。もっとも、本規定等の下、加盟国の伝統的な法人設立・解散等に関する取扱いが、EC条約等に反することとなるわけではないことは、本規則14条が、「欧州合同会社の特殊な共同体としての性格に鑑みると、欧州合同会社との関係において本規則で採用されている『実際の所在地』アプローチが、加盟国の法律を毀損するわけではない…」と規定していることからも確認することができる[117]。

(2) **欧州司法裁判所判決の影響**
　イ) 国外移転に係る障壁を除去する流れの加速
　さらに、最近のECJ判決の中には、法人管理地等の国外移転に関係する加盟国の法律の中には、EC条約等に抵触するものがあるとの見解を示すものが見受けられるようになった。例えば、Centros Ltd. v. Erhvervs-og Selskabsstyrelsen事件ECJ 1999年3月9日判決 (C-212/97) では、二人のデンマーク人が株主である英国で設立された事業活動をしていない法人が、その事業拠点をデンマークに設ける旨を申請したところ、デンマーク政府が、

---

113) 原文は、"A merger or division shall not give rise to any taxation of capital gains calculated by reference to the difference between the real values of the assets and liabilities transferred and their values for tax purposes ... . ──value for tax purposes : the value on the basis of which any gain or loss would have been computed for the purposes of tax ... . ──transferred assets and liabilities : those assets and liabilities of the transferring company which, in consequence of the merger or division, are effectively connected with a permanent establishment of the receiving company in the Member State of the transferring company and play a part in generating the profits or losses taken into account for tax purposes." である。
114) 欧州会社法に関する欧州理事会規則8条の原文は、"The registered office of an SE may be transferred to another Member State in accordance with paragraphs 2 to 13. Such a transfer shall not result in the winding up of the SE or in the creation of a new legal person." である。
115) 本規則の正式名称は、Council Regulation (EC) No 1435/2003 of 22 July 2003 on the Statute for a European Cooperative Society (SCE) である。
116) 原文は、"It (this Regulation) will also make possible the establishment of an SCE by merger of two existing cooperatives, or by conversation of a national cooperative into the new form without first being wound up, where the cooperative has its registered office and head office ... ." である。
117) 原文は、"In view of the specific Community character of an SCE, the 'real seat' arrangement adopted by this Regulation in respect of SCEs is without prejudice to Member States' laws ... ." である。

第3節　法人の国外移転による税源浸食への対応

かかる申請はデンマークでの最低資本金の払込みを回避しながら、その唯一の事業拠点をデンマークに設けることを求める制度の濫用であるとして、その受理を拒否したことが問題となったが、本判決では、加盟国は、単独又は協力して、国外移転による加盟国の法律上の義務を回避する法人の行為を阻止するための措置を講じることは認められるものの、制度の濫用であると断定できない本件申請を受理しないことは、EC条約43条及び48条に抵触すると判示されている。

上記と同様の見解は、Überseering BV v. Nordic Construction Company Baumanagement GmbH（NCC）事件ECJ 2002年11月5日判決（C-208/00）でも示されている。本件では、オランダで設立された法人Aが、ドイツに有する土地に建物を建設する契約をドイツ法人Bと結んだ後、ドイツの居住者Cが法人Aの全株式を取得したが、建設された建物に欠陥があったため、法人Aが損害賠償等を求める訴訟を提起したところ、「管理所在地」主義を採用するドイツでは、「管理所在地」がドイツにある法人は、ドイツで設立されるのが原則であり、ドイツで設立された法人のみに訴訟提起の法的能力が認められるとDüsseldorf地区高等裁判所（Oberlandesgericht）が判示したが、ECJは、本件のように実際の管理の中心を他の加盟国に移転させたとみなされるケースに対し、本件のような取扱いを行うことは、本件法人が有する法的能力の否定に等しいことから、EC条約43条及び48条に違反すると判示している[118]。

法人管理地等の国外移転に係る障壁を除去する流れが加速する中、加盟国の関係する法律が欧州理事会指令にも抵触しているとの判断をECJが下した例もある。例えば、Kamer van Koophandel en Fabrieken voor Amsterdam and Inspire Art Ltd事件ECJ 2003年9月30日判決（C-167/01）では、オランダ人の経営者が排他的な経営権限を有する英国に設立・登録した法人Dの支店が、実際上、オランダのみで事業活動を行っていたことから、オランダ政府は、「正式な外国法人に関する法律」（Wet op de formeel buitenlandse vennootschappen；WFBV）に基づく義務として、オランダでの法人登録の義務、最低資本金に関する義務及び経営者による一定の情報開示の義務等を履行することを要請したのに対し、法人Dは、これらの義務を課する本法律がEC条約等に抵触していると主張した上で、かかる要請を拒否したことが問題となっている。

上記判決において、ECJは、他の加盟国に設立された法人の自国に所在する支店に対し、本件で問題となっている法律のように、「他の加盟国の法律によって支配される一定の類型の法人の他の加盟国に設立された支店に係る開示要件」に関する第11次理事会指令が規定していない事項に係る開示義務を課すことは[119]、支店の設立に伴い開示すべき事項を列挙している本指令2条に抵触するほか、個々のケースにおいて濫用であるとの認定が可能である場合を除けば[120]、法人が他の加盟国に設立された理由の如何にかかわらず、また、

---

118) EC条約43条及び48条の原文・規定振りは、脚注6)・110)参照。
119) 本指令の正式名称は、Eleventh Council Directive 89/666/EEC of 21 December 1989 concerning disclosure requirements in respect of branches opened in a Member State by certain types of company governed by the law of another State（OJ L 395, 30.12.1989, pp. 36-39）である。
120) この点について、ECJは、法人がその登録国で事業活動を行わず、その支店を設置している国でのみ活動していることは、後者の国が設立の自由に関する共同体の法律の規定上の利益の付与を否定する前提となる濫用的な行為の存在を証明するには不十分なものであることは、Centros事件判決（パラ29参照）等でも確認されていると判示している。

他の加盟国に設立された法人の事業活動の殆ど全てが自国に限定されているか否かにかかわらず、その他の加盟国で設立された法人が自国で設立の自由の権利を行使するに当たり、本件で問題となっている法律のように最低資本金や経営者の義務等との関係から一定の条件を課することは、EC条約43条及び48条に抵触すると判示している。

ロ）国外移転に伴う清算義務とEC条約等との関係

上記Inspire Art事件判決は、「実際の管理地理論」の終焉を意味すると評する向きもあるが[121]、Cartesio Oktato es Szolgaltato bt事件ECJ 2008年12月16日判決（Case C-210/06）は、「実際の管理地理論」は終焉してはいないものの、その修正の必要性があることを示唆する部分を含んでいる。本件では、ハンガリーで設立されたパートナーシップEは、2005年、ハンガリー法の適用対象であるとの法的地位を失うことなく、その事業本部をイタリアに移転させるとの計画の下、ハンガリーで事業本部地の登録変更を申請したが、ハンガリーの商業裁判所（Cegbirosag）は、商業登記に関する法律16条1項等の下では、法人の所在地は、その管理の中心地であることから、かかる登録変更を行うには、パートナーシップEは、まず、ハンガリーで清算し、その後、イタリア法の下で再登録する必要があるとして、かかる申請を拒否する取扱いを首肯したことから、かかる取扱いが、EC条約43条及び48条に抵触するか否かという点が問題となっている。

上記判決において、ECJは、加盟国に設立された法人が、その他の加盟国の法に服する法人に転換する際、当該一方の加盟国において、その清算が必要となるとの条件を付することが設立の自由の原則に反するケースがあることは、2003年に採択された「欧州共同会社の法律に関する欧州理事会規則」（No. 1435/2003）13条等から確認し得るとしながらも[122]、国境を跨ぐ法人の移転に係る共同体の法律は未だ十分に確立していない以上、加盟国は、自国の法律の下で設立される法人との関係で必要とする要因を決定する権限を有していることから[123]、加盟国の法律に基づいて設立された法人が、設立国の法によって支配される法人としての地位を維持したままで、その管理所在地を他の加盟国に移転させることを認めない法律を当該加盟国が有していても、現行のEC条約等の下では、かかる法律がEC条約43条及び48条に抵触することとなるわけではないと判示している。

もっとも、ECJは、上記で指摘した法人管理地等の国外移転などに関する共同体の法律が十分に確立していないという状況にあるという点については、Daily Mail事件判決（Case C-81/87）でも確認されているとしながらも、その後、このような状況は、「欧州会社法に関する欧州理事会規則」（EC No. 2157/2001）や「欧州共同会社の法律に関する欧州理事会規則」（EC No. 1453/2003）の制定によって変化したと見ることもできるとの主張もあるところ、かかる主張が妥当なものとなるためには、法人管理地等の移転によって適用対象となる国の法律が変わることが必要となるが、本件では、納税者は、ハンガリーの法律の適用を維持しながら、管理地をイタリアに移転させることを希望しており、適用さ

---

121) Hans Josef Vogel, The Lure of the Limited and Corporate Law Reforms in Germany (http://www.lexisnexis.com/Community/Internationalforignlaw/blogs/internationalandforeignlawcommentary/archive/2010/01/27/The-Lure-of-the-Limited-and-Corporate-Law-Reforms-in-Germany.aspx参照。
122) 本規則13条の規定振りは、本節2(1)・脚注116)参照。
123) 本規則14条（本節2(1)・脚注117)）参照。

れる法律に変更はないことから、これらの規則が本事件に対してどのように適用されるかという結果を明確に予測することはできないと説明している。

上記判決では、問題の法律がEC条約等に抵触するとの判断が下されたわけではないが、上記事件に対する2008年3月22日Poiares Maduro法務官意見では、一方の加盟国が、その法人の活動本部のその他の加盟国への移転に対して一定の条件を付することは認められるものの、本件法律は、設立の自由の完全な否定であり、公共の利益（例えば、濫用又は不正な行為の防止など）による正当化が可能となる理由も示されていないことから、EC条約43条及び48条と抵触するとの見解が示されており[124]、また、本判決のパラ113では、「そのような法人が、事前に解散又は清算することなく、希望する移転先の国の法律によって支配される法人に実際に転換することに対するそのような障壁は、公共の利益という優先すべき要件に合致しない限り、当該法人の設立の自由を制限するものであり、EC条約43条の下で禁止される…」との見解が示されていることに留意する必要がある[125]。

3．法人に対する出国税とEC条約等との関係

(1) Cartesio事件ECJ判決の含意と影響

上記の通り、Cartesio事件ECJ判決では、問題となったハンガリー法が依拠している「実際の所在地理論」がEC条約等に抵触するとの判断が下されたわけではないものの、本事件に対する上記のMaduro法務官意見や本判決のパラ113等に鑑みると、Daily Mail事件ECJ判決（C-81/87）で示された見解（法人の管理支配の中心をその他の加盟国に移転させる場合、その法人の資産の一部の売却を行うという条件を付することも、EC条約等に抵触しないとの判断）は、もはや妥当なものではないということになろうが[126]、そうすると、法人管理地等の国外移転の前提条件として、その法人の解散を求める実質管理地主義・「実際の管理地理論」はもとより、法人に対する出国税も、法人管理地等の国外移転に対して大きな制約を課するものであることから、EC条約等に抵触する可能性が高いと見る向きもある[127]。

確かに、第2章第3節2(2)で考察した通り、CIOTも、Cartesio事件判決等に鑑みると、英国の1992年TIOPA§185（「英国の居住者でなくなる法人に対するみなし譲渡益課税」）は、EC条約等に抵触すると指摘している。前述の欧州委員会の「2006年コミュニケ」の3.1 (Implications of de Lasteyrie for companies)でも、Hughes de Lasteryie事件ECJ判決で示された個人に対する出国税と設立の自由との関係に対する考え方は、加盟国の法人に対

---

124) 本法務官意見パラ34参照。
125) 当該部分（パラ113）の原文は、"Such a barrier to the actual conversion of such a company, without prior winding-up or liquidation into a company governed by the law of the Member State to which it wishes to relocate consititutes a restriction on the freedom of establishment of the company concerned which, unless it serves overriding requirements in the public interest, is prohibited under Article 43 EC …．" である。
126) NGI事件ECJ判決は、「実際の管理地理論」が設立の自由に抵触しないと判示したDaily Mail事件ECJ判決を実質的に覆しているとの見方もある。Peter J. Wattel, Exit Taxation in the EU/EEA Before and After National Grid Indus, Tax Notes International, Vol. 65, No. 5 (2012) p. 377, http://www.seast.it/magazine/wp-content/uploads/2013/07/The-National-Grid-Indus-Case_-A-Pyrrihic-Victory.pdf参照。
127) David Stevenson, Cartesio ruling has implications for EU exit taxes, International Tax Review, January 1, 2009（also at http://www.internationaltaxreview.com/?page=9&PUBID=210&ISS=25241&SID=716163）参照。

第3章　EUの対応策の分析

する出国税にも直接に適用される含意を有するとした上で、「もし、加盟国が国内所在の法人の地域間の資産移転に課税の繰延べを認める一方、他の加盟国への資産移転に課税の繰延べを認めない場合、EC条約上の自由に反することとなろう」（5パラ後段）との見解が示されているが[128]、実際、欧州委員会は、2008年、スペインやスウェーデン等に対し、侵害手続を適用し、その法人に対する出国税制度を改正することを求めた経緯もある。

上記の侵害手続が適用された背景には、スペインの場合、法人がその他の加盟国に移転し、その恒久的施設や資産がスペインから消滅すると、そのキャピタル・ゲインが実現したものとみなして課税が行われるのに対し、国内における未実現のキャピタル・ゲインは課税対象とされていないことがEC条約43条等に抵触する虞があると判断されたとの事実があり[129]、また、スウェーデンの場合には、スウェーデン最高行政裁判所2008年4月24日判決（Case 6639-06）において、マルタ共和国に所在する親会社がスウェーデンに設立した子会社の管理支配をマルタ共和国に移転させたことに対し[130]、所得税法第22章§7及び第30章§8に基づき、子会社の資産と留保利益に出国税を課税することは[131]、属地主義の原則や課税権の配分原則に基づく正当化が可能となり得るものの、比例性の原則に合致していないとの判断の下、EC条約43条に抵触すると判示されたとの事実がある[132]。

しかし、法人に対する出国税は、幾つかの重要な点で個人に対する出国税と異なっているのも事実である。例えば、個人の場合、その出国前と出国後の納税義務者としての法的主体は同一であるが、法人の場合、その出国前と出国後の納税義務者としての法的主体は異なり得るため、国外に移転する法人に対して移転元であるEU加盟国が課する出国税は、個人に対する出国税の場合とは異なり、MARDの下での税徴収の相互支援の対象とならないなどの問題がある。実際、かかる差異・問題等に鑑みると、法人に対する出国税がEC条約等に抵触する可能性は、一般的に、個人に対する出国税よりも少ないと考えられると見る向きもあるが[133]、かかる考え方が誤っていないことが、以下のロ）で示すNational Grid Industries BV v. Inspecteur van de Belastingdienst Rijnmond/kantoor Rotterdam事件（NGI事件）ECJ 2011年11月29日判決（C-370/10）で確認されている。

---

128) 原文は、"If a MS allows tax deferral for transfers of assets between locations of a company resident in that MS, then any immediate taxation in respect of a transfer of assets to another MS is likely to be contrary to the EC Treaty freedoms." である。

129) 詳細は、Direct Taxation: The European Commission requests Portugal and Spain to change restrictive exit tax provisions for companies (http://www.europa.eu>Europa>Press Room>Press Releases) 参照。

130) このような移転によって、子会社は、スウェーデンとマルタ共和国の双方の居住者とみなされることとなるが、両国の租税条約に基づき、スウェーデンに恒久的施設を有していない当該子会社は、マルタ共和国の居住者とみなされる。

131) スウェーデンの法人であれば、「利益配分留保金」（"profit allocation reserve" と英訳されている）ルールの下、原則として、各会計年度において、課税所得の25％の控除が可能となっているが、居住者でなくなると、かかる控除が否定され、「留保金の課税所得への取戻し」（reversal of reserve to taxable income）が行われる。Carl Pihlgren and Dunja Brodic, Swedish exit taxation rules incompatible with EC Treaty, International Tax Review, December 2006/January 2007 (also at http://www.internationaltaxreview.com/includes/magazine/?page=10&PUBID=35&ISS=23172&SID=668645&TYPE=20) 参照。

132) 詳細は、Carl Pihlgren, Swedish court rules Sweden's exit tax incompatible with EC Treaty (http://www.evatassurance.com/NR/rdonlyres/.../International+Alert+115.pdf) 参照。

133) Tom O'Shea, Exit Taxes Post-Cartesio, The Tax Journal, Monday, 31 August 2009 (also at http://www.law.qmul.ac.uk/people/academic/docs/oshea_09_Exittaxes.pdf) 参照。

第3節　法人の国外移転による税源浸食への対応

(2) NGI 事件ECJ判決のポイントと含意

　上記NGI事件ECJ判決では、オランダで登録された法人が、その登録を維持したまま、2000年、その実質管理地を英国に移転させ、当時の英蘭租税条約4条3項の下、英国の居住者となったため、「本条の1項、2項及び3項に定める以外の資産の譲渡による利得は、その譲渡を行った者が居住者である国でのみ課税される」と定める同条約13条4項等の下[134]、その資産の未実現利益への課税権を失うこととなるオランダの税務当局は、法人税法§8（Wet op de vennootschapsbelasting 1969）の下、未実現利益をオランダで課税されなくなる年度の利益に含める旨を定める所得税法（Wet op de inkomestenbelasting 1964）§16は[135]、法人にも類推適用されるとして、本規定を本件に適用する課税処分を行ったため、かかる課税処分が設立の自由を定めるTFEU49条（EC条約43条と同様の趣旨）に抵触するか否かなどが問題となっている。

　上記TFEU49条は、その前段で、「…加盟国の国民がその他の加盟国の領土で開業する自由に対する制限は禁止される。そのような禁止は、加盟国の領土で開業している加盟国の国民による代理店、支店又は子会社の設立に対する制限にも適用される」と定め[136]、その後段で、「設立の自由は、個人事業者としての活動を開始・遂行し、特に、54条第2パラの意味での特定の会社又は企業を設立・管理する権利を含むが、その設立国の法律が定めるその国民に対する条件を満たし、また、資本に関する章の諸規定に服する」と規定している[137]。上記事件に対する2011年9月8日Kokott法務官意見は、本件課税を「加盟国間の課税権配分の均衡」及び「国家の課税制度の一貫性の維持」の必要性に依拠して正当化し得るのは、未実現利益の実際の実現に関する情報の入手が困難な場合に限定されるが、その場合でも、その時までに生じる価値の減少・損失をも考慮する必要があるという趣旨のものであった。

　これに対し、上記ECJ判決では、N事件ECJ判決（C-470/04）のパラ46においても、加盟国は、一時的な要素に結びついた財政管理の有効性の原則、つまり、譲渡益が生じる期間中に納税者の税務上の住所が国家管轄地域に存在していたとの事実に従い、納税者が国を離れる際にそのキャピタル・ゲインに課税できると裁判所が判示したように、加盟国は、その国での未実現のキャピタル・ゲインによって生じた経済的価値に課税する権利を有しており、そのような課税は、加盟国間の課税権配分の維持という根拠に基づいて正当化し得るところ、本件法令も、関係する加盟国間の課税権配分の維持のために適切なものでああ

---

134) 原文は、"Gains from the alienation of any property other than that referred to in paragraphs, 1, 2 and 3 of this Article, shall be taxable only in the State of which the alienator is a resident." であった。

135) 本判決で示されている本条の英訳は、"Benefits derived from the business that have not yet been taken into account ... are included in the profits for the calendar year in which the person on whose behalf the business is run ceases to derive profits from the business taxable in the Netherlands ..." である。

136) 前段の原文は、"... restriction on the freedom of establishment of nationals of a Member State in the territory of another Member State shall be prohibited. Such prohibition shall also apply to restrictions on the setting-up of agencies, branches or subsidiaries by nationals of any Member State established in the territory of any Member State." である。

137) 後段の原文は、"Freedom of establishment shall include the right to take up and pursue activities as self-employed persons and to set up and manage undertakings, in particular companies or firms within the meaning of the second paragraph of Article 54, under the conditions laid down for its own nationals by the law of the country where such establishment is effected, subject to the provisions of the Chapter relating to capital." である。

り、しかも、この課税権は、NGIが税目的上居住者であった期間に発生したキャピタル・ゲインに対してのみ行使されるものであることから、未実現のキャピタル・ゲインに課税することは正当化できないとの主張は却下されなければならないとの見解を示している。

また、上記見解に立脚した上で、ECJは、本件の場合、株式の未実現利益への課税が問題となったN事件ECJ判決（C-470/04）とは異なり、法人資産への課税が問題となっているところ、国外に実質管理権が移転した法人の資産及びその課税対象利益は、その移転先の国で排他的に課税されることに鑑みると、実質管理地をその他の加盟国に移転させた法人の外国為替益が、移転先の加盟国の税制度の下で考慮されるか否かに関係なく、「法人が、…その移転によって移転元の加盟国で得る課税対象利益が消滅する際、その後に生じ得る価値の増減を考慮しないように法人の資産に係る未実現の利益に対する課税額を明確に固定して未実現利益に課税する…法律であっても、TFEU49条に抵触しないと解すべきである」が[138]、実質管理権の移転の際、その法人資産に係る未実現の譲渡益に対して賦課される税の即時納付を規定する法律は、同条に抵触すると解すべきであると判示されている。

上記から確認し得る通り、加盟国の個人の住居の他の加盟国への移転に係る出国税と法人管理地のその他の加盟国への移転に係る出国税のそれぞれのEC条約との関係は、共通する部分もあるが、上記NGI事件判決では、法人に対する出国税の場合、重要な三つの点（(i)法人の場合、即時納付と支払延期の選択をすることができる、(ii)法人が支払延期の選択をする場合、利子の支払と担保の提供の双方を求めることができる（パラ73参照）、(iii)出国税の対象となった法人資産の出国後の価値の下落について考慮する必要があるのは、出国側の国ではなく、入国側の国であること（パラ86参照））において、N事件ECJ判決が示した個人に対する出国税に関するルールから離れているが、法人に対する出国税がEC条約と抵触しないとの取扱い・解釈を行う必要性・合理性は、管理地の国外移転には法人の解散が必要となるとの考えに立脚する「実際の管理地理論」が終焉する方向にあることによって、より一層高まっているという側面もあろう。

法人に対する出国税が、上記の点で個人に対する出国税と異なっていることは、前者において、EC条約等と抵触しないように制度設計する余地が、より広いことをも示唆しているが、上記NGI事件判決では、法人に対する出国税の正当化の根拠として、Lasteyrie事件ECJ判決（C-9/02）で依拠された租税回避の防止原則ではなく、財政管理の有効性の原則が挙げられている点も、法人に対する出国税の制度設計上、一つのポイントとなり得ると考えられる。実際、例えば、ノルウェーでは、出国税制度の2012年改正により、出国者に有利な措置（その他の加盟国への出国後5年以内に資産の譲渡がない場合の出国税の適用免除、欧州経済地域に出国する場合の出国税の納付延期及び出国後にノルウェーに資産が戻る場合の出国税の免除等）が廃止されたが[139]、本改正は、NGI事件ECJ判決に鑑み、租税回避の防止原則に依拠する側面が強い部分を撤廃して、出国税の機能を強化したもの

---

138) 原文は、"Article 49 TFEU must be interpreted as : -not precluding legislation ... under which the amount of tax on unrealized capital gains relating to a company's assets is fixed definitively, without taking account of decreases or increases in value which may occur subsequently, at the time when the company, ... ceases to obtain profits taxable in the former Member State ; ..." である。

139) 2012年改正前の出国税の制度設計は、Frederik Zimmer, Exit Taxes in Norway, World Tax Journal, Vol. 1 (2009) pp. 116-146、松田・前掲「法人資産等の国外移転への対応」56〜62頁参照。

であるとの指摘がされている[140]）。

第4節　法人所得等の国外移転による税源浸食への対応

1．第三者取引基準とEC条約等との関係

　法人による所得等の国外移転による税源浸食を防止する手段としては、移転価格税制が特に重要な制度であるが、EU加盟国の場合、本税制も、そのEC条約等との関係が問題となり得る。その関係を考える場合、そもそも、移転価格税制が依拠する第三者取引基準・独立企業原則とEC条約等との関係の如何という問題が浮上する。前述の通り、Cadbury Schweppes基準の下では、加盟国の租税回避行為等の防止規定が、「全く人為的なアレンジメント」を適用対象としていないものである場合には、基本的自由の制約を正当化する原則に依拠できない限り、EC条約等との抵触の問題が生じる。そうすると、第三者取引基準に依拠する租税回避行為等の防止規定も、その適用対象が基本的に「全く人為的なアレンジメント」に限定されていない限り、EC条約等と抵触することとなり得るのではないかとも考えられる。

　確かに、移転価格税制の場合、その適用対象は、租税回避行為に限定されないことから、移転価格税制とEC条約等との関係を判断する場合、Cadbury Schweppes基準は無関係であるとも考えられるが、第三者取引基準に依拠する規定の中には、移転価格税制とは異なり、その適用対象を租税回避行為に限定することを意図したものもあるかもしない。そうであれば、第三者取引基準に依拠する規定とEC条約等との関係は、必ずしも一様ではないということになろうが、そもそも、移転価格税制とEC条約等との関係如何が直に問題となったECJ判決はないことから、EUにおける移転価格税制の位置づけ、その他の規定との関係及び税源浸食防止機能等を明らかにするためには、まずは、第三者取引基準に依拠する主な諸規定とEC条約等との関係を考察し、EUにおける第三者取引基準の位置づけを確認することが重要なポイントとなる。

(1)　過少資本税制とEC条約等との関係

イ）Lankhorst事件ECJ判決の見解

　第三者取引基準に依拠する制度とEC条約等との関係が争点となったケースとして、Lank-horst-Hohorst GmbH v. Finanzamt Steinfurt事件ECJ 2002年12月12日判決（C-324/00）がある。本件では、ドイツにおいて、外国法人や法人税の納付義務のない国内法人が株主である場合、そうでない株主の場合とは異なり、配当に対する二重課税防止のための税額控除の適用がないところ、かかる税額控除の適用がない株主が有するその株式が相当な割合であるケースにおいて、その株主からその株式発行法人が受けた借入資本がその株主の株式保有割合の3倍を超えるならば、その借入資本に係る利息は、その借入資本をその法人が同様な条件の下で第三者から得ることができたなどの事情がない限り、隠れた利益の分配であるとみなす旨を定めていた法人税法（Körperschaftsteuergesetz）

---

140)　Frederik Zimmer, Norway Moves to Tighten Exit Tax Rules, Tax Notes International, Vol. 66, No. 8 (2012) p. 702参照。

§8a(1)とEC条約等との関係が問題となっている。

上記事件では、単独株主であるオランダ法人から貸付を受けたドイツ法人に対し、上記法人税法§8a(1)を適用したドイツ政府は、本規定が第三者から借り入れた場合との比較に基づいて適用する第三者取引基準に則っており、OECDのモデル条約9条と同様なものであると主張したが、本事件に対する2002年9月26日Mischo法務官意見では、「OECDモデル条約に合致しているルールがEC条約43条にも合致していることを意味するわけではない。OECDモデル条約の規定及びその目的は、EC条約の規定及びその目的と実際上同じではない。確かに、EC条約の解釈を可能な限りOECDモデル条約に従って解釈することを排除するものは何もないが、本件規定がOECDモデル条約9条に合致していると仮定しても、そのような解釈は本件では可能ではないと考える」などの見解の下[141]、本規定はEC条約43条に抵触すると判断されている。

上記判決でも、ドイツ政府は、法人税法§8a(1)が、過少資本や隠れた利益処分による税負担の回避・脱税を防止することを目的としており、脱税のリスクに対処する必要性に基づいて正当化できるものであるなどと主張したが、ECJは、「…本規定は、ドイツの税法を回避することを意図した全く人為的なアレンジメントが、税務上の利益を得ることを阻止するという特定の目的を有しておらず、親会社の設立地がドイツ以外にある場合には、その理由の如何に関係なく適用される」ようになっているところ[142]、実際、1996〜1998年の欠損金額が利息の支払額を超過しているドイツ法人の借入れに係る負担の軽減を図るとの濫用が認められない本件に対して本規定が適用されており、脱税のリスクに対処する必要性に基づいて正当化することはできないものであると判示している。

ロ）Thin Cap事件ECJ判決の見解

Test Claimants in the Thin Cap Group v. Inland Revenue事件ECJ判決（C-524/04）でも、第三者取引基準とEC条約等との関係が争点となっている。本事件では、英国の過少資本税制であった1988年ICTA§209（Meaning of "distribution"）(2)(d)の下では、英国法人が支払う貸付利息は、その支払先が英国法人であるか否かに関係なく、商業上合理的な額を超える限りにおいて配当として取り扱われ、また、1995年に措置された本法§209(2)(da)の下では、一定以上の株式保有関係にある同じグループの属する企業間で支払われる貸付利息は、第三者取引基準を超える限りで配当として取り扱われるが、改正されたICTA§212（Interest etc, paid in respect of certain securities）(1)の下、後者の取扱いは、原則として、親会社と子会社の双方が英国の法人税法の課税対象となるケースには適用されないことから[143]、このような取扱いなどがEC条約43条等に抵触するか否かが問題となっている。

---

[141] かかる意見（パラ80〜81）の前半部分の原文は、"... the fact that the rules are consistent with the provisions of the OECD model convention does not also mean that they comply with Article 43 EC. Neither the provisions nor the objectives of the OECD model convention, on the one hand, or of the EC Treaty, on the other, are in fact the same." である。

[142] 原文（パラ37）は、"... the legislation at issue here does not have the specific purpose of preventing the wholly artificial arrangements, designed to circumvent German tax legislation, from attracting a tax benefit, but applies generally to any situation in which the parent company has its seat, for whatever reason, outside the Federal Republic of Germany." である。

第4節　法人所得等の国外移転による税源浸食への対応

　上記事件に対する2006年6月29日Geelhoed法務官意見のパラ66では、「…本件のような場合、第三者取引基準は、問題の取引の根本的な目的が税務上の利益の稼得であるか否かを判断する際に依拠し得る要素となるため、…加盟国は、取引が第三者取引基準に合致するか否かを判断する一定の合理的な基準を設定するのが妥当かつ誠に推奨されることであり、また、これらの基準に合致しない取引は、反証されない限り、濫用的であると推認されるというのが自分の考えである」が[144]、このようなアプローチは、固定の資産・負債比率がその他の要素・状況を勘案しないで全てのケースに一律に適用されるのとは対照的であるとした上で、パラ92では、国外の親会社による貸付には税務上の利益を得ること以外の真に商業上の理由があることを英国子会社が過重な負担なしに立証することで差別的な取扱いを排除することが可能ならば、本件の諸規定は、EC条約43条に抵触しないとの見解が示されている。

　上記ECJ判決でも、「…居住者である子会社が非居住者である親会社に支払う利息が、配当として取り扱われるのは、これらの会社が独立企業ベースで同意したであろう金額、つまり、もし、これらの会社が同じ会社グループの一部を構成していなかったならば受け入れたであろう商業上の条件を超える場合にのみ、また、その限度で可能であることを定めている場合には、加盟国の法律は、濫用的な行為に対処する必要性に基づいて正当化できる」が[145]、独立企業間で合意されたであろう条件と異なる貸付が行われたとの事実は、その法律の適用対象となる取引が、その加盟国のその法律を回避することを基本的な目的とした真に人為的なアレンジメントに全体又は部分的に該当するか否かを決定する上での客観的な要素を構成することから、かかる要素に基づいて独立した判断が必要となるとの見解が示されている。

　上記見解に立脚した上で、ECJは、「居住者法人が居住者法人に付与する貸付けの場合とは異なり、加盟国の法律が、他の加盟国の居住者である親法人又はかかる親法人が支配する法人が、加盟国の居住者法人に直接又は間接に付与する貸付けに係る利息を当該居住者法人が税務上控除することを制限するなら、EC条約43条との抵触が生じる。但し、第一に、その法律が、税負担の回避のみを目的として実行された真に人為的なアレンジメントの存在を確認することを可能にする客観的で立証可能な要素を考慮することを定めるとともに、もし、適切な場合には不当な執行上の制約に服させることなく、問題となる取引の商業上の正当化に係る証拠の提出を納税者に認め、第二に、そのようなアレンジメントの存在が立証された場合には、そのような法律の下、利息が第三者間で合意されたであろ

---

143)　改正されたICTA§212の原文は、"(1)Any interest or other distribution――(a) which is paid out of the assets of a company ("the borrower") to another company which is within the charge to corporation tax;... shall not be a distribution for the purposes of the Corporation Tax Acts ..."である。
144)　前段の原文は、松田・前掲『租税回避行為の解明』343頁参照。後段の原文は、"... it is in my view valid, and indeed to be encouraged, for Member States to set out certain reasonable criteria against which they will assess compliance of a transaction with the arm's length principle, and in case of non-compliance with these criteria for them to presume that the transaction is abusive, subject to proof to the contrary."である。
145)　原文（パラ80）の原文は、"... legislation of a Member State may be justified by the need to combat abusive practices where it provides that interest paid by a resident subsidiary to a non-resident parent company is to be treated as a distribution only if, and as far as, it exceeds what those companies would have agreed upon on an arm's length basis, that is to say, the commercial terms which those parties would have accepted if they had not formed part of the same group of companies."である。

う金額を超える限りで配当として取り扱われるのならば…」、EC条約43条に抵触しないと判示している[146]。

(2) Lankhorst事件ECJ判決とThin Cap事件ECJ判決の含意

　上記イ)で示したLankhorst事件ECJ判決（C-324/00）では、問題となった過少資本税制がEC条約に抵触しないためには、その適用対象が「全く人為的なアレンジメント」に該当する第三者取引基準を超える利息の支払に限定される必要があるとの判断が下されたところ、上記Thin Cap事件に対するGeelhoed法務官意見では、問題となった過少資本税制がEC条約に抵触しないためには、納税者に対し、第三者取引基準に合致しない利息の支払に係る商業上の正当化を行う機会が付与されなければならないとの見解が示されている。これらの判断・見解の双方を踏まえて、上記のThin Cap事件ECJ判決では、問題となった過少資本税制がEC条約との抵触を避けるためには、その適用対象を「真に人為的なアレンジメント」に限定するとともに、納税者が第三者取引基準に合致しない利息の支払の商業上の正当化を立証したならば、その適用を行わない制度設計に依拠している必要があると判示されている。

　上記の通り、Lankhorst事件ECJ判決、Thin Cap事件に対するGeelhoed法務官意見及びECJ判決を通じて、EC条約に抵触しない過少資本税制の制度設計上の特徴がおよそ明らかとなったが、かかる特徴は、本税制の制度設計との関係に限って必要とされるのか、それとも、その他の第三者取引基準に依拠する規定の制度設計上も必要とされるのかという疑問が生じる。もし、かかる特徴が移転価格税制の制度設計上も必要とされるならば、それは、その適用範囲を租税回避行為に限定せず、しかも、その適用上依拠する第三者取引基準を客観的な基準として捉えてきた伝統的なOECDモデル条約9条及び移転価格ガイドライン上の移転価格税制の下での考え方とは異ったものとなる。そうすると、EC条約等の下での移転価格税制とOECDモデル条約9条及び移転価格ガイドラインに立脚する移転価格税制の適用範囲が異なったものとなるほか、後者に依拠する移転価格税制とEC条約等との抵触の問題も生じ得る[147]。

　上記の疑問に対する回答を探る前に、英国では、上記Thin Cap事件ECJ判決（524/04）を受けて、その過少資本税制とEC条約との関係について、どのような判断が下されたのかという点に目を向けると、本事件に対する英国の高等法院2009年11月17日判決（[2009] EWHC 2908 (Ch)）では、パラ75において、英国の過少資本税制は、商業上の正当化という別の抗弁を容認しないがために、濫用的な租税回避を阻止する目的を達成する上で均衡

---

[146] 当該箇所（パラ92）の後半の原文は、"… unless, first, that legislation provides for a consideration of objective and verifiable elements which make it possible to identify the existence of a purely artificial arrangement, entered into for tax reasons alone, to be established and allows taxpayers to produce, if appropriate and without being subject to undue administrative constraints, evidence as to the commercial justification for the transaction in question and, secondly, where it is established that such an arrangement exists, such legislation treats that interest as a distribution only in so far as it exceeds what would have been agreed upon at arm's length." である。

[147] およそ同様な問題提起として、Wolfgang Schön,Transfer Pricing, the Arm's Length Standard and European Union Law, Max Planck Institute for Tax Law and Public Finance Working Paper 2011-08, p. 8, Gerard T.K. Meussen, The SGI Case : ECJ Approves Belgian System of Selective Profit Corrections in Relation to Foreign Group Companies, European Taxation, Vol. 50, No. 6 (2010) pp. 245-249参照。

第4節 法人所得等の国外移転による税源浸食への対応

がとれていないとの見解が示されており、また、パラ77において、「…ECJは、基本的に独立した証明が可能な客観的な第三者取引基準が、基本的に主観的な動機テストによって補完できていなかったが、補完すべきものとみなしている…。英国のルールが仮に動機テストを手当てしており、しかも、納税者への『不相応な負担なし』に執行されていたならば、EC条約43条に合致していたであろう」と述べられている[148]。

さらに、Thin Cap事件に対する上記高等法院判決では、パラ84において、「…英国の第三者取引基準は、商業上の正当化という主観的なテストを包含している、あるいは、そのテストに服すると解することはできないと判断する。そのような解釈は、本件ルールの本質に合致せず、また、本ルールの根底を成す考え方とも両立しない。そのような解釈を採用することは、本法令の基本的かつ主要な性質、つまり、第三者取引基準を唯一の基準として使用することに反し、解釈と改正の境界線を越えることとなるであろう」としながらも[149]、パラ94において、本ルールの下、商業上の目的の存在に係る立証の機会が与えられてこなかった以上、商業上の目的の有無に係る立証責任は税務当局が負うべきであるとの見解が示されている。本高等法院判決は、EC条約との抵触の問題を回避するためには、従来の英国の過少資本税制が依拠する第三者取引基準の捉え方又はその適用のあり方に修正を加える必要があることを確認するものとなっている。

2. 第三者取引基準の解釈の趨勢

(1) SGI事件ECJ判決の見解

過少資本税制がEC条約等との抵触を回避するには、それが依拠する客観的な第三者取引基準を主観的要素が含まれる「商業上の正当化」テストによって補完する必要があるとの考え方は、移転価格税制とEC条約等との関係でも妥当するのかという疑問に対しては、Société de Gestion Industrielle (SGI) v. Etat belge事件ECJ 2010年1月21日判決 (C-311/08) が参考となる見解を示している。本件では、2000年12月、ベルギー法人が株式の65%を有するフランス法人に無利息貸付を行ったのに対し、ベルギーの税務当局は、本件無利息貸付は、1992年所得税法 (Impôts sur les revenus) §26でいう「通常でない又は無償の利益」("avantages anormaux ou bénévoles") に該当するとして[150]、当該ベルギー法人の2001及び2002課税年度の法人税の申告について、本規定に基づき5%の利息相当額を当該ベルギー法人の利益に加算する処分を行ったことから、本規定がEC条約に抵触するか否かという点が問題となっている[151]。

---

148) 原文は、"... the arm's length test, which the ECJ regarded as essentially objective and capable of independent verification, need to be, but was not supplemented by an essentially subjective motive test, ... Had the UK rules provided for such a motive test, and had the test been operated in practice without "undue administrative constraints", the regime would have been compliant with Article 43." である。

149) 前半部分の原文は、"... the UK arm's length test cannot in my judgment be interpreted as importing, or as itself being subject to, a further subjective test of commercial justification. Such an interpretation neither 'goes with the grain' nor is it 'compatible with the underlying thrust' of the UK rules." である。

150) 本判決では、"avantages anormaux ou benevoles" は、"unusual or gratuitous advantages" と英訳されている。

151) 本事件では、2000年7月1日、当該ベルギー法人が、その株式の35%を保有されているルクセンブルグ法人に支払った取締役報酬が過大であるとして、1992年所得税法§49及び§79に基づいてその税務上の控除を否認する処分も行われたが、本件が係争したベルギーの「モン第一審判所機関」(The tribunal de première instance de Mons) は、この処分に関するECJの判断は求めていない。

267

第3章　EUの対応策の分析

　上記所得税法§26は、1項において、「ベルギーに設立されている企業が『通常でない又は無償の利益』を付与する場合、かかる利益は、それらが利益の受領者の課税対象所得を決定するために使用されない限り、その企業の自らの利益に加算されるが、同法54条に服し、また、49条の適用を毀損しない」と規定し[152]、2項以下において、1項の適用対象となるのは、ベルギー法人が「通常でない又は無償の利益」を付与した相手方が、相互依存関係にある外国法人、税負担の顕著に低い国・地域に設立されている法人、又は共通の利害を有しているケースであると定めている。したがって、例えば、上記事件で問題となった無利息貸付先がベルギーの普通法人であった場合、享受した無利息という利益は、当該ベルギー法人で課税されるため、本規定の適用はないことから、このような取扱いを行う本規定は、確かに、EC条約との関係が問題となる。

　例えば、EC条約12条は、「…国籍に基づくいかなる差別も禁止される…」と定め、EC条約48条は、「共同体の中に、登録した事業所、中心となる管理地又は主要な事業地を有する加盟国の法律に従って設立された会社又は法人は、本章の目的上、加盟国の国民である自然人と同様に取り扱われる…」と規定し[153]、EC条約58条は、「…加盟国間及び加盟国と第三国との間の資本移動に対する全ての制限は禁止される…」と定めていることから、1992年所得税法§26は、これらの条文やEC条約43条に抵触している可能性があるが[154]、ベルギー政府は、本規定が適用される「通常でない又は無償の利益」の付与が行われた場合とは、それに対応する義務や対価が存在していないという通常の事業慣行に反する場合であるところ、関連企業間の取引が独立企業原則に合致しない場合に利益を調整することを定めるOECDモデル条約9条に依拠する本規定は、これらのEC条約上の規定に抵触しないなどと主張している。

　上記事件に対する2009年9月10日Kokott法務官意見では、(i)Thin Cap事件判決(C-524/04)を踏まえると、関連企業間の役務の提供の対価が異常に低い又は高いことは、税務上違法でないにしても、その対価は、税務目的上通常のレベルに調整されなければならないと考えるのが妥当である、(ii)所得税法§26は、適用対象となる関連企業の定義や第三者間取引との比較の必要性を明示的に示していないなどの点でOECDモデル条約9条と異なるものの、双方の規定の趣旨は同様であると解される、(iii)仮装利益の移転を防止する本規定は、課税権の均衡のとれた配分を確保するものであり、その確保上求められる比例原則にも反していない、(iv)本件では、フランス法人の財務状況は安定しており、財政上の困難を抱えたベルギー法人による本無利息貸付を正当化する経済的条件の存在が立証されていないことなどに鑑み、本規定はEC条約に抵触しないと判断されている[155]。

---

152) 原文は、"San préjudice de l'application de l'article 49 et sous réserve des dispositions de l'article 54, lorsqu'une entreprise établie en Belgique accorde des avantages anormaux ou bénévoles, ceux-ci sont ajoutés à ses bénéfices propres, sauf si les avantages interviennent pour déterminer les revenus imposables des bénéficiaires." である。1992年所得税法§54は、本節3(2)・脚注175参照。同法§49は費用控除規定であり、その適用要件は、本節3(1)参照。

153) 原文は、"Companies or firms formed in accordance with the law of a Member State and having their registered office, central administration or principal place of business within the Community shall, for the purposes of thie Chapter, be treated in the same way as natural persons who are nationals of Member States. …" である。

154) EC条約43条は、脚注6)参照。

155) これらの見解 ((i)～(v)) は、パラ69、72、75、79及び81で示されている。

第4節　法人所得等の国外移転による税源浸食への対応

　上記判決でも、ECJは、パラ63において、居住者法人による「通常でない又は無償の利益」——を他の加盟国に設立された法人に移転することを容認することは、加盟国間の課税権の均衡配分を損なうものであると指摘し、また、パラ66において、「…税務上の利益の適用対象から、そのような真に人為的なアレンジメント——経済的な実態を欠き、加盟国の領土で遂行する活動によって生じる利益に対して通常生じる税を回避することを目的として創造されたもの——を排除することを特に意図していない加盟国の法律であっても、加盟国間の課税権の配分の均衡の維持と一体となって捉える租税回避を防止するとの目的によって正当化し得る」ことから[156]、本規定は、基本的にはEC条約に抵触してはいないが、本規定を全体としてみた場合、その達成せんとする目的に必要な範囲を超えているか否かは、本件を付託したベルギーの裁判所が検証することであると判示している。
　上記SGI事件判決を受けてベルギーの裁判所が検証すべきは、所得税法§26が比例原則に合致しているか否かという点であるが、ECJは、本判決において、本規定が課税権の配分原則と租税回避の防止原則に関係する目的を達成するのに必要な程度を超えないためには、(i)問題の取引が完全に競争的な条件の下で合意した取引と異なる疑いがある場合、不当な行政上の制約なしに、商業上の正当化を行うための証拠提出の機会が付与される、(ii)そのような機会が付与されても、問題の取引が完全に競争的な条件の下で合意した取引と異なるとの結論が出た場合、その取引の調整は、その取引を行った法人が相互依存の関係になかったならば合意したであろう範囲を超える部分に限定することが必要となるが、商業上の正当化のための証拠提出の機会の付与することを法律上明記すべきか、あるいは、実際上付与されれば足りるのかという点に関しては、ベルギーの裁判所が決定すべきことであると判示している。

(2)　SGI事件ECJ判決の含意

　イ）Marks & Spencer事件ECJ判決等との整合性の問題

　上記SGI事件ECJ判決は、例えば、Marks & Spencer事件ECJ判決（C-446/03）と比べた場合、後者では、国内子会社の損失の英国親会社の利益からの控除は認める一方、国外子会社の損失の英国親会社の利益からの控除は原則として認めないこととする英国のグループ控除制度が、「全く人為的なアレンジメント」のみを適用対象としていないことなどを理由として、EC条約に抵触する可能性があるとしながらも、このような損失控除の制限を行うことは、租税回避のリスク原則に依拠して正当化する余地・必要性があることを示唆しているのに対し[157]、SGI事件ECJ判決の上記パラ66では、「真に人為的なアレンジメント…を排除することを特に意図していない加盟国の法律であっても、加盟国間の課税権の配分の均衡の維持と一体となって捉える租税回避を防止するとの目的によって正当化し得るとされていることから、整合性を欠いており、双方の判決の関係を理解すること

---

156)　原文は、"… national legislation which is not specifically designed to exclude from tax advantage it confers such purely artificial arrangements——devoid of economic reality, created with the aim of escaping the tax normally due on the profits generated by activities carried out on national territory——may nevertheless be regarded as justified by the objective of preventing tax avoidance, taken together with that of preserving the balanced allocation of the power to impose taxes between the Member States." である。

157)　Mark & Spencer事件ECJ判決のポイントは、第1節1(2)・脚注17)参照。

は困難であるとの指摘も見受けられる[158]。

Marks & Spencer事件ECJ判決は、国内法と「全く人為的なアレンジメント」との関係を示したのに対し、SGI事件ECJ判決は、国内法と租税回避との関係を示したものであるとの区別・説明をする向きもあるが[159]。双方の判決の関係の解釈の仕方はともかく、SGI事件ECJ判決のパラ66で示された見解は特異なものでない。例えば、関連企業間の「金融資産の移転」("financial transfer")を行った側での費用控除を国内の関連企業間のケースに限定するフィンランドの税法規定とEC条約43条等との関係が問題となったOyAA事件ECJ判決（C-231/05）のパラ63でも、「たとえ、…本規定が、自国内の活動による利益に対して通常生じる税負担を回避することを目的として組成された経済的実質を欠く全く人為的なアレンジメントに税法上の利益を付与しないという特定の目的を有しないとしても、全体として捉えれば、本規定は、その追求する目的を実現する上で相応なものとみなし得る…」との見解が示されている[160]。

これらの判決を踏まえると、上記SGI事件に対するKokott法務官意見において第三者取引基準に依拠するOECDモデル条約9条と同様な趣旨のものであるとされたベルギーの所得税法§26だけでなく、移転価格税制も、(i)真に人為的なアレンジメントを排除することを特に意図していないとしても、また、(ii)国際取引を国内取引よりも税務上不利に扱うものであっても、課税権の配分原則と租税回避防止原則によって、EC条約違反でないものと正当化し得るものであり、また、そうであるならば、上記(ii)の点は、Lankhorst事件ECJ判決（C-324/00）以降、加盟国の全ての法律は、その他の加盟国の納税者にも内国民待遇を付与するものでなければならないとの原則が、強く意識されるようになり、実際、英国では、第2章第4節3で述べた通り、かかる原則に沿うような形で、過少資本税制及び移転価格税制の改正が行われたわけであるが、本当のところは、かかる原則は、絶対的なものではなかったということになろう。

また、上記SGI判決に対するKokott法務官意見及びSGI事件判決において、ベルギーの所得税法§26も、過少資本税制と同様に、EC条約等との抵触を回避するためには、商業上の正当化の余地を認める第三者取引基準に立脚する必要があるということが確認されたということは、加盟国の移転価格税制も、同様なものであることが求められることを示唆している。そうすると、厳格に客観的な第三者取引基準に立脚する伝統的なOECDモデル条約9条に則った移転価格税制との乖離という問題が生じる可能性があり、もし、この問題への対応・調整がうまくいかないと、過去において、加盟国の移転価格税制を適用する処分の対象となった取引のうち、商業上の正当化が可能であるものは、その税制が商業上の正当化に基づく主張を受け入れないものであったとして、EC条約に抵触しているとの主張・根拠の下、その処分によって増加した税負担額の還付を請求・受領することが可能となるケースが出てくることも想定される。

---

[158] Tom O'Shea, ECJ Upholds Belgian Transfer Pricing Regime, Tax Notes International, Vol. 57, No. 6 (2010) pp. 492-493参照。
[159] Phillip Baker, Transfer Pricing and Community Law : The SGI Case, Intertax, Vol. 38, April 2010, p. 195参照。
[160] 本判決のポイント及び当該箇所の原文は、松田・前掲『租税回避行為の解明』331～332頁参照。

ロ）OECDモデル条約9条との整合性の問題

　SGI事件ECJ判決が示唆するEU加盟国の移転価格税制とOECDモデル条約9条との不整合・差異の程度は、どれほどのものなのか、また、その不整合を正す必要があるのかなどの点を巡って議論の余地があろうが、かかる不整合を正す必要があるとの前提に立った場合、その方法としては、基本的には、EU加盟国の移転価格税制をOECDモデル条約9条に合致させるのが望ましいという意見がある[161]。他方、OECDの移転価格ガイドライン2010年版ドラフトに対する主な意見の中には、移転価格の結果及び客観的事実を重視するアプローチを採用している本ドラフトは、納税者の特定の状況を十分に勘案していないとの批判もあるが、かかる批判を反映させる形で修正を行えば、両者が立脚する考え方が融合され、納税者グループの事業戦略を考慮に入れて判断するという英国のようなアプローチとの整合性も高まるが、より主観性を踏まえたアプローチを採用することも、決して独立企業原則に反しないとの意見もある[162]。

　上記の後者の意見でいう「納税者グループの事業戦略を考慮に入れて判断するという英国のようなアプローチ」とは、第2章第4節2(2)で考察した実際の取引当事者が有していた「交渉力」を独立企業間価格算定上考慮すべきとの見解が示された英国のDSG事件特別委員決定（2009）で示されたものに代表される考え方を示しているものと考えられる。確かに、かかる考え方は、英国の移転価格税制である1988年ICTAスケジュール28AAが、「潜在的な利益の付与」を独立企業間価格の算定上考慮する規定振りとなっていることと無関係ではないであろうが、英国の移転価格税制の場合に限らず、そもそも、一般的にも、移転価格税制が依拠する独立企業原則は、主観的な要素を排除した基準ではなく、また、OECDモデル条約9条に定める独立企業原則も、主観的であって、その企業特定の評価に基づいて算定されるものであり、公正価値や市場ベースの評価基準とはかなり異なったものであるとの指摘もある[163]。

　同様に、OECDモデル条約9条の下での第三者取引基準は、当初、所得の配分のルールとして捉えられていたものが、近年では、次第に租税回避防止効果を有するルールと認識されるように変貌してきている中、「商業上の正当化」というメルクマールと「事業目的テスト」は類似するものと解するのが妥当であるとの意見もある[164]。このような意見に与して、OECDモデル条約9条とEU加盟国に求められる移転価格税制との差異が本質的なものではないという見方に立つと、その差異の調整の必要性はなくなるであろうが、そうでないとすると、EU加盟国の移転価格税制とOECDモデル条約9条との差異は大きな違いとなって顕れ得る。実際、加盟国の中には、以下の(3)で述べる通り、予てより、ECJと同様に、第三者取引基準を厳格に客観的な基準と解していない国があり、しかも、そのような解釈は、本基準に立脚する移転価格税制との関係でも依拠されて本税制の適用の可否を決定づけているケースも、少なからず見受けられるところとなっている。

---

161) Jens Wittendorff, Consistency : Domestic vs. International Transfer Pricing Law, Tax Notes International, Vol. 66, No. 12 (2012) p. 1134参照。
162) Jimenez, supra "Transfer Pricing and EU Law" p. 278参照。OECD移転価格ガイドラインのその後の変容については、終章第4節1(1)参照。
163) Wittendorff, supra "Consistency" p. 1131参照。
164) Adolfo Martin Jimenez, Transfer Pricing and EU Law Following the ECJ Judgement in SGI : Some Thouhgts on Controversial Issues, Bulletin for International Taxation, Vol. 64, No. 5 (2010) p. 276参照。

(3) 加盟国における解釈の実状

例えば、SGI事件の舞台であったベルギーでは、税務当局が、1999年以降の一連の告示を通じて、移転価格税制と基本的に同様な機能を発揮してきた1992年所得税法§26の適用をOECDモデル条約9条に則ったものとするとの方針を示したにもかかわらず、裁判所は、本規定の適用上、再三に亘って第三者取引基準を厳格に客観的な基準と解することを拒否し、納税者グループに特有な状況を勘案するために第三者取引基準から乖離する一定の金融・商業上の条件（財政上困難な状況にある関連会社への無利息貸付・債務免除やグループ間での均衡の維持のための取引等）を納税者が採用することを認めている。また、OECDモデル条約9条に則ったものと位置づけられている2004年導入の移転価格税制である1992年所得税法§185(2)に関してルーリング委員会が発する一連の指針も、裁判所が採用している主観的な解釈を行うとのアプローチに合致するようなものに変容してきているとの指摘がされている[165]。

確かに、所得税法§26が依拠する第三者取引基準は、主観的な要素を含むとの解釈に立脚している裁判例は多い。例えば、Brussels裁判所1999年2月17日判決（F. J. F. 2000, 545）では、フランスの親法人がベルギーの子会社に対して負っていた債務（620万ベルギー・フラン）と当該ベルギー法人が当該親会社に対して負っていた債務（290万ベルギー・フラン）の相殺・免除が行われたところ、税務当局は、このような不釣合いな債務額の相殺は、ベルギー法人による親会社への「通常でない又は無償の利益」の付与であるとして、本規定を適用する処分を行ったことが問題となったが、裁判所は、当時、財政上厳しい状況にあったフランスの親会社の価値は240万ベルギー・フラン程度しかない状況の下、独立した第三者企業も、債務の履行が全くされないというリスクを負うよりは、むしろ、債務の一部でも履行されることを選好するであろうとの判断の下、本件処分は取り消されるべきであると判示している[166]。

上記Brussels裁判所1999年2月17日判決と同様な見解は、Mons裁判所2006年10月13日判決（TFR 2007, No. 321, 394）でも示されている。本件では、ベルギー法人がオランダ等に設立した子会社に対し無利息貸付を行ったことから、税務当局は、本件に対して所得税法§26を適用する処分を行ったことが問題となったが、裁判所は、本件ベルギー法人によって付与された利益が通常のものであるか否かを判断するに当たっては、その当時の経済的な状況、当事者の置かれている立場及び特有の事実を勘案する必要があるところ、本件の無利息貸付は、本件子会社の株式価値の低下を阻止する目的で行われたものであり、しかも、本件無利息貸付によって、グループ法人の信用に影響を与える損失が危機的な状況にまで悪化するのを回避できていることなどからも確認し得るように、本件無利息貸付は、異常なものではなく、また、慈善による利益の付与でもないと判示したことから、税務当局が敗訴している[167]。

Antwerp第一審裁判所（Court of First Instance）判決（F. J. F. 2008, No. 2, 137）でも、

---

[165] Luc De Broe, International Tax Planning and Prevention of Abuse, Vol. 14, Doctoral Series, IBFD (2007) pp. 80-81参照。

[166] Natalie Reypens, Chapter 5, Guide to International Transfer Pricing: Law, Tax, Kluwer Law International (2010) p. 45.

[167] Reypens, *supra* "Chapter 5, Guide to International Transfer Pricing" p. 46参照。

第4節　法人所得等の国外移転による税源浸食への対応

裁判所は、所得税法§26の適用の可否の判断を行うに当たっては、およそ厳格に客観的な第三者取引基準に依拠することは、妥当なアプローチではないとの見解の下、本規定を適用する処分の対象となった原告を勝訴させている。本件では、ベルギーで設立された親会社である法人・原告が、損失を計上しているオランダに設立した子会社に対し、ルクセンブルグの金融機関から借りた資金をベルギー国立銀行の参照レートよりも低い利息で貸し付けたところ、税務当局は、かかる低利率での貸付けは、異常な利益の付与に該当するものである以上、本件貸付は所得税法§26の適用要件を満たしているとの判断の下、本規定を適用する処分を行ったことから、かかる処分が適法であるか否かが問題となっている。

上記Antwerp第一審判所判決では、本件で問題とすべきは、本件利息が第三者取引基準に合致しているか否かではなく、原告が、その子会社の金銭的な支援を行うことが通例と考えられるか否かであるとした上で、そもそも、支払不能な状態にある子会社を支援するために金銭的な手段を親会社が講じることは異常ではないところ、本件子会社の当時の金融・財務状況は危機的な状況であったことから、原告が本件子会社に対して供与した利益に該当するのは、低い利息ではなく、本件子会社には直接的には決して提供されなかったであろう銀行からの貸付を得るために利用した自らの信用であると考えられるわけであり、そうすると、原告が行った低い利息による貸付を異常な行為であるとする税務当局の主張の正当性は、十分に立証されていないとして、本件処分は取り消すべきであると判示されている[168]。

オランダでも、移転価格税制である法人税法§8bは、基本的にOECDモデル条約9条に則っているとされているが、本規定が立脚する独立企業原則は主観的な要素を含んでいると解する傾向が強い。かかる傾向が顕著に認められるAutomotiv事件最高裁2002年6月28日判決（BNB 2002/343）では、オランダ法人が国外の親会社等から輸入した製品価格が独立企業間価格から乖離しているとして、本規定を適用する処分の適法性が問題となっている。本判決の原審である控訴裁判所判決（No. 69/03008）では、本件で依拠すべき適切なテストは、納税者と同様の地位にある非関連者であったならば、どれほどの報酬を受けたかを示すものでなければならず、多国籍企業に対し、グループのメンバーでないと仮定させることを強要することや、関連グループに適用され得る条件を無視するようなものであってはないなどの見解の下、本件処分が取り消されている[169]。

上記最高裁判決でも、上記控訴裁判所判決と同様な見解の下、税務当局は誤った独立企業原則の定義を採用しているほか、本件で問題となっている取引で採用された製品価格の設定に係る政策を第三者が拒否したとの税務当局の主張は立証されていないなどと判示して、原審判決の妥当性を首肯している。なお、本最高裁判決及びその原審判決等において、移転価格税制の下で比較対象となる非関連間取引とは、その取引の当事者が、実際の取引当事者である納税者と同様な条件の下、同様な行為を採ったであろうか否かという観点から解釈すべきものであるとの見解が示されことなどに鑑み、オランダの裁判所は、移転価格税制の適用上、多国籍企業の状況にのみ適用される条件を含む形での非関連当事者の定義を受け入れるというアプローチを採用しているようであるが、かかるアプローチに基づ

---

168)　Reypens, *supra* "Chapter 5, Guide to International Transfer Pricing" p. 45参照。
169)　法人税法§8bの英訳及び本判決の概要は、Monique van Herksen, The Dutch Court's Transfer Pricing Decision, Transfer Pricing Report, Vol. 11, No. 8 (2002) pp. 3-8参照。

く独立企業間価格の算定は、多くの場合、多国籍企業にとって有利に働くであろうと指摘・見方をする向きもある[170]。

3．ベルギーの所得税法§26と移転価格税制との適用関係

(1) ベルギーの所得税法§26の問題点

上記1、2からも明らかなように、EC条約等の下では、第三者取引基準に依拠する規定は、「商業上の正当化」テストを加味する、つまり、主観的な要素を含む第三者取引基準に依拠したものでなくてはならないとの解釈がされており、また、加盟国の裁判所等も、このような解釈を採用している例が見受けられる。上記の通り、ベルギーの裁判所も、同様な解釈を採用しているケースが少なくないようであるが、ベルギーの場合、移転価格税制である同法§185(2)だけでなく[171]、1992年所得税法§26も、上記SGI事件判決で税務当局が主張しているように、このような解釈がされている第三者取引基準に依拠しており、しかも、いずれの規定も、基本的に、所得等の国外移転による税源浸食を防止することを目的とするものであることから、その適用関係が問題となると考えられるところ[172]、実際には、2004年に措置された1992年所得税法§185(2)が、同年以降は、同法§26の機能を相当程度に代替するという状況・趨勢が認められる。

上記のような状況・趨勢が生じている背景には、所得税法§185(2)と同法§26を比べた場合、前者の適用範囲の方が総じて広いという事実もあろうが、その他にも、かかる趨勢に影響を与えるような幾つかの注目すべき事実がある。例えば、所得税法§185(2)が適用される取引は、二重課税の調整手続の適用対象となるが、同法§26が適用された場合、国際的二重課税という問題に加え、費用控除規定である同法§49の適用は毀損されないため、同法§26の下で利益に加算される「通常でない又は無償の利益」に係る経費は、その控除要件（その経費が、(i)法人の事業活動と関連する、(ii)控除対象の課税年度中に発生した、(iii)課税対象となる事業所得の稼得・保持のために支払われた、(iv)実際に支払われ、また、その金額が正当化し得るもの）をクリアーしない場合には控除できないこととなり、実質的な二重課税の問題が生じ得る。

実際、所得税法§26が包含する上記の二重課税の問題は、Apotheek Bufar SA v. Etat belge事件憲法裁判所（Grondwettelijk Hof/Cour Constitutionnelle）2011年2月10日判決（No. 5058）で争点となった経緯がある。本事件では、ベルギー法人が国外法人に支払った管理費を所得税法49条に基づいて税務上控除していたところ、税務当局は、かかる控除を同法§26等に基づいて否認したことが問題となっている。本件において、ベルギー法人は、本規定の適用対象となる「通常でない又は無償の利益」の付与が、対価のない支払等である場合、その利益が権利の免除等である場合と異なり、控除ができないために二重課税の問題が生じることは、憲法10条及び11条に定める平等原則及び特権の付与を禁じる憲法172条に反すると主張したが、本判決では、このような異なる取扱いも、納税者による

---

170) Herksen, *supra* "The Dutch Court's Transfer Pricing Decision", pp. 6-8 参照。
171) 本規定の適用は「関連企業」（"associated companies"）に限定されている。詳細は、Marc Bourgeois and Edardo Traversa, Tax Treaties and Tax Avoidance : Application of Anti-Avoidance Provisions, Cahier de Droit Fiscal International（2010）pp. 131-132参照。
172) 双方の規定の適用範囲には不透明性が伴う場合もあるとの指摘は、Luc de Broe, *supra* "International Tax Planning" p. 98参照。

第4節　法人所得等の国外移転による税源浸食への対応

本規定の濫用を防止する必要性に鑑みると、これらの憲法上の条文に違反しないと判示されている[173]。

確かに、上記Société belge事件憲法裁判所判決では、所得税法§26は憲法には違反していないと判示されたものの、その適用は二重課税の問題を生じさせる場合があることから、納税者にとっては、その取引が所得の国外移転であるとの認定を税務当局がするのであれば、二重課税の問題を回避することを特に重視する場合、本規定を適用する処分よりも、むしろ、同法§185(2)の適用対象とする処分が行われた方がましであるということになろう。また、税務当局をして、所得税法§26よりも、その制度設計が国際的に確立している所得税法§185(2)の適用対象とする方が無難であると考える方向に作用するような要因・事実等もある。このような作用をも生じさせ得る要因等があることを示唆したのが、以下の(2)で示すSociété d'investment pour l'agriculture tropicale SA（SIAT）v. Etat belge事件ECJ 2012年7月5日判決（C-318/10）であった。

(2) SIAT事件ECJ判決とその含意

上記SIAT事件ECJ判決（C-318/10）では、ベルギー法人が国外法人グループと共同で設立した子会社から受けた役務への対価の一部を手数料としてルクセンブルクに所在する本グループの親会社に支払い、ベルギー法人は、本件手数料を1997年分の税務申告上控除したところ、税務当局は、ルクセンブルグの1929年法律（「金融持株会社を支配する租税レジームに関する法律」、Loi sur le régime fiscal des sociétés de participations financiéres）の下、親会社が受領した本件手数料はルクセンブルグで課税対象とならないことに鑑み、その控除を否認する処分を行ったが、このような課税は、本件手数料を得た親会社が居住者となっている国が別の加盟国であった場合には行われないこともあることから、かかる処分の根拠である所得税法§26及び同法§54等が、役務の提供の自由を定めるEC条約49条（現EC条約56条）に抵触するか否かが問題となっている[174]。

所得税法§26は、前述の通り、その適用上、同法§54の取扱いに服する旨を定めている。同法§54は、「…利息や手数料又は商品や役務の提供に対する支払は、設立国の法律によって、227条でいう納税者又は外国法人が、所得税の課税対象とならない又はベルギーの適用対象となる課税レジームよりも認識できるほどに有利である取扱いに服している場合、それらに対して直接又は間接に支払・帰属がされた場合、事業上の経費とみなされないが、納税者が、そのような支払が真正かつ適切な取引に関連しており、しかも、通常の限度を超えないことを法的手段に依拠して立証する場合はその限りではない」と規定し[175]、本規定が言及している§227は、2項において、外国法人とは、非居住者として課税対象となる所在地、主たる事業所又は主たる管理・執行地がベルギーにない法人であると定めている。したがって、上記の控除を否認する処分は、国内法との関係では適法であると考えられる。

---

[173] 詳細は、http://www.vanbaelbellis.com/site/download.cfm?SAVE=3528&LG=1、http://www.const-court.be/public/f/2011/2011-027f.pdf参照。

[174] EC条約56条1項の原文は、"... restrictions on freedom to provide services within the Union shall be prohibited in respect of nationals of Member States who are established in a Member State other than that of the person for whom the services are intended. ..."である。

第3章　EUの対応策の分析

　上記SIAT事件に対する2011年9月29日Villalon法務官意見でも、本件は1992年所得税法§54等の適用対象となると判断されているものの、パラ73～74では、本件の場合、ベルギーの納税者が、(i)いずれの加盟国がベルギーよりも明らかに有利である租税レジームを有しているかに関する情報を有していない、(ii)他の加盟国に存する者のサービスを利用しようとすると、その加盟国での課税がベルギーでの課税よりも認識できるほどに有利であるか否かを自分で判断するという法的に不確実な状況に置かれる、(iii)本規定でいう「認識できるほどに」という副詞がカバーすることを意図している状況を判断することは特に難しいことなどに鑑みると、本規定の幾つかの特定の性質は、EC条約と整合的であると判断し得るが、本規定を全体としてみた場合には、比例原則に反しており、役務の提供に関する自由を制限するものであって正当化できないとの見解が示されている。

　上記ECJ判決でも、パラ41～43において、所得税法§54は、自国での活動による利益に対する通常の税負担の回避を唯一の目的として、実際に提供されていない役務への対価の支払によって居住者の税負担が軽減されるのを防止することを意図しており、財政管理の有効性の原則に基づいて正当化し得るとしながらも、本規定上の「特別のルールによると、納税者は、全ての役務が真正かつ適切なものであり、全ての関連する支払も通常であることを立証することが当然のように求められるに対し、税務当局は、脱税又は租税回避であることの一応の証拠さえも提供する必要がない」との問題がある中[176]、本規定の適用範囲を判断できる第三者が確認できる客観的な基準がないことは、本規定が「法的確実性の原則」("principle of legal certainty")の要件を満たしていないことを意味し、そうすると、本規定は、その目的を達成する上で比例的でないと判断されるため、EC条約49条に抵触すると判示されている。

　もっとも、上記SIAT事件ECJ判決で示された「法的確実性の原則」が求める要件は、所得税法§54及び本規定の取扱いの適用を毀損しない旨を定める同法§26をどのように改正すれば満たすことができるのかが十分に明らかでない。実際、上記Villalon法務官意見のパラ73でも、「法的確実性の原則」が求める要件を満たすために、仮に、所得税法§54によってカバーされる加盟国の課税レジームを列挙する方法を採ったとしても、将来的な状況を全て予想して対応することは特に困難であるとの見解が示されている。かかる困難性は、その制度設計が国際的に確立していない規定の場合、特に顕著なものとなる可能性が高い。本判決では、直接的には、所得税法§54が、かかる困難性を有することが確認されたわけであるが、かかる困難性は、本規定との繋がりを有する同法§26とそのような繋

---

175) 原文は、"Les intérêts, redevances ... et autres droits analogues ou les rémunérations de prestations ou de services, ne sont pas considérés comme des frais professionnels lorsqu'ils sont payés ou attribués directement ou indirectement à un contribuable visé à l'article 227 ou à un établissement étranger, qui, en vertu des dispositions de la législation dù pays où ils sont établis, n'y sont pas soumis à un impôt sur les revenus ou y sont soumis, pour les revenus de l'espèce, à un régime de taxation notablement plus avantageux que celui auquel ces revenus sont soumis en Belgique, à moins que le contribuable ne justifie pas toutes voies de droit qu'ils répondent à des opérations réelles et sincéres et qu'ils ne déppassent pas les limites normales." である。

176) 原文（パラ55）は、"... the special rule requires the Belgian taxpayer to provide, as a matter of course, proof that all the services are genuine and proper and that all related payments are normal, without the tax authority being required to provide even prima facie evidence of tax evasion or avoidance." である。

がりを有していない移転価格税制の適用関係・適用状況に係る趨勢にも影響を与えることがあり得よう。

　実際のところ、上記のような可能性をも包含しているベルギーの所得税法§26については、本来、(i)「通常でない又は無償の利益」の付与という適用要件を独立企業原則に則った意義づけに変更する、(ii)調整的対応が可能なものに変更することで二重課税の問題を解消し、移転価格税制である同法§185(2)の導入を不要なものにするのが妥当であったとの意見もある[177]。確かに、所得税法§26の歴史・実績等に鑑みると、かかる意見にも一理あろうが、既に、同法§185(2)が導入された以上、双方の関係のあり方については、「法的確実性の原則」との関係で問題のある同法§54との繋がりや二重課税の問題等を有する同法§26の機能強化や適用範囲の拡大という方向ではなく、同法§185(2)の適用数が相対的に増えているという状況・趨勢がより顕著なものとなるような方向で捉えるのが、グローバルな趨勢にも合致することとなろう。

第5節　小　括

1．第1節（租税回避行為による税源浸食への対応）のポイント

　Halifax事件ECJ判決（C-255/02）では、税務上の利益の付与を拒否できる「濫用的な行為」であるか否かの判断基準（(i)まず、税務上の利益を付与することが第6次指令とその国内適用を認める規定等の目的に反すること（「客観テスト」）、(ii)次に、税法上の利益を得ることを「根本的な目的」としていることが、多くの客観的な要素から明らかであること（「主観テスト」））が示され、Cadbury Schweppes事件ECJ判決（C-196/04）では、「…設立の自由に対する制約を濫用的な慣行の防止という理由に基づいて正当化するには、その制約の特定の目的は、…通常は課される税を回避するために、経済的な現実を反映しない全く人為的なアレンジメントを創造することを含む行為を防止することでなければならない」との見解・基準が示されている。前者は間接税の分野での基準であり、後者は直接税の分野での基準であるが、実質的なEuro-GAARと位置づけられている双方の類似性は顕著である。

　しかし、上記のHalifax基準とCadbury Schweppes基準が同様なものであるのかを巡っては議論がある。しかも、かかる議論は、関係する一連のECJ判決において、主観テストや「全く人為的なアレンジメント」の適用基準を示す表現振りが、微妙に異なったものとなっていることなどに起因して紛糾している。例えば、Cadbury Schweppes基準の場合、Amplifin SpA事件ECJ判決（C-162/07）のパラ28では、権利の濫用を禁止する原則は、経済的事実を反映しておらず、しかも、税務上の利益を得ることを「唯一の目的」として準備された全く人為的なアレンジメントを禁止することであるとの見解が示されているが、Test Claimants事件ECJ判決（C-524/04）のパラ81では、独立企業間とは異なる条件であったとの事実は、問題の取引が、その全体又は一部において、加盟国の税法を回避することを「根本的な目的」とする全く人為的なアレンジメントであるか否かを決定するた

---

177)　Luc de Broe, *supra* "Interanational Tax Planning" pp. 99-101参照。

めに単独で証明し得る客観的要素を構成するとの見解が示されている。

　上記のような適用基準に係る表現の一貫性の欠如等によって増幅している不透明性が認められるHalifax基準とCadbury Schweppes基準との関係を明確化することが求められた３M Italia事件ECJ判決（C-417/10）も、かかる不透明性を十分に払拭するには至らないものであったが、本判決は、EUにおける直接税の分野と間接税の分野における税制統合の度合いの違いが、Halifax基準とCadbury Schweppes基準の違い（特に、Euro-GAARとしての確立の程度の違い）に顕れていることを印象づけるものであった。確かに、EUにおける直接税と間接税の統合の程度には少なからぬ差異がある。しかし、かかる統合の程度の違いは、欧州委員会が2011年にCCCTB指令案を発表したことによって縮小する方向にある中、本案80条で提案されているGAARの制度設計も、Halifax基準とCadbury Schweppes基準の類似性の高さを印象づけるものとなっている。

　また、CCCTB指令案80条（「(1)取引又は一連の取引が課税を免れることを唯一の目的として実行されている場合、それらは、課税ベースの計算の目的上無視される。(2)本規定は、納税者が同じ商業上の結果を有するが異なる課税対象額を生じさせる二つ又はそれ以上の可能な取引に関する納税者の選択が可能である真正な商業上の取引には適用されない」）の(1)項が依拠する「唯一の目的テスト」が、2012年の欧州議会による修正案及び欧州理事会議長の意見書では、「主要な目的テスト」に変更されているところ、その行方も、Halifax基準とCadbury Schweppes基準の本質を巡る議論の趨勢に影響を与えるものと想定される。欧州委員会が2012年勧告書において加盟国に勧奨している国内法上のGAARも、「主要な目的テスト」と同様な「根本的な目的テスト」に依拠した上で、人為的なアレンジメントを適用対象としているが、その税務上の取扱いは、その経済的実質を参照した上で決定されるものとなっている。

２．第２節（個人の国外転居による税源浸食への対応）のポイント

　EU加盟国の出国税は、個人の住居等や法人の管理地等の国外移転に伴う税源浸食の問題を緩和する上で重要な機能を発揮しているが、EC条約等との関係上、その機能や制度設計のあり方が制約を受けることとなる。Lasteyrie事件ECJ判決（C-9/02）では、フランスの個人に対する出国税は、その適用対象を税負担の軽減効果を有する「全く人為的なアレンジメント」に限定していないほか、比例性の原則にも合致していないなどとして、EC条約52条（現EC条約43条）に抵触すると判示され、また、N事件ECJ判決（C-470/04）では、オランダの個人に対する出国税が、「租税属地」原則に合致しているものの、その延納を認められるための条件として担保の提供が求められ、また、出国税の対象となった株式の出国後の価値の下落を考慮しないなど、公共利益という目的を実現する上で厳密に必要とされるレベルを超えたものとなっていることから、EC条約43条に抵触すると判示されている。

　上記ECJ判決は、狭義の出国税がEC条約との抵触を回避するためには、少なくとも、(i)出国税の納付が譲渡益の実際の発生時点まで延期されている、(ii)出国税の対象となった資産の出国後の価値の下落を考慮する、(iii)比例原則に合致していることが必要となることを示唆しているが、実際、欧州委員会は、ドイツやポルトガルの個人に対する出国税は、これらの要件に合致していないことから、EC条約に抵触するとして、EC条約226条に基

づく侵害手続を適用している。もっとも、EC条約等に抵触すると考えられる出国税は、確かに、その改廃が必要となるが、実際には、その機能強化を実現させる方向で改正されることも少なくない。例えば、上記Lasteyrie事件の当事者であったフランス政府は、2012年には、従来の出国税と比べ、適用対象となる株式の保有割合を引き下げるとともに、適用税率を引き上げるなど、納税者によって、より厳しい制度設計に依拠する新たな出国税を導入している。

　加盟国の中には、個人の住居等の国外移転による相続・贈与税やキャピタル・ゲイン税の負担の回避・軽減を防止する目的の下、広義の出国税である追跡税を採用している国もある。追跡税もEC条約等との関係が問題となるが、Hilten-van事件ECJ判決（C-513/03）では、オランダを出国していた被相続人の国外財産を相続したオランダの相続人に相続税を課すオランダの1956年相続税法§3の場合、(i)オランダ国民に限定して適用されるため、他の加盟国の国民の資本の移動に対する制約を構成しない、(ii)住居の国外移転を行った者と行っていない者のいずれにも、その投資先の決定上、抑止効果を及ぼさない、(iii)居住地移転後10年を経た者やオランダに居住したことのない者には適用されないとするような区別は、課税権の配分の目的上、差別を構成しないなどの判断の下、資本移動の自由及び無差別取扱いを定めるEC条約73条ｂ（現行EC条約56条等）には抵触しないと判示されている。

3．第3節（法人の国外移転による税源浸食への対応）のポイント

　法人居住性の判定基準として実質管理地主義に依拠している国に設立された法人の場合、その支配・管理の中心を国外に移転することによって、税負担の軽減・回避が可能となり得るが、本基準の下、かつては、法人が、その支配・管理の中心を国外に移転する場合には、その解散を行うことが前提条件となっていたため、国外移転のメリットが、そのデメリットによって相殺されるケースが多かった。また、Daily Mail事件ECJ判決（Case C-81/87）でも、管理支配機能を国外に移転させる法人に対し、その一部の資産の売却を求める根拠となった英国の1970年ICTA§482が、無差別取扱いの原則を定めるEECの条約58条（現EC条約48）に抵触しないと判示されたことから、多くの大陸法の国で採用されている実質管理地主義に相当する「実際の所在地理論」も、EC条約に抵触しないものであると一般的に考えられてきた。

　しかし、近年、EU加盟国では、欧州理事会の合併指令や「欧州会社法に関する規則」等が発せられたことなど背景として、加盟国の法人の国境を跨いだ組織再編や管理地の移転に係る障壁を除去する動きが加速する中、Centros事件ECJ判決（C-212/97）やÜberseering事件ECJ判決（C-208/00）等では、法人の支配管理機能の国外移転に行政上又は金銭的な負担・制約等を課す加盟国の制度が、設立の自由を定めるEC条約43条等に抵触するとの判断が示されたことから、法人の支配管理機能の国外移転の際、その資産の未実現利益に対して課税を行う法人に対する出国税も、EC条約等と抵触するのではないかとの見方が強まった。確かに、問題となった個人に対する出国税がEC条約に抵触するとの見解が示されたLasteyrie事件ECJ判決等を踏まえて欧州委員会が2006年に発表したコミュニケでも、法人に対する出国税も、個人に対する出国税と同様な問題を包含しているとの見解が示されている。

第3章　EUの対応策の分析

Inspire Art事件ECJ判決（C-167/01）でも、専らオランダの支店で事業を行っていた英国に設立された法人に対し、欧州理事会第11次指令が定める要件に該当しない情報の開示を求めるオランダの法律が、EC条約43条等に抵触すると判示されたことから、EUにおける「実際の管理地理論」が終焉しようとしていると見る向きもあった。このような見方に拍車を掛けたのが、Cartesio事件ECJ判決（C-216/06）であった。本判決では、ハンガリーに設立されたパートナーシップが、ハンガリー法の適用対象となる法的地位を維持したまま、その事業本部をイタリアに移転させたことに伴って申請された事業本部変更は、その承認上、ハンガリーでの清算が前提となるとするハンガリーの法律が、公共の利益という優先すべき要件に合致していないなら、EC条約等に抵触するとの見解が示されたことから、前述のDaily Mail事件ECJ判決で示された見解は、実質的に修正・捨象されたと見る向きもあった。

しかし、法人の場合、出国前と出国後では、組織再編成を経て、その納税義務者としての法的主体が異なったものとなり得ることから、法人に対する出国税の場合、MARDに依拠した徴収ができないとの限界があるなど、個人に対する出国税と同じレベルでは議論できない側面があるのも事実である。実際、NGI事件ECJ判決（C-30/10）では、オランダで登録された法人が、その管理地を英国に移転させたことに伴い、その未実現利益をオランダで課税したことが問題となったが、本判決では、(i)法人が出国税の即時納付と支払延期を選択できること、(ii)出国税の対象となった法人資産の出国後の価値の下落について考慮するのは入国側であることなどに鑑み、本件課税はTFEU49条に抵触しないと判示されている。本判決は、法人の支配管理地の国外移転にはその解散が伴うとする「実際の所在地理論」が終焉に向かう趨勢にある中、法人に対する出国税の税源浸食防止手段としての有用性を再確認するものであった。

4．第4節（法人所得等の国外移転による税源浸食への対応）のポイント

法人所得・資産の国外移転による税源浸食を防止するための特に有用な対抗策である移転価格税制等が依拠する第三者取引基準も、EC条約等との関係が問題となり得る。実際、例えば、第三者取引基準に依拠する過少資本税制とEC条約等との関係が問題となったケースとして、Lankhorst事件ECJ判決（C-324/00）やThin Cap事件ECJ判決（C-524/04）がある。前者の判決では、ドイツの過少資本税制の適用対象が「全く人為的なアレンジメント」を防止するとの特定の目的を有していないなどとして、EC条約43条に抵触すると判示され、後者の判決では、第三者取引基準に合致していない取引であっても、商業上の正当化が可能であるものを過少資本税制の対象とする税法は、EC条約43条等に抵触すると判示されているが、第三者取引基準とEC条約等との関係をより深く探るには、SGI事件ECJ判決（C-311/08）にも目を向ける必要がある。

上記SGI事件では、ベルギー法人が国外の低税率国に設立されている法人に「通常でない又は無償の利益」を付与した場合、その利益額をベルギー法人の利益に加算して課税する1992年所得税法§26が、EC条約23条等に抵触するか否かが問題となっているが、本判決では、真に人為的なアレンジメントを排除することを特に意図していない加盟国の法律であっても、課税権の配分原則と租税回避の防止原則に基づいて正当化し得るとした上で、本規定がその目的を達成するのに必要な範囲を超えたものとなっているか否かをベルギー

第5節　小　括

の裁判所が検証すべきであると判示されている。本判決及び上記の二つの判決から、第三者取引基準に依拠する規定がEC条約等に抵触しないためには、必ずしも「全く人為的なアレンジメント」のみを適用対象とするものである必要はないが、第三者取引基準を主観的な要素を勘案する「商業上の正当化」テストによって補う必要があることを確認することができる。

　EC条約等の下、第三者取引基準に依拠する規定に求められる上記のような条件が、第三者取引基準に依拠する移転価格税制にも求められるとするならば、加盟国の移転価格税制には、幾らかの調整が必要となるとも考えられるが、加盟国の中には、移転価格税制が依拠する第三者取引基準も主観的な要素を含んでいると捉えている国もある。例えば、Automotiv事件最高裁判決では、オランダの移転価格税制である法人税法§8bの下での独立企業間価格は、納税者と同様な地位にある非関連者であったならばいかほどの報酬を受けたかというテストに基づいて算定すべきであり、多国籍企業に対し、グループのメンバーでないと仮定させた上で算定するものではないとの見解が示されている。このような見解や上記SGI事件判決は、EC条約等の下での移転価格税制とOECDの移転価格ガイドラインは、その立脚する第三者取引基準の解釈が同じではないことを少なからず示唆している。

　ベルギーの移転価格税制である所得税法§185(2)が依拠する第三者取引基準も、主観的な要素を含むものとの解釈がされている裁判例等が見受けられるが、ベルギーでは、同法§26も第三者取引基準に依拠する所得の国外移転による税源浸食措置として機能していることから、双方の規定の適用関係が問題となるところ、最近では、二重課税の問題が解消されない可能性を包含している後者よりも前者を適用する傾向が顕著になっている。また、SIAT事件ECJ判決（C-318/10）では、所得税法§26との適用上の繋がりのある同法§54の適用基準が十分に明確ではなく、「法的確実性の原則」に反しているとして、EC条約49条に抵触すると判示されたことによって、同法§26が適用された場合の取扱いの変更にも繋がり得る同法§54の改正の必要性が生じたことから、本判決も、所得税法§185(2)と同法§26の適用関係に係る最近の趨勢をより顕著なものとする方向に作用するものと考えられる。

5．前章及び次章との関係

　一連のECJ判決を通じて確立しつつあるEuro-GAARは、市民法の国の法の濫用の法理と無縁であった加盟国の租税回避の否認アプローチにも影響しており[178]、特に、英国の場合、その否認アプローチの影響は、2013年FAによって導入された英国のGAARの制度設計にも及んでいる。確かに、英国のGAARの制度設計は、租税回避行為を取り巻く国内外の様々な状況等を勘案して決定されたものではあるが、英国のGAARの適用対象となる「濫用的な租税アレンジメント」という概念・メルクマールが、Halifax基準の下で否認の対象となる「濫用的な慣行」とCadbury Schweppes基準の下で否認の対象となる「全く人為的なアレンジメント」という概念・メルクマールの影響を少なからず受けているものであることは疑いない。英国のGAARが適用対象とする租税回避行為の範疇が広くならな

---

178)　詳細は、松田・前掲『租税回避行為の否認』341〜353頁参照。

281

第3章　EUの対応策の分析

い制度設計となっていることとEuro-GAARの存在・その制度設計は無関係ではない。

例えば、英国の「GAAR報告書」§15は、「アレンジメント」という概念が取引という概念よりも適切である理由として、「アレンジメント」の方がより緩やかな表現であり、「取引」という概念にうまく当てはまらないようなもの（例えば、住居を国外に移転させる行為や一連の取引の中に含まれる段階取引や合意等であって、法律上又は実際上、一連の取引の中に含めることには、執行可能性を考えた場合、現実的ではないようなものなど）も「アレンジメント」に含まれるという点を挙げているが、「アレンジメント」という文言が採用された背景には、Cadbury Schweppes基準が影響しているとの事実もあるものと考えられる。もっとも、「アレンジメント」という概念は、そもそも、GAAR導入の先駆者である南アフリカや豪州等のGAARの中でも採用されているものであり、これらのGAARにおいて「アレンジメント」という概念が採用されていることが、Cadbury Schweppes基準に影響を与えていると想定される[179]。

出国税に関しては、Lasteyrie事件ECJ判決等に照らしてみた場合、英国の個人に対する出国税である1992年TCGA§10A（「一時的な非居住者」）が、EC条約等に抵触する可能性は低いと考えられるが、CIOTがEC条約等に抵触する可能性が高いと指摘した法人に対する出国税である1992年TCGA§185（「英国の居住者でなくなる法人の資産のみなし譲渡」）等は、NGI事件ECJ判決（C-370/10）によって、EC条約等と抵触しない法人に対する出国税の要件（税の延納を認めること）を満たさないケース（英国の居住者が75％の株式を保有している法人の国外移転に該当しないケース）を発生させる制度設計となっていることが明らかとなっている。本判決等を踏まえ、欧州委員会も、2012年には、英国政府に対し、上記規定等を改廃することを求める通知を発出し[180]、英国政府は、2013年FA案において、税の延納を全面的に認める方向で上記規定等を改正する案を示している[181]。

英国の移転価格税制とEC条約等との関係に関しては、第三者取引基準に依拠する規定がEC条約等に抵触しないための要件を示したThin Cap事件ECJ判決（C-524/04）及びSGI事件ECJ判決（C-311/08）等により、第三者取引基準に依拠する諸規定は、EC条約等の下、主観的な要素を含むものと解する必要があることが確認された点が重要なポイントとなるが、加盟国の中には、予てより、その移転価格税制が立脚する第三者取引基準の解釈上、同様な考え方を採用してきた国々も見受けられる。このような国々の存在及び上記ECJ判決等の見解は、英国の移転価格税制の適用の可否が問題となったDSG事件特別委員決定で示された見解も、決して特異なものではないことを確認するものである。このような見解が、今後、より一般的なものとなれば、その他の加盟国及びOECDモデル条約9条で採用されている移転価格税制の適用のあり方にも、少なからぬ影響が出てくるものと考えられる。

上記の通り、一連のECJ判決や欧州理事会指令等は、英国の主な税源浸食防止策であるGAAR、出国税及び移転価格税制等のあり方に大きな影響を与えている。これらの制度・措置がECJ判決等の影響を受けることは、EU加盟国のメンバーである英国の宿命であるが、ECJ判決等の影響を受けない国では、税源浸食防止上、どのような対応策が講じられ、

---

179)　この点の詳細は、終章第2節2(5)・(6)参照。
180)　詳細は、欧州委員会のプレス・リリース（IP/12/285）参照。
181)　改正の対象となる規定及び本法案の詳細は、http://www.hmrc.gov.uk/budget2013/tiin-2260.pdf参照。

第5節 小　括

また、その制度設計及び有用性・限界等は、どのようになっているのであろうか。第1章で考察した米国の場合、かなり強硬かつ多様な税源浸食防止措置が講じられていることを確認することができたが、例えば、長きに亘って英国の税法及び税法解釈の影響を強く受けた旧英連邦のメンバーであったインドの場合、その税源浸食防止措置には如何なる特徴が認められるのであろうか。次章では、インドの主な対抗策が、どのような過程を経て、どのように変容してきたのかなどを考察することを通じて、代表的な新興国における対抗策の特徴・実態等を探る。

第4章　インドの対応策の分析

第1節　租税回避行為による税源浸食への対応

1．ウェストミンスター原則とラムゼイ原則の影響

(1)　文理主義の優位性を示す裁判例

　租税回避行為や租税戦略による税源浸食という問題にどう対処すべきかに腐心しているのは、勿論、主なOECD諸国等に限ったわけではない。例えば、新興国の中でも、特に、インドは、近年、経済の急速な発展に伴って税務行政を取り巻く諸環境も大きく変化する中、かかる問題の重要性が顕著に高まってきているが、文理主義・解釈の優位性を確立させた英国のWestminster事件貴族院判決（1936）が、その後に目的論的解釈の有用性を確認したRamsay事件貴族院判決（1982）によっても覆ることがない中[1]、インドでの税法解釈アプローチは、英国の裁判例の影響を強く受けていることから、目的論的解釈には少なからぬ限界があると考えられてきた。実際、文理主義の優位性が顕著であることは、インドでは、「脱税」（"tax evasion"）は違法であるが租税回避（"tax avoidance"）は合法であるとの認識が一般的に確立しているとの指摘があり[2]、また、かかる指摘が誤っていないことを裏づけるような裁判例が多いことなどからも確認することができる。

　例えば、文理主義の優位性を示した代表的な裁判例として、Commissioner v. A. Raman & Co J. C. Shah 事件最高裁判決（[1968] 67 ITR 11）が挙げられる。本事件では、税務当局は、被上告人・法人Aがその設立者及びその親族等が経営者となっている「共同ヒンズー教家族」（Hindu undivided family, HUF）が有する法人Bとの取引を通じて[3]、法人Aの利益を法人Bに移転させることによって、法人Aの税負担を軽減する仕組みが存在しているとの認定の下、1961年、税務当局は、所得税法§147（Income escaping assessment）(b)が、「…所得税調査官は、いずれかの課税年度に課税対象所得が課税を免れていると信じるに足りる情報を有する場合、…状況に応じ、関係する課税年度の所得の更正又は決定、あるいは損失又は減価償却費の再計算ができる…」と定めていることに依拠して[4]、法人Aに対し、関係する課税年度の納税額が適正か否かの再確認に関する意見・理由を示すことを求める通知書（show-cause notice）を発したことが問題となっている。

---

1) 他方、Ramsay原則はWestminster原則を凌駕したとの見る向きもある（本節1(2)及び本節3(1)4参照）が、支配的な見解とはなっていないことは、第2章第1節・本節2(1)からも示唆される。
2) Indian Legal Space (http://www.pilpu.com/story/indian-legal-space-direct-tax-code-2009-and-gaar/story/53/)、Avoidance and evasion are birds of different hues (http://www.thehindubusinessline.in/2003/12/27/stories/2003122700010900.htm) 参照。
3) 「共同ヒンズー教家族」と税との関係の概要は、HUF Taxation (http://www.etaxindia.org/2010/04/huf-taxation.html) 参照。
4) 原文は、"... the Income-tax Officer has in consequence of information in his possession reason to believe that income chargeable to tax has escaped assessment for any assessment year, he may ... assess or reassess such income or recompute the loss or the depreciation allowance, as the case may be, for the assessment year concerned. ..." である。

第1節　租税回避行為による税源浸食への対応

税務当局は、本件取引が法人Aの税負担を軽減するための「ごまかし又は策略」（"subterfuge or contrivance"）にすぎないとの認識の下、このような「ごまかしや策略」を通じて、通常は法人Aが得たこととなるであろう所得を法人Aと法人B等で分割しているような場合には、所得税法§147(b)に基づき、かかる所得の全部を法人Aが得たものとして課税することができるとして、本件通知書を発出したわけであったが、本判決の原審であるGujarat高等裁判所1964年12月18日判決では、商品の販売によって法人Aの得た利益が、その商品を購入した後にその販売を行った法人Bが得た利益よりも少ないとする税務当局の主張は、法人Aが、その商品と同様の商品を法人B以外の法人に販売した後、これらの法人B以外の法人がその商品を販売して得た利益がいくらであるのかなどを示す記録が示されていないなどの不備が認められることから、正当化できるものではないなどと判示されて、本通知書の有効性は認められなかった。

上記事件の上告審である上記最高裁1968年判決でも、ある仕組みを採用することによって、申立人に帰属していた所得がその他の者によって稼得されたかのように見せかけているのであれば、その所得が申立人に帰属するとして課税することは可能かもしれないし、また、当該所得が過年度の査定で税負担を免れていたならば、再査定を行うための手続きを開始することは認められようが、そもそも、「税負担が分散するよう商業上の事柄をアレンジすることによって税負担を回避することは禁止されていない。納税者は、所得が自分に発生する前に所得を移転するために方策を利用することができる。…税法で禁止されていることをペナルティのリスクなしに違反することはできないが、合法的に回避することはできる」ところ[5]、本件の場合、法人Bが法人Aの単なる名目上の代理人として行動しているわけではなく、また、法人Bの所得が法人Aの所得として課税されるべきということにもならないことから、本通知書は破棄されるべきであると判示されている。

近年でも文理主義の優位性を強く印象づける裁判例がある。例えば、Mathuram Agrawal v. State of Madhya Pradesh事件最高裁判決（[1998] 8 SCC 667）では、1961年Madhya Pradesh市法§127A（Imposition of property tax）は、年間の貸付価値が1,800ルピーを超える不動産には、その価値の額に応じて異なる税率で財産税を課すことを規定し[6]、また、適用税率の細目も同法に定められているのに対し、本条(2)項(b)に付加されている但書は、適用税率は明示していないものの、不動産の年間の貸付の価値が1,800ルピーを超えない場合でも、その他の不動産を市内に有する場合、それらの不動産の年間の貸付の価値の合算額が1,800ルピー超か否かによって、財産税の適用の可否を判断する旨を定めていたことから[7]、本但書に依拠する課税処分が、年間の貸付の価値が1,800ルピー以下の不動産を市内に複数有している者に対して行われたことが問題となっている。

上記事件判決において、最高裁は、本件但書は、課税免除となっている資産を課税対象とすることを求めており、その手段として、その資産価値の算定上、その他の資産の価値をも考慮に入れることとしているが、そもそも、「小さな資産の課税評価額・価値は、そ

---

[5] Shah判事が述べた本判決の当該部分の原文は、"Avoidance of tax liability by so arranging commercial affairs that charge of tax is distributed is not prohibited. A taxpayer may resort to a device to divert the income before it accrues or arises to him. ... Legislative injunction in taxing statutes may not, except on peril of penalty, be violated, but it may lawfully be circumvented." である。

[6] 原文は、"... there shall be charged, levied and paid for each financial year a tax on lands or buildings or both situated in a municipality ... at the rate specified in the table below." である。

の他の資産の価値との合算・合計を通じて、およそ、その資産自体の価値よりも大きい数字に到達するように決定することはできない」と考えられる上に[8]、そのような資産にいずれの税率が適用されるのかも法律上示されてはいないとの問題があることから、納税者が市内に保有する全ての資産の年間の貸付の価値を合算することが認められていることに依拠して、課税目的上、これらの全ての資産は一つのユニットとして取り扱われるとするような解釈は、但書で定められていないことを本条に付加することになるとの見解を示している。

上記の見解が妥当である理由・根拠として、最高裁は、「税法においては、明白な文言で述べられていること以上の法の意図や趣旨を想定することはできない。財政関係の法律を解釈する上で関係があるのは、規定を設けることによって得ることが求められている経済的結果ではない。同様に許されないのは、法律の平易で明確な文言に則っていない解釈である。立法者の意図や趣旨に合致させるような意味づけを法律に与えるために文言を付加又は代替するようなことはできない。法律は、税法の三つの構成要素、つまり、税の種類、課税対象となる納税者、税率を明白かつ明確に伝える必要がある。税法が、これらの要素のいずれかに関して曖昧さを有しているなら、法において税は存在していない」と解すべきであることを挙げており[9]、かかる理由・根拠が誤ったものではない限り、上記の問題を包含する本件但書は、Madhya Pradesh市法§127条Aに反する権限の踰越が認められるとして破棄されるべきであると判示している。

(2) 目的論的解釈に立脚する裁判例

上記(1)で示した裁判例は文理主義の優位性を印象づけるものであったが、Ramsay事件貴族院判決（1982）が、英国での伝統的な文理主義の優位性に波紋を広げたように[10]、インドでも、McDowell and Co. Ltd. v. Commercial Tax Officer事件最高裁判決（[1985] 154 ITR 148（SC））が、伝統的な文理主義の優位性に一石を投じている。本事件では、Andhra Pradesh州では、1981年改正前の「蒸留酒製造場規則」（the Distillery Rules）及び「一般売上税法」（Andhra Pradeshu General Sales Tax Act）の下、酒の製造業者が製造場から搬出する際に納付すべき物品税（excise duty）は、酒の購入者が物品税当局に

---

7) 原文は、"The property tax levied under sub-s (1) shall not be leviable in respect of the following properties, namely : ... buildings and lands the annual letting value of which does not exceed Rs. 1,800 : provided that if any such building or land in the ownership of a person who owns any other buildings or land in the same municipality, the annual letting value of such building or land shall for the purpose of this clause, be deemed to be the aggregate annual letting value of all buildings or lands owned by him in the municipality." である。

8) 原文は、"One cannot determine the ratable value of the small property, by aggregating and adding the value of other properties, and arrive at a figure which is more than possibly the value of the property itself." である。

9) 前段部分の原文は、"In a taxing Act, it is not possible to assume any intention or governing purpose of the statute more than what is stated in the plain language. It is not the economic results sought to be obtained by making the provision which is relevant in interpreting a fiscal statute. Equally impermissible is an interpretation which does not follow from the plain, unambiguous language of the statute. Words cannot be added to or substituted so as to give a meaning to the statute which will serve the spirit and intention of the legislature. ..." である。

10) 本判決の概要及びこの点を巡る議論の詳細は、松田・前掲『租税回避行為の解明』121〜130頁参照。

第 1 節　租税回避行為による税源浸食への対応

直接に納付した場合、製造業者の売上税額の計算上、売上金額に含めないことが認められていたが、このような取扱いを1981年 8 月 4 日以降は認めない方向で関係する規定の改正がされた後も[11]、本件製造者は、このような取扱いを行っていたため、追徴課税処分の対象となったことが問題となっている。

　上記判決において、最高裁は、通常の取引慣行の下では、物品税は、請求書上、価格に含められる又は別記されるべきであるが、本件では、確かに、本件製造業者が発行した請求書には物品税が含まれていないものの、購入者の手の中にある酒の価格は、本件製造業者が請求書で請求している酒の費用と購入者が直接に納付した物品税から成っているため、販売の対価は、請求書に示されているものではなく、全体の金額であることに鑑みると、購入者が製造業者の納税義務の履行のために納付した物品税は、販売の対価の一部である以上、本件製造業者の売上金額の中に含められるべきものであり、また、購入者による物品税の納付は、あくまで、製造業者に代わって行われたにすぎないことは、そもそも、物品税の納付は、製造業者の主要かつ排他的な義務であって、一定の契約やアレンジメントの下、その他の者による納付があっても、それは製造業者の義務の履行であるという点からも確認できるとの見解を示している。

　税務当局に有利な上記の見解に立脚した上で、最高裁は、「それゆえに、全ての売上額を計算するに当たり、税を売上金額の一部として取り扱うことに全く誤りはない、なぜなら、『売上』とは、事業で売り上げられた金額を意味しているからである」とも述べているが[12]、製造業者側としては、物品税が自分の手の中に入ることや、その納付を行う機会は決してなかったことから、物品税は、その売上金額の一部とみなすことはできないとの主張を支えるその他の理由・根拠として、Raman事件最高裁判決で示された前述の見解（「税負担が分散するよう商業上の事柄をアレンジすることによって税負担を回避することは禁止されていない。納税者は、所得が自分に発生する前に所得を移転するために方策を利用することができる。…税法で禁止されていることをペナルティのリスクなしに違反することはできないが、合法的に回避することはできる」）をも挙げていることから[13]、最高裁は、かかる理由・根拠の合理性の如何という点に対する見解も示す必要があった。

　上記の点に関する最高裁の見解としては、Ranganath Mishra判事が、英国のLattila v. IRC事件貴族院判決（[1943] AC 377）では、「…どれほど精巧で人為的であろうと、それらの方法を採用する者は、そうする「権利」がある。勿論、それらの方法を採用することがそれらの者の法的権利内であることは明らかだが、だからと言って、そのような者又はそのような者をその事で援助する専門家の努力が、褒められるべき才覚の発揮である、あるいは、良い市民の義務の履行であるとみなされるべきということではない。逆に、そのような方法が成功すれば、勿論、…偉大な者の肩にのしかかる税負担がその分増加する結果となる」と判示されていることを指摘した上で[14]、「タックス・プランニングは、法の枠

---

11)　例えば、改正された「蒸留酒製造場ルール」§76(a)は、"No spirit or liquor manufactured or stored shall be removed unless the excise duty specified in Rule 6 has been paid by a holder of D2 license before such removal." と規定している。

12)　原文は、"Therefore in calculating the total turnover, there is nothing wrong in treating the tax as part of the turnover, because 'turnover' means the amount of money which is turned over in the business." である。

13)　この見解の原文は、本章脚注 5 ）参照。

第4章　インドの対応策の分析

内である限り合法である。歪められた仕組みはタックス・プランニングの一部ではない。また、疑わしい方法を利用して税の支払いを回避することが名誉なことであるとの信念を推奨する又は抱くことも誤りである。ごまかしに頼ることなく正直に税を支払うのが全ての市民の義務である」と述べている[15]。

また、上記最高裁判決では、Chinnappa Reddy判事が、ウェストミンスター原則とラムゼイ原則との関係について、「英国の判決に詳細に言及することを通じて、英国ではウェストミンスター原則はきちんと葬り去られ、また、租税回避という文言が生まれたその国で、租税回避に対する司法の態度は変化したことを示したが…今、英国の裁判所は、取引の本質だけではなく、その税務目的への意図された効果をも問題にしている。もはや、誰も、単に租税回避が違法でないとの陳述を行うことによって租税回避プロジェクトを成功させることはできない」と述べた上で[16]、税負担を回避する仕組みを検討するに当たり、租税法規を解釈する上で妥当な方法とは、諸規定の文理解釈をするか目的論的解釈をするか、あるいは、取引が真実のものでなく、法律で禁止されているか否かを問うのではなく、取引が税を回避する仕組みであるか否か、また、司法手続上、許容すべきものであるか否かを判断する方法であると我々は考えるとの見解を示していることが注目される。

Reddy判事の上記の見解が確固たる信念に基づくものであることは、「我々も、英国の裁判所のように、ウェストミンスター原則から断固として脱却し、Shah判事やその他の者がその他のケースで示した見解から断絶する時が来たものと考える」と述べた上で[17]、「税を回避するあらゆる方策やスキームに対応することを立法機関に期待するのは公平でも望ましいことでもない。税を回避する新たな巧妙な法的仕組みの本質を決定するために検討を行うこと、Ramsay事件判決、Burma Oil事件判決及びDawson事件判決で依拠された新たに台頭してきている解釈技術の助けを借りて、かかる仕組みによって生まれた状況が既存の法律に関係し得るものであるのかを考察すること、かかる仕組みの本質を暴露して司法による祝福を与えるのを拒否することを考慮すること、これらのことを行う責任は裁判所にある」との見解をReddy判事が示していることからも確認することができる[18]。

---

14) 原文は、"... however elaborate and artificial such methods may be, those who adopt them are 'entitled' to do so. There is, of course, no doubt that they are within their legal rights, but that is no reason why their efforts, or those of professional gentlemen who assist them in the matter, should be regarded as a commendable exercise of ingenuity or as a discharge of the duties of good citizenship. On the contrary, one result of such methods, if they succeed, is, of course, to increase pro tanto the load of tax on the shoulders of the great." である。本事件では、人為的なアレンジメントを利用して英国の所得税負担を招くことなく所得を配偶者に移転させる行為が否認されている。

15) 当該部分（パラ117中段）の前段の原文は、"Tax planning may be legitimate provided it is within the framework of law. Colourable devices cannot be part of tax planning …." である。

16) 当該部分（パラ43）の原文は、"I have referred to the English cases at some length, only to show that in the very country of its birth, the principle of Westminster has been given a decent burial, and in that very country, where the phrase "tax avoidance" had originated, the judicial attitude towards tax avoidance has changed … . The courts, are now concerning themselves not merely with the genuineness of a transaction, but with the intended effect of it on fiscal purposes. No one can now get away with a tax avoidance project with the mere statement that there is nothing illegal about it." である。

17) Reddy判事が言及しているShah判事の見解とは、前述のRaman事件最高裁判決で示されているもの（脚注5）参照）である。

第1節　租税回避行為による税源浸食への対応

(3)　McDowell事件最高裁判決の射程範囲

イ）Valliappan事件高等裁判所判決

上記McDowell事件最高裁判決は、伝統的な文理主義から脱却する動きを示す画期的な判決であったが、M. V. Valliappan and Ors. v. Income-Tax Officer and Ors事件Madras高等裁判所判決（[1988] 170 ITR 238 Mad）は、そのような動きが浸透しているわけでないことを確認するものとなっている。本件では、所得を得た「共同ヒンズー教家族」の場合、税務上の査定を受ける前に所得分割を行うと、1922年所得税法§14（Exemptions of a general nature）(1)の下、その構成員に課税されず[19]、税負担軽減が可能となるとの問題があったことから、1980年FAの下、1978年12月31日以降の資産の一部分割は所得税法上なかったものとみなして課税できるように措置された1961年所得税法§171(9)に基づき[20]、パートナーシップに出資している共同家族が、1979年に行った資産の一部分割によって家族のメンバーが得た所得も、その共同家族の所得に加えて課税する処分が行われたことが問題となっている。

上記事件の当事者である共同家族の代表者である申立人らは、所得税法§171（Assessment after participation of a Hindu undivided family）(9)の適用対象範囲には真正な資産の一部分割も含まれるとする税務当局の解釈は、法の下での平等を定める憲法の14条に反する結果を生じさせるなどと主張し、高等裁判所も、(i)申立人が一部分割を行う法的権利を実行し、それによって税負担が軽減されても、自動的に脱税に該当するとの推定が働くわけではない、(ii)一部分割の全てのケースが税負担の回避のためだけに行われるとは想定できない以上、「芳しくない部分があるという理由から、そのような一部分割を仕組みであると呼ぶことはできない」[21]、(iii)本規定は、その成立前に課税対象となった共同ヒンズー家族とその成立後に課税対象となった共同ヒンズー家族を差別的に扱うものであるが、そのような取扱いに合理性は認められないことから、このような立法上の欠陥を有する本規定は憲法14条に反するなどの問題があるとの見解を示している。

高等裁判所は、上記の問題に加え、McDowell事件最高裁判決を分析すると、Mishra裁判官が、「タックス・プラニングは法の範疇に収まるなら正当である。不正な仕組みはタックス・プラニングの一部となることはできない…」と述べているように、本最高裁判決の下で否認対象となるのは、納税義務を回避するための「不正な仕組み」（"colourable device"）であり、それに該当しない取引は、税負担の軽減を意図していても、そのこと

---

18)　当該部分（パラ47）の原文は、"It is neither fair nor desirable to expect the legislature to intervene and take care of every device and scheme to avoid taxation. It is up to the court to take stock to determine the nature of the new and sophisticated legal devices to avoid tax and consider whether the situation created by the devices could be related to the existing legislation with the aid of emerging techniques of interpretation as was done in Ramsay, Burma Oil and Dawson, to expose the devices for what they really are and to refuse to give judicial benediction." である。

19)　原文は、"The tax shall not be payable by an assessee in respect of any sum which he receives as a member of a Hindu undivided family where such sum has been paid out to the income of the family ...." である。

20)　原文は、"..., where a partial partition has taken place after the 31st of December, 1978, among the members of a Hindu undivided family ... (b) such family shall continue to be liabile to be assessed under this Act as if no such partial partition had taken place ; ..." である。

21)　本判示部分（パラ77の中段）の原文は、"it cannot be called a device in the sense that there is something sinister about such partition." である。

第4章　インドの対応策の分析

を理由に容認されないものと断定できないことを確認することができるが、このような解釈は、進歩的なアプローチを採用した英国のRamsay事件貴族院判決（1982）及びBurma Oil事件貴族院判決（1982）等で示された見解にも合致するものであり、そうすると、「取引に商業上又は事業上の目的があり、その取引の結果として、家族分割のケースでの本当の所得の喪失の結果として税負担の軽減が生じる場合、その取引は、税負担の軽減が容認される試みであると考えられる」以上[22]、本件処分は違法であると判示し、税務当局の敗訴が確定している。

ロ）Banyan and Berry事件高等裁判所判決

Banyan and Berry v. CIT事件Gujarat高等裁判所判決（[1996] 222 ITR 831）も、McDowell事件最高裁判決の射程範囲を狭く解したものとなっている。本事件では、パートナーシップの形態を採る法人・控訴人が、受注したダムの建設を完了させ、対価の一部を1984年6月に受領した後、新設した別法人に対し、ダム建設に係る未払いの対価に対する請求権を除く資産を移転させた後の同年8月に解散し、その後、本パートナーシップが依頼した通り、翌年1月末までに、その出資者に対し、その出資割合に応じて、未払いの対価が支払われたが、かかる対価に係る所得税を本パートナーシップが申告していないことに対し、税務当局は、本パートナーシップ解散後に対価を受け取った各出資者の請求権は、本パートナーシップの事業から生じたものであり、本事業と本請求権は直接に結びついているとして、1995年所得税法§176（Discontinued business）(3)Aの下[23]、かかる対価をパートナーシップの所得として課税する処分を行ったことが問題となっている。

上記事件では、負担軽減の目的の下にパートナーシップが解散されたか否かも問題となったことから、Gujarat高等裁判所は、McDowell事件最高裁判決等の解釈の仕方が特に重要なポイントとなるとの問題意識の下、その分析を行うと、「…最高裁は、将来的に服することとなる税負担の軽減に繋がる納税者の行為又は不作為の全てが疑惑の目を持って見られ、また、それらが、その正当性や真実性に関係なく、租税回避の仕組みとして取り扱われるとは決して言っていない…」ということを確認することができるとした上で[24]、McDowel事件最高裁判決を導くこととなった事実や状況を鑑みると、疑いの余地なく明らかにされた原則は、方策、疑わしい方法、あるいは明白な権威の下に隠れたごまかしと称するのが適切であるような不正な仕組みに属する行為に該当しない限り、法の枠内で市

---

22) 本判示部分（パラ99）の原文は、"Where there is a commercial or a business purpose in a transaction which only means that a transaction has the result of reducing the tax burden as a result of a real deprivation of income as in the case of a family partition, that transaction would, in our view, be a permissible attempt for reducing the tax burden." である。

23) 本規定は、「ある年に事業が休止した場合、休止後に受領した金額は、事業休止前に受領していたとするならば、その金額が事業を行っていた者の総所得に含められるように、受領の年の受領者の所得とみなされて課税される」（"Where any business is discontinued in any year, any sum received after the discontinuance shall be deemed to be the income of the recipient and charged to tax accordingly in the year of receipt, if such sum would have been included in the total income of the person who carried on the business had such sum been received before such discontinuance."）と定めている。

24) 本判示部分（パラ20）の原文は、"... The Court no where said, that every action or inaction on the part of the taxpayer which results in reduction of tax liability to which he may be subjected in future, is to be viewed with suspicion and be treated as a device for avoidance of tax irrespective of legitimacy or genuineness of the act ; ..." である。

民がその要求に従う方法等を通じて、かかる行為を実行する自由に影響を及ぼすものではないということであるとの認識を示している。

また、高等裁判所は、(i)「…このような認識の下、最高裁も、タックス・プランニングという名の租税回避スキームをけなしたのである。最高裁判事が『不正な仕組み』、『疑わしい方法又はごまかし』に依拠するタックス・プランニングによる租税回避の方法をけなす上で用いた表現は、全て、法の世界では特別の意味を持っている…」[25]、(ii)租税回避のためのタックス・プランニングとして非難されるべきものは、その誠実さや正当性に関して疑わしい又は疑問視される性質を有する行為である、(iii)納税者が物事を行う通常の過程、また、法律の下で行う権限がある全て正当な行為が、上記のMcDowell事件判決のたたき台の上で問題視すべき性質のものとの烙印を押され得るわけではない、(iv)税負担の軽減又は将来の租税利益の期待に繋がる納税者のあらゆる行為が、税を回避するための不正な仕組み、疑わしい方法又はごまかしであるということを上記最高裁判決から読み取ることはできないなどの見解を示している。

上記のような認識・見解の下、高等裁判所は、本件パートナーシップの行為が歪められた方策、疑わしい方法、ごまかし又は裁判手続き上容認されない行為に該当するか否かという問題を検討する必要があるとした上で、解散に関するパートナーシップ法の規定の構造に照らしてみると、解散日と解散日に未了となっている事項を終了させる日との間にタイムラグがあることは、何ら異常なことではなく、仕組みや策略のようなものに該当するわけでもなく、逆に、このようなタイムラグは、法人の解散の結果として普通に生じるものと想定されること、また、本件の場合、出資者が受領した対価は解散した事業に起因するものであると仮定しても、当該対価が支払われた時、パートナーシップは解散しており、パートナーシップとしての受領がそもそもできなかったのであることから、出資者のみが受領し得たのであり、実際、出資者が受領している以上、所得税法§176(3)Aに基づいて本件パートナーシップへの課税を行う本件処分は違法であると判示し、税務当局の敗訴が確定している。

2. 文理主義の優位性の再確認と変化の予兆

(1) Azadi Bachao Andolan 事件最高裁判決の意義

上記の一連の裁判例からも確認し得る通り、ウェストミンスター原則がラムゼイ原則によってどれほど修正を受けたかという点にかかる不透明性は、インドにおける税法解釈のあり方や租税回避行為の否認の射程範囲の不透明性にも繋がっているが、かかる不透明性が認められる中、McDowell事件最高裁判決（1985）は、インドでも、伝統的な文理主義から脱却する動きがあったことを示すものであった。しかし、英国の場合と同様に、インドでも、このような動きが、その以降、急速に大きな流れとなるには至らなかったことは、特に、上記のValliappan事件高等裁判所判決（1988）及びBanyan and Berry事件高等裁判所判決（1996）が、McDowell事件最高裁判決で示された租税回避行為の否認アプローチ

---

[25] 本判示部分（パラ20）の原文は、"... It was with this consciousness that the Court has used these expressions while depreciating the schemes of tax avoidance in the name of tax planning. All the expressions used by their Lordships in depreciating the methodology of tax avoidance through tax planning of resorting to 'colourable device', 'dubious methods or subterfuge' have special significance in legal world. ..." である。

の射程範囲を狭く解釈したことに顕著に表れているが、それ以上に、インドにおける租税回避行為の否認には大きな限界があるとことを強く印象づけたのが、Union of India Anr. v. Azadi Bachao Andolan and Anr.事件最高裁判決（［2003］263 ITR 706）であった。

上記事件が裁判所に係争したのは、インドの中央直接税委員会（Central Board of Direct Taxes, CBDT）が、1994年3月30日に発した告示（Circular No. 682）3項後段が、「…モーリシャスの居住者によるインド法人株式の譲渡から生じる所得は、モーリシャス税法に基づきモーリシャスでのみ課税を受けるべきであり、インドでの譲渡益課税の対象とならない」と定めていることなどに乗じて[26]、モーリシャスにペーパー・カンパニーを設立してインドに投資をしている外国機関投資家や投資ファンド等も、その管理支配地がインドやモーリシャス以外の国に存するにもかかわらず、本規定の適用を受けているケースがあるなどの指摘もされている中、2000年4月13日には、モーリシャス政府から得た居住者証明書は、居住者且つ租税条約上の受益者であることの十分な証拠であるとの見解を示した告示（Circular No. 789）が発せられたことなどに疑問を呈する一部の市民が[27]、公益訴訟（public interest litigation）を提起したからであった。

確かに、1983年インド・モーリシャス租税条約13条は、居住者による株式譲渡による利得をその居住地国で課税する旨を定めている[28]。しかし、上記最高裁判決の原審であるDelhi高等裁判所2002年5月31日判決（［2002］256 ITR 563）では、(i)第三国の居住者による条約漁りは非合法であり、禁止する必要がある、(ii)所得税の調査官は法人が本当にモーリシャスの居住者であるか否かを調査・判断する法的権限を有している以上、かかる権限の行使を中央直接税委員会が妨げることとなる告示を発表することは、所得税法の趣旨に反する、(iii)モーリシャス政府が発行した居住者証明書が絶対的なものであることが、本租税条約やインドの所得税法の下で想定されているわけではなく、また、仮に絶対的なものとする取扱いを行うのであれば、そのような取扱いは、CBDTが発する告示によってではなく、証明法のような立法上の規定で定められるべきものであるなどと判示して、本告示を破棄すべきであると判示されている。

これに対し、上記最高裁判決では、まず、租税条約と条約漁りとの関係という点に関しては、①租税条約も含めた国際的な条約規定の解釈上留意する必要がある重要な原則とは、条約が政治的なレベルで交渉・締結され、その根底には幾つかの考慮が働いているということである、②経済財政上の原則の中には、一見したところ邪悪であると思われるが、長期的な発展という利益のために、発展途上の経済では容認されているものが少なからずあり、その一例として赤字財政が挙げられるが、裁判所としては、条約漁りも、もう一つの

---

26) 告示682号の当該部分の原文は、"... any resident of Mauritius deriving income from alienation of shares of Indian companies will be liable to capital gains tax only in Mauritius as per Mauritius tax law and will not have any capital gains tax liability in India." である。CBDTの告示は、Circulars—Income Tax (http://www.incometaxindiapr.gov.in/incometaxindiacr/circulars.jsp) から入手可能。

27) 原文（告示789号2項後段）は、"It is hereby clarified that wherever a certificate of residence is issued by the Mauritian authorities, such certificate will consititute sufficient evidence for accepting the status of residence as well as beneficial ownership for applying the DTAC accordingly."）と規定している。

28) 本条約4条は、「本条の1，2及び3項で述べられている以外の資産の譲渡によって一方の締約国の居住者が得る利益は当該締約国でのみ課税される」（"Gains derived by a resident of a Contracting State from the alienation of any property other than those mentioned in paragraph 1, 2 and 3 of this Article shall be taxable only in that State."）と定めている。

例として挙げられるものであると考える、③租税収入の損失は、経済に対する税以外の利益に比べると小さく、実際、インドもモーリシャスを導管とする外国投資からかなりの利益を得ている、④多くの先進国でも、税収の相当の損失が生じない限り、条約漁りは、意図しているか否かは別として、税以外の理由により容認されていることが少なくないなどの点が強調されている。

また、最高裁は、英国では、依然としてウェストミンスター原則が信奉されており、インド最高裁も本原則に対して司法による祝福を与えていると考えられるところ、Raman事件最高裁判決で示された租税回避行為に対する文理主義的なアプローチは、確かにMcDowell事件最高裁判決において、ウェストミンスター原則から脱却すべきであるとの過激な見解を示したReddy判事には十分に受け入れられなかったものの、そもそも、McDowell事件最高裁判決でも、Reddy判事の見解が支配的なものではなかったことは、Mishra判事が示した見解との違いからも示唆され[29]、また、Reddy判事のウェストミンスター原則とラムゼイ原則との関係について示した見解が正しいものでないことは、Craven（Insepctor of Taxes）v. White事件貴族院判決（[1988] STC 476）で示された見解からも確認し得ることなどに鑑みると、本件においてFurniss事件貴族院判決、Ramsay事件貴族院判決及びBurma Oil事件貴族院判決に依拠した主張を行うことは有効ではないと判示している[30]。

さらに、上記最高裁判決では、上記のような分析アプローチに依拠した上で、租税回避行為や税法解釈アプローチのあり方が問題となった英国及びインドの代表的な裁判例を解釈することが妥当であると考えられることから、インドでは、McDowell事件最高裁判決のような一時的な変調はあったものの、Westminster事件貴族院判決からMathuram事件最高裁判決に至るまでの間において、税法解釈のあり方が変化したわけではなく、新機軸となるような税法学における抜本的な変化が生じたとの主張には賛同できないほか、「法律上さもなければ有効である行為が、…国益を毀損する又は損害を与える結果となるであろうと考えられるような動機をその根底に有しているという理由のみに基づいて、成立・存在していないものとして取り扱うことができるとの主張にも同意しかねる」ことから[31]、結局のところ、CBDTが2000年に発した本件告示を破棄すべきであるとの判断を下した原審であるDelhi高等裁判所判決は誤っていると判示している[32]。

(2) Azadi Bachao Andolan 事件最高裁判決の影響

イ）Radha Rani Holdings事件控訴審判所裁決

上記Azadi Bachao 事件最高裁判決で示された見解は、その後の租税回避等に対する考え方に大きな影響を与えた。このような影響は、例えば、Radha Rani Holdings (P.) Ltd v.

---

[29] 関係するMishra判事の見解は、脚注15）参照。

[30] これらの判決の概要等は、第2章第1節2(3)、松田・前掲『租税回避行為の解明』121～126頁参照。

[31] 原文は、"We are unable to agree with the submissions that an act which is otherwise valid in law can be treated as non-est merely on the basis of some underlying motive supposedly resulting in some economic detriment or prejudice to the national interests, ..." である。Mathuram事件最高裁判決は、本節1(1)参照。

[32] これに対し、Delhi高等裁判所判決では、条約漁りや条約の濫用は合法ではなく、禁止されるべきものであることから、あらゆる手段を講じても法人のベールを剥し、インド・モーリシャス租税条約を利用している者の本当の意図を見極めることは、税務当局の権限に属するなどの見解が示されていた。

ADIT事件「所得税控訴審判所」(Income-tax Appellate Tribunal) 裁決（[2007] 16 SOT 495 (Del)）にも少なからず顕れている。本件では、税務当局が、シンガポールに設立された投資会社Aは、(i)インドに本店を有するグループ法人に属しているほか、その全ての投資が当該グループ法人に向けられている、(ii)その株式の99％はインドの居住者によって保有されている、(iii)シンガポールには本投資会社の従業員もいなかったなどの認定をした税務当局は、本件投資会社はインドへの迂回投資を目的として設立されたペーパー・カンパニーであるとの判断の下、1961年所得税法§6 (Residence in India) (3)及び実質管理地基準に依拠しているインド・シンガポール租税条約4条に基づき、インドの居住者として課税する処分を行ったことが問題となっている。

確かに、本件投資会社がインドの居住者であるか否かを判断するに当たっては、1961年所得税法§6(3)(ii)やインド・シンガポール租税条約4条で示されている判断基準が重要なポイントとなると考えられるが、これらの規定で採用されている文言・基準には微妙な差異があった。前者では、「法人が、先行する年度にインドの居住者となるのは、(i)インド法人である場合、あるいは(ii)その年において、その業務の支配と管理が完全にインドにある法人である場合である」と定められているが[33]、後者では、1項において、「本条約の目的上、『締約国の居住者』という文言が意味するのは、締約国の税法に従って締約国の居住者となる者である」と定めた上で、3項において、「本条1項の規定によって、双方の締約国の居住者となる個人以外の者は、その実質的管理地の場所がある締約国の居住者とみなされる」と規定されている[34]。

上記のような差異はあったものの、税務当局は、「インド・モーリシャス租税条約の下における配当と譲渡益から生じる所得の課税に係る明確化」と題した2003年2月10日付告示（Circular No. 1/2003）の下では[35]、モーリシャス政府発行の居住者証明書は、モーリシャスの居住者であることの十分な証拠となるが、インドとモーリシャスの双方の居住者である個人以外の者については、実質的管理地である締約国の居住者とみなされると定める本条約4条3項に基づいて判断すべきところ、本件でも同様の取扱いが妥当するとの見解を示し、上記事件に対する「所得税（控訴）長官」(Commissioner of Income-tax (Appeals), CIT(a)) 2006年3月31日決定も[36]、同様な見解の下、本件では本投資会社の株式の99％を有するインドの居住者である株主が重要な投資決定を単独で行ったケースがあるなどと認定した上で、本件投資会社はインドの居住者であると判断している。

これに対し、控訴審判所は、上記事件における投資会社Aの主張（(i)理事会は全てシンガポールで開催されている、(ii)シンガポール政府から居住者証明書を得ている、(iii)日常業務や投資の決定・管理はシンガポールで行っているなど）を踏まえた上で、(a)上記の告示は、その妥当性が最高裁判決によって確認されておらず、しかも、本件で問題となってい

---

33) 原文は、"A company is said to be resident in India in any previous year, if (i) it is an Indian company ; or (ii) during the year, the control and management of its affairs is situated wholly in India." である。「インド法人」とは、インドで登録又は設立された法人等である。
34) 原文は、"Where, by reason of the provisions of paragraph 1 of this Article, a person other than an individual is a resident of both Contracting States, then it shall be deemed to be a resident of the Contracting State in which its place of effective management is situated." である。
35) 本告示は、http://www.allindiantaxes.com/circular%20:%20no.%2012003.php参照。
36) 訴訟プロセスにおけるCIT(a)の位置づけは、第3節4(2)の図4-9参照。

る年度後に発出されたものである、(b)「共同ヒンズー教家族」やパートナーシップ等の場合、業務の支配と管理が完全に国外にあるとの証明責任を負うが[37]、法人の場合、業務の支配と管理が完全にインドで行われていることの証明責任を負うのは税務当局であるところ、その立証責任は果たされていない、(c)Azadi Bachao事件最高裁判決で確認されたように、居住証明書は居住者であることを示す重要な証拠であることなどに鑑み、本件投資会社はインドの居住者ではないと判示し、税務当局の敗訴が確定している。

ロ）Ishikawajima Harima事件最高裁判決

Azadi Bachao 事件最高裁判決は、Ishikawajima Harima Heavy Industries Ltd. v. DIT 事件最高裁判決（[2007] 288 ITR 408）にも影響を及ぼしていると考えられる。本件では、国外法人Bが、その他の法人と連携して、インド法人の要請に基づき、インドに施設を設立し、当該施設のためにインド国外で提供した役務等の対価として当該インド法人から受領した金額が、日印租税条約及び1961年所得税法の下、インドで課税対象となるか否かが問題となっている。本事案に対する「事前確認当局」（Authority for Advance Ruling, AAR）の回答（No. 618 of 2003）は[38]、本件国外法人B・申請人が得た対価は、国外で受領したものであっても、域外適用を定める本法§9(1)(vii)(c)及び本条約7条に関する議定書6項の下、インドで課税対象となることから、本法§115A(1)(b)(b)及び本条約12条2項の下、20％を超えない税率によりインドで課税されるべきであるとの趣旨のものであった。

上記事案に関係する諸規定を見てみると、1961年所得税法§9（Income deemed to accrue or arise in India)(1)は、「次の所得はインドで発生又は実現するとみなされる――(i)…(vii)次の者によって支払われる技術役務に対する手数料による所得――…(c)非居住者が、インドで、あるいはインド源泉の所得を得る又は稼ぐ目的で行う事業又は職務に利用される役務に関して支払う手数料」と定め[39]、同法§115A(1)(b)(b)は、技術役務に対する対価は、1997年5月末以降は20％の率で課税する旨を規定し、日印租税条約12条2項は、ロイヤルティや技術役務に対する手数料は、それが発生する締約国でも、その締約国の法律に従って課税できるが、もし、そのロイヤルティ又は技術役務に対する手数料の受領者が受益者であるならば、課税される税は、そのロイヤルティ又は技術役務に対する手数料の総額の20％を超えてはならない旨を定めている。

また、日印租税条約7条は、「締約国の企業の利益は、その企業が他方の締約国に所在する恒久的施設を通じて事業を行っているのでない限り、その締約国でのみ課税対象となるが、もし、企業が上記のような形で事業を行っている場合、その企業の利益はその恒久的施設に直接又は間接に帰属する限りにおいて、当該その他の締約国で課税することができる」と規定し[40]、議定書6項は、「本条約7条1項に関しては、『直接又は間接に恒久的

---

37) 本節2(3)ロ)のM/s SMR Investments事件控訴審判所裁決でも同様な点が問題となっている。脚注51)・52)参照。

38) AARと事前照会制度の詳細は、本節2(3)イ)及び第3節4(1)イ)参照。

39) 原文は、"The following incomes shall be deemed to accrue or arise in India :――(i) … (vii) Income by way of fees for technical services payable by―― … (c) a person who is a non-resident, where the fees are payable in respect of services utilized in a business or profession carried on by such person in India or for the purposes of making or earning any income from any source in India." であった。本項(i)号は、本節3(1)・脚注56)参照。本項(i)号(vii)(b)は、第2節2(1)イ)・脚注102)参照。

施設に帰属する』という文言を使用することによって、恒久的施設が含まれる取引から生じる利益は、その取引で恒久的施設が果たす役割に適切な程度に恒久的施設に帰属するとみなされると理解する。また、たとえ、問題となる商品や役務の販売又は提供が恒久的施設に対してではなく、むしろ、その企業の国外の本社に対して直接に行われる場合にも、利益は、上記の程度で恒久的施設に帰属するとみなされると理解する」と定めている[41]。

上記諸規定に照らして上記事案の課税関係を考察すると、上記AARの回答も全く合理性を欠いた解釈に立脚するものではないとも考える余地があろうが、かかる回答の適否が争われた上記最高裁判決では、非居住者が提供した役務の対価として受領した手数料が、所得税法§9(1)の下、インドで課税対象となるには、その所得とインドの領土との間に十分な繋がりが存在する必要があることが国際的な原理となっており、その繋がりの存在を認定するためには、(i)その役務がインドで提供され、しかも、インドで利用されていること、(ii)インドに所得源泉があるというだけでは不十分であること、(iii)その役務とインドとの間に「直接の生の繋がり」("direct live link")があることが前提条件となると解されるところ、本件の場合、これらの前提条件が満たされているか否かの判断に従うと、本件対価の額はインドで課税できないということとなると判示されている[42]。

(3) 厳格な文理主義への疑問

イ）AARの機能とE Trade Mauritius事案に対する回答

Azadi Bachao事件最高裁判決の影響は、上記のイ）及びロ）で掲げた裁判例に限らず、広く認められた。しかし、最近、本判決のスタンスに疑問を呈するような見解も、特に、納税者の負担軽減・権利保護の観点から重要である事前照会制度の担い手であるAARによる回答に顕れるようになってきている。事前照会制度は、1993年FAに基づいて措置されたもので、その中核を成すのは、所得税法の第19章B（§245N～§245V）である。同法§245N（Definitions）(a)は、「事前照会とは、(i)非居住者である申請者が実行する又は実行することを提案している取引に関連して当局が示す判断、(ii)そのような非居住者と一緒に居住者が実行する又は実行することを提案している取引から生じる非居住者の納税義務に関して当局が示す判断であり、かかる判断には申請書で示されている法又は事実の問題に対する判断も含まれる、(iii)所得税当局又は控訴審判所に係争している所得額の計算に関係する問題に対して当局が示す判断又は決定である…」と定めている。

上記所得税法§245N（「定義」）(a)が定める通り、事前照会制度の下では、実行予定の取引だけでなく、既に実行している取引もAARへの照会が可能である[43]。実行済の取引もAARに照会できることのメリットとしては、回答が出されるまで取引の実行を控える

---

40) 後段の原文は、"... If the enterprise carries on business as aforesaid, the profits of the enterprise may be taxed in that other Contracting State but only so much of them as is directly or indirectly attributable to that permanent establishment." である。

41) 後段の原文は、"... It is also understood that profits shall be regarded as attributable to the permanent establishment to the above mentioned extent, even when the contract or order relating to the sale or provision of goods or services in question is made or placed directly with the overseas head office of the enterprise rather than the permanent establishment." である。

42) 本判決で示された見解は、およそ同様な問題（国外での商品等の提供及び権利の移転等によって生じた所得がインドで課税対象となるか否か）が争点となったLG Cable v. DIT事件Delhi高等裁判所2010年12月24日判決（Appeal No. 703/2009）でも踏襲されている。

第1節 租税回避行為による税源浸食への対応

必要がないため、時間的なロスが生じないことや、取引の税務効果が税務当局によって否認されて訴訟に至ることに伴うコストを避けることが可能になり得る点などが挙げられる。1961年所得税法§245Q(2)が定める事前照会手数料は比較的安価（2,500ルピー）であり、AARは、同法§245R（Procedure or receipt of application）の下、事前照会に対する回答を6カ月以内に発することが求められている。AARは、議長である最高裁を退官した裁判官、CBDTのメンバーとなる資格のある税務当局の職員及び中央政府の事務局長でもある法律サービス庁の職員によって構成される独立性のある準司法機関であり、AARの判断は申請者と長官以下の所得税当局の双方を拘束する。

租税回避行為と税法解釈との関係に対して示されたAzadi Bachao事件最高裁判決のスタンスに疑問を挟むような見解が示されたAARの回答の例として、E Trade Mauritius事案（A. A. R. No. 826 of 2009）に対するAARの回答（2010年3月22日付）が挙げられる。本事案では、図4-1の通り、E Trade USA社の子会社である米国のConverging Arrows社によって株式の100％が保有されているE Trade Mauritius社は、その有していたインドの証券取引所に登録されているIISL社の株式をモーリシャスに設立されているHSBC社に対し、2008年、1株当たり200ルピーで譲渡したことによって利益を得たが、モーリシャスの居住者証明書を有していたため、本件所得はインドでは課税されないと主張したのに対し、税務当局（Assistant Director of Income Tax, Mumbai）は、本件譲渡益は21.11％の税率で源泉徴収税の対象となるとの決定を下したことが問題となっている。

上記の通り、E Trade事件でも、前述のAzadi Bachao事件とおよそ同様な問題が争点となっているが、税務当局（Director of Income Tax, International Taxation）は、AARに対し、(i)E Trade Mauritius社は、IISL社株式の譲渡による利益に対するインドでの課税を回避するために設立された単に導管にすぎない、(ii)E Trade Mauritius社が導管会社であることは、IISL社の株式を購入する資金がE Trade USA社から提供されたものであることからも明らかである、(iii)本件取引で積極的かつ決定的な役割を果たしたのは、E Trade USA社であるなどの認定の下、本件譲渡益の受益者は、E Trade USA社であり、そうすると、1989年インド・米国租税条約13条が、「8条（海運及び航空輸送）が定める場合を除き、双方の締約国は、各国内法の規定に従って譲渡益を課税することができる」と定めていることから[44]、インド政府は、本件譲渡益に対する課税権を有するなどと主張している。

これに対し、E Trade社は、CBDTの告示789号3項は、「上記で述べている居住者テス

図4-1 インド法人株式のオフショアでの移転が問題となったE Trade Mauritius事案

43) AARは、純粋な仮定にすぎない取引や純粋な法解釈にとどまる照会は受理しないが、取引に関する税法の適用に関係する照会だけでなく、取引事実に関係する照会も受理の対象とされている。
44) 原文は、"Except as provided in Article 8 (Shipping and Air Transport) of this Convention, each Contracting State may tax capital gains in accordance with the provisions of its domestic law."である。

トは、株式の譲渡による所得に関しても適用される。したがって、モーリシャスの居住者である外国投資家等は、13条4項との関係上、株式の譲渡によってインドで生じる所得についてインドで課税されない」と定めていることから[45]、居住証明書が居住性を証明する十分な証拠となることを確認したCBDTの告示789号2項後段で述べられている受益者とは[46]、配当との関係に限定された概念と捉えるべきではないと考えられることから、譲渡益との関係でも依拠・主張し得るものであり、そうすると、モーリシャスの居住者証明書を有するE Trade Mauritius社が得た本件譲渡益は、1982年インド・モーリシャス租税条約13条4項が、「本条の1項、2項及び3項で述べている以外の資産の譲渡によって一方の締約国の居住者が得る利益は、本締約国でのみ課税される」と定めていることから[47]、インドでは課税の対象とはならないはずであるなどと反論している。

　AARは、確かに、Azadi Bachao事件最高裁判決や告示789号等を踏まえると、(i)法的所有者と受益者を区分することは合理性を欠く、(ii)譲渡された本件株式の購入資金の出所がE Trade USA社であり、また、その譲渡対価が配当等の形でE Trade USA社に移転することとなるにしても、本件譲渡益がE Trade Mauritius社で生じたものと認定しない理由はないことから、インド政府が、「法人ベールの剥ぎ取り」原理に基づいて本件譲渡益への課税を正当化することはできないとの結論・回答を示しているものの[48]、本回答のパラ14において、「インド税務当局がインド法人株式の移転による譲渡益に課税する立場にないことは奇妙な感じもするが、本件租税条約上の独特な規定、CBDTの告示及びAzadi Bachao事件最高裁判決の法解釈の不可避な結果である。重要な条約規定の政策上の考慮やCBDTの通達の趣旨が、今日の租税のシナリオ上、依然として関係があって適切であるかという点を巡っては議論の余地がある…」とも述べていることが特に注目される[49]。

　ロ）M/s SMR Investments 事件控訴審判所裁決
　租税回避等に対する考え方の変化の兆候は、M/s SMR Investments limited v. DDIT事件Delhi「所得税控訴審判所」裁決（2010-TII-66-ITAT-DEL-INTL）にも顕れている[50]。本事件では、モーリシャスに設立された法人Aが売却したインド法人Bの株式の譲渡益をインドで課税した処分が問題となった。税務当局は、(i)法人Aがモーリシャスの居住者で

---

45) 原文は、"The test of residence mentioned above would also apply in respect of income from capital gains on sale of shares. Accordingly, FIIs, etc., which are resident in Mauritius should not be taxable in India on income from capital gains arising in India on sale of shares as per paragraph 4 of article 13."である。
46) 告示789号2項後段は、脚注27)参照。
47) 原文は、"Gains derived by a resident of a Contracting State from the alienation of any property other than those mentioned in paragraphs 1, 2 and 3 of this Article shall be taxable only in that State."である。
48) 本回答の概要の詳細は、P. Raj Kumar Jhabakh, Has the AAR Put the Mauritius Saga to Rest ?, Bulletin for International Taxation, Vol. 64, No. 12 (2010) pp. 633-635参照。
49) パラ14の原文は、"Though it looks odd that the Indian tax authorities are not in a position to levy the capital gains tax on the transfer of shares in an Indian company, this is an inevitable effect of the peculiar provision in India-Mauritius DTAA, the Circular issued by CBDT and the law laid down by Supreme Court in Azadi Bachao case. Whether the policy considerations underlying the crucial Treaty provisions and the spirit of the Circular issued by the CBDT would still be relevant and expedient in the present day fiscal scenario is a debatable point ...."である。
50) 準司法機関である所得税控訴審判所の訴訟プロセスにおける位置づけは、第3節の図4-9参照。

あることを示すパスポートの提出要請に従わなかった、(ii)法人A株式の99％を有するインドの居住者がインドの証券ブローカーに電話で依頼して本件株式が売却された事実が推認される、(iii)法人Aの理事会の議事録は正式な手続きに従って認証されていないことなどを踏まえ、法人Aの管理と支配はインドで行われていたと主張したのに対し、法人Aは、モーリシャスに事務所を有しているが、インドには恒久的施設を有していない以上、その理事会はモーリシャスで開催されているとの一般的な推定を税務当局は覆すのに必要かつ十分な立証がされていないなどと主張している。

審判所は、そもそも、管理と支配という表現は、「共同ヒンズー教家族、法人又は人が構成員となっているその他の共同体は、その事業の管理と支配が完全に課税管轄外にある場合を除き、課税管轄内の居住者である」と定める1992年所得税法§4 A(b)や1961年所得税法§6(1)等で採用されているところ[51]、前者の規定に基づいて「共同ヒンズー家族」の構成員が国外で得た所得をインドで課税する処分の適法性が問題となったCIT v. Nandlal Gandalal事件最高裁判決（[1960] 40 ITR 1 (SC)）で示された見解（「管理と支配とは、事実上の管理と支配を意味しており、単に管理と支配を行う権利又は能力を意味しないことは確立していると考える」）も踏まえた上で[52]、法人Aの理事会の開催の日に役員の一人がモーリシャスにいたことを示すパスポートの写しはあるが、税務当局は、第三者や関係政府機関が有する証拠・資料の更なる収集を通じて理事会に関する資料の信憑性を確認し、新たに処分のあり方を決定する必要があるとの判断を下している[53]。

3．目的論的解釈の有用性と限界

(1) Vodafone事件Bombay高等裁判所2008年判決

上記1～2からも確認し得るように、インドでは、租税回避行為や条約漁りに柔軟に対応せんとする税務当局の試みの前に立ちはだかってきた伝統的な文理主義の壁は、依然として、かなり厚いが、最近、その壁に向けて幾つかの石が投げられるようになった。これらの石は壁に穴を空けるほどのものではなかったが、Vodafone International Holdings B. V. v. Union of India事件Bombay高等裁判所2008年12月3日判決（Writ petition No. 2550 of 2007）は、文理主義の壁を大きく揺さぶる衝撃を放った石であった。本事件では、図4-2の通り、ボーダフォン・グループのオランダ法人VIH BV・控訴人は、約111億ドルで、ケイマン法人HTIL（主たる事務所は香港）からインド法人HELの約67％の株式を直接又は間接に有するケイマン法人CGPの全株式を取得する契約を締結したところ、インドの税務当局は、VIH BVが、本件取引によってHTILに生じた譲渡益（260億ドル）に係る源泉

---

[51] 所得税法§4 A(b)の原文は、"a Hindu undivided family, firm or other association of persons is resident in the taxable territories unless the control and management of its affairs is situated wholly without the taxable territories." である。

[52] 原文は、"it is settled, we think, that the expression "control and management" means de facto control and management and not merely the right or power to control and manage." である。本最高裁判決では、その構成員がパートナーシップ契約を結んでいる「共同ヒンズー教家族」の管理と支配は、完全に管轄外にあるとは言えないとして、その所得も「共同ヒンズー教家族」の所得としてインドで課税されると判示されている。

[53] かかる判断は、Azadi Bachao 事件最高裁判決（2003）を踏襲しながらも、踏み込んだ実態分析に基づく判断が求められることを示唆しているとの見解は、taxguru.in/.../delhi_tribunal-seeks-to-examine-board-meetings-etc-to-decide-place-of-management.html参照。

第4章 インドの対応策の分析

図4-2 インド法人株式のオフショアでの譲渡の利得への課税が問題となったVodafone事件

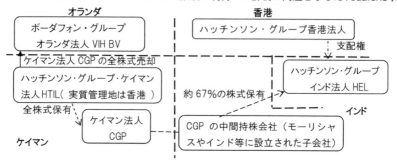

徴収義務を負うとする通知書を発したことが問題となっている。

税務当局が上記通知書を発出したのは、1961年所得税法§201 (Consequence of failure to deduct or pay) (1)が、「いかなる者、また、所得税法§194で言及されているケースで主要な職員及び自分が主要な職員となっている会社が、本法によって、又は、本法の下、求められている税を源泉徴収し、又は、源泉徴収した税の納付をしなかった場合、その者又はその会社は、それに伴って生じるその他の結果を毀損することなく、かかる税の納付義務不履行者とみなされる」と定めているところ[54]、本件では、オランダ法人VIH BVがケイマン法人HTILに支払った金額について、同法§195 (Other sums) に基づく源泉徴収をしなかったため[55]、当該オランダ法人は上記の同法§201に定める「納付義務不履行者」となると判断したからであり、本通知書では、オランダ法人VIH BVが本件取引の対価に係る源泉徴収義務を履行しなかった理由等を示すことが求められていた。

上記通知書を受けたオランダ法人VIH BVは、インド所得税法§9(1)が、「以下の所得はインドで発生したものとみなす──(i)直接・間接を問わず、インドでの事業に関係して生じる全ての所得、インドの財産から生じる全ての所得、インドの資産・源泉から生じる全ての所得、インドに所在する資本資産の移転(transfer of capital asset)から生じる所得」と定めているところ[56]、本規定の下で課税対象となるのは、インドに所在する資産の移転から生じる譲渡益であり、CGP株式売買が外国法人間で行われただけである本取引は、課税対象外であり、同法§195 (「その他の額」) に基づく源泉徴収義務を負わないと主張し

---

[54] 原文は、"If any person and in the cases referred to in section 194, the principal officer and the company of which he is the principal officer does not deduct or after deducting fails to pay the tax as required by or under this Act, he or it shall, without prejudice to any other consequences which he or it may incur, be deemed to be an assessee in default in respect of the tax :" である。"assessee" 及び "assessee in default" の定義は、2010年直接税法(Direct Taxes Code)案§314 (Interpretations in this Code) (20)・(21)参照。

[55] 本法§195(1)は、"Any person responsible for paying to a non-resident, not being a company, or to a foreign company, any interest (not being interest on securities) or any other sum chargeable under the provisions of this Act (not being income chargeable under the head "Salaries") shall, ... deduct income-tax thereon at the rates in force :" と定めている。邦訳は、第2節2(2)参照。

[56] 原文は、"The following incomes shall be deemed to accrue or arise in India : ──(i) All income accruing or arising, whether directly or indirectly, through or from any business connection in India, or through or from any property in India, or through or from any asset or source of income in India, or through the transfer of a capital asset situate in India ;" である。資本資産の定義は、所得税法§2(14)・第2節2(2)、2010年直接税法案§314(43)・第2節2(1)イ)・脚注101)参照。

第1節　租税回避行為による税源浸食への対応

たのに対し、税務当局側は、本件取引は、単なる株式移転ではなく、インド法人HELに対する支配権やインドで事業を行うための権利等の移転を伴うものであり、その対価の額も、これらの様々な権利の移転に係るものである以上、インドとの十分な領土的結び付きを有している本件取引にはインドの課税権が及び[57]、源泉徴収義務が生じると主張している。

上記Bombay高等裁判所2008年判決では、本件取引が所得税法§9（「インドに源泉のある又は発生したとみなされる所得」）の適用対象であるかという点については、本件取引が支配権の移転を伴うという点に関して控訴人が反論していないことを踏まえ、「もし、取引が法人又は法人グループに対する支配権の移転を伴うなら、そのような移転は、移転を行う者と移転を受ける者の双方の観点から見る必要がある。HTILが、インドのグループの株式に対する権利を消滅させずにHELに対する支配権を移転させることができるとは想定できず、また、そうしないと、移転を受けた者も支配権を獲得することがない。権利、称号、又は利権の剥奪や消滅は、必然的に支配権の剥奪に先行しなければならず、また、一方を他方から分離することも不可能であるところ、一方の者のそのような強い株式に対する膨大な価値のある利権の消滅は、他方の者に永続的な利益の獲得を可能にし、インドにおける資本資産の獲得という結果に繋がる」と判示されている[58]。

高等裁判所は、上記の判断が可能であるのは、(i)そもそも、株式は幾つかのその他の資産を移転するための単なる方法又は手段となり得るものであるが、本件では、当事者間で契約されている移転の対象であるのは、本当は、ケイマン法人株式ではなく、インドに所在する法人の株式であり、上記で示した諸々の権利の特定の形態による移転を採用した控訴人の選択によって、本資産の本質や性質が変更又は決定されるわけではない、(ii)控訴人は、本件取引によって、HELに対する支配権だけでなく、その他の利権や無形資産も獲得している、(iii)控訴人がHTILとHELグループのジョイント・ベンチャーに対する利権を引き継いだことによって同グループとインドで携帯電話事業を経営する権限を保有し、また、インドの電気通信局（the Department of Telecommunications）が付与しているHELに対するライセンスの受益者となる権利等も得ているとの認定ができるからであると説明している[59]。

高等裁判所は、インドとの十分な領土的結びつきがあるという理由で本件取引に対して課税権を及ぼすことができるかという点に関しては、国際法は、例えば、国籍であろうと住居であろうと、国家と納税者との間で何らかの本当の結びつきがある限り、その国家の

57）　本法§9(1)の説明（Explanation）は、「その全ての事業がインドで遂行されているわけではない事業の場合、本規定の下、インドで生じたとみなされる事業に係る所得は、インドで遂行された業務に合理的に帰属する所得の部分に限定される」("For the purpose of this clause――(a) In the case of a business of which all the operations are not carried out in India, the income of the business deemed under this clause to accrue or arise in India shall be only such part of the income as is reasonable to the operations carried out in India.") と定めている。

58）　原文（パラ159 第2段落の後半）は、"A divestment or extinguishment of right, title or interest must necessarily precede the divestment of the controlling interest and it would be impossible to dissociate one from the other and any divestment by one of any interest of enormous value in shares of such high intensity would certainly amount to acquisition of enduring benefit to the other, resulting in acquisition of a capital asset in India." である。

59）　判決文のパラ161及び162参照。

領土の外の納税者にも課税することを容認しているとの考え方に立脚する米国の「効果原理」（Effects Doctrine）については[60]、インドの裁判例（Man Roland Druckimachinen Ag v. Multicolour Offset Ltd. & Anr.事件最高裁2004年4月19日判決（[2004] 6 SCC 201）等）でも依拠されているとの事実があると述べた上で、「本件における二つの外国法人が契約を結んだ本当の目的は、一方の外国法人がインド法人HELに対して有する支配権を他方の外国法人が獲得するためである。これが本件取引の支配的な目的であることから、本件取引は、確かに、所得税法も含むインドの市法に服することとなる」と判示している[61]。

確かに、上記高等裁判所判決で言及されているMan Roland事件最高裁2004年判決では、ドイツに本店がある法人と取引契約を締結しているインド法人が、本件取引によって損を蒙ったことから、インドの「独占及び制限的取引慣行法」（the Monopolies and Restrictive Trade Practices Act）委員会に対し、当該ドイツ法人が本法に違反しているとして提訴したため、本委員会が、かかる提訴に対する管轄権を有しているか否かという点などが問題となったが、最高裁は、たとえ、国外で契約が締結されている場合や契約の当事者が国外にいる場合などであっても、その契約に基づく制限的取引慣行の効果が、インドで感じられるというだけでは不十分であるが、その効果自体がインド内で生じているのであれば、「効果原理」の適用があるとの見解の下、本委員会は、本件提訴に対する管轄権を有していると判示している。

(2) Vodafone事件Bombay高等裁判所2010年判決

上記Bombay高等裁判所2008年判決で敗訴した控訴人は、最高裁に上告したが、最高裁が本件の再審理をBombay高等裁判所に求めたことを受けて、2010年9月8日、新たに、高等裁判所判決（Writ petition No. 1325 of 2010）が下された。本判決では、本件取引が非居住者法人からもう一つの法人への外国法人の株式の売買にすぎないという申立人の主張が立脚しているのは、ケイマン諸島に所在するCGPの株式はインドの外にある資本資産であるほか、移転したのは単一の株式から発生する又はその株式に付随するものに限定されるという考え方であるが、「CGP株式の売却は、それ自体、HTILとBIH BVとの取引を完了させるという目的を達成する上で十分なものではなかった。本件取引に備わっているべきものはその他の権利や利権の移転であった。これらの権利や利権は、それ自体、納税者が有するあらゆる種類の資産と定義している所得税法§2(14)の意味に含まれる資本資産を構成するものである」との判断の下[62]、誤った考え方であるとして否定されている。

---

60) 「効果原理」の説明は、Malcom N. Shaw, International Law, 4th ed., Cambridge University Press (1997) p. 456参照。

61) 原文（パラ168）は、"The very purpose of entering into agreements between the two foreigners is to acquire the controlling interest which one foreign company held in the Indian company, by other foreign company. This being the dominant purpose of the transaction, the transaction would certainly be subject to municipal laws of India, including the Indian Income Tax Act." である。

62) 原文（パラ136後段）は、"The transfer of CGP shares was not adequate in itself to achieve the object of consummating the transaction between HTIL and VIH BV. Intrinsic to the transaction was a transfer of other rights and entitlements. These rights and entitlements constitute in themselves capital assets within the meaning of Section 2(14) which expression is defined to mean property of any kind held by an assessee." である。所得税法§2(14)は、第2節2(2)参照。

第1節　租税回避行為による税源浸食への対応

上記の判断が下された背景には、Johan Steyn卿の著書（『契約法：正直な者の合理的な期待の充足』、"Contract Law : Fulfilling the Reasonable Expectations of Honest Men"、(1997) 113 LQR 433 at 433-434）では、正直な人の合理的な期待に効果を生じさせるように契約の解釈を客観的に行うという理論に向けた趨勢が明確に認められるとの指摘がされていることを踏まえた上で[63]、「…黒体活字アプローチから、より目的論的な解釈に移行する趨勢が認められる。したがって、本件の取引の主題についても、商業的かつ現実的な観点からみる必要がある」との認識の下[64]、本件の所得は、HTILがインドにおいて有する利権の移転の結果として生じたものであり、かかる利権の放棄・移転がなければ、本件の所得が生じることはなかったわけであり、本件で本当に課税対象となる事件とは、異なるグループに対する利権の移転を含む多様な側面と要素が絡んでいるHTILの利権の譲渡であるとの認定がされたとの事実がある。

また、Bombay高等裁判所は、国外に居住する者の間において外貨建てで支払・受領された対価が、インドで生じたものとみなして源泉徴収の対象となるかという点に関しては、CIT v. Eli Lilly and Co (India) P. Ltd事件最高裁判決（[2009] 312 ITR 225）では、インド法人とオランダ法人によってインドに設立されたジョイント・ベンチャー（JV）で働くとの目的でオランダから派遣された者の仕事の対象は当該JVに限定されていたところ、源泉徴収義務について定める所得税法§192(1)と同法§9(1)を総合的に解釈すると[65]、当該者の給与の内、当該オランダ法人が外貨建てで支払った分も、これらの規定の適用対象範囲に含まれるとして、JVによる源泉徴収が必要となると判示されていることなどに鑑みると、インドの立法機関は、源泉徴収義務の対象を居住者に限定していないことは明らかであることから、本件取引の対価もインドの所得税法に基づく源泉徴収の対象となると判示している。

さらに、インドの課税権が本件取引に及ぶか否か、また、源泉徴収義務を課するのが妥当であるか否かなどの点に関し、上記高等裁判所判決では、(i)「本件取引の本質は、インドに源泉のある所得を構成するHELに対する支配権が変更されるということである。当事者間の本件取引がカバーする範囲の中に多様な権利や利権が含まれる。申立人は、締結した様々な契約により、インドの管轄権との結びつきを有する」こと[66]、(ii)British Columbia Electric Railway Company Limited v. King事件枢密院司法委員会判決（[1946] A. C. 527）の見解（「域外適用の作用を有する法律を成立させる立法機関は、施行されたものが直接に執行できないと気づくかもしれないが、さりとて、当該法律が無効となるわけでは

---

63) かかる指摘は、本高等裁判所判決のパラ141の前段で述べられている通り、ニュージーランドのHideo Yoshimoto v. Canterbury Golf International Ltd事件控訴審判決（[2001] 1 NZLR 523）で引用されている。

64) 原文（パラ141中段）は、"... there has been a shift away from a black letter approach to questions of interpretation to a more purposive interpretation. The subject matter of the transaction in the present case, must, therefore, be viewed from a commercial and realistic perspective." である。

65) 本法§192(1)は、「『給与』という項目の下で課税対象となる所得を支払う如何なる者も、支払いの際、…支払額に係る所得税を源泉徴収する…」（"Any person responsible for paying any income chargeable under the head "Salaries" shall, at the time of payment, deduct income-tax on the amount payable ...."）と定めている。

66) 原文（パラ44の後段）は、"The essence of the transaction was a change in the controlling interest in HEL which constituted a source of income in India. The transaction between the parties covered within its sweep, diverse rights and entitlements. Petitioner by the diverse agreements that it entered into has a nexus with Indian jurisdiction." である。

なく、その国の裁判所は、利用できる手段により当該法律を執行する必要がある」[67]）等を踏まえると[68]、インドの課税権は本件取引に及び、また、申立人が本件取引との関係上、所得税法§195に定める源泉徴収義務を負うことに問題はないとの見解が示されている[69]。

(3) Aditya Birla 事件Bombay高等裁判所判決

インド法人株式の譲渡益に対するインドでの課税を回避するスキームを否認する処分は、上記Vodafone事件高等裁判所判決が下される以前にも、Aditya Birla Nuvo Limited and Others v. DDIT事件Bombay高等法院2011年7月15日判決（2011-T II -26-HC-MUM-INTL）において、その適法性が首肯された経緯がある。本件では、図4-3の通り、ジョイント・ベンチャー契約を結んだ米国法人Mと米国法人Nが1995年にインド法人Dの殆ど全ての株式を取得し、その株式は、本契約に定める「認められた譲受先」（"permitted transferee"）であるモーリシャスに所在する米国法人Mの子会社M1と米国法人Nのインドに所在する子会社N1が所有していたが、2000年、子会社N1は子会社M1が有するインド法人Dの株式の譲渡を受け、また、子会社M1の株式は、本契約に新たに加わったインド法人Pに譲渡されたことから、かかる譲渡の対価額は、インド・モーリシャス条約13条に定める譲渡益課税免除の適用対象となるか否かが問題となっている。

上記判決において、高等裁判所は、(i)法人Dの株式を実際上有するのは子会社M1及びN1であるが、その株式売買契約は米国法人M及びNによって締結されている、(ii)法人D株式の譲渡に子会社M1が同意したことを示す証拠がない、(iii)子会社M1株式の譲渡は見せかけのものにすぎず、その実質は法人D株式の譲渡であるという税務当局の主張は不合理とは言えないことなどに鑑みると[70]、子会社M1は米国法人Mの代理として法人Dの株式

図4-3 インド法人株式の譲渡益に対するインド・モーリシャス条約特典の適用が否認された例

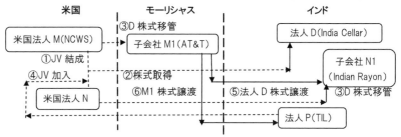

---

67) 原文（パラ10の中段）は、"A legislature which passes a law having extra-territorial operation may find that what it has enacted cannot be directly enforced, but the Act is not invalid on that account, and the courts of its country must enforce the law with the machinery available to them."である。
68) 本事件では、カナダで事業を遂行していた法人の英国株主への配当が、英国の代理人に送金された金額から支払われているのに対し、カナダの税務当局が、源泉税の徴収漏れを指摘したことが問題となったが、カナダの最高裁判決（［1946］2 D. L. R. 161）でも、税務当局が勝訴している。
69) 本高裁判決は租税回避でないケースに租税回避原則を適用したものであるとの指摘もある。Nikhil Mehta and Gareth Miles, Vodafone's Supreme Court Victory in India, Tax Journal, Issue 1109 (2012) p. 12参照。
70) 原文は、"Therefore, the prima facie opinion of the Revenue that the transaction between TIL and NCWS/MMMH for sale and purchase of shares of AT&T Mauritius was a colorable transaction and in fact the transaction was for sale and purchase of ICL shares by NCWS to TIL cannot be devoid of any merit."である。

第1節 租税回避行為による税源浸食への対応

を保有していたにすぎず、法人D株式の実質的な保有者及びその譲渡益の受益者は、米国法人Mであると判断できるほか、本件はモーリシャス法人が投資者であったAzadi Bachao事件最高裁判決の見解が妥当するケースでもないことから、1961年所得税法§163（Who may be regarded as agent）に定める「代理人」（"agent"）に該当する法人Pは、同法§9に定める非居住者のインド国内源泉の所得について、同法§195に基づき[71]、源泉徴収する義務を負うとする本件処分は適法であると判示している。

(4) Dassault & Murieux事案に対するAARの回答

さらに、2011年11月30日に示されたGroup Industrial Marcel Dassault & Murieux Alliance事件に対するAARの回答（A. A. R. No. 864&847 of 2009）も、インド法人株式のオフショアでの間接移転による譲渡益に対してインドが課税する処分の適法性を首肯している。本件では、図4-4の通り、フランスの法人Aがフランス国内に設立した子会社Cの株式の一部をフランス法人Bが取得した後、法人Aと法人Bは、インド法人Dの株式を取得し、2009年には、子会社C株式をフランス法人Eに譲渡したことが問題となっている。本照会において、フランス法人A及びフランス法人Bは、1994年インド・フランス租税条約14条5項が、「4項で述べているもの以外の株式で、一方の締約国の居住者である法人に対する10％以上の保有割合となっている株式の譲渡による利得は、その一方の締約国で課税できる」と定めているものの[72]、フランスの居住者証明書を有する子会社C株式のフランス国内での売買である本件譲渡は、インドで課税対象とはならないことの確認を求めている。

上記事案に対し、AARは、McDowel事件最高裁判決（1985）で言及された英国のLattila事件貴族院判決（1943）で示された見解（「タックス・プランニングは、法の枠内で合法かもしれないが、歪められた仕組みはタックス・プランニングの一部ではない…」）の妥当性を確認し[73]、また、McDowel事件最高裁判決でReddy裁判官が述べた見解は最高裁の見解を代表するものではないとする見方は誤っているとの考えを述べた上で、このような考えを本件スキームに当てはめると、子会社Cの唯一の資産は法人D株式のみであり、また、事業活動も行っていないという事実が認められる中、本件スキームの下で実質的に移転しているのは、本件インド法人の資産と支配権であり、本件スキームは、インド法人Dの株式が譲渡されていたならば生じることとなる譲渡益に対する課税を免れるためのものであると認定できることから、本条約14条5項の目的論的解釈を行うと、本件取引から

図4-4 インド法人株式の国外での間接移転による譲渡益のインドでの課税が首肯された例

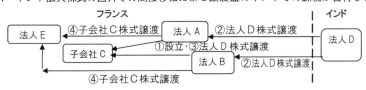

---

71) 本法§195（「その他の額」）の原文は、脚注55)参照。
72) 原文は、"Gains from the alienation of shares other than those mentioned in paragraph 4 representing a participation of at least 10 per cent in a company which is a resident of a Contracting State may be taxed in that Contracting State." である。
73) 本節1(3)で示したMishra裁判官の見解である。

305

生じた譲渡益はインドで課税対象となるとの判断を下している。

(5) Vodafone事件最高裁判所2012年判決

　インド法人株式の譲渡益への課税を免れるスキームが問題となった上記(3)及び(4)のケースでも、Vodafone事件高等裁判所判決（2010）判決と基本的に同様な判断が下されているが、その後、本高等裁判所判決の判断は、その上告審である最高裁2012年1月20日判決（Civil Appeal No. 733 of 2010）で覆っている。本判決において、最高裁は、(i)ウェストミンスター原則は葬り去られているわけではない、(ii)McDowell事件最高裁判決とAzadi Bachao事件最高裁判決は相反しないことを指摘した上で、依拠する法律がないのに課税することはできず、また、特典制限条項やルック・スルー条項を本件租税条約に読み込むこともできないとしながらも、税務当局は、関係する事実に基づき、モーリシャス法人がインド法人の株式の保有者となるように挿入されたことが、事業上の実質を欠いた租税回避を唯一の目的としたものであるとの証明ができる場合には、そのような仕組みを無視する権限があり、その結果、取引が課税対象となることがあるとの見解を示している[74]。

　上記の見解に立った上で、最高裁は、(a)インドのテレコム・セクターから離脱するためのCGP株式の売却は、租税回避以外の事業目的を有しない事前に定められた取引とみなすことはできない、(b)支配権は契約に内包されるものであって、資産に対する権利を構成しないため、株式の取得が純粋に商業上の概念である支配権の取得を伴っても、税は、そもそも、取引の効果ではなく、取引自体に課されるものである、(c)CGPの株式がボーダフォンに移転し、その結果、ボーダフォンがモーリシャス法人に対する支配権を得たとしても、そのことは、CGP株式の所在地がケイマンからモーリシャス又はインドに移ったことを意味しない、(d)法律上の定めがない限り、CGP株式から支配権自体を切り離すことはできない以上、「CGP株式に伴ってHTILからボーダフォンに支配権が移転しているものの、それをモーリシャス法人、それからインド法人、そして最後にHELに対する支配権の移転を取り扱うために細分化することはできない」との解釈を示している[75]。

　最高裁は、上記の解釈に立つと、所得税法§9でいう「直接又は間接に」という文言が修飾するのは、「発生又は源泉のある全ての所得」という文言であり、そうすると、本条の適用対象は、インドで直接又は間接に発生又は源泉が生じる全ての所得、若しくはインド所在の資本資産の移転を通じて発生又は源泉が生じる全ての所得に限定されるため、インドの資産との繋がりを有しない本件取引は、その対象外であり（パラ187）、また、本条でいう「通じて」という文言の解釈や法解釈によっても、その適用対象とし得ないことは、「Agrawal事件最高裁判決では、ウェストミンスター事件最高裁判決に依拠した上で、課税規定は厳格に解すべきとの見解が示されたところ、法律の支持なしに本条がルック・スルーを行うことを内包する規定であると目的論的に解するようにいざなうことは、本判決

---

[74] 本判決部分(iii)の原文は、"LOB and look through provisions can not be read into a tax treaty but ... . if it is established, on facts, that the Mauritius company has been incorporated as the owner of the shares in India, ... solely with a view to avoid tax without any commercial substance. The Tax Department, in such a situation, ... is entitled to ... discard the device ... and the transaction may be subject to tax."である。

[75] 当該箇所(d)（パラ134）の原文は、"Controlling interests, which stood transferred to Vodafone from HTIL accompany the CGT share and cannot be dissected so as to be treated as transfer of controlling interest of Mauritian entities and then that of Indian entities and ultimately that of HEL."である。

に反する」ことからも明らかである以上[76]、本件株式移転が、外国法人によるインド法人の支配権の消滅やインドに所在する資産の移転を構成するとの解釈に立つ本件処分は違法であると判示している。

第2節　租税回避行為等への新たな対応策

1．GAARの導入とその制度設計

(1)　GAAR導入の背景

イ）直接税法案の目的と位置づけ

　第1節からも確認し得る通り、英国の税法解釈の趨勢の影響を強く受けてきたインドでは、文理主義が幅を利かせてきた。確かに、近年では、厳格な文理主義に一石を投じるような裁判例等も見受けられ、特に、Vodafone事件Bombay高等裁判所判決（2008年・2010年）では、税源浸食防止に繋がる税法解釈が採用された。しかし、本事件も、柔軟な税法解釈に少なからぬ限界があることが、Vodafone事件最高裁判決（2012）によって確認されるという結果に終わっている。このような限界が認められる中、租税回避行為及び税源浸食等へのより効果的な対応を可能にする立法措置を手当てする必要があるとの意識が高まり、大蔵省は、2009年、直接税法（Direct Taxes Code）に関するディスカッション・ペーパー（以下「2009年DTCペーパー」という）及び本ペーパーに対する民間意見等を踏まえた修正案（以下「2010年修正DTCペーパー」という）に基づいて作成した2010年直接税法案を公表した経緯がある。

　直接税法案の目的は、2009年DTCペーパーの序文〜第Ⅱ章で述べられている通り、直接税に関する税制・諸規定の統一、安定性と柔軟性のある税制の確立、税制の歪みの排除、税負担の適正化、課税ベースの拡大、税制の効率性と公平性の向上、租税の対GDP比率の向上、自主的なコンプライアンスの推進、税法上の文言等の簡素化・明確化、税務訴訟の余地の縮小、国際的な課税原則や慣行に基づく税制の構築などである[77]。これらの目的を達成するために、本法案では、個人所得税の課税最低限の上方修正（例えば、老人以外の場合、160万ルピーから200万ルピーへの引上げ）や法人税率（改正案適用前の税率は、国内法人の場合は33.99%、外国法人の場合は42.23%）の一律30%（外国法人の場合、別途、15%の「支店利益税」（Branch Profit Tax）の適用対象となる）への引下げを行う一方、課税ベースの拡大・浸食防止等のための幾つかの抜本的な対抗措置も提案されている。

　2013年末現在、2010年直接税法案は未だ成立していないが、本案で提案された主な改正事項・措置の中には、多少の修正を受けながらも、2012年FA等の下で導入されたものもある。第1節との関係では、特に、2012年FAによって、1961年所得税法10-A（§95〜

---

[76]　原文（パラ170）は、"In Mathuram Agrawal, this Court relied on the judgment in Duke of Westminster and opined that the charging section has to be strictly construed. An invitation to purposively construe Section 9 applying look through provision without legislative sanction, would be contrary to the ratio of Mathuram Agrarwal." である。

[77]　本案が提案する税体系の変貌を「租税回避における範例の変更」と称する向きもある。Puneeta Kundra, Paradigm shift in tax avoidance（http://www.thehindubusinessline.in/mentor/2009/10/19/stories/2009101950171100.htm）参照。

§102）においてGAARが導入されたこと、また、Vodafone事件で問題となった1961年所得税法§9の実質的な改正が行われたことが注目される[78]。確かに、これらの規定の導入は、租税回避行為等に対するスタンスの大きな変容を示すものであるが、その税源浸食防止機能の大きさは、その制度設計の如何に少なからず左右されると想定されるところ、これらの規定で採用された制度設計は、直接税法案で示された制度設計案とは幾分異なったものとなっている。以下、本節では、実際に採用された制度設計と直接税法案で示された制度設計案との類似点・相違点等を考察することなどを通じて、導入されたGAAR及び改正された所得税法§9等の潜在的有用性や限界などを探る。

ロ）GAAR導入の目的と直接税法案上の制度設計

そもそも、なぜ、2010年直接税法案でGAARの導入が提案されたのかという点に関しては、2009年DTCペーパーの§24が参考となる考え方を示している。本条1項では、「租税回避は、脱税と同様に、効率的に、公平に及び効果的に歳入を確保するという財政の目的を達成することを阻害する。租税回避に対し、より大きな機会を提供する産業は、資源配分において歪みを生じさせる傾向がある。経済的に恵まれているセクションほど、このような慣行を利用する力を備えているため、租税回避は裕福な者を内部補助することにも繋がる。したがって、租税政策に関する文献では、全ての租税回避は、脱税と同様に、経済的に望ましくなく、また、不公平であるとの一般的な推定が強く示されている。経済的な効率性と財政上の正義を考慮すると、納税者は、水平的公平を侵害する法令解釈又は取引を利用することを認められるべきではない」との見解が示されている。

次に、2009年DTCペーパーの§24(2)では、「過去において、租税回避への対応は、租税回避の特定の例に対処するための法律改正という形で行われてきたが、インド経済の自由化以来、納税者やそのアドバイザーによって、益々、巧妙化した形態の租税回避が採用されるようになってきている。この問題は、幾つかの税務管轄を跨って租税回避アレンジメントが広まるという事実によって、より複雑なものとなっている。その結果、税源の深刻な浸食が生じている。さらには、租税回避に関係する諸々の事実を排他的に掌握している納税者は、かかる事実を明らかにしないことを選択しているにもかかわらず、審判所や裁判所は、これまで、租税回避が問題となる事案を取り扱う場合、歳入当局に重い負担を負わせている」と指摘した上で、(3)項では、このような状況を効果的に改善し得る手段としてGAARを導入することは、国際的な潮流にも合致するとの見解が示されている[79]。

GAAR導入の考えの根底には、上記のような問題意識があり、巷でも、その問題意識に賛同する向きが少なくない中[80]、2009年DTCペーパー上の主な対抗措置の制度設計は、2010年直接税法案（Bill No.110 of 2010）の下、総じて、民間意見等を受けてトーン・ダ

---

78) 本条の規定振りは、第1節3(1)脚注56)参照。
79) GAAR導入の背景には、インドが締結している租税条約の多くはLOB条項を有しておらず、しかも、大半の条約相手国は、その改正に余り積極的ではないなどの事実もあるとの指摘もされている。Ready for GAAR？（http://www.thehindubusinessline.com/2009/12/05/stories/2009120551200900.htm）参照。
80) GAARの導入趣旨は賛同できるものであるとの意見や、GAARの制度設計の如何にもよるが、基本的には、ビジネス界もGAARを導入すること自体には反対していないとの指摘も少なくない。例えば、GAAR gets streamlined - DTC（http://www.cmaindia.informe.com/forum/viewtopic.php??f=14&t=3361)、Current Legal Issues Forum（http://www.currentlegalissues.blogspot.com/）参照。

第 2 節　租税回避行為等への新たな対応策

ウンしたのに対し[81]、GAARの制度設計には殆ど修正が加えられなかったため、本法案§123⒂の下、GAARは、本ペーパーで示されていた通り、「容認できない租税回避アレンジメント」(税務上の利益を得ることを*主要な目的*とするアレンジメントの*一段階、一部又は全部*を構成し、(a)第三者間の取引では通常生じない権利又は義務を生じさせる、(b)直接又は間接に本法の諸規定の誤用又は濫用という結果を招く、(c)一部又は全部において、事業上の実質を欠く、あるいは(d)真正な目的のためには通常用いられない態様や方法によって利用又は実行されるもの)を適用対象とし[82]、しかも、特定の取引の主要な目的が税務上の利益の獲得であるか否かに係る立証責任は納税者側が負うこととされている[83]。

　GAARの適用方法については、2010年直接税法案§123⑴が、「アレンジメントが…容認できない租税回避アレンジメントであると判断された場合、本法の下、その結果は、──(a)容認できない租税回避アレンジメントの全ての段階、若しくは、その一部又は全部を無視、結合、あるいは再構成する、(b)容認できない租税回避アレンジメントが、(i)利用又は実行されなかった、あるいは、(ii)状況次第では、長官が関係する税務上の利益の防止又は縮小のために適切と考えるその他の方法、(c)『特定当事者』("accommodating party")を無視する[84]、あるいは『特定当事者』及びその他の当事者を一人の同一の者として取り扱う、(d)相互に関連する複数の者を一人の同一の者とみなす、(e)アレンジメントの当事者間で、(i)資本や歳入性のあるものの発生又は受領、あるいは(ii)費用、控除、救済又はリベートを再配分する、(f)-(i)エクイティとデット、(ii)費用、控除、救済又はリベートを再構成する──ことによって決定され得る」と定めている[85]。

　上記2010年直接税法案§123⑴及び§123⒂で使用されているGAARの制度設計及びその

---

81)　詳細は、直接税法に関する修正ディスカッション・ペーパー (http://www.tohmatsu.com/…jp_k_tax_newsletter_indiaalert100831disjp_171210.pdf) 参照。例えば、2009年直接税法案§23⑷では、本法案の諸規定と租税条約上の規定との関係について、後法優先の原則を定めていたが、2010年直接税法では採用されておらず、法人居住性の判定基準も、後者では、前者で示されていた適用範囲を狭めた形で採用されている。

82)　原文は、"impermissible avoidance arrangement means a step in, or a part or whole of, an arrangement, whose main purpose is to obtain a tax benefit and it (a) creates rights, or obligations, which would not normally be created between persons dealing at arm's length ; (b) results, directly or indirectly, in the misuse, or abuse, of the provisions of this Code ; (c) lacks commercial substance, in whole or in part ; or (d) is entered into, or carried out, by means, or in a manner, which would not normally be employed for bona fide purposes ; "である。

83)　本法案に関する議会の財政委員会2012年第47次報告書 (http://164.100.47.134/lssocommittee/…/49_Final%20DTC%20Draft%20report.pdfから入手可能。) の15.25項参照。

84)　本法案§124⑴の下、「特定当事者」とは、"accommodating party means a party to an arrangement who, as a direct or indirect result of his participation, derives any amount in connection with the arrangement, …"と定義されている。

85)　原文は、"Any arrangement … declared as an impermissible avoidance arrangement and the consequences, under this Code, of the arrangement may be determined by- (a) disregarding, combining or recharacterising any step in, or a part or whole of, the impermissible avoidance arrangement; (b) treating the impermissible avoidance arrangement──(i) as if it had not been entered into or carried out; or (ii) in such other manner as in the circumstances of the case, the Commissioner deems appropriate for the prevention or diminution of the relevant tax benefit ; (c) disregarding any accommodating party or treating any accommodating party and any other party as one and the same person ; (d) deeming persons who are connected persons in relation to each other to be one and the same person ; (e) reallocating, amongst the parties to the arrangement──(i) any accrual, or receipt, of a capital or revenue nature; or (ii) any expenditure, deduction, relief or rebate; or (f) recharacterising──(i) any equity into debt or vice versa ; (ii) any expenditure, deduction, relief or rebate."である。

適用に係る主な文言の定義等は、同法案§124で示されている。例えば、本条は、(3)項において、「アレンジメントとは、実行可能か否かにかかわらず、あらゆる取引、作用、スキーム、協定又は合意の一部あるいは全部の段階を意味しており、また、これらのもので資産の譲渡を伴うものも含む」と定義し、(10)項において、「真正な目的には、(a)第三者間取引を行う者の間では通常生じない権利又は義務が生じ、(b)直接的又は間接的に本法の諸規定の誤用又は濫用という結果を招くこととなるような目的は含まれない」と説明し、(25)項では、「税務上の利益とは、関係する年度又はその他の年度において、(a)本法の下で支払うべき税等の軽減、回避又は繰延べ、(b)本法の下での税等の還付額の増加、(c)租税条約がなければ、本法の下で支払うべき税等の軽減、回避又は繰延べ、(d)租税条約の結果、本法の下で支払うべき税等の還付額の増加、又は(e)損失の増加を含む課税ベースの縮小」であると定義している。

さらに、2010年直接税法案§123(19)は、「事業上の実質を欠く」アレンジメントには、「(a)123条の規定がなければ得られたであろう税務上の利益に帰属する効果を除き、アレンジメントの当事者の事業リスク又はネット・キャッシュ・フローに相当の影響を及ぼさない、(b)アレンジメントの全体としての法的実質又は効果が、その個々の段階の法形式と合致していない、あるいは、かなり異なっている、(c)-(ⅰ)往復ファイナンスの額――(a)アレンジメントに関連して当事者に移転又は受領された資金の源泉が往復ファイナンスに利用されたか否かは無関係、(b)往復のファイシングの額の移転又は受領の時間や順序、(c)往復ファイナンスの額が移転又は受領された方法、(ⅰ)特別の関係者あるいは税金面で関係のない者、(ⅲ)相互に相殺又はキャンセルする効果を有する要素、(ⅳ)一人又は複数の者が行う取引を通じて、資金の性質、場所、源泉、所有又は支配が仮装されているもの」が含まれると規定している[86]。

(2) 導入されたGAARの制度設計

イ) 直接税法案の下での制度設計との比較

GAARは、結局、2012年FAの下、若干の修正は受けたものの、2010年直接税法案で採用されていた制度設計を基本的に採用する形で1961年所得税法10章A（95条～102条）に導入されている[87]。2012年FA案の説明資料（Explanatory Memorandum）は、GAAR導入の必要性について、「実質優先の問題は、税法の執行上恒常的に生じてきたが、インドでは、裁判所の判断は一貫していなかった。…大半の国は、包括的否認規定という形で『実質優先』の原則を立法化している。上記の点及び巧妙な構造を使った攻撃的なタックス・プランニングに着目すると、『実質優先』の原則を立法化するための諸規定が必要である。そうすることで、税務上の効果の決定上、本当の意図や目的をごまかすために付与された法的構造に関係なく、当事者の本当の意図、取引の効果及びアレンジメントの目的が考慮されるようになる。…インドの租税法にも、攻撃的なタックス・プランニングに対処するた

---

86) これに対し、2009年直接税法案§24(5)では、米国の経済的実質主義の適用要件と同様に、アレンジメントの事業上の実質の有無に係る判断の際、これらの点のほかに、税引き前の利益に対する期待が税務上の利益の額に比して微少であるか否かという点も考慮すると定められていた。
87) 導入当初は、2014年4月から施行される予定であったが、結局、2016/2017課税年度から施行されることとなっている。

めの立法上の包括的否認規定を組み込むことが肝要である」と述べている。

確かに、GAARの制度設計は、2010年直接税法案上のものと基本的に同様であるが、幾つかの相違点もある。例えば、前述の本法案§123(15)に相当する所得税法§96 (Impermissible avoidance arrangement) は、(1)項において、「容認できない租税回避アレンジメントとは、その主要な目的又は主要な目的の一つが税務上の利益を得ることであり、それが——(a)第三者間の取引では通常生じない権利又は義務を生じさせる、(b)直接又は間接に本法の諸規定の誤用又は濫用という結果を招く、(c)一部又は全部において、97条の下での事業実質を欠く、又は、事業実質を欠くとみなされる、あるいは(d)真正な目的のためには通常用いられない態様や方法によって利用又は実行されるものである」と規定し[88]、(2)項では、「アレンジメントは、その一つ又は一部の段階の主要な目的が税務上の利益を得ることであるならば、そうすることがアレンジメントの全体の主要な目的でなくても、そうすることを主要な目的として契約又は実行したものと推認される」と明記している[89]。

規定振りの違いは、前述の2010年直接税法案§123(19)に対応する所得税法§97 (Arrangement to lack commercial substance) (1)が、「アレンジメントは、もし、(a)その全体としての実質又は効果が、その個々の段階又は部分の形式と相当程度に整合性を欠く又は異なる、あるいは、(b)(i)循環金融、(ii)特定当事者、(iii)相互に相殺又はキャンセルする効果のある要素を含む、あるいは(iv)一人又は複数の者が行う取引が、その取引の主体を成す資金の価値、場所、源泉、所有権又は支配を欺いている、(c)（本章の諸規定がなければ）当事者に対して税務上の利益を得ること以外に*相当な事業上の目的を欠く*ようないずれかの当事者の資産、取引又は所在の場所を含んでいる、(d)（本章の諸規定がなければ）得られたであろう税務上の利益に帰属する効果以外には、そのアレンジメントの当事者の事業上のリスク又はキャッシュ・フローに対する相当な効果がないならば、事業実質を欠くとみなされる」と定めている点にも見出すことができる。

前述の2010年直接税法案§123(1)に相当する所得税法§98 (Consequence of impermissible avoidance arrangement) が、「(1)…容認できない回避アレンジメントであると判断されると、その税との関係上の効果は、…*以下の方法に限定されないものの、状況に応じて決定される*。つまり——(a)容認されない回避アレンジメントの取引段階、その一部又は全部を無視、結合又は再構築する、(b)容認できない回避アレンジメントが契約又は実行されなかったかのように取り扱う、(c)…、(e)アレンジメントの当事者の間で、(i)資本又は歳入の性質のあるものの発生又は受領の再配分を行う、…(2)1項の目的上、(i)エクイティをデット又はその逆として取り扱う…」と定め、また、同法§99 (Treatment of connected person and accommodating party) が、「本章の目的上、税務上の利益の有無の決定上——

---

[88] 原文は、"An impermissible avoidance arrangement means an arrangement, the main purpose or one of the main purposes of which is to obtain a tax benefit and it——(a) creates rights, or obligations, which are not ordinarily be created between persons dealing at arm's length ; (b) results, directly or indirectly, in the misuse, or abuse, of the provisions of this Act ; (c) lacks commercial substance, or is deemed to lack commercial substance under section 97, in whole or in part ; or (d) is entered into, or carried out, by means, or in a manner, which are not ordinarily employed for bona fide purposes ;" である。

[89] 第1章第1節2(2)ロで考察したColtec基準と同様な考えに立脚している。原文は、"An arrangement shall be presumed to have been entered into, or carried out, for the main purpose of obtaining a tax benefit, if the main purpose of a step in, or a part of, the arrangement is to obtain a tax benefit, notwithstanding the fact that the main purpose of the whole arrangement is not to obtain a tax benefit." である。

第4章　インドの対応策の分析

—(i)相互に関連する当事者は、一人又は同一の者とみなされ得る、(ii)『特定当事者』は無視され得る…」と定めていることも、規定振りが異なる点として挙げられる[90]。

ロ）負担軽減措置等とガイドライン案

上記に代表される規定振りの違いは、基本的には、所得税法第10章Ａ上のGAARが、2010年直接税法案上のGAARの機能・適用基準の明確化を図ったことに基因して生じているものであると解することができるが、所得税法第10章Ａ上のGAARが、2010年直接税法上のGAARの機能の実質的な強化に通じる規定振り・制度設計を採用していることを少なからず示唆する部分も幾らか見受けられる。特に、所得税法§96(1)は、「容認できない回避アレンジメント」には、「主要な目的」が税務上の利益を得ることであるアレンジメントだけでなく、その「主要な目的の一つ」が税務上の利益を得ることであるアレンジメントも含まれる旨を定めている点が注目される。事業実質を欠くアレンジメントの範囲も、所得税法§97の下、「相当な事業目的テスト」が採用されており、明確化されたというよりも拡大されたと解することができよう。所得税法§98の下、「容認されないアレンジメント」と判断された場合の再構築・引き直しの方法が多様なものとなっていることも、その機能を発揮する上でプラスに働くものと考えられる[91]。

他方、所得税法第10章Ａの下では、納税者の負担軽減等に資する措置（セーフ・ガード等）も拡充されている。例えば、所得税法§144BA（Reference to Commissioner in certain cases）の下では、(i)調査官が提出した案件がGAARの適用対象となると税務当局が考える場合には、その適用理由・根拠を納税者に示し、反論する機会が提供される、(ii)納税者の反論に納得しない場合、税務当局は、その案件を「承認委員会」（"the Approving Panel"）に提出し、GAARの適用の可否の判断を仰ぐ、(iii)「承認委員会」のメンバーには、所得税部門の幹部二人に加え、税務当局から独立した者（政府の法務サービスの幹部一人）が含まれる、(iv)「承認委員会の判断は調査官に対して拘束力を有することが定められている。当初、大蔵省は、「承認委員会」の設置に対して前向きではなかったが[92]、結局、2010年直接税法案に関する議会の財政委員会2012年報告書の15.28項で示されている税務専門家団体の意見等を反映する形で本委員会の設置が実現している[93]。

また、所得税法§101（Guidelines/conditions to be prescribed）は、同法第10章Ａはガイドラインに従って適用される旨を定めているところ、「所得税（国際）局長」の下に設けられたGAAR委員会の2012年ガイドライン案（Draft Guidelines regarding Implementation of General Anti Avoidance Rules (GAAR) in terms of section 101 of the Income

---

90) 所得税法§98の原文は、"(1) If an arrangement is declared to be an impermissible avoidance arrangement, then, the consequences, in relation to tax, of the arrangement, including denial of tax benefit or a benefit under a tax treaty, shall be determined, in such manner as is deemed appropriate, in the circumstances of the case, including by way of but not limited to the following, ..." である。同法§99の原文は、"For the purposes of this Chapter, in determining whether a tax benefit exists, ——(i) the parties who are connected persons in relation to each other may be treated as one and the same person ; ..." である。
91) 所得税法§98(1)(b)の下での取扱いのあり方は、豪州の所得税法第4編Aで採用されている「合理的な仮定テスト」の適用状況から示唆を得ることができる。詳細は、終章第2節2(6)参照。
92) 例えば、税務当局は、GAARの適用は「紛争解決陪審団」（第3節4(2)イ)参照）の適用対象となるなど、十分なセーフ・ガードが措置されるため、「承認委員会」の設置は不要であるとの見解を示している。
93) 財政委員会2012年報告書については、脚注83)参照。

第2節　租税回避行為等への新たな対応策

Tax Act, 1961) では[94]、(i)GAARの遡及的適用をしない、(ii)GAARの適用対象外となる閾値を設ける、(iii)GAAR上の目的テストに係る立証責任は税務当局側が負う、(iv)インドの租税条約ではなく国内法上の規定に基づく課税を選択する国外の機関投資家等にはGAARは適用しない、(v)一部のみが「容認できない回避アレンジメント」を構成している場合、GAARの適用は、その部分に限定される、(vi)特定の濫用防止規定が適用されるケースでは、通常、GAARの適用はなく、また、特定の濫用防止規定が適用されないケースへのGAARの適用は例外的なケースに限定することなどが提案されている。

　上記の提案の他にも、上記GAAR委員会のガイドライン案では、GAARの適用上の指針となる参考例が幾つか示されているが、これらの参考例の中にも、GAARの適用に係る透明性を高めるととともに、納税者の負担軽減にも繋がるようなものが含まれている。例えば、上記(vi)（GAARと特定の濫用防止規定との適用関係）との関係では、参考例（Example）4において、インド法人が軽課税国に持株会社を設立し、その持株会社が設立した子会社から当該持株会社に対して配当が支払われたが、その配当がインド法人に還流しないようなケースの場合、GAARの下、みなし配当として所得税の対象となるか否かという点が問題とされている。このようなケース・問題に対しては、諸外国では、このようなケースにはCFC税制の適用の可否が問題となるところ、インドでは、2010年直接税法案においてCFC税制の導入が提案されていることから、このようなケースに本税制が適用されれば、GAARの発動の対象とはならないとの見解・指針が示されている[95]。

　また、参考例7では、法人が資金調達を行うに当たり、株式の発行という手段を選択し得たにもかかわらず、非関連者から借入れを行ったようなケースの場合、その借入れに係る利息の税務上の控除が、GAARによって否認されるか否かという点が問題とされている。このようなケース・問題に対しては、そもそも、このような利息の控除は、インドには過少資本税制等に相当する制度が所得税法上措置されていないほか、法人が資金調達手段として、株式の発行と借入れのいずれを選択するかは基本的に法人が任意に選択できるものであることから、基本的にGAARの適用対象とはならないものの、その利息が「関連者」（connected parties）間の資金の貸借に係るものである場合には、移転価格税制の対象となり得るほか、「関連者」間の借入れ資金の源泉や資金の貸付者が、軽課税国に所在しているような場合には、GAARの適用対象となるか否かについての検討も行われ得るとの見解・指針が示されている[96]。

(3)　GAARの改正案

　GAAR委員会が提案している上記の2012年ガイドライン案は、GAARの適用範囲の明確化と納税者の負担軽減に資する提案事項を少なからず含んだものとなっているが、経済学

---

94)　所得税法§101（Guidelines/conditions to be prescribed）は、所得税法第10章Aの諸規定はガイドラインに従って適用される旨を定めている。
95)　他方、CFC税制が導入されるまでは、このようなケースにGAARが適用される可能性はあろう。
96)　例えば、米国の場合、第1章第1節2(2)で示したJCT2010年資料では、「一定の基本的な事業取引」の一例である「出資」と「借入」の選択をIRC§7701(o)の適用対象外となる「エンジェル・リスト」に含めるべきとの見解が示されているが、仮に、本規定の対象外となっても、過少資本税制であるIRC§163(interest)(j)（Limitation on deduction for interest on certain indebtedness）やIRC§482による対応の余地がある。

第4章　インドの対応策の分析

者であるParthasarathi Shome を長とする専門家委員会（以下「Shome 委員会」という）が、GAARに関係する諸規定の改正案、ガイドライン案及び告示等で明確化すべき事項等を示した2012年9月付の最終報告書（Final Report on General Anti Avoidance Rules (GAAR) in Income-tax Act, 1961、以下「GAAR最終報告書」という）でも、同様な提案事項を数多く含んだ提言がされている。本報告書は、そもそも、大蔵大臣が、2012年、外部の意見等も踏まえた上で、GAARの適用に係る不透明性や濫用可能性の問題を更に緩和することが可能となる方向で見直しを行うことによって、国外投資家等の懸念を払拭することが肝要であるとの問題意識の下に設置したShome委員会が公表した中間ドラフト案に対する一般意見等も参考にした上で作成・発表されたものである。

　GAAR最終報告書は、GAARに関係する所得税法・規則等の修正点・改正の方向性としては、(i)GAARの適正な執行のためには、税務職員の育成や納税者の調整の時間等も必要であり、また、その執行を先延ばしすることの税効果も大きいとは想定されないことから、GAARの適用開始日を当初予定されていた2014年4月1日ではなく、2016年4月1日にする、(ii)GAARの適用は、税務上の利益を得ることを主要な目的とするアレンジメント（主要な目的の一つとするものは含まない）に限定する、(iii)「承認委員会」の構成員は5名（議長は退職している高等裁判所裁判官、2名は税務当局の者（原則として、Chief Commissioners of Income Tax)、残り2名は、政府関係者でない所得税法に造詣の深い著名な専門家）とする、(vi)租税条約上に特典制限条項のような濫用防止規定が組み込まれている場合には、それに優先するGAARの適用は認めないこととすることなどを提言している。

　また、GAAR最終報告書では、ガイドライン又は告示で明確にすべき点としては、(a)GAARの対象範囲を画する金銭的な閾値は、年間の税額で3クローレ・ルピーとする、(b)GAAR導入時点で既に実行されていた投資等には適用されない、(c)国外機関投資家が、租税条約上の利益を得るという選択肢を採用しない場合、GAARの適用はない、(d)国外機関投資家に投資している非居住者にGAARが適用されることはない、(e)アレンジメントの一部が「容認できない回避アレンジメント」である場合、GAARの適用は、アレンジメント全体に対してではなく、その一部に対してのみ適用される[97]、(f)SAARが特定の要素に適用し得る場合には、その要素に対するGAARの適用を主張しない、(g)アレンジメントが「容認できない回避アレンジメント」であるか否かに関するアドバンス・ルーリング制度を維持・強化する、(h)GAARは、濫用的で仕組まれた人為的なアレンジメントにのみ適用される、(i)GAARが適用されないネガティブ・リストを示すことなどを挙げている。

　GAAR最終報告書は、GAARの適用対象とならない上記(i)のネガティブ・リストとして挙げられるべきものは、「租税回避」("tax avoidance") と区別されるべき「租税軽減」("tax mitigation") に該当する行為・取引等であると説明した上で、特に、法令上認められている選択・取引等を行っているものが「租税軽減」に該当するとした上で、具体例として、(i)法人による配当支払と株式買戻しの選択、(ii)支店と子会社のいずれを設立形態とするかの選択、(iii)特別経済地域（Special Economic Zone) とその他の地域のいずれに事業体を設立するかの選択、(iv)借入と株式発行のいずれを通じて資金調達するかの選択、(v)資本資

---

[97] 第1章第1節2(2)ロ)で考察した米国のColtec基準と対照的な考え方である。

産を購入するかリースするかの選択、(vi)資産の損益の実現を行うタイミングに係る選択、(vii)関連者間の内部取引において、一方の当事者には税務上の利益が生じるものの、取引当事者全体としてみれば、税収の減少に繋がらないケースなどを挙げている。

2013年1月、大蔵大臣は、GAARとの関係では、投資家と税務当局の双方の利害のバランスを図ることが肝要であるところ、GAAR最終報告書で示されている所得税法・規則の修正案によって、投資家の懸念は払拭されるであろうとの見解の下、本修正案の大半を受け入れる旨の発言を行い、実際、2013年FAの下でのGAARに関する所得税法・規則の改正案も、本修正案を基本的に反映する形のものとなっている。このような改正を受けるGAARと2010年直接税法案の下でのGAARと比べた場合、潜在的な否認機能の大きさには大差はないが、前者の下において、納税者負担がより軽減されていることは、(i)GAARの執行が延期された、(ii)「主要な目的テスト」に係る立証責任は税務当局が負う、(iii)GAAR適用の可否の問題もルーリングの対象となる[98]、(iv)GAARの適用外となるセーフ・ハーバー(金額的な閾値)が設定される、(v)かなりの独立性を有する「承認委員会」が設置される、(vi)国外機関投資家への優遇措置が手当てされることなどからも確認することができる。

2．ソース・ルールの拡充措置

(1) 直接税法案§5の位置づけ

イ) 1961年所得税法§9との関係

前述の通り、2010年直接税法案の中には、GAAR案以外の特に注目すべき対抗策として、Vodafone事件で問題となった1961年所得税法§9を実質的に改正する§5 (Income deemed to accrue in India) の導入案が含まれている。本法案§5は、(1)項において[99]、インドで所得が生じたとみなされるケースとして、(a)(インドとの事業関連性)[100]、(b)(インド所在の資産)、(c)(インド源泉のもの)、(d)(インド所在の資本資産の移転)に起因して[101]、直接又は間接に生じる所得を挙げた上で、(6)項では、外国法人株式の国外での譲渡による非居住者の所得が、上記(1)項の(d)号に定めるインド所在の資本資産の移転によってインドで生じたとみなされる場合には、その所得額は、A×B/Cの式(A；本法上の関係規定の下、移転がインドで行われたとして計算される所得額、B；法人が直接又は間接にインドで保有する資産の公正市場価値、C；法人所有の総資産の公正市場価値)に基づいて計算すると定めている。

---

[98] 2013年FAによって改正された所得税法§245N(a)は、"advance ruling means──(i)…(iv) a determination or decision by the Authority whether an arrangement, which is proposed to be undertaken by any person being a resident or a non-resident, is an impermissible avoidance arrangement as referred to in Chapter X-A or not：…"と定めている。改正前の本規定の規定振りは、第3部4(1)イ・脚注166)参照。

[99] 原文は、"The income shall be deemed to accrue in India, if it accrues, where directly or indirectly, through or from：(a) any business connection in India；(b) any property in India；(c) any asset or source of income in India; or (d) the transfer of a capital asset situated in India."である。

[100] 2010年直接税法案§314(40)では、非居住者との関係では、「事業関連性」には恒久的施設も含まれるとの説明がされている。

[101] 本法§314では、42項が、「事業取引資産とは、事業目的に保有されている仕入品、消費可能な倉庫品又は原材料を意味する」と定め、43項が、「資本資産とは、納税者が保有する事業取引資産以外のあらゆる種類の資産を意味する」("capital asset means property of any kind held by an assessee other than business trading asset.")と規定している。

第4章　インドの対応策の分析

　確かに、上記直接税法案§5(1)の適用対象外となるものを列挙している同条(4)項は、その中に含まれるものとして、非居住者による外国法人株式の国外での移転によって生じる所得が、かかる移転に先立つ12カ月のいずれかの時点で、当該法人が直接又は間接に所有するインドに所在する資産の公正市場価値が、当該法人が所有する全ての資産の公正市場価値の50％以上を占めている場合を挙げていることから、インドでのみなし譲渡益課税は、その限りで制限されることにはなる。このような制度設計となっている本法案§5は、主として、1961年所得税法§9の機能を引き継ぐとともに、その問題点・限界を克服することを狙ったものであるが、所得税法§9の適用の可否が問題となった幾つかの裁判例が、その狙いがどの程度実現しているのかを示唆している。

　所得税法§9の適用の可否が問題となった代表的な裁判例として、Electronics Corporation of India v. CIT事件最高裁1989年5月2日判決（1989 AIR 1707）が挙げられる。本事件では、インド法人・上告人の職員に国外の法人が技術上のノウハウや役務を提供するとの契約に基づき、かかる役務の提供及び役務対価の支払が国外で行われたところ、かかる対価の支払が、1961年所得税法§9(1)(vii)(b)の柱書に基づく源泉徴収の対象となるか否かが問題となっている。本規定は、「以下の所得はインドで発生又は生じたものとみなされる――(i)…(vii)技術的な役務への対価である手数料による所得で、(a)…(b)居住者が支払うもの、但し、その対価の支払が、居住者がインドの外で行う又はインド国外源泉の所得の発生又は稼得の目的の下に実行した事業又は職務で利用される役務に関するものである場合を除く。…」と定めている[102]。

　上記最高裁判決では、本件は憲法245条（Extent of Law made by Parliament and by Legislatures of States）との関係も問題となるところ、本条は、1項では、「本憲法の諸規定の下、議会はインドの領土の全て又は如何なる場所にも適用される法律を制定できる…」と規定しているものの[103]、インドとの結びつきがないなら、議会は法律を制定する権限を有しないが、2項では、「議会が制定した如何なる法律も、領域を超えて適用されることを根拠として無効とみなされない」と定め、また、British Columbia Electric Railway Company Limited v. The King事件枢密院判決（[1946] A. C. 527）では[104]、「領土を超えた適用を行う法律を制定した立法府は、その直接の執行が可能でないと気が付いても、当該法律が無効となるわけではなく、その国の裁判所は、利用し得る手段を用いてその法律を執行しなければならない」と判示されたことなどを踏まえ、本件支払対価は所得税法§9の適用対象となると判示している[105]。

---

102) 原文は、"The following incomes shall be deemed to accrue or arise in India : ――(i) … (vii) Income by way of fees for technical services payable by――(a) … (b) A person who is a resident, except where the fees are payable in respect of services utilized in a business or profession carried on by such person outside India or for the purposes of making or earning any income from any source outside India ; …" である。
103) 原文は、"(1) Subject to the provisions of this Constitution, Parliament may make laws for the whole or any part of the territory of India, … (2) No law made by Parliament shall be deemed to be invalid on the ground that it would have extra territorial operation." である。
104) 本事件では、カナダの領土を超えた適用がある戦時所得税法（the Income War Tax Act）§9B2(a)が、カナダ自治領の立法権の非合法な行使に該当するか否かが問題となっている。当該判示部分の原文は、"A legislature which passes a law having extra-territorial operation may find that what it has enacted cannot be directly enforced, but the Act is not invalid on that account, and the courts of its country must enforce the law with the machinery available to them." である。

第2節　租税回避行為等への新たな対応策

ロ）所得税法§9の限界と直接税法案§5の問題点

1961年所得税法§9(1)(vii)に基づく源泉徴収義務の適用の可否は、GVK Industries Ltd v. ITO事件Andra Pradesh高等裁判所判決（1997 228 ITR 564 AP）でも問題となっている。本事件では、インド法人・控訴人がスイスの金融機関から受けた資金調達に係るアドバイス等に対して支払った手数料が、本規定の下、インドで課税対象となるか否かが問題となっている。本高等裁判所判決では、域外適用効果を有する本規定は、確立した国際課税原則に反するとの識者の意見もあるものの、本件手数料の支払の対象となったアドバイス等が、技術的な役務には至らないものであるとの控訴人の主張には賛同できず、また、Electronics事件最高裁判決で示された見解及び本判決で引用されたBritish Columbia事件枢密院判決の見解等を踏まえると、本規定は無効ではないと判断されることから、本件手数料は本規定の適用対象となると判示されている。

確かに、上記GVK Industries事件に対する最高裁2011年3月1日判決（Civil Appeal No. 7796 of 1997）は、上記の原審の判断・結論を覆すものとなっているわけではないが、本最高裁判決では、「議会は、憲法上、インドの領土や場所、またはインドの住民及びインド人の権利、福利、厚生又は安全に直接又は間接に知覚し得るか否かに関係なく効果や影響を及ぼさない、若しくは、及ぼすと期待できない域外の事項や原因に関して法律を制定することを制限されているか」という質問に対しては肯定的に答えるべきであるとの考えが示されている。かかる考えに立脚した上で、最高裁は、「しかしながら、議会は、域外の形勢や原因が、(a)インドの領土やその一部、あるいは(b)インドの住人やインド人の権利、厚生、幸福又は安全に影響、効果又は結果をもたらす、あるいは、もたらすことが予想される場合に限って、…域外の形勢や原因に係る立法権限を行使できる」との見解を示している[106]。

上記GVK Industries事件最高裁判決は、域外適用効果を有する諸規定の限界が、前述のElectronics事件最高裁判決が示唆するよりも深刻であることを印象づけるものであり、実際、本判決は、Vodafone事件最高裁判決と相俟って、所得税法§9等の機能を制約する方向に働くであろうとの見方がされている[107]。上記GVK Industries事件高等裁判所判決のパラ36でも、「…現行の自由化政策に鑑みると、所得税法§9(1)(vii)(b)は、その適用が領土的な繋がりが存在する場合の技術的役務に対する手数料としての所得を課税対象とするように廃止又は改正する手段を講じるのが政府の責務である」との見解が示されている[108]。2010年直接税法案§5は、かかる責務を果たし得るだけでなく、その制度設計は、所得税

---

105) 本最高裁判決では、本件は憲法裁判所の判断を仰ぐべきと判示されたが、上告人は憲法裁判所で争うことを断念している。

106) 原文は、"However, the Parliament may exercise its legislative powers with respect to extra-territorial aspects or causes, … only when such extra territorial aspects or causes have, or expected to have, some impact on, or effect in, or consequences for : (a) the territory of India, or any part of India; or (b) the interests of, welfare of, wellbeing of, or security of inhabitants of India, and Indians." である。

107) 例えば、本最高裁判決は、様々な議論の余地を残すものではあるが、税法は憲法及び国際法が課す領域を超えることができないというメッセージを明確に示したものであると見る向きもある。Mahesh Kumar and Bijal Ajinkya, Casenote——Supreme Court Decides against Extraterritorial Taxation, Asia-Pacific Tax Bulletin, Vol. 17, No. 3 (2011) p. 206参照。

108) 原文は、"Having regard to the present liberalization policy it is for the government to take steps to have clause (vii) (b) either repealed or amended so as to make the income by way of fees for technical services chargeable when territorial nexus exists." である。

法§9の限界をも、ある程度補完するものとなっているが、Vodafone事件で問題となったような取引への対応に係る限界を克服するには至っていない。

なぜなら、直接税法案§5は、Vodafone事件最高裁判決（2012）が下される前に制度設計されたものであり、本規定は、本判決によって原審である高等裁判所判決が破棄されるという前提に立っていないからである[109]。実際、本法案§5(1)は、「所得がインドで生じたとみなされるのは、その所得が、直接又は間接に、(a)インドでの事業との関連、…(d)インド所在の資本資産の移転から、又は、それを通じて生じる場合である」と定めていることから、「直接又は間接に」という文言が修飾するのは「所得」ということになるが、そうすると、Vodafone事件最高裁判決のパラ187（「本件では、疑いもなく、CGP株式は国外で移転している。双方の法人は、インドではなく国外で設立されている。双方の法人は、インドに資本資産や所得を有していない…」）に該当するケースは、本最高裁判決の資本資産や所得の所在地に関する解釈の仕方に立脚する限り、本規定の対象外となると考えられる[110]。

(2) 2012年FAの下での対応措置

2010年直接税法案§5は、上記のような限界を有していたことから、2012年FAでは、かかる限界をも踏まえた上で、1961年所得税法§9及び関係する規定の「明確化を図る形で遡及的な改正」（"clarificatory retrospective amendment"）を行う措置が講じられている。本改正は、これらの規定については、その文言や趣旨等を巡って様々な解釈がされており、その結果、国際的二重非課税の問題も生じ得るなどの認識の下、主として、鍵となる幾つかの規定や文言の定義を明確化する、新たに示す、又は、説明文を付加するなどの方法を通じて行われているが、Vodafone事件最高裁2012年判決を実質的に破棄するような課税が可能となるような措置を含むものとなっている。これらの改正措置は、本所得税法の実施開始日である1962年4月1日（改正された同法§9(1)(vi)については、1976年6月1日）まで遡って適用されることとされている。

所得税法§9との関係では、本条(1)項(i)号の下、新たに、「説明4—（本規定がインドにある資産又は源泉所得との関係で用いている）『通じて』（"through"）という表現は、常に、『によって』（"by means of"）、『結果として』（"in consequence of"）又は『理由として』（"by reason of"）という意味であり、そのような意味を含み、また、そのような意味であるとみなされるということをここで明らかにする」及び「説明5—本規定には、疑義を払拭する目的上、インドの国外で登録又は設立されている会社又は事業体の株式又は権利である資産又は資本資産は、その価値が、直接又は間接に、相当程度にインドに所在する資産に基因して生じるものであるならば、インドに所在するものとみなされ、また、常に所在していたとみなされてきたということをここで明らかにする」を追加する措置が講じられているという点が特に注目される[111]。

所得税法§9との関係では、上記の点の他にも、ロイヤルティによる所得に関して定め

---

109) Tejas Mody, Vodafone: Is This the End of the Controversy on Indirect Transfers?, Tax Notes International, Vol. 65, No. 9 (2012) p. 678参照。
110) 本最高裁判決では、かかる「所得」に該当しないインド所在の資本資産のオフショアでの間接移転による譲渡益は、インドでの課税の対象外であると判示されている。第1節3(5)参照。

第 2 節　租税回避行為等への新たな対応策

る(1)項(vi)に関する説明 2 が、「本項の目的上、『ロイヤルティ』には、(i)特許、発明、モデル、デザイン、秘密の方式、プロセス、商標権又はその他の同様な資産、(ii)…に関するあらゆる権利の移転（ライセンスの付与も含む）への対価（…『キャピタル・ゲイン』…の下で課税対象となる受領者の所得となる対価を除く）を意味する」と定めているところ、新たに、「説明 4 ―疑義を払拭する目的上、いかなる権利、資産又は情報に関する権利の全部又は一部の移転は、その権利が移転された方法に関係なく、その使用の権利の全部又は一部あるいはコンピューター・ソフトウェアの使用権（ライセンスの付与も含む）の移転を含む…ことをここで明らかにする」が追加され、また、説明 5 では、ロイヤルティには、所在地の如何を問わない権利等への対価を含むとされている点が特筆される[112]。

税法上の文言の定義を定める所得税法§2（Definitions）にも改正が加えられている。同条14項は、「資本資産とは、その事業や職業に関係するか否かに関係なく、納税者によって保有されるあらゆる種類の資産（"property"）を意味するが、その資産から除かれるのが、(i)その事業又は職業の目的のために納税者が保有する商売道具、消耗品又は原料、(ii)個人的な使用目的の私物、つまり、動産（…）であるが、但し、(a)貴金属…は例外である…」と定めているが、本改正によって、同項には、「説明―疑義を払拭する目的上、『資産』（"property"）とは、インド法人に対する権利又はインド法人に関連する権利を含むが、その権利には管理権、支配権又はその他のいかなる権利も含まれ、また、常に、これらを含むものであるとみなされてきたことをここに明らかにする」という説明文が付加されている[113]。

また、所得税法§2(47)は、「資本資産との関係上、『移転』には、(i)資産の売却、交換又は放棄、又は(ii)それに対する権利の放棄…が含まれる」（"transfer, in relation to a capital asset, includes, ――(i) the sale, exchange or relinquishment of the asset ; or (ii) the extinguishment of any rights therein ; …"）と定めているが、本規定においても、新たに「説明 2 ―『移転』には、契約（インドで締結されたか否かを問わない）又はその他の方法によって、直接又は間接に、絶対的又は条件付きで、自発的又は非自発的に、資産又は資産に対する権利を譲渡する、手放す、あるいは、何らかの手段によって資産に対する権

---

111) 原文は、"Explanation 4――For the removal of doubts, it is hereby clarified that the expression "through" shall mean and include and shall be deemed to have always meant and included "by means of", "in consequence of" or "by reason of". Explanation 5――For the removal of doubts, it is hereby clarified that an asset or a capital asset being any share or interest in a company or entity registered or incorporated outside India shall be deemed to be and shall always be deemed to have been situated in India, if the share or interest derives directly or indirectly, its value substantially from the assets located in India." である。特に、本節 2(1)ロ）で示したVodafone事件最高裁判決のパラ187の指摘を意識したものであろう。
112) 原文は、"Explanation 4――For the removal of doubts, it is hereby clarified that the transfer of all or any rights in respect of any right, property or information includes and has always included transfer of all or any right for use or right to use a computer software (including granting of a license) irrespective of the medium through which such right is transferred. Example 5―― … the royalty includes and has always included consideration in respect of any right, property or information, whether or not――(a) … ; (c) the location of such right, property or information is in India." である。
113) 原文は、"Explanation――For the removal of doubts, it is hereby clarified that "property" includes and shall be deemed to have always included any rights in or in relation to an Indian company, including rights of management or control or any other rights whatsoever ; …"である。かかる資本資産の定義は、税務当局が敗訴したSrinivasa事件最高裁判決（本節 3(1)イ）・脚注149)参照）等を意識したものではないかと考えられる。

319

第4章　インドの対応策の分析

利を得ることを含み、また、常に含むものとみなされてきたが、そうであることは、このような権利の移転がインド国外で登録又は設立された法人の株式の移転によって実行される、左右される、あるいは発生するものとして特徴づけられるものであるか否かは関係ないということをここに明らかにする」という説明文が追加されている[114]。

さらに、所得税法§195(「その他の金額」)は、「(1)非居住者が、外国法人であるか否かに関係なく、その者に対し、利息(194LB条でいう利子は含まない)又は本法の諸規定(「給与」の項目の下で課税対象となる所得は含まない)の下で課税対象となるその他の金額の納付義務を負う者は、その金額を受領者の勘定に計上する時、現金による、手形又はドラフトの発出による、あるいはその他の方法による支払のいずれか早い時点において、その時点で有効なレートで所得税を源泉徴収する」と定めているところ[115]、新たに、「説明2──疑問を払拭する目的上、(1)項に則った源泉徴収義務は、居住者であるか非居住者であるかに関係なく、また、非居住者が、(i)インドにおける住居、事業所又は事業関連性を有しているか否か、(ii)その他の形態によるインドでの存在の事実があるか否かに関係なく、全ての者が負うように適用され、そして、負うように拡大されるとみなされ、また、そうみなされてきたことをここに確認する」が追加されている[116]。

もっとも、上記に代表される諸規定については、そもそも、(i)従来の関係する諸規定の明確化を行ったものである、若しくは、それらの趣旨に合致した解釈に基づくものであるなどの説明の下に導入されている、(ii)遡及効が付されている、(ii)Vodafone事件最高裁判決を実質的に破棄する形でインドの課税権を確保することを狙っている、(iii)本判決で示されたインドで課税対象となる所得であってもインドとの繋がりを有しない非居住者によって源泉徴収の対象とされることはないとの見解を実質的に否定する措置を手当てしている、(iv)Vodafone事件で問題となった取引だけでなく、国外の持株会社の相当な価値がインドへの投資から生じている場合、その株式の譲渡益は、およそ租税回避目的でないケースであってもインドで課税対象となる[117]、(v)国際的二重非課税への対応という観点から正当化することは、Azadi Bachao事件最高裁判決の見解と対象的な考え方であることなどの点において、疑問が生じる、あるいは、問題があるなどの批判にも晒されている。

上記のような批判もある中、税務当局は、2012年5月29日付告示(F. No. 500/111 12009-FTD-1 (Pt.))を発出し[118]、所得税法§143 (Assessment)の下での課税手続が

---

114) 原文は、"Explanation 2——For the removal of doubts, it is hereby clarified that "transfer" includes and shall be deemed to have always included disposing of or parting with an asset or any interest therein, or creating any interest in any asset in any manner whatsoever, directly or indirectly, voluntarily or involuntarily, by way of an agreement (whether entered into in India or outside India) or otherwise, notwithstanding that such transfer of rights has been characterized as being effected or dependent upon or flowing from the transfer of a share or shares of a company registered or incorporated outside India ;" である。
115) 原文は、第1節3(1)・脚注55)参照。
116) 原文は、"Explanation 2——For the removal of doubts, it is hereby clarified that the obligation to comply with sub-section (1) and to make deduction thereunder applies and shall be deemed to have always applied and extends and shall have always extended to all persons, resident or non-resident, whether or not the non-resident person has——(i) a residence or place of business connection in India ; or (ii) any other presence in any manner whatsoever in India." である。
117) 詳細は、http://www.rashiminsanghvi.com/.../taxation/budget_notes/Finance_Bill_2012_An_Analysis.pdf参照。

2012年4月1日前に終了し、しかも、その日以前に更正決定の通知が行われていないケースは、本法§147（Income escaping assessment）又は§148（Issue of notice where income has escaped assessment）に基づく再賦課決定の対象とはならないとの見解を示している[119]。本告示は、確かに、2012年FAの下で機能強化された諸規定の遡及的適用の威嚇を和らげるものではあるが、その適用対象範囲は十分に明らかではない中、大蔵大臣（Pranab Mukherjee）の見解（「Vodafone事件は、所得の査定を含むものではなく、源泉徴収義務の不履行の問題である」）からも確認し得る通り[120]、Vodafone事件への遡及的適用の可能性を消滅させるように設定されているわけではないことに留意する必要がある。

第3節 所得等の国外移転による税源浸食への対応

1．費用控除規定による対応

(1) 英国のAtherton基準の影響

インドでも、費用控除規定が、所得等の国外移転による税源浸食を防止する手段となり得る。代表的な費用防止規定としては、1961年所得税法§36（Other deductions）(1)が、所得の計算上、以下の項で定める控除は認められるとした上で、(iii)号では、「事業又は職業上の目的のための借入資本に係る支払利子の額」と定め[121]、同法§37（General）(1)は、「…資本的支出又は納税者の個人的費用の性質を有しない費用は、事業又は職務上の目的のためだけに排他的に支出又は支払がされたならば、『事業又は職業上の利益又は利得』の下で課税対象となる所得の計算上認められる」と規定し[122]、本法§57（Deductions）は、「…『その他の所得』の下で課税対象となる所得は、以下の控除を適用した上で計算される。つまり、…(iii)その所得の発生又は稼得の目的のためだけに排他的に支出又は支払がされたその他の費用（資本的支出の性格のもの以外）」と定めている[123]。

幾つかの裁判例が、上記費用控除規定の解釈・適用基準に係る指針を提供している。例えば、Eastern Investments Ltd. v. CIT事件最高裁1951年5月4日判決（[1951] AIR 278）では、投資事業を行う法人が、その株式の一部の買戻しによる株式資本の減少を実現するために、その株主の代理人に社債を発行し、その社債に係る利息の税務上の控除をしたところ、税務当局は、かかる利息は、上記1961年所得税法§57(iii)の前身である1922年

---

[118] 本告示のタイトルは、Clarification regarding reopeninig of completed assessments on accounts of clarificatory amendments introduced by Finance Act, 2012, in Section 2 clause (14), Section 2 clause (47), Section 9 and Section 195 with retrospective effectである。
[119] 別途、一定の要件に該当する場合、インド居住者から購入するソフトウェアに係る源泉徴収義務を免除する2012年6月13日付告示（F. No. 142/10/2012-SO（TPL））も発出されている。
[120] http://www.thehindubusinessline.com/features/taxation-and-accounts/govt-will-not-reopen-completed-reassessments-but-vodafone-on-the-tax-hoook-still/article3473849.ece参照。
[121] 原文は、"The amount of the interest paid in respect of capital borrowed for the purposes of the business or profession."である。
[122] 原文は、"Any expenditure … , laid out or expended wholly and exclusively for the purposes of the business or profession shall be allowed in computing the income chargeable under the head "Profits and gains of business or profession."である。
[123] 原文は、"any other expenditure (not being in the nature of capital expenditure) laid out or expended wholly or exclusively for the purpose of making or earning such income ; "である。

所得税法§12(2)の下、控除できないとする処分を行ったことが問題となっている。本事件に対する控訴審判所決定及び高等裁判所判決では、本件は、株式資本を減少させるその他の方法に依拠せずに、取引当事者が実質的に同一であることなどを利用して、株主の代理人を不当に利するとともに、本法人の課税所得をも減少させており、支払利息の控除を否認する本件処分は適法であると判断されている。

これに対し、上記最高裁判決では、1922年所得税法§12(2)が、「そのような所得、利益又は利得は、それらを発生させる又は得る目的のためだけに生じた費用（…）を控除した上で計算される…」と定めているところ[124]、本規定でいう「だけ」（"solely"）という文言には重大な意義はなく、また、英国のAtherton事件貴族院判決（1925）において[125]、「控除の適用を主張するには、必要性に駆られているわけではなく、また、直接的かつ即座の利益を得るためにというわけでもなく、自主的かつ事業上の便宜によって、事業遂行の間接的な推進のために金銭が支出されたことを立証することで十分である」との基準が示されたところ、本件取引は、本法人の事業の遂行を間接的に推進するために自発的に契約・実行されたものであって、事業上の便宜・都合に基づいていることは明らかであるとの判断が下されている。

上記判断の下、最高裁は、本件の場合、本法人の取引の相手方は株主ではあるが、第三者であることに変わりはなく、本件取引は欺瞞ではないことから、本件取引の対価が現金と社債のいずれであるかは関係ない以上、本件費用の控除を否認する本件処分は違法であると判示している。上記の英国のAtherton事件貴族院判決では、問題の費用が、1988年所得税法§74(1)(a)上の控除対象外となる要件（排他的に事業上の目的等のためだけに支出されていない費用）に該当しないため控除可能と判示されているのに対し[126]、本判決では、問題の費用が、1922年所得税法§12(2)上の控除要件（所得等の稼得目的のためだけに支出された費用）に該当し控除可能と判示されている。このような規定振りの違いにもかかわらず、本貴族院判決の見解が、本最高裁判決で依拠されたことは、インドの1922年所得税法§12(2)の適用基準は、英国の1988年所得税法§74(1)(a)の適用基準と基本的に同様であることを示唆している。

(2) 費用控除要件の差異

上記の通り、インド1922年所得税法§12(2)の下での控除要件と英国の1988年所得税法§74(1)(a)の下での控除要件は、その規定振りの差異にもかかわらず、類似性が顕著であると考えられるが、インドの諸々の費用控除規定の適用要件・対象範囲にも差異があることが、Madhav Prasad Jantia v. CIT事件最高裁1979年4月17日判決（[1979] AIR 1291）において確認されている。本件では、納税者が金融機関から資金を借り受けた上で、大学設立のために100万ルピーを寄付したとして、1957～1960課税年度の所得の計算上、借受け資金に係る利息を控除したところ、税務当局は、本件寄付は、納税者の事業に関係するものではないことから、事業又は職業上の目的のための借入資本に係る支払利子の額が控除

---

124) 原文は、"Such income, profits and gains shall be computed after making allowances for any expenditure (…) incurred solely for the purpose of making or earning such income, profits or gains …."である。
125) 英国のAtherton事件最高裁判決のポイントは、第2章第4節4(1)ハ)参照。
126) 1988年所得税法§74の規定振りは、第2章第4節4(1)・脚注171)参照。

第3節 所得等の国外移転による税源浸食への対応

対象となる旨を定める前掲の1961年所得税法§36(1)(iii)の前身である1922年所得税法§10(2)(iii)の下、控除できないとする処分を行ったことが問題となっている。

上記事件に対する高等裁判所判決（[1979] 118 ITR 200（SC））において、納税者は、前述のEastern Investments事件最高裁判決（1951）に依拠して、本件寄付は、事業上の便宜・都合に基づいて行われたものであると主張したが、高等法院は、本件寄付が事業上の便宜・都合に基づいて行われたとは認め難いほか、本件において、納税者が金融機関から借入れをしていなかったならば、納税者は自らの資産を利用して寄附を行わなければならなかったかもしれないというのは単なる可能性でしかないものの、本件借入れの納税者の事業との関連は認められないことから、本件支払利息は、1922年所得税法§10(2)(iii)の下において、あるいは、「事業又は職務上の目的のためだけに排他的に支出又は支払がされた」費用の控除を認める1961年所得税法§37(1)と同様の趣旨の規定である1922年所得税法§10(2)(xv)の下において、控除することはできないと判示されている。

上記のMadhav Prasad事件最高裁判決でも、1922年所得税法§10(2)(iii)の下で借入資本に係る利息を控除するには、三つの要件（(a)金銭（資本）の借入があった、(b)その借入れが事業目的のためである、(c)支払利息の控除を主張する）を満たす必要があるのに対し、同法§10(2)(xv)の下で費用控除を適用するための三つの要件は、(a)資本的支出や個人的費用でない、(b)本条(i)～(xiv)の下で控除される性質のものでない、(c)事業の目的のためだけに排他的に支出された費用であることであるところ、これらの規定でいう「事業目的のため」("for the purpose of business") という表現は、1922年所得税法§12(2)でいう「所得、利益又は利得を得る目的のため」("for the purpose of earning income, profits or gains") という表現よりも、控除適用対象範囲が広いことを意味するが、事業関連性のない本件費用は、いずれの規定の下でも控除できないと判示されている。

(3) Atherton 基準の影響の程度

上記Madhav Prasad事件最高裁判決（1979）では、「所得、利益又は利得を得る目的のため」という文言よりも、「事業目的のため」という文言の下において、控除対象となる費用の範囲は、より広いとの見解が示された。かかる見解は、費用の中には、その支出が、所得等の稼得に繋がらなくとも、「事業目的のため」であるケースがあり得るとの考え方に立脚しているものと考えられるが、かかる考えの妥当性の如何という問題はさておき、「事業目的のため」という文言の下での控除適用対象範囲が、より広いのであれば、かかる文言を採用している1961年所得税法37条及び1922年所得税法§10(2)(xv)等の下でも、事業上の便宜・都合に依拠した費用控除が可能となると想定されるところ、実際、S. A. Builders Ltd. v. CIT事件最高裁2006年12月14日判決（Appeal (civil) 5811 of 2006）は、かかる想定が誤りでないことを確認するものとなっている。

上記S. A. Builders事件最高裁判決では、インド法人が、金融機関から資金を借り受けた上で、2つの国内の関連会社に無利息貸付を行ったところ、税務当局は、本法人の1990～1992課税年度の申告に関し、本法人が金融機関に支払った利息のうちの当該無利息貸付に係る利息相当額の控除を1961年所得税法§36(1)(iii)に該当しないとして否認する処分を行ったことが問題となっている。本事件に対する控訴審判所2002年6月20日裁決では、本件貸付が無利息である理由及び本法人の本件無利息貸付による事業利益の存在などが十分

323

第4章　インドの対応策の分析

に示されていないとして、本件処分の適法性が首肯され、また、本事件に対する高等裁判所2004年5月13日判決（[2004] 269 ITR 535 PH）でも、無利息貸付額の中には、金融機関から借り受けた資金とは関連していないものもあるとして、否認対象控除額が減額されたものの、上記控訴審判所裁決の基本部分は維持されている。

これに対し、上記事件に対する上記最高裁判決では、そもそも、本件の問題は、借入資金に係る利息の控除の可否という点に限定されるところ、(i)英国のAtherton事件貴族院判決（1925）で確認された「事業上の都合」に依拠する費用の控除が可能であるとの基準は、インドの裁判例でも妥当なものとして首肯されている、(ii)Madhav Prasad事件最高裁判決において、「事業目的のため」という表現は、「所得、利益又は利得を得る目的のため」という表現よりも適用範囲が広いとの見解が示された、(iii)「事業又は職務上の目的のためだけ」という表現を採用している1961年所得税法§37が関係している裁判例の見解は、「事業又は職業上の目的のため」という表現を採用している同法§36(1)(iii)にも当てはまることなどを踏まえると、このような基準・解釈アプローチに基づく判断を行っていない控訴審判所及び高等裁判所判決の判断は妥当ではないとの見解が示されている。

上記見解の下、最高裁は、本件では、関連会社への資金移転の目的が利益獲得であったか否かとの観点からではなく、事業上の便宜・都合によるものか否かとの観点から判断する「思慮のあるビジネスマン」（"prudent businessman"）の基準に依拠するのが妥当との考えの下、もし、本件関連会社が本件無利息貸付金を自己の利益のために使用すれば、明らかに、その貸付金の付与は、事業上の便宜・都合によるものとは言えないが、事業上の便宜・都合上、関連会社への資金貸付が行われたと考えられる場合も多々あり得るところ、例えば、親会社が子会社に対して強い利害関係を有するがために、親会社が借り入れた資金を子会社に貸付け、その資金がその子会社によって事業目的のために利用されるならば、その親会社は、通常、その借り入れた資金に係る利息を控除する権限があると考えるべきであることから、本件借入資金に対して本法人が支払った利息の税務上の控除を否認する本件処分は、取り消されるべきであると判示している。

2．移転価格税制による対応

(1) 2001年改正後の所得税法§92の制度設計

上記1で示したMaldahav Prasad事件最高裁判決（1979）及びS. A. Builders事件最高裁判決（2006）等を通じて、英国のAtherton事件貴族院判決で確認された「事業上の便宜・都合」により事業の遂行を間接的に推進するために支出した金銭も控除可能であるとの考え方（Atherton基準）は、「事業目的のため」という文言を採用している規定（1961年所得税法§37(1)等）との関係だけでなく、より狭い範囲を控除対象とする「所得、利益又は利得を得る目的のため」という文言を採用している規定（1922年所得税法§12(2)等）との関係でも依拠し得るものであることが確認された。このことは、費用控除規定による税源浸食の防止に係る限界を少なからず示唆しているが、国際取引による税源浸食に対しては、費用控除規定だけでなく、1961年所得税法第10章（Special provisions relating to avoidance of tax）に依拠することも可能である。

1961年所得税法第10章に組み込まれた§92（Income from transactions with non-residents, how computed in certain cases）は、移転価格税制の原型を成すものであった。

本規定は、「居住者と非居住者の間の商取引があり、調査官にしてみると、それらの者の緊密な関係ゆえに、当該居住者にとって、その商取引で生じると期待される通常の利益よりも利益が少ない、若しくは、利益がないように仕組まれていると考えられる場合には、調査官は、それから生じたと合理的にみなされる利益の額を決定し、その額を当該居住者の総所得金額に含めることができる」と定めていた[127]。本規定は、所得等の国外移転による税源浸食を防止する上で重要な機能を発揮する潜在性を有してはいたが、実際には、その機能が顕著に発揮されるようになったのは、2001年FAの下、本規定の改正と関連する諸規定（§92A～§92F）の導入が行われてから数年を経てからであった。

改正後の所得税法§92（Computation of income from international transaction having regard to arm's length price）は、(1)項では、国際取引から生じる所得は独立企業間価格を考慮して計算される。説明——疑問を排除するために、ここで明らかにしておくことは、国際取引から生じる費用又は利子に対する控除も、独立企業間価格を考慮して決定されるということであると定め[128]、(2)項では、国際取引において、複数の関係する企業が、それらの企業の一つ又は複数に提供される、あるいは提供されることとなる便益、役務又は便宜と関連して生じる、あるいは生じることとなる負担金、費用又はコストの配分や割当てに関する契約や取極めを結ぶ場合、それらの企業が、状況次第では、負担する費用又はコストについては、状況に応じて、かかる便益、役務又は便宜の独立企業間価格を考慮して決定されると規定している。

改正後の所得税法§92（「独立企業間価格を考慮した国際取引からの所得の計算」）の適用基準・定義等については、本法§92A（Meaning of associated enterprises）が、「関連企業」とは、一方の企業が他方の企業を支配する関係にある企業と定め、同法§92B（Meaning of international transaction）(1)が、「国際取引」とは、当事者の一方又は双方が非居住者である関連企業間取引であると規定し[129]、同法§92C（Computation of arm's length price）(1)が、基本三法及び取引単位営業利益法（TNMM法）とCBOTが定めるその他の方法の中から、「最適方法ルール」（best method rule）に合致する方法に依拠して独立企業間価格を計算する旨を定めている。また、同法§92C(2)が独立企業間価格幅の適用要件等を定め、同法§92D（Maintenance and keeping of information and document by persons entering into international transaction）が、「国際取引」を行う者の関係資料の提出・保存義務等を定めている。

上記のような特徴を有する移転価格税制の潜在的な機能が低いものでないことは、例え

---

127) 原文は、"Where a business is carried on between a resident and a non-resident and it appears to be the Assessing Officer that, owing to the close connection between them, the course of business is so arranged that the business transacted between them produces to the resident either no profits or less than the ordinary profits which might be expected to arise in that business, the Assessing Officer shall determine the amount of profits which may reasonably be deemed to have been derived therefrom and include such amount in the total income of the resident." であった。

128) 後段の原文は、"*Explanation*——For the removal of doubts, it is hereby clarified that the allowance for any expense or interest arising from an international transaction shall also be determined having regard to the arm's length price." である。このような取扱いは、国際取引と国内取引に対する費用控除規定の適用の効果に差異を生じさせる一方、国際取引に対する費用控除規定と移転価格税制の適用上の効果に係る差異を埋める方向に作用するが、実際上、後者の差異は残っている（第4節1(1)ロ）参照）。

129) 原文は、"… 'international transaction' means a transaction between two or more associated enterprises, either or both of whom are non-residents, …" である。

ば、(i)前述の通り、所得税法§92B(1)が、当事者の双方が非居住者である関連企業間の取引をも移転価格税制の適用対象とする旨を定めている、(ii)同法§92(a)(2)(a)は、課税年度のある時点において、一方の企業が他方の企業の議決権の20％以上を直接又は間接に所有している場合も、これらの企業は「関連企業」であると定義している、(iii)同法§92B(2)が、「ある企業と非関連者との間で実行される取引の場合、もし、関係する取引に関連して、当該非関連者と関連企業との間に事前の合意が存在しているか、あるいは、関係する取引の条件が、実質的には、当該非関連者と当該関連企業との間で決定される場合には、関連企業間で行われた取引とみなされる」と規定している[130]、(iv)同法§92Dの下では、税務当局の要請に基づく関係資料の提出に加え、一定の関係書類の定期的な提出が義務づけられていることなどからも示唆される。

　制度設計の詳細は、1962年所得税規則等で示されている[131]。例えば、本規則§10（Determination of income in the case of non-residents）は、インドとの事業上の関連、インド所在の資産、インド源泉の所得、利息付で貸した金銭又はインドに持ち込まれた資産や物から、非居住者において直接又は間接に生じる所得の実際の額が明確に確定できないと税務当局が判断する場合には、税務当局が合理的に発生していると判断する売上高の一定割合や税務当局が適切とみなすその他の方法などに基づいて算定する旨を規定し、また、本規則§10B（Determination of arm's length price under section 92C）(4)は、比較対象可能性の分析上利用されるデータとは、当該国際取引の実行年度に関係するデータであるが、かかる年度に先立つ2年を超えない期間に関係するデータが、比較対象取引との関係上、移転価格の決定に影響を及ぼす事実があることが明らかな場合には、それらのデータも考慮し得る旨を定めている。

(2) 改正後の所得税法§92の適用例

イ) Atherton基準と移転価格税制との関係

　2001年改正後の1961年所得税法§92（「独立企業間価格を考慮した国際取引からの所得の計算」）は、上記のような制度設計上の特徴を有しているが、本条(1)項が示唆する取扱い上の類似性が顕著である移転価格税制と費用控除規定との適用関係については、Tata Autocomp Systems Ltd. v. ACIT事件控訴審判所2012年4月30日裁決（ITA No.7354/MUM/11 (A. Y. 2007-08)）において、一つの考え方が示されている。本件では、法人である申立人が、ドイツに設立した完全子会社に対し、263万5,000ユーロを無利息で貸し付けたところ、税務当局は、その無利息貸付について、移転価格の観点からの比較分析を行っていない申立人に対し、本件貸付に10.24％の利息を付さないことの理由を示すことを求める通知書を2010年10月22日付で発出したが、申立人が示した理由に納得できないとして、1.76クローレの税額を追徴する課税処分を行ったことが問題となっている。

---

130) 原文は、"A transaction entered into by an enterprise with a person other than an associated enterprise shall, ... be deemed to be a transaction entered into between two associated enterprises, if there exists a prior agreement in relation to the relevant transaction between such other person and the associated enterprise, or the terms of the relevant transaction are determined in substance between such other person and associated enterprise."である。

131) 2001年告示（Clarification on provisions governing transfer price in an international transaction）でも詳細が示されている。

第3節　所得等の国外移転による税源浸食への対応

　上記事件において、申立人は、(i)本件無利息貸付は、ドイツの主たる顧客に効果的かつ効率的に製品の提供を行うには、インドで製造した製品を輸出するよりは、ドイツの子会社に製品製造機能の一部を移す方が望ましいなどの事業戦略に基づく判断の下に行ったものである、(ii)当時、本件子会社が経済的に苦しい状況で資金を必要としていたことは、本件貸付後に本件子会社が支払不能を理由とする破産宣告手続きを申請していることからも明らかである、(iii)本件無利息貸付は、商業上の理由及び事業上の便宜・都合に基づくものであり、しかも、本件貸付は実質的には出資であることから利息を付する必要性のないものである、(iv)所得が発生していない以上、課税されるべきではない、(v)S. A. Builders事件最高裁判決等では、商業上の理由及び事業上の便宜による費用の税務上の控除が認められているなどと主張している。

　しかし、上記控訴審判所裁決では、(i)金銭の貸借は申立人の主な事業ではないこと、(ii)申立人と子会社との特別な関係がなければ、本件のような金銭の貸付によって、申立人は利息を得ることができた、(iii)国内企業間の無利息貸付に関するS. A. Builders事件最高裁判決は、国際取引から生じる所得の計算に関する所得税法第10章に関するものではなく、「子会社に資金を提供する必要性や事業上の思慮は、非関連当事者間での取引の独立企業間価格の計算では無関係である」[132]、(iv)特に本法92条及び第10章全般の諸規定は国際取引における所得計算を取り扱う特別の規定であり、これらの規定は一般の規定に優先する[133]、(v)一般的に言うと、本法における条文は相互に重複することはなく、各条文は、そこで特定されている事項を取扱うにとどまり、それを飛び越えることはないことから、申立人の主張には根拠がないとの見解が示されている。

　控訴審判所は、申立人の主張に根拠がない以上、本件無利息貸付は、独立企業間価格ではないことから、独立企業間利息を決定する必要があるところ、確かに、「独立企業間価格の決定という状況の下では、中央又はその他からの介入によって、同じ状況において非関連当事者間で合意されるであろうものと異なる事業上の条件を当事者が受け入れなければならない可能性は存在する。貸し手と借り手の特別な関係から生じる取引上の異常性の有無を精査することが目的となる」が[134]、本件ではそのような異常性も認められない以上、本件の場合、最も適切な独立企業間価格の算定方法はCUP法であることから、外貨建てであった本件取引の利率を決定する上で比較対象とすべき利率は、インド国内での最優遇貸付利率ではなく、国際的なレート（本件の場合、2005年4月～2006年3月の間の平均のLIBORレートである4％）が妥当であると判断している。

　上記Tata Autocomp事件控訴審判所裁決では、確かに、独立企業間価格の決定上、関連者間取引の場合、非関連者取引の場合とは異なる事業上の要件を当事者が受け入れなけ

---

132)　原文は、"The business prudence or necessity of advancing loan is not relevant for computing arm's length price in unrelated party transactions."である。
133)　この考え方が妥当であるなら、インドでは、国際取引という文脈では、米国や英国で認められた移転価格税制と費用控除規定との適用関係に係る不透明性という問題がかなり緩和されるが、実際には、その考え方では十分に説明し切れないようなケースもある（第4節1(1)ロ)参照）。
134)　原文は、"In such a situation, the possibility exist that by way of intervention from the centre or otherwise, business conditions must be accepted by the acting units which differ from those which in the same circumstances would have agreed upon between un-related parties. The aim is to examine whether there is anomaly in the transaction which arises out of special relationship between the creditor and the debtor."である。

ればならない可能性があるという点が、一般論としては認められたものの、破産宣告の手続の申請があった本件のようなケースも、そのような可能性が認められる場合に該当しないと判断されていることに鑑みると、事業上の便宜・都合に基づく費用の税務上の控除を認めるAtherton基準が、移転価格税制との関係で依拠し得る適用される範囲・ケースは、かなり限定されるのではないかと考えられる。インドの移転価格税制は、必ずしもOECD移転価格ガイドラインに則っているわけではないが、本裁決で示された判断は、インドの移転価格税制が立脚する独立企業原則が、実際上、かなり客観的な基準と捉えられていることを示唆している。

ロ）OECD移転価格ガイドラインとの差異

上記Tata Autocomp事件控訴審判所裁決は、インドの移転価格税制と独立企業原則を客観的な基準と捉えてきたOECD移転価格ガイドラインとの類似性を印象づけたのに対し、Honeywell Automation India Ltd. v. DCIT事件所得税控訴審判所裁決（2009-TIOL-104-ITAT-PUNE）は、その乖離を印象づけるものとなっている。本件では、インド法人・申立人が国外関連企業と行った複数の取引の内の一つの2003/2004課税年度の経常利益率（−0.84％）が、移転価格調査官が抽出した比較対象となる非関連企業の当該年度の中位の経常利益率（0.45％）よりも低いとして、当該取引による所得額に2,800万ルピーを超える額を加える調整を行ったことが問題となっている。申立人は、調査官が比較対象として抽出した企業の内の一つの2004/2005課税年度分の経常利益がマイナスである点が調査官の分析上加味されていないなどとして、本件調整処分は違法であると主張している。

上記裁決において、控訴審判所は、2003/2004課税年度分の申立人の利益率がマイナスとなる計算根拠は十分に信憑性のあるものではなく、また、申立人が主張している比較対象企業の2004/2005課税年度の損失の基礎となるデータの正確性も十分に立証できるものではないことから、当該比較対象企業は、比較対象企業としては不適切であるが、そもそも、比較対象分析との関係では、確かに、OECD移転価格ガイドラインは、問題となる期間の利益を算出する上で、前年、翌年又はその平均の利益を使用することを認めているが、1962年所得税法規則§10B（「§92Cの下での独立企業間価格の決定」）(4)は、翌課税年度のデータを考慮することを認める趣旨とはなっていない以上、この点に関する申立人の主張は妥当ではないものの、「…納税者の正確な利益率の計算上、将来の損失の引当てを考慮することも肝要である…」ことから[135]、税務当局は、この点を踏まえて再調査すべきであるなどと判示している。

確かに、例えば、OECD移転価格ガイドライン（2010年版）は、B.4（Data from years following the year of the transaction）において、「取引の翌年以降のデータも移転価格の分析には関係があるかもしれない…例えば、翌年以降の取引データは、独立企業間取引が特定の方法を適用上で資料する適切な比較対象取引であるか否かを決定するために、関連者間取引と非関連者間の商品のライフ・サイクルを比較する上で有益であるかもしれない…」と定め[136]、また、B.5（Multiple year data）において、「…過年度のデータを使用することによって、納税者が取引との関係で計上している損失が同様な取引の損失のパター

---

[135] 原文は、"... consideration of a provision of future losses is essential in computing the correct profit margin of the taxpayer ;..." である。所得税法規則§10B(4)は、本節2(1)参照。

ンの一部なのか、…前年の特定の経済的状況の結果なのか、あるいは商品がライフ・サイクルの終焉にあるという事実を反映しているのかを明らかにすることができる。…複数年度のデータや平均値は、一定の状況の下では、幅の信頼性を高めるのに利用し得る」と定めている[137]。

(3) 移転価格税制の執行状況と税務当局の権限

インドの移転価格税制の潜在的機能は大きく、また、上記(2)で示した裁決は、その大きさが、OECD移転価格ガイドラインとの相違点に起因する部分もあることを示唆しているが、このような特徴を有する本税制は、2001年改正後、積極的に適用され[138]、2002/2003課税年度の移転価格調整額は、60億（600クローレ）ルピーを超える金額に達し[139]、その後も、図4-5の通り、本規定が関係する調査件数、調整件数及び割合は、年々、増加する傾向を示している。本規定に基づく調整額も、2004/2005年分は1,220クローレ・ルピーであったが、2008/2009年分は6,140クローレ・ルピー、2011/2012年分は4万4,531クローレ・ルピーに増加している。インドの移転価格を巡る訴訟件数が世界一であると言われている背景には、移転価格税制の制度設計が、幾らかの独自性を有しているとの事実もあるが、それ以上に、その執行が積極的に行われており、しかも、積極的な執行を支える情報収集権限等も大きいものとなっているとの事実がある。

移転価格に関する情報収集権限を定めている代表的な規定としては、所得税法§92CA（Reference to transfer pricing officer）(7)が挙げられる。本規定は、「移転価格調査官は、本条の下での独立企業間価格の決定の目的上、§131(1)の(a)〜(d)又は§133(6)で示された権限の全て又はいずれかを行使できる」と定め、本法§133（Power to call information）は、「税務当局、…は、本法の目的上、(1)…(6)如何なる者…に対しても、税務当局…の意見では、情報を提供することが、本法の下での調査又は手続きにとって有益である、又は関係すると考えられる点又は事項について、そのような情報、又は口座の明細及び税務当局が指定

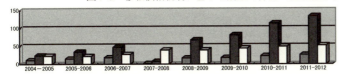

図4-5　移転価格税制に基づく調整の件数・適用割合等の推移

（出典：White Paper on Black Money at http://www.finmin.nic.in/reports/WhitePaper_BlackMoney2012.pdf）

---

136) 原文は、"Data from years following the year of the transction may also be relevant to the analysis fo transfer prices, … . For example, data from later years may be useful in comparing product cycles of controlled and uncontrolled transactions for the purpose of determining whether the uncontrolled transaction is an appropriate comparable to use in applying a particular method." である。

137) 原文は、"… the use of data from past years will show whether a taxpayer's reported loss on a transaction is part of a history of losses on similar transactions, the result of particular economic conditions in a prior year … , or a reflection of the fact the product is at the end of its life cycle. …" である。

138) 2001/2002課税年度の調整額は、1億ドルを超える金額になっている。Hitesh Gajaria and Sushuant Nayak, Indian transfer pricing audits-new regulations pose unusual challenges, International Tax Review, July 1（2005）p. 35参照。

139) Kale, supra "Tranfer Pricing——Practical Issues and Controversies" 参照。

第4章　インドの対応策の分析

する方法で確認し得るその他の事項に関する情報を提供することを求めることができる…」と規定している[140]。これらの規定は、一般公開情報とはなっていない私的企業の損益勘定の税務当局による入手によって、独立企業間価格の算定上、シークレット・コンパラブルの活用が可能となることも意味している[141]。

また、資料保存・提出義務の不履行に対してはペナルティが措置されている。特に、所得税法§271AA（Penalty for failure to keep and maintain information and document in respect of international transaction）が、「…如何なる者も、§92Dの(1)項又は(2)項で要求される情報や書類の保持・保存をしていない場合、税務当局…は、その者が行った各国際取引の価値の2％に相当する額をペナルティとして支払うことを命じることができる」と定め[142]、また、同法271G（Penalty for failure to furnish information or document under section 92D）は、「国際取引を行った者が、§92D(3)が求める情報や資料を提出することを怠った場合には、税務当局…は、その者の各提出義務の不履行に対して、その国際取引の価値の2％に相当する額をペナルティとして支払うことを命じることができる」と規定している[143]。

さらに、税法上の情報提供義務の意図的な不履行に対しては、所得税法§271（Failure to furnish returns, comply with notices, concealment of income, etc.）(1)(c)が、「もし、ある者が所得の詳細を秘匿又は不正確な所得の詳細を提出したと税務当局…が判断する場合、税務当局は、その者が逃れることを意図した金額以上だが、その3倍以下の額のペナルティを支払うことを命じることができる…」と定めているところ[144]、本規定に対する「説明（Explanation）」7は、「§92Bの下での国際取引を実行した納税者について、§92C(4)の下、その総所得の計算上、金額の増加又は否認が行われた場合、その取引の売買価格が§92Cの諸規定に従って誠実かつ周到に計算されたということを…納税者が証明しない限りは、その増加又は否認された額が、詳細が秘匿された又は不正確な詳細が提出されているケースに係る所得であるとみなされる」と規定している[145]。

---

140) 原文は、"The Assessing Officer, ... may, for the purposes of this Act, ──(1) ... (6) require any person, ... to furnish information in relation to such points or matters, or furnish statements of accounts and affairs verified in the manner specified by the Assessing Officer, ... giving information in relation to such points or matters, in the opinion of the Assessing Officer, ... will be useful for, or relevant to, any enquiry or proceeding under this Act：..." である。

141) 詳細は、Waman Y. Kale, Tranfer Pricing—Practical Issues and Controversies（http://www.icai.org/resource_file/10419570-579.pdf）参照。

142) 原文は、"... if any person fails to keep and maintain any such information and document as required by sub-section (1) or sub-section (2) of section 92D, the Assessing Officer ... may direct that such person shall pay, by way of penalty, a sum equal to two per cent of the value of each international transaction entered into by such person." である。

143) 原文は、"If any person who has entered into an international transaction fails to furnish any such information or document as required by sub-section (3) of section 92D, the Assessing Officer ... may direct that such person shall pay, by way of penalty, a sum equal to two per cent of the value of the international transaction for each failure." である。

144) 原文は、"If the Assessing Officer ... , is satisfied that any person has concealed the particulars of his income or furnished inaccurate particulars of income, then, he may direct that such person shall pay penalty which shall not be less than the tax sought to be evaded, but which shall not exceed three times the amount of tax sought to be evaded. ..." である。

第3節　所得等の国外移転による税源浸食への対応

3．2001年改正後の所得税法§92の限界

(1)　計算規定としての限界

イ）Dana事案に対するAARの回答

上記2で示した1961年所得税法§92（「独立企業間価格を考慮した国際取引からの所得の計算」）及び関連規定等は、2001年改正後の移転価格税制の潜在的な機能の大きさを印象づけるものとなっているが、他方では、その限界を示唆する事実等もある。かかる限界は、本税制がOECD移転価格ガイドラインと乖離し、また、本改正後も、しばらく、無形資産や無償役務の取扱い及び費用分担契約等に関する規則が未整備であったことなどに基因している。かかる限界が露呈した例として、Dana Corporation 事案に対するAARの2009年12月2日付回答（AAR. No. 788 of 2008）が挙げられる。本事案では、図4-6の通り、インドの子会社Aや米国子会社B等の株式を有する米国の親会社C・申請人は、米国破産法第11章に基づく破産手続の下での再編プロセスの一環として、その米国子会社Bと合併するに伴い、子会社Bに子会社Aの株式等を無償移転する契約を結んだが、申請人は、本契約がインドでの課税を発生させるか否かについてAARの回答を求めている。

申請人は、本件契約は、米国破産裁判所によって債務者の法人構造の合理化を主な目的する組織再編に該当すると認められた米国破産法に則るものであり、しかも、契約上、対価を伴わない組織再編である以上、「(1)前年に実行された資本資産の移転から生じる利益又は利得は、…表題「譲渡益」の下、所得税の課税対象となる…」と定める所得税法§45（Capital Gains）の適用対象となる譲渡益は生じておらず[146]、譲渡益がない以上、計算規定である同法§92の適用対象ともならないと主張したのに対し、税務当局は、米国子会社Bによる親会社Cの負債の引受けが、インド子会社Aの株式の移転の対価であるとみなすべきとの判断の下、本件株式移転は、同法§45の下、その譲渡益が課税対象となるが、仮にそうでなくとも、対価も所得の発生もないとは言い難い本件株式移転は、同法§92の適用対象となると解するのが、Canoro Resources Ltd.事案（AAR/779/2008）に対するAARの2009年4月23日付回答にも合致すると主張している。

上記Dana事案に対し、AARは、(i)B. C. Srinivasa Setty v. CIT事件最高裁判決（[1981] 128 ITR 294）において、「課税根拠となる条文と計算根拠となる条文は一体となって統合

図4-6　移転価格税制である所得税法§92の限界が露呈したケース

---

145)　原文は、"In the case of an assessee who has entered into an international transaction under 92B, if any amount so added or disallowed shall be deemed to be income under section 92C(4), then the amount so added or disallowed shall be deemed to be income in respect of which particulars have been concealed or inaccurate particulars have been furnished unless the assessee proves ... that the price charged or paid in such transaction was computed in accordance with the provisions of section 92C ..., in good faith and with due diligence."　である。

146)　原文は、"Any profits or gains arising from the transfer of a capital asset effected in the previous year shall, ... be chargeable to income tax under the head "Capital Gains" ...."　である。

された法律を構成する」との見解の下[147]、新たな事業で生じた「のれん」(goodwill) は、「表題『譲渡益』の下で課税対象となる所得は、資本資産の移転の結果として受領される又は生じる対価の総価値から以下の金額…を控除することによって計算する」と定める所得税法§48 (Mode of Computation) の下[148]、その取得価格を決定することが不可能なものであることから、のれんは同法§45 (「譲渡益」) 上の資本資産という文言に含まれる資産とは言えないと判示された[149]、(ii)同法§45でいう利益又は利得とは、不明確・不確定なものではないと解される、(iii)同法§92にいう所得とは、本法上の課税規定の適用対象となる所得以外の何物でもないことなどに鑑みると、移転価格税制に基づく課税が可能とする税務当局の主張には根拠がないとの回答を示している。

他方、確かに、上記Canoro事案に対する回答では、AARは、「…移転価格税制上の諸規定は、時期的には後のものである以上、それ以前に措置された規定に優先し、古い方の規定は、新しい方の規定と矛盾する限りで破棄される。…45条3項の文言は、国際取引をもカバーするほどに広くなっている。これに対し、92条~92F条は、その適用が、個人であれ、法人又は企業であれ、関連者間で実行された国際取引に排他的に適用される。…関連者であるパートナーと企業との間の国際取引でも価格操作の心配は本物である。…45条3項の規定と関係する移転価格税制の諸規定を調和させて解釈すると、国際取引は、45条3項の適用対象とせず、移転価格税制の諸規定に従って取り扱うべきと推測できると考える…」との見解の下[150]、国際取引との関係では、移転価格税制上の諸規定が、「人が、メンバー…である法人に資本資産を譲渡することによる利益又は利得は、…課税される」と定める所得税法§45(3)を凌駕して適用されるとの判断を示している[151]。

しかし、AARは、Canoro事案に対する回答で示された上記の見解を本件Dana事案に適用することはできないと判断している。その理由としては、(i)Canoro事案に対する回答では、「申請人がAmuguri blockに参画する権利を提案対象となっているパートナーシップ企業に移転することによって生じる所得の性質が、キャピタル・ゲインであろうことは、申請人と税務当局の双方が共有している見解である」と述べられているように[152]、本件とCanoro事案は重要な点で異なっている、(ii)所得税法§92は独立した課税規定ではなく

---

147) 原文は、"... the charging section and the computation provisions together constitute an integrated code." である。
148) 原文は、"The income chargeable under the head "Capital Gains" shall be computed, by deducting from the full value of the consideration received or accruing as a result of the transfer of the capital asset the following amounts, ..." である。
149) 原文は、"Inasmuch as we are of the opinion that the consideration received by the assessee on the transfer of his shares to the partnership firm does not fall within the contemplation of Section 48 of the Income Tax Act and further that no profit or gain can be said to arise for the purposes of the Income Tax Act, we hold that this case falls outside of the scope of section 45 of the Act altogether." である。
150) 原文 (パラ10.6の最後の部分) は、"We are of the view that the provisions of sub-section (3) of section 45 and the relevant transfer pricing provisions, when read in harmony, would lead to the inference that sub-section (3) would not apply to international transactions, which should be dealt with in accordance with the transfer pricing provisions." である。
151) 本規定の原文は、"The profits and gains arising from the transfer of a capital asset by a person to a firm ... in which he is ... a member, ... shall be chargeable to tax ... ." である。
152) 原文は、"It is the common stand of both—the applicant and the revenue, that the nature of income arising from the transfer of the applicant's participating interest in Amuguri block to the proposed partnership firm, shall be capital gain ." である。

第 3 節　所得等の国外移転による税源浸食への対応

計算規定であることは、本規定のタイトルが「国際取引からの所得の独立企業間価格を考慮した計算」となっていることからも明らかである、(ⅲ)「国際取引から生じる所得は独立企業間価格を考慮した上で計算される…」)でいう「生じる所得」とは、本法上の課税規定の下で生じる所得を想定しており、また、同法§92の下でその範囲を広く解し得るものでないことも疑問の余地がないことなどが挙げられている。

ロ)　Amiantit事案に対するAARの回答

上記Dana事案で示された考え方は、Amiantit International Holding Ltd事案に対するAARの2010年2月23日付回答(AAR/817/2009)でも踏襲されている。本事案では、図4-7の通り、インド法人Mとキプロス法人N等の相当数の株式を有していたバハレーン法人L・申請人が、組織再編を通じて法人Nの欧州での機能を高めるなどの目的の下、申請人に配当を支払っていた法人Mの株式を法人Nに対価なしに出資することの課税関係が問題となっている。申請者は、本件出資により所得は発生せず、また、仮に発生するとしても、贈与であり、所得税法§45(「譲渡益」)の例外を定める§47(Transactions not regarded as transfer)(ⅲ)項でいう「贈与、遺言又は取消不可能信託の下での資本資産の移転」に該当すると主張したのに対し[153]、税務当局は、本件出資行為の実質は贈与ではなく、同法§45の適用対象となるが、利益操作の可能性も認められるため、同法§92に基づく移転価格税制上の調整対象ともなるなどと主張している。

上記事案に対し、AARは、申請人が本件再編成によって事業の全般を改善する可能性、また、申請人が本組織再編によって、近い又は遠い将来、より大きな利益を得る可能性や機会は、申請人が法人Nから明確な又は確認し得る金額や利益を得る権利を有しない場合、申請者において対価が発生したことを意味しないほか、Acharya D. V. Pande v. CIT事件Gujarat高等法院1964年9月16/17日判決(IT Ref. No. 16 of 1963)の見解(「…『所得』という文言の意味をいかに広く解しようとも、一つだけ明らかなのは、所得税法の目的上、所得とはお金又はお金に相当するもの…つまり、お金に換えることができるものでなければならないということである」[154]) 等に照らしても明らかなように[155]、本件では所得も譲渡益も生じていないため、所得税法§45及び同法§48の適用という問題は生じないこととなるが、そうすると、Dana事案に対するAARの回答からも確認し得る通り、本件は、計

図4-7　所得税法§92の所得未発生のケースへの適用の可否が問題となった例

---

153)　本法§47は、"Nothing contained in section 45 shall apply to the following transfers : ... (ⅲ) transfer of a capital asset under a gift or will or an irrevocable trust ..."）と定めている。
154)　原文は、"... howsoever broad may be the connotation of the word 'income', one thing is clear that income for tax purposes must be money or money's worth, ... that is, something which is capable of being converted in terms of money ...." である。

第4章　インドの対応策の分析

算規定である同法§92に基づく調整の対象ともならないとの回答が示されている。

ハ）Goodyear Tire事案に対するAARの回答

上記イ）及びロ）で示した裁判例で確認された2001年改正後の移転価格税制である所得税法§92の限界は、Goodyear Tire and Rubber Company事案に対するAARの2011年5月2日付回答（AAR Nos.1006 & 1031 of 2010）でも露呈している。本事案では、図4-8の通り、米国法人J・申請人が、シンガポールの完全子会社Lのアジア地域での機能拡大を図ることによって、アジア地域でのグループの利益を高めることを実現するために、その保有しているインド法人K（ボンベイ証券取引所の上場会社）の全株式（総発行済株式の74%）を対価なしに子会社Lに移転させることの課税関係が問題となっている。申請人がAARに対して回答を求めたのは、本計画が実行されれば、①申請人は、所得税法§45（「譲渡益」）等の下、インドでの譲渡益課税の対象となるか、②申請人は、インドの移転価格税制の適用対象となるか、③申請人又は子会社Lは、所得税法§195（「その他の金額」）に基づき、インドに対して源泉徴収義務を負うこととなるかという点であった。

上記②との関係では、1961年所得税法§56（Income from other sources）(2)が、「…以下の所得は、…所得税の課税対象となる…」と定めているが、無償又は低額による株式の譲り受けの場合にも所得認定を行うとの観点から、2010年FAによって、本規定には、新たに、(viia)号が付加され、本条の下で課税対象となる所得として、本号は、「一般大衆が相当程度に利害関係を有する会社に該当しない会社又は法人が、2010年6月1日以降、その他の者から、一般大衆が相当程度に利害関係を有する会社でない法人の株式という資産を受領する場合、(i)対価がなく、その合計の公正市場価値が5千ルピーを超えるなら、かかる資産の合計の公正市場価値の全部、(ii)対価が資産の公正市場価値の合計よりも5千ルピー超少ないなら、当該対価を超える当該資産の公正市場価値の合計が挙げられるが、本号は、§47…の下で移転とみなされない取引を通じて得た資産には適用されない」と規定していることに留意する必要がある[156]。

図4-8　インド法人株式のオフショアでの移転と移転価格税制との関係が問題となった例

---

155) 本事件では、納税者がマスター（Acharya）となっている団体が納税者の家族等への衣食に係る費用を支出し、当該費用が納税者の所得とみなされるか否かなどの点が問題となったが、高等法院は、Tennant v. Smith 事件貴族院判決（[1892] AC 150, Tax Cases 158）で示された「…納税者は、ポケットで節約することのできものではなく、ポケットに入るものに基づいて課税される」（"... the assessee is chargeable not on what he saves his pocket but on what goes into his pocket."）という見解に依拠した判断を下している。かかる見解の妥当性を巡るその後の英国・香港の裁判例は、第5章第4節1(2)ロ)参照。

156) 前半部分の原文は、"Where a firm or a company not being a company in which the public are substantially interested, receives, in any previous year, from any person or persons, on or after the first of June, 2010, any property, being shares of a company not being a company in which the public are substantially interested, (i) without consideration, the aggregate fair market value of which exceeds fifty thousand rupees, the whole of the aggregate fair market value of such property ; (ii) ... ." である。同法§47（「移転とみなされない取引」）については、本節3(1)ロ)参照。

第3節 所得等の国外移転による税源浸食への対応

　上記事案において、申請人は、前述のDana事案の場合と同様に、Srinivasa事件最高裁判決で示された見解に依拠し、(i)金銭受領のない本件取引は、所得税法§48（「計算方法」）の範疇外である[157]、(ii)本件取引は、同法§45（「譲渡益」）の適用対象外である「贈与による資本資産の移転」に該当し、同法§92の適用対象とならない、(iii)インド法人Kは、一般大衆が相当程度に利害関係を有する公開法人であり、同法§56（「他の源泉からの所得」）(2)（viia）の適用対象とならないと主張したのに対し、税務当局は、より良い事業環境を創造すること自体が本件株式譲渡の対価であり、そうすると、本件株式移転は、贈与ではなく、譲渡益課税の対象となるほか、インド・シンガポール条約の下では、その将来の譲渡に対するインドの課税権が生じないことに着目した上で、インド・米国租税条約の下で生じ得る株式の譲渡益への課税を回避せんとするものであるから、所得税の回避を意図した取引を事前照会の対象外とする同法§245R（Procedure on receipt of application）(2)に服すると主張している[158]。

　上記事案に対し、AARは、課税規定である所得税法§45と計算規定である同法§48は一体として捉える必要があるため、課税規定の効果が生じない場合には、計算規定に基づく課税も成立しないところ、本法§48でいう「対価の総価値」とは、George Henderson and Co Ltd. v. CIT事件最高裁判決（[1967] 66 ITR 622 CC）では、「『対価の総価値』という表現は、市場価値と解するのではなく、取引の当事者が交渉した価格と解すべきであると考える」との見解が示され[159]、また、Amiantit事案に対するAARの回答では、「所得税法の目的上、所得とはお金又はお金に相当するもの…つまり、お金に換えることができるものでなければならない」と述べられたことなどを踏まえると、本件の場合、取引の対価は生じていないと考えられることから、本法§48の下で課税対象となる所得・対価の総価値は存在せず、そうすると、同法§56(2)（viia）や移転価格税制の適用対象となる事象が生じていないことになるとして、申請人の主張を全面的に支持する回答を示している。

(2)　国内での所得移転への対応に係る限界

　移転価格税制である1961年所得税法§92が包含していた上記(1)で示した以外の限界が露呈したのが、Glaxo Smithkline Asia Pvt. Ltd v. ACIT事件控訴審判所2005年8月19日裁決（[2005] 97 TTJ Delhi 108）であった。本件では、インド法人O・申立人が、その取引先のインド法人Pから受ける諸々の役務に係るコストに5％の負担金を上乗せした金額を払っていたところ、税務当局は、当該対価額は、申立人の純売上高の7％以下であるべきとの判断の下、その1998～2002課税年度分の対価額の一部の控除を否認する処分を行ったことが問題となっている。本裁決では、税務当局は、本件対価が事業目的のためだけに支払われたものではないとの主張をしていないことから、本件処分が適法であるためには、インド法人Pが同法§40A（Expenses or payments not deductible in certain circumstances）(2)(b)の要件に合致する者であることが前提となるところ、インド法人Pは、本

---

157)　本法§48（「計算方法」）の規定振りは、本節3(1)イ)・脚注148)参照。
158)　本法§245R(2)は、"The authority may, ... reject the application : ... where the question raised in the application, ── ... (iii) relates to a transaction or issue which is designed prima facie for the avoidance of income tax ...."と定めている。
159)　原文は、"... we are of the opinion that the expression "full value of the consideration" cannot be construed as the market value but as the price bargained for by the parties to the sale."である。

第4章　インドの対応策の分析

要件に合致する者ではないため、本件処分は適法ではないとの判断が下されている。

確かに、上記所得税法§40A（「一定の状況の下で控除できない費用又は支払」）(2)は、「(a)本号(b)で言及している者への支払いによって納税者に費用が発生し、そして、税務当局が、そのような支出は、支払対象となる商品、役務又は便宜の公正価値、納税者の職務やその事業の正当な需要、あるいはその者に生じる利益を考慮すると過大又は不合理であると考える場合、過大又は不合理であると考える支出額は、控除できない。(b)上記(a)号が言及している者とは、…(vi)その者が事業又は職務を遂行し、…(B)納税者が法人…である場合、その者の事業又は職務に相当な利害関係を有すること。説明：本号の目的上、事業又は職務に相当な利害関係を有するとみなされるのは、…株式保有により20％以上の議決権がある場合…」と定めているが[160]、インド法人Pは、同条(2)(b)で定める者に該当していない。本事件に対する高等裁判所2007年1月12日判決（Writ petition (c) No. 2111 of 2006 & CM 6790/2006）でも同様な判断が下されている。

上記事件に対する最高裁2010年10月26日判決（Petition(s) for Special Leave to Appeal (Civil) No (s). 18121/2007）でも、本件取引の当事者は、所得税法§40A(2)(b)に定める要件に該当する者ではないとして、税務当局に対して認められた特別許可申立が退けられている[161]。しかし、最高裁は、本件等に鑑みた場合、損失を計上している法人や適用対象となる法人税率が異なる法人との取引によって税の損失が生じ得ることが危惧されるとの問題があることから、通常、最高裁は、勧告や提案を行わないものの、複雑な事案で生じる訴訟を減少させるためにも、「…我々は、所得税法の一定の規定、例えば§40A(2)及び§80IA(10)は、納税者の申告所得に対し、税務当局が、その関連者間の取引の公正市場価値を考慮した上で調整を行う権限を有するように改正される必要があるとの考えを有している」と述べた上で[162]、このような改正を行うことの是非について、税務当局は早急に検討すべきであるとの提言を行っている。

上記判決において、最高裁が、所得税法§40A(2)だけでなく、同法§80IA（Deduction in respect of profits and gains from industrial undertakings, etc., in certain cases）(10)についても、早急な改正の是非を検討する必要があると指摘したのは、本規定が、「本規定の適用対象となる事業を行っている納税者とその他の者と間の密接な関係ゆえに、あるいは、その他の理由によって、これらの者の間で行われる事業取引が、その納税者に対し、そのような事業で生じることが期待される通常の利益よりも多くの利益を発生させるように仕組まれていると税務当局が考える場合、税務当局は、本項の下での控除の目的上、そのような事業の利益及び利得の計算において、そこから生じると合理的にみなされる利益

---

160) 本法§40A(2)(b)の原文は、"The persons referred to in clause (a) are the following, namely : ... (iv) Any person who carries on a business or profession, ... (B) Where the assessee being a company, ... has a substantial interest in the business or profession of that person. Explanation: For the purposes of this sub-section, a person shall be deemed to have a substantial interest in a business or profession, ... if such person is, ... the beneficial owner of shares (...) carrying not less than twenty percent of the voting power; ..." である。

161) 特別許可申立については、本節4(1)ハ)・脚注179)参照。

162) 原文は、"... we are of the view that certain provisions of the Act, like Section 40A(2) and Section 80IA(10), need to be amended empowering the Assessing officer to make adjustments to the income declared by the assessee having regard to the fair market value of the transactions between the related parties." である。

額を採用することができる」と定めているものの[163]、その適用上のアプローチが、独立企業原則に立脚していないことから、その適用上、問題・限界を有していると認められたからであると考えられる。

上記最高裁判決では、もし、上記の提言に従って移転価格規則を所得税法§40A(2)に定める要件に該当する者に対して適用するように改正すると、その者が行う取引に対して公正市場価値を割り当てることに執行上の困難性が伴うことも想定されるが、そもそも、現状では、関連者間の国内取引に関する特定の書類保存や特定の移転価格に関する調査に係る義務がないところ、納税者による関係資料の保存がないことで、実際上、税務当局がかなり制約を受けている場面が多く見受けられるとの問題もあることから、上記の提言を考慮するに当たっては、移転価格規則で示されている一般に受け入れられている方法に基づいて関連者間の取引が独立企業間価格を反映していることを示す資料（所得税法規則10Dに示されているもの）の作成・保存を納税者が行うとともに、会計士から監査報告書を得ることを義務づけるように法改正を行うことが必要であるか否かという点も検討すべきであるとの提言も行われている。

4．負担軽減制度の有用性と限界

(1) 事前照会制度

イ) メリットと限界

費用控除規定や移転価格税制が包含する上記3で述べたような限界を補完する措置を講じることも一つの課題ではあるが[164]、移転価格問題が主な原因である訴訟件数や事務負担等の増加を抑える必要性も顕著に高まっている。代表的な負担軽減措置としては、事前照会制度がある。本制度のメリットとしては、①裁判所で争うことなく、紛争解決が可能となるため、裁判所の負担だけでなく、納税者や税務当局の負担をも軽減し得る、②権威のある事前照会当局が示した見解・判断は、説得力があり、同様な事案では、裁判例等でも基本的に踏襲される傾向がある、③事前照会当局が示した回答は、事前照会を行った申請人が公表を望まない箇所を隠して公表がされるため、プライバシーの保護と課税の透明性の向上に資する、④AARの回答の中には、高等裁判所や最高裁判所が取り扱っていない問題に関するものも少なからず含まれているため、判例法の形成だけでなく、税法の諸規定の説明・解釈の明確化にも資することなどが挙げられる[165]。

他方、事前照会制度の限界としては、①1961年所得税法§245N（「定義」）(b)が、事前照会を求めることができる「申請人とは、(i)上記a項(i)号の非居住者、(ii)上記(a)項(ii)号でいう非居住者の納税義務の決定上問題となる取引を行う居住者[166]、(iii)中央政府が告示で

---

163) 原文は、"Where it appears to the Assessing Officer that, owing to the close connection between the assessee carrying on the eligible business to which this section applies and any other person, or for any other reason, the course of business between them is so arranged that the business transacted between them produces to the assessee more than the ordinary profits which might be expected to arise in such eligible business, the Assessing Officer shall, in computing the profits and gains of such eligible business for the purposes of the deduction under this section, take the amount of profits as may be reasonably deemed to have been derived therefrom." である。
164) かかる課題への取組みについては、第4節1・2参照。
165) Advance Rulings System in India（http://www.legalsutra.org/1442/advance-rulings-system-in-india/）参照。

示すカテゴリーに属する居住者…」と定めている、②同法§245R（「申請の受領手続」）(2)の但書が、「居住者が申請しているケースを除き[167]、申請されている照会事項が、(i)所得税当局、控訴審判所又は裁判所で既に係争している、(ii)資産の公正価格の決定を伴う、(iii)一見したところ、所得税の回避を意図している取引に関連する」場合には[168]、その申請をAARは認めないと定めていることなどが挙げられる。上記①及び②の限界は、本制度の主な趣旨・目的が、インドの非居住者の所得税の納税義務に係る不透明性の問題を緩和することであり[169]、また、租税回避に公的な認可を与えることを回避する必要もあることから生じていることに鑑みると、一定の合理性があるとの見方もできよう。

　上記のような限界はあるものの、インドの事前照会制度の負担軽減効果は、主な諸外国の事前照会制度と比べた場合、かなり大きなものとなり得るように制度設計されている。特に、「AARが245R条の下で発出したアドバンス・ルーリングは、以下の者のみを拘束する――(a)申請人、(b)申請の対象となった取引、(c)申請人とその取引に関係する所得税局長及びその下部の所得税当局」と定める1961年所得税法§245S（Applicability of advance ruling）(1)は[170]、上記で示した事前照会制度のメリット①（裁判所、納税者及び税務当局の負担軽減）を実現させる上で重要な鍵となる。実際、本規定によって、納税者の負担軽減が少なからず実現しているが、AARの回答例の中には、以下のロ）で示しているように、本規定の問題点・デメリットや限界が露呈しているようなケースもある。

ロ）デメリットと問題点

　事前照会制度の問題点が露呈した具体例の一つとして、M. A. Rafique事案に対するAARの回答（1995 213 ITR 317）が挙げられる。本事案では、1993年インド・アラブ首長国連邦租税条約4条（Resident）1項（「…『締約国の居住者』という文言とは、その住所、住居、市民権、管理地、登録地又は同様のその他の規準によって、その国で課税対象となる者を意味する」）及び同条約13条（Capital gains）3項（「1項及び2項で述べられている以外の資産の譲渡による利益は、その譲渡者が居住者である締約国でのみ課税される」）の下[171]、インド法人株式の譲渡を行った申請人が同連邦の居住者となると、実際上、

---

166) 本法§245N(a)(ii)の原文は、"... (ii) a determination by the Authority in relation to [the tax liability of a non-resident arising out of] a transaction which has been undertaken or is proposed to be undertaken by a resident applicant with [such] non-resident, ..."である。
167) かかるケースに該当するのが本法§245N(b)(iii)の要件に該当する申請者（公企業及び非居住者との取引から生じる非居住者の納税義務に関して事前照会を行うことを求める居住者等）が申請している場合である。
168) 本法§245R(2)但書(iii)の原文は、本節3(1)ハ）・脚注158)参照。
169) 1994年FA第5章Aの下、一定の要件に該当する非居住者や外国法人のインド子会社等は、サービス・タックスに関して事前照会を求めることもできる。
170) 原文は、"The advance ruling pronounced by the Authority under section 245R shall be binding only ――(a) on the applicant, (b) in respect of the transaction in relation to which the ruling had been sought ; and (c) on the Commissioner, and the income-tax authorities subordinate to him, in respect of the applicant and the said transaction."である。
171) 本条約4条1項の原文は、"... "resident of a Contracting State" means any person who, under the laws of that State, is liable to tax therein by reason of his domicile, residence, citizenship, place of management, place of incorporation, or any other criterion of a similar nature."であり、本条約13条3項の原文は、"Gains from alienation of any property other than that mentioned in paragraphs 1 and 2 shall be taxable only in the Contracting States of which the alienator is a resident."であった。

その譲渡益はいずれの国でも課税されないこととなるところ、税務当局は、二重非課税の防止などを根拠として、申請人は同連邦の居住者ではなく、本条約は適用されないとの認定の下、本件譲渡益はインドで課税されるとの見解を示している。

　上記事案に対するAARの回答は、インド・アラブ首長国連邦租税条約4条1項が、納税者の住所、住居又は市民権等を理由として、締約国の法律の下で「課税対象となる者」("any person who...is liable to tax")は、当該締約国の居住者であると定めていることは、その納税者が実際に課税されることとなる手段が当該締約国に存在していることを意味しているわけではなく、その納税者と当該締約国との繋がりを根拠として、当該締約国の税法によって、その者が課税対象となることを示唆していると考えられることから、本件申請人の場合、同連邦において、実際には所得税の課税対象となってはいないものの、本租税条約の目的上、同連邦の居住者として取り扱われなければならないとの趣旨のものであった。このような回答・判断は、「課税対象となる」("liable to tax")という文言を広く解釈するものであり、その結果、国際的二重非課税の発生を実際上容認することとなる[172]。

　ところが、「課税対象となる」との文言を広く解釈するアプローチは、Cyril Eugene Pereira事案（1999 239 ITR 650）に対するAARの回答では、実質的に捨象されている。本事案では、インドとアラブ首長国連邦の双方に恒久的な住居を有する申請人が、締約国の居住者とは当該締約国で「課税対象となる者」に限定する1993年インド・アラブ首長国連邦租税条約4条の下、主な生活の拠点である同連邦の居住者として、インド源泉の利子・配当所得に係る軽減税率の適用対象となるか否かが争点となったが、AARは、インド政府の租税条約締結の根拠規定である所得税法§90が二重課税の軽減を認めているのは、インドと外国の双方で所得税を納付している場合に限定している以上[173]、「二重課税防止協定の諸規定は、締約国の双方の既存の法の下で同一の所得が二度とも課税されないケースには適用されない」との見解の下[174]、申請人には本条約が定める軽減税率の適用はないと回答している。

　上記Rafique事案とPereira事案は、AARの回答が一貫性を欠いているケースもあることを示しているが、同様な事件でAARと裁判所の判断が対立しているようなケースもある。例えば、Green Emirates Shipping and Travels事件控訴審判所裁決（2006-TIOL-74-ITAT-MUM）では、アラブ首長国連邦の居住者が主張する1993年インド・アラブ首長国連邦租税条約13条3項の適用を税務当局が上記Pereira事案に対するAARの回答に依拠して否認する見解を示したが、本控訴審判所裁決では、租税条約の目的には潜在的な二重課税の防止も含まれるところ、一方の締約国での実際の税の納付が条約特典を享受するため

---

172) 「課税対象となる」('liable to tax')の解釈を巡る議論は、松田直樹「第58回国際租税協会ウィーン総会——二重非課税を巡る議論（中）」国際税務 No. 284（平成16年）65〜75頁参照。

173) 本法§90 (Agreement with foreign countries or specified territories) (1)は、"The Central Government may enter into an agreement with any Country outside India ... for the purpose of (a) for the granting of relief in respect of——(i) income on which have been paid both income-tax under this Act and income-tax in that country ...."と定めている。

174) 原文（パラ92の後段）は、"The provisions of the Double Taxation Avoidance Agreement do not apply to any case where the same income is not liable to be taxed twice by the existing laws of both the Contracting States."である。このような見解は、本条約4条で採用されている「課税対象となる」という文言を「課税に服する」("subject to tax")と同義に解したものと言えよう。

の前提条件ではないほか、租税条約の下、同連邦の居住者に課税する権利が同連邦にある以上、かかる権利は、行使されるか否かに関係なく、同連邦の政府の排他的な権利である以上、上記の税務当局の見解は妥当ではないとの判断が下されている。

ハ）所得税法§245Sが包含する限界

上記イ及びロからも確認できる通り、事前照会制度が提供する事務負担軽減効果は、特に、納税者にとって大きなメリットとなり得るものであるが、AARの回答が納税者にとって不利であり、しかも、その回答の妥当性に疑問の余地があるような場合、納税者が、その妥当性を争う手段がなければ、本制度は、むしろ、納税者にとってデメリットとなってしまいかねない。このようなケースを回避するためには、そもそも、所得税法§245S（「アドバンス・ルーリングの適用対象」）が、照会の対象となっている事案の当事者の双方に対して拘束力がある旨を定めていることから、このような拘束力を排除することが可能となるように本規定を改正することが必要になると考えられるが、実際には、現行法の下でも、AARからの回答を受けた申請人と税務当局が、その回答の妥当性を巡って裁判所で争っている例が散見される。

例えば、AARの回答が求められたMorgan Stanley & Co.事案（2006 ITR（284）260）では、(i)米国法人A・申請人がその職員をインドの子会社（MSAS）に派遣し、対価（実費に29％の手数料率（TNMM法に基づいて算定）を加えた金額）を得た上で研究・情報技術サポート等を行うことによって、1991年発効の米印租税条約5条2項(1)の下、MSASはサービスPEに該当することとなるか、(ii)当該手数料率は独立企業間価格であるか、(iii)MSASは、本条4項の下、申請人の代理人PEとなるかなどの点が問題となっている。本条2項(1)は、「恒久的施設とは、特に、…(1)企業が被雇用者又はその他の人員を通じて締約国で提供する役務で12条（Royalties and fees for included services）の定義に含まれる役務以外のもの。但し、(i)当該締約国でいずれかの12カ月間の内、合計90日以上継続する性質の活動、(ii)当該締約国で提供される役務が（9条1項の意味の）関連企業に対するものに限られる」と定めている[175]。

AARは、上記米印租税条約5条の下、(i)申請人による職員派遣が、MSASからの依頼に基づかない「監督管理」（"stewardship"）業務を行うことを目的としているか、あるいは、MSASからの依頼に基づく「代理委任」（"deputation"）であるか否かに関係なく、本件役務提供契約には、その役務提供期間を90日未満とする取極めがなく、しかも、「一度、申請人から代理委任に基づいて職員が監督管理活動のために派遣されれば、MSASの主要な管理活動に積極的に参画するであろう」ことを踏まえると[176]、MSASは申請人のサービスPEとなるが、(ii)MSASが、その役務に適正な対価を支払い、その対価が課税対象となっている限り、それ以上の所得は課税されない、(iii)MSASの活動は、請求人の代理人PEと認定するための本条4項上の三つの要件のいずれも満たしていないとの回答を示した

---

175) 前段部分の原文は、"The term "permanent establishment" includes especially : ... (1) the furnishing of services, other than included services as defined in Article 12 (Royalties and Fees for Included Services), within a Contracting State by an enterprise through employees or other personnel but only if : (i) ..." である。

176) 原文は、"Once employees are sent by the applicant on deputation for stewardship activities they would be actively involved in the key managerial activities of MSAS ..." である。

第3節 所得等の国外移転による税源浸食への対応

が[177]、かかる回答に不服である税務当局及び申請人の双方は、かかる回答の妥当性を最高裁まで争っている。

しかし、上記事案に対する最高裁判決 (Civil Appeal No. 2914 of 2007) も、上記AARの結論を基本的に首肯するものとなっている。本判決では、(i)MSASは、バック・オフィス業務を行っているにとどまり、米国法人Aに代わって契約を締結する権限を有していないことから、代理人PEには該当しない、(ii)MASAに派遣された職員は、申請人からの支配や給与等を受けている中、その「監督管理」業務ではなく、その「代理委任」に基づくサービスの提供を行ったことにより、MSASは申請人のサービスPEに該当することとなるとの見解の下、本件サービスPEに帰属すべき報酬額の算定上、TNMM法に依拠した上で、MSASの経常コストに25％のマーク・アップを加算したことは、基本的に妥当ではあるが、税務当局は、もし、考慮されていないPEの機能及びリスクがあれば、それに対する利益配分の必要があることを踏まえた上での検討を行うべきであると判示されている[178]。

上記Morgan Stanley事案のように、AARの回答の妥当性が裁判で争われることは、所得税法§245Sを毀損するのではないかとの疑問が生じるが、かかる疑問は、Columbia Sportswear Company v. DIT事件最高裁判決 (Special Leave Petition (c) No. 31543 of 2011) によって払拭されている。本件では、米国法人である申請人がインドに設立した連絡事務所が、米印租税条約5条に定めるPEに該当するなどの判断を下したAARの2011年8月8日付回答を不服とする申請人が行った特別許可申立を最高裁が受理すべきか否かが問題となっている。特別許可申立は、憲法136条 (Special leave to appeal by the Supreme Court) 1項に基づくものであり、本項は、「…最高裁は、その裁量によって、インドの領土に所在する裁判所又は審判所が示す又は下す如何なる理由又は事項の判断、命令、決定、判決又は裁決に上訴する特別許可を付与することができる」と定めている[179]。

上記最高裁判決では、(i)「よって、AARは、所得税法XIX-B章によって付与された司法上の権限を行使する機構であり、憲法136条及び227条上の表現の意味で審判所であることは疑いないと考える」[180]、(ii)所得税法§245Sの拘束力は、高等裁判所又は最高裁が、AARの回答を裁判所で争うことを求める申請を受理する権限に影響を与えない。そのことは、その権限の根拠となる憲法227条 (Power of superintendence over all courts by

---

177) 本条4項上の要件に該当するには、(i)MSASが請求人の代理としてインドで活動している、(ii)MSASが独立した代理人以外の者である、又は、(iii)請求人の代わりに契約を結ぶ権限を恒常的に行使していることが必要となる。

178) 本判決が、独立企業原則に則った利益以上の利益を独立したPEに配分することを認めない「単一納税者アプローチ」("single taxpayer approach") に依拠するのか、それを認めるOECDが依拠する「二重の納税者アプローチ」("dual taxpayer approach") に依拠するのかを巡っては議論がある。Jefferson VanderWolk, New Analysis : Indian Supreme Court's Decision in Morgan Stanley Poses a PE Puzzle, Tax Notes International, Vol. 47, Aug. 13 (2007) pp. 633-635, Hans Pijil, Morgan Stanley : Issues regarding Permanent Establishments and Profit Attribution in Light of the OECD View, Bulletin for International Taxation (May 2008) pp. 174-182 参照。

179) 原文は、"... the Supreme Court may, in its discretion, grant special leave to appeal from any judgment, decree, determination sentence or order in any cause or matter passed or made by any court or tribunal in the territory of India." である。

180) 原文は、"We have, therefore, no doubt in our mind that the Authority is a body exercising judicial power conferred on it by Chapter XIX-B of the Act and is a tribunal within the meaning of the expression in Articles 136 and 227 of the Constitution." である。

the High Court）等は、憲法上の規定であって、AARの決定を拘束力のある最終のものとする法律上の規定が、かかる権限を毀損できないことから明らかである、(iii)憲法227条等に基づき、AARの回答を高等裁判所で争うことも可能である以上、特段の理由がない限り、AARの回答を直接に最高裁で争うことを求める特別許可申立を行うことは推奨されることではないことなどの理由により、本件特別許可申立の受理が拒否されている。

(2) 紛争解決制度と独立企業間価格幅
イ）紛争解決制度の機能

事前照会制度は、上記のような限界等を包含しているが、2009年FAが措置した1961年所得税§144C（Reference to Dispute Resolution Panel）に定める紛争解決制度が、かかる限界等を幾分補完する機能を果たし得る。本条の下、税務当局が発した課税処分案（"draft order"）に不服のある納税者から提出された異議申立書を受けた3名の局長（Commissioners）から構成される「紛争解決陪審団」（DRP）は、異議申立書の審査や必要な調査等を行い、また、納税者と税務当局の双方からの意見を聞いた上で、異議申立書の提出日の属する月の末日から9カ月以内に、税務当局に対して拘束力のある審査結果を発する。納税者と異なり、審査結果を不服とする控訴ができない税務当局は、審査結果の受理日の属する月の末日から1カ月以内に、審査結果に合致する処分を行う[181]。異議申立書を提出できる者は、(i)同法§92CA（Reference to transfer pricing officer）(3)に基づく移転価格の調整案を提示された納税者又は(ii)全ての外国法人である[182]。

上記のような特徴を有する紛争解決制度が2009年に創設されたことにより、図4-9の通り、所得税の更正・決定案に不服である納税者に対し、①の段階において、所得税長官に控訴するという従来の訴訟プロセスを採用する代わりに、DRPに訴えるルートを採用することが認められている。本制度のメリットとしては、移転価格事案及び国際課税事案に

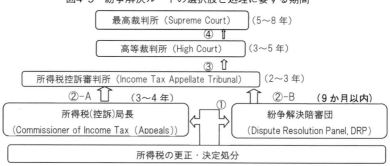

図4-9　紛争解決ルートの選択肢と処理に要する期間[183]

---

181) 本法§144C（「紛争解決陪審団への照会」）は、(10)項において、"Every direction issued by the Dispute Resolution Panel shall be binding on the Assessing officer." と定め、(12)項において、"No direction under sub-section (5) shall be issued after nine months from the end of the month in which the draft order is forwarded to the eligible assessee." と定めている。
182) 但し、外国法人でも、その源泉徴収義務に関する処分案との関係では、紛争解決制度を利用することは認められていない。
183) 通常要する期間は、Dispute Resolution in Tax Matters - Discussion Paper March 2013, Federation of Indian Chambers of Commerce and Industry, p. 17に基づく。

関する紛争解決に要する期間を大幅に短縮することができることが挙げられる。DRPに訴えるというルート（②-B）を選択することによって、時間の短縮と移転価格リスクの回避の可能性が高まるであろうことは、(i)所得税の更正・決定処分案が納税者に対して発せられてからDRPの審査結果を受けた税務当局の処分が行われるまでの期間が定められている、(ii)①の段階で所得税（控訴）局長に異議申立てされた事案に対して下された判断の大半である９割以上が、②-Aの段階である所得税控訴審判所で覆されている事実からも示唆される[184]。

裁判所や納税者の負担を軽減することの重要性に鑑み、紛争解決制度に関しては、例えば、(i)金額基準の設定による処理対象案件の数を減らすことで、DRPの負担軽減を図るべきである、(ii)DRPの構成員には税務当局以外の者も加えるべきなどの改革案も提言されているが[185]、かかる提言の妥当性の如何を判断するに当たっては、本制度の本質を明らかにする必要がある。本制度の本質は、Vodafone India Services社（VIS社）がBombay高等裁判所に提出した請願書（WP 1877-2013）に対する2013年11月29日判決で明らかにされている。本件では、VIS社がモーリシャスに設立した完全子会社に対して株式を発行したが、税務当局は、その対価が独立企業間価格よりも低額であるとして、移転価格税制に基づく調整を行ったため、VIS社は、本件株式の評価の問題に対する判断をDRPに対して求める一方、本件が、移転価格税制の適用対象となるか否かという点に関する高等裁判所の判断を求めたことが問題となっている。

そもそも、VIS社が、本件は移転価格税制の適用対象となるか否かの判断をDRPに対して求めなかったのは、所得税法§144C(8)が、「DRPは、課税処分案で示されている更正・決定額を確認、減少又は増加することができる…」と定めているため[186]、DRPは、移転価格税制の適用対象となるか否かを判断する権限を有しないと考えたからであるが、上記高等裁判所判決では、「…DRPは課税手続の延長である。なぜなら、それが終了して初めて異議申立ての対象となる最終的な課税処分となるからである。…この点は、144C条(5)項に基づいて調査官に対して命令を発する前に証拠収集や質問を行う権限をDRPが有することを定める同条(6)項からも明らかである…」と述べた上で[187]、DRPは、本件株式の評価に対する判断を下す前に、本件が移転価格税制の適用対象となるか否かの判断を下すべきであると判示している。確かに、2012年に措置された本条(8)項に関する「説明」でも、本項上の「DRPが更正・決定額を増加する」との文言の意味が広く解されている[188]。

DRPの判断が税務当局を拘束する旨を定める所得税法§144C(10)と上記VIS社事件

---

[184] Harshal Shah and Neha Sinha, India's Dispute Resolution Panel Offers Timely Relief for Taxpayers, Tax Notes International, Mar. 15 (2010) p. 979参照。

[185] *supra* "Dispute Resolution in Tax Matters" pp. 36-37参照。

[186] 原文は、"The Dispute Resolution Panel may confirm, reduce or enhance the variations proposed in the draft order …."である。

[187] 原文（パラ47）は、"… DRP is a continuation of the assessment proceedings as only thereafter would a final appealable assessment order be passed. …. This also finds support from Section 144C(6) which enables the DRP to collect evidence or cause any inquiry to be made before giving directions to the Assessing Officer under Section 144C(5)．…"である。

[188] 「説明」（Explanation）の原文は、"For the removal of doubts, it is hereby declared that the power of the Dispute Resolution Panel to enhance the variation shall include and shall be deemed always to have included the power to consider any matter arising out of the assessment proceedings relating to the draft order, notwithstanding that such matter was raised or not by the eligible assesee."である。

第4章　インドの対応策の分析

Bombay高等裁判所判決で確認された紛争解決制度の本質・権限は、裁判所及び納税者の負担を軽減する画期的なものであったが、本制度の本質は、2012年FAの下、DRPの判断に対する税務当局の異議申立を認める1961年所得税法§253（Appeals to the Appellate Tribunal）（2A）及び§254（Orders of Appellate Tribunal）（2A）等が措置されたことによって変容し、それに伴い、その負担軽減効果も少なからず低下している。同法§253（2A）は、「税務当局は、調査官が更正又は決定を完成させる処分に対し、納税者が144C条(2)項に基づいて2012年7月1日以降に示した反論書について、DRPが所得税法144C条(5)項に依拠して示した命令に反対する場合、その命令に対し、調査官が控訴審判所に異議申立するよう指示できる」と規定し[189]、同法§254（2A）は、かかる異議申立を受理し、受理した年度末から4年以内に裁決を下すことができる旨を定めている[190]。

ロ）独立企業間価格幅の負担軽減効果

紛争解決制度の負担軽減効果が、2012年FAによって幾分減殺されたように、最近、所得税法§92C（「独立企業間価格の計算」）(2)但書の税負担軽減効果を減殺する措置も講じられている。本但書は、当初、「但し、最適の方法で決定される価格が複数ある場合、独立企業間価格は、それらの価格の算術平均値であるが、納税者が選択すれば、算術平均値からの偏差が算術平均値の5％を超えない額の価格である」と定めていた[191]。本但書の下では、独立企業間価格幅に関する最も一般的な四分位法（最適な方法で決定される価格が複数ある場合、独立企業間価格の決定上、最上位の25％（upper quartiles）と最下位の25％（lower quartiles）に含まれる値を除外し、その中間層の値だけを考慮する通例の方法）が採用されていないため、その幅の中に異常値が含まれる場合、その値がその他の値に影響し、その結果、その異常値が、独立企業間価格幅の決定上、納税者に有利に作用する場合と不利に作用する場合がある。

所得税法§92C(2)但書が、通例ではない形で独立企業間価格幅の概念を捉えていたのは、上記の点に限定されるわけではなかった。本但書でいう「納税者が選択によっては、算術平均値からの偏差が算術平均値の5％を超えない額の価格である」という文言は、実際の取引価格が最適な方法で決定される複数の価格の算術平均値の上下5％の独立企業間幅に収まる場合、移転価格税制に基づく調整の対象とならないことを意味しているが、実際の取引価格がその幅に収まっていない場合、移転価格税制に基づく調整は、①最適の方法で決定される複数の価格の算術平均値を基準として行うのか、それとも、②算術平均値の上

---

189) 原文は、"The Commissioner may, if he objects to any direction issued by the Dispute Resolution Panel under sub-section (5) of section 144C in respect of any objection filed on or after the 1st day of July, 2012, by the assessee under the subsection (2) of section 144C in pursuance of which the Assessing Officer has passed an order completing the assessment or reassessment, direct the Assessing Officer to appeal to the Appellate Tribunal against the order." である。

190) 原文は、"In every appeal, the Appellate Tribunal, where it is possible, may hear and decide such appeal within a period of four years from the end of the financial year in which such appeal is filed under ... sub-section (2A) of section 253." である。

191) 原文は、"Provided that where more than one price is determined by the most appropriate method, the arm's length price shall be taken to be the arithmetical mean of such prices, or, at the option of the assessee, a price which may vary from the arithmetical mean by an amount not exceeding five percent of such arithmetical mean." である。

下5％を超えない価格を基準として行うのかを巡って議論の余地があるところ、Sony India（P）Ltd. v. DCIT事件控訴審判所2008年9月23日裁決（ITA Nos. 1189/Del/2005, 819/Del/2007&820/Del/2007）等では、上記②の考え方が採用されたことにより、納税者の負担がかなり軽減された経緯がある。

上記Sony事件では、2001～2004課税年度において、インドの子会社が国外の親法人に輸出した商品等の価格が独立企業間価格であるか否かなどが争点となり、税務当局は、その独立企業間価格の算定上、インド子会社が主張するように、TNMM法が最適な方法ではあるものの、比較対象とすべきは、国外関連企業との取引価格ではなく、インドの非関連企業との取引であるとの見解に依拠し、本件取引は、独立企業間価格の上下5％の偏差内に収まらない以上、本件には2009年改正前の所得税法§92C(2)但書の適用はないとした上で、本件取引価格と独立企業間価格の上下5％の中間値（"mean ALP"）との差額を移転価格税制の下での調整の対象とする処分（上記①に則った取扱い）を行ったことが問題となっている。本件に対する所得税局長2004年12月31日決定も、本件処分は妥当であるという趣旨のものであったが、本決定は、上記控訴審判所裁決によって破棄されている。

上記控訴審判所裁決では、独立企業間価格の決定は厳密な科学ではなく近似値であることから、所得税法§92C(2)但書は、問題となる取引価格が、独立企業間価格であると判断される複数の価格の算術平均値の上下5％の幅に収まる場合だけでなく、収まらない場合にも適用されるというのが趣旨であると解されるという上記②の考え方に立脚した上で、移転価格税制の下での調整対象となる金額は、本件取引価格と「調整後の独立企業間価格の中間値」（"adjusted mean ALP"、つまり"mean ALP"から上下5％分を調整した後の金額）の差額と捉えるべきであるとして、本件処分の一部を取り消している。本判決に則ると、例えば、図4-10で示している通り、国外関連者への販売価格が100ルピー、複数の独立企業間価格の算術平均値が125ルピーであるケースでは、「調整後の独立企業間価格の中間値」は、118.75（125×0.95）ルピーであることから、移転価格税制に基づく調整額は、18.75（118.75-100）ルピーとなるものと考えられる[192]。

しかし、所得税法§92C(2)但書は、2009年FAによって改正され、改正前の但書の後段部分（「納税者の選択によっては、算術平均値からの偏差が算術平均値の5％を超えない額の価格である」）が削除されたことにより、本但書の税負担軽減効果が低下している。実際、例えば、Deloitte Consulting India Pvt. Ltd v. DCIT 事件控訴審判所2011年7月22日裁決（ITA No. 1082/Hyd/2010）では、税務当局が、インド法人のソフトウェア開発サービス部門が2004～2005課税年度中に行った国外関連企業との間の取引が独立企業間価格幅

図4-10　独立企業間価格幅に収まらない取引の独立企業間価格の算定方法

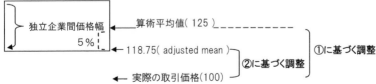

192）India: Tranfer Pricing Proposals in Indian Union Budget 2009-2010（http://www.us.kpmg.com/microsite/taxnewsflash/tp/2009/TNFT09_46India.html）参照。

の中に収まっていないとして、5％の幅・控除を適用しないで移転価格税制に基づく調整を行ったことが問題となったが、控訴審判所は、本但書に定める許容域は、標準控除ではない以上、「実際の取引が幅を超える場合、5％の控除を認めた上で独立企業間価格を計算する必要はない。つまり、実際の取引価格に5％の控除を付与しないで独立企業間価格を算定する」との見解を示している[193]。

第4節　対応策と負担軽減・融和策の新たな均衡

1．移転価格税制及び関連制度の再構築

(1) 主な機能拡充措置等と想定される効果

　第3節で述べた通り、移転価格税制の機能向上を図る余地はあるものの、主な負担軽減制度にも一定の限界があり、しかも、その負担軽減効果は、近年、縮小される方向にある。しかし、ここ数年において、このような状況を打開することに繋がるような抜本的な移転価格税制の機能拡充措置と負担軽減措置等が講じられている。主な機能拡充措置等としては、(i)2012年FAの下、移転価格税制の適用対象となる国際取引の範囲を拡大する方向で1961年所得税法§92B（「国際取引の意味」）が改正され、しかも、2002年4月1日まで遡及効を有する形で適用される、(ii)2012年FA§を受けて措置された同法§92BA（Meaning of specified domestic transaction）の下、同年4月1日以降、移転価格税制は、「特定の国内取引」にも適用される、(iii)ロケーション・セービングによる利益を関係するインド法人に帰属させるのが妥当であるとのスタンスが明確に打ち出されたことなどが挙げられる。

　イ）「国際取引」の定義の拡大
　上記(i)（改正された所得税法§92B）は、本規定でいう「国際取引」とは、役務提供、事業再編及び無形資産の売買・リース等を含むものであることを明示的に定めている。具体的には、例えば、本法§92B(i)(e)は、「国際取引」に含まれるものとして、企業が関連企業と実行した事業再編又は組織再編の取引（その取引がその取引時点又は将来の時点でその法人の利益、所得、損失又は資産に関係を有しているか否かは無関係である）と定めており、また、本法§92B(ii)は、「無形資産」という表現には、特許、商標、ソフトウェア・プログラム、ロゴ及びノウハウ等の典型的な無形資産に加え、(j)職業人の個人的な暖簾や一般事業法人の価値等の暖簾に関係する無形資産、(k)方法、プログラム、システム、手順、キャンペーン、調査、研究、予測、見積り、顧客リスト、技術データ、(l)その物理的な属性と言うよりもむしろその知的な内容に価値が存するその他の同様なものが含まれると規定している[194]。

　確かに、無形資産等の範囲を実質的に広げる方向で法改正を行うことの重要性は、その

[193) 原文（パラ31）は、"… If it exceeds the said tolerance band, then ALP adjustment is not required to be computed after allowing the deduction at 5%. That means, actual working is to be taken for determining the ALP without giving deduction of 5%."である。
[194) 米国の財務省規則§1.482-4(b)（Definition of Intangible）上の知的財産の定義との類似性が顕著に認められる。

第4節　対応策と負担軽減・融和策の新たな均衡

範囲等を狭く解したDana事案やGoodyear Tire事案に対するAARの回答等からも示唆されるが[195]、最近の実務や裁判等でも、既に同様な方向性を示す動きがないわけではなかった。例えば、Maruti Suziki India Ltd. v. ACIT事件Delhi高等法院2010年7月1日判決（WPC (c)6876/2008）では、申立人・インド法人Aが、関連法人である日本法人Bとの契約の下、双方の法人の名称を合わせたMaruti-Suzukiというブランドの商品を販売し、後者に対してロイヤルティを支払っていたところ、税務当局は、インドでは前者のブランド名が後者のブランド名よりも優位であることから、かかるロイヤルティの独立企業間価格はCUP法によると零であると算定され、また、本件日本法人Bは、申立人のマーケティングに係る無形資産の開発費用や広告宣伝費等を分担すべきであるとして、申立人の2004～2006年度分の所得を増額する処分を行ったことが問題となっている。

上記高等法院判決では、国内企業が外国企業のトレードマークやロゴを使って行う商品宣伝の費用は、かかる費用が同様な状況にある独立した比較対象企業で生じた費用を超えない限り、外国企業による分担や対価の支払いが必要となるわけではないが、「…独立企業間価格は、問題の国際取引との関係で当事者に生じた権利と義務の全てを考慮した上で決定されるべきであり、その中には、外国の法人の商標又はロゴの国内の事業体による強制的な使用によって得た無形資産のマーケティングの価値も含まれる」ところ[196]、本件契約の下、Maruti-Suzukiという商標の使用は強制的なものとなっており、しかも、本商標をインドで使用する宣伝効果という利益は日本法人Bのみに生じることから、その使用を任意とする契約とは異なり、その利益への対価をも考慮した上で、適切な比較対象取引の確認・必要な調整を行うべきとして本件の税務調査官への差戻しが行われている。

ロ)「特定の国内取引」への適用

上記(ⅱ)（所得税法§92BAの導入）の場合は、より明確な伏線があった。本規定は、「特定の国内取引」をも移転価格税制の適用対象とすることを意味するが、その契機となったのが、前述のGlaxo事件最高裁判決（2010）で示された見解（「所得税法§40A(2)及び同法§80IAは、納税者の申告所得に対し、税務当局が、その関連者間の取引の公正市場価格を考慮した上で調整を行う権限を有するように改正される必要があるとの考えを有している」）であったことは明らかであった。そもそも、かかる見解が示されたのは、最高裁が、「事業上の便宜・都合」による費用も控除対象となるとするAtherton基準が適用上の指針となる費用控除規定では、赤字法人や適用税率の異なる法人との国内取引を利用した所得の移転による税源浸食を十分に防止することができないため、移転価格税制を一定の国内取引にも適用する必要があるとの認識を有していたからであった。

確かに、費用控除規定では対処し得ない税源浸食があり、その機能上の限界を所得税法§92BAを導入することによって補完する必要があったことは、上記Glaxo事件最高裁判決後に下された幾つかの裁判例も示唆している。例えば、Tweezerman (India) Pvt. Ltd. v.

---

195)　第3節3(1)イ)・ハ)参照。AARは、Dana事案では、暖簾は資本資産に該当せず、また、Goodyear Tire事案では、金銭を伴わない贈与は移転価格税制の対象とならないとの見解を示している。

196)　原文（パラ84の vi）は、"... the arm's length price ... , needs to be determined, taking into consideration all the rights obtained and obligations incurred by the parties under the international transaction in question, including the value of marketing intangibles obtained by the foreign entity on account of compulsory use of its trademark and/or logo by the domestic entity."である。

DIT事件控訴審判所2011年6月21日裁決（ITA Nos. 2124 & 2125/Mds/2010）では、被申立人・インド法人Tが、輸出業に特化した新設の事業体への同法§80IA⑽等の適用を定める同法§10B（Special provisions in respect of newly established hundred per cent export-oriented undertakings）(7)に依拠して[197]、輸出取引によって得た利益に係る費用の控除を行った上で2004～2005年分の申告を行ったところ、移転価格調査官は、本件利益額が「通常の利益」を超えており、控除額も多額となっているとの判断の下、TNMM法に基づいて独立企業間価格を算定した上で、本規定及び同法§80IA⑽に依拠して控除額の一部を否認する処分を行ったことなどが問題となっている。

上記控訴審判所裁決では、上記処分を取り消した所得税局長（控訴）2010年9月27日決定は、被申立人の輸出による利益が多額となっていることを考慮に入れていないとの問題があり、また、「その輸出利益の目的地、並びに、本件法人のインド及び国外での所有のパターン及び程度は、本法§10B(7)の下で多額の控除を得るという意図が潜んでいるとの方向性を示している」としながらも[198]、本決定で示された見解（「…税務当局は、納税者が通常の利益よりも多く申告したとみなしたかの理由及びその超過利益を決定する計算の根拠を示すことなく、移転価格調査官が報告した独立企業間利益に依拠して利益を減少させる上で所得税法§80IA⑽及び同法§10B(7)の規定に依拠することは認められない」）は妥当であると判示され、本件処分の違法性が確定したが、本裁決は、本法§92（「独立企業間価格を考慮した国際取引からの所得の計算」）(1)の下、費用控除規定も、国際取引に対しては、独立企業間価格を考慮して決定するとの取扱いの対象とされていない費用控除規定があることを確認するものでもあった[199]。

上記Tweezerman事件控訴審判所裁決で示された見解は、およそ同様な問題が争点となったVisual Graphics Computing Services (India) Pvt. Ltd. v. ACIT事件控訴審判所2012年5月23日裁決（TS-274-ITAT-2012）及びWeston Knowledge Systems & Solutions India Pvt. Ltd. v. ITO事件控訴審判所2012年4月26日裁決（TS-269-ITAT-2012）等でも基本的に踏襲されている。特に、Weston Knowledge事件でも国際取引が問題となったが、本控訴審判所裁決では、「…特定の法人の利益率は、費用効率性、内外の組合せ及びその法人が享受するロケーションによる利益や人的資源の質のようなその他の利益に左右されるように、産業利益率は『通常の利益』とはなり得ない…」ほか[200]、「所得税法§80IA⑽でいう『通常以上の利益』という表現は、本法§92Cでいう『独立企業間価格』とは異な

---

197) 本法§10B(7)は、"The provisions of sub-section ⑽ of section 80-IA shall, so far as may be, apply in relation to the undertaking referred to in this section as they apply for the purposes of the undertaking referred to in section 80-IA." と定めている。

198) 原文は、"The destination of the exports proceeds, the pattern and extent of the ownership of the company in India and abroad clearly points to the inherent intent to claim the enhanced exemption u/s 10(7) of the IT. Act." である。

199) 原文は、"... the Assessing officer was not justified in invoking the provisions of section 80IA⑽ r.w.s 10B(7) so as to reduce the eligible profits on the basis of reduction of arm's length profit reported by the TPO without showing how he deemed that assessee has shown more than ordinary profit and without giving any calculation on the basis of which excess profit was determined by him." である。所得税法§92(1)は、第3節2(1)・脚注128)参照。

200) 原文（パラ14）は、"... the industry profit rate cannot be 'ordinary profits' in as much as the profit margin of a particular company depends upon the cost efficiency, offshore-onshore mix and other advantages enjoyed by the company like locational advantages, quality of human resources, ..." である。

る…」以上[201]、比較対象企業の利益率を申立人の通常の利益と解した上で、その費用控除の一部を否認する本件処分は違法であると判示されている。

上記Glaxo事件最高裁判決等が示唆する費用控除規定による所得移転への対応に係る限界に対処し得るよう措置された所得税法§92BAの適用対象となる「特定の国内取引」には、(i)40A（Expenses or payments not deductible in certain circumstances）(2)(b)で言及する者への支払費用、(ii)§80A（Deductions to be made in computing total income）で言及する全ての取引、(iii)§80IA（「一定のケースで事業活動等から生じる利益又は利得に係る控除」）(8)で言及する全ての商品又は役務の移転、(iv)納税者と§80IA(10)で言及する者との間の事業取引、(v)§80IA(8)又は同条(10)項が適用されるⅥ-A章（Aggregation of income and setoff or carryforwared of loss—aggregation of income）又は§10AA（Special provisions in respect of newly established Units in Special Economic Zones）で言及するその他の全ての取引、あるいは、(vi)前年に納税者が契約した金額合計が5千万ルピーを超えるその他の指定取引であって、国際取引に該当しないものが含まれる[202]。

上記所得税法§40A（「一定の状況の下で控除対象とならない費用又は支払」）(2)(b)が言及する者が支払う費用とは、(i)納税者の親戚、(ii)納税者が役員となっている法人、パートナーとなっている法人、メンバーとなっている非分割ヒンズー家族の一員、(iii)納税者又はその親族の事業又は職務に相当な利害関係を有する個人、(iv)納税者が役員又はパートナーとなっている法人や事業体に相当な利害関係を有する法人やその法人のパートナー等、(v)法人、パートナー集団又は非分割ヒンズー家族の役員又はパートナーで納税者の事業や職務に相当の利害関係を有する者、(vi)納税者が個人又は法人として相当な利害関係を有する事業又は職務を遂行している者が支払う費用であるが、2012年FAが措置した同法§92BA(2)(a)但書の下では、かかる費用が過大又は不合理であるとの理由に基づく控除は、その費用が独立企業原則に合致している限りは、否認されることはないと定められている。

ハ）ロケーション・セービングに対する考え方

上記Weston Knowledge控訴審判所裁決の見解（「…法人の利益率は、…ロケーションによる利益…に左右される…」）に合理性があることは、2012年OECD移転価格ガイドライン第6章の改定に関する議論ペーパーが、A4(vii)（Market specific characteristics）において、「市場の特定の性質は、その市場における取引の独立企業間条件に影響を与えるかもしれない。…同様に、低い労働コスト、市場への近さ、恵まれた気候条件等は、特定の市場における特定の商品やサービスの価格に影響を与える。しかし、そのような市場の特定の性質は、個々の企業が、所有、支配及び移転できるものではない。それはA.1条の意味での無形資産ではなく、求められる比較対象分析を通じた移転価格分析において考慮

---

201) 原文（パラ17）は、"The phrase 'more than ordinary profits' referred in section 80IA(10) is different from 'arm's length price' as referred u/s 92C of the Act. ..."である。
202) 本規定の導入に伴い、「特定の国内取引」との関係上、控除対象となる費用の額の算定に当たっては、独立企業間価格を考慮する旨を定める所得税法§92(2A)が措置されている。原文は、"Any allowance for an expenditure or interest or allocation of any cost or expence or any income in relation to the specified domestic transaction shall be computed having regard to the arm's length price."である。同様な趣旨の規定が、国際取引を対象とする同法§92との関係で行われなかった背景には、同条(1)項やTata Autocomp事件控訴審判所裁決で示された移転価格税制の優先適用（第3節2(2)イ参照）という考え方があるのかもしれない。

第4章 インドの対応策の分析

されなければならない」と定めていることからも確認できるが[203]、ロケーションによる利益を現地法人への利益配分上特に大きな要素として評価するスタンスを採用すれば、そのようなスタンスも、移転価格税制の実質的な機能拡充に繋がり得る。

他方、確かに、インドでも、GAP International Sourcing（India）Pvt. Ltd., v. ACIT事件控訴審判所2012年9月18日裁決（ITA Nos. 5147/Del2011 & 228/Del/2012）では、多国籍企業グループのインド法人の事業は、リスク負担を伴わないルーティンの付加価値の低い活動ではなく、そのロケーション・セービングに該当する低い製品材料の調達コストや本件インド法人が開発したサプライ・チェイン・マネージメント等は、そのグループの取引利益及び事業戦略上の有利性を高める活動であったとの判断の下、2007年～2009年分の本件インド法人が得た手数料額を所得税法§92CA(3)に依拠して増額調整する処分を行ったことが問題となったが、本裁決では、「インドでは、調達役務も含む労働コストが低い…が、そのことが、地域的な有利性が存するとして本件インド法人の利益を左右することはない」以上[204]、リスク負担を伴う事業活動や人的な無形資産の保有を本件インド法人が行っていると認定できないため、本件処分は違法であるとして、その取消しが確定している。

しかし、上記GAP事件控訴審判所裁決では、「独立企業原則は、問題となっている当事者の管轄地における比較対象取引に対して基準の設定を行うことを求め、また、ロケーション・セービングがあれば、国際取引に対する基準の設定のために利用される比較対象取引によって得られる利益に反映される」との見解も示されている[205]。かかる見解も示されていることを踏まえると、本裁決は、ロケーション・セービングに基づく追加的な利益配分の妥当性を全面的に否定したものではないと考えられることから[206]、もし、ロケーション・セービングに対する考え方・適用基準が、今後、より明確なものとして確立すれば、本件インド法人の事業活動も、リスク負担を伴うものであり、また、人的な無形資産も保有されていたとの事実認定の下、ロケーション・セービングに基づく追加的な利益配分を行うことが、独立企業原則に合致するとして、上記の処分が適法であるとの判断が下されるようなこともあり得るのではないかと想定される。

実のところ、裁判所の移転価格とロケーション・セービングとの関係に対する考え方は、未だ、十分に明らかではないが、税務当局が、双方の関連性を強く認識していることは、2013年版の国連移転価格マニュアル（ST/ESA/347、以下「UNマニュアル」という）

---

203) 後半部分の原文は、"Such market specific characteristics may not, however, be owned, controlled and transferred by an individual enterprise. Such items are not intangibles within the meaning of section A.1., and should be taken into account in a transfer pricing analysis through the required comparability analysis." である。

204) 原文（パラ43 vii.）は、"... It is a fact that the labor costs including procurement services are very low in India, ... But it does not impinge on the assesses profitability by drawing and assuming perceived location advantages. ..." である。

205) 原文は、"The arm's length principle requires benchmarking to be done with comparables in the jurisdiction of tested party and the location savings, if any, would be reflected in the profitability earned by comparables which are used for benchmarking the international transactions." である。

206) Rohan K. Phatarphekar and Pankil Sanghvi, Location Savings――An Emerging Issue in the Indian Transfer Pricing Landscape, International Taxation, Vol. 9, Issue 1 (2013) p. 19、Ashutosh Mohan Rastogi, Factoring location savings in Transfer Pricing Analysis――Indian Perspective, International Taxation, Vol. 9, Issue1 (2003) p. 25参照。

§10.4（Emerging Transfer Pricing Challenges in India）からも示唆される。特に、本マニュアル§10.4.7（Location Savings）では、ロケーション・セービングとは、単に事業をコストの低い地域に移転するという問題だけでなく、あらゆるコスト面での有利性に関連するものであり、移転価格調査で比較対象分析を行う際に考慮すべき主要な側面の一つであるところ、インドは、多国籍企業に対し、ロケーション・セービングに加えて、(i)高度な専門技術・能力のある人員と知識、(ii)成長している地域の市場へのアクセス、(iii)増加している消費能力を有する多くの顧客ベース、(iv)優れた情報ネットワーク、(v)優れた流通ネットワーク、(vi)インセンティブと市場プレミアムのような「地域特有の有利性」を付与しているとの見解が示されている。

上記見解に立脚した上で、UNマニュアル§10.4.7.3では、コスト・セービングとロケーション・レントに対する独立企業原則に基づく対価の額を算定する際、独立した当事者が同様の状況の下で合意したであろうものを踏まえる必要があるが、比較対象となる支配関係のない当事者間取引が存在しない場合、利益分割法を利用することが可能であるが、その場合、取引当事者の役割、保有する財産及び負担しているリスクの機能分析と当事者の交渉力の双方が考慮すべき適切な要素となるとの説明がされている。また、本マニュアル§10.4.7.5では、もし、独立した第三者が低コスト地域に所在する者との取引に伴い、コスト・セービングとロケーション・レントの合計額に等しい対価を払わなければならないとすると、低コスト地域に所在する者と取引するインセンティブがなくなることから、コスト・セービングとロケーション・レントに対する独立企業原則に基づく対価は、その双方を合わせた価値の額よりは小さいものの、ゼロよりは大きくなるべきであると説明されている。

(2) セーフ・ハーバーの導入

上記(1)で示した一連の移転価格税制の機能拡充に繋がる措置等は、他方において、裁判所や納税者等の負担を軽減する必要性を高めるが、前述の通り、最近では、抜本的な負担軽減措置等も講じられている。かかる措置等としては、特に、2009年FAの下、セーフ・ハーバーを導入するという方針が示されたことが注目される。セーフ・ハーバーは、一般的には、一定の要件に該当する納税者等を自動的に移転価格税制に基づく調整の対象外とするものであり、一定の価格幅に収まる取引等を調整適用対象外とする独立企業間価格幅とは根本的に異なる[207]。2009年FAの制定を受けて措置された所得税法§92CB（Power of Board to make safe harbor rules）は、1項において、「92C条又は92CA条の下での独立企業間価格の決定は、セーフ・ハーバー規則に服する」と規定し、2項では、「本項の目的上、『セーフ・ハーバー』とは、所得税当局は、納税者が主張する移転価格を受け入れるという状況を意味する」と定めている[208]。

具体的な制度設計案は、まず、総理大臣の命を受けて設立されたRangachary委員会が2012～2013年に公表した報告書（以下「（Rangachary）委員会報告書」という）で示され

---

[207] 但し、特定の取引等に対して特定の独立企業間価格幅を設定しているものは、セーフ・ハーバーの類型に属するものと取扱われるのが通例である。
[208] 原文は、"For the purposes of this section, 'safe harbour' means circumstances in which the income-tax authorities shall accept the transfer price declared by the assessee."である。

た。本委員会は、主な諸外国のセーフ・ハーバーの特徴、民間意見及びインドの経済状況等を踏まえた上で、セーフ・ハーバーの適用対象となり得る事業体及び適用を受けるための要件等を提案するとともに、適用要件を満たす事業体に対しては、所得税法規則のルール10で定める国際取引に関する資料保存等の義務の対象となるレベルを1クローレ・ルピーから5クローレ・ルピーに引き上げることなどを提唱している。所得税部門は、2013年8月、本委員会報告書で提唱されている案に幾らの修正を加えた上で、1962年所得税法§92CBに関する規則の中に規則案§10TA～§10TG（以下「（セーフ・ハーバー）規則案」という）を組み込む方針を示した経緯がある[209]。

上記セーフ・ハーバー規則案§10TB（Eligible assessee）に定める一定の要件に該当する者とその関連者との国際取引や非居住者である関連者との取引が、本規則案§10TD（Safe Harbour）に定める一定以上の利益率（safe harbor margin）である限りは、セーフ・ハーバーの適用選択が可能となる。本規則案でいう一定の要件に該当する者とは、(i)ソフトウェア開発サービス、情報技術サービス（Information Techonolgy Enabled Services, ITES）又はITサービスの外部委託サービスのいずれかを提供するケースのうち、その前年度の総取引額が10億ルピーを超えないもの、(ii)5億ルピーを超えないローン又は前渡金の完全子会社への提供又は完全子会社に対する10億ルピーを超えない額に対する担保・保証金の提供、(iii)ソフトウェア開発に関連する特定の研究開発サービスの提供、(iv)医薬品に関係する研究開発契約の提供、(v)自動車部品の製造及び輸出を行う事業者である。

上記(iv)（医薬品に関係する研究開発契約の提供）及び上記(v)（自動車部品の製造及び輸出）に携わる事業者が、そもそも、セーフ・ハーバーの適用対象となり得る事業者として選別された根拠・理由を委員会報告書から探り出すことは必ずしも容易ではないが、前者(iv)の場合、(a)競争力の強化を図る上で、その成長を推進することの重要性・有用性が特に大きい、(b)研究開発に大きく依存している、(c)投資に対するリターンが迅速かつ確実ではない、(d)研究開発のアウトソース先がインドである場合、研究開発コストにロケーション・セービングが生じることなどの特徴がある点が指摘されており、後者(v)の場合、(a)競争力の強化を図る上で、その成長を推進することの重要性・有用性が特に大きい、(b)生産工程が多様かつ複雑である、(c)無形資産が果たす役割が大きい、(d)ロケーション・セービングが期待できることなどの点への言及がされている[210]。

上記規則案§10TDに定める一定以上の利益率とは、上記(i)のケースは経常費用の20％超～30％超、上記(ii)のケースはインド国家銀行の基本レートに150又は300ベーシスを加えたレート又は保証金額の2％超、上記(iii)のケースは経常経費の29％超又は30％超、上記(iv)のケースは、経常費用の8.5％又は12％であるが、本規則案§10TF（Safe harbor rules not to apply in certain cases）が定めているように、上記の要件に該当する者が上記の枠内で行う国際取引・国外取引でも、その取引相手である関連者が、同法§94A（Special measures in respect of transactions with persons located in notified jurisdictional areas）に定める国・地域又は最高所得税率が15％未満である国・地域に所在している場合、セー

---

209) 本ドラフトは、http://www.incometaxindia.gov.in/.../BreakingNews_DraftSafe_14082013.pdfから入手可能。
210) 詳細は、本委員会の第5報告書（Safe Harbour for Contract R&D in the Pharmaceutical Sector）及び第6報告書（Safe Harbour for Auto Ancillaries Sector）参照。

フ・ハーバーの適用は認められない。また、セーフ・ハーバーの適用が認められた者は、本案§10TG(Mutual agreement procedure not to apply)の下、租税条約に基づく相互協議の申立てができない。

　上記規則案は、その後、若干の修正を受けた上で所得税法§92CBに関する規則として成立している。本規則の下では、本規則案で示されていた上記(i)でいう10億ルピーという上限は撤廃され、50億ルピー以下の取引額の場合の利益率は、ITESの場合、経常経費の20％超のままであるが、50億ルピー超の取引額の場合の利益率は経常経費の22％超となり、ITES以外の場合のマージン率は、経常経費25％超とされている。本規則案の上記(ii)でいう保証金の対象となる前渡金等の上限である10億ルピー以下という上限も、関連する完全子会社が高いクレジット・レーティングを得ているケースでは適用されないとされ、この上限を超える場合の利益率は保証金額の1.75％と規定されている。また、セーフ・ハーバーの利用年度も、2013/2014課税年度分及びその翌課税年度分だけでなく、2017/2018課税年度分まで延長され、しかも、その適用の有無の選択は、課税年度毎に行うことが認められている。

　上記のような制度設計上の特徴を有するセーフ・バーバーの導入は、総じて、移転価格税制の適用の可否を巡る訴訟件数を低下させる上で非常に有益なものとなるであろうとの評価がされている。しかし、所得税法§92CBに関する規則で定められているセーフ・ハーバーの適用要件が、Rangachary委員会報告書で提言された要件よりも厳しいものとなっている部分もある中、セーフ・ハーバーとして設定されている利益率は、一部の納税者にとっては高くなり過ぎているのではないかとの指摘や[211]、セーフ・ハーバーの適用が認められた者の場合、租税条約に基づく相互協議の申立てができないことは、税務当局との争いを避けることよりも、むしろ、国際的二重課税の可能性を排除することを重要視する納税者にとっては、本案§10TE（Procedure)に従って様式3CEGを提出してセーフ・ハーバーの適用を選択するとの申請をしない理由となる場合が、少なからずあるのではないかとの見方をする向きもある[212]。

2．その他の主な対応策（案）と融和策

(1)　情報収集手段の再構築

　イ）自主開示プログラムの実施

　最近では、情報収集手段の拡充・多様化も進展している。アムネスティ・プログラム等の積極的な活用もその一例である。予てより、課税漏れ所得等の自主的な開示を奨励する施策は、様々な形で幾度となく実施されてきたが、それらの施策の多くは、開示を行う納税者の納付税額の軽減度合が低いなどの限界がある中、顕著な成果を上げることができなかった。例えば、1975/1976課税年度分に対して行われた「所得と富の自主開示スキーム」(Voluntary Disclosure of Income and Wealth Scheme）と称される施策の下では、約１万３千人の納税者が合計で7.9億ルピーの税額の申告を行い、また、1976/1977課税年度分及

---

211)　Matthew R. Madara, Indian Transfer Pricing safe Harbor Rules Get Mixed Reviews, Tax Notes International, Vol. 71, No. 8 (2013) p. 681参照。
212)　http://www.moneycontrol.com/news_html_files/news_attachment/2013/CBDT releases draft safe harbour rules.pdf参照。

び1986/1987年課税年度分に対して行われた施策の下では、合計で約2万1千人の納税者が49億ルピーの税額の申告を行うにとどまった[213]。これらの施策に関する議会の「決算委員会」(Public Accounts Committee) の報告書も、これらの施策に依存することに対し、それほど肯定的な評価を下していなかった[214]。

しかし、1997年FAの下、1997/1998課税年度分について実施された「所得スキームの自主的な開示」(Voluntary Disclosure of Income Scheme, VDIS) と称したアムネスティ・プログラムでは[215]、47万人以上の納税者が参加し、3,369億ルピーを超える所得・資産額が開示され、980億ルピーを超える税収増（過去のアムネスティ・プログラムで実現した税収増の12倍以上の増収）が実現している。かかる税収増に大きく貢献した納税者・資産等の内訳をみると、1,000万ルピー以上の所得を申告した者は、数的には全体の申告者数の0.5％に満たなかったものの、金額的には全体の18％を占めていること、申告された資産の約半分は現金であり、次に申告額が多かった宝石が申告資産総額に占める割合は約37％であるなどの点が特に注目される[216]。少なからぬ外部組織 (Federation of Indian Chamber of Commerce and Industry等) も、VDISの成果を高く評価している[217]。

VDISの下、大幅な税収増が実現した理由としては、(i)1998/1999課税年度以前の課税漏れとなっている法人の所得及び個人の所得及び資産を一定の手続きに従い、自主的に開示し、課税漏れとなっていた税額（個人の場合の適用税率は30％、それ以外の納税者の場合の適用税率は35％）及び利子を納付すれば、1961年所得税法、1957年富裕税法、1973年外国為替規制法及び1966年会社法の下で規定する刑事訴追手続の対象とならないとされるなど、従来の施策に比べ、開示のメリットが大きかった、(ii)税務当局は、「本スキームの規定に実効性を付与するに当たって困難が生じた場合、そのスキームの規定に矛盾しない方法によって、その困難を排除することを命じることができ…」と定める1997年FA§76(1)に依拠して[218]、様々な告示等を発出したことにより、VDISの実施に伴う不透明性の問題が緩和され、また、その実施に係る柔軟性が高まったことなどが挙げられる。

ロ）国内外財産の開示義務

情報収集手段の拡充・多様化は、最近では、課税漏れ事実を事後的に任意開示させるだけでなく、通常の居住者等に対し、国内外財産の開示義務を課する形でも生じている。所得税法上、インドの居住者とは、1961年所得税法§6 (Residence in India) (1)の下、その課税年度中に182日以上インドに住んでいる者、あるいは、その課税年度中のインドでの滞在が60日以上でそれ以前の4年間に合計で365日以上インドに滞在していた者である。また、本条(6)項の下、居住者が、ある年で「通常の居住者でない者」となるのは、(i)その年に先立つ10年の内の9年間、インドの非居住者である、又は(ii)その年に先立つ7年間のインドでの滞在日数合計が792日以下である場合である。「ヒンズー合同家族」の場合、本

---

[213] 詳細は、後述の2000年会計検査院報告書（脚注226）参照）5.1.4.3参照。
[214] 後述の2000年会計検査院報告書5.2.1参照。
[215] VDISの詳細は、政府の発表資料 (http://www.capitalmarket.com/macro/vdis.htm) 参照。
[216] 後述の2000年会計検査院報告書1.4.1～1.5.1参照。
[217] *supra* "Dispute Resolution in Tax Matters" p. 20参照。
[218] 原文は、"If any difficulty arises in giving effect to the provision of this scheme, the Centre may, by order, not inconsistent with the provision of this scheme, remove the difficulty. ..." である。

第4節　対応策と負担軽減・融和策の新たな均衡

条(2)項の下、その事務の管理支配が国外にない限り、インドの居住者となり、ある年に「通常の居住者でない者」となるのは、その管理者が上記(i)又は(ii)の要件に該当する場合である。

インドの通常の居住者等による国内外財産の開示義務を定めているのが、2012/2013年FAを受けて1962年所得税規則§12（Return of income and return of fringe benefits）を改正した2013年1月5日付告示（Notification No. 34）である。本告示の下、インドの通常の居住者が、①インド国外所在の資産（事業体に対する金融持分も含む）を有する者、②インド国外所在の口座の署名権限を有する者、③所得税法§90（Agreement with foreign countries）又は同法§90A（Adoption by Central Government of agreement between specified associations for double taxation relief）の下での税の軽減、あるいは、同法§91（Countries with which no agreement exists）の下での税控除を主張する者、④課税免除所得が5千ルピーを超える者のいずれかに該当する場合、所得の種類・金額や使用すべき申告書様式・スケジュールの種類に応じて、保有する国外資産を開示することが義務づけられている。

具体的には、上記告示34号に定める上記①〜④のいずれかに該当するインドの通常の居住者は、本告示発布後は、本告示発布前の所得税法規則§12の下での取扱い（インドの居住者で国外に資産を有する者は、国籍の如何にかかわらず、一定所得額を超える場合にのみ税務申告を行う義務があり、しかも、その所得が給与所得や不動産所得であった場合、簡素な様式（ITR-1、Indian Individual Income Tax Return）での申告）や暫定課税を受けるITR-4S（Presumptive Business Income Tax Return）による申告ができなくなり、しかも、様式ITR-2（For individuals and HUFs not having income from Business or Profession）等による申告及び国外財産の明細を記載した一連のスケジュール（Sch. FSI (Statement of income accruing or arising outside India)、Sch. FA (Statement of foreign accounts)、Sch. TR (Statement of tax relief claimed under section 90 or section 90A or section 91）等）の提出が義務づけられることとなった。

改正所得税法規則§12の下での開示義務の対象となっているのは、国外財産だけではない。上記告示34号の下、納税者が使用すべき申告書・スケジュールに変更が加えられた結果、一定金額を超える一定の区分に属する所得を有する納税者も、その国内資産を開示する義務を負うこととなった。具体的には、本告示の下、様式ITR-4（For Individuals and HUFs having income from a proprietary business or profession）を用いて申告することとなった個人事業主等及びヒンズー共同家族と法人のパートナーである個人、あるいは、ヒンズー共同家族であって申告書様式ITR-3（For individuals/HUFs being partners in firms and not carrying out business or profession under any proprietorship）を用いて申告することとなった納税者の内、250万ルピーを超える年間所得を有する納税者は、スケジュールAL（Details of personal assets and liabilities in India）を電子媒体によって提出し、その国内の資産と負債の詳細を原価ベースで開示する義務がある。

また、2013年11月6日付告示（Notification No. 42）を受けて改正された上記所得税規則§12（「所得の申告書及びフリンジ・ベネフィットの申告書」）は、(3)項において、「(1)項で言及している所得申告書は、以下の方法のいずれかによって提出できる。つまり、(i)紙ベースで提出する、(ii)電子署名をした上で電子的に申告する、(iii)電子データ送付後に申

355

書を確認する様式ITR-Vを提出する…。(aa) インド国外に所在する資産（事業体に対する経済的な権利も含む）又はインド国外に所在する口座の署名権限を有し、しかも、状況に応じて、ITR-2、ITR-3又はITR-4の提出が義務づけられている居住者（…通常の居住者でない以外の者）である個人又はヒンズー共同家族は、2012/2013課税年度及びそれ以降の課税年度において、(ii)項又は(iii)項で示した方法で申告書の提出を行う…」と定めたことから[219]、インドの通常の居住者は、申告すべき所得の有無に関係なく、電子申告を行う義務を負うこととなった。

そもそも、電子媒体による申告は、1961年所得税法§44AB（Audit of accounts of certain persons carrying on business or profession）に則って会計士による監査を受ける必要がある法人だけでなく、一定の所得金額（2012/2013課税年度からは100万ルピー以上の所得金額、2013/2014課税年度からは50万ルピー以上の所得金額）を有する個人及びヒンズー共同家族も、所得税規則§12 (3)(a)の下、電子署名を付した電子申告書の提出を義務づけられているが、上記の告示34号及び告示42号が発布されたことによって、電子申告を行う義務を負うこととなった者の数は格段に増えることとなった。電子申告者数の増加は、電子申告書の処理を行うインフラが整備されていれば、納税者の所得・資産の把握をより効率的に行うことが可能となるほか、非違事項の発見に繋がる糸口や調査対象事案の選定等を効率的に行うことも可能となる。

勿論、納税者の所得・資産の把握を効率的に行うためには、そもそも、適切かつ十分な情報が開示されているか否かが問題となるところ、上記ITR-2による申告を行う者が開示すべき国外財産に関する情報とは、国外源泉の所得の種類、署名する権限を有する国外銀行口座、国外の事業体に対する経済的な権利、所有する国外の不動産、受託者となっている国外信託、その他の形態の国外投資及び租税条約との関係などであるが、これらの財産に関する詳細な情報（所在地、金融機関名、設定者、受益者、投資額又は年度中の最高残高、所有者の納税者番号又は旅券番号等）が含まれる。他方、申告書様式ITR-3又はITR-4による申告を行う必要がある納税者は、スケジュールAL上に多様な財産（土地、建物、預金、有価証券、生命保険、貸金、前渡金、現金、宝石、金塊、骨董品、絵画、彫刻、その他の芸術品、車、ヨット、ボート、飛行機など）及びこれらの資産に関係する負債を開示する必要がある。

ハ）開示義務違反に対するペナルティ等

国内外資産の開示義務の違反は、ペナルティの対象となり得る。例えば、1961年所得税法§271（Failure to furnish returns, comply with notices, concealment of income, etc.）は、「(1)もし、人が、…(c)その所得の詳細を隠匿する、又は、その所得の不適切な詳細を

---

[219] 原文は、"The return of income referred to sub-rule(1) may be furnished in any of the following manners namely : ――(i) furnishing the return in a paper form ; (ii) furnishing the return electronically under digital signature ; (iii) transmitting the data in the return electronically and submitting the verification of the return in Form ITR-V ; ... : Provided that―― ... (aa) an individual or a Hindu undivided family, being a resident (other than not ordinarily resident in India ...) having assets (including financial interest in any entity) located outside India or signing authority in any account located outside India and required to furnish the return in Form ITR-2 or ITR-3 or ITR-4, as the case may be, shall furnish the return or assessment year 2012-2013 and subsequent years in the manner specified in clause (ii) or clause (iii) ; ... ." である。

第4節　対応策と負担軽減・融和策の新たな均衡

提供していると調査官…が判断する場合、その人が、…(iii)上記(c)項…で言及したケースであれば、納付すべき税があれば、それに加え、その所得…の詳細の隠匿又はその所得…の不適切な詳細の提供によって免れることを意図した税額以上でその3倍を超えない額のペナルティの納付を指示できる…」と定めている[220]。また、国外資産の開示義務の不履行は、2012年改正1961年所得税法§147（Income escaping assessment）の説明（Explanation）2が、「本条の目的上、以下の場合、課税対象所得が課税を免れたケースとみなされる、つまり、…(d)人がインド国外所在の資産（事業体に対する経済上の権利）を有することが判明した場合」と定める通り、課税漏れの所得があったとみなされて、更正・決定処分の対象となる[221]。

しかも、上記同法§147（「課税を免れた所得」）の説明2に該当するケースである国外所在資産に係る課税漏れに対する更正・決定処分に係る期間制限は、2012 FAの下、新たに措置された同法§149（Time limit for notice）(c)の下、従来の最高6年間から16年間に変更されている。同様に、インド市民や居住者（法人等も含まれる）の財産の純資産額が150万ルピーを超える場合、その超える純資産額に対して1％の税率で富裕税（wealth tax）が課されるが、2012年改正富裕税法§17（Wealth escaping assessment）の説明（Explanation）1(c)は、インド国外の資産や事業体に対する経済上の権利の開示義務に違反している場合、富裕税の課税対象となる純資産が課税を免れた場合とみなされる旨を定めている[222]。また、上記富裕税法§17の説明1に該当するケースに係る更正・決定処分に係る期間制限も、新たに措置された同条（1A）(c)下、16年間に変更されている。

国内外財産の開示義務違反は、所得税法§276CC（Failure to furnish returns of income）が、「もし、人が、…提出すべき…所得税申告書を意図的に期限内に提出しない場合、(i)その未提出が発覚しなかったら回避されたであろう税額が250万ルピーを超える場合、6カ月超7年以下の禁錮刑及び罰金に処せられる」と定める[223]、また、富裕税法§18（Penalty for failure to furnish returns, to comply with notices and concealment of assets, etc.）も、基本的に同様な趣旨の規定となっていることから、刑事罰を受けることに繋が

---

220) 原文は、"If the Assessing Officer ... , is satisfied that any person ... (c) has concealed the particulars of his income or furnished inaccurate particulars of such income, ... , he may direct that such person shall pay by way of penalty, ... (iii) in the cases referred to in clause (c) ... , in addition to tax, if any, payable by him, a sum which shall not be less than, but which shall not exceed three times, the amount of tax sought to be evaded by reason of the concealment of particulars of his income ... or the furnishing of inaccurate particulars of such income ... ." である。
221) 原文は、"For the purpose of this section, the following shall also be deemed to be cases where income chargeable to tax has escaped assessment, namely : ... (d) where a person is found to have any asset (including financial interest in any entity) located outside India." である。課税漏れとなった所得とみなされた場合、それに係る更正・決定処分の期間制限は16年であることは、本節2(1)ハ)・1961年所得税法§149（「告知の時間制限」）(c)参照。
222) 原文は、"... the following shall also be deemed to be cases where net wealth chargeable to tax has escaped assessment, namely : ... (c)where a person is found to have any asset (including financial interest in any entity) located outside India." である。
223) 原文は、"If a person willfuly fails to furnish in due time ... the return of income which he is required to furnish ... , he shall be punishable, ... (i) in a case where the amount of tax, which would have been evaded if the failure had not been discovered, exceeds twenty-five hundred thousand rupees, with vigorous imprisonment for a term which shall not be less than six months but which may extend to seven years and with fine ; " である。

る原因ともなり得る。確かに、インド政府は、予てより、税務上の義務違反に対する刑罰規定を効果的に活用していないとの指摘もされているが[224]、他方では、Sasi Enterprises v. ACIT事件最高裁判決（Criminal Appeal No. 61/2007）のように、最近では、刑事罰の適用のハードルがそれほど高くないことを示唆するような裁判例も見受けられるところとなっている。

上記Sasi事件最高裁判決では、2人のパートナーが出資者であるインドのパートナーシップ・上告人が、1991～1993課税年度分の所得税の申告書を提出せず、その未提出は、所得税法§148（Issue of notice when income has escaped assessment）に基づく催促状の発出後も続いたことから、所得税法§276CC（「所得税申告書の未提出」）に基づき、上告人を刑事訴追する手続が開始されたことが問題となっている。本件において、上告人らは、出資者の個人の所得税の申告書において、上告人の会計が未処理であるため、その申告書が提出できないなどと主張したのに対し、最高裁は、同法§278E（Presumption as to culpable mental state）との関係上、「裁判所は、同法§276CCのような犯罪告訴の場合、犯罪意識の存在を推認しなければならず、それが欠如していることが合理的な疑いを遥かに超えて明らかであるとの立証を行うのは被疑者である」ところ[225]、本件では、その立証がされていないとの判断の下、上告人らの主張を退けている。

ニ）開示促進策及び開示制度の評価

前述の通り、多額の追加的税収増を実現したVDISの成果を評価しているのは、税務当局に限ったわけではないが、他方では、VDISやその執行状況等に対する批判も見受けられる。特に、会計検査院は、2000年に発表したVDISに関する報告書（Report of the CAG on the Union Government）において[226]、幾つかの問題点を指摘している。本報告書1.11.1では、VDISの法的な問題点として、特に、1997年FA§76が、2項において、「本条に基づいて発せられる告示は、できる限り早く、議会の各院に上程されなければならない」と定めているにもかかわらず[227]、議会への上程が行われたことを示す証拠がなく、しかも、例えば、本報告書2.1.1で指摘されているように、これらの告示等の中には、1992年2月2日付の所得税局長（CCITs & DGITs）等に宛てた書簡のように、VDISの規定と整合的でない執行を指示するものも含まれていることから、本条との抵触が認められるとの見解が示されている。

確かに、上記1999年2月2日付の書簡は、VDISの下での税及び利子の納付が遅延している場合でも、分割納付に対する納付証明書の発行を認めることを指示するものとなっているが、このような取扱いは、1997年FA§67（Interest payable by declarant）(2)が、「申請者が、その開示を行った日から3カ月を経過する以前に自主的に開示した所得に関して

224）　http://www.dnaindia.com/india/report-govt-can-do-without-making-tax-evasion-criminal-offence-experts-1554080参照。
225）　当該判示部分（パラ30）の原文は、"... Court in a prosecution of offence, like Section 276CC has to presume the existence of mens rea and it is for the accused to prove the contrary and that too beyond reasonable doubt. ..."である。
226）　本報告書は、http://www.cag.gov.in/reports/d_taxes/2000_book2/chapter5.htmから入手可能。
227）　原文は、"2. Every order made under this section shall, as soon as may be after it is made, be laid before each House of Parliament."である。

第4節　対応策と負担軽減・融和策の新たな均衡

税の納付をしない場合には、その開示は決して行われなかったものとみなす」と定め[228]、また、同法§68(2)が「申請者による開示を受けて、税務当局は、自主的に開示された所得とそれに関して納付された額に関する明細を示した証明書を付与する」と規定していることから[229]、上記書簡で指示されている柔軟な取扱いが、これらの規定と整合的ではないと解する余地もあるところ、2009年会計検査院報告書2.1.3では、実際には、このような柔軟な取扱いを受けたケースが少なくないとの指摘がされている。

2000年会計検査院報告書が問題視しているのは、上記の二つの点に限ったわけではない。本報告書では、これらの他にも幾つかの法律上又は執行上の問題点が認められるとの指摘がされている。例えば、(i)本来VDISを利用できない者（調査対象となっている者等）による利用の例も見受けられる（本報告書4.1）、(ii)国外で保有されている宝石等がVDISの対象外となっている（本報告書4.4）、(iii)VDISを利用した者の中には、開示した資産の価格を過少に評価しているケースが少なくないにもかかわらず、VDISを利用した者の申告の妥当性の検証が十分に行われていない（本報告書4.5.4）、(iv)法人のVDISの利用割合が低調である（本報告書5.1.5）、(v)VDISを利用した者の約85％は、それ以前のアムネスティ・プログラムを利用したことのある者であるにもかかわらず、過去のプログラムを利用した者に関するデータの保存・調査への活用などが不十分である（本報告書5.2.3）などの問題が挙げられている。

実際、幾つかの裁判例も、VDISの制度設計やその執行上、幾らかの改善すべき点があったことを示唆している。例えば、S. Sudarsana Babu v. The Income Tax Office事件Kerala高等裁判所2011年2月22日判決（W. A. No.52 of 2009）では、1997年FA§67（「申請人が納付すべき利子」）(2)は、前述の通り、「申請人が、その開示を行った日から3カ月を経過する以前に自主的に開示した所得に関して税を納付しない場合には、その開示は決して行われなかったものとみなす」と定めるところ、本規定でいう3カ月間という条件を満たしているか否かが争点となり、また、Leharchand Dhanji v. Union of India事件Bombay高等裁判所判決（135 ITR 689）では、税務当局が発行した納税証明書をVDISに関する税務当局の事後的な解釈の変更を理由に取り消すことが可能であるか否かが争点となったが、いずれの裁判でも納税者が勝訴し、VDISの柔軟な執行を行った税務当局の敗訴が確定している。

2013年告示34号によって改正された1962年所得税規則の下に措置されている国内外財産の開示制度も、幾らかの問題点を抱えていると考えられる。例えば、そもそも、開示すべき資産の価値を適正に評価することに係る困難性という問題があるところ、かかる問題は、特に、贈与などを形で得た貴金属・絵画等の動産、不良債権及び各種の保険等の評価の場合に深刻なものとなっているとの指摘や、本制度は正直な納税者（特に、申告すべき所得額がない者等）に対して過大なコンプライアンス・コストを強いるものではないかとの声もある[230]。また、開示対象範囲がかなり広範なものとなっていることから、税務当局側

---

228) 原文は、"2 the declarant fails to pay the tax in respect of the voluntarily disclosed income before the expiry of three months after filing the declaration, the declaration filed by him shall be deemed never to have been made." である。
229) 原文は、"The Commissioner shall, on an application made by the declarant, grant a certificate to him setting forth the particulars of the voluntarily disclosed income and the amount of income-tax paid in respect of the same." である。

としても、ガイドライン等において、開示義務の対象となっている資産の範囲をより明確なものとするだけでなく、その範囲を限定しない限り、有用性の低い情報・データが集まり過ぎてしまい、重要性の高い情報・データが埋もれてしまうのではないかとの疑問を呈する向きもある[231]。

上記のような指摘や疑問はあるものの、国内外の資産の開示制度の有用性の程度の如何は、VDISのようなアムネスティ・プログラムとの関連性という観点も考慮に入れた上で判断すべきであろう。確かに、国内外財産の開示制度が導入されたことにより、VDISのようなアムネスティ・プログラムを実施する必要性が低下する可能性もあり得るが、義務違反に対するペナルティと更正・決定期間を16年間に延長する制度設計が採用されている国内外資産の開示制度の導入は、開示義務の不履行のリスクを高めることから、米国等の場合と同様に、国内外財産の開示制度は、VDISのようなアムネスティ・プログラムの潜在的有用性を更に高める方向に作用すると考えられる。インドの場合、開示義務違反に対するペナルティの実効性がどの程度担保されるかという問題はあるが、今後は、上記のような問題点や課題への取組みを進展させながら、国内外財産の開示制度及びアムネスティ・プログラムの機能を充実させる方向に進むものと想定される。

(2) 直接税法案上のその他の対応策
イ）CFCルールの導入案

2010年直接税法案は未だ立法化されていないが、本案上の措置は、およそ対応策強化の方向性を示している。本案には、例えば、CFCルールを定める第20別表（Schedule）§5（Computation of income attributable to Controlled Foreign Company）も含まれている。本条(a)項は、外国法人が、(i)仮に国内法人であったならば、その国外での税負担は、本法の下での所得税額の半分よりも低くなる国・地域の居住者である、(ii)その株式が税務上の居住者である国の法律が認める証券取引所で取引されていない、(iii)単数又は複数のインド居住者によって支配されている、(iv)所得の半分以上が受動的所得であるなど、活発な取引・事業活動に従事していない、(v)利益額や配当額等を勘案した一定の算式に依拠して計算される特定の所得が250万ルピー超であるとの要件の全てに該当する場合[232]、被支配外国法人となり、それに帰属する所得も、インド居住者の総所得に含める旨を定めている。

上記(iii)（単数又は複数のインドの居住者による支配の有無）の基準の下、外国法人がそのような支配を受けていると判断されるのは、2010年直接税法案第20別表5項(b)が定めている通り、①これらの居住者が、単独又は合同で、外国法人の議決権の50％以上となる株式数又は法人の資本の50％以上を直接又は間接に保有する、あるいは保有する権利がある場合、②これらの居住者が、単独又は合同で、外国法人の所得又は資産の50％以上を自己の利益のために確保する権利がある場合、③これらの居住者が、単独又は合同で、特別の契約上の関係を通じて、外国法人に対して支配的な影響力を行使している場合、④これら

---

230) http://www.livemint.com/Money/hxD5JI5E2XuICjUNyCzSmK/Disclosure-of-assets-may-fox-taxpayers.html参照。
231) Foreign Assets Reporting—Means not meeting the ends？（http://www.taxindiaonline.com/RC2/print_story.php?newsid=15004）参照。
232) 当該算式を構成する要素・計算方法等の詳細は、本別表4項参照。

の居住者が、単独又は合同で、外国法人の株主会議において決定的な影響を行使するために十分な議決権を直接又は間接に保有している場合である。

ロ）管理支配地基準の修正案
　2010年直接税法案では、法人居住性の判定基準も、税源浸食防止効果を高める方向で変更するとの方向性が示されている。法人居住性の判断基準としては、予てより、1961年所得税法§6（「インドでの居住性」）(3)(ii)が、前述の通り、「法人が、いずれかの年にインドの居住者となるのは、(i)インド法人である場合、あるいは(ii)その年において、その業務の管理支配が完全にインドにある法人である場合である」と定めている。しかし、本規定で採用されている実質管理地主義は、インドの租税条約で採用されている実質管理地基準以上に条約漁りに対して脆弱であるとの問題があった。実際、本規定の税源浸食防止策としての脆弱性は、第1節2(2)で考察したRadha Rani事件控訴審判所判決（2007）において、法人の業務の支配と管理が完全にインドで行われていることの立証責任を負うのは税務当局であるなどの見解が示されて税務当局の敗訴が確定するなどの形で露呈している。
　上記のような問題・経緯等を踏まえ、2009年直接税法案§4は、3項において、「法人がいずれかの財政年度においてインドの居住者となるのは、(a)インド法人である場合、あるいは(b)その年のいずれかの時点で、その業務の管理支配の全部又はその一部がインドにある法人である場合である」と定め[233]、4項において、個人又は法人以外のその他の者にも同様な判定基準が適用される旨が規定されていた。しかし、このような基準の下では、外国の多国籍企業の取締役会が1度でもインドで開催されたような場合にはインドの居住者と認定され得るのではないかとの危惧も表明される中[234]、2010年直接税法案の下では、その制度設計に修正が加えられ、本案§4(3)では、「法人が、いずれかの財政年度においてインドの居住者となるのは、(a)インド法人である場合、あるいは(b)その年のいずれかの時点において、その実質管理地がインドに存する場合である」と規定されている。
　上記2010年直接税法案§4(3)の機能の大きさは、実質管理地の定義の如何に左右されるところ、同法案§314（192）は、「実質的管理地とは、(i)法人の理事会又は経営管理者が決定を行う場所、又は(ii)法人の経営管理者やその他の者が商業上及び戦略上の決定を恒常的に承認するケースでは、これらの者がその機能を発揮する場所である」と定めているが[235]、そもそも、インドは、OECD租税条約4条に関するコメンタリーのパラ24（「…実質管理地とは、事業体の全体としての事業を遂行するために必要な重要な経営上及び商業上の決定が実質的に行われる場所である。実質的管理地を決定するには、全ての関係する事実や状況を検討する必要がある…」）に対し[236]、オブザーバーの立場から、実質管理地の判定に当たっては、本パラで示されている定義・解釈には固執せず、事業体の主要かつ

---

233) 原文は、"A company shall be resident in India in any financial year, if (a) it is an Indian company; or (b) its place of control and management, at any time in the year, is situated wholly, or partly, in India." である。

234) Shailendra Sharma and Julius Cardozo, India——A Paradigm Shift of Residence Rules, Asia-Pacific Tax Bulletin, Vol. 18, No. 1 (2012) 参照。

235) 原文は、"place of effective management means ——(i) the place where the board of directors of the company or its executive directors, as the case may be, make their decisions; or (ii) in a case where the board of directors routinely approve the commercial and strategic decisions made by the executive directors or officers of the company, the place where such executive directors or officers of the company perform their functions." である。

実質的な活動の場所も考慮に入れるとの見解を示してきたとの事実・経緯がある[237]。

上記2010年直接税法案と2009年直接税法案を比較すると、確かに、前者において、インドの居住者となる法人の範囲はより狭いものの、法人の実質管理地がいずれかの時点でインドに存在している場合でもインドの居住者とみなされ得るとの規定振りとなっており、また、OECDモデル租税条約4条に関するコメンタリーのパラ24に対する上記のインド政府の見解は、柔軟な解釈・適用を行うとのスタンスを示すものとなっていることを踏まえると、上記2010年直接税法案§314(192)に定義する実質管理地主義の柔軟な解釈・適用によって、例えば、本規定の下でも、外国法人の理事会又は経営管理者が通常のルーティンの決定をインドで行っている場合、インドの居住者とみなされ得るのではないかと危惧する向きもある[238]。しかも、2010年直接税法案§4(4)は、法人に対して適用される3項とは異なり、法人以外の事業体（「その他の者」）の居住性の判定基準として、2009年直接税法案§4(4)と同様の適用基準を採用・維持したものとなっている[239]。

第5節　小　括

1．第1節（租税回避行為による税源浸食への対応）のポイント

英国の伝統的な文理主義の優位性の影響を少なからず受けていたインドでは、予てより、目的論的解釈を行うことによって租税回避行為を否認することには大きな限界があった。20世紀末頃であっても、例えば、Mathuram Agrawal事件最高裁判決（1998）では、「税法においては、明白な文言で述べられていること以上の法の意図や趣旨を想定することはできない」との見解が示されているように、文理主義の優位性は顕著であった。確かに、McDowell事件最高裁判決（1985）では、Reddy判事が、「税を回避するあらゆる方策やスキームに対応することを立法機関に期待することは公平でも望ましいことでもない。税を回避する新たな巧妙な法的仕組みの本質…を暴露して司法による祝福を与えるのを拒否することを考慮する責任は裁判所にある」と述べているように、厳格な文理主義から脱却する動きもあったが、かかる動きは、著名なAzadi Bachao事件最高裁判決（2003）の壁に阻まれた経緯があった。

上記Azadi Bachao事件では、モーリシャスの居住者によるインド法人株式の譲渡から生じる所得はインドでの譲渡益課税の対象とならない旨を定めたCBDTの1994年告示等に乗じてモーリシャスのペーパー・カンパニーを通じて投資を行っている者に対し、インド・モーリシャス租税条約上の特典を適用すべきか否かが問題となっているが、上記判決

---

[236] 原文は、"The place of effective management is the place where key management and commercial decisions that are necessary for the conduct of the entity's business as a whole are in substance made. All relevant facts and circumstances must be examined to determine the place of effective management. ..." である。

[237] Nitin Karve, Residential Status- place of effective management, International Taxation, Vol. 2, Issue 3 (2010) p. 300参照。

[238] Mathews P. George & Pankhuri Agarwal, Use of the Corporate Vehicle for Tax Planning : the Vodafone Case and Direct Taxes Code, NUJS Law Review, 201 (2010) p. 211参照。

[239] 2010年直接税法案§4(4)の原文は、"Every other person shall be resident in India in any financial year, if the place of control and management of its affairs, at any time in the year, is situated wholly or partly, in India." である。

第5節　小　括

において、最高裁は、経済財政上の原則・事情等の中には、一見したところ邪悪であると思われるが、長期的な発展という利益のために、発展途上の経済では容認されているものがあり、それらの原則・事情等の中には、赤字財政や条約漁りも含まれるとの見解を示すなど、条約漁りを容認するスタンスを前面に押し出した上で、上記告示の本件への適用を否定した原審であるDelhi高等裁判所判決（2002）を取り消している。本最高裁判決は、インドにおける文理主義の優位性・厳格さを強く印象づけるものであり、その後のケース（Radha Rani 事件控訴審判所裁決（2007）等）に及ぼした影響も大きかった。

　しかし、近年、税務行政を取り巻く諸環境が急激に変化する中、裁判所の税法解釈アプローチも変容してきていることを示唆するケースが増えてきている。特に、Vodafone事件Bombay高等裁判所判決（2008）では、インド法人株式のオフショアでの間接移転による譲渡益を所得税法§9等に基づいてインドでの源泉徴収の対象とする課税処分の適法性の如何が問題となっているが、高等裁判所は、国家と納税者との間での何らかの結びつきがある限り、国家の領土外の納税者も課税対象となるとする米国の司法上の原理である「効果原理」は、インドの裁判所でも依拠できるとの見解に立った上で、本件では、外国法人間で結ばれた株式譲渡契約はインド法人に対する支配権を獲得することを支配的な目的としているなど、「効果原理」を適用する前提となる結びつきの存在を認定できることから、本件処分は適法であると判示している。

　上記Vodafone事件高等裁判所判決は、その再審判決（2010）で覆ることはなかったが、本再審判決の上告審である最高裁判決（2012）では、所得税法§9上の「直接又は間接に」という文言が修飾しているのは、「発生又は実現する全ての所得」という文言である以上、本条の適用対象は、インドで直接又は間接に発生又は実現する全ての所得、若しくはインドに所在する資本資産の移転を通じて発生又は実現する全ての所得に限定されることから、インドに所在する資本資産の間接移転によって生じた所得は、その対象外であり、また、本条でいう「通じて」という文言の解釈や法解釈によって、その適用対象とし得ないことは、Mathuram Agrawal 事件最高裁判決（1998）において、課税規定は厳格に解すべきとの見解が示されたことなどからも明らかであるなどの見解に依拠した上で、本件株式移転が外国法人によるインド法人の支配権の消滅やインドに所在する資産の移転を構成するとの解釈に立つ本件処分は違法であると判示されている。

2．第2節（租税回避行為等への新たな対応策）のポイント

　近年でも、租税回避行為等による税源浸食を防止せんとする試みが、伝統的な文理主義の壁に阻まれるケースが依然として多い中、2010年直接税法案では、新たな対応策が採用されている。本案は未だ立法化されていないが、そこに盛り込まれている対応策の幾つかは、2012年FA等が成立したことにより、既に、1961年所得税法に組み込まれている。これらの対応策の中でも、特に注目されるのが同法第10章Aに導入されたGAARである。GAARの制度設計は、基本的に、2010年直接税法案上のものに則っているが、2013年には、Shome委員会の2012年最終報告書を基本的に反映する形で関係する所得税法・規則等の改正が行われた結果、GAARの適用対象となるのは、年間の税額で3クローレ・ルピーという金銭的閾値を超える「容認できない回避アレンジメント」を適用対象とするとの制度設計が採用され、また、その執行も2016年4月以降とするとの方針が示されている。

第4章 インドの対応策の分析

「容認できない回避アレンジメント」とは、税務上の利益を得ることを主要な目的とするアレンジメントであり、なおかつ、(a)第三者間の取引では通常は生じない権利又は義務を生じさせる、(b)直接的又は間接的に本法の諸規定の誤用又は濫用という結果を招く、(c)一部又は全部において、所得税法§97の下での事業実質を欠く、又は、事業実質を欠くとみなされる、あるいは(d)真正な目的のためには通常用いられない態様や方法によって利用又は実行されるものである。税務調査官が「容認できない回避アレンジメント」に該当すると考えられる案件を把握した場合には、その案件は、かなりの独立性を確保できるようなメンバー構成で組織される「承認委員会」によって事前審査されることとなる。本委員会が下す判断は、調査官を拘束するが、税務当局が異なる判断に基づいてGAARを適用する権限が毀損されるわけではない。

2012年FAの下では、所得税法§9及び関係する規定の改正が行われたことも注目すべき点である。これらの諸規定は、Vodafone事件最高裁判決が下される前に示された2010年直接税法案§5(1)(「所得がインドで生じたとみなされるのは、その所得が、直接又は間接に、(a)インドにおける事業との関連、…(d)インドに所在する資本資産の移転から、又は、それを通じて生じる場合である」）の下では、「直接又は間接に」という文言が修飾するのは「所得」であるため、Vodafone事件最高裁判決のパラ187（「本件では、疑いもなく、CGP株式は国外で移転している。双方の法人は、インドではなく国外で設立されている。双方の法人は、インドに資本資産や所得を有していない…」）と判断されるケースが、本規定の対象外となるとの限界を有していたところ、かかる限界を克服するような形で改正が行われている。

具体的には、所得税法§9の適用基準・範囲等を明確化するとの方針の下、本規定及び関係する諸規定上の鍵となる幾つかの文言（「資本資産」、「資産」及び「移転」等）の定義等を新たに示す説明文を加えるなどの改正が行われている。しかし、かかる改正に対しては、(i)これらの規定の本来の趣旨を明確化したものと解することは困難である、(ii)その主な目的としては、国際的二重非課税の発生防止等が挙げられているが、そもそも、かかる目的は、Azadi Bachao事件最高裁判決に反している、(iii)改正の効果が1962年4月1日まで遡及して適用されるのは不当であるなどの批判もある。このような批判がある中、遡及効の問題に対しては、税務当局が、2012年5月、課税手続が2012年4月1日以前に終了し、しかも、その日以前に更正決定の通知が行われていないケースには適用されないとの告示を発しているが、本告示によってVodafone事件最高裁判決の効果が実質的に覆される虞が消滅したわけではなかった。

3. 第3節（所得等の国外移転による税源浸食への対応）のポイント

所得等の国外移転への対応上、費用控除規定の適用基準が一つの重要なポイントとなる。例えば、所得税法§57は、「『その他の所得』という題目の下で課税対象となる所得は、以下の控除を適用した上で計算される。つまり、(i)…(iii)「その所得の発生又は稼得の目的のためだけに排他的に支出又は支払がされたその他の費用（資本的支出の性格のもの以外）」と定め、その他の主な費用控除規定（同法§37(1)等）も、事業又は職務上の目的のためだけに排他的に支出された費用等を控除する旨を定めていることから、規定振りからすると、これらの規定の税源浸食防止機能は低くはないと想定されるが、S. A. Builders事件最高

第 5 節　小　括

裁判決（2006）等では、英国のAtherton事件貴族院判決（1925）で確認された「事業上の便宜・都合」に該当する費用であるか否かという基準に則った判断をすべきとの見解が示されたことなどにより、費用控除規定による税源浸食防止には少なからぬ限界があることが明らかになった。

　Glaxo事件最高裁判決（2010）でも、費用控除規定である1961年所得税法§40A等は、納税者とその関連者間の取引の公正市場価格を考慮した上で調整を行う権限を有するように改正されるべきであるとの見解が示されるなど、その税源浸食防止機能の不十分さ・限界が強調されたが、費用控除規定が包含する限界を相当程度に補完し得るのが、移転価格税制である2001年に改正された1961年所得税法§92である。本条の下では、適用対象となる「関連企業」の範囲が広く定義されているほか、OECD移転価格ガイドラインと幾らかの点において乖離していることが、税務当局に有利に作用するケースもあった。しかし、本条の下でも、かかる乖離が、税務当局に不利に作用するケースもあり得るほか、本規定は、計算規定であって、しかも、国際取引に限定して適用するとの制度設計・解釈が採用されていたことから、無形資産や無償の役務提供等が絡む移転価格事案や国内取引による所得移転等への対応には少なからぬ限界もあった。

　他方、インドでは、移転価格を巡る訴訟案件の多さに鑑み、裁判所や納税者等の負担軽減に資する措置を拡充することも重要な課題であるが、その代表例である事前照会制度や紛争解決制度は、最近、その負担軽減効果を減少させる方向で解釈又は改正されている。例えば、Columbia Sportswear事件最高裁判決（2011）では、AARの回答に不服のある税務当局が所得税審判所に申立てをすることも憲法に反しないと判示されている。また、事前照会制度の場合、Vodafone India Services社が提出した請願書に対するBombay高等裁判所判決（2013）の見解（「DRPは課税手続の延長である。なぜなら、それが終了して初めて控訴対象となる最終的な課税処分となる」）を踏まえると、税務当局がDRPの判断を不服として申立てをすることは認められないのではないかと考えられるにもかかわらず、2012年FAの下で措置された1961年所得税法§253（「控訴審判所への訴えの提起」）（2A）等は、このような申立てを明示的に認めるものとなっている。

　負担軽減に資する独立企業間価格幅を定める所得税法§92C(2)但書も、Sony事件控訴審判所裁決（2008）等では、実際の取引価格が、最適な方法で決定される複数の価格がある場合に適用される独立企業間価格幅に収まらない場合の調整額は、実際の取引価格に上下5％の標準控除を認めた上で適用すべきとする納税者に有利な解釈が示されたが、2009年FAの下では、改正前の本但書の後段部分（「納税者の選択によっては、算術平均値からの偏差が算術平均値の5％を超えない額の価格である」）が削除されたため、上記Sony事件控訴審判所裁決で採用された解釈は葬り去られている。実際、かかる改正後に下されたDeloitte Consulting事件控訴審判所裁決（2011）でも、本但書に定める許容域は、標準控除ではない以上、「実際の取引が幅を超える場合、5％の控除を認めた上で独立企業間価格を計算する必要はない。つまり、実際の取引価格に5％の控除を付与しないで独立企業間価格を算定する」との見解が示されている。

4．第4節（対応策と負担軽減・融和策の新たな均衡）のポイント

　近年では、上記3で示したGAARの導入やソース・ルールの拡充措置では対処できない

第4章　インドの対応策の分析

　税源浸食の問題への対応と裁判所や納税者の負担軽減を可能にする措置等を講じる必要があるとの認識が強まる中、新たな対抗策・動きとして、(i)移転価格税制の適用対象範囲を広げる税制改正、(ii)アムネスティ・プログラムの積極的な活用、(iii)通常の居住者等による国内外財産の開示義務の導入などが実現している。また、未だ立法化はされてはいないものの、2010年直接税法案には、CFC税制の導入案や実質管理地主義の修正案なども盛り込まれている。これらの措置等は、裁判所や納税者の負担を更に高める方向に作用するが、特に、大きな負担を課すことになり得る移転価格税制との関係では、2009年FAの下、紛争解決制度が手当てされたほか、(iv)移転価格リスクの軽減に繋がるセーフ・ハーバーが導入されていることも特筆すべき点として挙げられる。

　上記(i)（移転価格税制の適用範囲を拡大する税制改正・動き）には、(a)所得税法§92上の「国際取引」という文言の定義を新たに示すことを通じて、無形資産等の国外移転による税源浸食の問題が更に深刻化することを防止することを狙った措置、(b)ロケーション・セービングに基づく利益の国内法人への配分を主張する考え方、(c)「特定の国内取引」をも移転価格税制の適用対象とする措置などが含まれている。特に、上記(c)の措置の潜在的有用性が高いことは、Tweezerman事件控訴審判所裁決（2011）で示された費用控除規定による税源浸食への対応の困難性と限界を示唆する見解（費用控除規定の下での通常の控除額を超える控除であるか否かの判断上、独立企業間基準に依拠することはできない）からも示唆されるところ、本措置の下では、場合によっては算定上の困難性が相対的に低いものともなり得る独立企業間価格と実際の取引価額との乖離額を求めた上で、その乖離額を調整対象とすることが可能となっている。

　上記(ii)（アムネスティ・プログラムの積極的な活用）は、特に、1997/1998課税年度分に対して行われたVDISに顕れている。税務当局は、VDISの下、相当な適用税率の引下げ及び訴追免除が手当てされたことにより、所得税と富裕税との関係上課税漏れとなっている所得や資産の自主開示を行う納税者数と追加的な税収額が、かなりの規模に達したことなどに鑑み、今後も、同様なプログラムを実施することを前向きに検討している。上記(iii)（国内外財産の開示義務）も、アムネスティ・プログラムと同様に、情報収集機能と課税漏れ防止機能の向上に繋がるものであるが、かかる開示義務は、電子申告によって履行することと定められていることから、税務当局の事務負担の軽減も可能となるものと考えられる。他方、これらの手段にも、勿論、問題点がないわけではない。上記(ii)の問題点としては、それによって得られた情報の活用が不十分であること、上記(iii)の問題点としては、コンプライアンス・コストが過大となっていることなどが挙げられている。

　上記(iv)（セーフ・ハーバーの導入）は、2012～2013年発表のRangachary委員会報告書で示された制度設計を踏まえて成立した所得税法§92CB（「税務当局がセーフ・ハーバー・ルールを設定する権限」）に基づいて措置された規則において実現している。本規則の下、一定の産業の一定の事業類型に従事する納税者（IT関係事業者、医薬品製造業者及び自動車製造業者等）の利益率が一定水準に収まっている限りは、移転価格税制に基づく調整の対象とはならない。本規則の有用性は、移転価格リスクが特に高いインドでは非常に大きいものとなると考えられるが、本報告書では、セーフ・ハーバーの適用対象者として、これらの事業者が選別された理由・選定基準等が明確に示されていない。確かに、本報告書は、これらの事業をインドへの誘致・育成することの必要性・有用性やその研究

第5節　小　括

開発プロセスの特異性・有用性等に言及はしているが、これらの点が主な選定理由なのか、また、公平性という点で問題がないかなどの疑問も生じないではない。

5．先行する章及び次章との関係・比較

　文理主義の伝統が強い英国において、近年、租税回避等への考え方・スタンスが厳格化する中、過去に導入が断念されたことのあるGAARが、新たな制度設計の下に導入されたように、英国の文理主義の影響を強く受けてきたインドでも、最近、裁判所の税法解釈アプローチが変化する兆しがある中、(i)英国のGAARよりも否認機能が高いと考えられる制度設計に依拠したGAARの導入、(ii)ソース・ルールの拡充措置及び(iii)移転価格税制の強化等に繋がる措置が手当てされるなどの動きがあった。特に、上記(ii)は、Vodafone事件最高裁判決（2012）でインドの課税権が及ばないと判示されたインド法人株式のオフショアでの間接移転による譲渡益等に対するインドでの課税を可能にする解釈を採用したものであるが、かかる措置は、大半のOECD諸国等の税法には措置されていない類型に属する強硬策である[240]。

　上記(iii)（移転価格税制の強化）としては、2012年、米国や英国の場合と同様に、移転価格税制が国内取引にも適用されるよう改正された点が特筆される。英国の場合、移転価格税制を国内取引にも適用するための制度改正は、主として、EC条約との抵触を回避するとの観点から行われたのに対し、インドの場合、Glaxo事件最高裁判決（2010）において、費用控除規定による税源浸食の防止には少なからぬ限界があるとの認識が示されたことなどを受けて行われたものであることから、双方の国の改正の理由・経緯には大きな違いがある。確かに、インドの改正後の移転価格税制と米国の移転価格税制と比べた場合、前者が適用対象とする国内取引は、英国の場合と同様に、関連企業間の国内取引全般を対象とするものではないが、その適用対象である「特定の国内取引」の中には、一定の要件に該当する個人との取引も含まれることから、その適用範囲が特段狭くなっているわけではない。

　対応策の強化に伴い、裁判所や納税者等の負担を軽減することも重要な課題となる。かかる課題への対応という観点からすると、例えば、米国の場合、IRC7701(o)の適用の有無は、厳格なペナルティの適用の可否にも繋がるにもかかわらず、本規定の適用の可否が訴訟で争われる前に、その判断を第三者機関に諮る措置は手当されていないのに対し、インドでは、英国のGAARの事前審査を行う諮問委員会と同様に、一定の独立性を有する承認委員会がGAARの適否を事前審査することから、税務当局によるGAARの濫用可能性の早い段階での排除や早期の納税者救済が可能となり得ることが、特筆すべき点として挙げられる。また、インドでは、移転価格税制においても、米国等の場合と同様に、セーフ・ハーバーが組み込まれている。確かに、インドにおける移転価格を巡る訴訟件数の多さに鑑みると、

---

240) 他方、インドがOECD諸国と締結している租税条約の中には、ドイツの課税権が喪失又は制約されることとなる法人資産等の譲渡に対する課税権を定めている法人税法§12（Verlust oder Beschränkung des Besteuerungsrechts der Bundesrepublik Deutschland）等を措置しているドイツとの1995年調印租税条約13条4項のように、法人株式の譲渡益に対する課税権を法人の所在地国に付与しているような例もある。1989年調印インド・米国租税条約13条も、「本条約の8条（船舶及び運送）に定める場合を除き、各締約国は、その国内法上の規定に基づき、譲渡益に対する課税を行うことができる」と定めている。ドイツ法人税法§12等の詳細は、松田・前掲「法人資産等の国外移転への対応策」63～72頁参照。

第4章　インドの対応策の分析

移転価格リスクの軽減手段としてのセーフ・ハーバーの導入の意義・有用性は大きいが、その制度設計・適用範囲の妥当性の如何を巡っては議論の余地があろう。

　上記の通り、最近、強力な税源浸食防止策が新たに導入されたインドでは、それに伴う納税者等の負担軽減を図る仕組みをも手当することによって、対応策と融和策の全体的なバランスを図る工夫がされているが、対応策や負担軽減策としては、勿論、米国や英国の対応策との比較からも明らかなように、異なる選択肢や異なる制度設計・課税アプローチを採用する余地もある。次章では、インドと同様にアジアの新興国である中国・香港に目を向け、これらの国では、(ⅰ)どのような状況・事情等を背景として、どのような形で税源浸食が生じているのか、(ⅱ)どのような対応策が講じられているのか、(ⅲ)負担軽減措置はどの程度手当てされているのかなどを考察する。かかる考察を通じて、中国・香港の主な対応策の制度設計上の特徴や位置づけを把握することができれば、第1章～第3章で考察した国・地域等の対応策との比較分析からは十分には実現し難いインドの主な対応策のグローバルな位置づけをより明確なものとすることが可能となるのではないかと思料する。

第5章　中国の対応策の分析

第1節　二元的企業所得税制の下での対応

1．二元的企業所得税制の特徴

(1)　外資系企業に対する優遇措置

イ）国内法上の優遇措置

　中国では、1970年代後半の改革開放政策の下、国内市場が外国投資家に門戸を開いて以来、多額の外資が流入し、沿岸部地域を中心として目覚ましい経済成長が実現した。多額の外資流入を加速させた一因が、諸々の投資促進措置であった。特に、二元的所得税制の下では、内資系企業には1993年12月13日付国務院（State Council）令137号に基づく「企業税法暫定条例」が適用されるのに対し、外商投資企業及び外国企業には[1]、多様な税務上の優遇措置を組み込んだ1991年4月9日付中国主席令45号に基づく「外商投資企業及び外国企業所得税法」が適用された[2]。確かに、本制度の下での表面税率は同一（33％、地方税分3％）ではあったが、表5-1のような企業の業態や設立地等に応じて適用される軽減税率を含む優遇措置によって、外資系企業の実効税率は、多くの場合、内資系企業の実効税率のおよそ半分程度でしかなかった[3]。

　例えば、「外商投資企業及び外国企業所得税法」は、7条では、「経済特区に設立された

表5-1　二元的所得税制の下での外資系企業に対する優遇税率

立地場所 \ 業種	製品輸出企業（製品輸出割合が70％以上の企業）	国家奨励企業	生産型企業	非生産型企業
経済特別区	10%	15%	15%	15%
経済技術開発区	10%	15%	15%	30%
沿海経済開発区等旧市街区	12%	15%	24%	30%
上海浦東新区	10%	15%	15%	30%
ハイテク区	10%	15%	30%	30%
その他の地域	15%	15%	30%	30%

（出典：外資政策の転換(4)－チェイス・チャイナ（http://chasechina.jp/cc/article.php?article=3428）に加筆）

---

1)　本法2条は、「本法でいう外商投資企業とは、中国国内に設立された中外合弁企業、中外合作経営企業及び全額合資企業を指す。本法でいう外国企業とは、中国国内に機構や場所を設立し、生産や経営に従事するもの、あるいは、機構や場所は設立していないが、中国国内を源泉とする所得のある外国の会計、企業又はその他の経済組織を指す」と定めている。

2)　「外商投資企業及び外国企業所得税法」の邦訳は、http://www.e-tangshan.cn/houritu/waiziqiyesuodeshuifa.pdfから入手可能。

3)　当時、内資系企業の実効税率は22％～28％程度であり、外商投資企業及び外資企業の実効税率は10％～14％程度であったと推測できるとの指摘は、John Walley and Li Wang, The Unified Enterprise Tax and SOEs in China, CIGI Techinical Paper No. 2（April 2007）p. 5参照。

第5章　中国の対応策の分析

外商投資企業、経済特区に機構・場所を設立して生産・経営に従事する外国企業並びに経済技術開発区に設立された生産型の外商投資企業は、税率を15％に軽減した企業所得税を徴収する。沿海経済開放区及び経済特区、経済技術開発区が所在する都市の旧市街区に設立された生産型の外商投資企業は、税率を24％に軽減して企業所得税を徴収する…」と定め[4]、 8条では、「生産型の外商投資企業で経営期間が10年以上のものには、利益を計上した年度から第1年度と第2年度は企業所得税を免除し、第3年度～第5年度までは企業所得税を半減する。…農業、林業、牧畜業に従事する外商投資企業及び経済の未発達な辺境地区に設立する外商投資企業は、上記2項が定める減免期間の満了後も、…許可を受けた上で、以後10年間、納税すべき金額の15％～30％を軽減した企業所得税を徴収する」と定めていた[5]。

また、「外商投資企業及び外国企業所得税法」10条は、「外商投資企業の外国側投資家が、企業から取得した利益を当該企業に直接再投資して登録資本を増額する場合、又は、資本として投資して他の外商投資企業を設立し、その経営期間が5年以上の場合は、その投資家が申請し、税務機関の許可を受けた上で、再投資部分について、既に納付した所得金額の40％を還付する。国務院が、別途、手当てした優遇措置がある場合には、かかる優遇措置に基づく取扱いを行う…」と定め、また、同法19条4項は、「科学研究、エネルギー開発、交通事業の発展、農林牧畜業の生産及び重要な技術の開発のためにノウハウを提供し得る特許権等に係る使用料は、国務院の税務主管機関の許可を受けた上で、税率を10％に軽減して所得税を徴収することができるが、そのうち、先進技術であるもの、又は、条件を優遇しているものについては、所得税を免除することができる」と規定していた。

さらに、1991年6月30日付国務院令85条に基づいて発布された「外商投資企業及び外国企業所得税法実施細則」では[6]、費用項目の税務上の控除・損金算入上、外資系企業に有利な取扱いが採用されていた。例えば、本細則19条は、「以下のものは、別途、国が定める諸々の所得規則で異なる定めがある場合を除き、所得税の課税対象額の計算上、費用又は損失として計上されない」と定め、同条4項は、「諸々の所得の支払」と規定しており、また、本細則24条は、「労働者に対する賃金及び福利厚生費については、企業が提出する賃金レベルやその根拠等に関する資料を地方税務機関が調査・承認した上で費用に含めることが認められる」と定めていたが、これらの規定等を踏まえて控除・損金算入が可能となる費用の額は、内資系企業の場合、外資系企業の場合と異なり、1,600元を限度とするとの制限があったことから[7]、これらの規定も外資系企業に対する優遇措置として機能した経緯がある。

---

4)　本規定の適用対象となる10類型の生産型外商投資企業の詳細は、「外商投資企業及び外国企業所得税法実施細則」72条参照。

5)　本法8条1項が「二免三減」ルールと称されるものである。

6)　本細則の英訳は、Rules for the Implementation of the Income Tax Law of the People's Republic of China on Enterprises with Foreign Investment and Foreign Enterprise（http://www.chinatax.gov.cn/n6669073/n6669088/6888503.html）から入手可能。

7)　このような取扱いは、2007年に創設された企業所得税法の詳細を定める企業所得税法実施条例34条が、「企業が支払った合理的な賃金及び給与額は控除することが認められる」と定めるまで続いた。

第1節　二元的企業所得税制の下での対応

ロ）通達等に基づく優遇措置

　外資系企業に対する税務上の優遇措置は、「外商投資企業及び外国企業所得税法」及びその実施細則上のものに限定されていたわけではない。例えば、本法9条は、「外商投資を奨励する業種・プロジェクトについて、省、自治区、直轄市の人民政府は、実際の状況に基づいて地方所得税の減免を決定することができる」と定めていたところ、多くの地区では、外資系企業誘致のために、外資系企業に対する地方税が免除されていた。また、国務院令や国家税務総局が発布する法的拘束力のある通達等である国税発（Guoshuifa）及び国税函（Guoshuihan）等の中にも、外資系企業の税負担を減免するものがあり、例えば、1998年9月27日付国務院令17号「都市土地使用税暫定施行条例」、国税発（[1985]19号「都市維持建設税暫定施行条例」）及び国税発（[1986]50号「教育費付加の徴収に関する暫定施行規定」）に基づき、外資系企業は、これらの税の負担を免除されていた[8]。

　また、国税函（[1993]45号「外資投資企業、外国企業と外国籍個人が取得した株式譲渡益と配当所得税問題の通知」）の下では、①総株主の25％超が外国株主である外商投資企業が外国投資家に分配する配当、②海外の証券取引所に上場されている中国法人の株式（例えば、香港証券取引所に上場されている株式はH株式と称され、ニューヨーク証券取引所に上場されている株式はN株式と称されていた）を有する外国投資家に分配する配当、③中国の証券取引所に上場されている人民元建てのA株式（非居住者については、資格のある機関投資家のみが投資することが認められていた株式）や外国通貨建てのB株式（上海証券取引所や深圳証券取引所に上場されている株式）等を有する外国投資家に分配する配当、④上記①～③に該当する株式等の譲渡益については、源泉税が免除されていた[9]。

　国境を跨ぐ企業再編に伴って生じ得る株式等の譲渡益や欠損金の税務上の取扱いも、国家税務総局が発出した一連の通達等によって、かなり優遇されたものとなっていた。関係通達等としては、国税発（[1997]71号「外商投資企業の合併、分割、持分再編、資産譲渡等の再編業務に係る所得税処理に関する暫定規定」）や国税函（[1997]207号「外商投資企業及び外国企業の持分譲渡に関する所得税の処理問題の通知」）が挙げられる。前者では、合併や分割前の企業の資産・負債及び所有者権益の再編後の帳簿価格での引継ぎや合併・分割前の企業の欠損金の再編後の引継ぎが原則として可能であることなどが定められ、後者では、直接又は間接の100％の持分保有関係を有する企業間での持分譲渡は、税務上、その取得原価での譲渡が認められる旨が規定されていた。課税を受けることなく国境を跨ぐ企業再編を行う余地は、これらの通達等の下、それほど狭いものではなかった。

ハ）租税条約上の取扱い

　租税条約の中にも、国外投資家に対するかなり有利な扱いを定めているものが、少なか

---

[8]　「都市維持建設税」及び「教育費付加費」は、企業が納付した増値税、消費税及び営業税の合計額をベースにして課されるものであり、国税発（[2010]35号「内資企業、外資企業及び個人における都市維持建設税及び教育費付加を統一することに関する通知」）に基づき、2010年12月1日以降は、外資系企業にも課されるようになった。都市土地使用税は、納税者が実際に占有する土地の面積を課税ベースとして課されるものであり、2006年12月31日付国務院令第483号「中国都市土地使用税暫定条例」及び財税（[2007]9号「中国都市土地使用税暫定条例の改正の徹底実施に関する通知」）に基づき、2007年1月1日以降は、外資系企業にも課されるようになった。

[9]　詳細は、News Flash, March 2009/ Issue 4 (http://www.pwccn.com/home/webmedia/.../chinatax_news_mar 2009_4. pdf)参照。

らず存在していた。例えば、国連モデル条約13条は、4項において、その資産が主として一方の締約国に所在する不動産から構成される法人等に対する持分の譲渡から得る利得が、その締約国で課税できる旨を規定し、5項において、「4項に定める以外の株式で一方の締約国の居住者である法人に対する＿％（パーセンテージは二国間協議によって決定される）の持分であるものは、その締約国で課税することができる」と定めていたところ[10]、当時、中国が締結した租税条約の中には、本条に則っているものだけでなく、例えば、OECDモデル条約13条5項の下での課税権の配分の仕方に倣い、2001年に締結されたインドネシアとの租税条約13条5項（「前述のパラで言及している以外の資産の譲渡から得る利得は、譲渡を行った者が居住者である締約国においてのみ課税できる」）と同様な取扱いを採用した租税条約が30を超えるほど存在していた[11]。

また、上記国連モデル租税条約13条5項に則った規定を有する租税条約も、持分の複数回分割による譲渡によってその適用を免れ得るなどの問題を孕んでいたところ[12]、かかる問題に対処するとの観点から、国連の「租税事項における国際協力に関する専門家委員会」（the Committee of Experts on International Cooperation in Tax Matters）は、2008年、本規定に代えて、「一方の締約国の居住者が他方の締約国の居住者である法人の株式を譲渡することによって得る利得で4項が適用されるもの以外のものは、その譲渡に先立つ12カ月の間のいずれの時点で、その法人の資本の少なくとも＿％を直接又は間接に保有する場合には、当該その他の締約国で課税することができる」と定める規定を盛り込むべきであるとの提言を行い[13]、かかる提言を受けて2011年版UNモデル条約13条5項は改正されたが、当時の中国の租税条約は、このような規定を措置していなかったため、上記でいう持分の複数回の分割譲渡による適用逃れの問題と無縁ではなかった。

さらに、上記「租税事項における国際協力に関する専門家委員会」の提案の中には、条約の濫用に対処する上でのガイドラインとなっているOECDモデル租税条約1条に関するコメンタリーのパラ9.5（「…一定の取引又はアレンジメントを実行する主要な目的が、より望ましい税務上の地位を得ることであり、しかも、このような状況の下、そのようなより望ましい取扱いを得ることが関係する規定の趣旨や目的に反する場合には、二重課税防止条約の利益は付与されるべきではないというのが基本的な指針である」）は[14]、国連モ

---

10) 原文は、"Gains from the alienation of shares other than those mentioned in paragraph 4 representing a participation of――per cent (the percentage is to be established through bilateral negotiations) in a company which is a resident of a Contracting State may be taxed in that State." である。
11) 原文は、"Gains from the alienation of any property other than that referred to in the preceding paragraphs shall be taxable only in the Contracting State of which the alienator is a resident." である。
12) 「租税条約の不適切な利用」（Improper Use of Tax Treaties）と題された国連事務局ノート（also at http://www.un.org/esa/ffd/tax/RevisionToArt13.pdf）パラ8参照。
13) 原文は、"Gains other than those to which paragraph 4 applies, derived by a resident of a Contracting State from the alienation of shares of a company which is a resident of the other Contracting State, may be taxed in that other State, at any time during the 12 month period preceding such alienation, held directly or indirectly at least――per cent (the percentage is to be established through bilateral negotiations) of the capital of that company." である。
14) 原文は、"... A guiding principle is that the benefits of a double taxation convention should not be available where a main purpose for entering into certain transactions or arrangements was to secure a more favourable tax position and obtaining that more favourable treatment in these circumstances would be contrary to the object and purpose of the relevant provisions." である。

デル条約でも基本的な指針となるべきであるとの見解が示されているが[15]、中国の場合、譲渡益に対する課税権の配分を定めた租税条約13条との関係に限らず、その他の租税条約上の規定を不当に利用する条約漁りなどに対処する措置も、長い間、殆ど手当てされていないという問題もあった。

確かに、例外的に、幾つかの租税条約には、配当、利子及びロイヤルティに関する規定に受益者という文言が採用されていた。例えば、1983年に締結された中国・日本租税条約10条2項は、「しかしながら、そのような配当は、その配当を支払う法人が居住者である締約国でも課税することができる、また、その締約国の法律により、もし、その配当の受領者がその配当の受益者であるならば、その課税額は、配当総額の10％を超えないものとする」と規定していた[16]。また、1984年に締結された中国・米国租税条約に関する1986年議定書のパラ7（「締約国の権限ある当局は、協議を通じて、第三国の法人が本協定の下での利益を得ることを主要な目的として一方の締約国の居住者となる場合には、その法人に対する9条、10条及び11条の利益を否認することに双方の締約国は合意する」）のように[17]、LOB条項を採用している例も、僅かではあったが存在していた。

しかし、上記の1983年中国・日本租税条約10条2項等に組み込まれている受益者概念については、その適用に係る指針がなかったほか、「外商投資企業及び外国企業所得税法」の下、国外株主に対する配当等への源泉税は、前述の通り、少なからぬ場合、免除されたことによって、実際上、その機能が発揮されることは殆どなかった[18]。上記の1948年中国・米国租税条約に組み込まれたLOB条項も、その採用は条約締結相手国の主導で行われたとの経緯があったほか、その条項の解釈に関する議定書で示されている両国が合意した適用基準も、当時の中国の租税回避や条約漁りへ対応に係る税務当局のスタンスや体制整備の実態等を踏まえた場合、その適切な執行を担保することは、甚だ困難であろうと想定するには十分なほどに複雑なものとなっているなどの問題もある中[19]、実際、その適用が中国で行われた例は皆無に等しいという状況であった。

(2) 優遇措置等が惹起した問題

もっとも、上記に代表される外資系企業に対する一連の優遇措置等が急速な経済発展を可能にしたとの側面もあることなどに鑑み、①国際投資の積極的な誘致を行っている近隣のアジア諸国と競争上、優遇措置を撤廃することは得策ではない、②優遇措置を撤廃することによって最も影響を受けるのは、大規模企業ではなく、香港や台湾等の投資家によっ

---

15) 前掲「国連事務局ノート」パラ23-24参照。

16) 原文は、"However, such dividends may also be taxed in the Contracting State of which the company paying the dividends is a resident, and according to the laws of that Contracting State, but if the recipient is the beneficial owner of the dividends the tax so charged shall not exceed 10 per cent of the gross amount of the dividends." である。

17) 原文は、"It is agreed by both sides that the competent authorities of the Contracting States may through consultation deny the benefits of Article 9, 10 and 11 to a company of a third country if the company becomes a resident of a Contracting State for the principal purpose of enjoying benefits under this agreement."である。

18) Houlu Yang, Beneficial Ownership, Conduit Company and Treaty Shopping : Is a Capital Gains Exemption Still Available in China ?, Derivatives & Financial Instruments, Vol. 14, No. 5 (2012) pp. 255-256参照。

19) 適用基準の詳細は、Doc 93-30980 (Treasury Dept. New Release, "Protocol Concerning the Interpretation of Paragraph 7 of the protocol to the Agreement Between the Government") 参照。

第5章　中国の対応策の分析

図5-1　二元的所得税制の下での企業所得税額等の推移（単位：10億人民元）

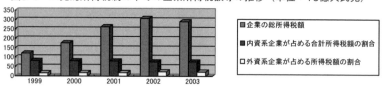

（出典：John Walley and Li Wang, The Unified Enterprise Tax and SOEｓ in China, Technical Paper No. 2（2007）Table 1 at http://www.cigionline.org から作成）

て保有されている輸出関連企業に代表される小規模企業であると想定されるため、優遇措置を撤廃することによって、公平性が高まるとは限らない、③外資系企業は、多くの場合、政府からの行政上の援助や国内市場へのアクセスなどの面で内資系企業よりも不利な立場に置かれているため、税務上の優遇措置を維持することは、実質的な公平性を実現するためにはむしろ必要であるなど、外資系企業に対する優遇措置を擁護する意見も少なくなかった[20]。しかも、図5-1の通り、企業所得税収面でも、右肩上がりの増加が実現する中、外資系企業からの税収が占める割合も徐々に高まるとの趨勢が認められた。

他方、外資系企業に対する優遇措置に批判的な立場からは、優遇措置が惹起していた様々な問題や課題にその批判の矛先が向けられてきた。これらの問題は様々な形で露呈していたが、代表例としては、(i)外資系企業を対象とする優遇措置の適用を狙って、中国の投資家や法人等が、オフショアで法人の設立・移転登記を行い、そのオフショア法人を通じて中国への投資・法人設立を行うという「偽りの外資」（"fake foreign capital"）と称される問題[21]、(ii)中国法人が国際的組織再編等を通じて外国法人の子会社となることによって、外資系企業に対する優遇措置の適用を受ける問題、(iii)外国投資家がオフショア等に設立した特別目的会社や持株会社を利用して関係する中国の国内法又は租税条約上の譲渡益等に対する優遇措置の適用を受けるという問題、(iv)かなりの数の外資系企業が移転価格等を利用して所得の国外移転を行い、中国では損失を計上するなどの問題が挙げられる[22]。

上記(i)（「偽りの外資」の問題）に該当し得ると考えられる例としては、中国法人が2004年に香港に法人登記を移して中国での優遇税率の適用を受けるようになったGome Electrical Appliances Holdingsのケースが挙げられている[23]。上記(ii)（国際的組織再編を通じて中国法人が優遇税率の適用を受ける問題）に該当し得る例としては、図5-2のケースがある。本ケースでは、中国人投資家が米国ネバダ州に登録したGetpokerrakeback.

---

20) 外資系企業に対する優遇措置の是非を巡る議論の詳細は、Xiaoyang Zhang, Eliminating Privileges Enjoyed by Foreign Invetors in China: Rationality and Ramifications under a Unified Tax Code, Deakin Law Review, Vol.12, No.2(2007)pp.87-89参照。

21) 例えば、2004年の国外から中国への直接投資額は600億ドル超であるが、その約3分の1は、外国に登録した中国企業によるものであったとの指摘は、Shuhong Kong, Zhenzi Li and M. Peter van der Hoek, The Dual Corporate Income Tax in China: The Impact of Unification, Munich Personal Repec Archive Paper No.11547(Nov. 2008)p.16参照。

22) 損失を計上した外資系企業の割合は、1988年～1993年の間は35％～40％、1994年～1995年の間は50％～60％、1996年～2000年の間は60％～70％に上るとのデータがある。国家税務総局の移転価格関係資料（Tranfer Pricing Tax System and Its Development in China(also at http://www.rrojasdatabank.info/chinatrprice02.pdf) p. 2）参照。

23) http://www.atimes.com/atimes/China_Business/ID11Cb02.html参照。

図5-2 中国法人が国内に設立した法人に対する優遇税率の適用を可能にした組織再編の例

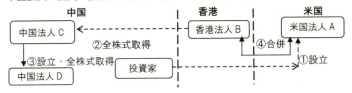

図5-3 オフショア法人等を利用した譲渡益等に対する優遇措置の適用例

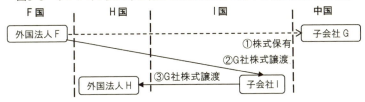

comと称する米国法人Aは、香港法人Bが2008年に全株式を取得した中国法人Cによる中国法人Dの設立後の2009年、株式交換を通じて香港法人Bの全株式を取得し、China Skyrise Digital Service Inc.に改称しているが、本組織再編を通じて、中国法人Dの経営者が米国法人Aの役員となり、また、米国法人Aの全ての事業活動は中国法人C及び中国法人Dを通じて行われ、中国法人Dは米国法人Aと香港法人Bの完全子会社であることから、中国法人Dも外資系企業に適用される優遇措置を受けている[24]。

上記(iii)(オフショア法人等を利用した譲渡益等に対する優遇措置の享受の問題)の代表例としては、図5-3のようなケースが挙げられている。本ケースでは、外国法人Fが保有する中国の子会社Gの株式を外国法人Hに譲渡したいと考える場合、外国法人Fは、まず、I国の居住者である子会社IにG社株式を譲渡する。この場合、かかる譲渡はグループ内での株式移転であることから、当時の中国の企業再編に係る通達(例えば、1996年国税発124号(「外資系企業の資産の再評価に係る税務上の取扱いに関する通知」)等)や実際の取扱いの下では、かかる譲渡益への課税は繰り延べられるのが通例であった[25]。次に、子会社Iが譲渡を受けたG社株式を外国法人Hに譲渡する。この場合、当時の中国は、かかる譲渡益に対する課税を行う根拠を有していなかった。このようにして中国での課税を免れたケースでは、中国とF国の租税条約が前述の国連モデル条約13条5項に依拠し、また、I国が株式譲渡益に課税しない国である場合、税負担が全く生じないこともあり得る。

2．対応策の変遷

(1) 移転価格税制の問題点

外資系企業に対する優遇措置は、上記(iv)(移転価格等を利用した所得の国外移転の問題)も深刻化させたが、その背景には、当時の移転価格税制の制度設計及びその執行に係る問

---

24) 詳細は、China Skyrise Digital Service Inc.が米国証券取引委員会に提出したForm 10-K (http://www.geogle.brand.edgar-online.com/EFX_dll/EDGARpro.dll?FetchFilingHTML1?ID=7159662&SessionID=n1mvHjaFdF12g77) 参照。

25) Wei Cui and Rick Krever, The Tax Consequences of Corporate Reorganisations in China, British Tax Review, Issue 3 (2011) pp. 345-348参照。

題も少なからず関係していたとの事実がある。本税制の根拠規定としては、1991年、「外商投資企業及び外国企業所得税法」13条が措置され、本条は、「外商投資企業、又は外国企業が生産・事業を行うために中国に設立した施設又は場所と、その関連企業との間の事業取引の対価の支払・受領額は、独立企業間のものと同様であるとする。同様なものでないことにより、課税所得の減少が生じる場合には、税務当局は、合理的な調整を行う権利を有する」と規定していたが、同法実施細則（国務院令［1991］85号）52条～58条等では、その適用範囲の明確化に資する定義等が示されていないなどの問題がある中、これらの規定は、移転価格税制の執行上の指針として、必ずしも十分なものではなかった[26]。

確かに、移転価格税制の適用範囲等に係る不透明性の問題は、国税発（[1998]25号「移転価格税制の管理事務の強化に関する通知」）及び国税発（[1998]59号「関連企業間取引の税務管理規定（試行）」）の発布によって、少なからず緩和された[27]。特に、国税発第59号が、各章［第1章（「総則」、1条～3条）、第2章（「関連企業間の関連関係認定及び取引の申告」、4条～7条）、第3章（「関連企業間取引額の認定」、8条～10条）、第4章（「調査・審査対象の選択」、11条～14条）、第5章（「調査・審査の実施」、15条～22条）、第6章（「企業の立証と税務機関の立証に対する確認」、23条～26条）、第7章（「調整方法の選択」、27条～32条）、第8章（「税務調査の実施」、33条～39条）、第9章（「異議申立てと訴訟」、40条～41条）、第10章（「資料の整理と保存」、42条～46条）、第11章（「追跡管理」、47条～52条）］で示している指針は、かなり包括的なものとなっていた[28]。

例えば、上記国税発59号4条は、「関連企業」となるのは、(1)一方の企業が他方の企業の持分総額の25％以上を直接又は間接に保有する、(2)同一の第三者が持分の25％以上を直接又は間接に保有又は支配する、(3)一方の企業の自己資金の50％以上を他方の企業から借り入れる、あるいは一方の企業の借入総額の10％以上を他方の企業が保証する、(4)一方の企業の董事あるいは経理などの高級官員の半数以上又は一名の常務董事を他方の企業が派遣する、(5)一方の企業の生産・経営活動が、他方の企業が提供する特許権（工業所有権、専有技術などを含む）の利用によって成り立つ、(6)一方の企業の生産・経営のために購入する原材料・部品など（価額と取引条件を含む）を他方の企業が支配又は提供する、(7)一方の企業が生産する製品又は商品の販売を他方の企業が支配する、(8)企業の生産、経理、取引を実質支配するその他の利益上の関連関係（家族・親族関係も含む）がある場合と定めていた。

また、上記国税発59号は、5条において、一方の企業が他方の企業と関連企業関係を構成する場合、主管税務機関に対し、納税年度の終了後4カ月以内に、関連企業間取引状況年度申告書を提出する必要がある旨を定め、7条において、所定の期限内に関連企業間取引状況年度報告書を提出しない場合には、主管税務機関が期間を定めて提出を求めた上で、税収徴収管理法39条に基づき、2,000元以下の罰金を科することができるが、税務機関が定めた延長期間経過後も未提出の場合には、2,000元以上10,000元以下の罰金を科すること

---

26) 「外国投資企業及び外国企業所得税法実施細則」の各条文の英訳は、http://www.chinatax.gov.cn/n6669073/n6669088/6888503.html参照。
27) 国家税務総局が発布した最近の主な国税発・国税函等の原文は、http://www.lookchinabiz.com/English/List-13-1.aspx、邦訳は、chasechina.jp/cc/lawsearch.php?page=1から入手可能。
28) 国税発59号の条文の英訳は、Transfer Pricing in China, October 2006（http://www.pwccn.com/home/eng/tpcorner.html）参照。同号詳細は、http://www.web1.ken.jp/ymc/chuugoku3.html 参照。

ができると規定していた。また、同号13条は、毎年の実際の調査の対象が、通常、選定された重点調査対象の30％を下回ってはならないと定め、また、同号37条は、企業の移転価額に関わる調整の対象となる課税期間は、通常、納税年度の次の納税年度から3年以内であるが、最長10年まで遡及して調整の対象とすることができると規定していた。

上記国税発59号13条でいう「重点調査対象」となる企業とは、同号12条の下、一般的には、(i)生産・経営管理の決定権が関連企業により支配されている企業、(ii)関連企業との取引額が比較的大きい企業、(iii)長期欠損企業（連続2年以上欠損を出している企業）、(iv)長期にわたり低利益或いは欠損の傾向があるが、経営規模を拡大している企業、(v)利益の変動が激しい企業、(vi)タックス・ヘイブンに設立された関連企業との取引がある企業、(vii)地域における同業他社より利益率が低い企業、(viii)グループ企業の内部比較又は関連企業との比較において、利益率が低い企業、(ix)様々な名目の下、関連企業に対し、合理性を欠く各種費用を支払っている企業、(x)法定の税の減免期間又は減免期間の終了後に急激な利益の低減があるなど、租税を回避している疑いのある企業であると定められていた。

上記の通り、確かに、国税発59号は、移転価格税制の適用等について一定の指針を提供するものではあったが、当時の移転価格税制には、依然として、(i)その適用についての法定範例がないなど、税制の内容が不十分かつ曖昧であり、不透明・不確実な部分がある、(ii)取引が比較可能性を備えているか否かを判断するガイドラインが税務機関に存在していないため、主観的で随意性の高い執行が行われる虞がある、(iii)無形資産取引への適用を行うための規定が十分に整備されていない中、無形資産取引に実際に適用された例は殆どない、(iv)文書提出に係る義務や立証責任に関する規定の詳細及びこれらの義務や責任を適切に遂行しないことに対する罰則の適用が不十分なものとなっている中、その履行を担保することが困難であるとの状況が生じている、(v)タックス・ヘイブンに対する明確な規定がないため、特に、タックス・ヘイブンを利用した移転価格の問題への対応が不十分なものとなっているなどの問題点が認められるとの指摘がされていた[29]。

(2) 移転価格税制の適用例

当時の移転価格税制は、上記のような問題点や限界を有していたが、勿論、その有用性が全く発揮されなかったわけではない。国家税務総局税収科学研究所の資料では、図5-4のようなケースが本税制の適用例として公表されている[30]。本ケースでは、図5-4で示している資本持分関係の下、中国に設立されているGX社（GX社の取締役や総務等の経営陣は全てGA社から派遣されている）が、国外の親会社であるGA社から受けた専用技術等を利用して製造した電子製品等を中国国内やGA社の香港子会社（GX社の輸入原材料の仕入れに係る責任を負っており、その取締役や総務等の経営陣は、GA社及びシンガポールGA社から任命派遣されている）に販売しており、また、GA社の香港子会社に販売した製品については、GA社の海外子会社に再販売されているという事実が認められるところ、GX社がGA社の香港子会社に対して行っている製品等の販売価格が独立企業間価格よりも低いのではないかという点が問題となっている。

---

29) 詳細は、国家税務総局税収科学研究所課題組「中国の移転価格税制の導入と現状およびその発展（日本語版）」（also http://www.jc-web.or.jp/JCobj/Cut/itenkakakuzeisei.pdf）39〜41頁参照。

30) 詳細は、税収科学研究所課題組・前掲「中国の移転価格税制の導入」63〜72頁参照。

図5-4　移転価格税制の適用例

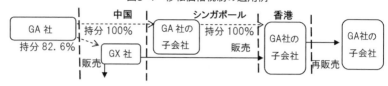

　税務当局は、GX社の97/98年度～98/99年度の輸出販売原価の売上高に占める比率が93％、販売粗利率は6.9％～6.5％であったのに対し、国内販売原価の売上高に占める比率が32％～58％、販売粗利率は67％～41％であったことから、香港のGA子会社への販売価格が不当に低く設定されているのではないかとの考えの下、GX社の96/97年度～97/98年度の関連企業間取引の利益水準を幾つかの同業他社の利益水準と比較したところ、前者は0.7％～0.4％であったのに対し、後者の平均は6％～9％であった。また、同業他社の原価マークアップ率は14％～18％であった。税務当局は、このようなデータや各年度の関連取引販売利益額等を参考にして、GX社の関連取引原価マークアップ率は、96/97年度については10.4％、97/98年度については15.6％、98/99年度については15.3％と決定した上で、GX社の企業所得税の半額納付の初年度となる98/99年度分について、620万人民元の追徴課税を行っている。

　確かに、移転価格税制の実際の適用例は、上記に限ったわけではないが[31]、国家税務総局も、本税制の導入当初、その十分な適用が行われなかったことを暗に認めている[32]。その理由としては、本税制は、当時、(i)基本三法に依拠する上で比較対象取引を見い出すことが困難である、(ii)税務当局が多用している再販売価格法の場合、国外関連者の商品購入・販売や所得額に係る情報の入手が困難であることが多いため、費用等の合理的な配分割合の決定が困難である、(iii)原価基準法の場合、取引状況・規模等が異なる中、同種の産業から比較対象となる費用・利益率を見い出すことが困難であるため、税務当局と納税者の交渉に依らざるを得ないなどの問題があったことが挙げられている。しかも、これらの問題は、中国の外資系企業が国外関連者から相当程度に高い価格で購入した商品等を相当程度に低い価格で輸出する典型的な移転価格の手法に依拠しない方法が台頭したことによって、より深刻化した経緯がある[33]。

　例えば、巷でも、当時、図5-5のようなケースが多く見られたと言われている。本ケースでは、多国籍企業グループFと外国法人Gが役務提供契約を結び、後者が前者に役務提供を行っていたが、多国籍企業グループFによる中国法人Hの設立と外国法人Gによる中国法人Iの設立後は、外国法人Gに雇われたスタッフが中国法人Iを通じて中国法人Hに対して同様の役務提供を行うようになったところ、その対価については、多国籍企業グループFから外国法人Gに支払われた後に中国法人Iが外国法人Gから受領する分は、中国法人Iの経費を賄う程度となっているため、中国法人Iは、中国で利益を殆ど計上せず、納税額も殆どないとの状況が生じる。このような状況は、特に、多国籍企業グループFが、

---

31)　その他の幾つかの適用例は、宇都宮浩一「中国における移転価格税制と移転価格検査」立命館経営学46巻5号（2008）154～167頁参照。
32)　税収科学研究所課題組・前掲「中国の移転価格税制の導入」3頁参照。
33)　税収科学研究所課題組・前掲「中国の移転価格税制の導入」3頁参照。

第1節　二元的企業所得税制の下での対応

図5-5　移転価格による所得の国外移転の例

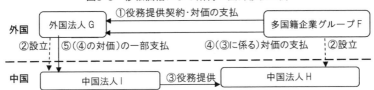

外国法人Ｇ又は中国法人Ｉが提供する役務を欲している中、直接に中国法人Ｉとの役務提供契約を結ぶことをしないとの条件の下で生じ得るが、このようなケースに移転価格税制が適用されることも稀であったとの指摘がされている[34]。

2001年に制定された「税収徴収管理法」（中華人民共和国主席令49号）の下では、移転価格税制は同法36条に規定されており、その適用範囲も狭いものでないことは、本条が、「中国に所在する外国法人によって設立された企業又は事業体あるいは生産又は事業活動に従事している施設とその関連企業との間の事業取引における金銭や手数料の受領又は支払いは、独立した企業間における金銭や手数料の受領又は支払いと同様に取り扱われる。金銭や手数料の受領又は支払いがこのように取り扱われない結果、課税対象となる収益又は所得の減少が生じる場合には、税務当局は、合理的な調整を行う権限を有している」と定めているように[35]、その適用対象となる取引には、中国に所在する外国法人が設立した法人等とその関連企業との取引であれば、国際取引に限定されるわけではなく、国内取引も含まれることとされていたことからも確認することができる。

しかも、税収徴収管理法の下では、厳しいペナルティ（年率18.25％の延滞金と無申告額又は過少申告額の50％以上だがその5倍の額未満の加算税）が定められていた。さらに、国家税務総局の税法の適用・解釈に係る権限は大きく、裁判所の権限・機能は非常に限られているという状況の下、税務訴訟に至る件数が少ない上に、訴訟による納税者の救済の可能性も極めて低いと考えられていた[36]。にもかかわらず、1990年代から2000年代の初めにかけて、外資系企業による移転価格を利用した所得の国外移転に歯止めを掛けることができなかったのは、移転価格税制の制度設計上の問題というよりは、むしろ、税務当局の移転価格の問題に対するスタンス・執行が十分に厳しいものでなかったことなどに原因があったと考えられる。このような状況の下、納税者が抱いていた移転価格が包含するリスクに関する意識のレベルも総じて高いものではなかったことが、移転価格問題を益々深刻化させることとなった[37]。

---

34) Flawed Transfer Pricing Policies (http://www.chinataxblog.com/?P=385) 参照。

35) 「税収徴収管理法」の各条文の英訳は、Law of the People's Republic of China on the Administration of Tax Collection (http://www.china.org.cn/business/laws_regulations/2007-06/22/content_1214782.htm) 参照。

36) 公表されている数少ない税務訴訟の例としては、2010年に生じたShandong（山東）事件が有名である。本事件では、韓国法人が中国法人に船舶をリースした対価として得た所得が、中国・韓国租税条約12条上の賃貸所得として源泉徴収税の対象となったことに対し、韓国法人は、本件所得は、本条約8条上の国際運輸所得であり、中国での課税の対象となるものではないと主張したが、環翠地区（Huancui District）税務当局、威海市（Weihai City）税務当局及び環翠地区人民裁判所のいずれも、かかる主張を退けている。本件については、国税発（[2011] 34号）参照。

37) 移転価格税制に基づく調整が行われても、利子やペナルティが課されることはなかったとの指摘は、Ida Hansen and Viktoria Lin, China――The New Corporate Income Tax and its Effect on Transfer Pricing (http://www.diva-portal.org/smash/get/diva2-3579/FULLTEXT01.pdf) pp. 39-42参照。

第5章　中国の対応策の分析

(3)　執行体制強化と税収の推移

　外資系企業が享受していた優遇措置に対する内国企業の不公平感が、上記1(2)で示した(i)～(iv)の問題が認められる状況の下で増幅する中、税源浸食防止機能の向上に資する国税函等の発布も、次第に増えるようになった。例えば、2004年国税発143号（「関連企業間取引の税務管理規定を改定することに関する通知」）が、前述の1998年国税発59号で示されていた移転価格税制の適用に係る基準・指針の有用性を更に高めるであろうことは、改正された本号18条が、要求された資料の所定期限内の提出がない場合には、税収徴収管理法62条及び同法実施細則96条に規定する罰則の適用対象となる旨を定め、また、改正された本号28条（「有形資産の売買に関する移転価額の調整方法」）が、要求された資料が正確なものでない場合、同法実施細則47条に基づき、合理的な方法に基づいて企業利潤を確定した上で、課税すべき収入又は所得額を調整することを明記したことからも少なからず示唆される。

　移転価格税制の執行体制の整備も、2000年代初頭に発布された一連の通達等によって更に進展した。例えば、2004年国税発108号（「税金徴収管理を更に強化することに関する意見」）が、税務管理・調査及び地方の税務機関との連携等を強化する方針を示し、また、上記の2004年国税発143号によって改正された国税発第59号19条（「国内の異地調査」）には、新たに4項（「主管税務機関は、他の省、自治区、直轄市、計画単列市において、移転価額実地調査、証拠収集を行う業務上の需要がある場合、書面にて詳細な状況を然るべきルートを通じて国家税務総局に報告し、許可された後に調査を実施する」）が加えられ、さらに、2005年国税函239号（「租税回避業務に関する通達」）でも、(i)これまで地方の税務当局が独自に行う傾向があった移転価格の調査・管理を国家税務総局の下に一元化する[38]、(ii)比較対象取引の抽出のためのデータベースの拡充（OSIRISの採用等）を図るなどの方針が示されている[39]。

　このような移転価格税制の執行体制等の強化は、図5-6で示している1995～2006年の間における右肩上がりの増差税額、企業所得税額及び税収の伸びに貢献しただけでなく、内資系企業と外資系企業との税負担面での不平等の問題を緩和する効果をも発揮したと考えられる。しかし、2001年に世界貿易機構への加盟を実現した中国では、国内市場が国外資本・投資家等に対してより広く開放されたことにより、多くの内資系企業は、従来以上に厳しい競争に晒される中、上記のような外資系企業に対する税務執行体制の強化も、内資系企業等が有している外資系企業優遇に対する批判的な意見が強まることを十分に抑えるには至らなかった。また、中国政府としては、二元的所得税制の下での不平等な取扱いは、WTOの掲げる諸原則に反するとの問題を解決する必要もあった。このような状況の下、「外商投資企業及び外国企業所得税法」等が措置していた外資系企業に対する優遇措置の改廃が不可欠であるとの認識が高まっていった[40]。

---

[38]　国家税務総局による事前確認制度の一元化は、国税函（[2005] 1172号「事前確認価格業務問題に関する通知」）によって実現した。

[39]　企業所得税法創設前の移転価格税制に係る一連の国家税務当局の通達等のポイントは、Windson Li, Transfer Pricing in the People's Republic of China (http://www.docstoc.co/docs/69462910/China-Transfer-Agreements) 参照。

[40]　世界貿易機構への加盟の際、特に、製品輸出型企業に対する軽減税率は、隠れた輸出補助金に該当するものとして批判された。

図5-6　最近の企業所得増差税額、企業所得税額及び税収の推移

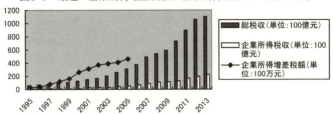

（出典：National Bureau of Statistics, Yuan and Wallis, The Latest Update on Transfer Pricing Documentation Requirements and Transfer Pricing Audits in China, p. 14, Ida Hansen and Victoria Lin, China—The New Corporate Income Tax and its Effect on Transfer Pricing, p. 40 及び図5-7の出典資料に基づいて作成）

第2節　企業所得税法の下での対応

1．企業所得税法の位置づけと税収効果

　外資系企業に対する優遇措置を廃止すべきであるとの認識が高まる中、2007年には、二元的所得税制の廃止に繋がる企業所得税法の創設が行われた。2008年1月から施行された本法は、課税の公平、経済の安定的成長の推進、国際課税ルールへの適合、税務行政の効率性の向上及び納税者のコンプライアンスの簡素化等を実現するとの目的の下、主に4つの統一（①国内法人と外国法人に適用される所得税法の統一、税率の統一、控除の統一及び租税優遇措置の統一）を図ったものであり、8章（第1章：総則、第2章：課税所得額、第3章：納付税額、第4章：租税優遇措置、第5章：源泉税、第6章：特別納税調整（41条～48条）、第7章：税の賦課、第8章：附則）構成となっている[41]。二元的所得税制の下では実質的に大きな格差があった内資系企業に対する税率と外資系企業に対する税率は、本法の下、25％に統一されている[42]。

　25％という基本税率の選択は、当時の金人慶財政部長が2007年3月8日に行った公的な説明によると、(i)内資系企業の税負担を軽減するとともに、外資系企業に対する税負担増を極力少なくする必要がある、(ii)二元的所得税制を適用した場合と比べると、企業所得税法の下での税収減の規模は約930億円元（内資系企業からの税収元が約1,340億元、外資系企業からの税収増が約410億元）ほどに達し、しかも、優遇税制の廃止は、一定期間経過後に行うとの過渡的措置が講じられることに鑑みると、税収減となる額は更に増えると想定されるが、受容可能な範囲内の財政減収である、(iii)企業所得税を採用している国家・地域の平均の企業所得税率は28.6％であり、中国の18の周辺諸国の平均の企業所得税率は26.7％であるところ、中国における企業の競争力の維持と外資導入の促進に資する企業所得税率を設定する必要があることなどを踏まえた上で決定されたものである[43]。

---

41) 本法諸規定の英訳は、Enterprise Income Tax Law of the People's Republic of China（http://www.fdi.gov.cn/.../Laws?GeneralLawsandRegulations/BasicLaws/P020070327495400001563.pdf）参照。以下、本法の諸規定の英訳は、商務省が示している英訳を掲げている。

42) 但し、企業所得税法4条後段の下、一定の条件に該当する小企業やハイテク企業等には軽減税率（20％又は15％）が適用される。本条の下での小企業及びハイテク企業等の定義は、本法実施条例93条参照。

43) 企業所得税の統合(2)——チェイス・チャイナ（http://chasechina.jp/cc/article.php?article=3345）参照。

図5-7 主な税目の税収割合の推移

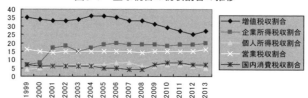

（出典：http://www.nacglobal.net, Lin Shuanglin, The Rise and Fall of China's Government Revenue, EAI Working Paper No. 150、http://wwwnewsbiz.yahoo.co.jp/detail?a=20130124-00010023-cnpress-nb及びhttp://work-as1.com/special/?p=833等に基づいて作成）

　確かに、内資系企業の税負担は大幅に軽減され、外資系企業の税負担は、総じて、企業所得税法制定前よりも重くなるが[44]、同法は、「外商投資企業及び外国企業所得税法」の下での優遇措置の大半を5年間の経過措置の適用対象としているため[45]、企業所得税収は減少すると予想する向きが多かった。ところが、実際には、本法創設後も、企業所得税収は、図5-6・5-7が示している通り、右肩上がりに増加し、総税収に占める割合も高まっている。企業所得税収の低下が生じなかった理由としては、中国経済の成長が顕著であることや、同法第6章の特別納税調整措置が厳しいものとなっていることに加え、2007年に国務院が公布した企業所得税法実施条例や国家税務総局が発布した最近の国税発及び国税函等からも確認し得る通り[46]、税務当局の外国投資企業・投資家への課税や国際的租税回避等に対するスタンスが厳格化してきていることなどが挙げられる。以下、特別納税調整措置及び関係する主な国家税務総局通達等の特徴やその適用例等を考察する。

2．実質主義的否認アプローチに依拠する対応策

(1) 企業所得税法47条と国税函698号

イ）企業所得税法47条の特徴

　国際的租税回避等に対応するための主な対応策を定めている企業所得税法第6章（「特別納税調整」）の47条には、包括的否認規定が措置されている。本条は、「法人が合理的な事業目的を有しない契約を通じて税負担を軽減する場合、税務当局は合理的な方法に基づく調整ができる」と定めており、本条でいう「合理的な事業目的を有しない」とは、企業所得税法実施条例120条の下、主要な目的が税負担の軽減、免除又は納税の繰延べが認められる契約を指すと定義されている[47]。また、2009年公布の国税発2号（「特別納税調整

---

[44] 同法の創設が外資系企業の税負担という点でプラスに働くケースを挙げているものとして、David Yu and Bernie Liu, Positive Tax Implications of China's Corporate Income Tax Law on Future Foreign Investment, Corporate Finance Review, A Special Supplement to Asia Law, Vol. 32, Issue 3 (2007)参照。

[45] 利益再投資によって税額を還付する措置や非居住者への配当に係る源泉税の免除措置などは、経過措置の対象とされていない。

[46] 商務省による同法実施条例の諸規定の英訳は、http://www.fdi.gov.cn/.../Laws/GeneralLawsandRegulations/AdministrativeRegulations/P020100526378338596520.pdf、邦訳は、www.jetro.go.jp/world/asia/cn/law/pdf/tax_027.pdf参照。

[47] 本法47条の "When the taxable income or amount of income of an enterprise is reduced as a result of arrangements with no reasonable commercial purposes implemented by the enterprise, the tax authorities have a right to make adjustments acording to a reasonable method." という英訳は、Wang Mingru, China's Legislation and Practice (http://www.imf.org/extermnal/.../china2.pdf参照。

第2節　企業所得税法の下での対応

実施弁法（試行）」）92条では、同法47条が念頭に置いている取引とは、(i)優遇措置を濫用する取引、(ii)租税条約を濫用する取引、(iii)企業組織形態を濫用する取引、(iv)タックス・ヘイブンを利用した租税回避を図る取引、(v)合理的な事業目的を欠くその他の計画であることの説明がされている。

　国税発2号93条は、包括的否認規定の適用の可否を判断する際、税務機関は、形式よりも実質を重視するとの原則に基づき、企業に租税回避計画が存在するか否かを審査する上で、(ⅱ)計画の形式と実質、(ⅱ)計画の締結時と実施期間、(ⅲ)計画の実施方法、(ⅳ)計画の各段階或いは各構成部分の関係、(ⅴ)計画に関わる各当事者の財務状況の変化、(ⅵ)計画の税務効果を総合的に考慮すると定めており、また、否認の効果については、同号94条が、「税務機関は、経済的実質に従って租税回避計画の性質を改めて判定し、企業が租税回避計画から得た租税利益を取り消さなければならない。経済的な実質のない企業、特に、タックス・ヘイブンに設立され、その関連者又は非関連者の租税回避を生じさせる企業については、税務上、その存在を否定することができる」と規定している。

　企業所得税法47条の適用手順等に関しては、国税発2号95条が、「税務機関が包括的否認規定の適用に係る調査を開始する時には、徴収管理法及び同法実施細則の関連規定に基づき、企業に『税務調査通知書』を交付しなければならない。企業は通知書を受け取った日から60日以内に、その計画に合理的な事業目的があることを証明するための資料を提出しなければらない。企業が規定の期限までに資料を提出せず、あるいは、提出した資料では、計画に合理的な事業目的があることを証明できない場合、税務機関は、既に把握した情報に基づき納税調整を行い、企業に『特別納税調整調査通知書』を交付する」と定め、また、同号96条は、「税務機関が包括的否認規定の適用に係る調査を行う時は、徴収管理法57条の規定に従い[48]、租税回避計画の策定者に対し、事実通りに関連資料及び証拠を提出するよう要求することができる」と定めている。

　企業所得税法47条は、上記国税発2号93条及び94条からも確認し得る通り、実質主義的否認アプローチに依拠した上で、経済的実質に則った課税を行うが、米国の経済的実質主義と同じものではないと考えられる[49]。実際、例えば、経済的実質を欠く持株会社も、キャッシュ・プーリング、資金調達、人的資源の管理等の重要な機能を果たしている場合があることを踏まえると、経済的実質を欠く持株会社が合理的な事業目的を有する場合もあり得る以上、双方の否認アプローチの射程範囲は、異なるはずであるとの指摘がされている[50]。確かに、米国の経済的実質主義は、「実質優先の原則」と異なるアプローチに依拠しているのに対し、企業所得税法47条の否認アプローチは、以下の口)及び(2)からも示唆される通り、「実質優先の原則」・実質主義との類似性が顕著であり、しかも、双方の差異は、「結合的関係テスト」に依拠するIRC§7701(o)の導入によって、より顕著なものとなっ

---

48)　徴収管理法57条は、「税務機関は法に従って税務調査を行う場合、納税者の納税額、源泉徴収額及び送金額等の詳細について、関係者、源泉徴収義務者及びその他の者に質問をする権限を有しており、当該関係者等は、税務機関に対し、関係する情報や証拠書類を正直に提供する」と定めている。同法の各条文の英訳は、Law of the People's Republic of China on the Administration of Tax Collection (http://www.china.org.cn/business/laws_regulations/2007-06/22/content_1214782.htm) 参照。
49)　IRC§7701の適用基準の詳細は、第1章第1節(2)参照。
50)　Brendan Kelly and Jinghua Lui, How Notice 698 has changed the world, International Tax Review, Mar. 2013, p. 73参照。

ている[51]。

　企業所得税法47条の射程範囲を考える場合には、同法58条（「企業所得税法上の規定と租税条約上の規定が異なる場合、租税条約の規定が優先する」）との関係も問題となり得るが、例えば、OECDモデル条約1条に関するコメンタリーでは、一般的濫用防止規定と租税条約との関係について[52]、パラ22.1が、「…これらのルールは租税条約で取り扱われていないため、租税条約による影響を受けない。したがって、一般的ルールとして、また、パラ9.5に鑑みても、抵触は生じない…」）と定め、また、パラ9.5は、「一定の取引又はアレンジメントを利用することの主要な目的がより良い税務上の地位を得ることであり、そのことが、これらの状況の下、関係する諸規定の目的と趣旨に反する場合、租税条約の利益を享受できないというのが指針となる原則である」と定めているところ[53]、国家税務総局も、以下のロ）で示す通り、同法47条の条約漁り等への適用は、同法58条及び租税条約に抵触しないとの解釈を採用している。

　ロ）国税函698号のポイント
　実質主義的アプローチに依拠する企業所得税法47条は、2009年国税函698号（「非居住者企業の出資持分譲渡所得に対する企業所得税管理の強化に関する通知」）の実質的な根拠ともなっていると考えられる[54]。本号は、1条において、「出資持分譲渡所得」とは、非居住者企業が中国居住者企業の出資持分を譲渡する際に得る所得（公開証券市場で中国居住者企業の株券を購入して売却することは含まない）であると定義した上で、6条において、「外国投資家（実際の支配者）が、企業所得税を回避する目的の下、合理的な事業目的を有しない法人形態を濫用するなどの方法に依拠した計画を通じて、中国の居住者法人の株式の間接移転を行う場合、管轄の税務当局は、国家税務総局からの報告を受けた後、その経済的実質に応じて当該株式移転取引の引直しを行い、その計画に利用されたオフショア持株法人の存在を無視する権利を有する」と規定している[55]。

　上記国税函698号6条にいう「当該株式移転取引の引直し」とは、中国の居住者法人株式のオフショアでの間接移転のケースに組み込まれているオフショア持株法人の存在を無視することによって、図5-8で示した非居住者法人による中国の居住者法人株式の直接移転のように再構築することであると考えられる。そうなると、2009年国税発3号（「非居住者法人企業所得税源泉徴収暫定弁法」）3条が、「非居住者企業が取得する中国源泉の利益配当等の持分性収益、利子収入、賃貸料収入、特許権使用料所得、財産譲渡所得及びそ

---

51) 米国の経済的実質主義と「実質優先」の原則の違いは、第1章第1節3(2)参照。IRC§7701(o)(5)(A)（「経済的実質主義」）が定める通り、「結合的関係テスト」の下では、事業目的を有する取引でも、経済的実質が欠如していれば、IRC§7701(o)の適用対象となり得る。

52) パラ22～パラ22.1の規定振りは、序章第1節1(1)・脚注13)参照。

53) 原文は、"... A guiding principle is that the benefits of a double taxation convention should not be available where a main purpose of entering into certain transactions or arrangements was to secure a more favourable tax position and obtaining that more favourable treatment in these circumstances would be contrary to the object and purpose of the relevant provisions." である。

54) 原文は、http://www.chinatax.gov.cn/n8136506/n8136563/n8193451/n8946067/n8951174/9732743.html から入手可能。英訳版は、http://www.chinataxblog.com/?p=99参照。

55) 国内法人株式のオフショアでの間接移転とは、第4章第1節3(1)で考察したVodafone事件で問題となったような取引である。

第2節　企業所得税法の下での対応

図5-8　国内法人株式のオフショアでの直接移転の例（オフショアでの間接移転の再構築の方法）

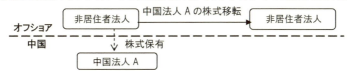

の他所得に係る企業所得税の源泉徴収を行い、関係法律規定又は契約の約定事項により、非居住者企業に関係代金を直接支払う義務のある組織又は個人が、源泉徴収義務者となる」と定めている通り[56]、非居住者法人は、自らの申告又は源泉徴収義務者となる中国法人を通じて、中国の居住者法人株式のオフショアでの間接移転による譲渡益に係る企業所得税を納付する義務を負うこととなる[57]。

国税函698号が定めているのは、非居住者法人による中国法人株式の間接移転による譲渡益への課税だけではない。本函5条では、外国の投資家（実際の支配者）が、中国の居住者法人株式の間接移転を行う場合、移転した株式を直接支配していたオフショアの持株法人が所在する国や地域の実際の税負担が12.5％より低い、あるいは、その国外所得に所得税が課されないならば、当該中国法人は、税務当局に対し、株式移転契約の締結後30日以内に、一定の情報（(i)株式移転契約書、(ii)資金調達・管理やマーケティングに関する外国投資家、オフショア持株会社及び中国居住者法人との関係、(iii)オフショア持株会社の生産、管理、人員、財務及び資産に関する状況、(iv)オフショア持株会社の設立が合理的な事業目的を有することの証拠、(v)税務当局が求めるその他の関連情報）を提供する義務があると定められている。

(2) 実質主義的否認アプローチの適用例
イ) 重慶事件決定

実質主義的な否認アプローチが適用された代表例として、2008年重慶（Chongqing）事件決定が挙げられる[58]。本事件では、図5-9の通り、中国法人Cの31.6％の株式を有するシンガポールに設立された子会社Bの親会社であるシンガポール法人Aが、子会社Bの全株式を中国法人である法人Dに譲渡したことが問題となった[59]。本事件では、子会社Bは、法人Cの株式を有することのみを目的として少額の資本金で設立された特別目的会社であり、事業活動を行っていなかったことから、経済的実質を欠いているとして、税務当局は、実質主義に依拠した上で、子会社Bの存在を無視することによって、本件取引（法人Aによる子会社B株式の売却）は、法人Dに対して法人Aが実質的に有していた中国法人C株式の間接移転を行ったものであるとみなし、企業所得税法3条3項及び2007年調印の中

---

56) 本国税発の原文及び邦訳は、http://www.chinatax.gov.cn/n8136506/n8136593/n8137681/n9173511/n9173529/9174209.html、英訳は、www.fdi.gov.cn/1800000121_39_3541_0_7.htmlから入手可能である。

57) 国税函698号2条の下、源泉徴収がされていない非居住者法人の所得に係る税務申告・納付期限は、契約上の株式移転日から7日以内であり、国税発3号23条の下、源泉徴収や申告・納付等が適切かつ期限内に行われていない場合、徴収管理法及び実施細則の関係規定に基づく処理が行われる。

58) 詳細は、http://www.jds.cq.gov.cn参照。

59) 中国法人株式の間接移転のメリットとしては、直接移転の場合に必要となる政府当局の承認が不要であるなど手続上の煩雑さを避けることができることも挙げられている。詳細は、Jon Eichelberger, Brendan Kelly, Michael Olesnicky and Jinghua Liu, China：Notice 698――the Death of Offshore Holding Structures ?, Transfer Pricing International Journal, Vol. 11, No. 2 (2010) p. 18参照。

図5-9 国外法人による中国法人株式の間接移転による譲渡益への課税の例

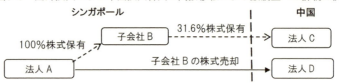

国・シンガポール租税条約13条5項の下[60]、本件取引による譲渡益は税率10％の源泉税の対象となるとする処分を行っている。

確かに、2007年調印の中国・シンガポール租税条約の13条は、5項において、「4項に服すという条件の下、他方の締約国の居住者である法人又はその他の法的主体の株式、持分又はその資本に係るその他の権利を一方の締約国の居住者が譲渡することによって得る利益は、その利益を得る者が、かかる譲渡に先立つ12カ月の間のいずれかの時点で、その法人又は法的主体の資本の最低25％の持分を直接又は間接に有する場合には、当該他方の締約国で課税され得る」と定めており[61]、4項では、「他方の締約国に所在する不動産から直接又は間接に50％超の価値を得る株式を一方の締約国の居住者が譲渡することによって得る利益は、当該他方の締約国で課税できる」と規定している[62]。1986年調印の同条約13条5項も、上記と同様な考え方の下、「一方の締約国の居住者である法人の25％持分の株式の譲渡益は、4項で定めている法人の株式に係るものは除き、当該締約国で課税できる」と定めていた[63]。

上記の改正前及び改正後の中国・シンガポール租税条約の13条の下での取扱い・考え方は、株式等の譲渡益への課税を原則として譲渡者の居住地にのみ認めるOECDモデル租税条約13条5項の考え方とは大きく異なってはいるが[64]、そもそも、相当数の法人株式を譲渡することは、法人の基本資産の相当程度を譲渡することと経済的に等しいところ、このような譲渡が直接に行われた場合には、譲渡益に関する租税条約上のその他の規定に基づいて課税されるとの考え方に依拠するものであるとの指摘がされている[65]。このような考え方に実質主義的な否認アプローチを組み合わせて本件のような中国法人株式の間接移転

---

60) 企業所得税法3条3項の規定振りは、第3節3(1)ロ)参照。

61) 原文は、"Subject to paragraph 4, gains derived by a resident of a Contracting State from the alienation of shares, participation, or other rights in the capital of a company or other legal person which is a resident of the other Contracting State may be taxed in that other Contracting State if the recipient of the gains, at any time during the 12 month period preceding such alienation, had a participation, directly or indirectly, of at least 25% in the capital of that company or other legal person." である。

62) 原文は、"Gains derived by a resident of a Contracting State from the alienation of shares deriving more than 50% of their value directly or indirectly from immovable property situated in the other Contracting State may be taxed in that other State." と定めている。

63) 原文は、"Gains from the alienation of shares of other than those mentioned in paragraph 4 representing a participation of 25% in a company which is a resident of a Contracting States may be taxed in that Contracting State." であった。

64) OECDモデル租税条約13条5項は、「パラ1、2、3及び4で言及されているもの以外の資産の譲渡益は、譲渡者が居住者である締約国のみにおいて課税される」("Gains from the alienation of any property, other than that referred to in paragraph 1, 2, 3 and 4, shall be taxable only in the Contracting State of which the alienator is a resident.") と定めている。

65) China targets offshore companies making indirect equity transfers of Chinese companies (http://www.download.pwc.com/… china_targets_offshore_firms_indirect_equity_transfers_of_chinese_companies.pdf) 参照。

第2節　企業所得税法の下での対応

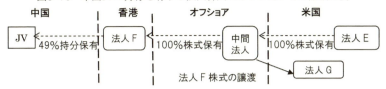

図5-10　中国JVの持分を有する法人株式のオフショアでの譲渡の例

のケースも中国での課税の対象とすることを明確化したものが、国税函698号6条であると解することもできるが、本件処分の場合、国税函698号発出前の2008年10月に行われていることから、その課税根拠となるものは、企業所得税法47条ではないかとも考えられる。

ロ）江都事件決定

　2010年江都（Jiangdu）事件決定も、実質主義的否認アプローチを適用した例である[66]。本事件では、図5-10の通り、米国法人Eによってオフショアに設立された中間法人が、香港法人Fを通じて中国のJVに対する持分を有していたところ、2010年、その香港法人F株式が米国法人Gに譲渡され、多額の譲渡益が生じたことが問題となっている。本事件では、米国法人Gは、本件譲渡によって中国JVの49％の持分を取得したと発表し、直接取得したのが香港法人Fの株式であることは公表していなかったが、本件の実態を把握した税務当局は、香港法人Fは中国のJVへの投資のみを目的として設立され、しかも、事務所、職員及び資産等を有していないことを確認した上で、香港法人Fを無視し、中間法人がJV持分を直接に譲渡したものとみなし、本件譲渡益は、中国の源泉所得であることから、10％の税率の源泉税の対象となるとする課税処分を行い、中間法人は、2010年5月、1億730万人民元（約2,500万米ドル）を納付している。

　前述の通り、国税函698号5条は、外国の投資家（実際の支配者）が、中国の居住者法人株式の間接移転を行っているケースにおいて、移転した株式を直接に支配していた法人の所在する国や地域では、十分な課税が担保されないような場合、当該中国法人は、その登録している地域の税務当局に対し、一定の情報を提供することを求めている。また、企業所得税法第6章48条及び同法施行規則121条及び122条は、本章が適用される場合には、追加利息を科する旨を規定している。ところが、上記江都事件では、関係する情報の提供がされていなかったにもかかわらず、追加利息の徴収・納付は行われていないことから[67]、本件の場合、その課税根拠は国税函698号や企業所得税法47条ではないと解する余地も残るが、実質主義的アプローチに依拠した上で、中国法人株式等のオフショアでの間接移転による譲渡益に課税を行ったケースであることは間違いない[68]。

ハ）深圳事件決定

　2011年深圳（Shenzhen）事件決定も[69]、実質主義的アプローチの柔軟な適用を印象づ

66）　本事件の詳細は、http://www.jiangdu.gov.cn参照。
67）　かかる報告義務の違反に対しては、本来、徴収管理法の下、2,000～10,000人民元のペナルティが課される。
68）　本件のような取引の否認は包括的否認規定の適用を行う場合にのみ可能であるとの見方もある。News Flash June 2010/Issue 9（http://www.pwchk.com/home/eng/chinatax-news_jun2010_9.html）参照。
69）　http://www.people.com.cn/h/2011/1012/c25408-4193116145.html参照。

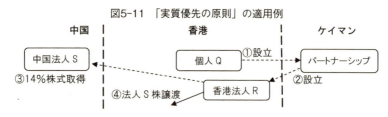

図5-11 「実質優先の原則」の適用例

けるものとなっている。本事件では、図5-11の通り、香港の個人Qが設立したケイマンのパートナーシップが、香港法人Rを2007年に設立した後、香港法人Rが深圳証券取引所に上場されている中国法人Sの株式の14％を購入した後に、その譲渡を行ったことが問題となっている。香港法人Rは、2006年中国・香港租税条約13条が、4項において、「その資産の中身が直接又は間接に一方の側に所在する不動産から主に構成される法人の株式の譲渡から得る利得は、その一方の側で課税できる」と定めているが[70]、5項において、「4項に定める株式以外で一方の側の居住者である法人の総株式の25％超の株式の譲渡から得る利得はその一方の側で課税できる」と規定していることから[71]、保有割合が25％以下である本件株式の譲渡益は、中国で課税されないと主張している。

これに対し、税務当局は、(i)香港法人Rは、中国法人Sの設立直後に中国への投資を行うために設立された、(ii)香港法人Rの100香港ドルにすぎない資本金は、それが得た譲渡益の額に比例していない、(iii)香港法人Rは3人の職員しか有しておらず、投資を行う専門的知識を欠いている、(iv)香港法人Rは、中国法人Sの株式の取得・譲渡を行う以外に実質的な事業を行っていない、(v)香港法人Rは投資会社であるものの、その投資・譲渡等に係る判断は、外部の者が行っているなどの判断の下、香港法人Rは、その譲渡益を課税されないままに国外に送るために設立されたものであり、本件取引は条約漁りであると認定できるとして、「実質優先の原則」の下、2006年中国・香港租税条約13条5項の本件への適用は否認されるとの決定を行ったことから、香港法人Rは、1,200万元の企業所得税を納付している[72]。

上記の深圳事件決定は、「実質優先の原則」に基づく否認が行われたケースであるところ、国税函698号に依拠した例として公表されているが[73]、そもそも、本函698号は、個人による中国法人株式のオフショアでの移転にも適用する規定振りとなっていない。この点に鑑みると、本件の場合、受益者概念に依拠した否認を行う余地があったのではないかと見る向きもあろう。確かに、受益者概念を本件に適用した場合、中国が租税条約を締結していないケイマンに所在するパートナーシップが本件譲渡益の受益者であると認定できるならば、結果的に同様な結論・決定となったものと考えられる。他方、香港の個人Qが受益者

---

70) 原文は、"Gains derived from the alienation of shares in a company the assets of which are comprised, directly or indirectly, mainly of immovable property situated in One Side may be taxed in that Side." である。

71) 原文は、"Gains derived from the alienation of shares, other than the shares referred to in paragraphs 4, of not less than 25% of the entire shareholding of a company which is a resident of One Side may be taxed in that Side." である。

72) 詳細は、Yang, *supra* "Beneficial Ownership", pp. 254-255参照。

73) Kelly and Liu, *supra* "How Notice 698 has changed the world", pp. 74-75参照。

であるとの認定がされた場合、中国の国内法の下では課税対象とならないとの問題が生じよう。実際、かかる問題が想定されることから、本事件決定では、「実質優先の原則」による否認が優先されたのではないかとの見方もある[74]。

3. 受益者概念と条約改正による対応

(1) 受益者概念適用の根拠と基準
イ) 関係する通達

上記2011年深圳事件決定では依拠されなかったものの、2009年国税函601号（「租税条約上の受益者の解釈・決定の仕方に関する通達」）では、実質主義的否認アプローチから派生したと考えられる受益者概念による条約漁りの否認を行うとの方針が示されている。本号は、1条において、「受益者とは、所得又は所得の発生の基因となる権利あるいは財産に対して所有権と支配権を有する人である。受益者は、通常、実質的な経営活動に従事し、個人又は会社或いはその他のいかなる団体もなり得るが、代理人やペーパー・カンパニー等は受益者に属さない」と定義しており[75]、2条柱書の前段では、「受益者の地位を判定する際には、技術面又は国内の法的な視点からのみ理解することはできないことから、租税条約の目的（すなわち、二重課税の回避と脱税の防止）を出発点とし、形式より実質を重んじるとの原則に従い、具体的な事例の実際の状況を見ながら分析及び判定を行わなければならない」と定められている。

また、上記国税函601号2条柱書の後段以下では、受益者であるか否かの判定上、納税者に不利に作用する要素として、①特定の期間内に所得の60％以上の納付・配分を行う義務がある者である、②所得を発生させる資産又は権利を所有する以外の事業活動が殆どない、③法人の場合は、その資産、事業活動及び被雇用者数が小規模であり、その所得額に比例していない、④所得に係る支配権や処分権、又は、所得を発生させる資産や権利を殆ど有しておらず、リスクも殆ど負っていない、⑤関係する租税条約の相手国・地域での所得税負担が非常に低いか、所得税の免除がされている、⑥利子が生じるローン契約に加え、第三者との間で、元本額、利子率及び締結日において類似するその他のローンや預託契約がある、⑦手数料が生じる著作権、特許権及び技術ライセンスに関する契約に加え、第三者との間で、関係する著作権、特許権及び技術ライセンスについての許諾・移転契約があることが挙げられている[76]。

他方、2009年国税函81号（「租税条約の配当金条項の執行における関連問題に関する国家税務総局の通達」）では、非居住者企業が中国法人から得る配当に対して租税条約の特典が適用されるための要件として、(i)受領者が締約国の居住者である、(ii)受領者が配当の実質的所有者であること、(iii)中国の法規定の下において配当に該当する、(iv)国家税務総局が定めるその他の要件を満たしていることなどが挙げられているが、租税条約上の特典を得るための前提として、他方の締約国の居住者が、配当を行う中国法人の一定比率（通常、

---

74) Yang, *supra* "Beneficial Ownership", pp. 255-256参照。
75) 本条後段は、「ペーパー・カンパニーとは、通常、租税の回避又は軽減、利益の移転あるいは蓄積等を目的として設立される会社である。この種の会社は、通常、法律が求める組織形態をもって所在地国で登記・登録するにすぎず、製造、販売、管理等の実質的な経営活動を行っていない」と規定している。
76) 国税函601号の邦訳は、http://www.nacglobal.net/2009/11/tax-treaty-define-benefit-owner/ から入手可能。

25％又は10％）の株式資本を保有していることが条件となっている場合には、①法人である、②受益権及び議決権の双方に関する最低所有要件を満たしている、③配当を受領する以前の12カ月を通じて最低所有要件を満たしていることが、条約特典の適用対象となるための要件であると定められている。

　上記の諸要件に該当する非居住者企業が、租税条約の特典の適用を受けるためには、税務当局に対し、事前申請をしなければならない。事前申請に係る諸手続の詳細は、2009年国税発124号（「非居住者の租税条約特典の享受に関する管理弁法（試行）」）で示されており、例えば、本弁法7条は、その柱書において、「非居住者が以下の租税条約条項に規定する租税条約特典を享受する必要がある場合、主管税務機関又は審査権限を有する税務機関に租税条約特典の享受に関する審査の申請書を提出しなければならない」と定めた上で、関係する租税条約上の条項として、(i)租税条約配当条項、(ii)租税条約利子条項、(iii)租税条約ロイヤルティ条項、(iv)租税条約財産収益条項を挙げている。申請書を提出する際には、本弁法9条及び12条が定めている通り、非居住者企業が条約締結国の居住者であることを示す付属文書や関係資料の提出も必要となる。

ロ）国際基準との整合性

　上記国税函601号等に定められている受益者としての認定要件・手続は、国際的な基準に照らした場合、かなり厳しいものとなっている。例えば、OECDが2011年に示した受益者概念に関する議論ドラフト（Clarification of the Meaning of "Beneficial Owner" in the OECD Model Tax Convention）においてモデル条約11条に関するコメンタリーに追加することを提案しているパラ10.2は、「…利子の受領者が、その受領した支払をその他の者に移転させる契約上又は法律上の義務によって制限されないでその利子を使用及び享受する完全な権利を有している場合には、その利子の『受益者』である。…」と定めているように[77]、所得の受領者が、租税条約上、その受益者でないとされるためには、その所得に関する全ての所有権の幾らかを実際に失うことが必要と考えられるところ、国税函601号2条柱書の後段で示されている諸要件の中には、かかる所有権の喪失を必ずしも意味しないものが含まれているとの指摘がされている[78]。

　例えば、国税函601号2条柱書の後段で示されている要件の中には、要件⑤（租税条約の相手国・地域での所得税負担が非常に低いか、所得税が免除されている）のようなものも含まれているが、かかる要件に該当することをもって、所得の受益者ではないと判断されてしまうのかとの疑問も生じよう。確かに、かかる疑問は、2012年国家税務総局公告第30号（「税収協定中の「受益所有者」認定に関する公告」）1条が、上記の2009年国税函601号2条柱書の後段以下で示されている受益者であるか否かを判断する上で納税者に不利に作用する諸要素については、総合的な分析・判断を行う必要があることから、ある不利な要素の存在、脱税又は税収の減少、利潤の転移又は累積利益等の目的が存在しないことの

---

77) 原文は、"... The recipient of an interest payment is the "beneficial owner" of that interest where he has the full right to use and enjoy the interest unconstrained by a contractual or legal obligation to pass the payment received to another person. ..." である。

78) Nolan Cormac Sharkey, China's Tax Treaties and Beneficial Ownership : Innovative Control of Treaty Shopping or Inferior Law Making Damaging to International Law ?, Bulletin for International Taxation, Vol. 65, No. 12 (2011) pp. 659-660参照。

みの理由に基づいて、受益者であるか否かの認定を行うべきではない旨を定めたことによって払拭されたが、かかる要件が受益者であるか否かの判断上大きなポイントとなるのではないかとの疑問は残ると見る向きもある[79]。

受益者概念との関係上、かなり厳格であるのは、その認定要件に限ったわけではない。受益者となるための不当なスキームの否認権限や受益者認定手続等も、納税者にとって、厳しいものとなっていることは、(ⅰ)国税函81号が、税務当局は、取引等の主な目的が配当に係る租税条約の特典を享受することであるケースの場合、条約特典の適用を否認する権限を有すると定めている、(ⅱ)国税函124号27条が、「主管税務機関は、非居住者が既に租税条約特典を享受しているが、下記のいずれかがあることを発見した場合には、その特典の享受を認めない処理決定をしなければならない」と定めているところ、例えば、同条3項は、「本弁法の規定に従わず関連資料を提出せず、かつ、主管税務機関が期限を定めて是正を求めても是正されず、また、正当な理由もない場合」と規定している、(ⅲ)かかる関連資料の不提出は、同号32条の下、罰金を科することを定める徴収管理法62条の適用対象となり得ることなどからも確認することができる。

(2) 受益者概念の適用例
イ) 徐州事件決定

条約漁り等に対し、前述の国税函601号に定める受益者概念が適用されたと考えられる代表的な例として、2010年徐州（Xuzhou）事件決定が挙げられる。本事件では、バルバドス法人Kと中国法人Lが徐州に不動産投資等を行うJVを設立した後、バルバドス法人Kが中国法人Lに当該JVの持分の譲渡を行ったことによる譲渡益に対する中国の課税権の有無が問題となっている。バルバドス法人Kは、株式等の譲渡益をその譲渡を行った者の居住地国で課税する旨を定めている2000年調印中国・バルバドス租税条約13条4項（「パラ1、2及び3で言及されている資産以外のものを譲渡することによる利益は、その譲渡者が居住者である国でのみ課税される」）に依拠し[80]、本件譲渡益への課税権はバルバドスに存すると主張した上で、バルバドスの居住者であることの証明書を提出している。

しかし、徐州の税務当局は、バルバドス法人Kに対し、本件譲渡益の受益者であること、また、その実質的管理の場所もバルバドスであることを証明する資料の提出を求めたが、その証明及び資料提出が行われなかったことから、バルバドス法人Kは導管法人であると判断し、本件譲渡益を中国での源泉税の対象とする処分を行っている[81]。確かに、本事件では、バルバドス法人Kは、その実質的管理地がバルバドスであると証明できなかったが、深圳の税務当局が、その実質的管理地が中国であると立証しているわけでもない。本事件決定では、バルバドス法人Kが導管会社でないとの証明をできない以上、本件譲渡益は2000年調印の中国・バルバドス租税条約の適用対象とならないとの判断がされている。本事件決定は、納税者が負う立証責任には、自分が受益者であることの立証に加え、その実質管理地国がその所在地と一致することの立証を行うことも含まれることを示唆している。

---

79) Sharkey, *supra* "China's Tax Treaties and Beneficial Ownership" pp. 660-661参照。
80) 原文は、"Gains from the alienation of any property other than that referred to in paragraphs, 1, 2, and 3 shall be taxable only in the Contracting State of which the alienator is a resident."である。
81) http://www.people.comcn/h/2011/1012/c25408-4193116145.html参照。

第5章 中国の対応策の分析

そもそも、2000年調印の中国・バルバドス租税条約13条は、OECDモデル条約13条4項(「その他の締約国に存する不動産から直接又は間接に価値の50％超を得ている株式を譲渡することによって締約国の居住者が得る利益は、当該その他の締約国で課税することができる」)に相当する規定を有していなかったことから[82]、他方の締約国の居住者による中国法人の株式の譲渡益だけではなく、他方の締約国の居住者による中国に所在する不動産が価値の大半を構成する中国法人の株式の譲渡益についても、他方の締約国が課税権を有することとなるため、予てより、中国での税源浸食を生じさせることとなるとの指摘がされているが[83]、上記徐州事件では、前述の2009年国税函601号等を踏まえた上で、受益者であることを証明できない者への租税条約上の特典の適用を否認した上で、350万人民元を追徴する処分が行われている。

ロ）天津事件決定

2010年天津（Tianjin）事件決定も、受益者概念に基づく条約漁りの否認例として挙げられる[84]。本事件では、図5-12の通り、米国法人Mは、モーリシャス法人Oを通じ、また、米国法人Nは、バミューダ法人Pを通じて、中国のJVに係る持分を有していたところ、モーリシャス法人Oがバミューダ法人Pに対し、その保有する40.48％相当の持分を譲渡し、813万米ドル相当の譲渡益を得たことが問題となっている。本事件において、モーリシャス法人Oは、譲渡を行った者の居住地国に課税権を付与する1994年中国・モーリシャス租税条約の適用を主張したが[85]、天津の税務当局は、本件譲渡益の受益者は米国法人Mであると認定した上で、1984年中国・米国租税条約12条5項（「一方の締約国の居住者である法人の持分の25％を占める譲渡が、4項で述べられているもの以外の譲渡である場合、当該締約国で課税することができる」）に則り[86]、中国が課税する権利があるとの決定を下している。

税務当局は、上記の決定を下した根拠として、(i)中国JVと米国法人M及び米国法人Nとの間で技術サポート契約及びライセンス契約が結ばれており、中国JVは、これらの米国法人が調達した材料等を使って本契約に基づく基準に則って商品の生産を行っているほか、これらの米国法人から派遣された職員の監督や商品検査を受け、また、その商品の売上額に比例してロイヤルティの支払いを行っていることから、米国法人Mは中国JVを支配管理しているとの事実がある、(ii)モーリシャス法人Oは、米国法人Mの完全子会社であり、米国法人Mによって支配・管理されている導管会社にすぎない、(iii)バミューダ法人Pも米国法人Nに支配されており、その実質的管理地も米国であることなどを挙げた上で、そうすると、本件持分の譲渡は、実質的には、米国法人Mから米国法人Nに対して行われた

---

82) 原文は、"Gains derived by a resident of a Contracting State from the alienation of shares deriving more than 50% of their value directly or indirectly from immovable property situated in the other Contracting State may be taxed in that other State." である。

83) Yang, *supra* "Beneficial ownership, Conduit company and Treaty Shopping" p. 252参照。

84) http://www.tjsat.gov.cn/old/100/20100301144613171.html参照。

85) 改正前の1994年中国・モーリシャス租税条約13条5項は、1990年調印の中国・スイス租税条約13条5項（脚注99）参照）と同様の規定振りとなっていた。

86) 原文は、"Gains from the alienation of shares other than those mentioned in paragraph 4 representing a participation of 25 percent in a company which is a resident of a Contracting State may be taxed in that Contracting State." である。

第2節　企業所得税法の下での対応

図5-12　相当な数の持分のオフショアでの譲渡のケースでの受益者概念の適用例

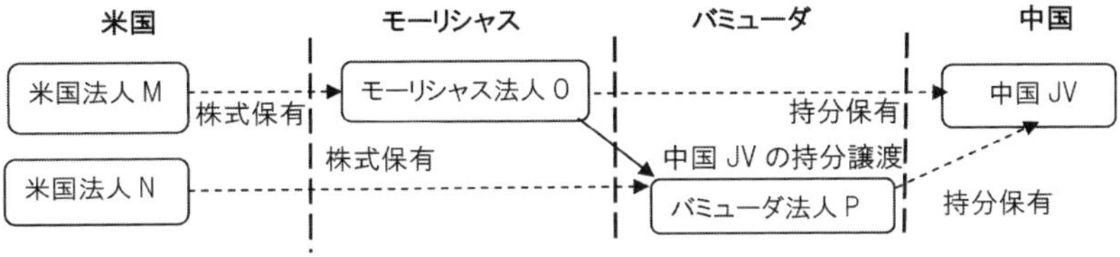

```
    米国              モーリシャス           バミューダ            中国
 ┌────────┐  株式保有  ┌──────────┐   持分保有   ┌────────┐
 │米国法人M│─────────│モーリシャス法人O│─ ─ ─ ─ ─ ─ │中国 JV │
 └────────┘           └──────────┘              └────────┘
                        株式保有   中国JVの持分譲渡    ↗
 ┌────────┐                       ↘            ┌──────────┐  持分保有
 │米国法人N│─ ─ ─ ─ ─ ─ ─ ─ ─ ─ ─ ─ ─ ─ ─ ─ │バミューダ法人P│─ ─ ─ ─ ─ ─
 └────────┘                                    └──────────┘
```

ものと認定できることから、本件に適用すべきは、1994年調印の中国・モーリシャス租税条約ではないと判断している。

上記天津事件に対する税務当局の決定では、米国法人Mを中国JVの持分譲渡益の受益者であるとの認定がされているが、受益権という概念は、所得のフローを辿ることが可能な配当、利子又はロイヤルティが問題となるケースと所得のフローがない譲渡益が問題となるケースでは異なっており、後者のケースの場合、その認定はより困難であるとの見方もあることから[87]、本件での受益者の認定は、より慎重に行う必要があったとの指摘もある[88]。確かに、本件処分の是非を巡っては議論の余地もあろうが、中国・モーリシャス租税条約の場合、2006年調印の議定書（2008年発効）により改正された13条5項が[89]、前述の2007年調印の中国・シンガポール租税条約13条5項と同様に規定振りとなっているため[90]、改正された本規定の下では、仮に、本件譲渡益の受益者がモーリシャス法人Oであったとしても、本件譲渡益に対する課税権は中国に存することになる。

ハ）福建省事件決定

租税条約上の規定の改正は、確かに、受益者概念に依拠するよりも効果的な対応策となり得るが、租税条約上の規定が包含する限界を受益者概念の柔軟性によって補完するのがむしろ妥当な場合もあり得ることを示唆しているのが、2009年福建省（Fujian）事件決定である。本事件では、図5-13の通り、香港法人Qが22.49%の持分を有していた中国法人Rの株式が、2009年10月から2010年4月の間に譲渡されたことが問題となっている。かかる譲渡益への課税関係を規定しているのは、2008年調印の第2議定書によって改正された中国・香港租税条約13条5項（「4項で述べる株式以外の法人株式、又は、他方の側の居住者である法人の資本に対するその他の権利を譲渡することによって一方の締約国の居住者が得る利益については、かかる利益を得る者が、譲渡の12カ月以内のいずれかの時点で、かかる法人の資本の25%以上を直接又は間接に所有していた場合には、当該他方の側で課税することができる」）であった[91]。

上記事件において、中国法人Rは、本件譲渡益の場合、2008年第2議定書によって改正

---

87) Progressive report by the coordinator of the Subcommittee on improper use of treaties : Beneficial ownership（http://www.un.org/esa/ffd/tax/.../EC18_2008_CRP2_Add1.pdf）パラ55-56参照。

88) Yang, supra "Beneficail Ownership" pp. 253-254参照。

89) 原文は、"Gains derived by a resident of a Contracting State from the alienation of stock, participation, or other rights in the capital of a company which is a resident of the other Contracting State may be taxed in that other Contracting State if the recipient of the gain, during the 12 month period preceding such alienation, had a participation, directly or indirectly, of at least 25 per cent in the capital of that company." である。

90) 2007年調印の中国・シンガポール租税条約13条5項の規定振りは、第2節2(2)イ）・脚注61)参照。

393

図5-13 受益者概念に基づく譲渡益への課税権の確保の例

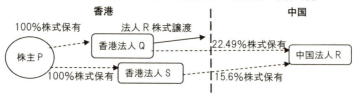

された中国・香港租税条約13条5項の下で中国での課税対象となるための最低限の株式保有要件が満たされていないと主張したのに対し、福建市（Fuzhou）税務当局は、中国法人Rの株式を譲渡したことによる利益の受益者は、香港法人Qではなく、香港法人Qの株式の100％を保有している株主Pであるとの認定を行うことによって、香港法人Qに対する本条約特典の適用を否認している。つまり、税務当局は、受益者概念に依拠した上で、株主Pが本件譲渡益の受益者ということとなれば、株主Pは、中国法人Rの15.6％の株式を保有している香港法人Sの株式をも100％保有している以上、全体的としては、株主Pは中国法人Rの株式の25％以上を間接的に保有していることになることから、本規定に基づいて中国が課税するための要件は満たされるとして、税務当局は、本件譲渡益に10％の税率で源泉税を課する処分を行っている。

(3) 租税条約改正による対応

イ) 受益者規定と国内法等の適用を確保する規定

上記(2)で示した事件は、受益者概念を適用するための根拠を国内法と租税条約の双方を措置することの有用性を示唆しているが、実際、その根拠を租税条約上措置する動きも進展している。例えば、2009年調印の中国・ベルギー租税条約10条は、1項において、「締約国の居住者である法人が、他方の締約国の居住者に支払った配当は、当該他方の締約国で課税できる」と規定した上で[92]、2項において、「しかし、そのような配当は、配当を支払う法人が居住者となっている締約国でも、当該締約国の法律に従い課税できるが、もし、配当の受益者が他方の締約国の居住者である場合、課税額は、a)配当を支払う法人の資本の25％以上を配当の支払時以前の12カ月間以上継続して直接に保有する法人（パートナーシップを除く）が受益者なら、総配当額の5％を超えることはできない」と定めている[93]。もっとも、本条約の下、受益者であるか否かの判定に際しては、前述の2009年国税函601号等に依拠することとなろう。

受益者概念を条約漁り等に対して適用する根拠を租税条約上の規定に盛り込むという動きは、上記の中国・ベルギー租税条約10条とは異なる形でも進展している。例えば、2006年調印の中国・香港租税条約25条は、「本条約のいずれの規定も、一方の締約国が、その

---

91) 香港税務当局による本条文の英訳は、"Gains derived by a resident of One Side from the alienation of shares, other than the shares referred to in paragraph 4, or other rights in the capital of a company which is a resident of the Other Side may be taxed in that Other Side if, at any time within the 12 months before the alienation, the recipient of the gains had a participation, directly or indirectly, of not less than 25% of the capital of the company." である。

92) 原文は、"Dividends paid by a company which is a resident of a Contracting State to a resident of the other Contracting State may be taxed in that other State." である。

第２節　企業所得税法の下での対応

ように定めているか否かに関係なく、租税回避に関する国内の法律や措置を適用する権利を毀損しない。本条の目的上、『租税回避に関する法律や措置』には、人に税務上の利益を付与する目的又は効果を有する取引、計画又は慣行の効果を阻止、回避又は抑止する法律や措置を含む」と規定している[94]。2010年調印の中国・バルバドス租税条約議定書４条も、「本条約のいずれの規定も、締約国の問題となる所得への課税が本条約に反しない限り、締約国が脱税や租税回避の防止を目的とする国内法の諸規定の適用を妨げない」と定めている[95]。これらの規定は、企業所得税法47条（その他の国内法上の対応策も含む）の条約漁り等への適用を担保する機能を果たす。

ロ）「主要な目的テスト」の採用と源泉地国課税の強化

　最近の中国の租税条約の中には、2007年調印の中国・シンガポール租税条約、2010年調印の中国・フィンランド租税条約、2010年調印の中国・マルタ租税条約、2011年調印の中国・英国租税条約及び2013年調印の中国・オランダ租税条約等のように、包括的な否認基準である「主要目的テスト」又は「主要な目的の一つテスト」を組み込んでいるものもある。例えば、2011年中国・英国租税条約10条７項は、「本条の諸規定は、配当の対象となる株式又はその他の権利の発生又は譲渡が、その発生又は譲渡によって本条を利用することを主要な目的又は主要な目的の一つであった場合には適用されない」と定めている[96]。企業所得税法47条が依拠する「目的テスト」の本質も、前述の通り、同法実施条例120条の下、「主要な目的テスト」と解されていることも踏まえると、中国の租税条約上、「主要な目的テスト」又は「主要な目的の一つテスト」を組み込んだ規定は、今後、更に増えるものと想定される[97]。

　課税権の強化は、近年、源泉地国課税を強化する方向で租税条約を改正する形でも進展している。例えば、1990年調印の中国・スイス租税条約13条は、４項において、「その資

---

93) 原文は、"However, such dividends may also be taxed in the Contracting State of which the company paying the dividends is a resident and according to the laws of that State, but if the beneficial owner of the dividends is a resident of the other Contracting State, the tax so charged shall not exceed : a) 5 percent of the gross amount of the dividends if the beneficial owner is a company (other than a partnership) which, prior to the moment of the payment of the dividends, has been holding, for an uninterrupted period of at least twelve months, directly at least 25% of the capital of the company paying the dividends ; ..." である。

94) 香港税務当局による英訳は、"Nothing in this Agreement shall prejudice the right of One side to apply its domestic laws and measures concerning tax avoidace, whether or not described as such. For the purpose of this Article, "laws and measures concerning tax avoidance" includes any laws and measures for preventing, prohibiting, avoiding or resisting the effect of any transaction, arrangement or practice which has the purpose or effect of conferring a tax benefit on any person." である。

95) 公式英訳は、"The provisions of this Agreement shall in no case prevent a Contracting State from the application of the provisions of its domestic laws aiming at the prevention of fiscal evasion and avoidance, provided that the taxation in that State on the income concerned is not contrary to the Agreement." である。同様な趣旨の規定は、2007年中国・シンガポール租税条約26条、2011年中国・英国租税条約及び2013年中国・オランダ租税条約23条等でも採用されている。

96) 原文は、"The provisions of this Article shall not apply if it was the main purpose or one of the main purposes of any person concerned with the creation or assignment of the shares or other rights in respect of which the dividend is paid to take advantage of this Article by means of that creation or assignment." である。

97) 但し、本テストと包括的否認規定等との関係・射程範囲をどう解するかという問題は残る。

395

産が、直接又は間接に、主として一方の締約国に所在する不動産から成る法人の株式の譲渡による利得は、その締約国で課税することができる」と規定し[98)]、また、5項では、「1項から4項で言及されている以外の資産の譲渡による利得は、その譲渡を行った者が居住者である締約国のみで課税される」と定めるなど[99)]、譲渡益に対する居住地国の課税権を広く認めるものとなっていたが、2013年調印・改正された同条約13条は、4項では、不動産保有会社の株式譲渡に係る譲渡者の居住地国での課税権をも一定の条件の下で認めながらも[100)]、5項では、前掲の重慶事件決定で問題となった2007年調印・改正の中国・シンガポール租税条約13条5項と同様な規定振りが採用されている[101)]。

2013年に調印・改正された1987年中国・オランダ租税条約13条も、上記2007年中国・シンガポール租税条約13条5項と同様な規定を有しているが、前者は、6項において、「しかし、4項及び5項の規定は、その居住者が、a)認可された証券取引所の上場株式を譲渡し、その株式の譲渡数の合計が、譲渡年度にその株式総数の3％を超えない場合には、その譲渡から得る利得には適用されない…」と定めていることから[102)]、前者においても、居住地国の課税権は、より広くなっている。これに対し、2009年調印の中国・ベルギー租税条約13条5項は、「一方の締約国の居住者が、認可された証券取引所で定期的かつ相当な取引がある株式以外で、その居住者がその譲渡年度に譲渡した株式総数が、その上場株式の5％を超えない当該他方の締約国の居住者である法人の株式を譲渡したことによる利益は、当該他方の締約国で課税できる…」と規定することで、居住地国課税に制限を加えている[103)]。

4．企業再編税制による対応

(1) 国内再編の取扱い

譲渡益課税強化の動きは、企業再編税制でも生じている。国内法人間の企業再編の場合、2000年国税発118号（「企業の株式投資に係る所得税の取扱いに関する通知」）及び国税発

---

98) 原文は、"Gains from the alienation of shares of a company the property of which consists directly or indirectly principally of immovable property situated in a Contracting State may be taxed in that Contracting State." である。
99) 原文は、"Gains from the alienation of any property other than that referred to in paragraphs 1 to 4, shall be taxable only in the Contracting State of which he alienator is a resident." である。
100) 原文は、"Gains derived by a resident of a Contracting State from the alienation of shares deriving more than 50 per cent of their value directly or indirectly from immovable property situated in the othe Contracting State may be taxed in that other State."である。
101) 2010年調印の中国・バルバドス租税条約議定書によって改正された新疆ウイグル自治区事件で問題となった2000年同条約13条5項及び2006年調印の中国・香港租税条約議定書4条によって改正された1998年調印の同条約13条5項も同様な規定振りとなっている。
102) 原文は、"However, the provisions of paragraphs 4 and 5 shall not apply to gains derived from the alienation of shares : a) quoted on a recognized stock exchange, provided that the total of the shares alienated by the resident during the fiscal year in which the alienation takes place does not exceed 3 percent of the quoted shares ; ..." である。
103) 原文は、"Gains derived by a resident of a Contracting State from the alienation of shares, other than shares in which there is substantial and regular trading on a recognized stock exchange provided that the total of the shares alienated by the resident during the fiscal year in which the alienation takes place does not exceed 5 per cent of the quoted shares of a company which is a resident of the other Contracting State may be taxed in that other State ..." である。

第2節　企業所得税法の下での対応

119号（「企業の合併及び分割に係る所得税の取扱いに関する通知」）の下、法人株式の発行の対価として行われる資産譲渡については、課税繰延べ要件に該当しない限りは課税対象となる旨が定められるまでは、実際上、その利益が課税されたケースは殆どなかった。また、これらの通達の下でも、グループ内企業再編とグループ外企業が絡む国内での企業再編に対する課税繰延べ措置の適用対象となる企業再編には、二つの企業の総資産の交換という形態や資産移転の対価に含まれる現金が一定割合以下であるような形態等で行われるものなどが含まれていたことから、企業所得税法が制定される以前は、税負担を伴わない企業再編の余地がかなり広く[104]、実際、課税が生じない多くの国内企業間再編が行われた。

しかし、企業所得税法の下では、企業再編の税務上の取扱いは大きく変わった。特に、同法実施条例75条は、「国務院の財政・税務主管部門が、別途定める場合を除き、企業は、企業再編の過程において、取引の発生時に関係する資産の譲渡所得又は損失を認識し、関連する資産は、取引価格に基づき改めて課税ベースを確定しなければならない」と定め、企業再編に伴う資産の譲渡益に対する課税繰延べは例外であることを明らかにしている。このような取扱いの対象となる企業再編の範囲に関しては、2009年財税（Caishui）59号（「企業再編業務に係る企業所得税の処理に関する若干の問題についての通知」）1条柱書が[105]、「本通知にいう企業再編とは、企業の日常経営活動以外において発生する法的構造又は経済構造の重大な変更を生じさせる取引を指し、企業の法的形式の変更、債務再編[106]、持分買収[107]、資産買収[108]、合併及び分割等を含む」と規定している[109]。

確かに、上記企業所得税実施条例75条が定める原則には例外があり、上記財税59号も、3条において、「企業再編業務の税務処理に関しては、異なる条件毎に、それぞれ、一般税務処理規定と特殊税務処理規定を適用する」と規定した上で、4条では、一般税務処理規定が適用される企業再編の場合、企業再編に伴って移転する資産の譲渡損益を再編時に認識し、被合併企業又は被分割企業の未補填の繰越欠損を合併企業又は分割企業が引き継ぐこともできない。これに対し、特殊税務処理規定が適用される企業再編（特殊再編）の場合、特殊再編に伴う資産の移転による譲渡益の繰延べや未補填の繰越欠損の引継ぎなどが認められ得る旨を定めている。但し、特殊税務処理規定の適用を選択した場合、財税第59号11条前段に従い、再編業務の完了年度の企業所得税申告の際、主管税務機関に対し、書面の届出資料を提出し、特殊再編規定の諸条件に合致することを証明する必要がある[110]。

上記財税59号11条前段でいう「特殊再編規定の諸条件」としては、同号5条が、(i)合理

---

104) 詳細は、Cui and Krever, *supra* "The Tax Consequences of Corporate Reorganisations in China" pp. 342-349参照。
105) 財税59号の各条文の邦訳は、黒田健二・馬軍「企業再編の税務処理に関する通知について」（http://www.smbc-consulting.co.jp/upload/netpress_4376_pdf）を参考にしている。
106) 財税59号1条2項は、「債務再編とは、債務者に財務上の困難が生じた状況において、債権者と債務者の書面の合意又は裁判所の裁定書に従い、その債務者の債務に対して譲歩することを指す」と定めている。
107) 財税59号1条3項は、持分買収とは、買収企業が被買収企業の持分を購入することによって、被買収企業に対する支配を実現することを指し、買収企業による対価の支払いの形式には、持分支払、非持分支払又は両者の組合せが含まれると定めている。
108) 財税59号1条4項は、資産買収とは、譲受企業が譲渡企業の実質経営性資産を購入する取引を指し、譲受企業に依る対価の支払の形式には、持分支払、非持分支払又は両者の組合せが含まれると定めている。
109) 国家税務総局公告（[2010] 4号「企業再編業務の企業所得税管理弁法」）2条も、本弁法でいう企業再編業務も、財税59号1条に規定する各種再編を指すと定めている。

的な商業目的を有し、なおかつ、税額の減免又は納付の遅延を主な目的としない、(ii)被買収、合併又は分割部分の資産又は持分の比率が本通知に定める比率に合致する、(iii)企業再編後の連続する12カ月間において、再編資産に係る従来の実質的経営活動が変更されていない、(iv)再編取引の対価のうち、持分支払に係る金額が本通知に定める比率に合致する、(v)企業再編で持分支払を受けた旧主要株主が、再編後の連続する12カ月間において、取得した持分を譲渡していない」ことを挙げているが、これらの諸条件に加え、財税59号5条又は6条に定める企業再編の類型に応じた株式持分比率をクリアーすることによって初めて、各企業再編の類型に応じた特殊税務処理を受けることが可能となる。

つまり、例えば、上記の財税59号11条前段でいう「特殊再編規定の諸条件」を充足する持分買収の場合には、財税59号6条2項が定めている通り、買収企業が購入する持分が被買収企業の全持分の75％を下回らず、なおかつ、買収企業の当該持分買収における持分による支払金額がその取引支払総額の85％を下回らないという要件にも合致していれば、上記財税59号11条前段に基づく証明を行うことを条件に、(i)被買収企業の株主による買収企業の持分取得に係る課税ベースは、被買収持分も従来の課税ベースをもって確定する、(ii)買収企業による被買収企業の持分取得に係る課税ベースは、被買収持分の従来の課税ベースをもって確定する、(iii)買収企業、被買収企業の従来の各資産及び負債の課税ベース及びその他の所得税関連事項については変更がないなどの取扱いが認められることとなる[111]。

(2) 国境を跨ぐ再編の取扱い

上記(1)の通り、特殊税務処理の対象となるための要件は、企業再編の類型に応じて幾分異なっているが、諸条件・要件をクリアーすれば、内資系企業同士の企業再編だけでなく、内資系企業と外資系企業の企業再編や外資系企業同士の企業再編のケースも、これらの企業再編が国境を跨いで行われるものではない限り、企業再編に伴う資産等の移転による譲渡益の繰延べや未補塡の繰越欠損の引継ぎなどの効果を享受することが可能となる[112]。これに対し、国境を跨ぐ企業再編の場合、財税59号7条の柱書（「中国国内の企業と国外の企業（香港、マカオ、台湾地域を含む）との間で持分又は資産の買収取引が生じた場合、本通知5条が定める条件（合理的な商業目的の存在等）に合致するほか、以下の条件にも同時に合致して初めて特殊税務処理規定の適用を選択できる」）としているところ、本条でいう「以下の条件」は、国内再編が特殊税務処理の対象となるための条件よりも更に厳しいものとなっている。

上記財税59号7条の柱書でいう特殊税務処理規定の適用を選択するための「以下の条件」は、同条各項に定められている。同条1項は、「非居住者企業が100％の持分を直接に保有する他の非居住者企業に対し、居住者企業に対する持分を譲渡する場合、これにより、そ

---

110) 同条後段は、「企業が規定に従って書面で届け出なかった場合には、一律に特殊再編業務に従って税務処理を行ってはならない」と定めている。
111) その他の類型の企業再編に対して特殊税務処理を適用するための要件と適用の効果は、財税59号6条各項参照。
112) 例えば、財税59号11条前段でいう「特殊再編規定の諸条件」を充足する企業合併の場合、6条4項がその適用要件を示しているが、上海税務当局は、例えば、対価の支払いを伴わない中外合弁企業同士の吸収合併や独資企業と中外合弁企業の吸収合併の場合が、このようなケースに該当し得ると説明している。黒田他・前掲「企業再編の税務処理に関する通知について」参照。

第2節　企業所得税法の下での対応

図5-14　財税59号7条1項の下での特殊税務処理の適用対象となり得る国境を跨ぐ企業再編の例

図5-15　財税59号7条2項の下での特殊税務処理の適用対象となり得る国境を跨ぐ企業再編の例

の後における当該持分の譲渡に係る源泉所得税の負担に変更がなく、なおかつ、譲渡人である非居住者企業が主管税務機関に対し、3年（3年を含む）以内は、譲受人である非居住者企業に対する保有持分を譲渡しないことを書面により承諾した場合である」と規定している。本規定が想定しているのは、図5-14のように、中国法人Hの株式を有する国外の非居住者法人Fが、その全額出資法人である非居住者法人Gに対し、中国法人Hの株式を譲渡するようなケースであるが、かかるケースが特殊税務処理の適用対象となるためには、非居住者法人Fが非居住者法人Gの株式の保有持分を以後3年間は譲渡しないことなどが前提条件となる。

財税59号7条は、特殊税務処理の対象となり得るその他の国境を跨ぐ企業再編のケースとして、2項では、「非居住者企業が100％の持分を直接保有する居住者企業に対し、その保有する他の居住者企業の持分を譲渡する場合」を挙げている[113]。例えば、図5-15のように、国外の非居住者法人Ｉが、全額出資している中国の居住者法人Ｊに対し、中国の居住者法人Ｋの株式を譲渡するケースでは、居住者法人Ｋの株式が居住者法人Ｊに現物出資され、その対価として、居住者法人Ｊが、その持分等を支払っている持分買収が、上記2項のケースに該当するが、この場合、この持分買収が特殊税務処理の適用を受けるためには、本節4(1)で前述した通り、同号6条2項に則り、(i)中国法人Ｊが購入する持分が、中国法人Ｋの全持分の75％を下回らないこと、(ii)中国法人Ｊの当該持分買収における持分による支払金額が、当該取引支払総額の85％を下回らないことなどが前提条件となる。

(3)　適用基準の明確化と適用例

財税59号5条～7条に定める特殊税務処理を受けるための主たる適用要件は、上記の通りであるが、かかる適用要件の詳細は十分に明らかではないとの指摘があった。しかし、

---

113)　財税59号7条は、特殊税務処理の対象となるその他のケースとして、3項では、「居住者企業が、その保有資産又は持分をもって、100％の持分を直接保有する非居住者企業に出資する場合」を挙げ、4項では、「財政部、国家税務総局が許可したその他の場合」を挙げている。本条3項の下、特殊税務処理を選択すると、部分的な課税繰延べ（その譲渡益の10課税年度に亘る各課税年度の所得額への均等計上）が可能となる。

399

第5章 中国の対応策の分析

2010年には、公告（Gongao）4号（「企業所得税法の下での企業再編の取扱いに係る行政措置に関する国家税務総局告示」）が示されたことによって、特殊税務処理の適用要件に係る不透明性の問題が幾分緩和されている。本公告は、特殊税務処理の対象となるための要件を充足するために必要となる証明資料に関する情報を提供するとともに、財税59号5条でいう「合理的な商業目的」の有無の判断上考慮する事項として、(i)企業再編の背景、時期及び形態等、(ii)企業再編の実質（法律上及び商業上の効果）、(iii)企業再編当事者の税務上の地位の変化、(iv)通常の取引条件の下では企業再編の当事者には通常は生じない利益・義務の有無、(v)企業再編に参画している非居住者企業の実態等を挙げている。

確かに、上記公告4号は、特殊税務処理の適用要件の明確化に資するものであるが、その適用要件に係る不透明性は、必ずしも十分に払拭されていないだけでなく、その適用のハードルも低くないことから、特殊税務処理の適用対象となるケースは、実際上、それほど多くないとの指摘がされている。その理由としては、(i)財税59号6条に定める特殊税務処理の適用要件である株式移転を受けた企業が移転された株式の全持分の75％以上を保有し、しかも、買収企業がその対価の85％以上を株式という形態で支払うという要件を充足することは、商業上、株式移転を行う企業とその移転を受け入れる企業を併存させる企業再編を行う必要があるような場合には現実的ではないケースが多々あると想定される、(ii)特殊税務処理の対象となる国境を跨ぐ企業再編のケースが、株式を移転する企業とその移転を受ける企業との間で直接に100％の株式保有関係がある場合に限定していることなどが挙げられている[114]。

また、上記公告4号では、「合理的な商業目的」の有無の判断上考慮される点が明示されたが、税務当局は、例えば、国境を跨ぐ企業再編によって、中国企業の株式が、中国と租税条約を締結していない国・地域の企業から、中国との租税条約がある国・地域のオフショア持株会社に移転されたようなケースでは、その配当に適用される源泉税率は10％でなく5％となるため、そのようなケースは、将来的な配当に係る源泉税負担の軽減を主な目的とする「合理的な商業目的」がないものと判断し、配当に係る源泉税の負担軽減は付随的なものであるとの見方をしない傾向があるとの指摘もされている[115]。実際、「合理的な商業目的」に係る立証が必ずしも容易ではないことは、上記のようなケースにおいて、その立証に係る証拠が不十分であるとして、企業再編に伴う株式の譲渡益に対し、中国・香港租税条約上の軽減税率を適用することなく、2,300万人民元の源泉税が徴収された2010年南京市（Nanjing）事件決定からも示唆される[116]。

確かに、特殊税務処理を受けるための株式保有要件等を充足しているとしても、そのことをもって、企業所得税法が定める企業再編に伴って生じ得る課税を回避することが確実なものとなるわけではない。例えば、2010年大連（Dalian）事件決定では、複数の中国法人を子会社として有する外国法人グループ内の国際的組織再編に伴い、そのグループに属する国外持株会社が保有していた中国子会社株式の国外関連者への移転が行われたが、そ

---

114) John Gu, Lily Kang and Eileen Sun, M&A Relief──Flickering lights at end of tunnel, International Tax Review, Tax Reference No. 85 (2013) p. 37参照。もっとも、(ii)の75％ルールは、財税（[2014] 109号「企業再編促進に関連する企業所得税処理問題に関する通達」）によって、50％ルールに変更されている。
115) Gu, Kang and Sun, *supra* "M&A Relief" pp. 37-38参照。
116) 詳細は、Glenn DeSouza, China Legal Developments Bulletin, Vol. 18, No. 3 (2011) p. 15、http://www.pwc.ch/user_content/editor/files/newsletter_tax_china/tax_in_china_07_11_e.pdf参照。

の株式移転に対する対価の額（簿価を大きく超えない額であった）が適正か否かという点が問題となっており、税務当局は、移転された株式の評価を行うに当たり、予てより依拠していたコスト・アプローチを採用することなく、新たにデイスカウント・キャッシュ・フロー方式に基づくインカム・アプローチを採用した上で、移転された中国子会社の株式の対価の額・譲渡益の金額が著しく低額となっているとして、1,100万人民元の追徴課税を行っている[117]。

第3節　法人所得等の国外移転による税源浸食への対応

1．移転価格税制の機能

(1)　制度設計上の特徴

第2節4(3)で言及した2010年大連（Dalian）事件決定は、移転価格税制の執行が、既に、かなり複雑なケースにも対処し得るレベルのものとなってきていることを示唆しているが、その制度設計にも注目すべき特徴が認められる。確かに、移転価格税制である企業所得税法41条は、「企業とその関連当事者との間の関連取引が、独立企業間取引の原則に適合せず、企業又はその関連当事者の納付すべき税収又は所得額を減少させる場合、税務機関は、合理的な方法に従って調整を行う権限を有する」と定め、また、本規定でいう「合理的な方法」とは、同法実施条例111条の下、(1)独立価格比準法、(2)再販売価格基準法、(3)原価基準法、(4)取引単位営業利益法、(5)利益分割法、(6)その他の独立企業間取引の原則に合致する方法であるとされているなど、その基本的な制度設計は、グローバル・スタンダードを意識したものとなっているが、実際には、幾つかの点において、その潜在的機能がかなり高いものとなるような制度設計が採用されている。

例えば、企業所得税法41条に定める「関連当事者」とは、同法実施条例109条の下、企業と「関連者関係」（(i)資本、事業活動、購入・販売等の方面で、直接又は間接の支配関係が存在する、(ii)直接又は間接に同じ第三者の支配がある、(iii)利益上の関連を有するその他の関係があるのいずれか）のある企業、その他の組織或いは個人である。具体的には、国税発2号9条の下、一方が直接又は間接に他方の持分総額の25％以上を有する場合、あるいは、双方の持分の25％以上を同一の第三者が直接又は間接に保有する場合（1項）、一方と他方（独立の金融機関を除く）の間の貸借資金が、一方の払込資本金の50％以上を占める場合、あるいは一方の貸借資金の総額の10％以上を他方（独立の金融機関を除く）が保証している場合（2項）、一方が他方の生産経営・取引を実質的支配する、あるいは双方がその他の利益上の関係を有する場合（8項）などに「関連者関係」が生じる[118]。

上記の通り、企業所得税法41条でいう「関連者関係」は、(i)関連者が個人や国内企業であっても生じ得る、(ii)「関連者」か否かの判断上、資本基準が低く設定されている、(iii)資本基準以外の実質的な基準が、「関連者」か否かの判断上重要なポイントとなり得ることから、移転価格税制の適用対象となり得る納税者の範囲は、主な国々の中でも、最も広く

---

117)　詳細は、http://www.218.247.242.154/detail.jsp?no=67701参照。
118)　「関連当事者」であるか否かの判断上、国税発2号9条3項以下で示されている定義・判断も参照する必要がある。

なっているのではないかとの指摘もされている[119]。確かに、上記(i)との関係では、前述の2008年国税発2号は、30条において、「実際の税負担が同じ国内の関連者間の取引は、当該取引が直接又は間接に国家全体の税収を減少させない限りにおいて、原則として移転価格調査・調整を行わない」と定めているが、そうでないケース(税負担が異なる国内の関連者間の取引)に対しては、本法41条が適用され得る。また、上記(iii)との関係では、税務当局の裁量の範囲が広いため、資本基準の下では「関連者」に該当しない者が「関連当事者」と判断されるリスクが少なからずある。

企業所得税法41条でいう「関連取引」の対象範囲もかなり広いことは、国税発2号10条が、「関連取引」に含まれる主な取引類型として、①有形資産の売買、譲渡及び使用(建築・構築物、車両運搬具、機械設備、工具、商品、製品等の有形資産の売買、譲渡及びリース業務を含む)、②無形資産の譲渡及び使用(土地使用権、版権(著作権)、特許、商標、顧客名簿、販売ルート、銘柄、事業機密及び技術ノウハウ等の特許権及び工業品の外観設計又は実用新案等の工業所有権の譲渡及び使用権の提供業務を含む)、③資金融通(各種の長短期の資金借入と保証及び各種の利付前払い等の業務を含む)、④役務提供(市場調査、販売、管理、行政事務、技術サービス、修理、設計、コンサルティング、代理、科学研究、法律、会計事務等のサービスの提供を含む)を挙げていることからも確認することができる。

さらに、企業所得税法実施条例123条は、「企業とその関連者との取引が独立企業原則に従っていない、あるいは、企業が合理的な事業目的を欠いたアレンジメントを実行している場合には、税務当局は、その取引・アレンジメントが実行された年度から起算して10年の間、税務調整を行う権利を有する」と定め、また、2009年公布の国税発2号37条は、「税務機関は、本弁法第4章に規定する移転価格算定方法を用いて企業の関連取引が独立企業原則に合致するか否かを分析・評価しなければならない。分析・評価をする際、公開情報資料を用いることも非公開情報を用いることもできる」と定めているが、これらの規定も、企業所得税法47条の機能の潜在的な大きさを示唆している。このように、移転価格税制で採用されている制度設計も、「関連当事者」と「関連取引」を行う納税者の移転価格リスクの程度が、企業所得税法制定の前後で大きく変化していることを少なからず印象づけるものとなっている。

(2) 調査・適用方針

イ)調査の効率化に向けた動き

上記のような制度設計上の特徴に示唆される移転価格税制の高い潜在的機能が、実際、どれほど発揮されるかは、その調査に係るスタンスや調査戦略等の如何にも大きく左右されるが、企業所得税法の下では、移転価格調査も、二元的企業所得税制の下での移転価格調査よりも厳格なものとなっていることは、例えば、納税者が、一旦、移転価格税制に基づく調整を受けると、国税発2号45条(「税務機関は企業に対して移転価格納税調整を実施した後、企業が調整を受けた最後の年度の翌年度から5年間にわたり追跡管理を実施しなければならない。企業は追跡管理期間において、追跡年度の翌年6月20日までに追跡年

---

[119] Cheng Chi, Leonard Zhang, Gibson Ng and Kevin Zhu, Transfer Pricing Forum, BNA International, Mar. 2012, p.1参照。

度の同期資料を税務機関に提出する必要がある…」）の下、追跡管理調査の対象となることなどからも示唆される。移転価格税制の制度設計とその執行の双方が、納税者の本法制定後の移転価格リスクを大幅に高めているのである。

また、企業所得税法の下での移転価格調査は、従来よりも厳格なだけでなく、より効率的であることは、その実績が蓄積されたことに加え、2005年国税函239号（「租税回避業務に関する通達」）では、地方当局の移転価格調査を中央管理するとの方針が示され、また、前述の国税発2号では、29条において、重点調査対象企業（①関連取引の金額が大きい、あるいは類型が多い企業、②長期に欠損が生じている、あるいは、利益の変動が激しい企業、③利益水準が同業よりも低い企業、④利益水準と負担する機能及びリスクが明らかに対応していない企業、⑤タックス・ヘイブンに所在する関連者との取引がある企業、⑥法律の規定に従った関連申告を行っていない、あるいは、同期資料を準備していない企業、⑦独立企業原則に明らかに反するその他の企業）が示されたことにより、移転価格調査の戦略性が高められていることなどからも確認することができる。

他方、確かに、移転価格調査に関する指針を示した最近の通達等の中には、例えば、2008年国税発86号（「親子会社間の役務提供に伴う費用支払に関する企業所得税の処理問題に関する通知」）のように、中国企業に国外関連者が提供する役務への報酬額の決定上依拠し得る算式〔報酬額＝実際の費用÷（1－営業税の税率－みなし利益率）〕上の「みなし利益率」を一律に5％と定めていた2002年国税発128号（「外商投資性公司がその子会社に提供する役務に関する税務問題」）を実質的に廃止し、独立企業原則に依拠する適正な報酬額の算定を求めるものもあった。このような変更は、事務負担の増加や税収減に繋がる可能性を秘めたものであったが[120]、実際には、調査重点業種を具体的に示した2009年国税発85号（「税目別租税徴収管理強化及び徴収漏れ防止促進に関する若干意見」）等にも後押しされて、近年の移転価格調査は、更なる効率化・税収増を実現している[121]。

確かに、図5-16は、近年、調査件数は減少する傾向にある一方、年間総増差所得額及び平均増差所得額は、概ね右肩上りで増加していることを示していることから、移転価格調査の効率化が進展していることを物語っている。移転価格税制に基づく調整の対象となった取引等の内訳は明らかではないが、特に、最近では、国外の関連者へのロイヤルティの支払額が急増していることから、ロイヤルティの支払を利用した所得の国外移転が少なか

図5-16　移転価格調査の件数及び平均・総増差税額の推移

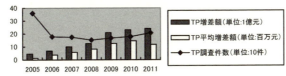

（出典：http://slideshare.net/…/zhang-ying-1206helsinkippt, http://www.ey.mobi/GL/en/Servies/Tax/International-Tax/Transfer-Pricing-and-Tax-Effective-Supply-Chain-Management/2013-Transfer-pricing-global-reference-guide-Chinaに加筆）

---

120) 実際、「みなし利益率」による課税の対象となった日本企業も少なくなかった。「新興国における課税問題に関する調査報告書」（http://www.meti.go.jp/meti_lib/report/2012fy/E002339.pdf）参照。
121) 重点調査対象業種として、電子通信設備製造業、コンピュータ製造業、製薬業、自動車製造業、高速道路建設業、ファスト・フード業、飲料製造業、アパレル・靴製造業等が挙げられている。

らず行われているのではないかとの問題認識が高まる中[122]、ロイヤルティの支払の適否やロイヤルティの額の適正さなどに着目する移転価格調査が重点的・積極的に行われているようである[123]。我が国の経済産業省の平成25年公表資料（「新興国における課税問題の事例と対策（詳細版）」）でも、中国の赤字会社が国外の関連者から提供された技術は、利益を生じさせていないとして、その対価として支払われたロイヤルティの損金処理が否認されたケースが多いとの報告がされている[124]。

ロ）ロケーション・セービングに対する考え方

最近では、調査方針だけでなく、移転価格税制の適用方針にも注目すべき変化が認められる。特に、国連2013年版移転価格実施マニュアル（UNマニュアル）第10章10.2（China Country Practices）では、利益配分の対象となる資産等の範囲が広く捉えられている。まず、本章では、移転価格上、「地域特有の有利性」（"location specific advantages"）を考慮することが必要であるとの見解が示されている。「地域特有の有利性」とは、多国籍企業が、低コストの地域に活動拠点を設けることによってコストの削減が可能となるロケーション・セービングや商品・サービスの販売・需要等に影響を与える独特な要素を有する地域に活動拠点を設けることによって、追加的な利益を得ることを可能にするマーケット・プレミアムなどであると定義した上で、中国では、地理的な比較対象可能性上の差異を考慮に入れることが、最も一般的な移転価格税制に基づく調整の一つとなっているとの指摘がされている[125]。

上記UNマニュアルでは、中国の税務当局は、OECD移転価格ガイドラインには、(i)「地域特有の有利性」という概念に関する指針を殆ど示していない、(ii)多国籍企業が「地域特有の有利性」を利用するために途上国に設立した事業拠点では、「地域特有の有利性」が、無形資産のマーケッティングと融合するなどして多国籍企業の利益に大きく貢献している場合が少なくないにもかかわらず、途上国の事業拠点に対して十分な利益配分が行われていないなどの問題があるとの認識の下、低コストの労働や消費者の外国製品に対する高い需要等に代表される「地域特有の有利性」と独立企業原則との関係を4段階のステップ（(i)ロケーション・セービングの存在の有無を確認する、(ii)ロケーション・セービングが追加的な利益を発生させているか否かを決定する、(iii)その追加的な利益の額を算定する、(iv)その利益を適切に配分するための算定方法を決定する）を通じて整理するとのアプローチを採用することによって[126]、この問題を克服していると述べられている。

また、上記UNマニュアル10.2.38〜10.2.39では、上記アプローチを中国企業がオフショア関連会社と契約して研究・開発しているケースに応用すると、中国企業のコストベースを100、途上国でない国での平均のコストベースを150、比較対象取引のフルコストのマー

---

122) Zhang Ying, China's Transfer Pricing System (2012) (http://www.taxjustice.net/.../Zhang_Ying_1206_Helsinki_ppt.pdf) 参照。
123) http://www.de.ey.com/GL/en/Services/Tax/2009-Global-Transfer-Pricing-Survey--China参照。インドの最近の移転価格調査実績（第4章第3節2(3)の図4-5参照）と比べると、調整額が増加し続けている点は同様であるが、調査件数及び平均増差の推移には差異が認められる。かかる差異は、最近の中国の税務当局の移転価格問題に対する執行スタンスの変化に少なからず起因している。詳細は、本節2(2)ロ参照。
124) 本資料は、http://www.meti.go.jp/publication/downloadfiles/shinkoukoku_syosai.pdfから入手可能。
125) UNマニュアル第10章10.2.2参照。
126) UNマニュアル第10章10.2.3〜10.2.5参照。

第3節　法人所得等の国外移転による税源浸食への対応

クアップ率の中央値を8％と仮定した場合、①途上国でない国々の比較対象取引に基づくフルコストのマークアップ率を算定する（8％）、②中国企業と国外企業の平均コストベースの差50（150－100）を出す、③独立企業間フルコストのマークアップ率（8％）にコストベースの差（50）を掛ける、④掛合せにより得られた残余利益額(4)をロケーション・セービングによる追加的利益として中国企業に帰属させる、⑤中国企業の独立企業利益を計算する（4＋8％×100＝12）、⑥中国企業の独立企業間フルコスト・マークアップ率を決定する（12/100＝12％）とのプロセスを経ることによって、ロケーション・セービングを考慮に入れたフルコスト・マークアップ率の算出が可能となると説明されている。

　ロケーション・セービングを独立企業間価格算定上考慮するとの考えは、既に、実務上採用されている。例えば、マイクロソフト社が求めた二国間のAPA協議において、米国の税務当局は、2012年、「地域特有の有利性」が無形資産の価値向上に貢献したことに対する利益配分を求めた中国の税務当局の主張を受け入れる方向で合意しており、同年、同社と中国の税務当局とのAPA実施合意も成立している。本合意について、マイクロソフト社の担当者は、10年前、中国の税務当局は、契約生産者に対する適正な対価を算定する方法としてコスト・プラス法に依拠していたが、最近では、無形資産、特に、ロケーション・セービング及びマーケット・プレミアムを考慮することが、合意成立上、一つポイントとなっていると説明している[127]。欧州諸国と合意に至った二国間APAの中にも、UNマニュアルで示されている「地域特有の有利性」に関する中国の見解を受け入れる方向で合意が成立しているケースもあるとの指摘がされている[128]。

2．機能担保措置と負担軽減措置等

(1) コンプライアンス・コストとペナルティ

　イ）資料等の作成・提出義務

　上記1(2)イ）で示した移転価格税制の制度設計は、移転価格リスクが低くないこと、また、上記1(2)ロ）で示した執行・適用方針は、移転価格リスクを更に高める方向に作用することを示唆しているが、移転価格税制に係るコンプライアンス・コストやコンプライアンス違反に対するペナルティの額もかなり高いレベルにある。コンプライアンス・コストとの関係では、企業所得税法43条が、「企業がある年度の企業所得税納税申告書を税務当局に提出する場合、関連当事者との関連取引に関する年度関連業務報告書を添付する必要がある。税務当局が関連業務調査を行う場合、企業、その関連当事者及び関連業務調査対象取引に関係するその他の企業は、関係する諸規定に従い、関連資料を提出しなければならない」と定め、国税発2号11条が、居住者企業及び中国国内に機構又は場所を設け、且つ、企業所得税を申告・納付する非居住者企業が、年度企業所得税納税申告表を提出する際、2008年国税発114号に定める所定の様式を用いることを定めている。

　上記企業所得税法43条の下での資料提出義務の対象となる情報の範囲が広いことは、前述した「関連当事者」及び「関連取引」の定義からも確認できるが、本条でいう「関連資

---

[127] Kevin A. Bell, Second U. S. -China APA Involves Microsoft, Reimburses Subsidiary for Location Savings, Transfer Pricing Report, Vol. 21, No. 14 (2013) p. 688参照。

[128] Kevin A. Bell, Chinese Tax Auditors Remunerating Local Affiliates For Location Savings──'Like it or not', SAT Official Says, Transfer Pricing Report, Vol. 21, No. 22 (2013) p. 1079参照。

料」の範囲も広く、同法114条の下、①関連者間取引に関する価格、費用の算定基準、計算方法及び説明等の同期間の資料、②関連者間取引に関する財産、財産使用権、労務等の再販売（譲渡）価格又は最終売買（譲渡）価格に関する資料、③関連者取引の調査に係るその他の企業が提出すべき調査対象企業と比較可能な製品価格、価格算定方法及び利益水準等の資料、④その他の関連者間取引に関する資料を含むとされている。年度関連業務報告書に記載すべき事項も多岐に亘っており、①関連当事者表、②関連取引総括表、③売買表、④役務表、⑤無形資産表、⑥固定資産表、⑦資金調達表、⑧対外投資状況表、⑨対外支払金額状況表を含めることが求められている。

資料の作成・提出義務は上記に限ったわけではない。国税発 2 号は、13条において、「企業は、…納税年度毎に関連取引に関する同期資料を準備・保存し[129]、かつ、税務機関の要求に従って提出しなければならない」と定め、14条では、その記載事項として、①組織構成、②生産経営状況、③関連取引の状況、④比較分析、⑤移転価格算定方法の選択及び使用を挙げ、また、16条では、関連取引の発生年度の翌年の 5 月31日までに準備し[130]、税務機関の要求があった日から20日以内に提出することを定めている[131]。上記 1 (2)イ)で述べた通り、国税発 2 号29条は、重点調査対象企業の一つとして、「法律の規定に従った関連申告を行っていない、あるいは、同期資料を準備していない企業」を挙げていることから、法律上求められている税務上の申告等を行うことは勿論、同期資料の準備等に係る義務を的確に履行することも、移転価格リスクを軽減する上で重要な鍵となる。

勿論、関連者取引を行う全ての企業に対し、同期資料の作成義務・要請に応じた提出義務が課されているわけではない。国税発 2 号15条は、「以下のいずれかに該当する企業は同期資料の準備を免除される。(1)年度中に発生した関連者との売買の金額（来料加工業務については、年度中の輸出入の通関価格で計算）が 2 億元以下、かつその他の関連取引の金額（関連者との資金融通については、利息の受払金額で計算）が4,000万元以下であるが、上述の金額には、企業が年度内に実施したコスト・シェアリング又は事前確認に関わる関連取引の金額を含まない。(2)関連取引が事前確認の実施範囲に含まれること。(3)外資の持分が50％未満となっており、かつ、中国国内の関連者のみと関連取引を行っていること」と定めている。本条は、どのような納税者・取引等の移転価格リスクが、比較的低いと考えられているかを示しているものと位置づけることもできよう。

他方、同期資料の作成義務及び要請に応じた提出義務は、一定の事業形態・機能を遂行している場合、より過重なものとなっている。例えば、国税函（[2009] 363号「国境を超える関連取引の監督統制と調査に関する通知」）は、 1 条において、「多国籍企業が中国国内に設立し、単一生産（来料加工又は進料加工）、卸売若しくは契約研究開発等の有限な機能及びリスクを負担する企業は、金融危機の市場リスクや意思決定リスク等を負うべき

---

129) 同期資料とは、OECD移転価格ガイドライン5.4に定める「同時資料」（"contemporaneous documentation"）と同義であると解されている。
130) 資料提出義務は、地方の税務当局が公布している通達等によって更に強化されている場合がある。例えば、深圳市の税務当局が公布した国税函（[2010]11号「企業関連取引の同期資料の提出に関する通知」）は、2008年度の売上が 1 億元を超過した企業は、2010年 3 月までに各主管税務機関に2008年度関連取引の同期資料を提出する義務があるとしている。
131) この提出期限が適用されないのは、国税発 2 号16条 2 項及び74条が定めているように、コスト・シェアリング契約の同期資料の場合と不可抗力によって期限内提出ができない場合である。

第3節　法人所得等の国外移転による税源浸食への対応

ではなく、機能リスクと利益に相応する移転価格原則に従い、合理的な利益水準を維持すべきである」と定めた上で、2条では、「上述の有限な機能及びリスクを負担する企業に損失が発生した場合、同期資料を準備する基準に達しているか否かにかかわらず、いずれも損失発生年度に同期資料及びその他関連資料を準備し、翌年6月20日までに、管轄の税務機関に提出する必要がある」と規定している。

　ロ）コンプライアンス違反に対するペナルティ
　上記の諸規定等が求めるコンプライアンスに違反すると、重点調査対象となり得るだけでなく、推計課税やペナルティの対象ともなり得る。企業所得税法44条は、「企業がその関連当事者との関連取引に係る資料を提供せず、又は、虚偽の、若しくは不完全な資料を提供し、その関連取引の状況を真に反映できない場合、税務当局は、当該企業が納税すべき所得金額を査定する権限を有する」と規定している。また、国税函2号は、105条において、「企業が本弁法の規定に従って税務機関に企業年度関連者間取引報告書を提出しない、あるいは、同期資料又はその他の関連資料を保存しない場合、徴収管理法60条及び62条に従って処理する」と定め、106条において、「企業が同期資料等の関連取引に係る資料の提出を拒否し、或いは、虚偽や不完全な資料を提出し、その関連取引の真の状況を反映できない場合、徴収管理法70条、徴収管理法実施細則96条、企業所得税法44条及び企業所得税法実施条例115条に従って処理する」と定めている。
　上記徴収管理法60条及び62条の下では、税法等が定める申告・納付期限や報告期限等を遵守せず、しかも、その不遵守を一定期間内に改める命令に従わなかった場合、2,000元以下のペナルティの対象となるが、その不遵守の状況等が深刻な場合、ペナルティの額は、2,000元超〜1万元以下となる旨が定められている。上記の徴収管理法70条及び徴収管理法実施細則96条の下では、調査の拒否や妨害等に対するペナルティの額は、1万元以下であるが、その妨害等の状況が深刻な場合、ペナルティの額は、1万元超〜5万元以下となる旨が規定されている。上記の企業所得税法実施条例115条は、資料提出義務の不履行がある場合の同法44条に基づく企業の課税所得額の算定上依拠できる方法（(1)同種又は類似企業の利益率水準を参照して算定、(2)企業の原価に合理的な費用及び利益を加える方法により算定、(3)関連企業グループ全体の利益を合理的な比率により算定、(4)その他の合理的な方法による算定）を挙げている。
　さらに、中国企業が国外企業とコスト・シェアリング契約を結んでいる場合、国税発第2号69条の下、中国企業は、その契約日から30日以内に、国家税務総局に届出を行う必要があり、また、同号74条の下、その契約実施期間中は、事前確認制度の対象であるか否かに関係なく、その年度の翌年6月20日までに、税務機関に同期資料を提出する義務があると定められているほか、同号75条の下では、①〜⑤の要件（①合理的な事業目的及び経済的な実質がない場合、②独立取引の原則に合致しない場合、③原価収益対応の原則に従っていない場合、④関連規定に従った届出を行っていない場合、あるいはコスト・シェアリングに関する同期資料を準備・保存及び提出していない場合、⑤コスト・シェアリング契約締結日以降の経営期間が20年未満の場合）のいずれかに該当する場合には、分担した原価を損金算入することができないとされている。

407

第5章　中国の対応策の分析

ハ）調整があった場合のペナルティ

ペナルティは、移転価格税制に基づく調整があった場合には、利息という形で科されることとなり得る[132]。そもそも、企業所得税法の第6章で措置されている諸制度に関する共通事項を定める48条は、「税務当局が本章の諸規定に従って納税額に調整を行い、その結果、未納となっている税額を徴収する必要がある場合には、国務院が定める諸規定に従って加算利息を科した上で、その徴収を行う」と定め、また、同法実施条例121条が、かかる懲罰的な加算利息の算定期間等を定めているところ[133]、これらの規定に基づくペナルティ・加算利息がかなり厳しいものであることは、本条2項が、「1項で定める加算利息は、課税所得の計算上控除することができない」と定め、また、同条例122条1項が、「企業所得税法48条で定める加算利息は、納税が関係する税務年度に中国人民銀行が公表する未納期間に適用される人民元の貸付基準利率に5％を加えたものに基づいて決定される」と規定していることなどからも確認することができる。

確かに、上記企業所得税法実施条例122条2項は、「企業が企業所得税法43条及び本条例上の諸規定に従って関連資料を提出する場合、前項で規定する人民元の貸付基準利率のみに基づいて利息を計算できる」と規定し[134]、また、国税発2号107条3項前段も[135]、「企業が本弁法の規定に従って同期資料及びその他の関連資料を提出した場合、あるいは、企業が本弁法15条の規定の下で同期資料の準備を免除される者が[136]、税務機関の要求に従って、その他の関連資料を提出した場合、基準利率で加算利息を計算できる」と定めていることから、関連資料等の適時の提出などによって、加算利息を逃れ得るが、同項後段では、税務調査の結果、同期資料の準備を免除される者の実際の関連取引額が、同期資料を準備しなければならない基準に達した場合には、追徴する企業所得税額に係る利率は、税額が帰属する納税年度の12月31日に実行されていた貸付基準利率に5％を加えて日毎に加算すると定められていることに留意する必要がある。

(2)　主な負担軽減策等の特徴

イ）独立企業間価格幅とAPA

上記1及び2(1)で示した通り、移転価格税制及び関係する諸措置は、かなりのコンプライアンス・コストとリスク・負担を伴うものとなっている。確かに、幾つかの負担軽減措置も手当されているが、その効果は、かなり限定的である。例えば、「四分位法」に依拠する独立企業間価格幅を採用している国税発2号41条は、移転価格リスクの軽減上重要で

---

132) 多額の利息が科された具体例としては、2014年北京（Beijing）事案や2013年厦門（Xiamen）事案等がある。北京事案では、国内法人が国外の親会社に販売した電子部品の対価が独立企業間価格よりも低いとして、4.25億元の税額と7千万元の利息が追徴されている。厦門事案では、国内法人がシンガポールの関連会社に支払ったサービス料が過大であるとして8億元（利息を含む）が追徴されている。詳細は、www.bakermckenzie.com/.../nl_china_taxmonthly_apr14.pdf、http://www.quanteraglobal.com/resources/articles/transfer-pricing-audits-of-service-fee-are-you-at-risk-chineseenglish-versions/ 参照。

133) 本条例121条1項は、「税務当局が、関係する税法及び規則等に従い、特別納税調整を行う場合、過少納付となっている税は、過少納付税額が関係する年度の翌年の6月1日から過少納付税額の納付日までの間、日割で計算される加算利息の対象となる」と定めている。

134) 本法43条の規定振りは、本節2(1)イ）参照。

135) 国税発2号の原文は、http://www.js-n-tax.gov.cn/Page/StatuteDetail.aspx?StatuteID=5154から、邦訳は、http://www.nerachina.com/jp/news_content3.asp?id=155categoryid=2から入手可能。

136) 同時資料準備の免除要件は、本節2(1)イ）参照。

あるが、「税務機関が四分位法を用いて企業の利益水準を分析・評価する際、企業の利益水準が比較対象企業の利益率レンジの中央値を下回る場合、原則として中央値以上で調整しなければならない」と定める本規定の負担軽減効果は、OECD移転価格ガイドラインのパラ3.57(「…特定及び(又は)定量化できない比較対象に係る欠点があるために調整できない…場合もあろう。そのような場合、幅の中に、かなりの数の取引が含まれるなら、幅を狭めるための中位値を勘案する統計手段(例えば、四分位法又はその他の百分位)が、その分析の信頼性を高める手助けになるかもしれない」)ほど大きくはない[137]。

実際、上記国税発2号41条の下、国家税務総局は、中国企業の利益率が中位値以下となることを前提とする事前確認合意(APA)の申請を余り受け入れない方針を採用しているようであるとの指摘がされている[138]。もっとも、かかる方針は、多くの企業が、何年間にも亘り、その利益率を四分位法の下での中間値よりも低い幅に収まるようにしているとの事実が認められることを踏まえると、むしろ合理的であると評することもできよう。また、国家税務総局も、本規定を必ずしも杓子定規に適用するという方針を採っているわけではなく、ある企業の利益率が特定の年度で四分位法の下での中間値よりも低いものとなっていても、前後する年度で中間値よりも高い利益率となっているようなケースでは、その年度の中間値よりも低くなっている利益率を受け入れるというアプローチを採用しているようである[139]。

事前確認制度であるAPAも、移転価格リスク等を軽減する上で重要な制度である。特に、最近では、税務当局が移転価格税制の執行を強化し、また、企業の独立企業間価格の決定方法としてTNMMが選好される傾向が強まってきていることから、移転価格リスクの軽減手段としてのAPAの有用性に対する認識が、納税者の間で徐々に高まっている。実際、図5-17の通り、2005年～2013年の間、APAの締結件数は、TNMMに基づく合意件数の顕著な伸びに支えられて安定的に推移している。国家税務総局も、最近、特に、二国間APAを利用する納税者が増えてきていることは、APAの二重課税防止機能に対する納税

図5-17　2005年～2013年におけるAPAの適用件数と依拠されたALP算定方法の数

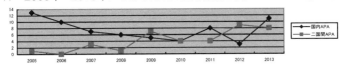

独立価格比準(CUP)法	再販売価格法(RPM)	原価基準法(CPM)	TNMM(フルコスト・マークアップ率)	TNMM(売上営業利益率)	利益分割法(PSM)	その他
5	1	17	43	41	3	4

(出典:国家税務総局の「2013年APAアニュアル・レポート」27頁に加筆)

---

137) 原文は、"It may also be the case that, ... some comparability defects remain that cannot be identified and/or quantified, and are therefore not adjusted. In such cases, if the range includes a sizeable number of observations, statistical tools that take account of central tendency to narrow the range (e. g. the interquartile range or other percentiles) might help to enhance the reliability of the analysis."である。
138) 笠原健司「中国移転価格税制の進展開──特別納税調整実施規則の解説」(http://www.shinnihon.or.jp/shinnihon .../info-sensor-2009-04-09.pdf)参照。
139) http://www.de.ey.com/GL/en/Services/Tax?2009-Global-Transfer-Pricing-survey ... China参照。

者の期待が高ってきていることを示すものであると評している[140]。もっとも、企業所得税法48条は、APAの適用対象となるための要件として、①年間の関連取引額が4,000万元以上である、②法に従った関連申告義務を履行している、③法に従った同期資料の準備、保存及び提出をしていることを求めている。

上記のような制約要件がある中、APA利用者の大半（約85％）は製造業に属する者となっている[141]。2005年～2013年の間のAPAの締結件数（132件）を取引の類型別に見てみると、かかる事実を反映して、有形資産取引に関する案件が65％、無形資産取引に関する案件が15％、役務提供取引に関する案件が20％となっている。もっとも、2013年末までにAPA申請の受領がされた案件を取引類型別に見ると、有形資産取引に関する案件が47％、無形資産取引に関する案件が30％、役務提供取引に関する案件が23％となっていることから、今後は、第三次産業の更なる発展も見込まれる中、無形資産取引や役務提供取引に関する案件に係るAPAの締結件数が、特に増えるであろうとの想定がされている[142]。そうすると、移転価格税制の適用に係る不確実性は、比較対象取引が見出し難い無形資産取引等において、特に大きなものとなる可能性が高いことから、APAの移転価格リスクの軽減策としての有用性は、今後、益々、高まるものと考えられる。

ロ）三位一体業務の推進

上記の通り、独立企業間価格幅やAPAは、移転価格リスクの軽減手段として重要ではあるが、その適用対象となっている範囲は広くはないことから、その他のより包括的な移転価格リスクや負担の軽減に資する手段が求められるところ、国家税務総局が最近打ち出した方針（租税回避防止業務を「管理業務」（同期資料や関連当事者間取引の開示情報等の審査や調査後の追跡管理等）、「サービス業務」（APAや相互協議等）及び「調査業務」の三位一体の業務として推進する）は、多くの納税者の移転価格リスク・負担を少なからず軽減し得るものとなる可能性を秘めている。実際、既に、その軽減効果は生じており、2012年2月24日付の中国税務報では、対前年比で見た場合、「管理」業務を通じた税収は190％増加しているのに対し、「サービス業務」を通じた税収は12％の減少であり、「調査業務」を通じた税収は4％増に止まるとの事実が報告されている。

上記の事実は、税務当局の移転価格への対応の仕方が、従来の事後調査を中心とするものから、資料等の審査結果等を踏まえて納税者による自主調整を重視するものに軸足を移したものへと変化してきていることを意味すると評されているが[143]、確かに、前掲図5-16でも、2006年に移転価格の調査件数が対前年比で半減した後は横ばいで推移する一方、総調整額は増え続けている。三位一体の業務推進が、納税者の移転価格リスクの軽減を図る上で特に効果的なものとなり得ることは、(i)移転価格税制の潜在的な機能が大きい、(ii)税務行政における国家税務総局の権限が大きい、(iii)裁判所による納税者の権利救済の余地が狭いことなどからも確認することができる。今後、三位一体の業務推進によって、納

---

140) 詳細は、APA Annual Report (2012) p. 19参照。
141) APA Annual Report (2012) p. 26及びhttp://www.crai.com/.../TP_Insights_China_0511.pdf参照。
142) APA Annual Report (2013) pp. 24-25参照。
143) Wu Duo and Li Ying, Transfer pricing investigation versus self-inspection, International Tax Review (Sep. 2012) 参照。

税者の移転価格リスクや負担の軽減がどれほど可能となるかは、その進展・定着の程度の如何に左右されるであろうが、その定着に向けた具体的な動きも既に生じている。

例えば、2012年には、国税発13号（「特別納税調整内部業務規程（試行）」）及び16号（「特別納税調整重大案件審査業務規程（試行）」）が作成されているところ、これらの内部規程では、主要な移転価格調査のレベルの統一や潜在的な紛争の解決等のために共同審査委員会を設置するなどの方針が示されている。かかる方針の下で特に注目されるのは、地区税務当局は、これらの内部規程に従い、その移転価格調査の間の一定の段階において、重大な移転価格事案（(i)登録資本1億人民元以上であって、調査対象年度における平均売上高10億人民元以上の企業の案件、(ii)特定業界又は企業グループに対する全国合同調査の案件、(iii)国家総務局が別途確定して通知する案件）を共同審査委員会に報告することが求められているという点である[144]。

共同審査委員会は、地区税務当局が推奨する5人の有資格者（調査担当地区税務当局の者を除く）と中央税務当局から派遣された者から構成されるが、共同審査委員会が、報告された事案は独立企業原則から乖離していると判断すれば、地区税務当局が通知をする前に予備的修正意見を発することができる。かかる手順を踏むことによって、主要な移転価格事案は、中央の税務当局の審査を経ることが原則となる。その結果、主要な移転価格事案に対する統一的な管理が徹底するほか、納税者においても、共同審査委員会を構成するメンバーの専門性ゆえに、移転価格税制に基づく不公正な調整の対象となる可能性が低下するものと期待されている[145]。このような体制整備は、予防管理への重心転換であり、総合的に見れば、課税に係る不確実性・リスクの問題が緩和されるという意味で、納税者に有利に働くであろうとの見方がされている[146]。

3．その他の主な対応策と負担軽減・融和策

(1) 実質管理地主義・基準と源泉税

イ）実質管理テストの適用例と適用基準

第2節3(2)イ)で示した2010年徐州事件決定は、バルバドス法人が、問題となった譲渡益の受益者であること、また、その実質管理地がバルバドスに存することを立証することができなかったことから、2000年調印中国・バルバドス租税条約の適用が認められなかったケースであり、本条約4条1項（「本条約の目的上、『締約国の居住者』とは、その締約国の法律の下、その住所、住居、設立地、実質的管理地、あるいは、同様な性質のその他の基準によって、その締約国で課税対象となる者である」）に組み込まれている実質管理地基準の有用性をも示唆するものであった[147]。実質管理地基準を組み込んだ本規定の有用性が実際に発揮されたその他のケースとして、2008年新疆ウイグル自治区（Xinjiang）

---

[144] 黒川兼・楊鋒「中国移転価格税制の更なる執行強化に係る指針」国際税務 Vol. 32, No. 5（2012）59頁、移転価格重要事案の共同審査制度（http://chasechina.jp/cc/article.php?article=6496）参照。

[145] 詳細は、Richard Bao and Scott Jin, China : New Joint Review Panel System for Major Adjustment Cases, Transfer Pricing International Journal, Vol. 13, No. 6（2012）pp. 15-17参照。

[146] http://www.kpmg.com/CN/en/.../Newsletters/.../china-alert-TP-1203-03j.pdf参照。

[147] 原文は、"For the purposes of this Agreement, the term 'resident of a Contracting State' means any person who, under the laws of that Contracting State, is liable to tax therein by reason of his domicile, residence, place of incorporation, place of effective management or any other criterion of a similar nature." である。

第5章　中国の対応策の分析

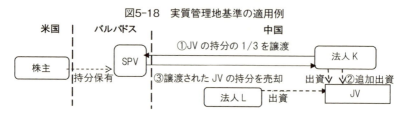

図5-18　実質管理地基準の適用例

事件決定がある。本事件決定では、事業体の実質管理基準の適用の可否を判断する上で依拠される諸要素が、より具体的に示されている。

上記新疆ウイグル自治区事件では、図5-18の通り、複数の米国居住者の株主のみが出資して2006年7月にバルバドスに設立された特別目的会社（SPV）は、中国法人Kと中国法人Lが2003年に合同で中国に設立したジョイント・ベンチャー（JV）の持分の33.3％を中国法人Kから、2006年8月、3,300万ドルで譲渡されたが[148]、その後、かかる譲渡の対価の全てを中国法人KがJVに追加出資した後[149]、SPVは、中国法人Kに対し、2007年、譲渡を受けたJVの持分の全てを4,600万ドルで売り戻すことによって多額の譲渡益を得たが、SPVは、2000年調印中国・バルバドス租税条約上、バルバドスの居住者であり、そうすると、「1項、2項及び3項で言及されている者以外の資産の譲渡から生じる利益は、譲渡者が居住者である締約国でのみ課税される」と定める本条約13条4項の下、本件譲渡益は中国の源泉徴収税の対象外であると主張している。

しかし、2008年国税函1076号（「バルバドス登録法人による濫用的な条約特典の享受に関する通達」）では、本件の場合、(i)JVに対する持分の売戻し価格は事前に取り極められていた、(ii)SPVは、JVに対する持分がSPVに譲渡される直前に設立されている、(iii)SPVはJVの事業に参加する意思は有しておらず、また、何らのリスクも負っていない、(iv)短期間に行われたJVに対する持分の取得・売買を通じて多額の譲渡益が生じているのは不自然である、(v)一連の取引を総合的に判断すると、本件取引はJVに対する持分への出資というよりは、むしろ、資金の貸付け又はその他の商業取引に類似するものである、(vi)SPVの株主は全て米国の居住者であることなどに着目し、バルバドス政府との情報交換を行った上で、SPVは、その管理地はバルバドスではないと確認できることなどに鑑みると、本条約4条1項の下、SPVはバルバドスの居住者ではない以上、本条約13条4項の適用対象ではないとして、新疆ウイグル自治区税務当局による課税処分が是認されている。

上記新疆ウイグル自治区事件でも有用性が確認された実質管理地に基づいて居住地を判断するというアプローチを採用しているのは租税条約だけではない。企業所得税法2条も、「…本法上、居住者企業とは、法により中国国内に設立された、あるいは、外国（地域）の法により設立されたが、実際の管理機構が中国国内にある企業である」と定め、また、2009年国税発82号（「実質管理地主義に基づき中国の居住者と認定される国内で支配されている国外設立法人」）は、外国で設立された法人が、一定要件（①企業の日々の生産・事業活動に責任を有する経営者が主として中国に居住し、その責任を中国で履行している、②企業の財政・人員に係る戦略が中国で決定又は承認されている、③企業の資産、会計帳

---

148)　この時点のJV持分の保有割合は、法人H：64.18％、法人I：2.5％、SPV：33.32％であった。
149)　この時点のJV持分の保有割合は、法人H：73.13％、法人I：1.88％、SPV：24.99％であった。

簿、印章、経営者会議・株主総会の議事録が中国で保存されている、④議決権を有する経営者や企業幹部の半数以上が中国に恒常的に住んでいる）の全てに該当する場合[150]、中国の居住者となる旨を定めている。

ロ）源泉税の範囲と徴収手段

　上記企業所得税法2条は、中国が締結している租税条約で実質管理地基準が採用されていない場合や、中国が租税条約を締結していない国に設立された法人が絡むような場合において、実質管理地主義に依拠した法人の居住地の判定を行う上での根拠規定ともなるものであり、上記2009年国税発82号で示されている諸々の要件は、本条及び中国の租税条約で採用されている実質管理地主義・基準の適用の可否を判断する上での指針となるものである。このように、本法2条及び多くの中国が締結している租税条約で採用されている実質管理地基準によって、条約漁りによる税源浸食の防止効果が高まっているが、その実効性を担保する上で重要なポイントの一つとなっているのが、中国に実質管理地がある国外の中国居住者法人にも課されている源泉徴収義務である。例えば、図5-19の通り、その国外に設立された中国居住者法人が外国投資家に支払う配当等があれば、その法人は、基本的に、中国の源泉税の徴収義務を負うこととなる。

　これに対し、中国の非居住者である外国企業の場合、企業所得税法3条3項が、「非居住者企業が中国領土内で組織等を有していない場合、あるいは、その所得が中国領土内の組織等との実際上の関連性を有していない場合、当該企業は、中国領土内に源泉のある所得に対する企業所得税を納付する」と定めていることから、中国源泉の受動的所得を得れば、原則として、その所得は中国で課税の対象となり[151]、また、国税発（[2009] 3号「非居住者企業所得税源泉徴収管理暫定弁法」）3条は、「非居住者企業が取得する中国源泉の利益配当等の持分性投資収益、利子収入、賃借料収入、特許権使用料所得、財産譲渡所得及びその他の所得に係る企業所得税について、源泉徴収を行い、関係する法律規定又は契約の約定事項により、非居住者企業に関係代金を直接支払う義務のある組織又は個人を源泉徴収義務者とする」と規定していることから、その所得は源泉徴収の対象となる。

　居住者が得る国内源泉所得に係る源泉税の徴収に比べ、非居住者が受領する国内源泉所得に係る源泉税の徴収を確保することには困難が伴う場合が多いが、上記国税発3号が定める非居住者企業が得る中国源泉の受動的所得等に係る源泉税の徴収担保手段として、同号14条は、「非居住者企業が源泉徴収を拒否する場合、源泉徴収義務者は非居住者が納付

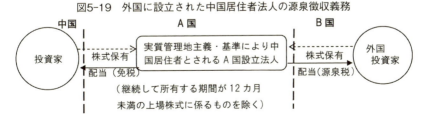

図5-19　外国に設立された中国居住者法人の源泉徴収義務

150）　国税発82号は、これらの要件とは別に、実質主義に基づく居住性の判定も排除しないとしている。
151）　非居住者企業による上場されている株式の譲渡益は、後述する国税函698号の適用対象外であり、実際上、源泉税が免除される。

図5-20　中国法人株式のオフショアでの移転による譲渡益に係る源泉税の徴収義務

すべき税金に相当する金額の支払いを暫定的に停止し、かつ、1日以内に管轄税務機関に報告し、書面の状況説明書を提出しなければならない」と規定しており、また、同号15条1項は、「源泉徴収義務者が法に基づき源泉徴収を行っていない、あるいは、源泉徴収義務を履行できない場合には、非居住者企業は、源泉徴収義務者の支払日又は支払うべき期限から7日以内に、所得の発生地の管轄税務機関に企業所得税を申告納付しなければならない」と定めている。

さらに、図5-20のような非居住者企業C・D間での中国企業Eの株式売買による譲渡益は、条約上の規定や実質主義的否認アプローチに基づき、中国で課税対象となる場合もあるところ、国税発3号15条2項は、「持分譲渡取引の双方が共に非居住者企業で、中国国外で取引する場合には、所得を得る非居住者は、自ら又は代理人に委託して、持分が譲渡された国内企業の所在地の管轄税務機関に申告納付しなければならない。持分が譲渡された国内企業は非居住者企業に対する課税について、税務機関に協力しなければならない」と定めている。また、国税発3号17条は、上記の同号15条の規定による企業所得税の申告納付義務を非居住者企業が履行しない場合には、管轄税務機関は、当該非居住者企業の中国国内のその他収入及びその支払者の支払金額から当該非居住者企業の未払税金及び延滞金を徴収する旨を定めている。

なお、源泉徴収税率に関しては、企業所得税法4条2項が、「非居住者企業が本法3条3項で定める所得を得る場合、20％の税率が適用される」と規定し、本法27条が、「以下の所得の場合、企業所得税が免除又は軽減され得る」と定め、また、27条1項～5項が、「以下の所得」の内容を示し、27条5項は、「本法3条3項に定める所得」と定めている。したがって、本法3条3項に定める非居住者が得る受動的所得等に対する源泉税は、免除・軽減され得るところ、実際、2008年国税函897号（「H株式に係る配当に対する源泉税の取扱い」）、2009年国税函47号（「適格投資家が得るA株式に係る配当、特別配当利益及び利子に対する源泉税の取扱い」）、2009年国税函394号（「A株式、B株式及び国外証券取引所上場株式に係る配当に対する源泉税の取扱い」）の下、A株式、B株式及び国外証券取引所上場の中国法人株式に係る配当に適用される源泉税率は10％となっている[152]。

(2) CFCルールと過少資本税制

イ）CFCルールの制度設計

企業所得税法の下ではCFC税制も措置されており、本法45条は、「居住者企業によって本法4条1項で定める税率よりも実際上明らかに低い税負担を課する国・地域に設立され

---

[152] 本法3条3項は「非居住者企業であって、国内に機構や場所を設立していない場合、又は、その所得が国内に所在する機構や場所と実際上の関連性を有しない場合には、国内源泉の所得について、企業所得税を納付しなければならない」と定めている。H株式、A株式及びB株式については、第1節1(1)ロ）参照。

第3節　法人所得等の国外移転による税源浸食への対応

ている、又は、居住者企業や中国の居住者が支配している企業が、利益の分配を行わない、あるいは、合理的な事業活動に因ることなく利益の分配額を減少させている場合には、当該居住者企業に帰属すべき上記の利益部分は、当該居住者の進行年度の所得に合算される」）と規定している。本条でいう「本法４条１項で定める税率よりも実際上明らかに低い税負担」とは、本法実施条例118条の下、実効税率が本法４条１項で定める税率の50％未満であると定義されていることから、実効税率が12.5％未満である国や地域に所在するCFCに留保されている中国居住者株主に帰属すべき利益が、合算課税の対象となる。

　上記企業所得税法45条が定める「支配」とは、国税発２号77条の下、出資持分、資金、経営、売買等に関する実質的な支配であり、そのうち、出資持分の支配とは、中国居住者株主が、いずれかの納税年度において、単一レベルで直接に、あるいは、複数レベルで間接に、単独で外国企業の議決権のある持分の10％以上を保有し、かつ、共同で当該外国企業の50％以上の持分を保有することであり[153]、中国居住者株主が複数レベルで間接に保有する持分は、各レベルの持分比率を乗じて計算することとなるが、中間レベルの持分保有が50％を超える場合には、100％として計算することとされている。また、国税発２号80条は、中国居住者株主の所得に合算されることとなるCFCの所得額については、みなし配当金額×（実際の株式保有日数÷CFCの課税年度における日数）×株主の株式保有割合によって計算すると定めている。

　確かに、企業所得税法45条後段の下、CFCルールの適用範囲は、その解釈・運用次第で広くなる可能性はあるが、国税発２号78条が、「中国居住者企業の株主は、企業所得税の年度申告を行う際、対外投資情報を提出し、「対外投資状況表」を添付しなければならない」と規定し、(i)同号82条が、「中国居住者企業株主の当期所得への計上額との関係では、既に国外で納付した所得額は、所得税法あるいは租税条約の関係規定に従って控除できる」と定め、(ii)同号84条が、みなし配当としての合算課税から免除される要件（①国家税務総局が指定する非低税率国に所在する[154]、②主に積極的な事業活動によって所得を得ている、又は、③年度の利益総額が500万人民元未満である）を定めていることなどに鑑みると、CFCルールの制度設計は、納税者にとって、それほど厳しくなく、基本的に、グローバル・スタンダードとの整合性を維持していると評することができる。

　企業所得税法の下では、過少資本税制も措置されているが、本税制の制度設計も、基本的にグローバル・スタンダードと整合的であることは、(i)本法46条が、「企業がその関連者から受け入れる債権性投資や持分性投資に対して支払う利子に関しては、一定の標準を超える分については、課税所得額を計算する上で控除することができない」と定めている[155]、(ii)国税発２号85条が、控除することができない利子は、その年度に実際に支払っ

---

153)　企業所得税法実施条例117条も同様の趣旨を定めている。
154)　国税函（[2009] No. 37「中国居住者株主が支配する外国企業の所在国における実際の税負担額の判定を簡略化することに関する通知」）が、CFCルールの適用対象外となる非低税率国のリストを示している。本リストに加えられている国は、日本、米国、英国、カナダ、豪州、ニュージーランド、南アフリカ、インド、フランス、ドイツ、イタリア、ノルウェーである。
155)　本条の適用例である、陝西事件（2011年）は、https://www.kpmg.com/CN/en/.../china.../china-alert-TP-1201-01-j.pdf参照。本法実施条例119条は、企業所得税法46条が定める「債権性投資」とは、企業が直接又は間接に関連企業から取得し、現金の返済、利息支払を必要とする、あるいは、利息の性質を有する支払い義務を伴う融資であり、「持分性投資」とは、企業が受け入れた元金返済・利息支払が不要で、投資家が企業の純資産に対する所有権を有することとなる投資であると定義している。

た関連者に対する全ての利子×(1－基準比率/関連負債資本比率)という算式に従って計算することとなるが、この場合、関連負債資本比率とは、企業がその全ての関連者から受け入れた債権性投資(関連債権投資)が企業の持分性投資に占める比率であるところ、関連債権投資には、関連者が各種の形式で保証を提供する債権投資が含まれると定めていることなどからも確認することができる。

　確かに、過少資本税制の詳細を定める国税発2号88条は、「企業所得税法46条に規定する課税所得額を計算するときに控除できない利子支出は、以後の納税年度に繰り越してはならない」と規定し、また、財税121号1条が、上記の弁法85条が定める「基準比率」とは[156]、金融企業の場合は5：1であり、それ以外の企業の場合は2：1であると定めた上で[157]、国税発2号89条では、「基準比率」を超える利払いの控除を主張する企業は、同期資料の準備・保存義務と税務当局の要請に基づく提出義務を負う旨を定めており、しかも、かかる義務の不履行や不完全な資料の提出等は、国税発2号106条の下、厳しいペナルティの適用対象となることから、「基準比率」を超える利払いを行っている企業のコンプライアンスに係るコスト・リスクが低いというわけではない[158]。

　しかし、他方では、2008年財税121号(「企業関連者に対する利息支出の損金算入基準に係る税収政策問題の通知」)2条が、「企業が企業所得税法及び企業所得税法実施条例の関係条文に従って関係資料を提供することによって、関連取引活動が独立取引原則に合致することを証明できる場合、あるいは、当該企業の実際の税負担が利息を受領する国内関連企業の税負担よりも高くない場合には、実際に国内関連企業に支払った利息は、課税所得額の計算上控除できる」と定め、また、国税発2号89条も、負債資本比率が基準比率を超える場合であっても、独立企業原則に合致することが証明できれば、利払い控除の対象となる旨を定めていることなどに鑑みると、国内取引にも適用される過少資本税制も、CFCルールと同様に、コンプライアンス・コストが幾分高くなるケースはあり得るものの、その制度設計は、納税者にとって特に厳しいものとなっているわけではないと評し得よう。

(3) ハイテク産業に対する優遇措置

　上記の通り、企業所得税法の下では多くの対抗策が措置されている。これに対し、本法の下で手当てされている負担軽減措置は少ないが、同法第4章(25条～36条)に定めるハイテク産業に対する優遇措置は、一部の納税者にとって、かなりの負担軽減効果を発揮し得るものとなっている。企業所得税法25条は、「国は、発展を重点的に扶助、支持、奨励する産業及びプロジェクトに対し、企業所得税の優遇を与える」と規定し、同法27条は、その優遇が、企業所得税負担の免除又は軽減である旨を定め、同法28条は、「…国が重点的に扶助・支持する必要があるハイテク企業からは、軽減された15％の税率に従って企業所得税を徴収する」と規定し、同法30条は、「企業の次に掲げる支出は、納税すべき所得

---

156) 国税発2号86条は、関連負債資本比率については、毎月の関連債権投資額と権益性投資額の加重平均値をベースとして計算するとしている。
157) 例えば、カナダでも2：1という負債資本比率が採用されているが、カナダでは合理的な比率であると見る向きもある。Stuart Webber, Thin Capitalization and Interest Deduction Rules: A Worldwide Survey, Tax Notes International, Vol. 60, No. 9 (2010) p. 697参照。
158) 国税発2号106条は、かかる義務違反に対しては、5万元以下の罰金を定める徴収管理法70条等に従って処理すると定めている。

第3節　法人所得等の国外移転による税源浸食への対応

額を計算する際には、これらを割り増した控除ができる。1. 新技術・新製品又は新プロセスの開発において生じる研究開発費用…」と定め、同法31条は、一定要件に該当するベンチャー投資企業の所得額負担を軽減する旨を規定している。

　また、企業所得税法実施条例第4章（82条〜102条）では、例えば、93条が、「同法28条2項でいう国家が重点的に扶助・支援する必要のあるハイテク企業とは、核となる自分の知的財産を所有し、かつ以下の条件を満たす企業を指す。(1)製品・サービスが国家の「重点的に支援するハイテク」の範囲に属する、(2)研究開発費用の売上高に占める比率が規定比率を下回らない、(3)ハイテク製品（サービス）収入が収入総額に占める比率が規定比率を下回らない、(4)科学技術者の総従業員数に占める比率が規定比率を下回らない、(5)ハイテク企業認定管理弁法が規定するその他の条件」と規定し、また、95条が、「同法30条1項にいう研究開発費用の割増控除とは、企業の新技術、新製品、新製造工程の開発のために発生する研究開発費用が、無形資産を形成しない場合、…研究開発費用の50%を割増控除し、無形資産を形成する場合、無形資産原価の150%を償却することを指す」と定めている。

　上記諸規定の詳細は、2008年国科発火（Guokefahuo）172号（「ハイテク企業認定管理弁法の発布に関する通達」）等に規定されている[159]。例えば、本号10条は、ハイテク企業認定の条件として、(1)中国国内で登録され、直近の3年間、主要製品（サービス）のコア技術に対する自主知的財産権を有する、(2)研究開発者が当年度の従業員総数の10%以上である、(3)直近の3会計年度の研究開発費用総額の売上総額に占める割合が一定比率（例えば、直近1年間の売上高が5,000万元未満の企業の場合は6%、直近1年間の売上高が2万元以上の企業の場合は3%）を下回らない、(4)ハイテク製品（サービス）収入の当年度の収入総額に占める割合が60%以上である、(5)研究開発組織の管理水準、科学技術成果の転化能力、自主知的財産権の件数、売上と総資産の成長性等の指標が、別途制定される「ハイテク企業認定管理作業ガイドライン」の要求に合致することなどを挙げている。

　上記のような特徴を有するハイテク産業に対する税務上の優遇措置が、一部の納税者の負担を少なからず軽減していることは明らかであるが、研究開発投資をどの程度促進しているのか、また、研究開発を国外で行うインセンティブをどの程度抑止しているのかは、必ずしも十分に明らかではない。このように、かかる措置の得失は不透明ではあるが、かかる優遇措置にも支えられた研究開発投資が、かなり実績・効果を生んでいることは、図

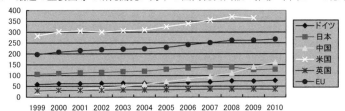

図5-21　最近の主要国等の研究開発に対する国内総支出額の推移（単位：10億米ドル）

（出典：OECD Factbook 2013 : Economic, Environmental and Social Statistics, Table 1に加筆）

---

[159] 詳細は、2008年国税発116号（「企業研究開発費用税前控除管理規定（試行）」の印刷・配布に関する通知）にも定められている。

第5章　中国の対応策の分析

5-21が示している通り、中国の「研究開発に対する国内総支出額」（Gross domestic expenditure on R&D, GERD）の伸びが顕著であり、2009年以降は世界第2位の額に達しており[160]、また、国連の2005年報告書（UNCTAD/WEB/ITE/2005/12）の図（Figure）7（"Most attractive locations for future foreign R&D in the UNCTAD survey 2005-2009）では[161]、中国が、米国やインドを大きく引き離して、国外の研究開発投資先として最も魅力のある国と評されているとの統計結果が発表されていることからも示唆される。

第4節　香港の対応策の分析

1．租税回避行為による税源浸食への対応

(1) GAARの制度設計等

香港の場合、税務行政を取り巻く諸環境は、中国の場合と大きく異なったものとなっている。香港は、1997年に中国に返還された後も、中国の行政特区・アジアの金融センターであり、また、法人の香港での源泉所得に対して課される利益税（Profit tax）の税率も16.5％と低率であることなどに着目して、法人等の設立地として香港を選択する納税者が少なくない。もっとも、香港の税法が租税回避行為等に特に寛容なものとなっているわけではなく、また、香港の税務当局や裁判所が、租税回避行為等に対して寛容なスタンスで臨んできたわけでもない。特に、1986年に導入されたGAARである「条例第112章」（Inland Revenue Ordinance、以下「税務条例」という）§61A（Transactions designed to avoid liability for tax）の否認機能は潜在的に高いだけでなく、その解釈・適用に係る税務当局や裁判所のスタンスも、決して消極的なものではなかった。

上記税務条例§61A（「税負担の回避を意図した取引」）は、「(1)本条は、取引が契約又は実行され、…、その取引が、本条がなければ、人に対して税務上の利益を付与する効果がある、あるいは、そのような効果があったであろう場合（…）、なおかつ、以下の(a)…(g)を考慮した上で、その取引の契約・実行者、又は、その内の一人が、それを税務上の利益を得ることを唯一又は支配的な目的の下で実行した場合であると結論づけられる場合に適用される。(2)1項が適用される場合、本条例第Ⅹ編の下で調査官に付与されている権限は、副長官が行使し、また、その副長官は、…その関係する者に対し、(a)その取引又はその一部が契約又は実行されなかったかのように、(b)又は、さもなければ得たであろう税務上の利益を否認する上で、その副長官が適切と考えるその他の方法で課税する…」と定めている[162]。また、本規定は、全ての税との関係において適用し得るものと解されている[163]。

税務条例§61Aが、上記1項において、その適用の可否の判断上考慮する事項としている上記(a)～(g)とは、具体的には、(a)その取引が契約又は実行された方法、(b)その取引の形式と実質、(c)本法の適用に関連して、本条がなければ、その取引によって実現されたであろう結果、(d)その取引から関連する者の財務状況（financial position）に対して生じた、

---

160) GERDの定義及び本統計の詳細は、OECD Factbook 2013 : Economic, Environmental and Social Statistics（also at http://www.oecd-library.org/.../factbook-20123.../index.html?itemld=content/chapter/factbook-2013-60-en) 参照。
161) 本報告書のタイトルは、"Occassional Note : UNCTAD survey on the internationalization of R&D"である。

生じるであろう、あるいは、生じるであろうことが合理的に期待できる変化、(e)当該関係する者と関連（事業、家族又はその他の性質のいずれに起因するかを問わない）を有する者の財務状況に対し、その取引から生じた、生じるであろう、あるいは、生じるであろうことが合理的に期待できる変化、(f)その取引が、問題となっている種類の取引を独立企業間価格で行う者の間では通常生じない権利又は義務を生じさせているか否か、(g)香港の居住者である法人との取引か、国外で事業を行っている法人との取引かという事項である。

　税務条例§61Aの制度設計は、上記の規定振りからも確認することができる通り、「支配的な目的テスト」を組み込んでいる豪州のGAARである1936年所得税法第4編A（Part IVA）の制度設計との類似性が高いものとなっているが、実際、適用対象とする税目の数は異なるものの、豪州のGAARの制度設計を範としている。香港の税務当局のガイダンス（"Departmental Interpretation and Practice Notes"、以下「解釈指針」という）15号（2006年1月改正版）Part D（General Anti-Avoidance Provision（§61A））でも、本規定は、豪州の所得税法第4編Aと同様に、「あからさまな又は仕組まれた租税回避スキーム」（"blatant or contrived tax avoidance scheme"）に対処することを目的として導入されたものであることから、本規定の解釈については、豪州のGAARに関する権限のある当局の見解が大いに関係しているとの見解が示されている[164]。

　税務条例§61Aと豪州の所得税法第4編Aは、その導入経緯も類似している。後者の前身である1936年所得税法§260は、不服審判所裁決（Inland Revenue Board of Review Case No. D107/00）等において[165]、GAARとして機能を発揮したものの[166]、その機能は、問題となる取引の税務上の効果を否認するにとどまり、課税対象取引の直接の抽出が可能でないなどの限界を有しており、かかる限界を克服するのが同法第4編Aの主な狙いであったが、同条例§61Aの主な狙いも、その前身である同条例§61（Certain transactions and dispositions to be disregarded）が、「人が納付すべき税額を減少させる又は減少させるであろう取引が、人為的である、仮装である、又は実効性が付与されていないと税務調査官が考える場合、税務調査官は、そのような取引を無視することができ、そして、その

---

[162]　原文は、"(1)This section shall apply where any transaction has been entered into or effected ... and that transaction has, or would have had but for this section, the effect of conferring a tax benefit on a person (...), and, having regard to "... (a) ... (g) ... it would be concluded that the person, or one of the persons, who entered into or carried out the transaction, did so for the sole or dominant purpose of enabling the relevant person, either alone or in conjunction with other persons, to obtain a tax benefit. (2) Where subsection (1) applies, the powers conferred upon an assessor under Part X shall be exercised by an assistant commissioner, and such assistant commissioner shall, ... assess the liability to tax of the relevant person "(a) as if the transaction or any part thereof had not been entered into or carried out; or (b) in such other manner as the assistant commissioner considers appropriate to counteract the tax benefit which would otherwise be obtained. ..."　である。

[163]　Proposed Amendments to the Inland Revenue Ordinance ("IRO") (Cap. 112) and the Stamp Duty Ordinance ("SDO") to Facilitate Development of an Islamic Bond (i. e. Sukuk) Market in Hong Kong (also at http://www.fstb.hk/fsb/ppr/consult/doc/consult_sukuk_annex_e.pdf) pp. 22-23参照。

[164]　一連の「解釈指針」は、http://www.ird.gov.hk/eng/ppr/dip.htmから入手可能。

[165]　本裁決では、納税者は91,250ドルもの旅費を計上していることから、毎月50,000ドル（内、27,000ドルは車と運転手に係る費用）が別途生じたと考えることは非現実的であり、所得税法§260に定める人為性が認められるなどと判示されている。本規定のその他の適用例（Rico International Limited v. CIR 事件判決（[1967] 1 HKTC 229）等）は、解釈指針15号パラ26～38参照。

[166]　詳細は、松田・前掲『租税回避行為の解明』210頁参照。

人は、それに従って課税される」と定めていたところ[167]、本規定が包含していた上記の豪州の所得税法§260と同様な限界を克服することであった。

　税務条例§61Aの潜在的な否認機能は、上記の制度設計や導入経緯を踏まえると、豪州の所得税法第4編Aと同様に、かなり高いと想定されるが、その否認機能の高さは、勿論、租税回避行為等に対する税務当局や裁判所のスタンス等にも大きく左右されるところ、同条例§61Aの1980年～1990年代における適用件数は多くはなかった。その理由としては、本規定の射程範囲が狭い、あるいは、その適用に係る裁判所等のスタンスが消極的であったからではなく、(i)本規定の導入による牽制効果によって、本件の適用対象となり得るようなひどい租税回避行為等を利用する者が従来に比べて減少した、(ii)租税回避行為等の複雑化・巧妙化が進展する中、税務当局が適用対象となる租税回避行為等を把握していないことなどが挙げられている[168]。確かに、以下の(2)から示唆される裁判所等の租税回避行為に対するスタンスに鑑みると、かかるスタンスが、税務条例§61Aの適用件数が少なかった主な理由であったとは考え難い。

(2) 租税回避行為等に対する税務当局及び裁判所のスタンス

イ）Lamson Kwok 事件控訴裁判所判決

　裁判所の租税回避行為等に対するスタンスや税法解釈アプローチのあり方を示す代表例として挙げられるのが、Lamson Kwok v. CIT事件控訴裁判所（Court of Appeal）判決（[1987] 3 HKTC 119）である。本事件では、株式を有していた香港の居住者Lが、その死亡によって、当時、遺産税条例（Estate duty ordinance）§5（Estate duty）の適用対象となることを回避するために[169]、その家族である被控訴人らを株主・経営者とする法人をリベリア共和国に設立した上で、当該法人に当該株式を取得させ、その代わりに、その取得の60日後には、支払請求に応じて米ドル建ての「譲渡不能の約束手形」（non-negotiable promissory note）をリベリア共和国で支払うことを義務づける契約が結ばれたが、本契約直後に居住者Lが死亡したことから、支払義務の対象となっている本件約束手形が被控訴人の「権利財産」（chose in action）として、遺産税の対象となるか否かが問題となっている。

　当時、遺産税条例§10は、「遺産税は以下に関しては支払義務を伴わない…(b)直轄植民地の外に存在している資産…」と規定しており[170]、上記事件に対する英国の枢密院（Privy Council）判決（[1988] STC 728）は、本件約束手形に係る義務はリベリア共和国で履行

---

167) 原文は、"Where an assessor is of opinion that any transaction which reduces or would reduce the amount of tax payable by any person is artificial or fictitious or that any disposition is not in fact given effect to, he may disregard any such transaction or disposition and the person concerned shall be assessable accordingly." である。

168) Encyclopedia of Hong Kong Taxation 4, Division Ⅱ 4561参照。

169) 当時、本条例§5は、「死亡した全ての者は、以下で明文上規定している場合を除き、その死亡に伴って移転する資産のすべてに対し、遺産税という税が課される」（"In the case of every deceased person there shall, save as hereinafter expressly provided, be levied and paid upon the principal value, ... of all property passing on the death of such person, a duty called estate tax ..."）と定めていた。香港の遺産税が廃止されたのは2006年である。

170) 本規定（Exceptions for transactions for money considerations, property situate outside Hong Kong, shares on local registers and certain land in the New Territories）の原文は、"Estate dury shall not be payable in respect of ... (b) property situate outside the Colony ; ..." である。

第4節　香港の対応策の分析

されることとなっている以上、権利財産に適用される通常のルールからすると、本件約束手形はリベリアに所在していることとなることから、遺産税の納付義務は生じないと判示されているが[171]、本枢密院判決に先立つ本事件に対する香港の上記控訴院判決では、居住者Lの死亡時の唯一の資産は、約束手形が包含する将来の権利を委任して支払いを受けるという権利であるが、かかる権利の所在する場所が、居住者L自身の存在と物理的な動産としての手形のいずれに象徴されるものであるかにかかわらず、双方は、いずれも香港に所在していたと認定できるわけであるから、居住者Lの財産はそこにあると判断することができると判示されている。

ロ）David Hardy事件控訴裁判所判決

　David Hardy Glynn v. CIR事件控訴裁判所判決（[1988] 2 HKTC 416）も、税務当局及び裁判所が、英国の伝統的な文理主義の呪縛に憑りつかれていないことを印象づけるものとなっている。本事件では、当時、税務条例§8（Charge of salaries tax）が、「給与税は、…以下の源泉から香港で生じる又は香港に起因する所得に関して、全ての者に対して各課税年度に課税される──(a)利益を発生させる事務所や雇用、…」と定め[172]、また、同法§9（Definition of income from employment）が、事務所又は雇用から生じる所得には、「手当て」（"perquisite"）等が含まれると定義していたところ[173]、被控訴人の雇用者が被控訴人の子供の学校の授業料を負担していたことから、本規定の下、かかる授業料を被控訴人のフリンジ・ベネフィットとして給与税の課税対象とする処分が行われたことが問題となっている。

　上記処分が行われた背景には、英国では、確かに、Tennant v. Smith事件貴族院判決（[1892] A. C. 150）において、「しかし、人が所得税の対象となるのは、懐を節約できるものがあるからではなく、懐に入るものがあるからである」との見解が示されたものの[174]、Richardon v. Worrall事件高等法院大法官部（Chancery Division）判決（[1985] STC 693）では、「第一に、現物による利益は、納税者が、それをどうにかして金銭にしない限り、課税対象とならないという原則がある。第二に、被雇用者の債務を履行することは、被雇用者が受けた金銭の価値を受けたことを意味するとの原則がある」との見解が示されたことなどを踏まえ[175]、香港の税務当局は、納税者が金銭以外の形で得た利益も、特定の税法規定がその取扱いの仕方を定めていない限り、かかる利益が「金銭に相当する価値」（"money's worth"）の形態を採っている場合は、課税対象所得として取り扱うという原

---

171)　もっとも、本判決でも、枢密院が、この結論に満足しているわけではなく、将来、同様な取引が問題とならないと想定することは賢明ではないとの警告を発している。

172)　原文は、"(1) Salaries tax shall, ... be charged for each year of assessment on every person in respect of his income arising in or derived from Hong Kong from the following sources──(a) any office or employment of profit ; ..." である。

173)　原文は、"Income from any office or employment includes──(a) any wages, salary, leave pay, fee, commission, bonus, gratuity, perquisite, or allowance, whether derived from the employer or others ..." である。

174)　原文及び本判決に依拠したインドのAARの回答は、第4章第3節3(1)ロ)・同章脚注155)参照。

175)　原文は、"First, there is the principle that benefits in kind are not taxable unless they come in one way or another, be turned by the taxpayer into money ... . Second, there is the principle that the discharge of an employee's debt represents money's worth received by the employee." である。

則が判例上確立していたとの認識を有していたとの事実がある[176]。

　上記David Hardy事件控訴院判決では、Armstrong v. Estate Duty Commissioner事件枢密院判決（[1937] 3 All ER 484）において、「その起源又は過去の立法経緯に関して、表面上、何らの言及もない自治領や植民地の税法を解釈する際には、問題の法律の文言又は条文が依拠しているかもしれない英国の法律や規定の変遷、あるいは、これらの文言又は条文について英国の裁判所で示された真の解釈に関する判断を考慮することが認められないことは十分に決着している」との見解が示されたことなども踏まえた上で[177]、Tennant事件貴族院判決で示された見解に依拠することは、香港の税務条例§9上の「手当て」という文言の解釈が問題となっている本件では妥当ではないとしながらも、「『手当て』の意味は、懐に入るものだけでなく、懐を節約するものも含むと考えられる」との見解の下[178]、上記課税処分は適法であると判示されている。

　これに対し、上記David Hardy事件に対する英国の枢密院判決（[1990] 2 AC 298）では、Armstrong事件枢密院判決で示された上記の見解に対しては、「かかる見解によって、そのような表現の意味に関して英国の法律と権限ある当局で使用されている表現が、同じ問題事項に関する香港の法律の同様の表現を解釈する上で助けとなるという論理的かつ良識ある原則の適用が妨げられることにはならない」との見解に立った上で、税務条例§9に定める「手当て」の意味は英国法の下での「手当て」という表現と同じ意味であるとの解釈が採用されたことから、結果的には、上記控訴院判決の結論が首肯されている。このような経緯を踏まえ、香港では、1991年、税務条例§9が改正され[179]、改正された同条は、1項(a)において、「債務テスト」（"liability test"）に立脚し、雇用者が被雇用者に対する唯一の債務者として負担するものに該当しない被雇用者への便益の付与は、基本的に給与税の課税対象となる旨を定めている[180]。

　ハ）Arrowtown 事件終審法院判決

　上記裁判例からも確認できる裁判所の租税回避に対する消極的でないスタンスは、Collector of Stamp Revenue v. Arrowtown Assets Ltd事件終審法院（Court of Final Appeal）判決（[2004] HKLRD 77）にも顕れているが、本判決によって英国で示されたRamsay原則は、その頂点に達したと評されているように[181]、本判決は画期的なものであった。本件では、印紙税条例（Stamp Duty Ordinance）§45が、「(1)印紙税は、…本条が適

---

[176] 解釈指針（Departmental Interpretation and Practice Notes）16号（2003年改正版）（Salaries Tax）pp. 1-2参照。

[177] 原文は、"It is well settled that, in interpreting a taxing statute of a dominion or colony which contains, on its face, no reference to its origin, or to previous legislative history, it is not permissible to consider the evolution of any British statute or provision from which the terms or whole sections of the enactment under consideration may have been taken, or to rely on decisions as to the true interpretation in the courts of Great Britain of those terms or sections :" である。同様の趣旨の見解は、Attorney-General of Ontario v. Perry事件枢密院判決（[1934] AC 477）でも示されている。

[178] 原文は、"... the meaning of 'perquisite', which I take to embrace that which saves the pocket as well as that which goes into it." である。

[179] 改正の経緯の詳細は、前掲「解釈指針」16号（「給与税」・脚注176）4頁参照。

[180] 改正税務条例§9（Definiton of income from employment）(1)の原文は、"Income from any office or employment includes "(a) ... (iv) ... , any amount paid by the employer to or for the credit of a person other than the employee in discharge of a sole and primary liability of the employer to that person, ... ;" である。

第4節　香港の対応策の分析

用されるものには課されない。(2)…本条は、一方の関連者である法人から…他方への移転の効果が不動産の受益権の移転となる…あらゆるものに適用されるが、その場合の一方とは、他方の株式資本の90％以上を有する受益者である…」と定めていたため[182]、本規定の適用を狙ったShiu Wing社は、複数の子会社を設立後、議決権のない後配株の発行を伴う組織再編を経て自らが90％以上の株式を有することとなった子会社に居住地再開発のための土地を売却したことが問題となっている。

　上記終審法院判決では、印紙税条例§45が、移転があった関連者の関係が密接であれば、名目上の所有権の移転にすぎないとして印紙税を免除することを趣旨としていることは、本規定と同様の趣旨を定めた英国の税法規定の解釈が問題となったEscoigne Properties Ltd. v. IRC事件貴族院判決（[1958] AC 549）からも確認できるが[183]、そもそも、「90％という数字に魔法があるわけではない。立法者は、本規定の目的上異なる数字を選択することもできた。…90％は、単に、関連性のテストにすぎない。テストを満たさなければ免除されないが、満たすから免除すべきというわけではない。…つまり、移転が所有権の大きな変化を伴わないほどに当事者の関連が真正であること」が必要となるところ[184]、議決権のない本件株式は、本条の意味に内包される「株式資本」ではなく、Shiu Wing社が有する名目上の株式資本割合の計算上無視されるべきものであるとして、本件土地売却に印紙税を課す本件処分の適法性が首肯されている。

　上記終審院判決については、ウェストミンスター事件貴族院判決を異なる時代からの幽霊にすぎないとみなしているものであると評する向きもあるほか、このような見方は、ウェストミンスター事件貴族院判決の多数意見で採用された厳格な解釈アプローチが、歴史の灰の山に捨てられたと解するものであるとの指摘もされている[185]。実際、本判決において、Ribeiro裁判官は、「ラムゼイ原則が適用されるケースでの主要な基準は、依然として、法解釈の一般ルールと事実分析に対する揺るぎないアプローチを含んでいる。究極の問題は、関係する法規定は、目的論的解釈を行うと、現実的に見た場合の取引に対して適用することを意図しているかということである」との見解を示しているが[186]、かかる見解は、そ

---

181) http://www.appl.hkicpa.org.hk/APLUS/0810/Oct08_IRD.pdf参照。終審法院が設置されたのは1997年である。

182) 原文は、"(1) Stamp duty ... shall not be chargeable on an instrument to which this section applies. (2) ... this section applies to any instrument ... that the effect thereof is to convey a beneficial interest in immovable property ... , from one associated body corporate to another ... , where ... one is beneficial owner of not less than 90 per cent of the issuer share capital of the other ... ."である。

183) 同様の趣旨を定めた英国の税法規定とは1930年FA§42であるが、英国の場合、1938年FA§50が、「財政法42条は、…(b)資産に対する受益権が従前に譲渡或いは直接又は間接に移転されていない…限り、…適用されない…」（"Section 42 of the Finance Act ... shall not apply to any ... instrument, unless ... (b) the beneficial interest in the property was previously conveyed or transferred directly or indirectly ..."）と定めていた。

184) 原文は、"There is no magic in the figure of 90%. The legislature could have chosen a different figure for its purpose. ... 90% is merely the test of association. If the test is not satisfied, there can be no relief. But it does not follow that, if the test is satisfied, there must be relief. ... that is to say where it can be said that the bodies are genuinely associated so that the transfer does not involve a significant change of ownership."である。

185) かかる見解は、Gestingthorpe のWalker卿が、2004年3月23日、民事弁護士協会（Chancery Bar Association）で表明したものである。Jefferson VanderWolk, Hong Kong Decision in Arrowtown——Unrestricted Purposive Interpretation Prevails, Bulletin for International Fiscal Documentation, Vol. 58, No. 6 (2004) pp. 264-265参照。

の後の英国の裁判で幾度となく引用・依拠されている。このように、柔軟な税法規定の解釈を行った本判決は、税法解釈のあり方を巡る議論上、少なからぬ意義・影響を包含するものでもあった。

(3) GAARの適用例

上記(2)が示唆する裁判所の税法規定の解釈に係るスタンスは、GAARである税務条例§61Aの適用の可否に係る判断・射程範囲をも左右するものと想定されるが、本規定の国内取引への適用が認められた例として、不服審判所1992年7月28日裁決（Case No. D20/92）がある[187]。本事件では、請求人である香港の国内法人Aが、損失を抱えるグループ内のその他の国内法人Bに対し、国内法人Bが低額の対価を支払うことを条件として、請求人が保有していた不動産から今後5年間に亘って賃料を得る権利を付与する契約が結ばれたが、税務当局は、本契約によって請求人の利益が法人Bに移転したとの判断の下、本契約の税務効果を本規定に基づいて否認し、請求人に対し、同条例§14（charge of profits tax）に基づき、当該利益が関係する1986～1990課税年度に係る利益税の追徴課税処分を行ったことが問題となっている[188]。

上記事件において、請求人は、上記契約を結んだ背景には、法人Bが多額の損失を抱えていることは、法人グループ全体の面子に関わる問題であったことから、かかる問題に対処する必要があったとの事実があり、かかる必要性から本契約を締結・実行したと釈明したが、本契約によって法人Bに生じた利益は、法人Bが抱えていた損失と相殺されて、課税対象税額が生じないなどの事実が認められる中、不服審判所は、本契約の支配的な目的が税務上の利益を得ることであったことは、そもそも、本契約を結ぶ事業上の理由は殆どなく、また、本契約に伴う税務上の利益を検討したことを示唆する証言があることなどからも推認することができるほか、本契約の結果を税務条例§61Aの(a)～(g)に照らしてみると、本件に対して本規定を適用することは十分に可能かつ妥当であると判断できるとして、本件処分の適法性を首肯する判断を下している。

税務条例§61Aを国際取引に適用した例としては、不服審判所1992年12月11日裁決（case No. D44/92）が挙げられる。本件では、図5-22の通り、請求人である香港法人Xの商標が、Y国のペーパー・カンパニーである法人Yへの譲渡後にZ国に設立されたペーパー・カンパニーである法人Zに使用許諾がされ、その後、さらに、法人Zが請求人に対して当該商標の使用許諾を行うという「借戻し付き売買」（sale and leaseback）が行われ、請求人は、支払ったロイヤルティを税務条例§16（Ascertainment of chargeable profits）(1)に基づいて控除したところ[189]、税務当局は、請求人が自社所有商標の使用に対してロイヤルティを支払う事業上の理由はなく、本件取引は、請求人の利益税負担の軽減及び請求人の受益者である株主M等の利益を図った人為的なものであり、同条例§61Aの適用対

---

186) 原文は、"... the driving principle in the Ramsay line of cases continues to involve a general rule of statutory construction and an unblinkered approach to the analysis of the facts. The ultimate question is whether the relevant statutory provisions, construed purposively, were intended to apply to the transaction, viewed realistically." である。

187) AJ Halkyard, Revenue Law Up-To-Date, Part I: Legislation, Tax Avoidance and Case Law (http://www.sunzi.lib.hku.hk/hkjo/view/14/1400175.pdf) 参照。

188) 本規定の規定振りは、本節2(1)イ)及び脚注194)参照。

第 4 節　香港の対応策の分析

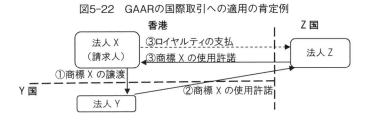

図5-22　GAARの国際取引への適用の肯定例

象となるとして、請求人が1988/1989課税年度に支払ったロイヤルティの控除を否認する処分を行ったことが問題となっている。

　上記取引を考案した者の証言によると、本件取引は、(i)税務条例§15（Certain amounts deemed trading receipts）(1)(b)及び同条例§21A（Computation of assessable profits from cinematograph films, patents, trademarks, etc.）の下、法人Zが受領したロイヤルティは香港で生じた所得とみなされて課税されるものの、香港とZ国との租税条約の下、適用される源泉徴収税率は低い、(ii)請求人の商標譲渡による利益は、資本資産の販売による利益であるため、同条例§14（「利益税の賦課」）の下、利益税の課税対象とならない、(iii)請求人が法人Zに払ったロイヤルティは、税務上控除可能である、(iv)法人Yが法人Zから得たロイヤルティは、香港での事業に起因するものでないため、一定の非居住者に対する課税根拠規定である同法§20（Liability of certain non-resident persons）の課税対象とならないと想定されることから、法人グループ全体の税負担の軽減が可能となるとの期待の下に実行されたものであった。

　上記税務条例§15(1)は、「以下の項で述べる額は、香港で実行した商取引、職務又は事業から香港で生じた収益とみなされる――…(b)…香港における特許、デザイン、商標…の使用又は使用の権利によって人に生じる又は人が得る額」と規定し[190]、同法§21Aは、「§15(1)(a)、(b)又は（ba）によって、香港で行った商取引、職務又は事業から生じた収益としてみなされる額との関係で、人が香港で得た又は生じた利益として課税対象となるのは、…(a)関連者から得た金額の場合、その額の100%…」と定め[191]、同条例§20は、「…(2)非居住者が密接な関係のある居住者とともに事業を行い、また、そのような事業が、その居住者において、香港での利益を生じさせない、又は香港から生じると期待されるであろう通常の利益よりも少ない利益を生じさせるように仕組まれている場合、居住者との結びつきに従って非居住者によって行われる事業は、香港で行われたものとみなされる…」と規

---

189) 本法§16(1)は、"In ascertaining the profits in respect of which a person is chargeable to tax under this Part … there shall be deducted all outgoings and expenses to the extent which they are incurred … by such person in the production of profits in respect of which he is chargeable to tax under this Part …" と定めている。邦訳は、本節2(2)参照。

190) 本法§15(1)の原文は、"… the sums described in the following paragraphs shall be deemed to be receipts arising in or derived from Hong Kong from a trade, profession or business carried on in Hong Kong―― … (b) sums, … received by or accrued to a person for the use of or right to use in Hong Kong any patent, design, trademark …" である。

191) 原文は、"The assessable profits of a person arising in or derived from Hong Kong in respect of a sum deemed by section 15(1)(a), (b) or (ba) to be a receipt arising in or derived from Hong Kong from a trade, profession or business carried on in Hong Kong shall, … be taken to be――(a) 100% of the sum in the case of a sum derived from an associate : …" である。

定している[192]。

　上記諸規定の規定振りは、上記の取引考案者の想定・期待が全く的外れではないと解する余地を残すものとなっているが、上記不服審判所裁決では、請求人の商標の法人Yに対する譲渡は、当該商標に対する請求人の権利を実質的に留保したままで行われた非関連者間では殆ど実行されないようなものであるから、本件ロイヤルティの額が独立企業間価格であるとの請求人の主張の妥当性は疑わしいが、本件で独立企業間価格を算定するのも、それほど現実的ではなく、しかも、本件取引は、税務上の利益を得ることを支配的な目的とした人為的なものであり、税務条例§61Aの適用対象となる以上、請求人の納税額は、さもなければ得られたであろう税務上の利益を否認するのに適切と考えられる方法によって、又は、本件取引は実行されなかったものとみなして計算すべきであることから、請求人が支払ったロイヤルティの控除を否認する本件処分は、適法であるとの判断が下されている。

２．GAARとその他の主な規定との関係

(1) 税務条例§61Aと利益税との関係

イ）利益税の対象範囲に係る不透明性

　上記(2)で示した裁判例は、裁判所の租税回避等の否認に対するスタンスが消極的なものではないこと、また、上記(3)で示した裁判例は、そのスタンスがGAARである税務条例§61Aとの関係でも認められることを少なからず印象づけるものとなっているが[193]、GAARの機能・適用範囲等を探るには、その他の主な規定との関係も確認する必要がある。GAARの適用の可否は、利益税との関係で問題となる場合が多いところ、同条例§14（「利益税の賦課」）は、「(1)…利益税は、香港で商業、職務又は事業を行っている者に対し、かかる業務の年度において、かかる業務に起因して香港で生じている課税対象利益（資本資産の譲渡から生じる利益を除く）に対し、…標準税率で課税される」と定めている[194]。本規定は領土主義課税方式に依拠しているが、その適用対象となる利益の範囲が必ずしも十分に明らかではないとの問題があり、かかる問題が同条例§61Aの適用の可否の判断を困難なものとしているケースもある。

　確かに、税務条例§14の下では、納税者が利益を生み出した活動を行った場所を利益の

---

192) 原文は、"... (2) Where a non-resident person carries on business with a resident person with whom he is closely connected and the course of such business is so arranged that it produces to the resident person either no profits which arise in or derive from Hong Kong or less than the ordinary profits which might be expected to arise in or derive from Hong Kong, the business done by the non-resident person in pursuance of his connection with the resident person shall be deemed to be carried on in Hong Kong, and such non-resident person shall be assessable and chargeable with tax in respect of his profits from such business in the name of the resident person as if the resident person were his agent, and all the provisions of this Ordinance shall apply accordingly." である。
193) 最近、税務当局は、税務条例§61Aの否認アプローチをラムゼイ原則と合体させる動きをも示すようになってきているとの指摘もされている。Simon Rae, Anti-Avoidance Legislation in Hong Kong (http://www.mayerbrown.com/publications/article.asp?id=6818&nid=6) 参照。
194) 原文は、"(1) ... profits tax shall be charged ... at the standard rate on every person carrying on a trade, profession or business in Hong Kong in respect of his assessable profits arising in or derived from Hong Kong for that year from such trade, profession or business (excluding profits arising from the sale of capital assets) ..." である。

源泉地とする「活動テスト」（"operations test"）が、予てより判例上確立しており[195]、また、本テストと同様な考え方に立脚した上で、「所得の一部がニュー・サウス・ウェールズ植民地の土壌で採掘された鉱石を当該植民地で販売可能な商品にすることに起因していた場合、完成品が当該植民地の外でのみ販売されていても、当該所得は当該植民地…で課税される」と判示したKirk v. COT事件枢密院判決（［1990］AC 588）は[196]、その後の豪州やカナダ等の裁判（例えば、Provincial Treasurer of Manitoba v. Wm. Wrigley Jr Co. Ltd 事件枢密院判決（［1950］AC 1）等）でも基本的に踏襲されている。しかし、本規定の適用に係る不透明性の問題は、「活動テスト」だけでは十分に解消し得るものでないことは、Hang Seng Bank v. CIR事件枢密院判決（［1991］1 AC 306）等からも確認し得るところとなっている[197]。

　上記Hang Seng Bank事件枢密院判決では、被上告人である香港の金融機関Hが、その余剰資金を使って国外で購入した金融商品（預金証書や債券等）をその満期前に国外で販売するなどして得た1978～1981課税年度分の利益が、税務条例§14の下、香港で利益税の対象となるか否かが主な争点となっている。本事件において、税務当局は、金融機関Hの事業は香港で行われている分割できない一つのものであることは、本件金融商品の売買の決定が香港から指示されていること、本件利益も被上告人の職員の能力に負うところが少なくないこと、本件金融商品の購入資金の一部は、金融機関Hの香港での事業から生じた資産から拠出されたものであることなどからも確認し得るとして、本件利益を本規定が定める利益税の適用対象とする課税処分を行っている。

　上記事件に対する不服審判所裁決では、金融機関Hが金融商品を購入する資金は、香港の顧客から得たものであるが、そのことは、かかる資金を国外に投資したことから生じる利益も、それと同様に香港から生じたものとなることを意味しないところ、税務当局が課税しようとした所得の源泉は、金融機関Hが投資した資金にあるではなく、その活動と利益が生じた金融機関Hの資産にあるとの見解が示され、また、その控訴審である控訴裁判所判決（［1989］2 HKLR 236）では、利益を香港での利益と国外での利益に配分することを定めた法令上の規定がない以上、複数の源泉から利益が生じているケースでは、利益をいずれかに帰属させる主たる要素を確認することが必要となるが、本件の場合、問題の利益は投資利益であり、かかる利益は、投資が行われるまで生じ得ないことから、本件利益は国外で生じたと考えるのが妥当であるとの見解が示されたことから、税務当局は、いずれにおいても敗訴している。

　上記枢密院判決でも、「…法律上、配分に関する特定の規定が存在しないことをもって、販売に係る総利益を香港と国外で部分的に生じたものとして配分する必要性がなくなるわけではない」としながらも[198]、利益税の適用対象要件は、①納税者が香港で商取引、職

---

195) 詳細は、後述の「解釈指針」21号（Localty of Profit、2009年版）パラ3～13参照。
196) 原文は、"Where income was in part derived from the extraction of ore from the soil of New South Wales Colony, and from the conversion in the latter Colony of the crude ore into a merchantable product : ―― ... this income was assessable under the New South Wales, ... notwithstanding that the finished products were sold exclusively outside the Colony." である。
197) 同法§14の適用の可否が問題となったその他の裁判例として、納税者が勝訴したING Baring Securities Limited v. CIR事件終審法院2007年10月5日判決（No. 202 of 2005）、税務当局が勝訴したKwong Mile Services Limited v. CIR事件終審法院判決（［2004］7 HKCFAR 275）等がある。

務又は事業を行っている、②課税対象となる利益が、かかる商取引、職務又は事業から生じたものである、③かかる利益は香港で発生又は香港に起因していることであることから、香港での事業による利益は、異なる源泉から生じ得るものでもあるが、特定の取引から生じた総利益の源泉地の判断に係る「一般的な指針は、…問題となる利益を得るために納税者が行ったことに着目することであった」ことを踏まえる必要があるところ[199]、本件の場合、国外市場での預金証書等の取引による所得は、香港で発生した又は香港に起因する利益ではないと判断できることから、香港と国外で利益を配分するのが妥当であるか否かを判断するまでもなく、本件処分は違法であると判示されている。

ロ)「解釈指針」No. 21の有用性と限界

上記Hang Seng事件枢密院判決（1991）で指摘された香港と国外で利益配分するのが妥当な場合に該当するか否かという問題は、Datatronic Limited v. CIR事件控訴裁判所2009年6月15日判決（No. 275 of 2008）において主な争点となっている。本件では、被控訴人・香港法人Dとその完全子会社である中国法人Bとの契約の下、前者が後者に対し、材料提供、職員派遣及び技術ノウハウの提供等を行い、後者は、その材料等を加工した製品を前者に販売し、前者が、その製品を販売することによって利益を得ていたところ、税務当局は、本契約は、「委託加工契約」（"contract processing"）ではなく、「輸入加工契約」（"import processing arrangement"）であり、それによる香港法人Dの利益は「取引利益」（"trade profits"）であるとして、税務条例§14に基づき、その1999～2002課税年度の利益の全てに利益税を課したことが問題となっている。

上記事件では、前述のHang Seng事件枢密院判決において、販売に係る総利益を香港と国外で部分的に生じたものとして配分することが必要な場合もあり得るとの見解が示されたことなどを受けて、税務当局が発表した2009年改訂前の1998年「解釈指針」No. 21（Locality of Profits）のパラ16は、「…香港の生産者が中国本土の生産活動に関与していると認められるなら…、問題となる商品の販売利益の配分は、…50：50をベースにするのが一般的である」と定めていたことから、被控訴人・香港法人Dは、本契約の実質は、中国法人Bが製品を代理製造する委託加工契約であり、しかも、その利益は、中国での製品製造と香港での完成作業から生じているとして、本解釈指針に基づいて利益配分を行うとの取扱いを本件に適用するのが妥当であるとの主張を行っている[200]。

上記事件に対する審判所裁決（HCIA 3 and 4/2007）及び第一審裁判所（Court of First Instance）2008年6月13日判決（Nos 3 and 4 of 2007）では、香港法人Dの中国での活動が、香港での利益獲得上重要な業務となっているとして、香港法人Dの主張が概ね認められたが、上記控訴裁判所判決では、(i)香港法人Dの中国本土での活動は、利益を生じさせる活

---

198) 原文は、"... the absence of a specific provision for apportionment in the Ordinance would not obviate the necessity to apportion the gross profit on sale as having arisen partly in Hong Kong and partly outside Hong Kong."である。

199) 原文は、"The broad guiding principle, …, was that one looked to see what the taxpayer had done to earn the profits in question."である。

200) 原文は、"... recognizing that the Hong Kong manufacturing business is involved in the manufacturing activities in the Mainland ... that the profits on the sale of the goods in question can be apportioned ... this apportionment will be generally be on a 50：50 basis."である。改訂後のおよそ同様な定めは、「解釈指針」21号（2009年改訂版）パラ46～47参照。

動に先行又は付随する活動にすぎない、(ii)その利益は、中国本土での生産活動よりも、香港法人が完成した商品を購入・販売したことから生じたものである、(iii)「さらに、商品の質の確保のために、香港法人は、原材料を原価で提供し、技術又はその他の必要となり得る支援を中国本土に提供するために多くの職員をも配属したと仮定しても、違いは生じないと考える」との判断の下[201]、本契約は輸入加工契約であり、香港法人Dの利益の半分ではなく、その全体を利益税の課税対象とする本件処分は適法であると判示されて税務当局の勝訴が確定している。

(2) 税務条例§61Aと費用控除規定との関係

上記の通り、改訂前の「解釈指針」No. 21(「利益の源泉地」)の下でも、利益税の適用範囲の不透明性の問題は十分に解消していないことから、前述の通り、かかる不透明性によって、税務条例§61Aの適用の可否に係る判断の困難性は、より一段と高まり得るが、およそ同様な問題は、利益税の算定上の費用控除に関する諸規定と税務条例§61Aとの関係でも生じ得る。例えば、代表的な費用控除規定である同条例§16(Ascertainment of chargeable profits)は、「(1)ある者が、いずれかの年度の本編の下での課税対象利益を確定する際、その者が、…課税対象利益を生み出すに当たり、その課税年度に係る基準期間中に生じた限りで、全ての支出及び費用を控除する…」と定めているが[202]、以下のイ)～ハ)等は、本規定の適用範囲に係る不透明性によって、本規定と同条例§61Aとの関係に係る不透明性が高まっていることを印象づけるものとなっている。

イ) 費用控除規定の適用範囲

費用控除規定とGAARとの適用関係を確認するには、まず、前者の適用基準の如何が問題となる。かかる基準は、Honorcan Limited v. CIR事件不服審判所2009年2月18日裁決(No. D54/08)で示されている。本件では、「輸出割当制限」("quota control on export")を行っているS国に関連法人T及びUを有する請求人・香港法人Hが、香港法人Wと結んだ契約に基づき、法人Wに対し、法人T及びUから輸入する製品に係る「割当手数料」("quota charges")を支払い、その手数料額を課税対象利益の獲得のための費用として控除したところ、税務当局は、本件「割当手数料」は、製品購入のFOB契約・価格に含まれており、しかも、本件「割当手数料」は、法人T及びUに移転していないとの判断の下、その1999/2000課税年度～2004/2005課税年度分の控除を税務条例§16(「課税対象利益の確定」)、同条例§61(Certain transactions and dispositions to be disregarded)及び同条例§61Aに基づいて否認したことが問題となっている。

上記事件に対する不服審判所裁決(D18/88, IRBRD, Vol. 3, 241)では、そもそも、費用が控除対象となるためには、課税対象利益を得る上で生じたものであることが必要であり、単に事業から生じた、あるいは、事業と関連しているだけでは十分ではないことに言及した上で、本件輸出割当額は、香港法人Wと関係のない第三者が決定しているものであり、

---

201) 原文は、"Let us further suppose that to ensure the product's quality, the Hong Kong company not only supplied the raw materials at cost but had also posted a number of staff to the mailand factory to provide technical or other assistance as may be necessary. We do not believe that that would make difference."である。

202) 原文は、脚注189)参照

第5章　中国の対応策の分析

割当手数料の実質的な受領者も香港法人Wではないことから、香港法人Wが本件割当に係る費用を請求人に請求すること、また、かかる費用額を香港法人Wが法人T及びUを代表して受領することの法的根拠もないほか、請求人は、本件費用が輸出割当のために支払われたものであることの立証責任も十分に果たしていないことから、「割当手数料」は製品購入のFOB契約・価格に含まれているとする税務当局の主張は妥当であるとして、本件処分の妥当性を首肯する判断を下している。

上記判断を下すに当たり、不服審判所は、(i)税務条例§16(1)の下、費用控除の前提条件として、課税対象利益を生じさせるためだけに支出された費用であることが要求されるわけではないが、利益配分の問題が常に生じるわけでもないところ、もし、請求人が、「割当手数料」の市場価格に基づく利益の配分を主張するならば、その配分の目安となる基準を示すべきであるが、そのような基準は何ら示されていない以上、本件では利益配分の問題は生じない、(ii)本件は「割当手数料」が過大な経費となっているわけではなく、「税務条例§16(1)の下、かかる経費の控除ができないケースであるが、仮に控除可能であるとしても、その控除は、同条例§61と同条例§61Aのいずれかによって否認されるべきであり」[203]、その理由として、本件で主張されている「割当手数料」の支払いは事業上の実体を欠いている点が挙げられるなどの判断を示している[204]。

ロ）税務条例§61Aによる過大費用の控除否認の例

上記Honorcan事件不服審判所裁決は、「控除費用の前提条件として、課税対象利益を生じさせるためだけに支出された費用であることが要求されるわけではない」との見解を示すなど、税務条例§16（「課税対象利益の確定」）の適用基準・控除要件が、それほど厳しくないことを示唆していることから、その税源浸食防止機能の限界を補完する必要があるところ、その補完が行われた例として、Tai Hing Cotton Mill v. CIR事件終審法院判決（[2007] 2 HKC 455）が挙げられる。本件では、香港法人Hが、複数の土地をその完全子会社である上告人・香港法人Tに譲渡し、香港法人Tは、1987年から1996年に亘り、その土地の対価の総額10億84万香港ドルを同条例§16に基づいて控除したところ、税務当局は、本件土地の時価（2.8億香港ドル）を超える金額は、本件土地の開発利益を実質的に香港法人Hに移転させるための人為的な経済的な利益の付与であると認定し、その超過額の控除を同条例§16、同条例§61（「無視すべき一定の取引及び処分」）又は同条例§61Aに基づいて否認する処分を行ったことが問題となっている[205]。

上記事件に対する不服審判所裁決（D 109/03）では、本件取引は税務条例§61Aの適用要件に該当しておらず、また、本件取引の対価額は過大でないが、仮に過大であるとしても、税務当局は、同条例§16に依拠して対価の金額を合理的な額に修正する権限を有しないとして、本件処分が取り消されている。本事件に対する第一審裁判所2005年9月9日判決（No. 8 of 2004）では税務当局が勝訴したものの、その控訴審判決（[2007] 2 HKC 2005）では、本件取引に事業上の理由がないとは言い難いことなどから、本件に対して同

---

203) 原文は、"such expenses are not deductible under section 16(1) of the IRO or even if they were, the deduction should be denied by virtue of either section 61 or section 61A of the IRO." である。
204) 本決定は、第一審裁判所判決（[2010] HCAL 7/2010）で覆らず、税務当局の勝訴が確定している。
205) 税務条例§61の規定振りは、本節1(1)・脚注167)参照。

第4節　香港の対応策の分析

条例§61Aを適用することはできないほか、本件取引の対価の額も、香港法人Tの対価の支払いの大幅な遅延によって香港法人Hが被った不利益や利益獲得の機会の喪失等に鑑みると、必ずしも過大であるとも断定できないなどとして、原審である上記第一審裁判所判決の判断が覆されている。

　これに対し、上記終審法院判決では、本件取引は、問題の土地を利用した事業に伴うリスクを香港法人Hから被上告人に移転する効果をも有してはいるが、豪州のSpotless事件高等法院判決（［1996］ATC 5201）からも確認し得る通り、合理的な事業上の決断であるとの側面をも有していることをもって、税務上の利益を得ることを支配的な目的としてスキームを実行するものであるか否かの断定はできないものの[206]、本件取引の支配的な目的は、被上告人の利益をできるだけ香港法人Hに移転させることであり、かかる目的は本件取引価格を高く設定することによって実現できるところ、本件では、独立企業間の価格よりも高い価格を設定する方法に依拠することによって、さもなければ生じない税務上の利益が実際に生じている以上、本件取引に対して税務条例§61Aを適用することは可能かつ妥当であり、その適用を否定した原審である控訴審判決は破棄されなければならないとの判断が下されている。

　上記Thai Hing事件終審法院判決で示された判断は、税務条例§61Aの柔軟性とその否認機能の大きさを確認するものであるとの指摘がされているが[207]、本規定が移転価格への対応をも可能にする機能をも有しているとして、その射程範囲を広く解する本判決の妥当性に対して疑問を呈する向きもある。例えば、上記の通り、同条例§16（「課税対象利益の確定」）は、課税対象利益の確定上、その利益が生じた限りで全ての支出及び費用を控除する旨を定めているところ、「生じた限りで」という限定がされていることは、課税対象利益の算定上、支出及び費用の控除が部分的に行われることを想定していると考えられることから、上記Thai Hing事件で問題となった過大な対価の控除の否認については、同条例§61Aではなく、同条例§16に基づいて行うのが妥当であったのではないかとの見方もある[208]。

ハ）費用控除規定による過大費用の控除否認の例

　実際、上記ロ）の場合と異なり、So Kai Tong Stanley v. CIR事件第一審裁判所判決（［2004］2 HKLRD 416）では、同じく移転価格が問題となったケースに対して税務条例§16（「課税対象利益の確定」）が適用されている。本件では、納税者Qが唯一の株主である原告・法人Sが、パートナーシップ契約を結んでいる法人Rに払った顧問サービス費用を1994/1995課税年度分の利益税額の計算上控除したことが問題となっている。納税者Qは

---

206) Spotless事件高等法院判決の関係する判示部分では、"A particular course of action may be, ... both "tax driven" and bear the character of a rational commercial decision. The presence of the latter characteristic does not determine the answer to the question whether, within the meaning of Part IV A, a person entered into or carried out a "scheme" for the "dominant purpose" of enabling the taxpayer to obtain a "tax benefit".との見解が示されている。本判決の概要は、松田・前掲『租税回避行為の解明』217〜219頁参照。
207) Agnes Chan and Patrick Kwong, Two Rulings Underscore the Inland Revenue Department's Power to Challenge Transactions involving Tax Benefits (http://www.hkicpa.org.hk/APLUS/0802/p42-45.pdf)参照。
208) Jefferson P. VanderWolk, Source, Transfer Pricing and Anti-Avoidance : The Position after Ngai Lik and Datatronic, Bulletin for International Taxation, December 2009, p. 613参照。

法人Rの大半の株式も所有し、また、法人Rの経営者の一人でもあった。税務当局は、原告が法人Rに払った顧問サービス費用は、原告の総費用の61％を占めるほど過大であり、しかも、本件費用が原告の利益の獲得に殆ど関係なかったとして、本件費用の控除の大半を同条例§61や同条例§61Aではなく、同条例§16(1)、同条例§17（Deductions not allowed）(1)及び同条例§68（Hearing and disposal of appeals to the Board of Review）(4)に基づいて否認している[209]。

上記事件に対する不服審判所1999年9月16日裁決（No. D94/99）では、本件費用が法人Sの利益の獲得に関係があったことに係る立証責任が果たされていないとして、本件処分の適法性が首肯されたが、不服審判所は、納税者Qが法人Rを税負担の軽減目的で利用したことは明らかであり、税負担軽減以外の真正な事業上の目的はないと認定できることから、なぜ、税務当局が、本件のような人為的なスキームの否認を行う上で、税務条例§61に依拠しなかったのかという疑問が残るとの見解が示されている。また、実際の費用の12.5％の控除を認める旨を定めている1995年「解釈指針」No. 24（Profits Tax- Service Company "Type Ⅱ" Arrangements）を本件に適用することは寛容すぎるとも考えられるが[210]、税務当局が、このような取扱いを行うというのであれば、不服審判所としては特段異論を唱えるものではないとも判示されている。

上記事件に対する第一審裁判所判決でも、上記審判所裁決と基本的に同様な考え方が採用されて納税者が敗訴している。本判決では、税務条例§16は、課税対象利益を得る上で生じた費用の範囲を確定する権限を付与しているところ、税務当局が、本件費用の一部のみが本件の課税対象利益を獲得するために生じたものであるとの結論に達した場合、その部分を確定する義務があるが、かかる義務の履行に当たっては、本条例規則§2A（General apportionment of outgoings and expenses）が、「…支出又は費用に香港で利益を発生させる上で生じた部分と香港外で利益を発生させる上で生じた部分がある場合、そのような支出又は費用の同条例§16の下で控除できる範囲を決定する目的上、その配分は、関係する商取引、職務又は事業の活動に最も適切であろう基準に基づいて行われる…」と定めている点を考慮することが肝要であるとの見解が示されている[211]。

---

209) 本法§17(1)は、"(1) For the purpose of ascertaining profits in respect of which a person is chargeable to tax under this Part no deduction shall be allowed in repect of——(a) … (b) … any disbursements or expenses not being money expended for the purpose of producing such profits; (c) any expenditure of a capital nature or any loss or withdrawal of capital ; …" と定めている。邦訳は、本節2(3)参照。本法§68(4)は、"The onus of proving that the assessment appealed against is excessive or incorrect shall be on the appellant." と規定している。
210) 1995年「解釈指針」24号（「利益税」、2009年版も同様）のパラ26は、「総請求額が通常生じる支出額を超えない場合には、適切な加算率という問題との関係では、コストの12.5％を超えない率が商業上現実的なものとして一般的に受け入れられるであろう」（"In relation to the question of what is an approapriate mark-up, provided that the overall claim does not exceed the expenditure actually incurred, a margin not exceeding 12.5% of the cost element will generally be accepted as being commercially realistic. …"）と定めている。
211) 原文は、"… for the purpose of ascertaining the extent of to which such outgoings or expense is deductible under section 16 of the Ordinace, an apportionment thereof shall be made on such basis as is most appropriate to the activities of the trade, profession or business concerned. …" である。

第4節　香港の対応策の分析

(3)　費用控除規定による対応の限界

　上記(2)で示した裁判例は、過大費用の控除の否認に当たっては、GAARである税務条例§61Aと費用控除規定のいずれかに依拠することが可能であるが、その適用関係は、必ずしも十分に明らかではない場合があり得ることを示唆しているが、かかる適用関係上の不透明性の問題は、Ngai Lik Electronics Company Ltd v. CIR事件終審法院2009年7月24日判決（FACV No. 29 of 2008）によって、幾らか緩和された経緯がある。本件では、図5-23の通り、国内外から注文を受けて商品の製造、販売及びマーケティング等を行っていた上告人・香港法人Nが、その全ての事業利益を香港で申告していたが、1993年の組織再編後は、その商品の原料等を提供してその商品製造等を中国に設立した子会社が行い、これらの子会社から仕入れた商品を香港法人Nは販売していたが、仕入商品の価格は、その他の商品提供者が設定する最低価格を10％以上超えないとする契約が結ばれていた。

　上記事件において、税務当局は、香港法人Nの利益が低いと判断し、税務条例§61Aに依拠し、その子会社L等の事業利益の総額の半分を上告人に帰属させた上で1991/1992～1995/1996課税年度分の利益税額を決定する処分を行っている。かかる処分が行われた背景には、前述の通り、1998年「解釈指針」No. 21（「利益の源泉」）が、香港法人が販売する商品を中国法人に生産させるために原材料の提供や技術支援等を行っているケースなどでは、中国法人が香港法人から分離した下請会社であっても、香港法人が中国法人の生産活動に関与しているとの認定できることから、かかる関与が最小限であり、しかも、独立企業間価格に相当する対価が下請会社に払われている場合（この場合、香港法人にとって、生産利益ではなく、取引利益の問題となる）を除き、その商品販売による利益を双方の法人間で平等に分けることを認める余地がある旨を定めていたとの事実があった[212]。

　実際、上記事件に対する不服審判所決定、第一審裁判所2007年12月11日判決（No. 5 of 2007）及び控訴裁判所2008年10月2日判決（No. 22 of 2008）では、上記処分の適法性が首肯されているが、上記終審法院判決では、本件取引価格は、契約上の決定方法によることなく、実際には、上告人の会計部門が、毎年、事後的に決定しており、かかる事実は、移転価格が行われたこと、また、税務上の利益を得ることを支配的な目的とするアレンジメントが存在していたことを示しているが、「極端に高い価格を支払った事実があったことが、税務条例§17の適用対象となり[213]、また、控除が否認されることを意味しない」（パラ88）ほか[214]、上告人の1991/1992課税年度分及び1992/1993課税年度分の利益に関しては、かかるアレンジメントの存在が認められないにもかかわらず、税務条例§61Aを適用して

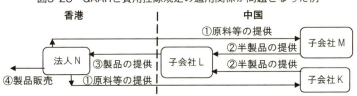

図5-23　GAARと費用控除規定の適用関係が問題となった例

---

212)　VanderWolk, *supra* "Source, Transfer Pricing and Anti-Avoidance" pp. 610-611参照。
213)　税務条例§17の規定振りは、本篇2(3)・脚注209)参照。
214)　原文は、"but it does not follow that the fact that excessive prices were paid meant that section 17 should be triggered and deduction allowed." である。

いることから、これらの年度分に係る更正処分は違法であると判示されている。

他方、1993年の組織再編後である1993/1994課税年度〜1995/1996課税年度分の上告人の利益に関しては、税務条例§61Aの適用要件である税務上の利益を得ることを支配的な目的とするスキームが存在していたとの認定が可能であることから、上記の課税年度分の利益の場合とは異なった取扱いが必要となるとの判断の下、終審法院は、上告人が本件価格決定方法に従って中国の子会社に実際に支払った価格ではなく、中国子会社の商品に独立企業間価格を支払ったと仮定した場合に上告人に生じるであろう課税対象利益額に課税する形で税務当局が再更正するよう不服審判所への差戻しを行っているが、取引時点から相当の年月が経過している本件における独立企業間価格算定に伴う困難性に鑑みると、詳細かつ高い正確性を以て独立企業間価格を算定することは期待されていないとの見解が示されている。

上記終審法院判決のパラ88で言及されている税務条例§17(「認められない控除」)は、「本編の下で課税対象となる者に係る利益を確定する目的上、以下のものは、その控除が認められない——(a)…(b)…係る利益を生じさせる目的上支出される金銭ではない支出又は費用、(c)資本的な性格を有する支出、資本的な損失又は資本の引出し…」と定めており[215]、その性質・アプローチは、費用控除規定である同条例§16(「課税対象利益の確定」)とおよそ同様なものとなっているところ、本判決は、非居住者が関係していない取引における移転価格の否認は同条例§61Aによるべきであり、課税対象利益の発生のための対価の独立企業間価格を超える部分の控除を同条例§16又は同条例§17に依拠して否認することはできないとの見解を示したものであるとの指摘がされている[216]。

上記の指摘が妥当であろうことは、上記終審法院判決のパラ91でも、「…16条1項及び17条1項(b)の下、税務当局は、控除された購入価格を市場価格と比較して過大と考えられる控除を否認することが求められているわけではない。納税者の利益を発生させる上で生じたのであれば、全ての支出及び費用は16条に基づいて控除することができる。特定の金額が納税者の利益を生み出す目的のために支出された金銭でないと言えない限り、17条1項(b)の適用はない」との見解が示されていることからも確認することができる[217]。本判決のパラ88及びパラ91で示されている見解は、税源浸食防止や控除対象費用額の決定等の関係上、移転価格問題に対して税務条例§16等に代表される費用控除規定で対応することに限界がある場合には、同条例§61Aに依拠する必要があることを示したものであると解することができる。

3. 法人所得等の国外移転による税源浸食への対応

(1) 香港版TPガイドライン上のGAARの位置づけ

上記Ngai Lik事件終審法院判決によって、費用控除規定と税務条例§61の適用関係に係

---

215) 原文は、脚注209)参照。
216) Hong Kong Tax Update December 2009 (http://www.pwchk.com/home/eng/hktaxupd_dec.09.html) 参照。
217) 原文は、"... Section 16(1) and 17(1)(b) does not require the Commissioner to compare the purchase prices deducted against the market prices and to disallow deductions considered excessive. If incurred in the production of the taxpayer's profits, all outgoings and expenses are deductible according to section 16(1). Unless it can be said of a specific amount that it is not money expended for the purpose of producing the taxpayer's profits, section 17(1)(b) does not bite." である。

第4節　香港の対応策の分析

る不透明性が完全に払拭されたわけではないが、本判決は、移転価格への対応上、費用控除規定が包含する限界を税務条例§61Aによって補完することが重要なポイントとなることを少なからず印象づけるものであり、また、本判決を契機として、香港では、移転価格問題に対する考え方が大きく変貌したとの指摘もされている[218]。確かに、本判決は、2009年における「解釈指針」21号（「利益の源泉地」）の改訂を促し、移転価格問題へのより柔軟な対応を可能にするような方針（パラ47：「委託加工契約の場合、取極め当事者の契約上の条件に鑑み、50対50をベースにした配分が原則として適用される。配分を行うことが適切であるその他の場合の配分ベースは事実関係に依存する。税務当局は、関係する納税者が提示する合理的な配分ベースを検討する…」）も採用されるに至っている[219]。

さらに、2009年には、「解釈指針」46号（Transfer Pricing Guidelines - Methodologies and Related Issues）も公表されたことによって、移転価格問題に対処するための体制整備が大幅に進展している。本指針は、香港版の移転価格ガイドラインと位置づけることができるものであり、パラ8では、税務当局は、OECDの移転価格ガイドライン上の原則が税務条例の規定と整合的でない場合を除き、その適用を行う旨を定めている。また、本指針のパラ17～28では、移転価格と関係のある税務条例上の規定として、§61A、§16(1)及び§17(1)が挙げられている。このように、本指針は、香港の税務当局も、原則として、OECDの移転価格ガイドラインに則った対応を行うとの方針を示したものであり、香港の移転価格問題への対応の歴史において画期的な出来事であった。

しかし、移転価格税制を税法上措置しないままにOECDの移転価格ガイドラインに則った取扱いを行うことには一定の限界・問題があるものと考えられる[220]。例えば、上記「解釈指針」46号の「移転価格スキーム」と題されているパラ76～84では、「移転価格スキーム」に該当する国際取引の中には、税務条例§20（「一定の非居住者の税負担」）等の適用対象となるものもあるとの説明がされているが、本条は、非居住者との取引利益を調整する根拠規定であるところ、独立企業間価格との乖離の有無に基づいて、その適用の可否を判断するのか、また、2項の後段（「…そのような事業が、その居住者において、香港での利益を生じさせない、又は香港で生じると期待される通常の利益よりも少ない利益を生じさせる…場合、…その事業は、香港で行われたものとみなされる…」）に依拠した算出方法に基づく利益額が、独立企業原則に基づいて算出される利益額と同じとならない場合もあるのではないかなどの疑問も生じる[221]。

上記「解釈指針」46号は、「移転価格スキーム」の中には、税務条例§21（Assessable profits of certain businesses to be computed on a percentage of the turnover）の適用対

---

218) http:www.dlapiper.com/the-dawn-of-transfer-pricing-in-hong-kong:ngai-lik-electronics-co-ltd-v-commissioner-of-inland-revenue/ 参照。
219) 原文は、"In contract processing cases, a 50 : 50 basis of apportionment is applied as the norm, in view of the contractual conditions imposed on the parties to the arrangement. For othe cases where apportionment is appropriate, the basis applied will depend on the facts of the case ; the Department will consider any rational basis put forward by the taxpayer concerned. …" である。
220) 例えば、本節1(3)ロで考察した不服審判所裁決（D44/92）も、移転価格税制が存在していれば、問題となった取引に適用されたであろうことを示唆している。また、かつて、GAARによる移転価格問題への対応を行っていたマレーシアやアルゼンチンでは、移転価格税制導入後は、基本的に本税制によって対応している。
221) 本条の原文は、本節1(3)・脚注192)参照。

象となるものもあるとも説明しているが、本条は、「香港で行っている商取引、職務又は事業に関し、非居住者の香港源泉の課税対象利益の本当の金額が容易に確定できない場合、かかる課税対象利益は、香港での商取引又は事業の売上高の公正な割合に基づいて計算される」と定めているところ[222]、かかる配分ベースに依拠した利益配分は、納税者の資産、機能及びリスク等に鑑みると、独立企業間価格と整合的なものとならない場合が少なからず生じると考えられるほか、かかる利益配分の根拠やその計算過程等が十分に明らかにされない場合、納税者が、かかる利益配分に合理的に反証することも困難となるとの問題点があるとの指摘がされている[223]。同様な問題点は、上記の同条例§20(「一定の非居住者の税負担」)にも当てはまろう。

(2) GAARによる対応の問題点と限界

上記の指摘で述べられている税務条例§21の問題点(移転価格税制の下での取扱いとの整合的でない結果が生じ得る)は、同条例§20だけでなく、上記「解釈指針」46号において移転価格と関係する規定の一つとして挙げられているGAARである同条例§61Aによっても共有されていると考えられるが、同条例§61Aの場合、OECDの移転価格ガイドライン(2010年版)のパラ1.64(「…例外的なケース以外では、税務当局は、実際の取引を無視すること又は他の取引でその取引を代替することをすべきではない。正当な事業取引を再構築することは、全くの裁量行為であり、かかる行為の不平等性は、他の税務当局がその取引が再構築されるべきであるかについて同様な見解を有しない場合に生じる二重課税によって増加することとなる」)の問題点も包含している[224]。

例えば、前述の Tai Hing Cotton 事件終審法院判決(2007)では、「不服審判所及び控訴裁判所の全構成員は、取引条件が『通常の商業慣行』と一致していたから、当該方式の目的は税務上の利益を得ることではなかったと判断している。不服審判所は、そのような取極めは、『土地の再開発を行う目的のために譲渡されたようなケースでは香港で一般的に見受けられるものである』との不動産仲介業者の証言を受け入れている。取引条件において、何ら、『変則である、あるいは、通常性や商業性を欠いている』ことはないとの判断がされた」ことに言及しながらも[225]、税務条例§61Aを適用する処分の適法性を首肯す

---

[222] 本法§21は、"Where the true amount of the assessable profits arising in or derived from Hong Kong of a non-resident person in respect of a trade, profession or business carried on in Hong Kong cannot be readily ascertained, such assessable profits may be computed on a fair percentage of the turnover of that trade or business in Hong Kong." と定めている。

[223] Linda L. Ng, Hong Kong: Time for Transfer Pricing Regs ?, Tax Notes International, Vol. 53, No. 10 (2009) p. 900参照。

[224] 原文は、"... In other than exceptional cases, the tax administration should not disregard the actual transactions or substitute other transactions for them. Restructuring of legitimate business transactions would be a wholly arbitrary exercise the inequity of which could be compounded by double taxation created where the other administration does not share the same views as to how the transaction should be structured." である。

[225] 原文は、"The Board of Review and all the members of the Court of Appeal said that the purpose of the formula could not have been to secure a tax benefit because the terms were in accordance with 'normal commercial practice'. The Borad accepted the evidence of an estate agent that such arrangements were 'commonly found in Hong Kong in cases where land is sold with a view to being developed'. There was nothing 'odd, unusual or uncommercial' in the terms." である。

第4節　香港の対応策の分析

図5-24　費用控除規定及びGAARの適用対象外となった循環取引の例

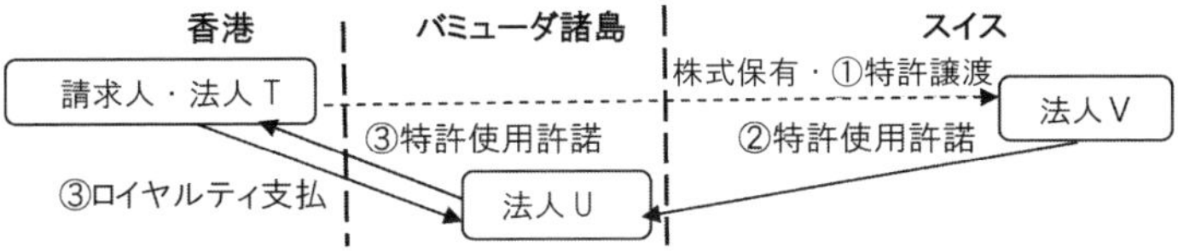

```
    香港              バミューダ諸島              スイス
┌─────────┐   株式保有・①特許譲渡   ┌─────────┐
│請求人・法人T│                            │  法人V  │
└─────────┘   ③特許使用許諾   ②特許使用許諾   └─────────┘
    ③ロイヤルティ支払  ┌─────┐
                        │ 法人U │
                        └─────┘
```

る判断が下されているが、かかる判断は本規定の適用範囲を不当に広く解したものであるとする見方に立てば、本終審法院判決は、OECD移転価格ガイドラインの上記のパラ1.64の前段との整合性という点で問題点を包含しているということとなろう。

　また、逆に、税務条例§61A等は、これらの規定で移転価格問題に十分に対処し得るかとの問題も包含している。この問題を示唆しているが、不服審判所1995年10月2日裁決（Case No. D67/95）等である[226]。本件では、図5-24の通り、香港証券取引所に株式上場している請求人・法人Tによってスイス法人Vに譲渡された特許を排他的に使用する権利が、スイス法人Vからバミューダ法人Uに付与された後、法人Uが、かかる権利を法人Tに付与する契約を結び、本契約に従い、請求人が法人Uに払ったロイヤルティを同条例§16（「課税対象利益の確定」）に基づいて控除したところ[227]、税務当局は、本件ロイヤルティの支払は、課税対象利益を得る上で発生した費用ではないとして、その控除を本規定及び同条例§61Aに基づいて否認したことが問題となっている。本件では、コーポレイト・インバージョン（"redomiciliation"）により、請求人は、法人Uの完全子会社となり、また、その有していたスイス法人V株式の法人Uへの譲渡も行われている。

　上記取引に関与した複数の者の証言等によると、本件の一連の取引は、当時、米国が有する知的財産権の侵害に対して中国が適切な対応を行っていないなどとして、米国が中国からの輸出に対する制裁措置を検討している中、1997年の香港の中国返還前に、請求人が有していた知的財産権を国外移転した方が安全であるほか、法人グループの研究開発活動と生産活動の拠点を地理的な要素等を勘案した上で分離・再編することが、事業戦略上効果的であるなどの考えの下に行われたものであった。しかし、税務当局は、バミューダ法人Uの設立にはスイスでの課税を回避するとの目的が含まれていたことを請求人が認めている事実からも推認される通り、本件の一連の取引は税負担の軽減を主たる目的としたものであり、また、仮にそうでないとしても、請求人が支払ったロイヤルティの額は独立企業間のものと大きく乖離した過大なものとなっているなどと主張している。

　上記不服審判所裁決では、(i)請求人が、特許権の譲渡後も、その利用を予定していたことが当初から明らかであったとしても、そのことは本件取引が人為的であることを意味しない、(ii)請求人が得た税務上の利益は付随的なものであり、しかも、本件取引は「あからさま、又は仕組まれたスキーム」とは言い難く、(iii)請求人の財務状況の本件取引前後での大きな変化は、再編の結果であり、香港の税金とは無関係な事実に起因している、(iv)豪州のPeabody事件高等法院判決で適用の可否が問題となった否認アプローチを本件で適用できるとする根拠が不十分であることなどに鑑みると[228]、税務条例§61Aの適用要件は満た

---

226)　費用控除規定やGAARによる移転価格問題への対応の限界は、本節3(3)で後述するアドバンス・ルーリング事案47でも露呈している。

227)　本法§16(1)の規定振りは、本節2(2)・脚注202)参照。

第5章　中国の対応策の分析

されていないほか、「明らかに、本件取引は一般に認められた非関連者間取引という意味での独立企業間の取引ではないが、そのこと自体は、本件取引が人為的であることや租税回避の査証を意味しているわけではない」などとして[229]、本件処分を破棄する判断が下されている。

(3) 移転価格リスク等の軽減策

　2009年「解釈指針」46号は、前述の通り、OECD移転価格ガイドラインに則るとしながらも、費用控除規定やGAAR等を法的根拠として移転価格問題に対処するとの方針を示しているところ、このような方針・取扱いは、上記(2)で述べたような問題点・限界を包含していると考えられる。また、2009年「解釈指針」45号（Relief from double taxation due to transfer pricing or profit reallocation adjustments）のパラ14は、「香港が締結している各租税条約に組み込まれているOECDモデル条約（…）9条に倣った関連企業条項は、一方の締約国による第一次の移転価格調整を定めている。関連企業条項は、他方の租税条約締結国が生じさせることとなる経済的二重課税を解消する手段についても規定している」ものの[230]、税務条例§61Aは、前述の通り、OECD移転価格ガイドラインのパラ1.64の後段が指摘するデメリット・リスク（他の税務当局が取引の再構築に賛同しない場合に生じる二重課税の可能性）をも包含している。

　税務条例§61A等による移転価格問題への対応は、上記のようなデメリット・リスクをも包含していることから、納税者にとっては、移転価格リスクをどのようにして軽減するかという点が一つの重要なポイントとなる。移転価格リスクの一般的な軽減手段としては、事前確認制度が挙げられるところ、香港でも、2012年「解釈指針」48号（Advance Pricing Agreement）が発出されたことにより、事前確認制度が、重要な移転価格リスクの軽減手段となる可能性を提供している。しかし、本制度の適用対象となるのは、本号のパラ17で述べられている通り、原則として、一定の条件（①年間で8千万香港ドル以上の棚卸資産取引、②年間で4千万香港ドル以上の役務提供取引、③年間2千万ドル以上の無形資産取引）に該当するケースに限定されていることから、本制度の適用対象外となるケースの場合、軽減できない移転価格リスクが残ることとなろう。

　事前確認制度の適用対象外となるケースの場合、事前照会制度である1998年税務条例§88A（Advance rulings）を利用することによって、移転価格リスクの解消・軽減を図ることが考えられる。本規定は、「税務当局は、人がスケジュール10の第1編に従って行う申請を受けて、本編で明示されている事項のいずれについても、本編に従ってルーリングを発出することができる」と定めている[231]。2011年改訂の「解釈指針」31号（Advance

---

228) Peabody事件高等法院判決（[1994] 123 ALR 451）では、所得税法第4編Aを適用するには取引の一部が否認対象であれば足りるとする「サブ・スキーム・アプローチ」の適用の可否が問題となっている。本判決・本アプローチのポイントは、松田・前掲『租税回避行為の解明』214～217頁参照
229) 原文は、"Clearly they could not be arm's length in the accepted sense of dealings between unconnected parties, but that of itself does not mean it is artificial nor is it indicative of tax avoidance."である。
230) 原文は、"In each of the DTAs of the Hong Kong SAR, the Associated Enterprises Article, which is modeled on Article 9 of the OECD Model Tax Convention on Income and on Capital (...), provides for primary tranfer pricing adjustments by a DTA state. The Associated Enterprises Article also provides a mechanism for relief from the resultant economic double taxation to be given by the other DTA state."である。

438

第4節　香港の対応策の分析

rulings）のパラ9でも述べられている通り、ルーリング発出の申請は、問題となる取引による所得の申告期限が到来する前に行う必要がある。ルーリングは、その申請者に対してのみ効力を有するものであり、税務当局が申請者情報等を隠して公表している一部のルーリングが、そのルーリングの対象となった申請者以外の同様な状況にある納税者や同様な取引にそのまま適用されるわけでもないが、実際上、納税者の予測可能性の向上や移転価格リスクの軽減に繋がっていると考えられる。

確かに、(i)ルーリングの発出は原則として有料であり、その金額（最低でも1万香港ドル）も安価とは言い難い、(ii)2011年改訂の「解釈指針」31号（Advance rulings）で示されている通り、一定の手続上の諸要件（申告書の提出期限以前にルーリングの発出申請を行うとともに、必要な情報を提供することなど）を満たせば、税務当局は、その発出を行うことを原則としているものの、依頼事項が一定の適用除外要件（単なる想定上の取引にすぎないものや納税者のタックス・プラニングを助けることとなるものなど）に該当する、或いは、税務当局の人的リソース等に鑑みて不適当であると判断される場合には、その発出は行われないなど、課税リスクの負担軽減手段としては一定の限界がある。ところが、実際には、上記の適用除外要件に該当していないとして、税務条例§61Aや§同条例20（「一定の非居住者の税負担」）等の適用可能性に関する具体的な回答が発せられたケースもある。

例えば、税務条例§20の適用の可否は[232]、例えば、国外関連者との移転価格が問題となっているアドバンス・ルーリング事案27（2006年6月5日付回答）で示されている。本事案では、香港で利益税の対象となっている香港法人・請求者が、その株式の全部を有している国外の親会社と契約を結び、当該親会社に対して、香港市場のリサーチと情報の提供、販売会や展覧会の支援、商品の設置・メンテナンスなどのサポート・サービスの提供を行うこととし、そのサポート・サービス提供に係る実際のコストの10％のマーク・アップを付した手数料を親会社から受領していたが、親会社に代わって、顧客からの注文の受注・販売やその交渉・契約の締結などを行う権限は有していなかったところ、本件契約に基づく取引によって本件香港法人が得た手数料は、税務条例§20(2)の適用対象となるか否かという点に対し、回答を示すことが求められている。

上記の点に対する税務当局の回答は、そもそも、税務条例§20の下では、非居住者が密接に関連している居住者と事業を行い、その事業が当該居住者に対して、利益は全く生じさせないか、あるいは、その利益の額が通常の利益の額よりも少なくなるように仕組まれているような場合には、そのような事業は、香港で行われたものとみなされ、また、当該非居住者のそのような事業からの利益は、当該居住者の名において利益税の課税対象となるところ、本件では、香港法人がその親会社に提供しているサポート・サービスへの対価となる利益として、香港法人に対して通常の利益よりも少なくはない利益が生じるような仕組みとなっていることから、2006/2007課税年度以降の取引は、このような仕組みに従って実行される限りにおいて、本件取引に対して本規定が適用されることはないという内容

---

231) 原文は、"The Commissioner may, on an application made by a person in accordance with Part Ⅰ of Schedule 10, make a ruling on any of the matters specified in that Part in accordance with that Part."である。

232) 税務条例§20(2)の規定振りは、本節3(1)及び脚注192)参照。

第5章　中国の対応策の分析

のものであった。

　税務条例§61Aの適用の可否は、例えば、アドバンス・ルーリング事案47（2011年9月16日付回答）で示されている。本事案では、ルーリングの発出を依頼している子会社が、その親会社から受けたローンと前渡し金を使って、その事業インフラへの投資を行っていたが、事業損失額の累積と債務状況の悪化により、その改善には相当期間を要することが予想されるようになったことに伴い、本件ローン開始年度から2～3年経過した後、本件親会社が、本件子会社に対し、ローンに係る利息と前渡し金の免除を行うことによって、本件子会社の資本構造や債務状況の改善を図ることとするが、かかる免除が行われると、税務条例§15（「取引収入とみなされる一定の金額」）の下、課税対象利得とみなされる一定の金額が発生したものとして、本件子会社は利益税の課税対象となるか、さもなくば、同条例§61A等の適用対象となるかという点に対する回答が求められている。

　そもそも、税務条例§15(1)は、(c)号において、課税対象利得となるのは、「香港での商務、職務又は事業の実行に関連して、下付金、助成金又は同様な財務上の支援を通じて、人に発生する又は受領される金額」であると定め[233]、同条(2)項は、「…香港で遂行されている商務、職務又は事業の利益を確認する場合、その商務、職務又は事業の目的上生じた負債の控除が認められ、それから、その債務の一部又は全部がその後、免除されると、その免除された金額は…商務、職務又は事業上の収入としてみなされる」と規定しているが[234]、上記事案に対する回答は、(i)本件で免除される金額は、その事業の通常の過程で生じたものでなく、また、本件子会社の事業の遂行と関連していないため、同条(1)項(c)号の適用はない、(ii)本件貸付利息や前渡し金に係る控除もないため、本条(2)項の適用もない、(iii)本件貸付利息や前渡し金の免除は租税回避行為ではないと考えられるため、同条例§61Aの適用もないという内容のものとなっている。

　上記の二つの事案に対する回答も、OECD移転価格ガイドラインと整合的なものとなっているのかという疑問を生じさせる余地もあると思料するが[235]、その点を度外視すれば、アドバンス・ルーリング制度が、税務条例§61Aや同条例§20等の適用に係る不透明性の問題を緩和する効果を発揮する場合があることを示している。もっとも、ルーリングが公表されているケースは多くはなく（2000年以降の11年間で50件ほど）、しかも、これらの事案も含め、総じて、単純なケースが多いとの事実が認められる[236]。かかる事実に鑑み

---

233) 原文は、"... the sums described in the following paragraphs shall be deemed to be receipts arising in or derived from Hong Kong from a trade, profession or business carried on in Hong Kong ... (c) sums received by or accrued to a person by way of grant, subsidy or similar financial assistance in connection with the carrying on of a trade, profession or business in Hong Kong, other than sums in connection with capital expenditure made or to be made by the person." である。

234) 原文は、"Where, in ascertaining ... the profits of a trade, profession or business carried on in Hong Kong, a deduction has been allowed for any debt incurred for the purposes of the trade, profession or business, then, if the whole or any part of that debt is therefore released, the amount released shall be deemed to be a receipt of the trade, profession or business ..." である。本規定は、債務免除等を行った者の所得の認定を行う根拠規定として機能するものと考えられる。

235) 事案27の回答は、税務条例§20の移転価格問題への適用の可否を問題の利益が「通常の利益」よりも少ないか否かという基準で判断している点において、また、事案47の回答は、無利息貸付等が租税回避行為に該当しない場合、その貸付者に所得を生じさせないとしている点において、OECD移転価格ガイドラインと整合的ではないのではないかとの疑問が生じる。

236) 公表されている各ルーリングは、http://www.ird.gov.hk/eng/ppr/arc.htm参照。

ると、租税回避行為であるか否かの判断が困難な事案や無形資産の移転が関係しているような複雑な事案の場合には、タックス・プランニングを助けることになるとの理由や税務当局の人的リソース等に係る限界等を理由として、ルーリングの発出が拒否されることが十分にあり得ると想定されることから、移転価格リスクの更なる軽減を図る必要があるのであれば、事前確認制度や事前照会制度以外の手段をも講じる必要があるものと考えられる。

4．対応策の更なる強化に向けた動き

(1) 租税条約ネットワークの拡充

　他方、最近の租税回避行為への対応措置の拡充策に目を向けると、2010年、情報把握機能を高める措置として、税務条例§49（Arrangements for relief from double taxation and exchange of information）が改正されたことが特に注目される。香港では、税務条例§4（Official Secrecy）が、「(1)…本条例の諸規定を実行する…ことを任命された者は、本条例の下での職務を遂行する上で知り得た者の事情に関する事項に係る秘密を保持又は保持することの支援を行い、如何なる者にもその事項を伝えない…」と規定しているが[237]、上記の改正された同条例§49の下では、新たに措置された（1A）項が、「もし、行政長官会同行政会議が、勅令で示した取極めが国外政府との締結されており、その取極めの実行が望ましいとの布告がされれば、その取極めは効力を発する。また、特に、…(b)その領土の税に関する情報の開示を必要とするその取極めの規定の目的のために、…効力を有する」と定めている[238]。

　改正された上記の税務条例§49は、(5)項でも、「本条によって取極めの効力が発生する場合、4条の下で課された秘密に関する義務は、取極めを締結している政府の権限のある職員に対し、その取極めの下で開示することが求められている情報を開示することを妨げない」と定めている[239]。しかも、本条の改正を受けて制定された「条例規則」（Inland Revenue rules）112BI章（Disclosure rules）は、§5（Notification before disclosure）(5)において、情報提供の申請の対象となっている納税者情報の開示を行うことをその納税者に通知することが、国外政府の調査を阻害するなどの状況が想定される場合には、その通知を行わないことができる旨を定めている。これらの規定等の有用性は、OECDモデル条約26条に則った情報交換規定を組み込んだ包括的な租税条約の締結数が増えることによって高まることとなるが、その数は、2012年末で既に25を超えている。

　さらに、2013年には、税務条例修正案が可決され、TIEAの締結も可能となっている。

---

237) 原文は、"(1) ... every person who has been appointed ... to carry out the provisions of this Ordinance shall preserve and aid in preserving secrecy with regard to all matters relating to the affairs of any person that may come to his knowledge in the performance of his duties under this Ordinance, and shall not communicate any such matter to any person ..." である。

238) 原文は、"If the Chief Executive in Council by order declares that arrangements specified in the order have been made with the government of any territory outside Hong Kong, and that it is expedient that those arrangements should have effect, those arrangements shall have effect and ... (b) for the purposes of any provision of those arrangements that requires disclosure of information concerning tax of that territory, shall have effect ...." である。

239) 原文は、"Where any arrangements have effect by virtue of this section, the obligation as to secrecy imposed by section 4 shall not prevent the disclosure to any authorized officer of the government with which the arrangements are made of such information as is required to be disclosed under the arrangements." である。

最初のTIEAは、2014年、米国と締結されている。香港・米国TIEAと2010年調印の・香港・日本租税条約25条を比べた場合、(i)香港の利益税、給与税及び不動産税（property tax）が情報交換の対象税目である[240]、(ii)金融機関等が有する情報も情報交換の対象であるなどの点では共通しているが、前者では、我が国が締結しているその他のTIEAと同様に、情報交換の実効性を更に高める工夫が施されている。例えば、香港・米国TIEAは、5条1項において、「…情報交換は、情報提供依頼国がその情報をその税目上必要としているか否か、また、調査対象行為が被依頼国内で行われた場合、その法令上、犯罪を構成するか否かを考慮することなく行われる」こと[241]、また、6条5項において、係争中であることを理由として情報提供を拒絶することができないことなどを定めている[242]。

(2) 租税条約での濫用防止規定の採用

近年、租税回避行為等への対応も更に厳格化してきていることは、多くの租税条約に条約漁り防止規定が組み込まれていることからも確認できる。香港・日本租税条約も、配当に関する10条、利子に関する11条、ロイヤルティに関する12条、キャピタル・ゲインに関する13条、その他の所得に関する21条との関係において、「主要な目的テスト」を採用している。例えば、本条約21条1項は、「一方の締約国の居住者が受益者である所得（源泉地を問わない）であって前各条に規定がないもの（…）に対しては、当該一方の締約国においてのみ租税を課することができる」と定めているが、本条約26条（減免の制限）は、「所得が生じる基因となる権利又は財産の設定又は移転に関与した者が、10条2項、11条2項、12条2項、13条6項又は21条1項に定める特典を受けることを当該設定又は移転の主たる目的とする場合、当該所得には、これらの規定に定める租税の軽減又は免除を与えない」と定めている。

勿論、「主要な目的テスト」を組み込んでいるのは、我が国との租税条約26条に限ったわけではなく、また、最近の香港の租税条約で採用されている濫用防止規定上の「目的テスト」として、「主要な目的テスト」が最も一般的となっているわけでもない。2010年調印香港・フランス租税条約では、「目的テスト」として、「（主要な目的又は）主要な目的の一つテスト」が採用されている。例えば、本条約10条6項は、「本条の諸規定は、配当の支払の対象となる株式又はその他の権利の設定又は移転に関与した者の主要な目的又は主要な目的の一つが、その設定又は移転によって本条を利用することである場合には適用されない」と定めている[243]。「主要な目的又は主要な目的の一つテスト」は、香港・フランス租税条約では、利子に関する11条8項、ロイヤルティに関する12条7項、キャピタル・ゲインに関する13条6項でも採用されている。

---

240) 米国の場合、連邦所得税、給与税、事業所得者税、遺産・贈与税及び連邦物品税、日本の場合、所得税、法人税及び住民税が、情報交換の対象税目である。
241) 前段部分の原文は、"... Such information shall be exchanged without regard to whether the requested Party needs such information for its own tax purposes ..." である。後段部分は、日本・ケイマン5条1項等でも採用されているが、当該前段部分は採用されていない。
242) 本規定と同様の趣旨は、日本・ケイマンTIEA 7条4項等でも採用されている。
243) 原文は、"The provisions of this Article shall not apply if it was the main purpose or one of the main purposes of any person concerned with the creation or assignment of the shares or other rights , in respect of which the dividend is paid, to take advantage of this Article by means of that creation or assignment." である。

第4節　香港の対応策の分析

「主要な目的の一つテスト」は、2010年調印の香港・オランダ租税条約10条でも採用されている。本条は、1項において、一方の締約国の居住者が他方の締約国の居住者に支払う配当は、その配当の受領者が居住者である当該他方の締約国で課税されるという原則を定め、2項において、その原則の例外（配当支払者が居住者である締約国が課税できる）が成立するための要件を定めているが、3項では、上記2項に定める要件に該当する場合であっても、その配当の受益者である法人が、(e)号に定める要件（「特典を付与しなければならない締約国の権限ある当局が、その法人の設立、取得又は維持とその活動の遂行の主要な目的又は主要な目的の一つが、本条の特典を得ることではないと決定する法人であり」[244]、なおかつ、3項に定めるその他の要件）を満たす場合には、その配当は、その配当を支払う法人が居住者である締約国の課税の対象とはならない旨を定めている。

OECDモデル条約1条に関するコメンタリーのパラ22等からも確認し得る通り[245]、濫用防止規定を有していない租税条約の条約漁りが問題となる場合であっても、基本的にGAARの適用は可能であると考えられるが、租税条約の中には、香港がフランスやオランダ等と締結した租税条約のように、国内法上の濫用防止規定の条約漁り等への適用を明示的に認める規定を有しているものもある。例えば、香港・フランス租税条約27条（Miscellaneous rules）は、「本条約上の如何なるものも、租税回避と表現しているか否かに関係なく、それに対する各締約国の国内の法律や措置に係る権利を毀損するものではない」と定めている[246]。租税条約上の濫用防止規定と税務条例§61Aの適用要件は、必ずしも同じではないことに鑑みると、「主要な目的テスト」又は「主要な目的の一つテスト」に加え、このような趣旨の規定をも租税条約に組み込むことにより、潜在的な税源浸食防止機能が高まっていると考えられる。

確かに、「主要な目的テスト」や「主要な目的の一つテスト」に関しては、その実際の適用に係る詳細が明らかではないなどの問題があるため、この問題に如何に対処するかという点が、その適用上、重要なポイントとなるが、香港・オランダ租税条約に関する議定書では、その適用上の指針となる幾つかのポイントが示されている。前述の通り、本条約10条3項(e)は、「主要な目的又は主要な目的の一つテスト」を採用しているが、本議定書Ⅶの2では、本規定の適用の可否の決定上考慮する事実と状況には、(a)配当の性質と金額との関係から考察した法人の居住地国における活動の性質と規模、(b)過去及び現在の法人の保有状況、(c)法人がその居住地国に居住する理由などが含まれると定められている。かかる指針を示している本議定書Ⅶの2は、その他の租税条約で採用されている「主要な目的又は主要な目的の一つテスト」の適用の可否を判断する上でも参考となろう。

---

244) 原文は、"... provided that the competent authority of the Contracting Party which has to grant the benefits determines that the establishment, acquisition or maintenance of the company does not have as its main purpose or one of its main purposes to secure the benefits of this Article." である。
245) 本パラの規定振りは、序章第1節1(1)・脚注13)参照。
246) 原文は、"Nothing in this agreement shall prejudice the right of each Contracting Party to apply its domestic laws and measures concerning tax avoidance, whether or not described as such." である。

第5章　中国の対応策の分析

第5節　小　括

1．第1節（二元的企業所得税制の下での対応）のポイント

　二元的企業所得税制等の下では、外資系企業に対し、その事業の類型や設立地域等に応じて多様な税制上の優遇措置が付与されていた。また、(i)当時の租税条約は、源泉地国に有利な規定を多く含む国連モデル条約に依拠したものばかりではなかった、(ii)条約漁りに対抗するための措置等の実効性が高いものではなかった、(iii)税務当局の租税回避行為へのスタンスが十分に厳格でなかったことなども、税負担という点で外資系企業に有利に働いた。勿論、外資系企業への優遇措置等を撤廃すべきとの批判もあったが、このような優遇的な取扱いも、外資導入を促進し、中国の経済発展及び企業所得税収の右肩上がりの増加に大きく貢献しているとの事実もある中、二元的企業所得税制の抜本的な改革は、2001年に世界貿易機構への加盟が実現した後も、しばらく手つかずという状態が続いたため、外資系企業への優遇措置等を不当に享受する濫用的なケースは更に増加した。

　濫用的なケースとしては、外資系企業を対象とする優遇措置の適用を狙って、中国の投資家が、バージン諸島、バルバドス及びケイマン諸島等のオフショアに法人を設立し、これらのオフショア法人を通じて中国への投資を行う「偽りの外資」と称される問題、(ii)中国法人が国際的組織再編などを通じて外国法人の子会社となることによって、外資系企業に対する優遇措置の適用を受けるという問題、(iii)外国投資家がオフショア等に設立した特別目的会社や持株会社を介して中国に投資を行い、関係する租税条約上の配当や譲渡益等に対する特典の適用を受けるという条約漁りの問題、(iv)かなりの数の外資系企業が移転価格等を利用して所得の国外移転を行う一方、中国では損失を計上するなどの例が挙げられるが、このような優遇措置を不当に享受する濫用的なケースが防止されたことを示す情報は少ない。

　特に、移転価格を利用した所得の国外移転の問題は深刻であったが、当時の中国の移転価格税制である1991年「外商投資企業及び外国企業所得税法」13条に基づく調整が行われたケースは稀であった。税務当局も、中国の外資系企業が国外関連者から市場価格よりも相当程度に高い価格で商品等を購入し、市場価格よりも相当程度に低い価格で商品等を輸出するという典型的な移転価格の事例に対しても、制度導入当初は、十分な対応が行われていなかったことを認めている。このような状況が生じた背景には、本規定は、移転価格税制の適用対象となる関連企業の範囲を広く定義しているだけでなく、国際取引だけでなく、国内取引をも適用対象とするなど、潜在的に高い機能を具備していたにもかかわらず、その適用・執行に係る指針が乏しかった、適正な執行を行う上で必要な関連企業間取引に関する情報の収集が困難であった、執行に係るスタンスが厳格ではなかったなどの問題があった。

　確かに、導入当初の移転価格税制が包含していた上記のような問題は、1998年国税発59号等の発布によって、その適用基準や執行上の指針がかなり明確なものとなり、また、税務当局の移転価格の執行も次第に厳格化するようになったことなどに起因して幾らか緩和されたことなどを背景として、増差税額も右肩上がりで増加して行ったが、このような状況の変化も、二元的企業所得税制に対する根強い批判をかわすには十分ではなかった。し

第5節 小 括

かも、2001年に世界貿易機構への加盟が実現すると、より厳しい競争に晒されることとなる多くの内資系企業の外資系企業向けの優遇措置に対する批判が更に高まる中、政府としても、世界貿易機構が掲げる諸規定・原則等に合致する体制を整備する必要性に迫られることとなった。二元的企業所得税制は、このように状況が変化する中、2007年に至り、ようやく廃止されることとなった。

2．第2節（企業所得税法の下での対応）のポイント

　二元的企業所得税制を終焉させたのが2007年に制定された企業所得税法である。本法の下では、基本税率が25％で統一され、外資系企業に対する優遇措置も、経過措置を伴う形ではあったが、原則として廃止されている。企業所得税法の下でも、企業全体からの税収が右肩上がりで増加している。税収増が生じた背景には、中国の経済発展だけでなく、(i)同法第6章において、租税回避行為への対応や税源浸食防止のための手段として、特別納税調整措置（移転価格税制の機能を拡充する措置、包括的否認規定、企業再編税制、CFC税制及び過少資本税制等）が手当てされた、(ii)これらの制度・措置の機能の実質的な拡充に繋がる国家税務総局の通達等が数多く発出され、それらの通達等に依拠した課税が積極的に行われた、(iii)少なからぬ租税条約が税源浸食防止効果を高める方向で改正されたなどの事実もある。

　上記(i)（特別納税調整措置）及び(ii)（国家税務総局の通達等）との関係では、特に、企業所得税法47条が定める包括的否認規定が、主要な目的テストを組み込んだ経済的実質主義に依拠する制度設計を採用しているところ、2009年国税函698号も、実質主義的な否認アプローチに依拠した上で、中国法人株式のオフショアでの間接移転による譲渡益に対する課税を回避する試みを否認する方針を示したこと、また、2009年国税函601号の下、実質主義的な否認アプローチから派生したと考えられる受益者概念に基づく条約漁り等の否認を行う方針が示されたことが特に注目される。これらの通達等は、特に、税収源の拡充効果及び税源浸食の防止効果を高める可能性を秘めているが、実際、既に、これらの通達等に依拠して国際的租税回避や条約漁り等を否認した例が数多く報告されている[247]。

　企業所得税法の下での組織再編税制も、税源浸食防止をかなり意識したものとなっている。企業所得税法制定前（特に、企業再編に関する2000年通達が発出される以前）は、企業再編に伴う資産等の譲渡益が課税されるケースはかなり限定されていたのに対し、同法の下では、同法実施条例75条が、企業再編の過程において、企業は取引発生時に関係する資産の譲渡所得又は損失を認識し、関係資産は、取引価格に基づき改めて課税ベースを確定しなければならない旨を定めている。また、国境を跨ぐ企業再編の場合、例外的に課税繰延べを認める特殊税務処理の対象となるのは、基本的に三つの類型（①非居住者企業が中国居住者に係る持分を中国又は国外の居住者である完全子会社に直接譲渡する、②中国の居住者企業が外国の居住者である完全子会社に対し、その保有資産又は持分を直接出資する、③居住者企業が、非居住の完全子会社に持分等を出資する）に該当する企業再編であって、なおかつ、「合理的な商業目的」を有する場合に限定されている。

---

[247] 2009年国税函698号の公布後の4年間で十数件の国内法人株式のオフショアでの間接移転による譲渡益を課税対象とする処分が行われたことを示す公開情報があることは、http://www.ey.com/Publication/vwLUAssets/CTIN...JP/.../CTIN2013002JP.pdf参照。

第5章　中国の対応策の分析

　上記(iii)（租税条約の改正）との関係では、①2006年調印中国・香港租税条約25条等が、条約上の規定が締約国の国内法上の租税回避防止規定の適用の権利を毀損しない旨を定めている、②2008年議定書が改正した同条約13条5項等では、株式譲渡益に対する居住地国の課税権が狭められている、③2011年調印中国・英国租税条約10条7項等が、「主要目的テスト」を組み込んだ濫用防止規定を採用していることなどが注目される。確かに、国際的租税回避や条約漁り等に対し、国内法上の濫用防止規定等を適用することが、租税条約上の規定と抵触しないとしても、これらの規定の適用の可否・射程範囲には少なからぬ不透明性が伴うことから、条約漁りの余地が狭くなるように租税条約の改正を行うことや租税条約に濫用防止規定等を組み込むことが有用であり、実際、その有用性は、受益者概念の適用の可否が問題となった2010天津事件決定等からも確認することができる。

3．第3節（法人所得等の国外移転による税源浸食への対応）のポイント

　法人所得の国外移転による税源浸食防止上重要な鍵となる移転価格税制も、企業所得税法42条及び関係する最近の通達等の下、その機能が大幅に強化されている。その機能強化の事実は、制度設計面では、特に、(i)本規定でいう「関連当事者」や同法実施条例109条でいう「関連者関係」等の適用対象範囲が広く定義されている、(ii)同法実施条例123条の下、更正の期間制限は10年である、(iii)2008年国税発2号37条の下、独立企業間価格の算定に当たっては、非公開情報も利用可能である、(iv)国税発2号11条及び19条の下での資料提出義務の対象となっている情報の範囲が広い、(v)国税発2号14条の下、同期資料の保存義務及び要請に応じた提出義務が課されており、その義務違反は、徴収管理法60条及び62条の下、1万元以下のペナルティの対象となる、(vi)同法48条及び同法実施条例122条の下、同期資料等の適時の提出のない場合の増差税額に対して懲罰的な利息が科されることなどの点に顕れている。

　執行面では、(i)2005年国税函239号の下、移転価格調査が中央管理されるようになった、(ii)国税発2号29条が重点調査対象企業を示した、(iii)2009年国税発85号が重点調査業種を示したことなどを背景として、移転価格調査の効率化が進展したことが、移転価格税制の機能を実質的に向上させるように作用している。実際、2005年頃から、移転価格調査件数は総じて減少する傾向にあるのに対し、総増差所得額及び平均増差所得額は、総じて右肩上がりに増加しているとの事実が認められる。移転価格税制の解釈上も、その機能を広く捉えるスタンスが採用されており、特に、国連の2013年版移転価格実施マニュアルでは、多国籍企業が中国に設立した子会社等を通じて事業を行うことに起因して生じるロケーション・セービングに基づく利益を当該子会社等に配分するのが、移転価格税制の適用上、妥当な解釈であるとの見解を強調したスタンスが示されている。

　上記の通り、企業所得税法の下での移転価格税制の機能強化策は、制度設計面と執行面の双方において認められるが、コンプライアンス・コストや移転価格リスクの軽減に繋がる制度や動きもある。代表例として、独立企業間価格幅やAPAが挙げられ、実際、一定の負担軽減効果を発揮している。しかし、国税発2号41条は、企業の利益水準が比較対象企業の利益率の幅の中央値を下回る場合、原則として中央値以下で調整する旨を定めており、また、APAの申請ができるのは、一定の要件に合致する者に限定されている。納税者の負担軽減効果という点では、むしろ、国家税務総局が、最近、租税回避防止業務を「調

査業務」、「管理業務」及び「サービス業務」の三位一体として捉えた上で、「調査業務」よりも、「管理業務」及び「サービス業務」に軸足を移す動きがあること、また、共同審査委員会によって地方税務当局の移転価格調査の結果を審査する方針を示していることなどが、より大きな潜在性を秘めた動きとなり得ると考えられる。

他方、税源浸食防止を主眼とした対応策に組み込まれた措置ではないが、企業所得税法第4章に定めるハイテク企業に対する優遇措置は、税負担軽減効果が高いだけでなく、税源浸食を未然に防ぐ効果をも発揮しているものと考えられる。その効果の大きさを判断することは困難ではあるが、中国の研究開発支出額は、近年、顕著な伸びを示している。企業所得税法の下で導入された新たな対応策の中には、実質管理地主義、CFC税制及び過少資本税制等もあり、これらの制度等も、税源浸食防止上重要なものであるのは疑いないが、(i)実質管理地基準は、中国が締結している多くの租税条約でも既に採用されている、(ii)CFC税制は、そのトリガー税率が低いため、その適用対象となる国・地域がそれほど多くない、(ii)過少資本税制の「基準比率」は、それほど厳しいレベルに設定されていないことなどからも示唆されるように、これらの制度等は、その他の主な対応策に比べると、グローバル・スタンダードからの乖離が少ないとの特徴を有している。

4．第4節（香港の対応策の分析）のポイント

香港では、法人の税負担は、世界的水準に比べて低いレベルにあるが、租税回避行為等に対する容認度が高いわけではない。特に、税務条例§61Aは、否認機能が高いと評されている豪州のGAARである1936年所得税法第4編Aに倣った「支配的な目的」テストに立脚する制度設計を採用しており、しかも、その適用対象は全税目であると解されている。確かに、その適用例は少ないが、その理由としては、本規定の牽制効果や把握し難い租税回避スキーム等の増加などが挙げられており、租税回避行為や本規定の適用に係る税務当局及び裁判所のスタンスが、文理主義の伝統の強い英国の裁判例の影響の下、消極的なものとなっていたからではない。実際、例えば、英国の文理主義の優位性を示したウェストミンスター原則に修正を加えたと言われているRamsay原則は、香港の印紙税法§45の適用回避を狙った取引の税務上の効果が否認されたArrowtown事件終審法院判決（2004）によって、その頂点に達したとも評されている。

確かに、租税回避行為の否認上、税務条例§61Aは一定の機能を果たしたが、費用控除規定である税務条例§16（「課税対象利益の確定」）等との適用関係が十分に明確でないとの問題があった。かかる問題は、Ngai LiK事件終審法院判決（2008）において、費用控除規定の下では、控除額と市場価格を比較して過大となる部分の控除を否認することが求められているわけではないとの見解が示されたことによって幾分緩和されたが、GAARに基づいて独立企業価格との乖離を否認することにも、一定の限界があるものと想定される。確かに、2009年には香港版移転価格ガイドラインである「解釈指針」46号が発出され、本号の下では、OECD移転価格ガイドラインに則った取扱いが行われるとの方針が示されたものの、移転価格税制自体が導入されていない中、税務条例§61Aや費用控除規定に依拠して移転価格問題に対処するとの取扱い・方針には、幾らかの問題点や限界があると考えられる。

「解釈指針」46号は、上記のような問題点・限界（移転価格税制に依拠する調整対象で

はないとして、国際的二重課税の解消の対象とならない可能性も含む）もあることから、多くの納税者にとっては、特に、移転価格リスクを軽減することが重要なポイントとなる。移転価格リスクを軽減するための代表的な手段としては、アドバンス・ルーリング制度が挙げられる。もっとも、本制度は、(i)一定金額等を超える取引等のみをルーリングの発出対象としている、(ii)有料である、(iii)タックス・プランニングを助けることとなる場合などには発出されないなどの限界を有している。確かに、実際には、税務条例§61A等の適用が問題となり得る移転価格事案に対してルーリングが示された例もあるが、複雑な事案等の場合、人的リソース上の制限等により、回答が示されないこともあるほか、これらのルーリングも、OECD移転価格ガイドラインとの整合性を確保する形でGAAR等に依拠して移転価格問題に対処することの困難性を示唆するものとなっている。

他方、香港政府の租税回避行為等への対応は、最近、TIEAや情報交換規定及び濫用防止規定等を組み込んだ租税条約が締結されるようになったことにより、新たな次元に突入している。例えば、2010年調印日本・香港租税条約では、金融機関等が有する情報も、情報交換の対象とされており、2014年調印香港・米国のTIEAでは、金融機関等が有する情報だけでなく、被依頼国の犯罪に該当するようなケースに関する情報等も情報交換の対象とされている。また、条約漁りへの対応という点では、2010年調印香港・フランス租税条約等が、「主要な目的テスト」や「主要な目的の一つテスト」に依拠する濫用防止規定を採用していることや、GAAR等の国内法上の対応策の適用をも担保するために、租税条約上の規定は、各締約国の国内法上の措置に係る権利を毀損しない旨を定める規定を措置していることなどが特に注目される。

5．先行する章との関係・比較

二元的企業所得税制を廃止する企業所得税法の2007年制定によって中国の対応策は大きく変容した。特に、包括的否認規定である企業所得税法47条が措置されたことの意義は大きい。本規定は、その規定振り及び企業所得税法実施条例120条からも明らかなように、その適用基準として「主要な目的テスト」を組み込んだ実質主義的否認アプローチに依拠している。本規定の適用基準の詳細は、必ずしも十分に明確なものとなっているわけではないが、その潜在的な否認機能が大きいことは、国家税務総局が発布している一連の通達（2009年国税発2号）等からも確認することができる。本規定は、租税回避に該当する中国法人株式のオフショアでの間接移転に対し、譲渡益課税を行う根拠としても依拠されているほか、本規定が依拠する実質主義的アプローチや本アプローチから派生した受益者概念に依拠することによって、合理的な事業目的を欠く取引によって生じ得る税源浸食の防止や条約漁りに対応することなども可能となっている。

国内法人株式のオフショアでの間接移転による譲渡益に課税するという上記の手法は、包括的否認規定である企業所得税法47条に基づく実質主義的アプローチであり、インドの改正された1961年所得税法§9のようなソース・ルールに依拠した手法・課税アプローチとは対照的である。かかる手法・課税アプローチ上の差異は、課税対象となるケース・譲渡益の範囲に違いを生じさせる。このような差異は、国内法人株式のオフショアでの間接移転による譲渡益に課税できる範囲が、実質主義的否認アプローチに依拠する中国の場合において、より狭いものとなる可能性を示唆しているが、中国の場合、その機能を補完す

第5節 小 括

る手段として、国税函698号5条の下では、一定の要件に該当する中国法人株式のオフショアでの移転の場合、その中国法人が国家税務総局に報告する義務が課されているほか、最近では、中国法人株式のオフショアでの移転による譲渡益に対する居住地国の課税権を制限する方向で租税条約13条等を改正する動きも見受けられる。

　中国の移転価格税制の潜在的な税源浸食防止機能も、英米やインドの移転価格税制に見劣りしないことは、(i)国内取引も適用対象としている、(ii)適用対象となる「関連者」に該当するか否かの資本基準が低い、(iii)同期資料の作成義務等に代表されるコンプライアンス・コストや義務違反に対するペナルティがかなり厳しい、(iv)移転価格の対象となった無形資産の独立企業間価格を算定する上で、コスト・アプローチではなく、所得アプローチに依拠した例（2010年大連事件決定）も既に報告されている、(v)インドの税務当局と同様に、ロケーション・セービングによる利益を現地企業に帰属すべきであるとの見解・スタンスを国連の移転価格マニュアル等で示していることなどからも確認することができる。また、英国のパテント・ボックスと基本的に同様な機能を発揮する中国のハイテク産業に対する税務上の優遇措置によって、移転価格を行うインセンティブも低下する方向に作用することから、かかる措置も税源浸食防止効果を発揮するものと考えられる。

　香港の場合、Arrowtown事件終審法院判決（2004）等からも示唆されるように、裁判所の税法解釈アプローチは、予てより、総じて、英国の裁判所よりも柔軟で目的論的解釈アプローチに依拠するスタンスのものとなっており、そのようなスタンスは、潜在的に高い否認機能を有するように制度設計されているGAARである税務条例§61Aの適用にも少なからず影響を与えている。しかも、インドのGlaxo事件最高裁判決（2005）と同様に、Ngai Lik事件終審法院判決（2008）では、課税対象利益の発生のための対価で独立企業間価格を超える部分の控除は費用控除規定に基づいて否認することはできないとの見解が示された上に、「解釈指針」46号では、移転価格問題への対応上、本規定が特に重要な規定の一つとなるとの指針が示されていることから、香港におけるGAARが活躍し得る舞台は、その適用対象税目が所得税に限定されていないことにも支えられて、潜在的には、かなり広いものとなっていると考えられる。

　他方、中国及び香港の場合、高い潜在的機能を有する包括的否認規定や移転価格税制の適用に係る不透明性に基因する課税リスクの問題（この問題は、中国の場合、コンプライアンス・コスト、香港の場合、移転価格税制によらない移転価格問題への対応によって、更に深刻化している）を緩和する必要性が高いと考えられる。確かに、最近、中国では、予防管理に軸足を移す三位一体の業務推進の動きがあり、香港では、ルーリング制度が移転価格リスクの問題を緩和する手段の一つとなり得るが、更なる負担・リスクの軽減策の選択肢を模索することも必要となろう。かかる選択肢としては、例えば、GAARとの関係では、英国やインドでは、その適用の可否を判断する第三者的な委員会等が設置されることとされており、また、インドでは、その適用上の閾値となる金額基準が設定されていること、移転価格税制との関係では、英語やインドでは、一定の要件に該当する取引等を自動的にその適用除外とする措置が講じられていることなども、参考となるかもしれない。

終章　我が国の対応策の再構築

第1節　諸外国の主な対応策の比較と示唆

　第1章～第5章では、(i)租税回避行為による税源浸食への対応、(ii)納税者の国外移転による税源浸食への対応、(iii)法人所得等の国外移転による税源浸食への対応、(iv)実態把握漏れによる税源浸食への対応という観点から、米国、英国、EU、インド及び中国の主な対応策に目を向け、その制度設計上の特徴、関係する代表的な裁判例及び議論の趨勢等が示唆する有用性・限界等を考察した。これらの対応策の中には、我が国の対応策と少なからず異なるものも数多く含まれているが、我が国の税源浸食を抑止・防止する措置の今後のあり方を考察する上でも参考となるものも少なくないと考えられる。かかる考えの下、本節では、以下、これらの諸国等の対応策の中で特に注目されるものを抽出・類型化するとともに、その主な特徴・機能等を横断的に再確認・比較することによって、主な共通点や相違点を浮き彫りにすることを試みる。

1．租税回避行為による税源浸食への対応策の比較

(1) 米国の主な対応策の特徴

　上記(i)（租税回避行為による税源浸食への対応）を行う手段として、各章で考察した諸外国では、GAAR（又は包括的な否認規定）が措置されている。米国の場合、かかる措置に該当するのが、2010年に経済的実質主義を立法化したIRC§7701(o)である。そもそも、判例法上の原則である経済的実質主義は、租税回避行為等の否認上、かなりの成果を上げてきたが、本規定は、その適用基準である「二股テスト」の解釈に係る不透明性の問題を税務当局に有利な「結合的関係テスト」の採用という形で解決し、しかも、「事業目的テスト」としては、「相当な（事業）目的テスト」を採用している。「結合的関係テスト」の下、「主観テスト」（問題の取引の当事者である納税者が租税回避以外の事業目的を相当程度に有すること）又は「客観テスト」（問題の取引が経済的実質を有すること）のいずれかをクリアーしない租税回避行為等は否認の対象となる。

　また、IRC§7701(o)との関係では、2010年に措置された「厳格なペナルティ」の適用を定めるIRC§6662(i)も、その機能・有用性の程度の決定上一つの重要なポイントとなる。本規定の下では、IRC§7701(o)の適用対象取引又は経済的実質を欠く取引と「法律上同様なルール」の要件を充足しない取引が、財務省規則§1.6011-4(b)等に定めるタックス・シェルターの開示義務を履行していない場合、通常の20％という率ではなく40％の率の「正確性に係るペナルティ」の対象となるが、その厳しさは、合理的な理由の存在等に依拠した「正確性に係るペナルティ」の適用免除がないことからも確認できる。確かに、IRC§6662(i)の導入には、そのデメリット（IRC§7701(o)の適用が抑止されるなど）も生じ得るが、IRC§7701(o)及びIRC§6662(i)の導入によって、租税回避行為の否認機能だけでなく、租税回避行為の抑止機能が、特に高まったことは疑いない。

(2) 英国の主な対応策の特徴

　英国の場合、2013年FA第5章（§206〜§215）にGAARが導入されている。予てより文理主義の伝統が強い英国でGAARが導入されたことの意義・影響は、特に大きいと考えられる。もっとも、英国のGAARは、「主要な目的（又は主要な目的の一つ）テスト」を組み込んだ制度設計を採用しているものの、問題のアレンジメントがその適用対象となるためには、基本的に、「二重の合理性テスト」の下での要件（全ての状況を勘案した上で、関係する租税規定との関係上、合理的な行為過程であるとは合理的にみなせないアレンジメントを契約又は実行していること）に該当する「濫用的な租税アレンジメント」に限定されている（異常性のないものやその効果や結果が関係規定の創設時に意図されたものでないと合理的に考えられるものなどは適用対象外である）ことから、諸外国のGAARと比べた場合、その適用上のハードルは相対的に高いものとなっている。

　しかも、2013年FAスケジュール43及び税務当局のGAARガイダンスC編2.2によると、GAARの慎重な適用を図るなどの観点から、税務当局は、その適用の可否を決定する上で、税務当局からの代表者を含まないメンバーで構成される諮問委員会の意見を考慮することとされているほか、租税アレンジメントがGAARの適用対象となっても、特別のペナルティが課されることもない。しかし、このような制度設計が示唆する限界を有している英国のGAARも、(a)その適用対象とする税目が多い、(b)租税回避行為の否認の可否に係る判断を行う上で指針となる原理を示すことを通じて議会や裁判所の負担を軽減する、(c)関係する税法規定の目的論的解釈による租税回避行為への対応上の限界を補完する、(d)税制の更なる複雑化に一定の歯止めを掛ける方向に作用するなどの特徴・機能を少なからず秘めていることから、その導入の意義・効果は小さいものではないと考えられる。

(3) EUの主な対応策の特徴

　EUレベルで構築されてきている間接税の分野で依拠し得るEuro-GAARとは、Halifax事件ECJ判決（C-255/02）等で示された基準であり、加盟国は、この「Halifax基準」（税務上の利益の付与を認めることが付加価値税指令とその国内適用を図る規定等の目的に反しており、なおかつ、税務上の利益を得ることを根本的な目的としていることが、多くの客観的な要素から明らかである）に該当する取引等の税務上の利益を否認することが認められる。他方、直接税の分野で構築されてきているEuro-GAARは、Cadbury Schweppes事件ECJ判決（C-196/04）等で示された基準であり、加盟国は、この「Cadbury Schweppes基準」（税法を欺く又は回避することを目的とする全く人為的なアレンジメントへの税務利益の付与をしないとの特定の目的を有するルール）に反する取引等に対し、EC条約等との抵触の問題を生じさせることなく、税務上の利益を付与しないことが認められる。

　加盟国の法人課税ベースの共通化を目指すCCCTB指令案80条に定めるGAARの制度設計の行方は未だ定かではないが、その制度設計も上記Halifax基準及びCadbury Schweppes基準を反映していることから、本指令案を通じて、これらの基準のEuro-GAARとしての位置づけは、更に強固なものとなったと考えられる。欧州委員会は、加盟国の国内法上のGAARの制度設計として、2012年に発表した「アグレッシブなタックス・プランニングに対する最終提案」において、「租税回避を根本的な目的として措置された税務上の利益を得ることに繋がる一つの又は一連のアレンジメントは無視される。加盟国の権限のある当

局は、これらのアレンジメントの経済的実質を参照した上で、それらを税目的上取り扱う」との制度設計に依拠するGAARを提唱しているが、かかる制度設計も、上記Halifax基準及びCadbury Schweppes基準の影響を受けていると考えられる。

(4) **インドの主な対応策の特徴**

インドでも、英国判例法の影響の下、長らく文理主義の伝統が強かったが、2012年FAの下、1961年所得税法第10章（§95～§102）にGAARが措置された。本規定の適用対象となる「容認できない租税アレンジメント」とは、税務上の利益を得ることを主要な目的又は主要な目的の一つとする租税アレンジメントで、一定の要件（所得税法上の規定の誤用・濫用を招く、事業実質を欠く、あるいは、通常用いられない方法に依拠しているなど）に該当しているものである。また、取引の一部が経済的実質を欠く取引にも米国のIRC§7701(o)は適用されるとするColtec基準と類似する考え方が、本法§92(2)（「アレンジメントの一つ又は一部の段階の主要な目的が、税務上の利益を得ることであれば、それがアレンジメントの全体の主要な目的でなくとも、それを主要な目的として契約又は実行されたものと推認される」）で採用されている。

上記の通り、インドのGAARの適用上のハードルは、英国のGAARよりも低いと考えられるが、GAAR導入後に大蔵大臣の命を受けたShome委員会が発表したGAAR最終報告書では、GAARの機能に一定の制約を加える改正案が提唱されている。本改正案では、(i)GAARの適用対象範囲を画する金銭的な閾値は、年間の税額で3クローレ・ルピーとする、(ii)目的テストとしては「主要な目的テスト」を採用する、(iii)所得税法§92(2)に基づくGAARの適用は、アレンジメントの全体ではなく、その一部に対して適用される、(iv)GAARの適用上、同法§144BA（「一定の状況の下での局長への照会」）に従い、「承認委員会」の判断を仰ぐことが求められるが、「承認委員会」のメンバーは、税務当局からの代表者が半数以下とすることなどが提唱されているが、大蔵大臣も、既に、その改正案を基本的に反映した税制改正を行う方針を示している。

(5) **中国の主な対応策の特徴**

中国の場合、2007年企業所得税法47条の下、包括的否認規定が導入されている。本規定及び同法実施条例120条の下、主要な目的が税負担の軽減等である取引等（優遇措置又は租税条約等を濫用する取引等も含む）は、合理的な事業目的を有していないとして否認の対象となるが、本規定が措置されたことなどを受けて発出された一連の国家税務総局等の通達によって、本規定が立脚する実質主義的アプローチに基づく租税回避等の否認方法が、より一層、幅を利かせるようになっている。例えば、2009年国税函601号は、受益者概念による条約漁り等の否認を行うとの指針を示している。また、租税条約でも、「主要な目的テスト」や受益者規定等に代表される包括的な濫用防止規定を組み込むものや、租税条約上の規定は国内法上の包括的否認規定等に基づく条約漁り等を否認する権利を毀損しない旨の規定を盛り込むものが増えてきている。

香港では、1986年に導入された税務条例§61AがGAARとして機能している。本規定は、高い否認機能を有する豪州の所得税法第4編Aに倣い、「支配的な目的テスト」を採用したものとなっており、その潜在的な否認機能は高い。しかも、税務条例§61Aは、全ての

第1節　諸外国の主な対応策の比較と示唆

税目を適用対象とするGAARであると解されている。さらに、税法上、移転価格税制が措置されていない中、香港版移転価格ガイドラインは、税務条例§61Aや費用控除規定が、移転価格問題への対応上、関係する規定であるとの位置づけをしている。最近では、GAAR以外にも、租税回避行為への対抗策の整備が進展しており、特に、租税条約という文脈では、TIEAを締結する、「主要な目的又は主要な目的の一つテスト」に依拠する濫用防止規定等を組み込む、あるいは、国内法上の対応策の条約漁りへの適用を担保する規定を盛り込む方向で租税条約を改正するなどの動きが見受けられる。

2．納税者の国外移転による税源浸食への対応策の比較

(1) 米国の主な対応策の特徴

　上記(ⅱ)（納税者の国外移転による税源浸食への対応）という点で特に注目すべき対応策を採用している国も少なくない。米国の場合、1966年に措置された個人に対する出国税であるIRC§877（「租税回避のための国籍離脱」）が、「管轄アプローチ」に依拠し、国籍離脱時に一定額以上の所得額又は資産額を有する者の国籍離脱後の10年間の所得を米国で全世界所得課税の対象とするとの制度設計を採用した追跡税であったのに対し、2008年に新たに導入された出国税制度であるIRC§877A（「国籍離脱の税務上の責任」）は、(a)項(1)号において、「適用対象国籍離脱者」の全ての資産は、その国籍離脱の日に市場価格で譲渡されたもの取り扱う旨を定めている通り、「実現アプローチ」に依拠したものとなっている。IRC§877Aの適用対象となるのは、同条(a)項(3)号の下、みなし譲渡益の損益通算後の金額が60万ドルを超える場合とされている。

　米国市民権の放棄等による遺産税・贈与税の負担の軽減・回避に対しては、IRC§2107（「租税回避のための国籍離脱」）やIRC§2501（「税の賦課」）による対応が行われていた。これらの規定は、租税回避を主要な目的として国籍離脱を行った者の国籍離脱後の10年間の財産移転の際、米国居住者であれば遺産税や贈与税の課税対象とならない資産（米国法人株式等）をも課税対象とする制度設計を採用していたが、2008年に措置されたIRC§2801（「税の賦課」）は、「適用対象国籍離脱者」から受けた遺産又は贈与物が、1万ドルに物価調整率を乗じた額を超える場合、その遺産又は贈与物が、「適用対象国籍離脱者」から受領したものでない場合に適用される年間控除額や生涯控除額の適用なしに、その額を超える金額がその受領時の最高税率で課税される旨を定めている。しかも、本規定は、IRC§2107やIRC§2501とは異なり、信託の設定者や受益者が米国の者以外の者である国外信託等を利用した贈与・遺贈の場合にも適用され得ることを明記している。

(2) 英国の主な対応策の特徴

　英国の場合、英国の通常の居住者が税務上非居住者となるためには、「英国との明確な断絶」が必要であるとする判例法が、個人の住居等の国外移転による税源浸食を相当程度に防止してきた。税務当局が2012年に発表した「法律上の居住テスト（SRT）」も、かかる判例法を踏まえたものとなっており、SRTの下では、「自動的英国テスト」又は「自動的国外テスト」に基づいて英国の居住者又は非居住者と判定されない場合、「英国を離れた者」の英国での滞在日数が長いほど、英国との「結びつき基準」（①英国の居住者である家族の存在、②英国で利用可能な滞在施設の存在、③英国での仕事日数が40日超である、

453

④直前の二課税年度中の滞在日数が90日超である、⑤英国での滞在日数が他国での滞在日数より多い)の多くに該当しないことが、英国の非居住者と判定されるために必要となる。SRT上の基準は、殆どそのまま、2013年FAのスケジュール45(「法的居住性テスト」)第1編の下に立法化されている。

また、住居等の国外移転に対しては、追跡税である相続税法§267(「英国の居住者とみなされる者」)やTCGA§10A(「一時的な非居住者」)等も措置されている。特に、TCGA§10Aの下では、英国の居住者が非居住者となって行った資産の譲渡益は、一定の金額基準・要件(出国後5年未満に再び英国に帰国して英国の居住者となるなど)に該当する場合、帰国年度に英国で譲渡益が発生したかのように課税される。法人の国外移転に対しては、判例法上の法人等の居住性の判定基準である「管理と支配の中心」基準及び多くの租税条約上の実質管理地基準が、「管轄アプローチ」に立脚する対応策として機能している。さらに、「実現アプローチ」に依拠する対応策である1992年TIOPA§185(「英国の居住者でなくなる法人への資産のみなし譲渡益課税」)の下では、英国の居住者でなくなる法人の資産は、適用免除要件を満たさない限り、みなし譲渡益課税の対象となる。

(3) EU加盟国の主な対応策とEC条約等との関係

英国を含むEU加盟国の税源浸食防止策の場合、その制度設計は、EC条約等との関係から制約を受けるとの限界がある。実際、例えば、出国する個人である居住者の資産のみなし譲渡益課税を行うフランスの出国税である租税通則法§167とEC条約等との関係が問題となったHughes de Lasteyrie事件ECJ判決(C-9/02)では、本規定は、出国後の資産価値の下落を反映しない課税となっており、また、延納に伴う担保の提供を必要とするなどの問題点があることから、EC条約43条に抵触すると判示されたため、幾らかの国では、個人に対する出国税の改正が行われている。もっとも、例えば、本判決の当事者であったフランスでは、本判決を踏まえて、2011年勅令(Decree no. 2012-457)の下、機能拡充したとも指摘されている出国税制度が新たに導入されたように、本判決によって、加盟国の個人に対する出国税の機能が一方的に低下することとなったわけではない。

追跡税や法人に対する出国税も、確かに、EC条約等との関係が問題となり得るが、その問題をクリアーする形でこれらの税を制度設計できる余地は、個人に対する出国税と比較しても、狭くはないようである。実際、例えば、前者の例であるオランダ相続税法3条は、納税者がオランダから出国した後の10年間以内に相続が生じたケースで出国先の相続税がオランダの相続税よりも軽い負担である場合に課されるものであるが、Van Hilten事件ECJ判決(C-513/03)では、資本移動の自由や無差別取扱いを定めるEC条約56条に抵触しないと判示されている。後者の例であるオランダの所得税法§16に基づくみなし譲渡益課税も、NGI事件ECJ判決(C-370/10)では、出国後の資産価値の下落に対処すべき国及び加盟国間の徴収共助の利用可能性等の点において、個人の出国と法人の出国は異なっている点などに鑑み、本規定は「欧州連合の機能に関する条約」49条に抵触しないと判示されている。

(4) インド及び中国の主な対応策の特徴

インドでは、業務の管理支配が完全にインドにある法人もインドの居住者である旨を定

める所得税法§6（「インドでの居住性」）(3)(ii)によって、設立準拠地主義の限界を補完することがある程度可能であるが、2010年直接税法案では、その補正機能を更に高める制度設計が提案されている。他方、中国では、企業所得税法2条が、設立準拠地主義及び実質管理地主義に基づいて法人居住性を判定する旨を定めた上で、2009年国税発82号が、実質管理地主義の適用要件を列挙している。また、中国が締結している多くの租税条約でも、実質管理地基準が採用されているところ、新疆ウイグル自治区事件決定（2008）等では、実際、その有用性が発揮され、税源浸食の防止が可能となっている。組織再編税制も、企業所得税法の下、その税源浸食防止機能が高められていることも、法人の国外移転を利用した租税戦略への対応上、重要なポイントの一つとなっている。

CFCルールも、法人の国外移転による税源浸食防止上、重要な鍵となるものであるが、インドの場合、本ルールは直接税法案上のものにとどまっている。他方、中国では、企業所得税法45条が本ルールを採用しているが、本ルールの適用対象範囲を画するトリガー税率は、同法実施条例118条の下、実効税率が同法4条1項に定める税率の50％未満とされており、また、国税発2号78条は、積極的な事業活動を行っている企業等又は年度の利益総額が500万人民元未満である企業等を本ルールの下でのみなし配当としての合算課税の適用対象外とする旨を定めている。これらの規定に鑑みると、本ルールの適用対象となる国等は、それほど多くはなく、また、その適用免除要件をクリアーすることも非常に困難ではないと考えられることから、その制度設計は、その他の幾つかの抜本的な対応策ほど厳しいものとはなっていないと評し得よう。

3．法人所得等の国外移転による税源浸食への対応策の比較

(1) 米国の主な対応策の特徴

上記(iii)（法人所得等の国外移転による税源浸食への対応）という点では、米国の場合、所得相応性基準を組み込んでいるIRC§482及びその機能の実質的な強化に繋がっている財務省規則が注目される。特に、関係する財務省規則は、厳格に客観的な独立企業原則に依拠する移転価格税制が包含する無形資産が絡む費用分担契約を利用した所得の国外移転の問題への対応上の限界を補っている。他方、これらの財務省規則と独立企業原則との乖離を指摘する向きも少なくなく、また、独立企業原則に基づく移転価格税制による税源浸食防止機能の限界が顕著なものとなるにつれ、独立企業原則に対する信奉は薄れ、移転価格税制に固執することなく、米国の州が依拠する所得配分基準である「定式配分方式」の採用やその独立企業原則との結合によって、より実態に即した利益配分・所得課税を行うのが望ましいとの考え方も台頭してきている。

法人資産等の国外移転への対応策としては、IRC§482に加え、「国外移転に係る通行税」であるIRC§367やコーポレイト・インバージョン対策税制であるIRC§7874もある。IRC§367は、組織再編等による株式等の譲渡益への課税権の喪失・制限を防止するために、一定の条件の下、適格組織再編等に対する株式譲渡益の繰延べを否定する根拠規定であるが、インバージョン後の二次的な「利益剥し」、無形資産の移転及びCFCルールの不適用の問題等への対応の困難性に鑑み、IRC§7874が措置されている。IRC§7874の下、株式保有や事業活動レベルに係る一定の要件に該当するインバージョンは、「管轄アプローチ」（国外移転した親会社を米国の無制限納税者として取扱う）又は「実現アプローチ」（国外

終章　我が国の対応策の再構築

移転に伴う譲渡益課税の繰延べや移転後の損益通算・外税控除適用の制限）の適用対象となるが、Obama政権は、「管轄アプローチ」の大幅な拡充策を提案している。

(2) 英国の主な対応策の特徴

　財産贈与の大半が「潜在的に課税免除」（"potentially exempt transfer"）とされている英国では、1988年ICTA第17部第3章（§739〜§746）が、個人資産等の国外移転による税源浸食の防止策として機能しており、特に、ICTA§739（「所得税回避の防止」）は、実質的には英国の居住者が国外の事業体等に移転させた資産から生じる所得をその居住者の所得として課税する規定として機能しているが、本規定は、その適用基準及び適用対象となる所得の範囲などに係る不透明性の問題やEC条約等との抵触の問題を内包している。これに対し、法人所得や資産等の国外移転による税源浸食を防止する主な規定である移転価格税制や主な費用控除規定は、EC条約等との抵触の問題を惹起する可能性は低いと考えられるが、これらの規定については、米国の場合と同様に、その相互の適用関係が必ずしも十分に明らかではないとの問題がある。

　上記の不明確性の問題は、例えば、移転価格問題に対して1988年ICTA§74に基づく費用控除の否認が行われたRochester事件特別委員決定（1998）等に顕れているが、かかる問題は、2004年FAによって、移転価格税制であるICTAスケジュール28AAが国内取引にも適用されるように改正されたことにより、より深刻化することとなると想定される。もっとも、費用控除規定による税源浸食の防止には少なからぬ限界があることは、Atherton事件貴族院判決（1925）等において、1918年所得税法規則§3(f)等に定める控除対象となる事業目的のために排他的に支出された費用には、「事業上の便宜・都合」から生じた費用、つまり、事業遂行の間接的な推進のために支出された費用も含まれると判示されたことなどからも明らかであることから、本改正によって、かかる限界を移転価格税制が国内取引との関係でも補完するケースが、少なからず出てくるものと考えられる。

　さらに、DSG事件特別委員決定（2009）では、ICTAスケジュール28AAの下、独立企業原則が、厳格に客観的な原則ではなく、主観的な要素を含むものと解されていることが確認されたが、本事件では、このような解釈も税務当局に有利に作用する結果となっている。このように、英国の場合、移転価格税制を巡る最近の動きは、その税源浸食防止機能が実質的に高まる趨勢にあることを少なからず印象づけるものとなっているが、税源浸食防止手段としては、法人所得等の国外移転を行うインセンティブを低下させるような措置もあり得るのではないかと考えられるところ、2012年には、知的財産の研究開発活動を相当程度に行っている法人に対して軽減税率を適用するパテント・ボックス制度である2010年法人税法第8A編が措置されていることも、特筆すべき点となっている。

(3) EU加盟国の主な対応策とEC条約等との関係

　EU加盟国の移転価格税制は、所得移転による税源浸食の防止上、鍵となる対応策であるが、加盟国のその他の第三者取引基準に依拠する対応策とEC条約等との関係を巡るThin Cap事件ECJ判決（C-524/04）では、「全く人為的なアレンジメント」に適用対象を限定しておらず、しかも、商業上の正当化を根拠とする適用除外を認めないなどの問題があるドイツの過少資本税制は、EC条約等に抵触すると判示されている。SGI事件ECJ判決

第 1 節　諸外国の主な対応策の比較と示唆

（C-311/08）でも、ベルギー法人が国外の低税率国に設立されている法人に「通常でない又は無償の利益」を付与した場合、その利益額をそのベルギー法人の利益に加算して課税するベルギーの所得税法§26が、EC条約等に抵触しないためには、その適用対象が「全く人為的なアレンジメント」に限定される必要はないが、「商業上の正当化」テストを組み込んだ第三者取引基準に依拠する必要があると判示されている。

　上記の二つのECJ判決は、第三者取引基準が主観的な要素を含むものであると解されていることを示すものであり、かかる解釈は、移転価格税制が依拠する第三者取引基準にも妥当するものと考えられる。実際、加盟国の移転価格税制の中にも、オランダの法人税法§8bのように、Automotive 最高裁判決（2002）において、それが依拠する独立企業間価格は、納税者と同様な地位にある非関連者であったならばいかほどの報酬を受けたかを判断するテストに基づいて算定すべきであり、多国籍企業に対し、グループのメンバーでないと仮定させた上で算定するものではないと解されているものも少なくない。このような解釈に立脚する移転価格税制は、OECD移転価格ガイドラインと乖離しているのではないかとの疑問も生じるが、近年では、OECD移転価格ガイドラインも、独立企業原則を厳格に客観的な基準と捉えないような方向性を強めてきている。

(4)　**インドの主な対応策の特徴**

　インドの場合、移転価格税制である所得税法§92Bの有用性が特に大きいことは、(i)本規定に基づく調整件数が非常に多い、(ii)「事業上の便宜・都合」による支出や事業への直接的な利益の付与を目的としない費用も控除対象となり得ると解する英国のAtherton基準の影響の下、費用控除規定による税源浸食の防止に少なからぬ限界がある、(iii)独立企業間価格幅を定める所得税法§92C(2)但書は、2012年FAによる改正等によって、一部の裁判例等で認められていた納税者に有利な算定方法を適用する余地がなくなった、(iv)本税制の下、インドに子会社等を設立することによって多国籍企業が享受できる地域的な有利性・ロケーション・セービングに基づく利益をインド子会社等に配分すべきとのスタンスが採用されている、(v)2012年FAによって、本税制が、「特定の国内取引」にも適用されるようになったことなどの点からも確認することができる。

　また、ソース・ルールの拡充措置である2012年FAの下で改正された1961年所得税法§9（「インドに源泉のある又は発生したとみなされる所得」）も強力な対応策である。本規定は、Vodafone事件で問題となったようなインド法人株式のオフショアでの移転による譲渡益をインドで課税できるように制度設計されているが、その適用対象は本事件で問題となったような譲渡益に限定されているわけではない。本規定の下では、インドの国外で設立された企業等の株式又は権利である資産又は資本資産は、その価値の相当程度が直接又は間接にインドに所在する資産に起因して生じている場合、その資産の移転による所得はインドで発生したものとして課税される。しかも、かかる資産にはあらゆる種類の資産が含まれ、また、かかる移転には、契約又はその他の方法で直接又は間接に、条件付であろうとなかろうと、実行される資産又は権利の移動が含まれるとの説明がされている。

(5)　**中国の主な対応策の特徴**

　中国の場合、法人所得等の国外移転による税源浸食の主な防止策としては、①税負担の

軽減を主な目的とした中国法人株式のオフショアでの移転による譲渡益に課税する根拠となる企業所得税法47条及び国税函698号、②資産の譲渡益に対する譲渡者の居住地国の課税権を制限する幾つかの租税条約上の規定、③国内取引への適用やロケーション・セービングに基づく利益配分が可能と解されている移転価格税制（本法41条）、④過少資本税制（本法46条）等が挙げられるが、⑤本法第4章に定めるハイテク産業に対する税務上の優遇措置も、税源浸食の防止上、一定の効果を発揮する可能性がある。他方、税法上、移転価格税制を有しない香港の場合、Ngai Lik事件終審法院判決（2009）において、費用控除規定の移転価格問題への対応上の限界が確認されたことから、税務条例§61A等を香港版移転価格ガイドラインに則った形で移転価格事案に適用するケースが多くなるものと想定される。

上記①（国内法及び通達による譲渡益課税の強化）、上記②（租税条約上の規定による譲渡益課税の強化）、上記③（移転価格税制の機能強化）、上記④（ハイテク産業に対する優遇措置）は、最近のインドの税制改正（上記①・②との関係では2012年改正所得税法§9（「インドに源泉のある又は発生したとみなされる所得」）、上記③との関係では2012年導入の同法§92BA（「特定の国内取引の意味」）、上記④との関係では2009年導入の同法§92CBに関するセーフ・ハーバー規則の制定）が狙っているものとおよそ同様な税源浸食防止効果を発揮し得るものである[1]。他方、上記③との関係では、インドの場合、移転価格リスクの高さ、中国の場合、コンプライアンス・コストの高さが特に問題となるが、これらの問題を緩和するものとして、インドでは、AARやDRPが、移転価格問題の早い段階での解決の可能性を提供しており、中国では、調査業務から予防管理に軸足を移す動きがある。

4．実態把握漏れによる税源浸食への対応策の比較

(1) 米国及び英国の主な対応策の特徴

米国人の国外金融口座等を利用した所得税負担の回避の問題への取組みが進展していることは、(i)2004年、FBARの提出義務の違反に対する民事罰の金額が引き上げられた、(ii)FBARの提出義務違反が意図的であることの認定に係るハードルの実質的な引下げに繋がる見解が、McBride事件控訴裁判所判決（2012年）等で示された、(iii)米国人の国外金融口座に関する情報の報告義務や国外金融口座に支払われる所得等に係る源泉徴収義務等を適格国外金融機関に課するQI制度の違反が問題となったUBS事件が、FBARの提出義務の不履行のリスクの大きさを強く印象づけたことなどを通じて、FBARに対するコンプライアンス・レベルが向上していること、また、FBARの未提出者の自主的な情報開示や一定税率の所得税・ペナルティの納付を条件に負担額の軽減と刑事訴追の免除を可能にするOVDPへの参加者数の増加及び追加的な税収の確保が実現していることなどからも確認することができる。

しかし、より強力な対応策が必要と考える米国政府は、2010年、FATCAを導入している。FATCAの下、IRSと契約を結んだ国外金融機関（FFI参加者）は、米国人の国外金

---

[1] インドの場合、上記④（過少資本税制）に関しては、GAARや移転価格税制による対応が行われるものと想定される。所得税法§98（「容認できない回避アレンジメントの結果」）1(i)は、エクイティをデット又はその逆として取り扱う旨を定めている。2010年直接税法案§123(1)(f)も基本的に同様。第5章第2節1(2)イ)・脚注85)参照。

第1節　諸外国の主な対応策の比較と示唆

融口座に係る情報や所得等を報告する義務やその米国人がFFI参加者に必要な情報を提供しない場合などに30％の率で源泉徴収を行う義務などを負うほか、国外金融資産額が大きい「特定の個人」も、IRC§6038D（「国外金融資産に関する情報」）等の下、「特定国外金融資産」に係る情報を提供する義務を負い、2010年には、その義務違反に対するペナルティが厳格化されている。また、FATCAの実効性を担保するには、FATCAの片務性の問題を緩和するとともに、各国政府の協力・法改正等が重要な鍵となるとの考えの下、二つのタイプのFATCA実施モデル（①FFI参加者がその所在地国政府を通じて報告を行う、②FFI参加者がIRSに直接報告する）に基づく合意や共同宣言を各国政府から得る動きも出てきている。

　米国のFATCAは、諸外国の居住者の国外金融口座の把握手段のあり方にも大きな影響を与えている。特に、英国では、2013年に結ばれた「王室属領」及び「国外領土」との合意が、「英国FATCA」として機能しようとしている。本合意に基づく自動的な情報交換を実行するために、これらの地域の金融機関は、2016年5月末までに、英国の居住者の口座情報を管轄の税務当局に提供する必要がある。本合意との関係では、国外の金融機関の口座に未申告所得がある者が、その所得等を自主的に開示することによって、刑事訴追からの免除やペナルティの減免が可能となり得るプログラムの存在が特筆されるが、本合意が成立したことにより、これらの地域等の金融機関の口座に未申告所得がある者の本プログラムの利用期限は、政府間での自動的な情報交換が開始される2016年9月末となったことにより、その利用度合いも高まるものと想定される。

(2)　**インドの主な対応策の特徴**

　インドでも、実態把握漏れによる税源浸食の防止策の一環として、1970年代以降、幾度となく自主開示プログラムが実施されている。その効果は、本プログラムの下での税負担軽減の程度が低かったため、それほど顕著なものではなかったが、1997年に実施された「所得スキームの自主的な開示」プログラムでは、(i)自主開示による税負担の軽減度合が相当程度引き上げられた、(ii)自主開示を行う者は、所得税法、富裕税法及び外国為替規制法等の下での刑事訴追手続の対象とならないこととされた、(iii)税務当局による本プログラムの推進が、従来以上に積極的に行われたことなどを背景として、47万人の納税者が参加し、980億ルピーを超える税収増（過去に実施されたプログラムで実現した税収増の12倍以上の額）が実現している。もっとも、会計検査院は、本プログラムの執行状況は、様々な法律上及び執行上の問題点・課題を包含していると指摘している。

　インドでは、1962年所得税規則ルール12を改正する2013年告示34号及び42号によって、一定の要件に該当する居住者（ヒンズー合同家族及び法人も含む）は、電子申告による国内外財産の開示義務を負うこととなった。かかる開示義務の違反は刑事罰の対象となり得る。また、未開示の国外財産がある者は、2012年に改正された所得税法§147（「課税を免れた所得」）及び富裕税法§17条（「課税を免れた財産」）の下、課税を免れた所得・財産を有するとみなされるため、関係する課税年度から16年が経過するまでの間、更正・決定処分及びペナルティの適用対象となり得る。刑事罰の場合、所得税や富裕税等の申告漏れに対して適用された例は多くはないが、最近では、その適用に係るハードルがそれほど高くないことを示唆するSasi Enterprises事件最高裁判決（2007）も下されていることから、

459

開示義務違反が刑事罰の対象となるケースも増加するのではないかと想定される。

(3) 中国の主な対応策の特徴

　中国の場合、国家税務総局の通達等が、実態把握漏れによる税源浸食を防止するために、様々な報告義務を課している。上記3(5)でも述べた通り、かかる報告義務は、特に、移転価格税制との関係において厳しいことは、(i)一定の要件に該当する法人を除き、同期資料の作成・要請に応じた提出義務が課されている、(ii)移転価格の追跡調査の対象となった法人の場合、追跡調査期間中、同期資料を提出する義務がある、(iii)国外法人とコスト・シェアリング契約を結んでいる法人は、その実施期間中、同期資料を提出する義務があることなどからも確認することができる。しかも、これらの義務の違反は、徴収管理法60条等の下、ペナルティの対象となるだけでなく、移転価格税制に基づく調整の対象となった場合には、懲罰的な加算利息の対象ともなり得る。さらに、同期資料の作成・提出義務は、法人の事業形態・機能や事業活動地域の如何によっては、より過重なものとなっているケースがある。

　情報収集機能の強化が顕著であるのは、移転価格税制との関係に限ったわけではない。例えば、国税発2号89号は、過少資本税制との関係でも、同期資料の準備・保存義務と税務当局の要請に基づく提出義務を定め、また、国税函698号5条は、中国の居住者である法人の株式の間接移転を行う外国の投資家に対し、その法人を直接支配していた法人が所在する国の税負担が12.5％よりも低い場合には、その取引に関する諸々の情報を提出する義務を課している。収集すべき情報及び、情報収集機能強化の必要性の程度は、中国本土の場合と、利益税が領土主義課税方式に依拠している香港の場合とでは、多少なりとも異っているが、香港でも、2010年の税務条例の改正により、情報交換規定を含む包括的な租税条約のネットワークが広がり、また、2013年以降はTIEAの締結も行われていることなどを背景として、実態把握漏れによる税源浸食を防止する効果が高まってきている。

第2節　租税回避行為による税源浸食への対応策の再検討

　上記第1節では、序章で考察した問題点・課題を踏まえた上で、(i)租税回避行為による税源浸食への対応、(ii)納税者の国外移転による税源浸食への対応、(iii)法人所得等の国外移転による税源浸食への対応、(iv)実態把握漏れによる税源浸食への対応という観点から分析した主な諸外国等（米国、英国、EU、インド及び中国）の対応策の主なポイントや動向等を整理し、その類似点や相違点を再確認した。以下では、これらの対応策の分析結果及び関係する注目すべき動き等から示唆を得て、我が国の対応策の再構築のあり方を論じる。具体的には、本節（第2節）では上記(i)（租税回避行為による税源浸食への対応）のあり方、第3節では(ii)（納税者の国外移転による税源浸食への対応）のあり方、第4節では(iii)（法人所得等の国外移転による税源浸食への対応）のあり方、第5節では(iv)（実態把握漏れによる税源浸食への対応）のあり方を検討した上で幾つかの提言を行うことを試みる。

第2節　租税回避行為による税源浸食への対応策の再検討

1．税源浸食防止策としてのGAAR

(1)　国内法人株式のオフショアでの移転による譲渡益への課税根拠

イ）GAARによる否認とその根拠

　第1章〜第5章で考察した主な国等では、GAAR又は包括的な否認規定が導入されている。特に、中国では、GAARに依拠して国内法人株式のオフショアでの間接移転による譲渡益への課税が行われている。確かに、2001年版国連モデル条約13条5項は、「4項で定める以外の株式で一方の締約国の居住者である法人の__％(…)を占めるものの譲渡による利得は、その締約国で課税できる」と定めていたため[2]、「占めるもの」("participation")という文言の解釈次第では、居住者法人株式のオフショアでの間接移転による譲渡益も、その居住地国で課税できると解する余地もあったが、2011年版の本モデル条約では、本規定は、「一方の締約国の居住者が、他方の締約国の居住者である法人の株式の譲渡から得る利益は、4項の適用対象となるものを除き、その譲渡者がその譲渡に先立つ12カ月間のいずれかの時点で、その法人資本の少なくとも__％を直接又は間接に有する場合、当該他方の締約国で課税できる」と定めている[3]。

　つまり、上記2011年版国連モデル条約13条5項の下では、移転された居住者法人の株式の譲渡益に対し、その居住地国が課税できるのは、その法人株式の直接譲渡のケースに限定されており、そうすると、その法人株式のオフショアでの間接移転による譲渡益に対しては、本条6項（「1項、2項、3項、4項及び5項でいう資産以外のものの譲渡による利得は、その譲渡を行った者が居住者である締約国のみにおいて課税される」）に従った課税が行われることとなる。このように、居住地国が居住者である法人の株式のオフショアでの間接移転による譲渡益に対して課税することは、2011年版国連モデル条約にも合致していない。もっとも、居住者法人の株式のオフショアでの間接移転による譲渡益に対して、その居住地国が課税することが、条約漁りや租税条約の濫用等を防止するために必要であり、また、そうすることが、むしろ租税条約の趣旨に合致することとなるようなケースは、あり得ると考えられる。

　例えば、2010年版OECDモデル条約1条に関するコメンタリーは、パラ9.4において、「…条約の諸規定の濫用を構成するアレンジメントが実行された場合には条約上の利益を付与する必要がないことを締約国は合意している」と定め[4]、パラ9.5において、「一定の取引又はアレンジメントを利用することの主要な目的がより良い税務上の地位を得ることであり、これらの状況の下、そうすることが関係する諸規定の目的と趣旨に反する場合には、租税条約の利益を享受することはできないというのが指針となる原則である」と定めてい

---

2)　原文は、"Gains from the alienation of shares other than those mentioned in paragraphs 4 representing a participation of __ per cent (…) in a company which is a resident of a Contracting State may be taxed in that State." である。

3)　原文は、"Gains other than those to which paragraph 4 applies, derived by a resident of a Contracting State from the alienation of shares of a company which is a resident of the other Contracting State, may be taxed in that other State if the alienator, at any time during the 12-month period preceding such alienation, held directly or indirectly at least __ per cent (…) of the capital of that company." である。

4)　原文は、"… it is agreed that States do not have to grant the benefits of a double taxation convention where arrangements that constitute an abuse of the provisions of the convention have been entered into." である。

図6-1 国内法人株式のオフショアでの移転による譲渡益に対する豪州のGAARの適用可能性

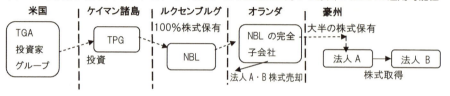

る[5]。これらのパラで示されている見解に立脚すれば、租税回避を主要な目的としているオフショアでの国内法人株式の間接移転が、租税条約の趣旨に反する場合には、移転された国内法人株式の譲渡益に対し、その法人の居住地国が課税することが可能となろう[6]。

しかし、法律等ではないOECDモデル条約自体は、オフショアで法人株式の間接移転に対し、その法人の居住地国が課税を行う法的な根拠とはならないとも解することができることから、このような課税を行うに当たっては、国内法上又は租税条約上の根拠規定が存在することが必要となるとの見方もあろう。例えば、2010年版OECDモデル条約1条に関するコメンタリーのパラ9.6も、「包括的な濫用防止規定の潜在的な適用があるということが、租税回避の特定の形態を防止することを狙った特定の規定を租税条約に組み込む必要性がないことを意味しているわけではない」と定めている[7]。上記で示したOECDモデル条約1条に関するコメンタリー上の一連のパラは、中国のGAARである企業所得税法47条及びその条約漁り等への適用を毀損しない旨を定める租税条約上の規定の有用性・合理性を示すものとも言えよう。

中国だけでなく、例えば、豪州でも、TPG Newbridge Myer Ltd. v. DCT事件連邦裁判所判決（[2011] FCA 1157）では、国内法人株式のオフショアでの移転による譲渡益をGAARである所得税法第4編Aに基づいて課税する処分の適法性が首肯されている。本処分の根拠を示した課税決定（TD 2009/D17）によると、本件では、図6-1の株式保有関係の下でのオランダ法人による豪州法人Aと法人Bの株式の譲渡による利益は、依拠し得る濫用防止規定を有しない豪州・オランダ租税条約の下では豪州で課税対象とはならないとしても、ケイマンの事業体（TPG）と豪州法人Aとの間に持株会社（NBL及びその完全子会社）を組み込むスキームは、TPGに税務上の利益（豪州源泉の所得がケイマンでの課税対象所得とならないとの利益）を発生させることから[8]、これらの持株会社をスキームに組み込む相当な事業目的・事業活動実態がなければ、税務上の利益を得ることを支配的な目的として実行されたとの判断の下[9]、TPGが間接的に得た利益は豪州で課税対象となるとの見解が示されている[10]。

---

5) 原文は、第5章第2節2(1)イ)・脚注53)参照。
6) 同様な見解は、Jan.J.P. de Goede, Allocations of Taxing Rights on Income from Cross-Border (Indirect) Shares, Asia-Pacific Tax Bulletin, Vol. 18, No. 3 (2012) 参照。
7) 原文は、"The potential application of general anti-abuse provisions does not mean that there is no need for the inclusion, in tax conventions, of specific provisions aimed at preventing particular forms of tax avoidance." である。
8) 本スキームの下で生じた利得が豪州で課税対象とならないと、オランダの「資本参加免除制度」（participation exemption system）と親子会社間の配当に源泉税を免除する欧州理事会指令（90/435/EEC）の下、課税を受けることなくケイマンのTPGに利益移転され得る。
9) 所得税法第4編Aの適用要件は、松田・前掲『租税回避行為の解明』210～212頁参照。

ロ）個別否認規定又はTAAR等による否認とその根拠

　他方、インドの2012年改正所得税法§9に基づく国内法人の株式のオフショアでの間接移転による譲渡益への課税は、租税回避の有無に関係なく適用されるものであり、その合理性を国連モデル条約及びOECDモデル条約との整合性という観点から根拠づけるのは困難である。しかし、このような課税を国内法上の個別規定によって根拠づけているその他の例が全くないわけではない。例えば、カナダでは、所得税法§2が、1項において、居住者に対する所得税の賦課について定め、また、3項において、「ある課税年度に2条1項の下で課税対象とならない者が、…(c)カナダ課税対象資産を…譲渡した場合、所得税を納付する…」と定めているところ[11]、同法§248（Interpretations）(1)(d)は、「カナダ課税対象資産」には、資産価値の大半がカナダに所在する動産又は不動産から構成される非上場法人の株式等も含まれる旨を定めていることから[12]、かかる法人株式の非居住者によるオフショアでの移転による譲渡益もカナダで課税対象となり得る。

　上記のような課税が行われ得ることは、カナダの税務当局の所得税法等に関する説明文書（Explanatory Notes Relating to the Income Tax Act, the Excise Tax Act and Related Legislation）第5編第358節（Interpretations）も、「カナダ課税対象資産」について定める上記のカナダ所得税法§248（「解釈」）(1)(d)の下では、「例えば、非居住者は、私的持株会社を通じて、その資産価値の大半がカナダに所在する動産又は不動産から構成されるカナダの公的法人の株式を保有しているかもしれない。そのような状況の下では、その公的法人の株式は、その非居住者によって直接に保有されている場合には、カナダ課税対象資産とならないかもしれないが、その動産に対するルック・スルーによって、その私的持株会社の株式がカナダ課税対象資産となり得る」と説明していることからも確認することができる[13]。

　インドネシアでも、1983年所得税法（法律第7号）§18の中には、国内法人株式のオフショアでの間接移転による税源浸食を防止する手段となり得る規定が含まれている。特に、本条は、(3B)項において、「特別目的会社を通じて他の事業体の株式又は資産を購入する納税者は、その者がその特別目的会社と関係があり、しかも、その取引価格が妥当でない場合には、取引の真の当事者とみなされ得る」と定め、また、(3C)項において、「タックス・ヘイブン国で設立されている、あるいは、居住者となっている導管法人又は特別目的会社の株式の売却又は移転は、その導管会社又は特別目的会社がインドネシアに設立された又は居住者となっている法人あるいは恒久的施設と関係がある場合には、インドネシアで設立された又は居住者となっている法人あるいは恒久的施設である事業体の株式の売

10）　もっとも、所得税法第4編AのTPG事件への適用の可否を巡っては議論が分かれている。http://www.smh.com.au/business/ato-hopes-dashed-in-myer-float-case-20111004-117bt.html参照。

11）　原文は、"Where a person who is not taxable under section 2(1) for a taxation year … (c) disposed of a taxable Canadian property, … an income tax shall be paid …."である。

12）　原文は、"taxable Canadian property … means a property of the taxpayer that is … (d) a share of the capital stock of a corporation (…) that is not listed on a designated stock exchange …, if, … more than 50% of the fair market value of the share … was derived directly or indirectly (…) from one or any combination of (i) real or immovable property situated in Canada. …"である。

13）　後段部分の原文は、"In such circumstances, it is possible that the shares of the private holding company could otherwise be TCP by virtue of the look-through to the real property, even though a direct holding by the non-resident of the public company shares might not be TCP."である。

却又は移転とみなされ得る」と定めている[14]。

上記の二つの規定は、1983年所得税法§18を改正する2008年法律第36号によって措置されたものであるが、これらの規定が意図しているのは、国外の居住者が行うインドネシアに設立された法人等と特別の関係を有するタックス・ヘイブンに設立された特別目的会社等の株式の譲渡については、インドネシアに設立された法人等の株式を譲渡したものとみなし得る旨を定めることによって、国外の居住者が国外の事業体を利用してインドネシアに所在する法人の株式を間接的に保有した上で、その移転による譲渡益に対するインドネシアでの課税を免れることを試みる租税回避を防止することであり、本規定が適用された場合には、国外の居住者が行った株式移転の対象となったインドネシア法人等が、5％の税率で源泉徴収義務を負うこととなるとの説明がされている[15]。

(2) グローバルな視点から見たGAAR導入の意義と効果

上記(1)の通り、GAARや個別否認規定等に依拠した上で、国内法人株式のオフショアでの間接移転による譲渡益に対して課税権を主張することを通じて、税源浸食を防止しようとしているのは、インド及び中国に限ったわけではない。しかし、このような課税が、グローバルな趨勢となっているとは言い難いことから、このような課税を行う措置を我が国でも手当すべきとの見方が多数を占めるようになり、しかも、そのような措置として包括的否認規定を導入すべきとの議論が支配的なものとなることはないかもしれない。しかし、我が国の場合、仮に、このような課税を行う必要はない、あるいは、このような課税を行う手段としては個別否認規定や準包括的な否認規定の方が適切であるとの考えに立つとしても、その他の理由ゆえに、包括的否認規定を導入するのが望ましいとする見方もあり得よう。

予てより、包括的な否認法理を立法化することの得失やGAARを導入することの是非を巡っては議論がある。一般的に、そのメリットとしては、(i)否認基準の明確化・予測可能性の向上、(ii)税制の簡素化、(iii)課税の公平性の高まり、(iv)裁判所の負担軽減、(v)租税回避行為等の抑止効果の高まりと税源浸食の防止などが挙げられ、そのデメリットとしては、①濫用やオーバー・キルの可能性、②否認基準の柔軟度合の低下、③否認基準をクリアーする租税回避行為等の助長、④事業活動・投資等への悪影響による潜在的な税収の喪失などが挙げられる。包括的な否認法理の立法化やGAARの導入によって、これらのメリット・デメリットのいずれがどれほど顕在化することとなるかは、その制度設計や執行上のスタンスの如何だけでなく、税務行政を取り巻く様々な諸環境にも左右される。

上記に代表されるようなデメリットが顕在化し得るにもかかわらず、第1章〜第5章で考察した国・地域では、近年、包括的な否認法理の立法化、GAARの導入又はEuro-GAARの構築が行われている。これらの国・地域では、そのデメリットよりもメリットの方が大きいと判断されたわけである。いずれのメリットが特に重要視されたかは、国・地域によって幾分異なるが、例えば、米国の場合、経済的実質主義の適用基準に係る裁判所の見解が、大きく分かれているとの問題があったことから、JCTの資料等では、IRC§7701

---

14) これらの規定の英訳は、http://www.expat.or.id/info/2008-Income Tax SDSN-Amendment.pdf参照。
15) Wimbanu Widyatmoko and Ponti Partogi, Asia Pacific Tax Bulletin, Vol. 17, No. 2 (2011)、財務省規則No.258/PMK.03/2008参照。

第2節　租税回避行為による税源浸食への対応策の再検討

(o)の導入は、特に、上記(i)（否認基準の明確化・予測可能性の向上）という点で特に意義があると説明されている[16]。英国の場合も、GAARの導入が、租税回避行為等の否認基準の明確化及び税制の簡素化に資することを「GAAR検討グループ」の長であったAaronson QCが強調している[17]。

他方、インドの場合、GAARが包含する上記(iv)（事業活動・投資等への悪影響による潜在的な税収の喪失）のデメリットの顕在化を危惧する向きもあったが、Azadi Bachao事件最高裁判決（2003）等によって再確認された強固な文理主義の伝統の下、税法規定の柔軟な解釈には少なからぬ限界があるとの認識が高まる中、直接税法案に関する2009年ディスカッション・ペーパーでは、GAAR導入の提案理由として、上記((i)、(iii)、(iv)、(v))のメリットに加え、国際的な潮流に合致するという点も挙げられている[18]。中国の場合、GAAR導入に際し、現代的な税制の構築という目的に加え、特に、上記(v)（租税回避行為等の抑止効果の高まりと税源浸食の防止）のメリットが重視されたであろうことは、その積極的な適用を通じて、かなりの税収増が実現していることなどからも示唆される。

上記のインドにおけるGAAR導入の提案理由等でも述べられている通り、GAARを導入することがグローバルな趨勢にも合致するものであることは、(a)欧州委員会が、「2012年勧告書」で、加盟国に対し、直接税分野でのGAARの採用を提言している、(b)序章第1節1で述べた通り、OECDモデル条約や国連モデル条約では、包括的な否認規定に対する肯定的な見解が示されており、さらに、BEPS行動計画案では、税源浸食防止手段としての包括的な否認規定の必要性・有用性が高く評価されている、(c)主なOECD加盟国及び大半のOECD加盟国では、GAAR又は包括的な否認規定が既に導入されている、(d)GAARの導入の動きは、新興国にも広がってきている、(e)GAARを有する国の中には、ドイツ、豪州及び南アフリカ等のように、最近、その機能を強化する税制改正を行う動きを示している国が、少なからず見受けられることなどからも確認することができる[19]。

(3) 従来の議論の再検討の必要性

上記(2)で示した包括的否認規定が有するメリット((i)～(v))及び諸外国におけるGAAR導入の現状等に鑑みると、我が国も、包括的否認規定の導入を前向きに検討すべき時期に来ているのではないかと考えられるが、その導入に向けた議論は進展していないというのが実状である。このような状況となっているのは、やはり、我が国の税務行政を取り巻く諸状況を踏まえた上で、上記(2)で言及した包括的否認規定導入のメリット((i)～(v))が、そのデメリット（①～④）を凌駕しないとの見る向きが少なくないからではないかと考えられる。もし、そうであるならば、上記(2)で示した主な諸外国等におけるGAARに対する最近の考え方と対照的であると言えるが、序章第1節2で述べた通り、少なくとも、かつて、我が国では、このような見方をする向きが少なくなかったのは事実である。

最近でも、包括的な否認規定の導入に対する批判は依然として根強い。例えば、「包括的否認規定の創設は、納税者の予測可能性を著しく阻害することは明らかであり、さらな

---

16) 第2章第1節2(1)参照。
17) 第3章第1節2(4)参照。
18) 第4章第2節1(1)ロ参照。
19) これらの国における最近のGAAR改正の詳細は、本節2参照。

終章　我が国の対応策の再構築

る混乱を招来することは明白である。その点で、包括的否認規定の創設は、現状では時宜に叶った措置とはいえないと考える。しかし、租税回避が行われ、それが租税正義に反するというのであれば、速やかに、個別規定による立法手当てを講じることにより対処すべきである」との意見がある[20]。また、「普遍条項としての租税回避否認規定の制定は、税務執行権の濫用に陥るおそれがあり、納税者の権利を侵害し、税務行政を混迷に導くおそれがある…包括的な租税回避否認規定を設けることなどは、『透明性の高い税制』ではなく、『租税負担に関する予見可能性と法的安定性を保障する』ものとは、決していえないのである」との意見なども表明されている[21]。

もっとも、上記と同様の批判は、法人税法132条等に定める同族会社の行為又は計算の否認規定等にも向けられている。例えば、「そもそも、租税回避行為の概念、同族会社の行為計算の否認の課税要件の内容、その適用の限界等、いずれを取ってみても、極めて曖昧で混乱している現状にあり、時には、法律事項と認められるものが、同族会社の行為計算の否認規定に名を借りて、納税者の予測可能性の保持を省みない課税処分が強行されている場合がある」との意見や[22]、「組織再編税制等の導入時には、当該制度の利用方法が相当に多様なものとなる恐れがあることから、一時的に包括的否認規定を創設することに一定の合理性が認められていたが、既に相当の期間が経過している。このため、租税法律主義の基本である法的安定性及び予測可能性の観点から、行為又は計算の否認の対象については、明文の規定をもって個別具体的内容を明確にし、包括的な否認規定は廃止されたい」などの意見がある[23]。

上記からも示唆される通り、包括的否認規定に対する批判的な意見の多くは、その適用基準や射程範囲には不透明性が伴うことから、租税法律主義との関係上、大きな問題があるとの考え方に立脚している。しかし、包括的否認規定を有しない国でも、租税原則、条理及び柔軟な税法解釈等によって租税回避行為が否認されるケースがあるなど、課税の不透明性の問題は同様に認められる。しかも、包括的否認規定を措置している国の中には、租税法律主義を憲法で定めているフランス、ベルギー及びイタリア等も含まれているほか[24]、特に、最近では、米国のIRC§7701(o)の導入や英国のGAARの導入の主たる理由の一つが、裁判所が示す租税回避行為等の否認基準等の不明確性の問題を緩和することであったように、課税の不透明性の問題を解消していない包括的否認規定が、租税法律主義や文理主義の原則に反すると解する国よりは、包括的否認規定の導入が、課税の透明性を高めるとの見方をする国が増える趨勢にある。

つまり、包括的否認規定が租税法律主義に反するか否かは程度問題であって、その導入によって、課税の不透明性の問題が緩和されるケースもあり得るであろうし、また、その

---

20) 大淵博義・岸田貞夫・野田秀三「租税回避行為——その否認の現状の問題点と課題」税務会計研究20号（2009）186頁参照。
21) 富岡幸雄『税務会計学原理』中央大学出版部（2004）772頁参照。
22) 大淵他・前掲「租税回避行為」186頁参照。
23) 日本公認会計士協会「平成24年度税制改正意見・要望書」10〜11頁参照。
24) フランス憲法34条（"La loi fixe les règles concernant : ... l'assiette, le taux et les modalités de recouvrement des impositions de toute natures ; ...."）、ベルギー憲法170条（"Aucun impôt au profit de l'État ne peut être établi purune loi."）、イタリア憲法23条（"No se pondrá imponer prestación personal o patrimonial alguna sion en virtud de lo dispuesto en la ley."）参照。これらの国のGAARのポイントは、松田・前掲『租税回避行為の解明』279頁、344頁及び349頁参照。

第2節 租税回避行為による税源浸食への対応策の再検討

ようなケースでは、包括的否認規定の濫用可能性も低下するであろう。確かに、序章第1節2で述べた通り、「昭和36年答申」が公表された当時は、GAARを有する国の数もそれほど多くなく、その適用基準も十分に確立していなかったが、その後、租税回避行為及び包括的否認規定を巡る諸環境は大きく変貌している。租税回避行為は、益々、活発化、国際化、巧妙化し、税務当局が租税回避行為に対処することの困難性は、より一層高まる趨勢にあるが、包括的否認規定の適用基準に関する見解が示された裁判例の蓄積や税務当局による関係する通達・ガイドライン等の発出などを通じて、適用基準に係る不透明性の問題は、かなり緩和されてきているのも事実である。

このような税務行政を取り巻く諸環境の変化を踏まえると、我が国の場合も、包括的否認規定の導入のメリットが、そのデメリットよりも大きいものとなることは十分にあり得るものと考えられる。特に、近年、国内外において、税源浸食に繋がる行為に対し、より効果的に対処する必要があるとの声が高まる中、(a)包括的否認規定を導入することによって、租税回避を行うインセンティブを低下させる、(b)包括的否認規定を措置することによって、不明確な根拠や強引な事実認定・法令解釈による否認に依拠するケースを少なくする、(c)包括的否認規定の適用基準・条件を示すことによって、否認の対象となる取引と否認の対象外となる取引の線引きを行うことなどは、税務当局や裁判所だけでなく、大半の納税者にとっても、大きな意義があり、また、かえって有益なものともなり得るのではないかと思料する。

確かに、租税回避行為を否認する根拠となる税法上の規定は、既に、かなり整備されていることから、包括的否認規定導入のメリットはそれほど大きいものではないとの見方をする向きもあろう。かかる税法上の規定の代表例として挙げられるのは、上記の法人税法132条等に代表される同族会社の行為・計算等の否認規定や寄附金課税を定める法人税法37条等であろう。実際、これらの規定は、法人税の負担軽減を意図した租税回避行為の否認及びそのような行為の抑制上、かなりの効果を発揮している。しかし、これらに代表される規定では十分に防止することができない税源浸食が生じていることは、法人税法132条等の場合、その適用対象は、同族会社が絡む取引に限定されている、寄附金課税の場合、(i)適用対象が法人等に限定されている、(ii)損金算入限度額での損金処理が可能である、(iii)厳格な適用要件(贈与の意思の存在等)に依拠している裁判例等もあることなどからも示唆される[25]。

同族会社の行為又は計算の否認規定は、相続税法64条にも措置されているが、本規定の適用対象も、同族会社が絡む相続・贈与等に限定されるほか、浦和地裁昭和56年2月25日判決(昭和54年(行ウ)第4号、判時1016号52頁)は、その適用上のハードルが、夫人税法132条等よりも高いことを示唆している。相続税法64条では対処できない租税回避行為に対しては、相続税法第1章第2節に定める一連のみなし相続・贈与等の規定や人格のない社団又は財団等に対する課税を定める同法66条等による対応がある程度可能とはなっているが、国外法人等を絡ませた財産の移転等による税源浸食を十分に防止できないのではないかと危惧される。さらに、消費税の場合、負担回避への対応を主眼とした措置が特段

---

25) 法人税法37条に基づく課税処分が取り消されたケースとして、東京地裁平成12年2月3日判決(平成7年(行ウ)第262号、税資246号393頁)等がある。本判決のポイントは、松田・前掲「外国子会社配当益金不算入制度創設の含意」158〜161頁参照。

手当てされていないとの問題がある。

　また、包括的否認規定の必要性・有用性は、予てより、長い歴史を有する所得税・法人税の文脈で議論されてきたが、英国や香港のGAARのように、その適用対象を所得税・法人税に限定しない制度設計を採用するとの選択肢もある。特に、EU加盟国では、Halifax基準に依拠して付加価値税の仕入れ控除を否認する例が増えているだけでなく、ベルギーの付加価値税法§1⑽のように、本基準を立法化したと考えられる包括的否認規定を措置している例も見受けられる。とりわけ、我が国のように、諸外国に比べ、相続・贈与税が、税収という点も相対的に大きな割合を占め、また、消費税率の引上げも続くと想定される状況の下では、包括的否認規定の導入の必要性等を巡る議論は、相続・贈与税及び消費税をも対象とした上で行うのが妥当であり、また、その導入を行うのであれば、その適用対象税目を所得税・法人税に限定する理由は乏しいであろう。

　但し、所得・法人税以外の税目をも適用対象とする包括的否認規定の制度設計を考える場合、制度設計上、さもなければ不要となるであろう幾らかの修正を加えるのが適切となるのではないかとの問題はある。(i)英国のGAARは、付加価値税の負担を回避する行為には適用しないとの制度設計を採用している、(ii)ベルギーも、2005年に導入された付加価値税法上のGAARである§59(3)は、実質主義的アプローチに依拠する所得税法§344に倣ったものであったが、本規定は、その後、法の濫用の法理に依拠する制度設計を採用した同法§1⑽に取って代わられたことなどを踏まえると[26]、包括的否認規定の制度設計は、間接税の負担回避を適用対象とするものと直接税の負担回避を適用対象とするもので異なったものとするとの選択肢もあろう。この場合、間接税の負担回避を適用対象とする包括的否認規定の制度設計案は、基本的にHalifax基準と同様なものが有力視されよう[27]。

　他方、(i)Halifax基準とCadbury Schweppes基準の類似性が顕著である、(ii)最近、EU加盟国の中には、(a)GAARである租税手続法典§64の適用を認めたフランスのSociété Pléiade事件国務院2004年2月18日判決（CE, no. 247. 729）[28]、(b)2008年に改正されたドイツの新国税通則法（Abgabenordnung, AO）§42(2)[29]、(c)GAARである連邦財政法§22の適用を認めたオーストリアの行政裁判所2004年12月9日判決（2007/14/0074）等のように[30]、法改正や法解釈を通じて、法の濫用の法理に依拠するGAARに実質主義に基づく否認アプローチを付加することによって、その機能を高める動きを示している国が少なからず見受けられる、(iii)香港のGAARである税務条例§61Aは、全ての税目を対象としていると解されていることなどに鑑みると、消費税の負担回避と直接税の負担回避の双方を適用対象とする包括的否認規定の制度設計を統一するとの選択肢もあり得るものと考えられる。

　確かに、間接税の負担回避を適用対象とする包括的否認規定と直接税の負担回避を適用対象とする包括的否認規定の制度設計を別のものにすると特段の理由がなければ、統一された制度設計・適用基準の方が、理論・執行上の整合性・一貫性等の点で優れていると考えられる。勿論、このような考え方に立ったとしても、諸外国のGAARの制度設計・射程

---

[26]　詳細は、松田・前掲『租税回避行為の解明』346～347頁参照。
[27]　この場合、Halifax基準上の「客観テスト」は、税務上の利益を付与することが税法規定等の目的等に反するというような規定振りのものに変更することとなろう。
[28]　詳細は、松田・前掲『租税回避行為の解明』285～286頁参照。
[29]　本節2(1)・脚注35)参照。
[30]　詳細は、松田・前掲『租税回避行為の解明』351～353頁参照。

第2節　租税回避行為による税源浸食への対応策の再検討

範囲には幅があることから、我が国にとって最も妥当であると考えられる制度設計案のあり方を巡っては少なからず議論の余地があるが、諸外国のGAARの制度設計上の特徴及びその有用性・限界等に目を向けると、グローバルなスタンダードとなっている制度設計上のメルクマール及び制度設計案のあり方を検討する上での留意点があることを確認することができる。以下の2では、かかるメルクマール及び留意点をも踏まえた上で、我が国の実状等からも支持し得るような包括的否認規定の制度設計案の絞込み・抽出を試みる。

2. 制度設計上の留意点

(1) 「目的テスト」の趨勢

　包括的否認規定上、最もグローバル・スタンダード化しているメルクマールとして挙げられるが、「昭和36年答申」でも「極めて有効な示唆を与える」と評されていた基準である米国の「事業目的の検定」(「(事業)目的テスト」)である。確かに、諸外国のGAARで採用されている「目的テスト」には幾らかのバリエーションがあり、また、「目的テスト」のみに依拠して租税回避行為等を否認することが可能となっている包括的な否認規定は、米国のIRC§7701(o)等に限定されているが[31]、「目的テスト」をGAARの制度設計上、その適用基準の一つとして組み込むという選択肢を採用する流れは、コモン・ローの国々だけでなく、実質主義的否認アプローチに依拠する包括的否認規定を採用している主なアジア諸国等も含めた多くの国で顕著に見受けられるところとなっている。また、多くの租税条約の濫用防止規定や国内法上のTAAR等でも、「目的テスト」が採用されている。

　「目的テスト」の採用例が増えてきている背景には、実質主義的否認アプローチは、上記(3)で示した我が国の実質課税の原則の立法化案に対する批判からも示唆されるように、予てより、その射程範囲はおろか、その適用基準も十分に明らかではないとの問題を包含しているとの事実がある。例えば、米国でも、このような問題が認められたことなどに起因して、一連の裁判例等を通じて適用基準がより明確なものとなった経済的実質主義が、「実質優先の原則」よりも多用されてきた経緯がある。米国以外の国々でも、実質主義の適用基準には、依然として少なからぬ不透明性があるため、その適用には少なからぬ困難が伴っているとの事実が認められるが、中国や韓国等の例のように、「目的テスト」を組み込んだ実質主義的否認アプローチに立脚するGAAR等を導入することによって、実質主義が包含している適用基準の不透明性に起因する否認機能上の問題・限界を相当程度に回避・緩和することが可能となっているケースがある[32]。

　「目的テスト」の導入による租税回避行為の否認基準の明確化・否認機能の強化という趨勢は、法の濫用の法理に基づく租税回避行為等の否認が予てより行われてきた欧州の大陸法の国々でも同様に認められる。例えば、適用基準の不透明性の問題等に起因して租税回避行為の否認機能が十分に発揮されないとの問題を抱えていたベルギーやイタリアでは、「目的テスト」を組み込んだGAAR(1993年に措置されたベルギーの所得税法§344及

---

31) 例えば、中国の場合も、企業所得税法47条の規定振りは、目的テストのみに依拠したものとなっているが、国税発2号94条及び第5章第1節2(2)イで考察した重慶事件決定(2008)等は、その適用の可否は、経済的実質の有無にも左右されることを示唆している。欧州委員会が「2012年勧告書」で提唱しているGAARも同様（第3章第1節2(3)イ参照）。

32) 韓国の包括的否認規定(国税基本法§14(3)及び国際租税調整法§2-2)のポイントは、松田・前掲『租税回避行為の解明』414〜417頁参照。

び相続税法§106、1997年に措置されたイタリアの所得税法§37bis等)の採用によって、GAARの適用基準の明確化と機能の強化が実現している[33]。また、このような趨勢は、(i)「目的テスト」がHalifax基準及びCadbury Schweppes基準の実質的な適用上のメルクマールの一つとなっていること、さらに、CCCTB指令案80条が定めるGAARや欧州委員会のGAARに関する2012年勧告書でも「目的テスト」が採用されていることなどを背景として更に強まるものと考えられる。

かなり強力なGAARであると予てより評されてきたAO§42を有しているドイツでも、法の濫用の法理に依拠する本規定の更なる機能強化を図るなどの観点から、2007年に下院で採決された「相当な事業理由・目的」というメルクマールを組み込むという改正案(Jahressteuergesetz 2008)は、結局のところ、実現はしなかったものの[34]、2008年財政法によって改正された本条は、結局のところ、「目的テスト」をも実質的に加味した基準に立脚する規定へと変容している。改正後のAO§42は、(2)項において、「濫用が存在すると認められるのは、不適切な法的見解が選択されたことにより、適切な見解と比べ、法によって意図されない税務上の利益が納税者又は第三者に生じる場合である。もっとも、全体的な観点から見た場合、その選択された見解に関係のある税以外の理由の存在を納税者が証明する場合には、濫用が存在するとはみなさない」と定めている[35]。

(2) 多様な「目的テスト」とその効果

　イ) 主な「目的テスト」の類型

上記(1)は、「目的テスト」を包括的否認規定の制度設計に組み込むことがグローバル・スタンダードとなっていることを示しているが、「目的テスト」にもバリエーションがあり、その射程範囲の如何、つまり、どの程度の事業目的がある取引等を否認対象外とするか(裏返せば、租税回避目的がどの程度の取引等を否認対象とするか)という点で幾つかの選択肢がある。射程範囲が狭い「目的テスト」の例としては、「唯一の目的テスト」("sole purpose test")の下、租税回避を唯一の目的とする取引等を適用対象とするフランスの租税手続法典§64や欧州委員会が2011年に発表したCCCTB指令案80条等が挙げられる[36]。他方、射程範囲の広い「目的テスト」を採用している例としては、「相当な事業目的」("substantial business purpose")を有しない取引等の税務上の利益は否認されるとする米国のIRC§7701(o)等が挙げられる。

上記の他にも、より一般的な「目的テスト」として、「主に、税務上の利益を得ること以外の誠実な目的の下に考案・実行されたものであるとは合理的に考えられない取引」を適用対象とする上記のカナダの所得税法§245(3)(a)等で採用されている「主要な目的テスト」("main (or primary) purpose test")がある。アイルランドのGAARである1997年(Tax

---

33) 詳細は、松田・前掲『租税回避行為の解明』344～351頁参照。
34) 詳細は、松田・前掲『租税回避行為の解明』274～275頁参照。
35) 原文は、Ein Missbrauch liegt vor, Wenn eine unangemessene rechtliche Gestaltung gewählt wird, die beim Steuerpflichtigen oder einem Dritten im Vergleich zu einer angemesenen Getaltung zu einem gesetzlich nicht vorgesehenen Steuervorteil führt. Dies gilt nicht, wenn der Steuerpflichtige für die gewählte Gestaltung auBersteuerliche gründe nachweist, die nach dem Gesamtbild de Verhältnisse beachtlich sind." である。"
36) 租税手続法典§64の詳細は、松田・前掲『租税回避行為の解明』283～285頁参照。

第2節　租税回避行為による税源浸食への対応策の再検討

Consolidation Act, TCA）§811（Transactions to avoid liability to tax）(2)も、「以下の一つ又はそれ以上に該当する取引は租税回避行為である…(c)…(ii)主に、税務上の利益を生じさせる以外の目的のために実行又は組成されていない取引…」と定めていることから、「主要な目的テスト」を採用しているものと分類できよう[37]。なお、「主要な」（"main"）という文言は、一般的には「優勢な」（"predominant"）の意味に捉えられていることから[38]、「主要な目的テスト」は、基本的に豪州の所得税法第4編A及び香港の税務条例§61A等で採用されている「支配的な目的テスト」（"dominant purpose test"）と同様であると考えられる。

「主要な目的テスト」と類似する「目的テスト」として、英国のGAARである2013年FA§206等が採用している「（主要な目的又は）主要な目的の一つテスト」（"(main purpose or) one of the main purposes test"）がある。ニュージーランドのGAARである2007年所得税法BG1（Tax avoidance）(1)も、「租税回避は、所得税の目的上、税務当局に対して無効である」と定めた上で[39]、同法OB1（Definitions）が、「…租税回避アレンジメントとは、(a)…(b)ある者又は関係者が行う目的又は効果の一つが、直接又は間接に租税回避であるアレンジメントであり、その目的又は効果が単に付随的なものでないならば、その他の目的又は効果が通常の事業又は家族による取引に関係するか否かは関係ない」と定義していることから[40]、「主要な目的の一つテスト」と基本的に同様な「目的テスト」を採用したものと分類することができよう。

「目的テスト」としては、「主要な目的テスト」、あるいは、「（主要な目的又は）主要な目的の一つテスト」が最も一般的であることは、これらの目的テストは、(i)多くの国・地域のGAARで採用されている、(ii)英国の準包括的否認規定（例えば、"Mini GAAR"やTAAR等と称されるTCGA§8（Company's total profits to include chargeable gains）や2009年FA第6部第2章A（§485A～485E）等[41]）及び米国の幾つかの濫用防止規定等（例えば、第1章第2節2(2)で示している通り、IRC§1221（「資本資産の定義」）は「主要な目的テスト」に依拠しており、出国税である導入当初のIRC§877も「主要な目的の一つテスト」に依拠している）で採用されているケースも多い、(iii)OECDモデル条約1条に関するコメンタリーのパラ19(a)（General bona fide provision）等で採用されている[42]、(v)

---

37) 原文は、"A transaction shall be a tax avoidance transaction if having regard to any one or more of the following : ... (c) ... (ii) The transaction was not undertaken or arranged primarily for purposes othet than to give rise to a tax advantage ... ."である。
38) 南アフリカ税務当局（SARS）の2005年発表資料（Discussion Paper on Tax Avoidance and Section 103 of the Income Tax Act, 1962（Act No.58 od 1962）at http://www.sars.gov/za/Legal/.../Response-Documents.aspx）p. 43参照。
39) 原文は、"Tax avoidance is void as against the Commissioner for income tax purposes."である。
40) 原文は、"... tax avoidance arrangement means an arrangement, ... that directly or indirectly, (a) ... (b) has tax avoidance as 1 of its purposes or effects, whether or not any other purpose or effect is referable to ordinary business or family dealings, if the purpose or effect is not merely incidental."である。
41) これらの規定の詳細は、松田・前掲「外国子会社配当益金不算入制度創設の含意」129～134頁参照。
42) パラ19(a)の原文は、"The foregoing provisions shall not apply where the company establishes that the principal purpose of the company, the conduct of its business and the acquisition or maintenance by it of the shareholding or other property from which the income in question is derived, are motivated by sound business reasons and do not have as primary purpose the obtaining of any benefits under this Convention."である。

終章　我が国の対応策の再構築

多くの国の租税条約等で採用されている包括的な濫用防止規定の適用基準(例えば、香港・日本租税条約26条等[43])としても確立していることなどからも確認することができる。

ロ)「唯一の目的テスト」の問題点

「目的テスト」としては、「主要な目的テスト」や「主要な目的の一つテスト」が最も一般的なものとなってきているそもそもの理由としては、(i)「唯一の目的テスト」に依拠するGAARの場合、その射程範囲が狭く、複雑化・巧妙化する租税回避行為に十分に対処できないとの認識が高まってきているものの、IRC§7701(o)が依拠する「相当な事業目的テスト」を明示的に採用するに至っている例は未だ殆どない、(ii)租税回避スキームの考案者・プロモーターにとって、事業目的に合致する段階取引をスキームに組み込む、外見上事業目的に該当するような理由をでっち上げる、あるいは、外部専門家の意見書等を転用することなどを通じて、スキームに何らかの商業上の理由又はそれなりの事業目的を組み込むことは、それほど困難ではないとの指摘がされている、(iii)租税回避スキームが複雑であることなどに起因して、その全容解明に手間がかかる場合、そのスキームに事業目的が幾らかでも存在しているか否かの判断を税務当局が適時に行うことは、必ずしも容易でないことなどが挙げられよう[44]。

特に、上記(ii)(人為的な事業目的の組込み)及び(iii)(事業目的の有無の判断に係る困難性)の問題があることは、南アフリカのCohage (Pty) Ltd. v. CIR事件最高裁1999年9月17日判決([1999] ZASCA 64)からも確認し得る。本事件では、法人が有していた製造機器等を金融機関との間でセール・アンド・リースバックする取引を行い、その法人が当該金融機関に支払ったレンタル料を費用として控除したところ、税務当局は、本件取引が税務上の利益を得るために行われたものであるとして、「唯一の目的又は主要な目的テスト」及び「異常性要件」等を適用基準とするGAARである1962年所得税法§103に依拠して[45]、その控除を否認する処分を行ったことが問題となり、本事件の原審である「所得税特別裁判所」判決([1998] 60 SATC 267)では、税務当局は本件取引に係る異常性の立証を果たしていないなどとして、本件処分を取り消す判断が下されている。

上記Cohage事件最高裁判決でも、税務当局の処分が違法であるとの判断が下されたが、かかる判断を下すに当たり、最高裁は、所得税法§103の下、「全てのケースで決定されるべきは、納税者の主観的目的である」ことが一連の裁判から明らかになっているとした上で[46]、本件において、直接的なローンではなく、セール・アンド・リースバック取引が選好されたのは、税務上の利益をもたらすか否かという差異によるところが大きいものの、本件取引の目的の中には、資金調達という目的も含まれていると認定できること、また、税務当局も、本件取引が租税回避を唯一又は主要な目的とするものであるとの「目的要件」に関する立証責任を果たしていないことから、本件取引が異常なものであるか否かという「異常性要件」に係る立証責任を税務当局が果たしていないという原審の判断が妥当であ

---

[43] 第5章第4節4(2)参照。
[44] (ii)及び(iii)については、SARSの前掲2005年審議文書(Discussion Paper) 42～43頁参照。
[45] 本規定の特徴及び新たなGAARである所得税法第2編Aとの違いは、本節2(5)参照。
[46] 原文(パラ12(c))は、"What has to be determined in every case is the subjective purpose of the taxpayer."である。

第2節　租税回避行為による税源浸食への対応策の再検討

るか否かを検討するまでもないことなどを強調している。

　上記Conhage最高裁判決が示唆するような困難性・限界があるため、特に、「唯一の目的テスト」に依拠するGAARを有する国では、(i)その適用上、本テストを厳格に解さない[47]、(ii)例えば、前述のベルギーの所得税法§344の導入のように、新たな否認基準に依拠するGAARを導入する、(iii)税法上規定されていない否認原則等による機能補完を行うことなどによって、その限界を実質的に克服するなどの動きが少なからず見受けられる。例えば、前述のSociété Pléiade事件では、「唯一の目的テスト」に依拠していると考えられてきたフランスのGAARである租税手続法典§64に基づく処分の適法性の如何が問題となり、Nancy控訴裁判所判決（2002）では、問題の取引が税務上の利益を得ることを唯一の目的としていることが立証されていないとして税務当局が敗訴したが、その上告審である国務院判決（2004）では、本規定の限界を実質主義の概念を持ち込むことによって補完することで、その処分の適法性が首肯されている[48]。

(3)　「主要な目的テスト」と「主要な目的の一つテスト」の差異

　上記(2)ロで述べた理由などにより、「目的テスト」としては、「主要な目的テスト」又は「主要な目的の一つテスト」を採用している例が多いが、双方のテストの違いは何かという問題がある。一見したところ、「主要な目的の一つテスト」は、「主要な目的テスト」よりも、その適用対象範囲が広いとの印象を与える。実際、第4章第2節1(3)で述べた通り、「主要な目的又は主要な目的の一つテスト」に依拠するインドのGAARである1961年所得税法第10章Aに対し、その制度設計の再検討を求める「GAAR最終報告書」は、本テストを「主要な目的テスト」に変更することを提案しているが、かかる提案は、本規定の射程範囲を狭めることによって、その機能の低下を狙ったものと考えられる。南アフリカの場合、逆に、「主要な目的テスト」に依拠していた上記1962年所得税法§103は[49]、否認機能の強化・適用上のハードルの引下げが必要であるとして、税務当局が発表した2005年審議文書では[50]、「主要な目的の一つテスト」に変更することが提案された経緯がある。

　他方、「主要な目的テスト」と「主要な目的の一つテスト」に差異はないという見方もある。例えば、IRC§877の適用の可否が問題となったFurstenberg事件租税裁判所判決（1984）では、第1章第2節2(2)で言及している通り、Mallat事件最高裁判決（1966）で示された見解（IRC§1221（「資本資産の定義」[51]）でいう「主要な」とは、「一番に重要な」という意味である）を踏襲した上で、税務当局は、本件で問題となっている納税者の米国市民権の放棄が租税回避を主要な又は「一番に重要な」目的とするものであるとの立証が果たされていないとして税務当局が敗訴している。かかる見解に立脚すると、「一番に重要な」目的は「主要な目的」と同義ということになるため、「主要な目的」は一つしかないということになり、「主要な目的の一つテスト」と「主要な目的テスト」は実質的に同じものということになる。

---

47)　例えば、第3章第1節で述べた通り、Halifax基準の一角を成す「主観テスト」の適用基準も不透明であり、「唯一の目的テスト」であるか否かを巡って議論がある。

48)　これらの判決のポイントは、松田・前掲『租税回避行為の解明』284〜286頁参照。

49)　1962年所得税法§103の適用基準のポイントは、本節2(4)・脚注66)参照。

50)　SARSの前掲2005年審議文書（Discussion Paper）74頁参照。

51)　IRC§1221の規定振りは、第1章第2節2(2)及び同節脚注142)参照。

また、「主要な」という文言と「優勢な」という文言は同様であるとする上記(2)イで述べた考えに立つと、豪州のGAARである所得税法第4編Aが依拠する「支配的な目的テスト」も「主要なテスト」と同様ということになるが、確かに、Spotless事件高等法院判決(1996)では、本テストでいう「支配的な」という文言は、「有力な、顕著な、あるいは、最も影響力がある」("ruling, prevailing or most influential)の意味であるとの解釈が示されていることを踏まえると[52]、「もっとも影響力がある」目的は一つしかないことから、「主要な目的テスト」、「主要な目的の一つテスト」及び「支配的な目的テスト」は、同様なものであると解することが可能となる。例えば、前述の南アフリカの税務当局の2005年諮問文書に対する民間意見の中にも、「主要な」という文言の解釈上、主要な目的が複数であるとの解釈は不合理であり、「主要な目的テスト」と「主要な目的の一つテスト」に違いはないとの指摘をする向きもあった。

これに対し、南アフリカでは、上記の2005年諮問文書に対する民間意見等を踏まえて2006年に導入された新たなGAAR（所得税法§80A～§80L）では、結局のところ、「目的テスト」としては、当初の導入案で示されていた「主要な目的の一つテスト」ではなく、「主要な目的テスト」が採用される形となったが、税務当局は、それに先立って、上記2005年諮問文書に対する民間意見等を踏まえて2006年中間報告書（Interim Responses）を作成・公表し、本報告書では、主要な目的は複数あり得ることから、「主要な目的の一つテスト」と「主要な目的テスト」は同じではないとの見解が示されている。具体的には、複数の目的からなる一つのセットとして主要な目的がある場合、例えば、ある取引が三つの主要な目的（資本調達、借主のバランス・シートの改善、租税回避）を一つのセットとして有している場合、その一つセットに含まれる租税の回避という目的も、主要な目的の一つとなるとの説明がされている[53]。

米国でも、第1章第3節2(2)で考察した米国のStant Fe事件第7巡回控訴裁判所判決(1994)等では、「重大な目的」とは一つとは限らないとの解釈が示されている。IRC§954(Foreign base company income)に関する財務省規則の中にも、1986年に廃止された同規則§1.954-1(g) (Increase in qualified investments in foreign base company shipping operations)(4)(Exceptions for foreign corporations not availed of to reduce taxes)(B)は、（「被支配外国法人を通じた所得を生じさせる取引を実行することが、所得、戦争関係利益、超過利益又は同様な税の相当な軽減を重大な目的の一つとしている場合…」と定めていたところ、同規則§1.954(1)(b) (Exclusions and special rules)(3)(iii) (Significant purpose defined)は、「…目的が重大であるためには、目的が重要である必要があるが、主要な目的又は1番に重要な目的である必要はない」と規定していた[54]。

同様に、財務省規則§1.954-2(3) (Changes in the use or purpose for which property is held.)(ii) (Special rules)(a) (Anti-abuse rule)でも、「資産保有の用途又は目的を変更する主要な目的が、国外の私的持株会社の所得の計算上、利得又は損失を含めることを回避することである場合、その資産の譲渡から生じる利得又は損失の全ては、国外の私的持

---

52) 詳細は、松田・前掲『租税回避行為の解明』218～219頁参照。
53) 2006年中間報告書20～21頁参照。本報告書は2005年版と同様のアドレスから入手可能。
54) 原文は、"... to be significant a purpose must be important, but it is not necessary that it be the principal purpose or the purpose of first importance."である。

第 2 節　租税回避行為による税源浸食への対応策の再検討

株式会社の所得として取り扱われる。主要な目的よりもその他の目的（個々の目的又は総合した目的）が大きい場合であっても、その目的は主要な目的となり得る」と定められている[55]。本条が立脚する解釈が正しいとすると、「主要な目的の一つテスト」の下で否認対象となる取引には、租税回避が最も主要な目的でないものも含まれることとなる[56]。このように、少なくとも、米国の税務当局は、「主要な目的テスト」と「主要な目的の一つテスト」を区別していると考えられる。

　国連モデル条約 1 条に関するコメンタリー36も、「しかし、その他の国は、国内法上の同様な包括的否認ルールの経験を踏まえると、『主要な目的』のような文言は、税務上の利益を得ることが他の全ての目的とされるものの組合せよりも客観的に重要であることを税務当局に立証させる非現実的に高いハードルを設定するものであり、その規定を効力のないものにするリスクを伴うと考えるかもしれない…」との見解を示しているところ[57]、確かに、租税条約でも、第 2 章第 2 節 3 (3)ロで言及した最近の中国の租税条約（例えば、2011年中国・英国租税条約10条 7 項）のように、「主要な目的の一つテスト」を採用する傾向は強まってきている。第 4 章第 2 節 1 (3)で示した通り、インドの2010年に導入されたGAARが依拠する「目的テスト」も、結局、双方のテストは異なるとの認識に立つShome委員会のGAAR最終報告書を受けて、「主要な目的の一つテスト」から「主要な目的テスト」に変更されている。

(4)　「目的テスト」の性質と位置づけ

　包括的否認規定が立脚する「目的テスト」のあり方は、その射程範囲を決定する上で重要なポイントとなる租税回避目的の程度の如何との観点からだけでなく、何を基準として租税回避目的の有無・程度を判断するのかとの観点からも考察する必要がある。かかる観点から「目的テスト」を大別すると、その本質は、基本的に、動機テスト（主観的テスト）であるとの考え方と客観的テストであるとの考え方に区分することができるが、動機テストと客観的テストの双方を包含するものであるとの考え方もある。「目的テスト」を動機テストであると解すると、租税回避目的の有無は、納税者の租税回避の意図の有無という主観的な要素に基づいて判断されることとなる。これに対し、「目的テスト」を客観的テストであると解すると、租税回避目的の有無は、納税者の租税回避を行うとの主観的な意図の有無ではなく、関係する客観的な事実に基づいて判断されることとなる。

　例えば、米国の場合、「目的テスト」を組み込んだ税法規定等の中には、納税者の取引等の目的を客観的な基準に基づいて判断するとしているものがある。例えば、IRC§183

---

55)　原文は、"If a principal purpose of a change in use or purpose of property was to avoid including gain or loss in the computation of foreign personal holding company income, all the gain or loss from the disposition of the property is treated as foreign personal holding company income. A purpose may be a principal purpose even though it is outweighed by other purposes (taken together or separately)." である。
56)　インドのGAARの下でも類似する考え方が採用されていたことは、所得税法§96(2)の規定振り（第 4 章第 2 節 1 (2)イ・脚注89)参照）からも確認できる。
57)　原文は、"Other countries, however, may consider that, based on their experience with similar general anti-abuse rules found in domestic law, words such as "the main purpose" would impose an unrealistically high threshold that would require tax administrations to establish that obtaining tax benefits is objectively more important than the combination of all other alleged purposes, which would risk rendering the provision ineffective." である。

(Activities not engaged in profit) (a) (General rule) は、「個人又はS法人が従事する活動は、その活動に従事することが利益を得ることを目的としない場合、本条に定める場合を除き、本章の下、かかる活動に帰属すべき控除は認められない」と規定しているところ[58]、本規定に関する財務省規則§1.183-2 (Activity not engaged in profit defined) (a) (In general) は、「…利益目的のための活動であるか否かの決定は、各ケースの全ての事実と状況を勘案した上で、客観的な基準に基づいて行われる。…活動が利益目的のために従事したものであるか否かを決定するに当たっては、納税者が行う意図に関する単なる陳述よりも、客観的な事実に重きが置かれる」と定めている[59]。

実際、上記のIRC§183に基づく控除の適用の可否が問題となったDreicer v. Commissioner租税裁判所判決 (78 T. C. 642 ; 1982) では、原告の作家及び講師としての活動に係る経費が、本規定の下、控除の対象となるか否かが問題となったが、租税裁判所は、「納税者の動機が究極の問題である。しかし、動機の判断は、それを取り巻く全ての客観的な事実の注意深い分析を通じてなされなければない。…主観的な意図は、事業取引に経済的実質を提供することはできない。…投資パッケージが現実的な利益可能性を欠いている以上、我々は投資家の頭の中を検査する必要はない」との見解を示した上で[60]、本件活動が利益のための活動であるとの納税者の立証は十分にされていないとして、本件経費の控除を否認する処分を是認する判断が下されたが、その判断は、その控訴審であるColumbia地区巡回控訴裁判所判決 (1983 U. S. App. LEXIS 30334) でも首肯されて税務当局の勝訴が確定している。

しかし、米国の経済的実質主義の適用基準である「二股テスト」の一角を構成する「主観テスト」の場合、納税者が行う取引等が租税回避を目的としているか否かの判断は、文字通り、その主観的な動機に基づいて判断されることは、経済的実質主義に基づく否認の可否が問題となったRice Toyota事件第4巡回控訴裁判所判決 (1985) では、事業目的の有無に係る探求は単に取引を行う納税者の動機に関係するとの見解が示されたことや[61]、米国の下院予算委員会の2010年3月17日付の「2010年調整法」 (the Reconciliation Act of 2010) に関する報告書 (111-443) が、「本規定が明らかにしているのは、経済的実質主義は、結合的関係分析──納税者の経済的ポジションに対する客観的な効果の究明並びに取引に従事する納税者の主観的な動機に対する究明──を包含しているということである」と説明していることなどからも確認することができる[62]。

---

58) 原文は、"In the case of an activity engaged in by an individual or an S corporation, if such activity is not engaged in for profit, no deduction attributable to such acitivity shall be allowed under this chapter except as provided in this section." である。

59) 原文は、"The determination whether an activity is engaged in for profit is to be made by reference to to objective standards, taking into account all of the facts and circumstances of each case. ... In determining whether an activity is engaged in for profit, greater weight is given to objective facts than to the taxpayer's mere statement of his intent. ... Subjective intent cannot supply economic substance to a business transaction." である。

60) 原文は、"His motive is the ultimate question; yet it must be determined by a careful analysis of all the surrounding objective facts, ..." である。

61) 松田・前掲『租税回避行為の解明』449頁参照。

62) 原文は、"The economic substance doctrine involves a conjunctive analysis──there must be an objective inquiry regarding the effects of the transaction on the taxpayer's economic position as well as a subjective inquiry regarding the taxpayer's motives for engaging in the transactions." である。

第2節　租税回避行為による税源浸食への対応策の再検討

　これに対し、ドイツのGAARである新AO§42やHalifax基準の主観的テスト等の下での租税回避の意図の有無は、客観的な基準に基づいて判断される[63]。豪州の税務当局の説明資料（ATO Practice Statement Law Administration 2005/24）のパラ85も、その適用の可否を判断上8つの客観的な要素を勘案する旨を定める所得税法第4編Aの§177Dについて、「…本規定は、客観的な事実に関して到達すべき目的に関する客観的な結論を求めている。関係する者の実際の主観的な目的は、§177Dの下で結論を導く上で考慮可能な事項ではない」との指針を示している[64]。英国のGAARが依拠する「二重の合理性テスト」の下では、「全ての状況を勘案した上で、税務上の利益を得ることが、そのアレンジメントの主要な目的又は主要な目的の一つであると結論づけることが合理的である」か否かが判断されるが、税務当局も、本基準は客観的テストを採用したものであるとの説明をしている[65]。

　動機テストと客観的テストの双方にメリット・デメリットがある。特に、動機テストの場合、納税者の動機を税務当局や裁判所が判断しなければならないとの問題・限界がある。また、動機テストの下では、同様な取引を行っている納税者の中には、その取引を行う動機の如何によって、「目的テスト」をクリアーする納税者もいれば、クリアーしない納税者も出てくるなどの問題が生じる。他方、客観的テストにも全く問題がないではない。なぜなら、客観的テストの下では、租税回避の動機・認識がない納税者であっても、その他の納税者が行った租税回避に該当する取引と同様な取引を行っていれば、「目的テスト」の下、租税回避目的を有していたと判断され、否認の対象となってしまうからである。このように、主観的テストと客観的テストのいずれが納税者にとって有利であるかは、納税者が置かれている状況等の如何によって異なり得る。

　したがって、「目的テスト」の本質を位置づけるに当たっては、様々な思惑が絡み得るが、実際のところ、大半の国のGAAR上の「目的テスト」が、客観的テストに依拠している背景には、動機テストの税務当局にとってのデメリット（立証の困難性）が特に大きいとの事実があると考えられる。例えば、2006年に廃止された南アフリカのGAAR・1962年所得税法§103の適用上、(i)取引、業務又はスキームに該当する（「アレンジメント要件」）、(ii)税の回避又は繰延べの効果をもたらす（「租税効果要件」）、(iii)第三者基準で取引する者の間では通常生じない権利又は義務を発生させる（「異常性要件」）、(iv)税務上の利益を得ることを唯一又は主要な目的として契約又は実行されている（「目的要件」）の全てをクリアーする必要があったが、税務当局は、その機能が十分に発揮されなかった理由の一つとして、「目的要件」が主観的テストに依拠していることを挙げていた[66]。

　確かに、前述のConhage事件最高裁判決（1999）等を通じて、「異常性要件」と「目的テスト」が所得税法§103の大きな問題点であることが確認され、また、「目的テスト」が主観的テストであることの問題点は、本規定の改廃を議論する中で、「実質的に、…納税者は、取引の手段又は方法、あるいは、取引に伴う権利や義務に（客観的な）異常性が認

---

63) 松田・前掲『租税回避行為の解明』264頁参照。
64) 原文は、"Section 177D requires an objective conclusion as to purpose to be reached having regard to objective facts. The actual subjective purpose of any relevant person is not a matter to which regard may be had in drawing the conclusion under section 177D." である。
65) GAARに関する指針案C編（C3.3）参照。
66) SARSの前掲2005年審議文書（Discussion Paper）1.44頁参照。

477

められない限り、罰せられることなく、租税回避を唯一の（主観的な）目的としてその取引を行うことができる。逆に、納税者は、主観的に、租税回避を唯一又は主要な目的としていない限り、罰せられることなく、客観的に『異常性のある』取引を行うことができる」との指摘もされたことから[67]、税務当局は、2006年審議文書では、客観的テストに依拠した「目的テスト」を提案し、実際、その提案が新たなGAARである所得税法第2編A（Impermissible tax avoidance）でも採用された経緯がある。

上記の通り、諸外国では、「目的テスト」の本質を客観的テストと捉えているケースの方が多いが、我が国の場合、(i)大阪地裁平成12年5月12日判決（平成8年（行ウ）第99号、税資247号607頁）では、財産評価通達185項等の適用の可否が問題となったが、「評価通達の個々の定めを適用すべきか否かを判断するに際しては、…租税回避目的の有無といった当事者の主観的要素を考慮することは許されるものと解するのが相当である」との見解が示され、(ii)大阪地裁平成13年12月14日判決（平成9年（行ウ）第77号ないし第79号、税資251号順号9033）では、目的テストに依拠した上で法人税法69条を限定解釈することの可否が問題となったが、「正当な事業目的か否かは、事業を全体としてみて判断するため、かかる判断自体、客観性に問題があり」とする見解が示されていることなどに鑑みると、包括的否認規定案に組み込む「目的テスト」は、多角的な判断を要するとして、動機テストと客観的テストの双方を含むものと位置づける方が望ましいであろう。

実際、客観的テストでは事足りない場合があることは、「取引の実質は、動機ではなく、事実を究明することによって決定される。しかし、動機の分析は、しばしば、明確でない事実の解釈を助ける手段として利用される。租税回避の動機は、取引が実質を欠くと判断できるケースで存在していることが多い」との指摘からも確認することができる[68]。さらに、間接税の分野では、特に、納税者の動機の分析が肝要となることは、前述の通り、Halifax基準上の主観テストの下では、税務上の利益を得ることを根本的な目的とすることが、多くの客観的な要素から明らかであるか否かの判断が求められるが、その判断上、問題となる取引の異常性から推認される納税者の意図は、無関係ではないとの指摘や、Halifax基準の適用上、動機テスト及びアレンジメントの異常性の概念は、依然として有効であるとの指摘がされていることなどからも示唆される[69]。

包括的否認規定案に組み込む「目的テスト」の本質の位置づけができたら、次なるステップは、「目的テスト」（「主観テスト」）に続く第2適用基準（「客観テスト」と称されるものが多い）のあり方の検討である。確かに、諸外国のGAARの中には、(i)「目的テスト」のみを組み込んでいるもの（例えば、米国のIRC§7701(o)）、(ii)「目的テスト」に強く依存しているもの（中国の企業所得税法47条、香港の税務条例§61A及び豪州の所得税法第4編A等）もあるが、その多くは、「非結合的関係テスト」に依拠すると解した場合の米国の判例法上の経済的実質主義、ローマ法を起源とする法の濫用の法理に依拠する多くの

---

67) かかる指摘は、Williams RC, The 1996 Amendments to the General Anti-Avoidance Section of the Income Tax Act, South African Law Journal, Vol. 114, PART IV, p. 675及びSARSの前掲2005年審議文書44頁参照。

68) Harry Waizer, Business Purpose Doctrine : The Effect of Motive on Federal Income Tax Liability, Fordham Law Review, Vol. 49, Issue 6 (1981) p. 1082参照。中段部分の原文は、"Motive analysis, however, is often used as an aid in interpreting equivocal facts, …."である。

69) 第3章第1節1(3)参照。

大陸法の国々の包括的否認規定・法理、Halifax基準、英国のGAAR（2013年FA§207等）及びインドのGAAR（1961年所得税法§96）等のように、(ⅲ)「目的テスト」と第2適用基準の双方に依拠している。

特に、我が国の場合、(ⅰ)「事業目的の検定」という租税回避行為の否認基準は、我が国には馴染まず、租税法律主義に反するなどの意見もある、(ⅱ)我が国の裁判例の中には、租税回避目的や事業目的の有無は、租税回避行為が否認上、決定的に重要であるとの見解に立つものが少ないことなどからも示唆されるように、「目的テスト」にはそれほどの重きが置かれていないことなどに鑑みると、「目的テスト」が包含している問題や限界を緩和・補完することによって、その導入のハードルを引き下げるという観点からも、包括的否認規定案の下では、基本的には、「目的テスト」で引っ掛かった取引等を第2適用基準に照らし合わせた上で最終的に適用対象となる取引等を絞り込む・抽出する制度設計を採用するのが望ましいのではないかと思料する。以下の(5)では、包括的否認規定案の制度設計に盛り込むべき第2適用基準のあり方を検討する。

(5) **第2適用基準に係る留意点**

GAARの代表的な第2適用基準としては、「経済的実質テスト」が挙げられる。米国では、その適用上、「合理的な利益可能性テスト」に依拠することが可能であることが判例上確立しているが、「合理的な利益可能性テスト」が、経済的実質の有無を判断する上で万能なメルクマールとなっているわけではない。実際、米国以外の国が、本テストに類似するメルクマールをGAARの適用上の判断要素として採用しているケース（例えば、インドの2009年直接税法案§24(5)）においても[70]、かかるメルクマールは、経済的実質の有無を判断する上での一つの要素にすぎないのが通例である。しかも、本テストの実際の運用は必ずしも容易ではないとの問題もある中、経済的実質の有無の判断に係る不透明性の問題が露呈することも少なからずあることは、米国の税務当局が経済的実質主義の適用を主張して、その適用を裁判所が首肯しなかったケースの大半は、経済的実質の有無に関する見解の相違があったケースであることからも確認することができる[71]。

これに対し、もう一つの代表的な第2適用基準である「法の濫用テスト」は、ローマ法に依拠する多くの欧州諸国等のGAARの適用上の基準となっているものである。本テストは、問題の取引等が関係する税法等を濫用するものであるか否かを問題とする基準であるところ、税法等を濫用することは、税法等の趣旨に抵触することであるとの定義の下、その適用に係る特段のメルクマールを必要とするものではないと考えられることから、その適用基準に係る不透明性の問題は、「経済的実質テスト」の場合ほど深刻ではないと言える。しかし、税法等の濫用・趣旨との抵触の有無を判断するには、そもそも、問題となる税法等の趣旨が明確であることが必要となるところ、実際上、少なからぬ場合において、税法規定の趣旨（その規定が、問題となっている租税回避行為による税務上の利益の享受を容認しているのか否か）は、十分に明確ではない場合が少なくないとの問題があることから、

---

70) 第4章脚注86)参照。
71) そのようなケースとして、IES Industries 事件Iowa北部地区裁判所判決（1999）、Compaq Computer事件第5巡回区控訴裁判所判決（2001）及びBlack & Decker事件Maryland地区裁判所判決（2004）等がある。詳細は、松田・前掲『租税回避行為の解明』61～64頁参照。

かかる判断を適切に行うことは容易ではないケースが少なからず生じ得る。

実際、税法規定の趣旨に係る不透明性の問題に起因して、「法の濫用テスト」を組み込んでいるGAARや包括的な否認法理に依拠して租税回避行為の否認を行った処分が、裁判所の判決で取り消されたケースは枚挙にいとまがない。例えば、オランダでは、立法化されていない包括的な否認法理である「法の濫用」(fraus legis)の原則の下では、目的テスト（「主観テスト」）と客観テスト（「法の濫用テスト」）の双方の基準に基づいて、その適用の可否が判断されるところ、多くの場合、税務当局にとって、「目的テスト」をクリアーすることは、それほど困難ではないが、「法の濫用テスト」をクリアーすることは、より困難なものとなっており、実際、1993年12月15日判決（BNB 1994/259）及び最高裁2000年4月19日判決（BNB 2000/261）等では、問題となった取引が関係する税法規定や租税条約上の規定と抵触するとは考えられないとして、本原則に基づく否認処分が取り消されている[72]。

「法の濫用テスト」の下での判断が特に困難となり得るのは、勿論、多くの欧州の大陸法の国々のGAARや包括的な否認法理の場合に限ったわけではない。例えば、GAARである所得税法§245の制度設計上、「目的テスト」と「法の濫用テスト」を採用しているカナダの場合[73]、その適用を行う処分が取り消されたJabin Investments Ltd. v. The Queen事件租税裁判所判決（[2001] DTC 1002）では、「議会の意図する政策が明確ではなく、曖昧であるような場合には、裁判所が濫用云々を判断することはできず、この場合、法令遵守の推定が働く」との見解が示されている。同様に、所得税法§245に基づく否認処分の対象となった取引が税法の趣旨に反することの証明がされていないとして税務当局が敗訴したCanada Trustco Mortage Co. v. The Queen事件最高裁判決（[2005] SCC 54）でも、「税法の趣旨や税法の濫用が明白でない場合には、疑わしきは納税者の利益にという原則が働く」との見解が示されている[74]。

そもそも、カナダの所得税法§245が、その制度設計上、「目的テスト」に加え、「法の濫用テスト」をも組み込んだ背景には、カナダにおける税法解釈アプローチが、英国の伝統的な文理主義の影響を少なからず受けてきたことなどに加え、特に、Stubart Investments Ltd. v. The Queen事件最高裁判決（[1984] 1 S. C. R. 536）において、「納税者が独立した又は誠実な事業目的を有しない取引を行ったことのみを理由として、その税務効果を否認することには賛同できない。厳格な事業目的テストは、一定の状況の下では、明白な法令上の意図と衝突し得る」との見解が示されたことが大きく関係していると考えられているが、このような「法の濫用テスト」が最終的な判断基準となっている制度設計の下

---

72) 詳細は、松田・前掲『租税回避行為の解明』296～299頁参照。
73) 本条は、(3)項(a)号において、その適用対象となる「租税回避取引」とは、「本規定がなければ、税務上の利益を直接又は間接に享受することが可能となる取引であり、主に、税務上の利益を得ること以外の誠実な目的の下に考案・実行されたものであるとは合理的に考えられない取引である」と定めているが、4項では、「問題となる取引が、所得税法上の諸規定を直接又は間接に濫用するものではない、あるいは、本規定以外のその他の所得税法上の規定を全体的に捉えると、濫用には当たらないと合理的に考えられる場合には、§245(2)の規定は適用されない」と規定している。原文は、松田・前掲『租税回避行為の解明』161～162頁参照。
74) 詳細は、松田・前掲『租税回避行為の解明』166～172頁参照。我が国の場合、このような原則・考え方は、租税法の解釈原理としては成り立たないとの見解は、金子宏『租税法（第17版）』(2012)111～112頁参照。成り立つとの見解は、北野弘久『税法学原論（第6版）』青林書院(2007)95頁参照。

第2節　租税回避行為による税源浸食への対応策の再検討

では、本規定に基づく租税回避行為の否認に対する裁判所のスタンスも、積極的であるとは言い難いという状況が認められる中、かなり酷い租税回避行為を否認できていないケースが見受けられるなどの批判が投げ掛けられている[75]。

確かに、その税務効果を否認するのが妥当である租税回避行為等の代表として挙げられるべきものは、税法の趣旨に抵触するものであることからして、「法の濫用テスト」をGAARの制度設計に組み込むことは適切かつ必要なことであると考えられるが、租税回避行為等が法の趣旨に抵触するか否かの判断が困難である場合が少なくないとの限界のある「法の濫用テスト」は、租税回避行為への対応上、看過できない問題を包含しているとの認識の下、「法の濫用テスト」に強く依存する制度設計となっているGAARを有する国々の中には、前述の通り、実質主義的な否認アプローチに依拠した包括的否認規定を導入するとの動き（前掲のベルギーの所得税法§344の導入等）や実質主義による法の濫用の法理の限界を補完する動き（上記のフランスのSociété Pléiade事件国務院2004年判決等）が出てきている国が、少なからず見受けられるようになってきているのも事実である。

また、第3章第1節で考察した通り、Halifax基準とCadbury Schweppes基準の類似性は、顕著なものとなってはいるが、Halifax基準上の「客観テスト」（「税務上の利益を付与することが第6次指令とその国内適用を認める規定等の目的に反すること」）とは異なり、Cadbury Schweppes基準は、少なくとも、「法の濫用テスト」を明示的に採用してはいないとの事実が認められる。確かに、Cadbury Schweppes基準でいう「全く人為的なアレンジメント」とは、すべからく、法を濫用するものであると解する余地はあるものの[76]、少なくとも、欧州議会が採択したCCCTB指令案80条では、「完全に人為的なアレンジメント」という文言に代えて、「人為的なアレンジメント」という文言が採用され、さらに、欧州理事会議長の2012年意見書では、それに代えて、「取引又は一連の取引」という文言が採用されるに至っては[77]、「法の濫用テスト」をクリアーすることが、その適用上の絶対条件になっていないのではないかと考えられる。

上記の諸事実からも示唆される通り、税法規定の趣旨及びその射程範囲を完全に明確にすることが困難な場合が少なくない中、直接税の負担を回避する行為を否認するGAAR等において、「法の濫用テスト」に大きく依存する制度設計を採用するとの選択肢には問題があり、実際、近年、かかる選択肢は敬遠される傾向がある[78]。序章で考察した船舶リース事件名古屋高裁平成19年3月8日判決も、本テストに依拠することの限界を示唆している。したがって、我が国の包括的否認規定の制度設計上、序章で考察した最高裁平成17年12月19日判決で示された「制度の濫用」概念（「外国税額控除制度をその本来の趣旨・目的から著しく逸脱する態様で利用して納税を免れ、…本制度を濫用するものであり、…許されない」）を中心に据える案も、現実的な選択肢の一つではあろうが、グローバルな趨

---

75) 松田・前掲『租税回避行為の解明』193頁参照。カナダのIRC§245の制度設計は、移転価格税制との関係でも、最も望ましいものとは言い難い点は、第4節1(2)参照。

76) 例えば、Thin Cap事件（C-524/04）に対するGeelhoed法務官意見（「法の濫用を防止するために、加盟国は、さもなければ差別的となる直接税に係る手段を講じることが、原則として正当化される…」）・第3章第1節(4)イ・脚注33)参照。

77) 第3章第1節2(2)ロ)参照。

78) 他方、諸規定の趣旨がより明確な消費税法の場合、かかる制度を採用する余地が十分にあろうことは、英国のGAARが間接税に適用されないことやHalifax基準等からも示唆される。

終章　我が国の対応策の再構築

勢や直接税の負担回避に十分に対処する必要性等に鑑みると、その適用上の困難性及び射程範囲の狭さからして、やはり、最善の選択肢ではないと思料する。

　英国でも、GAARの制度設計を検討する際、「法の濫用テスト」が包含する上記の問題・限界が認識されていたであろうことは、GAAR報告書5.17項～5.22項において、議会の立法趣旨を探る困難性を伴う伝統的なアプローチに依存しないことが望ましいとの見解が示されていることからも示唆される[79]。実際、2013年FA第5章（§206～§215）に定めるGAARでは、その制度設計上、その適用対象となるか否か（つまり、問題の租税アレンジメントが「濫用的な租税アレンジメント」に該当するか否か）は、その租税アレンジメントが税法規定又はその趣旨を濫用するものであるか否かとの基準に全面的に依拠して判断するのではなく、かかる判断基準は、本法§207(2)に定める「二重の合理性テスト」（「全ての状況を勘案した上で、関係する租税規定との関係上、合理的な行為過程であるとは合理的にみなせないアレンジメントを契約又は実行する場合である」か否か）の下での複数の判断要素の一つを構成するにすぎないとされている。

　南アフリカのGAARである所得税法第2編A（§80A～§80L）の場合も、図6-2の通り、第1適用基準として、「目的テスト」を採用する一方、「経済的実質主義」と「法の濫用テスト」は、いずれも複数のメルクマールで構成される第2適用基準の一つでしかない。しかも、その前身である所得税法§103や英国のGAARとは異なり、アレンジメントの異常性は、第2適用基準である図6-2の(5)（「負の属性」）を構成する要素となっていない[80]。確かに、本編§80G（Presumption of purpose）は、「主要な目的テスト」をクリアーしているか否かに係る立証責任は納税者が負う旨を定めていることから[81]、その点は、我が国

図6-2　南アフリカのGAARである所得税法第2編Aの適用基準

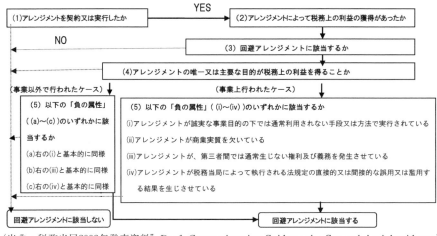

（出典：税務当局2008年発表資料"Draft Comprehensive Guide to the General Anti-Avoidance" p.9に加筆・修正）

---

79)　第2章第1節2(1)参照。
80)　かかる差異が、英国のGAARの適用範囲が狭くなっている一つの要因となり得るが、英国のGAARの場合、租税アレンジメントが異常であるか否かの判断は、濫用的であるか否かの判断と殆ど同じとなるように、異常性という文言が狭く解されている。GAAR報告書5.16項（第2章第1節2(1)）参照。

の場合と異なるであろうが、その点を除けば、本編の下で採用されている第2適用基準を構成するメルクマールは、包括的否認規定案に組み込むべき第2適用基準のあり方を検討する上で、特に参考となるものではないかと思料する。

　第3章第1節2(3)で考察した欧州委員会の2012勧告書が提案するGAARの制度設計に組み込まれている第2適用基準である「経済的実質テスト」も、上記の南アフリカのGAARと類似する複数のメルクマールで構成されている。しかも、前述の本勧告書のパラ4.5（「『根本的な目的として』という文言の解釈上、…アレンジメントの目的が、それを実行する納税者の主観的な意図に関係なく、…税務上の規定の…主旨を毀損する場合には、租税回避に該当する」）からも確認し得る通り、提言されている制度設計は、「法の濫用テスト」をも実質上組み込み、しかも、本テストが例外的に単独の判断基準となり得るものと位置づけられている[82]。確かに、「目的テスト」と複数のメルクマールで構成される第2適用基準の双方を組み込んだ包括的否認規定案も、法の趣旨に反する租税回避行為を否認する場合には、第1適用基準の下での判断は不要となるとの考えを反映させる形で修正することによって、より一層、合理的な選択肢となろう。

(6)　否認対象取引の再構築の仕方

　提言する包括的否認規定の核となる適用基準・制度設計案が決定したら、次に問題となるのは、それを適用した場合の否認方法である。否認の仕方としては、単に税務上の利益の適用を認めない方法だけでなく、その再構築・引直しを行った上で否認額を算定するという方法もあるが、再構築に必要な代替取引が、必ずしも一義的に明確ではないケースもある。例えば、豪州では、所得税法第4編Aが租税回避スキームに適用された場合、「合理的な仮定テスト」の下、それが利用されなかったならば、如何なる結果が生じたかという「仮定の事実」の検討を行った上で代替取引が決定されるが[83]、その決定上、そのスキームを無視した場合を想定する「代替的な仮定」（"alternative postulate"）を「複合テスト」（"composite test"）に依拠して解釈すると、代替取引の候補となるものの中には、その他の租税回避スキームや税務上の利益を生じさせない取引等も含まれることとなるが、税務上の利益を生じさせない取引等とは何を意味するのかを巡って議論がある。

　例えば、RCI Pty Ltd. v. COT事件連邦裁判所合議体法廷（Full Court）判決（[2011] FCAFC 104）では、豪州法人（RCI）・控訴人は、米国の子会社（JHH(O)）の資産の再評価とグループ内法人からの借入れ後に支払われた配当を受けた後、価値が減少した当該子会社株式をグループ内の別の子会社（RCI Malta）に譲渡したところ、税務当局は、RCIグループの組織再編の一環として本件取引が実行されたが、本スキームが実行されていなかったとしても、本件株式の譲渡は行われていたと判断できるとして、本件に所得税法第4編Aを適用した上で、その「仮定の事実」に基づいて生じる多額の譲渡益に対する課税処分を行ったことが問題となっている。本事件の原審である連邦裁判所判決（[2010]

---

81)　原文は、"(1) An avoidance arrangement is presumed to have been entered into or carried out for the sole or main purpose of obtaining a tax benefit unless and until that party proves that, reasonably considered in light of the relevant facts and circumstances, obtaining a tax benefit was not the sole or main purpose of the avoidance arrangement." である。

82)　第3章第1節2(3)・脚注66)参照。

83)　詳細は、松田・前掲『租税回避行為の解明』211〜212頁参照。

FCA 939) では、本件処分の適法性が認められたが、本合議体法廷判決では、以下の通り、その「仮定の事実」は、最も適切な代替取引には該当していないとして、本件処分が破棄されている。

特に、上記合議体法廷判決では、「もし、実行されたいずれかの本件スキームが契約又は実行されていなかったなら、関係する当事者は、その提案を破棄、無期限延期又は変更し、その結果、RCIが保有するJHH(O)の株式をRCI Maltaに移転させることはなかった、あるいは、情報メモで言及されているその他の代替案の一つ又は複数を実行していたであろうと考えるのが合理的である。つまり、RCIが保有するJHH(O)の株式を1億7千2万ドルの税コストを払ってRCI Maltaに譲渡することはなかったと考えるべきである。そうすると、RCIは、税務当局が本件スキームとの関係で得たと主張する税務上の利益を得てはいない」と判断することができるなどの見解の下[84]、本件処分は違法であると判示されている。また、税務当局による本件の高等裁判所への上訴は、2012年、本合議体法廷判決が覆る可能性が低いとして、認められなかったため、税務当局の敗訴が確定している。

しかし、2013年度税制改正では、所得税法第4編Aが包含する上記の問題・限界に対処するため、敗訴した税務当局の主張を反映した同法§177CB（The bases for identifying tax benefits）等が導入されている[85]。本規定は、二つのアプローチを通じて「代替的な仮定」の決定方法を絞り込む効果を有している。まず、本規定の(2)項は、「もし、そのスキームが契約又は実行されていなかったならば税務上の利益が生じたであるか否かの判断は、（スキームを構成する部分以外の）実際に生じた又は存在していた事象又は状況のみを含む仮定に基づいて判断されなければならない」と定めている通り[86]、「破棄アプローチ」("Annihilation approach") に依拠したものとなっている。本アプローチの下、スキームのみを除外した場合に残る事実に税法を適用すると、スキームを利用した場合よりも少ない税務上の利益が生じることが証明されれば、所得税法第4編Aの適用要件である「税務上の利益」が生じたと判断され、その「税務上の利益」の破棄・適用の否認が行われる[87]。

他方、所得税法§177CBの(4)項は、「…仮定が合理的な代替に該当するか否かは、(a)：(i)スキームの実質、(ii)納税者に対し、スキームによって達成されたであろう結果（本法の

---

[84] 原文（パラ150）は、"... if the scheme in either of its manifestations had not been entered into or carried out, the reasonable expectation is that the relevant parties would have either abandoned the proposal, indefinitely deferred it, altered it so that it did not involve the transfer by RCI of its shares in JHH(O) to RCI Malta or pursued one or more of the other alternatives referred to in the Information Memorandum; but they would not have proceeded to have RCI transfer its shares in JHH(O) to RCI Malta at a tax cost of $ 172 million. On this view, RCI did not obtain the tax benefit it was alleged by the Commissioner to have obtained in connection with the scheme." である。

[85] 本改正によって、所得税法第4編Aの適用に係る判断は、「税務上の利益」の有無の点から開始するのではなく、「支配的な目的テスト」の点から開始することとなるため、本テストが制度設計上の中核に据えられることとなる。詳細は、2013年税制改正法（Countering Tax Avoidance and Multinational Profit Shifting）案1.71参照。

[86] 原文は、"A decision that a tax effect would have occurred if the scheme had not been entered into or carried out must be based on a postulate that comprises only the events or circumstances that actually happened or existed (other than those that form part of the scheme.)" である。

[87] 2013年税制改正法案1.80参照。本アプローチの適用は、税務上の控除の否認のケースに多用されるものと想定される。

第2節　租税回避行為による税源浸食への対応策の再検討

適用との関係で生じる結果以外のもの）や効果を特に考慮すべきであるが、(b)仮定が、本法の適用との関係上、その他の者（…）に対して達成するであろう結果は無視すべきである」と定めている通り[88]、「再構築アプローチ」（"Reconstruction approach"）に依拠したものとなっている。本規定は、合理的な代替取引の決定上、スキームによって納税者に生じた、あるいは、仮定によって納税者又はその他の者に生じたであろう税務上のコストは考慮の対象とすべきではないこと、つまり、代替的な取引は、仮定に伴う税務上のコストゆえに、スキーム又はそのスキームが一部を構成する取引を当事者が捨象又は無期限延長するであろうとの理由に依拠した上で、不合理な仮定であると判断すべきではないことを明らかにしているとの説明がされている[89]。

　RCI事件合議体法廷判決で露呈した改正前の所得税法第4編Aの限界が、英国及びインドのGAARの場合、克服できるものとなっているか否かという点は、英国のGAAR指針C.6.3.5項（「そのような場合、妥当で合理的な否認方法を見い出すという作業には、そのアレンジメントを濫用的なものとする段階取引や特徴を含めることなく、同様の商業上の目的を達成するために実行されたであろう取引が、どのようなものであったということを考慮することも含まれる。…」[90]）及びインドの所得税法§98（「…容認できないアレンジメントであると判断されると、その税との関係上の効果は、…以下の方法に限定されないものの、状況に応じて決定される…」[91]）等からは、必ずしも十分に明らかではないが、改正された豪州のGAARで示された代替取引の決定方法は、英国やインド等のGAARの下での取引等の再構築の仕方にも影響を及ぼし得るだけでなく、我が国のGAAR案の制度設計やその適用のあり方を考える上でも示唆を包含していると考えられる。

3．セーフ・ガードの選択肢

　包括的否認規定の導入を考えるに当たっては、そのメリットが十分に具体化するような制度設計のあり方を模索するだけでなく、そのデメリットを抑えることによって、その導入のハードルを下げることを可能にするような制度設計・措置を検討することも重要な鍵となる。もし、「昭和36年答申」で示された実質課税の原則の立法化案において、そのデメリットを抑える具体的な手段が提示されていたならば、その案に対する評価も、多少なりとも異なったものとなっていたのではないかと考えられる。実際、第1章～第5章で考察した国・地域では、GAARのデメリットを抑える措置等として、(i)ルーリング制度・クリアランス制度、(ii)ブラック・リストやホワイト・リスト等、(iii)セーフ・ハーバー、(iv)GAARの適用の可否を事前審査する委員会などが手当てされている。以下、我が国で包括的否認規定を採用する場合、これらの措置等を手当することが望ましいか否かなどを考察

---

[88]　原文は、"In determining ... whether a postulate is such a reasonable alternative : (a) have particular regard to : (i) the substance of the scheme; and (ii) any result or consequence for the taxpayer that is or would be achieved by the scheme (...) ; but (b) disregard any result in relation to the operation of this Act that would be achieved by the postulate for any person (...)." である。

[89]　2013年税制改正法案1.77～1.97参照。

[90]　原文は、第2章脚注24）参照。

[91]　原文は、第4章脚注90）参照。本条は、2010年直接税法案§123(1)（第4章第2節1(1)ロ）・同章脚注85）参照）よりも、柔軟な再構築を可能なものにする規定振りとなっているが、かかる修正や英国のGAAR指針C.6.3.5項の表現は、RCI事件でGAARの下での租税回避行為の再構築の仕方が争点となったことなどを鑑みた上で採用された可能性もある。

(1) ルーリング制度・クリアランス制度の得失

　包括的否認規定がない場合の否認対象となる租税回避行為の範囲は十分に明らかではないが、包括的否認規定の射程範囲も十分に明らかでない。もっとも、その射程範囲が余りにも明確なものとなると、否認の対象となる租税回避行為とそうでない行為の区別が明確なものとなり、形式上、その基準をクリアーする濫用的な租税回避行為を誘発することから、かかる不明確さが包括的否認規定の一つのメリットでもある。しかし、かかる不明確さをデメリットであると捉えるならば、それを緩和する手段を講じることが肝要となる。実際、第2章第1節で考察した通り、英国では、税務当局が2007年に発表したGAAR案は、税務当局のお墨付きを与えるクリアランス制度の整備が担保されていないなどの指摘を受けて、その導入が実現しなかった経緯がある。確かに、アドバンス・ルーリング制度やクリアランス制度は、納税者の予測可能性を高める上で重要な機能を発揮していることから、これらの制度の適用対象を包括的否認規定の適用の可否という問題にも拡張することも考えられる。

　確かに、第5章第4節3(3)で考察した通り、香港では、GAARである税務条例§61Aの適否に関してルーリングが発出された例がある。カナダでも、租税回避と認定される可能性を秘めた取引に対して発出されたルーリングにおいて、IRC§245の適用対象とならないとの見解が示されたことにより、本規定の適用に係る不透明性・不確実性が払拭された例がある[92]。さらに、インドでは、第4章第1節2(3)からも確認し得る通り、2013年FA成立以前は、AARに対してルーリングの発出を求めることができるのはインドの非居住者に限定され、しかも、AARは、租税回避スキームに対するルーリングは発出しないとの方針を示していたが、実際には、租税回避に該当するような取引等に対してもルーリングが発出されたケースもあったほか、2013年FA成立後は、非居住者だけでなく、居住者も、実行することを予定しているアレンジメントがGAARの適用対象となる「容認できないアレンジメント」に該当するか否かの判断を示すルーリングの発出をAARに対して求めることが可能となっている[93]。

　しかし、香港でのルーリングの発出は、前述の通り、有料であり、しかも、上記のようなGAARの適否に関する回答が示された例外的なケースもあるが、基本的には、納税者のタックス・プラニングを助けることとなるような事案や回答を示すことに伴う人的コストが膨大となる事案に対しては、ルーリングを発出しないことが原則となっている。実際のところ、大半の国々では、ルーリング制度やクリアランス制度の機能をGAARの適用の可否に対する回答をも示す程度にまで整備・拡充することに対しては、米国の歳入手続2010-3§3.02(1)と同様に[94]、消極的なスタンスが示されている。例えば、豪州の場合、税務執行法第4編AA§14ZAFが、「アレンジメントに関連する所得のある年度における税法…の適用関係について、当該所得を有する者は、国税庁長官に対し、その意見を示すルー

---

92) CRA Confirms Luxco Financing Structure（at http://ctf.ca/ctfweb/EN/Newsletters/Canadian_Tax_Focus/2011/2/110804.aspx）参照。
93) 第4章第2節1(3)・脚注98)参照。
94) 本規定の規定振りは、第1章第1節2(2)イ)参照。

リングの発出を求めることができる」と規定しているが、ルーリングの発出に不合理なほどに大きな人的コストが伴うなどの場合、ルーリングは発出されない。

英国でも、例えば、2010年法人税法§103（Purchase by unquoted trading company of own shares）は、「法人の自らの株式の償還、払戻し、又は購入に係る支払は、法人税法の目的上、もし、…(b)その償還、払戻し、又は購入が、…(ii)税の回避…を主要な目的又は主要な目的の一つとするスキーム又はアレンジメントの一部を構成しない…なら、利益分配に該当しない」と規定しているところが[95]、同法§1044（Advance clearance of payments by Commissioner）(2)は、「もし、その支払の前に、税務当局が、その法人に対し、1033条が適用されることを通知する場合、その支払は本条が適用されるように取り扱われる」と定めるなど[96]、幾つかの税法規定の中には、クリアランスを付与する旨を定めていることから[97]、これらの規定に基づくクリアランスの付与によって、結果的に、GAARの適用がないことを確認できるケースもあろうが、GAARに関する指針案B17（Clearance）は、GAARの適用の可否自体を直に判断してクリアランスを付与することはしないとの方針を採用している。

しかも、否認の対象となる租税回避行為であるか否かなどが問題となる事案に対して回答を示すことで、ルーリングのデメリットや問題点が露呈しているようなケースもある。例えば、豪州では、ある事案に対し示されたルーリングが、類似する事案における租税回避行為の正当性を根拠づけるように濫用されるなどの問題が生じている[98]。カナダでは、Canadian Tire Corp. Ltd. v. the President of the Canada Border Service Agency（2011 FCA 242）のように、ルーリングで示された権限ある当局の見解が裁判所によって覆されたケースがあるほか、ルーリングの発出には金銭的負担が伴い、しかも、その負担額は、回答を得るのに時間が掛かる複雑な事案ほど大きくなること、また、税務当局が問題視する事案等に対しては意図的にルーリングの発出が行われない場合もあることから、納税者は、時間的な余裕がある場合や包括的否認規定の適用対象とならないことが明らかであるような場合に限って、ルーリングの発出を求める傾向があるとの指摘がされている[99]。

諸外国における上記のような状況に鑑みると、やはり、我が国の場合、今後、包括的否認規定が導入された場合、十分な情報が提供されることなどを条件として、その適用対象とはならないとの判断を比較的容易に行うことができる案件に対し、その旨を示すクリアランスを付与することを可能にするように事前確認制度を拡充することは、納税者の予測可能性の向上やリスクの軽減などの観点から望ましいことであると考えられることから、税務当局にとって将来的な課題と位置づけられるものとなり得るかもしれない。しかし、

---

95) 原文は、"A payment made by a company on the redemption, repayment or purchase of its own shares is not a distribution for the purposes of the Corporation Tax Acts if―… (b) the redumption, repayment or purchase does not form part of a scheme or arrangement the main purpose or one of the main purposes of which is―… (ii) the avoidance of tax, …."である。
96) 原文は、"If, before the payment is made, the Commissioner notify the company that they are satisfied that section 1033 will apply to it, the payment is treated as one to which section 1033 applies."である。
97) クリアランスの付与が組み込まれている規定の詳細は、税務当局発表資料（Seeking clearance or approval for a transaction, at http://www.hmrc.gov.uk/cap/）参照。
98) 詳細は、松田・前掲『租税回避行為の解明』233～240頁参照。
99) Anneli Collins, GAAR: the overseas experience, Sep. 2010, Tax Journal（also at http://tax.journal.com/tj/articles/gaar-overseas-experience-0）参照。

納税者が最も回答を欲するようなケース（特に、適用の可否の判断が必ずしも容易ではない租税戦略が絡んでいるような案件）に対し、包括的否認規定の適用の可否を確たる形で示すことを可能にするような程度にまで事前照会制度を拡充することは、諸外国でも殆ど実現していないという事実があり、また、租税回避行為が、益々、複雑化・巧妙化してきていることにも鑑みると、およそ現実的ではないと思料する。

(2) ブラック・リストやエンジェル・リスト等の得失

　納税者の予測可能性は、包括的否認規定の適用基準に関する通達や事務運営指針等を整備・公表することによっても高まる。さらに、これらの指針等において、包括的否認規定の適用対象となる（又は適用対象となる虞のある）取引やその類型等をブラック・リストや適用可能性が高い取引等のリスト（ハイリスク・リスト）として列挙する、あるいは、その適用対象とならない（又は、その可能性が高い）取引等をエンジェル・リスト（ホワイト・リスト又はネガティブ・リストともいう）として列挙すれば、納税者の予測可能性はより一層高まることとなる。したがって、可能な限り、これらのリストの作成・公表を行うことは望ましいことではあるが、GAARの適用に係る実績・裁判例の蓄積があるケースや実際上確立している司法上の包括的な否認原則・法理に依拠したGAARが採用されているケースでない限り、十分に信頼できるブラック・リストやエンジェル・リストを作成・公表することは、そのリストが包括的なものである必要はないとしても、かなり困難な作業となり得るのではないかと想定される。

　確かに、例えば、カナダでは、カナダのGAARである所得税法§245に関する1988年告示（Circular）IC88-2において、GAARの適用に係るブラック・リストとエンジェル・リストの双方が公表されている。具体的には、本告示では、裁判で示された見解等も踏まえた上で、幾つかの取引事例を提示し、その事例が所得税法§245の適用対象となるか否かについて回答が示されている。例えば、エンジェル・リストに含まれるケースを示している事例17では、ある法人が、独立企業原則に基づいて取引しない関係にある個人から受けた役務に対し、給与を支払うと、当該年度の損失額が増加するため、給与を支払わないケースは、このような状況の下、給与の支払いを求める規定が所得税法上存在していないほか、給与を支払わないことが本法の全体の趣旨に反するものでもないことから、本法人が給与を支払った又は本個人が給与を受領したとみなして本法§245を適用することはないとの解釈・指針が示されている。

　上記1988年告示（Circular）IC88-2が、ブラック・リストに含まれるケースとして挙げている事例24では、ある不動産の所有者Aがその不動産を第三者Bに独立企業間価格で譲渡することに同意したものの、その譲渡益を売却年度で実現することを欲しなかったことから、第三者Bは、本件不動産を現金で購入することを欲したにもかかわらず、中間法人Cを設立した上で、本件不動産の譲渡益が売却後の2年間以内には実現しないように当該不動産を中間法人Cに譲渡した後、中間法人Cが第三者Bに当該不動産を現金で売却し、所有者Aは、中間法人Cが本件売買によって得た現金に関して利息を受け取ったケースが問題となっているが、このケースの場合、所有者Aの本件不動産の売却による譲渡益の実現を遅らせることを唯一の目的として中間法人Cが設立されたものであることから、IRC§245(2)の適用対象となるとの見解・指針が示されている。

第2節　租税回避行為による税源浸食への対応策の再検討

　米国のIRC§7701(o)の場合、(i)司法上の原則であった経済的実質主義を立法化したケースである、(ii)第1章第1節2で述べた通り、本規定と司法上の原理である経済的実質主義との関係を巡っては幾分異なる見方もあるが、本規定の導入は経済的実質主義に係る従来の取扱いに特段の変更を加えるものではないとの見方をしている者も少なくない、(iii)経済的実質主義の適用の可否に関する裁判例も少なからず蓄積されていることから、ブラック・リストやエンジェル・リストの作成・公表を行うことは、ある程度可能ではないかとも考えられるが、第1章第1節2(2)で述べた通り、IRSは、IRC§7701(o)の適用対象外となる取引類型等を示すエンジェル・リストの作成には膨大な時間とリソースを要するほか、エンジェル・リスト自体は、決して完全かつ網羅的なものとはならないなどとして、その作成は行わないとの意向を示している。

　しかし、JCTの2010年3月付のIRC§7701(o)を導入した法律に関する説明文書(JCX-18-10, at 152)では、経済的実質主義の立法化によって影響を受けない「一定の基本的な事業取引」として、(i)法人の資本調達を株式発行と資金借入れのいずれの方法で行うかという選択、(ii)納税者が国外投資を行うために国内法人と国外法人のいずれを利用するかという選択、(iii)サブチャプターCの下での法人の組成や再編を構成する取引を行うか否かという選択、(iv)IRC§482に定める独立企業原則及びその他の適用対象となる基準が満たされる場合において、関連者との取引を利用するか否かの選択を行っている取引等が挙げられているところ、2011年に調査官に対して示されたLB&Iガイダンスでは、これらの「一定の基本的な事業取引」に対して経済的実質主義の適用を主張することは、適切ではない可能性が高いとの指針が示されている。

　上記のカナダや米国の例のように、GAARや包括的な否認規定の適用に関する裁判例の蓄積等がある場合、その適用対象となる（あるいは、その可能性が高い）取引等やその適用対象とならない（あるいは、その可能性が低い）取引等をある程度示すことが可能であると考えられるが、関係する裁判例の蓄積等がないケースであっても、そのような取引等をある程度示すことが不可能でないことは、第4章第2節1(3)で述べた通り、インドのGAAR最終報告書では、ネガティブ・リストに含まれるべき取引類型が示されていることからも確認することができる。また、第5章第2節3(1)ロで示したように、中国の2009年国税函601号（「租税条約上の受益者の解釈・決定の仕方に関する通達」）2条柱書き後段は、GAARである企業所得税法47条が依拠する実質主義的アプローチに基づいて条約特典の対象となる所得の受益者に該当するか否かを判定するにあたり、納税者に不利に作用する7つのハイリスクとなる要素を列挙している。

　上記の通り、包括的否認規定の適用対象となる（又は対象とならない）取引等やその可能性が高い取引等をリスト・アップすることはある程度可能である。しかし、そのリストが妥当なものであるのかとの問題・疑問は残る。かかる疑問は、第1章第1節3(3)ロで述べたように、2011年LB&Iガイダンスの下で経済的実質主義の適用が妥当でない可能性が高いとされている「一定の基本的な事業取引」に対しても投げ掛けられている。このような問題はあるが、本ガイダンスのように、税務当局は、内部指針という形で、包括的否認規定の適用の可否に係る予測可能性の向上に資するリストをできるだけ公表することを前向きに検討すべきであろう。事務運営指針として、包括的否認規定の適用可能性の低い取引等を示せば、その他の関係する規定との適用関係の明確化にも資するであろうし、ま

た、その適用可能性が高い取引等を示せば、幾らかの納税者は、それらの取引等を回避するようになるため、租税回避行為の抑止や税務当局の執行コストの軽減にも繋がるであろう。

(3) セーフ・ハーバー設定の得失

　包括的否認規定の適用に関する納税者の予測可能性を高めるには、一定の納税者や取引等は包括的否認規定の適用対象外とするというセーフ・ハーバーを設定するという方法もある。セーフ・ハーバーの設定は、ルーリング制度の採用やブラック・リストやエンジェル・リスト等の公表という手段よりも、事務負担を軽減する効果及び予測可能性を向上させる効果が大きいものとなり得る。例えば、第4章第2節1(3)で述べた通り、Shome委員会のGAAR最終報告書では、納税者の負担軽減等に繋がると考えられる幾つかのセーフ・ガードが提案されているが、その中にはセーフ・ハーバー制定案も含まれている。本案は、税務上の利益の享受額を閾値とするもので、具体的には、租税回避行為によって得る年間の税務上の利益の額が3クローレ・ルピー以下であれば、GAARの適用対象とはならないという制度設計に依拠していたが、2013年にCBDTが示した所得税規則を改正する9月23日付告示（No. S. O. 2887(E)）の下、規則10Uとして採用されている。

　確かに、一定の基準を設けて一定の納税者や取引等を自動的に包括的否認規定の適用対象外とするセーフ・ハーバーを採用することは、包括的否認規定の導入の意義を減じるなどの問題を孕んでいる。実際、セーフ・ハーバーをGAARの制度設計に組み込んでいる例は少ない。他方、GAAR以外の対応策の中には、セーフ・ハーバーを設定している例は多い。例えば、第1章第2節で考察した米国の出国税であるIRC§877Aは、一定金額以上の未実現の譲渡益のある資産の所有者等のみを適用対象としており、第4章第4節1(1)で考察したインドの移転価格税制である所得税法§92BAは、一定の取引金額を超える「特定の国内取引」を適用対象としていることから、これらの規定は、セーフ・ハーバーを組み込んだ対応策の例として挙げられるが、後者では、第4章第4節1(2)で考察した通り、一定の取引又は業種等をその適用対象から自動的に除くという形でのセーフ・ハーバーも採用している。

　OECD移転価格ガイドラインも、近年では、セーフ・ハーバーの採用に対して否定的であった見解を修正する方向性を示すようになってきているなど、移転価格税制に組み込んだセーフ・ハーバーに対する評価は高まってきている。これに対し、包括的否認規定にセーフ・ハーバーを組み込む制度設計を採用している例が少ないのは、包括的否認規定は、移転価格税制や出国税等とは異なり、租税回避に該当する行為のみを対象としているため、セーフ・ハーバーを設定して一定金額以下の租税回避行為等を自動的にその適用対象外とすることを執行コストの軽減や納税者の予測可能性の向上等を根拠として正当化することが、困難だからではないかと考えられる。確かに、例えば、セーフ・ハーバーの設定によって、悪質性は相対的に高いが税負担回避額が少ない取引等が、包括的否認規定の対象とならず、悪質性が相対的に低いものの税負担回避額が大きいために包括的否認規定の対象となるとの取扱いが行われることに対しては、疑問も生じよう。

　また、セーフ・ハーバーを設定した場合、その不当な利用を防止するための措置も手当する必要があるかもしれない。セーフ・ハーバーの濫用・不適切な利用方法の例としては、

一つの取引を複数回・複数年度又は複数の当事者に分散することなどが考えられる。このように、包括的否認規定との関係上、セーフ・ハーバーを設定することは、その正当化が困難であるのに加え、その濫用にも対処する必要性を生じさせることから、基本的には望ましい制度設計ではないと考えられるが、(i)納税者の負担を軽減する、(ii)その適用に係る予測可能性を高める、(iii)そのソフトランディングを図る、(iv)その導入のハードルを下げるなどの観点から、その導入当初は、一定の取引金額等を閾値とするセーフ・ハーバーを設定するが、その適用範囲に係る透明性・予測可能性が高まった数年後には廃止するという選択肢もあり得るのではないかと思料する。インドのGAARにセーフ・ハーバーが設定されたのも、上記(i)～(iii)のような観点が重視されたからではないかと想定される。

(4) 審査機関の設置のメリットとそのあり方

　包括的否認規定のデメリットである税務当局による濫用可能性の問題を緩和する手段としては、事前に、その適用の妥当性を主張する調査官が所属する部署以外の者が、その是非をチェックする体制を整備することが考えられる。例えば、米国では、第1章第1節3(3)で述べた通り、LB&Iガイダンスの下、IRC§7701(o)の適用があると判断する調査官は、その地域マネージャーの個別の承認を得るという内部手続を経ることが求められている。中国でも、第5章第3節2(2)で述べた通り、2012年国税発16号（「特別納税調整重大案件審査業務規程（試行）」において、潜在的な紛争の解決等のための共同審査委員会を設置する方針が示されている。さらに、第2章第1節1(2)で考察した英国や第4章第2節1(2)で考察したインドでは、税務当局から独立した準司法的な審査機関にGAARの適用の可否を事前に諮る制度を採用する方針が示されているが、同様な審査制度は、豪州やカナダ等でも採用されている。

　豪州の場合、税務当局の法律の執行慣行ステートメント（ATO Practice Statement Law Administration、PS LA 2005/24）で示されている「GAARは軽々しく適用されるべきものではない。GAARを適用する決定を行う前に事実の注意深い分析が行われることを納税者や租税専門家に明らかにする必要がある」との考えの下、包括的否認規定である所得税法第4編Aの適用対象となると考えられる案件は、税務当局の数名の職員（議長が1名）と税務当局が選抜した外部専門家から構成される「GAAR委員会」（GAAR Panel）に諮られる。2012年には、31件が審理されている[100]。本委員会の審理には、案件の当事者である納税者（場合によっては、代理人等）も参加でき、また、その審理に先立ち、税務当局の考え方・見解を示した資料が配布される。本委員会の助言は税務当局を拘束しないが、その助言に反する決定を税務当局が採用する場合には、事前に本委員会の議長と協議することが求められている[101]。

　カナダでは、所得税法§245の適用対象となると考える案件を担当部署（Aggressive Tax Planning Division）に照会し、同部署も、本規定の適用対象となる案件であると判断した場合には、その案件を法務省、歳入庁及び財務省の職員で構成される「GAAR審査委員会」（GAAR Review Committee）に照会し、本委員会の判断が下される。「GAAR審査委員会」の判断は基本的に尊重されるが、訴訟案件となって裁判所で決着することとなる

---

100) Australian GAAR Panel（http://www.sbs.ox.ac.uk/sites/.../Ann-o-Connell.pdf）参照。
101) 詳細は、税務当局の指針（PS LA 2005/24）参照。

ケースもある。「審査委員会」に照会された案件は、2013年6月時点で、所得税法§245が導入された1981年以降、1,125件に上っており、その内、865件（本規定が、課税処分の主たる根拠となっているケースは378件、従たる根拠となっているケースは487件）が、本規定の適用を認めるものとなっており、訴訟となって裁判で決着することとなった案件は、52件（税務当局の勝訴率は約50％）となっている[102]。

上記の通り、豪州とカナダで採用されているGAARの審査体制は、英国及びインドで採用されることとなっている審査体制と類似してはいるが、審査機関のメンバーの構成及び審査プロセス等の点において幾らかの差異が認められる。カナダの「GAAR審査委員会」及び豪州の「GAAR委員会」の場合、税務当局のメンバーが委員会に含まれている。豪州の「GAAR委員会」のメンバーには外部専門家も含まれるが、その選任を行うのは税務当局である。これに対し、英国の「諮問委員会」の場合、税務当局の2012年指針C編2.2項では、その構成員には税務当局からの代表者は含まれないとされている。インドの「承認委員会」の場合、Shome委員会の最終報告書では、委員会の構成員には税務当局からの代表者は含めないこととするとの提案がされていたが、2013年FAの下では、1名の税務職員が承認委員会の構成員として加わることとされている。

確かに、納税者又はその代理人がGAARの適否を審査する委員会の審査手続に加わる程度にも差異が認められる。英国の「諮問委員会」及びインドの「承認委員会」の場合、納税者が委員会の審理の場に立ち会うことは予定されていないようである。カナダの「GAAR審査委員会」の場合、審理の前後に納税者が審査の担当者に接触する機会はあるが、審理中は蚊帳の外である[103]。これに対し、豪州の「GAAR委員会」の場合、納税者（場合によっては、その代理人）は、税務当局の考え・見解を示した書類を事前に受け取った上で、審理の場で意見を述べることができる。もっとも、このような差異が納税者救済にどれほど違いを生じさせるかは定かではない。例えば、豪州の場合、「GAAR委員会」の審査の場で意見を述べる機会が付与されていることに対する納税者の意識は様々であり、訴訟に向けた戦略を練るなどの観点から、その有用性は低いものではないと評価する納税者等もいる一方、その意義を殆ど認めない納税者等も少なくないようである[104]。

上記の通り、GAARを導入している諸外国の中には、その慎重かつ適切な適用を担保するため、GAARを適用する処分を行う前に、その処分案の是非を審査する体制を税務当局内部で整備している国だけでなく、その処分案を準司法機関による審査の対象としている国もある。このような体制整備は、包括的否認規定の濫用可能性を排除するだけでなく、早い段階での納税者救済を実現する上でも効果的であると考えられる。また、包括的な否認法理を立法化した米国とは異なり、関係する判例の蓄積がないケースでは、特に、税務当局以外の者が構成員の多数を占める準司法機関による審査を受けることを包括的否認規定の適用上の要件とすることは望ましいであろう。さらに、包括的否認規定の濫用可能性を排除する機能を更に高める必要があるならば、英国やインドのShome委員会の提案のよ

---

102) http://www.canadiantaxlitigation.com/author/tfitzsimmons参照。
103) 詳細は、William I Innes, Patrick J. Boyle, Joel A. Nitikiman, The Essential GAAR Manual: Policies, Principles and Procedures, CCH Canadian Ltd. (2006) p. 91参照。
104) 詳細は、G.T. Pagone, The Australian GAAR Panel, VSC (2012) VicSchol2 (also at http://www.austlii.edu.au/au/journals/VicJSchol/2012/2.pdf) pp. 13-17参照。

うに、審査機関の構成員を全て税務当局以外の者とすることや、豪州の例のように、委員会の審理において納税者等に意見を述べる機会を与えることなども考えられる。

　上記の通り、包括的否認規定の適用の可否を審査する機関の制度設計には幾らかの多様性があるが、我が国の場合、課税処分に不服のある納税者は、裁判所の判断を仰ぐ前に一定の独立性を有する不服審判所の裁決を受けるのが通例であることから、その制度設計を採用することの是非や制度設計のあり方を考察する場合、不服審判所との関係も考慮に入れることが必要となろう。但し、不服審判所が審査するのは、課税処分の是非であることから、納税者負担の軽減を図るという観点からすると、その存在・機能をもって包括的否認規定の適用の可否を課税処分が行われる前に判断する審査機関の設置が不要となることはないと考えられる[105]。審査機関の判断は、勿論、裁判所等でその判断を争う権利を棄損するものではないが、その判断が包括的否認規定の適用を否定するものであった場合、税務当局は、その判断を基本的に尊重する、あるいは、豪州のように、審査機関と協議した上で、その適用の可否を決定することが望ましいであろう。

第3節　納税者の国外移転による税源浸食への対応策の再検討

1．個人の国外転居への対応策

(1)　対応策の絞込み

　個人の国外転居による税負担の軽減という動きに対し、相続税法上は、相続や贈与の時点での相続人・受贈者及び被相続人・贈与者等の住所や国籍のみに依拠した課税では我が国の課税権を適切かつ十分に確保することができないとの認識の下、最近では、相続・贈与時点よりも前の時点での我が国との住所や国籍上の繋がりを根拠として、その課税権を拡張する税制改正が行われている。このような対応・制度設計は、「管轄アプローチ」又は追跡税のような課税アプローチに立脚するものであり、相続・贈与時点の住所等のみに基づいて相続・贈与税を賦課する課税方法が包含する限界を補完することを可能にする。およそ同様な考え方に依拠する課税アプローチは、例えば、第2章第2節3(2)で考察した英国の1984年相続税法§267（「英国に居住しているとみなされる者」）や第3章第2節2(2)で考察したオランダの1956年相続税法§3等で採用されている。

　これに対し、所得税法上は、5条において、「居住者は、この法律により、所得税を納める義務がある」と定め、2条1項3号において、「居住者　国内に住所を有し、又は現在まで引き続いて1年以上居所を有する個人をいう」と規定しているように、国外転居した個人の所得発生時点での住所等に基づいて、その所得税法上の地位・課税対象となる所得の範囲を決定するとの基本的な制度設計に重大な変更は未だ加えられていない。他方、諸外国の中には、第1章第2節2で考察した米国のIRC§877や第2章第2節で考察した英国のSRTのように、その住所等を国外に移転した者であっても、一定の要件に該当している場合には、国外転居後の一定の期間は依然として移転元の国の居住者として所得税を

---

[105]　但し、審査機関の制度設計・機能の如何によっては、審査機関と不服審判所の機能が実質的に同様なものとなる可能性や不服審判所の裁決を経る意義が低いこととなる場合も想定されないではないことから、その関係のあり方の検討も必要となり得よう。

終章　我が国の対応策の再構築

課税する、あるいは、引き続き移転元の国の居住者として所得税を課税しているようなケースもある。

確かに、所得税法基本通達2-2は、「国内に居所を有していた者が国外に赴き再び入国した場合において、国外に赴いていた期間（以下、この項において「在外期間」という）中、国内に、配偶者その他生計を一にする親族を残し、再入国後起居する予定の家屋若しくはホテルの一室等を保有し、又は生活用動産を居宅している事実があるなど、明らかにその国外に赴いた目的が一時的なものである認められるときは、当該在外期間中も引き続き国内に居所を有するものとして、法第2条第1項第3号及び第4号の規定を適用する」と定めているが、序章第2節2で考察した通り、審判所平成21年9月10日裁決、東京地裁平成19年9月14日判決及びその控訴審である東京高裁平成20年2月28日判決では、数年間国外に居住した後に我が国に再入国して再び我が国の居住者となった者をその国外居住の間も我が国の居住者と認定して所得税を課税をする処分が取り消されている。

上記審判所裁決が下された事案では、(i)関係課税年度中の請求人の日本での滞在期間は全日数の18.1％であった、(ii)請求人は日本に生計を一にする親族を有していた、(iii)請求人の日本滞在中の滞在先は、配偶者が勤務先から賃借した家屋であったなどの事実が認められたほか、審判所は、(iv)請求人が国外において継続して1年以上居住することを通常必要とする職業を有していたとは認めることができないとの事実認定・判断をしているが、本事案が英国の事案であると仮定した上で、第2章第2節3(2)で考察した英国のSRTを適用すると、請求人は、ステップⅠ（第一の「自動的英国テスト」）の下、上記(i)ゆえに英国の居住者と判定されることはなく、また、ステップⅡ（「自動的国外テスト」）の下、上記(i)及び(iv)ゆえに英国の非居住者であるとも判定されないが、ステップⅢ（第二及び第三の「自動的英国テスト」）の下、上記(i)及び(iii)ゆえに英国の居住者と判定されることになるのではないかと想定される[106]。

上記東京地裁・高裁判決が下された事案では、①関係課税年度中の原告・被控訴人のシンガポールと日本での滞在日数に有意の差はない、②原告・被控訴人は、日本に自分名義の不動産を有していた、③原告・被控訴人の関係課税年度中の双方の国での滞在先は、ホテルやサービス・アパートメントであったなどの事実が認められたが、本事案が英国の事案であると仮定した上で、英国のSRTを適用すると、原告・被控訴人は、上記③でいう滞在先が「家」であると認定されなければ、ステップⅢ（第二及び第三の「自動的英国テスト」）の下、英国の居住者と判定されることはないであろうが、ステップⅣ（「十分な結びつきテスト」）の下、上記①ゆえに、一つの「結びつき基準」を満たしても、英国の居住者と判定されることになると考えられるところ、直前の二課税年度中の英国での滞在が90日超であったということになることから、英国の居住者と判定されよう[107]。

上記の通り、上記所得税法2条1項3号が設定している非居住者になるためのハードルの高さは、SRTが設定しているハードルよりもかなり低い。かかる差異は、武富士事件最

---

106) ステップⅢの「自動的英国テスト」の下、国外居住年度中に英国に「家」を有する期間が90日を超え、しかも、その家に30日以上滞在している場合には、英国の居住者となるが、税務当局の2011年諮問文書A9項の下、「家」という文言・概念は広く定義されている。第2章脚注75)参照。
107) この場合、原告・被控訴人が、本件の国外居住年度中、仮に、英国の居住者でないと判定されたとしても、問題となっている譲渡益は、TCGA§10A（「一時的な非居住者」）の課税対象となると考えられる。

第3節 納税者の国外移転による税源浸食への対応策の再検討

高裁判決での須藤裁判官の補足意見及び「…住所は、国籍や居所とは区別され、如何なる時でも一つしか存在しない」と定めるIR20の4.2項は、いずれも「住所単一説」を採用しているものの[108]、英国の場合、Levene事件控訴院判決（1926）では、「人は二つの場所に居住することができる。しかし、これらの場所の一つが英国に存する場合には、英国で課税対象となる」との見解が示され、また、Grace事件の差戻し審である第一審判所決定（2011）では、「本件納税者の主な家は南アフリカ…であるが、…家が英国にもあること、英国で過ごした時間や滞在頻度が相当程度に及んでいることなどを踏まえると、英国の非居住者となるための要件である英国との『明確な断絶』は行われていない」と判示されていることからも確認し得る[109]。

しかも、仮に、国外に住居を有するようになった者が、国内法上、我が国の居住者であると判断されたとしても、その住居を有する国でも居住者であると判断されれば、その国との租税条約に基づいて、居住地国が判断されることとなるところ、我が国の租税条約が基本的に依拠するOECDモデル租税条約は、4条2項において、「…個人が双方の締約国の居住者である場合は、その地位は以下のようにして決定される。a）…もし、その個人が双方の締約国に利用可能な恒久的な家を有している場合には、その個人的及び経済的関係がより密接（主たる利害関係の中心）である締約国においてのみ居住者としてみなされる…」と定めていることから[110]、本規定に基づいて我が国の居住者ではないと判断されることも十分にあり得る。

これに対し、英国の場合、第3章第2節3(2)で考察した通り、出国により英国の非居住者となった者であっても、出国後5年が経過する前に、再度英国に入国して英国の居住者となり、また、出国前に英国の居住者であったなどの要件をも満たす場合には、1992年TCGA§10A（「一時的な非居住者」）の下、英国の非居住者であった期間に行った資産の移転による譲渡益も、その再入国の年度に英国で生じたものとして英国で課税対象となるほか、本規定には、2005年FA（No. 2）§32（「一時的な非居住者」）によって、新たに（9C）項が追加されたことにより、本規定でいう「一時的な非居住者」が国外で行った資産移転に係る譲渡益は、関係する租税条約によって、その者が英国の非居住者と判断されるとしても、英国で課税対象とすることは妨げられないこととなっている。

上記で示した我が国と英国の居住者の判断基準及び課税上の取扱いの差異は、我が国の所得税法上の対抗策の強化のあり方を考える上で示唆を包含していると思料するが、かかる差異を「住所」の柔軟な解釈によって埋めることに大きな限界があることは、武富士事件最高裁判決の須藤裁判官補足意見からも明らかである。立法措置としては、確かに、英国等の例に倣い、居住者の定義を広くする税制改正を行うことも考えられる。しかし、住所・生活の本拠が国内にない者は国内の居住者でないとの基本的な判断基準を維持する限り、居住者の定義を拡大することにも大きな限界があろう。そうすると、対応策の強化方法としては、かかる判断基準を基本的に維持しながらも、他方では、「管轄アプローチ」

---

108) 序章第2節1(1)、第2章第2節1(2)・同章脚注51)参照。HMRC 6の4.2項もIR20の4.2項と同趣旨。
109) 第2章第2節2(2)・同章脚注58)・59)参照。
110) 原文は、"Where ... an individual is a resident of both Contracting states, then his status shall be determined as follows; a) ... if he has a permanent home available to him in both States, he shall be deemed to be a resident only of the State with which his personal and economic relations are closer (centre of vital interests) ; ... ."である。

に依拠する新たな措置・追跡税を手当するとの選択肢、あるいは、多くのEU加盟国が採用している狭義の出国税を採用するとの選択肢が浮上する。以下、これらの選択肢を検討する。

(2) 出国税とOECDモデル条約との関係

イ) OECDモデル条約上の「譲渡」の解釈を巡る議論

出国税の場合、その制度設計のあり方は、EU諸国では、EC条約等との関係が問題となるが、OECDモデル条約との関係も問題となり得る。我が国でも、出国税の導入を考える場合、そのOECDモデル条約との関係は一つの重要な鍵となり得るが、OECDモデル条約13条は、1項では不動産、2項では恒久的施設、3項では船舶・飛行機等、4項では不動産保有会社株式について、それが譲渡された場合の取扱いを定め、また、5項では、「1項、2項、3項、4項で言及している以外の資産の譲渡から得る利得は、その譲渡を行った者が居住者である締約国のみにおいて課税される」と定めているところ[111]、OECDモデル条約は「譲渡」という文言の定義を示していないため、「譲渡」という文言の定義に狭義の出国税が課税対象とするみなし譲渡も含まれるか否かという点が、必ずしも明らかでないため、その点を巡って以下のロ)～ニ)のような見解・議論がある。

ロ) みなし譲渡を含むとする見解

租税の適用対象範囲を定めるOECDモデル条約2条は、2項において、「総所得、総資本、あるいは、動産又は不動産の譲渡利得に対する税、企業が支払う賃金や給与の総額に対する税、資本価値の増加に対する税を含む所得や資本の要素に対する税は、所得及び資産に対する税とみなされる」と定め[112]、また、13条に関するコメンタリーのパラ3は、「…本条は、キャピタル・ゲインに対して締約国が課する全ての種類の税に適用されなけらばならない。2条の規定振りは、この目的を実現するのに十分なほどに広く、キャピタル・ゲインに対する特別の税をも含むものとなっている」と定めている。これらの規定に鑑みると[113]、資産の未実現のキャピタル・ゲインに課税する出国税は、2条でいう「資産価値の増加」に対して課される税に該当し、OECDモデル条約上の「譲渡」という文言には、みなし譲渡も含まれると解釈できるとする見解がある[114]。

実際、上記のような見解に立脚している例として、南アフリカのTradehold Limited v. SARS事件最高裁2012年5月8日判決（[2010] ZASCA 61）がある。本事件では、南アフリカに設立された法人の取締役が、2002年、今後の取締役会をルクセンブルグで開くことを決定したことにより、本法人の実質管理地はルクセンブルグに移転するため、南アフリ

---

111) 原文は、第5章脚注64)参照。
112) 原文は、"There shall be regarded as taxes on income and on capital all taxes imposed on total income, on total capital, or on element of income or of capital including taxes on gains from the alienation of movable or immovable property, taxes on the total amount of wages or salaries paid by enterprises, as well as taxes on capital appreciation." である。
113) 原文は、"... the Article must apply to all kinds of taxes levied by a Contracting State on capital gains. The wording of Article 2 is large enough to achieve this aim and to include also special taxes on capital gains." である。
114) Stefano Simontacchi, Taxation of Capital Gains under the OECD Model Convention: With Special Regard to Immovable Property, Kluwer Law International (2007) p. 191参照。

第3節 納税者の国外移転による税源浸食への対応策の再検討

カの税務当局は、本法人が有する子会社株式に対して出国税を課する処分を行ったことが問題となっている。本法人は、1998年南アフリカ・ルクセンブルグ条約13条4項の下[115]、本件株式の譲渡益に対する課税権は、本法人の居住地であるルクセンブルクに付与されることから、本件処分は違法であるなどと主張したのに対し、税務当局は、みなし譲渡を行う出国税について定める1962年所得税法No. 58の第8スケジュール§12(1)は、譲渡を対象としている本条約の適用対象外であるなどと主張している。

上記Tradehold事件最高裁判決では、本件で問題となっている条約の当事者は、本スケジュールの存在を認識していたはずであり、しかも、租税条約上の規定については、その趣旨・目的を踏まえて解釈することが必要であることは確立した事実であることから、本条約で使用されている「譲渡」という文言は、実際の譲渡だけでなく、キャピタル・ゲインが発生したとされるみなし譲渡をも含むものと解すべきであると判示されて本件処分が取り消されている。そもそも、1962年所得税法No. 58の第8スケジュール§13(1)(g)は、出国税の対象となる資産の譲渡益は、出国の直前の日に生じたものとみなす旨を定めていたが、税務当局及び最高裁は、本規定については殆ど言及していない。その理由は必ずしも十分に明確ではないが、本規定のような規定振りが、出国税の本来の性格を変えるものではないとの認識があったのではないかとの指摘がされている[116]。

上記Tradehold事件最高裁判決のように、租税条約上の「譲渡」という文言には、みなし譲渡も含まれると解すると、租税条約を締結した後に、国内法において、新たに出国税を導入する措置し、その租税条約締結国との関係で問題となったみなし譲渡益に対して出国税を適用・課税する場合には、事後的な出国税の採用・適用は、その租税条約に実質的な変更を加え、その結果、条約相手国では、その居住者の資産の譲渡益に対する課税権が部分的に侵害されることとなり得ることから、租税条約との抵触の問題を生じさせ得る。そうすると、特に、国内法に対する租税条約の優位が確立しているような国では、出国税の適用を認める方向で租税条約を改正することなしに、出国税を導入・適用することの意義・効果が、限定的なものとなる可能性がある。

確かに、例えば、OECD委員会が1989年に採択した報告書（"Tax Treaty Override"）は[117]、パラ31において、OECDモデル条約13条に依拠した条約を結んだ一方の締約国の納税者が、他方の締約国に所在する不動産の譲渡益への課税を回避するために、当該他方の締約国に当該不動産を保有させる法人を設立し、当該他方の締約国の課税を受けずにその法人株式の譲渡を行ったため、当該他方の締約国は、不動産保有会社による株式譲渡は、租税条約の目的上、不動産の譲渡とみなすとする規定を措置したとの例を示した上で、パラ32では、このような措置も租税条約上の義務に違反するとの見解を示している。つまり、条約締結後に導入した租税回避防止目的のための措置も、条約蹂躙を生じさせ得るとの考え方がされているわけであるから、条約締結後の出国税の導入は条約違反となり得ることとなる。

---

115) 本項の規定振りは、OECDモデル条約13条4項と同様であった。
116) Ernest Mazansky, South Africa's Exit Charge Overridden by the Luxembourg-South Africa Income and Capital Tax Treaty, Bulletin for International Taxation, Vol. 66, No. 7 (2012) p. 375参照。
117) 本報告書は、http://dx.doi.org/10.1787/9789264175181-101-enから入手可能。

ハ）みなし譲渡を含まないとする見解

租税条約上の「譲渡」という文言には、みなし譲渡も含まれると解することには、上記のような問題がある中、一般的な定義について定めるOECDモデル条約3条に目を向けると、本条2項は、「締約国による条約の適用の際には、如何なる時点であっても、ここで定義されていない文言は、文脈が異なる取扱いを求める場合を除き、その条約が適用される税の目的上、その締約国の法律の下において、その締約国のその他の法律の下で付与されている意味よりもその締約国の適用対象となる税法の下で一般的となっているその時に有する意味を持つ」と定めていることから[118]、「譲渡」という文言については、通例となっている解釈を行うことが求められるところ、締約国は、本規定等を理由として、「譲渡」という文言を所有権の移転が伴わない場合をも含むように解釈できることにはならないと見る向きがある[119]。

カナダのDavis v. The Queen事件連邦控訴裁判所判決（[1980] F. C. J. No. 38）でも、OECDモデル条約上の「譲渡」の文言が狭く解されている。本件では、1972年にカナダから出国して米国の居住者となった個人Dが有していた資本資産に対し、「本項の目的上、1971年及びそれ以降の年の特定の時点で、納税者が、カナダの居住者でなくなる場合、当該納税者は、その時点の直前に各資産を譲渡したとみなされる…」と定める遡及効を有する1973年改正所得税法§48(1)が適用されたことが問題となっている[120]。個人D・控訴人は、「締約国の一方において、他の締約国の居住者、法人又はその他の事業体による資本資産の譲渡又は交換から生じる利得は、その居住者、法人又はその他の事業体が、最初の締約国に恒久的施設を有しない限り、最初の締約国の課税から免除される」と定める1943年米国・カナダ租税条約8条が本件に適用されると主張している[121]。

上記連邦控訴裁判所判決の原審である連邦裁判所事実審理部（Trial Division）判決（[1979] 1 F. C. 318）では、本件条約8条でいう「譲渡又は交換」という文言は、所得税法§48(1)が創造したフィクションであるみなし譲渡とは異なる実際の出来事であることから、後者の規定による条約蹂躙の問題は生じないほか、Gustavson Drilling Ltd. v. MNR事件最高裁判決（[1977] 1 SCR 271）では、確かに、「法律の意図が明確でない限り、既得権は影響を受けないという前提は、その執行上、遡及効を有するか否かに関係なく適用される」との見解が示されているが[122]、本件の場合、個人Dには遡及効を有する本規定から守られるべき既得権なるものが存在しないなどとして、個人Dが敗訴しているが、上

---

118) 原文は、"As regards the application of the Convention at any time by a Contracting State, any term not defined therein shall, unless the context otherwise requires, have the meaning that it has at that time under the law of that State for the purposes of the taxes to which the Convention applies, any meaning under the applicable tax laws of that State prevailing over a meaning given to the term under other laws of that State." である。

119) Macorin, supra "Exit Taxes and the OECD Model Convention"（第3章脚注70）p. 283参照）。第3章の脚注82)で言及しているオランダの裁判所の判断も基本的に同様である。

120) 原文は、"For the purposes of this subdivision, where a taxpayer has ceased, at any particular time in a taxation year and after 1971, to be resident in Canada, he shall be deemed to have disposed, immediately before the particular time, of each property …." である。

121) 原文は、"Gains derived in one of the Contracting States from the sale or exchange of capital assets by a resident or a corporation or other entity of the other contracting State shall be exempt from taxation in the former State, provided such resident or corporation or other entity has no permanent establishment in the former State." である。

第3節　納税者の国外移転による税源浸食への対応策の再検討

記連邦控訴裁判所判決でも、「…控訴人がカナダの居住者であった間に一定の譲渡益を実現したとみなすとの仮想の前提に基づいて1972年度分の課税を行う本規定は」[123]、本件条約8条と矛盾しないと判示されて個人Dの敗訴が確定している。

ニ）　みなし譲渡を含むか否かは無関係とする見解

　上記の通り、OECDモデル条約上の「譲渡」という文言にみなし譲渡が含まれるか否かを巡っては議論があり、含まれるとすると、出国税は、居住地国課税を原則とする条約を蹂躙するとの問題を生じ得るが、仮に、含まれると解するのが妥当であるとしても、そもそも、領土主義的アプローチに立脚する出国税は、「管轄アプローチ」に立脚する制度ではないことから、課税権の錯綜の問題は生じないとも解釈することもできる。実際、第3章第2節1(3)で考察した通り、N事件に対するKokoto法務官意見（C-470/04）でも、問題となったオランダの出国税は、納税者が出国する時点で決定されるオランダで記録された価値の上昇額に課税するものであり、OECDモデル条約13条5項（例えば、譲渡を行う者が居住者となっている締約国で譲渡益が課税されるとする2005年版）に則っているとの見解が示されている。

　確かに、出国税は、出国する直前には依然として自国の居住者であった者に対して、その居住者であった間に蓄積された潜在的なキャピタル・ゲインに限定して、その出国の際に実現したものとして課税するにすぎないものであるとの見方に立てば、出国税の導入が租税条約締結後であるか否かに関係なく、租税条約との抵触の問題は生じないと解することができる。また、OECDモデル条約13条に関するコメンタリーのパラ3（「…キャピタル・ゲインが課税されるべきか否か、また、課税されるべきであるなら、如何に課税するかの決定は、各締約国の国内法に委ねられている…」）等に鑑みると[124]、他方の締約国が、出国税の対象となった資産のキャピタル・ゲインに対する国際的二重課税の発生を回避するための取得価額の引上げを認めない場合があるとしても、出国税の導入は、条約蹂躙には該当しないと解することもできよう[125]。

　上記と同様な見方・解釈は、(i)前述の通り、Davis事件連邦控訴裁判所判決（1980）で問題となった出国税を課する所得税法§48は、カナダ・米国租税条約8条の下での取扱いに実質的な変更を加える効果を有するものであったが、本判決では、条約蹂躙の問題が争点として捉えられていないとの事実、また、(ii)カナダが1992年版OECDモデル条約13条に関するコメンタリーのパラ34で付していた留保（「カナダは、法人株式、あるいは、パートナーシップ又は信託に係る権利の譲渡からの利得について、その価値が主にカナダに所在する不動産に起因する場合、その利得に課税する権利を保持するために、また、特定の資産の譲渡に先立つ6年間のいずれかの時点でカナダの居住者であった個人の利得に対し

---

122)　原文は、"The presumption that vested rights are not affected unless the intention of the legislature is clear applies whether the legislation is retrospective or prospective in operation." である。
123)　原文は、"… the new section 48 which has merely the effect of taxing the appellant for 1972 on the fictitious basis that he is deemed, while he was a Canadian resident, to have made certain capital gains." である。
124)　原文は、"It is left to the domestic law of each Contracting State to decide whether capital gains should be taxed and, if they are taxable, how they are to be taxed." である。
125)　Macorin, *supra* "Exit Taxes and the OECD Model Convention" p. 288参照。

終章　我が国の対応策の再構築

て課税する権利をも保持するために、4項に関する立場を保留する」）が[126]、2003年版OECDモデル条約では撤回されたとの事実の背後にも、存在していると考えられる[127]。

(3) 解釈の趨勢と二重課税の防止手段

　実際、OECDモデル条約上の「譲渡」という文言が、みなし譲渡をも含むか否かという問題に関係なく、出国税は租税条約の蹂躙の問題を生じさせないと解する上記ニ）の見解に立脚している裁判例は少なくない。オランダ最高裁2009年2月20日判決（BNB 260-262）もその一例である。そもそも、オランダでは、条約は国内法に優先するとの原則が確立していると考えられている中、本件では、法人に対する「相当な権利」（"aanmerkelijik belang"、法人の総発行株式数の5％以上）を有する者が出国によりオランダの居住者でなくなる際、その株式のみなし譲渡益に対して「予備的な課税」（"preservative assessment"）が行われたことから、本出国税を措置している2001年所得税法§4.16(1)(h)が、ベルギー、英国及び米国との租税条約に抵触するか否かが争点となっている。

　上記2001年所得税法§4.16(1)(h)の下では、出国税は、担保を提供するなど一定の条件をクリアーした上で出国後10年の間にその権利の実際の譲渡が行われない場合には課税されず、また、出国後10年の間にその権利の実際の譲渡があった場合には、出国先での課税された分に対する控除が認められるため、国際的二重課税の回避が可能となる。上記最高裁判決では、このような制度設計に依拠する本規定の下での課税は、国内法という文脈で行われるものであり、条約相手国に配分されている権利が侵害されるわけではないほか、資産の未実現の利益に対してみなし譲渡課税を行うことが、OECDモデル条約に反しないことは、その13条に関するコメンタリーのパラ2～9等からも確認し得ることから、本規定は誠実性の原則に則っており、これらの条約を蹂躙するものではないと判示されて、税務当局が勝訴している[128]。

　フランスでも、Lasteyrie事件ECJ判決（C-9/02）においてEC条約に抵触すると判示されたフランスの出国税に代わって2011年法（2011年7月29日法律No. 2011-900）の下で導入された一定の保有割合及び価額を超える株式を有する出国者に課税される新たな出国税（税率13.5％の付加税も含めて税率32.5％）の制度設計は、(i)出国する者がフランスの居住者であった時点でのみなし譲渡益に課税される、(ii)延納は認められるが、出国後の実際に資産譲渡をした時点で出国税を納付することとなる、(iii)出国時のみなし譲渡価額が出国後8年以内に行われた譲渡の価額よりも高い場合には[129]、実際の譲渡価額に基づいて出国

---

126) 原文は、"Canada reserves its position on paragraph 4 in order to keep the right to tax gains from the alienation of shares of a company, or of interests in a partnership or trust, the value of which is derived principally from immovable property situated in Canada and in order to keep the right to tax gains of an individual who was a resident of Canada at any time during the 6 years preceding the alienation of a particular property." である。
127) かかる撤回の事実が、出国税とOECDモデル条約との関係についてのカナダの見解の変化を示唆しているとするものとして、Vikram chand, Exit Charges for Migrating Individuals and Companies : Comparative and Tax Treaty Analysis, Bulletin for International Taxation, Vol. 67, No. 4/5（2013）（also at http://www.ssrn.com/abstract=2250769）参照。
128) 本判決の詳細は、Frank P. G. Potgens, European Taxation, Vol. 50, No. 5（2010）pp. 183-191参照。
129) 詳細は、Bruno Gouthiere, New Exit Tax for Individuals, European Taxation, Vol. 52, No. 1（2012）pp. 44-45参照。

税額が算出される、(iv)出国後8年の間に譲渡がなかった場合でも付加税の納付義務は消滅しないなどの特徴を有しているが、フランス議会は、本規定の下では、租税条約の蹂躙という問題は生じないとの説明を行っている[130]。

上記の通り、出国税はOECDモデル条約に抵触しないとする見方が多いが、国際的二重課税の排除という観点からすると、租税条約等に出国税の適用を認める規定を組み込むことが効果的である。実際、出国税の賦課に関する規定を組み込んだ租税条約等は少なくない。例えば、1984年中国・米国租税条約に関する議定書2条は、「本条約上の規定にかかわらず、米国はその市民に課税できる。本条約の…で定める場合を除き、米国は、（4条の下で決定される）その居住者に課税できる」と定めるセービング・クローズを組み込んでいる[131]。本条約に対する米国財務省の説明文書（Technical Explanation）でも、双方の締約国は、本条でいう米国市民には、米国の税の回避を主要な目的の一つとして市民権を喪失した旧市民を含むものと理解しており、そのような旧市民は、IRC§877（「租税回避のための国籍離脱」）の下で課税対象となると述べられている。

確かに、上記のようなセービング・クローズを組み込むという方法もあるが、出国税の賦課に関するより具体的な規定を条約に盛り込むのが、より一般的であろう。例えば、1989年米国・ドイツ租税条約に関する2006年議定書13条6項は、「個人が締約国の税法上の居住者でなくなるに当たり、それゆえに、その国の税法の下、資産を譲渡したと取り扱われてその締約国で課税される場合、その個人は、租税の目的上、あたかも、その締約国の居住者でなくなる直前に、その資産を譲渡した後にその時の市場価格に等しい額でその資産を再取得したかのように、他方の締約国で課税されることを選択することができる」と定めている[132]。本規定は、一方の締約国の居住者であった者が、出国した他方の締約国において、出国税の対象となった資産の取得原価の引上げを認めるものであることから、国際的二重課税の排除が可能となる[133]。

(4) 追跡税とOECDモデル条約との関係

上記(2)・(3)で示した見解や裁判例からも確認し得る通り、狭義の出国税である「出国時に課税される出国税」が、OECDモデル条約に抵触しないと解する余地は十分にある。特に、EU諸国では、少なくとも、出国税がOECDモデル条約に抵触する可能性があるから、その採用を断念すべきであると考える向きは少ない。同様な考え方が、広義の出国税である追跡税とOECDモデル条約との関係にも妥当するか否かは、別途、考察が必要であるところ、ECJは、第3章第2節2(2)で考察したHilten-van事件判決（C-513/03）において、

---

130) 本出国税のポイントは、第3章第2節1(4)参照。
131) 原文は、"Notwithstanding any provision of the Agreement, the United States may tax its citizens. Except as provided in ... this agreement, the United States may tax its residents (as determined under Article 4)." である。
132) 原文は、"Where an individual who, upon ceasing to be a resident of one of the Contracting States, is treated under the taxation law of that State as having alienated property and is taxed in that State by reason thereof, the individual may elect to be treated for purposes of taxation in the other Contracting State as if the individual had, immediately before ceasing to be a resident of the first-mentioned State, alienated and reacquired the property for an amount equal to its fair market value at that time." である。
133) 本規定の下では、納税者が有する不動産で出国先の締約国に所在するものも出国元の締約国で出国税の対象となり、出国先の締約国でその取得価額の引上げを行うこととなる。

オランダから出国した者から、その出国後の一定期間内にその財産を相続した者にオランダの相続税を課する法律・追跡税が、EC条約と抵触するか否かという問題に対してだけでなく、「遺産税、相続税及び贈与税に関するOECDモデル条約」（OECD Model Tax Convention on Estate, Inheritance and Gift Tax）に抵触するか否かという問題に対しても、その見解を示している。

具体的には、Van Hilten事件ECJ判決のパラ48において、本件で問題となっているタイプの法律は、「遺産税、相続税及び贈与税に関するOECDモデル条約」4条、7条、9条A及び9条Bに関するコメンタリーから明らかなように、その国の国民が、その死亡を考慮して、その居住地を税負担が低い国に移転することによって可能となる租税回避の防止という目的から正当化し得るものであるが、その正当化のためには、(i)控除の適用によって二重課税が排除される制度が存在する、(ii)租税回避の防止という目的上、適用対象となる期間は出国後10年を超えない、(iii)その適用対象は、その国の国民とその国の国民でない居住者に限定されていることが前提条件となるが、本件で問題となっている法律は、かかる前提条件を満たしており、「遺産税、相続税及び贈与税に関するOECDモデル条約」に合致しているとの見解が示されている。

他方、出国した国民が出国先の居住者となった後に発生した譲渡益に対して出国元の国が課税を行う追跡税は、出国した者の財産を相続した出国元の居住者に相続税を課する追跡税とは異なり、出国元の国が出国先の居住者に課税するものであり、租税回避の防止を目的とするものではないことから、上記のHilten-van事件ECJ判決で問題となったオランダの追跡税の場合とは異なり、EC条約等に抵触するだけでなく、OECDモデル条約4条の下での国際的二重課税の排除も担保されないことから、OECDモデル条約とも整合的ではないと見る向きがある[134]。同様な見方をする向きは少なくなく、例えば、OECDモデル条約に変更を加えなくとも、出国先で居住者となった者が出国先・国外で行った資産の譲渡益に出国元の国が課税する追跡税の機能を担保することは可能であるとの見方をする識者は見当たらないとの指摘がされている[135]。

確かに、追跡税が対象とする出国後の出国先の居住者となった者による資産の譲渡は、OECDモデル条約13条が適用対象とする資産の譲渡であると考えられる。そうすると、本条約4条2項は、「1項の規定によって、個人が双方の締約国の居住者となる場合、その地位は以下のように決定される；a）その個人は、利用可能な恒久的な家を有している国においてのみ居住者となる；もし、双方の締約国に利用可能な恒久的な家がある場合には、その者の個人的及び経済的な関連がより緊密な（主たる利害関係の中心となる）締約国のみの居住者とみなされる」と定めているため[136]、出国した者が、その出国後、出国元及び出国先の双方の国で居住者となる時期があるとしても、出国後に個人的及び経済的な関係が稀薄となるのが通例である出国元の国に対しては、このタイ・ブレーカー・ルールの下でも、基本的に、追跡税を課税する権利は付与されないこととなる。

---

134) Luca Cerioni, Tax Residence Conflicts and Double Taxation: Possible Solutions ?, Bulletin for International Taxation, Vol. 66, No. 12（2012）（also at http://www.online.ibfd.org/kbase/#topic=doc&url=/highlight/collections/bit/html/bit_2012_12_e2_1.html&q=Luca+Cerioni+lucas&VVT.z_nav=Search&colid=4945）参照。

135) Macorin, *supra* "Exit Taxes and the OECD Model Convention" p. 285参照。

136) 原文は、脚注110)参照。

第3節　納税者の国外移転による税源浸食への対応策の再検討

　実際、上記の問題があることから、譲渡益に課税する追跡税を有する国の租税条約は、その機能を担保する規定を措置しているのが通例となっている。例えば、譲渡益に課税する追跡税を有するオランダとカナダの場合、1997年議定書によって改訂された1986年カナダ・オランダ租税条約13条は、7項では、「1、2、3及び4項で言及されている以外の資産の譲渡から生じる利得は、譲渡者が居住者である国でのみ課税される」と規定しているが[137]、8項では、「7項の規定は、双方の締約国が、その法律に従い、他方の締約国の居住者である個人の資産の譲渡の直前の6年間のいずれかの時点で一方の締約国の居住者であった者による資産譲渡利得に課税をする権利に影響を与えない」と定めている[138]。本条の下、納税者の出国から6年間は、出国元の国家が、その資産の譲渡益に課税し、出国先の国家は課税を控えることで、国際的二重課税が回避される。

　そもそも、譲渡益に課税する追跡税も、自国で蓄積された譲渡益への課税という根本的な点で狭義の出国税と同様であり、領土主義的な考え方からすると、上記の改正後の1986年カナダ・オランダ租税条約13条は、本来あるべき合理的な課税権の配分を定めたものにすぎないとも言えるが、このような規定が租税条約上措置されていない場合、出国元の国による非居住者への課税に起因する国際的二重課税の問題が生じ得る。このように、狭義の出国税と追跡税を比較した場合、狭義の出国税は、(i)自国の居住者の時点で課税するものであり、OECDモデル条約との関係上問題が少ない、(ii)出国時に課税するので税源浸食防止がより確実である、(iii)国外に出国した者の資産・所得の把握に係る負担が軽減されることから、執行の困難性がより少ないことなどに鑑みると、税源浸食防止手段の選択肢としては、総じて、追跡税よりも望ましいとも考えられる。

　もっとも、武富士事件等を契機とする相続税法1条の3の改正も、「管轄アプローチ」に立脚した国外に住所を有する者等への課税権の拡張であり、相続税・贈与税の国際的な二重課税を生じさせ得るものとなっていることに鑑みると、追跡税の採用という選択肢も十分にあり得ると考えられる。特に、国外への半永久的な移住の意思はないが、国外に一時的な住所の移転を行い、その間に資産を譲渡し、その譲渡益に係る税負担を軽減・回避した後の数年間の内に帰国・住所移転するケースに対しては、第2章第2節3(2)で考察した英国のTCGA§10A（「一時的な非居住者」）の適用対象を一定の条件（移転目的又は移転先及び回避された潜在的な譲渡益額等に係る一定の要件）に合致する場合に限定した制度設計に基づく追跡税の採用という選択肢もあり得ると思料するが、上記(i)〜(iii)の点などに鑑み、以下では、狭義の出国税に焦点を絞った上で、そのメリットを生かしながら、そのデメリットを抑えるような制度設計案を検討する。

2．出国税の制度設計案と効果

(1)　二重課税排除の必要性と方法

　狭義の出国税も国際的二重課税の問題を包含している。したがって、前述通り、1989年

---

137) 原文は、OECDモデル条約13条5項（第5章脚注64)参照）と同様である。
138) 原文は、"The provisions of paragraph 7 shall not affect the right of either of the states to levy, according to its law, a tax on gains from the alienation of any property derived by an individual who is a resident of the other state and has been a resident of the first-mentioned state at any time during the six years immediately preceding the alienation of the property." である。

終章　我が国の対応策の再構築

　米国・ドイツ租税条約に関する2006年議定書13条6項では、出国税の対象となった場合、国際的二重課税を防止するために、出国した先の締約国で資産の取得価額の引上げが行われる。このような取扱いは、追跡税による国際的二重課税が、1997年議定書によって改正された1986年カナダ・オランダ租税条約13条の下、出国先の国で排除されるよう措置されているのと同様である。その他の租税条約でも、出国先の国が、出国税や追跡税に起因して生じ得る国際的二重課税を回避する措置を講じるのが通例となっているが、租税条約上、出国税や追跡税に起因する国際的二重課税を防止するための明示的な規定がない場合、出国元と出国先のいずれの国が国際的二重課税を排除すべきかという点を巡っては議論の余地がある。

　第3章第2節1(3)で考察した通り、N事件ECJ判決（C-470/04）では、オランダ法人の相当な割合の株式を有する個人である居住者が、オランダから出国する際、そのみなし譲渡益に課税する出国税であるオランダの所得税法20条 c (1)等とEC条約43条等との関係が問題となり、ECJは、住居を移転した後に生じる株式価格の下落が、税負担額の算定上考慮されない点も、本規定がEC条約に抵触する理由の一つとして挙げていることから、法人に対する出国税とEC条約等の関係が問題となったNGI事件ECJ判決（C-370/10）において、出国税の対象となった法人資産の出国後の価値の下落について考慮する必要があるのは、出国先・入国側の国であると判示されたのと対照的に、個人に対する出国税の場合には、基本的に、出国元の国が、国際的二重課税の調整を行うべきとの考え方が採用されているものと考えられる。

　もっとも、EU加盟国でない場合、当然のことながら、ECJ判決で示された考え方に縛られる必要はない。また、OECDモデル条約23条Aは、1項において、「締約国の居住者が得る所得や所有する資本が、本条約の諸規定に従い、他方の締約国で課税されるならば、最初に述べた締約国は、2項及び3項の規定に服した上で、その所得又は資本を課税免除とすべきである」と規定しているところ[139]、本条に関するコメンタリー32.8は、「…居住地国は、それゆえ、源泉地国が所得又は資本のような項目への課税をそれ以前又はその後に行っていたとしても、その項目に対する控除又は免除を通じて二重課税の救済をしなければならない…」と定めていることから[140]、出国税や追跡税に起因して生じ得る国際的二重課税を排除する措置は、納税者の出国先の国が講じるのが、OECDモデル条約に則っていると考えられる。

　しかし、そうはいっても、納税者の出国先の国が出国税の賦課に伴う国際的二重課税を排除する措置を講じるべきとの考え方は、出国税の対象資産が、納税者の出国した国に存する場合には説得力があるが、その資産が出国先の国に所在する場合や第三国に所在する場合には、それほど説得力がないとの見方もあろう。実際、このような見方もあり得ることなどを踏まえた上で、出国税や追跡税の賦課に伴う国際的二重課税の排除の仕方を考

---

139) 原文は、"Where a resident of a Contracting State derives income or owns capital which, in accordance with the provisions of this Convention, may be taxed in the other Contracting State, the first-mentioned State shall, subject to the provisions of paragraph 2 and 3, exempt such income or capital from tax." である。

140) 原文は、"... The State of residence must therefore provide relief of double taxation through the credit or exemption method with respect to such item of income or capital even though the State of source taxes it in an earlier or later year. ... ." である。

第3節　納税者の国外移転による税源浸食への対応策の再検討

るに当たっては、OECDが2004年に発表した報告書（"Cross-border income tax issues arising from employee stock-option plans"、以下「2004年（ストック・オプション）報告書」という）で示されている方法を反映させる形で改正したOECDモデル条約13条と23条及び関係するコメンタリーに則った対応を行うのが、最も合理的であろうと提言する向きもある[141]。

　上記の提言で合理的とされているのは、納税者がそれぞれの国の居住者であった期間中に蓄積された利益に限定して課税するという方法であり、かかる方法は、確かに、上記2004年報告書でも、例えば、1年目にA国の居住者であり、2年目と3年目にD国の居住者であった被雇用者が、B国、C国及びD国で労務を提供した対価として得たストック・オプションに係る利益の課税方法として採用されている。この場合、1年目にオプションの権利付与がされたA国の居住者であった被雇用者は、その権利利益の全部がA国で課税され得るが、その被雇用者が大半の役務を提供したB国での課税に係る控除をB国での役務提供日数割合に応じて認める必要があり、2年目以降に当該被雇用者の居住地国かつ役務提供国であったD国は、当該オプションの権利行使に対して課税し得るが、その他の課税権を有する国での課税に係る控除を認める必要がある[142]。

　上記「2004年ストック・オプション報告書」で示されている考え方・方法を踏まえた上記の提言にも一定の合理性があると考えられるが、二国間の租税条約の下では、前述の1989年米国・ドイツ租税条約に関する2006年議定書13条6項のように、納税者の居住地国が、その資産の所在地に関係なく、国外で出国税の対象となった資産の取得価額の引上げを認めることによって、国際的二重課税を排除するという方法が、通例のものとなっており、また、そのような方法が、出国税及びOECDモデル条約が立脚する考え方にも合致していると考えられる。もっとも、そうではあっても、国際的二重課税の確実な排除及び納税者の予測可能性の向上等の観点からすると、出国税を採用した場合には、租税条約上でも、国際的二重課税の排除方法を具体的に明示する規定を設けるという方向でその改正を進めることが、望ましいということになろう。

(2)　出国税の制度設計案

　上記の通り、出国税の場合、国際的二重課税の問題が一つのポイントとなるが、この問題以外にも、制度設計上検討すべき幾つかの問題があり、また、その検討結果の如何が、国際的二重課税の問題にも影響を及ぼすものと想定される。具体的には、(i)適用対象者の範囲、(ii)適用対象財産の範囲、(iii)出国税の対象であるみなし譲渡益額と出国後の実際の資産譲渡損益との差額の取扱い、(iv)延納に係る諸条件、(v)出国税の対象となる資産及び出国事実の把握をどうするかなどの問題がある。EU加盟国の場合、Lasteyrie事件ECJ判決（C-9/02）及びN事件判決（C-470/04）に鑑みると、EC条約等との抵触を回避するには、少なくとも、上記(iii)との関係では、出国後の実際の資産譲渡による損失は、出国元の国又は出国先の国で相殺を認めること、また、上記(iv)との関係では、担保の提供を条件としない延納を認めることが条件となると考えられる。

　EU加盟国の出国税の下、上記のような制度設計・取扱いが求められる背景には、EU特

---

[141]　Carramaschi, *supra* "Exit Taxes and the OECD Convention" p. 290参照。
[142]　この例及びその解説は、2004年報告書パラ38～43参照。

有の視点・事情（無差別取扱いの必要性や「税の徴収に係る相互支援に関する指令」(76/308/EEC) の存在等）が大きく関係している。したがって、我が国の出国税の制度設計案を考える場合、上記(iii)（出国後の実際の資産譲渡額との差額の取扱い）の点に関しては、そもそも、出国税は、「管轄アプローチ」に依拠する追跡税と異なり、「実現アプローチ」に依拠していることから、国際的二重課税排除の措置を講じるのは出国先の国であるとの考えの下、出国元の国で出国後の資産譲渡損益を踏まえた調整は行わないこととし、上記(iv)（延納に係る諸条件）との関係でも、担保の提供が延納を認めるための前提条件となり、しかも、担保の提供があった場合でも、出国税の課税対象となるのは、出国時のみなし譲渡益であるとする制度設計が、最も現実的ではないかと思料する。

　確かに、例えば、豪州では、幾分異なる制度設計に依拠した出国税が採用されている。具体的には、1997年「所得税賦課法」(Income Tax Assessment Act) §102-20 (Ways you can make a capital gain or a capital loss) が、「キャピタル・ゲインという事象が生じた場合にのみ譲渡益又は譲渡損が生じる」と規定し[143]、また、豪州から出国する居住者は、キャピタル・ゲインの事象を総括した同法§104-5 (Summary of CGT Events) に定める事象Ｉ1 (Individual or company stops being an Australian resident) に該当するとして、個人及び法人に対する出国税の対象となり得るところ、その適用対象となった場合、豪州から出国する居住者の出国税の対象となる資産のみなし譲渡益は、その納税者が出国先で実際にその資産を譲渡したことによって生じ得る譲渡損との相殺が認められていない一方、出国税の対象となるのは、同法§855-15 (When an asset is taxable Australian property) が定義する「課税対象豪州資産」に該当しない資産に限定されている。

　また、豪州では、1997年所得税賦課法§104-165 (Exception for Individuals) の下、個人が出国税の適用の繰延べの選択を行った場合には、出国税の対象となる資産も、「課税対象豪州資産」とみなされることとなるため、その資産の実際の譲渡時（又はその個人が再び豪州の居住者となった時）に課税されることとなる[144]。しかも、かかる選択を行う場合でも、担保の提供は求められないという点が注目されるが、このような制度設計・取扱いが採用されている背景には、豪州の出国税が実質的には追跡税としての機能も包含してほか、豪州の租税条約の多くは、一方の締約国の居住者による株式等の譲渡益に対する課税権をその締約国に広く認めるOECDモデル条約13条4項と異なり、条約相手国の居住者による豪州法人の株式等の譲渡益に対する課税権を豪州が放棄しないことを実質的に認める規定を採用しているなどの事実がある。

　実際、例えば、1999年豪州・アルゼンチン租税条約13条5項は、「本条約のいずれの規定も、本条の本項に先行するパラのいずれかが適用されるもの以外の資産の譲渡から得る資本の性格を有する利得に対する課税に関する締約国の法律の適用に影響を与えるものではない」と規定している[145]。他方、豪州等を除くEU加盟国以外の国々の場合、このよう

---

143) 原文は、"You can make capital gain or loss if and only if a CGT event happens. The gain or loss is made at the time of the event." である。
144) 本規定は、"... (2) If you are an individual, you can choose to disregard making a capital gain or a capital loss from all CGT assets covered by CGT event I1. (3) If you do so choose, each of those assets is taken to be taxable Australian property until the earlier of : (a) a CGT event happening in relation to the asset, if the CGT event involves you ceasing to own the asset ; (b) you again becoming an Australian resident." と定めている。

第3節 納税者の国外移転による税源浸食への対応策の再検討

な規定と同様又は類似する趣旨の規定を租税条約上措置しているケースや出国税の適用の繰延べを選択する個人の納税者に担保の提供を求めないケースは稀である。したがって、確かに、流動性の問題等を抱える個人に延納を認めないことは現実的ではない以上、出国税の延納を認めるのは不可欠であろうが、情報交換機能が拡充してきているという趨勢等を踏まえても、豪州のようなケースは例外であって、基本的には、担保の提供を条件とせずに出国税の延納を認める制度設計は、課税の実効性の点で問題があろう。

上記の(i)(適用対象者の範囲)をどうするかとの問題に対する回答は、出国税を租税回避防止目的のものと考えるか、あるいは、領土主義に基づく課税権の行使と考えるかによって少なからず異なり得る。前者の考えに立脚すると、出国税の対象は、1996年改正前の米国のIRC§877（「租税回避のための国籍離脱」）のように、租税回避目的の出国の場合に限定するような制度設計もあり得るであろうが、租税回避目的であるか否かの判断は困難であることから、その代わりに、譲渡益に係る税負担が低い国等への出国に適用対象を限定するような制度設計案も考えられる。しかし、このような制度設計案の下でも、税負担が高い国に一時的に出国するなどの濫用が危惧されることから、やはり、後者の考えに立脚した上で、諸外国の例のように、出国税の適用対象範囲を画するものとして、みなし譲渡益の金額や株式保有割合等に係る閾値を設定するのが現実的であろう。

上記(ii)(適用対象財産の範囲)を制度設計上どうするかとの問題に関しては、例えば、Lasteyrie事件ECJ判決（C-9/02）で問題となったフランスCGI§167のように、出国税の対象資産を株式等に限定している例もあるが、米国のIRC§877Aや英国の1992年TCGA§10A（「一時的な非居住者」）のように、出国税や追跡税の適用対象が株式等に限定されていない例もある。税源浸食防止効果の高い出国税が望ましいとの観点に立てば、後者の例に倣い、出国税の適用対象となる財産の範囲を広く捉える制度設計を選択することとなろうが、その場合、第2章第3節2(3)で考察した米国の例のように、移転価格税制との適用関係を明確化することや、第3章第2節3(3)で言及した2005年に改正された英国の1992年TCGA§245（「資産の所在地」）のように、資産の所在地の判断基準の再検討・明確化などを行うことの重要性が、より高まるものと考えられる。

上記(v)(出国税の対象となる資産及び出国事実の把握)という点に関しては、確かに、所得税法232条が、総所得金額及び山林所得金額の合計額が2千万円を超える申告書を提出する者に対し、その者の財産の種類、価額及び債務等を示した明細書を提出する義務を課しており、本来、本規定も、出国税の対象となり得る者を把握する手段の一つとして機能し得るものであるが、序章でも述べた通り、かかる義務の違反に対するペナルティが措置されていないとの問題があることから、国外財産調書制度が、その限界をどの程度補正できるかという点が、重要な鍵となろう。他方、税務当局による個人の出国事実の適時の把握を担保する制度は、殆ど整備されていない。勿論、出国後の情報収集や他国の税務当局の協力等を通じて、出国税の賦課・徴収を行うことが可能となるケースもあろうが、現行制度の下では、出国税が導入された場合、その適切かつ効率的な執行を行う体制が万全となっているとは言い難い。

---

145) 原文は、"Nothing in this Agreement affects the application of a law of a Contracting State relating to the taxation of gains of a capital nature derived from the alienation of any property other than that to which any of the preceding paragraphs of this article apply."である。

例えば、第1章第2節4(1)で考察した通り、米国市民は、基本的に、IRC§7701(b)(6)(「合法の恒久的居住者」)が定める税務当局への通知義務又はIRC§877A(g)(4)(「市民権の放棄」)が定める一定の行為を経て初めて国籍離脱したとみなされるほか、過去5年間の納税義務を適切に履行していないままに国籍離脱した場合、「適用対象国籍離脱者」に該当しないケースでも、出国税であるIRC§877A及びペナルティの対象となり得る[146]。このような措置は、我が国の場合、極端すぎるであろうが、出国税の適切かつ効率的な執行を担保するためには、例えば、(i)出国税の適用対象となる資産に係る上記所得税法232条に定める報告義務の重大な違反がある場合には、出国税に係る加算税を加重する、(ii)税務当局が、かかる報告義務を負う者及びその他の多額の資産保有者の出国を事前又は適時に把握することを可能にする体制を整備するなど、出国税の対象資産及び出国事実の把握レベルの向上に資する手段を手当することが重要な課題となろう。

3．法人の国外移転への対応策

(1) 対応策の絞込み

イ) 移転後への対応の重要性

法人の国外設立や国外移転によって生じ得る税源浸食を防止する対応策としては、我が国の場合、外国子会社合算税制やコーポレイト・インバージョン対策税制等が措置されているが、序章第1節3で述べた通り、平成22年度税制改正は、外国子会社合算税制及びコーポレイト・インバージョン対策税制に係るトリガー税率の引上げを行うなど、これらの税制の機能低下に繋がり得るような側面も有するものであった。他方、OECDのBEPS報告書10頁及びBEPSに関する行動計画3は、CFC税制の機能を強化する必要性・方針が示されていることから、今後は、我が国の外国子会社合算税制も、諸外国の法人税率の引下げという趨勢の中、トリガー税率の引下げという選択肢はないとしても、その他の面で合算機能の強化を図る改正が行われる可能性は、少なからずあるものと想定される。

コーポレイト・インバージョン対策税制についても、第2章第3節で考察した通り、米国では、IRC§7874(「国外移転した事業体とその外国親会社に関するルール」)の適用対象となる場合、株主の株式保有割合に応じて、「実現アプローチ」と「管轄アプローチ」のいずれかに基づく課税を行うとの制度設計が採用されており、しかも、最近の告示や税制改正案では、「管轄アプローチ」への依存を高める方向性が示されている。また、第3章第3節3で考察した通り、法人に対する出国税は、EC条約等との関係が問題となるEUでも、法人の実質管理地の国外移転による税源浸食の防止上、重要な制度として機能している。これらの事実に鑑みると、我が国のコーポレイト・インバージョン対策税制についても、その適用対象となる株式保有要件の見直しや「管轄アプローチ」に基づく課税をもその制度設計に組み込むことなどを通じて、その機能拡充を図る余地があるものと考えられる[147]。

もっとも、我が国の現行の法制度上、法人が、その解散を伴わない形でその親会社機能や管理支配地を国外に移転する手段は、国境を跨ぐ三角合併等に限定されていることから、

---

[146] このような措置が講じられている米国でも、国籍離脱の把握をより効果的・効率的に行うことが可能となるような手段を講じるのが望ましいとの意見もある。第1章第2節4(3)ロ)参照。

[147] この点に関する検討・提言は、松田・前掲「コーポレイト・インバージョン」380～384頁参照。

第3節　納税者の国外移転による税源浸食への対応策の再検討

今のところ、そのような形での法人の国外移転のケースは、それほど多くはないようである。したがって、我が国の場合、法人の国外移転による税源浸食に対しては、当面は、法人の管理支配地の国外移転の時点よりも、法人の国外設立後に焦点を合わせた対抗策を拡充する必要性・有用性の方が大きいと考えられる。そうすると、移転価格税制や外国子会社合算税制の機能強化を図るとの選択肢が浮上するが、その他にも、第2章～第5章で考察した国々において、その有用性が少なからず確認されている（インドでは、最近、その機能強化に向けた動きもある）実質管理地主義を我が国の税法上の法人居住性の判定基準として追加するとの選択肢も、視野に入れるのが妥当ではないかと思料する。

ロ）設立準拠地主義の問題点・限界

確かに、設立準拠地主義や我が国が採用している本店所在地基準は、非常に簡明な法人居住性の判定基準であるとのメリットを有している。しかし、これらの基準のみに依拠した法人居住性の判定基準が、税源浸食防止上、大きな限界を有することは、第2章で示した英国の裁判例等からも確認し得るほか、税負担軽減などを目的として法人事業の経営・管理地とその設立地を同一の国にしないことが、事業活動のグローバル化や情報技術の進展によって、昨今、非常に容易なものとなってきているとの事実に鑑みても明らかである。しかも、かかる事実は、法人の設立地が法人の経営・管理や事業活動を行っている場所・国ではないケースが、多くなり得ることを示唆しているだけでなく、法人準拠地主義のみに基づいてその居住地を判定することは、法人の事業実態及び所得源泉等を反映しない課税が行われるとの問題が、深刻化するという可能性も秘めている。

設立準拠地主義は、上記のような問題等を包含していることから、法人の居住地に関する関係各国の主張が異なるケースにおいて、その居住地を最終的に決定するためのタイ・ブレーカー・ルールとして機能するOECDモデル条約4条3項も、「1項の諸規定により、個人以外の者が双方の締約国の居住者となる場合には、その実質管理地が所在する締約国のみの居住者とみなされる」と規定している[148]。また、本条約4条に関するコメンタリー22も、上記の4条3項が、法人居住地を最終的に決める上で、法人の設立地ではなく、その実質的な管理地を重視しているのは、「登録のような全く形式的な基準に重要性を付与することは適切な解決策ではない。したがって、3項は、法人等が実際に管理されている場所に重要性を付与している」からであると説明している[149]。

OECD専門家諮問グループが発表した2001年審議文書（"The Impact of the Communications Revolution on the Application of "Place of Effective Management"as a Tie Breaker Rule"）も、パラ53～パラ57において、設立準拠地主義が租税条約上の法人の居住地判定に係るタイ・ブレーカー・ルールとして機能しない理由として、(i)設立準拠地主義は、法人の設立地である国が絡まない状況の下で、その法人の実質管理地であると主張する複数の国々が争うケースを解決できない、(ii)法人の設立後、その実質管理が殆ど

---

148) 原文は、"Where by reason of the provisions of paragraph 1 a person other than an individual is a resident of both Contracting States, then it shall be deemed to be a resident only of the State in which its place of effective management is situated."である。
149) 原文は、"It would not be an adequate solution to attach importance to a purely formal criterion like registration. Therefore, paragraph 3 attaches importance to the place where the company, etc. is actually managed."である。

国外に移転しているにもかかわらず、その法人の居住地を設立準拠地主義に基づいて判定するのは、妥当な政策とは言い難い、(ⅲ)個人の税務上の居住地をその生活の本拠ではなく、その出生地に基づいて判定することが適切な結果を生じさせないとの考え方は、法人の居住地の判定を行う場合にも基本的に妥当するなどの点を挙げている。

ハ）税制調査会での議論

我が国でも、実質管理地主義の採用の是非が、税制調査会で議論された経緯がある。例えば、本調査会の昭和38年12月答申では、「しかしながら、現段階において直ちに国内法上管理主義に踏み切らなければならないという必要性も少ないようである。管理支配主義の採用により税法の規定が複雑になるということは、もとより管理支配主義の採用に反対する十分な論拠とはならないとしても、現段階において採用の必要性が少ないということは、少なくとも採用の時期の選択について、かなり弾力的な幅を許すと考えてよいであろう。…さらに、OECD加盟国のうちにも、米国、スイス、スウェーデン、オランダ等のように、国内法で本店所在地主義ないし設立準拠法主義を採用している国があるが、これらの諸外国が、OECDモデル条約の成立に伴い、その国内法をどのような方向で整備するかということも、参考とすべきであろう」との見解が示されていた。

最近でも、例えば、税制調査会平成8年11月の法人課税小委員会報告第2章16(1)でも、「…内国法人と外国法人との区分に関し、現行の本店所在地主義に加え、法人の実質的な経営・管理の場所の有無で判定するいわゆる管理支配地主義を導入してはどうかとの意見もあるが、国際的にみても、管理支配地主義を採用する国は少なくなってきていること、いわゆるタックス・ヘイブンを利用した租税回避行為に対しては既に所要の対策が講じられていること等を考慮すると、管理支配地主義を導入することについては慎重に考えることが適当である」との見解が示されている。しかし、既に講じられている「所要の対策」が十分であるかという点、また、「管理支配地主義を採用する国は少なくなってきている」との説明に対しては疑問も生じないではない[150]。以下、かかる疑問に根拠があるか否かを確認する。

(2) 主な欧州諸国における動向

第5章第3節3(1)で述べた通り、中国でも、企業所得税法2条の下、設立準拠地主義に加え、実質管理地主義が採用されており、また、同章第2節3(2)ロで考察した2010年天津事件決定は、実質管理地主義の適用を示唆するものであった。インドでも、第4章第4節2(2)ロで示した通り、2010年直接税法案§4(3)では、1961年所得税法§6（「インドでの居住地」）の下での実質管理地主義の機能強化策が採用されている。これらの事実も、実質管理地主義の有用性・今日的な趨勢を示唆するものであるが、上記(1)ハで示した「管理支配地主義を採用する国は少なくなってきている」との平成8年の税制調査会報告の説明に対する疑問が、根拠のないものであるか、あるいは、その説明は依然として妥当なものなのかなどの点を確認するためには、特に、上記の税制調査会昭和38年12月答申において、今後の動向を参考にすべきであろうされている国のその後の動きに対しても、目を向

---

150)「タックス・ヘイブンを利用した租税回避行為に対しては既に所要の対策が講じられている」という点に対しても、主な諸外国の対応策と比較した場合、十分なものとなっているのかとの疑問は残る。

第3節　納税者の国外移転による税源浸食への対応策の再検討

ける必要があろう。

　まず、スイスでは、既に、設立準拠地主義だけでなく、管理支配地主義も法人居住性の判定基準として国内法に組み込まれている。具体的には、連邦所得税法50条が管理支配地基準を採用しており、実際、例えば、最高裁2003年12月4日判決（BGE 2A.321/2003）では、スイス法人の被雇用者が、その法人の国外の親会社のために、その取引契約の署名やリスク管理等を行う権限を行使していたなどの認定の下、当該親会社の実質的管理地はスイスであるとの判断が下されている[151]。さらに、最高裁2013年5月16日判決（2C-1086/2012, 2C-1087/2012）では、スイス法人Aに対して貸付けを行っていたガンジー島に設立された法人Bでは、そのグループの取締役会がガンジー島で開かれていたなどの事実があったが、かかる事実にもかかわらず、法人Bの実質管理地はスイスであるとの判断が下されている[152]。

　オランダでも、既に、設立準拠地主義と実質管理地主義の双方が採用されている。したがって、オランダで設立されておらず、しかも、オランダで事業活動を行っていない法人であっても、その管理地がオランダにある場合にはオランダ法人とみなされ得る[153]。実際、第2章第3節(2)ロで考察したWood事件控訴院判決（2006）では、問題となった国外に設立された法人の管理地はオランダであるとしてオランダの居住者であると判断されている。また、第3章第3節3(3)で考察したNGI事件ECJ判決（C-370/10）では、オランダで登録・設立された法人が、その登録を維持したまま、その実質管理地を英国に移したことが、法人の居住地の国外移転に該当するとの判断の下、オランダの出国税の対象とする処分が行われたことから、かかる処分とEC条約等との関係が問題となっている。

　これに対し、スウェーデンでは、国内法上、実質管理地主義を採用してはいないが、その租税条約では実質管理地基準を採用しているケース（例えば、オランダとの1991年租税条約4条3項やザンビアとの1974年租税条約4条3項等）も少なくない。実際、欧州理事会指令2003/43/ECに関するスウェーデンの執行状況報告でも[154]、スウェーデンとその他の加盟国Cの租税条約が、法人居住性の判定上、タイ・ブレーカー・ルールを定めるOECDモデル条約4条3項に則っている場合には、加盟国Cで設立されているが、スウェーデンに実質管理地がある法人は、スウェーデンの法人と判定されるため、その法人がその他の加盟国Aの関連会社に支払うロイヤルティは、その控除が加盟国Cの恒久的施設に帰属しない限り、スウェーデンで生じたものとして、本指令上の取扱いが行われると説明がされている[155]。

---

151) 詳細は、Peter Altenburger and Katja Krech, Overview of CFC rules and absence of CFC regime in Switzerland, Tax Management International, Vol.32, No.1(2011)p.71参照。
152) 詳細は、Switzerland: New Federal Supreme Court Decision on Offshore Structures(http://www.newsletter.pwc.ch/inxmail9/html_mail.jsp?params=62399…4)、http://tmagazine.ey.com/news/ibfd/switzerland-federal-supreme-court-rules on place of effective management of an offshore finance company/) 参照。
153) M. J. Ellis, The Netherlands refines the dual resident company, International Tax Review, 31 (1989-1990) p. 32、A Discussion Draft on the Impact of the Communications Revolution of the Application of "Place of Effective Management" as a Tie Breaker Rule, OECD (2001) p. 6参照。
154) 本指令は利子・ロイヤルティ指令（第3章第1節1(1)参照）であり、本指令に則り、一定割合を超える持株保有関係にある法人グループのメンバー間での国境を跨ぐ利子・ロイヤルティの支払に対しては、源泉税が免除される。
155) 本報告は、Country Survey-Sweden (information as of 19 December 2005 at http://www.ec.europa.eu/taxation_customs/…/ir_dir_se_en.pdf) pp. 522-523参照。

また、第3章第3節2で示した通り、EU加盟国では、国内で設立された法人が、その解散を行うことなく、その実質管理機能をその他の加盟国に移転することが可能となる方向にある中、スウェーデンでも、国内法人の実質管理機能等の国外移転によって生じる税源浸食を防止する必要があるとの観点から、国内で設立された法人がその実質管理機能をその他の加盟国に移転する、その国内に存する恒久的施設による国内での活動が終了する、あるいは、国内に存する恒久的施設の資産をその他の加盟国に移転させることによって、もはや、スウェーデンで課税対象とならないこととなる場合には、その未実現のキャピタル・ゲインに課税を行う出国税が、所得税法第22章§7及び第30章§8等の下に措置されている点にも注目する必要がある[156]。

(3) 米国における動向

米国では、国内法上、実質管理地主義を採用してはいないが、Gregory事件最高裁判決(1935)から派生した取引の実質を重視する諸原則の下、実質主義的否認アプローチに基づく否認の余地が広いため、設立準拠地主義の限界を補完できるケースが少なくないと考えられる。例えば、第2章第3節2(2)で述べた通り、IRC§7874(「国外移転した事業体とその外国親会社に関するルール」)やIRC§269B(「結合した事業体」)の下では、一定の要件(「相当程度の事業活動」の欠如又は米国企業との事業活動の結合等)が認められる外国法人は、「管轄アプローチ」に依拠して、米国法人とみなして課税される。また、TD 9592(Substantial Business Activity)で詳細が示されている「実質的存在テスト」に基づいて条約特典の対象となる法人であるか否かを判断する規定を盛り込んだ租税条約も、少なからず締結されている。

しかし、2013年に公表されたアップル社の利益の国外移転に関する上院委員会報告書(Memorandum regarding Offshore Profit Shifting and the U. S. Tax Code—Part 2 (Apple Inc.)、以下「上院報告書」という)は、上記の実質主義的アプローチ、IRC§7874及びTD 9592等では、設立準拠地主義の限界を十分に補完することができないことを示唆している。本委員会報告書では、アップル社は、多額の利益を1980年にアイルランドに設立したペーパー・カンパニーである複数の子会社に移転したが、アイルランドでは、1999年FAの下で措置された1997年租税賦課法§23Aによって、設立準拠地主義が採用される以前に設立された法人の居住性は、実質管理地主義に基づいて判定され[157]、また、米国では、設立準拠地主義が採用されているため、米国で実質的管理がされていたこれらの子会社は、いずれの国でも課税されないと考えていたと報告されている[158]。

上記上院報告書では、上記のような利益移転に対しては、ペーパー・カンパニーを税務上無視する「法人格の否認の法理」("disregard of corporate entity" or "piercing the corporare veil")やCFC税制による対応が可能か否かを検討すべきであるところ、前者の適用のハードルは高いが、後者では、一定の要件に該当する米国法人の被支配外国法人が

---

[156] 第3章第3節3(1)で述べた通り、2008年、欧州委員会が、本出国税はEC条約等に抵触するとして、侵害手続を適用している。

[157] 詳細は、[2.2.3] Company Residence in the State (http://www.revenue.ie/en/about/foi/s16/income-tax-capital-gains-tax-corporation-tax/part-02/02-02-03.pdf?download=true) 参照。

[158] 上院報告書 (http://www.levin.senate.gov/download/exhibit1a_profitshiftingmemo_apple) 23頁参照。

第3節　納税者の国外移転による税源浸食への対応策の再検討

得る受動的所得は、IRC§954(c) (Foreign personal holding company income) として米国で課税対象となるところ、チェック・ザ・ボックス・ルールの下での課税主体の選択性の自由度を高くしているIRC§954(c)(6) (Look-thru rule for related controlled foreign corporations) が、CFC税制 (IRC§951～IRC§964) の適用を妨げる場合があり、アップル社のケースは、まさしくそのような場合に該当していたとの報告がされている[159]。

確かに、CFC税制であるIRC§957 (Controlled foreign corporations：United States persons) (a) (General rule) は、「…「被支配外国法人」という文言が意味しているのは、外国法人であって、(1)その全ての種類の株式の総合計の議決権又はそのような法人の株式の総価値の50％超が、そのような法人の課税年度中のいずれかの時点において、米国の株主によって、(§958(a)の意味で) 保有されている、又は、§958(b)の所有ルールを適用した場合に保有されていると考えられる場合である」と定めているところ[160]、アップル社のアイルランドの子会社が、本規定に定める要件を具備していれば、その受動的所得は米国での課税対象となることから、CFC税制 (特に上記のIRC§954(c)) によって、子会社への利益移転による税源浸食を幾分阻止することが、可能となり得たのではなかったかとも考えられる。

しかし、チェック・ザ・ボックス・ルールの下、被支配外国法人を「無視した事業体」("disregarded entity") としてみなすことを選択することにより、その米国親会社との取引を課税対象所得が発生しないグループ内取引として取り扱うことが可能となる。また、ルック・スルー・ルールを定めるIRC§954(c)(6)(a) (In general) は、「…関連者である被支配外国法人から発生又は受領した配当、利子、賃料及び手数料は、サブパートF所得又は米国での商業又は事業の遂行に効果的に関連していると取り扱われる所得でない当該関連者の所得に帰属又は適切に配分される限度において、外国人的保有会社所得として取り扱われない…」と定めている[161]。これらのルールは、CFC税制を骨抜きにして膨大な税収を喪失させているとの指摘がされてきたが[162]、実際、アップル社も、チェック・ザ・ボックス・ルールの下、上記の取扱いを受けるとの選択を行っていた[163]。

上記のような事実・問題に鑑み、上院報告書では、CFC税制、チェック・ザ・ボックス・ルール及びルック・スルー・ルール等の見直しを検討すべきと提言しているが[164]、チェック・ザ・ボックス・ルールの見直しをしても、CFC税制の下で課税対象となるのは受動

---

159)　上院報告書36頁参照。
160)　原文は、"... the term "controlled foreign corporation" means any foreign corporation if more than 50 percent of (1) the total combined power of all classes of stock of such corporation entitled to vote, or (2) the total value of the stock of such corporation, is owned (within the meaning of section 958(a)), or is considered as owned by applying the rules if ownership of section 958(b), by the United states shareholders on any day during the taxable year of such foreign corporation." である。
161)　原文は、"... dividends, interest, rents and royalties received or accrued from a controlled foreign corporation which is a related person shall not be treated as foreign personal holding company income to the extent attributable or properly allocable (...) to income of the related person which is neither subpart F income nor income treated as effectively conneted with the conduct of a trade or business in the United States. ...." である。
162)　Kimberly A. Clausing, "The Revenue Effects of Multinational Firm Income Shifting", Tax Notes, Vol. 130, No. 13 (2011) pp. 1580-1586参照。
163)　上院報告書36頁参照。
164)　上院報告書5～6頁参照。

的所得に限定されるとの限界がある。かかる限界を克服する手段としては、法人居住性の判定基準に実質的管理地主義をも組み込むことが考えられる。実際、アップル社の利益の国外移転が露呈する以前から、英国では、アイルランドの子会社への利益移転に対して実質管理地主義に依拠した対応が行われていることなどに鑑み、米国でも実質管理地主義を採用すべきであるとの意見が見受けられた[165]。このように、アップル社の利益の国外移転の問題は、CFC税制やチェック・ザ・ボックス・ルール等のあり方だけでなく、法人居住地の判定基準のあり方の再検討の必要性をも示唆するものであった。

(4) 実質管理地主義採用の得失

イ) 実質管理地主義採用の意義とその構成要素

上記(2)〜(3)からも確認し得るように、昭和38年税制調査会答申において実質管理地主義の採用の是非を判断する上で参考とすべきとされた国々の大半が、今では、その国内法上、実質管理地主義を採用している。確かに、米国の場合、実質管理地主義を法人居住性の主たる判断基準として採用してはいないが、第1章第3節2(2)ハ)で述べた通り、Obama政権が提案するIRC§7874の改正案は、管理支配地基準を部分的に組み込んだものとなっているなど、設立準拠地主義の例外となる範囲は拡大する傾向にある。これに対し、我が国の場合、そもそも、外国子会社合算税制の適用対象は、米国のCFC税制と異なり、トリガー税率よりも低い税率の国・地域に所在する子会社等に限定されるとの限界があることから、本来、そのような国・地域でない場所での法人の設立や利益移転による税源浸食の防止手段としての実質管理地主義という選択肢の優先順位は、より高いのではないかと考えられる。

実際、税負担の軽減に繋がる子会社の設立地や法人の利益の国外移転先は、必ずしもタックス・ヘイブン等に限定されているわけではない。例えば、第2章第3節で考察した裁判例では、英国の「管理と支配の中心」基準の下に英国の居住者であると判断されたのは、モーリシャスやバージン諸島のような軽課税地域に設立された法人・事業体だけでなく、南アフリカやオランダ等に設立された法人・事業体も含まれているところ、後者の国々の現行の法人税率は、我が国の外国子会社合算税制上のトリガー税率よりも高いことから、これらの国々に設立された我が国の法人の子会社も、本税制の適用対象外となる。このように、我が国でも、法人の設立・管理地の選択を巡る状況や税制は、近年、設立準拠地主義の問題点・限界をより強く印象づける形で変貌してきていることから、かかる状況や税制の変貌などをも踏まえた上で、実質管理地主義の採用という選択肢の是非を検討する必要があろう。

確かに、実質管理地主義・基準には幾らかの多様性があることから、その制度設計の如何によって、その潜在的な有用性の程度も幾らか異なったものとなり得るところ、OECDモデル条約4条は、その定義・判定上考慮すべき要素等を明確に示していない。OECDモデル条約4条に関するコメンタリーのパラ24も、「…実質管理地は、その事業体の全体としての事業を遂行するのに必要である鍵となる管理上及び商業上の決定が実質的に行われる場所である。実質管理地を決定するために全ての関係する事実と状況が検査されなけれ

---

[165] Reuvin S. Avi-Yonah, Tax Reform in the (Multi) National Interest, Tax Notes, Vol. 124, No. 4 (2009) p. 391参照。

なければならない。事業体は複数の管理地を有するかもしれないが、実質管理地は特定の時点では一つしか存在しない」と定めるにとどまっている[166]。確かに、実質管理地主義の適用基準を網羅的に示すことは困難であると考えられるが、諸外国の裁判例の中には、その適用上考慮すべき要素を列挙しているものもある。

例えば、第3章第3節1(1)ハで考察した英国のDe Beer事件貴族院判決（1906）では、法人の居住地の判定上の鍵となる「管理と支配の中心」とは、その法人の「本当の事業が行われている場所」であるとの見解が示されたが、かかる見解を踏まえたカナダの裁判例（Birmount Holdings Ltd. v. the Queen事件連邦控訴裁判所判決（[1978] CTC 358）及びTara Exploration & Development Co. Ltd v. MNR事件財務裁判所（Exchequer Court）判決（[1970] CTC 557）等）では、その判定上考慮すべき要素は、(i)法人登録地、(ii)株主や経営者の居住地、(iii)事業遂行の場所、(iv)法人金融取引の場所、(v)法人の社印や議事録の保管場所等が挙げられている。確かに、これらの要素は、実質管理地を判定する際に参考となるものといえようが、いずれの要素を特に重視するか、また、網羅的なものとなっているかなどの点を巡っては議論の余地があろう。

ロ）実質管理地主義の問題点

実質管理地主義の採用案は、法人の国外移転による税源浸食防止上、潜在的な有用性の高い選択肢であると思料するが、税制調査会昭和38年答申でも指摘されていたように、税制の複雑化に繋がる。また、実質管理地主義を採用した場合、国外で設立した法人の実質管理地を我が国に移転することによって、我が国が締結している租税条約上の特典の適用を受けることを狙った条約漁り等を誘発し得るとの問題も包含している。この問題は、税制の複雑化という問題と同様に、実質管理地主義の採用案の致命的な問題点ではないが、実際のところ、実質管理地基準を採用している諸外国では、このような条約漁り等も見受けられることから、実質的管理地主義・基準を国内法や租税条約に組み込んだ場合、この問題に対処する方法を見出すことも一つの課題となろう。

上記の課題への対処方法は、イスラエルのYanko-Weiss Holdings v. Assesing Officer of Holon事件Tel Aviv地区裁判所2007年12月30日判決（Income Tax Appeal 1090/06）から示唆を得ることができるかもしれない。本件では、イスラエルに設立された法人・原告が、その支配管理機能をベルギーに移転した後にイスラエルの子会社から得た配当に対し、1975年調印イスラエル・ベルギー租税条約の下での軽減税率の適用を主張したのに対し、税務当局は、本法人の実質管理地はイスラエルにあると認定できるが、仮に、同条約4条3項が定める実質管理地基準に基づくタイ・ブレーカー・ルールの下、本法人がベルギーの法人であると判断されるとしても、人為的又は仮装である取引、あるいは、租税回避又は不適切な税負担の回避を主要な目的の一つとする本件取引は、税務上無視できる旨を定めるイスラエルの所得税法令§86の対象となるとする課税処分を行ったことが問題となっ

---

166) 原文は、"... The place of effective management is the place where key management and commercial decisions that are necessary for the conduct of the entity's business as a whole are in substance made. All relevant facts and circumstances must be examined to determine the place of effective management. An entity may have more than one place of effective management, but it can have only one place of effective management at any one time."である。

ている。

　上記事件では、イスラエルの所得税法令§196は、条約が国内法に優先する旨を定めていると一般的に解されていることから、本規定を凌駕して同法令§86を適用できるか否かという点も問題となったが、地区裁判所は、不適切な人為的取引を適用対象とする同法令§86は、ウィーン条約21条でいう誠実の原則に合致している以上、同法令§86は租税条約に優先も劣後もしないが、そもそも、租税条約は、濫用されるべきものではないことから、本件の人為的な取引を本規定に基づいて否認する本件処分は適法であると判示している[167]。本件は、地区裁判所レベルでの判断であり、その判例としての先例性がどの程度のものとなるのかは明らかではないが、法人の国外移転による税源浸食の問題に対しては、2003年以降は、別途、国外に居住地を移転してイスラエルの居住者でなくなる個人及び法人に対して出国税を課する同法令§100Aも措置されている。

　他方、カナダのMIL（Investments）S. A. v. The Queen事件租税裁判所判決（[2006] 60 DTC 3307）では、上記のYanko-Weiss 事件地区裁判所判決（2007）と対照的な判断が下されている。本事件では、カナダの居住者からカナダ法人株式の移転を受けたケイマンに設立された法人・申立人の支配管理機能のルクセンブルグへの移転を伴う一連の取引には、1995年における当該カナダ法人株式の譲渡も含まれるが、税務当局は、本件の一連の取引は、かかる譲渡益に対するカナダでの課税を免れるための株式保有要件を定めるカナダ・ルクセンブルグ租税条約13条4項の適用を狙ったものであり、また、所得税法§128.1に定める出国税及び同条約13条6項に定める追跡税を不当に回避せんとするものでもあるとして[168]、包括的否認規定である所得税法§245又は本条約に内包される濫用防止概念に依拠して、本件取引を課税の対象とする処分を行ったことが問題となっている[169]。

　上記カナダ・ルクセンブルグ租税条約13条は、1項において、「締約国の居住者が他方の締約国に所在する不動産の譲渡から得る利得は、当該他方の締約国で課税できる…」と定め[170]、4項が、当該他方の締約国で課税対象となる法人株式の譲渡は、その法人の相当な利益が主にその締約国に所在する不動産に起因するケースであり、相当な利益とは、居住者及びその関係者がその株式の10％以上を有する場合であると規定し、5項において、1項から4項に定める以外の資産の譲渡による利得は、その譲渡をした者が居住者である締約国のみで課税されると規定し、6項において、「5項の規定は、締約国のいずれか一方が、その国内法に基づき、他方の締約国の居住者であるが、その譲渡に先立つ直近の6年間のいずれかの時点では当該一方の締約国の居住者であった者が、如何なる資産の譲渡から得る利益に対しても課税する権利に影響を与えない」と定めている[171]。

　上記MIL事件判決において、租税裁判所は、税負担軽減のために適用対象となる租税条

---

167) 本判決のポイントは、Lean Harris, Casenote-No Treaty Shopping in Israel, Asia Pacific Tax Bulletin, March/April 2008, pp. 106-107, http://www.jpost.com/Business/Commentary/Your-Taxes-Is-treaty-shopping-okay参照。
168) 所得税法§128.1(4)の原文は、"... where at a particular time a taxpayer ceases to be resident in Canada, ... (b) the taxpayer is deemed to have disposed at the time (...) that is immediately before the particular time, of each property, owned by the taxpayer ... ."である。本条約13条6項の原文は、脚注171)参照。
169) 所得税法§245の規定振りは、松田・前掲『租税回避行為の解明』161～162参照。
170) 原文は、"Gains derived by a resident of a Contracting State from the alienation of immovable property situated in the other Contracting State may be taxed in that other State ... ."である。

約を選択すること自体は、濫用ではないことから、本件に対する所得税法§245の適用は認められないほか、本件条約締結国が、その租税条約の中に租税回避防止ルールに関する明示的な規定を組み込まなかったことは、「明らかに、本条約が濫用防止ルールを包含するとの解釈を認めないことである」以上[172]、簡潔に言うと、本件納税者が主張するカナダでの課税を免除されるとの本条約の「通常の意味」は尊重されなければならないと判示している。本事件の控訴審である連邦控訴裁判所判決（[2007] 4 TCT 235）でも、本件で問題となっている所得税法及び租税条約の諸規定の目的論的解釈を行ったとしても、被控訴人による税務上の利益の獲得が、これらの規定の目的や趣旨の濫用又は誤用に該当するとの主張を支持するものを見出し得ないとして、原審判決が首肯されている。

　上記の二つの裁判で問題となったケースからも示唆される通り、実質管理地主義・基準の採用が、それを逆手に取った条約漁りを誘発することはあり得る。このような条約漁りと対応策の関係は、上記の裁判例が示唆している通り、対応策の制度設計や条約漁りの方法等にも左右されることから、一義的に明らかとは言い難い。したがって、このような条約漁りに対処するには、包括的否認規定、租税条約上の濫用防止規定、法人等に対する出国税などを措置することが必要となるかもしれない。しかし、仮に、このような措置が手当てされてなくとも、法人居住性の判定基準として、新たに導入することを提言する実質管理地主義・基準に加えて、設立準拠地主義をも維持する限りは、第3章第3節1(1)で言及した一部の国々のように、双方の判定基準を総合的に勘案して法人居住性を判断するとの柔軟な取扱いを可能にすることで対処し得るケースもあろう。

第4節　法人所得等の国外移転による税源浸食への対応策の再検討

　法人所得等の移転による税源浸食への対応上、特に重要な鍵となるのは、各章での考察からも確認し得る通り、移転価格税制であることから、その税源浸食防止機能を高める手段を考えることが一つの重要な課題である。かかる課題への取組という点からすると、米国の所得相応性基準や費用分担契約に関する財務省規則、インド及び中国の移転価格税制の対象範囲の広さ及び報告義務・厳しいペナルティなども参考となろうが、序章で示した問題意識との関係では、移転価格税制とその他のTAAR等との関係の再構築を通じて移転価格税制の役割や機能を拡充することも、一つの手段・選択肢となり得ることから、以下の1〜3では、各章で考察した諸外国の措置・動き等の中で、かかる手段・選択肢のあり方を考える上で参考となるものを踏まえ、また、そのグローバルな位置づけをも確認した上で、その具体的な制度設計案を模索・提言することを試みる。

---

171) 原文は、"The provisions of paragraph 5 shall not affect the right of either of the Contracting States to levy, according to its law, a tax on gains from the alienation of any property derived by an individual who is a resident of the other Contracting State and has been a resident of the first-mentioned State at any time during the six years immediately preceding the alienation of the property." である。
172) 原文は、"I find there is no ambiguity in the Treaty permitting it to be construed as containing an inherent anti-abuse rule." である。

1. 独立企業原則の変容の程度とその含意

(1) OECD移転価格ガイドラインの変容

イ) 再編ドラフトの下での独立企業原則

　第2章第3節1で考察した通り、米国では、無形資産が絡む取引を通じた所得の国外移転が深刻な問題となっており、税務当局は、財務省規則の改正などを通じて、IRC§482の機能を実質的に高める動きを示している。その他の主な国々でも、同様な問題への対応策の整備が進展していることは、第4章及び第5章で考察したインドや中国等の状況からも確認できるが、OECDは、かかる問題への対応策の統一を図る必要性に鑑み、2008年、移転価格税制上の事業再編の取扱いを示した審議文書（"Transfer Pricing Aspects of Business Restructurings"、以下「再編ドラフト」という）を発表している。2008年審議文書が検討・発表された背景には、上記の問題が、多国籍企業の国際的事業再編を通じて顕在化する場合が多いにもかかわらず、従来のOECDの移転価格ガイドラインでは適切に対応することができないとの事実認識があった[173]。

　多国籍企業が行う上記のような国際的事業再編は、例えば、「本格的な」(full-fledged)生産・販売・関連サービスの各々が、各拠点に設立された事業体を通じて行われるという垂直的な統合ビジネスモデルから、特定の事業活動については、低税率国に所在する実質的な機能を有する主要な企業が、集中的に管理するという集中的なサプライチェーン・ビジネスモデルに移行する過程において実行され得る。かかる国際的事業再編には、確かに、無形資産等の国外移転が伴うケースが少なからず含まれているが、それを実行する事業上の理由としては、事業再編に伴うシナジー効果の実現、規模の利益の享受、事業ラインの管理の効率化、サプライチェーンの効率性の向上、コストの削減が可能となり得ることなどが挙げられている[174]。

　上記再編ドラフトは、事業再編に伴って生じ得る報酬支払の対象となるべき無形資産等の範囲という問題について、例えば、パラ64では、損益のポテンシャルとは、資産ではなく、その他の権利や資産に伴うものであることから、それ自体に報酬を支払うことは、独立企業原則の下、必要ではないが、事業再編の際に相当な権利又は資産を有する事業体に対しては、相当な利益ポテンシャルの存在ゆえに、最終的には、その利益ポテンシャルの犠牲を正当化するために適切な報酬の支払が必要であると定めている。また、本再編ドラフトのパラ91及びパラ101では、全ての契約の終了や再交渉の権限が、独立企業原則の下で報酬を受ける権利を意味すると解すべきではないものの、契約権は価値のある無形資産であり、関連者間でその移転が行われれば、独立企業原則に基づく報酬の支払・受領があってしかるべきであるとの見解が示されている。

　無形資産の共同開発に関する費用分担契約と移転価格税制との関係については、再編ドラフトのパラ88では、移転価格ガイドラインのパラ6.28-6.35の見解を概ね踏襲した上で、主要な問題は、当初、独立企業が調整メカニズムを求めたであろうと思われるほど十分な評価に係る不確実性が存在していた、あるいは、価値の変化が顕著であったために取引の再交渉があり得たか否かを決定することであるが、再交渉があり得たケースでは、調整規

---

173) 再編ドラフトA.1、A.2及びD参照。
174) 本審議文書A.1及びA.2参照。

第4節　法人所得等の国外移転による税源浸食への対応策の再検討

定に基づいて無形資産の移転に関する価格を決定することができるが、そうでないケースでは、「後知恵を不適切に利用することになるため、税務当局が、そのような調整を行う理由はない。単に不確実性が存在していることは、第三者が実行した又は同意したであろうことを考慮することなしに、事後的な調整を行う必要があることを意味しない」と定められている[175]。

再編ドラフトは、調整の対象となる事業再編とならない事業再編の区分上、パラ213において、独立企業原則は、多国籍企業グループを分離した個別の事業体として取り扱うことから、契約がグループ全体として商業上意味があるというだけでは、移転価格の観点から十分ではなく、その権利、その他の資産、事業再編契約からの期待利益及び利用可能なオプション等を考慮に入れた上で、取引が各個別の納税者レベルで独立企業原則に則っている必要があると定め、また、パラ61において、国境を跨いだ機能、資産又はリスクの移転が、多国籍企業グループ・レベルで商業上の合理的な理由（例えば、グループ・レベルでシナジー効果を得ることを試みるとの理由）によるものだとしても、そのこと自体は、その移転が独立企業原則に則ったものであるか否かに対する回答を示すものではないと規定している。

再編ドラフトが、伝統的な独立企業原則との整合性の維持を相当程度に意識したものとなっていることは、例えば、上記のパラ61（商業上の合理的な理由の存在自体が、移転価格税制の適用を排除するとは限らない）からも確認し得るところとなっているが、独立企業原則を厳格な客観的基準として捉えている者などからは、本ドラフトには、(i)商業上合理的な理由がない場合に事業再編を再構築する税務当局の権限がかなり広い、(ii)損益ポテンシャル自体は資産ではないとの見解には賛同するが、報酬の支払対象となる無形資産やその他の資産等の範囲が広いものとなっているために、利益ポテンシャルの移転が、すべからく移転価格税制の対象となることが危惧される、(iii)事業再編が独立企業原則に合致していることを示すために求められている文書化義務が、かなり重くなっているなどの問題点があるとの指摘がされている[176]。

確かに、再編ドラフトには十分に明確なものとなっていない部分やOECD加盟国の中でも議論が分かれている部分が多いと見る向きが少なくなかったが[177]、本ドラフトの内容は、特に大きな修正を受けることなく、OECDの2010年版移転価格ガイドラインの第11章として組み込まれ、さらに、同ガイドラインの第1章～第3章では、伝統的な厳格な比較基準に依拠しない利益分割法が、その他の独立企業間価格の算定方法に劣後しないなどの改訂が行われている。かかる改訂に対する評価・意見は様々であるが、移転価格税制による所得移転の問題への対応には限界があるとして「定式配分方式」の採用を提言する者からは、本改訂は、独立企業原則をより機能し得る方向に導くものであり、また、独立企業

---

175)　原文は、"… there is no reason for tax administrations to make such an adjustment as it would represent an inappropriate use of hindsight. The mere existence of uncertainty should not require an ex-post adjustment without a consideration of what third parties would have done or agreed between them." である。

176)　Giammarco Cottani, OECD Discussion Draft on Transfer Pricing Aspects of Business Restructurings: Summary of Business Comments and Issues for Discussion, International Transfer Pricing Journal, Vol. 16, No. 4 (2009) pp. 231-238、http://www.oecd.org/dataoecd/48/53/42296645.pdf、http://www.pwc.com/…/pwc-tp-perspectives-resolutions-1-oecd.pdf参照。

177)　Alan W. Granwell and Paul Flignor, A Summary of the OECD Draft on the Transfer Pricing Aspects of Business Restructurings, Tax Notes International, Vol. 52, No. 17 (2008) p. 554参照。

原則に代わる関連者間の所得等の配分原則としての「定式配分方式」と移転価格税制の融合の実現に近づく方向性を有するものと評されているようである[178]。

ロ）新第6章ドラフト等の下での独立企業原則

再編ドラフトで示された考え方は、2010年版移転価格ガイドライン第6章に完全に取って代わるものとして2012年に発表された無形資産に関する検討ペーパー（"OECD Interim Discussion Draft on Special Considerations for Intangibles"、以下「新第6章ドラフト」という）でも基本的に踏襲されているため、独立企業原則を厳格な客観的基準と捉える者などからは、(i)無形資産の範囲が広い、(ii)利益分割法の有用性を過度に強調し、無形資産の開発・使用を行った国に無形資産に関連するリターンをより多く配分する一方、投資リスクや開発・研究リスクへの報酬の支払いの必要性を認識していない、(iii)独立した当事者の比較対象となる状況の下での行為の分析への言及が十分でない、(iv)取引を無視できる範囲が広く、独立企業原則との整合性が保たれていないような箇所や「定式配分方式」との類似性が顕著な部分があるなどの問題点が指摘されている[179]。

確かに、上記(i)（無形資産の範囲）に関して、新第6章ドラフトは、パラ5において、「無形資産とは、物理的な資産や金融資産でないものであって、商業活動に使用するために保有又は支配できるものである」と定義した上で、パラ26では、契約上の権利や義務も、移転価格上、無形資産を構成し得ると定めているほか、かかる無形資産の定義に該当しないグループ・シナジーや特定の市場の条件等も、独立企業間の取引条件に影響を与え得ることから、比較対象要素として独立企業間価格の算定上考慮に入れるべきであるとされ、パラ25では、専門的な技能を有する「労働集団」（"assembled workforce"）が、無形資産に該当するか否かを明示することなく、比較対象分析上考慮に入れるのが通例であると定めている。

上記(ii)（利益分割法の過大評価とリスクの過少評価）との関係では、第11章のB.2.2.1（「リスクの配分と管理」、Risk allocation and control）が、管理とリスクと結びつけた上で、リスク及びリスク配分の評価が非常に重要であるとしているのに対し、新第6章ドラフトでは、リスクを引き受けることが、重要な経済活動であることを認識する必要があるとの指摘がされており、その点は、例えば、無形資産を所有する者が無形資産の価値を高めるための投資を行う、あるいは、その投資を行う財政上の責任及びその投資に係るリスクをその他の者に移転する契約を結ぶ場合、その契約が独立企業原則に則る契約であるためには、その無形資産を所有していた者が、その契約後、開発者として無形資産の開発を全面的に行うとしても、その契約に基づいて投資を行った者は、その投資に係るリスクに対するリターンを期待し得るべきことからも明らかであるとの説明がされている[180]。

---

[178] このReuvin S. Avi-Yonahによる評価は、Bell, *supra* "Can Formulary Apportionment Fit into Arm's-Length Confines ?" p. 767参照。

[179] Caroline Silberztein, Mary C. Bennett and Gregg D. Lemein, The OECD Discussion Draft on the Transfer of Intangibles——Main Comments, Intertax, Vol. 41, Issue 2 (2013) pp. 60–65, Rick Mitchell, OECD Intangible Draft Oversells Profit Method, Practitioners Say, Transfer Pricing Report, Vol. 21, No. 15 (2012) pp. 742–743参照。

[180] Clark Chandler, Vinay Kapoor, Prita Subramanian, and Bernard von Thaden, Proposed OECD Chapter VI on Intangibles : A Comparison with Chapter IX on Restructuring, Transfer Pricing Report, Vol. 21, No. 15 (2012) p. 791参照。

第4節　法人所得等の国外移転による税源浸食への対応策の再検討

上記(iii)（独立した当事者の比較対象分析への言及）との関係では、第11章の場合、例えば、パラ9.18では、「比較対象となる支配関係にない取引で同様なリスク配分であることを示すデータがある場合、関連企業間の契約上のリスク配分は、独立企業間原則に則っているとみなすことができる。…比較対象データは、その取引における重要なリスクの配分を含め、被支配関係にある取引の独立企業原則との整合性を確認するために使用される」と定めているのに対し、新第6章では、例えば、パラ38及びパラ40のように、無形資産に関連するリターンに対する権利の有無を決定する上で第三者間の取引を参照するという重要なステップを踏むことへの言及がされていない箇所が多く、被支配関係にある当事者の取引とそうでない当事者の取引との比較がないままに、何が独立企業間取引であるか決定される可能性があるとの懸念が表明されている[181]。

上記(iv)（税務当局が取引を無視できる範囲）に関しては、第11章のパラ9.59は、納税者の取引の否認上でポイントとなる「現実的に利用可能な選択肢」という文言について、独立した当事者は、取引と現実的に利用可能な選択肢を比べ、前者が有利な場合に限り、それを実行すると定めるだけであるが、新第6章のパラ83は、「…もし、移転を行った者にとって、現実的に利用可能な選択肢に基づいて受け入れる最低価格が、移転を受けた者にとって、現実的に利用可能な選択肢に基づき受け入れる最高価格を超過する状況が生じる場合、実際の取引を無視し得るか否かを考慮する必要があろう。…かかる議論は、比較対象分析上、関係する全ての事実と状況を考慮に入れることの重要性を示している」と定めていることから[182]、かかる文言が暗喩する適用範囲は、独立企業原則から相当程度に乖離し得るまで拡大されているとの指摘もある[183]。

勿論、新第6章ドラフトの下でも、後知恵に基づく調整や「定式配分方式」に対する否定的な立場が変更されているわけではないなど、独立企業原則の核となる部分には変更が加えられてはいないが、無形資産との関係では、独立企業原則からの乖離を実際上余儀なくされてきており、しかも、かかる乖離は、上記からも確認し得る通り、2010年版移転価格ガイドラインの第11章よりも、新第6章ドラフトにおいて顕著である。このような乖離が生じた背景には、伝統的な独立企業原則との整合性を強く意識した移転価格ガイドラインでは、無形資産等が絡む取引による税源浸食を十分に防止できないとの限界が強く認識されるようになったとの事実があるが、かかる乖離が生じたことにより、移転価格税制の適用範囲も、実際上、従来とは異なったものとなるケースが、少なからず出てくるものと想定される。

しかも、新第6章ドラフトの考え方は、基本的に、その改訂版（2013年Revised Discussion Draft）でも踏襲されているが、本改訂版の場合、例えば、パラD.6.1.1では、比較可能性と独立企業間価格に影響を与え得る地理的なマーケットの特徴として、ロケーショ

---

[181] Chandler, et al, *supra* "Proposed OECD Chapter VI on Intangibles" p. 791参照。

[182] 原文は、"... If situations arise in which the minimum price acceptable to the transferor, based on its realistically available options, exceeds the maximum price acceptable to the transferee, based on its realistically available options, it may be necessary to consider whether the actual transaction should be disregarded ... . This discussion highlights the importance of taking all relevant factors and circumstances into account in the comparability analysis." である。

[183] Chandler, et al. *supra* "Proposed OECD Chapter VI on Intangibles" pp. 792-793, Molly Moses, OECD Draft on Intangibles Moves Toward Dictating Business Structures, Ernick Says", Transfer Pricing Report, Vol. 21, No. 13 (2012) pp. 625-626参照。

ン・セービングが挙げられるとした上で、パラ6.1.5では、「信頼できる現地市場の比較対象取引が存在しない場合、多国籍企業グループの構成員間でのロケーション・セービングの存在及び配分及びロケーション・セービングを考慮する上で必要となる比較対象の調整に関する決定は、パラ9.148からパラ9.153で述べた方法で関係する関連企業が実行した機能、負担したリスク及び使用した資産を含む全ての関係する事実と状況の分析に基づいて行う必要がある」との見解が示されるなど[184]、ロケーション・セービングを踏まえた利益配分の必要性がより一層強調されている。

上記の通り、OECD移転価格ガイドラインの下における独立企業原則は、近年、益々、厳格な客観的基準とは言い難いものとなってきている。実際、最近では、前OECD租税委員会の長であったOwensも、「独立企業原則は厳格なものでも不動のものでもない」と述べている[185]。独立企業原則を必らずしも厳格な客観的基準として捉えないことが、移転価格税制の関連者間の所得移転による税源浸食を防止する上で最も重要な制度であるとの地位を存続させるために不可欠なものとなってきているわけであるが、BEPS報告書を巡る議論でも、移転価格税制の改革のあり方としては、OECD租税委員会の長が主張する独立企業原則の維持という基本ルールを大きく修正する選択肢（「グローバルな定式配分方式」や源泉地国課税強化に繋がる付加税の採用など）も提唱されている中[186]、独立企業原則の変容という現象は、今後、更に顕著なものとなると考えられる。

(2) カナダ及び豪州における独立企業原則の解釈

勿論、各国における独立企業原則の捉え方・変容の程度には、かなりの落差がある。例えば、第4章第3節2(2)イで考察したインドのTata Autocomp事件審判所裁決（2002）等や第4章第3節3(1)で考察したDana事案に対するAARの回答（2009）等のように、移転価格税制が立脚する独立企業原則をかなり客観的な基準と解しているケースや移転価格税制を厳格な計算規定として捉えているケースも見受けられる。しかし、最近では、第4章第4節1(1)イで考察したMaruti Suzuki事件Delhi 高等法院判決（2010）等のように、インドでも、このような解釈・捉え方に変化が生じてきていることを示唆する動きもある。OECD諸国の場合、移転価格税制の変容は、近年、OECD移転価格ガイドラインが上記(1)で示した方向で改訂される中、より顕著なものとなると考えられるところ、第3章第4節で示した通り、EU加盟国の中には、既に、独立企業原則を厳格に客観的な基準とは解されていないことを示す裁判例も見受けられる。

独立企業原則の変容は、特に、EU加盟国の場合、SGI事件ECJ判決（C-311/08）の下、第三者取引基準は主観的な要素も含むと解する必要があることが確認されたことによって、更に加速するであろうが、その他のOECD諸国でも、最近、独立企業原則の変容を少

---

184) 原文は、"When reliable local market comparables are not present, determinations regarding the existence and allocation of location savings among members of an MNE group, and any comparability adjustments required to take into account location savings, should be based on an analysis of all of the relevant facts and circumstances including the function performed, risks assumed and assets used of the relevant associated enterprises, in the manner described in paragraphs 9.148 through 9.153" である。

185) Jeffrey Owens, Myths and Misconceptions About Transfer Pricing And the Taxation of Multinational Enterprises, Transfer Pricing Report, Vol. 21, No. 20 (2013) p. 1054参照。

186) 詳細は、Rick Mitchell, As OECD Readies BEPS Action Plan, Practitioners Argue For Other Solutions, Including Imposing Surtax at Border, Transfer Pricing Report, Vol. 22, No. 4 (2013) pp. 206-210参照。

第4節　法人所得等の国外移転による税源浸食への対応策の再検討

なからず印象づける裁判例が下されている。例えば、カナダでは、GlaxoSmithKline Inc. v. The Queen事件連邦控訴裁判所判決（［2010］FCA 201）において、独立企業間価格の算定上、取引当事者特有の事情を考慮に入れることが必要であるとの判断が下されている。本件では、カナダ法人・控訴人が、1990〜1993年の間、国外の関連会社（Adechasa SA）に支払った医薬品の原材料（ranitidine）の対価は、独立企業間価格を超えているとの判断の下、移転価格税制である1985年所得税法§69⑵及び同法第13編に基づき、超過部分を配当とみなして源泉徴収の対象とすべきとする処分が、適法であるか否かという点が問題となっている。

上記所得税法§69⑵は、「納税者が独立企業原則に合致しない価格で取引している非居住者に対し、…商品、…その他の役務に係る報酬として、当該非居住者と納税者が、もし、独立企業原則に基づく取引の状況の下で合理的であったであろう金額（…）を超える金額を支払った、又は、支払うことに同意した場合、合理的な金額は、本編の下で当該納税者の所得を計算する目的上、そうであったならば支払った又は支払うであろう金額であったとみなされる」と規定しているが[187]、上記事件において、カナダ法人・控訴人は、本規定の適用に当たっては、問題となる商品等の取引価格が、その公正市場価格を超えているか否かという客観的な判断基準を採用するのではなく、Gabco Limited v. Minister of National Revenue事件「財務府裁判所」（Court of Exchequer）判決（［1968］68 D. T. C. 5210）で示された「合理的な事業者」（"reasonable business person"）テストに依拠するのが妥当であるなどと主張している。

「合理的な事業者」テストとは、商業上の要因のみを考慮する合理的な事業者であれば、問題となっている内容の取引契約を結ばないと結論づけることができるか否かという観点から判断する基準である。控訴人は、上記判決の原審である租税裁判所判決（2008 DTC 3957）では、控訴人の事業の状況にある合理的な事業者が、第三者取引基準で取引する場合、いくらの対価をAdensa SA社に払ったであろうかという観点に立った判断がされなかった点で誤っていると主張したが、上記連邦控訴裁判所判決でも、パラ73〜74において、「前掲のGabco社事件判決で示されたテストでは、第三者である購入者が、控訴人の立場であったならば、控訴人がAdechasa SA社にranitidineの対価を支払う上で関係あると考えるであろう状況を検討することが必要となる。…換言すれば、所得税法§69⑵に定めるテストは、取引の当事者が参画する実際の事業の世界と無関係に適用されない」との見解の下[188]、原審が破棄されている[189]。

---

187) 原文は、"Where a taxpayer has paid or agreed to pay to a non-resident person with whom the taxpayer was not dealing at arm's length price, … as consideration for the … goods … or for other services, an amount greater than the amount (…) that would have been reasonable in the circumstances if the non-resident person and the taxpayer had been dealing at arm's length, the reasonable amount shall, for the purpose of computing the taxpayer's income under this Part, be deemed to have been the amount that was paid or payable thereon." である。

188) 原文は、"In my view, the test set out in Gabco, *supra*, requires an inquiry into those circumstances which an arm's length purchaser, standing in the shoes of the appellant, would consider relevant in deciding whether it should pay the price paid by the appellant to Adechasa of its ranitidine. … In other words, the test mandated by subsection 69(2) does not operate regardless of the real business world in which the parties to a transaction participate." である。

189) 本判決の上告審（2012 SCC 52）は、本件を租税裁判所に差戻している。

他方、OECD諸国の中にも、独立企業原則が厳格に客観的な基準であるとの考えを依然として捨象していないことを印象づける判決が下されている国もある。例えば、豪州のSNF（Australia）Pty Ltd v. FCT事件連邦裁判所判決（［2010］FCA 635）では、フランス親会社の豪州の子会社・原告が、1998～2004年の間、その関連者から購入した商品の価格は、独立企業間価格を超過しているとして、移転価格税制である1936年所得税法§136ADを適用する処分が、適法であるか否かが問題となり、被告は、本規定が依拠する独立企業間価格は、問題の商品の公正市場価格に基づいて決定されるものではなく、独立企業間価格で取引する者が、本件納税者の立場にあったならば、幾ら払ったかとの基準に基づいて決定されるべきものであるなどと主張したが、連邦裁判所も、本件処分は違法であると判示している。

特に、上記連邦裁判所判決のパラ44では、「依拠すべきは、<u>納税者の立場にあった場合</u>の独立した第三者が、その製品に幾らの対価を支払ったであろうかを決定するテストであるとの税務当局の主張は受け入れられない。…評価の場合と同様に、焦点となるのは、取引当事者の主観的又は特別な要素（例えば、その財務金融の状況が健全であるか否か）ではなく、その取引及び支払われた対価自体である。この意味では、評価における作業と異なるものではない」との見解が示されている[190]。かかる見解の下、連邦裁判所は、本件取引の場合、確かに、原告は関係年度に損失を計上しており、原告とその関連会社との事業及び財務金融上の関係は、完全に独立した企業間のものとは異なるが、取引価格が人為的に水増しされたという推測結果を導き出すことはできないほか、納税者が負う比較対象取引に係る立証において、本件取引は独立企業原則に合致する対価であるとの立証が行われていると判示している。

上記判決の控訴審である連邦裁判所合議体法廷判決（FCAFC 74（2011））でも、税務当局・控訴人は、その依拠する独立企業原則に関する解釈は、OECD移転価格ガイドラインの1.6項（「…比較対象取引及び比較可能な状況にある独立した企業間から得られる条件を参照して利益を調整する…」）にも合致し、また、カナダのGlaxosmithkline事件連邦裁判所判決でも同様な解釈がされたなどの主張を行ったが[191]、合議体法廷は、本ガイドラインは指針にすぎず、豪州の移転価格税制の適用を決定づけるものではなく（パラ116～118）、また、控訴人が言及しているカナダの移転価格税制である所得税法§69(2)（「…もし、当該非居住者と納税者が、独立企業原則に基づく取引の状況の下で…支払った…」）も、その本質は、所得税法§136ADとは異なったものであり（パラ123）、本件処分を正当化し得る根拠とはならないなどと判示し、納税者の勝訴が確定している。

しかし、税務当局が、その後も、その考え・上記主張を改めていないことは、2011年公表の諮問文書（Income Tax : Cross Border Profit Allocation, Review of Transfer Pricing Rules）のパラ54～55の見解（「SNF事件合議体法廷判決でも、実際の取引が生じた状況が、例えば、証拠として提出された五つの比較要素の幾つかを分析する上で、ある程度関係が

---

[190] 当該箇所の前半の原文は、"I do not accept the Commissioner's submission that the test is to determine what consideration an arm's length party <u>in the position of the taxpayer</u> would have given for the products." である。

[191] 原文は、"... adjust profits by reference to the conditions which would have obtained between independent enterprises in comparable transactions and circumstances ...." である。

あることを認めているようである。…政策上の観点、さらに、OECDモデル条約9条及び2010年移転価格ガイドライン上の概念に則ると、課税ベースを構成する豪州での機能、資産及びリスクからの所得は、可能な限り、納税者がその他の多国籍グループと取引する際の重大な状況を反映すべきである。…修正ルールを作る際、特定のルールがない（OECDガイドラインのみに依拠する）と…納税者の状況は特に関係ない、つまり、独立企業原則よりは、むしろ市場評価に繋がるとの結論が導き出されるのか否かに関し、判断を下す必要がある」）からも少なからず示唆される[192]。

　上記SNF事件に対する連邦裁判所判決及び連邦裁判所合議体法廷判決のように、最近でも、裁判所が、独立企業原則を比較的厳格な基準として捉えている例もあるが、このような例は、近年、独立企業原則を厳格に客観的な基準として捉える考え方を修正する動きを見せているOECD移転価格ガイドラインでも認められる独立企業原則の変容という現象・趨勢の下、減少する傾向にある。かかる現象・趨勢は、上記のカナダのGlaxosmithkline事件連邦控訴裁判所判決（2010）のように、納税者に有利に作用する場合もあれば[193]、第2章第4節2(2)で考察した英国のDSG事件特別委員決定（2009）のように、税務当局に有利に作用する場合もあるが、最近改訂されたOECD移転価格ガイドラインが示している方向性は、その改訂案に対する批判が示唆しているように、多くの場合、移転価格税制による税源浸食の防止機能を高めることとなるものと考えられる[194]。

2．独立企業原則変容の含意

(1) GAARとの関係への影響

　上記1で示した最近のOECD移転価格ガイドラインの改訂は、独立企業原則の変容という現象・趨勢をより顕著なものとする方向性を有するものとなっているが、かかる方向性が、上記の通り、総じて、移転価格税制の適用範囲を拡大する方向に作用するであろうことは、そもそも、これらの改訂は、無形資産の絡んだ取引等による税源浸食を防止する効果を高めるように作用すると考えられることからも確認し得る。他方、移転価格税制の適用範囲が広がると、独立企業間価格の算定上、実際の取引価格を調整するケースだけでなく、取引の再構築を行うことが必要となるケースも増えると想定されるが、OECD移転価格ガイドラインは、既に、最近、価格に焦点を合わせた基準から離れて、実質主義的基準を組み込む形でモデル条約9条1項に定める独立企業原則の範囲を広げる動きを見せているとの指摘がされている[195]。

　上記でいう「独立企業原則に実質主義的基準を組み込むという動き」の根拠となっているのは、2010年版OECD移転価格ガイドラインのパラ1.65等であると考えられる。本パラは、「…納税者が支配関係のある取引を行う上で採用した構造を無視することを考えるこ

---

[192] 後段部分の原文は、"... in designing revised rules a judgement has to be made as to whether the absence of a specific rule (and reliance on the OECD Guidelines alone) could lead to a conclusion that the circumstances of the taxpayer are not particularly relevant; leading to a market valuation, rather than an arm's length outcome." である。
[193] 納税者に有利に作用する場合の方が多いとの見方は、第3章第4節2(3)・同章脚注170)参照。
[194] この点は、事業再編ドラフトや新第6章ドラフトに対する幾つかの批判（本節1(1)イ・脚注176）及び本節1(1)ロ・脚注183）等からも示唆される。
[195] Jens Wittendorff, "Consistency : Domestic vs. International Transfer Pricing Law", Tax Notes International, June 18 (2012) pp. 1133-1134参照。

とが、税務当局にとって、例外的に適切かつ正当である二つの特定の状況がある。一つ目の状況は、取引の実質がその形式と異なる場合に生じる。…二つ目の状況は、取引の形式と実質は同じであるが、その取引との関係で採用されたアレンジメントは、全体でみると、商業上合理的な方法で行動する独立企業が採用したであろうものと異なり、しかも、その実際の構造が、税務当局による適切な移転価格の決定を実質的に阻害する場合に生じる」と定めた上で[196]、そのような例として、貸付を資本の拠出に再構築するケースなどが挙げられている。

　上記のパラ1.65の見解等を根拠としていると考えられる独立企業原則に実質主義的基準を組み込むという最近の動きは、実際のところ、OECD移転価格ガイドライン上のものにとどまっているわけではない。幾らかの国々では、既に、そのような動きを反映させた移転価格税制の適用を行う方針を示す、あるいは、そのような適用を行うなどの動きを示している。例えば、第1章第3節1ロ)で考察した米国のIRSの2000年ルーリング(200015024)では、「IRC§482は、一定の場合、契約上の条件や合意を無視して、取引を再構築することを認める…」と説明されている。また、第5章第4節2で考察した通り、香港版移転価格ガイドラインの適用に係る税法上の関係する規定としては、GAAR等が挙げられているところ、実際、移転価格が問題となったNgai Lik事件終審法院判決(2009)では、GAARを適用する処分の適法性が首肯されている。

　もっとも、上記OECD移転価格ガイドラインのパラ1.65の解釈の仕方(具体的には、移転価格税制を直接的な根拠とする取引等の再構築が可能か否か、つまり、移転価格税制が価格調整機能を超える機能をどの程度有しているのか)を巡っては議論の余地があり、確かに、上記のNgai Lik事件終審法院判決で首肯されたように、GAARの移転価格事案への適用は可能であり、上記OECDガイドラインのパラ1.65に合致するものと考えられるが、上記IRSの2000年ルーリング(200015024)が示唆しているように、移転価格税制やIRC§482のみを根拠とする取引の再構築が可能であるのかという疑問が生じる。例えば、第3章第4節3(1)で考察したベルギーの移転価格税制である所得税法§185(2)も、その適用はOECDの移転価格ガイドラインに則って行われるものであることから、独立企業間価格から乖離する取引価格を調整対象とするに当たっては、本ガイドラインのパラ1.65を踏まえると、本規定の下、債務の株式への変更も可能となると解されると見る向きもある[197]。

　他方、確かに、第4章第3節3で考察したDana事案やGoodyear Tire事案等に対するAARの回答(インドの移転価格税制である1961年所得税法§92は、計算規定であり、実際には生じていない所得の創設を仮定して課税することはできないという趣旨のもの)は、OECD移転価格ガイドラインに則っていないとしても、「通常でない又は無償の利益」に

---

196) 原文は、"However, there are two particular circumstances in which it may exceptionally, be appropriate and legitimate for a tax administration to consider disregarding the structure adopted by a taxpayer in entering into a controlled transaction. The first circumstance arises where the economic substance of a transaction differs from its form. … The second circumstance arises where, while the form and substance of the transaction are the same, the arrangements made in relation to the transaction, viewed in its totality, differ from those which would have been adopted by independent enterprises behaving in a commercially rational manner and the actual structure practically impedes the tax administration from determining an appropriate transfer price." である。

197) Luc De Broe, International Tax Planning and Prevention of Abuse, Vol. 14, Doctoral Series IBFD (2008) p. 527参照。

対する課税根拠であるベルギーの所得税法§26 の場合、SGI事件に対するKokott法務官意見（2009）では、OECDモデル条約9条と同様な考え方に立脚しているとされたものの、本規定に依拠してローンをエクイティに再構築した例はない以上、本条約9条に倣った規定が租税条約上措置されていても、その規定の国内への直接適用がないとすると、所得税法§26に依拠して、ローンをエクイティに再構築することはできず、かかる再構築を行うためには、「仮装原理」又はGAARに依拠する必要があろうとの指摘もある[198]。

独立企業原則に依拠した規定による取引の直接の再構築は可能でないとの見解は、オランダ最高裁2011年11月25日判決（No. 08/05323, no. 10/05161, no. 10/04588）でも示されている。本件では、オランダの親会社が国内に子会社を設立した後の双方の法人の組織再編に伴い、親会社による株式の子会社への譲渡と譲渡対価の貸付が行われ、その後、貸付金の回収が困難となり、親会社は、その一部を貸倒れ処理・控除したところ、税務当局は、その控除を否認する処分を行い、本件に対するArnhem下級裁判所2007年11月29日判決（No. 06/5834）では、本件処分の適法性が首肯され[199]、また、その控訴審であるArnhem高等裁判所2008年11月19日判決（No. 08/00035）でも、本件ローンは、親会社が株主としてのリスクを冒して行った第三者間ではあり得ないものであるなどとして、原審の判断は妥当であると判示されている[200]。

しかし、上記最高裁判決では、貸付けに係る形式が決定的なものでないとされるのは、(i)貸付けの経済的実質がその形式と異なっている場合、(ii)貸主と借主に間に支配関係があるなどの場合、(iii)貸付を行う時点で元本の支払いが行われないことが明らかである場合であるとした上で、本件貸付けは、真正でない「非事業的な貸付」（"onzakelijke geldlening"）であり、上記(i)〜(iii)に照らしてみると、その形式が決定的なものとなると断定できるものに該当してはいないが、そもそも、独立企業原則は、ローンを資本に再構築する独立した手段ではないことから、第三者取引に合致しないものを独立企業原則に基づいて否認又は再構築することはできないため、否認されるべきは、本件ローンの貸倒れの全額ではなく、その一部（独立企業間利率と乖離する部分）のみの税務上の控除を認めないとする取扱いがされるべきであると判示されている[201]。

上記の通り、OECD移転価格ガイドラインのパラ1.67でいう一定の状況に該当するケースで問題となる取引を再構築した上で独立企業間価格を算定するに当たっては、移転価格税制に直接的に依拠することはできず、別途、その取引の税務上の効果を否認する上で依拠し得る包括的な否認規定や判例法上の包括的な否認法理が存在していることが必要であるか否かという点を巡っては、少なからず異なる見解が示されているが、仮に、依拠し得る包括的な否認規定・法理が存在している場合であっても、上記パラ1.67に依拠した取引

---

198) Luc De Broe, *supra* "International Tax Planning" p. 527参照。
199) 同様な考え方を示した判決として、Breda裁判所2010年3月24日判決（No. AWB09/2639）及びArnhem裁判所2010年8月5日判決（AWB 08/1406）参照。その概要は、Jie-A-Joen and Geevers, *supra* "The International Transfer Pricing Landscape is Changing", pp. 27-28参照。
200) 本判決の概要は、Bernard Damasma, Clive Jie-A-Joen, and Tim Meijer, When is a Loan Considered Non-Arm's-Length？Ground-Breaking Dutch Supreme Court Case, Transfer Pricing Report, Vol. 20, No. 18（2012）pp. 856-860参照。
201) 本判決の概要は、Michel van der Breggen, Dewi Wayuni, Chris Demetrius and Omar Ramirez, Netherlands: Landmark Court Case on the Treatment of Inter-Company Loans,Transfer Pricing International Journal, Vol. 13, No. 6（2012）pp. 26-27参照。

の再構築を行った上で独立企業間価格を算定することが可能・妥当でないような場合もあり得るとの考え方もある。このような考え方に基づいて措置されているのが、以下の(2)で示すカナダの所得税法§247(2)（Transfer pricing adjustment）(b)である。

(2) カナダの所得税法§247(2)(b)とGAARとの関係

上記のカナダの所得税法§247(2)（「移転価格の調整」）は、上記OECD移転価格ガイドラインのパラ1.65でいう取引の再構築を行うために措置されたものである。本規定は、「納税者…とその納税者の相手方である国外の居住者が、独立企業原則で取引…を行わず、また、(a)独立企業原則に則って取引する者の間のものとは異なる取引…に参画する者の取引…に関して合意されるであろう契約及び条件、又は、(b)その取引…が、(i)独立企業間で取引する者の間では行われなかったであろうし、(ii)主として、税務上の利益を得る以外の誠実な目的のために実行されたものではないと合理的に考えられる場合には、本項及び245条を別にすれば、…本法の目的上決定されたであろう金額は、(d)当事者の間で実行された取引…は、(b)号の適用があるケースの場合、独立企業原則に基づいて取引する者の間で合意されたであろう契約及び条件の下で、…実行されていたであろう取引…であったならば発生したであろうと決定される数量又は性質の金額に調整…される」と定めている[202]。

カナダの所得税法上、GAARである同法§245が措置されているにもかかわらず、移転価格税制である同法§247の中に、上記のような規定振りとなっている(2)項(b)号が組み込まれることとなったのは、そもそも、同法§245の適用上のメルクマールである「目的テスト」及び「法の濫用テスト」は、上記OECD移転価格ガイドラインのパラ1.65で示されている再構築の要件とは異なっていることから、これらのテストに依拠するGAARの下では、かかる再構築の対象となる二つの状況（(i)形式と実質が異なる取引、(ii)形式と実質は同じであるが、移転価格税制に基づく調整を困難なものとする独立企業間取引とは異なる方法で実行されている取引）への対応が、困難なものとなるであろうと判断されたからであった[203]。

上記の理由に基づいて導入された所得税法§247(2)(b)の適用例は決して少なくはない。本規定の適用対象となり得る案件は、税務当局の内部機関である「移転価格審査委員会」（Transfer Pricing Review Committee）に諮られるが、2012年4月までに55の案件が本委

---

[202] 原文は、"Where a taxpayer ... and a nonresident person with whom the taxpayer ... does not deal at arm's length (...) are participants in a transaction ... and (a) the terms conditions made or imposed, in respect of the transaction ... , between any of the participants in the transaction ... differ from those that would have been made between persons dealing at arm's length, or (b) the transaction ... (i) would not have been entered into between persons dealing at arm's length, and (ii) can reasonably be considered not to have been entered into primarily for bona fide purposes other than to obtain a tax benefit, any amounts that, but for this section and section 245, would be determined for the purposes of this Act ... shall be adjusted (...) to the quantum or nature of the amounts that would have been determined if, ... (d) where paragraph (b) applies, the transactions ... entered into between the participants had been the transaction ... that would have been entered into between persons dealing at arm's length, under terms and conditions that would have been made between persons dealing at arm's length." である。

[203] http://www.mndaq.com/.../paragraph+2472b+Demystified, Brian Bloom and Francois Vincent, Respecting the Dualistic Nature of Canada's Two Transfer Pricing Rules : A Tax Policy and Legal Analysis, Transfer Pricing Report, Vo. 21, No. 7 (2012) pp. S-13・S-14参照。

員会で審査対象（是認11件、却下34件、審査中10件）となっている[204]。なお、実際のところ、所得税法§247(2)の(b)号の適用対象となるケースだけでなく、同条(2)の(a)号のように、単に独立企業原則に基づいて取引する者の取引とは異なる取引に参画する者の取引についても、その取引の契約や条件の再構築（例えば、ライセンス契約を研究開発契約と取り扱った上で独立企業間価格を算定）を行っているケースもあるが、このようなケースに対しては、本条(2)項(b)号がカバーする範囲を拡大して取引の再構築を行うものであり、問題であるとの批判が投げ掛けられている[205]。

そもそも、GAARである所得税法§245を措置しているカナダの場合、同法§247(2)(b)を導入しなくとも、2010年版OECD移転価格ガイドラインのパラ1.65でいう独立企業間価格算定のための実際の取引の否認・再構築が可能となるのではないかとの見方をする向きもあろうが、所得税法§247(2)(b)は、移転価格問題への対応という観点からも、包括的否認規定を導入する必要性・有用性があり、また、その制度設計上、実質主義的アプローチをも組み込むことが効果的であるとの見解の下に措置されている。かかる見解が妥当であるならば、OECD移転価格ガイドラインの改訂によって独立企業原則の変容という現象・趨勢が顕著なものとなる中、移転価格問題への対応上、問題となる取引を再構築することが必要となるケースは増加すると想定されるところ、実際、そうなると、包括的否認規定の導入の必要性・有用性は、より一層、高まることとなろう。

(3) 費用控除規定及びTAAR等との関係への影響

移転価格税制とGAARや包括的な否認法理等と関係には、不透明な部分があり、また、競合・オーバーラップするケースがあるように、移転価格税制と費用控除規定との関係にも、不透明な部分や適用が競合するケースがある。この点は、第1章第3節1(2)イで考察した通り、米国のForman事件第2巡回控訴裁判所判決（1972）では、IRC§162（「商務又は事業上の経費」）と移転価格税制であるIRC§482の双方を適用する処分の適法性が首肯されており、また、本判決等を踏まえて発出された税務当局のルーリング（200015024）も、「IRC§482は、…IRC§162ともオーバーラップし得る…」と説明していることからも確認することができる[206]。英国でも、移転価格問題への対応が問題となったRochester事件特別委員決定(1998)において適用が認められたのは、1988年ICTA§74（「認められない控除に関する一般ルール」）であった[207]。

もっとも、費用控除規定と移転価格税制が依拠する考え方・アプローチは、本質的に異なる。この点は、(i)第4章第3節2(2)で考察したインドのTata Autocomp事件控訴裁判所判決（2012）では、移転価格税制である所得税法§92は、一般規定に優先し、また、一般的に言うと、本法における条文は相互に重複しないとの見解が示され、(ii)同節3(2)で考察したGlaxo事件最高裁判決（2010）では、費用控除規定である本法§40A(2)は、関連者間の取引の公正市場価値を考慮した上で調整を行う権限を有するように改正する必要があ

---

204) http://www.taxinterpretations.com/?p=12037参照
205) Richard Tremblay and Steve Suarez and Osler Hoskin & HarCourt LLP, The OECD Discussion Draft on Transfer pricing Aspects of Business Restructurings――Canadian Considerations, Tax Management, Vol. 38, No. 2 (2009) p. 102, Bloom and Vincent, *supra* "Respecting the Dualistic Nature" p. S-16参照。
206) 第1章第3節1(2)イ・ロ参照。
207) 第2章第4節4(1)ホ・同章脚注181)参照。

るとの考えが示され、(iii)香港でも、移転価格ガイドラインは、費用控除規定も移転価格と関係のある規定であると位置づけているものの、第5章第4節2(3)で考察したNgai Lik事件終審法院判決（2009）では、課税対象利益の発生に係る対価の独立企業間価格を超える部分の控除を費用控除規定である税務条例§16等に依拠して否認することはできないとの見解が示されていることなどからの確認することができる。

　上記の通り、費用控除規定も、確かに、その適用上、移転価格税制とオーバーラップ・競合を生じさせる関係にあるが、各々の課税アプローチは本質的に異なることから、その適用の結果として生じる税負担額も、本来、異なるのが通例である。しかし、実際には、各々の金額が同様のものとなるケースがあることは、香港版移転価格ガイドラインの適用上関係する規定の一つとして、費用控除規定である税務条例§16(1)及び同条例§17(1)が挙げられていること、また、第2章第4節4ニ）で考察した英国の税務当局がKilmorei事件貴族院判決（1974）等を踏まえて策定している1988 ICTA§74に関するマニュアルBIM38400で示されている見解（「租税回避スキームの一部として商業上の価格を超過する費用が支払われている場合、その超過部分は、事業目的のための支出ではないとの推定が働く」）が、実際上、不合理なものではないと判断できるケースもあると考えられることからも確認することができる[208]。

　上記のような特徴が認められる移転価格税制と費用控除規定の関係が、独立企業原則の変容・OECD移転価格ガイドラインの最近の改訂によって如何に変化するかは、必ずしも一義的に明らかではない。無形資産等の移転が絡む取引は、比較対象取引が欠如しているために、主観的な要素に基づいて判断する費用控除規定による対応が妥当なケースもあり得ると考えられる一方、独立企業原則に則っていない費用控除規定は、そもそも、移転価格問題への対応には大きな限界があるのも事実である。しかも、独立企業原則の変容という現象・趨勢は、主観的な要素に基づく判断が重要となるケースに対する移転価格税制の対応機能を高める方向に作用することから、その結果、費用控除規定が移転価格問題に適用される割合は、相対的に少なくなるであろう。OECD移転価格ガイドラインの最近の改訂も、そのような方向性を想定しているものと考えられる。

　移転価格税制とその他のTAARや準包括的な否認規定・法理も競合し得ることは、米国におけるIRC§482と「実質優先の原則」や「欺瞞原理」等に代表される判例法上の否認法理との関係からも確認することができる。移転価格税制である1992年所得税法§185(2)が2004年に導入された後のベルギーでも、SGI事件ECJ判決（C-311/08）等では、国外関連者への無利息貸付が問題となったケース等への対応において、「通常でない又は無償の利益」に対する課税根拠規定である所得税法§26の適用が行われている。独立企業間原則の変容が、移転価格税制とその他のTAARや判例法上の否認法理等との関係に与える影響も十分に明確ではないが、上記の通り、その変容が移転価格税制の適用範囲を総じて広げる方向に作用するのであれば、移転価格税制の適用範囲は、その他のTAAR等との関係でも、基本的には、相対的に広がる方向に向かうのではないかと想定される。

　独立企業原則の変容及び最近のOECD移転価格ガイドラインの改訂が、上記のような方

---

208) インドでも、2001年改正後の所得税法§92（「独立企業間価格を考慮した国際取引からの所得の計算」）同条（2A）の下では、控除対象費用額の算定に当たっては、独立企業間価格を考慮する旨が定められている。第4章第3節2(1)・脚注128)及び第4節1(1)ロ)・脚注202)参照。

向性に則って移転価格税制と費用控除規定やその他の競合し得るTAAR等との関係を再構築するのであれば、我が国でも、同様な方向性が生じるであろうが、移転価格税制と寄附金課税との関係も、その方向性に沿った形で再構築されるのであろうか。もし、そうであるならば、移転価格問題に寄附金課税制度が適用されることに伴う問題は緩和されるが、寄附金課税制度は、費用控除規定や準包括的否認規定とは異なる課税アプローチに立脚しており、しかも、移転価格の事務運営要領の事例25及び事務運営指針2-19イ)は、移転価格税制と寄附金課税制度の適用が重複し得るケースでは、後者を優先適用するとの指針を示していることから、独立企業原則の変容及び最近のOECD移転価格ガイドラインの改訂が、移転価格問題に対する寄附金課税制度の適用割合の減少に繋がらないことも想定される。

　上記事務運営指針は、上記の米国やベルギー等の場合のように、移転価格税制とその他のTAAR等との間の適用関係等が、必ずしも十分に明らかでないことに比べると[209]、透明性・予測可能性という点では望ましいが、最近のグローバルな趨勢(諸外国では費用控除規定やTAAR等よりも、むしろ、移転価格税制が適用されるケースが増えてきている)とは異なる状況を生じさせている[210]。以下では、独立企業原則の変容という現象・趨勢及び最近のOECD移転価格ガイドラインの改訂が、寄附金課税制度の適用割合を減少させる方向には必ずしも作用しないとすれば、その原因は、どのような点にあるのか、また、国際的二重課税を解消することの重要性やグローバルな趨勢等に鑑み、寄附金課税制度の適用割合を減少させる方法を模索することが望ましいならば、如何なる方法があり得るのかなどを考察した上で、移転価格税制と寄附金課税制度の関係の再構築の可能性・あり方を提言する。

3．移転価格税制とその他のTAAR等との関係の再構築

(1) 我が国での取扱いの問題点と原因

　第3章第4節(3)イで考察したベルギーにおいて、移転価格問題に対しては、移転価格税制である所得税法§185(2)を導入するのではなく、「通常でない又は無償の利益」に対する課税根拠規定である同法§26の改正によって対処すべきであったとの意見もあったように、我が国でも、移転価格税制と寄附金課税制度を併存させる以外の選択肢もあり得たと考えられるが、措置法66条の4の適用範囲は、国外関連者の定義からも確認し得る通り、諸外国の移転価格税制の適用範囲よりも総じて狭い中、適用対象が国外関連者との取引に限定されない法人税法37条の存在意義は大きいことから[211]、移転価格問題への対応手段として、適用上のアプローチが異なる移転価格税制と寄附金課税制度が併存すること自体は、税源浸食防止効果を高めるという観点からすると、むしろ、望ましいことであると考

---

[209] もっとも、米国の場合、例外的に、財務省の回答 (INFO2004-0114) によって、IRC§482とIRC§7872(「市場レート以下のローンの取扱い」) の適用関係の明確化が行われている。第1章第3節1(2)イ)・脚注227)参照。

[210] 例えば、第4章第3節3(1)イで考察したCanoro事案に対するAARの回答 (2009) でも、後法である移転価格税制が古い譲渡益課税の根拠規定である所得税法§45(3)に優先適用されるとの判断が示されている。また、Tata Autocom事件控訴審判所裁決 (2012) では、「本法§92条及び第10章全般の諸規定は国際取引における所得計算を取り扱う特別の規定であり、…一般規定に優先する」と述べられている。第4章第3節2(2)イ参照。

えられる。

　また、平成3年度税制改正によって、措置法66条の4第3項が手当てされたことよって、寄附金課税が国外関連者との取引に適用された場合、国内取引に適用された場合と異なり、損金算入限度額を超える寄附金部分が損金不算入となるのではなく、その全額が損金不算入とされることとなったが、かかる改正は、国内にとどまる所得移転の防止の必要性と国外に漏れる所得移転の防止の必要性の程度は、各々の税源浸食の程度が異なり得る中、必ずしも同じではないとの観点からも正当化し得るものであり、また、国外関連者との取引が寄附金課税と移転価格税制のいずれの対象となるかによって、その税務上の取扱いが異なる結果となるとの問題を大幅に緩和するものであることから、合理的なものであると考えられる。

　実際、上記の寄附金課税制度に係る税制改正の合理性を示す意味からも、「海外の関係会社との取引を通じる所得の移転については移転価格税制によって規制されますが、関係会社に対する単なる金銭の贈与や債務の免除については一定の限度内で損金算入が認められるため、同じ所得の海外移転でありながら両者の課税上の取扱いにアンバランスが生じるという問題がありました。そこで今回の改正では、この問題を是正するため、海外の関係会社に対する寄附金についてはその全額を損金に算入しないこととされました（措置法66条の4③）。もっとも、寄附金の概念それ自体には変更が加えられていませんので、…債務の引き受けによる損失などについては、従来どおり、一定の条件の下で寄附金としては取り扱わず…損金算入する…」との説明が行われている[212]。

　確かに、国際取引に係る移転価格税制と寄附金課税制度の下での取扱いのアンバランスを是正することに合理性は認められるとしても、そのアンバランスを上記のような形で是正した上で、「寄附金の概念それ自体には変更が加えられていません」と説明することに対しては疑問も生じる。そもそも、法人税法上の寄附金とは、法人の事業支出の中には、事業との関連性が不明確なものもある中、そのような支出額の損金算入を部分的に制限するとの考え方に立脚するものである。にもかかわらず、国境を跨ぐ経済的な利益の贈与又は無償の供与に該当する金額の損金算入を全面的に認めないとすることは、根拠法令が措置された以上、そのような取扱い自体は問題ないものの、もはや、事業との関連性が不明確である支出であるがゆえにその一部が損金算入されないこともあり得るとする法人税法上の寄附金の考え方・概念から外れるものであろう。

　もし、上記平成3年度税制改正が、国外関連者との取引に対して適用される寄附金課税制度の下での損金算入可能額の量的な変更を行ったものにとどまっていたならば、寄附金の概念それ自体には、変更が加えられていないということになろう。しかし、寄附金課税の対象となった国外関連者との取引に係る費用等の損金算入を一切認めないとすることは、損金算入額の量的な変更ではなく、損金算入を排除する質的な変更となってしまうと考えられることから、寄附金の概念によって説明できるものではないともいえる。そうす

---

[211]　実質基準による移転価格税制の適用範囲の拡大には大きな限界があり、また、GAARを有しない我が国の法人税法の下で租税回避行為等を再構築した上で移転価格税制の適用対象とすることにも限界がある中、例えば、旺文社ホールディングズ事件最高裁平成18年1月24日判決（平成16年（行ヒ）第128、裁判所HP）及び差戻控訴審平成19年1月30日判決（平成18年（行コ）第31、裁判所HP）等からも示唆されるように、寄附金課税制度が、かかる限界を補完する機能を発揮することも考えられる。

[212]　小田嶋清治「平成3年改正税法のすべて」国税庁編287頁参照。

第4節　法人所得等の国外移転による税源浸食への対応策の再検討

ると、平成3年度税制改正によって手当てされた措置法55条の6第3項は、法人税法上の寄附金とは性質が異なるものであるが、それと同様な適用基準に依拠した上で、国外関連者との取引を適用対象とする新たな制度と位置づけることができよう。

つまり、平成3年度税制改正による措置法66条の4第3項の導入は、新たな概念に依拠する制度であるがゆえに、本来、国外関連者との取引における債務の引き受けによる損失などを税務上の取扱いも、法人税法37条の下での取扱いと整合的なものとする制度設計を採用する必然性がないのは勿論、本来、法人税法37条と同様な適用基準を採用する必然性もなかったわけであるが、別途、移転価格税制が存在しており、しかも、法人税法上の寄附金課税制度は、国外関連者との取引にも適用される以上、移転価格税制や寄附金課税制度と異なる適用上のアプローチに依拠する新たな対抗策を措置することは、その適用基準をどうするかという問題に加え、税制を複雑にするとの問題を生じさせる。

したがって、寄附金課税制度の適用上のアプローチに変更を加えることなく、その適用対象が国内取引である場合と国外関連者との取引である場合とでは損金算入額が異なることとなるような変更を行う平成3年税制改正は、その本質が本制度の量的な変更であるとの解釈には疑問が残るものの、合理的であって、移転価格税制の執行に係る困難性・負担の緩和及び寄附金課税の適用に係る経験・実績の活用・課税の予測可能性のレベルの向上などのメリットを包含している。また、本改正によって、費用控除規定や改正前の寄附金課税制度では対応が不十分となる場合がある移転価格問題に対し[213]、移転価格税制以外の制度である寄附金課税制度による対応を行ったとしても、移転価格税制とおよそ同様な税源浸食防止効果を得ることが可能となっている。

確かに、費用控除規定の場合、その否認対象となる金額は、控除が主張されている費用の額とその費用が生じた取引の独立企業間価格との乖離額という形で算定されるわけではない点で移転価格税制の場合と根本的に異なっており、また、寄附金課税制度の場合も、その適用対象となる金額は、そもそも、譲渡の対価額と独立企業間価格との乖離額ではないことから、理論上、移転価格税制の適用対象となる金額と同じではない。実際、法人税法37条8項も、「内国法人が資産の譲渡又は経済的な利益の供与をした場合において、その譲渡又は供与の対価の額が当該資産のその譲渡の時における価額又は当該経済的な利益のその供与の時における価額に比して低いときは、当該対価の額と当該価額との差額のうち実質的に贈与をしたと認められる金額は、前項の寄附金の額に含まれるものとする」と定めている。

大阪地裁昭和58年2月8日判決（昭和57年（行ウ）第27号、判時1140号65頁）でも、法人税法37条について、「時価との差額のうち『実質的に贈与したと認められる金額』が同条5項の寄附金の額に含まれる…。…時価との差額があっても実質的に贈与したと見るのが相当でない場合は除外すべき…」と解されているように[214]、時価と譲渡価額の差額が本条の適用対象金額となるとも限らない。その控訴審である大阪高裁昭和59年6月29日判

---

213) 第2章第4節4(1)ホ)のRochester事件特別委員決定（1988）及び第5章第4節2(3)のNgai Lik事件終審法院判決（2009）等参照。
214) 本判決では、「『実質的に贈与したと認められる』ためには、当該取引に伴う経済的な効果が、贈与と同視しえるものであれば足りるのであって、必ずしも、贈与者が贈与の意思を有していたことを必要とせず、時価との差額を認識していたことも必要としないと解するのが相当である」との視点に立った上で、本条を適用する処分が首肯されている。

決（昭和58年（行コ）第9号、判時1140号62頁）でも、「37条6項は、譲渡人が譲渡価額よりもより高価に譲渡できるのに、経済人としては不合理にも、それよりも低額に譲渡した場合に適用されるのであって、…賃貸借の制限のない場合の土地の時価よりも低い価額で売却しても、その差額が転買人に実質的に贈与されたものと評することはできない」との見解が示されている。

確かに、上記大阪高裁判決では、「譲渡価額よりも高額に譲渡できる利益、権利、地位を有していなかったときは、より高額に譲渡しなかったからといって、自己の有していたところを不当にも低く譲渡したとして同法37条6項を適用することはできない」と判示されている通り、本件で問題となったのは、転売特約付の不動産譲渡であり、本規定を適用する余地はなかったが、本規定の適用が認められるような低額譲渡の場合でも、実際上、資産の時価とその譲渡価額との差額の内で実質的に贈与した金額を抽出することは往々にして困難である。もっとも、時価には幅があることから[215]、資産の時価とその譲渡価額との差額が、その譲渡資産の対価とその独立企業間価格との差額と結果的に等しくなる場合が少なくないとの事実が認められるところとなっている。かかる事実も、移転価格税制と寄附金課税制度の互換性を高める要因となると考えられる。

(2) 再構築の選択肢
　イ）措置法66条の4第1項改正案の問題点
　上記で示した移転価格税制と寄附金課税制度の類似性・互換性が高いことも手伝って、双方の制度の適用が競合するようなケースが増えると、その適用関係を明確化する必要性も高まるが、このようなケースに対しては、移転価格事務運営指針2-19イ）等の下、寄附金課税制度が優先適用されることとなっている。このような適用・取扱いは、確かに、税務当局と納税者の双方にとって幾らかのメリットを享受することを可能にするとの指摘がされているが[216]、移転価格税制とその他のTAAR等との適用関係に係るグローバルな趨勢に合致していないだけでなく、寄附金課税制度の国際取引に対する適用によって生じる国際的二重課税の問題を惹起することとなる。上記事務運営指針2-19イ）等は、このような問題を包含していることから、序章第3節1(3)で述べた通り、その執行上、寄附金課税制度の適用範囲が狭まることとなる方向で見直しを行うことを望む声がある。

　他方、寄附金課税制度の国際取引の適用による国際的二重課税の問題を緩和するには、その適用範囲を狭める立法措置を講じるべきであるとの意見もある。例えば、「措置法66条の4第3項を同条1項に吸収し、同項において国外関連取引に無償取引及び無償による単独行為が含まれる旨を明示して、法人が国外関連者と行う無償取引に寄附金規定が適用される余地を排除すること」を提案する向きもある。かかる提案は、本条1項の「…『対価の額』が独立企業間価格に満たないとき…又は…超えるとき…」という文言に鑑みると、その適用対象は有償取引に限定されており、無償取引を有償取引と擬制していわば「0」

---

215) 例えば、最高裁平成25年7月12日判決（平成24年（行ヒ）第79号、裁判所HP）の千葉勝美裁判官の補足意見では、「上記の『適正な時価』とは、正常な条件の下に成立する当該土地の取引価格、すなわち、客観的な交換価値をいうと解されるが、これは評価的な概念であり、その鑑定評価は、必ずしも一義的に算出され得るものではなく、性質上、その鑑定評価には一定の幅があり得るものである」との説明がされている。

216) 序章第3節1(1)・同章脚注35)参照。

第4節　法人所得等の国外移転による税源浸食への対応策の再検討

という価格と独立企業間価格とを比較するものではない以上、「無償取引は措置法66条の4第1項でいう国外関連取引には該当せず、したがって、無償取引に移転価格税制（措置法第66条の4第1項）が適用されることはない」との見解に立脚している[217]。

しかし、例えば、OECD移転価格ガイドライン2010年版のパラ7.6は、「独立企業原則の下では、一方のグループ・メンバーによるその他の一つ又は複数のグループ・メンバーに対する活動が行われた際、グループ内で役務が提供されたか否かという問題は、その活動が各グループ・メンバーに対し、その商業上の地位を向上させるための経済的又は商業的な価値を付与するものであるか否かに依存する」と定め[218]、実際、諸外国（例えば、第2章第3節で考察した米国や第5章第3節2で考察したインド等）でも、移転価格税制は、無利息貸付等の無償取引にも適用されており、さらに、措置法66条の4第3項が手当てされたことは、同法66条の4第1項は、無償取引も適用対象とするとの前提に立っていると解されることなどに鑑みると、上記の提案の元となっている現行制度の下では無償取引は移転価格税制の適用対象外であるとの考え方には賛同できない。

上記提案の後段部分（「法人が国外関連者と行う無償取引に寄附金規定が適用される余地を排除すること」）についても、そもそも、寄附金課税制度の国際取引への適用は、措置法66条の4第3項等の存在を前提条件・根拠とするものではないと解することもできることから、これらの規定を廃止しても、寄附金課税制度の優先適用を定める移転価格事務運営指針2-9を変更しない限りは、無償取引の場合に限らず、法人税法37条が措置法66条の4に優先適用されるケースを排除することはできないであろう。もっとも、だからといって、双方の規定の適用対象となり得るケースに対しては、移転価格税制を優先適用するとの執行方針を採用するように上記の移転価格事務運営指針2-19イ）等を変更することは、国際的二重課税の問題を解消するなどの観点からは望ましいであろうが、独立企業間価格の算定に伴う困難性・事務コストの増加という問題を惹起することとなり得る。

ロ）「通達・事務運営指針改訂案」の特徴・効果等

寄附金課税制度と移転価格税制の適用上の関係の解釈の仕方としては、そもそも、双方の制度の適用対象となり得るケースであっても、措置法66条の4第4項は、寄附金課税制度の優先適用を定めたものではないと解することができれば、移転価格税制の優先適用も可能であるところ、本規定でいう「寄附金の額に該当するものを除く」という表現は、寄附金課税制度の適用対象となった金額を除くという意味であって、双方の制度が適用され得るケースでは、寄附金課税制度が移転価格税制よりも必ず優先適用されなければならないことを意味しているわけではないとも解し得よう。そうであるとすると、移転価格税制と寄附金課税制度の双方が適用され得るケースでは、寄附金課税制度の優先適用を行うとの方針に一部変更を加える形で上記の移転価格事務運営指針の改訂を行うこと（「事務運営指針改訂案」）は、現行法にも反しないこととなる。

---

217)　伊藤雄二「無償取引と移転価格税制」税大ジャーナル2号（2005）80〜90頁参照。
218)　原文は、"Under the arm's length principle, the question whether an intra-group service has been rendered when an activity is performed for one or more group members by another group member should depend on whether the activity provides a respective group member with economic and commercial value to enhance its commercial position." である。

終章　我が国の対応策の再構築

　移転価格事務運営指針2-19イ）等の改訂の仕方としては、移転価格税制と寄附金課税制度の双方が適用され得るケースでは、一定の要件に該当する場合には、移転価格税制の優先適用を行うとする執行方針を採用するとの選択肢が考えられる。かかる選択肢を採用した「事務運営指針改訂案」の下では、寄附金課税制度の優先適用という現行の方針が捨象されることから、これまでに寄附金課税制度の対象とされていたケースの一部が、移転価格税制の適用対象とされることとなるものと考えられる。実際のところ、本案の採用によって、寄附金課税制度の適用対象となるケースの数と移転価格税制の適用対象となるケースの数の比率が、従来とどれほど異なったものとなるかは、移転価格税制の優先適用が行われるケースを限定する「一定の要件」の設定の仕方の如何に大きく左右されることとなるのは明らかである。

　上記「事務運営指針改訂案」の下で設定する「一定の要件」としては、例えば、移転価格税制と寄附金課税制度の双方の適用対象となり得るケースに対して寄附金課税制度の適用を優先することのデメリットが特に大きくなるのは、二重課税が解消されないことであることに鑑みると、(i)そのようなケースにおいて、寄附金課税制度に基づく更正又は決定処分によって増加する法人所得金額又は法人税額が、一定の金額上の閾値を超える、(ii)寄附金課税制度に基づく課税処分の対象となる者が、その処分に先立ち、その処分の違法性を争わないことを条件として、移転価格税制に基づく処分への変更を求める旨の書面を提出している、(iii)かかる書面の提出が認められるのは、上記(i)の要件に該当し、しかも、その処分変更によって、課税対象額が変化することはない（あるいは、課税対象額が減少することはない）場合とするような選択肢が考えられる。

　上記(i)～(iii)の要件を「事務運営指針改訂案」の下での移転価格税制を優先適用する前提条件となる「一定の要件」とする選択肢を採用した場合、上記(ii)（課税処分を争わない意向の表明）の要件が組み込まれているがゆえに、税務当局の事務負担（特に、争訟に係るコストや第三者取引データの取得・分析等に係る負担）が、相当程度に軽減されるとのメリットも生じる。確かに、本案の下では、措置法66条の4の括弧書きが適用されるケースが相対的に減少することとなるため、二重課税排除のための事務負担が増加するとの問題が生じるが、その負担の程度は、上記(i)に定める金額上の閾値の操作することによって調整することが可能であることから、国際的二重課税の軽減の必要性と事務負担コスト等のバランスを踏まえた上での金額上の閾値の設定を行うこととなろう。

　上記のような特徴を有する「事務運営指針改訂案」は、移転価格事務運営指針2-19イ）等の下で生じる国際的二重課税の問題を緩和するだけでなく、移転価格税制とその他のTAAR等との適用関係に係るグローバルな趨勢にも合致する方向性を有していると考えられるが、上記(iii)の要件（課税対象額が不変又は減少しない）に合致するケースに該当するか否かの判断は、必ずしも一義的に明確ではない場合もあることなどに鑑みると、納税者の書面による請求があった場合に限定されるものの、最終的には、その判断を税務当局に委ねるものである以上（その判断に不服がある場合には、課税処分の適法性を争う必要があろう）、このような取扱いを採用するためには、移転価格事務運営を改訂することでは十分ではなく、少なくとも関係する通達においても、国際的二重課税を回避する可能性を高める取扱いの適用対象となるための最低限の要件を示すこと（「通達・事務運営指針改訂案」の採用）が必要となるものと考えられる。

第4節　法人所得等の国外移転による税源浸食への対応策の再検討

「通達・事務運営指針改訂案」の有用性は、上記の点に見出し得るが、最近の独立企業原則の変容という現象・趨勢の下では、更に高まるのではないかと考えられる。なぜなら、かかる現象は、独立企業原則が、主観的な要素を含む基準と解釈されるようになってきており、そのような解釈の下では、独立企業間価格の算定は、実際の取引の当事者に特有な状況の下で行われたであろう第三者間の取引価格に基づいて行われることを意味するところ、このような解釈・考え方は、取引当事者の意思・特有の状況に基づく判断を行う寄附金課税制度が立脚する考え方と基本的に同様であることから、移転価格税制と寄附金課税制度の課税アプローチの類似性と適用範囲のオーバーラップの可能性をより一層高めるとともに、双方の制度の適用対象となる金額が実際上同様なものとなるケースも、総じて、増えると想定されるからである。

(3)　「TPの国内適用案」

イ）意義と特徴

移転価格税制の再構築のあり方をその機能拡充という観点から考える場合、特に注目されるのは、各章で主な考察の対象とした諸外国の移転価格税制が、国内取引をも適用対象とするものとなっているという点であろう。移転価格税制を国内取引にも適用する主たる理由としては、特に、インドのGlaxco事件最高裁判決（2005）や香港のNgai Lik事件終身法院判決（2009）からも確認し得る通り、移転価格問題に対して費用控除規定によって対応することには少なからぬ限界があるという点が挙げられる。我が国の場合、費用控除規定に加え、国内関連者間の所得移転の問題に対しては、ある程度、寄附金課税制度による対応も可能となっているが、本制度の適用基準・適用の可否を巡って議論が生じる場合が少なくないほか、本制度が適用された場合、寄附金の損金算入限度額までは損金算入が可能であるため、税源浸食防止という点でも一定の限界がある。

確かに、香港の裁判例やその移転価格ガイドライン等からも示唆されるように、費用控除規定による対応の限界は、GAARによってある程度補完することが可能であるが[219]、その補完機能が税源浸食防止上、十分でないという点も、移転価格税制を国内取引にも適用する根拠として挙げられる。寄附金課税制度についても、その対応上の限界は、同族会社等の行為又は計算の否認規定である法人税法132条等による補完が可能であるが、その補完機能も不十分であることから、移転価格税制を一定の要件に該当する国内取引に適用するとの選択肢を検討する余地があると考えられる。実際、国際的な趨勢や寄附金課税制度が包含する問題（(a)所得移転の結果から支出者の贈与等の意思を確かめることなく寄附金等と認定する処理が行われ得る、(b)一部が損金算入となり得る一方、寄附金課税と受贈益課税として取引の双方の当事者で課税される）に鑑み、「移転価格税制の国内適用案」を推奨する向きもある[220]。

上記「移転価格税制の国内適用案」の下では、その実現手段として、①法人税法22条2項に必要な修正を加える方法、あるいは、②措置法66条の4に必要な修正を加える（寄附金課税制度の変更も含む）方法が提唱されている。確かに、このような方法は、うまく区別できれば、国内適用される移転価格税制と法人税法22条2項及び寄附金課税制度の各々

---

219)　例えば、第5章第4節2(2)ロ）で考察したTai Hing事件終審法院判決（2007）参照。
220)　藤井保憲「移転価格税制の国内取引への適用」税大ジャーナル3号（2005）13～14頁参照。

の適用範囲の明確化に資するであろうが、③措置法66条の4に対し、第2章第4節3(3)で示した英国の例のように、最低限の改正（国内取引に対する実質的な二重課税を防止するための関連者の損益調整を行う規定を追加）を行うだけで、関連する規定・制度との調整を行わない方法もあり得よう。上記③の方法（以下「TPの国内適用案」という）を採用した場合には、一定の要件に該当する当事者間の国際取引及び国内取引に適用される移転価格税制に並んで、法人税法22条2項や寄附金課税制度等が、現行制度上の取扱いを基本的に維持したままで存在することとなる。

上記③の「TPの国内適用案」の下でも、国内取引に適用される移転価格税制、法人税法22条2項及び寄附金課税制度等を併存させることが必要となる理由としては、(i)本案の下では、移転価格税制を国内取引に適用する目的・意義からして、本案に則って改正された措置法66条の4は、できるだけ法人税法22条2項や寄附金課税制度等に優先して適用するとの方針を事務運営上採用することが望ましいであろうが、そもそも、独立企業間価格の算定には困難が伴う場合があるほか、包括的否認規定が存在しない場合、移転価格税制に依拠した取引の再構築はできないとも解されることから、実際には、寄附金課税制度等が適用されるケースも少なくないと想定される、(ii)「TPの国内適用案」の適用対象となる範囲には、その制度設計上、一定の限界がある以上、その適用要件に該当しないケース（例えば、一定の株式保有要件を満たさないケース等）にも対応する必要があることなどが挙げられよう。

独立企業間価格の算定に困難が伴う場合があろうことは、例えば、第1章第3節1(1)で確認した通り、米国では、IRC§482に基づく配分権限に係る税務当局の裁量の範囲が広く、しかも、その裁量が不合理であると納税者が立証しない限り、その配分が支持されるのに対し、我が国の場合、独立企業間価格の立証責任は税務当局側にあるにもかかわらず、資料提出義務や情報収集権限は、それほど厳しいものとはなっていないことなどからも示唆される。確かに、第4章第3節3(2)で考察したインドのGlaxo事件最高裁判決（2005）でも問題提起されているように、情報収集機能を向上させる補完措置等を講じれば、「TPの国内適用案」の下での移転価格税制を優先適用できるケースは増えるであろうが、納税者にとっても、このような補完措置等が手当てされるよりも、本案の下、所得の国内移転に対し、移転価格税制ではなく、寄附金課税制度等が適用されるケースが少なからずあるとしても、その方が負担も少なく、より望ましいであろう。

ロ）想定される効果

上記の通り、「TPの国内適用案」の下では、移転価格税制とその他の競合し得る規定との適用関係は、ある程度の柔軟性があるものと捉えられることとなろうが、それでも、本案の採用に十分な意義・有用性があることは、本案は、寄附金課税制度が包含する上記の問題（(a)所得移転の結果から支出者の贈与等の意思を確かめることなく寄附金等と認定する処理が行われ得る、(b)一部が損金算入となり得る一方、寄附金課税と受贈益課税として取引の双方の当事者で課税される）を緩和するだけでなく、(i)課税の中立性を高める、(ii)グローバルな趨勢に合致する、(iii)寄附金課税制度と移転価格税制を比べた場合、後者よりも前者の適用がより困難なケースもある、(iv)逆に、独立企業間価格の算定が比較的容易であるケースも少なくない、(v)実績を重ねることにより、移転価格税制とその他の競合し得

第4節　法人所得等の国外移転による税源浸食への対応策の再検討

る規定との適用関係に係る不透明性の問題が緩和されるだけでなく、前者が適用されるケースが増えることが想定されることなどからも確認することができる。

　上記(iii)（寄附金課税制度の方が移転価格税制よりも適用がより困難なケースもある）ことは、法人税法37条8項が、「内国法人が資産の譲渡又は経済的な利益の供与をした場合において、その譲渡又は供与の対価の額が当該資産のその譲渡の時における価額又は当該経済的な利益のその供与の時における価額に比して低いときは、当該対価の額と当該価額との差額のうち実質的に贈与又は無償の供与をしたと認められる金額は、前項の寄附金の額に含まれるものとする」と定めているところ、寄附金課税制度の適用対象とする場合、その適用上必要となる時価を算出することは、それほど困難ではないとしても、譲渡資産や供与利益の対価の額とその時価との差額の内、どれだけが実質的に贈与又は無償供与した金額・寄附金であるかを判断しなければならない中にあって、税務当局が、その金額を的確に判断することには困難が伴い得ることからも明らかである。

　上記(iv)（独立企業間価格の算定が比較的容易であるケースも少なくない）のは、関連者の国内取引に係る独立企業間価格を算定する場合、詳細な第三者取引データの分析を行うことが必要でないケースもあるからである。第2章第3節で考察した米国の裁判例（Foreman事件第2巡回控訴裁判所1972年判決等）からも、無利息貸付に代表される無償取引等の場合、詳細な第三者取引データ分析なしでも、独立企業間価格が算定できるケースがあることを確認することができる。さらに、無償取引等が問題となるケース以外、例えば、原価基準法に依拠することが可能なケースや移転価格事務運営指針2-10（原価基準法に準ずる方法と同等の方法による役務取引の検討）の適用対象となるケースでも、詳細な第三者取引データ分析なしに独立企業間価格の算定が可能となる場合が少なくないのではないかと考えられる。

　上記事務運営指針2-10では、「(1)法人が国外関連者との間で行う役務提供のうち、当該法人又は当該国外関連者の本来の業務に付随した役務提供について調査を行う場合には、必要に応じ、当該役務提供の総原価の額を独立企業間価格とする原価基準法に準ずる方法と同等の方法について検討する」との指針が示されている。具体的には、役務提供を主たる事業としていない法人又は国外関連者が、本来の業務に付随して又はこれに関連して行う役務提供について、(i)法人又は国外関連者の事業活動の重要な部分に関連していない、(ii)その費用がその事務年度の原価又は費用の額の相当部分を占めていない、(iii)自己の無形資産の使用を伴うものではない、(iv)その費用の計算が合理的な配分割合となっているとの要件を全て満たす場合には、その役務提供に対する対価の額は、当該役務の総原価の額とするというのが本指針の下での取扱いである。

　OECD移転価格ガイドライン（2010年版）も、パラ7.20において、「…一定の場合、グループ内の役務提供に係る対価を設定する仕組みを容易に確認することが可能である。これらのケースは、多国籍企業グループが直接対価法を用いている場合、つまり、関連企業に対する特定の役務に係る対価を設定している場合である。一般的に、直接対価法は、提供された役務とその対価のベースを明確に確認することを可能にするため、税務当局にとって非常に実際上の利便性が高いものである。このように、直接対価法は、対価が独立企業原則と整合的であるか否かを決定することを促進する」と規定し[221]、パラ7.23では、このような方法で対価を算定することは、企業の主要な事業を構成する特定の役務が関連する企

539

業だけでなく、独立した者にも提供されている場合には、一般的に認められない旨を定めている。

　米国でも、上記の事務運営指針2-10と基本的に同様な取扱いを定めたものとして、財務省規則§1.482-2(b)(「役務提供」)(3)(Arm's length charge)が存在していた。本規則は、「本項の目的上、提供された役務に対する独立企業間対価は、全ての関係する事実を考慮した上で、同様な又は類似する状況の下での非関連者間での独立した取引で設定された又は設定されたであろう金額である。しかしながら、その役務を提供しているメンバー又はその役務の利益を受けているメンバーのいずれかの事業活動の核となる部分となっている役務である場合を除き…、独立企業間対価は、…納税者がより適切な対価を立証しない限り、そのような役務を提供する単独又は複数のメンバーがその役務との関係で発生させる費用又は控除の額と等しいものとみなされる」と定めていた[222]。

　財務省規則§1.482-9（Methods to determine taxable income in connection with a controlled services transaction）も、(b)(Service cost method)項(1)(In general)において、「役務原価法は、一定の役務に対する金額が、マークアップを加えない（本条の(j)項で定義するような）総役務費用との関係で独立企業間価格であるか否かを評価する。納税者が、…役務原価法を適用する場合には、…最適の方法とみなされ、税務当局による配分は、そのような役務に対して設定された額を総役務費用の適切に決定された金額に調整することに限定される」と規定し[223]、(j)(Total services costs)項では、総役務費用とは、その役務を提供するという特定の目的を達成するために発生した費用であって、その役務に合理的に配分される全ての費用（利息や国内又は外国で課される所得税を除く）であると定義されている。

　例えば、上記米国財務省規則§1.482-2(b)の適用対象範囲が狭くないことは、IRSが、1995年の調査官指針（Field Service Advice Memoranda : CC : DOM : FS : TL-N-778-95）において、「…債務保証は、その性格ゆえに、その提供者や受領者の事業活動の中核部分となるケースは、第三者への保証提供を利益目的の下に事業として行っている当事者でない限り、本当に稀である」との見解を示していることからも示唆される[224]。確かに、

---

221) 最後の文の原文は、"Thus, the direct-charge method facilitates the determination of whether the charge is consistent with the arm's length principle." である。
222) 原文は、"For the purpose of this paragraph an arm's length charge for services rendered shall be the amount which was charged or would have been charged for the same or similar services in independent transactions with or between unrelated parties under similar circumstances considering all relevant facts. However, except in the case of services which are an integral part of the business activity of either the member rendering the services or the member receiving the the benefit of the services … the arm's length charge shall be deemed equal to the costs or deductions incurred with respect to such services by the member or members rendering such services unless the taxpayer establishes a more appropriate charge … ." である。
223) 原文は、"The serives cost method evaluates whether the amount charged for certain services is arm's length by reference to the total cost (as defined in paragraph (j) of this section) with no markup. If a taxpayer applies the services cost method … , then it will be considered the best method … , and the Commissioner's allocations will be limited to adjusting the amount charged for such services to the properly determined amount of such total services cost." である。
224) 原文は、"… the nature of guarantees is such that it will indeed be rare for a guarantee to be an integral part of the business activity of either the recipient or the renderer absent one of the parties being engaged in the business of giving guarantees to third parties for profit." である。

本規則の適用対象となり得るような取引や上記事務運営指針2-10が掲げる要件をクリアーする国外関連者への役務提供の中には、寄附金課税制度の適用対象となり得るケースもあろうが、上記の事実等に鑑みると、「TPの国内適用案」の下、独立企業間価格の算定に係る困難性・事務負担が比較的低い国内関連者間の所得移転のケースに対しては、いずれは、移転価格税制が優先して適用されるのが通例となる状況が生じることも十分にあり得るものと想定される。

ハ）セーフ・ハーバー設定案

上記イ）及びロ）では、「TPの国内適用案」の意義及び想定される効果等を考察したが、その制度設計のあり方としては、(i)税源浸食の程度は、国内取引による所得移転の場合、国際取引による所得移転の場合ほど深刻ではない、(ii)税務当局及び納税者の負担軽減を図る必要がある[225]、(iii)課税の予測可能性の向上も重要であることなどに鑑みると、その制度設計上、適用対象範囲を限定する方が望ましいとの考え方もあろう。そのような考え方に立った場合、具体的な制度設計案としては、①その適用対象範囲を狭めるために、適用対象者の範囲を画する株式保有割合等を限定する、②英国の2010年TIOPA§166（「中小企業に対する免除」）のように、一定の要件を満たす中小企業を適用対象外とする、③インドの所得税法§92BA（「特定の国内取引の意味」）のように、一定の要件に該当する業種を適用対象外とする、④一定金額上の閾値に達しない取引を適用対象外とするなどの選択肢が浮上する。

上記①（株式保有割合等に基づく適用除外）は、現行の移転価格税制の適用対象となる株式保有要件等が、諸外国の場合と比べ、かなり限定されているとの限界があり、上記③（業種区分に基づく適用除外）は、適用対象業種の選定の困難性や公平性の問題などがあることに鑑みると、上記②（法人規模等基づく適用除外）又は④（取引金額に基づく適用除外）の方が、より合理的なセーフ・ハーバーとなるのではないかと考えられる。また、そもそも、上記①〜④のいずれの選択肢の下で自動的に移転価格税制の適用対象外となるケースが、その他の制度の適用対象外ともなるとは限らないことから、これらの選択肢の下で付与されるセーフ・ハーバーが、寄附金課税制度等に基づく更正・決定処分の適用可能性をも排除する機能を提供するわけではないが、上記②及び④は、上記(ii)（税務当局及び納税者の負担軽減）及び(iii)（課税の予測可能性の向上）の点でも、相対的に大きな効果を発揮するのではないかと想定される。

上記②（法人規模等基づく適用除外）又は④（取引金額に基づく適用除外）に基づくセーフ・ハーバーを「TPの国内適用案」に組み込むことは、本案の導入に係るハードルを引き下げる上でも有効な手段となろう。また、本案にセーフ・ハーバーを組み込んだとしても、その適用範囲を画する閾値を非常に広範な範囲の法人や取引を対象とするように設定しない限りは、セーフ・ハーバー導入が「TPの国内適用案」の目的・意義を大きく損なうこともないと考えられる。確かに、例えば、上記②又は④のようなセーフ・ハーバーを本案に組み込んだ場合、セーフ・ハーバーの適用を狙って法人規模を選択・変更する、あるいは、取引回数を操作するなどの租税戦略を実行する納税者が現れる虞があるが、その

---

225) 実際、第4章第3節3(2)で考察したGlaxo事件最高裁判決（2010）や、第5章第4節2(3)で考察したNgai Lik事件終審法院判決（2009）では、独立企業間価格算定に伴う困難性が指摘されている。

ような租税戦略は、上記の通り、移転価格税制の国内取引への適用案の対象外となるとしても、寄附金課税制度等の適用対象外となるわけではないことから、このような租税戦略を行うインセンティブが特段強まることはないと想定される。

なお、上記④（取引金額に基づく適用除外）の制度設計に基づくセーフ・ハーバーを「TPの国内適用案」に組み込んだ場合、同じ国内関連者間での同様な所得移転が、異なる年度において、その取引金額等の違いによって、移転価格税制に基づく調整処分の対象となる場合もあれば、寄附金課税制度等を適用する処分の対象となる場合もあるとの結果が生じ得るが、たとえ、同様な取引に対して異なる課税処分が行われるとの結果が生じたとしても、そのような結果は、本案のデメリットを緩和する手段としてセーフ・ハーバーを採用していることに起因して不可避的に生じるものであり、また、国際取引への適用上問題となる移転価格税制と寄附金課税制度の関係の如何によって生じ得る国際的二重課税の問題とは無縁であることから、そのような結果が生じたことによって、納税者やそのグループの税負担額に差異が生じることとなるケースが出てきたとしても、その差異を調整する措置を講じる必要は特段ないであろう。

4．優遇措置の拡充案

所得・資産等の国外移転による税源浸食の問題に対しては、移転価格税制の機能の拡充等に代表される強硬策によって対処するのではなく、所得・資産等が国外移転へのインセンティブを低下させるように機能する措置や所得・資産等の国内流入を促進するような措置を講じることによって対処するとの選択肢もある。このような機能を発揮する措置としては、法人税率の引下げや研究開発費用に対して優遇的な取扱いを行う税額控除制度のほかにも、第2章第4節4(2)で考察した英国のパテント・ボックス制度や第5章第3節3で考察した中国のハイテク企業認定管理弁法に定める要件に該当する産業に対する税務上の優遇措置などが挙げられる。特に、多くの欧州諸国で採用されるパテント・ボックス制度は、無形資産等が国外に移転することによって税源が侵食することを抑止するだけでなく、中長期的には、その国内への流入をも促進する効果を発揮している。

例えば、米国でも、研究開発費用に対する幾つかの優遇的な税務上の措置（IRC§41 (Credit for increasing research activities)等）が手当てされているが[226]、パテント・ボックス制度の潜在的有用性に鑑み、同様の制度の導入を提唱する向きがある。例えば、2013-2014年第113回議会に提出された下院案H.R.2605（Manufacturing Innovation in America Act of 2013）では、米国の納税者が特許商標庁（Patent and Trademark Office, USPTO）に登録している又は登録申請中である適格特許等に起因する「パテント・ボックス利益」（"patent box profit"）又は課税対象利益の少ない方の71％に相当する額を控除するように税制改正を行うことが提案されている。「パテント・ボックス利益」とは、米国での事業との関係で発生した適格特許等の譲渡、リース又はその他の処分等から得た総利益から、その利益に配分できる費用等を控除した額であると定義されている。

我が国でも、所得・資産等の国外移転へのインセンティブを低下させるように機能し得

---

226) IRC§41(a) (In general) は、"... the research credit determined under this section for the taxable year shall be an amount equal to the sum of——(1) 20 percent of the excess (if any) of——(a) the qualified research expenses for the taxable year, over (b) the base amount, ..."と定めている。

第4節　法人所得等の国外移転による税源浸食への対応策の再検討

る措置として、措置法42条の4及び同法§68条の9等に定める研究開発税制がある。これらの制度は、(i)試験研究費の総額に係る税額控除制度、(ii)特別試験研究に係る税額控除制度、(iii)中小企業技術基盤強化税制、(iv)試験研究費が増加した場合等の税額控除制度から構成されるものであるが、これらの制度の適用対象となる試験研究費等の額の一定割合を法人税額から控除することが認められる。また、平成21年度税制改正では、国外資金の還流を通じた国内研究開発への促進等に繋がるとされる外国子会社配当益金不算入制度が創設され、また、平成25年度税制改正では、上記(i)（試験研究費の総額に係る税額控除制度）の拡充措置（控除上限額を20％から30％に引き上げる措置）が講じられている。

　上記の通り、我が国でも、研究開発の促進に繋がる税制上の優遇措置が手当てされているが、これらの措置は、米国のIRC§41（「増加する研究活動に対する控除」）等と同様に、パテント・ボックス制度とは異なり、無形資産の開発促進・保護等に焦点を合わせたものではないことから、その国外移転の抑制及び国内流入の促進の効果もより間接的なものにとどまるとの限界がある。かかる限界に鑑みると、税務上の優遇措置によって無形資産等の国外移転による税源浸食を防止する機能を高める手段としては、パテント・ボックス制度の採用という選択肢も浮上するが、かかる選択肢が、既に措置されている研究開発税制を更に拡充するという選択肢や法人税率を引き下げるなどの選択肢よりも望ましいものであるか否かを巡っては、米国等の場合と同様に[227]、少なからず議論の余地があろう。

　しかも、上記の選択肢は、いずれも、公平性、税収への悪影響及び底辺への競争の誘発等の問題を包含している。特に、底辺への競争を誘発するという点では、EU諸国の場合、1997年に欧州理事会が採択した「事業課税に関する行動規範」（Code of Conduct for Business Taxation）の下、有害な租税競争に該当する租税レジームの撤廃及び新たな導入の禁止が求められているところ、パテント・ボックスが有害な租税レジームに該当するのではないかとドイツ政府の疑問を受けて検討を行ったEUの行動規範グループは、2013年、英国のパテント・ボックス制度が有害な租税レジームであるとの判断を下している[228]。今後、本グループの判断の妥当性がEU経済・財務相理事会（ECOFIN）で確認されれば、英国のパテント・ボックス制度は、その変更が求められることとなる。

　これに対し、OECDは、今のところ、パテント・ボックスが有害な租税レジームに該当するとの見解を示していないことから、我が国の場合、当面は、有害な租税競争という問題が、パテント・ボックス制度の導入という選択肢にとって致命傷とはならないと考えられる。しかし、その導入による税収の減少の程度の如何によっては、かかる選択肢の優先順位は、幾分異なったものとなり得よう。パテント・ボックス制度の導入と税収の増減の直接的な因果関係を把握することは困難であるが、ベネルクス諸国では、パテント・ボックス制度の導入により、特許等から得られた税収は、2005年時と比べ半減し、その他のEU諸国でも1割〜4割程度減少したが、2013年の英国のパテント・ボックス制度の導入によって、英国では、更に3割程度減少し、その他のEU諸国では更に1割前後減少することとなるとの試算もある[229]。

---

227) 米国での議論は、Marie Sapirie, Thinking outside the Patent Box, Tax Notes, Vol. 138, No. 9 (2013) pp. 1027-1029参照。
228) Stepanie Soong Johnson and David D. Stuwart, Germany on Patent Box Regimes : Put a Lid on It, Tax Notes International, Vol. 71, No. 5 (2013) pp. 395-397、http://www.ifs.org.uk/publications/6899参照。

終章　我が国の対応策の再構築

　上記の試算は、パテント・ボックス制度の導入による特許等から得られる税収が、その導入以前のレベルよりも大きくなることは、少なくとも短期的には困難であり、また、パテント・ボックス制度を導入する国が増加するに伴い、長期的にも税収増が生じる可能性も低下することを示している。しかし、このような試算・効果は、研究開発税制や近い将来に我が国で実行することが予定されている法人税率の引下げという選択肢の下でも同様に生じ得る可能性・問題である。特に、法人税率の引下げの場合、その適用対象法人が多いことから、その可能性・問題は、より顕著なものとなり得る。他方、パテント・ボックス制度の場合、その適用対象が限定的である反面、その優遇度合が大きいことから、研究開発税制の場合よりも、その適用対象となることを主たる目的として事業活動を人為的に操作するインセンティブを生じさせやすいという問題はあろう[230]。

　パテント・ボックス制度と研究開発税制の機能面を更に比較すると、(i)前者は、より広範な革新活動への投資を促進することによって、後者の機能を補完する、(ii)後者の場合、控除額の大きさを決定するのは研究開発費用額であるが、前者の場合、控除額の大きさを決定するのは利益額なので、ハイリスク・ハイリターンの投資を行うインセンティブが強くなるなどの点で、前者は後者より優れるところ、前者の適用対象から既存の特許等を除外するなどの制度設計を採用すれば、その優位性は、より顕著なものとなると考えられている[231]。このような機能・特徴（特に、上記(i)の補完機能）に着目した上で、無形資産等の国外移転による税源浸食への対応が特に困難かつ重要であるとの見方に立つと、研究開発税制の拡充という選択肢だけでなく、パテント・ボックス制度を組み込んで優遇策の多角化を図るという選択肢も、十分に考慮に値するものとなろう。

第5節　実態把握漏れによる税源浸食への対応策の再検討

1. 国外財産調書制度の再構築

　第1章第4節で考察した米国におけるFBARやFATCA等を巡る動き、第2章第4節4(2)で考察した「英国FATCA」、第4章第4節で考察したインドにおける国内外財産の開示制度の導入、第5章第4節4(2)で考察した香港における情報交換規定を組み込んだ包括的な租税条約のネットワークの拡大等は、税源浸食を防止する上で重要な鍵となる情報収集手段（特に、所得・資産等を把握する手段）を強化する流れが、近年、急速に加速してきていることの一端を示すものである。実際、これらの流れを構成している各国の対応策は、国境を跨ぐ取引等の把握の困難性に基因して生じる税源浸食を防止する上で、少なからぬ機能を発揮するものと期待されている。我が国でも、平成24年度税制改正によって国外財

---

[229] 詳細は、Rachel Griffith, Helen Miller and Martin O'Connell, Corporate Taxes and Intellectual Property: Simulating the Effect of Patent Boxes, IFS Briefing Note 112（2010）pp. 10-11参照。

[230] 実際、このような可能性が、英国税務当局の2010年公表のパテント・ボックスに関する検討資料（"Corporate tax Reform: Delivering a More Competitive System"）のパラ5.12で危惧されていたが、その対応策として、パテント・ボックス制度を定める2010年法人税法第8編Aの第6章では、主要な目的テストを組み込んだ条文も含む複数の濫用防止規定が措置されている。

[231] Charles Levy and Laura O'Brien, Will the Patent Box boost the UK innovative Ecosystem?, Big Innovation Centre, Publications No. 33（Apr. 2013）p. 5参照。

第5節　実態把握漏れによる税源浸食への対応策の再検討

産調書制度が導入されたが、本制度も国外所得・資産の把握レベルの向上策として、特に重要な制度となるものと考えられる。

　現時点では、国外財産調書制度の有用性の程度は十分に明らかではない。また、本制度が包含しているであろう問題も、①FATCAの執行に関する合意を米国政府と締結する国が増えてきている中、FATCAが米国以外の国の納税者の国外金融資産の把握レベルをも向上させるように作用し得る、②情報交換ネットワークの拡充とその実効性の向上に繋がる改正が進展している、③UBS事件等を契機として、強固であった一部の国の金融秘密の壁にも風穴が開いてきていることなどによって、実質的に緩和される部分が少なくないと想定される。しかし、上記①～③では十分に緩和することが困難な問題に対しては、国外財産調書制度の見直しやその他の補完措置などを講じることを検討することが必要となろう。以下の(1)～(2)では、特に、第2章第4節で考察した米国の対抗策等から示唆を得て、国外財産調書制度の課題・限界及び改正の方向性・選択肢を探る。

(1)　報告対象範囲の見直し案

　国外財産調書制度は、その報告義務者や対象物などの点では、国外財産の報告義務を個人に限定して課しているインドの2013年告示34号が採用している制度設計と類似しているが、インドの場合、改正所得税規則のルール12の下での国外財産の報告義務は、通常の居住者等が申告すべき所得の多寡・有無に関係なく電子申告を行う義務がある者が負うという制度設計が採用されていることから、その適用対象となる個人の範囲は極めて広い。他方、米国のFBARの場合、報告義務の対象となっているのは、1万ドルという金額上の閾値を超える国外金融口座等に限定されているものの、報告義務を負う者は、かかる閾値を超える価値のある国外金融口座を有する米国人（米国市民、米国居住者、国内法人、国内のパートナーシップ、国内の信託やエステートも含む）であることから、その適用対象となる納税者が個人に限定されていないという特徴がある。

　米国のFATCAの場合、具体的には、IRC§6038D（「特定の国外金融資産」）の下、FFIだけでなく、個人も、その「特定国外金融資産」の総価値が5万ドル（又は長官が定める金額）を超える場合、税務当局に対する報告義務を負うこととなるが、IRC§6038D(f)（「一定の事業体への適用」）が定める通り、本報告義務を負う者の中には、「特定国外金融資産」を直接又は間接に保有するために設立又は利用される「特定の国内の事業体」に該当する法人、パートナーシップ及び国内信託も含まれる。このように、FBAR及びFATCAは、国外金融口座等に限定した報告義務ではあるが、その報告義務を負う納税者は多岐に亘っている。「英国FATCA」の場合も、自動的情報交換を通じて英国政府が得るのは、「王室属領」等の金融機関が保有する英国の居住者等の情報であるが、当該居住者等には、個人、パートナーシップ、非上場会社及びこれらの者が支配権を有する者に含まれている英国外の事業体等が含まれる。

　勿論、前述の通り、納税者の国外資産を把握するための手段は、国外財産調書制度に限ったわけではないことから、主な他国の類似する制度との差異が示唆する国外財産調書制度の機能上の問題・限界をその他の手段で補うことは、ある程度可能であり、また、制度を簡素なものにすることのメリット、コンプライアンス・コストを低く抑える必要性及び執行の効率化の重要性等に鑑みた場合、その適用対象を個人の居住者に限定することに一定

の合理的があることは疑いない。特に、FBARの場合、その執行の初期段階において、制度に係るコンプライアンスが芳しくなかった理由の一つとして、制度の複雑性や不明瞭性の問題も挙げられていたことなどに鑑みると、国外財産調書制度の下での報告義務を個人に限定することにより、その適用範囲を単純・明快にする制度設計は、その実効性を担保することが特に肝要であるとの観点からすると、妥当であるとの見方もできる。

しかし、財産の種類及びその保有形態の多様化が進展する中、我が国での課税を免れることを主な目的として所得や資産を国外に保有している者又は保有しようとしている者は、国外財産調書制度の下での報告義務の対象とならないような財産や財産保有形態を少なからず選好・活用することが想定される。例えば、国外財産調書制度の下での報告義務の回避方法として、個人が国内に設立した事業体又はその事業体の国外の関係者等に国外財産を保有させることなどが考えられる。このような方法の場合、その国内の事業体や国外関係者は、事業実態を欠く事業体やその個人の関係者であるようなケースも少なくないと想定されるが、もし、国外財産調書制度の下、このようなケースは、その個人に対して報告義務を課するものではないと解するということであれば、このようなケースを把握する体制は十分に整備されており、実際、その実態把握が十分なものとなっているのかとの疑問も生じる。

前述の通り、所得税法232条が定める財産債務明細書の提出義務は、その義務違反に対するペナルティが措置されていない中、上記のようなケース（個人やその関係者等が大半の持分を有する事業体の国外財産の実態）の把握レベルを高める必要があるとすれば、(i)本明細書の提出義務の違反を伴う一定金額以上の所得税の申告及び無申告に係る加算税率を加重する税制改正を行うとの選択肢のほかにも、上記IRC§6038D（「特定国外金融資産」）から示唆を得て、(ii)国外財産調書制度の下での報告義務を負う個人の居住者が、その持分の大半を有する国内の事業体が直接又は間接に保有する国外財産も、その個人の報告対象財産とする、(iii)個人の居住者（あるいは、その個人とその親族等）が持分の大半を有する国内の事業体が直接又は間接に保有する資産とその個人が保有する国外財産の合計額が、一定金額・価値を超える場合、その個人は、本制度の下での報告義務を負うとする税制改正を行うとの選択肢が考えられる[232]。

上記の他にも、特に、米国のFBAR制度とインドの改正された所得税規則のルール12のいずれにおいても、個人が署名する権限を有する国外金融口座が報告対象となっていることも、国外財産調書制度の再構築のあり方を考える上で、特に参考にすべき点であるかもしれない。そもそも、FBAR制度の下、個人が署名する権限を有するが、金融上の権利を有していない国外金融口座は、当該個人とそれに対する金融上の権利を有する法人等の両方から報告されるようになっている。この場合、個人による報告義務が免除されていないのは、このような保有形態が所得隠し等に利用され易いからであると考えられる。法人に対する国外財産の報告義務が課されていない国外財産調書制度の下、法人が権利を有しているが、処分権等を有するのは個人（多くの場合、その法人の役員や被雇用者）である国

---

[232] 報告対象となる国外財産の範囲に関し、平成25年度改正「国外送金法」5-6の2（有価証券の内外判定）は、報告対象となる有価証券であるか否かは、その発行法人の本店又は主たる事務所の所在地ではなく、それに係る口座の開設・管理されている金融商品取引業者等の営業所又は事務所の所在地に基づいて判定するという狭い定義を採用しているが、本案の下では、より広い定義を採用するという選択肢も考えられる。

第5節　実態把握漏れによる税源浸食への対応策の再検討

外金融口座が、もし、本制度の下での報告対象資産でないとなれば、本制度の抜け穴となるのではないかと危惧される。

　上記の危惧を払拭するとの観点からは、居住者である個人が、形式的には金融上の権利を有していないものの、「署名する権限又はその他の権限」を有している国外金融口座も、国外財産調書制度の下での報告対象となる国外財産に含めることを明示する規定を組み込む制度改正を行うとの選択肢もあろう。この場合、「署名する権限又はその他の権限」の定義としては、米国財務省の2011年最終規則（Amendment to the Bank Secrecy Act Regulations—Reports of Foreign Financial Accounts、31 CFR Part 1010）で採用されている定義（「署名又はその他の権限とは、個人（単独又はその他の者と一緒に）が、金融口座が所在する金融機関に対し、（書面又は口頭で）直接に連絡することによって、その金融口座に保有されている金銭、資金又はその他の資産の処分を支配する権限を意味している」）を参考にすることが考えられる[233]。上記(i)との関係上、所得税法232条の下での開示義務の対象とすべき財産も、多様な所有形態に対応したものにすることが考えられる。

(2)　コンプライアンス・レベルの向上策

　国外財産調書制度の有用性の程度は、報告義務の履行状況にも大きく左右されることは疑いない。本制度に対するコンプライアンス・レベルの如何は、様々な要素に影響されるであろうが、義務履行のメリット及び義務違反のデメリットの程度が、そのレベルを少なからず左右するものと想定される。米国のFBAR制度やインドの改正所得税規則のルール12の下での報告義務を履行しても、何らかの税務上のメリットの享受できるわけではないが、FBAR制度に係る義務違反は、その違反が意図的でなくても、一万ドル以下の民事罰の対象となり得るが、意図的な違反の場合には、10万ドルと違反時の国外金融口座残高の50％のいずれか大きい方の額の民事罰や刑事罰の対象となり得る。インドの場合、国外財産の報告義務違反自体はペナルティの対象ではないが、報告義務違反は、所得税や富裕税の負担を免れたとみなされて、更正・決定処分の対象となれば、ペナルティや刑事罰の対象となり得る。

　これに対し、国外財産調書制度の下での提出義務を適切に履行していれば、報告した国外財産に基因する所得税及び相続税の過少申告に係る加算税の額の軽減などが可能となる。確かに、適切な義務の履行がない場合、適切な開示がない国外財産に基因する過少申告に対する加算税額は、通常の過少申告の場合よりも高い額となり、しかも、平成25年1月1日以降に提出すべき国外財産調書の故意による不提出等（新国外送金等調書法10条1項に定める国外財産調書の虚偽記載による提出、同法10条2項に定める正当な理由のない国外財産調書の不提出など）は、1年以下の懲役又は50万円以下の罰金の対象となるが、故意による国外財産調書の不提出等が刑罰の対象となるケースが稀であろうことは、本法10条2項但書が情状免除を定め、また、過少申告や無申告さえも刑罰の対象となった例が少ないことからも示唆される。

---

233)　原文は、"Signature or other authority means the authority of an individual（alone or in conjunction with another）to control the disposition of money, funds or other assets held in a financial account by direct communication（whether in writing or otherwise）to the person with whom the financial account is maintained." である。

終章　我が国の対応策の再構築

　他方、米国では、FBARの提出義務違反が意図的であることの認定に係るハードルが、それほど高くないことは、McBride事件Utah州地区裁判所判決（2010）の見解（「個人が『意図的』に行動したというためには、個人はFBAR制度上の報告義務を主観的に認識している必要はない、さもなければ、個人は、その法的な責務を学ぶことを意図的に避けることによって、その義務を無効にすることができる」）等からも示唆される。しかも、2004年のAJC法制定後は、FBARの提出義務に「意図的」に違反していることが、必ずしも、民事罰の適用要件でなくなっている。確かに、国外財産調書の意図的な提出義務違反を伴う無申告又は過少申告が、国税通則法68条に定める重加算税の適用可能性を高める要因となり得ることはあるとしても、そもそも、その適用上のハードル（課税標準等に係る事実の仮装又は隠ぺいがあったこと）は、かなり高く設定されている。

　上記の通り、国外財産調書の提出義務違反が包含するデメリットやペナルティのリスクは、FBARやインドの改正所得税規則のルール12の下での報告義務違反が包含するデメリット・リスクに比べ、かなり小さいとの特徴がある。勿論、かかる特徴を有する国外財産調書制度に対するコンプライアンス・レベルは、報告義務の適切な履行の下で享受し得る上記のメリットによって幾分引き上げられるであろうが、2004年改正によるペナルティの厳格化が行われる前のFBAR制度の下でのコンプライアンス・レベルの低さなどに鑑みると、やはり、国外財産調書の提出義務違反が包含するデメリット・リスクの大きさの如何が、特に、コンプライアンス・レベルの高さを左右する大きな要素となると想定されることから、かかるデメリット・リスクをより大きなものとすることが、コンプライアインス・レベルを向上させる上では重要な鍵となろう。

　国外財産調書の提出義務違反が包含するデメリット・リスクを大きくする主たる手段としては、かかる義務違反に対するペナルティを強化することが考えられる。米国の場合、第1章第4節2(1)で述べた通り、FBARの提出件数が2004年以降顕著に増加した背景には、AJC法によってFBARの提出義務違反に対するペナルティが強化されたという事実もある。しかも、米国の場合、第1章第4節4で示した通り、2010年に措置されたIRC§6038D（「国外金融資産に関する情報」）に定める個人の報告義務の違反は、同条(d)（「未開示に対するペナルティ」）項の下、1万ドルのペナルティの対象となり得るだけでなく、かかる報告義務の違反がある場合の「正確性に係るペナルティ」の率は、FATCAの下で新たに措置されたIRC§6662(j)（「未開示の国外金融資産に係る過少申告」）の下、通常の20%ではなく40%となる。

　我が国の場合、そもそも、国外財産調書の提出義務違反に対して刑事罰を適用するためのハードルが高いことから、その義務違反のデメリット・リスクを刑事罰の強化を通じて高めることには少なからぬ限界がある。他方、国外財産調書法6条の下では、既に、国外財産調書の提出義務が適切に履行されていない場合、所得税に係る過少申告加算税（10%又は15%）又は無申告加算税（15%又は20%）が5%加重されているところ、その税率を重加算税率（35%又は40%）よりも低く設定するとの条件の下、更に加重するとの選択肢（「加重税率引上げ案」）が考えられる。かかる選択肢の下、国外財産調書の提出義務違反のデメリット・リスクは更に高まるが、相続税及び「死亡した者に係る所得税」に係る過少申告加算税・無申告加算税の税率を加重する措置は採られていないことから、その点との関係上、リスクを高める効果は限定されることとなる。

第5節　実態把握漏れによる税源浸食への対応策の再検討

　「加重税率引上げ案」の限界を補完して国外財産調書の提出義務違反のデメリット・リスクを更に大きくするその他の主な手段としては、未開示となっている国外財産が関係する税務申告書に対する更正・決定処分の期間制限を緩和することが考えられる。例えば、米国の場合、「税務申告書の提出がない場合、税の賦課、あるいは、査定を伴わないままに開始するその税の徴収のための裁判手続は、いつでも実行できる」と定めるIRC§6501（「賦課及び徴収に係る制限」）同条(c)(3)（No return）等に該当する場合も、更正・決定処分の期間制限は大幅に緩和されているが[234]、上記のIRC§6038Dが定める報告義務が履行されていない場合も、第1章第4節3(3)で述べた通り、IRC§6501(c)（「例外」）(8)（「一定の国外移転の長官への未通知」）の下、その報告対象事項が関係する税務申告書に対する更正処分の期間制限は、その報告義務の履行後から3年間であるとされている[235]。

　一定の報告義務が履行されていないケースに対して上記IRC§6501(c)(8)が定めるような形で更正処分の期間制限を緩和するという手段は、国外財産調書の提出義務違反のリスクをかなり大きなものとし、その結果、コンプライアンス・レベルも顕著に高まると想定される。しかし、かかる手段は、かなり抜本的な選択肢であることから、その採用のハードルは高く、しかも、国外財産調書制度の改革の選択肢としては、上記(1)で提言した「加重税率引上げ案」も考えられることから、現実的な選択肢であるとは言い難い。これに対し、第4章第4節2(1)ハで考察した2012年に措置されたインドの所得税法§149（「通知の期間制限」）(c)及び2012年に改正された富裕税法§17（「課税を免れる財産」）(1A)は、更正・決定処分の期間制限を従来の最高6年間から16年間に変更するものであるが、国外財産調書の提出義務違反のデメリット・リスクを大きくする手段として、より参考となるものではないかと考えられる。

　上記のインドの改正後の所得税法§149等を参考にすると、所得税又は相続税の過少申告又は無申告の事実があり、その過少申告又は無申告となっている所得又は財産に係る国外財産について、国外財産調書制度の下での報告義務が適切に履行されていない場合には、これらの過少申告又は無申告に係る更正・決定処分の除斥期間を引き延ばす（例えば、申告期限から7年程度（偽りその他不正に該当するものは10年程度）とする）ように関係法令を改正する選択肢（以下「除斥期間延長案1」という）が浮上するが、このような更正・決定処分の期間制限の引延しを行うケースを報告義務が適切に履行されていない国外財産に基因している過少申告・無申告額が、一定の金額上の閾値を超える場合に限定するという制度設計もあり得よう。このような制度設計を採用すれば、かかる選択肢の採用のハードルを下げることができよう。

　上記の制度設計に立脚する選択肢の下では、国外財産調書の提出が促進され、その結果、新国外送金等調書法6条1項に定める加算税の軽減の対象となるケースも増加するであろう。自主開示の促進という観点からすると、米国のOVDPやインドのVDIS等も参考となるが、同様なプログラムの我が国での実施には、法律上・実務上の問題に加え、調書の提出義務違反に係るペナルティが、それほど厳しくない、あるいは、適用のハードルが高い

---

[234]　原文は、"In the case of failure to file a return, the tax may be assessed, or a proceeding in court for the collection of such tax may be begun without assessment, at any time." である。英国の1970年租税管理法§36の下でも同様な取扱いがされている点は、第2章第4節4(2)・同章・脚注179)参照。

[235]　原文の規定振りは、第1章第4節3(3)脚注364)～365)参照。

549

ため、その自主開示促進効果も限定的となろう。そうすると、やはり、国外財産調書制度の機能向上を図るためにも、「除斥期間延長案１」や上記⑴で提言した選択肢（(ⅰ)財産債務明細書の提出義務違反を伴う申告漏れに係る加算税率を加重する、(ⅱ)及び(ⅲ)本制度の報告対象資産に関係する国内事業体が直接又は間接に保有する国外財産も含める）の採用などを通じて、本制度の義務違反が包含するデメリット・リスクをより大きくすることが考えられる。

２．贈与事実の把握レベルの向上策

(1) 日米における贈与税の違い

　序章で述べた通り、財産移転・贈与の事実を公にしないことによって、贈与税の負担を回避することが可能となるケースがあり得ると考えられる。例えば、移転・贈与されるのが不動産であっても、その税務申告だけでなく、その移転登記も長い間行われない場合、税源が浸食される虞がある。このような無申告及び移転登記の大幅な遅延がある場合、税務当局及び裁判所は、不動産の移転の時点では、その引渡しが完成しておらず、「贈与による財産の取得」は登記の時であると認定することによって、その税負担回避効果を否認するアプローチを採用するのが通例となっているが、前述の通り、不動産の引渡しが完了している場合には、その移転登記がされていなくとも、「贈与による財産の取得」が行われていないとの認定・判断を行うことには一定の限界がある。また、このような認定・判断を強引に行うと、相続税法１条の４に定める「贈与による…取得」と民法上の贈与が異なる意味のものとなってしまう虞もある。

　これに対し、例えば、米国の場合、財務省規則§25.2511-1（Transfers in general）(g)(1)は、「移転者の贈与の意思は、移転に対する贈与税の適用上不可欠な要素ではない。贈与税は、贈与者の主観的な動機というよりは、移転の客観的な事実及び移転の状況に基づいて適用される…」と定め[236]、また、同規則§25.2512-8（Transfers for insufficient consideration）は、「贈与税の対象となる移転は、…コモン・ローの贈与概念に合致するもののみに限定されず、贈与者が移転した財産の価値が支払われた対価の金銭価値を超える限度において、対価を伴う売買、交換又はその他の資産の譲渡をも包含する。しかし、通常の事業の過程でなされた売買、交換又はその他の譲渡（真正な独立企業間価格取引であり、贈与の意図がないもの）は、適切かつ十分な金銭又は金銭的価値のある対価の下に行われたとみなされる」と規定している[237]。

　上記財務省規則と同様な考え方は、Wemyss v. Commissioner事件最高裁判決（324 U. S. 303 ; 1945）でも示されている。本件では、死亡した前夫から再婚しないことを条件に信託財産に対する権利を付与されていた女性に対し、その権利を放棄して再婚する代わりに、

---

236) 原文は、"Donative intent on the part of the transferor is not an essential element in the application of the gift tax to the transfer. The application of the tax is based on the objective facts of the transfer and the circumstances under which it is made, rather than on the subjective motives of the donor. ...."である。

237) 前段部分の原文は、"Transfers reached by the gift tax are not confined to those only which, ... , accord with the common law concept of gifts, but embrace as well sales, exchanges, and other dispositions of property for a consideration to the extent that the value of the property transferred by the donor exceeds the value in money or money's worth of the consideration given therefor. ...."である。

第5節　実態把握漏れによる税源浸食への対応策の再検討

法人株式を付与することとした夫・被上告人に対し、税務当局が、本件株式の価値は149,456ドル相当と評価した上で、「財産が適切かつ十分な金銭又は金銭的な価値よりも低い対価で移転された場合、その財産価値が対価の価値を超える金額は、本タイトルの下で賦課される税の目的上、贈与とみなされ、その暦年中にされた贈与額の計算に含められる」と定めていた1932年IRC§503（Transfer for less than adequate and full consideration）等に基づき[238]、贈与税を課する処分を行ったことが問題となっている。

上記最高裁判決では、1932年IRC§503の創設経緯に係る議会資料からして、「議会は、非常に頻繁に把握が容易でない意思の確認を求めていたわけではなく、『贈与』という文言を最も広範かつ包括的な意味で使用することを意図していた」と解されるところ[239]、議会は、贈与税の目的上、贈与の意思というテストを捨象しているだけでなく、金銭又は金銭的価値において適切かつ十分な額以下の対価による移転というより執行可能な外形的なテストを創設し、しかも、本件の場合、被上告人と再婚した女性が本件信託に対する権利を放棄しても、その権利は、その女性とその前夫との間に生まれた子供に移転することとなるため、本件株式が通常の商業上の取引における独立企業間価格でなくとも、かかる権利を放棄することには理由があり、また、実際上、本件株式に対する対価は、適切かつ十分な額以下の対価となっていることから、本件処分の適法性を首肯した租税裁判所判決（2. T. C. 876）の判断は正しいと判示されている。

上記からも明らかなように、米国の贈与税は、(i)その課税対象となるのは、贈与を行った者である、(ii)その課税目的上、贈与が行われたか否かは、贈与の意思の有無という主観的な要素を特に重視しているわけではないことが、我が国の贈与税の下での取扱いと大きく異なる点として挙げられる。特に、上記(ii)の差異は、不動産の移転登記のような客観的な事実が、贈与時点の判断上、重要なポイントとなることにより、実際上、税務当局に有利に作用しているケースが多くなっているのではないかと考えられる。確かに、この点も注目すべき差異ではあるが、我が国の贈与税の下での取扱いとの顕著な差異ゆえに税務当局に有利に作用することとなる取扱いという点では、むしろ、贈与税の期間制限の原則に修正を加える上記IRC§6501(c)（「例外」）に(9)（「申告書に示されていない一定の贈与財産に係る贈与税」）号が措置されていることに着目すべきなのかもしれない。

そもそも、上記§6501(c)(9)が措置されている背景には、上記1で考察したIRC§6501(c)（「例外」）(8)（「長官に対する一定の国外移転の未通知」）が対象としているIRC§6038D（「国外金融資産に関する情報」）に定める「特定の個人」の報告義務の場合、その義務違反自体がIRC§6038D(d)（「開示義務の不履行に対するペナルティ」）の適用対象となり、しかも、その義務違反がある場合の「正確性に係るペナルティ」の率は、IRC§6662(j)（「未開示の国外金融資産に係る過少申告」）の下、大幅に過重されたものとなるのに対し、上記IRC§6501(c)(9)が対象としている贈与税の申告義務の場合、開示すべき贈与財産の開示が漏れていること自体に対するペナルティが措置されていないとの事実があることから、申

---

[238] 原文は、"Where property is transferred for less than an adequate and full consideration in money or money's worth, then the amount by which the value of the property exceeded the value of the consideration shall, for the purpose of the tax imposed by this title, be deemed a gift, and shall be included in computing the amounts of gifts made during the calendar year." であった。
[239] 原文は、"Congress intended to use the term "gifts" in its broadest and most comprehensive sense. Congress chose not to require an ascertainment of what too often is an elusive state of mind." である。

551

告書上の開示義務が履行されていない後者の場合も、何らかのペナルティや開示義務の促進手段等を講じることには合理性があると考えられる。

(2) IRC§6501(c)が包含する示唆

　我が国の場合、国外財産調書制度が定める報告義務違反に対する刑罰は、その適用上のハードルが高いという問題があるが、報告義務の違反を伴う過少申告や無申告は、所得税の場合、高率の加算税の適用対象となり得ることから、報告義務違反に伴うリスクはある程度存在する。また、本制度の場合、その機能向上を図る必要があるとしても、上記(1)で示した通り、①（報告対象範囲の拡大案）、②（「加算税率引上げ案」）、③（更正・決定処分の期間制限の引延し案）などの選択肢が考えられる。これに対し、財産贈与を受けた後に贈与税の除斥期間の徒過を待ってその事実を公にする行為（贈与税の申告や移転登記等の表示行為）の場合、その贈与事実の適時の把握は、我が国の居住者の国外財産の有無等の把握と同様に困難であるケースもあり得るが、贈与税の申告期限内に申告を行わないことのリスクを高めるための特段の措置が講じられているわけではない。

　しかも、我が国の場合、民商法からの借用している税法上の文言は、特段の理由がない限り、民商法上の意味に解すべきであることから、税法上の「贈与により財産を取得」であるとの文言が意味する行為が、民法上の贈与による財産の取得と異なる行為であるとの解釈をすることは、特段の理由がない限りできない。また、前述の通り、不動産の移転後に贈与税の除斥期間の徒過を待ってその登記を行う租税戦略に対し、その移転登記が未了であることを特に重視した上で、税法上の「贈与により財産を取得」は未だ行われていないとの認定を行うことにも一定の限界がある。そうなると、立法措置を手当てすることによって対処することが妥当ということになろうが、IRC§6501(c)(3)（「無申告」）や同項(9)（「申告書に示されていない一定の贈与財産に係る贈与税」）号のような取扱いを採用することは、偽りその他不正の行為に対する更正・決定の期間制限が7年であることとのバランスという観点から問題がある。

　そうすると、やはり、立法措置案としては、上記(1)で示した「除斥期間延長案1」と同様な考え方に立脚し、贈与税の除斥期間を延長する選択肢（「除斥期間延長案2」）が浮上する。しかし、財産贈与の事実を公にする表示行為を控える者の殆ど全ては、税負担の回避を確たる目的としている者であることから、「除斥期間延長案2」の自主開示の促進効果は、「除斥期間延長案1」の場合よりも低くなろう。しかも、「除斥期間延長案1」の場合、国外財産調書制度の下での報告対象範囲を広げる制度改正などを通じて、その効果を更に高めることが可能となる余地が残されている。このように、「除斥期間延長案2」の自主開示の促進効果は、かなり限定的であり、その効果を高める補完措置も乏しいという問題がある。かかる問題等に鑑みると、贈与税の除斥期間を単純に延長する「除斥期間延長案2」の効果は、かなり限定的なものとなると想定されることから、それほど有力な選択肢とはなり得ないと考えられる。

　偽りその他不正の行為に対する更正・決定処分の期間制限とのバランスを図る必要性及び法定期限内の贈与税申告の促進という観点からすると、例えば、一定の金額上の閾値を超える価値のある財産の贈与又は負担付贈与を受けた者によるその贈与を示す贈与税の申告書の提出がなく、しかも、その受贈の事実を公にする表示行為が、大幅に遅延している

第5節　実態把握漏れによる税源浸食への対応策の再検討

（現行の贈与税の除斥期間の到来後である）ケースに対し、その申告漏れ及び公法行為等の遅延の主要な目的が贈与税の回避であることの立証が可能である場合には[240]、その者に対して贈与税を課する更正・決定処分の除斥期間は、その受贈の事実を公にする表示行為があった時点から起算することができるように相続税法36条を改正するという立法措置案（以下「除斥期間算定特例案」という）が考えられる。

　上記「除斥期間算定特例案」の制度設計には、「主要な目的テスト」が組み込まれている。このような制度設計は、贈与税の除斥期間経過後に財産移転の事実を公にする行為が問題となった裁判（序章第4節2(2)で考察した那覇地裁平成7年9月27日判決及び京都地裁平成16年1月30日判決等）において、原告による不動産の移転登記があった時点が贈与により財産を取得した時点であるとする税務当局の主張が妥当であるか否かを判断する上で、納税者に租税回避の意図があったか否かという点が重要なポイントとなっていることなどを踏まえたものであるが[241]、このような行為の主要な目的が贈与税の回避であるか否かの判断・立証は、その行為の遅延理由に係るものであることから、多くの場合、それほど困難ではないと考えられるが、その立証が困難な場合には、通常通り、本案に依拠することなく、贈与の時期を判断することとなろう[242]。

　確かに、上記「除斥期間算定特例案」については、偽りその他不正の行為に対する更正・決定の期間制限との関係から問題視する向きもあろうが、(i)両者は同じ土俵に立つものではない、(ii)経常税（所得税、法人税及び消費税等）と随時税（相続税及び贈与税等）を比べた場合、課税対象事実・課税の糸口の把握は、後者において、より困難である、(iii)相続税と贈与税を比べた場合、課税対象事実・課税の糸口の把握は、市町村長等による通知を定める相続税法58条のような規定がない贈与税の方が格段に困難である、(iv)偽りその他不正の行為は、通常、その発覚の糸口となる申告書が提出されているケースが通例であるのに対し、事実を公にする行為を伴わない財産移転を見つけ出すことは、より困難な場合があり得る、(v)本案の適用対象が一定の金額上の閾値を超え、しかも、租税回避を主な目的とするとの立証が可能なものに限定されていることなどに鑑みると、特に問題ないとの見方もできよう。

　勿論、「贈与により財産を取得した」時点は、贈与契約が結ばれた時点や財産の事実上の移転があった時点ではなく、財産移転事実を公にする行為の時点（贈与契約の時点等から起算すると贈与税の除斥期間経過後）であるとの事実認定・立証が可能である場合、上記「除斥期間算定特例案」の適用を援用する必要はないが、そのような事実認定に困難が伴う場合には、強引な事実認定や法解釈に依拠して対処するのではなく、濫用の余地を塞ぐ立法措置を講じるのが筋であろう。手当てすべき立法措置の選択肢となり得ると考えら

240）　かかる表示行為の主要な目的が贈与税の回避であるか否かの判断は、基本的には、客観的な事実に基づいて判断すべきであろうが、納税者の動機も考慮するのが妥当であろう。
241）　本案は、序章第4節2(2)で考察した京都地裁平成16年1月30日判決で指摘された問題（「本件公正証書が存在する以上、通常、･･･贈与契約の表示行為があったものというべきであり、･･･被告の主張は、租税回避の目的がある法律行為について、広く、その司法上の効果を否認しようとする趣旨とも解されるが、そのような趣旨であれば、その限りで失当である」）に対応することを可能にする。
242）　本案に依拠することは、「金融機関等による顧客等の本人確認等に関する法律」の適用を回避することを主要な目的とするものであったことなどを立証する必要があろう序章第4節2(1)ロで考察した東京地裁平成21年4月24日判決で問題となったケースよりは、同章第4節2(2)で考察した公正証書を利用した贈与税回避のケース等において、より適切であろう。

れるのが、上記の制度設計に依拠する「除斥期間算定特例案」である。かかる制度設計は、今後、様々な租税回避行為及び租税戦略に対処するための立法措置の制度設計のあり方や租税回避行為等の否認アプローチのあり方などを考える上でも参考となり得るものであることから、本案導入の意義・影響は、かなり大きなものとなる可能性を秘めていると思料する。

第6節　結　語

　終章第2節（租税回避行為による税源浸食への対応策の再検討）では、第1章～第5章で考察した国において、近年、包括的な否認法理の立法化又はGAARの導入が決定されたこと、また、その対応策としての重要性・潜在的有用性が大きいことなどに鑑み、我が国における包括的否認規定導入の意義や制度設計のあり方などを考察した。かかる考察の根底を成すのは、我が国の場合も、基本的に、包括的否認規定の導入のメリットは、そのデメリットを凌駕すると考えられるものの、包括的否認規定の制度設計のあり方を考えるに当たっては、グローバルな趨勢を踏まえるのは勿論、そのメリットを十分に引き出すとともに、そのデメリットを抑える工夫をすることが肝要であるとの考え方であるが、かかる考え方を根底に据えた考察を通じて、その制度設計上の選択肢をかなり絞り込んだことにより、ある程度の具体性を持った包括的否認規定案に辿り着くことができた。

　本書における考察を通じて辿り着いた包括的否認規定案は、(i)その適用対象となる税目が、英国のGAARや香港の税務条例§61Aのように、所得税に限定されていない、(ii)「目的テスト」の中でも、最近の租税条約上の包括的な濫用防止規定や最近GAARの導入・改正を行った国の多くで採用されている「主要な目的の一つテスト」を第1適用判断基準として組み込んでいる、(iii)第2適用判断基準が複数のメルクマールから構成されている、(iv)その適用対象となる（又はその可能性が高い）、あるいは、その適用対象外となる（又はその可能性が高い）取引の類型等が、可能な限り、事務運営指針で示される、(v)その導入後の数年間は、一定の取引金額基準を閾値とするセーフ・ハーバーを組み込んでいるため、その閾値に達しない金額の取引は、自動的にその適用対象外となる、(vi)その適用の可否が、課税処分が下される前に一定の独立性を有する機関で審査されるなどの特徴・制度設計を有するものとなっている。

　上記(i)（対象税目が多い）は、我が国における相続・贈与税や消費税の重要性の高まりや相続税法64条の限界等に着目したものであり、上記(ii)（「主要な目的の一つテスト」）の有用性は、租税回避スキームに何らかの事業目的を組み込むのは、それほど困難ではないとの指摘がされていることなどを踏まえたものであり、上記(iii)（複数のメルクマールが第2適用判断基準を構成する）は、第2適用基準は、カナダ等のGAARのような単一のメルクマールではなく、南アフリカ等のGAARのような制度設計が望ましいとの考えに基づくものであり、上記(iv)（適用対象となる、あるいは、適用対象外となる取引類型等を可能な限り事務運営指針で示す）は、納税者の予測可能性を高めることの重要性を踏まえたものであり、上記(v)（導入当初のセーフ・ハーバーの設定）と上記(vi)（審査機関の設置）は、包括的否認規定のソフト・ランディング、納税者の負担軽減及びその不適切な適用の防止などの観点から提言するものである。

第 6 節　結　語

　包括的否認規定導入の主な目的は、租税回避否認機能の向上と租税回避行為の抑止であるが、その否認基準を示すことによって、課税の明確化や予測可能性の向上などのメリットも生じ得るほか、その否認基準を構成するメルクマール（「目的テスト」や「法の濫用テスト」等）が税法上の規定で採用されているとの事実は、包括的否認規定の適用の可否が直接の争点ではない租税回避等のケースに対する税務上の取扱いに係る判断にも影響を与えるものと考えられる。確かに、包括的否認規定の導入によって生じるデメリットや問題点もあろうが、上記（(i)～(vi)）のような措置等を講じることによって、それらを少なからず緩和することが可能となろう。なお、包括的否認規定の導入によって、否認基準・適用範囲が異なるその他の準包括的な否認規定等が不要となるわけではなく、また、包括的否認規定は、その適用上、基本的に最後の手段と位置づけられるべきものであることから、これらの規定に劣後するように取扱うことが妥当であろう。

　終章第3節（納税者の国外移転による税源浸食への対応策の再検討）では、個人の国外移転による税源浸食の問題に対しては、所得税法上の対応策の強化措置は、未だ手当てされておらず、しかも、居住者であるか否かの判断上、最も重要な鍵となるのが、可動性が高い個人の住居や生活の本拠であることなどに鑑み、かかる問題に効果的に対処するには、従来とは異なる視点から対応策を模索する必要があるとの考えの下、多くの国が採用している出国税の導入案を提言している。確かに、税負担軽減目的の下に一時的に国外転居することを狙った租税戦略に対処するとの観点から、英国のICTA§10Aの適用対象範囲に一定の制限を加えた制度設計に依拠する追跡税の導入案も、一つの選択肢となり得ると考えるが、(i)OECDモデル条約との関係上問題が少ない、(ii)出国時に課税するので税源浸食防止がより確実である、(iii)国外に出国した者の資産・所得等の把握に係る負担が少ないなどのメリットのある狭義の出国税も、有力な選択肢であると思料する。

　上記(i)～(iii)のメリットを有する選択肢として提言する狭義の出国税の制度設計上の主な特徴としては、(i)みなし譲渡益の金額や株式保有数等に基づいて設定する閾値・セーフ・ハーバーを超えるケースのみを対象とする、(ii)適用対象となる資産は、一部の諸外国の出国税とは異なり、株式等に限定しない、(iii)出国時に課税対象となるみなし譲渡益と出国後の実際の資産の譲渡損益との調整を行わない、(iv)出国税の延納は、担保の提供を条件とするなどの点を挙げることができる。なお、出国税が惹起する問題点や課題等にも対処する必要があるとの観点から、①租税条約上、国際的二重課税の排除が可能となる規定をできるだけ措置する、②出国税の課税対象となる資産の所在地等の再検討・明確化を行う、③出国税の対象となり得るような者の資産及びその出国事実の事前又は適時の把握レベルを高める措置・体制を整備することなども、重要なポイントとなると位置づけている。

　他方、法人の国外移転による税源浸食を防止する手段としては、法人の設立地とその管理地を異なる国に分散する租税戦略の実行が困難でない昨今、法人居住性の判定基準に実質管理地主義も組み込むことが考えられる。実質管理地主義・基準を採用する国は増えてきており、また、国内法上、実質管理地主義自体を採用していなくとも、実質主義的アプローチや「管轄アプローチ」に依拠する措置を採用することによって、設立準拠地主義の限界を補完する動きが、益々顕著なものとなってきている。確かに、実質管理地主義の採用は、税制の複雑化や執行の困難性という問題を生じさせる。また、実質管理地主義・基

準を逆手に取った条約漁りを惹起するという問題も見受けられる。しかし、これらの問題は、それほど深刻化しないと想定されるほか、もし、必要であれば、包括的否認規定の導入などによってある程度の対応が可能となり得ると考えられることから、実質管理地主義の採用のメリットは、そのデメリットを凌駕するものと思料する。

終章第4節（法人所得等の国外移転による税源浸食への対応策の再検討）では、(i)独立企業間価格の算定上必要となり得る取引等の再構築を行うためには、国内法上のGAAR等の存在が前提となると考えられる、(ii)移転価格税制と費用控除規定及びTAAR等との関係は、前者の役割が相対的に増える傾向にあり、しかも、独立企業原則の変容及び最近改訂されたOECD移転価格ガイドラインは、かかる傾向を更に強める方向性を有しているが、同様な方向性が、移転価格税制と寄附金課税制度との関係で生じるとは限らない、(iii)税源浸食防止機能の強化が必要である一方、納税者の負担軽減も重要な課題であることなどを踏まえた上で、移転価格税制と寄附金課税制度との関係のあり方を再検討するとの観点からは、①（「通達・事務運営指針改訂案」）を示しており、移転価格税制の機能強化の方法を考察するという観点からは、②（「TPの国内適用案」）を提言している。

上記①（「通達・事務運営指針改訂案」）の下では、移転価格税制と寄附金課税制度の双方の適用対象となり得るケースでは、一定の要件の該当する場合、移転価格税制の優先適用を行うことを提言している。一定の要件とは、(i)寄附金課税制度に基づく更正又は決定処分によって増加する法人所得金額又は法人税額が、一定の金額上の閾値を超えることとなる、(ii)寄附金課税制度に基づく課税処分の対象となる者が、その処分に先立ち、その処分の違法性を争わないことを条件として、移転価格税制に基づく処分への変更を求める旨の書面を提出している、(iii)かかる書面の提出が認められるのは、上記(i)の要件に該当し、しかも、その処分変更によって、課税対象額が変化することはない（あるいは、課税対象額が減少することはない）場合に該当することである。

上記②（「TPの国内適用案」）とは、具体的には、移転価格税制の国内取引への適用を可能とする税制改正を行った上で、可能な限り、国内の移転価格問題に対しては、移転価格税制を適用するという方針を採用することである。そもそも、かかる方針を厳格なものと位置づけると、独立企業間価格の算定には困難が伴う場合もある中、税務当局の事務負担の増加という問題が生じることから、かかる方針は、あくまで柔軟性をもって執行されるものと位置づけるほか、本案の適用対象を一定の金額上の閾値（例えば、更正・決定金額）を超えるケースに限定するセーフ・ハーバーを制度設計上組み込むことを提言している。セーフ・ハーバーに収まるケースも、寄附金課税制度等の適用対象となり得ることから、かかる制度設計は、本案の導入が惹起する問題・デメリットを最小限に抑えるとともに、その導入のハードルを下げることを可能にすると考えられる。

さらに、本節では、所得等の移転による税源浸食の原因の一つとなっている無形資産等の国外移転のインセンティブの低下に繋がる措置をも採用している国も少なからずあることから示唆を得て、研究開発費に対する優遇措置の拡充策やパテント・ボックスの導入案も検討している。いずれの案も、税収減の蓋然性、公平性及び濫用可能性等の問題を包含してはいるが、そのメリットがデメリットを凌駕し得るとの観点に立って双方の案を比較してみると、優遇措置としての税務上の控除額を決定する要素やその適用対象となる範囲

第6節　結　語

等が異なっていることから、我が国の場合、既存の優遇策の拡充という選択肢よりも、パテント・ボックス制度のような無形資産に焦点を合わせた措置を組み込んで優遇策の多角化を図る選択肢の方が、所得・資産等の国外移転による税源浸食の防止効果の高さなどからして、より望ましいものとなり得るのではないかとの判断をしている。

　終章第5節（**実態把握漏れによる税源浸食への対応策の再検討**）では、国外財産調書制度の再構築のあり方を考察した。特に、本制度と米国のFBAR及びFATCA等との制度設計上の差異に着目し、開示対象となる国外財産の範囲の見直し案を検討した。本制度の下で報告義務が課されていない事業体の不適切な利用や親族間での国外財産の実質と形式が異なる形での分割保有も想定されるとの考えの下、具体的には、(ⅰ)財産債務明細書の提出義務違反を伴う一定額以上の申告漏れに係る加算税率を加重する案、(ⅱ)国外財産調書制度の下での報告義務を負う個人の居住者が、その持分の大半を有する国内の事業体が直接又は間接に保有する国外資産も、その個人の報告対象とする案、(ⅲ)個人の居住者（あるいは、その個人とその親族等）が持分の大半を有する国内の事業体が直接又は間接に保有する資産とその個人が保有する国外財産の合計額が、一定の金額を超える場合も、本制度の報告義務の対象とする案を提言している。

　国外財産調書制度の機能は、コンプライアンス・レベルに大きく左右されるところ、その向上を図るためには、調書の提出義務違反が包含するデメリット・リスクを大きくすることが効果的であるとの考えの下、過少申告又は無申告となっている国外所得又は国外財産との関係上、本制度の下での報告義務が適切に履行されていない場合には、適用対象となる過少・無申告加算税の加重税率を更に引き上げる「加重税率引上げ案」を示すとともに、その過少申告又は無申告に係る更正・決定の期間制限は、その報告義務が適切に履行されていない国外財産に基因している過少申告・無申告額が、一定の金額上の閾値を超える場合には、その引延し（例えば、申告期限から7年程度（偽りその他不正に該当するものは10年程度）とする）を可能にするように国税通則法を改正する「除斥期間延長案1」をも提言している。

　終章第5節2では、財産の移転後に贈与税の更正・決定の除斥期間が徒過するのを待って贈与税の申告及び贈与の事実を公にする表示行為を成すことによって生じ得る税源浸食の問題に対しては、事実認定や贈与税の除斥期間の単純な延長によって対処するのは限界があるとの認識の下、「除斥期間算定特例案」を提言している。本案の下、一定の金額上の閾値を超える価値のある財産の贈与又は負担付贈与を受けた者によるその贈与を示す贈与税の申告書の提出がなく、しかも、その受贈の事実を公にする公法行為等が、大幅に遅延している（現行の贈与税の除斥期間の到来後である）ケースに対し、その申告漏れ及び表示行為の遅延の主要な目的が贈与税の回避であることの立証が可能である場合には、その者に対して贈与税を課する更正・決定処分の除斥期間は、その受贈の事実を公にする表示行為があった時点から起算することが認められる。

　各章における考察・分析を踏まえて終章で示した提言・改正案は、主として、上記のような特徴を有するものとなっている。確かに、これらの改正案が対象としている制度・措置等の中には、我が国の現状等に鑑みると、必ずしも早急な再構築のあり方を模索する段階には未だ至っていないと考えられるもの、あるいは、その制度設計案をよりトーン・ダ

ウンした方がより現実的な選択肢となると考えられるようなものも含まれているかもしれないが、これらの改正案の制度設計は、基本的に、第1章〜第5章で考察した国々の対応策が立脚する考え方や制度設計及びグローバルな趨勢を多分に踏まえたものである。租税回避行為や租税戦略による税源浸食の問題が、今後、我が国で更に深刻化する、あるいは、かかる問題に対する認識が更に深まることとなれば、これらの改正案の中から、少なからず参考となるような幾らかの考え方・視点が、より一層の喫緊性を帯びた形で浮上することも、十分にあり得るものと思料する。

参考文献

日本語文献（掲載順）

松田直樹『租税回避行為の解明』ぎょうせい（2009）
中川一郎「国税通則法答申の批判㈢」税法学130号（1961）
中川一郎「国税通則法の制定に関する答申㈠」税法学128号
谷口勢津夫「司法過程における租税回避否認の判断構造」租税法研究32号（2004）
金子宏『租税法（第16版）』弘文堂（2011）
今村隆・川村祐紀「租税法における濫用の法理」日本大学紀要第53巻（2012）
品川芳宣「アメリカ州法に基づく信託契約に対するみなし贈与課税の適否」TKC税研情報20巻第6号（2011）
仲谷栄一郎・田中良「海外の信託を利用した租税軽減策―名古屋地裁平成23年3月24日判決」国際税務31巻9号（2011）
岡本高太郎「外国信託を用いた贈与に関する判決の検討―名古屋地裁平成23年3月24日判決」税務弘報59巻10号（2011）
灘野正規「平成22年税制改正（国際課税関係）について―外国子会社合算税制、移転価格税制の見直しを中心に」租税研究第726号（2010）
松田直樹「法人資産等の国外移転への対応策」税務大学校論叢67号（2010）
松田直樹「コーポレイト・インバージョン」『国際課税の理論と実務』本庄資編大蔵財務協会（2011）
松田直樹「米国大統領諮問委員会の税制改革案―国際租税制度改革を巡る趨勢に関する一考察」ファイナンス（2006）
国際税務研究グループ編『国際課税問題と政府間協議』（大蔵財務協会、1993）
成田武司「海外子会社の給与負担金、増加する寄付金認定の背景」Mizuho Asia Gateway Review（Nov. 2013）
松田直樹「外国子会社配当益金不算入制度創設の含意」税務大学校論叢63号（2009）
細川健「ライセンス契約とノウハウの課税上の問題点（その3）」税務弘報Vol. 56, No. 1（2008）
川田剛「無形資産をめぐる諸問題」国際税務Vol. 27, No. 4（2008）
品川芳宣「公正証書の形式を用いた贈与の履行時期―名古屋高裁平成10年12月25日判決」TKC税務情報Vol. 8（1999）
齋藤成倫「公正証書による不動産の贈与と贈与時期」LIBRA Vol. 7, No. 11（2007）
松田直樹「濫用防止規定に関する意見交換―論文（「仏租税条約の受益者規定の実際の有効性」）を題材として」税大ジャーナル第13号（2010）
松田直樹「第58回国際租税協会ウィーン総会―二重非課税を巡る議論（中）」国際税務 No. 284（2004）
宇都宮浩一「中国における移転価格税制と移転価格検査」立命館経営学第46巻第5号（2008）
黒川兼・楊鋒「中国移転価格税制の更なる執行強化に係る指針」国際税務Vol. 32, No. 5（2012）
大淵博義・岸田貞夫・野田秀三「租税回避行為―その否認の現状の問題点と課題」税務会

参考文献

計研究第20号（2009）
富岡幸雄『税務会計学原理』中央大学出版部（2004）
金子宏『租税法（第17版）』弘文堂（2012）
北野弘久『税法学原論（第6版）』青林書院（2007）
小田嶋清治「平成3年改正税法のすべて」国税庁編
伊藤雄二「無償取引と移転価格税制」税大ジャーナル第2号（2005）
藤井保憲「移転価格税制の国内取引への適用」税大ジャーナル第3号（2005）

外国語文献（アルファベット順）
序章～第1章掲載分

Alex Naegele, Cost Sharing Regulations—The Case for Formulary Apportionment Transfer Pricing, Transfer Pricing Insider, Vol. 5, No. 1 (2011)

Alice G. Abreu, Taxing Exits, 29 U. C. Davis Law Review 1087 (1996)

Austin W. Bramwell, Considerations and Consequences of Disclosing Non-Gift Transfers, Journal of Taxation, Jan. 2012

Bruce Givner, Economic Substance Doctrine—Six Months After Codification, Tax Practice & Procedures, Vol. 12, No. 5 (2010)

Charles Bruce, Lewis Saret, Stephan Lagonico and Steve Trom, The Exit Tax—A Perfectly Bad Idea, Tax Notes International, Vol. 41, No. 10 (2006)

Charles I. Kingson, Seven Lessons on Section 367, Tax Notes, Vol. 104, No. 11 (2004)

Christopher A. Karachale, Form 5471—The Next FBAR, The M&A Tax Report, Vol. 20, Issue 9 (2012)

Cynthia Blum and Paula N. Singer, A Coherent Policy for U. S. Residence-Based Taxation of Individulals, Vanderbilt Journal of Transnational Law, Vol. 41, No. 3 (2008)

Daniel Shaviro, The Rising Electivity of U. S. Corporate Residence, Tax Law Review, Vol. 64, No. 3 (2011)

David P. Hariton, When and How the Economic Substance Doctrine Applied ?, Tax Law Review 60 (2006)

Eva Farkas-DiNardo, Is the Nation of Immigrants Punishing Its Emigrants: A Critical Review of the Expatriation Rules Revised by the American Jobs Creation Act of 2004, Florida Tax Review (2005)

Hale E. Sheppard, Evolution of The FBAR : Where We Were, Where We Are, And Why It Matters, Houston Business And Tax Journal Vol. VII (2006)

Hale E. Sheppard, The New Duty to Report Foreign Financial Assets on Form 8938 : Demystifying the Complex Rules and Severe Consequences of Noncompliance, International Tax Journal, May-June 2012

Harry Grubert, Intangible Income, Intercompany Transactions, Income Shifting, and the Choice of Location, National Tax Journal, Vol. LVI, No. 1, Part 2 (2003)

Howard E. Abrams, Did Codification of Economic Substance Repeal the Partnership Anti-Abuse Rule ?, Public Law & Legal Theory Research Paper Series, Research

Paper No. 10-131 (2010)

Jay A. Soled, New Gift Tax Considerations—CPAs should not abandon sucessful filing strategies of the past, Journal of Accountancy, Vol. 186, No. 4 (1998)

Jeffrey M. Colon, Changing U. S. Tax Jurisdiction : Expatruates, immigrants, and the Need for a Coherent Tax Policy, 34 San Diego Law Review 1 (1997)

Jeremiah Coder, The Dark Side of Tax Information Exchange, Tax Notes, Vol. 139, No. 10 (2013)

Jonathan M. Porkup, Codification of the Economic-Substance Doctrine—A Legislative Paradox, Taxes- The Tax Magazine (Apr.2011)

Kathleen Delaney Thomas, The Case Against A Strict Liability Economic Substance Penalty, University of Pennsylvania Journal of Business Law, Vol. 13 : 2 (2011)

Kenneth Clark and Ronald Schrotenboer, The Mayo Decision and the Arm's-Length Standard, International Tax Review, Tax Reference Library No. 61 (2012)

Kevin A. Bell, Can Formulary Apportionment Fit into Arm's-Length Confines ? Formulary Advocate Dubs OECD Draft Chapters a Significant Step, Transfer Pricing Report, Vol. 18, No. 14 (2009)

Kevin E Packman, Foreign Account Reporting Using Form 8938- Has The Service Created Compliance Traps ?, Journal of Taxation, April 2012

Kevin M. Keyes and Russell S. Light, Developments in the Economic Substance Doctrine, Journal of Taxation of Investments, No. 20 (2003)

Kimberly S. Blanchard & Natalie C. Maksin, The Jobs Act's Individual Expatriation Provisions, Tax Notes, Vol. 105 , No. 1119 (2004)

Kristen A. Parillo, IRS Modifies Gain Recognition Agreement Filing Provisions, Tax Notes International,Vol. 59, No. 6 (2010)

Lawrence Zelenak, Codifying Anti-Avoidance Doctrines and Controlling Corporate Tax Shelters, 54 SMU Law Review (2001)

Lee A. Sheppard, Economic Substance Codification : Did we do the right thing ?, Tax Notes, Vol. 129, No. 2 (2010)

Lee A. Sheppard, IRS Repeal of the Economic Substance Statute, Tax Notes, Vol. 134, No. 8 (2012)

Lee A. Sheppard, Is Transfer Pricing Worth Salvaging ?, Tax Notes, Vol. 136, No. 5 (2012)

Marcellin Mbwa-Mboma and Awo Archampong-Gray, Gain Agreements and Reasonable Cause Exception, Corporate Business Taxation Monthly (Oct. 2009)

Marie Sapirie, Do FBAR violate the Eighth Amendment ?, Tax Notes, Vol. 140, No. 6 (2013)

Marie Sapirie, Substance over Form Wins the Day in Schering-Plough, Tax Notes, Vol.132, No.1(2011)

Mark A. Segal, Personal Service Corporations and tbe Employer Question, CPA Journal, Vol. 66, Issue 1 (1996)

参考文献

Martin J. McMahon, Living with the Codified Economic Substance Doctrine, Tax Notes, Aug. 6 (2010)

Michael Durst, It's Not Just Academic : The OECD Should Reevaluate Transfer Pricing Laws, Tax Notes International, Jan. 18 (2010)

Michael Durst, Current Formulary and Arm's Length Approaches- and a Note on BEPS, Transfer Pricing Report, Vol. 22, No. 5 (2013)

Michael S. Kirsch, Taxing Citizens in a Global Economy, 82 New York University Law Review 443 (2007)

Michael S. Kirsch, the Congressional Response to Corporate Expatriations : the Tension between Symbols and Substance in the Taxation of Multinational Enterprises, Notre Dame Law School Legal Studies Research Paper No. 05-03 (2005)

Monte A. Jackel, Subchapter K and the Codified Economic Substance Doctrine, Tax Notes, Vol. 128, No. 3 (2010)

Monte Jackel, Dawn of a New Era: Congress Codifies Economic Substance, Tax Notes, Apr. 19 (2011)

Reuven S. Avi-Yonah, Between Formulary Apportionment and the OECD Guidelines: A Proposal for Reconociliation, the University of Michigan Legal Working Paper Series 102 (2009)

Reuven Avi-Yonah, For Haven's Sake : Reflection on Inversion Transactions, Vol. 95, No. 12 (2002)

Reuven S. Avi-Yonah, Kimberly A. Clausing and Michael C. Durst, Allocating Business Profits for Tax Purposes : A proposal to Adopt a Formularly Profit Split, Public Law and Legal Theory Working Paper Series, Working Paper No. 138 (2008)

Richard M. Lipton, New Tax Shelter Cases and a Notice Put a Spotlight on the Economic Substance Doctrine, Journal of Taxation, Nov. 2010

Robert S. Rich, Allocation of Deductions among Related Taxpayers under Section 482 of the Internal Revenue Code, 40 Notre Dame Law Review (1965)

Samuel C. Thompson, Jr and Robert Allen Clary II, Coming in from the Cold : The Case for ESD Codification, Tax Notes, May 6 (2003)

Stuart J. Bassin and John R. Lehrer II, Developments in Economic Substance: How Codification and New Case Law will Change the Rules, Tax Management Real Estate Journal, Vol. 26, No. 4 (2010)

Stuart Webber, Escaping the U. S. Tax System : From Corporate Inversions to Re-Domiciling, Tax Notes International, Vol. 63, No. 4 (2011)

TEA comments on Proposed Cost Sharing Regulations, Nov. 28, 2005, Tax Executive 57, No. 6 (2005)

Xavier Oberson, Howard R. Hull, Switherland in International Tax Law, IBFD Publication BV (2006)

参考文献

第2章掲載分

Allan Cinnamon and Robert Aziz, Fiscal Odyssey, The Tax Journal, 17 November (2008)

Andrew Goodall, Aaronson : Tackle Abusive Tax Scheme or Face Social Unrest, Tax Journal, 29 June (2012)

Camilla Wllice, Counting the days is not enough, Taxation, Vol. 164, No. 4214 (2009)

David Goy, Disposals by Companies with Substantial Shareholding, GITC Review, Vol. II No. 1 (2002)

David Hughes, The Determination of UK Corporate Residence: Laerstate BV, European Taxation, February/March (2010)

Judith Freedman, GAAR : Challenging Assumptions, Tax Journal, Sep. 27 (2010)

Lee A. Sheppard, British Propose Toothless Anti-Avoidance Rule, Tax Notes, Vol. 133, No. 10 (2011)

Matt Greene, Ray of Light, Taxation, Vol. 165, No. 4249 (2010)

Paul Stainforth, Exclusive: Aaronson on the Progress of the GAAR Study, Tax Journal Issue 1085 (2011)

Randall Jackson, Cadbury Moving to Switzerland for Tax Purposes, Tax Notes International, Vol. 61, No. 1 (2011)

Randall Jackson, McDonald's Tax Residence to Switzerland, Tax Notes International, Vol. 55, No. 3 (2009)

Randell Jackson, Residence Ruling a wake-up call for Offshore Brits, Tax Notes International, Vol. 57, No. 8 (2010)

Rory Mullan, Brits get a Raw Deal, Journal of Taxation, Vol. 166, No. 4270 (2010)

Thomas K. Cheng, The Corporate Veil Doctrine Revisited : A Comparative Study of the English and the U.S. Corporate Veil Doctrines, Boston College International and Comparative Law Review, Vol. 34, Issue 2 (2011)

Trevor Johnson, The Watchful Eye and the Strong Arm of England, Tax Notes International, Vol. 57, No. 11 (2020)

第3章掲載分

Adam Zalasinski, The principle of Prevention of (Direct Tax) Abuse : Scope and Legal Nature – Remarks on the 3M Italia Case, European Taxation, Vol. 52, No. 9 (2012)

Adolfo Martin Jimenez, Towards a Homogeneous Theory of Abuse in EU (Direct) Tax Law, Bulletin for International Taxation, Vol. 66, No. 4/5 (2012)

Adolfo Martin Jimenez, Transfer Pricing and EU Law Following the ECJ Judgement in SGI : Some Thouhgts on Controversial Issues, Bulletin for International Taxation, Vol. 64, No. 5 (2010)

Carramaschi B. Macorin, Exit Taxes and the OECD Model Convention : Compatibility and Double Taxation Issues, Tax Notes International, Vol. 49, No. 3 (2008)

Christian H. Kälin and Christian Rödl, The End of Exit Taxes in Europe ?, Tax Planning International Review, Sep. 2004

David Stevenson, Cartesio ruling has implications for EU exit taxes, International Tax Review, January 1, 2009

Frederik Zimmer, Exit Taxes in Norway, World Tax Journal, Vol. 1 (2009)

Frederik Zimmer, Norway Moves to Tighten Exit Tax Rules, Tax Notes International, Vol. 66, No. 8 (2012)

Gerard T.K. Meussen, The SGI Case : ECJ Approves Belgian System of Selective Profit Corrections in Relation to Foreign Group Companies, European Taxation, Vol. 50, No. 6 (2010)

Giovanni B. Galli, The Fiscal Residence of Companies, IFA Cahiers de droit fiscal international, Vol. LXX II a, Kluwer Law and Taxation Publishers (1987)

Greg Sinfield, The Halifax Principle as a Univertsal GAAR for Tax in the EU, British Tax Review, No. 3 (2011)

Hans van den Hurk and Jasper Korving, The ECJ's Judgemengt in the N case against Netherlands and its Consequences for Exit Taxes in the European Union, Bulletin for International Taxation, Vol. 61, No. 4 (2007)

Jean-Marc Rivier, The Fiscal Residence of Companies, IFA Cahiers de Droit Fiscal International, Vol. LXX II a, Kluwer Law and Taxation Publishers (1987)

Jens Wittendorff, Consistency : Domestic vs. International Transfer Pricing Law, Tax Notes International, Vol. 66, No. 12 (2012)

Klaas Nauta, The Fiscal Residence of Companies, IFA Cahiers de droit fiscal international, Vol. LXX II a, Kluwer Law and Taxation Publishers (1987)

Luc De Broe, International Tax Planning and Prevention of Abuse, Vol. 14, Doctoral Series, IBFD (2008)

Maddalena Tamburini, Exit Taxation and the OECD Model Treaty : A View from the Netherlands and Italy, Tax Notes International, Vol. 54, No. 4 (2009)

Marc Bourgeois and Edardo Traversa, Tax Treaties and Tax Avoidance: Application of Anti-Avoidance Provisions, Cahier de Droit Fiscal International (2010)

Michael Lang, The General Anti-Abuse Rule of Article 80 of the Draft Proposal for a Council Directive on a Common Consolidated Corporate Tax Base, European Taxation, Vol. 51, No. 6 (2011)

Monique van Herksen, The Dutch Court's Transfer Pricing Decision, Transfer Pricing Report, Vol. 11, No. 8 (2002)

Natalie Reypens, Chapter 5, Guide to International Transfer Pricing : Law, Tax, Kluwer Law International (2010)

Paolo Piantavigna, Tax Abuse in European Union Law : A Theory, EC Tax Review (June 2011)

Peter J. Wattel, Exit Taxation in the EU/EEA Before and After National Grid Indus, Tax Notes International, Vol. 65, No. 5 (2012)

Proposals for a Council Directive on a Common Consolidated Corporate Tax Base ('CCCTB'). Comments by Peter Adriaansen, Hans Bakker, Imme Kam, Thies

Sanders, Paul Simonis, Matthijs Vogel, Jochem van der Wal and Dennis Weber, Highlights & Insights on European Taxation (June 2011), Kluwer

Phillip Baker, Transfer Pricing and Community Law : The SGI Case, Intertax, Vol. 38, April 2010

Rami Karimeri, A Critical Review of the Definition of Tax Avoidance in the Case Law of the European Court of Justice, Intertax (June 2011)

Rijkele Betten, The Tax Treatment of Transfer of Residence by Individuals, Cahier de droit fiscal international, Vol. LXXXVII (2002)

Tomas Bachner, Summary : Creditor Protection in Private Companies, Cambridge University Press (2009)

Tom O'Shea, ECJ Upholds Belgian Transfer Pricing Regime, Tax Notes International, Vol. 57, No. 6 (2010)

Tom O'Shea, Exit Taxes Post-Cartesio, The Tax Journal, Monday, 31 August 2009

Truls Storm-Nielsen, Klaas Nauta, Giovanni B. Galli, et.al., The Fiscal Residence of Companies, IFA Cahiers de Droit Fiscal International, Vol. LXXIIa, Kluwer Law and Taxation Publishers (1987)

Violeta Ruiz Almendral, Tax Avoidance and the European Court of Justice : What is at Stake for European General Anti-Avoidance Rules?, Intertax, Vol. 33, Issue 12 (2005)

Wolfgang Schön, Transfer Pricing, the Arm's Length Standard and European Union Law, Max Planck Institute for Tax Law and Public Finance Working Paper 2011-08

第4章掲載分

Ashutosh Mohan Rastogi, Factoring location savings in Transfer Pricing Analysis—Indian Perspective, International Taxation, Vol. 9, Issue 1

Hans Pijil, Morgan Stanley : Issues regarding Permanent Establishments and Profit Attribution in Light of the OECD View, Bulletin for International Taxation (May 2008)

Harshal Shah and Neha Sinha, India's Dispute Resolution Panel Offers Timely Relief for Taxpayers, Tax Notes International, Mar. 15 (2010)

Hitesh Gajaria and Sushuant Nayak, Indian transfer pricing audits—new regulations pose unusual challenges, International Tax Review, July 1 (2005)

Jefferson VanderWolk, New Analysis: Indian Supreme Court's Decision in Morgan Stanley Poses a PE Puzzle, Tax Notes International, Vol. 47, Aug. 13 (2007)

Mahesh Kumar and Bijal Ajinkya, Casenote—Supreme Court Decides against Extraterritorial Taxation, Asia-Pacific Tax Bulletin, Vol. 17, No. 3 (2011)

Malcom N. Shaw, International Law, 4th ed., Cambridge University Press (1997)

Mathews P. George & Pankhuri Agarwal, Use of the Corporate Vehicle for Tax Planning: the Vodafone Case and Direct Taxes Code, NUJS Law Review, 201 (2010)

Matthew R. Madara, Indian Transfer Pricing safe Harbor Rules Get Mixed Reviews, Tax Notes International, Vol. 71, No. 8 (2013)

Nikhil Mehta and Gareth Miles, Vodafone's Supreme Court Victory in India, Tax Journal, Issue 1109 (2012)

Nitin Karve, Residential Status—place of effective management, International Taxation, Vol. 2, Issue 3 (2010)

P. Raj Kumar Jhabakh, Has the AAR Put the Mauritius Saga to Rest ?, Bulletin for International Taxation, Vol. 64, No. 12 (2010)

Rohan K. Phatarphekar and Pankil Sanghvi, Location Savings—An Emerging Issue in the Indian Transer Pricing Landscape, International Taxation, Vol. 9, Issue 1 (2013)

Shailendra Sharma and Julius Cardozo, Asia-Pacific Tax Bulletin, Vol. 18, No. 1 (2012)

Tejas Mody, Vodafone: Is This the End of the Controversy on Indirect Transfers ?, Tax Notes International, Vol. 65, No. 9 (2012)

第5章掲載分

Brendan Kelly and Jinghua Lui, How Notice 698 has changed the world, International Tax Review, Mar. 2013

Cheng Chi, Leonard Zhang, Gibson Ng and Kevin Zhu, Tranfer Pricing Forum, BNA International, Mar. 2012

David Yu and Bernie Liu, Positive Tax Implications of China's Corporate Income Tax Law on Future Foreign Investment, Corporate Finance Review, A Special Supplement to Asialaw, Vol. 32, Issue 3 (2007)

Glenn DeSouza, China Legal Developmentts Bulletin, Vol. 18, No. 3 (2011)

Houlu Yang, Beneficial Ownership, Conduit Company and Treaty Shopping : Is a Capital Gains Exemption Still Available in China ?, Derivatives & Financial Instruments, Vol. 14, No. 5 (2012)

Jefferson VanderWolk, Hong Kong Decision in Arrowtown—Unrestricted Purposive Interpretation Prevails, Bulletin for International Fiscal Documentation, Vol. 58, No. 6 (2004)

Jefferson P. VanderWolk, Source, Transfer Pricing and Anti-Avoidance : The Position after Ngai Lik and Datatronic, Bulletin for International Taxation, December 2009

John Gu, Lily Kang and Eileen Sun, M&A Relief—Flickering lights at end of tunnel, International Tax Review, Tax Reference No. 85 (2013)

John Walley and Li Wang, The Unified Enterprise Tax and SOEs in China, CIGI Techinical Paper No. 2 (April 2007)

Jon Eichelberger, Brendan Kelly, Michael Olesnicky and Jinghua Liu, China : Notice 698 —the Death of Offshore Holding Structures ?, Transfer Pricing International Journal, Vol. 11, No. 2 (2010)

Kevin A. Bell, Chinese Tax Auditors Remunerating Local Affiliates For Location Savings — 'Like it or not', SAT Official Says, Transfer Pricing Report, Vol. 21, No. 22 (2013)

Kevin A. Bell, Second U. S.-China APA Involves Microsoft, Reimburses Subsidiary for Location Savings, Transfer Pricing Report, Vol. 21, No. 14 (2013)

Linda L. Ng, Hong Kong : Time for Transfer Pricing Regs ?, Tax Notes International, Vol. 53, No. 10 (2009)

Nolan Cormac Sharkey, China's Tax Treaties and Beneficial Ownership : Innovative Control of Treaty Shopping or Inferior Law Making Damaging to International Law ?, Bulletin for International Taxation, Vol. 65, No. 12 (2011)

Richard Bao and Scott Jin, China : New Joint Review Panel System for Major Adjustment Cases, Transfer Pricing International Journal, Vol. 13, No. 6 (2012)

Stuart Webber, Thin Capitalization and Interest Deduction Rules : A Worldwide Survey, Tax Notes International, Vol. 60, No. 9 (2010)

Shuhong Kong, Zhenzi Li and M. Peter van der Hoek, The Dual Corporate Income Tax in China : The Impact of Unification, Munich Personal Repec Archive Paper No. 11547 (Nov. 2008)

Wei Cui and Rick Krever, The Tax Consequences of Corporate Reorganisations in China, British Tax Review, Issue 3 (2011)

Wu Duo and Li Ying, Transfer pricing investigation versus self-inspection, International Tax Review (Sep. 2012)

Xiaoyang Zhang, Eliminating Privileges Enjoyed by Foreign Invetors in China : Rationality and Ramifications under a Unified Tax Code, Deakin Law Review, Vol. 12, No. 2 (2007)

終章掲載分

Alan W. Granwell and Paul Flignor, A Summary of the OECD Draft on the Transfer Pricing Aspects of Business Restructurings, Tax Notes International, Vol. 52, No. 17 (2008)

Anneli Collins, GAAR: the overseas experience, Sep. 2010, Tax Journal

Bernard Damasma, Clive Jie-A-Joen, and Tim Meijer, When is a Loan Conidered Non-Arm's-Length ? Ground-Breaking Dutch Supreme Court Case, Transfer Pricing Report, Vol. 20, No. 18 (2012)

Brian Bloom and Francois Vincent, Respecting the Dualistic Nature of Canada's Two Transfer Pricing Rules : A Tax Policy and Legal Analysis, Transfer Pricing Report, Vo. 21, No. 7 (2012)

Bruno Gouthiere, New Exit Tax for Individuals, European Taxation, Vol. 52, No. 1 (2012)

Caroline Silberztein, Mary C. Bennett and Gregg D. Lemein, The OECD Discussion Draft on the Transfer of Intangibles—Main Comments, Intertax, Vol. 41, Issue 2 (2013)

Charles Levy and Laura O'Brien, Will the Patent Box boost the UK innovative Ecosystem ?, Big Innovation Centre, Publications No. 33 (Apr. 2013)

Clark Chandler, Vinay Kapoor, Prita Subramanian, and Bernard von Thaden, Proposed OECD Chapter VI on Intangibles : A Comparison with Chapter IX on Restructuring, Transfer Pricing Report, Vol. 21, No. 15 (2012)

Ernest Mazansky, South Africa's Exit Charge Overridden by the Luxembourg-South

Africa Income and Capital Tax Treaty, Bulletin for International Taxation, Vol. 66, No. 7 (2012)

Frank P. G. Potgens, European Taxation, Vol. 50, No. 5 (2010)

Giammarco Cottani, OECD Discussion Draft on Transfer Pricing Aspects of Business Restructurings: Summary of Business Comments and Issues for Discussion, International Transfer Pricing Journal, Vol. 16, No. 4 (2009)

G. T. Pagone, The Australian GAAR Panel, VSC (2012)

Harry Waizer, Business Purpose Doctrine : The Effect of Motive on Federal Income Tax Liability, Fordham Law Review, Vol. 49, Issue 6 (1981)

Jan. J. P. de Goede, Allocations of Taxing Rights on Income from Cross-Border (Indirect) Shares, Asia-Pacific Tax Bulletin, Vol. 18, No. 3 (2012)

Jeffrey Owens, Myths and Misconceptions About Transfer Pricing And the Taxation of Multinational Enterprises, Transfer Pricing Report, Vol. 21, No. 20 (2013)

Jens Wittendorff, "Consistency: Domestic vs. International Transfer Pricing Law", Tax Notes International, June 18 (2012)

Kimberly A. Clausing, "The Revenue Effects of Multinational Firm Income Shifting", Tax Notes, Vol. 130, No. 13 (2011)

Lean Harris, Casenote-No Treaty Shopping in Israel, Asia-Pacific Tax Bulletin, March/April 2008, pp. 106-107

Luca Cerioni, Tax Residence Conflicts and Double Taxation : Possible Solutions ?, Bulletin for International Taxation, Vol. 66, No. 12 (2012)

Luc De Broe, International Tax Planning and Prevention of Abuse, Vol. 14, Doctoral Series IBFD (2008)

Marie Sapirie, Thinking outside the Patent Box, Tax Notes, Vol. 138, No. 9 (2013)

Michel van der Breggen, Dewi Wayuni, Chris Demetrius and Omar Ramirez, Netherlands : Landmark Court Case on the Treatment of Inter-Company Loans, Transfer Pricing International Journal, Vol. 13, No. 6 (2012)

M. J. Ellis, The Netherlands refines the dual resident company, International Tax Review, 31 (1989-1990)

Molly Moses, OECD Draft on Intangibles Moves Toward Dictating Business Structures, Ernick Says", Transfer Pricing Report, Vol. 21, No. 13 (2012)

Peter Altenburger and Katja Krech, Overview of CFC rules and absence of CFC regime in Switzerland, Tax Management International, Vol. 32, No. 1 (2011)

Rachel Griffith, Helen Miller and Martin O'Connell, Corporate Taxes and Intellectual Property : Simulating the Effect of Patent Boxes, IFS Briefing Note 112 (2010)

Reuvin S. Avi-YOnah, Tax Reform in the (Multi) National Interest, Tax Notes, Vol. 124, No. 4 (2009)

Richard Tremblay and Steve Suarez and Osler Hoskin & HarCourt LLP, The OECD Discussion Draft on Transfer pricing Aspects of Business Restructurings—Canadian Considerations, Tax Management, Vol. 38, No. 2 (2009)

Rick Mitchell, As OECD Readies BEPS Action Plan, Practitioners Argue For Other Solutions, Including Imposing Surtax at Border, Transfer Pricing Report, Vol. 22, No. 4 (2013)

Rick Mitchell, OECD Intangible Draft Oversells Profit Method, Practitioners Say, Transfer Pricing Report, Vol. 21, No. 15 (2012)

Stefano Simontacchi, Taxation of Capital Gains under the OECD Model Convention: With Special Regard to Immovable Property, Kluwer Law International (2007)

Stepanie Soong Johnson and David D. Stuwart, Germany on Patent Box Regimes: Put a Lid on It, Tax Notes International, Vol. 71, No. 5 (2013)

Vikram chand, Exit Charges for Migrating Individuals and Companies: Comparative and Tax Treaty Analysis, Bulletin for International Taxation, Vol. 67, No. 4/5 (2013)

William I Innes, Patrick J. Boyle, Joel A. Nitikiman, The Essential GAAR Manual: Policies, Principles and Procedures, CCH Canadian Ltd. (2006)

Williams RC, The 1996 Amendments to the General Anti-Avoidance Section of the Income Tax Act, South African Law Journal, Vol. 114, PART Ⅳ

参考判決等

日本の判決等（掲載順）

最高裁平成23年2月18日判決（平成20年（行ヒ）第139号、判時2111号3頁）
大阪高裁平成14年6月14日判決（平成13年（行コ）第47号、判タ1099号182頁）
最高裁平成17年12月19日判決（平成15年（行ヒ）第215号、判例時報1918号3頁）
大阪高裁平成15年5月14日判決（平成14年（行コ）第10号、判例集未登載）
名古屋高裁平成19年3月8日判決（平成18年（行コ）第1号、税資257号順号10647）
名古屋高裁平成17年10月27日判決（平成16年（行コ）第48号、税資255号順号10180）
名古屋地裁平成17年12月21日判決（平成16年（行ウ）第59号〜第61号、税資255号順号10248）
東京地裁平成19年5月23日判決（平成17年（行ウ）第396号、税資257号順号10717）
東京高裁平成20年1月23日判決（平成19年（行コ）第215号、税資258号順号10868）
名古屋地裁平成23年3月24日判決（平成20年（行ウ）第114号、裁判所HP）
名古屋高裁平成25年4月3日判決（平成23年（行コ）第36号、裁判所HP）
東京地裁平成19年9月14日判決（平成18年（行ウ）第205号、判タ1277号173頁）
東京高裁平成20年2月28日判決（平成19年（行コ）第342号、税資258号順号10904）
審判所平成21年9月10日裁決（裁決事例集No.78、63頁）
審判所平成12年12月14日裁決（裁決事例集No.60、394頁）
審判所平成14年5月24日裁決（裁決事例集No.63、454頁）
名古屋地裁平成17年9月29日判決（平成16年（行ウ）第38号、税資255号順号10144）
名古屋高裁平成18年2月23日判決（平成17年（行コ）第38号）
東京地裁平成21年4月24日判決（平成19年（行ウ）第374号、税資259号-77順号11190）
東京高裁平成21年11月19日判決（税資259号-206順号1139）
京都地裁昭和52年12月16日判決（昭和50年（行ウ）第4号、判時884号44頁）
大阪高裁昭和54年7月19日判決（昭和52年（行コ）第36号、税資106号103頁）
最高裁昭和56年6月26日判決（昭和54年（行ツ）第136号、判時1014号53頁）
那覇地裁平成7年9月27日判決（平成5年（行ウ）第15号、税資213号743頁）
京都地裁平成16年1月30日判決（平成14年（行ウ）第17号、税資254号9545頁）
名古屋高裁平成10年12月25日判決（平成10年（行コ）第34号、月報46巻6号3041頁）
浦和地裁昭和56年2月25日判決（昭和54年（行ウ）第4号、判時1016号52頁）
東京地裁平成12年2月3日判決（平成7年（行ウ）第262号、税資246号393頁）
大阪地裁平成12年5月12日判決（平成8年（行ウ）第99号、税資247号607頁）
大阪地裁平成13年12月14日判決（平成9年（行ウ）第77号ないし第79号、税資251号順号9033）
大阪地裁昭和58年2月8日判決（昭和57年（行ウ）第27号、判時1140号65頁）
大阪高裁昭和59年6月29日判決（昭和58年（行コ）第9号、判時1140号62頁）
最高裁平成25年7月12日判決（平成24年（行ヒ）第79号、裁判所HP）
最高裁平成18年1月24日判決（平成16年（行ヒ）第128号、裁判所HP）
東京高裁平成19年1月30日判決（平成18年（行コ）第31号、裁判所HP）

外国の判決等（掲載順）
序章〜第1章掲載分

Xilinx Inc. and Subsidiaries v. CIR事件第9巡回控訴裁判所判決（2009 WTD 100-26）・再審判決（[2010] 598 F. 3d 1191）

General Electric Capital Canada Inc. v. The Queen事件租税裁判所判決（[2009] TCC 563）・連邦控訴裁判所判決（[2011] DTC 5011）

Robinson v. Commissioner事件租税裁判所判決（119, T. C. 44；2002）

Bank of Clearwater v. United States事件控訴裁判所判決（7, Cl. Ct. 289, 1985）

John Kelly Co. v. Commissioner & Talbot Mill v. Commissioner事件租税裁判所判決（[1943] 1 T. C. 475 and 3 T. C. 95）・第1巡回控訴裁判所（[1944] 325 U. S. 843）及び第7巡回控訴裁判所（[1944] 325 U. S. 844）・最高裁判決（326 U. S. 521, 1946）

Sam Siegel v. Commissioner事件租税裁判所判決（45 T. C. 566, 1966）

Moline Properties, Inc. v. Commissioner事件最高裁判決（319 U. S. 436；1943）

Higgins v. Smith事件最高裁判決（308 U. S. 473；1940）

Coltec Industries Inc. v. the United States事件連邦巡回控訴裁判所判決（62 Fed. Cl. 716；2004）

Minnesota Tea Co. v. Helvering事件最高裁判決（302 U. S. 609；1938）

Klamath Strategic Investment Fund v. United States 事件第5巡回控訴裁判所判決（568 F. 3d 537；2009）

Gregory v. Helvering事件最高裁判決（293 U. S. 465；1935）

Goldstein v. Commissioner事件第2巡回控訴裁判所判決（364 F.2d 734；1966）

United Parcel Service of America Inc. v. Commissioner事件第11巡回控訴裁判所判決（254 F.3d 1014；2001）

Crenshaw v. United States事件第5巡回控訴裁判所判決（450 F.2d 472；1971）

Nevada Partners Fund LLC v. Commissioner事件Mississippi南部地区裁判所判決（714 F. Supp.2d 598；2010）

Compaq Computer Corporation and Subsidiaries v. Commissioner事件第5巡回控訴裁判所判決（227 F. 3d 778；2001）

ACM Partnership v. Commissioner事件租税裁判所判決（T. C. Memo 1997-115；1997）・第3巡回控訴裁判所判決（157 F. 3d 231；1998）

Sacks v. Commissioner事件第9巡回控訴裁判所判決（69, F.3d, 982；1995）

Casebeer v. Commissioner事件第9巡回控訴裁判所判決（909, F.2d 1360；1990）

American Electric Power, Inc. v. Commissioner事件第6巡回控訴裁判所判決（326 F.3d 737, 2003）

Winn-Dixie v. Commissioner 事件租税裁判所判決（113 T. C. 1999, at 287）

Sheldon v. Commissioner事件租税裁判所判決（94, T. C. 738, 1990）

IES Industries Inc. and Others v. United States事件第8巡回控訴裁判所判決（253 F.3d 350, 2001）

ASA Investerings Partnership, et al, v. Commissioner事件租税裁判所判決（TC Memo 1998-305；76 T. C. M. (CCH) 325）

参考判決等

Long-term Capital Holdings v. United States事件Connecticut地区裁判所判決（91、A. F. T. R. 2d（RIA）2604）・控訴審（330 F. Supp. 2d 122；2004）

Schering-Plough Corp. v. United States事件New Jersey地区裁判所判決（651 F. Supp. 2d 219；2009）・第3巡回控訴裁判所判決（107 A. F. T. R 2d（RIA）2596；2011）

Rogers v. United States事件第10巡回裁判所判決（281 F.3d 1108）

Miller v Albright事件最高裁判決（[1998] 523 U. S. 420）

Cook v. Tait 事件最高裁判決（[1924] 265 U. S. 47）

Shanks v Dupont 事件最高裁判決（(1830] 28 U. S. 242）

Rogan v. Mertens et. al事件第9巡回控訴裁判所判決（(1946] 153 F.2d 937）

Lisner v. McCanless事件Arisona地区裁判所判決（[1973] 356 F. Supp. 398）

Kronenberg v. CIR事件租税裁判所判決（[1975] 64 T. C. 428）

Furstenberg v. CIR 事件租税裁判所判決（83 T. C. 755；1984）

Mallat Et UX. V. Riddell事件最高裁判決（383 U. S. 569；1966）

Santa Fe Pacific Corporation v. Central States, Southeast and Southwest Areas Pension Fund事件第7巡回控訴裁判所判決（22 F.3d 725）

Wisconsin Big Boy Corporation et al., v. Commissioner 事件第7巡回控訴裁判所判決（452 F. 2d 137；1971）

United States Gypsum Company v. United States事件第7巡回控訴裁判所判決（452 F.2d 445；1971）

Forman Company v. CIR事件第2巡回控訴裁判所判決（453 F.2d 1144；1972）

Combs Lumber Company v. Commissioner事件租税控訴委員会決定（41B.T.A. 339；1940）

Kahler Corporation v. Commissioner事件租税裁判所判決（58 T. C. 496；1972）・第8巡回控訴裁判所判決（486 F.2d 1；1973）

South Texas Lumber Co. v. CIR事件最高裁判決（333 U. S. 496；1948）

Rountree Cotton Co. v. CIR事件租税裁判所判決（113 T. C. 422；1999）・第10巡回控訴裁判所判決（12 Fed. Appex. 641；2001）

Medieval Attractions N. V. v. Commissioner事件租税裁判所判決（T. C. Memo 1996-455；1996）

R. T. French Company v. Commissioner事件租税裁判所判決（60 T. C. 836；1973）

Knetsch ET UX. v. United States事件最高裁判決（364 U. S. 361；1960）

Spring City Foundry Co. v. Commissioner事件最高裁判決（[1934] 292 U. S. 182, 184）

Johnson v. Commissioner事件租税裁判所判決（T. C. Memo 1982-517）

Thomas v. Commissioner事件租税裁判所判決（T. C. Memo 1983-462；1983）

Eli Lilly & Co v. Commissioner事件租税裁判所判決（84 T. C. 996, 1985）・第7巡回控訴裁判所判決（856, F 2d 855；1988）

D.S. Searle & Commissioner事件租税裁判所判決（88 T. C. 252；1987）

Bausch & Lomb Inc. v. Commissioner事件第2巡回控訴裁判所判決（933 F. 2d 1084, 2nd Cir. 1991）

Sundstrand Corp. and Subsidiaries v. Commissioner事件租税裁判所判決（96 T. C. 226；

1991）

Compaq Computer Corp. and Subsidiariesv. Commissioner事件租税裁判所判決（T. C. Memo 1999-220）

Nestle Holdings, Inc. v. Commissioner事件第2巡回控訴裁判所判決（82 AFTR 2d 98-5467）

DHL Corporation and Subsidiaries v. Commissioner事件租税裁判所判決（T. C. Memo 1998-461）

Veritas Softwear Ltd and Susidiaries, Symantec Corporation v. CIR事件租税裁判所2009年12月10日判決（113 T. C. No. 14）

Glaxosmithcline Holdings (America) Inc., v. Commissioner事件租税裁判所判決（T. C. Nos. 5750-04 and 6959-05）

Mayo Foundation for Medical Education and Research, et al v. United States事件最高裁判決（562 U. S. 2011）

Chevron U. S. A. Inc. v. Natural Resources事件最高裁判決（467 U. S. 837；1984）

Barclays Bank PLC and Colgate-Palmolive Company v. Franchise Tax Board of California事件最高裁判決（129 L. 2d 244；1994）

Clines v. United States事件第4巡回控訴裁判所判決（958 F.2d 578；1992）

Williams v. United States事件Virginia州東部地区裁判所判決（2010 U. S. Dist. LEXIS 90794）・第4巡回控訴裁判所判決（489 Fed. App. 655；2012）

Polidori v. Commissioner事件租税裁判所判決（T. C. Memo 1996-514；1996）

McBride v. United States事件Utah州地区裁判所判決（2010 U. S. Dist.LEXIS 161206）

United States v. Sturman事件第6巡回控訴裁判所判決（951 F.2d 1466）

Carl Zwerner v. United States事件（Case No. 1：13-cv-22082-CMA, S. D. Fla. 2013）・South Florida地区裁判所2014年5月28日判決

Schiavo v. United States事件（No. 1：11-cr-10192-RGS）

Bajakajian v. United States事件最高裁判決（524 U. S. 321）

UBS AG v. United States事件Florida州南部地区裁判所判決（2009 U. S. Dist. LEXIS 66739）

Stuart v. United States事件最高裁判決（489 U. S. 353；1989）

第2章掲載分

Westminster v. Inland Revenue事件貴族院判決（19 TC 490 [1936] AC1）

W. T. Ramsay Ltd. v. IRC事件貴族院判決（[1982] A. C. 300）

Mayes v. HMRC事件特別委員決定（Spc 729；2009）・高等法院民事部判決（[2009] EWHC 2443 (Ch)）・控訴裁判所判決（[2011] EWCA Civ 407）

BMBF v. Mawson事件貴族院判決（[2009] UKHL 51）

DCC Holdings v. HMRC最高裁判決（[2011] STC 326）

Craven v. White事件貴族院判決（[1988] STC 476）

Barclays Merchantile Business Finance Ltd. v. Mawson事件貴族院判決（[2004] UKHL 51）

参考判決等

Ingram v. CIR事件貴族院1998年12月10日判決（[2000] 1 AC 293）
Levene v. IRC事件貴族院判決（[1928] 13 TC 486）
Lysaght v. IRC事件控訴裁判所判決（[1927] 2 KB 55）・貴族院判決（[1928] AC 234）
Shepherd v. HMRC事件特別委員決定（[2005] STC (SCD) 644）・高等法院大法官部判決（[2006] EWHC 1512 (Ch)）
Combe v. IRC事件Scotland民事控訴院（Court of Session）判決（[1932] 17 TC）
Brown v. IRC事件特別委員判決（[1926] 11 TC 292, at 295）
Grace v. HMRC事件特別委員決定（[2008] STC (SCD) 531）・高等法院判決（[2008] EWHC 2708 (Ch)）・控訴裁判所判決（[2009] EWCA Civ 1082）・第一審判所決定（[2011] UKFTT 36 (TC)）
Cooper v. Cadwalader事件Scotland民事控訴院（Court of Session）判決（[1904] 5 TC 101）
Gaines Cooper v. The Commissioners for HMRC事件特別委員決定（[2006] SPC 568）・高等法院判決（[2007] EWHC 2617 (Ch)）・控訴裁判所判決（[2010] EWCA Civ 83）・最高裁判所判決（[2011] UKSC 47）
Petri Manninen事件（C-319/02）に対する2004年3月18日Kokoto法務官意見
Congreve and Others v. IRC事件貴族院判決（[1948] 1 All ER 948）
Howard de Walden v. IRC事件控訴院判決（[1942] 1 KB 389）
Vestey v. IRC事件貴族院判決（[1980] AC 1148）
Willoughby v. HMRC事件貴族院判決（[1997] 1WLR 1071）
Cesena Sulphur Co, Ltd v. Nicholson；Calcutta Jute Milles Co, Ltd. v. Nicholson事件高等法院財務法裁判部判決（[1874-1880] All ER Rep 1102）
Mitchell v. Egyptian Hotels事件控訴院判決（[1914] 3 KB 118）・貴族院判決（[1915] AC 1022）
De Beers Consolidated Mines Ltd v. Howe事件貴族院判決（[1906] AC 455）
Wood and another v. Holden 事件特別委員決定（[2004] SPC 422）・高等法院判決（[2005] EWHC 547 (Ch)）・控訴院判決（[2006] EWCA Civ. 26）
Laerstate BV v. HMRC事件第一審判所判決（[2009] TC 00162）
Smallwood and another v. HMRC事件特別委員決定（[2008] SPC 669）・高等法院大法官部判決（09 D122 Apr；2009）・控訴院判決（[2010] EWCA Civ 778）
Stanley v. The Gramophone & Typewriter, Ltd. 事件控訴裁判所判決（[1908] 2 K.B. 89 (A.C.)）
Glako Group Ltd. and others v. IRC事件控訴院判決（[1996] STC 191）
Ametalco UK v. IRC事件特別委員決定（[1996] STC (SCD) 399）
Waterloo plc, Euston & Paddington v. CIR事件特別委員決定（[2002] STC (SCD) 95）
DSG Retail Limited v. HMRC事件特別委員決定（[2009] UKFTT31 (TC)）
Lankorst-Hohorst GmbH v. Finanzamt Steinfurt事件ECJ 2002年9月26日判決（Case C-304/00）
Usher's Wiltshire Brewery, Limited v. Bruce事件貴族院判決（[1915] AC 433）
Rowntree and Company, Ltd. v. Curtis(Inspector of Taxes) 事件控訴院判決（[1925] 1

KB 328)

Atherton(Inspector of Taxes) v. British Insulated and Helsby Cables, Ltd.事件貴族院判決（[1925] All ER Rep 623）・控訴院1924年11月7日判決（[1925] 1 KB 421）

Kilmorie (Aldridge) Ltd v. Dickinson (Inspector of Taxes) 事件貴族院判決（[1974] STC 539)

Rochester (UK) Ltd and another v. Pickin事件特別委員決定（[1998] STC (SCD) 138）

第3章掲載分

Leur-Bloem v. Inspecteur der Belastingdienst/Ondernemingen Amsterdam事件ECJ1997年7月17日判決（C-28/95）

X and Y v. Riksskatteverket事件ECJ2002年11月21日判決（C-436/00）

Halifax Plc v. Customs & Excise事件ECJ 2006年2月21日判決（C-255/02）

Ministero dell'Economia e de Finanze v. Part Service事件ECJ 2008年2月21日（C-425/06）

Cadbury Schweppes Overseas Ltd v. Commissioner of Inland Revenue事件ECJ 2006年9月12日判決（Case C-196/04）

Marks & Spencer plc. v. David Halsey事件ECJ 2005年7月5日判決（C-446/03）

Test Claimants in The Thin Cap Group Litigation v. CIR事件に対する2006年6月29日Geelhoed法務官意見・ECJ 2007年3月13日判決（C-524/04）

Ampliscientifica Srl, Amplifin SpA v. Ministero dell'Economia e delle Finanze, Agenzia delle Entrante事件ECJ 2008年5月22日判決（C-162/07）

Emsland-Stärke事件ECJ 2002年12月14日判決（C-110/99）

Hans Markus Kofoed v. Skatteministeriet事件（C-321/05）

Ministero dell'Economia e delle Finanze, Agenzia delle Entrate v. 3M Italia SpA事件ECJ 2012年3月29日判決（C-417/10）

Modehuis A. Zwijnenburg BV v. Staatsswcretaris van Financien事件（C-352/08）に対する2009年7月16日Kokott法務官意見

Hughes de Lasteyrie du Saillant v. Ministere de L'Economie, des Finances et de L'Industrie事件2004年3月11日判決（C-9/02）

N v. Inspecteur vad de Belastingdienst Oost/Kantoor Almelo事件2006年9月7日ECJ判決（C-470/04）・2006年3月30日Kokoto法務官意見

Rhineland-Pfalz租税裁判所2008年1月17日判決（4K 1347/03）・上訴審（BFH 28.10.2009-IR 28/08）

Heirs of M. E. A. Hilten-van der Heijden v. Inspecteur van de Belastingdienst事件ECJ 2006年2月23日判決（C-513/03）・2005年6月30日Leger法務官意見

The Queen v. H. M. Treasury and Commissioners of Inland Revenue, ex parte Daily Mail and General Trust plc事件ECJ 1988年9月27日判決（Case C-81/87）

Centros Ltd. v. Erhvervs-og Selskabsstyrelsen事件ECJ 1999年3月9日判決（Case C-212/97）

Überseering BV v. Nordic Construction Company Baumanagement GmbH (NCC) 事件ECJ 2002年11月5日判決（Case C-208/00）

参考判決等

Kamer van Koophandel en Fabrieken voor Amsterdam and Inspire Art Ltd事件ECJ 2003年9月30日判決（Case C-167/01）

Cartesio Oktato es Szolgaltato bt事件ECJ 2008年12月16日判決（Case C-210/06）

National Grid Industries BV v. Inspecteur van de Belastingdienst Rijnmond/kantoor Rotterdam事件（NGI事件）ECJ 2011年11月29日判決（C-370/10）

Lankhorst-Hohorst GmbH v. Finanzamt Steinfurt事件ECJ 2002年12月12日判決（C-324/00）・2002年9月26日Mischo法務官意見

Société de Gestion Industrielle（SGI）v. Etat belge事件ECJ 2010年1月21日判決（Case C-311/08）・2009年9月10日Kokott法務官意見

Test Claimants in the Thin Cap Group v. Inland Revenue事件ECJ判決（C-524/04）・2006年6月29日Geelhoed法務官意見・英国高等法院2009年11月17日判決（[2009] EWHC 2908（Ch））

OyAA事件ECJ 2007年7月18日判決（C-231/05）

Brussels裁判所1999年2月17日判決（F. J. F. 2000, 545）

Mons裁判所2006年10月13日判決（TFR 2007, No. 321, 394）

Antwerp第一審裁判所（Court of First Instance）判決（F. J. F. 2008, No. 2, 137）

Automotiv事件最高裁2002年6月28日判決（BNB 2002/343）・控訴裁判所判決（No. 69/03008）

Apotheek Bufar SA v. l 'Etat belge事件憲法裁判所（Grondwettelijk Hof/Cour Constitutionnelle）2011年2月10日判決（No. 5521）

Société d'investment pour l'agriculture tropicale SA（SIAT）v. Etat belge事件ECJ 2012年7月5日判決（C-318/10）・2011年9月29日Villalon法務官意見

第4章掲載分

Commissioner v. A. Raman & Co J. C. Shah 事件最高裁判決（[1968] 67 ITR 11）・Gujarat高等裁判所1964年12月18日判決

Mathuram Agrawal v. State of Madhya Pradesh事件最高裁判決（[1998] 8 SCC 667）

McDowell and Co. Ltd. v. Commercial Tax Officer事件最高裁判決（[1985] 154 ITR 148 (SC)）

Lattila v. IRC事件貴族院判決（[1943] AC 377）

Burma Oil Co. Ltd. v. IRC事件貴族院判決（[1982] SC (HL) 114）

Furniss v. Dawson事件貴族院判決（[1984] 2 W. L. R. 226）

M.V. Valliappan and Ors. v. Income-Tax Officer and Ors事件Madras高等裁判所判決（[1988] 170 ITR 238 Mad）

Banyan and Berry v. CIT事件Gujarat高等裁判所判決（[1996] 222 ITR 831）

Union of India Anr. v. Azadi Bachao Andolan and Anr.事件最高裁判決（[2003] 263 ITR 706）・Delhi高等裁判所2002年5月31日判決（[2002] 256 ITR 563；@S. L. P. (C) Nos. 22521-22522 of 2002）

Craven (Insepctor of Taxes) v. White 事件貴族院判決（[1988] STC 476）

Radha Rani Holdings (P.) Ltd v. ADIT事件所得税控訴審判所裁決（[2007] 16 SOT 495

（Del））
Ishikawajima Harima Heavy Industries Ltd. v. DIT事件最高裁判決（［2007］288 ITR 408）・AAR回答（No. 618 of 2003）
E Trade Mauritius 事案（A. A. R. No. 826 of 2009）
LG Cable v. DIT事件Delhi高等裁判所2010年12月24日判決（Appeal No. 703/2009）
M/s SMR Investments limited v. DDIT事件Delhi所得税控訴審判所裁決（2010-TII-66-ITAT-DEL-INTL）
CIT v. Nandlal Gandalal事件最高裁判決（［1960］40 ITR 1（SC））
Vodafone International Holdings B. V. v. Union of India事件Bombay高等裁判所2008年12月3日判決（Writ petition No. 2550 of 2007）・Bombay高等裁判所2010年9月8日判決（Writ Petition No. 1325 of 2010）・最高裁2012年1月20日判決（Civil Appeal No. 733 of 2010）
Man Roland Druckimachinen Ag v. Multicolour Offset Ltd. & Anr.事件最高裁2004年4月19日判決（［2004］6 SCC 201）
CIT v. Eli Lilly and Co（India）P. Ltd事件最高裁判決（［2009］312 ITR 225）
British Columbia Electric Railway Company Limited v. King事件枢密院判決（［1946］A. C. 527）裁判決（［1946］2 D. L. R. 161）・カナダ最高裁判決（［1946］2 D. L. R. 161）
Aditya Birla Nuvo Limited and Others v. DDIT事件Bombay高等裁判所2011年7月15日判決（2011-TⅡ-26-HC-MUM-INTL）
Group Industiral Marcel Dassault & Murieu Allianace事件に対するAARの回答（2011年11月30日）
Electronics Corporation of India v. CIT事件最高裁1989年5月2日判決（1989 AIR 1707）
GVK Industries Ltd v. ITO事件Andra Pradesh高等裁判所判決（1997 228 ITR 564 AP）・最高裁2011年3月1日判決（Civil Appeal No. 7796 of 1997）
Eastern Investments Ltd. v. CIT事件最高裁1951年5月4日判決（［1951］AIR 278）
Madhav Prasad Jantia v. CIT事件最高裁1979年4月17日判決（［1979］AIR 1291）・高等法院判決（［1979］118 ITR 200（SC））
S.A. Builders Ltd. v. CIT事件最高裁2006年12月14日判決（Appel（civil）5811 of 2006）・控訴審判所2002年6月20日判決・高等裁判所判決2004年5月13日判決（［2004］269 ITR 535 PH）
Tata Autocomp Systems Ltd. v. ACIT事件控訴審判所2012年4月30日判決（ITA No. 7354/MUM/11（A. Y. 2007-08））
Honeywell Automation India Ltd. v. DCIT事件所得税控訴審判所裁決（2009-TIOL-104-ITAT-PUNE）
Dana Corporation事案（AAR. No. 788 of 2008）に対するAARの回答（AAR. No. 788 of 2008）
Canoro Resources Ltd.事案に対するAARの回答（AAR/779/2008）
B.C. Srinivasa Setty v. CIT事件最高裁判決（［1981］128 ITR 294）
Amiantit International Holding Ltd.事案に対するAARの回答（AAR/817/2009）
Acharya D. V. Pande v. CIT事件Gujarat高等裁判所1964年9月16/17日判決（IT Ref. No.

参考判決等

16 of 1963）

Goodyear Tire and Rubber Company事案に対するAARの回答（AAR Nos. 1006 & 1031 of 2010）

Tennant v. Smith事件貴族院判決（[1892] AC 150, Tax Cases 158）

George Henderson and Co Ltd. v. CIT事件最高裁判決（[1967] 66 ITR 622 CC）

Glaxo Smithkline Asia Pvt. Ltd.事件控訴審判所2005年8月19日裁決（[2005] 97 TTJ Delhi 108）

M. A. Rafique事案に対するAARの回答（1995 213 ITR 317）

Cyril Eugene Pereira 事案（1999 239 ITR 650）に対するAARの回答

Green Emirates Shipping and Travels事件控訴審判所裁決(2006-TIOL-74-ITAT-MUM)

Morgan Stanley & Co.事案(2006 ITR (284) 260)に対するAARの回答・最高裁判決(Civil Appeal No. 2914 of 2007)

Columbia Sportswear Company v. DIT事件最高裁判決（Special Leave Petition (C) No. 31543 of 2011）

Vodafone India Services 社（VIS社）がBombay 高等裁判所に提出した請願書（WP 1877-2013）に対する2013年11月29日判決

Sony India (P) Ltd. v. DCIT事件控訴審判所2008年9月23日裁決（ITA Nos. 1189/Del/2005, 819/Del/2007&820/Del/2007）

Deloitte Consulting India Pvt. Ltd. v. DCIT事件控訴審判所2011年7月22日裁決（ITA No. 1082/Hyd/2010）

Maruti Suzuki India Ltd. v. ACIT事件Delhi高等裁判所2010年7月1日判決（WPC (C) 6876/2008）・最高裁2010年10月1日判決（Civil Appeal No. 8457 of 2010）

Tweezerman (India) Pvt. Ltd. v. DIT事件控訴審判所2011年6月21日裁決（ITA Nos. 2124 & 2125/Mds/2010）・所得税局長（控訴）2010年9月27日決定

Visual Graphics Computing Services (India) Pvt. Ltd. v. ACIT事件控訴審判所2012年5月23日裁決（TS-274-ITAT-2012）

Weston Knowledge Systems & Solutions India Pvt. Ltd. v. ITO事件控訴審判所2012年4月26日裁決（TS-269-ITAT-2012）

GAP International Sourcing (India) Pvt. Ltd. v. ACIT事件控訴審判所2012年9月18日裁決（ITA Nos 5147/Del2011& 228/Del/2012）

Sasi Enterprises v. ACIT事件最高裁判決（Criminal Appeal No. 61/2007）

S. Sudarsana Babu v. The Income Tax Office事件Kerala 高等裁判所2011年2月22日判決（W. A. No. 52 of 2009）

Leharchand Dhanji v. Union of India事件Bombay高等裁判所判決（135 ITR 689）

第5章掲載分

2008年重慶（Chongqing）事件決定
2010年江都（Jiangdu）事件決定
2011年深圳（Shenzhen）事件決定
2010年徐州（Xuzhou）事件決定

参考判決等

2010年天津（Tianjin）事件決定

2009年福建省（Fujian）事件決定

2010年南京市（Nanjing）事件決定

2010年大連（Dalian）事件決定

2008年新疆ウイグル自治区（Xinjiang）事件決定

不服審判所裁決　Case No. D107/00

Lamson Kwok v. CIT事件控訴裁判所（Court of Appeal）判決（〔1987〕3 HKTC 119）・枢密院判決（〔1988〕STC 728）

David Hardy Glynn v. CIR事件控訴裁判所判決（〔1988〕2 HKTC 416）・枢密院判決（〔1990〕2 AC 298）

Tennant v. Smith事件貴族院判決（〔1892〕A. C. 150）

Richardon v. Worrall事件高等法院大法官部（Chancery Division）判決（〔1985〕STC 693）

Armstrong v. Estate Duty Commissioner事件枢密院判決（〔1937〕3 All ER 484）

Attorney-General of Ontario v. Perry事件枢密院判決（〔1934〕AC 477）

Collector of Stamp Revenue v. Arrowtown Assets Ltd. 事件終審法院（Court of Final Appeal）判決（〔2004〕HKLRD 77）

Escoigne Properties Ltd. v. IRC事件貴族院判決（〔1958〕AC 549）

不服審判所1992年7月28日裁決（Case No. D20/92）

不服審判所1992年12月11日裁決（Case No. D44/92）

Kirk v. COT事件枢密院（Privy Council）判決（〔1990〕AC 588）

Provincial Treasurer of Manitoba v. Wm Wrigley Jr Co. Ltd事件枢密院判決（〔1950〕AC 1）

Hang Seng Bank v. CIR事件枢密院判決（〔1991〕1 AC 306）・控訴裁判所判決（〔1989〕2 HKLR 236）・不服審判所裁決（D 18/88, IRBRD, Vol. 3, 241）

ING Baring Securities Limited v. CIR事件終審法院2007年10月5日判決（No. 202 of 2005）

Kwong Mile Services Limited v. CIR事件終審法院判決（〔2004〕7 HKCFAR 275）

Datatronic Limited v. CIR事件控訴裁判所2009年6月15日判決（No. 275 of 2008）・審判所裁決（HCIA 3 and 4/2007）・第一審判所（Court of First Instance）2008年6月13日判決（Nos 3 and 4 of 2007）

Honorcan Limited v. CIR事件不服審判所2009年2月18日裁決（No. D54/08）・第一審裁判所判決（〔2010〕HCAL 7/2010）

Tai Hing Cotton Mill v. CIR事件終審法院判決（〔2007〕2 HKC 455）・第一審裁判所2005年9月9日判決（No. 8 of 2004）・控訴審判決（〔2007〕2 HKC 2005）・不服審判所裁決（D109/03）

Spotless Services Ltd. v. FCT事件高等法院判決（〔1996〕ATC 5201）

So Kai Tong Stanley v. CIR事件第一審裁判所判決（〔2004〕2 HKLRD 416）・不服審判所1999年9月16日裁決（No. D94/99）

Ngai Lik Electronics Company Ltd v. CIR事件終審法院2009年7月24日判決（FACV No. 29 of 2008）・第一審裁判所2008年10月2日判決（No. 5 of 2007）・控訴裁判所2008年10月

参考判決等

2日判決（No. 22 of 2008）
不服審判所1995年10月2日裁決（Case No. D67/95）
Peabody v. FCT事件高等法院判決（[1994] 123 ALR 451）
アドバンス・ルーリング事案27（2006年6月5日付回答）
アドバンス・ルーリング事案47（2011年9月16日付回答）

終章掲載分

豪州―TPG Newbridge Myer Ltd. v. DCT事件連邦裁判所判決（[2011] FCA 1157）
フランス―Société Pléiade 事件国務院2004年2月18日判決（CE, no. 247, 729）
南アフリカ―Conhage (Pty) Ltd. v. CIR事件最高裁1999年9月17日判決（[1999] ZASCA 64）
米国―Dreicer v. Commissioner 租税裁判所判決（78 T. C. 642；1982）・Columbia地区巡回控訴裁判所判決（1983 U. S. App. LEXIS 30334）
オランダ―1993年12月15日判決（BNB 1994/259）・最高裁2000年4月19日判決（BNB 2000/261）
カナダ―Jabin Investments Ltd. v. The Queen事件租税裁判所判決（「2001」DTC 1002）
　　　　Canada Trustco Mortgate Co. v. The Queen事件最高裁判決（[2005] SCC 54）
　　　　Stubart Investments Ltd. v. The Queen事件最高裁判決（[1984] 1. SCR 536）
豪州―RCI Pty Ltd. v. COT事件連邦裁判所合議体法廷（Full Federal Court）判決（[2011] FCAFC 104）・連邦裁判所判決（[2010] FCA 939）
米国―Rice Toyota World Inc. v. Commissioner事件第4巡回控訴裁判所判決（752 F. 2d 89；1985）
カナダ―Canadian Tire Corp. Ltd. v. the President of the Canada Border Service Agency（2011 FCA 242）
南アフリカ―Tradehold Limited v. SARS事件最高裁2012年5月8日判決（[2010] ZASCA 61）
カナダ―Davis v. The Queen事件連邦控訴裁判所判決（[1980] F. C. J. No. 38）・連邦裁判所事実審理部（Trial Division）判決（[1979] 1 F. C. 318）
オランダ―最高裁2009年2月20日判決（BNB 260-262）
カナダ―Gustavson Drilling Ltd. v. MNR事件最高裁判決（[1977] 1 SCR 271）
カナダ―Birmount Holdings Ltd. v. The Queen事件連邦控訴裁判所判決（[1978] CTC 358）
Tara Exploration & Development Co. Ltd. v. MNR事件財務府裁判所（Exchequer Court）判決（[1970] CTC 557）
イスラエル―Yanko-Weiss Holdings v. Assesing Officer of Holon事件Telaviv地区裁判所2007年12月30日判決判決（Income Tax Appeal 1090/06）
カナダ―MIL (Investments) S. A. v. The Queen事件租税裁判所判決（[2006] 60 DTC 3307）・控訴審判決（[2007] 4 TCT 235）
スイス―最高裁2003年12月4日判決（BGE 2A.321/2003）
スイス―最高裁2013年5月16日判決（2C-1086/2012, 2C-1087/2012）

参考判決等

カナダ―GlaxoSmithKline Inc. v. the Queen事件連邦控訴裁判所判決（[2010] FCA 201）・租税裁判所判決（2008 DTC 3957）

カナダ―Gabco Limited v. Minister of National Revenue事件財務府裁判所（Court of Exchequer）判決（[1968] 68 D. T. C. 5210）

豪州―SNF（Australia）Pty Ltd. v. FCT事件連邦裁判所判決（[2010] FCA 635）・連邦裁判所合議体法廷判決（FCAFC 74（2011））

オランダ―最高裁2011年11月25日判決（No. 08/05323, no. 10/05161, no. 10/04588）・Arnhem下級裁判所2007年11月29日判決（No. 06/5834）・Arnhem高等裁判所2008年11月19日判決（No. 08/00035）

オランダ―Breda下級裁判所2010年3月24日判決（No. AWB09/2639）及びArnhem高等裁判所2010年8月5日判決（AWB 08/1406）

ベルギー―Mons裁判所2006年10月13日判決（F. J. F. 2007, No. 7, 607）

米国―Wemyss v. Commissioner事件最高裁判決(324 U. S. 303 ; 1945)・租税裁判所判決(2. T. C. 876)

著者略歴

松田直樹（まつだ　なおき）

法学博士
コロンビア大学客員研究員
主な著書は『租税回避行為の解明——グローバルな視点からの分析と提言』（ぎょうせい、2009年）、論文多数

租税戦略の解明（そぜいせんりゃく　かいめい）

2015年3月30日／第1版第1刷発行

著　者　松田直樹
発行者　串崎　浩
発行所　株式会社日本評論社
　　　　〒170-8474　東京都豊島区南大塚3-12-4
　　　　電話 03-3987-8621（販売）
　　　　　　 03-3987-8601（編集）
　　　　http://www.nippyo.co.jp/
印刷　精文堂印刷株式会社
製本　株式会社松岳社
装幀　菊地　幸子

Ⓒ 2015　Naoki Matsuda
Printed in Japan
ISBN978-4-535-55830-4

JCOPY　〈(社)出版者著作権管理機構　委託出版物〉
本書の無断複写は著作権法上での例外を除き禁じられています。複写される場合は、そのつど事前に、(社)出版者著作権管理機構（電話03-3513-6969、FAX03-3513-6979、e-mail：info@jcopy.or.jp）の許諾を得てください。また、本書を代行業者等の第三者に依頼してスキャニング等の行為によりデジタル化することは、個人の家庭内の利用であっても、一切認められておりません。